EDUARD MEYER

URSPRUNG UND ANFÄNGE DES CHRISTENTUMS

EDUARD MEYER

URSPRUNG UND ANFÄNGE DES CHRISTENTUMS

ZWEITER BAND

DIE APOSTELGESCHICHTE UND DIE ANFÄNGE DES CHRISTENTUMS

EMIL VOLLMER VERLAG

Gesamtherstellung: Millium Media Management
Printed in Germany

ISBN 3-88851-200-X

Der Theologischen Fakultät
der Friedrich-Wilhelms-Universität Berlin

in warm empfundener Dankbarkeit

Eduard Meyer
D. Theol. Berolinensis

Inhaltsverzeichnis

Kritik der Apostelgeschichte

Die Anfänge des Christentums

Kritik der Apostelgeschichte

I
Die Apostelgeschichte und ihr Verfasser

Die Quellen. Schriftstellerischer Charakter des Geschichtswerks des Lukas

Aus der Predigt Jesu ist im Verlauf eines Menschenalters das Christentum erwachsen. Seine Ausbildung umfaßt rund ein Dritteljahrhundert: im Jahre 64 n. Chr. ist die Entwicklung in allem Wesentlichen abgeschlossen, so viel auch die folgenden Generationen zu der weiteren Ausgestaltung noch hinzugefügt haben. In diesem Jahre ist die römische Regierung zu der Erkenntnis gelangt, daß es sich hier nicht, wie man bis dahin geglaubt hatte, um eine Bewegung innerhalb des Judentums handle, die sie unbeachtet lassen könne, sondern um eine neue Religion, die durch ihre rücksichtslos alle andern angreifende Propaganda unmittelbar auch in die staatliche Sphäre eingriff und daher ein Einschreiten der Staatsgewalt zu erfordern schien. Eben dadurch, daß die neue Religion imstande war, diesen schweren Konflikt, der ihre bisherigen Führer hinwegraffte, nicht nur zu überstehn, sondern sich nach wie vor immer weiter auszubreiten, bewies sie nicht nur ihre Lebenskraft, sondern zeigte zugleich, daß sie das Anfangsstadium, in dem noch alles im Fluß war, bereits überschritten und für ihre Gestaltung feste Grundlagen gewonnen hatte, die keiner der kommenden Stürme mehr hinwegzureißen vermochte.

Aus der zweiten Hälfte dieser Entwicklung, dem Zeitraum von 50–64, sind uns Dokumente ersten Ranges erhalten in den Briefen des Paulus. Sie alle sind unmittelbar aus dem Moment geboren, Erzeugnisse des lebhaften Kampfes um Lehre und Stellung des Apostels, und voll verständlich nur, wenn es gelingt, die Lage, aus der sie erwachsen sind, und die Wirkung, die der Verfasser erzielen will, klar zu erfassen. So enthalten sie eine Fülle historischen Materials; aber sie geben dasselbe durchweg mit stärkster subjektiver Färbung, unter bestimmten Tendenzen, die dem Schreiber klar vor der Seele stehn und seine Äußerungen durchweg beherrschen und gestalten.

Ergänzend kommt die Weiterbildung der Überlieferung über Jesus und seine Aussprüche hinzu, wie sie in den drei synoptischen Evangelien und ihren Quellen vorliegt; wie in ihnen die Fortentwicklung der Anschauungen zum Ausdruck gelangt, so vor allem in der Ausbildung der Auferstehungsgeschichte und der Vorgeschichte, aber auch in gar manchen der ihm zugeschriebenen Worte, haben wir bereits in der Analyse im ersten Bande gesehn. Für die Konflikte mit den feindlichen Mächten, das erste Vordringen des Christentums nach Rom im Jahre 49 und die Verfolgung unter Nero, besitzen wir dann, abgesehn von der späteren, legendarisch ausgeschmückten christlichen Überlieferung, die Berichte der heidnischen Schriftsteller, ebenso für die Hinrichtung des Herrnbruders Jakobus in Jerusalem den des Josephus.

Ein ausreichendes Bild der Entwicklung würde sich freilich aus diesem Material allein nie gewinnen lassen; wir würden wohl einzelne Episoden in scharfer, wenn auch einseitiger Beleuchtung kennen lernen, im übrigen aber uns mit dem Versuch begnügen müssen, die maßgebenden Richtlinien möglichst herauszuarbeiten. So ist es ein unschätzbarer Glücksfall, daß uns in dem zweiten Buch des Lukas, der sogenannten Apostelgeschichte, der Versuch eines jüngeren Zeitgenossen erhalten ist, ein Gesamtbild der Entwicklung zu entwerfen.

Über den Wert dieses Werkes, seinen Verfasser und die Zeit seiner Entstehung, über die Frage, ob es in seiner ursprünglichen Gestalt oder in vielleicht sogar mehrfacher Überarbeitung auf uns gekommen ist, über seine Quellen, die Berechtigung der Auffassung, von der es beherrscht ist, und seine Zuverlässigkeit überhaupt, gehn freilich die Ansichten auf das stärkste auseinander, und nach einer nun bereits nahezu über ein Jahrhundert sich erstreckenden Diskussion ist man von einer Einigung auch nur über die Hauptfragen entfernter als je. Es würde wenig fördern, vielmehr das Urteil nur verwirren, wollten wir die Geschichte dieser Kritik mit all ihren Schwankungen und Irrgängen zum Ausgangspunkt nehmen; zum Ziele führen kann vielmehr hier, wie bei jedem Geschichtswerk, nur eine eingehende Prüfung aller einzelnen Angaben, die sich von vorgefaßten Meinungen möglichst fern hält, sondern sich bemüht, den vom Wortlaut gegebenen Sinn der Berichte und die vom Verfasser beabsichtigte Auffassung klar festzulegen und zu untersuchen, ob die Berichte das innere Kriterium der Glaubwürdigkeit tragen und wie weit sie durch sonstige Zeugnisse oder zuverlässige Schlüsse aus bekannten Tatsachen bestätigt oder aber korrigiert werden. Vorher jedoch ist es notwendig, die allgemeinen Momente ins Auge zu fassen, welche sich aus der Existenz des Buchs, aus seiner Anlage und seinem Inhalt, dem was es bringt und was es nicht bringt, ohne weiteres ergeben.

Da ist in erster Linie zu betonen, daß das Buch nicht ein selbständiges Werk ist, sondern der zweite Teil eines einheitlichen Ganzen. So offenkundig das ist, so wenig wird es in der Praxis beachtet; die im neutestamentlichen Kanon erfolgte Zerreißung wirkt immer noch verhängnisvoll nach, so daß eine einheitliche Bearbeitung und Kommentierung des Gesamtwerks meines Wissens überhaupt noch nicht unternommen ist, vielmehr auch in den Literaturgeschichten und neutestamentlichen Einleitungen die beiden Bücher als gesonderte Werke an ganz verschiedenen Stellen behandelt werden.[1] Ja sogar den wenig zutreffenden Titel Πράξεις 'Αποστόλων „Taten der Apostel", den das Buch dann erhalten hat, hat man verwendet, um seinen Charakter und seine literarische Eigenart zu bestimmen. So sagt WILAMOWITZ[2], das Buch werde „unverzeihlicherweise immer wieder für ein historisches Werk ausgegeben, wohl gar als ein Gebilde ganz neuer Art gepriesen. ‚Taten der Apostel' ist ein Titel, der für den ganz eindeutig ist, der versteht, was die ‚Taten des Augustus' (das Monumentum Ancyranum) und die ‚Taten des Herakles' (auf einer Inschrift erhalten) sein wollen, nämlich die Belege für die göttliche Mission ihrer Helden; bei einem Gotte würde man ‚Aretalogie' dafür sagen". Damit und vollends mit der Vermutung, ursprünglich seien zu dem Evangelium von Jesus dem Christus nur die ‚Taten des Apostels' – nämlich des Paulus – getreten, wird ein dem Werk ganz fremder Gesichtspunkt künstlich in dasselbe hineingetragen. Nicht um Taten des Paulus oder eines andern Apostels handelt es sich[3], sondern um Taten, die Gott oder vielmehr Christus mittels der Wirkung des Geistes durch sie als seine Werkzeuge vollbringt; soweit sie nicht dafür in Betracht kommen, sind ihre persönlichen Schicksale vollkommen gleichgültig. Taten des Christus Jesus' könnte man sich als Titel gefallen lassen, aber als Titel des Gesamtwerks, nicht etwa nur des zweiten Teils.

Denn das Werk des Lukas ist eine geschlossene Einheit; das zweite Buch ist, wie im ersten Bande bereits nachgewiesen, mit dem ersten aufs engste verknüpft und sein Schluß, die Auferstehungsgeschichte mit der Verheißung an die Jünger und der Himmelfahrt, zu diesem Zweck den ältern Darstellungen gegenüber gründlich umgestaltet; die Vorrede des ersten Buchs bezieht sich auf das Gesamtwerk, nicht nur auf das Evangelium. Das eben ist der leitende, echtpaulinische Gedanke des Verfassers im Gegensatz zu den andern Evangelien, daß die Geschichte des Christus mit seiner Wirksamkeit in menschlicher Gestalt auf Erden und seiner Auferstehung nicht abgeschlossen ist, sondern sich jetzt vom Himmel her erst recht fortsetzt in der Gründung der Kirche und der Ausbreitung des Evangeliums über die ganze Welt, von Jerusalem bis Rom (ev. 24, 47). Die Darstellung dieser durchweg durch übernatürliche Einwirkung erfolgten Entwicklung gehört daher notwendig zu der Aufgabe, die er sich gestellt hat, der auf zuverlässiger Überlieferung beruhenden Erzählung „der unter uns in Erfüllung gegangenen Vorgänge". Eben weil er die Ereignisse von der Geburt des Johannes und Jesus bis zum Ausgang des Paulus in der neronischen Verfolgung unter diesem Gesichtspunkt zu einer Einheit zusammenfaßt, ist Lukas der Geschichtsschreiber der Urgeschichte des Christentums geworden und sein Werk ein wirkliches Geschichtswerk, trotz aller übernatürlichen Pragmatik und aller Wunder, die sich nicht nur in den Geschichten aller Religionen, sondern in zahllosen heidnischen wie jüdischen Geschichtswerken ebensogut finden. Wie hoch oder wie niedrig man es bewerten will, ist natürlich eine andere Frage; aber zu beurteilen ist es genau in derselben Weise, wie jedes andere Geschichtswerk auch.

Daß der Verfasser mit dem Anspruch auftritt, ein – natürlich für seine Glaubensgenossen bestimmtes und nur für sie wirklich verständliches – Literaturwerk zu schreiben, zeigen nicht nur die Proömien mit der dazugehörigen Widmung an einen angesehenen Gönner, sondern ebenso das genaue, den Vorgang in die Zeitgeschichte einfügende Datum für das Auftreten des Johannes sowie überhaupt die ganze Anlage, in der der Fortschritt der äußern wie der innern Entwicklung durchweg scharf betont wird – so im ersten Buch die geistige Entwicklung Jesu, die programmatische Antrittspredigt in Nazaret, die Zusammenfassung zahlreicher Einzelerzählungen in einen Reisebericht über den Zug nach Jerusalem u. a., im zweiten Buch das fortschreitende Anwachsen der Gemeinde von Jerusalem, zum Teil mit bestimmten Zahlenangaben 1, 15. 2, 41. 4, 4. 5, 14. 6, 7, die schrittweise Ausbreitung nach Samaria und den Nachbarorten, die Begründung der Heidenmission durch die Visionen des Petrus und des Cornelius, ihr Vordringen nach Antiochia, und dann ihr Betrieb im großen Stil, zuerst durch Barnabas und Paulus, dann durch diesen allein. Besonders deutlich tritt die einheitliche, sorgfältig überlegte Anlage darin hervor, daß die Ausgießung des Geistes mit seinen Wundergaben, dem Zungenreden, überall da, aber auch nur da, berichtet wird, wo zum esten Mal eine neue religiöse Gruppe für das Evangelium gewonnen wird: bei den Juden im Pfingstwunder 2, 2 ff. 38, bei den Samaritanern 8, 15 ff., bei den Heiden 10, 44 ff., bei den Johannesjüngern 19,6.

Wie in der gesamten Behandlung der antiken Literatur, so herrscht jetzt auch auf diesem Gebiet die Richtung vor, welche in der Ermittlung der Eigenart der Stilgestaltung, des γένος eines Literaturwerks, und der dadurch dem Verfasser für die Darstellung auferlegten Bedingungen – man pflegt sie mißbräuchlich als „Gesetze" zu bezeichnen – die entscheidenden Aufschlüsse für die Beurteilung sucht. Ich verkenne die Bedeutung dieser Untersuchungen keineswegs – wesentliche Förderung haben uns hier vor allem E. NORDENS Arbeiten gebracht, wie früher seine Antike Kunstprosa, so dann sein Werk Agnostos Theos (1913) –; aber ich muß, wie schon früher öfter, so auch hier wieder aussprechen, daß meiner Überzeugung nach ihre Tragweite stark überschätzt wird. Bei einem Schriftsteller, wenn er eine Individualität ist, ist das Entscheidende immer, welches Ziel er erstrebt, bei einem Historiker also, welche Auffassung der Vorgänge er in dem Leser erreichen will, und wie er die Stilmittel, die ihm zur Verfügung stehn, dafür benutzt. Mit Unrecht glaubt man, daß hier ein wesentlicher Unterschied zwischen den antiken und den modernen Schriftstellern bestehe. Unter dem Zwange des Stils stehn wir alle, bewußt und unbewußt, eben weil wir suchen müssen, den passendsten Ausdruck für das zu finden, was uns in Gedanken vorschwebt, um die beabsichtigte Wirkung zu erzielen, und weil die inhaltliche Einheit des Buchs auch eine formelle Einheitlichkeit erfordert. Würde man die modernen Autoren in derselben auf jede Einzelheit eingehenden Weise analysieren wie die antiken – um ein Beispiel aus den Historikern zu nennen, etwa zwei Antipoden wie Ranke und Mommesen –, so würde man erkennen, eine wie große Rolle auch hier das stilistische Moment für die Gestaltung des Stoffes bildet: bei den einen, so im Altertum bei Thukydides, bleibt das sachliche Moment doch immer das dominierende, der Stil ist also, wie es sich gebührt, als Mittel dem Zweck untergeordnet, während andere, wie die rhetorischen Historiker des Altertums oder wie Mommsen, sich oft genug von dem stilistischen Effekt zu Sätzen fortreißen lassen, die zwar sehr wirkungsvoll sein können und den Leser gefangennehmen, aber sachlich keineswegs gerechtfertigt sind.

Auch bei Lukas ergibt sich der Stil aus den Bedingungen seines Stoffs. Das gangbare Griechisch ist ihm geläufig; zweifellos hat er manche Literaturwerke gelesen, denen er sein Werk durch die Vorreden anreiht; das unbeholfene semitische Griechisch seiner Vorlagen verbessert er im Evangelium fast in jedem Satze. Aber weit stärker ist, ebenso wie bei Paulus und überhaupt in der ältesten in griechischem Gewande auftretenden christlichen Literatur, die durch die Religion gegebene Einwirkung ihrer heiligen Schrift, natürlich nicht im hebraeischen Original, sondern in der Übersetzung der Septuaginta.[4] Im Evangelium wird diese Einwirkung noch dadurch verstärkt, daß von Lukas' Hauptquellen die eine, Marcus, aramaeische Vorlagen bearbeitet, die andere, Q, die Übersetzung eines aramaeischen Originals ist. Aber auch in den Stücken, die nicht auf diese zurückgehn, tritt die Abhängigkeit von der dem Griechischen entgegengesetzten inneren Sprachform des Semitischen in jedem Satze hervor: in der ständigen Voranstellung des Verbums, in der Verwendung des periphrastischen Tempus (ἦν mit dem Participium) an Stelle des Imperfectums bei Schilderung von Zuständen, in der Bezeichnung der Possessiva, in den Relativsätzen usw. und ebenso in der Wortwahl und zahlreichen Einzelwendungen (speziell die Verwendung von ἐγένετο und ἰδού zur Einführung von Vorgängen). Sehr lehrreich dafür ist gleich der Eingang des Evangeliums, die Geburtsgeschichte des Johannes und Jesus; der Vergleich mit der Vorlage dieser Erzählungen, der Geburtsgeschichte des Samuel (Sam. I, 1 f.), zeigt, wie Lukas überall, genau wie bei den aus Marcus übernommenen Stücken, hellenisiert und die ärgsten Verstöße gegen den griechischen Sprachgeist beseitigt, aber doch die alttestamentliche, durchaus ungriechische Färbung beibehalten hat. Das gleiche gilt von dem ganzen ersten Teil der Apostelgeschichte c. 1–12. 15, der auf jüdisch-aramaeischem Gebiet spielt und von hier das Material erhalten hat; auch hier findet sich kaum ein Satz, den ein profaner griechischer Autor, und mag er noch so vulgär sein – was Lukas keineswegs ist –, so geschrieben haben würde. Offenbar hat Lukas hier, ebenso wie im Evangelium, die Erzählungen, die er aufnimmt, bereits in fester, sei es mündlicher, sei es schriftlicher Formulierung erhalten und dann in derselben Weise wie dort überarbeitet.[5] Wesentlich freier und reiner griechisch ist dagegen die Erzählung im zweiten Teil, der Geschichte des Paulus; hier spielt sie eben auf hellenistischem Boden, und der Verfasser hat den Stoff teils selbständig aus eigener Kenntnis gestaltet, teils Material benutzt, das ihm von griechisch redenden Christen zugekommen war.[6]

An Semitismen und biblischen Reminiszenzen fehlt es natürlich auch hier nicht. Die Schrift ist ja das untrügliche Wort Gottes und die Quelle aller Anschauungen und Spekulationen, auch wenn sie gewaltsam in dieselbe hineingezwängt werden müssen; sie ist das Vorbild, an das man sich anlehnen muß, dem wie die Evangelien so auch das Werk des Lukas sich anreihen will. So schafft die neue Religion sich eine neue Sprache[7], in der, ebenso wie dann auch in den religiösen Ideen, die beiden Quellen ineinanderfließen. Diese Sprache lebt seitdem durch die Jahrtausende fort, und der Unterschied ist auch heutigentags ganz lebendig: wer mit seiner ganzen Gedankenwelt ausschließlich in den biblischen Anschauungen lebt, redet, mag er Deutsch oder Englisch oder was sonst sprechen, in Schrift und Predigt der inneren Form nach eine andere, alttestamentlich beeinflußte, Sprache als die, welche dem inneren Wesen seiner Muttersprache entspricht.

Für die Darstellung ist es im Evangelium durch die Natur der Sache gegeben, daß die Worte Jesu und daher Gespräche und Reden durchaus dominieren. Aber in derselben Weise verläuft die Erzählung in großem Umfang auch in der Apostelgeschichte. Das entspricht zugleich dem volkstümlichen Erzählungston, der in lockerem Gefüge die Begebenheiten aneinanderreiht, aber dadurch sie unmittelbar lebendig zu machen sucht; es ist die Art des Epos und der Anfänge der Geschichtsschreibung, wie sie bei Herodot in typischer Weise ausgebildet ist.[8] Von bewußter Abhängigkeit kann natürlich keine Rede sein, vielmehr kehrt die Darstellung, den Denkformen des Kreises gemäß, aus dem sie erwachsen ist, zu dieser naturwüchsigen Ausdrucksweise zurück. Wohl aber hat, wie Herodot sehr häufig, so auch Lukas gelegentlich die Rede benutzt, um dem Leser Dinge mitzuteilen, die für ihn von Interesse, aber in der wirklichen Situation ganz unangebracht sind, so in der Rede des Petrus act. 1, 16 ff. das Schicksal des Judas; auch die Angaben Gamaliels über Theudas und den Galilaeer Judas 5, 36 f. gehören hierher. Eine wirklich individuelle Färbung hat er seinen Reden nicht zu geben vermocht – dazu sind immer nur ganz wenige, künstlerisch hochbegabte Schriftsteller imstande gewesen; im übrigen aber tragen sie einen sehr verschiedenartigen Charakter, je nachdem sie von ihm freigestaltet sind oder aus seinen Vorlagen übernommen (wie außer den Worten Jesu die Rede des Stephanus act. 7) oder aber Reden und Gespräche wiedergeben, die er selbst gehört hat oder über die ihm eine zuverlässige Mitteilung zugegangen war. Darüber wird in der Einzeluntersuchung weiter zu handeln sein.

Das zweite Buch

Die Zerreißung des Werkes in zwei in der Überlieferung getrennte und verschieden behandelte Teile hat, wie wir gesehn haben (Bd. I), im Eingang des zweiten zu einer großen, äußerst unbeholfen eingefügten Interpolation geführt, durch die, im Gegensatz zu der Erzählung des ersten Buchs, aber in Weiterbildung der alten Überlieferung, das Zusammenleben des Auferstandenen mit seinen Jüngern auf einen Zeitraum von vierzig Tagen ausgedehnt und seine Himmelfahrt noch einmal erzählt wird.[9] Natürlich ist mit der Möglichkeit zu rechnen, daß ähnliche Interpolationen auch sonst vorgekommen sind; aber erweisbar sind sie nirgends[10], und so bleibt jede derartige Vermutung ein müßiges Spiel, ähnlich wie z. B. beim Marcusevangelium, bei dem dagegen die Interpolation des unechten Schlusses offenkundig ist. Umgekehrt kann es als eine Bestätigung der Zuverlässigkeit der Überlieferung angesehn werden, daß uns der Schluß der Apostelgeschichte intakt erhalten ist, so auffallend es, wie der Muratorische Kanon bestätigt, jedem Leser erscheinen mußte, daß von dem Martyrium des Paulus und Petrus nichts berichtet wurde.

Die Art, wie der Verfasser arbeitet, haben wir im ersten Buch bis ins einzelne verfolgen können, weil hier seine Quellen zum großen Teil erhalten sind, Marcus unmittelbar, Q mittelbar durch Matthaeus. Trotz vielfachen wörtlichen Anschlusses (abgesehn von den stilistischen Korrekturen) steht er ihnen völlig selbständig gegenüber und scheut vor starken Eingriffen nicht zurück, so vor allem in der Antrittspredigt in Nazaret, in der Behandlung des Verhältnisses Jesu zu seiner Familie, und in der Zusammenfassung zahlreicher Einzelüberlieferungen in dem großen Reisebericht über den Zug nach Jerusalem, und dann in der Gestaltung der Auferstehungsgeschichte und der Erscheinungen des Auferstandenen, die eben um der Fortsetzung willen gegen die Überlieferung alle nach Jerusalem verlegt werden. Daß Jesus von Anfang an mit dem Anspruch auftritt, der Gottessohn und Messias zu sein, ist für ihn selbstverständlicher Glaubenssatz und wird viel stärker hervorgehoben als bei Marcus; schon als zwölfjähriger Knabe hat er das angedeutet (2, 50), ja Elisabeth hat es gleich nach der Konzeption der Maria ausgesprochen (sie ist die μήτηρ τοῦ κυρίου μου 1, 43), Johannes hat ihm im Mutterleibe gehuldigt, der Engel hat es bei der Geburt den Hirten verkündet (ἐτέχθη ὑμῖν σήμερον σωτήρ, ὅς ἐστιν Χριστὸς Κύριος; 2, 11), Symeon und Anna haben es erkannt. Bei den Jüngern freilich kommt diese Erkenntnis, der Überlieferung entsprechend, erst im Petrusbekenntnis zu vollem Durchbruch; aber die daran anschließende Verklärungsgeschichte dient nicht mehr der Anerkennung seiner Messianität durch Elias und Moses, die großen Propheten des Alten Bundes, sondern sie verkünden ihm, während die Jünger schlafen, das Schicksal, das ihm bevorsteht. Dadurch wird die Erzählung ihres Inhalts entkleidet, da ja Jesus selbst das schon vorher verkündet hat.[11] Überhaupt tritt die Passion, der Lehre des Paulus entsprechend, im Gegensatz zu der Predigt vom kommenden Gottesreich als die eigentliche Aufgabe Jesu noch weit stärker in den Vordergrund als in seinen Vorlagen. Paulinische Gedanken werden überall in die Darstellung hineingetragen; die Heidenmission ist von Anfang an in Aussicht genommen, die Samariter, denen der historische Jesus aus dem Wege gegangen ist, werden stark hervorgedrängt, Äußerungen, die zu seiner Auffassung nicht passen, werden weggelassen, so die Diskussion über die pharisaeischen Reinheitsgesetze Marc. 7, 1–13, ebenso krasse Wundergeschichten. Auch die Worte Jesu hat er vielfach umgestaltet, sie miteinander verknüpft und in andere Situationen versetzt. So glaubte er die richtige Folge der Begebenheiten, wie sie gewesen sein mußte, aus der verwirrten Überlieferung wiederherzustellen. Von der souveränen Art, wie das Johannesevangelium auf Grund des Dogmas den Stoff von Grund aus umgestaltet, ist er allerdings noch weit entfernt; aber den ersten Schritt in dieser Richtung hat er getan.

Es kann nicht zweifelhaft sein, daß er in seinem zweiten Buch ebenso verfahren ist. Alles hat sich dem Grundgedanken unterzuordnen: er will darstellen, wie das zunächst nur den Juden gebrachte Heil unter göttlicher Weisung zu den Heiden gekommen ist, wie es hier Schritt für Schritt in alle Welt getragen wird, wie gerade die Versuche der irdischen Mächte, die Lehre zu unterbinden, die Nöte und Verfolgungen der Gemeinde und ihrer Führer durch die himmlische Leitung erst recht zu ihrer Ausbreitung geführt haben. Danach ist, wie der gesamte Aufbau, so die sorgfältig überlegte Auswahl des Stoffes gestaltet. Was sich nicht unter diesen Gesichtspunkt einfügt, wird als gleichgültig beiseite gelassen; denn es ist evident, daß er viele nicht unwichtige Vorgänge gekannt haben muß, die er nicht in sein Werk aufgenommen hat, so z. B. über die weiteren Schicksale des Petrus, nachdem er aus Jerusalem fortgegangen ist (12, 17), oder über den Ursprung der römischen Gemeinde, die er 28, 15 erwähnt. Auch von den weiteren Schicksalen der Urgemeinde in Jerusalem hat er natürlich mehr gewußt, als 21, 17 ff. angedeutet wird; aber er hat es nicht einmal für nötig gehalten, den Leser über den Jakobus, der 12, 17; 15, 13 und 21, 18 an ihrer Spitze steht, irgendwie zu orientieren, so daß er nur daraus, daß der Sohn des Zebedaeus 12, 2 hingerichtet wird, erraten kann, daß hier nicht der Apostel gemeint ist – daß es der Herrnbruder Jakobus ist, erfahren wir nur aus Paulus und der sonstigen Überlieferung.[12]

Andrerseits ist es unvermeidlich, daß bei solcher Auswahl ein subjektives Moment mitspielt.[13] Es ist natürlich, daß ihm Vorgänge, die er selbst erlebt hat und in allen Einzelheiten genau kennt, wesentlicher erscheinen als andere, von denen er vielleicht nur eine kurz zusammenfassende Kunde erhalten hat, und daß er daher hier Züge aufnimmt, die er sonst weggelassen haben würde. In der ungleichen Behandlung der Reisen des Paulus tritt das sehr deutlich hervor. Aber überhaupt ist sein Interesse, so weit auch der Rahmen gespannt ist, doch tatsächlich auf einen engeren Kreis beschränkt. Der ganze Osten, wo doch zweifellos in den arabischen Grenzgebieten und auch in Mesopotamien und Babylonien die Mission früh eingesetzt hat – große jüdische Gemeinden, die die Anknüpfung ermöglichten, gab es ja hier überall –, wird mit keinem einzigen Wort berücksichtigt, so daß wir über diese Gebiete schlechthin gar nichts wissen. Sein Augenmerk ist ausschließlich auf das römische Reich, den Orbis terrarum der Kulturwelt gerichtet; und auch hier drängt die Darlegung, wie das durch die griechische Welt vordringende Christentum schließlich auch in der Welthauptstadt feste Wurzeln schlägt, alles andre so sehr zurück, daß wir selbst über die Ausbreitung nach Aegypten nichts erfahren, so nahe 18, 24 bei der Erwähnung des aus Alexandria stammenden Juden Apollos der Anlaß gelegen hätte, darüber etwas mitzuteilen.

Vielmehr ist ihm die erfolgreiche Ausbreitung des Christentums in der Heidenwelt so gut wie ausschließlich das Werk des von Christus dafür ausersehenen Heidenapostels Paulus. Das Auftreten der Missionare in Antiochia und die Wirksamkeit des Barnabas sind dafür lediglich die Vorbereitung; als Barnabas sich mit Marcus von Paulus trennt und wieder nach Zypern geht, ist seine Rolle ausgespielt, weiteres wird von ihm nicht erzählt. Ebensowenig erfahren wir irgend etwas über die Missionstätigkeit des Petrus und der übrigen Apostel außerhalb Palaestinas, die doch in den Briefen des Paulus erwähnt wird; aus demselben Grunde wird über den Ursprung der Gemeinde, die Paulus in Rom vorfindet, nichts berichtet.

So ist im zweiten Teil des Buchs alles Interesse ausschließlich auf Paulus konzentriert. Vorausgeschickt ist ihm ein Abriß der älteren Geschichte bis zum Eintreten des Paulus. In diesem steht in gleicher Weise, wenn auch nicht ganz so ausschließlich, Petrus im Mittelpunkt; die übrigen Apostel, auch Johannes und Jakobus, sind, abgesehn von dem kurz erwähnten Martyrium des letzteren, lediglich Statisten. Der Titel Πράξεις Ἀποστόλων ist daher auch von diesem Gesichtspunkt aus sehr ungeschickt gewählt und erregt ganz falsche Erwartungen. Eben weil das Buch in dieser Beziehung den Ansprüchen gar nicht genügte, sind in späterer Zeit die zahlreichen apokryphen Apostelromane entstanden.

Auch inhaltlich und dem Quellenmaterial nach unterscheiden sich beide Teile. Die ausführlicheren Erzählungen im ersten Teil tragen durchweg einen legendarischen Charakter, mit zahlreichen Wundern und unmittelbarem Eingreifen der übernatürlichen Mächte. Auch in der Geschichte des Paulus fehlen solche Züge keineswegs; aber je mehr wir uns dem Ende nähern, desto mehr treten sie zurück, um in dem Schlußabschnitt, von 19, 21 an, völlig zu verschwinden – denn die Visionen und Prophezeiungen, die hier vorkommen, und die Errettung des Paulus von der Schlange auf Malta sind geschichtliche Tatsachen, die keinen Anstoß bieten. Je weiter wir vorschreiten, desto ausführlicher und zugleich desto authentischer wird das Gepräge der Erzählung.

Daß der Verfasser sein Material, mag es ihm mündlich oder schriftlich zugekommen sein oder auf eigenem Erlebnis beruhen, in derselben Weise selbständig gestaltet hat, bei aller Anlehnung an den Wortlaut seiner Vorlagen, wie im ersten Buch, ist zu erwarten und wird sich uns vielfach bestätigen. Vor allem hat er alle Gegensätze und scharfen Konflikte innerhalb der Christengemeinden und zwischen ihren Führern, wie wir sie durch Paulus kennen lernen, überbrückt und nach Möglichkeit verwischt. Es ist ja die Gottheit, die handelt, nicht die einzelnen Menschen; so tritt alles Individuelle, eben das spezifisch Historische, zurück gegenüber dem göttlichen Heilsplan, der sich folgerichtig fortschreitend und daher ohne innere Reibung verwirklicht.

Darauf werden wir im einzelnen noch vielfach zurückkommen. Um über den Wert der Berichte und über Persönlichkeit und Art des Verfassers zu einem gesicherten Urteil zu gelangen, empfiehlt es sich, mit der Analyse des zweiten Teils zu beginnen, wo wir festen Boden unter den Füßen und zugleich durch die Briefe des Paulus die Möglichkeit einer Kontrolle und einer Ergänzung besitzen.

Der sogenannte „Wir-Bericht“

In der Geschichte des Paulus finden sich bekanntlich große Abschnitte, in denen der Berichterstatter als Augenzeuge redet und die daher als „Wir-Bericht“ bezeichnet zu werden pflegen. In der Regel hat man angenommen, daß hier der in weit jüngere Zeit gesetzte Verfasser des Gesamtwerks Bruchstücke aus der Darstellung eines Augenzeugen wörtlich aufgenommen, im übrigen aber diese überarbeitet und durch Zusätze ergänzt habe. Diese „Wir-Stücke“ pflegt man indessen in rein mechanischem, bei einiger Überlegung kaum noch begreiflichem Formalismus ohne jede Rücksicht auf den Inhalt lediglich nach dem äußeren Umstande abzugrenzen, ob in einem Satze das Wort „Wir“ vorkommt oder nicht. Dies Verfahren führt zu geradezu grotesken Ergebnissen. c. 20, 5–15 wird die Reise des Paulus und seiner Begleiter von Alexandria Troas nach Milet mit „Wir“ berichtet. In unmittelbarem Anschluß daran wird 20, 16–38 erzählt, daß Paulus, weil er möglichst rasch zum Pfingstfest nach Jerusalem reisen will, sich entschlossen hat, Ephesos nicht aufzusuchen, und daher die Ältesten von Ephesos zu sich nach Milet kommen läßt und ihnen hier eine Abschiedsrede hält. Darauf setzt sich die weitere Reise von Milet nach Jerusalem, c. 21, 1–16 mit „Wir" fort. Da soll das Zwischenstück einer andern Quelle entstammen, obwohl doch in ihm das Wort „wir" gar nicht vorkommen kann, da die Reisebegleiter zwar mit Paulus zusammen in Milet sind, aber für das Berichtete nicht in Betracht kommen, sondern lediglich Paulus und die Ephesischen Ältesten[14], und obwohl die Rede des Paulus sich inhaltlich, in der von ihm bestimmt ausgesprochenen Ahnung der ihm in Jerusalem bevorstehenden Katastrophe, vollkommen mit den gleichartigen Erzählungen in dem „Wir-Bericht" 21, 4 und 11 ff. deckt. Ebenso geht es weiter. „Als wir in Jerusalem angekommen waren", heißt es 21, 17 f., „nahmen uns die Brüder freundlich auf. Am folgenden Tage aber ging Paulus mit uns zu Jakobus, und alle Ältesten fanden sich hier ein." So weit rechnet man den „Wir-Bericht"; das Weitere, Paulus' Unterredung mit diesen, sein Entschluß, in den Tempel zu gehn, der daraus erwachsende Konflikt mit den Juden, seine Gefangensetzung, sein Verhör vor Felix und zwei Jahre später vor Festus und Agrippa, das alles wird einer andern Quelle zugewiesen, als ob hier die „Wir", die doch nicht gefangengesetzt und nicht verhört wurden, irgend etwas zu suchen hätten. Sobald dann Festus, der Forderung des Paulus gemäß, die Überweisung seines Prozesses an Caesar verfügt hat und er zur Fahrt nach Rom eingeschifft wird, treten auch die „Wir" wieder auf, und die ganze ausführliche Erzählung über diese Fahrt 27, 1–28, 16 ist „Wir-Bericht". Aber mit den Worten 28, 16: „als wir in Rom angekommen waren, wurde dem Paulus' gestattet, in Begleitung des ihm zur Bewachung beigegebenen Soldaten für sich allein zu bleiben" soll derselbe abschließen, alles weitere eine freie Komposition des jüngeren Bearbeiters sein. Indessen dieser Satz ist ja deutlich nur die Einleitung für die dadurch ermöglichte Missionstätigkeit des Paulus zunächst bei den Juden, dann, als diese ihn großenteils ablehnen, bei den Heiden, und wird in dem ihn ergänzenden Schlußsatz 28, 30 wieder aufgenommen: „er blieb zwei ganze Jahre in seiner eigenen Mietswohnung", in der er allen, die ihn aufsuchen, ungehindert die Lehre verkündet. Auch wäre ein Abschluß, ohne daß berichtet würde, wie Paulus sich in Rom verhalten und was er hier für die Ausbreitung des Evangeliums getan hat, ganz undenkbar; und daß in diesem Stück, das fast ganz durch eine Rede des Paulus v. 17–28 ausgefüllt wird, ein „Wir" nicht vorkommen kann, sollte doch wirklich keiner Erwähnung bedürfen.

Somit ist völlig evident, daß der ganze Abschnitt 20, 5 bis 28, 31 ein einheitlicher „Wir-Bericht" ist, in dem ein Augenzeuge erzählt. Ob dieser sachlich korrekt berichtet oder ob er die Vorgänge etwa verschoben und in ein falsches Licht gerückt hat, ist eine andere Frage, deren Untersuchung mit dem uns hier beschäftigenden Problem gar nichts zu tun hat. An der Tatsache selbst dagegen ist kein Zweifel möglich, und daß man diesen Sachverhalt so völlig verkannt hat, ist kein rühmliches Zeugnis für die Art, wie die Kritik auf diesen Gebieten so vielfach betrieben worden ist.

Daß ein Historiker da, wo er Vorgänge zu berichten hat, die er selbst erlebt hat, seine Zeugenschaft erwähnt und daher in der ersten Person redet, ist etwas ganz Natürliches und Geläufiges; dadurch wird nicht nur die Darstellung belebt, sondern zugleich das Vertrauen des Lesers auf ihre Zuverlässigkeit wesentlich gesteigert. Mit Recht hat NORDEN, Agnostos Theos 322 ff. auf die Parallelen aus der antiken Literatur hingewiesen. Vollejus Paterculus und Ammian heben bei den militärischen Ereignissen, an denen sie beteiligt waren, ihre Anwesenheit durchweg hervor und benutzen das zur Einfügung charakteristischer Detailzüge; wo es sich lediglich um ihre eigene Persönlichkeit handelt, reden sie im Singular „ich"; sonst, wo sie nur einer aus einer größeren Masse sind, gebrauchen sie den Plural „wir". Ebenso verfährt Dio Cassius, der die Ereignisse von Commodus an als Senator in Rom miterlebt hat; er erzählt die Erlebnisse und Stimmungen des Senats durchweg mit „Wir" – daraus ersieht der Leser sofort, daß er es hier mit dem Bericht eines Augenzeugen zu tun hat.[15] Er hat das aber zugleich auch noch ausdrücklich hervorgehoben: „ich erzähle dies und das übrige nicht mehr auf Grund fremder Berichte, sondern auf Grund eigener Beobachtung" sagt er 72, 4, 2 und ebenso 72, 7, 1. 72, 23. 79, 7, 4 u. a., und motiviert damit, daß er fortan auch manche an sich unbedeutende Episoden aufnimmt. Ebenso erwähnt Herodian I 2,5, daß er die Begebenheiten, die sein Geschichtswerk behandelt, als Zeitgenosse selbst erlebt und gesehn oder gehört hat, wenn auch natürlich in weit untergeordneterer Stellung als Dio; und so sagt er I 15, 4 von den Tierhetzen des Commodus: „damals sahen wir (in den vorgeführten Tieren), was wir sonst im Bilde anzustaunen pflegten" (τότε γοῦν εἴδομεν, ὅσα ἐν γραφαῖς ἐθαυμάζομεν); ebenso III 8, 10 bei den Saecularspielen des Severus.[16]

Völlig gleichartig sind nun auch die entsprechenden Abschnitte der Apostelgeschichte; nur hat der Verfasser es nicht für angebracht gehalten, in der Weise wie Dio oder Herodian seine Autopsie ausdrücklich zu betonen und dadurch das Vertrauen auf seine Zuverlässigkeit zu erhöhen: mit Recht empfand er das als eine der Würde seines Gegenstandes nicht entsprechende Aufdringlichkeit. So hält er sich bescheiden zurück und deutet seine Autopsie nur dadurch an, daß die Erzählung von 20,5 an in die erste Person („wir") übergeht.[17] Zugleich aber hat er den Übergang und den engen Zusammenhang mit dem Vorhergehenden mit stilistischem Geschick so gestaltet, daß für den unbefangenen Leser gar kein Zweifel entstehn kann – mit Kritikern, deren Blick mechanisch lediglich an den Äußerlichkeiten haftet und die gar nicht versuchen, zwischen den Zeilen zu lesen, hat er allerdings nicht gerechnet. Er erzählt, daß Paulus, nach einem kurzen Aufenthalt in Griechenland, infolge jüdischer Nachstellungen sich entscheidet, über Makedonien nach Jerusalem zu reisen. „(20, 4) Es schlossen sich ihm an (συνείπετο δὲ αὐτῷ) Sopatros, Sohn des Pyrrhos, aus Beroea, Aristarchos, Sekundos und Gaios aus Thessalonike, Timotheos aus Derbe[18], Tychikos und Trophimos aus Asia. 5. Diese gingen voraus und erwarteten uns in (Alexandria) Troas; 6. wir aber gingen nach dem Mazzenfest von Philippi aus zu Schiff und kamen zu ihnen nach Troas in fünf Tagen, wo wir uns dann sieben Tage aufhielten." Damit ist ganz unzweideutig gesagt, daß der Verfasser sich in Philippi dem Paulus angeschlossen und ihn von da an begleitet hat[19]; ebenso deutlich aber zeigt sich, daß der Verfasser des „Wir-Berichts" identisch ist mit dem der vorhergehenden Sätze und daß es absurd ist, mit 20, 5 einen Quellenwechsel anzunehmen.

In den früheren Abschnitten erscheint das „Wir" nur noch 16, 10–17. Vorher ist erzählt, daß Paulus mit seinen Begleitern nach (Alexandria) Troas kommt. „(16, 9) Da erschien dem Paulus bei Nacht ein Gesicht, ein makedonischer Mann. stand da und rief ihn an mit den Worten: geh nach Makedonien hinüber und hilf uns. 10. Als er das Gesicht gesehn hatte, strebten wir sofort nach Makedonien zu ziehn, da wir schlossen, daß Gott uns gerufen habe, ihnen das Evangelium zu verkünden." So kamen „wir" nach Philippi, wo eine Proselytin Lydia „uns" gastlich aufnahm und sich mit ihrem Hause taufen ließ. 16. „Als wir zur Synagoge (προσευχή) gingen, begegnete uns eine Magd, die einen wahrsagenden Geist hatte … 17. Sie folgte dem Paulus und uns und rief: Diese Menschen sind Diener des höchsten Gottes, die euch den Heilsweg verkünden. 18. Das tat sie viele Tage lang", bis Paulus den Geist austreibt. Auch hier ist klar, daß das „Wir-Stück" mit dem vorhergehenden wie mit dem folgenden in engstem Zusammenhang steht und daß es ganz unmöglich ist, v. 10–17 aus demselben herauszureißen.

Umgekehrt konnten die „Wir" in der anschließenden Erzählung nicht vorkommen, wie Paulus und Silas infolge eines durch die Wunderheilung hervorgerufenen Tumults gefangengesetzt, durch ein Wunder befreit und von den Beamten zwar freigegeben, aber aus der Stadt ausgewiesen werden; denn an diesen Vorgängen war der Berichterstatter ja nicht beteiligt, sondern nur Paulus und Silas. Wohl aber erscheint es zunächst auffallend, daß ein „Wir" auch in den folgenden, viele Jahre umfassenden Erzählungen bis 20, 5 nicht wieder vorkommt.

Aber gerade darin liegt der Schlüssel des Rätsels. Setzen wir die „Wir-Stücke" in Verbindung miteinander, so erhalten wir vollständige Aufklärung über den Verfasser. Er hat sich in Alexandria Troas an Paulus angeschlossen, ist also offenbar hier ansässig gewesen. Daß er von seiner Bekehrung nichts erzählt und auch sonst über sich keine weiteren Aufschlüsse gibt – seinen Namen erfuhr der Leser aus dem Titel seines Werks – entspricht, wie schon angedeutet, seinem religiösen Taktgefühl: er würde es als eine ungehörige Anmaßung empfinden, wollte er sich mit Silas, Timotheos, Aquila, Apollos auf eine Linie stellen, es genügt vollkommen, daß der Leser erfährt, daß er von hier an als Augenzeuge berichtet.

Von Troas aus hat er Paulus bis nach Philippi begleitet; und hier schließt er sich ihm viele Jahre später auf seiner letzten Reise wieder an. Daraus geht ohne weiteres hervor, daß er in der Zwischenzeit in Philippi geblieben ist; daher kann er von Paulus' Schicksalen in diesen Jahren nicht aus eigenem Erlebnis, sondern nur aus den ihm zugegangenen Berichten erzählen. Dem entspricht es, daß, im Gegensatz zu der viel eingehenderen Darstellung von der letzten Abreise aus Philippi 20,4 an in den vorhergehenden Abschnitten die Ereignisse weit kürzer, zum Teil sogar äußerst summarisch (so 18, 18–23. 20, 1–3) zusammengefaßt und nur einzelne besonders bedeutsame Episoden ausführlicher erzählt werden.

Der Verfasser des Geschichtswerks: Lukas der Arzt

Der Titel des Geschichtswerks ist von der Kirche, im Zusammenhang mit der Trennung der beiden Bücher, fallengelassen worden. Aber es liegt nicht der mindeste Grund vor, zu bezweifeln, daß die Bezeichnung des Evangeliums κατὰ Λουκᾶν auf zuverlässige Überlieferung oder vielmehr auf den ursprünglichen Titel des Gesamtwerks zurückgeht; es ist gar nicht abzusehn, wie man dazu hätte kommen sollen, diesen Namen zu erfinden, wenn er nicht auf Überlieferung beruhte, und überdies muß ja mit diesem Geschichtswerk, das literarisch einen ganz anderen Charakter trägt als die drei andern Evangelien, notwendig von Anfang an der Verfassername verbunden gewesen sein. Daß der Verfasser Pauliner ist, lehrt der Inhalt auf Schritt und Tritt. Und nun nennt Paulus im Kolosserbrief 4, 14 und im zugehörigen Brief an Philemon 24[20] als einen seiner Genossen und Mitarbeiter (συνεργός) in Rom „Lukas, meinen lieben Arzt" – denn so ist Λουκᾶς ὁ ἰατρὸς ὁ ἀγαπητός zu verstehn. Das alles fügt sich aufs beste aneinander. Somit hat Lukas offenbar als Arzt in Alexandria Troas und später in Philippi praktiziert. Von den geborenen Juden seiner Umgebung (v. 11 οἱ ὄντες ἐκ περιτομῆς) wird er von Paulus im Kolosserbrief ausdrücklich geschieden; daß er Proselyt gewesen wäre, ist möglich, aber nicht gerade sehr wahrscheinlich. Dazu stimmt die Stellung, die das Lukasevangelium zum Judentum einnimmt (Bd. I 302), aufs beste; die genaue Kenntnis des Alten Testaments, die er überall zeigt, kann er sehr wohl erst als Christ, in regem Verkehr mit Paulus, gewonnen haben. Der Name Lukas, eine Kurzform von Lukios, zeigt die gerade in Kleinasien weit verbreitete Bildung auf -ᾶς; für etwaigen römischen Ursprung beweist dieser ganz geläufige Name[21] natürlich gar nichts. Die Möglichkeit bleibt natürlich bestehn, daß er auch in Alexandria Troas nicht heimisch gewesen ist, sondern sich hier lediglich zur Ausübung seines Berufs niedergelassen hat; darüber läßt sich nichts weiter ermitteln. Denn die Angabe, die sich bei Eusebios sowie in den monarchianischen Evangelienprologen findet[22], er stamme aus Antiochia, beruht wohl nicht auf einer zuverlässigen Tradition, sondern wird aus der Rolle gefolgert sein, die Antiochia in der Apostelgeschichte spielt. Die Berichte über die dortigen Vorgänge tragen aber keinen andern Charakter als z. B. die über Korinth oder Ephesos und können sehr wohl ebenso wie diese auf Erkundigungen beruhn, die der Verfasser eingezogen hat. Jedenfalls ist es ausgeschlossen, daß er etwa schon in Antiochia oder auf den ersten Reisen zur Begleitung des Paulus gehört hätte.

In drei immer von neuem wieder aufgenommenen, sich gegenseitig ergänzenden und vertiefenden Untersuchungen hat HARNACK die Einheitlichkeit des Geschichtswerks des Lukas und seine Abfassung durch den Arzt und Begleiter des Paulus zu erweisen gesucht.[23] Er hat in minutiöser, weit über seine Vorgänger hinausgehender Analyse des Wortschatzes und des Stils erwiesen, daß darin die „Wir-Stücke" mit den übrigen Teilen des Werks, sowohl der Apostelgeschichte wie dem Evangelium, völlig übereinstimmen – soweit nicht in diesem dadurch, daß der Verfasser hier durchweg schriftliche Quellen benutzt hat, auch deren Stil auf ihn eingewirkt hat. Einen durchschlagenden Erfolg hat er damit freilich nicht erzielt; denn wenn auch das negative Ergebnis gesichert ist, daß auf Grund der Sprache Einwände gegen die Identität des Verfassers nicht erhoben werden können, so bleibt doch fraglich, wie weit eine solche positiv aus stilistischen Gründen erwiesen werden kann[24], und wer skeptisch gesinnt ist, kann immer noch die Ausflucht ergreifen, daß die Übereinstimmungen, so frappant sie vielfach sind, auf Gemeinsamkeit der Bildungssphäre und der Denkweise der Verfasser und auf Anpassung des Überarbeiters an seine Hauptquelle zurückgehn.

Das gleiche gilt auch von dem Versuch, zu erweisen, daß der Verfasser ein Arzt gewesen sein müsse.[25] Allerdings finden sich bei ihm vielfach korrektere medizinische Bezeichnungen als bei Marcus; aber das geht kaum über das hinaus, was auch ein gebildeter Laie – und das war der Verfasser ja jedenfalls im Gegensatz zu Marcus und den übrigen Evangelisten – hätte sagen können. So z. B., wenn Lukas ev. 5, 18 nicht παραλυτικόν sagt, wie Marcus 2, 3, sondern ἄνθρωπον ὃς ἦν παραλελυμένος, oder wenn er in der Erzählung des Marcus 5, 25 ff. von der γυνὴ οὖσα ἐν ῥύσει αἵματος δώδεκα ἔτη (von Lukas 8, 43 durch Umdeutung gesteigert zu ἀπὸ ἐτῶν δώδεκα, also vom Eintritt der Geschlechtsreife) die Worte καὶ εὐθὺς ἐξηράνθη ἡ πηγὴ τοῦ αἵματος αὐτῆς verbessert in καὶ παραχρῆμα ἔστη ἡ ῥύσις τοῦ αἵματος αὐτῆς, mit Wiederholung des vorher auch von Marcus gebrauchten Wortes ῥύσις.[26] Wohl aber hat HARNACK recht, wenn er act. 28, 10 direkt ausgesprochen findet, daß der Erzähler ein Arzt war[27]: Paulus hat auf Malta den Vater des Oberhaupts der Gemeinde durch Gebet und Handauflegen von Fieber und Dysenterie geheilt; darauf kamen auch die übrigen Kranken herzu und wurden geheilt, οἳ καὶ πολλαῖς τιμαῖς ἐτίμησαν ἡμᾶς „sie überhäuften *uns* mit Ehrungen". Mithin ist der Verfasser ebensogut wie Paulus bei den Heilungen tätig gewesen. Damit tritt deutlich hervor, daß er kein anderer gewesen ist, als Paulus' Gehilfe Lukas, der Arzt des Kolosserbriefs, der neben der magischen (magnetischen) Behandlung natürlich auch seine medizinischen Kenntnisse in derselben Weise verwertet hat, wie es in gleicher Lage bei Reisenden in unkultivierten Gebieten und oft genug bei einem Landaufenthalt auch in der Gegenwart ständig vorkommt. Und ebenso ist es in der Tat sehr auffallend, daß Lukas dem Jesus bei seinem ersten, vom Verfasser ganz frei gestalteten und gegen die Überlieferung nach Nazaret verlegten Auftreten (Bd. I 101) das Wort in den Mund legt: „Gewiß werdet ihr mir dies Gleichnis (τὴν παραβολὴν ταύτην) entgegenhalten: Arzt, heile dich selber". Geschickt ist die Wendung keineswegs; denn sie soll die Forderung motivieren, daß Jesus die Wunder, die er in Kapernaum getan hat[28], nun nicht etwa an sich selbst, sondern auch in seiner Vaterstadt vollbringen soll. Sie erklärt sich, wie HARNACK mit Recht bemerkt, am leichtesten, wenn der Schriftsteller ein Arzt war, dem dies Wort ganz geläufig war.

Bei der Überführung nach Rom hat sich dann Lukas freiwillig dem Paulus angeschlossen, wie vermutlich auch Timotheos und Tychikos, die ihn nach Jerusalem begleitet haben und nachher gleichfalls bei ihm in Rom sind (s. u. Kap. IX).

Beurteilung des „Wir-Berichts". Die Seefahrt nach Rom und der Schiffbruch

Für die Quellenfrage ist das Ergebnis, daß in der Apostelgeschichte zwei Teile zu scheiden sind: die Kapitel 16, 6–21 und 20, 4 bis zum Schluß, in denen der Verfasser als Augenzeuge spricht, und alle übrigen Abschnitte, für die er auf ihm zugekommene Berichte angewiesen war. Die Frage, ob seine Darstellung zuverlässig ist oder ob sie einseitig von bestimmten Tendenzen beherrscht oder gar verfälscht oder frei erfunden ist, ist natürlich in derselben Weise wie bei jedem anderen Geschichtswerk bei jeder einzelnen Angabe zu prüfen. Nur muß ich gleich von vornherein erklären, daß ich auf die unendlich oft vorgebrachten Angriffe, die Darstellung vertrage sich nicht mit den Äußerungen des Paulus selbst in seinen Briefen und mit dem Idealbilde, das man sich aufgrund derselben konstruiert hat, nicht eingehn werde. Das sind theologische Argumentationen, die für den Historiker nicht in Betracht kommen können. Denn nicht darum handelt es sich, dies Idealbild, es koste was es wolle, unter allen Umständen als richtig und unanfechtbar zu erweisen, sondern aus der gesamten Überlieferung, von der die Selbstzeugnisse des Paulus nur einen, und zwar einen notwendig einseitigen Teil bilden, ein geschichtlich richtiges Bild sowohl der Vorgänge wie der Persönlichkeit zu gewinnen. Das übliche Verfahren ist genau dasselbe, wie wenn ein Enthusiast für Caesar oder Napoleon oder Bismarck oder etwa auch für Goethe oder Lessing die übrige Überlieferung da, wo sie mit ihren eigenen Angaben oder dem von ihnen entworfenen, enthusiastisch gefärbten Idealbild in wirklichem oder scheinbarem Widerspruch steht, einfach als wertlos und gefälscht verwerfen wollte, während doch die Erfahrung – die ein jeder auch an sich selbst und seinen eigenen Lebenserinnerungen machen kann – zeigt, daß gerade der umgekehrte Weg der wissenschaftlich allein berechtigte ist.[29]

Als ein Glanzstück in sachlicher Korrektheit ist der Bericht in cap. 27 über die Seefahrt von Sidon über Kreta bis zum Schiffbruch bei Malta allgemein anerkannt: daß all die zahlreichen, knapp sachlich, aber liebevoll geschilderten Einzelzüge sowohl geographisch wie seetechnisch jeder Prüfung standhalten und von einem sorgfältig und gut beobachtenden Augenzeugen stammen müssen, ist von sachverständiger Seite so eingehend nachgewiesen worden, daß es sich erübrigt, das nochmals weiter auszuführen. Aber in dieser Erzählung verkündet Paulus in der Not des Seesturms auf Grund eines Traumgesichts, daß sie zwar Schiffbruch leiden, aber alle mit dem Leben davonkommen werden und daß er selbst vor den Richterstuhl des Kaisers gelangen würde; und er gewinnt maßgebenden Einfluß sowohl auf den Centurio wie auf die Mannschaft. Das kann natürlich die Kritik nicht dulden, und so haben bereits ZELLER und OVERBECK die Prophezeiungen des Paulus streichen wollen.[29a] Weiter geht WELLHAUSEN[30], der behauptet, daß die ganze Erzählung ursprünglich mit Paulus überhaupt gar nichts zu tun habe. Da er zugeben muß, daß die Schilderung der Seefahrt und des Schiffbruchs sachlich unanfechtbar ist, nimmt er an, der Verfasser der Apostelgeschichte habe „eine fertig vorgefundene Beschreibung einer stürmischen Überfahrt vom Osten nach Rom von anderswo übernommen und auf Paulus angepaßt"; „vielleicht war in der Vorlage gar nicht von Malta die Rede, sondern von einem anonymen barbarischen Eiland (freilich auch im Mittelmeer)." Selbst daß Paulus auf der Reise nach Rom überhaupt Schiffbruch gelitten habe, erscheint ihm fraglich, weil er im Philipperbrief nichts davon sagt – wo lag denn aber in diesem auch nur der geringste Anlaß dazu vor?! –, wenn er es auch für wahrscheinlich hält, daß eben dieser Schiffbruch dem Verfasser den Anlaß gegeben habe, „seiner Beschreibung dies schöne Muster zugrunde zu legen".

Wie er sich freilich den zugrunde liegenden Schiffahrtsbericht denkt, hat er nicht verraten, und das auszumalen möchte auch schwer genug fallen. Soll etwa diese Seefahrt auch auf einem adramyttenischen Schiff von Sidon unter Zypern weg nach Myra in Lykien gegangen sein und dann hier die Waren auf ein alexandrinisches Schiff umgeladen haben? Oder hält er auch das für Erfindungen des Romanschriftstellers, der die Apostelgeschichte gefälscht hat? Und wie soll dieser dazu gekommen sein, derartiges an sich ganz gleichgültiges Detail aus den Fingern zu saugen, das doch nur dann Sinn hat, wenn es den wirklichen Hergang wiedergibt? Völlig mißglückt ist das Argument, daß der Verfasser des „Wir-Berichts" in 20, 5–21, 8 derartige Züge nicht berichte und „kein Interesse für Nautik erkennen lasse"; auf dieser Fahrt, in bester Jahreszeit und ständig im Bereich der Küste, war eben wirklich nichts Ungewöhnliches passiert.[31] Daß wir aber von den drei Schiffbrüchen, die Paulus in früherer Zeit erlebt hat (Kor. II 11, 25), nichts erfahren, beruht darauf, daß der Verfasser der Apostelgeschichte diese Reisen nicht selbst miterlebt hat und sie auf Grund der ihm zugegangenen Berichte nur in kurzen Umrissen darstellen kann, wobei auch sonst mancherlei Erlebnisse des Paulus ausgefallen sind. Und daß der Verfasser mit diesem zusammen wirklich auf Malta gewesen ist, findet eine geradezu überraschende Bestätigung darin, daß der Titel, den 28, 7 der Mann namens Publius[32] erhält, „der uns aufnahm und drei Tage lang freundlich bewirtete", ὁ πρῶτος τῆς νήσου sich in den ganz wenigen Inschriften, die wir aus Malta haben, bekanntlich zweimal findet: Inscr, Graec. XIV, 601 Λ. Κα[στρί]κιος Κυρ. (d. i. *Quirina*) Προύδηνς ἱππεὺς 'Ρωμ(αίων), πρῶτος Μελιταίων καὶ πάτρων (*patronus*) und CILat. X 7495 (Dessau, Inscr. lat. sel. 5415) ... *[muni]cipi Mel(itensium), primus omni(um)* ... Eine bessere Bestätigung der Zuverlässigkeit des Berichts läßt sich doch gar nicht erdenken. Zugleich aber zeigt die Aufnahme, die Paulus bei ihm findet, in welchem Ansehn er bei dem Centurio Julius stand, der ihn nach Rom überführen sollte, und bestätigt so die weiteren gleichartigen Angaben des Berichts und speziell die gleichfalls angefochtene, daß dieser ihm in Sidon gestattet habe, seine Freunde aufzusuchen (27, 3).

Ein weiterer Einwand Wellhausens lautet[33]: „Am Schluß des Kapitels ist die Anweisung des Centurio an die Schiffsgenossen, in welcher verschiedenen Weise sie sich retten sollten, sehr überflüssig und der Lage wenig angemessen; in solchem Falle rettet man sich nicht nach Vorschrift, sondern nach Gelegenheit und nach Kräften. Es wird ursprünglich nur die Tatsache berichtet sein, daß jeder sich bei der Strandung half so gut er konnte; der Befehl des Centurio und das Motiv dazu sind von zweiter Hand eingetragen." Wer so schreibt, hat doch wohl sehr unklare Vorstellungen von den Vorgängen auf See. Wenn für die Sicherung der ganzen Fahrt die absolute Kommandogewalt des Kapitäns die unentbehrliche Voraussetzung ist, so erst recht bei einem Schiffbruch; wenn da alle gerettet werden sollen, so muß strengste Ordnung gehalten werden. Ob dem Kommandanten gelingt, seine Autorität zu wahren, hängt von seiner Persönlichkeit ab; daß ein römischer Centurio dazu imstande war, so gut wie unsere Kapitäne und Offiziere, ist selbstverständlich. So haben denn auch die Soldaten, die die Gefangenen töten wollten, damit sie nicht entflöhen, sich seinem Befehl gefügt und sie am Leben gelassen, „da er den Paulus retten wollte". Überdies lag eine dringende Lebensgefahr gar nicht vor: das Schiff war zwar geborsten, aber das Vorderteil saß fest im Grunde, so daß die Wellen kein Schwanken mehr bewirken konnten (ἀσάλευτος). Die Anordnung des Centurio „wer schwimmen könne, solle sich ins Wasser werfen und ans Land gehn, die übrigen teils auf Brettern, teils auf dem Rücken der Mannschaft aufs Land gebracht werden" ist vollständig sachgemäß und wird auch jetzt in jedem ähnlichen Falle ebenso befolgt werden.[34]

Aber Wellhausen glaubt, einen formellen Grund für die Ausscheidung von v. 9–11 und damit auch der übrigen Erwähnungen des Paulus gefunden zu haben. Nun ist gewiß richtig, daß v. 12 unmittelbar an v. 8 anschließen *könnte*: „sie gelangten bei dem andauernden widrigen Winde mit Mühe nach dem Ort καλοὶ λιμένες bei Lasaia an der Südküste von Kreta. [12.] Da aber der Hafen für eine Überwinterung nicht gut gelegen war, riet die Mehrzahl, von dort auf hohe See zu gehn, um womöglich den Hafen Phoinix für die Überwinterung zu erreichen." Indessen daraus, daß sich ein Stück einer

Erzählung ohne formellen Anstoß ausscheiden läßt, folgt noch nicht, daß es eine Interpolation ist[35], am wenigsten, wenn wie hier parallele Vorgänge – das Verhalten des Paulus und das der Schiffsleitung – nebeneinander zu erzählen waren. Daß aber das Zwischenstück mit dem übrigen in Widerspruch stehe oder doch ihm nur ungeschickt eingefügt sei, ist lediglich eine falsche Interpretation. Paulus meint, daß jetzt, „wo der Versöhnungstag (10 Tišri=28. Okt.) schon vorüber war", somit die Zeit gekommen war, in der die Seefahrt eingestellt wurde, die Weiterfahrt Gefahr für Ladung und Leben drohe – seine Meinung ist also, man solle in dem Hafen bei Lasaia bleiben. Auch „die Mehrzahl" denkt nicht daran, die Fahrt nach Italien während des Winters durchführen zu wollen; aber sie wollen versuchen, für die Überwinterung noch einen bessern Hafen zu erreichen, zumal ein dafür günstiger Südwind einsetzt, und der Centurio tritt ihrer Meinung – der des Schiffspatrons und des Steuermanns (v. 11) – bei. Der Fortgang zeigt, daß es richtiger gewesen wäre, Paulus' Rat zu befolgen; der Wind schlägt um, sie können Phoinix nicht erreichen, sondern werden nach der vierzig Kilometer südlich von diesem gelegenen Insel Klauda oder Kauda[36] und von hier weiter ins offene Meer getrieben. Mit Recht kann ihnen daher Paulus v. 21 vorhalten, sie hätten sich von ihm warnen lassen sollen. Daß Paulus die Zukunft vorausverkündet, kann nur da Anstoß erregen, wo man, einseitig in eine rein logische Auffassung der Welt eingesponnen, gegen die im realen Leben wirksamen Faktoren die Augen verschließt. Derartige Prophezeiungen kommen ja überall tagtäglich vor, und es dürfte wenige Menschen geben, die nicht geneigt wären, derartigen Stimmungen und Ahnungen und den Eindrükken von warnenden oder auch glückverheißenden Vorgängen und plötzlich in der Seele auftauchenden Empfindungen nachzugeben, ja sich davon im Zweifelsfalle leiten zu lassen.[37] Ganz kann der kühl ablehnende Verstand nie dagegen aufkommen; denn die Zukunft ist immer unberechenbar, und gerade das Unwahrscheinliche wird oft genug zur Wirklichkeit. Erfüllt sich dann eine solche Verkündung nicht, so wird sie vergessen; trifft sie ein, so ist für die Gläubigen der Prophetencharakter gesichert.

Vollends bei Paulus aber müßten wir ein Verhalten, wie es hier geschildert wird, geradezu fordern, auch wenn die Überlieferung versagte. Er steht ja in unmittelbarer Verbindung mit der göttlichen Welt, er hat Offenbarungen, Visionen, Träume, er hat in Zungen geredet (Kor. I 14, 18), er fühlt sich als das auserwählte Werkzeug Gottes und des Christus. Da ist es selbstverständlich, daß er felsenfest davon überzeugt ist, daß er trotz aller Fährlichkeiten nach Rom gelangen, seine seit Jahren immer stärker gewachsene Sehnsucht, auch dort das Evangelium zu predigen, sich erfüllen wird, und ebenso, daß sich diese Überzeugung durch Traumgesichte kräftigte und daß er ihr Ausdruck gegeben hat, als es galt, in der Not das Vertrauen der Schiffsmannschaft auf Rettung zu erwecken. Im Grunde ist ja diese Überzeugung gar nichts anderes als das Vertrauen auf die eigene Kraft, die zum Erfolge führen wird, das in jeder Persönlichkeit leben und sie stärken muß, wenn sie etwas Großes schaffen soll. Nur erscheint hier in religiösem Gewande, was uns in andern Zeiten und Persönlichkeiten als Glaube an ihren Stern, an ihr Glück, an ihr eigenes Ich entgegentritt. Die gleiche Überzeugung tritt uns in gewaltigster Weise in den alttestamentlichen Propheten und den gleichartigen Persönlichkeiten entgegen – und es ist nur auffallend, daß dieselben Kritiker, die hier Paulus' Äußerungen als vaticinia ex eventu verwerfen, an den viel weiter greifenden Verkündungen des Jesaja und Jeremia an Hizkia und Zedekia über ihr und Jerusalems Schicksal keinen Anstoß nehmen, obwohl auch sie sich erfüllt haben.

Daß ein Mann wie Paulus, wo immer er sich befand, auf seine Umgebung Einfluß gewinnen mußte und auch dem römischen Centurio imponiert hat, ist bei der Überlegenheit und Energie seiner Persönlichkeit kein Wunder. Es kam hinzu, daß er schon dreimal einen Schiffbruch erlitten hatte[38], also von diesen Dingen etwas verstand. So ist es durchaus begreiflich, daß die Bemannung, als sie, sich bei Nacht dem Lande nähern und die Strandung erwarten müssen, auf seinen Zuspruch und nach seinem Vorbild die bis dahin gesparte Nahrung zu sich nimmt.

Im übrigen setze ich als eine auch sonst lehrreiche Parallele noch eine Erzählung aus Goethes italienischer Reise hierher. Am 14. Mai 1787, auf der Fahrt von Messina nach Neapel, gelangte das Schiff, von einem wenig erfahrenen Kapitän geleitet, bei Windstille in eine Strömung, die es von Capri an die steile Felsenküste der Landzunge von Sorrent trieb und mit Zerschmetterung bedrohte. Die Passagiere gerieten in wilde Aufregung. Da tritt Goethe in ruhiger Haltung vor sie, stellt ihnen vor, wie ihr Lärmen und Schreien, das die Schiffsleute verwirrt machen muß, die Gefahr nur noch steigert; er fordert sie auf, statt dessen zur Mutter Gottes zu beten, die allein durch ihren Sohn Hilfe bringen kann. Das tut denn auch die beste Wirkung, alle Frauen fangen an, leidenschaftlich zu beten. – Die Gefahr wird im letzten Moment durch Einsetzen eines gelinden Landwindes gehoben.

Ich habe diesen Abschnitt eingehender besprochen[39], um an einem besonders drastischen Beispiel zu zeigen, wie auch die angesehensten Forscher auf diesem Gebiete mit den Quellen umgehn zu dürfen glauben. Daß sie von Grund aus verfälscht sind, steht ihnen a priori fest; bietet die Erzählung sachliche Anstöße, wie sie auch in Berichten sonst zuverlässiger Augenzeugen sehr wohl vorkommen können, so ist ihre Unechtheit damit erwiesen; fehlen solche Anstöße und ist sie sachlich tadellos, so folgt eben daraus die Fälschung: der Autor hat eine fremde Erzählung ausgeschrieben, die von ganz andern Dingen handelt. Auf diese Weise läßt sich ohne Mühe jedes Geschichtswerk als historisch völlig wertlos erweisen.[40]

Nach dieser Probe werden wir uns im weiteren kürzer fassen können. Nachdem sich in diesem Kapitel der Bericht des Augenzeugen als tadellos erwiesen hat, dürfen wir auch an die übrigen Abschnitte desselben mit der gleichen Voraussetzung herangehn und untersuchen, wie weit sich diese durch ihren Inhalt bewährt.

II
Paulus in Jerusalem und Rom

Chronologie der zweiten und dritten Missionsreise des Paulus

Die Grundfrage nicht nur für die Beurteilung des „Wir-Berichts", sondern ganzen Apostelgeschichte ist die, wie der abrupte Schluß derselben zu verstehn und zu erklären ist, der über den Ausgang des Prozesses des Paulus und sein Schicksal nach Ablauf der vollen zwei Jahre, die er lehrend in Rom zugebracht bat, kein Wort mehr hinzufügt. Dafür aber ist es notwendig, zunächst zu versuchen, die Chronologie der Ereignisse zu ermitteln.

Einen festen Ausgangspunkt bietet das Prokonsulat des Gallio in Achaia, das jetzt inschriftlich auf das Jahr 51/2 festgelegt ist.[1] Gallio hat bekanntlich die Juden von Korinth, als sie vor ihm eine Anklage gegen Paulus erheben wollten, schroff abgewiesen: diese theologischen Streitigkeiten gingen ihn nichts an. Bald darauf (ἔτι προσμείνας ἡμέρας ἱκανάς 18, 18) hat Paulus Korinth verlassen. Vorher war er ein Jahr und sechs Monate in Korinth gewesen (18, 11). Als er dort eintraf, also im Jahre 50 n. Chr., waren kurz vorher (προσφάτως) Aquila und Priscilla dorthin gekommen, die Italien hatten verlassen müssen, weil Claudius alle Juden aus Rom ausgewiesen hatte (18, 2). Diese Ausweisung erwähnt bekanntlich Sueton (Claud. 25) in der berühmten, später weiter zu besprechenden Angabe: *Iudaeos impulsore Chresto assidue tumultuantis Roma expulit* in einer summarischen Übersicht des Verhaltens des Claudius gegen die Nichtbürger, aus der daher über das Datum nichts zu entnehmen ist; wohl aber setzt Orosius sie ins neunte Jahr des Claudius, d. i. 49/50, in voller Übereinstimmung mit dem aus der Apostelgeschichte zu erschließenden Datum.[2]

Von Korinth reist Paulus zur See über Ephesos nach Caesarea, „geht hinauf (nach Jerusalem) und begrüßt die Gemeinde" – offenbar hat er, wie auf der letzten Reise, hier die Kollekte für dieselbe abgeliefert –; dann hält er sich eine Zeitlang in Antiochia auf, danach besucht er aufs neue die in Galatien und Phrygien gegründeten Gemeinden „und festigt alle Jünger". Das alles wird ganz summarisch in einem einzigen Satz berichtet; man sieht, daß dem Verfasser eingehendere Kunde hier nicht zu Gebote stand. Erst mit dem Aufenthalt in Ephesos, das er schon bei dem kurzen Besuch auf der Reise nach Jerusalem als günstigen Boden erkannt hatte, setzen ausführlichere Nachrichten wieder ein. Das ist denn auch vorher schon vorbereitet: wir erfahren 18, 18, daß Priscilla und Aquila, der sich in Kenchreae infolge eines Gelübdes das Haupthaar schor[3], ihn nach Ephesos begleiteten und dort blieben – daran schließt 18, 26 an, wo sie dem Apollos „den Weg Gottes", d. h. die Lehre des Paulus auseinandersetzen –, während Paulus in Ephesos die Synagoge aufsucht[4] und auf die Bitte, länger zu bleiben, verspricht, er werde, so Gott wolle, wiederkommen.

Es ist begreiflich, daß diese knappe Fassung Anstoß erregt hat. So hat der „abendländische" Text (cod. D), außer sonstigen stilistischen Korrekturen (s. Anm. 3), in die Worte des Paulus in der Synagoge in Ephesos eine Motivierung für seine Abreise eingefügt, den Wunsch „das bevorstehende Fest" in Jerusalem zu feiern: εἰπών [δεῖ με πάντως τὴν ἑορτὴν τὴν ἐρχομένην ποιῆσαι εἰς Ἱεροσόλυμα] πάλιν [δὲ] ἀνακάμψω πρὸς ὑμᾶς τοῦ θεοῦ θέλοντος. Das ist natürlich aus der letzten Reise des Paulus entlehnt, wo er zum Pfingstfest in Jerusalem sein will (20, 16). Weiter hat diese Rezension den Satz 19, 1 ἐγένετο δὲ ἐν τῷ τὸν Ἀπολλῶ εἶναι ἐν Κορίνθῳ [wohin er von Ephesos aus gegangen ist,] Παῦλον διελθόντα τὰ ἀνωτερικὰ μέρη ἐλθεῖν εἰς Ἔφεσον umgewandelt in θέλοντος δὲ τοῦ Παύλου κατὰ τὴν ἰδίαν βουλὴν πορεύεσθαι εἰς Ἱεροσόλυμα, ειπεν αὐτῷ τὸ πνεῦμα ὑποστερέφειν εἰς τὴν Ἀσίαν· διελθὼν δὲ τὰ ἀνωτερικα μέρη ἔρχεται εἰς Ἔφεσον. Mithin hat der Urheber dieser Rezension angenommen, daß Paulus den Plan, nach Jerusalem zu gehn, nicht ausgeführt habe, also die Worte 18, 22, die bei ihm ἦλθεν εἰς Καισάρειαν καὶ ἀναβὰς καὶ ἀσπασάμενος τὴν ἐκκλησίαν κατέβη εἰς 'Αντιόχειαν lauten, so verstanden, daß Paulus vom Hafen aus die Gemeinde in Caesarea, oben in der Stadt, begrüßte und dann von hier aus direkt nach Antiochia ging – wie seltsamerweise manche Neuere, darunter BLASS, auch interpretiert haben, während doch zweifellos ist, daß die ἐκκλησία nur die Gemeinde in Jerusalem sein kann, zu der er von der Hafenstadt „hinaufgeht" und von der er dann nach Nordsyrien (Antiochia) „hinabgeht". Zu welchem Zweck sollte er denn sonst nach Caesarea gefahren sein, wenn er nur nach Antiochia wollte?

Neuere Kritiker sind weiter gegangen. WELLHAUSEN hält den ganzen „im Telegrammstil berichteten" Abschnitt für freie Erfindung: „Als bloßer Abstecher ist die Reise für die damalige Zeit unglaublich. Und sie hat gar keinen Zweck." Nach WENDT ist es angesichts der Schwierigkeiten, welche Paulus früher bei dem Besuch des Apostelkonvents und später bei seinem letzten Aufenthalt in Jerusalem gefunden hat, „schwer begreiflich, daß dazwischen ein flüchtiger Gelegenheitsbesuch gelegen hätte"; er hält daher die Angabe für eine redaktionelle Zutat des Verfassers zum Quellenbericht, der den Paulus direkt von Caesarea nach Antiochia habe gehn lassen.[5] Als ob sich nicht auf diese Weise jeder geschichtliche Bericht, ohne Ausnahme, mag er knapp oder detailliert sein, anfechten ließe! Denn jedes geschichtliche Ereignis beruht auf dem Zusammenwirken unzähliger Momente, von denen jedes auch anders verlaufen sein könnte; und so bleibt immer die Frage, warum dieser oder jener sich im gegebenen Falle gerade so und nicht anders verhalten hat und warum gewisse Ereignisse, die an sich möglich waren, nicht eingetreten sind. Mit solchen Argumenten, wie sie hier vorgebracht werden, einen Bericht anzufechten, ist bare Willkür, die eine Diskussion unmöglich macht. Wie jemand dazu kommen sollte, eine sachlich so gleichgültige Erzählung zu erfinden und aus purer Lust am Schwindel, ohne jegliche Tendenz, die Reise des Paulus nach Jerusalem zu verdoppeln, wäre ganz unbegreiflich. Im übrigen ist die Methode immer dieselbe: ist ein Bericht detailliert, so wird er verworfen, weil er zu viel Einzelheiten enthält, ist er dürftig, wie hier, so kann er wegen seiner Inhaltlosigkeit nicht authentisch sein.

Setzen wir die Rückreise des Paulus ins Jahr 52, den längeren Aufenthalt in Antiochia ins Jahr 53, so wird er seine letzte Missionsreise im Jahre 54 angetreten haben und etwa gegen Ende dieses Jahres oder zu Anfang des nächsten in Ephesos eingetroffen sein. Hier hat er im ganzen drei Jahre zugebracht[6], also 55–57. Dann folgte im Jahre 58 die Reise über Troas (Kor. II 2, 12) nach Makedonien, wo er, wie der zweite Korintherbrief zeigt, jedenfalls einige Zeit geblieben ist, und ein dreimonatlicher Aufenthalt in Griechenland (20, 3). Somit haben wir die Rückreise über Philippi, Troas, Milet nach Jerusalem ins Jahr 59 zu setzen; er wird seine 20, 16 berichtete Absicht erreicht haben und zu Pfingsten dieses Jahres hier eingetroffen sein.[7] Dann bleibt er zwei volle Jahre im Gewahrsam des Felix (24. 27), also Sommer 59–61. Unter dessen Nachfolger Festus erfolgt alsbald die Entscheidung, die Überweisung nach Rom. Die Einschiffung fällt in den Herbst, der dreimonatliche Aufenthalt auf Malta (28, 11) in den Winter, die Ankunft in Rom also etwa Ende April 62. Hier bleibt er, zwar in seiner Mietwohnung interniert, aber in seiner Lehrtätigkeit in derselben unbelästigt, volle zwei Jahre (διετίαν ὅλην 28, 30), also bis in den Sommer 64. Die Apostelgeschichte schließt mithin, wie schon oft erkannt ist, mit dem Jahre der neronischen Verfolgung.

Die Procuratoren Judaeas von 44 bis 66

Die Daten, die wir gefunden haben, stehn mit den Angaben, die wir sonst über die Procuratoren Judaeas besitzen, in bester Übereinstimmung. Allerdings hat E. SCHWARTZ[8] das Gegenteil zu erweisen gesucht; er hält die Daten der Apostelgeschichte für völlig unhaltbar, ihre Darstellung durch den Redaktor, der „auf alle Weise den Gang des Prozesses zu verschleiern sucht" und darum auch den Ausgang gestrichen hat, für gründlich verfälscht, und erklärt: „es ist als sichere und unzweifelhafte Tatsache anzusehn, daß Paulus nach zweijährigem Aufenthalt in Rom, also im Jahre 57 oder spätestens 58, vor das Kaisergericht gestellt, verurteilt und hingerichtet wurde." Zu diesem Ergebnis gelangt er durch eine gründliche Umgestaltung der herrschenden, auf den Angaben des Josephus beruhenden Chronologie der Procuratoren; so wird eine Nachprüfung derselben unumgänglich.

Nach dem Tode des von Claudius im Jahre 41 mit ganz Palaestina ausgestatteten Königs Agrippa I. im März 44[9] ist dasselbe bekanntlich wieder procuratorische Provinz geworden; sein Sohn Agrippa II. (geb. 27 n. Chr.) erschien den Freigelassenen, die unter Claudius das Regiment führten, zu jung für die schwierige Aufgabe.[10] Agrippas I. Bruder Herodes hatte von Claudius in demselben Jahr 41 das Königtum Chalkis im Ituraeergebiet Coelesyriens erhalten[11]; bald nach seinem im Jahre 48/49 erfolgten Tode[12], im Jahre 50, erhielt Agrippa II. sein Gebiet.[13] Im Jahre 49 ist nach Tacitus auch der im Jahre 38 von Gajus eingesetzte[14] Ituraeerkönig Sohaimos gestorben; aber wenn er sagt: „Die Ituraeer und Judaeer wurden nach dem Tode ihrer Könige Sohaemos und Agrippa zur Provinz Syrien geschlagen"[15], so hat er offenbar Herodes von Chalkis mit seinem Bruder Agrippa I. verwechselt und die Einziehung von Judaea im Jahre 44 mit der von Chalkis im Jahre 53 zusammengeworfen. SCHWARTZ dagegen folgert aus dieser jedenfalls mehrfach fehlerhaften Angabe, es sei unter Claudius ein (freilich bald wieder aufgegebener) Versuch gemacht worden, die Verwaltung Judaeas anders zu organisieren: die procuratorische Provinz Judaea sei aufgehoben und dem syrischen Prokonsul direkt unterstellt worden. In Wirklichkeit besagt Tacitus' Angabe gar nichts anderes, als wenn Josephus sagt, daß nach Archelaos' Absetzung „sein Gebiet dem syrischen zugeschlagen" sei[16]; der ritterliche Procurator hat zwar die Verwaltung, aber er untersteht der Kontrolle des Consulars von Syrien, der über ihn wie über die Könige Herodes I. und Agrippa I. hinweg jederzeit eingreift, wenn er es für angebracht hält.[17] In den Historien V 9 weiß denn auch Tacitus nichts von dieser angeblichen Einverleibung Judaeas, sondern berichtet, in voller Übereinstimmung mit Josephus: *Claudius, defunctis regibus aut ad modicum redactis, Iudaeam provinciam equitibus Romanis aut libertis permisit.*

Der erste Procurator nach Agrippas Tode war Cuspius Fadus, dem Claudius im Jahre 45 den bei Josephus erhaltenen Erlaß zusendet, der den Juden die Verwahrung des hohenpriesterlichen Ornats gewährt.[18] Sein Nachfolger ist Tiberius Alexander, unter den die große im Jahre 48 einsetzende Hungersnot fällt.[19] Dann folgte Cumanus, und gleichzeitig der Tod des Herodes von Chalkis 48/49.[20]

Unter Cumanus fällt ein schwerer Konflikt zwischen den Juden und Samaritanern. Veranlaßt ist er nach Josephus dadurch, daß ein (oder mehrere) Galilaeer auf der Pilgerfahrt zum Fest in einem samaritanischen Dorf erschlagen wird.[21] Die Beschwerde der Galilaeer wird von Cumanus abgewiesen. Darauf fallen die Juden von Jerusalem, trotz der Warnungen ihrer Oberhäupter, in das samaritanische Gebiet ein, in Verbindung mit der Räuberbande eines Eleazar. Cumanus schlägt diese zurück, die Juden lassen sich durch Zureden der Oberen beruhigen, die Samaritaner aber wenden sich an den Prokonsul von Syrien Ummidius Quadratus. Dieser läßt die von Cumanus Gefangenen aus beiden Gruppen ans Kreuz schlagen[22] und hält dann einen Gerichtstag in Lydda. Hier verurteilt er auf Grund der Aussagen der Samaritaner eine Anzahl[23] Juden als Rebellen gegen Rom zur Enthauptung; andere, darunter den gewesenen Hohenpriester, Jonathan (36–37 n. Chr.) oder seinen Sohn Ananias[24], schickt er gefesselt nach Rom; auch Cumanus und der Militärtribun Celer sollen sich dort zur Untersuchung durch den Kaiser stellen, ferner die angesehensten Samaritaner. Er selbst geht nach Jerusalem; da er hier die Juden friedlich bei der Festfeier findet[25], erkennt er, daß ein Aufstand nicht zu befürchten ist, und kehrt nach Antiochia zurück. In Rom tritt Agrippa eifrig für die Juden ein[26]; so läßt Claudius die schuldigen Samaritaner hinrichten, verurteilt den Cumanus zum Exil und schickt den Celer nach Jerusalem zur Enthauptung vor allem Volk. Zum Nachfolger des Cumanus bestellt er Felix, den Bruder des allmächtigen Freigelassenen und Ministers Pallas, während Agrippa II. jetzt, im Jahre 53, ein neues, größeres Reich erhält.

Dieselben Vorgänge berichtet Tacitus Ann. XII 54 unter dem Jahr 52, also in Übereinstimmung mit Josephus' Datum, aber im übrigen aufs stärkste abweichend. Nach ihm ist Felix *iam pridem* Statthalter von Judaea, wo er ein wüstes Mißregiment führt. Neben ihm steht, gleich verdorben, Ventidius Cumanus als Statthalter von Galilaea, während Samaria dem Felix unterstellt ist.[27] Der alte Hader zwischen beiden Völkerschaften *(nationes)* führt, da die verachteten Statthalter keine Ordnung zu halten verstehn, zu Raubzügen, Mordtaten und Plünderungen, von denen die Procuratoren ihren Anteil erhalten. Schließlich, als sie die Truppen einschreiten lassen müssen, erleiden diese eine Niederlage. Da schreitet Quadratus ein: er läßt die Juden, welche die Soldaten erschlagen haben, hinrichten und zieht beide Procuratoren auf Grund der ihm von Claudius nach Eingang des Berichts erteilten Vollmacht vor sein Gericht. Aber er läßt den Felix unter den Richtern Platz nehmen, um die Ankläger abzuschrecken. So wird nur Cumanus verurteilt, sein gleich schuldiger Genosse geht leer aus. Damit ist die Ruhe in der Provinz wiederhergestellt.

Wie man sieht, werden im allgemeinen die gleichen Ereignisse berichtet; aber der Zusammenhang ist ein ganz anderer. Cumanus ist nicht der Vorgänger des Felix, sondern steht neben ihm als Statthalter Galilaeas, Felix ist an den Vorgängen ebenso schuldig wie dieser, und die Endentscheidung mit der

Verurteilung des Cumanus fällt nicht in Rom, sondern vor dem Richterstuhl des Quadratus. Weiteres Material zur Entscheidung besitzen wir nicht; wir sehn an einem drastischen Beispiel, wie stark auch in dieser Zeit die Berichte von Schriftstellern, die wir im allgemeinen für gut unterrichtet halten müssen, auseinandergehn können. Einzelne Punkte werden immer strittig bleiben; aber daß die Statthalterschaft des Cumanus über Judaea mit allen aus dieser berichteten Einzelheiten frei erfunden sei, setzt für die bei Josephus vorliegende Überlieferung eine so krasse Unkenntnis der wichtigsten Tatsachen voraus, daß das ganz undenkbar erscheint. Viel glaublicher ist, daß die Angaben, denen Tacitus folgt, entstellt sind und man aus Haß gegen den aufgeblasenen Freigelassenen dem Felix auch die Schuld an den Unruhen des Jahres 52 zugeschrieben und ihn daher schon damals neben Cumanus zum Procurator gemacht hat. Dazu stimmt, daß Tacitus über die Vorgänge des Jahres 49 ja jedenfalls, wie wir gesehn haben, falsch berichtet.[28]

Nach Arch. XX 162 hat der frühere Hohepriester Jonathan selbst die Entsendung des Felix als Procurator vom Kaiser erbeten; danach wird die Angabe richtig sein, daß Jonathan zu den nach Rom geschickten jüdischen Gefangenen gehörte. Offenbar hat er dadurch den Pallas für die Sache der Juden gewinnen wollen. Zugleich aber darf man vielleicht vermuten, daß Felix schon früher mit ihnen in Verbindung gestanden hat und sich für sie interessierte. Jedenfalls hat er als Statthalter das Band enger geknüpft: er warb um die Hand der Drusilla, der Schwester Agrippas II., die an Schönheit und Geist hinter ihrer älteren Schwester Berenike, die bekanntlich noch in reiferen Jahren, ähnlich wie Kleopatra, den Titus an sich zu fesseln wußte[29], nicht zurückgestanden haben wird. Durch die Einwirkung eines jüdischen Wundertäters Atomos aus Zypern erreichte er, daß sie sich von dem König Azizos von Emesa scheiden ließ und ihm vermählte.[30] Schon vorher war Felix zweimal mit Prinzessinnen vermählt gewesen; die eine ist unbekannt, die andere war eine Enkelin des Antonius und der Kleopatra, so daß er dadurch, wie Tacitus entrüstet berichtet, sogar in nahe Verwandtschaft mit Claudius gelangte, der durch seine Mutter Antonia ein Enkel des Triumvirs war.[31]

Gegen das permanente Banditentum ist Felix mit Energie aufgetreten; unter anderen hat er den vorhin erwähnten Eleazar mit seiner Bande durch Verrat gefangen und nach Rom geschickt, offenbar für die Zircusspiele, „und die Zahl der von ihm gekreuzigten Räuber und der Dorfbewohner, die er wegen Unterstützung derselben bestrafte, ist unendlich".[32] So kann in der Apostelgeschichte der Redner der in Sachen des Paulus an ihn geschickten Deputation sagen: „Daß wir durch dich tiefen Frieden genießen und die Lage unseres Volks durch deine Fürsorge gebessert ist, erkennen wir in jeder Beziehung mit voller Dankbarkeit an".[33] Aber das Unwesen schwoll immer weiter an, aus den Zeloten gingen die im Namen Gottes organisierten Meuchelmörder (Sikarier) hervor, und dazu kamen die prophetischen Wundertäter" die die Menge mit sich fortrissen, wie der Aegypter, der seine Schar auf den Ölberg führte.[34] Gelegentlich hat auch Felix diese Banden in derselben Weise, wie die italienischen Dynasten der Renaissancezeit oder z. B. Philipp II. bei der Ermordung Escovedos, für seine Zwecke benutzt, so zur Beseitigung seines ehemaligen, ihm durch seine Mahnungen lästig gewordenen Gönners Jonathan.[35] Tacitus' Urteil über den hochmütigen Emporkömmling: „er übte das Königsrecht mit Sklavengesinnung in jeglicher Grausamkeit und Willkür"[36] wird ganz zutreffend sein. Daß er die Entscheidung über Paulus hinhält in der Hoffnung, von ihm Geld zu erhalten, sagt auch die Apostelgeschichte (24, 26).

Aber die Oberhäupter der Gemeinde trieben es mindestens eben so arg: die Hohenpriester, d. h. die regierenden Geschlechter, die abwechselnd das geistliche Oberamt bekleideten, nahmen den niederen Priestern den ihnen gebührenden Zehnten gewaltsam von den Tennen weg und lagen zugleich in ständigem Hader mit den Laiengeschlechtern. So füllte sich Jerusalem mit Banden von Gesindel, die im Dienst der führenden Männer standen, und Schlägereien mit Steinhagel waren an der Tagesordnung, wie in Rom in den Zeiten der Anarchie. Der Ärgste von allen war der zeitige Hohepriester Ananias, dem sein durch Geschäftssinn stark gemehrtes Vermögen den Nimbus hohen Ansehns gab; er setzte sein Treiben auch nach seiner Absetzung im J. 59 ungeschwächt fort.[37] In dieses Bild fügt sich die Erzählung der Apostelgeschichte aufs beste ein, daß sich bei dem Konflikt mit Paulus mehr als vierzig endlich verpflichten, keine Nahrung zu sich zu nehmen, bis sie ihn umgebracht hätten, daß sie in engster Beziehung zu den „Hohenpriestern und Ältesten" stehn und daß der Tribun, um Paulus gegen einen Überfall zu schützen, ihn bei Nacht unter dem Schutz von 200 Soldaten und 70 Reitern aus Jerusalem heraus nach Antipatris bringen und dann durch die Reiter weiter nach Caesarea eskortieren läßt.[38] Die modernen Kritiker, welche diese Zahlen als stark übertrieben verwerfen und die

Zuverlässigkeit des Berichts bestreiten, haben sich die Situation nicht anschaulich gemacht, wo in jedem Augenblick aus beliebigem Anlaß ein großer Aufruhr entstehen konnte, wenn die Regierung nicht vorsorgte.

Durch Drusilla wurden Felix' Beziehungen zum Judentum weiter entwickelt; daher wußte er nach Lukas auch „über die Lehre (d. i. das Judenchristentum von Jerusalem) genauen Bescheid".[39] Daß ein Mensch wie er abergläubisch war, ist selbstverständlich; als Drusilla sich durch Paulus weiter unterrichten ließ, bekam er Angst vor dem bevorstehenden Weltgericht, unterhielt sich öfter mit Paulus und vermied, zugleich in der Hoffnung auf Bestechungsgelder, die Entscheidung zu fällen.[40]

In das Ende seiner Statthalterschaft fällt ein Konflikt zwischen den Juden und der griechisch-syrischen Bevölkerung in Caesarea. Die Juden beanspruchen den Vorrang[41], da die Stadt von ihrem König Herodes gegründet sei; die anderen berufen sich auf die altere Ansiedlung (Stratons Turm) und altgriechischen Heiligtümer und Statuen. Die Juden sind die Stärkeren, vor allem als die reichen Kapitalisten[42] – ein Moment, das hier wie bei allen Judenverfolgungen und ebenso bei der Revolution in Judaea seit 66 n. Chr., einer Erhebung des ausgezogenen Landvolks gegen die Geldleute in Jerusalem, das eigentlich Entscheidende gewesen ist. So kommt es zu Schlägereien, bei denen die Juden das Übergewicht haben. Da ist Felix eingeschritten: durch seine Truppen werden nicht wenige Juden erschlagen oder gefangen, einige der reichsten Häuser (οἰκίας τινὰς πολλῶν πάνυ χρημάτων γεμούσας) ausgeplündert. Gern ist Felix schwerlich so weit gegangen; er ruft die Truppen durch ein Signal zurück und schickt die Führer beider Parteien nach Rom, um die Entscheidung des Kaisers einzuholen.[43] Die Folge ist, daß er selbst abberufen und Porcius Festus sein Nachfolger wird. Die Anklage, welche die Juden von Caesarea in Rom gegen ihn erheben, wird durch den Einfluß seines Bruders Pallas niedergeschlagen. Dagegen erwirkt die syrische Partei durch einen Günstling des Kaisers, seinen Sekretär für die griechische Korrespondenz Beryllos[44], einen Erlaß, der den Juden die Gleichberechtigung entzieht.

Aus Josephus' Darstellung ergibt sich, daß Felix lange Zeit im Amt gewesen ist, in voller Übereinstimmung mit der Apostelgeschichte (24, 10 „ich weiß, daß du seit vielen Jahren Richter für dieses Volk bist"). Aber gerade aus dem zuletzt erwähnten Vorfall hat SCHWARTZ gefolgert[45], daß die Abberufung schon weit früher erfolgt sein müsse. Denn Pallas ist schon zu Anfang des J. 55 von Nero aus seiner dominierenden Stellung entfernt worden[46]; es sei also unmöglich, daß er noch mehrere Jahre später seinen Einfluß für seinen Bruder habe geltend machen können. Indessen bis zum Tode des Burrus (Sommer 62), mit dem er in Verbindung stand und der im J. 55 eine Anklage, die gegen beide erhoben wurde, erfolgreich abwehrte[47], ist er unangefochten im Besitz seines riesigen Vermögens geblieben; kurz nach Burrus starb er, angeblich von Nero vergiftet.[48] Daß er da auch im Jahr 61, auf das die Apostelgeschichte führt, noch einflußreich genug war, um seinen Bruder zu schützen, ist doch nicht anstößig.[49]

Nun wird aber dies Datum auch dadurch bestätigt, daß Josephus erzählt, er sei im J. 63, nach vollendetem 26. Jahr, nach Rom gegangen, um sich für einige ihm befreundete Priester zu verwenden, die Felix gefangen dorthin geschickt hatte.[50] Nach SCHWARTZ mußten zwischen ihrer Gefangensetzung und der Reise des Josephus mindestens 8 Jahre liegen. Wir dürfen es daher als geschichtlich sicher betrachten, daß Felix im Jahre 61 abberufen worden ist. Auch die folgenden Ereignisse stimmen dazu aufs beste. Festus, der energisch gegen die Banditen und Sikarier vorgeht, ist bald gestorben; an seine Stelle wird Albinus geschickt. In die Zwischenzeit fällt die Steinigung des Jakobus. Unter Albinus' Nachfolger Gessius Florus bricht in dessen zweitem Jahre im Sommer 66 der Aufstand aus.[51] Somit wird Festus Anfang 62 gestorben sein; dann hat Albinus von Ende 62 bis Ende 64 oder Anfang 65 amtiert, wozu sich das, was über ihn und sein Mißregiment berichtet wird, aufs beste fügt.[52]

Der Schluß der Apostelgeschichte und die Gesamttendenz des Werks

Somit hat sich die aus den Angaben der Apostelgeschichte erschlossene Chronologie als durchaus zuverlässig bewährt: sie schließt mit der Hinrichtung des Paulus im Sommer 64 zur Zeit der Christenverfolgung unter Nero.

Damit stürzen die zahlreichen Vermutungen, mit denen man den eigenartigen Schluß den Werkes hat erklären wollen, rettungslos zusammen[53]: daß Paulus freigesprochen worden sei und nun die (nach seiner Angabe im Römerbrief 15, 24) schon seit Jahren geplante Missionsreise nach Spanien wirklich ausgeführt habe, daß er dann nochmals nach Rom gekommen und jetzt hier verurteilt und hingerichtet worden sei, ja daß Lukas noch ein drittes Buch geplant habe.[54]

In Wirklichkeit ist denn auch der Schluß der Apostelgeschichte ganz unzweideutig. Der Anstoß, den so viele auch der hervorragendsten Forscher an ihm genommen haben, ist mir in der Tat kaum verständlich und erklärt sich nur dadurch, daß sie, den Blick ausschließlich auf die Einzelheiten gerichtet, sowohl den Aufbau der Erzählung über Paulus' letzte Schicksale wie die Gesamtanlage und Tendenz des Geschichtswerks verkannt haben. Und doch redet der Verfasser deutlich genug: daß die Reise des Paulus nach Jerusalem und der dadurch geschaffene Konflikt ihn zum Martyrium in Rom geführt hat, weiß jeder Christ – und nur solche hat Lukas als Leser im Auge (Bd. I 9). Die ganze Darstellung ist auf diese Voraussetzung aufgebaut und mit großem stilistischen Geschick danach abgetönt. Daß Paulus, nachdem er in Makedonien und Achaia die Kollekte für die Gemeinde von Jerusalem gesammelt und dorthin überbracht hat[55], dann nach Rom will, wird (in voller Übereinstimmung mit den Angaben des Römerbriefs) bereits vor dem letzten großen Konflikt in Ephesos berichtet (19, 21); dieser Entschluß, der Drang, sein Lebenswerk durch die Verkündung des Evangeliums in der Reichshauptstadt zu krönen, ist ihm eine Eingebung des „Geistes" (ἔθετο ἐν τῷ πνεύματι; daher sagt er 20, 22 zu den Ephesiern, daß er „gebunden im Geiste" nach Jerusalem reist). So gilt es, die Reise rasch abzumachen; er setzt alles daran, um zu Pfingsten in Jerusalem zu sein (20, 16). Daß ihm hier schwere Gefahren drohn, weiß er; im Römerbrief bittet er zu beten, „daß er gerettet werde vor den Ungläubigen in Judaea" (15, 31). So ist es durchaus begreiflich, daß er trübe Ahnungen hat und dem bei der Zusammenkunft mit den Ältesten der ephesischen Gemeinde in Milet in ergreifenden Worten Ausdruck gegeben hat: „Was mir in Jerusalem begegnen wird, weiß ich nicht; wohl aber bezeugt mir der heilige Geist von Ort zu Ort, daß mich Fesseln und Drangsale erwarten. Aber ich halte mein Leben für nichts wert, wenn es sich darum handelt, daß ich meinen Lauf und den Dienst zu Ende führe, den ich von dem Herrn Jesus erhalten habe, für das Evangelium der Gnade Gottes Zeugnis abzulegen. Und jetzt weiß ich, daß ihr mein Antlitz nicht wiedersehn werdet, ihr alle, deren Wohnsitze ich als Verkünder des Reichs durchwandert habe." Das ist natürlich kein Stenogramm, und wenn die Dinge anders gegangen und Paulus noch einmal nach Ephesos gekommen wäre, würde Lukas diese Rede nicht aufgenommen haben. Aber daraus folgt in keiner Weise, daß wir es mit einer freien Erfindung zu tun hätten und der Abschied unter Tränen (20, 37 f.) nicht geschichtlich wäre. Vielmehr hat Lukas, in derselben Weise, wie es jeder Historiker tut, die von Paulus wirklich getanen Äußerungen zu einer Rede verarbeitet, durch die er, in vollem Anschluß an die wirklichen Vorgänge, zugleich in dem Leser die Stimmung erzeugt, mit der er die gesamte Darstellung aufnehmen soll.

In derselben Weise geht es weiter. In Tyros mahnen die dortigen Jünger den Paulus „unter Eingebung des Geistes (διὰ τοῦ πνεύματος)", Jerusalem nicht zu betreten. In Caesarea verkündet Agabos das gleiche, nach altprophetischer Weise mit Verwendung einer symbolischen Handlung, indem er sich mit Paulus' Gürtel Hände und Füße bindet: „dies sagt der heilige Geist: den Mann, dem dieser Gürtel gehört, werden in Jerusalem die Juden so binden und den Heiden überliefern." Aber Paulus bleibt unerschüttert: „Was macht ihr, daß ihr weint und mir das Herz brecht? ich bin bereit, mich nicht nur binden zu lassen, sondern sogar in Jerusalem den Tod zu erleiden für den Namen des Herrn Jesus." „Da fügten wir uns: des Herrn Wille geschehe!"

Wie kann man zweifeln, was da der Ausgang ist? Nicht nur Lukas, sondern überhaupt kein Schriftsteller in der ganzen Welt könnte so erzählen, wenn nicht die Hinrichtung, sondern die Freisprechung das Endergebnis wäre. Und nun vollends der Abschluß. Paulus hat an den Kaiser appelliert, Festus erklärt nach Beratung mit seinem Consilium (συνλαλήσας μετὰ τοῦ συμβουλίου): „Du hast Caesar angerufen, zu Caesar sollst du gehn." Dann folgt noch ein Verhör vor König Agrippa, und dieser erklärt dem Festus: „dieser Mensch könnte freigelassen werden, wenn er nicht Caesar angerufen hätte." Kann der Verfasser noch deutlicher aussprechen, was der Ausgang gewesen ist? Zugleich gelangt dadurch die Tragik der Situation zu ergreifendem Ausdruck[56]: eben dadurch, daß Paulus, in Besorgnis vor den Nachstellungen der Juden, falls er in eine Verhandlung in Jerusalem einwilligen würde, an den Kaiser provoziert, hat er sein Geschick besiegelt, dem er sonst hätte entgehn können.

Aber, und das ist es, worauf es dem Verfasser ankommt, eben in dieser Wendung des Menschengeschicks offenbart sich das Walten des Christus. Das göttliche Weltregiment geht andere Wege, als die der Menschen. Allerdings macht Paulus durch sein Verhalten, dadurch, daß er trotz aller Warnungen nach Jerusalem geht und daß er an den Kaiser appelliert, seinen Untergang unvermeidlich; aber gerade dadurch gelangt die Absicht des „Geistes" zur Verwirklichung, daß er nach Rom kommt und hier das Evangelium verkünden kann.

Diese Auffassung geht durch die ganze Apostelgeschichte hindurch. Die Verfolgungen der Apostel, des Petrus und seiner Genossen durch die jüdische Regierung in Jerusalem bewirken ein ständiges Anwachsen der Gemeinde; die Verfolgung, der Stephanus zum Opfer fällt, und die Zersprengung der Urgemeinde hat die Ausbreitung des Evangeliums in Palaestina und den Beginn der Mission bei Samaritanern und Heiden zur Folge (8, 1. 4) „bis nach Phoenikien, Zypern und Antiochia" (11, 19); als Herodes (Agrippa I.) die Christen verfolgt und den Jakobus hinrichtet, den Petrus gefangensetzt und dann durch göttliches Strafgericht getroffen wird, „wuchs das Wort des Herrn und mehrte sich" (12, 24), und Barnabas und Paulus treten ihre Missionsreise an. Das Endziel, auf das diese vom „Geist" geleitete Entwicklung hinstrebt, ist die Verbreitung des Evangeliums in Rom. Daher erzählt Lukas ganz ausführlich, wozu er als Augenzeuge in den Stand gesetzt ist, wie dies Ziel auf wunderbarem Wege, gerade durch die scheinbar sich entgegentürmenden Hindernisse, erreicht wird. Daß Paulus in Rom zwei Jahre lang, obwohl als Gefangener an seine Wohnung gefesselt, von hier aus allen, die zu ihm kommen, „mit voller Redefreiheit ungehindert" das Gottesreich verkünden kann, bildet den richtigen Abschluß des Werkes, das die Ereignisse darstellen will, die unter uns in Erfüllung gegangen sind" (ev. 1, 1). Er gibt damit genau die Auffassung wieder, mit der Paulus selbst sein Schicksal betrachtet hat. „Ich wünsche, daß ihr erfahrt", schreibt er den Philippern, „daß mein Schicksal vielmehr zur Förderung des Evangeliums ausgeschlagen ist, so daß meine Fesseln im ganzen Praetorium und sonst überall in Christus (d. h. als eine Kundgebung durch und für Christus) offenkundig geworden sind, und daß die Mehrzahl der Brüder im Herrn, vertrauend auf meine Fesseln, eifriger wagt, ohne Furcht das Wort Gottes zu reden."

Bei dieser Auffassung bleibt für eine Darstellung der Hinrichtung des Paulus und der neronischen Christenverfolgung kein Raum. Das Schicksal des einzelnen Menschen, und mag es ein Paulus oder ein Petrus sein, ist gleichgültig gegenüber dem Wirken der göttlichen Macht, nur als ihr Werkzeug kommt er in Betracht. Das Schweigen über den Ausgang des Paulus ist ebenso zu beurteilen wie das über die weiteren Schicksale des Petrus nach seinem Fortgang aus Jerusalem: damit ist seine Rolle in der Heilsgeschichte ausgespielt. Die Verfolgung unter Nero hat Lukas selbstverständlich als eine besondere Heimsuchung empfunden. Aber nicht die Scheu, diese furchtbaren Ereignisse zu erzählen, ist für ihn das maßgebende, sondern die Tatsache – die durch den Clemensbrief und die gesamte weitere Entwicklung feststeht –, daß sie einen vernichtenden Rückschlag so wenig gebracht hat, wie früher die Verfolgungen durch die Juden, sondern die Gemeinde weiterbestanden und sich trotzdem immer mehr ausgebreitet hat. Die Tatsachen sind allen Gläubigen bekannt; aber wollte er sie erzählen, so brächte er einen Mißklang in den Abschluß seines Werke und in die optimistische Stimmung, die dasselbe beherrscht und die jetzt, wo Jerusalem zerstört ist, das Ende „der Zeit der Heiden", das Weltgericht und die Wiederkehr des Menschensohns in den Wolken als unmittelbar bevorstehend erwartet (ev. 21, 20 ff. 24. 27).

Und nun denke man sich, daß Lukas mit einer Darstellung der neronischen Verfolgung geschlossen hätte. Der ganze Charakter des Werks würde dadurch verschoben, seine Tendenz völlig zerstört werden. Nicht die äußere Geschichte der Gemeinde und ihre Leiden will er darstellen –, die sind für den Gläubigen gleichgültig, ja der Weg zur Seligkeit –, sondern wie trotz aller dieser Hindernisse die göttliche Leitung das Christentum siegreich durch die ganze Welt verbreitet, wie es gerade durch sie auch in der Welthauptstadt festen Fuß gefaßt hat und so das Wort des Auferstandenen, mit der das erste Buch schließt, sich „in uns erfüllt hat". Das Martyrium seiner Verkünder kennen alle seine Leser; aber es in diesem Rahmen zu erzählen, wäre geradezu eine Verfälschung seines Werkes gewesen. Auch hier erweist sich Lukas als der sorgfältig überlegende Schriftsteller der überall genau weiß, was er will.

Der Bericht über Paulus' Wirksamkeit in Rom

Aus der Gesamtanlage des Werkes erklärt sich nun auch die Darstellung des Auftretens des Paulus in Rom, die so vielfach angefochten ist. Es ist geradezu die Grundtendenz des Lukas, zu zeigen, wie das Evangelium, das zunächst nur den Juden gebracht worden ist, Schritt für Schritt zu den Heiden kommt. Er selbst ist heidnischer Herkunft und steht ganz auf dem Boden der paulinischen Lehre. Im Evangelium tritt, gegenüber Marcus und Matthaeus, das Gesetz stark zurück, die Heidenmission wird gleich zu Anfang in der Predigt in Nazaret 4, 24 ff. deutlich angekündigt, durch die Einsetzung der Siebzig organisiert, und 24, 47 von dem Auferstandenen angeordnet (Bd. 1 302). Durch die aus Jerusalem fliehenden Diakonen, die für die Hellenisten, die Juden und Proselyten aus der Diaspora, eingesetzt sind, gelangt es zu den Samaritanern und weiter zu den Heiden Syriens, und in der Geschichte vom Centurio Cornelius in Caesarea erhielt Petrus zu seinem äußersten Erstaunen die himmlische Weisung, ihn zu taufen und mit ihm zu essen. Dem entspricht es, daß, wie schon erwähnt, jedesmal, wo eine neue Kategorie zuerst eingeführt wird, und nur bei diesem Anlaß, die Ergießung des „Geistes" und seiner Wunderkräfte ausdrücklich geschildert wird.

So ist denn auch nicht nur, wie Jesus verkündet hat, dem Tempel der Untergang bestimmt, sondern die ganze Anschauung, die dem Tempelkult zugrunde liegt, daß Gott an bestimmter Stätte in einem von Menschenhänden errichteten Gebäude wohne, ist irrig[57], und damit das Gesetz tatsächlich hinfällig. Aber die Juden sind nun einmal das auserwählte Volk, an das der Ruf zunächst ergangen ist; erst dadurch, daß sie versteckten Herzens ihm nicht folgen wollen, wird es, in voller Übereinstimmung mit der von Paulus im Römerbrief entwickelten Theorie, möglich und gerechtfertigt, daß das Evangelium alsdann den Heiden gepredigt wird, die es, anders als jene, bereitwillig aufnehmen. Dem entspricht das Verhalten des Paulus in der Apostelgeschichte durchweg: in jeder Stadt, in der er auftritt, predigt er zunächst den Juden und ihrem Anhang in der Synagoge[58], erst wenn sie ihn nicht hören wollen, wendet er sich an die Heiden[59]. Genau ebenso verfährt er in Rom: nach drei Tagen ruft er, da er sein Haus nicht verlassen kann, „die ersten der Juden" zu sich, sucht sich vor ihnen zu rechtfertigen und verabredet eine größere Versammlung, vor der er den ganzen Tag über „von Morgen bis Abend" die Verkündung des Gottesreichs und seine Deutung der Thora und der Propheten auf Jesus vorträgt. Aber zu einer Einigung kommt es nicht, „die einen ließen sich durch seine Rede überzeugen, die andern blieben ungläubig". Da wirft ihnen Paulus das Wort des Jesaja 6, 9 f. entgegen, das die Verstokkung des Volkes, seine Blindheit und Taubheit verkündet, durch die sie das Heil verscherzen.[60] „So sei euch kund, daß dieses von Gott gebotene Heil den Heiden gesandt ist; die werden hören".[61] Damit ist der Grundgedanke des Buchs noch einmal prägnant zusammengefaßt; dem fügt sich der Schlußsatz über die zweijährige erfolgreiche Wirksamkeit des Paulus durchaus passend unmittelbar an.

Die moderne Kritik hat natürlich auch in diesem Abschnitt[62] zahlreiche Anstöße gefunden und ihn daher in üblicher Weise, zumal da ein „Wir" in ihm nicht vorkommt und nicht vorkommen kann, dem Überarbeiter und Redaktor zugeschrieben, den man sich als einen schwachsinnigen Faseler vorstellt, der nichts als Konfusion anrichten kann. So findet man es „ungereimt", daß die Juden auf Paulus' Einladung zu ihm kommen und sich dann noch auf eine Diskussion in größerem Kreise einlassen. Aber ich fürchte, hier liegt die Ungereimtheit auf seiten der Kritiker, die sich von dem Wesen einer jüdischen Gemeinde und ihrer stetigen Neigung zu Disputationen kein anschauliches Bild gemacht haben. Auch daran nimmt man Anstoß, daß Paulus sich den römischen Juden als durchaus gesetzestreu darstellt (οὐδὲν ἐναντίον ποιήσας τῷ λαῷ ἢ τοῖς ἔθεσι τοῖς πατρῴοις), weil eine solche diplomatische Verschleierung zu dem phantastischen Idealbilde nicht stimmt, das man sich von dem gewandten Politiker gemacht hat. Aber daß er wegen eines Konflikts mit den Juden an den Kaiser appelliert hat und deshalb gefangen nach Rom gebracht worden ist, ist doch notorisch und muß von ihm selbst zugegeben werden: „Die Römer wollten mich freisprechen, weil keine todeswürdige Schuld bei mir vorliege; da aber die Juden widersprechen, wurde ich gezwungen, Caesar anzurufen"; hätte er statt dessen etwa sagen sollen: „ich bin allerdings wegen der Heidenmission und meiner Stellung zum Gesetz mit der jüdischen Orthodoxie in den schärfsten Konflikt geraten", um sich dadurch die Möglichkeit einer Einwirkung auf die römischen Juden, die er doch gewinnen will, von vornherein abzuschneiden? Wohl aber fügt er die bei ihrer prekären Lage und der immer drohenden Gefahr einer erneuten Ausweisung aus Rom doppelt begreifliche Versicherung hinzu, daß seine Berufung an Caesar in keiner Weise eine Anklage gegen sein Volk enthalte; vielmehr handle es sich, ganz wie er 26, 7 f. zu Agrippa sagt (ebenso 23, 6. 24, 15, in voller Übereinstimmung mit seinen Äußerungen in den Briefen), „um die Zukunftshoffnung Israels". Die Juden gehn auf seinen Ton ein; sie erklären, daß sie über die Vorgänge in Judaea weder schriftlich noch mündlich etwas Nachteiliges erfahren haben, also gegen seine Person nichts einzuwenden haben, und daher bereit sind, zu hören, was er ihnen vortragen will (ἀξιοῦμεν δὲ παρὰ σοῦ ἀκοῦσαι ἃ φρονεῖ); „denn über diese Sekte wissen wir nur, daß überaus widersprechend über sie geurteilt wird".[63] Das Christentum ist im Jahre 49 unter Claudius nach Rom gekommen, und seitdem wissen die dortigen Juden natürlich davon; aber zu einem klaren Ergebnis hat die Diskussion darüber, ob es eine jüdische Sekte ist, die man dulden, ja vielleicht sogar annehmen kann, oder ob sie mit dem Gesetz und der Tradition (τοῖς ἔθεσι τοῖς πατρῴοις) in evidentem Widerspruch steht, noch nicht geführt. So ist es ganz natürlich, daß sie, als ein angesehener Lehrer dieser Sekte nach Rom kommt – daß Paulus ein solcher ist, sehn sie, falls sie es nicht schon vorher wußten, aus der Aufnahme, die er bei den römischen Christen gefunden hat (28, 15) –, den Wunsch haben, Authentisches darüber zu erfahren, und daß sie die Diskussion fortsetzen, ohne zu einer Einigung gelangen zu können. Genug, es ist wirklich nicht zu sagen, wie Paulus anders hätte reden und wie die Verhandlung anders hätte verlaufen können, als wie hier berichtet wird.

Indessen allerdings bleibt die Frage – und darin steckt der berechtigte Kern der Einwände –, ob die Beleuchtung, in die Lukas den Hergang gestellt hat, auch wenn er ihn inhaltlich richtig darstellt, und seine Gesamtauffassung der Situation historisch zutreffend oder ob sie tendenziös gefärbt ist. Dieser Verdacht wird dadurch gestärkt, daß Lukas über den Ursprung der römischen Christengemeinde vollständig schweigt, obwohl er ihre Existenz 28, 15 bei der Einholung des Paulus durch sie von Forum Appii und Tres Tabernae in möglichst harmloser Fassung erwähnt, und daß er auch vorher schon, wo er 18, 2 die Ausweisung der Juden aus Rom in der Geschichte des Aquila und der Priscilla berichtet, von einer christlichen Mission in Rom kein Wort sagt, obwohl diese doch die Voraussetzung dafür gewesen ist. Der Leser soll den Eindruck erhalten, daß Paulus der eigentliche Begründer der römischen Gemeinde ist; die Christen, die es schon vor ihm dort gab, kommen für die Geschichte der göttlichen Heilswirkung nicht in Betracht und sind ihm unbequem, und so geht er, da er nicht ganz von ihnen schweigen kann, mit einer kurzen Erwähnung über sie hinweg. Und doch wissen wir aus dem Römerbrief, wie entwickelt diese Gemeinde bereits gewesen ist, und kennen zahlreiche ihrer Mitglieder, unter ihnen Aquila und Priscilla, die, wie sich aus Röm. 16, 3 ergibt, wieder dorthin zurückgekehrt sind. Wenn Paulus mit dieser Gemeinde schon vor Jahren, Anfang 59, durch sein Schreiben direkte Beziehungen angeknüpft und sich hier ausdrücklich als den Heidenapostel angekündigt hat, so kann nicht zweifelhaft sein, daß er in ihr von Anfang an den Mittelpunkt seiner Wirksamkeit in Rom gefunden hat – das bestätigt ja auch act. 28, 15 – und daß er von hier aus sogleich die weitere Ausbreitung des Evangeliums unter den Heiden betrieben hat. Selbstverständlich hat er daneben auch auf die Juden zu wirken gesucht; aber einer Krisis, einer Ablehnung durch diese bedurfte es für ihn wahrlich nicht erst, um auch in Rom die Heidenmission zu beginnen.

Lukas dagegen läßt Paulus auch hier, wo er am Endziel angelangt ist, in derselben Weise auftreten wie früher überall: er wendet sich zunächst an die Juden, erst als das erfolglos bleibt, fühlt er sich berechtigt, den Heiden das Heil zu bringen. Noch einmal soll, am Abschluß des ganzen Werks, sein Grundgedanke klar hervortreten: der Übergang des von Gott den Juden gebotenen, aber von ihnen in ihrer Verstocktheit verschmähten Heils an die Heiden. Dadurch erfüllt sich der göttliche Heilsplan, und ganz prägnant stehn am Abschluß die Worte: die Heiden werden, anders als die Juden, deren Verhalten Jesaja vorausverkündet hat, auch wirklich hören, αὐτοὶ καὶ ἀκούσονται.

Die Tübinger Schule, F. Chr. Baur und seine Nachfolger, hatten durchaus Recht mit der Behauptung, daß die Apostelgeschichte von einer Tendenz beherrscht und daher einseitig sei; das tritt, wie in der Geschichte des Petrus und im ganzen ersten Teil, so in der Geschichte des Paulus hier noch einmal am Abschluß ganz deutlich zutage. Aber ein Mißgriff war es, daraus zu folgern, daß sie ein spätes, das ursprüngliche Material verfälschendes und daher geschichtlich kaum verwendbares Buch sei. Vielmehr ist es die Auffassung eines mithandelnden Zeitgenossen selbst, die uns hier entgegentritt: wir sehn, wie Lukas, der Schüler und Begleiter des Paulus, selbst von Geburt ein Heide, der die jüdische Offenbarung eifrig studiert und sich die Überzeugung der Heilsgewißheit errungen hat, sich das große Problem, das die werdende Kirche bewegt und in schwere innere Kämpfe geführt hat, unter dem Einfluß der Lehren seines Meisters zurechtgelegt hat. Das führt mit Notwendigkeit zu einer Verschiebung in der Auffassung der Einzelereignisse und zu dem Versuch einer Überbrückung der Gegensätze. Aber die Grundlinien der Entwicklung sind trotzdem richtig gezeichnet. Dieses Ergebnis wird sich uns im Fortgang der Untersuchung immer von neuem bestätigen und weiter ergänzen; nur ist die Voraussetzung, daß man lernt, Lukas wirklich als Historiker zu verstehn. Denn bei jedem wirklichen Historiker, zumal wenn er die Geschichte der eigenen Zeit darstellt, treten uns genau die gleichen Probleme entgegen.

Paulus in Jerusalem

Nachdem wir sowohl über den Verfasser der Apostelgeschichte und die Gesamtauffassung und Tendenz seines Werks wie über die Chronologie der Geschichte des Paulus eine sichere Grundlage gewonnen haben, können wir uns der weiteren Prüfung des Berichts über seinen letzten Aufenthalt in Jerusalem zuwenden.

Gegen die Autopsie des Verfassers und die Zuverlässigkeit seiner Darstellung ist eingewandt worden, daß Paulus' Verhalten dem sittlichen Ideal, das man auf Grund seiner Briefe von ihm entworfen hat, und speziell der Forderung der unerschütterlichen, auch in der schwersten Bedrängnis jede Konzession opferfreudig verschmähenden Wahrheitsliebe nicht entspreche. Aber nicht aus ihren Worten lernen wir den Charakter der handelnden Männer kennen, sondern aus ihren Taten; vollends sind solche gewissermaßen offiziellen Schriftstücke wie die großen Briefe mit Vorsicht zu benutzen, die überall eine bestimmte kirchenpolitische Tendenz verfolgen und, trotz aller in ihnen hervorbrechenden Leidenschaft, doch in jedem Wort sehr wohl berechnet und auf die Wirkung abgestimmt sind. Überdies bekennt ja Paulus selbst ganz offen, daß er den Juden gegenüber wie ein Jude, den Gesetzesanhängern wie einer der Ihren, den Gesetzlosen wie ein Gesetzloser aufgetreten sei, um sie zu gewinnen (Kor. I, 9, 19 ff.); und der gewaltige Erfolg, den er erreicht hat, ist überhaupt nur begreiflich, wenn er ein praktisch rechnender Politiker war und es verstand, sein Verhalten den gegebenen Umständen, unter denen er wirken wollte, anzupassen. Das tut seiner Überzeugungstreue keinen Eintrag; wäre er anders aufgetreten, so wäre er alsbald ein Märtyrer geworden wie Stephanus und so viele andere, aber nicht der Begründer der großen Kirche. Daß er bei dem Konflikt in Jerusalem, wo er in der äußersten Lebensgefahr schwebt, wo andrerseits die Überzeugung in ihm lebt, daß er doch noch nach Rom gelangen müsse, um sein Lebenswerk zu krönen, versuchte, eine Partei für sich zu gewinnen, war durchaus das Richtige: und da bietet sich die Berufung auf sein Pharisaeertum von selbst. Gewiß besitzen wir kein Stenogramm seiner Rede; aber die Vorgänge haben sich dem Lukas ganz lebendig eingeprägt, und dem Inhalt nach gibt er sie zweifellos völlig zutreffend wieder: „Meine Brüder und Väter", sagt er in hebraeischer (aramaeischer) Sprache zu der tobenden Menge, „hört meine Verteidigung an. Ich bin ein Jude, allerdings in Tarsos geboren, aber hier in Jerusalem aufgezogen, zu den Füßen Gamaliels im Gesetz der Väter nach aller Strenge unterwiesen, ebenso ein Eiferer für Gott wie heute ihr alle" – darin ist kein Wort, das nicht sachgemäß wäre. Von hier aus sucht er durch die Erzählung der ihm gewordenen Offenbarungen sein Verhalten zu rechtfertigen. Die Menge hört ihn an, bis er von dem göttlichen Auftrag zur Heidenmission redet; da bricht sie los, und der Tribun läßt ihn ins Lager abfahren. Am nächsten Tage, vor dem Synedrium, beginnt er ebenso: „Meine Brüder, bis auf den heutigen Tag habe ich mit durchaus gutem Gewissen mein Leben nach Gottes Ordnung geführt" (πεπολίτευμαι τῷ θεῷ). Der Hohepriester Ananias[64] natürlich ein Saddukaeer[65], wie diese herrisch und immer zu strengem Auftreten geneigt, dabei eben so habgierig wie reich – läßt ihn auf den Mund schlagen. Da fährt Paulus ihn an: „Schlage dich Gott, übertünchte Wand! Du sitzt da, mich nach dem Gesetz zu richten, und heißt mich schlagen wider das Gesetz?" Paulus zitiert Ezechiel 13, 10 ff. und 22, 28, wo die falschen Propheten als Leute bezeichnet werden, die eine zum Schutz errichtete Wand, die aber zusammenstürzen wird, mit Tünche überstreichen; wie geläufig diese Äußerung den Juden war, zeigt jetzt der Damaskustext, in dem die Gegner ebenso als solche bezeichnet werden, „welche die Mauer bauten und mit Tünche bestrichen".[66] Als ihm entgegengehalten wird, daß es der Hohepriester ist, den er schmäht, entschuldigt er sich, das habe er nicht gewußt – ob das wahr ist oder ob er sich nur so stellt, tut nichts zur Sache –; dann aber wirft er den Zankapfel in die Versammlung: „ich bin ein Pharisaeer, Sohn von Pharisaeern; mir wird der Prozeß gemacht wegen der Hoffnung auf die Auferstehung der Toten! (περὶ ἐλπίδος καὶ ἀναστάσεως νεκρῶν κρίνομαι)." Auf dies Schlagwort bricht der Hader zwischen den beiden Schulen los; der Tumult wird so arg, daß der Tribun fürchtet, Paulus könne zerrissen werden, und ihn durch die Truppen fortschaffen läßt. Die Szene ist so anschaulich geschildert und so echt jüdisch – wir sehn die Rabbiner vor uns, wie sie mit Gestikulationen und Geschrei aufeinander losfahren –, daß es wirklich schwer zu begreifen ist, wie man ihre Realität hat bestreiten können. Was aber den sittlichen Vorwurf betrifft, den man gegen Paulus wegen seines Verhaltens erhebt, so genügt es, auf die Art zu verweisen, wie Lessing, dessen mannhafte Wahrheitsliebe als vorbildlich gilt, sich eben unter Berufung auf Paulus aus der bedenklichen, wenn auch nicht, wie bei diesem, sein Leben bedrohenden Lage gezogen hat, in die er im Streit mit Goeze geraten war.[67]

Was man sonst gegen diese Abschnitte vorgebracht hat, lohnt kaum der Erwähnung; vielmehr besteht MOMMSENS Urteil völlig zu Recht, daß es „arge Hyperkritik" ist, hier tiefgehende Interpolationen zu suchen und z. B. „die zweifache Anklage des Apostels vor dem römischen Gericht als redaktionell zusammengeklitterte Doppelerzählung zu betrachten", daß vielmehr „die zahlreichen kleinen für den tatsächlichen Verlauf nicht geforderten und doch so gut in ihn passenden Züge innere Bürgen für seine Zuverlässigkeit sind", und „nicht minder der Eindruck einer den Umständen nach fast befremdenden Ehrlichkeit."[68] Eine schlagende Bestätigung gibt, daß der Tribun, der bei dem Tumult im Tempel den Paulus festnimmt, ihn für den Aegypter hält, der „vor diesen Tagen einen Aufruhr erregt und 4000 Sikarier in die Wüste geführt hat", und erstaunt ist, daß er griechisch versteht (zum Volk hat Paulus natürlich wie nachher in seiner Rede so auch vorher „hebraeisch" [d. i. aramaeisch] geredet); denn dieser Vorfall fällt nach Josephus[69] in die letzten Jahre des Felix, also kurz vorher, so daß er noch frisch im Gedächtnis ist und der Tribun vermuten kann, daß der damals entkommene Abenteurer jetzt wieder auftauche. Warum es unwahrscheinlich sein soll, daß der Tribun dann dem Paulus gestattet, zu dem Volk zu reden, und daß er, um zu erfahren, worum es sich eigentlich handelt, das Synedrium zusammenruft und den Paulus ihm vorführt, vermag ich nicht zu sagen. Völlig korrekt ist, daß der Tribun ihn vorher als Unruhestifter hat auspeitschen lassen wollen – in solchen Dingen verfuhren die Römer den Untertanen und zumal den ewig zu Händeln Anlaß gebenden Juden gegenüber ohne viel Bedenken[70] – und dann, als Paulus sich auf sein römisches Bürgerrecht beruft, Angst bekommt und zugleich erzählt, daß er selbst dies Bürgerrecht für vieles Geld gekauft habe – das ist charakteristisch für die Zeit des Claudius –, während Paulus als Römer geboren ist.

Die gleiche Anschaulichkeit beherrscht die Erzählung von der Verschwörung gegen Paulus und der Verhandlung seines Schwestersohns, der davon Kunde erhalten hat, mit den römischen Offizieren[71] und die schon besprochenen Verhandlungen vor Felix und Festus; in dem Verhör vor Agrippa, dessen Auftreten drastisch geschildert wird, steigert sich das zu voller Anschaulichkeit: dem armen römischen Statthalter mußte in der Tat bei Paulus' Ausführungen ganz wirr im Kopf werden, so daß ihm der laute Ausruf entfährt: „Du bist verrückt, Paulus; das viele Tüfteln über den Schriften hat dich verrückt gemacht (μαίνῃ, Παῦλε· τὰ πολλά σε γράμματα εἰς μανίαν περιτρέπει)." Ganz richtig ist, daß dieses Verhör zu keinem Ergebnis führt und auch Festus' Wunsch, dadurch brauchbares Material für den Bericht an den Kaiser zu erhalten, kaum erfüllt wird. Aber um so bedeutsamer ist, wie wir schon gesehn haben, diese Szene für das Schicksal des Paulus und für die Stimmung, die der Verfasser in dem Leser erzeugen will.

Die Christengemeinde von Jerusalem und das Martyrium des Herrenbruders Jakobus

Wesentlicher sind die Probleme, welche der Bericht über Paulus' Auftreten in Jerusalem bietet (21, 15 ff.). An der Spitze der Christengemeinde steht, wie schon 12, 17 bei Petrus' Flucht und 15, 13 beim Apostelkonzil, Jakobus der Bruder Jesu – von Lukas freilich nie als solcher bezeichnet[72], so daß wir über seine Person ganz im unklaren sein würden, wenn nicht die Angaben des Paulus und des Josephus sowie die spätere christliche Tradition Aufschluß gäben.[73] Er und die Ältesten nehmen Paulus und sein Gefolge („uns") freundlich auf. Auf den Bericht über seine Erfolge „priesen sie Gott"; daß er ihnen zugleich eine reiche Kollekte aus den von ihm begründeten Gemeinden mitbringt, wird nicht erwähnt, obwohl Paulus in der Verteidigungsrede vor Felix 24, 17, in Übereinstimmung mit seinen Briefen, das als den eigentlichen Grund seiner Reise nach Jerusalem angibt.[74] Aber sie haben allerdings Bedenken, daß seine Anwesenheit in Jerusalem, die nicht geheim bleiben kann (v. 22), bei der Masse der christlichen Gemeinde Anstoß erregen wird, da sie alle eifrige Befolger des Gesetzes sind. So schlagen sie ihm vor, für vier Christen, die ein Naziraeatsgelübde abgelegt haben und sich jetzt in der vom Gesetz (Num. 6) vorgeschriebenen Weise durch das Scheren des inzwischen lang gewachsenen Haares und das zugehörige Opfer im Tempel lösen wollen, die nicht unbeträchtlichen Kosten zu tragen[75] und sie dabei, nachdem er sich selbst gleichfalls geweiht hat, zu begleiten. „So werden Alle erfahren, daß es mit dem, was ihnen über dich berichtet ist, nichts ist, und daß auch du in Beobachtung des Gesetzes wandelst."

Paulus geht darauf ein, in voller Übereinstimmung mit der Haltung, die er allen derartigen Fragen – so speziell dem Genuß von Opferfleisch – gegenüber einnimmt und in der oben angeführten Äußerung ausdrücklich bezeugt. An sich sind diese Dinge vollständig gleichgültig; aber um so mehr gilt es, in ihnen keinen Anstoß zu erregen, sondern seine innere Freiheit gerade dadurch zu erweisen, daß man sich den Umständen fügt, falls nicht die Gegner zu einer unerschütterlichen Durchfechtung des Prinzipienkampfes zwingen. Paulus ist eben Politiker durch und durch. So hat er in Lykaonien aus Rücksicht auf die Juden den Timotheus beschnitten (act. 16,3) – auch diese Angabe hat man freilich unbegreiflicherweise für eine Erfindung erklärt; so macht er hier den Judenchristen Jerusalems eine Konzession, so wenig er innerlich auf ihrem Standpunkt steht. Denn den Zusammenhang mit der Muttergemeinde darf er nicht aufgeben; eben darum legt er ja durchweg so großes Gewicht auf die Aufbringung der Kollekte für ihre Armen in den von ihm begründeten Gemeinden und will sie trotz aller drohenden Gefahren selbst überbringen. Umgekehrt wahren auch Jakobus und die Ältesten ihre Autorität: sie fügen dem Rat, den sie erteilen, den Satz hinzu: „Was aber die gläubig gewordenen Heiden angeht, so haben wir unsere Entscheidung schriftlich mitgeteilt (ἡμεῖς ἐπεστείλαμεν κρίναντες), daß sie sich des Opferfleisches, des Blutgenusses, des Erstickten und der Unzucht zu enthalten haben" – ein Hinweis auf das sog. Aposteldekret, das wir erst später besprechen können. Man betrachtet diesen Satz jetzt fast allgemein als Interpolation. Aber er ist im Zusammenhang ganz unentbehrlich: er ist der Hinweis auf die Konzession, die die Urgemeinde dem Paulus und den Heidenchristen gemacht hat und die sie jetzt bestätigt. Dadurch wird zugleich der Anstoß, den die Judenchristen daran nehmen, daß Paulus die Heidenkinder nicht beschneiden läßt und die Befolgung der mosaischen Gesetze nicht fordert (v. 21), als unberechtigt abgewiesen.

Es handelt sich also um einen Anstoß innerhalb der Christengemeinde, den man so aus der Welt schaffen zu können hofft. Daß daraus ein schwerer Konflikt mit den Juden entstehn werde, erwartete man nicht. Aber es ist anders gekommen[76]: die schweren Konflikte, in die Paulus in Ephesos geraten ist, setzen sich auch hier weiter fort, der Ephesier Trophimos, der Paulus begleitet (20, 4), ist in seiner Umgebung in der Stadt – in den Tempel hat er ihn gewiß nicht mitgenommen – von ein paar seiner jüdischen Landsleute erkannt worden, und jetzt erheben diese, als Paulus im Tempel ist, das Geschrei, er habe einen Heiden in den Tempel geführt. Das wäre allerdings, wie auch die römische Regierung anerkannt hat, ein todeswürdiges Verbrechen gewesen, und so entsteht sofort ein gewaltiger Auflauf. Dadurch gerät Paulus in die äußerste Lebensgefahr. Aber es gelingt ihm, den Streitpunkt auf die Frage der Auferstehung zu verschieben, während der eigentliche Klagepunkt zwar von den jüdischen Anklägern neben der allgemeinen Beschuldigung, daß er in der ganzen Welt Unruhen innerhalb der Judenschaft errege, aufrecht erhalten[77], aber nicht erwiesen wird; mit Recht kann Paulus fordern, daß ihm die asiatischen Juden, von denen die Beschuldigung ausgegangen war, gegenübergestellt werden und ihre Anklage erweisen müßten (24, 19 f.). Festus erkennt das in seiner Äußerung an Agrippa 25, 16 als berechtigt an; die übrigen Beschuldigungen, die sich auf religiöse Streitpunkte beziehn (ζητήματα περὶ τῆς ἰδίας δεισιδαιμονίας), sind in der Tat, wie er selbst sagt und Agrippa bestätigt, keine todeswürdigen Verbrechen.

Von den gesetzestreuen Judenchristen sagen Jakobus und die Ältesten, daß sie sich auf viele Zehntausende beliefen (21, 20 θεωρεῖς, ἀδελφέ, πόσαι μυριάδες εἰσὶν ἐν τοῖς 'Ιουδαίοις[78] τῶν πεπιστευκότων, καὶ πάντες ζηλωταὶ τοῦ νόμου ὑπάρχουσιν). Das hat nicht nur durch Höhe der Zahl schweren Anstoß erregt; SCHWARTZ, der PREUSCHEN folgt, will daher τῶν πεπιστευκότων streichen und meint, die Angabe beziehe sich auf die Zahl der Juden oder speziell der zum Pfingstfest herbeigeströmten Ausländer, wodurch denn allerdings in die folgende Erzählung ein ganz anderer Sinn hineingetragen würde und sie als aufs schwerste entstellt gelten müßte.

Indessen wir besitzen über die Stellung der Jerusalemer Christengemeinde eben für diese Jahre noch ein Zeugnis von ganz anderer Seite her, nämlich bei Josephus. Nahezu zwei Jahrzehnte lang, seit der Verfolgung durch Agrippa I. Anfang 44, ist dieselbe unbehelligt geblieben. Da hat, als Festus gestorben und sein Nachfolger Albinus noch nicht eingetroffen war, also im Jahre 62, der soeben von Agrippa II. eingesetzte Hohepriester Ananos, ein fanatischer Saddukaeer, der fünfte der Söhne des ehemaligen Hohenpriesters Annas, der wie alle seine Brüder zeitweilig das höchste geistliche Amt bekleidet hat, die Gelegenheit benutzt, daß kein Statthalter im Lande war und hindernd eingreifen konnte, um gegen die Sekte einzuschreiten. Von seinem Vater, der nach dem hierin glaubwürdig erscheinenden Bericht des Johannesevangeliums (Bd. I) bei dem Prozeß Jesu als die führende, seinen Schwiegersohn, den amtierenden Hohenpriester Kajaphas, an Ansehn überragende Persönlichkeit erscheint und auch nachher mit diesem zusammen die Anfänge des Christentums zu unterdrücken sucht (act. 4, 6), wird er noch einen besondern Haß gegen die Ketzergemeinde ererbt haben. Er stellte den Jakobus „den Bruder Jesu des sogenannten Christus" nebst einigen andern vor einen Gerichtshof und ließ sie wegen Übertretung des Gesetzes verurteilen und steinigen.[79]

Aber dies Vorgehen wird nicht nur von Josephus getadelt, der hier wahrscheinlich als Augenzeuge redet[80] – in das nächste Jahr fällt seine Reise nach Rom –, sondern überhaupt von allen denen, „die für die anständigsten Elemente in der Stadt (ἐπιεικέστατοι τῶν κατὰ τὴν πόλιν) und peinliche Beobachter der Gesetze gelten", d. h. von den Pharisaeern. Sie beschweren sich nicht nur bei Agrippa, sondern zum Teil auch bei Albinus, sobald dieser die Reise von Alexandria nach Palaestina angetreten hat: Ananos habe keine Befugnis gehabt, ohne seine Einwilligung einen Gerichtshof einzusetzen. Albinus droht, ihn zu bestrafen, Agrippa setzt ihn ab. Weiter haben die Römer, wie immer gegen die Juden konnivent bis zum äußersten[81], die Sache nicht verfolgt; Ananos erscheint, zusammen mit seinem zweiten Nachfolger Jesus, Sohn des Gamaliel, während des Aufstandes als Führer der Priesterpartei im Kampf mit dem revolutionären, in Jerusalem eingedrungenen Landvolk – wir würden jetzt sagen mit den Bolschewisten –, bis sie diesen erliegen und mit ihren Anhängern abgeschlachtet werden.[82]

So tritt uns hier von den Zuständen in Jerusalem genau dasselbe Bild entgegen, welches die Apostelgeschichte zeichnet. Die Hauptgegner der Christengemeinde sind die Saddukaeer, mit den Hohenpriestern und ihrem Geschlechtsanhang an der Spitze (vgl. act. 4, 1. 5 f. 5, 17). Die Pharisaeer dagegen, so scharf sie Jesus angegriffen hat, sind bereit, die neue Sekte zu dulden[83], da sie ja das Gesetz anerkennt und gewissenhaft befolgt. Sie stehn auf dem Standpunkt, den bei Lukas ihr angesehenster Lehrer, Gamaliel, ausspricht: die Frage, ob der hingerichtete Jesus wirklich auferstanden und als Messias beglaubigt ist, ist Gott zu überlassen; „steht ab von diesen Menschen und laßt sie; denn wenn dies Bestreben oder dies Werk von Menschen stammt, wird es zugrunde gehn; stammt es aber von Gott, so könnt ihr es nicht zerstören. (So hütet euch), daß ihr nicht dereinst als Bekämpfer Gottes befunden werdet" (5, 38 f.). Das hindert nicht, daß, wenn der Konflikt akut wird und wenn, wie bei Stephanus, die Anklage erhoben wird, er verkünde, daß Jesus die Heiligkeit des Tempels und das Gesetz des Moses aufheben werde (6, 14), auch fanatische Pharisaeer sich an der Verfolgung beteiligen, wie Gamaliels Schüler Saul. Ihm ist weit deutlicher, als den Verkündern der neuen Lehre selbst, zum Bewußtsein gekommen, daß diese in der Tat das Gesetz aufhebt; aber zugleich empfindet er im Innern den Stachel, ob sie nicht doch die Wahrheit enthalte, ob nicht gerade dadurch die Verkündungen des Gesetzes und der Propheten sich erfüllen. So sucht er sich zu betäuben, indem er sich mit vollem Eifer in die Verfolgung wirft, bis dann doch dieses Gefühl urplötzlich um so gewaltiger in ihm zum Durchbruch gelangt.

Daß Agrippa I., der König nach dem Herzen der Aristokratie, die Verfolgung wieder aufnimmt, ist begreiflich genug. Von da an aber ist die Nazarenergemeinde bis auf Ananos unbehelligt geblieben; die Auffassung der gemäßigten Elemente des Pharisaeismus, die Gamaliel vertritt, ist zur Herrschaft gelangt. In der Tat waren die Nazarener Jerusalems jetzt unter Jakobus' Leitung völlig harmlos geworden; und in den Grundfragen, einerseits der Auferstehungslehre und der Angelologie, andrerseits der Stellung zum Gesetz, standen sie ganz auf pharisaeischem Boden, trotz der Angriffe auf die Scheinheiligkeit und das Formelwesen der Pharisaeer. Darüber wird es gewiß zu Diskussionen und Konflikten gekommen sein, die in den scharfen Ausfällen des Matthaeusevangeliums gegen die Pharisaeer ebenso zum Ausdruck kommen wie in der Abwehr der Beschuldigung, die Jünger hatten den Leichnam Jesu gestohlen. Aber weit mehr lag den Pharisaeern die Auseinandersetzung mit den Saddukaeern am Herzen. Hier hat Paulus mit Erfolg eingesetzt; solche Szenen, wie sie Lukas hier schildert, werden sich, bei der seit zwei Jahrhunderten ununterbrochen fortgehenden Rivalität der beiden feindlichen Schulen, im Synedrium ständig abgespielt haben. Sympathisch freilich konnten die Nazarener ihnen niemals sein; aber sie mochten ruhig weiter bestehn, so gut wie die zahlreichen andern Sekten, die sich auf dem Boden des jüdischen Gesetzes gebildet hatten. Mag die erwähnte Angabe des Lukas über ihre Zahl noch so stark übertrieben sein, daß sie beträchtlichen Zulauf gefunden haben, ist nicht zu bezweifeln. So weiß denn auch Felix über diese Lehre Bescheid (24, 22 ἀκριβέστερον εἰδὼς τὰ περὶ τῆς ὁδοῦ[84]), und Agrippa II. findet in dem, was Paulus ihm von ihr vorträgt, nichts Strafwürdiges: „nächstens wirst du es dahin bringen, mich zum Christen zu machen." Dem entspricht es, daß bei Josephus Jakobus, den er ganz unbefangen als „den Bruder Jesu des sogenannten Christus" bezeichnet, nicht als ein Abtrünniger, sondern als ein ungerecht hingerichteter Jude erscheint.

Etwas ganz anderes ist natürlich die Heidenmission ohne Beschneidung und Gesetzesbefolgung. Dagegen und gegen die Einführung eines Heiden in den Tempel richten sich die Angriffe gegen Paulus, bis es ihm gelingt, den Streitpunkt zu verschieben. Dem Jakobus und seiner Gemeinde waren diese Dinge offenbar sehr wenig sympathisch – das geht auch aus Lukas' Darstellung noch deutlich hervor, so sehr er sich bemüht, den Gegensatz zu vertuschen. Aber man hat sich durch das „Aposteldekret" damit abgefunden, und die Kollekte für die Muttergemeinde ist dieser natürlich willkommen. Im übrigen hat man diese Dinge dem Paulus überlassen, und im Grunde ist man wenig erbaut davon, daß dieser jetzt in Jerusalem auftaucht. So sucht man durch den Vorschlag, den man ihm macht, den Gegensatz zu verschleiern; daß dadurch ein Konflikt mit der orthodoxen Judenschaft entstehn würde, hat man nicht vorausgesehn.

Die Auffassung des Judenchristentums, die sich aus diesen Zeugnissen erkennen läßt, ist in der Tat vollkommen zutreffend. Aus den Nazoraeern oder Nazarenern hat sich eine Anzahl von Sekten entwickelt, die noch jahrhundertelang in der syrischen Welt und dem angrenzenden Wüstengebiet fortbestanden und manche wunderliche Blüten getrieben haben. Aber eine größere Bedeutung haben sie lediglich für die Vorgeschichte des Islams gewonnen; wenn sie allein gestanden hätten, würde das Christentum eine ephemere Erscheinung innerhalb des Judentums geblieben sein, nicht anders als die zahlreichen jüdischen und samaritanischen Sekten, die wir kennengelernt haben.

III
Die Reisen des Paulus

Paulus in Makedonien. Die Thessalonikerbriefe

Von dem Schlußteil des Werkes des Lukas unterscheiden sich die Berichte über die Missionsreisen des Paulus nicht nur dadurch, daß Lukas hier abgesehn von 16, 10 ff. nicht als Augenzeuge redet, sondern auch dadurch, daß sie sehr viel kürzer gefaßt sind und nur einzelne bedeutsam Episoden ausführlicher erzählen.

Die erste im Gefolge des Barnabas ausgeführte Reise und das anschließende sogenannte Apostelkonzil können wir erst später besprechen. Wir setzen ein mit dem Beginn der zweiten Reise c. 16. Paulus hat sich mit Barnabas überworfen und sucht zunächst die mit diesem zusammen begründeten Gemeinden in Lykaonien wieder auf. Von hier zieht er mit seinen Begleitern „durch das phrygische und galaktische Land, da der heilige Geist ihnen verwehrt, in Asia das Wort zu verkünden" – er wendet sich also von Lykaonien aus statt nach Westen (Asia) vielmehr nach Norden. Aber auch hier läßt, als er von Mysien nach Bithynien gehn will, „der Geist Jesu" das nicht zu; er geht an Mysien vorbei nach der großen Hafenstadt Alexandria an der troischen Küste. Von hier ruft ihn ein Gesicht „nach Makedonien: bei Nacht erscheint ihm ein Makedone, der an ihn herantritt und ihn bittet, nach Makedonien hinüber zu gehn und uns Hilfe zu bringen". Mit diesem Gesicht setzt der „Wir-Bericht" des Lukas ein. Offenbar hat Paulus es am nächsten Morgen seiner Umgebung erzählt, „und da trachteten wir sogleich, nach Makedonien zu ziehn, indem wir kombinierten, daß Gott uns rufe, ihnen das Evangelium zu bringen".

Die geographischen Namen sind nicht die der römischen Provinzen, sondern die alten ethnographischen Landschaftsnamen, die sich daneben immer lebendig erhalten haben. Somit kann hier unter dem galatischen Lande nicht die auch Lykaonien und Isaurien umfassende Provinz Galatia, sondern nur ihr nördlicher Teil, die Sitze der Galater bei Pessinus und Ankyra, verstanden werden. Dann ergibt sich aber bei der Lokalisierung der Reiseroute eine große Schwierigkeit. Paulus will von Derbe, Lystra, Ikonion, den lykaonischen Städten am Nordrande des Taurus, nach Asien, worunter hier deutlich der Westteil dieser Provinz, vor allem die ionischen Städte, zu verstehn ist[1]; als er daran gehindert wird, will er über Mysien nach Bithynien, wendet sich dann aber an die Küste nach Alexandria Troas. Da ist doch kaum zu bezweifeln, daß er von Ikonion aus auf der großen Heerstraße gezogen ist, die am Rande des Gebirges nach dem Hermostal hinüberführt. Das führt ihn, wie ganz richtig angegeben wird, nach Phrygien; aber unverständlich bleibt, wie er nach diesem auch das galatische Land berührt haben sollte. Das ergäbe einen ganz wunderlichen Abstecher nach Nordosten, der um so weniger motiviert erscheint, da er sich nach Lukas' Bericht hier nirgends aufgehalten hat, sondern zunächst eben nach Asien, dann nach Bithynien will, die an Phrygien und Mysien unmittelbar angrenzen.[2] Offenbar hat Lukas über diese Reise, wie nachher über die Rückreise nach Jerusalem und Antiochia und den ersten Teil der dritten Reise bis zu Paulus' Eintreffen in Ephesos (18, 21 ff.), nur dürftige Kunde gehabt, was ja nicht weiter wunderlich ist. Auch hier beim Beginn der dritten Reise hat er Galatien wieder angebracht, nur in der richtigen Reihenfolge, vor Phrygien (18, 23 διερχόμενος καθεξῆς τὴ Γαλατικὴν χώραν καὶ Φρυγίαν, στηρίζων πάντας τοὺς μαθητάς). Offenbar hat er den Galaternamen irgendwo anbringen wollen, gewiß mit Rücksicht auf den Galaterbrief, den er jedenfalls gekannt haben wird, aber weiteres darüber nicht mitteilen können.[3] Auf die Frage, wo diese Galater in Wirklichkeit zu suchen sind, können wir erst unten eingehn.

Der Entschluß des Paulus, die Missionstätigkeit in Kleinasien abzubrechen und in die Welt des Aegaeischen Meeres zu gehn, bezeichnet einen entscheidenden Wendepunkt in seiner Laufbahn. Bisher erstreckte sich seine Wirksamkeit nur auf abgelegene Gebiete, auf die wenig ankam; indem er jetzt die Zentren des griechischen Lebens aufsucht, beginnt seine Weltwirkung. Daß Paulus sich von Visionen und Offenbarungen hat leiten lassen, sagt er selbst.[4] Psychologisch ist der Hergang der, daß sich seine Entwürfe und Ahnungen in solche umsetzen und diese dann die Entscheidung geben. Für ihn und seine Begleiter ist es selbstverständlich, daß alles, was er unternimmt, von Gott oder vielmehr von dem „Geist" und daher von Christus eingegeben ist.

Nur um so mehr ist anzuerkennen und eine Bestätigung seiner Zuverlässigkeit, daß, so wundergläubig Lukas ist, da, wo er als Augenzeuge redet, wirkliche Wunder nicht vorkommen, weder auf den Reisen, an denen er teilgenommen hat, noch in Jerusalem oder in Rom. Denn daß Paulus auf Malta die Schlange, die ihm an die Hand fährt und die er ins Feuer abschleudert, nichts geschadet hat, scheint zwar ihm und den Zuschauern als Wunder, ist aber ein durchaus begreiflicher Vorgang; und daß der Junge, der in Alexandria Troas bei Paulus' nächtlicher Predigt in der Fensteröffnung im Obergemach des dritten Stockwerks sitzend einschläft und hinabstürzt, unversehrt davongekommen ist (20,9 ff.), ist nicht wunderbarer, als daß z. B. Martinitz und Slawata bei dem Fenstersturz in Prag unverletzt davonkamen oder daß bei dem Angriff der Armada oder bei Wilhelms III. Zug nach England der Wind im richtigen Moment umschlug, obwohl natürlich die Beteiligten darin ein unmittelbares Eingreifen Gottes erblickten. Auch die Austreibung des Wahrsagergeistes aus der Magd in Philippi geht darüber nicht hinaus; solche psychische Wirkungen sind in allen wundergläubig erregten Zeiten ganz gewöhnlich.[5] Ein wirkliches Wunder dagegen ist die Befreiung des Paulus und Silas aus dem Gefängnis: als sie, in den Block gesetzt, bei Nacht einen Hymnus anstimmen, erfolgt ein gewaltiges Erdbeben; die Ketten fallen ab, die Türen springen auf. Aber sie entfliehn nicht[6], sondern beruhigen den Aufseher, der sich schon töten will. Da läßt dieser sich taufen und pflegt sie, und am nächsten Tage sind die Beamten anderen Sinnes geworden[7] und wollen sie laufen lassen. Da haben wir die Legende, wie sie sich in solchen Fällen sofort bildet und dann immer weiter ausgesponnen wird; Lukas, der selbst nicht mit im Gefängnis gesessen hat, hat sie natürlich gläubig übernommen. Dadurch gewinnt er zugleich für Paulus ein Gegenstück zu der Befreiung des Petrus aus dem Gefängnis, die noch viel wunderbarer, durch das Eingreifen eines Engels, erfolgt. Es ist dies aber, neben der Heilung des Lahmen in Lystra, das einzige wirkliche Wunder, das Lukas in der Geschichte des Paulus erzählt.

Zu fragen, wie der Hergang wirklich gewesen ist, ist in allen solchen Fällen müßig.[8] Daß der Kerkermeister mit seinem ganzen Hause durch Paulus bekehrt worden ist, wird richtig sein. Alles übrige bietet gar keinen Anstoß. Die Bewohner von Philippi, seit Augustus eine Militärkolonie, sind römische Bürger (v. 12. 21). Um so entrüsteter sind die Herren der Magd, daß ein paar hergelaufene Juden ihnen ihr Geschäft verdorben haben und „Bräuche verkünden, die wir als Römer nicht annehmen dürfen" (v. 21); sie schleppen den Paulus und Silas auf den Markt vor die Duumviri.[9] Diese machen in üblicher Weise kurzen Prozeß, lassen sie auspeitschen und werfen sie ins Gefängnis.[10] Daß sie die Sache damit als erledigt betrachten und nun die Ruhestörer abschieben wollen, ist durchaus natürlich. Paulus hat bisher, wie offenbar in ähnlichen Fällen auch[11], die Behandlung über sich ergehn lassen, ohne zu protestieren; jetzt aber fragt er, wie man ihn und Silas trotz ihres römischen Bürgerrechts habe geißeln und gefangensetzen dürfen, und will sich einer heimlichen Ausweisung aus der Stadt nicht fügen. Den Duumvirn bleibt nichts übrig als nachzugeben: sie führen die beiden in Person aus dem Gefängnis und bitten sie, die Stadt zu verlassen.[12] Darauf geht Paulus ein; nachdem er von den Seinen Abschied genommen hat, verläßt er Philippi.

Von hier geht er nach Westen über Amphipolis und Apollonia nach Thessalonike. Daß er in Philippi eine lebenskräftige, ihm ganz ergebene Gemeinde geschaffen hat, bestätigt er selbst etwa 15 Jahre später in dem Brief, den er aus Rom an sie gerichtet hat: „Ihr wißt ja selbst auch, daß damals, am Beginn der Missionstätigkeit, als ich von Makedonien auszog[13], keine Gemeinde mit mir in eine Gemeinschaft des Gebens und Nehmens getreten ist als ihr allein; ihr habt mir auch nach Thessalonike mehr als einmal (καὶ ἅπαξ καὶ δὶς) für meine Bedürfnisse etwas zugesandt." So erklärt es sich, daß Lukas, der, wie wir gesehn haben, in Philippi geblieben ist, auch über die Vorgänge in Thessalonike genauere Kunde besitzt. Auch hier wendet sich Paulus „nach seiner Gewohnheit" zunächst an die Juden und predigt drei Sabbate in der Synagoge. Er und Silas gewinnen auch einige Juden, aber weit größer ist ihr Erfolg bei den zum Judentum neigenden Griechen, den σεβόμενοι Ἕλληνες, „darunter nicht wenige Frauen aus den ersten Familien (γυναικῶν τε τῶν πρώτων οὐκ ὀλίγαι)" – daß die Frauen überall dem Proselytismus besonders zugänglich waren, haben wir schon gesehn.

Dann aber beginnen die Juden gegen sie zu hetzen; sie wollen den Paulus und Silas aus dem Hause des Jason[14] vor die Volksversammlung bringen, und da jene sich rechtzeitig in Sicherheit gebracht haben, schleppen sie „den Jason und einige Brüder" vor die städtischen Beamten[15]: er habe Leute aufgenommen, die die ganze Welt in Verwirrung bringen und statt Caesars einen andern König, den Jesus, verkünden – also dieselbe Anklage, die bei Lukas die Juden vor Pilatus gegen Jesus selbst erhoben (ev. Luc. 23, 2). Jason muß Sicherheit geben, Paulus und Silas werden von den Gläubigen bei Nacht nach Beroea gebracht. Hier hat er auch bei den Juden bessern Erfolg[16], und ebenso gewinnt er „von den griechischen Frauen aus anständiger Familie (τῶν εὐσχημόνων) und Männern nicht wenige". Aber die Juden von Thessalonike tragen ihre Hetze auch hierher; so muß Paulus fliehn und wird ans Meer geleitet[17], während Silas und Timotheus in Beroea zurückbleiben. Die Begleiter bringen Paulus nach Athen[18] und nehmen den Auftrag an Silas und Timotheus mit, sie sollten ihm so bald wie möglich nachkommen.

Für diesen Bericht geben die kurz nachher geschriebenen beiden Briefe des Paulus an die Thessaloniker eine sehr wertvolle Kontrolle und Ergänzung. Sie zeigen zunächst, daß sein Aufenthalt in Thessalonike – wie der in Philippi – wesentlich langer gewesen ist, als ihn die nur die Hauptmomente erwähnende Erzählung des Lukas erscheinen läßt. Wir werden auf jede der beiden Städte mehrere Monate zu rechnen haben. Da Paulus im J. 50 nach Korinth gekommen ist und vorher noch die Tätigkeit in Beroea[19] und Athen liegt, ergibt sich, daß er die Reise von Antiochia aus, auch wenn wir den Aufenhalt in Kleinasien noch so kurz ansetzen, spätestens im J. 48, vielleicht aber auch schon 47 angetreten haben muß.

Paulus bestätigt, daß er nach seiner Mißhandlung in Philippi[20] nach Thessalonike gekommen ist – an den Zwischenstationen wird er sich nicht lange aufgehalten haben. Auch die Gemeinde in Thessalonike hat andauernd „viele Bedrängnis" (θλῖψις I 1, 6. II 1, 4) zu bestehn, ist aber durch ihr gläubiges Ausharren „ein Vorbild für alle Gläubigen in Makedonien und Griechenland (Achaja)" und überallhin geworden (I 1, 7 f., vgl. 4, 10). Sie erleidet „von ihren eigenen Landsleuten (ὑπὸ τῶν ἰδίων συμφυλετῶν) dieselbe Verfolgung wie die Gemeinden Gottes in Judaea von den Juden, die den Herrn Jesus und die Propheten getötet haben und die auch mich ausgetrieben haben (καὶ ἡμᾶς ἐκδιωξάντων), die Gott nicht gefallen und allen Menschen zuwider sind, die mich hindern, den Heiden zu predigen, um sie zu retten, damit das Maß ihrer Sünden allezeit (πάντοτε) voll werde; aber der göttliche Zorn (ἡ ὀργή) ist bereits über sie gekommen bis zum Ende (εἰς τέλος), d. h. bis zu dem unmittelbar bevorstehenden Weltgericht)".

Dieser leidenschaftliche Ausfall gegen die Juden kann unmöglich, wie man meist erklärt, auf Schicksale des Paulus in Palaestina – etwa seine Flucht bei dem ersten Aufenthalt in Jerusalem nach seiner Bekehrung act. 9, 30 – anspielen, sondern bezieht sich ganz deutlich auf die Verfolgungen durch die Juden von Thessalonike, die ihn gezwungen haben, bei Nacht und Nebel aus dieser Stadt und dann aus Beroea zu entfliehn. Das hat ihm eine weitere Wirksamkeit in Makedonien, wo sie so hoffnungsvoll eingesetzt hatte, unmöglich gemacht. Wir begreifen, daß er Sehnsucht hat, die treue Gemeinde wiederzusehn, zumal nach dem schweren Mißerfolg in Athen (2, 17 ff.), und daher ihr Verhalten in den wärmsten Tönen preist. Aber „der Satan hat mich daran gehindert" (ἐνέκοψεν ἡμᾶς ὁ σατανᾶς); er darf es nicht wagen, sich noch einmal der Gefahr auszusetzen. So zittert die Erregung noch nach Monaten gewaltig in ihm nach und macht sich Luft in einem leidenschaftlichen Ausbruch seiner Stimmung. Die wilde Erbitterung, mit der er hier von seinem Volke redet, steht in schroffem, äußerst lehrreichem Gegensatz zu der so ganz andersartigen Auffassung des Problems im Römerbrief: ohne Bedenken übernimmt er das populäre Urteil des Judenhasses der Heiden (πᾶσιν ἀνθρώποις ἐναντίοι) und verkündet, daß sie reif sind zur Vernichtung, dem τέλος.

Wenn somit die Erzählung des Lukas durch den Brief durchaus bestätigt wird, so steht daneben eine um so wichtigere Differenz. Die Gemeinde, an die Paulus schreibt, besteht aus bekehrten Heiden, „die sich von den Götzenbildern zum Dienst des lebendigen und wahrhaftigen Gottes bekehrt haben" (I 1, 9). Die „Landsleute" (συμφυλέται), die sie bedrängen (I 2,14), sind natürlich die griechischen (makedonischen) Bürger von Thessalonike; wie gewöhnlich, so hat auch hier die von den Juden begonnene Verfolgung sich in die heidnische Bevölkerung fortgepflanzt.[21]

Diesen Tatbestand hat Lukas verwischt. Wenn er aus den bekehrten Heiden gottesfürchtige Hellenen", d. h. wenn auch nicht Proselyten, so doch Anhänger des Judentums macht, so ist das insofern nicht geradezu falsch, als Paulus natürlich hier wie überall, auch wenn ihm die Heidenmission die Hauptsache war, die Anknüpfung zunächst in den Kreisen suchen mußte, die sich bereits durch das Judentum, seine geheimnisvollen Riten und Offenbarungen und die durch sie zu erringenden magischen Kräfte angezogen fühlten[22], also, um in der Sprache der Zeit zu reden, dem Wehen des „Geistes" zugänglich waren. Aber zweifellos hat er weit darüber hinausgegriffen und auch Leute gewonnen, die bisher dem Judentum ganz fremd gegenüberstanden. Indessen auch diese mußten jetzt durch das Judentum hindurch: die Berufung auf die „Schrift" konnte er bei seiner Predigt nie entbehren, der Christ mußte die Autorität der Bibel als des untrüglichen Gottesworts anerkennen und vor allem die eschatologischen Offenbarungen und Verheißungen des Judentums gläubig übernehmen – das wird gerade auch durch die Thessalonikerbriefe anschaulich illustriert. Daraus erklärt sich die Darstellung den Lukas. Er will, in voller Übereinstimmung mit Paulus, zeigen, wie das Heil, das den Juden vergeblich geboten wird, eben dadurch zu den Heiden kommt. Aber diese Tendenz hat hier ebenso wie in der Darstellung der Vorgänge in Jerusalem und in Rom zu einer Verschleierung des wahren Hergangs geführt, ganz entsprechend der Art, wie Lukas den Gegensatz zwischen Petrus und Paulus, den scharfen Konflikt zwischen Judenchristentum und Heidenchristentum überbrückt oder vielmehr aus der Geschichte streicht. Beide wirken nach ihm einträchtiglich zusammen. Daher wird durchweg nachdrücklich hervorgehoben, daß Paulus sich zunächst an die Juden gewendet hat, und darum auch die bekehrten Heiden möglichst zu Judengenossen gemacht.[23]

Dieselben Vorwürfe, welche jederzeit, bald mit Recht bald mit Unrecht, gegen die Führer religiösen, sozialer, politischer Bewegungen und Organisationen erhoben werden, sind, wie seine Briefe zeigen, auch gegen Paulus fortdauernd gemacht worden. Er wird als ein ehrgeiziger Streber dargestellt, der es verstehe, die Menschen zu seinen Zwecken auszunutzen, und ihnen nach dem Munde rede, um seine Taschen zu füllen und sich eine Macht zu gründen. Dagegen wehrt er sich mit allem Nachdruck: „meine Predigt kam nicht aus Irrwahn oder unreiner Gesinnung oder argen Hintergedanken (δόλῳ) ... ich rede nicht um Menschen zu gefallen, sondern Gott, der unsere Herzen prüft. Denn nie bin ich, wie ihr wißt, mit Schmeichelreden aufgetreten (ἐν λόγῳ κολακείας ἐγενήθημεν), noch habe ich versucht, mich zu bereichern (οὐδὲ ἐν προφάσει πλεονεξίας), Gott ist mein Zeuge, noch Ansehn (δόξα) bei Menschen zu erlangen gestrebt, weder bei euch noch bei andern, obwohl ich doch das Recht hatte, euch zur Last zu fallen als Apostel Christi." Vielmehr habe er Tag und Nacht gearbeitet, um den Lebensunterhalt zu verdienen und ohne Belästigung irgend jemandes ihnen das Evangelium verkünden zu können. „Ihr seid Zeugen und Gott, wie gebührlich (ὁσίως), gerecht und tadellos ich gegen euch, die ihr gläubig geworden seid, aufgetreten bin, ihr wißt, wie ich einen jeden von euch wie ein Vater seine Kinder ermahnt und ermuntert und beschworen habe, würdig zu wandeln des Gottes, der euch in sein Reich und seine Herrlichkeit beruft"[24].

Auf den Lehrinhalt der beiden Briefe und die Probleme, die der zweite bietet, werden wir später zurückkommen. Nur das sei gleich hier erwähnt, daß ich die Vermutung HARNACKS[25], der erste Brief sei an die Gesamtgemeinde, der zweite an eine judenchristliche Sondergemeinde in Thessalonike gerichtet und gleichzeitig mit dem ersten oder kurz nachher abgesandt, so scharfsinnig sie begründet ist, doch nicht für zutreffend halten kann; das müßte doch viel deutlicher ausgesprochen und nicht nur höchstens zwischen den Zeilen angedeutet sein[26], und vor allem müßte man dann eine Erklärung verlangen, daß Paulus die ja auch für die Judenchristen bestimmten Mahnungen an die Gesamtgemeinde lediglich bekräftigen und ergänzen wolle. Überdies ist der Kern des Briefs, der Abschnitt über die Parusie, ja keineswegs eine Ergänzung, sondern vielmehr eine Korrektur der Angaben des ersten Briefs, und diese gilt nicht nur für die Judenchristen, sondern für alle Christen überhaupt.

Geschrieben ist der erste Brief – der zweite wird einige Monate später fallen – nach 3,1. 7 bald nach dem Mißerfolg des Paulus in Athen. Damals hat er den Timotheus nach Thessalonike geschickt, und dieser ist soeben mit guten Nachrichten zurückgekommen (3, 6). Somit ist Paulus noch in Athen oder eben nach Korinth gegangen; hätte er hier schon Erfolge gehabt, so würde er das erwähnen und überhaupt anders reden. In der Grußformel am Eingang beider Briefe sind Silvanus – Paulus braucht immer die korrekte volle Form, Lukas die Kurzform Σιλᾶς – und Timotheus neben Paulus genannt. Damit stimmt die Apostelgeschichte nicht ganz überein; nach 17, 15 sollen sie dem Paulus möglichst schnell nach Athen nachkommen, nach 18, 5 treffen sie von Makedonien aus erst längere Zeit nach ihm in Korinth ein (vgl. Kor. II 1, 19). Dadurch wird hier zugleich der Aufenthalt in Athen stärker verkürzt, als nach dem Zeugnis des ersten Thessalonikerbriefs zutreffend ist.[27] Solche kleinen Ungenauigkeiten sind begreiflich genug, zumal da Timotheus inzwischen noch einmal wieder nach Thessalonike gereist ist und dann vielleicht wirklich erst in Korinth bei Paulus eingetroffen ist. Das ist dann fälschlich auch auf Silas übertragen.

Paulus in Athen. Die Areopagrede

Paulus' Auftreten in Athen ist das Glanzstück der Apostelgeschichte. In anschaulichster Lebendigkeit wird uns die Situation vor Augen geführt. Auch die Sprache ist spezifisch attisch gefärbt.[28] Das ist nicht literarische Mache mit Benutzung einen fremden Vorbildes, wie NORDEN annimmt – wenn Lukas so gearbeitet hätte, müßte sich Gleichartiges auch in andern Abschnitten seines Werks und nicht lediglich an dieser einen Stelle finden –, sondern ein Beweis, daß Lukas einen sachkundigen Bericht aus Athen verwendet hat.

Daß Paulus, als er sich entschloß, statt in Kleinasien weiter zu missionieren, vielmehr die griechische Welt zu gewinnen, von Anfang an die Absicht gehabt hat, Athen aufzusuchen, wird als zweifellos gelten können. Denn Athen, so sehr es auch wirtschaftlich heruntergekommen war, war immer noch die Stätte der feinsten geistigen Bildung; sein Vorrang als Sitz der großen die Kulturwelt beherrschenden Philosophenschulen war unbestritten, aus der ganzen Welt, auch aus Rom selbst wurde es fortdauernd von nicht wenigen aufgesucht, die hier ihrer Erziehung den letzten Abschluß geben wollten. Wer hier Erfolg hatte, hatte seine Sache gewonnen. Die Tätigkeit in Makedonien erscheint so als Vorübung für sein Auftreten in Athen; Athen aber war die Vorstufe für Rom, das Paulus gewiß schon damals als das Endziel in Aussicht genommen hatte.[29]

So ist es weder auffallend noch gar als Erfindung zu verdächtigen, daß Paulus hier nicht nur mit den Juden und Proselyten in der Synagoge, sondern ebenso „tagtäglich auf dem Markt mit allen redet, die sich dort einfanden", und dadurch auch mit „einigen der epikureischen und stoischen Philosophen" – daß nur die beiden Hauptschulen genannt werden, ist durchaus begreiflich – zusammenstößt. So völlig fremd Paulus innerlich der griechischen Philosophie und dem griechischen Denken überhaupt gegenübersteht, so ist doch die Auffassung, daß das Christentum eine neue und zwar die allein wahre Philosophie ist, in derselben Weise wie die jüdischen Theologen das Judentum und das Gesetz des Moses für die wahre Philosophie ausgeben (Bd. II) bereits durch ihn und seine rabbinische Dialektik angebahnt; in der christlichen Theologie ist sie dann durch Origenes zur vollen Herrschaft gelangt.

Daß die neue Lehre den Athenern mehr als seltsam vorkommen mußte, ist begreiflich. „Einige[30] sagten: was kann denn dieser armselige Schlucker[31] zu sagen haben; andere: er scheint ein Verkünder ausländischer Gottheiten[32] zu sein, da er Jesus und die Anastasis als Evangelium verkündete" – sie halten den ihnen gänzlich unverständlichen Begriff „Auferstehung" für eine Göttin. „Aber alle Athener und die Fremden, die sich dort aufhalten, sind auf nichts mehr erpicht als nur immer etwas Neues zu hören", und sie sind höfliche Leute. So sagen sie: „Können wir wohl erfahren, was diese neue Lehre ist, von der du redest? Denn du bringst Dinge vor, die unsern Ohren befremdlich klingen; so möchten wir gerne wissen, was das sein mag." Damit führen sie ihn auf den Areopag[33] als eine Stätte, wo er bequem, fern von dem Getriebe des Marktes, zu einer größeren Versammlung reden kann.

Die Areopagrede des Paulus gilt jetzt den meisten Kritikern – Ausnahmen bilden u. a. HARNACK und WENDT – nicht nur für ein freierfundenes Machwerk des Schriftstellers[34], sondern, wie überhaupt die ganze Schilderung seines Auftretens in Athen, für eine junge Einlage, die weit von dem wahren Paulus abstehe und ganz fremde Gedanken in ihn hineintrage. „Wer", sagt WILAMOWITZ, „die Originalität der echten Paulusbriefe und die geschlossene Eigenart der Person, die hinter ihnen erscheint, verkennen kann, oder wer andrerseits dessen Person die Areopagrede der Acta zutrauen kann, mit dem ist nicht zu reden".[35] Auch NORDEN, in dessen Werk Agnostos Theos (1913) eine tief eindringende Analyse der Rede die Grundlage bildet, hat es als ausgeschlossen betrachtet, daß Paulus so gesprochen habe.[36] Es kann wenig helfen, wenn ich dem gegenüber ausspreche, daß in mir – und ich glaube in vielen andern auch – die ganze Erzählung den überzeugenden Eindruck der inneren Wahrheit hervorruft und damit die sichere Bürgschaft der Echtheit gewährt. Weiterkommen können wir nur, wenn wir uns die Situation und die durch sie gegebenen Bedingungen möglichst anschaulich zu machen versuchen.

Als selbstverständlich schicke ich voraus, daß natürlich keine wörtliche Aufzeichnung der Rede vorliegt. Schon ihr geringer Umfang zeigt, daß der Verfasser nur eine knappe Zusammenfassung der Hauptgedanken hat geben wollen. Dem entspricht auch die Form, in der bedeutsame Erwägungen, die in einer Rede viel breiter ausgeführt werden müssen, wenn sie verstanden werden sollen, eng aneinander gedrängt und mehrfach in Nebensätzen oder vielmehr Partizipien angehängt sind. Darin unterscheidet sich diese Rede wesentlich sowohl von den Reden des Paulus in Jerusalem und vor Felix und Agrippa, die Lukas als Augenzeuge berichtet[37], wie von den breit ausgeführten Reden des Petrus und Stephanus im ersten Teil. Die Reden des Petrus (bei Stephanus liegt es anders) sind jedenfalls in allem Wesentlichen freie Schöpfungen des Schriftstellers, der, wie Thukydides von seinen Reden sagt, da eine genauere Kunde nicht zu erlangen war, ihn so sprechen läßt, wie er nach seiner Auffassung unter den gegebenen Umständen reden mußte. Aber bei der Areopagrede ist gerade die gedrängte Fassung ein Indicium dafür, daß ihm, wie über die übrigen Vorgänge in Athen, so auch über Paulus' Worte ein Referat vorlag.

Und nun kann nicht scharf genug betont werden, daß alle Schriftstücke, die wir von Paulus besitzen, Schreiben an gläubige Gemeinden sind, die, trotz aller Differenzen im Einzelnen, auf demselben Boden mit ihm stehn und denen er wohl einzelne Lehren einschärft, aber die Grundbegriffe des Christentums nicht auseinanderzusetzen braucht. Ein vollständiges System enthält keines von ihnen, und vieles, was er gepredigt hat, wird in ihnen nur ganz gelegentlich oder überhaupt nicht berührt. Am weitesten geht darin der Römerbrief, da er an eine judenchristliche Gemeinde gerichtet ist, in der er, der Heidenapostel, vorsichtig tastend festen Fuß fassen will (s. Kap. IX); aber auch hier sind eben darum nur einzelne Fragen, auf die es für diesen Zweck ankommt, eingehend behandelt. Niemals aber darf man dabei vergessen, daß alle diese Briefe durch ganz bestimmte Vorfälle veranlaßt sind und daß Paulus, wie schon erwähnt, durch und durch ein Politiker ist, der seinen Zweck immer im Auge behält und der, auch wenn er sich scheinbar frei gehn und zu leidenschaftlichen Ergüssen hinreißen läßt, doch immer sehr genau weiß, was er will. Den ganzen Paulus lernen wir daher aus den Briefen nicht kennen, sondern sie bedürfen notwendig der Ergänzung durch die Berichte über seine Taten.[38] Erst aus beidem zusammen erhalten wir das Gesamtbild und können seine Erfolge wie seine Mißerfolge geschichtlich begreifen; und dann zeigt sich auch, daß, je genauer wir nachprüfen, um so mehr sich beide ergänzen.

So können wir von der Art, wie er, wenn er in eine Stadt kam, seine Tätigkeit begonnen, wie er Boden zu gewinnen gesucht hat, aus seinen Briefen keinen Aufschluß erhalten. Bei den Juden lag die Sache noch verhältnismäßig einfach; denn da war in der Schrift und vor allem in den Anschauungen der pharisaeischen Religion eine gemeinsame Grundlage vorhanden, von der er ausgehn konnte. Ein Bild davon gibt Lukas in der Rede, die er ihn in der Synagoge von Antiochia Pisidia nach Verlesung des Gesetzes und der Propheten auf die Aufforderung der Synagogenvorsteher halten läßt: er gibt einen Abriß der Geschichte Israels bis auf David, geht von diesem auf Johannes und Jesus über und sucht aus der Schrift zu erweisen, daß in diesem sich die Verkündungen erfüllt haben und durch ihn mit der Auferstehung auch die Vergebung der Sünden und die durch die niemals voll erfüllbaren Gebote des mosaischen Gesetzes nicht erreichbare Rechtfertigung der Gläubigen vor Gott gesichert ist. Der Wortlaut dieser Rede ist von Lukas frei geschaffen[39]; aber der Gedankengang ist so sehr durch die Sache gegeben, daß nicht zweifelhaft sein kann, daß Paulus, und jeder andre Missionar auch, in dieser Weise gesprochen hat.

Ganz anders lagen die Dinge, wenn es galt, zu einer rein heidnischen Hörerschaft zu sprechen, zumal wenn diese, wie in Athen, von jüdischen Einwirkungen so gut wie unberührt war. Hier mußten die Anknüpfungspunkte erst geschaffen werden, wenn überhaupt auch nur ein Verständnis, geschweige denn eine Wirkung erzielt werden sollte; und das war bei einem so fremdartigen, dem griechischen Denken und Empfinden durchaus widerstrebenden Gegenstande nicht leicht. Daß Paulus sich seine Aufgabe, deren entscheidende Bedeutung ihm keinen Augenblick aus dem Sinn kommen konnte, sorgfältig überlegt hat, bedarf keiner Bemerkung. Wir wollen versuchen, ob sich nicht von hier aus ein ungezwungenes Verständnis der Rede erschließt.

Den Ausgangspunkt bietet ein allbekannter, unendlich oft zum Preise Athens wiederholter Gemeinplatz, sein durch die zahllosen Tempel, Kultbilder und Feste begründeter Anspruch, die frömmste Stadt von Hellas zu sein. Damit setzt er ein.[40] „Gottesfürchtig" freilich (θεοσεβεῖς) kann er nicht sagen, denn die Mächte des athenischen Kultus sind ihm keine Götter, sondern böse Dämonen, ihr Dienst teuflischer Aberglaube. So braucht er das Wort δεισιδαιμονία[41]: „ich sehe, daß ihr Athener in jeder Beziehung besonders dem Dienst der dämonischen Mächte ergeben seid" (κατὰ πάντα ὡς δεισιδαιμονεστέρους ὑμᾶς θεωρῶ). Aber δαίμων und τὸ δαιμόνιον ist ein schwankender Begriff, der vielfach synonym mit ὁ θεός oder οἱ θεοί gebraucht wird; und so werden die Athener die Äußerung – die natürlich weiter ausgeführt war; Lukas gibt nur das Schlagwort wieder – als captatio benevolentiae freundlich aufgenommen haben.

Damit verbindet Paulus nun aber einen Beleg, der ihm den Übergang zu seinem Thema ermöglicht. In Athen oder vielmehr in Phaleron stand eine Reihe von „Altären, die als solche von Ἄγνωστοι θεοί, von Heroen, der Söhne des Theseus, und des Phaleros", des Eponymos des Demos, bezeichnet waren.[42] Was unter diesen „unbekannten" oder vielmehr „unkennbaren" Göttern zu verstehn sei, darüber haben wir keine Notiz und hat schwerlich irgend ein Theologe genauere Auskunft zu geben vermocht; es liegt nahe, an chthonische Mächte zu denken. Daß Paulus sagt, er habe den Altar selbst gesehn, kann natürlich stilistische Einkleidung sein; er mag auch durch Bekannte oder durch die antiquarische Literatur über Athen darauf aufmerksam gemacht worden sein, die, wenn sie auch ihm selbst und seinem Bildungsgang fern lag, doch dem Kreise, in dem er in Athen verkehrte, nicht ganz fremd gewesen sein kann.[43] Um die Weihinschrift für seinen Zweck verwenden zu können, hat er ihren Wortlaut geändert in Ἀγνώστῳ θεῷ „dem unbekannten Gotte".[44] Irgendwelche Spekulation über diesen Begriff liegt ihm ganz fern; ihm kommt es lediglich darauf an, einen Anknüpfungspunkt für seine Predigt zu finden. „Diesen Gott, von dessen Existenz ihr, wie diese Weihinschrift beweist, eine unbestimmte Ahnung habt und dem ihr daher in eurer Frömmigkeit Verehrung darbringt, von dem ihr aber nichts wißt, diesen verkünde ich euch (ὁ οὖν ἀγνοοῦντες εὐσεβεῖτε, τοῦτο ἐγὼ καταγγέλλω ὑμῖν)." Damit ist der Übergang gewonnen und hat der „unbekannte Gott" seine Schuldigkeit getan.

Daß der Gott, den er jetzt verkünden will, in Wirklichkeit der Judengott ist, dessen Offenbarungen in den heiligen Schriften der Juden stehn, darf er natürlich nicht sagen, wenn die Zuhörer ihm nicht davonlaufen sollen. So vermeidet er jede direkte Bezugnahme und jeden jüdischen Namen; wohl aber entnimmt er dem Judentum diejenigen religiösen Ideen, denen auch der gebildete Heide zustimmen kann. So vor allem die von dem Schöpfergott: er ist „der Gott, der die Welt und alles, was in ihr ist, geschaffen hat, der eben als Herr des Himmels und der Erde nicht in Tempeln von Menschenhänden wohnt" – dieselbe Weiterbildung des Wortes Tritojesajas 66, 1 f. wie in der Rede des Stephanus, die schon im Text der griechischen Bibelübersetzung angebahnt ist: „der Himmel ist mein Thron und die Erde mein Fußschemel; was wollt ihr mir für ein Haus bauen, und was für einen Ort, wo ich wohnen soll?[45] Dies alles hat doch meine Hand gemacht)!"[46] Schon in der Stephanusrede wird dies Wort allgemein auf alle Kultstätten ausgedehnt, wenn auch mit spezieller Beziehung auf Salomos Tempelbau: „aber der Höchste wohnt nicht in Häusern von Menschenhand" (ἀλλ' οὐχ ὁ ὕψιστος ἐν χειροποιητοῖς οἰκεῖ); es ist die letzte Konsequenz aus der Erhebung des Gottes von Sinai zum Himmelsgott und Weltschöpfer.[47] Hier in der Areopagrede kann sie rein hingestellt werden, ohne jede Beziehung auf Jerusalem. „So läßt er sich denn auch nicht von Menschenhänden bedienen, als ob er jemandes[48] bedürfte, da er ja selbst Allen Leben und Odem (πνοή, d. i. den Lebenshauch *rûach*) und Alles gegeben hat." Das ist ein Satz, der sich seit Euripides bei den Griechen oft genug ausgesprochen findet, und speziell die Stoa betont nachdrücklich, daß Gott ἀπροσδεής ist.[49] Aber für den Juden ist es die prophetische Polemik gegen den Opferkult[50]; mit vollem Recht wird von den Kommentaren als Parallele Psalm 49 (hebr. 50), 9 ff. herangezogen: οὐ δέξομαι ἐκ τοῦ οἴκου σου μόσχους, οὐδὲ ἐκ τῶν ποιμνίων σου χιμάρους, ὅτι ἐμά ἐστιν πάντα τὰ θηρία τοῦ δρυμοῦ, κτήνη ἐν τοῖς ὄρεσιν καὶ βόες ... ἐὰν πεινάσω, οὐ μή σοι εἴπω. ἐμὴ γάρ ἐστιν ἡ οἰκουμένη καὶ τὸ πλήρωμα αὐτῆς.

Dieses Schöpfergottes Fürsorge erstreckt sich – und das ist ja der Kernpunkt für die Frage nach der Berechtigung der Heidenmission – auf das gesamte Menschengeschlecht, das einheitlichen Ursprungs und daher gleichmäßig seine Kreatur ist. Paulus gibt hier einen Abriß der Schöpfungsgeschichte und der Völkertafel der Genesis[51], aber weder Adam noch sonst ein Name ist genannt, und so mochten die Hörer dabei an Deukalion und ähnliche Gestalten denken.

Die Absicht Gottes dabei ist, „daß sie Gott suchen sollen, ob sie ihn tasten und finden könnten; und er ist ja auch nicht weit ab von einem Jeden von uns". Auch hier ist der Grundgedanke altjüdisch, z. B. Tritojesaja 65, 1 ἐμφανὴς ἐγενήθην τοῖς ἐμὲ μὴ ἐπερωτῶσιν, εὑρέθην τοῖς ἐμὲ μὴ ζητοῦσιν. εἶπα· ἰδοὺ εἰμί· τῷ ἔθνει οἳ οὐκ ἐκάλεσάν μου τὸ ὄνομα; und weiter 66, 18 ἔρχομαι συναγαγεῖν πάντα τὰ ἔθνη καὶ τὰς γλώσσας, καὶ ἥξουσιν καὶ ὄψονται τὴν δόξαν μου; und ähnlich oft genug. Darüber hinaus geht nur die realistische Ausdrucksweise, die Gott geradezu als ein greifbares, betastbares Wesen bezeichnet.[52] Das berührt sich, wie NORDEN mit Recht betont, mit der stoischen Lehre von der Immanenz der

Gottheit in der Welt; und dem entspricht der Fortgang, der in dem Zitat aus dem berühmten Hymnus Arats auf Zeus im Eingang seiner Φαινόμενα gipfelt, den dann Kleanthes nachgeahmt und aus dem Paulus diese Stelle fast wörtlich übernommen hat: „Denn in ihm haben wir Leben und Bewegung und Sein, wie ja auch einige eurer Dichter gesagt haben: ‚denn wir sind ja auch seines Geschlechts'."

Wenn man vielfach glaubt, daß diese Worte über das Bildungsniveau des Paulus hinausgingen, so kann ich das nicht für zutreffend halten. Arats Phaenomena waren, wie sowohl die Kommentare als die mehrfachen lateinischen Übersetzungen und Bearbeitungen aus dem Anfang der Kaiserzeit beweisen, eines der populärsten Werke der griechischen Literatur; sie gaben die nicht nur für die Praxis des Lebens, sondern jetzt, bei der ständig wachsenden Verbreitung der Astrologie, auch für diese unentbehrliche Orientierung am Himmel. So ist es sehr möglich, daß Paulus, der ja, ehe er nach Jerusalem ging, um sich zum Rabbiner auszubilden, in Tarsos jedenfalls die übliche Schulerziehung der Zeit durchgemacht hat, das Buch in der Schule gelesen hat. Daneben steht die Möglichkeit, daß er den Eingangshymnus aus einer Chrestomathie kennen gelernt hat, so gut wie den Vers aus Menander, den er Kor. I 15, 33 verwendet. Auch von den Lehrsätzen der griechischen Philosophie und vor allem der Stoa muß er, so gut wie z. B. Josephus, eine oberflächliche Kenntnis erhalten haben, so wenig er innerlich von ihr berührt wurde oder gar, wie Philo, ein Verhältnis zu ihr gesucht hat; das gehörte zur allgemeinen Bildung der Zeit.

Aber, so sagt man, es ist undenkbar, daß Paulus sich so geäußert hat; die hier vorgetragenen Anschauungen ständen in diametralem Gegensatz zu seinen wirklichen Überzeugungen. Aber er sagt doch selbst, im Eingang des Römerbriefs (1, 19 ff.), daß „Gott sich den Menschen" – allen, Juden wie Heiden – „offenbart hat: denn seine unsichtbaren Eigenschaften, seine ewige Kraft und Gottheit, sind von der Weltschöpfung an an seinen Werken, wenn man nur aufmerkt, erkennbar (νοούμενα καθορᾶται), so daß es für sie keine Entschuldigung gibt, wenn sie, obwohl sie Gott erkannten" (richtiger wohl: erkennen konnten), „ihn nicht als Gott ehrten oder ihm dankten". Da macht das Gesetz keinen Unterschied, denn nicht auf das Hören, sondern auf das Tun kommt es an, den Heiden ist das Gesetz ins Herz und ins Gewissen geschrieben.[53] Auch hier ist der Beweis des Daseins Gottes aus seinen Werken und aus dem sittlichen Bewußtsein Gemeingut nicht nur der Stoa, sondern der Popularphilosophie überhaupt, so gut wie der jüdischen Spekulation; ganz die gleiche Argumentation für die Nichtigkeit und Sündhaftigkeit des Götzendienstes bringt, worauf oft hingewiesen ist, die Σοφία Σαλωμῶνος.[54]

Daß Paulus nunmehr den Athenern ihre Verworfenheit und das göttliche Strafgericht hätte ankündigen sollen[55], ist doch wahrlich zu viel von ihm verlangt. Er will sie ja für sich und seine Lehre gewinnen, nicht sie abschrecken. Überdies ist es auch gar nicht seine Ansicht, daß Gott die Heiden schlechthin verworfen habe; vielmehr droht das Strafgericht den Juden ebensogut wie den Heiden, wenn sie das göttliche Gebot nicht befolgen, das jenen im Gesetz, diesen im sittlichen Bewußtsein gegeben ist; nach ihrem Verhalten werden beide „ohne Ansehn der Person" gerichtet. Die „Fülle seiner Güte" ist ihnen allen geboten, und seine Langmut schiebt das Gericht hinaus, so sehr die Leute das verkennen, „die nicht einsehn, daß er sie durch seine göttliche Güte zur Sinneswandlung (μετάνοια, Buße) führen will".[56] Und überdies macht Paulus auch in der Areopagrede von seiner Auffassung keineswegs ein Hehl, sondern hat sie verständlich genug angedeutet: „da wir also" – wie ihr selbst anerkennt – „Gottes Geschlecht sind, dürfen wir nicht glauben, daß die Gottheit dem Gold oder Silber oder Stein ähnlich sei, der von Menschen nach ihren Erwägungen bearbeitet und gebildet wird"[57], die übliche jüdische Polemik gegen den Bilderdienst, die aber bekanntlich von Xenophanes an auch den Griechen keineswegs fremd ist. Auch daß die „Unwissenheit", in der sie leben und die sie durch die Weihung des Altars, ohne es zu ahnen, selbst bekannt haben, an sich strafbar ist, wird dadurch angedeutet, daß Gott „über sie hinwegsieht" und trotzdem jetzt auch ihnen seine Gnade bietet: „Über die Zeiten der Unwissenheit hat nun Gott hinweggesehn und läßt jetzt die Verkündung an alle Menschen allerorts ergehn, ihren Sinn zu ändern."

Auch die Immanenz Gottes in der Welt, das sich in der Bewegung betätigende Leben und Dasein der Menschen „in Gott", das in der Areopagrede so realistisch gezeichnet ist[58], ist der Lehre des Paulus nicht fremd, so fern ihm auch bei seinem ganz persönlichen, nach freiem Willen handelnden Gottesbegriff der stoische Pantheismus liegt. NORDEN selbst hat eine von Paulus wiederholt verwendete, also zu dem festen Bestande seiner Lehre gehörende Formel eingehend analysiert und mit den gleichlautenden stoischen und dann weiter synkretistisch verwendeten Fassungen kombiniert, in der er von Gott aussagt: ἐξ αὐτοῦ καὶ δι' αὐτοῦ καὶ εἰς αὐτὸν τὰ πάντα.[59] Das ist inhaltlich nichts anderes als das ἐν αὐτῷ γὰρ ζῶμεν καὶ κινούμεθα καὶ ἐσμέν der Areopagrede, und wenn er dort nicht nur formell, sondern auch inhaltlich eine wesentlich über die jüdischen Anschauungen hinausgehende, der stoischen Lehre von der Immanenz Gottes in der Welt entstammende Formel übernimmt[60], so kann er hier, vor einem philosophisch gebildeten Publikum, erst recht an deren Anschauungen angeknüpft haben.

Mit dem Aufruf zur μετάνοια, zur Umkehr und Buße, ist Paulus bei seinem eigentlichen Thema, der christlichen Predigt, angelangt. Die Zeit dafür ist jetzt gekommen, denn das Weltgericht steht bevor und der Richter ist bereits bestellt. Auch hier vermeidet er den Namen und ebenso jede weitere theologische Ausführung, so vor allem seine Bezeichnung als Gottessohn, sondern nennt ihn „einen Mann, den er dafür bestimmt hat".[61] Nicht entbehren dagegen kann er die Erwähnung der Auferstehung; denn sie allein gibt die Gwähr für den Glauben sowohl an das Bevorstehn des Weltgerichts wie an das zukünftige Schicksal des Menschen, und bildet das zentrale Stück seiner Missionspredigt.

„So hat Gott über die Zeiten der Unwissenheit hinweggesehn und läßt jetzt die Verkündigung an alle Menschen allerorts ergehn, ihren Sinn zu ändern, da er einen Tag festgesetzt hat, an dem er die Welt in Gerechtigkeit richten wird durch einen Mann, den er dafür bestimmt hat; die Gewähr der Glaubwürdigkeit hat er jedermann dadurch gegeben[62], daß er ihn aus den Toten aufstehn ließ." Auch in dem knapp zusammengedrängten Referat empfindet man noch die Zurückhaltung, mit der Paulus diesen heiklen Punkt berührt, den er doch als Grundlage seiner weiteren Ausführungen nicht umgehn kann; ihm mag schwül genug dabei zumute gewesen sein. Er hat notwendig zum vollen Mißerfolg geführt. Bisher mochten die Athener glauben, daß die neue Lehre, so problematisch sie auch sein mochte, doch wenigstens eine interessante Anregung bringen könne, über die sich diskutieren lasse. Jetzt aber entpuppt sich als Kern der pomphaften Ausführungen die Wiederbelebung des toten Leichnams, ein Ammenmärchen, das man selbst in den Spukgeschichten der Kinderstube kaum ertragen könnte. Damit ist ihre Geduld zu Ende. „Als sie von der Totenauferstehung hörten, da spotteten die einen, andre aber sagten: darüber wollen wir dich ein andermal hören." Die Athener sind höfliche Leute, und der Unterschied im Bildungsniveau gegen die übrige Welt tritt auch hier deutlich hervor: von einer Verfolgung wie in den makedonischen Städten oder Ephesos ist keine Rede, so wenig wie von einer Einwirkung der Judenschaft. Um so niederschmetternder ist die vollständige Ablehnung, die nur um so stärker wirkt, da sie in freundliche Worte gekleidet ist. Wie man diese Szene für erfunden hat erklären können, gehört zu den Dingen, die mir immer unverständlich geblieben sind.[63]

Der in Wirklichkeit trotz aller Theologie der Folgezeit unüberbrückbare Gegensatz zwischen dem griechischen Denken und dem Christentum tritt gleich in diesem ersten Zusammenstoß der beiden diametral entgegengesetzten Weltanschauungen deutlich zutage. Nur muß man sich vor dem weitverbreiteten Irrtum hüten, als habe die Auferstehung mit der Unsterblichkeitslehre irgend etwas gemein. Die letztere ist, seit ihr Plato die maßgebende Gestalt gegeben hat, weithin verbreitet, und ununterbrochen wird in allen Kreisen darüber diskutiert. Hier aber handelt es sich um etwas ganz anderes, um die Wiederbelebung des toten, im Grabe vermodernden Leichnams. Gerade das hat Plato mit aller Schroffheit abgewiesen: als Kriton im Phaedon den Sokrates fragt, wie er ihn bestatten solle, antwortet Sokrates lächelnd: „Ich kann den Kriton nicht davon überzeugen, daß ich hier der Sokrates bin, der jetzt mit euch redet, sondern er glaubt, ich sei das, was er binnen kurzem als Leichnam sehn wird." Bestattet den Leib, wie ihr es für richtig haltet, aber glaubt nicht, daß ich noch hier bei euch sei. Das unsterbliche Ich ist die Seele, das ewig Bewegte und Lebendige, das zeitweilig an den materiellen Leib gebunden war, aber jetzt von ihm befreit ist.

Als einen Gegensatz griechischer und orientalischer Anschauung dagegen darf man diesen Gegensatz nur bedingt fassen; denn wir haben gesehn, wie schwer gerade dem Judentum – ebenso wie nachher den Arabern – die Auferstehungslehre eingegangen ist. Die pharisaeische und die christliche Lehre ist auch hier das Ergebnis eines langen Entwicklungsprozesses, in dem sehr verschiedenartige Momente zusammengeflossen sind. Wohl aber ist der Materialismus der Auferstehungslehre charakteristisch für den Orient im Gegensatz zu dem Spiritualismus des Griechentums. Eben weil sie sich, durchaus realistisch denkend, ein Leben der Seele (des „Odems") ohne Leib nicht vorstellen können, haben die Semiten und das vorpharisaeische Judentum eine Unsterblichkeitslehre nicht ausgebildet, während umgekehrt da, wo man, sei es aus materiellen Gründen wie in Aegypten, sei es aus religiös-ethischen, wie bei Zoroaster, ein bewußtes Weiterleben nach dem Tode postuliert, das nur als Wiederbelebung des

Leichnams gedacht werden kann. Diese Anschauung hat die pharisaeische Schule und mit ihr das Christentum übernommen, und daher ist die Auferstehung des Fleisches ein Grunddogma des Christentums. –

Es ist Paulus gelungen, auch in Athen noch ein paar Anhänger zu gewinnen, „darunter der Areopagit Dionysios und eine Frau namens Damaris und einige andere". Aber das konnte wenig Trost gewähren. Wie tief Paulus die Niederlage empfunden hat, zeigt der erste Brief an die Thessaloniker. Er macht ihnen die größten Lobeserhebungen für ihre Treue, er klammert sich an sie: „denn wer sonst als ihr ist meine Hoffnung und Freude und Ruhmeskranz vor unserm Herrn Jesus bei seiner Wiederkehr" – die er jetzt, in der verzweifelten Lage, erst recht als unmittelbar bevorstehend erwartet – „ihr seid meine Ehre und Freude." Er möchte gern zu ihnen zurück; da das nicht möglich ist und „er es nicht mehr aushält", entschließt er sich, „allein in Athen zurückzubleiben und den Timotheus hinzuschikken". Dieser soll sie „in dieser Bedrängnis" (ϑλίψις) im Glauben festigen; „denn ihr wißt selbst, daß ich mich darin befinde (ὅτι εἰς τοῦτο κείμεϑα); ich habe ja auch, als ich bei euch war, euch vorausgesagt, daß ich in Bedrängnis kommen werde, wie es denn auch geschehn ist und ihr wißt." Ganz deutlich tritt die Angst hervor, auf die Kunde von dem Fiasko in Athen könnten auch die Gläubigen in Thessalonike abfallen. „Deshalb habe ich, da ich es nicht mehr aushielt, geschickt, um von eurem Glauben Kunde zu erhalten, daß nicht der Versucher euch versuche und meine Mühe umsonst gewesen sei." Die Sendung des Timotheus ist gut ausgefallen, er bringt den ersehnten Trost: „Soeben ist Timotheus zu mir gekommen und bringt mir die frohe Botschaft (καὶ εὐαγγελισαμένου ἡμῖν) von eurem Glauben und eurer Liebe, und daß ihr mir allezeit ein gutes Andenken bewahrt und mich zu sehn wünscht wie ich euch. So habt ihr mir Trost gebracht (παρεκλήϑημεν ἐφ' ὑμῖν), Brüder, in aller meiner Not und Bedrängnis durch euren Glauben, denn jetzt lebe ich wieder (ὅτι νῦν ζῶμεν), wenn ihr im Herrn fest steht. Wie kann ich Gott genügend danken für euch bei all der Freude, die mir durch euch vor meinem Gott beschert wird; bei Nacht und Tag werde ich inständigst bitten, euch wieder von Angesicht sehn und die Mängel in eurem Glauben richtig stellen zu können". (καταρτίσαι τὰ ὑστερήματα τῆς πίστεως ὑμῶν – es steht also in Thessalonike doch nicht ganz so unbedenklich, wie Paulus zu glauben vorgibt). Mit reichen Segenswünschen, die zugleich eine Mahnung zur Nächstenliebe und zu untadligem Wandel enthalten, schließt dieser Herzenserguß.

Besser als durch diesen Brief kann die Zuverlässigkeit des Berichts des Lukas über die Vorgänge in Athen überhaupt nicht bestätigt werden. Ergänzend kommt hinzu, daß Paulus sagt, er sei „in Schwäche und Furcht und starkem Zittern" nach Korinth gekommen (Kor. I 2, 3); er mußte befürchten, daß es ihm hier eben so gehn könne wie in Athen.

Paulus in Korinth

Über die anderthalb Jahre, die Paulus in Korinth verbracht hat, hat Lukas nur verhältnismäßig wenig berichtet, sei es, daß wirklich nicht viel Bedeutsames vorgefallen war, sei es, daß ihm, ebenso wie über die Rückreise nach Jerusalem und den Beginn der nächsten Reise, nur dürftige Nachrichten zu Gebote standen. In der großen Handelsstadt mit ihrer bunt gemischten Bevölkerung, die trotz der aus der Hefe der hauptstädtischen Bevölkerung von Caesar hierher geschickten römischen Kolonie[64] ganz den Charakter der internationalen hellenistischen Weltkultur trug, fand Paulus einen günstigen Boden. Anfangs lastete noch das Fiasko in Athen auf ihm; „als dann Silas und Timotheus aus Makedonien bei ihm eintrafen", erzählt Lukas – vgl. dazu oben – „wurde er von der Lehre gepackt[65] und legte vor den Juden Zeugnis ab, daß Jesus der Messias sei". Auch bei den Juden und Proselyten, an die er sich auch hier zunächst wendet, hat er manchen Erfolg; so läßt sich der Synagogenvorsteher Crispus mit seinem ganzen Hause von ihm taufen (Kor. I 1, 14, vgl. act. 18, 8).[66] Die Hauptmasse dagegen bleibt natürlich ablehnend, und so erfolgt der übliche Bruch und die Wendung zu den Heiden. Bei diesen hat er reichen Erfolg; eine nächtliche Erscheinung des Herrn bestärkt ihn in seinem Werk – das ist der Ausgleich für sein Schicksal in Athen. Für die Heidenmission siedelt er in das Haus eines Proselyten Titius Justus über, das neben der Synagoge lag. Die Demonstration, die darin lag, führt dazu, daß die Juden ihn vor das Tribunal des Proconsuls Gallio schleppen, gegen Ende des J. 51: „er berede die Menschen zu einer gesetzwidrigen Gottesverehrung". Aber Gallio weist sie ab: Diskussionen über ihr Gesetz gingen ihn nichts an. So schreitet er auch nicht ein, als jetzt der Pöbel – offenbar die Heiden; es handelt sich um eine der üblichen antisemitischen Demonstrationen – über den Synagogenvorsteher Sosthenes[67], den Nachfolger des Crispus, herfällt und ihn vor dem Tribunal durchprügelt.

Der Bericht des Lukas wird durch Paulus' eigene Angaben bestätigt und ergänzt. Die ansehnliche Gemeinde in Korinth, großenteils aus Heiden bestehend[68], enthält „nicht viele nach irdischen Begriffen Weise (σοφοὶ κατὰ σάρκα), nicht viel Mächtige und Wohlgeborene"; die meisten sind Ungebildete, Niedriggeborene und Arme.[69] So kann denn Paulus auch die Kosten seinen Unterhalts, auf die er als Apostel und Missionar einen Anspruch hat, von ihnen nicht beziehn, sondern – „verkündet ihnen das Wort Gottes unentgeltlich". Dann aber „haben die Brüder, die aus Makedonien kamen, mein Defizit ausgefüllt, und so bin ich euch niemals zur Last gefallen."[70] Deutlich ist hier die erste Zeit bezeichnet, in der er mit Aquila zusammen selbst als Handwerker gearbeitet hat[71], und dann die Wendung, die durch das Eintreffen des Timotheus aus Makedonien herbeigeführt wird und die ihm ermöglicht, in das Haus des Titius Justus überzusiedeln. Silvanus, den Lukas hier neben ihm nennt, wird in Wirklichkeit schon von Athen aus mit Paulus gekommen sein; beide nennt auch er als seine Gehilfen und Mitbegründer der korinthischen Gemeinde.[72] Daß die Lehre sich von der Hauptstadt aus auch weiter in die Provinz Achaja verbreitet hat, wird mehrfach angedeutet.[73]

Sonst erzählt Lukas nur noch von Aquila, einem pontischen Juden[74], der nach Rom übergesiedelt war, aber bei der Ausweisung der Juden aus Rom im J. 50 die Stadt hatte verlassen müssen und soeben mit seiner Frau Priscilla (bei Paulus in der Kurzform Prisca) in Korinth eingetroffen war. Bei ihm hat Paulus zunächst Quartier genommen und sein Handwerk ausgeübt: „beide waren Zeltfabrikanten". Später gehn Aquila und Priscilla mit Paulus nach Ephesus (18, 18 f. 26), wo sie sich noch zur Zeit des ersten Korintherbriefs aufhalten und eine Hausgemeinde gegründet haben[75]; sie waren also wohlhabende Leute. Kurz darauf müssen sie nach Rom zurückgekehrt sein, da Paulus ihnen im Römerbrief 16, 3 hierhin einen Gruß sendet; auch hier haben sie eine Gemeinde in ihrem Hause. Sie werden Ephesos infolge der großen Krisis verlassen haben, die auch Paulus hier den weiteren Aufenthalt unmöglich machte; daher sagt er von ihnen, „seinen Mithelfern in Christus Jesus", daß sie „für mein Leben ihren Hals angeboten haben, denen nicht nur ich Dank sage, sondern sämtliche Gemeinden der Heiden". In Rom muß Lukas sie kennen gelernt haben, als er mit Paulus dorthin kam; und ihnen wird er den Hauptteil seiner Nachrichten über Korinth verdanken. So erklärt sich, daß er auch einen verhältnismäßig so gleichgültigen Vorfall erwähnt, wie daß sich Aquila auf der Reise nach Korinth infolge eines Gelübdes in dem Hafenort Kenchreae das Haar scheren läßt (18, 18); wenn in dieser Notiz überhaupt noch eine bestimmte Tendenz liegt, so kann es nur die sein, zu zeigen, daß wie Paulus selbst in Jerusalem, so auch seine Schüler, soweit sie jüdischen Ursprungs waren, das Gesetz befolgten.

Die Einführung des Aquila bei Lukas ist sehr eigenartig formuliert. „Paulus fand in Korinth einen Juden namens Aquila ... und seine Frau Priscilla ... und trat mit ihnen in Verbindung (προσῆλθεν αὐτοῖς) und blieb bei ihnen, weil sie dasselbe Handwerk betrieben ...; und er redete in der Synagoge jeden Sabbat und suchte Juden und Hellenen zu gewinnen." Daß Aquila und Priscilla Christen geworden sind, folgt allerdings aus dem Zusammenhang und der späteren Erwähnung, wird aber nicht ausdrücklich gesagt, geschweige denn, daß Paulus sie bekehrt hätte; getauft hat er sie jedenfalls nicht, wie Kor. I 1, 14 zeigt. So ist es wohl zweifellos, daß sie schon in Rom Christen geworden sind; die Ausweisung aus Rom erfolgte ja infolge der Streitigkeiten, die hier unter der Judenschaft infolge des Eindringens des Christentums ausbrachen. Daß Lukas darüber hinweggeht und jede präzisere Angabe mit deutlicher Absicht vermeidet, erklärt sich daraus, daß er von dem Ursprung des Christentums in Rom nicht reden will. Er muß allerdings nachher in der Geschichte des Paulus nebenbei erwähnen, daß dort, als dieser hinkommt, bereits eine christliche Gemeinde besteht; aber seine ganze Erzählung ist darauf angelegt, daß der Leser darüber hinwegliest und den Eindruck gewinnt, daß die wahre Christengemeinde Roms eine Schöpfung des Paulus ist.

Paulus in Ephesos. Die Bekehrung der Johannesjünger

Mehr Probleme als an Korinth knüpfen an den Aufenthalt in Ephesos. Daß hier eine aussichtsreiche Stätte für seine Wirksamkeit sei, hatte Paulus schon gesehn, als er auf der Reise von Korinth nach Jerusalem die Stadt berührte, und schon damals die Absicht geäußert, wiederzukommen. So wird er sich auf der nächsten, etwa im J. 54 (frühestens 53) von Antiochia aus angetretenen Missionsreise bei den Gemeinden des inneren Kleinasiens nicht allzulange aufgehalten haben und etwa Ende 54 in Ephesos eingetroffen sein. In der Tat war Ephesos, die größte und im Range am höchsten stehende Stadt der Provinz Asia, als Mittelpunkt des kleinasiatischen Griechentums die notwendige Ergänzung zu Korinth, ihm im Charakter gleichartig, nur noch weit volkreicher und betriebsamer; denn schon seit Jahrhunderten lag der eigentliche Schwerpunkt der griechischen Welt nicht mehr im Mutterlande, sondern an der reich entwickelten Westküste Kleinasiens.

In der Zwischenzeit war ein alexandrinischer Jude Apollos in Ephesos eingetroffen, der dem von dem Täufer Johannes gestifteten Orden angehörte – das einzige Zeugnis, das wir über das Fortleben dieser Sekte und ihre Propaganda in der Diaspora besitzen. Er war ein schriftkundiger Mann und hat offenbar Mission getrieben wie die christlichen Apostel; ob die Jünger, welche die Johannestaufe empfangen haben, die Paulus in Ephesos vorfindet und tauft, von ihm gewonnen sind oder hier schon vorher eine derartige Gemeinde bestand, ist aus Lukas' Darstellung nicht zu erkennen. Durch Priscilla und Aquila wurde er zum Christentum bekehrt und ist dann nach Korinth gegangen, um die Mission in Griechenland (Achaja) weiter zu betreiben. Mit Paulus ist er damals, wie Lukas ausdrücklich betont, nicht in Berührung gekommen; so ist es durchaus begreiflich, daß sich ein gewisser Gegensatz zwischen ihnen und ihren Jüngern entwickelte. Nach Lukas (18, 28) verstand er sich besonders auf den Schriftbeweis und die Diskussion mit den Juden; er wird in rabbinischer Bildung dem Paulus ebenbürtig gewesen sein. Im ersten Korintherbrief bemüht sich Paulus eifrig, diese Spannung zu beseitigen: „ich habe gepflanzt, Apollos begossen, aber Gott ist es, der wachsen läßt. Der Pflanzer und der Begießer sind eins, beide nur Arbeitsgenossen im Dienste Gottes".[76] Es gelang, den Gegensatz zu überbrükken, zumal da Apollos dann wieder nach Ephesos kam und hier mit Paulus in persönliche Verbindung trat; er wünscht, daß derselbe, sein „Bruder", wieder nach Korinth gehe, offenbar um weiter zu vermitteln; aber dazu konnte Apollos sich zur Zeit doch nicht entschließen.[77]

Eine objektive Darstellung dieser Vorgänge darf man von Lukas nicht verlangen. Er steht ganz auf dem Boden der von ihm übernommenen und im ersten Buch erzählten christlichen Anschauung, daß Johannes lediglich der Vorläufer und von Gott bestellte Verkünder Jesu gewesen sei; in der Kindheitsgeschichte hat er beide von Anfang an aufs innigste verbunden und läßt den Johannes schon im Mutterleibe dem kommenden Herrn huldigen. In Wirklichkeit wird die Richtigkeit dieser Auffassung gerade durch das, was Lukas jetzt erzählt, widerlegt; und dadurch, daß er an ihr festhalten und sie auch in diese hineintragen muß, verwickelt er sich in Unklarheiten und Widersprüche. Apollos, sagt er, „war unterwiesen über den Weg des Herrn (gemeint ist natürlich die Verkündung des Johannes), und siedend im Geiste (ζέων τῷ πνεύματι; danach müßte er also das πνεῦμα schon erhalten haben) gab er in seinen Lehrvorträgen genaue Kunde über Jesus (ἐλάλει καὶ ἐδίδασκεν ἀκριβῶς τὰ περὶ τοῦ Ἰησοῦ); aber er kannte nur die Taufe des Johannes. Als er dann in der Synagoge freimütig zu reden begann, machten sich Priscilla und Aquila an ihn und setzten ihm den Weg Gottes" – d. h. die christliche Lehre – „genauer (ἀκριβέστερον) auseinander". Den Widersinn, der darin liegt, daß Apollos die Lehre von Jesus genau kennen und sie nun doch erst kennen lernen soll, hat Lukas nicht empfunden. In Wirklichkeit wird er zunächst als Missionar der Johannessekte innerhalb des Judentums aufgetreten sein und von Jesus erst durch Aquila und Priscilla gehört haben; diesen gelingt es, ihn zu überzeugen, daß Jesus der Messias und Weltrichter ist, dessen Kommen Johannes verkündet hat.

Noch seltsamer lautet das Weitere. Paulus trifft in Ephesos „einige Jünger" (τινὰς μαθητάς) – also, wie der Leser annehmen muß, Christen – im ganzen etwa zwölf, die auf seine Frage, ob sie, als sie gläubig geworden, den heiligen Geist empfangen hätten, antworten, sie wüßten überhaupt nicht, daß ein heiliger Geist existiere; auf die weitere Frage, worauf sie getauft seien, antworten sie: auf die Johannestaufe. Nachdem er sie belehrt hat, daß Johannes' Bußtaufe nur die Vorstufe für „den Glauben an den, der kommen soll, nämlich Jesus", gewesen sei, lassen sie sich „auf den Namen des Herrn Jesus" taufen, „und als Paulus ihnen die Hand auflegte, kam der heilige Geist auf sie, und sie redeten in Zungen und prophezeiten". Bei Apollos ist von einer neuen Taufe und vom heiligen Geist nicht die Rede; offenbar ist die Anschauung, daß Derartiges nur durch einen Apostel, nicht durch andere Missionare, vermittelt werden kann. Das legt die Vermutung sehr nahe, daß deshalb die Bekehrung der übrigen Johannesgläubigen – denn das sind die „Jünger", offenbar – von der seinigen getrennt worden ist; es wäre doch sehr wunderbar, daß Apollos nach seiner Bekehrung seine Genossen im Unglauben gelassen haben und, ohne sich um sie zu kümmern, nach Korinth gegangen sein sollte.

Für Lukas ist, wie für Paulus, der Besitz des heiligen Geistes und seiner Wunderkraft das eigentliche

Kennzeichen des Christentums. Der Auferstandene hat ihn (τὴν ἐπαγγελίαν τοῦ πατρός μου) den Seinen in seiner Abschiedsrede verheißen und geboten, in Ruhe in Jerusalem abzuwarten, „bis ihr von oben mit Kraft bekleidet werdet" (ev. 24, 48 f.). Das erfüllt sich am Pfingstfest. Hier kommt der Geist automatisch, ohne menschliche Tätigkeit, über alle Gläubigen, die ja damals noch sämtlich Juden (Galilaeer 2, 7) sind. Dann aber wird er jedesmal, wo eine neue Gruppe zum ersten Male auftritt, dieser durch Eingreifen der Apostel verliehen, die dazu aus Jerusalem herbeigeholt werden, so zuerst den Samaritanern (die vorher schon von Philippus getauft sind) durch Gebet und Handauflegen des Petrus und Johannes (8, 14 ff.), darauf dem Cornelius, dem ersten unbeschnittenen Heidenchristen, durch Petrus, wo die Taufe erst später nachgeholt wird, da die Berechtigung dazu ja erst durch das spontane Herabfallen des Geistes auf ihn und alle dabei Anwesenden erwiesen wird (10, 44 ff.). Die vierte Szene schließlich ist die mit den Johannesjüngern. Wie schon bemerkt, tritt in diesen vier Erzählungen die Einheitlichkeit des Werks und die sorgfältige Überlegung des Verfassers besonders anschaulich hervor.

Lukas muß – wenn nicht schon in Troas, so jedenfalls in Philippi – Geistesergießungen oft erlebt haben; denn es ist klar, daß das wüste Treiben, das Paulus im ersten Korintherbrief so anschaulich schildert, sich in allen von ihm begründeten Gemeinden entfaltet hat, wie es denn bei allen ähnlichen Bewegungen und Sektengründungen, so z. B. bei den „revivals" u. ä. in Amerika, immer wiederkehrt. Auch hat er ja selbst in Zungen geredet, prophezeit und Visionen gehabt wie irgend einer. Als er dann sah, zu welchem Wirrwarr das führte, hat er nach Möglichkeit abzubauen gesucht, und allmählich sind diese wilden Manifestationen mehr und mehr zurückgetreten, um dann allerdings im Montanismus um so kräftiger wieder aufzuleben. Ob aber Lukas selbst das mitgemacht hat, ist recht fraglich: er war ein gebildeter Mann, der zwar, was ihm von solchen Dingen erzählt wird, gläubig annimmt, aber, wo er selbst auftritt, ruhig beobachtet und verständig überlegt. So wird er zu diesen Dingen ähnlich gestanden haben wie Origenes[78] und derartige „Wirkungen des Geistes" an sich nicht erfahren haben. Daher materialisiert sich ihm das Herabkommen des Geistes in ein krasses Wunder. Beim Pfingstfest wird dasselbe ganz drastisch ausgemalt; in den drei andern Szenen ist es etwas abgeschwächt. Das für ihn bei dem Vorgang in Ephesos Bedeutsamste ist aber, daß dadurch Paulus den Uraposteln gleichgestellt wird und auch hierin hinter Petrus nicht zurücksteht. Deshalb hat er diese Szene aufgenommen. Dafür bedurfte er aber einer religiösen Menschengruppe, die nicht unter die andern – Juden, Samaritaner, Heiden – fiel; und die findet er in den Johannesjüngern. Dadurch wird es um so wahrscheinlicher, daß diese Szene wenigstens in der Gestalt, in der er sie darstellt, nicht historisch ist.

In Ephesos bleibt Paulus im ganzen drei Jahre (55–57 n. Chr.) und hat reichen Erfolg gehabt. Aber die Apostelgeschichte weiß nur wenig davon zu erzählen. Drei Monate predigt Paulus in der Synagoge, dann wendet er sich zu den Heiden und lehrt zwei Jahre lang in der schola des Tyrannos; von hier aus wird die Lehre weithin in der ganzen Provinz Asia bekannt, bei Juden wie bei Griechen.[79] Das ist im Grunde alles. Hinzugefügt wird nur noch, daß „Gott durch ihn", der auch hierin den Uraposteln gleichsteht, „recht außergewöhnliche Wundertaten[80] ausführte": er vertreibt die bösen Geister, man legt seine Schweißtücher und Schürzen auf die Kranken und heilt sie dadurch. So suchen sieben jüdische Wanderprediger, die Söhne des Oberpriesters Skeuas, ihn nachzuahmen[81], und beschwören „bei Jesus, den Paulus verkündet". Aber der böse Geist gehorcht nicht; er erklärt, er kenne Jesus und Paulus, „aber wer seid ihr denn?"; er stürzt auf sie los und jagt sie mit abgerissenen Kleidern und Wunden davon. Dadurch wächst das Ansehn des Paulus gewaltig, die Zauberbücher werden zusammengetragen und öffentlich verbrannt. Das ist eine Geschichte ganz im Stil des allgemein herrschenden Aberglaubens, die Lukas gläubig aufgenommen hat; wäre er selbst dabei gewesen, so würde er Derartiges nicht berichten, am wenigsten die ins Absurde übertriebene Angabe, daß diese Zauberbücher 50 000 Silberstücke (Drachmen) wert gewesen seien; wo er als Augenzeuge oder auf Grund zuverlässiger Berichte erzählt, kommt Gleichartiges nirgends vor.

Die Korintherbriefe

In den Aufenthalt in Ephesos fällt der erste Korintherbrief. Er ist veranlaßt durch die Parteiungen, die sich inzwischen in Korinth gebildet haben – darunter eine des Apollos –, und die antipaulinische Agitation, die von den Judenchristen unter Führung des Petrus ausgeht.[82] Geschrieben ist er in Ephesos inmitten der Kämpfe und Gefahren, die er dort tagtäglich zu bestehn hat: „ich habe mit der

Bestie gekämpft (ἐθηριομάχησα ἐν 'Εφέσῳ)" sagt er darüber (15, 32) – die Bestie ist natürlich der Satan mit seinen Werkzeugen[83]; er mag dabei speziell das Teufelswerk der Söhne des Skeuas im Sinn haben. Am Schluß des Briefs teilt er seine Reisepläne mit: er will bis zu Pfingsten in Ephesos bleiben, dann nach Makedonien und von hier nach Korinth gehn, und dort vielleicht den Winter hindurch bleiben, um alsdann die Kollekte für Jerusalem entweder zu übersenden oder selbst zu überbringen[84].

Nach diesen Andeutungen werden wir den Brief in den Winter 56/7, ans Ende des zweiten oder den Beginn des dritten Jahrs seines Aufenthalts in Ephesos zu setzen haben. Auf den weiteren Verlauf brauchen wir an dieser Stelle nicht näher einzugehn. Der Fortgang der Spannung hat Paulus zu einem kurzen, im wesentlichen erfolglosen Besuch in Korinth veranlaßt[85], bei dem er in Aussicht stellte, er werde bald wieder hinkommen, und wolle darauf von Korinth nach Makedonien und dann von hier aus wieder nach Korinth und von da nach Judaea gehn[86], natürlich mit der inzwischen eingesammelten Kollekte für Jerusalem. Auf die Anlässe, die zur Abänderung dieses Plans geführt haben, werden wir sogleich zurückkommen.

Diese Angaben des Paulus zeigen, daß Lukas völlig korrekt berichtet, wenn er im Anschluß an die Erfolge in Ephesos 19, 21 fortfährt: „als diese Dinge erfüllt waren, setzte sich Paulus im Geiste vor", (ἔθετο ἐν τῷ πνεύματι, d. h. auf Grund einer Offenbarung, wie immer) „über Makedonien und Achaja nach Jerusalem zu gehn, wobei er sagte: nachdem ich dort gewesen bin, muß ich auch Rom sehn". Dann fährt er fort: „Er schickte zwei seiner Diakonen nach Makedonien voraus, den Timotheus und Erastos; er selbst blieb noch eine Zeitlang in Asia." Daran schließt der Bericht über die Schlußkatastrophe in Ephesos. Erastos erscheint im Römerbrief 16, 23 unter den Grüßenden als ὁ οἰκονόμος τῆς πόλεως, also als Finanzbeamter[87] der Stadt, in der Paulus den Brief geschrieben hat, mithin von Korinth.[88] Dorthin hat Paulus, offenbar noch ehe die Wendung in Ephesos eintrat, den Titus zur Vermittlung in seinem Konflikt mit der korinthischen Gemeinde geschickt, mit der Weisung, dann in Troas wieder mit ihm zusammenzutreffen[89]; er hat, eben infolge dieser Spannung und einer gegen ihn ausgesprochenen schweren Beleidigung[90], sich nicht entschließen können, jetzt sogleich nochmals nach Korinth zu gehn, sondern ist, wie er in dem aus Makedonien, also im Jahre 58, geschriebenen zweiten Korintherbrief sagt, zu seinem ursprünglichen Plan zurückgekehrt, auf dem Landwege über Troas und Makedonien nach Korinth zu reisen.

Damit war die Aufgabe, die er sich für die Mission in der Griechenwelt zu beiden Seiten des Aegaeischen Meeres gesetzt hatte, in allem Wesentlichen erfüllt; so stand, wenn er die Kollekte nach Jerusalem überbracht und hier noch einmal mit der Urgemeinde Fühlung genommen hatte, nichts mehr im Wege, sich der letzten und größten Aufgabe zuzuwenden, der Mission in Rom. So erweisen sich die Angaben des Lukas hier in der Hauptsache als durchaus korrekt.[91]

Die Schlußkatastrophe in Ephesos

Daß Paulus' Wirksamkeit in Ephesos durch einen schweren Konflikt einen gänzlich unerwarteten Abschluß gefunden hat, wissen wir durch ihn selbst. „Ich will euch nicht in Unkenntnis lassen", schreibt er mehrere Monate nachher aus Makedonien in tiefster Depression an die Korinther, „über die Drangsal, die mich in Asia[92] betroffen hat, daß ich im Übermaß über meine Kraft belastet worden bin, so daß ich sogar an der Rettung des Lebens verzweifelte, sondern mich als zum Tode verurteilt ansah. Die Wirkung war, daß ich nicht mehr auf mich selbst Vertrauen setzte, sondern auf den Gott, der die Toten auferweckt" – d. h. ich hatte keine irdische Hoffnung mehr, sondern nur noch die auf die Auferstehung, die eben dadurch gestärkt wurde.[93] „So hat mich denn Gott auch aus solchem Tode gerettet und wird mich retten, wie wir denn auf ihn hoffen, daß er auch ferner retten wird." „Die Drangsal, die ich erleide, dient euch zu Trost und Rettung; der Trost, der mir (durch Christus) zuteil wird, dient euch zum Trost, der sich bewährt im Ausharren in denselben Leiden, die auch ich zu dulden habe".[94]

Von dieser Krise, „nicht geringen Unruhen über die Lehre"[95], erzählt auch Lukas. Aber seine Darstellung gibt ein sehr anderes Bild, als wir nach Paulus' Äußerung erwarten müssen. Bei ihm erscheint sie als ein großer Tumult, der sich zunächst sehr gefährlich anläßt, aber dann wie eine Posse im Sande verläuft; in ernsthafte Lebensgefahr kommt Paulus selbst überhaupt nicht, da er sich der Beteiligung rechtzeitig entzieht.

Herbeigeführt wurde der Tumult durch die Gilde der Silberschmiede unter Führung des Demetrios[96], die durch die Ausbreitung der Lehre des Paulus in Asia ihr einträgliches Geschäft, die Anfertigung silberner Tempel der Artemis, gefährdet sahen.[97] Sie erregen einen gewaltigen Volksauflauf, die Menge strömt in das Theater, zwei Begleiter des Paulus aus Makedonien, Gajus und Aristarchos, werden mitgeschleppt.[98] Auch Paulus wollte hingehn; „aber seine Schüler ließen das nicht zu, und auch einige der Asiarchen, die ihm befreundet waren, schickten zu ihm mit der Mahnung, er solle sich nicht ins Theater preisgeben (μὴ δοῦναι ἑαυτὸν εἰς τὸ θέατρον)."

Daß wie diese Angaben so auch die weitere Erzählung mit den uns durch das inschriftliche Material genauer bekannten Zuständen von Ephesos durchaus übereinstimmt, ist anerkannt, wenn auch oft widerwillig genug. Die Asiarchen sind „die ersten Männer der Provinz" und wohl zweifellos die Präsidenten des Landtags[99], denen zugleich die Ausrichtung der Spiele des Kaiserkults zustand. Daß gleich den jüdischen Hohenpriestern auch die Asiarchen ihren Ehrentitel nach Ablauf der Amtsfrist weiterführten, kann nicht zweifelhaft sein; und wenn uns für Tralles aus dem Anfang des ersten Jahrhunderts bezeugt ist, daß hier unter den wohlhabenden Bürgern der Stadt immer mehrere Asiarchen waren[100], so gilt für Ephesos natürlich dasselbe. Da ist es nicht wunderbar, daß Paulus zu mehreren von ihnen gute Beziehungen gewonnen hat; hat er doch auch in Makedonien und Korinth einzelne angesehene Männer und in Athen sogar einen Areopagiten bekehrt. – Die gegebene Stätte für Volksversammlungen und andere öffentliche Kundgebungen war, wie in Athen und zahlreichen anderen Griechenstädten, auch in Ephesos das Theater, was durch die Inschriften bestätigt wird. In diesen erscheint, wie bei Lukas, der γραμματεὺς τοῦ δήμου als der eigentliche Geschäftsführer der Gemeinde, der auch, mehrfach mit den Strategen zusammen, die Anträge einbringt.[101] Von dem wüsten Treiben in den Volksversammlungen der kleinasiatischen Griechenstädte, von der Art, wie die im Theater sich zusammendrängenden ungebildeten Massen tumultuieren, wie die Gegner eingeschüchtert werden und die leichtfertigsten Anträge bei der Abstimmung durch Handaufheben die Majorität erhalten, hat Cicero im Jahre 59 v. Chr. ein lebendiges Bild gegeben; auch bei uns, sagt er, bilden ja Leute aus diesen Gebieten, aus Phrygien und Mysien, einen Hauptbestandteil der Unruhestifter in den Versammlungen.[102] Allerdings liegt es im Interesse seines Klienten, die gegen ihn vorgebrachten Psephismen der kleinasiatischen Gemeinden als wertlos hinzustellen; aber die Erzählung des Lukas zeigt, was ohnehin durch zahlreiche Berichte über andere Städte feststeht, daß es auch in der Kaiserzeit nicht besser herging, soweit nicht die Besorgnis vor einem Eingreifen der römischen Regierung Zügel anlegte. Als der Jude Alexandros das Wort ergreifen will, brüllt der Pöbel zwei Stunden lang: „groß ist die Artemis der Epheser". Da greift der Grammateus ein: „diese Tatsache ist ja notorisch[103] und wird von niemand bestritten. Also haltet Ruhe und übereilt euch nicht. Diese Leute, die ihr hergeschleppt habt, haben weder Tempelraub begangen, noch unsere Göttin gelästert. Haben Demetrios und seine Genossen eine Sache gegen irgend jemanden, so gibt es ja Gerichtstage[104] und Proconsuln, vor denen sie klagen können; und verlangt ihr weiteres, so wird das in der gesetzmäßigen Volksversammlung erledigt werden. Jetzt aber laufen wir Gefahr, daß wir wegen den heutigen, durch nichts motivierten Tumults zur Verantwortung gezogen werden." Damit löst er die Versammlung auf.

Daß Gajus und Aristarchos durch das Eingreifen des Beamten befreit werden, ergibt sich ohne weiteres, ohne daß es ausdrücklich gesagt zu werden braucht. Um so überraschender ist das Zwischenstück, das Auftreten des Juden Alexandros, durch das der Angriff gegen die Christen in eine Judenhetze umschlägt. Es wird der Wirrwarr in der Versammlung geschildert: „der eine schrie dies, der andere das, die meisten wußten gar nicht, weswegen sie zusammengekommen waren." Dann aber folgt ganz unvermittelt: „aus der Menge aber ließen sie den Alexandros mitgehn",[105] – natürlich um das Wort zu ergreifen – „da die Juden ihn vorgeschoben hatten (προβαλόντων αὐτὸν τῶν 'Ιουδαίων). Alexandros winkte mit der Hand und wollte vor dem Volk eine Verteidigungsrede halten (ἤθελεν ἀπολογεῖσθαι τῷ δήμῳ). Als sie aber merkten, daß er ein Jude sei, schrie alles wie aus einem Munde etwa zwei Stunden lang: groß ist die Artemis der Epheser", worauf dann der Grammateus eingreift und die Versammlung auflöst.

Die Erzählung wäre ohne weiteres verständlich, wenn sie besagte, daß die Juden sich mit den Gegnern der Christen geeinigt haben und die Hetze gegen diese durch Alexanders Auftreten unterstützen wollen[106]. Aber statt dessen will er eine Verteidigungsrede halten, natürlich für die Juden. So müssen wir annehmen, daß die Juden Grund zu der Befürchtung haben, die Bewegung werde gegen sie umschlagen. Daher schicken sie den Alexandros vor, das Wort zu ergreifen, offenbar im Einverständnis mit Demetrios und den Agitatoren – denn diese sind es doch, die συνεβίβασαν, die ihn „mitgehn" und als Vertreter der Judenschaft auftreten lassen; er soll nachweisen, daß die Juden an den Vorgängen unschuldig sind, woran er dann einen scharfen Angriff gegen Paulus und seine Lehre anschließen und so die Bewegung gegen diese verstärken mochte. Aber er erreicht das Gegenteil, nicht ein Zusammengehn der Heiden und Juden gegen die Christen, sondern einen Ausbruch der antijüdischen Stimmung, durch den der Aktion die Spitze abgebrochen wird.[107]

Ein derartiger Hergang ist begreiflich genug. Daß wie in ganz Kleinasien so auch in den römischen Städten die Judenschaft sehr stark vertreten war, wissen wir durch zahlreiche Zeugnisse. Infolgedessen kam es fortwährend zu Konflikten. Immer wieder versuchen die Griechen, den Juden die ihnen bewilligten Sonderrechte zu nehmen, ihren Kult und ihre abweichenden Lebensformen zu unterdrücken und sie womöglich aus der Gemeinde auszustoßen: „wenn sie desselben Stammes sein wollten, wie die Bürger, müßten sie auch deren Götter verehren"[108]; sie setzen die Prozeßverhandlungen, an denen Juden beteiligt sind, absichtlich auf Sabbate und andere jüdische Festtage, sie verlangen von den Juden Kriegsdienste und Liturgien und nehmen dafür die für die Tempelsteuer nach Jerusalem gesammelten Gelder in Anspruch[109]. Das hat zeitweilig auch die römische Regierung getan; nach dem jüdischen Kriege des Pompejus hat der Statthalter von Asien, L. Flaccus, im Jahre 62 die Ausfuhr der gewaltigen Summe des *aurum Judaicum* verboten und die Gelder mit Beschlag belegt.[110] Aber die Juden hatten einflußreiche Verbindungen und haben es ohne Zweifel auch gut verstanden, das Geld wirken zu lassen; so sind in den Wirren der folgenden Zeit der Reihe nach alle Regierungen für sie eingetreten. Als im Jahre 49 die Republikaner ihre Armee gegen Caesar aushoben, gewährte der Consul Lentulus, als die Juden sich vor seinem Tribunal in Ephesos beschwerten, „aus Rücksicht auf ihren Aberglauben" (δεισιδαιμονίας ἕνεκα) den Juden, die römische Bürger waren und daher rechtlich der Conscription unterlagen, Freiheit vom Kriegsdienst[111] – eine Angabe, die auf ihre Stellung und Zahl ein helles Licht wirft und die auch für die Geschichte des Paulus von Bedeutung ist. Caesar hat wie in Palaestina so in der Diaspora, auch in Rom selbst, die Privilegien der Juden anerkannt und ihre Kultvereine und die Geldsammlungen dafür in seinem Edikt, das sonst mit dem Klubwesen gründlich aufräumte, ausdrücklich zugelassen[112]; und seine Nachfolger haben, welcher Partei sie auch angehören mochten, sämtlich daran festgehalten. Dolabella bestätigt in einem für alle Städte Asias bestimmten Erlaß an Ephesos Anfang 43 die Freiheit der Juden vom Kriegsdienst, die Kultversammlungen nebst den Abgaben dafür, den Anspruch auf Berücksichtigung des Sabbats[113]; ebenso kurz nachher Brutus, der die Ephesier zwingt, zu beschließen, daß, „weil die Sache die Römer angeht", „niemand die Juden hindern darf, den Sabbat zu halten, noch ihnen (dafür) eine Geldstrafe auferlegt werden darf, sondern ihnen gestattet ist, alles nach ihren eigenen Gesetzen zu treiben"[114] – man sieht, wie schwer es den Ephesiern angekommen ist, diese Konzession zu machen.

Antonius hat, bei seinen nahen Beziehungen zu Herodes, zweifellos die gleiche Politik befolgt[115]. Unter Augustus wiederholen sich dann immer aufs neue die Versuche, die Juden zu unterdrücken und womöglich los zu werden, ihnen das Bürgerrecht zu rauben.[116] Gleich in seinen ersten Jahren gebietet Augustus, die Geldsendung nach Jerusalem nicht zu hindern.[117] Als dann im Jahre 14 v. Chr. Agrippa, der Regent des Ostens, mit Herodes zusammen nach Ephesos und Samos kam, hat er in einer Verhandlung, in der Nikolaos von Damaskus die jüdische Sache vertrat, die Sonderrechte der Juden bestätigt[118]; in einem Erlaß an Ephesos (und ebenso an Kyrene) ordnet er die ungehinderte Entsendung der Tempelgelder nach Jerusalem an, stellt den Diebstahl ihrer heiligen Schriften – auf die man also besonders fahndete – unter die Strafe des Tempelraubs und gebietet, am Sabbat von keinem Juden gerichtliche Bürgschaft zu fordern.[119] Aber zur Ruhe kam die Bewegung niemals; am 13. Februar des Jahres 4 v. Chr. erhoben die Juden in Ephesos Klage vor dem Tribunal des Proconsuls Jullus Antonius, und dieser bestätigt die Verfügungen des Augustus und Agrippa[120]; um das Jahr 2 n. Chr. erläßt Augustus aufs neue eine Verfügung, die im Zentralheiligtum von Ankyra(?) ausgestellt werden soll, die alle Privilegien nochmals bestätigt, auch den Diebstahl von heiligen Geldern „aus dem Sabbatgebäude und dem Speisesaal" (ἔκ τε σαββατείου ἔκ τε ἀνδρῶνος) als Tempelfrevel zu bestrafen gebietet und das Sabbatprivileg schon vom Nachmittag des Freitags, von der neunten Stunde an, gelten läßt.[121]

Aus der folgenden Zeit fehlen die Zeugnisse; aber es kann nicht zweifelhaft sein, daß sich die Konflikte, die zum Einschreiten der Regierung Anlaß gaben, fortdauernd wiederholt haben. So ist die Szene in Ephesos völlig begreiflich. So groß auch die Erfolge waren, die Paulus errungen hatte, so kann doch die große Masse, die ins Theater zusammenlief, von der neuen Lehre kaum etwas gewußt haben;

und wer davon gehört hatte, für den war sie natürlich eine jüdische Sekte. Wenn jetzt eine große Demonstration für die Artemis von Ephesos in Szene gesetzt wurde, die auf irgend einen ungeheuren Frevel schließen ließ, so war es das natürliche, daß der Menge die Juden, diese demonstrativen Verächter der Gottheit, als die Verbrecher erschienen; und das Auftreten des Alexandros wirkte, statt zu beruhigen, nur aufhetzend, man ließ ihn nicht zu Worte kommen.

Soweit ist also Lukas' Bericht durchaus korrekt. Aber aus Paulus' Äußerung wissen wir, daß die Gefahr, in der dieser geschwebt hat, sehr viel ernster gewesen ist, als sie bei Lukas erscheint; offenbar hat die Erregung mehrere Tage hindurch angedauert. Gegen alles Erwarten ist er dem Tode entgangen – eben durch den Umschwung der Stimmung, den Lukas schildert. Daß Paulus ganz persönlich bedroht war, tritt auch bei Lukas darin hervor, daß Paulus sich nicht wieder nach Ephesos hinein wagen darf, sondern die Jünger zum Abschied zu sich aufs Land bescheidet. Wenn dann Paulus auf der Reise nach Jerusalem an Ephesos vorbeifährt und die Ältesten nach Milet kommen läßt, so ist das Motiv, das Lukas dafür angibt, er habe Zeit sparen wollen, offenbar, wie oft hervorgehoben ist, nur ein Vorwand: in Wirklichkeit durfte er sich in Ephesos nicht wieder blicken lassen, wenn er nicht die Ausführung seiner Reise gefährden wollte.

Lukas hat also die Szene in Ephesos stark abgeschwächt. Er behandelt sie mit handgreiflicher Ironie: der Vorgang, der sich wie eine Tragödie anließ, läuft in eine Posse aus. Daraus erklärt sich auch die durch ihre knappe Fassung stilistisch ungeschickte Darstellung des Auftretens Alexanders, die so viel Anstoß erregt hat. Lukas' Absicht ist, zu zeigen, wie die Bewegung, die das Christentum zu bedrohen schien, im Sande verläuft und seiner Ausbreitung kein Hindernis zu bereiten vermag. Und damit hat er Recht. Davon, daß die von Paulus gegründete ephesische Gemeinde in einer schweren Katastrophe so gut wie vernichtet und dann von Johannes aus den Trümmern neu gegründet worden sei, wie z. B. WEIZSÄCKER den Hergang darstellt, kann gar keine Rede sein: das ist eine willkürliche Konstruktion, die allen Zeugnissen ins Gesicht schlägt. Auch wenn der Epheserbrief, mag er von Paulus stammen oder nicht, sicher nicht an die Epheser, sondern wahrscheinlich, wie Markion las, an die Laodikeer gerichtet ist[122], so beweist der Kolosserbrief nebst dem Philemonbrief nicht nur die weite Ausbreitung des Christentums in Kleinasien schon zu Anfang der sechziger Jahre, die nur von Ephesos ausgegangen sein kann (in voller Übereinstimmung mit act. 19, 10. 26), sondern zeigt dadurch, daß Paulus an Kolossae, Laodikea, Hierapolis mit voller apostolischer Autorität schreibt, obwohl er diese Städte nie betreten hat[123], daß er der Begründer und das anerkannte Oberhaupt der kleinasiatischen Christengemeinden ist. Die rasch vorschreitende Weiterentwicklung, die uns die Apokalypse und dann das zweite Jahrhundert zeigt, knüpft durchaus an ihn und seine Lehre an (auch das Johannesevangelium zieht ja nur die vollen Konsequenzen aus der von ihm begründeten Auffassung); und immer steht Ephesos im Mittelpunkt der kleinasiatischen Kirche.

Auch darin ist, wie wir gesehn haben, Lukas' Darstellung zutreffend, daß Paulus' Absicht, von Ephesos fortzugehn, längst feststand, als die Katastrophe eintrat. Sie wird eine vorübergehende Erschütterung bewirkt und seine Abreise beschleunigt haben; aber eine dauernde Nachwirkung hat sie nicht gehabt. Um so größer ist die Erbitterung der Juden gegen Paulus – begreiflich genug, da er ihnen starken Abbruch getan hatte; die Anklage gegen ihn in Jerusalem, die zu seiner Verhaftung führt, geht von ephesischen Juden aus (act. 21, 27 ff.). So mögen auch die Nachstellungen, um deren willen Paulus von Korinth aus nicht zur See nach Jerusalem fährt, sondern den Landweg über Makedonien wählt (act. 20, 3), von der ephesischen Judenschaft, vielleicht in Verbindung mit der von Korinth, ausgegangen sein.

Weitere Angaben und Vermutungen über Paulus' Reisen. Die Pastoralbriefe

Mehrfach ist der Versuch gemacht worden, die Angaben der Apostelgeschichte über Paulus' Reisen durch weitere Nachrichten und Kombinationen zu ergänzen.[124] Im Römerbrief schreibt Paulus, er habe mit der Heidenmission so gewaltige Erfolge gehabt, daß er „von Jerusalem und seiner Umgebung an bis nach Illyricum das Evangelium des Christus erfüllt"[125] – d. h. die ganze östliche Welt mit ihm erfüllt habe. „So habe ich jetzt in diesen Gegenden keinen Raum mehr"[126]; daher wolle er jetzt nach Spanien gehn und unterwegs seinen alten Wunsch erfüllen, Rom aufzusuchen. Daraus hat man dann eine Missionsreise von Makedonien aus wenigstens nach dem südlichen Dalmatien konstruiert, und z. B. GUTHE in seinem Bibelatlas verbindet das mit der Angabe des Titusbriefs 3, 12, er wolle in Nikopolis überwintern, und läßt ihn am Schluß der dritten Reise durch die abgelegensten Teile Griechenlands nach Korinth ziehn, unbekümmert darum, daß das nicht nur mit der Apostelgeschichte, sondern auch mit den Angaben des Paulus selbst über seinen Reiseplan im zweiten Korintherbrief und mit der Eile, mit der es ihn drängt, die Kollekten nach Jerusalem zu bringen, in schroffem Widerspruch steht. Aber die Äußerung im Römerbrief ist deutlich eine gewaltige, dem Schriftsteller voll bewußte Übertreibung. In Wirklichkeit hat er, abgesehn von Zypern und Lykaonien, nur in der Welt des Aegaeischen Meers, in Makedonien, Korinth, Ephesos missioniert, und auch wenn wir von den außerrömischen Ländern und von Aegypten absehen, liegen hier im Osten noch ganz weite Gebiete, die er nie betreten hat, der Hauptteil des inneren Kleinasiens und die Landschaften am Pontos, Thrakien und die Donauländer. Daß er, der Phrygien und Bithynien verschmäht, gerade das kulturlose Illyrien sich ausgesucht hätte, ist ganz undenkbar. Vielmehr ist der Endpunkt, Illyricum, eben so fiktiv wie der Ausgangspunkt Jerusalem und Palaestina, wo er ja auch nicht missioniert hat.

Der Grund seiner Behauptung ist, daß er sich bei den Römern entschuldigen will, wenn er jetzt zu ihnen kommen wird, obwohl sie nicht zu seiner Sphäre gehören; das wird immer von neuem mit peinlich abgewogenen Motiven ausgeführt. So fingiert er, daß er bei ihnen nur durchreisen will, um sich an ihrem Glauben zu stärken, und dann, da er im Osten nichts mehr zu tun hat, nach Spanien weitergehn will. Daß es ihm damit Ernst gewesen sei, ist schwerlich anzunehmen; der ganze Römerbrief zeigt, daß ihm vielmehr alles darauf ankommt, in Rom festen Fuß zu fassen und die dortige Gemeinde für *sein* Evangelium (τὸ εὐαγγέλιόν μου 2, 16) zu gewinnen. Eine Erzählung, die im Muratorischen Kanon[127] und in den actus (Vercellenses) Petri cum Simone vorliegt, aber sonst nicht durchgedrungen ist – wie die übrigen, weiß auch Eusebios nichts davon[128] –, läßt ihn aus Rom fortgehn und diesen Plan wirklich ausführen. Bei den Neueren hat das vielfach Zustimmung gefunden, weil Clemens im Korintherbrief sagt, Paulus sei „Herold (des Evangeliums) in Ost und West gewesen, habe die ganze Welt die Gerechtigkeit gelehrt, sei bis zum Ende des Westens gekommen und habe das Martyrium erlitten"[129]; damit sei die spanische Reise bezeugt. Aber es ist klar, daß Clemens hier in demselben überschwenglichen Stil redet, wie Paulus im Römerbrief. In Spanien findet sich nicht die mindeste Spur einer Wirksamkeit des Paulus, selbst nicht in Legenden; und das Christentum ist dort vor dem Ende des zweiten Jahrhunderts nicht nachweisbar und begreiflicherweise erst später nach Spanien gekommen als nach Gallien und hat selbständige Bedeutung hier im Altertum überhaupt nicht gewonnen.[130] Wie wäre es da denkbar, daß Paulus die Kirche in Spanien gegründet haben sollte! Daß im übrigen die Freisprechung und die spanische Reise durch den Bericht des Lukas und durch die Chronologie vollkommen ausgeschlossen ist[131], haben wir bereits gesehn.

Weitere Kombinationen knüpfen an die Pastoralbriefe an. Der Brief an Titus erfindet, daß Paulus auf Kreta die Kirche organisiert und den Titus zu ihrem weiteren Ausbau zurückgelassen habe (1, 5). In Wirklichkeit hat Paulus Kreta so wenig betreten, wie er in Nikopolis überwintert hat. Nach dem ersten Brief an Timotheus hat Paulus, als er nach Makedonien ging, diesen in Ephesos zurückgelassen (1, 3), während er ihn in Wirklichkeit gerade umgekehrt von hier nach Makedonien vorausgeschickt hat und dann nach Jerusalem und Rom mitnimmt.[132] Auch der zweite Brief, den Paulus in der Gefangenschaft in Rom in sicherer Erwartung des bevorstehenden Endes geschrieben haben soll (4, 6 f., 16 ff.), setzt voraus, daß Timotheus in Ephesos ist: er soll Grüße bestellen – aus der Apostelgeschichte entnommen – an Prisca und Aquila, ferner an das Haus des Onesiphoros (4, 19), eine Gestalt, die in den acta Pauli et Theclae nach Ikonion versetzt wird und dort den Paulus aufnimmt. Die Parallele dazu ist, daß Tim. II 1, 16 Onesiphoros, der in Ephesos eifrig als Diakon gewirkt hat, zu Paulus nach Rom eilt und ihn erfrischt. Auch sonst ist das Material von überall her zusammengestoppelt[133] und weiter ausgeschmückt. Timotheus, dessen frühere Geschichte II 3, 11 aus der Apostelgeschichte bekannt ist, erhält eine Mutter und Großmutter, die eben so fromm sind, wie Paulus' eigene Vorfahren (1, 3. 5). Auf der Reise hat Paulus Mantel und Pergamente in Troas bei Karpos zurückgelassen; die soll Timotheus ihm jetzt – wo er den Tod als unmittelbar bevorstehend ansieht! – bringen (4, 13). Seinen Begleiten nach Jerusalem (act. 20, 4. 21, 29) Trophimos hat er in Milet krank zurückgelassen (4, 20), Erastos, der in der Tat nach Korinth gehört, ist dort geblieben (4, 20); daß Tychikos, der aus Rom mit Onesimos nach Kolossae geht (Kol. 4, 7), hier von Paulus nach Ephesos geschickt wird (4, 12), mag aus dem Epheserbrief 6, 21 entnommen sein.[134] Dem Kampf gegen die Gnosis entsprechend, der in diesen

Briefen in vollem Gang ist, wird die Lage als sehr bedrängt dargestellt: „du weißt, daß alle in Asia sich von mir abgewendet haben, darunter Phygelos und Hermogenes" (II 1, 15). Dieser Hermogenes „der Schmied" erscheint in den acta Pauli et Theclae als falscher Schüler und Verräter des Paulus, zusammen mit Demas, von dem der echte Paulus vielmehr aus Rom Grüße nach Kolossae bestellt (Kol. 4, 14. Phil. 24). Aber im zweiten Timotheusbrief 4, 10 „hat Demas mich aus Liebe zur gegenwärtigen Welt verlassen und ist nach Thessalonike gegangen". Irrlehrer in Ephesos sind Hymenaios und Alexandros der Schmied[135], die dem Satan überantwortet werden, sowie Philetos (I 1, 20. II 2, 17. 4, 14 f.). Paulus ist ganz isoliert: „Crescens ist nach Gallien[136], Titus nach Dalmatien gegangen; nur Lukas ist bei mir. So bring den Marcus mit, den ich für Diakonie gut brauchen kann" (II 4, 10 f.). Da ist wohl die Angabe des Kolosserbriefs 4, 10 ff. benutzt, daß Aristarchos, Marcus und Jesus Justus die einzigen Beschnittenen sind, die für ihn eingetreten sind. Aber hier will er gerade den Marcus nach Kolossae entsenden, während Lukas und Demas bei ihm sind. Endlich am Schluß folgen Grüße von Eubulos, Pudens, Linos, Claudia, unter denen Linos wohl sicher, wie Irenaeos, Eusebios usw. annahmen, der Nachfolger Petri in der römischen Bischofsliste sein soll.

Es ist ja möglich, daß bei diesen Notizen einzelne geschichtliche Tatsachen benutzt sind, daß Titus wirklich auf Kreta oder in Dalmatien, Crescens in Gallien missioniert hat, daß die Häretiker in Ephesos historisch sind. Aber Sicheres läßt sich darüber nicht ermitteln; und im übrigen tritt die Willkür, mit der die Verfasser der Briefe durchweg verfahren sind, überall so kraß hervor, daß es unmöglich ist, derartige Angaben zu benutzen, und daß vollends der immer wiederkehrende Versuch, wenigstens Stücke aus den Personalnotizen des zweiten Timotheusbriefs für Paulus zu retten, sich als gänzlich unhaltbar erweist. Für die Geschichte des Paulus ist aus dieser Literatur so wenig zu gerwinnen wie etwa aus den apokryphen Apostelakten.[137]

IV
Der erste Teil der Apostelgeschichte. Petrus und Stephanus

Die Quellen des ersten Teils

Während die Apostelgeschichte für die großen Missionsreisen des Paulus uns ein trotz der Tendenz, welche ihrer Darstellung die Färbung gibt, in allem Wesentlichen durchaus zuverlässiges Material bewahrt, das durch die Briefe des Paulus bestätigt und ergänzt wird, steht es mit dem ersten Teil, zu dem wir in dieser Beziehung auch noch die erste Missionsreise des Paulus rechnen müssen, wesentlich anders. Je weiter wir zurückschreiten, desto brüchiger wird das Material, desto problematischer die Darstellung; Lukas muß die einzelnen Nachrichten, die ihm zur Verfügung stehn, vielfach frei mit einander kombinieren und ausgestalten, und da fragt es sich jedesmal, ob er das Richtige getroffen hat. Äußerlich tritt der Unterschied schon darin hervor, daß im Gegensatz zum zweiten Teil Wunder in den vorhergehenden Abschnitten eben so zahlreich sind wie im ersten Buch. Seine Darstellung beruht hier auf einer Tradition, die sich Jahrzehnte hindurch entwickelt hat und die er hier wie dort gläubig übernimmt.

Die erste Frage, die wir zu stellen haben, ist die nach seinen Quellen, eine Frage, der man seltsamerweise kaum je ernsthaft naher getreten ist. Man hat sich eben nie entschließen können, das Buch wirklich als Geschichtswerk zu analysieren, und ergeht sich in Vermutungen über die verschiedenen literarischen Schichten, die in ihm übereinander liegen sollen, statt zu fragen, wo denn die einzelnen Nachrichten herstammen. Und doch drängt sich auf diese Frage die Antwort unmittelbar auf, und sie führt in weitem Umfang zu eben so gesicherten Ergebnissen, wie sie beim ersten Buch gewonnen sind.

Allbekannt ist, daß in der Apostelgeschichte nur sehr wenige Persönlichkeiten selbständig hervortreten. Von den Uraposteln ist es einzig Petrus, der eine Rolle spielt. An ihn knüpfen die Erzählungen über die älteste Geschichte der Jerusalemer Gemeinde an. Eine eingehende Überlieferung liegt nur noch über Stephanus vor. Um so mehr tritt im folgenden der Diakon Philippus hervor, dem ein ganzes Kapitel gewidmet ist (c. 8); sonst erfahren wir Näheres, wenn wir von Paulus absehn, nur noch über Barnabas (4, 36 f. 9, 27. 11, 19 ff., wo die Entwicklung in Antiochia mit ihm verbunden ist; 12, 25–15, 39) und über Johannes Marcus (12, 12. 25. 13, 5. 13. 15, 37 ff.), sowie über die Prophezeiung der Hungersnot durch Agabos (11, 27 ff.).

Wie diese seltsame Auswahl zustande gekommen ist, erklärt sich sehr einfach. Auf der Reise nach Jerusalem hat Lukas mit Paulus zusammen in Caesarea mehrerer Tage im Hause des Philippus zugebracht (21, 8) und hier auch seine vier mit Prophetengabe ausgestatteten Töchter sowie den Agabos kennen gelernt, dessen Verkündigung an Paulus oben schon erwähnt ist. Ihnen verdankt er also die Nachrichten, die er über sie geben kann; dem entspricht, daß die Geschichte des Phillippus 8, 40 damit abschließt, daß er sich in Caesarea niederläßt. Den Marcus aber hat Lukas, wie wir aus den von Paulus bestellten Grüßen an die Kolosser 4, 10. 14 und an Philemon 24 erfahren, in Rom kennen gelernt; und hier erwähnt Paulus zugleich, daß Marcus der Neffe des Barnabas war. So erklärt es sich, daß Lukas 12, 12 erwähnen kann, daß die Gemeinde, als Petrus im Gefängnis saß, bei Nacht „im Hause der Maria der Mutter des Johannes Marcus versammelt war und betete" und daß er die Wundergeschichte von der Befreiung des Petrus mit lebendigstem Detail erzählt; sogar daß die Magd Rhode, als Petrus an die Tür klopft und sie seine Stimme erkennt, vor freudiger Überraschung das Tor nicht aufmacht und daß die Versammelten ihr nicht glauben wollen, wird erzählt: da spricht der

Augenzeuge. Ebenso weiß Lukas von Joseph Barnabas, daß er ein Lewit aus Zypern war und daß er den Erlös für seinen Acker den Aposteln ausgehändigt hat (4, 36 f.); von den andern, die das gleiche getan haben (4, 34 f.), hat er Namen nicht angeführt und offenbar nicht gewußt (abgesehn von Ananias und Sapphira).

Aber nicht nur die Geschichte des Barnabas verdankt Lukas dem Marcus, sondern ebenso die Kenntnis seines im ersten Buch zugrunde gelegten Evangeliums und weiter, bei dem intimen Verhältnis, in dem Marcus zu Petrus stand, die Geschichten von Petrus, die er in sein zweites Buch aufgenommen hat; bei der Geschichte von seiner Gefangensetzung durch Herodes und seiner Befreiung ist das, wie wir eben gesehn haben, so gut wie ausdrücklich gesagt. Manches mag Lukas auch von Petrus selbst gehört haben; denn daß Petrus gleichzeitig mit Paulus in Rom gewesen ist, ist nicht nur, wie wir sehn werden, die vollkommen einwandfreie Überlieferung, sondern wird auch dadurch bestätigt, daß damals sein Dolmetscher Marcus in Rom war.

Aus den Beziehungen des Lukas zu Marcus erklärt sich nun auch die eigenartige Färbung, welche seine Darstellung trägt. Marcus hatte sich von Barnabas und Paulus getrennt, als diese von Zypern nach dem Festland hinübergingen, und war nach Jerusalem zurückgekehrt (act. 13, 13); offenbar war es ihm unheimlich, sich weiter in die Heidenwelt hinauszuwagen. Paulus war über diesen Abfall entrüstet; er wollte ihn auf die neue Missionsreise nicht wieder mitnehmen und überwarf sich deshalb mit Barnabas (act. 15, 36 ff.). Jetzt aber, in Rom, ist er für Paulus warm eingetreten. Somit sind für ihn die alten Gegensätze überbrückt. Auch für Petrus selbst wird sich in der Erinnerung gar manches verschoben haben; hatte er doch, trotz aller Bedenklichkeiten, immer wieder nachgegeben und war schließlich selbst in die Heidenwelt hinausgegangen. Die Vorgänge in Jerusalem, das er im Frühjahr 44 verlassen hatte, lagen jetzt zwanzig Jahre zurück, die Streitpunkte mit Paulus, die alsdann in Antiochia zu einem scharfen Konflikt geführt hatten (Gal. 21, 11 ff.), hat er, im Gegensatz zu dem rabbinisch durchgebildeten Dialektiker Paulus, schwerlich voll zu verstehn vermocht. Zu einer Versöhnung zwischen den beiden ist es allerdings gewiß nicht gekommen – daher erwähnt Paulus den Petrus in den Briefen aus Rom niemals, so wenig wie im Römerbrief –; und die alten Streitfragen haben, wie wir sehn werden, die römische Gemeinde aufs stärkste bewegt. Dann aber wurden beide Rivalen das Opfer der Verfolgung. Dies Martyrium hat die alten Gegensätze überwunden; der tragische Abschluß warf ein versöhnendes Licht auf die Vergangenheit. So hat Marcus die Entwicklung angesehn, und so stellt Lukas sie dar: die beiden Männer sind die von Gott und von Christus auserwählten Werkzeuge für den Heilsplan und die Erfüllung der Verheißung, Petrus hat den Weg gebahnt, Paulus ihn weitergeführt, mit Paulus' Auftreten tritt Petrus zurück. Es ist eine einheitliche Entwicklung, die sich harmonisch vollzogen hat; die schroffen Konflikte, die sich abgespielt haben, werden vertuscht, von der Stimmung des Galaterbriefs und der Korintherbriefe ist bei Lukas nichts mehr zu finden. Die geschichtlichen Vorgänge schimmern auch bei ihm noch durch, aber sie sind verschoben und in andere Beleuchtung gerückt: es ist die Auffassung nicht mehr des werdenden, sondern des gewordenen Christentums, die bei ihm zum Ausdruck gelangt, die Auffassung, die uns dann etwa zwei Jahrzehnte später in dem Brief des Clemens an die Korinther voll ausgebildet entgegentritt. In den siebziger Jahren, etwa ein Jahrzehnt nach der neronischen Verfolgung, wird Lukas sein Werk geschrieben haben.[1]

Die Reden des Petrus. Judas' Ausgang. Das Pfingstwunder. Petrus vor dem Synedrium

Weiteres Material wird Lukas, abgesehn von den Mitteilungen, die er dem Paulus verdankt, bei seinem Aufenthalt in Palaestina gesammelt haben. Dahin gehört der Bericht über das Apostelkonzil, ferner die Erzählung vom Ausgang des Judas und die Geschichte des Stephanus, und ebenso im ersten Buch manche Erzählungen, die er allein bringt, so die von der Sendung Jesu von Pilatus zu Herodes, die schwerlich geschichtlich ist, und die schon in ausgearbeiteter Gestalt übernommene Geburtslegende des Jesus und Johannes sowie den Stammbaum Jesu und die Ansätze der Marialegende, die Erweiterung der Angaben über die Frauen 8, 2 f., die Geschichte von den Emmausjüngern, und manches ähnliche.

Die Verarbeitung dieses Materials zu einer einheitlichen Darstellung, die Gesamtauffassung und die stilistische Gestaltung sind das Eigentum des Lukas. Dabei konnte er noch selbständiger verfahren als im ersten Buch, wo er durch den heiligen Charakter der Überlieferung und die schriftlichen Vorlagen, die er benutzte, gebunden war. Und doch haben wir gesehn, wie frei er auch dort schaltet; im zweiten Buch dagegen mußte er den Zusammenhang, die Verknüpfung der Einzelberichte, überhaupt erst selbst schaffen.

Für den ersten Teil des zweiten Buchs charakteristisch sind die großen Reden, die Lukas hier bringt. Nicht weniger als sechsmal erhält Petrus das Wort: bei der Ersatzwahl des zwölften Apostels 1, 16–22; beim Pfingstwunder 2, 14–36; bei der Heilung des Lahmen 3, 12–26; vor dem Synedrium 4, 9–12; bei der Bekehrung des Cornelius 10, 34–43 und nochmals 11, 5 bis 17. Dazu kommt das Dankgebet der Gemeinde bei der Befreiung der Apostel 4, 24–30 und die Rede des Stephanus 7, 2 bis 53, ferner die Äußerungen des Petrus und des Gamaliel bei der erneuten Verhaftung der Apostel 5, 29–39. Aus der Geschichte des Paulus tragen den gleichen Charakter nur seine Rede in Antiochia Pisidia 13, 15–41 nebst 13, 46 f. und in Lystra 14, 15–17 sowie die kurze abschließende Äußerung in Rom 28, 25–28, die in einem Zitat aus Jesaja noch einmal die definitive Wendung von den Juden zu den Heiden verkündet. Denn seine Abschiedsrede in Milet 20, 18–35 und die in Jerusalem 22, 1–21, vor Felix 24, 10–21 und vor Agrippa 26, 2–23 sind integrierende Bestandteile des von dem Augenzeugen gegebenen geschichtlichen Berichts, und der Rede in Athen 17, 22–31 liegt, wie wir gesehn haben, gleichfalls eine authentische Berichterstattung zugrunde.

Die Reden des ersten Teils dagegen sind fast alle freie Kompositionen des Lukas. Wie er dabei arbeitet, zeigt besonders deutlich die erste Rede des Petrus 1, 15 ff. Es handelt sich um die Wiederbesetzung der durch Judas' Verrat freigewordenen zwölften Apostelstelle. Als die grundlegende Voraussetzung betont er, in Übereinstimmung mit den Worten des Auferstandenen selbst ev. 24, 48, die Zeugenschaft von der Taufe bis zur Auferstehung und Entrückung in den Himmel; dies Zeugnis abzulegen ist die eigentliche Aufgabe der Zwölf.[2] Aber voraus schickt er ein Referat über den Ausgang des Judas nebst dem Nachweis aus Ps. 69, 26 und 109, 8, daß sein Verrat und sein Schicksal vorausverkündet ist und daher die Schrift sich erfüllen mußte. In Wirklichkeit brauchte Petrus seinen Zuhörern das Schicksal des Judas natürlich nicht zu erzählen, sondern Lukas hat diesen Anlaß benutzt, um es, in Form einer Rede, seinen Lesern mitzuteilen.

Bekanntlich hat auch das Matthaeusevangelium die Geschichte von Judas' Ausgang 27, 3–10 in die aus Marcus übernommene Geschichte der Passion eingeschoben. Die beiden Erzählungen weichen stark von einander ab; aber gemeinsam ist die Grundlage, daß der Name eines Feldes *Chaqal-damâ* „der Blutacker"[3] von Judas' Schicksal abgeleitet wird. Aber nach Matthaeus ist es ein Feld, das die Hohenpriester für die dreißig Silberstücke kaufen, die Judas als Lohn für seinen Verrat empfangen hat. Judas, von Reue befallen, will sie zurückgeben, nie aber nehmen das Geld nicht an, und da wirft er es in den Tempel und erhängt sich. Die Priester erklären, in den Tempelschatz könne es als Blutgeld nicht gelegt werden, und so kaufen sie den Acker, der daher den Namen „Blutacker" erhält, von einem Töpfer als Begräbnisplatz für Ausländer – offenbar ist dabei nur an unreine Heiden zu denken, nicht an Proselyten. Diese Geschichte ist aus einer gänzlich undeutbaren eschatologischen Erzählung des Zacharja (11, 12 f.) zurechtgemacht, die mit Stellen des Jeremia (18, 2 ff. 19, 1 ff. 32, 8 ff.) zusammengeworfen wird; daher wird das Zitat fälschlich unter Jeremias Namen gegeben.[4] Auch die dreißig Geldstücke für Judas sind daraus entlehnt.[5]

Bei Lukas ist die Legendenbildung weiter fortgeschritten. Von einer Reue des Judas und seinem Selbstmord ist keine Rede[6], sondern er kauft von dem Sündengeld, dem μισθὸς τῆς ἀδικίας, für sich einen Acker. Aber auf diesem ereilt ihn die göttliche Strafe: er stürzt und zerplatzt, so daß die Eingeweide aus ihm heraushängen – es ist dieselbe Strafe, die in der Geschichte Achiqars dessen bösen Neffen trifft.[7] „Das wurde allen Bewohnern Jerusalems bekannt, und daher gaben sie dem Grundstück den Namen Blutfeld." –

Von den drei Hauptreden des Petrus bringt die erste den Schriftbeweis für die Ausgießung des Geistes auf alles Fleisch aus Joel und für die leibliche Auferstehung des Messias und seine Erhebung zur Rechten Gottes aus den Psalmen; da nun „wir alle" bezeugen können, daß Gott diesen Jesus hat auferstehn lassen, und da ihr seht und hört, wie er den heiligen Geist, den er vom Vater empfangen hat, über uns ausgegossen hat, „so soll das ganze Haus Israel als gewiß erkennen, daß Gott ihn, diesen Jesus, den ihr gekreuziget habt, zum Herrn und Messias gemacht hat". Daran schließt die Mahnung zur Umkehr und Taufe auf den Namen des Messias Jesus zur Vergebung der Sünden; „dann werdet ihr die Gabe des heiligen Geistes erhalten. Denn euch ist die Verheißung gegeben und euren Kindern und allen denen in der Ferne, die der Herr unser Gott berufen wird (Joel 3, 5). So laßt euch erretten aus diesem verkehrten Geschlecht."

Ganz nach diesem Schema ist die Erzählung von der Ausgießung des Geistes am Pfingstfest gestaltet. Zugleich zeigt sie deutlich, wie weit die Urzustände der Gemeinde bereits von dem Erzähler abliegen. Das Zungenreden, d. h. das Ausstoßen sinnloser Worte, nebst seiner Interpretation, das, wie der erste Korintherbrief zeigt, in den Anfängen der Mission unter den „Geistesgaben" eine Hauptrolle spielte und das Paulus selbst „Gott sei Dank, mehr geübt hat als irgend einer von euch" (Kor. I 14, 18), ist zu einer Antiquität geworden, die man nicht mehr versteht. Paulus selbst hat, als er die bedenklichen Folgen sah, im ersten Korintherbrief vorsichtig versucht, es zurückzudrängen, obwohl er es als berechtigt anerkennen muß[8]; in seinen späteren Briefen kommt er nie mehr darauf zurück, und in der folgenden Zeit wird es nicht mehr erwähnt, weder in der Apokalypse und der sonstigen neutestamentlichen Literatur noch z. B. in der Didache, wenn es auch bei ekstatischen Schwärmern immer wieder hervorbrechen mochte.[9] Wie fremd Lukas der Sache gegenüberstand, haben wir schon gesehn; sie gehörte stereotyp zu dem „Niederfallen des Geistes" auf eine neue Gruppe der Menschheit[10] aber damit ist die Sache erledigt. Ob in der Urgemeinde das Zungenreden überhaupt jemals eine größere Rolle gespielt hat, kann recht fraglich erscheinen; jedenfalls ist es hier inzwischen völlig obsolet geworden. So wird es in der Erzählung, die Lukas in Jerusalem übernommen haben mag und dann selbständig ausgestattet hat, zu einem krassen Wunder materialisiert. Als die Christen beim Pfingstfest versammelt sind, „kommt plötzlich vom Himmel ein Getöse wie ein gewaltiger Windsturm und erfüllt das ganze Haus, und Zungen wie von Feuer erschienen, verteilten sich auf sie und setzten sich auf einen jeden von ihnen, und sie alle wurden vom heiligen Geist erfüllt und begannen in fremden Sprachen" – nicht etwa, wie in der Glossolalie, in unverständlichen Lauten – „zu reden, wie der Geist es ihnen zu sprechen gab", so daß all die zum Fest gekommenen Ausländer ihre eigene Sprache hören.

Dadurch wird zugleich die Entstehung der Gemeinde in einen einmaligen Akt der Kirchengründung unter übernatürlicher Einwirkung umgewandelt. Das hat der Auferstandene verheißen (ev 24, 49); seiner Weisung entsprechend sitzen die Zwölf mit ihrem Anhang, zusammen etwa 120 Menschen (act. 1, 15), geduldig abwartend in Jerusalem, bis durch die Ausgießung des Geistes die Erfüllung eintritt. Das Wunder bewirkt eine gewaltige Vermehrung der Gemeinde, zunächst auf 3000, und dann ständig weiter, auf 5000 und mehr.[11] Zugleich ist den Aposteln jetzt die Kraft gegeben, Wunder und Zeichen zu tun.[12]

Als ein Beispiel dafür wird die Heilung eines Lahmen durch Petrus und Johannes erzählt. Das gibt den Anlaß zu einer neuen Rede. Nachdem sich die von Gott dem Namen des Jesus von Nazaret, seines Knechtes, verliehene Wunderkraft so herrlich bewährt hat, werden unter Hinweis darauf, daß Moses und alle Propheten die jetzt sich erfüllenden Ereignisse und die bevorstehende Wiederherstellung[13] mit dem Gericht über die, welche nicht hören wollen, verkündet haben, die Juden, die in Unwissenheit anstatt des Heiligen und Gerechten die Freigabe eines Mörders gefordert haben, nochmals nachdrücklich ermahnt, jetzt endlich das dem Samen Abrahams verheißene Heil im Glauben zu ergreifen und durch Umkehr und Buße die Auslöschung ihrer Sünden zu bewirken; „dadurch daß Gott seinen Knecht für euch zuerst auferweckt hat, hat er ihn entsandt, euch zu segnen, indem er einen jeden von seinen Sünden abwendet (d. h. ihm die Möglichkeit dazu gewährt)." Die Menge ist, wie bei Jesus, durch das Wunder ihnen günstig gestimmt (4, 16. 21); aber die in den Händen der Saddukaeer liegende Regierung schreitet ein, der στρατηγὸς τοῦ ἱεροῦ, der jüdische Tempelhauptmann[14], setzt sie gefangen, und am folgenden Tage werden sie im Synedrium verhört.[15] Das gibt Petrus die Möglichkeit, auch hier zu verkünden, daß Jesus von Nazaret der Messias, der von den Baumeistern verworfene Eckstein ist[16], dessen Name der einzige unter dem Himmel ist, der den Menschen Rettung gewähren kann. Weitere Maßregeln wagt die Behörde aus Furcht vor der Menge nicht, auch als Petrus und Johannes offen erklären, sie wurden das Gebot, die Predigt im Namen Jesu zu unterlassen, nicht befolgen. So können die Gläubigen einmütig Gott bitten, trotz des Tosens der Völker und des Drängens der Könige und Herrscher der Erde (Psalm 2) „seinen Knechten die freimütige Verkündung seiner Lehre zu gewähren, indem er seine Hand ausstreckt, Heilungen, Zeichen und Wunder geschehn zu lassen durch den Namen deines heiligen Knechtes Jesus". Ein göttliches Zeichen, ein Erdbeben, versichert die Gewährung, wie bei Homer, „und sie alle wurden erfüllt vom heiligen Geist und verkündeten freimütig die Lehre Gottes". Zugleich aber ist dadurch der Bruch mit dem offiziellen Judentum offen angebahnt.

Im folgenden kehrt die gleiche Szene nochmals wieder. Die Apostel lehren auch hier in der Halle Salomos (5, 12 = 3, 11), mit großem Zulauf und zahlreichen Wunderheilungen, so daß man froh ist, wenn man auch nur den Schatten des Petrus erhaschen kann; auch aus den Landorten werden die Kranken und Besessenen herbeigebracht. Jedoch die regierenden Saddukaeer unter Führung des Hohenpriesters Annas[17] setzen die Apostel gefangen. Aber sie werden durch einen Engel befreit und lehren am nächsten Morgen aufs neue im Tempel. Da lädt sie der Strateg des Tempels vor das Synedrium; gewaltsam kann er sie nicht fortführen, da er fürchtet, alsdann gesteinigt zu werden. Der Hohepriester wirft ihnen vor, daß sie das Gebot übertreten haben und durch ihre Lehre „das Blut dieses Menschen über uns bringen wollen"[18]. Petrus und die Jünger betonen nochmals, daß man Gott mehr gehorchen müsse als den Menschen und daß „der Gott unserer Väter den von euch umgebrachten Jesus auferweckt und als Oberhaupt und Heiland (ἀρχηγὸν καὶ σωτῆρα) zu seiner Rechten erhöht hat, um Israel Umkehr und Sündenvergebung zu gewähren; des sind wir Zeugen und der heilige Geist, den Gott denen gegeben hat, die ihm gehorchen". Die Behörde möchte sie umbringen, aber dem tritt Gamiliel entgegen mit der Mahnung, den Ausgang abzuwarten; falls es Gottes Werk sei, könnten sie es doch nicht zerstören, wohl aber könnte sich dann herausstellen, daß sie gegen Gott kämpfen. Diesen Worten des angesehenen Gesetzeslehrers folgt das Synedrium so weit, daß es von der Hinrichtung absieht, wohl aber die Apostel auspeitschen läßt und ihnen das weitere Lehren verbietet. Natürlich fügen sie sich nicht; sie sind stolz, „gewürdigt zu sein, für den Namen Schmach zu erleiden", und predigen das Evangelium vom Messias Jesus täglich weiter, im Tempel wie daheim.

Es ist wohl zweifellos, daß diese Erzählung eine Dublette der vorigen ist und Lukas beide Versionen, die ihm von verschiedener Seite zugekommen sind, in derselben Weise aufgenommen und an einander gereiht hat, wie Marcus die beiden Versionen der Wanderzüge Jesu und Livius und andere Autoren so vielfach die abweichenden Berichte über dasselbe Ereignis, deren Identität sie nicht erkannt haben. Die Rede Gamaliels zeigt durch den Verweis auf das Beispiel des Propheten Theudas und des Galilaeers Judas, von denen überdies noch jener fälschlich vor diesen gesetzt wird[19], daß sie nicht authentisch ist. Hat Lukas sie nicht selbst frei komponiert, sondern aus einer Vorlage übernommen, so ergibt sich, da Theudas' Auftreten unter den Procurator Fadus um 45 n. Chr. fällt, daß diese erst in den fünfziger Jahren, also kurz vor Lukas' Eintreffen in Jerusalem, entstanden sein kann. Daß Gamaliel die ihm hier zugeschriebene Ansicht vertreten hat, ist darum nicht zu bezweifeln; aber sein Auftreten mag erst in wesentlich spätere Zeit fallen, als Lukas es setzt: es entspricht der Haltung, welche, wie wir gesehn haben, die Pharisaeer im Gegensatz zu den fanatischen Saddukaeern damals, vor allem bei der Hinrichtung des Herrenbruders Jakobus 62 n. Chr., gegen die judenchristliche Sekte einnahmen.[20]

Die Bekehrung des Cornelius und die Heidenmission

Die Situation schreitet durch diese Verdoppelung nicht weiter vorwärts[21]; daß die Masse des Volkes bereit ist, die neue Lehre anzunehmen, aber durch ihre Oberen daran gehindert wird, hatte sich schon vorher ergeben. Den Abschluß der Petrusgeschichten bildet die Bekehrung des Centurio Cornelius, der die Heilung eines Gelähmten (Aeneas) in Lydda und die Auferweckung der Tabitha, einer Christin, in Joppe vorausgeschickt sind; da scheinen lokale Traditionen zugrunde zu liegen.[22]

Auch die Geschichte von Cornelius wird solche Elemente enthalten.[23] Ob aber Lukas sie in Caesarea gehört hat, ist fraglich; jedenfalls ist sie mit Philippus, den Lukas hier kennen gelernt hat, nicht verbunden, dieser wird in ihr nicht erwähnt, obwohl Lukas vorher 8, 40 erzählt hat, daß er sich in Caesarea niedergelassen hat, man also eine Verknüpfung erwarten würde. Cornelius ist ein Centurio der cohors Italica, d. h. einer aus römischen Bürgern bestehenden Freiwilligencohorte. Eine solche, die *cohors II Italica civium Romanorum*, ist in der Tat unter Nero in Syrien inschriftlich nachweisbar[24], und möglich ist es natürlich, daß sie damals und auch früher schon in Caesarea gelegen hat, wenn auch, wie oft hervorgehoben ist, nicht in den Jahren 41–44, als Caesarea zum Reich des Königs Agrippa gehörte, und auch schwerlich vorher. So ist es sehr wahrscheinlich, daß das zugrunde liegende Ereignis von Lukas in zu frühe Zeit gesetzt worden ist und wohl eher in die Zeit gehört, als Petrus nach der Verfolgung durch Agrippa im Frühjahr 44 Jerusalem verlassen hatte.[25]

Die Bekehrung des Cornelius wird in dem breiten Stil der Legende erzählt. Er ist „fromm und gottesfürchtig mit seinem ganzen Hause", d. h. zwar nicht ein beschnittener Proselyt, aber, wie so viele, der jüdischen Religion und ihrem Monotheismus zugeneigt; „er gibt dem Volk viele Almosen und betet bei jedem Anlaß zu Gott". So wird er der Erlösung gewürdigt. Eine Offenbarung, die gleichzeitig an ihn und an Petrus ergeht, bewirkt, daß Cornelius diesen aus Joppe zu sich lädt und daß er der Einladung folgt. Und hier erfüllt sich zum maßlosen Erstaunen aller beschnittenen Gläubigen, die den Petrus begleitet haben[26], daß der heilige Geist auch den Heiden zuteil wird: sie reden in Zungen und preisen Gott. So kann Petrus den Cornelius und die Seinen taufen.

Die Bekehrung des Cornelius ist das zentrale Stück der Apostelgeschichte. In ihm vollzieht sich, was der Auferstandene in seinen Abschiedsworten ev. 24, 47 verkündet hat, daß der Schrift gemäß „auf den Namen des Christus die Umkehr (Buße) zur Vergebung der Sünden von Jerusalem ausgehend an alle Völker verkündet werden soll" und daß er dafür „die Verheißung seines Vaters (d. h. den verheißenen heiligen Geist) auf sie senden wird". Schrittweise ist diese Entwicklung vorbereitet, durch die Ausgießung des Geistes und die Gründung der Kirche, durch die Einsetzung der Diakonen für die hellenistischen Juden c. 6, durch die Verfolgung, der Stephanus zum Opfer fällt, die aber durch die Verjagung der Diakonen aus Jerusalem zur Bekehrung der Samaritaner führt.[27] Jetzt ist der Moment gekommen für den Beginn der Heidenmission. Petrus zieht hinaus in die Einzelgemeinden und vollbringt hier seine Wunderheilungen; da trifft ihn ganz unerwartet die Einladung des Cornelius und die Offenbarung, die ihm gebietet, ihr zu folgen. Eben um seiner zentralen Bedeutung willen wird der Hergang, in scharfem Kontrast gegen die knappe Art, wie Lukas sonst vielfach erzählt, so bei den Missionsreisen des Paulus, ganz ausführlich mit allem Detail geschildert[28], sogar zweimal, einmal als geschichtlicher Bericht c. 10, und dann nochmals in einer Rede des Petrus „an die Apostel und Brüder in Judaea" c. 11, durch die er ihre Bedenken widerlegt.

Aber nicht etwa als eine fortschreitende Erkenntnis, die den Handelnden aufgeht, stellt Lukas die Entwicklung dar – eine derartige Auffassung, die dem modernen Historiker ein selbstverständliches Postulat ist, ohne das es eine Geschichtswissenschaft überhaupt nicht geben würde, liegt ihm und allen Gläubigen gänzlich fern –, sondern als eine übernatürliche, von Gott oder dem von ihm eingesetzten Weltregenten, dem Messias Jesus, gewirkte Erfüllung der von Anfang an geoffenbarten, aber von den Menschen bisher nicht verstandenen Verheißung. Die Menschen an sich sind dabei lediglich Werkzeuge, die nur insoweit berücksichtigt werden, als sie von Gott als solche verwendet werden; sonst sind ihre Person und ihre Schicksale gänzlich gleichgültig, sobald sie die Aufgabe vollführt haben, kommen sie nicht weiter in Betracht. Das gilt, ebenso wie hier von Petrus und neben ihm von Philippus, auch von Paulus: er ist das Werkzeug, um die Heidenmission durchzuführen, bis sie, durch wunderbare Fügung, ihr Endziel in Rom erreicht. Von hier aus wird erst recht klar, warum Lukas von den späteren Schicksalen des Petrus und von seinem Ausgang und dem des Paulus nichts erzählt hat: ihre Mission war vollendet.

Die Gestaltung der Erzählung ist vom Verfasser geschaffen: das immer erneute Eingreifen des Geistes nicht nur in den Visionen des Cornelius und des Petrus, sondern nochmals v. 19, als die Botschaft an Petrus kommt, und dann sein Herabkommen auf die Versammlung während Petrus' Rede, um ihm Mut zu machen, die Taufe zu vollziehn. Auch die Vision selbst ist ganz schematisch für die Deutung konstruiert, wie die Visionen Ezechiels und seiner Nachfolger[29]: Petrus hat zur Mittagszeit, „um die sechste Stunde", Hunger, geht in Simons Haus und verrichtet, während ihm die Mahlzeit bereitet wird, das übliche Gebet. Da befällt ihn eine Verzückung (ἐγένετο ἐπ' αὐτὸν ἔκστασις): der Himmel öffnet sich, ein großes Tischtuch wird auf die Erde hinabgelassen, auf dem „alle Vierfüßler und Kriechtiere der Erde und Vögel des Himmels" liegen, eine Stimme gebietet ihm, zu schlachten und zu essen. Er ist entsetzt und protestiert: er habe noch nie anders als koscher gegessen; aber die Stimme befiehlt: „was Gott gereinigt hat, mache du nicht unrein!" Die Vision wiederholt sich dreimal, dann wird das Tuch wieder in den Himmel hinaufgezogen. Als dann noch die Weisung hinzukommt, den Boten des Cornelius zu folgen, bleibt ihm nichts übrig als sich zu fügen.

Auch die Bekehrung der Samaritaner ist ein Schritt über die ursprüngliche Auffassung des Christentums hinaus: in der Instruktion der Apostel in Q, wie sie das Matthaeusevangelium 10, 5 bewahrt hat[30], wird ihnen ausdrücklich verboten, nicht nur heidnisches Gebiet, sondern auch einen samaritanischen Ort zu betreten. Nach Lukas dagegen haben act. 8, 14 die Apostel in Jerusalem auf die Kunde von den Erfolgen des Phillippus kein Bedenken, das zu sanktionieren; sie entsenden den Petrus und Johannes, um den getauften Samaritanern den Geist zu vermitteln. Das ist begreiflich, denn hier handelt es sich um eine Sekte, die zwar den Tempel von Jerusalem nicht anerkennt – und das ist bereits durch die vorausgehende Rede des Stephanus überwunden –, aber im übrigen durchaus auf dem Boden des Judentums steht: sie sind beschnitten und befolgen das Gesetz. Jetzt dagegen handelt es sich um Unbeschnittene, die zwar den Gott des Judentums als den alleinigen Gott anerkennen, aber das Gesetz nicht auf sich nehmen, und um die Lebens- und Tischgemeinschaft mit den Unreinen. Erst dadurch vollzieht sich der definitive Bruch mit der Tradition, die Emanzipation des Christentums als einer neuen Religion, die sich bewußt vom Judentum loslöst. Zu diesem Schritt wird die Gemeinde durch direktes nachdrücklichstes Eingreifen der Gottheit gezwungen, trotz alles Widerstrebens. „Die Gläubigen aus der Beschneidung waren außer sich (ἐξέστησαν), als sie sahen, daß die Gabe des heiligen Geistes auch auf die Heiden ausgegossen war" (10, 45), und nicht anders denken die Apostel und Brüder in Jerusalem, als sie erfahren, daß Petrus „in das Haus von Männern mit Vorhaut eingetreten ist und mit ihnen gegessen hat" (11, 2). Aber Petrus „erkannte, daß Gott wahrhaftig die Person nicht ansieht, sondern in jeglichem Volk wer ihn fürchtet und Gerechtigkeit übt, ihm genehm ist; die Lehre, die er den Israeliten als Friedensbotschaft durch Jesus Christus verkündet hat, sie ist der Herr über alles".[31] „Ich gedachte des Wortes des Herrn: Johannes taufte mit Wasser, ihr aber werdet im heiligen Geist getauft werden.[32] Wenn Gott nun jenen, nachdem sie den Glauben an den Herrn Jesus Christus angenommen haben, die gleiche Gabe gegeben hat wie uns, wer wäre ich da, Gott hindern zu können. Als sie das hörten, beruhigten sie sich und priesen Gott mit den Worten: so hat denn also Gott auch den Heiden die Umkehr (Buße) zum Leben gewährt."

Durch die Erzählung von Cornelius wird die Heidenmission unter die Sanktion des Petrus und der Urgemeinde gestellt; das Werk des Paulus ist nichts Neues, sondern nur die weitere Ausführung des von dieser Begonnenen. Das zeigt sich gleich im folgenden: als nach der Verfolgung, der Stephanus zum Opfer fiel, einige Cyprier und Kyrenaeer in Antiochia das Evangelium auch den Hellenen predigen und hier großen Erfolg haben, ist die Gemeinde in Jerusalem damit einverstanden und entsendet den Barnabas nach Antiochia, der hier die Mission in größerem Stil aufnimmt und sich aus Tarsos den Paulus als Gehilfen holt. Von einem Gegensatz ist keine Rede; auch Barnabas und Paulus führen nur aus, was die Kirche verlangt. Dem entsprechen die Worte des Petrus beim Apostelkonzil 15, 7 f.: „Ihr wißt, daß seit alten Tagen Gott unter euch die Auswahl getroffen hat, daß durch meinen Mund die Heiden die Lehre des Evangeliums hören und gläubig werden sollen. Gott der Herzenskündiger hat für sie Zeugnis abgelegt, indem er ihnen den heiligen Geist ebenso gab wie uns, und er hat keinen Unterschied gemacht zwischen uns und ihnen, nachdem er durch den Glauben ihre Herzen gereinigt hat." Jakobus und die übrigen stimmen zu, die Anstöße werden durch das Aposteldekret gehoben, der weitere Fortgang vollzieht sich in voller Eintracht von beiden Seiten.

Wir wissen, daß der Hergang sich in Wirklichkeit keineswegs so glatt vollzogen hat, daß es vielmehr zu erbitterten Zusammenstößen gekommen ist, die bei Paulus noch viele Jahre leidenschaftlich nachzittern. Die Urgemeinde hat der Heidenmission und vollends der Aufnahme Unbeschnittener dauernd zum mindesten sehr bedenklich gegenübergestanden und ist in der Tat eine jüdische Sekte geblieben, als solche dann auch von den Pharisaeern geduldet worden. Das hat Lukas mit vollem Bewußtsein verschoben; seine Darstellung ist eine geschickt durchgeführte Konstruktion, die den Tatsachen nicht gerecht wird, sondern sie unter die Beleuchtung rückt, unter der er rückschauend die Durchführung des göttlichen Heilsplans betrachtet. Aber soweit hat er Recht, daß Petrus den entscheidenden Schritt in der Tat getan hat: er hat es geduldet, daß die Heidenmission als durch ihn und die Zwölf autorisiert auftrat, er hat in Antiochia mit den Heiden zusammen gegessen (Gal. 2, 11), und ist dann weiter hinausgezogen in die Heidenwelt (Kor. I 9, 5), und hat in Korinth und in Rom gewirkt. Indessen eben so deutlich ist, daß er nicht der Führer gewesen ist, sondern der Nachzügler, und daß er daher aus dem Schwanken nicht herausgekommen und niemals entschlossen auf den Standpunkt des Paulus getreten ist, den er in Lukas' Darstellung vertritt. Er bleibt vielmehr der Apostel für die Beschnittenen (Gal. 2, 7 ff.), wie die übrigen Zwölf, wenn er auch die Heidenmission als zulässig anerkennt. Seine Auffassung wird die gewesen sein, die wir im Marcusevangelium finden: ein Verbot, die samaritanischen Orte aufzusuchen, enthält es nicht, aber ebensowenig einen Auftrag zur Heidenmission; nur widerwillig gewährt Jesus der Heidin aus Tyros die Heilung ihrer Tochter, die Heiden sind die Hunde, die die Brocken unter dem Tisch der Haussöhne auflesen. Dagegen heißt es in der Eschatologie, daß, ehe der Gerichtstag und die Zerstörung des Tempels kommt, das Evangelium allen Völkern verkündet werden muß (13, 10).[33] Das entspricht den Verkündungen der Propheten, von denen Jakobus act. 15, 15 f. die Worte des Amos 9, 11 f. zitiert. In diesem Sinne mag Petrus die Lage aufgefaßt haben und, als er nach der Krisis im Frühjahr 44 in Jerusalem nicht länger bleiben konnte, in die Welt hinausgezogen sein.[34] Wir haben schon gesehn, daß es recht wahrscheinlich ist, daß seine Missionstätigkeit und Wunder in Lydda und Joppe und die Bekehrung des Cornelius in Wirklichkeit erst in diese Zeit gehören und von Lukas fälschlich vor die Verfolgung durch Herodes (Agrippa) gesetzt sind.

Mit der Erzählung, wie Petrus bei dieser Verfolgung durch ein Wunder aus dem Gefängnis befreit wird, endet bei Lukas die Geschichte des Petrus. Er schließt, nachdem Petrus den Hergang den im Hause der Maria, der Mutter des Marcus, Versammelten erzählt hat, 12, 17 mit den Worten: „dann ging er hinaus und begab sich an einen andern Ort". Es kann keinem Zweifel unterliegen, daß Lukas gewußt hat, wohin Petrus gegangen ist, und ebenso seine späteren Schicksale und sein Martyrium in Rom gekannt hat; wenn Lukas, wie Paulus bezeugt, hier mit Marcus zusammengekommen ist, so hat er hier natürlich auch Petrus gesehn und von ihm gehört. Nur um so deutlicher tritt die Absicht zutage: diese Vorfälle gehören nicht mehr in sein Geschichtswerk, mit Petrus' Fortgang von Jerusalem ist seine Rolle in der Heilsgeschichte zu Ende, alles weitere bleibt rein persönlich und hat mit der „Erfüllung der Verheißungen, die sich unter uns vollzogen hat" (ev. 1, 1), nichts mehr zu tun. Erwähnt wird Petrus von Lukas nur noch beim Apostelkonzil 15, 7, das, wie wir sehn werden, von ihm falsch datiert und irrtümlich hinter die Verfolgung des Jahres 44 gesetzt ist.

Die Hellenisten und das Martyrium des Stephanus

Zwischen dem zweiten Verhör vor dem Synedrium und dem Beginn der Mission in Samaria steht ein Stück ganz anderer Art, die Verfolgung, der Stephanus zum Opfer fällt. Eingeleitet ist die Erzählung durch den Bericht über die Einsetzung der Diakonen 6, 1 ff., der die Schilderung der kommunistischen Organisation der Gemeinde 2, 44 ff. 4, 32–5, 11 fortsetzt. Das führt zu einem Konflikt zwischen den Hebraeern, den einheimischen, aramaeisch sprechenden[35] Mitgliedern der Gemeinde, und den Hellenisten, den griechisch sprechenden Gläubigen aus der Diaspora. Die letzteren beschweren sich, daß bei der täglichen Verpflegung ihre Witwen vernachlässigt wurden. Darauf erklären die Zwölf, daß sie nicht gewillt seien, den Tischdienst zu besorgen, da sie dadurch die Lehre vernachlässigen würden; sie wollten sich auf das Gebet und den Lehrdienst (die διακονία τοῦ λόγου) beschränken. So werden für die Verpflegung sieben Männer „voll Glaubens und heiligen Geistes" bestellt und von den Aposteln unter Gebet durch Handauflegen eingesetzt, darunter ein Proselyt aus Antiochia (Nikolaos); danach könnte man annehmen, daß die sechs andern aus den Hebraeern entnommen seien. Aber dem steht gegenüber, daß auch ihre Namen sämtlich rein griechisch sind; und auch sonst ist, wie WELLHAUSEN[36] und E. SCHWARTZ[37] ausgeführt haben, die Erzählung in sich brüchig. Die Zwölf wollen sich auf die διακονία τοῦ λόγου beschränken und die διακονία τῶν τραπεζῶν abgeben. Aber in Wirklichkeit sehn wir, daß die dafür Bestellten, oder wenigstens Philippus und Stephanus, über die allein wir weiteres erfahren, eifrig Mission und Predigt betreiben, wobei dann auch die üblichen Wunder nicht ausbleiben.[38] Dadurch kommt Stephanus in Diskussionen, aus denen sich dann der Konflikt entwikkelt, mit den Juden aus der Diaspora, also den Hellenisten, die je nach ihrer Herkunft ihre besonderen Synagogen haben, die der Freigelassenen (Libertini), Kyrenaeer, Alexandriner, derer aus Kilikien und Asien.[39] Lukas hat in dem Bericht, den er benutzt, fälschlich die Begründung der Organisation gesucht, die sich in den christlichen Gemeinden herausbildete, daß den „Lehrern" (διδάσκαλοι) Gehilfen (διάκονοι) für die Bedürfnisse und die Verwaltung der Gemeinden beigegeben sind, an deren Spitze dann die ἐπίσκοποι treten.[40] Dadurch hat er einen unausgeglichenen Gegensatz in die Erzählung hineingetragen.

Daß im übrigen Lukas einer vortrefflichen Überlieferung folgt, ist evident und allgemein anerkannt. Mit Recht hat WELLHAUSEN darauf hingewiesen, daß hier und nur hier die Oberhäupter der Gemeinde 6, 2 „die Zwölf" genannt werden, nicht wie sonst „die Apostel"[41]. In Wirklichkeit handelt es sich um eine Organisation für die wachsende Zahl der Gläubigen aus der Diaspora.[42] Den Anlaß dazu wird zunächst der Unterschied der Sprache gegeben haben: die Hellenisten verstanden kein „Hebraeisch", die Zwölf und ihr Anhang konnten nicht oder höchstens ganz notdürftig Griechisch sprechen; Petrus hat sich auch als er in die Fremde ging, der Hilfe eines Dolmetschers, des Marcus, bedienen müssen. Aber damit verbindet sich ein innerer Gegensatz. Zum Ausdruck gelangt er in dem „Murren" (γογγυσμός) der Hellenisten gegen die Hebraeer, daß ihre Witwen zu kurz kommen. Mit Recht hat FERD. CHR. BAUR[43] ausgesprochen, daß hier eine Spaltung innerhalb der Gemeinde erkennbar ist, daß eine engere und eine freiere Richtung sich gegenüberstehn. Die „hebraeische" Urgemeinde unter der Leitung der zwölf Galilaeer stößt natürlich die Proselyten aus der Diaspora, sei es, daß sie vorübergehend nach Jerusalem kommen, sei es, daß sie, wie das in großem Umfang geschehn ist, sich dauernd hier niedergelassen haben, nicht zurück, wenn sie die Heilsbotschaft annehmen und sich bekehren wollen; aber sie sind, der Auffassung des Judentums gemäß, nur ein Appendix des wahren Israel. Die von den Zwölf organisierte Mission beschränkt sich daher auf die rein jüdischen Ortschaften in Judaea und vermutlich auch in Galilaea[44], in voller Übereinstimmung mit der Instruktion, welche sowohl die Zwölferquelle des Marcus wie Q geben – auch von hier aus zeigt sich, wie alt die Grundlage dieser Texte ist, die denn auch Paulus als Herrenwort zitiert.[45] Bei den „Hellenisten" dagegen entwickelt sich die Tendenz zu energischer Propaganda über diese Grenzen hinaus; auch die Apostelgeschichte erkennt an, daß dieselbe, trotz der Sanktionierung durch Petrus und die Apostel, durchweg von diesen, nicht von der jüdischen Urgemeinde ausgegangen ist.[46] Im Zusammenhang damit entwickelt sich hier eine freiere Auffassung, wie sie in der Rede des Stephanus hervortritt und in ihren Konsequenzen zur Emanzipation vom Judentum führen mußte. Um so stärker ist der Widerstand derjenigen hellenistischen Kreise, die die Bekehrung ablehnen: als sie „der Weisheit und dem Geist, mit dem Stephanus redete, zu widerstehn nicht die Kraft hatten", schüren sie die Verfolgung; ebenso wollen die Hellenisten Jerusalems nachher den Paulus umbringen, als er mit ihnen zu disputieren beginnt (9, 29). So erklärt es sich auch, daß die schwere Verfolgung, die an Stephanus' Steinigung anschließt, zwar die Diakonen und ihren Anhang aus Jerusalem verjagt und in die Fremde treibt[47], daß aber die Apostel – und mit ihnen natürlich die „hebraeische" Gemeinde – unangefochten hier bleiben können, bis im Jahre 44 König Agrippa gegen sie vorgeht.

Das Martyrium des Stephanus ist ganz nach dem Vorbilde der Anklage gegen Jesus gestaltet. Seine Gegner aus den Synagogen der Diaspora stiften Leute an, die ihn der Lästerung gegen Moses und Gott beschuldigen; er wird vor das Synedrium geschleppt, und hier stellen sie falsche Zeugen gegen ihn auf, die behaupten, er rede unaufhörlich gegen die heilige Stätte[48] und gegen das Gesetz und behaupte, Jesus der Nazoraeer werde diese Stätte zerstören und die von Moses überlieferten Sitten (ἔθη) abändern. Diese Gestaltung stammt von Lukas selbst; denn er hat die „falschen Zeugen", die von Jesus gehört haben wollen, er werde den von Händen gebauten Tempel zerstören und in drei Tagen einen andern, nicht von Händen gemachten aufbauen (Marc. 14, 58. 15, 30), in der Passionsgeschichte gestrichen, eben weil er sie hier in der Stephanusgeschichte verwenden wollte. Auch die Anklage vor dem Synedrium ist dorther übernommen und nicht geschichtlich; denn im Fortgang wird sie fallen gelassen, es folgt nicht ein Urteilsspruch, sondern eine Volksjustiz durch Steinigung. Die Vermischung der beiden Motive wird nur notdürftig dadurch verdeckt, daß, als Stephanus ausruft, er sehe den Himmel offen und den Menschensohn zur Rechten Gottes stehend – auch das gehört nicht in die Verhandlung im Sitzungssaal, wohin Lukas die Worte verlegt (6, 46), sondern in die Steinigungsszene im offenen Felde, als das Martyrium sich erfüllt[49] –, „sie unter lautem Geschrei ihre Ohren zuhielten, einmütig auf ihn einstürmten und ihn aus der Stadt hinausstießen und steinigten".

Im übrigen ist zu beachten, daß die Bezeichnung der Ankläger als „falsche Zeugen" hier so wenig berechtigt ist als bei Jesus. Von Jesus berichtet Marcus kurz vorher wenigstens die Verkündung der Zerstörung des Tempels (13, 2)[50], und Stephanus vollends sagt in seiner Rede genau das, was ihm vorgeworfen wird. Dadurch wird nur um so deutlicher, daß Lukas die falschen Zeugen einfach aus der Passionsgeschichte hierher versetzt hat. Der zugrunde liegenden Überlieferung wird nur angehören, daß die Verwerfung des Tempels und des Gesetzes durch Stephanus einen Volksauflauf herbeiführt, bei dem er durch Steinigung das Martyrium erleidet.

Im Gegensatz zu den von Lukas hier wie bei der Einsetzung der Diakonen in den ihm zugekommenen Bericht eingearbeiteten Zusätzen gehört dieser Überlieferung neben der Steinigung auch die Rede des Stephanus an. Sprachlich weicht sie vom Stil des Lukas und den von diesem selbst gestalteten Reden aufs stärkste ab[51], und auch inhaltlich trägt sie einen andern Charakter. Sie gibt eine breite, in der Art des Midrasch gehaltene Paraphrase der heiligen Geschichte von Abraham bis auf Moses, mit stärkerer Benutzung des Wortlauts der griechischen Bibel, durch die die Sache in keiner Weise gefördert wird. Erst nach mehr als zwanzig Versen kommt er v. 25 ff. und dann v. 35 auf Dinge, die mit seinem Thema in Berührung stehn; völlig erreicht wird es erst mit der Geschichte vom goldenen Kalb, an die dann David und Salomo und der Tempelbau, auf den Lukas hinaus will, in weit kürzerer Fassung angeschlossen werden. Wie ganz anders er solche Dinge behandeln kann, zeigt die von ihm selbst komponierte Rede des Paulus in Antiochia Pisidia 13, 16 ff., die sich in ihrem ersten Teil inhaltlich eng mit der des Stephanus berührt. Ganz knapp wird in ihr die Erwählung Israels, der Auszug aus Aegypten, die weitere Geschichte bis auf David vorgeführt, um von diesem sogleich auf dessen Nachkommen Jesus überzugehn und nachzuweisen, daß er der verheißene Heiland Israels ist. Alles Detail ist beiseite gelassen, wörtlich übernommen sind alttestamentliche Wendungen nur sehr vereinzelt (v. 17. 19. 22).

Somit hat Lukas für diesen ganzen Abschnitt c. 6 und 7, die Einsetzung der Sieben, die Rede und das Martyrium des Stephanus, eine schriftliche Vorlage benutzt und überarbeitet. Woher sie stammt, ob er sie etwa von Philippus oder in Jerusalem erhalten hat, läßt sich nicht erkennen; aber die Glaubwürdigkeit der Überlieferung wird dadurch weiter verstärkt. Inhaltlich bezeichnet die Rede den entschiedenen Bruch der neuen Lehre mit dem traditionellen Judentum. Von Jesus ist überliefert, daß er, wie andere Propheten auch, die Zerstörung des Tempels und, falls die Aussage der „falschen" Zeugen zutreffend ist, seine Ersetzung durch einen geistigen Neubau verkündet hat. Stephanus aber verwirft den Tempel überhaupt, als einen Abfall vom wahren Gottesdienst. Durchweg sind die Israeliten abtrünnig gewesen und haben die Offenbarungen Gottes nicht verstanden. Als Moses – das ist das Ziel, auf das die lange Einleitung hinstrebt – den Aegypter erschlägt, der einen Hebraeer mißhandelt hat, „glaubte er, die Brüder würden verstehn, daß Gott ihnen durch seine Hand Rettung bringe; sie aber verstanden nicht" (v. 25). „Diesen Moses, den sie mit den Worten verleugnet hatten: wer hat dich zum Herrscher und Richter bestellt?, diesen hat Gott als Herrscher und als Erlöser (λυτρωτής, ein Wort, das dem Sprachgebrauch des Neuen Testaments sonst fremd ist) entsandt mit der Hilfe (σὺν χειρί) des Engels, der ihm im Dornbusch erschienen war. Er hat sie unter Wundern und Zeichen aus Aegypten geführt. Es ist der Moses, der den Israeliten gesagt hat: einen Propheten wie mich wird Gott aus euren Brüdern aufstellen" – damit hat der Verfasser, formell recht ungeschickt, einen Hinweis auf Jesus als diesen verheißenen Propheten eingefügt, der nicht weiter ausgeführt wird. „Er ist der, der in der Versammlung in der Wüste mit dem Engel, der auf dem Sinai mit ihm redete, und mit unsern Vätern zusammen war und Worte des Lebens (λόγια ζῶντα) empfing, um sie euch zu geben; aber unsere Väter wollten ihm nicht gehorchen und stießen ihn von sich." Sie verfertigen das goldene Kalb und opfern dem Werk ihrer Hände. „Da wandte sich Gott und übergab sie dem Dienst des Himmelsheers, wie es im Buch der Propheten geschrieben steht".[52] Daran schließt, wieder formell ungeschickt angefügt: „Unsere Väter hatten in der Wüste die Stiftshütte", als Stätte des wahren Kultus. Diese wird mit nach Palaestina genommen, bis auf David. „Dieser fand Gnade vor Gott und bat ihn, er möge ein Zeltdach finden für das Haus Jakobs.[53] Salomo aber erbaute ihm ein Haus. Indessen Gott wohnt nicht in Bauten von Menschenhand" – ἐν χειροποιήτοις, übereinstimmend mit dem von den Zeugen angeführten Ausspruch Jesu Marc. 15, 30 – „ wie der Prophet sagt" – und nun folgt die berühmte Stelle Jes. 66, 1 f., wieder wörtlich nach LXX, die als Verwerfung des Tempels gedeutet wird: „der Himmel ist mein Thron und die Erde der Schemel meiner Füße; was für ein Haus wollt ihr mir bauen, sagt der Herr, oder was ist der Ort, wo ich ruhen könnte? Hat nicht meine Hand dies alles gemacht?" Daran schließt die Peroratio, eine Invektive gegen die Juden: „Ihr Halsstarrigen, unbeschnitten an Herz und Ohren, ihr widerstrebt immer dem heiligen Geist, wie eure Väter, so auch ihr! Welchen der Propheten haben eure Väter nicht verfolgt? Sie haben die getötet, welche das Kommen des Gerechten vorausverkündeten, und ihr seid jetzt dessen Verräter und Mörder geworden, ihr, die ihr das Gesetz durch Weisung von Engeln empfangen, aber es nicht gehalten habt."

Die Rede berührt sich mit den Anschauungen, die dann Paulus voll entwickelt hat; auch dieser sagt in der Areopagrede (17, 24), daß Gott nicht in Tempeln von Menschenhänden wohnt.[54] Auch auf rein jüdischem Boden kann ein solcher Gedanke auftauchen: als Titus im Mai 70, beim Fortschreiten der Belagerung, die Verteidiger noch einmal auffordern läßt, sich zu ergeben, um Stadt und Tempel zu retten, erklären sie, am Leben in Knechtschaft liege ihnen nichts, wenn aber der Tempel zerstört werde, so habe Gott einen bessern als diesen, nämlich die Welt; sie vertrauen freilich, daß auch dieser von dem Gott werde gerettet werden, der in ihm wohne.[55] Aber doch mußte eine solche Rede, verbunden mit den schärfsten Vorwürfen gegen die Juden, den Gläubigen, und gerade auch denen, die aus der Fremde nach der heiligen Stätte gezogen waren, um ihre Gesetzespflicht zu erfüllen, als ein furchtbarer Frevel erscheinen. Daß Stephanus in der Tat so geredet hat, wird durch seine Steinigung und durch die Verjagung seiner Gesinnungsgenossen erwiesen.

In den Bericht über die Steinigung hat Lukas 7, 58 die Angabe eingefügt, daß die „Zeugen ihre Gewänder zu den Füßen eines Jünglings namens Saul niederlegten". Das erklärt sich durch die Vorschrift, daß bei der Steinigung die beiden Zeugen vorangehn und den Schuldigen niederwerfen müssen; dazu legen sie den Mantel ab.[56] Daß der Satz ein Einschub ist, ergibt sich, worauf WELLHAUSEN hingewiesen hat, daraus, daß ἐλιθοβόλουν am Schluß von v. 57 zu Anfang von v. 59 wiederholt ist. Er dient zugleich zur Einführung der Geschichte des Paulus. Dieser setzt die weitere Verfolgung eifrig fort: „er geht in die Häuser, schleppt Männer und Frauen heraus, und übergibt sie ins Gefängnis" (8, 3); dann läßt er sich vom Hohenpriester „Schreiben nach Damaskus an die Synagogen geben, um, wo er Anhänger der Lehre (τῆς ὁδοῦ) treffe, Männer und Frauen, sie gebunden nach Jerusalem zu bringen" (9, 1 f.).

MOMMSEN[57] hat behauptet, diese Erzählung stehe in Widerspruch mit Paulus' eigner Angabe Gal. 1, 22 f., er sei den „Christengemeinden in Judaea von Angesicht unbekannt gewesen"; Paulus könne daher als Verfolger nur in seiner Heimat Tarsos aufgetreten sein. Damit hat er mehrfach Zustimmung gefunden.[58] Aber dadurch wird in Paulus' Worte ein Sinn hineingelegt, der ihm völlig fern liegt; der Zusatz, den er hinzufügt: „sie hatten lediglich gehört, daß der, der uns verfolgte, jetzt das Glaubensevangelium verkündet, das er früher verheerte, und priesen Gottes Wirken in mir" zeigt deutlich, daß es ihm, wie in dieser ganzen Auseinandersetzung, nur darauf ankommt, nachzuweisen, daß er in seiner Lehre völlig unabhängig dasteht und mit der Muttergemeinde, außer vorübergehend mit Petrus und Jakobus, nicht in Berührung gekommen ist. Wie ist es denkbar, daß seine Äußerung Gal. 1, 13 f. „ich habe die Gemeinde Gottes im Übermaß verfolgt und verheert, und tat es im Judentum vielen Altersgenossen in meinem Volk zuvor", sich, wie MOMMSEN meint, auf eine Verfolgung der Christen in Tarsos beziehn sollte, wo es damals schwerlich schon irgendwelche Christen gegeben hat? Vielmehr bestätigt Paulus hier durchaus die Zuverlässigkeit der Angaben des Lukas; dieser wird sie von ihm selbst erfahren haben, wie denn auch Paulus' Worte in der Rede in Jerusalem 22, 20: „als das Blut des Stephanus vergossen wurde, stand ich selbst dabei und war damit einverstanden und nahm die Mäntel derer, die ihn umbrachten, in Verwahrung" m. E. durchaus authentisch sind. Daß er in Jerusalem gelebt und hier zu den „Füßen Gamaliels in allem Detail des von den Vätern überlieferten Gesetzes erzogen ist" (act. 22, 3), ist unbestreitbar; wo anders hätte er die volle pharisaeische Durchbildung erlangen können, die er überall zeigt und in der er sich „im Übermaß als Eiferer für die mir von den Vätern überkommenen Traditionen erweist"?[59] Daß ihn da auch manche Christen gesehn haben, ist selbstverständlich; aber darauf kommt bei der Erörterung im Galaterbrief nichts an, sondern auf die persönliche Berührung; und zu der ist es natürlich nicht gekommen, solange Paulus die Gemeinde verfolgte.

Auch die Behauptung WELLHAUSENs, der SCHWARTZ zustimmt, ist unbegründet: „der Hohepriester hatte nicht die Gewalt, Männer und Weiber gebunden von Damaskus nach Jerusalem schleppen zu lassen; mit diesem Auftrag ist Paulus also nicht nach Damaskus gegangen." Gewiß stand die Kapitalgerichtsbarkeit lediglich den Römern zu, und wenn es einem der Aufgegriffenen gelang, den Schutz der Regierung anzurufen, so hätte sie seine Fortführung wahrscheinlich verhindert – falls nicht andere Einflüsse sich als mächtiger erwiesen. Aber eben so sicher ist, daß der geistlichen Zentralbehörde ein weitgehendes Aufsichtsrecht über die Gemeinden der Diaspora zustand, nicht nur damals, sondern ebenso auch in den folgenden Jahrhunderten nach der Zerstörung Jerusalems; dazu entsandte sie die Apostel als Inspektoren. Hinzu kommt, daß zweifellos auch die für den Glauben an den Messias Jesus gewonnenen Juden meist schwere Gewissensbedenken getragen haben werden, sich einem Befehl der höchsten Kirchenbehörde und ihrer Emissäre zu widersetzen und damit aus dem Judentum auszutreten; sie wollten ja nach wie vor gesetzestreue Juden bleiben. Hat sich doch auch Paulus willig fünfmal der von der Judenschaft der Diasporagemeinden über ihn verhängten Geißelung gefügt und erst in der letzten Notlage in Jerusalem, als es sich um Tod und Leben handelte, von seinem römischen Bürgerrecht Gebrauch gemacht. Die römische Regierung aber hat, wie den Ausbrüchen populärer Leidenschaften überhaupt, z. B. bei den Zirkustumulten oder den Juden- und den Christenhetzen, so insbesondere, wie unter anderm die Schicksale des Paulus in Pisidien, Thessalonike, Korinth, Ephesos zeigen, den Religionsgemeinden vieles nachgesehn, solange die Bewegung nicht über ihre Angehörigen hinausgriff und die öffentliche Sicherheit nicht ernstlich gefährdete. In der Regel werden die Beamten froh genug gewesen sein, wenn sie sich um diese Dinge nicht zu kümmern brauchten; der Proconsul Gallio spricht das in Korinth offen aus, und bei Pilatus, Felix, Festus sieht man deutlich, wie ungern sie sich darauf eingelassen haben. So konnte sich auch ein Vorfall wie die Steinigung des Stephanus[60] und die daran anschließende Verfolgung abspielen, ohne daß die Regierung eingriff.

Weiter bestätigt wird der Bericht des Lukas dadurch, daß Paulus auf dem Wege nach Damaskus ist, als seine Bekehrung erfolgt. Wie in aller Welt sollte er auf den Gedanken gekommen sein, dorthin zu gehn, wenn nicht, um die Verfolgung, wo die Gegner in alle Winde zerstreut sind, auch hier fortzusetzen?[61]

V

Das Apostelkonzil

Die Hungersnot unter Claudius (49 n. Chr.) und die Verfolgung unter Agrippa (44)

Wir haben gesehn, mit welchem Geschick Lukas die einzelnen Begebenheiten, von denen er Kunde besitzt, zu einer in sich geschlossenen Darstellung der fortschreitenden Entwicklung der Kirche zu verbinden verstanden hat. Jetzt folgt auf die Zersprengung der hellenistischen Christen die Mission in Samaria, auf die wir später zurückkommen, und die weitere Geschichte den Philippus, dann die Bekehrung des Paulus, darauf die Begründung der Heidenmission durch Petrus und die Entwicklung der Gemeinde von Antiochia, in die Barnabas den Paulus aus Tarsos holt und in der der Christenname zuerst aufkommt. Von Antiochia geht dann c. 13 die Mission des Barnabas und Paulus in Zypern und Kleinasien aus.[1] Dazwischen aber hat Lukas zwei andere Episoden eingeschoben, die von Agabos prophezeite Hungersnot und die Verfolgung der Gemeinde von Jerusalem durch König Agrippa.

Diese Anordnung ist jedoch chronologisch falsch. Die „große Hungersnot über die ganze Welt" unter Claudius, die der aus Jerusalem nach Antiochia gekommene Prophet Agabos[2] durch Eingebung des Geistes voraussagte, kennen wir aus den sonstigen Berichten genau. Sueton berichtet von einer schweren Teuerung in Rom „infolge andauernder Unfruchtbarkeit"[3], bei der Claudius von dem hungernden Volk insultiert wird und alle denkbaren Mittel ergreift, um die Getreidezufuhr auch im Winter zu fördern. Dieselbe Szene erzählt Tacitus ann. XII 43 unter den Prodigien des Jahres 51: „es steht fest", fügt er hinzu, „daß für die Stadt nur noch für 15 Tage Lebensmittel, nicht mehr, übrig gewesen sind; aber durch die große Güte der Götter und die Milde des Winters wurde der schlimmsten Not abgeholfen." Danach fällt die Hungersnot in Rom in den Winter 50/51 n. Chr. Dazu stimmt aufs beste, daß Eusebios die Hungersnot in Rom ins Jahr 50[4], die in Griechenland ins vorhergehende Jahr 49 setzt.[5] Wir sehn: Lukas' von den modernen Interpreten bezweifelte Angabe, daß es sich um eine große, die gesamte Kulturwelt umfassende Hungersnot handelt, bestätigt sich vollständig. In Syrien und Palaestina mag sie schon früher eingesetzt haben[6]; die Wintersaat von 48/49 wird versagt haben. Nach Josephus fiel sie hier unter den Procurator Tiberius Alexander[7]; damals hat die zum Judentum übergetretene Königin Helena von Adiabene, die selbst nach Jerusalem wallfahrtete, durch große Einkäufe von Getreide in Alexandria und Feigen auf Zypern helfend eingegriffen.[8]

Andrerseits ist König Agrippa[9] im Frühjahr 44 gestorben. Nach Josephus hat er in Caesarea das Fest *pro salute Caesaris* gefeiert, das, wie SCHWARTZ nachgewiesen hat[10], in jedem fünften Jahre am Gründungstage der Stadt 5. Dystros = 5. März gefeiert wurde. Am zweiten Tage läßt er sich im Theater als Gott begrüßen. Da setzt sich, als Vorzeichen der göttlichen Strafe, ein Uhu über ihm nieder, und zugleich befällt ihn ein Unterleibsleiden, dem er in fünf Tagen erliegt.[11] Nach dem Bericht des Lukas geht der König, als Petrus aus dem Gefängnis befreit ist, in das er ihn zur Zeit des Passahfestes gesetzt hat, und er die Wachen dafür hat hinrichten lassen[12], nach Caesarea. Die Tyrier[13], auf die er erbittert ist, wenden sich an seinen Kämmerer Blastos um Vermittlung: sie können die Verbindung mit dem Hinterlande, aus dem sie die Lebensmittel beziehn, nicht entbehren. An dem festgesetzten Tage empfängt er sie im Königsornat in feierlicher Versammlung zur Audienz; als er geredet hat, ruft die Menge: das ist die Rede eines Gottes und nicht eines Menschen. „Sofort schlug ihn ein Engel des Herrn, weil er Gott nicht die Ehre gegeben hatte; er wurde vom Wurmfraß[14] befallen und gab den Geist auf." In den Grundzügen, auch im Datum[15], und in der Gesamtauffassung stimmen beide Berichte vollständig überein. Der des Lukas bietet durch die sehr interessanten und in keiner Weise aus einer Tendenz oder einer populären Tradition erklärbaren Einzelheiten die Gewähr, daß er mindestens eben so zuverlässig ist wie der des Josephus. So werden beide Ereignisse geschichtlich und rasch aufeinander gefolgt sein; als die Ursache, warum Gott ihm auf der Höhe seiner Macht den plötzlichen Tod sendet, nennt dann die eine Version diesen, die andere jenen Vorfall. Beide Versionen sind aber, was meist übersehn wird, jüdischen Ursprungs; auch in der Apostelgeschichte ist sein Tod nicht etwa die Strafe für die Verfolgung der Christen – wenngleich Lukas natürlich diesen Eindruck erwecken will; er hat aber trotzdem seine Vorlage unverändert übernommen –, sondern wie bei Josephus für die Annahme der göttlichen Ehren.[16]

Somit ergibt sich, daß die von Lukas gegebene Anordnung falsch ist und daß die Verfolgung durch Agrippa und sein Tod in Wirklichkeit vor die Hungersnot unter Claudius gehört. Damit stürzt aber auch die von ihm geschaffene Verbindung beider Ereignisse zusammen. Er erzählt, daß bei der Hungersnot[17] die antiochenische Gemeinde eine Kollekte „für die in Judaea wohnenden Brüder" veranstaltet, zu der ein jeder nach seinem Vermögen beisteuert, und daß sie durch Barnabas und Saulus an die Ältesten überbracht wird. Diese sind dann bei der nach Lukas eben damals (κατ' ἐκεῖνον τὸν καιρόν) eintretenden Verfolgung anwesend; aber von ihren Erlebnissen dabei wird nichts erzählt, vielmehr heißt es 12, 24, nach Agrippas Tode, als ob weiter nichts passiert wäre, ganz harmlos: ὁ δὲ λόγος τοῦ Κυρίου ηὔξανεν καὶ ἐπληθύνετο.[18] Βαρνάβας δὲ καὶ Σαῦλος ὑπέστρεψαν ἐξ Ἰερουσαλὴμ πληρώσαντες τὴν διακονίαν, συνπαραλαβόντες Ἰωάνην τὸν ἐπικληθέντα Μάρκον. Das schließt inhaltlich unmittelbar an 11, 30 an und zeigt, daß Barnabas und Paulus in Wirklichkeit mit der Verfolgung unter Agrippa nichts zu tun haben. Das einzige Ergebnis ihrer Reise außer der Ablieferung der Kollekte ist, daß sie den Johannes Marcus mitnehmen. Eben deshalb hat Lukas ihre Rückreise hinter die Verfolgung gesetzt, da dieser, oder vielmehr seine Mutter, 12, 12 bei der Befreiung des Petrus erwähnt (und dadurch zugleich eingeführt) wird. Die Art, wie Lukas die einzelnen Erzählungen kombiniert und ineinandergeschoben hat, tritt hier besonders deutlich hervor.

Die Zeit des Apostelkonzils

Dies Ergebnis wird weiter dadurch bestätigt, daß nach Lukas Paulus vor seinen Missionsreisen in Griechenland dreimal in Jerusalem gewesen sein soll (jedesmal mit Barnabas zusammen), 9, 26 nach seiner Bekehrung, 11, 30 und 12, 25 bei der Hungersnot, und 15, 2 ff. beim sogenannten Apostelkonzil. Paulus selbst dagegen berichtet im Galaterbrief nur von zwei Besuchen in Jerusalem, einem drei Jahre nach seiner Bekehrung (= act. 9, 26), dem zweiten (πάλιν ἀνέβην) mit Barnabas zusammen zum Apostelkonzil (= act. 15); und es ist nach dem ganzen Zusammenhang des Briefs völlig unmöglich, dazwischen oder auch danach noch einen dritten einzuschieben. Mithin ist sein zweiter Besuch bei Lukas verdoppelt und für die Dublette die Überbringung der Kollekte als Motiv hinzugesetzt. Daß das unhistorisch ist, wird vollends dadurch erwiesen, daß Paulus sich zur Zeit der Hungersnot jedenfalls schon auf seiner zweiten Missionsreise befand, die er spätestens im Jahre 48, wenn nicht schon 47 angetreten hat.

In gleicher Weise anstößig ist aber auch die Einordnung des Apostelkonzils bei Lukas c. 15, nach der Mission des Barnabas und Paulus auf Zypern und in Pisidien und Lykaonien. Ganz überraschend erscheint hier Petrus wieder in Jerusalem, das er 12, 17 in eiliger Flucht bei Nacht verlassen hat, ohne daß der Leser irgendwie darüber aufgeklärt wird, wie er wieder zurückgekommen ist.[19] Daß er, und ebenso Jakobus und Johannes, bei diesen Verhandlungen wirklich in Jerusalem anwesend war, bestätigt Paulus Gal. 2, 9. Aber das Dekret, das „die Apostel und die ältesten Brüder" erlassen, ist gerichtet an „die Brüder in Antiochia, Syrien und Kilikien"; Zypern und die anderen kleinasiatischen Landschaften werden nicht erwähnt, obwohl die Bestimmungen für die Heidenchristen getroffen sind und nach Lukas' Darstellung ein jeder annehmen muß, daß gerade die Mission in diesen Gebieten – denen Paulus dann auch 16, 4 die Verfügung zur Nachachtung überbringt – zu der Diskussion und der Entscheidung durch die Muttergemeinde den Anlaß gegeben habe. Auch Paulus selbst nennt als die Länder, in die er nach dem ersten Besuch in Jerusalem gegangen sei, nur Syrien und Kilikien (Gal. 1, 21), nicht etwa die Gebiete der ersten Missionsreise.

Aus dem allen ergibt sich die Richtigkeit der vor allem von WELLHAUSEN[20] und SCHWARTZ[21] nachdrücklich vertretenen Ansicht, daß das Apostelkonzil vor die Verfolgung im Frühjahr 44 anzusetzen ist und zwar wahrscheinlich kurz vorher ins Jahr 43/4, so daß die erste Datierung der Anwesenheit des Barnabas und Paulus bei Lukas 11, 30. 12, 25 im wesentlichen richtig ist. Denn höher hinaufzugehn ist mit Rücksicht auf die chronologischen Angaben des Paulus im Galaterbrief kaum möglich. Er sagt hier (1, 18 ff.), daß er zuerst drei Jahre nach seiner Bekehrung (μετὰ τρία ἔτη) oder vielmehr, nach der im Altertum durchaus vorherrschenden Ausdrucksweise, im dritten Jahre nach derselben, und dann nach einem Zwischenraum von vierzehn Jahren (διὰ δεκατεσσάρων ἐτῶν), also im vierzehnten Jahre, zum zweiten Male nach Jerusalem gegangen sei. Nun bleibt allerdings die Frage, wie weit Paulus imstande war, seine früheren Erlebnisse genau zu datieren, eine Frage, die niemand leicht nehmen wird, der aus eigener Erfahrung weiß, wie schwer das auch uns fällt.[22] Aber weitere Kontrollmittel besitzen wir hier nicht. Die beiden Zahlen, die er gibt, ergeben zusammen[23], vom Jahre 43/4 n. Chr. aus, für seine Bekehrung einen Abstand von 15 bis 16 Jahren, also 28 oder spätestens 29 n. Chr. Alsdann folgt weiter, daß, vorausgesetzt daß Paulus' Gedächtnis hierin zuverlässig war, das Datum des Lukas für das Auftreten des Johannes und Jesus, Jahr 15 des Tiberius = 28/9 n. Chr. – dessen Zuverlässigkeit und Herkunft auch nicht weiter kontrolliert werden kann – nicht haltbar ist, sondern Jesu Hinrichtung spätestens etwa Ostern 27 angesetzt werden muß. Höher hinaufzugehn ist nicht erforderlich; denn es ist eine bekannte Tatsache, daß jede neue Bewegung die ersten Stadien der Entwicklung sehr rasch durchläuft. Im übrigen bleibt es immer ebensogut möglich, daß Paulus die seit seiner Bekehrung verflossene Zeit zu hoch angesetzt hat.[24] Man darf nicht übersehn, daß, als er den Brief schrieb, seit der Bekehrung beinahe ein Vierteljahrhundert verflossen war. Wie viele von uns allen vermögen Ereignisse ihres Lebens, soweit sie nicht mit Jahreszahlen verbunden sind, für einen solchen Zeitraum mit Sicherheit zu datieren?

HARNACK hat weiter zwei Angaben der Pseudepigraphen für die Chronologie zu verwerten gesucht.[25] Nach dem Kerygma Petri hat Jesus nach der Auferstehung den Jüngern befohlen, nach zwölf Jahren in die Welt hinauszuziehen. Dieselbe Tradition gibt Apollonios (von Ephesos) in einer um 195 n. Chr. verfaßten Schrift gegen die Montanisten in der Form, Jesus habe den Aposteln geboten, zwölf Jahre lang nicht von Jerusalem fortzugehn.[26] Das deutet HARNACK auf die Verfolgung unter Agrippa, bei der Petrus aus Jerusalem flieht; er will diese daher ins Jahr 42 setzen. Aber wir haben gesehn, daß das nicht möglich ist; das Intervall würde vielmehr fünfzehn Jahre betragen. Die Angabe wird allerdings, darin wird HARNACK Recht haben, an Petrus' Flucht anknüpfen; aber die zwölf Jahre sind als runde Zahl gewählt und ohne Gewähr[27], ebenso wie die auch sonst vielfach vertretene Annahme, damals seien die Zwölf sämtlich aus Jerusalem fortgegangen. Daß sie in alle Welt zur Mission hinausgezogen seien und zu diesem Zweck die Länder unter sich verteilt hätten, ist allerdings die Darstellung der Apostellegenden.[28] Aber irgendwelche auch nur einigermaßen glaubwürdige Kunde besitzen wir nur über Petrus; und es ist sehr wenig wahrscheinlich, daß außer Petrus noch ein anderer Apostel über die jüdischen Gemeinden hinaus Mission getrieben oder überhaupt in der Entwicklung des Christentums eine in Betracht kommende Rolle gespielt haben sollte. Vermutlich sind die andern auch nach Petrus' Flucht mit dem Herrnbruder Jakobus in Jerusalem geblieben und hier verschollen; als Paulus im Jahre 59 nach Jerusalem kommt, werden sie nicht mehr erwähnt.[29]

Besser stimmt chronologisch HARNACKs Kombination der bei den Gnostikern verbreiteten Ansicht, daß der Auferstandene 18 Monate lang mit seinen Jüngern verkehrt habe[30], mit der Bekehrung des Paulus: man habe angenommen, daß er bis zu der Erscheinung vor diesem im Leibe auf Erden geweilt habe. In der Überlieferung steht davon freilich nichts, von dem Valentinianer Ptolemaeos werden die 18 Monate vielmehr als Symbol für die 18 Aeone gedeutet; und das zugrunde liegende Motiv ist, Jesu Aufenthalt auf Erden zu verlängern, um Raum für die Offenbarung seiner Geheimlehre zu gewinnen, wozu die Interpolation der 40 Tage bis zur Himmelfahrt (act. 1) den Ansatz darstellt. Aber möglich bleibt immerhin, daß in den 18 Monaten eine ältere Überlieferung steckt, die vielleicht in dieser Weise gedeutet werden kann; irgendwelche Sicherheit ist darüber nicht zu erlangen.

Die Hinrichtung der Söhne des Zebedaeus

Während Lukas die Gefangenschaft und Befreiung des Petrus ausführlich erzählt, macht er im übrigen die Verfolgung durch Agrippa und die Hinrichtung des Apostels Jakobus, des Sohnes des Zebedaeus, 12, 1 f. mit einem kurzen Satze ab: „Herodes legte Hand an, einige Leute aus der Gemeinde zu mißhandeln (κακῶσαι); den Jakobus aber, den Bruder des Johannes, ließ er durchs Schwert hinrichten. Als er sah, daß das den Juden gefiel, ging er weiter daran (προσέθετο), auch Petrus zu verhaften" usw. Das ist alles; ob das κακῶσαι im weiteren Sinne zu verstehn ist und noch andere, etwa durch Geißelung, „gemißhandelt" worden sind, läßt sich nicht erkennen. Offenbar hat Lukas über diese Vorgänge, im Gegensatz zu den ausführlichen ihm von Marcus gegebenen Mitteilungen über Petrus, nur dürftige Kunde erhalten.[31]

Angeregt durch eine Bemerkung WELLHAUSENs hat ED. SCHWARTZ[32] aus der Bitte der Zebedaeussöhne Marc. 10, 35 ff. um den Platz zur Rechten und Linken Jesu und seiner Antwort: „ihr wißt nicht was ihr fordert; könnt ihr den Trunk trinken, den ich trinke, oder die Taufe auf euch nehmen, mit der ich getauft werde?" und der Verkündung, als sie sich dazu bereit erklären: das werde sich erfüllen, den erbetenen Platz dagegen könne er nicht geben, sondern er sei für die, denen er bestimmt ist – gefolgert, daß nicht nur Jakobus, sondern auch Johannes das Martyrium erlitten hat.[33] Diese Folgerung ist in der Tat zwingend: „ein Vaticinium ex eventu, das unmittelbar aus dem Ereignis selbst hervorgegangen ist", sagt SCHWARTZ mit Recht, „ist ein historisches Zeugnis von einer Authentie, die durch nichts erreicht wird".

Die Erzählung bei Marcus stammt aus der Zwölferquelle und gibt die Jerusalemer Tradition wieder, wie sie sich etwa in den fünfziger Jahren, wenn nicht noch früher, gebildet hat. Sie setzt voraus, daß beide Zebedaeussöhne den Märtyrertod erlitten haben, aber sonst keiner von den Zwölf[34]; sie ist also älter als das Martyrium des Petrus im Jahre 64. Das wird aufs beste dadurch bestätigt, daß das Johannesevangelium die Forderung der Zebedaeussöhne und die Verkündung ihres Martyriums streicht, dafür aber das Martyrium des Petrus durch Jesus einsetzt (13, 36. 21, 18 ff.), während in schroffem Gegensatz zu diesem dem Johannes ein weiteres Fortleben verheißen, sein Martyrium also ausgeschlossen wird. Damit wird die ältere Überlieferung bewußt korrigiert und zugleich die ältere Johanneslegende eingeführt.

Die Zwölferquelle hat auch sonst ein lebhaftes Interesse für die Zebedaeussöhne[35], im Gegensatz zu den übrigen, teils aus der Jüngerquelle stammenden, teils auf Petrus selbst zurückgehenden Abschnitten, in denen sie, abgesehn von ihrer Berufung, lediglich als Statisten neben Petrus erscheinen. In der Folgezeit werden sie dann immer mehr zurückgedrängt; bei Matthaeus und Lukas sind sie in der Geschichte von der Heilung der Schwiegermutter des Petrus und in der apokalyptischen Rede Jesu gestrichen, bei Matthaeus außerdem noch bei der Heilung der Tochter des Jairus, und bei Lukas bei der Agonie in Getsemane (ebenso wie Petrus); die Benennung „Donnersöhne" im Apostelkatalog lassen beide aus[36]; die Bitte um den Ehrenplatz hat Lukas in einen Rangstreit zwischen den Aposteln beim Abendmahl umgewandelt (22, 24 f.). Außerdem stellt Lukas, während er 5, 15. 6, 14. 9, 54 die überlieferte Ordnung Jakobus und Johannes beibehält, 8, 51 und 9, 28 den Johannes voran, und ebenso act. 1, 13 im Apostelkatalog, abweichend von 6, 14. Das Johannesevangelium endlich ignoriert den Jakobus ganz (abgesehn von dem Nachtrag des Herausgebers; 21, 1 οἱ τοῦ Ζεβεδαίου), während Johannes hier, obwohl anonym, eine ganz andere Rolle erhält.

Während Jakobus im zweiten Buch des Lukas nur im Apostelkatalog und bei seiner Hinrichtung erwähnt wird, erscheint Johannes hier ständig als Begleiter des Petrus (3, 1 f. 4, 13. 19. 8, 14), also als der angesehenste Apostel nach diesem. Daß er in der Tat diese Stellung eingenommen hat, wird durch die Angabe des Paulus Gal. 2, 9 bestätigt, daß er die Verhandlung beim Apostelkonzil mit Jakobus – dem Herrnbruder[37] –, Kephas und Johannes geführt habe und daß diese drei als die „Säulen" der Gemeinde betrachtet werden (οἱ δοκοῦντες στῦλοι εἶναι); er muß also seinen Bruder an Ansehn weit übertroffen haben.[38] Nachher verschwindet auch er; bei Petrus' Auftreten in Lydda, Joppe, Caesarea 9, 32 ff., das, wie wir gesehn haben, wahrscheinlich hinter die Krise des Jahres 44 zu setzen ist, erscheint er nicht mehr als sein Begleiter, wie vorher 8, 14 in Samaria. Daß er mit seinem Bruder zusammen von den Juden umgebracht ist, hat in voller Übereinstimmung mit der Verkündung Jesu, Papias von Hierapolis, um 130 n. Chr., in seinem Alterswerk (Bd. I) berichtet.[39] Das zeigt, daß die im Johannesevangelium verwendete Legende, welche ihn nach Ephesos versetzt und dort im höchsten Alter entschlafen läßt, damals noch nicht durchgedrungen war. Die Angabe des Papias kann natürlich eine Folgerung aus der Prophezeiung sein; aber weit wahrscheinlicher ist, daß er, der sich eifrig um die auf die Apostel zurückgehenden Traditionen bemühte (Bd. I) und sein um 130 n. Chr. verfaßtes Alterswerk auf sie basierte, hier eine zuverlässige Überlieferung wiedergibt, die ihm sehr wohl noch zukommen konnte.[40] Dem entspricht es, daß die ältere morgenländische Kirche nach Ausweis eines in syrischer Übersetzung in einer Handschrift aus dem Jahre 411 vorliegenden Martyrologs[41] die grundlegenden Martyrien, die unmittelbar an das Geburtsfest Jesu angeschlossen werden, in folgender Fassung aufzählt:

„26. Dec. der erste Märtyrer in Jerusalem Stephanus der Apostel, der Anfang der Märtyrer.
27. Dec. Johannes und Jakobos die Apostel in Jerusalem.
28. Dec. in der Stadt Rom Paulos der Apostel und Symeon Kephas das Haupt der Apostel unseres Herrn."

Man sieht, wie zäh sich, der späteren Umgestaltung gegenüber, die alte Überlieferung erhalten hat.[42]

Um so überraschender ist, daß die Apostelgeschichte nur die Hinrichtung des Jakobus erwähnt, die des Johannes aber dadurch, daß Jakobus als sein Bruder bezeichnet wird, geradezu ausschließt. Daß Lukas schon die verfluchte Überlieferung und den Aufenthalt des Johannes in Ephesos gekannt haben sollte, ist ganz undenkbar. So wird man eine sehr frühe, in derselben Weise wie die Interpolation in cap. 1 völlig durchgedrungene Korrektur annehmen müssen. Um die Hinrichtung des Johannes einzusetzen, bedurfte es nur einer geringfügigen Textesänderung.

Das Apostelkonzil

Für das Apostelkonzil tritt die Darstellung des Paulus im Galaterbrief neben die des Lukas. Die Differenzen zwischen beiden sind von der modernen Kritik seit Baur aufs stärkste betont und haben mehrfach sogar zu der Annahme geführt, daß beide von ganz verschiedenen Ereignissen redeten und der Galaterbrief vor dem Apostelkonzil anzusetzen sei. Das ist allerdings ganz unhaltbar und jetzt wohl allgemein aufgegeben; sowohl der Anlaß, die Frage der Beschneidung, wie überhaupt die Regelung des Verhältnisses der jüdischen Muttergemeinde zu den Heidenchristen, und ebenso die Beteiligung von der einen Seite des Barnabas und Paulus, von der anderen des Herrnbruders Jakobus und des Petrus (zu dem Paulus noch den Johannes hinzufügt) sind bei beiden identisch. Im übrigen aber ist nicht zu vergessen, daß beide Darstellungen einseitig sind. Die Tendenz, die Lukas beherrscht, das Streben, die Gegensätze zu vertuschen, die einheitliche Entwicklung und Ausbreitung der Lehre unter ständiger göttlicher Leitung herauszuarbeiten und daher Petrus und Paulus in voller Eintracht zusammen wirken zu lassen, haben wir bereits genügend kennen gelernt.[43] Demgegenüber schreibt Paulus eine Verteidigung in eigener Sache, und zwar, was man nicht vergessen darf, ein Jahrzehnt nach den Ereignissen in leidenschaftlichster Erregung, die noch immer gewaltig nachzittert und durch die Opposition, die ihm die Judenchristen bei den Galatern erregt haben, aufs neue zu stärkster Erbitterung gesteigert ist. Da ist von ihm nicht zu verlangen, daß er die Vorfälle in kühler Objektivität darstellt wie ein ruhig forschender Historiker. Seine subjektive Ehrlichkeit soll nicht bestritten werden; aber es ist selbstverständlich, daß er nur erwähnt, was ihm für seine Zwecke paßt, anderes aber übergeht. Dazu kommt noch, daß er ein Politiker ist, der immer seine praktischen Ziele im Auge hat und sie auch in der größten Erregung niemals aus dem Auge läßt, vielmehr seiner Natur nach gar nicht vergessen kann.

Nach Lukas[44] bildet der Anlaß, daß „einige aus Judaea (nach Antiochia) kamen und den Brüdern die Lehre aufstellten: wenn ihr euch nicht nach mosaischem Brauch beschneiden laßt, könnt ihr nicht gerettet werden. Da entstand eine nicht geringe Parteibewegung (στάσις) und Diskussion seitens des Paulus und Barnabas gegen sie, und man bestimmte, daß Paulus, Barnabas und einige andere von ihnen wegen dieser Streitfrage zu den Aposteln und Ältesten nach Jerusalem hinaufgehn sollten". Unterwegs werden sie überall in Phoenikien und Samaria [d. i. in den von Philippos und seinen Genossen begründeten Gemeinden] wegen ihrer Erfolge bei den Heiden freudig aufgenommen. Denselben Bericht erstatten sie der Gemeinde in Jerusalem; hier aber „traten einige aus der pharisaeischen Sekte, die den Glauben angenommen hatten, dagegen auf (ἐξανέστησαν) und erklärten, man müsse sie beschneiden und ihnen gebieten (παραγγέλλειν), das Gesetz Moses zu halten".

Hier hat man daran Anstoß genommen, daß die Forderung der Beschneidung zweimal erhoben wird, zuerst in Antiochia, dann in Jerusalem, und daß die Deputierten die Streitfrage, zu deren Entscheidung sie hingesandt sind, nicht vorbringen, sondern nur von ihren Erfolgen berichten, so daß der Einwand, der dann von den Pharisaeern gegen sie erhoben wird, hier als etwas Neues erscheine, von dem vorher noch nicht die Rede gewesen sei.[45] In Wirklichkeit seien Barnabas und Paulus nach Jerusalem gereist, um dort von ihren Erfolgen zu berichten; erst hier sei ihnen dann die Opposition entgegengetreten. Das werde dadurch bestätigt, daß Paulus im Galaterbrief von dem Streit in Antiochia nichts sage – als ob er dazu irgendwelchen Anlaß hätte – und daß er scharf betone, er sei auf Grund einer Offenbarung nach Jerusalem gegangen; also sei er nicht von den Antiochenern entsandt worden.[46]

Dieses letzte Argument besagt freilich gar nichts. Daß Paulus bei allem, was er tat, durch Offenbarungen geleitet wurde, sagt er selbst und ebenso Lukas oft genug. Im übrigen aber bestätigt seine Darstellung die des Lukas durchaus. Er erwähnt selbst, daß er mit Barnabas zusammen gegangen sei (ἀνέβην εἰς Ἱεροσόλυμα μετὰ Βαρνάβα), also, da Barnabas durchaus das Haupt der Mission und er lediglich sein Gehilfe war (act. 11, 25 und auf der ganzen ersten Missionsreise), in dessen Gefolgschaft. Die Offenbarung begründet nur seine Reise, nicht die des Barnabas (ἀνέβην δὲ κατὰ ἀποκάλυψιν, nicht etwa ἀνέβημεν); danach scheint es, daß er die Forderung erhoben hat, ihm als Begleiter beigeordnet zu werden, und sich dafür auf eine ihm gegebene Offenbarung berufen hat. Und wenn er den unbeschnittenen Heidenchristen Titus mitnahm (συμπαραλαβὼν καὶ Τίτον)[47], was kann das anders für einen Zweck gehabt haben, als daß er die Frage der Beschneidung in Jerusalem eben dadurch zur Entscheidung bringen will, genau wie der Verlauf es verwirklicht?

Andrerseits kann der Konflikt gar nicht in Jerusalem entstanden sein, wo es keine Heidenchristen gab, sondern nur in Antiochia, wie Lukas berichtet. Wie später bei der Mission des Paulus in Galatien und Korinth, und gewiß auch sonst, und wie einige Zeit nach der Verhandlung in Jerusalem Abgesandte des Jakobus (τινὲς ἀπὸ Ἰακώβου) nach Antiochia kommen und hier aufs neue gegen die Heidenchristen auftreten (Gal. 2, 13), sind auch damals Vertreter der Urgemeinde den Missionaren nachgezogen, um für die Aufrechterhaltung der reinen Lehre zu wirken. Das führt hier wie dort zu scharfen Auseinandersetzungen; die Entscheidung kann nur die höchste und letzte Autorität geben, die von dem Herrnbruder Jakobus und den Zwölf geleitete Gemeinde von Jerusalem.[48] Daß die Abgesandten wie unterwegs so auch in Jerusalem von den Erfolgen berichten, die Gott durch sie bewirkt hat, ist doch selbstverständlich; das ist ja die Grundlage und zugleich die Bestätigung ihrer Auffassung. Aber hier wie in Antiochia tritt ihnen die strengjüdische Partei entgegen. Als „eingeschlichene falsche Brüder" bezeichnet sie Paulus, „die sich als angebliche Aufsichtsorgane (‚Bischöfe') eingedrängt haben, um die Freiheit, die wir in Christus Jesus haben, auszuspionieren und uns zu knechten"[49] – dadurch wird Lukas' Bericht aber das Auftreten der „aus Judaea Gekommenen" in Antiochia direkt bestätigt. Lukas nennt die Gegner in Jerusalem Pharisaeer, die gläubig geworden sind, sachlich ganz zutreffend; aber gewählt hat er die Bezeichnung offenbar, um an die Ausfälle Jesu gegen die Pharisaeer zu erinnern.

Die Verhandlung in Jerusalem findet nach Lukas vor den Aposteln und Ältesten statt[50], in Übereinstimmung mit Paulus' Erzählung: „ich legte ihnen das Evangelium dar, das ich unter den Heiden verkünde, besonders aber den in Ansehen Stehenden (den Autoritäten)[51], daß ich nicht ins Leere laufe oder gelaufen bin" – d. h. daß Gott durch den Erfolg die Richtigkeit meines Standpunkts erwiesen hat. Ebenso berichtet Lukas 15, 12, daß „Barnabas und Paulus die Zeichen und Wunder darlegten, die Gott unter den Heiden durch sie getan hat". Aber im übrigen geht er auf die „lange Diskussion" beim Beginn der Verhandlungen (πολλῆς ζητήσεως γενομένης) nicht näher ein, sondern berichtet, seiner Tendenz gemäß, nur den versöhnenden Abschluß. Daß er hier einer Vorlage folgt, zeigt sich dadurch, daß Jakobus den Petrus nicht mit diesem Namen oder Kephas nennt, auch nicht Simon, wie Lukas (und die andern Evangelien) im ersten Buch, sondern mit korrekter Wiedergabe der hebraeischen Aussprache Simeon (Συμεών)[52]; er hat ihn offenbar schon früher gekannt, ehe Jesus ihm den Namen Kephas beilegte, und behält die ihm geläufige Form bei. Auch die Rede des Petrus zeigt durch ihre stilistischen Härten, daß sie nicht von Lukas selbst konzipiert ist.[53] Es ist sehr möglich, daß er seine Nachrichten dem Jakobus selbst verdankt, mit dem er ja im Jahre 59 in Berührung gekommen ist (act. 21, 18); dazu stimmt, daß Jakobus in der Rede, mit der er damals das Verhältnis zu Paulus regelt, auf das Aposteldekret verweist (21, 25).

In die Erbitterung des Streits gibt uns dagegen Paulus einen lebendigen Einblick. Mit leidenschaftlichster Erregung redet er noch jetzt von den „falschen Brüdern"; aber keinen Moment habe er ihnen nachgegeben, vielmehr eben darum die Beschneidung des Titus geweigert und das durchgesetzt. Die Art, wie er das berichtet, zeigt, daß er unter anderen Umständen, bei freundschaftlicher Verhandlung, vielleicht diese Konzession gemacht haben würde[54]; denn an sich sind ihm alle diese Formalien (wie

z. B. das Opferfleischessen) von untergeordneter Bedeutung, und er ist Politiker genug, um sich den Umständen zu fügen, so lange sie ihm nicht als unabweisliche Gebote des Glaubens entgegentreten. Es ist also völlig unbegründet, wenn man auf Grund dieser Äußerung bestreitet, daß Paulus später in Ikonion den Timotheus beschnitten hat (act. 16, 3).

Daß es mit den Autoritäten in Jerusalem zu einer Einigung gekommen ist, erkennt Paulus an; ihre Führer, Jakobus, Petrus und Johannes[55], haben ihm und Barnabas zur Bekräftigung die Hand gegeben. Den Verlauf dieser abschließenden Verhandlung erzählt Lukas. Petrus greift vermittelnd ein; er beruft sich auf die Vorgänge bei der Bekehrung des Cornelius, die bestätigen, daß, „wie ihr wißt, seit alten Tagen (d. h. in der Urzeit vor der Schöpfung, als er den sich jetzt verwirklichenden Heilsplan festsetzte) Gott unter euch die Auswahl getroffen hat, daß durch meinen Mund die Heiden das Wort des Evangeliums hören und glauben sollen. Was also versucht ihr Gott, daß ihr den Jüngern ein Joch auferlegen wollt, das weder unsere Väter noch wir selbst zu tragen stark genug waren? Vielmehr durch die Gnade des Herrn Jesus glauben wir gerettet zu werden in derselben Weise wie jene." Das sind Gedanken des Paulus, und Lukas mag die Färbung verstärkt haben; auch gehört die Bekehrung des Cornelius wahrscheinlich erst in spätere Zeit. Aber Paulus selbst bestätigt (Gal. 2, 11 ff.), daß Petrus wirklich, wenn auch mit halbem Herzen, auf dessen Standpunkt hinübergetreten ist.

Petrus Worte bewirken, daß Barnabas und Paulus für die Darlegung ihrer Erfolge Gehör finden. Darauf zieht Jakobus, als Vorsitzender der Gemeinde, das Ergebnis. Petrus' Auffassung wird durch das Wort des Amos 9, 11 ff. bestätigt. „Daher urteile ich (διὸ ἐγὼ κρίνω), wir wollen die, welche sich von den Heiden zu Gott wenden, nicht belästigen, sondern ihnen (nur) auferlegen, sich der Besudelung durch die Götzen, der Unzucht, des Erstickten und des Blutes zu enthalten. Denn Moses hat seit alters (ἐκ γενεῶν ἀρχαίων) Stadt für Stadt seine Verkünder in den Synagogen, wo er an jedem Sabbat verlesen wird." Dieser Satz ist vielfach für dunkel und verdächtig erklärt worden. Aber der Stil ist kein anderer als in der vorhergehenden Rede des Petrus und in der Rede des Jakobus 21, 20 ff., wo der Hinweis auf das Aposteldekret, der sachlich unentbehrlich ist, in derselben lockeren Weise angefügt ist; und der Sinn ist sehr einfach: für die Heiden müssen wir eine neue Bestimmung treffen, die sie von der Befolgung des Gesetzes entbindet; für die Christen aus den Juden dagegen bleibt dies nach wie vor in voller Kraft bestehn, aber eine Verfügung darüber ist unnötig, da sie ja das Gesetz an jedem Sabbat hören können[56]. Damit ist der Kompromiß deutlich ausgesprochen; eben darauf beruht es, daß nachher nicht nur Petrus, sondern auch Barnabas in Antiochia, als ihnen die Emissäre des Jakobus auf den Leib rücken, Gewissensbedenken empfinden und nicht weiter mit den Heiden zusammen essen wollen (Gal. 2, 11 ff.): sie fühlen sich, anders als Paulus, jetzt gerade durch den Beschluß gebunden, bei dessen Zustandekommen sie selbst mitgewirkt haben.

Der Beschluß wird dann in einem amtlichen Schreiben „den Brüdern in Antiochia, Syrien und Kilikien aus den Heiden" übermittelt".[57] Paulus und Barnabas werden beauftragt, das Dekret zu überbringen, und ihnen „zwei Männer in führender Stellung unter den Brüdern" mitgegeben, die zugleich Prophetengabe besitzen (v. 32), der sonst unbekannte Judas Barsabbas und Silas, der hier zuerst auftritt und sich dann ganz an Paulus angeschlossen hat.[58] In Antiochia wird die Entscheidung von der Gemeinde mit großer Freude aufgenommen.

Das Aposteldekret

Das Aposteldekret ist der Vorläufer der unzähligen Erlasse, mit denen die Kirche Glauben und Sitte geregelt hat; und schon hier tritt uns in nuce der Geist und der Stil entgegen, den dann die römische Kirche mit solcher Meisterschaft gehandhabt hat. In dem Satze, „der heilige Geist und wir haben beschlossen", ἔδοξεν τῷ πνεύματι τῷ ἁγίῳ καὶ ἡμῖν, der die übliche Formel der staatlichen Gemeindebeschlüsse ἔδοξεν τῇ βουλῇ καὶ τῷ δήμῳ mit geschickter Anpassung auf die Organisation der Kirche überträgt, die ja offiziell als „Volksversammlung" ἐκκλησία (hebraeisch קהל) betrachtet wird, wird mit aller Naivität der aus den Beratungen hervorgegangene Kompromiß, auf den man sich „einmütig" geeinigt hat (ἔδοξεν ἡμῖν γενομένοις ὁμοθυμαδόν, v. 25), als Wille und Offenbarung des in der Gemeinde wirkenden Geistes hingestellt[59]; dadurch wird er zugleich für die „gläubigen Gemüter mit dem Nimbus eines Wunders umgeben, das sich in ihr vollzogen hat und dem Beschluß göttliche Autorität verleiht.

In dem Erlaß[60] werden Barnabas und Paulus mit den üblichen salbungsvollen Lobsprüchen überschüttet: sie sind „unsere Lieben" (τοῖς ἀγαπητοῖς ἡμῶν), „Menschen, die ihr Leben für den Namen unseres Herrn Jesus Christus hingegeben haben". Die Emissäre nach Antiochia dagegen werden desavouiert: „Wir haben gehört, daß einige aus unserem Kreise (τινὲς ἐξ ἡμῶν) euch mit Reden (λόγοις, ‚Lehren') verwirrt und bedrängt haben, denen wir keinen Auftrag gegeben haben."[61]

Die Verfügung selbst lautet: „Der heilige Geist und wir haben beschlossen, euch keine weitere Last aufzuerlegen, als folgende unerläßlichen Gebote (πλὴν τούτων τῶν ἐπάναγκες): euch zu enthalten des Götzenopferfleisches, des Bluts, des Erstickten und der Unzucht. Wenn ihr euch davor bewahrt, wird es euch gut gehn."

Bekanntlich liegt der Wortlaut der Bestimmungen sowohl im Dekret selbst 15, 29 wie in der vorhergehenden Rede des Jakobus 15, 20 und in dem Verweis auf dasselbe in seiner Rede 21, 25 in den Handschriften in zwei stark voneinander abweichenden Fassungen vor.[62] In der Mehrzahl der maßgebenden Handschriften lautet er ἀπέχεσθαι εἰδωλοθύτων καὶ αἵματος καὶ πνικτῶν καὶ πορνείας[63], enthält also kultische Reinheitsgebote; αἷμα ist hier der Blutgenuß, der durch das Noah und damit der gesamten Menschheit Gen. 9, 4 auferlegte Gebot untersagt wird; durch πνικτόν „Ersticktes" wird er noch weiter spezialisiert, nicht nur Blut an sich, z. B. in Blutwürsten[64], sondern auch erwürgte und sonst ohne Ablassung des Bluts erstickte Tiere darf man nicht essen.[65] In dieser Gestalt hat z. B. Clemens Alexandrinus Paed. II 56 und Strom. IV 97 den Text gelesen. In der abendländischen Rezension dagegen, die in D, beim Syrer, bei vielen abendländischen Kirchenvätern von Irenaeos an (III 12, 14, p. 70 HARVEY) vorliegt, ist das Verbot in eine moralische Vorschrift umgewandelt. Das „Erstickte" ist gestrichen, das „Blut" wird als Blutvergießen gedeutet, und angehängt ist die sogenannte „goldene Regel": „was ihr nicht wollt, daß euch geschieht, tut andern nicht": ἀπέχεσθαι εἰδωλοθύτων[66] καὶ πορνείας καὶ ὅσα μὴ θέλετε ἑαυτοῖς γίνεσθαι, ἑτέροις μὴ ποιεῖν.[67]

Im Gegensatz zu RESCH und manchen anderen Beurteilern[68] scheint es mir evident, sowohl nach dem textkritischen Befunde wie aus sachlichen Gründen, daß diese Fassung eine jüngere Korrektur ist, die das älteste, von den Aposteln selbst stammende Dokument der Christenheit seines rituellen Charakters entkleiden, auf eine höhere Stufe heben will. Der erste Schritt dazu ist die Streichung des πνικτόν, der zweite die Zufügung der „goldenen Regel". Aber um allgemeine Moralvorschriften handelt es sich ja gar nicht, die waren schon in dem Evangelium, in den von den Missionaren verkündeten Lehren Jesu enthalten, sondern um die ganz konkrete Frage, wie die bekehrten Heiden sich zum mosaischen Gesetz stellen sollten. Die mehrfach erhobene Forderung, es müßte, wenn der Zusammenhang richtig wäre, in dem Lukas das Dekret bringt, ausdrücklich gesagt sein, daß die Heiden von der Verpflichtung zur Beschneidung entbunden werden, ist wenig überlegt: das gelangt ja nicht nur in der Desavouierung der „Unruhestifter" genügend zum Ausdruck, sondern ebenso darin, daß den Heidenchristen „keine weitere Last auferlegt", die Forderung der Beschneidung also nicht gestellt wird. Wie sollte man aber dazu kommen, ihnen „aufzuerlegen", daß sie kein Blut vergießen, keine Mordtat begehen dürfen? Das versteht sich doch ohnehin für jeden sittlichen Menschen, ob Juden, Christen oder Heiden, von selbst, und fällt im übrigen schon unter das Strafgesetz. Etwas ganz anderes ist es mit der πορνεία, dem freien geschlechtlichen Verkehr. Der ist in der Heidenwelt gang und gäbe, in weitem Umfang auch homosexuell, und wird vielfach gerade in den Heiligtümern geübt und vom Kultus gefordert – eine Profanation, gegen die die alten Propheten ständig eifern und die bei der Einführung des hellenistischen Kultus unter Antiochos Epiphanes den Juden (neben dem Zwang, Schweinefleisch zu essen – auch da sind beide Momente verbunden) als der schlimmste aller Greuel erschien.[69] Wie schwer es dem Christentum wurde, hier seine Auffassung durchzusetzen, und wie unvollkommen es allezeit nur gelungen ist, ist bekannt. So steht denn auch bei Paulus in seinen sittlichen Mahnungen diese Forderung durchweg an erster Stelle[70]; in den extremen Richtungen der Gnosis dagegen kommt die geschlechtliche Ungebundenheit sofort wieder zum Durchbruch.[71]

Aber steht nicht Paulus' Bericht im Galaterbrief im schroffsten Gegensatz zu Lukas' Darstellung und zeigt, daß er nichts vom Aposteldekret weiß und es niemals ergangen sein kann? „Die als Autoritäten Geltenden", so erzählt er, „haben mir nichts weiter auferlegt, ... sondern Jakobus, Kephas und Johannes, die als die Säulen angesehn werden, gaben mir und Barnabas die Rechte zur Gemeinschaft darauf: wir zu den Heiden, sie zu den Beschnittenen; nur daß wir der Armen gedenken sollten, wofür zu wirken ich mich denn auch bemüht habe." Das scheint in der Tat ein ganz andersartiges Abkommen vorauszusetzen. Indessen wir dürfen nicht vergessen, daß das ganze Absehn des Briefes darauf hinausgeht, den Galatern klar zu machen, daß er den Uraposteln völlig gleichberechtigt und selbständig gegenübersteht, daß er von ihnen nicht das mindeste gelernt hat, sondern seine Lehre ausschließlich der Offenbarung Jesu Christi verdankt, daß sie ihm daher auch nichts zu gebieten und erst recht nicht in sein Missionsgebiet hineinzureden haben.[72] Daher der geringschätzige Ton, den er durchweg gegen sie anschlägt. Da hat er gar keinen Grund, die Konzessionen zu erwähnen, die er ihnen gemacht hat. Es kommt hinzu, daß er diesen Bestimmungen im einzelnen sehr verschieden gegenübersteht. Daß er die πορνεία als schwere Sünde betrachtet, ist selbstverständlich; am liebsten würde er ja, wenn das praktisch durchführbar wäre, so wie später Markion und Tatian, die volle geschlechtliche Enthaltsamkeit verlangen. Das gleiche gilt vom Götzendienst, auf den einzugehn er in seinen Briefen kaum je Anlaß hat.[73] Aber ganz anders beurteilt er den Genuß von Opferfleisch. Das ist ihm an sich völlig gleichgültig, eben weil die Götterbilder (εἴδωλα) und die „sogenannten Götter", auch wenn sie wirklich als Mächte in der Welt existieren, doch in Wahrheit nichts sind.[74] Daher wird der Charakter des Fleisches auch nicht geändert, wenn es diesen geopfert wird, und so mag der Christ es ruhig essen.

Im ersten Korintherbrief geht Paulus ganz ausführlich auf diese Frage ein, drei ganze Kapitel hindurch (8–10), mit vielen Abschweifungen und Windungen der Gedanken; man sieht, es ist ihm, obwohl er sich selbst ganz klar ist, doch nicht leicht geworden, die für die damalige Lage passende, eine durchschlagende Wirkung versprechende Antwort auf die ihm von der Gemeinde vorgelegte Frage zu finden. Offenbar haben Petrus und die übrigen aus Jerusalem gekommenen Agenten, die in Korinth eingriffen und die Zerklüftung der Gemeinde herbeiführten, die Paulus beizulegen versucht, diesen Punkt betont und die Befolgung des Aposteldekrets verlangt. Dessen Realität wird so durch Paulus' Brief bestätigt; zugleich aber zeigt er, daß Paulus bisher, bei seiner Wirksamkeit in Korinth, auf diese Frage gar nicht eingegangen ist, sondern sie als völlig irrelevant betrachtet hat. Die Anhänger des Paulus wenden sich an diesen um eine autoritative Entscheidung; sie berufen sich darauf, daß sie, wie Paulus sie gelehrt hat, die Erkenntnis (γνῶσις) besitzen, die ihnen hierin Freiheit gibt. Paulus antwortet: „was das Opferfleisch betrifft, so weiß ich ja, daß wir alle Erkenntnis besitzen" (8, 1). Aber das genügt nicht, die Liebe (zu Gott und dem Nächsten, ἀγάπη) muß hinzukommen. Damit ist sogleich das Endergebnis angedeutet, die Frage in versöhnlichem Sinne zu behandeln. „Was nun den Genuß des Opferfleisches angeht", fährt er fort, „so wissen wir, daß es keine Götzen in der Welt gibt" – wenn auch, wie sogleich hinzugefügt wird, die Existenz dieser angeblichen Götter an sich nicht bestritten werden kann; aber sie sind für den Christen Gott gegenüber wesenlos geworden – „und keinen Gott außer einem".[75] „Aber nicht in allen ist die Erkenntnis vorhanden; sondern viele, die bisher mit dem Götzen in Verbindung standen, essen es als Opferfleisch, und so wird ihr Gewissen, das noch schwach ist, beschwert." An sich kommt auf das Essen gar nichts an, es entfernt uns weder von Gott, noch bringt es uns ihm näher; aber wir dürfen durch die Freiheit, die wir uns nehmen, den Schwachen keinen Anstoß geben. „Wenn einer dich, der du die (richtige) Erkenntnis hast, im Götzenhaus zu Tisch sitzen sieht", – an sich hat also Paulus selbst dagegen nichts, und offenbar ist diese Lebensgemeinschaft mit den Heiden damals in seiner Gemeinde noch ganz gewöhnlich gewesen – „wird dann nicht, wenn er schwach ist, sein Gewissen dahin geführt (wörtlich ‚auferbaut') werden, daß er das Opferfleisch (als wirkliches Opferfleisch) ißt"[76], d. h., daß die Teilnahme am Mahl für ihn eine Beteiligung am Götzenkultus wird und „der Schwache so an deiner Erkenntnis zugrunde geht". „Daher, wenn eine Speise meinem Bruder Anstoß erregt, werde ich wahrlich in Ewigkeit kein Fleisch essen, um meinem Bruder keinen Anstoß zu geben."

Und nun folgt, scheinbar ganz unvermittelt, ein leidenschaftlicher Erguß über sein Apostolat („bin ich nicht frei? bin ich nicht ein Apostel? habe ich nicht Jesus unsern Herrn gesehen? Seid ihr nicht mein Werk im Herrn?"), das ihm mitsamt den damit verbundenen Vorrechten bestritten wird.[77] Dem gegenüber beansprucht er für sich und Barnabas genau die gleichen Rechte „wie die übrigen Apostel und die Brüder des Herrn und Kephas". Das wird ganz breit dargelegt und weiter betont, daß er sich überall den Umständen angepaßt habe, den Juden ein Jude, den Gesetzesbefolgern, obwohl selbst nicht unter dem Gesetz stehend, ein ebensolcher, den Gesetzlosen, obwohl unter Christus' Gesetz stehend, ein Gesetzloser gewesen sei, um sie alle zu gewinnen. Aber in Wirklichkeit ist alles ein großer Zusammenhang: die Leute des Kephas – gegen den er daher hier fast in derselben Weise ausfällig wird wie im Galaterbrief – wollen (und können) ihn nicht als Apostel anerkennen, bekämpfen seine freie Lehre und nehmen seine Stellung zum Opferfleisch als den durchschlagendsten Grund für ihre Angriffe.[78] Nachdem er nachdrücklich seine gleichberechtigte und völlig souveräne Stellung begründet hat, folgt 10, 1 ff.

noch eine lange Ausführung über die symbolische Deutung des Zuges durch das Rote Meer und die Wüste, im Anschluß an die jüdische Tradition und ihre allegorische Auslegung.[79] Natürlich erzählt er das nicht, um den Korinthern ein exegetisches Kunststück rabbinischer Dialektik mitzuteilen, auf das er besonders stolz ist, sondern es soll, mit γάϱ eingeführt, sein Verhalten begründen, daß er bei all seinem erfolgreichen Ringen auf der Rennbahn und im Faustkampf „seinen Leib zerschlägt und knechtet, daß er nicht, während er andern predigt, selbst sein Ansehn verliert" – d. h. daß man ihm nicht vorwerfen dürfe: was er von andern verlange, befolge er selbst nicht. „Denn alle unsere Väter haben den Zug unter der Wolkensäule und durchs Meer mitgemacht und sind dadurch auf Moses getauft worden, und sie haben die geistige Speise (das Manna) und den geistigen Trank aus dem wandelnden Fels, der Christus ist, empfangen; aber an der Mehrzahl hatte Gott kein Gefallen"; sie verfielen in Sünde und wurden in der Wüste niedergestreckt. Das ist symbolisch zu verstehn, als Vorbild für uns. Macht es also nicht wie sie, treibt keinen Götzendienst, keine Unzucht, versucht den Herrn nicht und murrt nicht. „Also wer sich einbildet zu stehn, sehe sich vor, daß er nicht falle." Die Versuchung, die an uns herantritt, geht über das vom Menschen zu Leistende nicht hinaus; denn Gott ist treu, er wird euch nicht über eure Kraft hinaus versuchen lassen. Und damit kommt er endlich 10, 14 ff. auf das Ausgangsthema zurück, die Versuchung zum Götzendienst, die für die Schwachen, die man berücksichtigen muß, wenn man Opferfleisch essen will, zum Fallstrick werden kann. „Darum, meine Lieben, flieht vor dem Götzendienst. Ich rede zu euch als Leuten, die Verstand haben (ὡς φϱονίμοις λέγω); urteilt selbst, was ich sage" – d. h. durch die Darlegungen, die ich euch gegeben habe, werdet ihr für euer Verhalten zu demselben Ergebnis gelangen wie ich. Wie das Abendmahl Gemeinschaft mit dem Leibe des Christus, das jüdische Opfer Gemeinschaft mit dem Altar[80] schafft, so das Götzenopfer; „ich will aber nicht, daß ihr Genossen der Dämonen werdet ... ihr könnt nicht Teil haben am Tisch des Herrn und am Tisch der Dämonen. Oder wollen wir Gott eifersüchtig machen? sind wir etwa gar stärker als er?" Also die bisherige laxe Praxis der Teilnahme an Tempelschmäusen muß aufgegeben werden; das werden sie als verständige Leute selbst einsehn.

Das ist die Konzession, die Paulus jetzt macht. Aber im übrigen hält er an seinem alten Standpunkt fest. „Alles ist erlaubt" – also an sich ist die Sache gleichgültig –; „aber nicht alles ist nützlich; alles ist erlaubt, aber nicht alles erbaut.[81] Niemand suche das Seine, sondern das des andern. Eßt doch alles, was im Fleischerladen verkauft wird, und fragt nicht aus Gewissensbedenken; denn ‚des Herrn ist die Erde und was sie füllt' (Ps. 24, 1). Wenn euch einer der Ungläubigen einlädt und ihr hingehn wollt, eßt alles, was euch vorgesetzt wird[82], ohne aus Gewissensbedenken zu fragen. Sagt aber jemand zu euch: das ist Opferfleisch, so eßt nicht, wegen jenes, der darauf aufmerksam macht, und um des Gewissens willen – ich meine nicht das eigene Gewissen, sondern das des andern. Denn wozu soll ich meine Freiheit durch das Gewissen eines anderen richten (verurteilen) lassen." Der Schlußsatz: „Vermeidet jeden Anstoß bei Juden und Griechen und der Gemeinde Gottes, wie ich in allem Allen zu Gefallen bin und nicht meinen Vorteil suche, sondern den der vielen, damit sie gerettet werden; ahmt mich nach so wie ich Christus!" greift, indem er den Spaltungen gegenüber zur Eintracht mahnt, noch einmal auf die Ausführungen zurück, die Paulus über seine eigene freie Stellung gegeben hat.

Die Auffassung des Paulus ist bekanntlich nicht durchgedrungen; vielmehr ist die peinliche Vermeidung des Genusses von Opferfleisch unverbrüchliche Regel der orthodoxen Kirche geworden.[83] Dadurch wird ein tiefer Riß in den Verkehr zwischen Christen und Heiden hineingetragen, der sich tagtäglich noch empfindlicher bemerkbar macht als bei dem koscheren Essen der Juden, weil er oft genug durch die Familien und die nächsten persönlichen Beziehungen geht. Es wäre den Christen gar manche Verfolgung erspart geblieben, wenn die freiere Auffassung des Paulus sich durchgesetzt hätte.

Bei diesem Standpunkt ist es um so begreiflicher, daß Paulus in dem Brief an die Galater, wo er die volle Freiheit der pneumatischen Christen (6, 1) auf das energischste verficht, diesen Gegenstand überhaupt nicht berührt. Dagegen erwähnt er die übernommene Verpflichtung, für die Armen der Muttergemeinde zu sorgen. Das ist ein Abkommen, das bei Lukas nicht erwähnt wird. Denn es hat mit der Streitfrage, die zu den Verhandlungen geführt hat, nichts zu tun, und so war auch gar kein Anlaß, es in die Entscheidung, welche das Aposteldekret gibt, mit aufzunehmen. Gewiß hat die Gemeinde von Jerusalem ein Interesse daran, daß dadurch für sie gesorgt wird; aber noch weit größer war das Interesse des Paulus an dieser Bestimmung. Denn dadurch wird seine Verbindung mit der Mutterkirche gesichert, ohne die seine ganze Stellung und Wirksamkeit hinfällig würde. Er kann in der Heidenwelt als ihr Vertreter und Beauftragter auftreten, sie aber ist, trotz aller Gegensätze, durch ein materielles Interesse an ihn gefesselt. Gerade bei den letzten Verhandlungen mit Jakobus im Jahre 59 tritt das sehr deutlich hervor. So legt er durchweg das größte Gewicht auf die Aufbringung einer möglichst reichlichen Kollekte; und eben darum hat er, trotz klarer Einsicht in die ihm drohenden Gefahren, durchaus darauf bestanden, sie im Jahre 59 selbst zu überbringen, ehe er durch die Reise nach Rom an die letzte und größte Aufgabe ging, die er sich gestellt hatte.[84] Es ist nicht sowohl eine Konzession, die Paulus der Urgemeinde macht, als vielmehr ein für seine Stellung geradezu grundlegender Erfolg, den er, als geschickter Diplomat, dadurch erreicht hat.

Dafür, daß das Aposteldekret allgemein bekannt gewesen ist und als Anordnung der Kirche befolgt wurde, haben wir auch sonst Zeugnisse genug. Die Apokalypse macht nicht nur den Nikolaiten und ihren Gesinnungsgenossen in Pergamon und Thyatira den Vorwurf φαγεῖν εἰδωλόθυτα καὶ πορνεῦσαι (2, 14. 20) – das ließe sich allenfalls auch ohne Rücksicht auf das Dekret erklären –, sondern gibt gleich darauf 2, 24 eine Weisung an die orthodox Gebliebenen in einem direkt aus ihm übernommenen Wort: οὐ βάλλω ἐφ' ὑμᾶς ἄλλο βάρος[85] „ich lege euch keine andere Last auf; nur haltet fest, was ihr habt, bis ich komme", d. h. befolgt im Gegensatz zu diesen Abtrünnigen die Vorschriften des Aposteldekrets; darüber hinaus wird nichts von euch verlangt. Daß wie das Verbot des freien Geschlechtsverkehrs so das des Genusses von Opferfleisch sich allgemein durchgesetzt hat (abgesehn von extremen gnostischen Richtungen), haben wir schon gesehn. Aber ebenso wird das Verbot des Blutgenusses im Jahre 177 in Lyon als allgemein befolgt bezeugt[86], das gleiche, einschließlich des πνικτόν, bestätigt Tertullian von den Christen ganz allgemein.[87] Es ist schwer begreiflich, wie man, in dem Streben, das Aposteldekret aus der Welt zu schaffen oder ihm, der abendländischen Rezension gemäß, einen anderen Sinn zu geben, das für eine erst damals aufgekommene Vorschrift hat erklären können.

Die erste Missionsreise des Paulus und der Galaterbrief

Über die erste Missionsreise des Paulus, c. 13. 14, können wir uns kurz fassen. Daß Lukas sie falsch eingeordnet hat und sie in Wirklichkeit hinter das Apostelkonzil zu setzen ist, haben wir bereits gesehn. Paulus erscheint hier durchaus noch als Gehilfe des Barnabas, wie dort und wie vorher bei der Wirksamkeit in Antiochia (11, 25). Bald nachher, im Jahre 44 oder 45, werden sie die Reise angetreten haben. Motiviert wird sie natürlich durch eine Offenbarung des heiligen Geistes, die bei Gottesdienst und Fasten erfolgt; durch Fasten, Gebet und Handauflegung – gemeint ist wohl: von seiten der vorher genannten Propheten und Lehrer, der Oberhäupter der Gemeinde – werden sie für ihr Werk geweiht. Die Mission ist eben nicht von Menschen, sondern wie alles unmittelbar von dem in der Gemeinde wirkenden göttlichen Geist ausgegangen, die Menschen sind lediglich seine Werkzeuge.

Auf Zypern, dem Heimatland des Barnabas, begleitet sie Johannes Marcus, der wohl nach der Verfolgung des Petrus aus Jerusalem fortgegangen sein wird. Von Salamis bis Paphos durchziehn sie die ganze Insel; aber ihr Auftreten beschränkt sich nach 13, 5 auf die jüdischen Synagogen. Doch gelingt es dem Paulus, durch Bekämpfung des „Pseudopropheten und Zauberers" Elymas[88] den Proconsul Sergius Paulus[89] für den Glauben zu gewinnen. Im Zusammenhang damit führt Lukas für Saulus den Namen Paulus ein (13, 9 Σαῦλος δὲ ὁ καὶ Παῦλος), den er fortan allein gebraucht, ebenso wie dieser selbst. Daß er damit andeuten will, er habe dies Cognomen eben damals zu Ehren des Proconsuls angenommen, ist evident; daß das zutreffend ist, hat in eingehender Untersuchung DESSAU zu dem Grade von Sicherheit geführt, der in solchen Dingen überhaupt erreichbar ist.[90]

Als Barnabas und Paulus dann nach Kleinasien hinübergehn, verläßt Marcus sie und kehrt nach Jerusalem zurück; ihm mochte das weitere Hinausgreifen in die Heidenwelt doch bedenklich vorkommen. Den Bericht über die Vorfälle in Pisidien, Lykaonien und Pamphylien wird Lukas von dorther, etwa durch Timotheus, erhalten haben. Er ist durchaus anschaulich und unanstößig; über die Reden vgl. oben.

Nun ist freilich nicht nur vermutet, sondern als zweifellos hingestellt worden, daß die erste Missionsreise überhaupt aus Paulus' Leben zu streichen sei.[91] Seine Wirksamkeit in Pisidien und Isaurien c. 13, 13–14, 25 sei identisch mit der von Lukas am Anfang seiner zweiten Reise erwähnten 15, 40–16, 4, das Zerwürfnis mit Barnabas 15, 37 und die Szene Gal. 27, 11 ff. sei gleich nach dem Besuch in Jerusalem anzusetzen; so sei es zu einer gemeinsamen Reise beider überhaupt nicht gekommen, sondern Barnabas sei damals mit Marcus zusammen nach Zypern (15, 39), Paulus nach Lykaonien gegangen (16, 1); an der Mission auf Zypern 13, 4–12 sei er überhaupt nicht beteiligt gewesen, die Szene mit Elymas und Sergius Paulus sei eine auf ihn übertragene Erfindung der Legende.

Über eine derartige willkürliche Umgestaltung der Überlieferung läßt sich in den meisten Fällen nicht weiter diskutieren. Gewiß hätte die Entwicklung auch auf diesem oder auf hundert anderen Wegen, die man ersinnen mag, vor sich gehn können; aber die Aufgabe der Geschichte ist nun einmal, τὰ γενόμενα darzustellen, nicht οἷα ἂν γένοιτο. Indessen in diesem Falle besitzen wir noch ein Dokument, das eine Kontrolle ermöglicht, und das ist der Galaterbrief.

Bekanntlich ist die Frage, wo die Galater zu suchen sind, an die Paulus schreibt, seit einem Jahrhundert lebhaft umstritten. Zunächst wird ein jeder an die Kelten denken, die sich im dritten Jahrhundert inmitten der phrygischen Bevölkerung im Bereich der Städte Pessinus und Ankyra sowie östlich des Halys bei Tavium niedergelassen hatten und hier in ihrer alten Stammes- oder Clanorganisation den kriegerischen Adel bildeten. Aber daß dieses Volk, das trotz äußerer Hellenisierung noch jahrhundertelang seine keltische Sprache bewahrt hat[92], den Boden für eine Mission bilden konnte, in der rasch eine ganze Anzahl christlicher Gemeinden entstand (Gal. 1, 2 ταῖς ἐκκλησίαις τῆς Γαλατίας), ist höchst unwahrscheinlich. Natürlich könnte man auch an die phrygischen Untertanen denken; alsdann folgt aber, daß der Name jedenfalls nicht ethnographisch, sondern politisch zu verstehn ist.

Nun ist aber eine Missionstätigkeit des Paulus in diesem Gebiet in dem Bericht des Lukas über seine Reisen absolut nicht unterzubringen. Allerdings sagt er, daß Paulus auf seiner zweiten Reise „das phrygische und galatische Land" durchzogen habe, aber ohne sich hier aufzuhalten, weil der „Geist" ihn daran hindert; und ebenso zieht er zu Beginn der dritten Reise rasch „alle Jünger stärkend" durch das galatische und phrygische Land nach Ephesos. Daß überdies diese Route, wenn man dabei an Ankyra und Pessinus denkt, geographisch so gut wie unmöglich ist, haben wir schon gesehn; Lukas hat den Galaternamen offenbar nur um des Briefes willen eingesetzt, ohne sich klar zu machen, daß er dadurch für diesen eine Erklärung nicht gibt. Und nun kommt hinzu, daß im Gegensatz zu den meisten andern Gebieten alte Spuren des Christentums im eigentlichen Galatien nicht nachweisbar sind und wir auch später noch hier, abgesehn von Ankyra, nur sehr wenige christliche Gemeinden kennen[93]; von altchristlichen Legenden und Martyrien findet sich hier gar nichts, im schärfsten Gegensatz gegen ihr frühzeitiges Wuchern in den Landschaften am Taurus, Pisidien und Lykaonien, das uns in den Akten des Paulus und der Thekla bald nach der Mitte des zweiten Jahrhunderts so lebendig entgegentritt, und zu den zahlreichen Gemeinden und Bischofssitzen, die wir hier antreffen.[94]

Und nun haben eben diese Landschaften seit 36 v. Chr. politisch zu Galatien gehört, zunächst zum Königreich des Amyntas, dann seit dessen Tode 25 v. Chr. zur römischen Provinz. In der offiziellen Titulatur der Statthalter werden diese Landschaften allerdings neben Galatien aufgezählt; aber es ist nur natürlich, daß im gewöhnlichen Sprachgebrauch und bei den Historikern dieser Name für das gesamte Gebiet der Provinz gebräuchlich wurde. So ist es mir nicht zweifelhaft, daß die Ansicht allein zutreffend ist, daß die Galater des Paulus eben die zahlreichen von ihm in Lykaonien und Pisidien gegründeten Gemeinden sind, eine Ansicht, die vor allen der weitaus gründlichste Kenner dieser Gebiete, W. Ramsay, mit Nachdruck vertreten hat.[95] Dem entspricht es, daß Paulus auch sonst durchweg die Namen der römischen Provinzen, nicht die der einzelnen Landschaften, verwendet, so Asia, Achaia, Illyricum, und ebenso natürlich Macedonia, Syria und Cilicia[96], während letztere bei Lukas vorherrschen. Das empfahl sich in diesem Falle um so mehr, da er sonst in der Anrede eine ganze Reihe von Volksnamen und Ortschaften hätte aufzählen müssen. Eine weitere Bestätigung bietet, daß Paulus den Korinthern schreibt, sie sollten es mit der Kollekte für die Heiligen, d. i. die Muttergemeinde in Jerusalem, so halten, wie er es für die Gemeinden in Galatien geordnet habe (Kor. I 16, 1); da ist doch zu erwarten, daß er auf das Gebiet verweist, wo er zuerst mit großem Erfolg missioniert und daher auch diese Einrichtung getroffen und von dem er natürlich in Korinth wie in andern Städten erzählt hat, wenn er hier seine Arbeit begann.

Dazu kommt nun, daß den Galatern, an die er schreibt, Barnabas eine bekannte Gestalt ist. Nicht weniger als dreimal erwähnt Paulus ihn: daß er in seinem Gefolge nach Jerusalem gegangen ist (2, 1), daß die „Säulen" bei dem Pakt „mir und Barnabas" den Handschlag gegeben haben (2, 9), und vor allem, daß bei dem Konflikt in Antiochia „auch Barnabas durch die Heuchelei des Kephas und der übrigen Juden mit fortgerissen wurde". Das zu erwähnen hatte nur Sinn, wenn Barnabas für die „Galater" eine Autorität war, deren Ansehn Paulus hier entkräften will. Nun ist Barnabas im eigentlichen Galatien, falls Paulus dasselbe betreten hat, jedenfalls nicht mit ihm zusammen gewesen, wohl aber in Pisidien und Lykaonien. So wird der Bericht des Lukas über die erste Missionsreise durch diese Stelle vollauf bestätigt.[97] Die Möglichkeit, daß in den Mitteilungen, die er verwertet, die einzelnen Vorfälle nicht immer chronologisch richtig eingeordnet sind, bleibt natürlich dabei bestehn. So wäre es möglich, daß die Beschneidung des Timotheus, die Lukas infolge seiner irrtümlichen Ansetzung des Apostelkonzils zwischen beide Reisen in die zweite setzt, in Wirklichkeit schon in die erste, oder umgekehrt der schwere Konflikt in Lystra mit den jüdischen Emissären aus Antiochia Pisidia und Ikonion 14, 19 f., bei dem Paulus gesteinigt wird, in die zweite Reise gehört; er steht mit dem großen Erfolg, den Barnabas und Paulus unmittelbar vorher haben, wo die Lykaonen sie als Götter verehren wollen, in auffallendem Kontrast.[98]

Die Galater des Briefs sind früher Heiden und Götzendiener gewesen (4, 8). Das steht nicht im Widerspruch mit Lukas' Darstellung. Denn wenn auch bei ihm Barnabas und Paulus sich zunächst an die Juden wenden und er, wie überall, die Predigt an diese und die daraus erwachsenden Konflikte ausführlich schildert, so wenden sie sich doch auch hier alsdann an die Heiden und haben bei ihnen weithin Erfolg (13, 46 ff., 14, 1. 27); und wenn Paulus ihnen 16, 4 das Aposteldekret zur Nachachtung überbringt, so setzt das natürlich voraus, daß diese Gemeinden heidnischen Ursprungs waren.

Aber einen schweren Anstoß findet man darin, daß Paulus nach dem zweifellos zuverlässigen Bericht des Lukas den Timotheus eben in Lykaonien beschnitten hat, während er im Galaterbrief die Beschneidung der Heidenchristen leidenschaftlich beschimpft und ihnen sagt: „wenn ihr euch beschneiden laßt, kann euch Christus nichts nutzen" (5, 2). Darüber ist oben schon gesprochen. Es ist dabei nicht zu übersehn, daß Timotheus der Sohn einer Jüdin von einem heidnischen Vater war (act. 16, 1), das Judentum also auf ihn einen gegründeten Anspruch hatte. Daß Paulus da, in bedrängter Lage, wo er Gefahr laufen mußte, unter dem Drängen der orthodoxen Juden auch die eben gewonnenen jüdischen Gläubigen wieder zu verlieren, diese Konzession gemacht hat, die er von rein heidnischen Christen niemals verlangen würde, ist vollkommen begreiflich und stimmt ganz zu den Äußerungen des Paulus selbst über sein Verhalten Juden und Heiden gegenüber Kor. II 9, 19.[99]

Paulus erwähnt, daß, als er den Galatern das erste Mal das Evangelium brachte, er von einer häßlichen Krankheit befallen war[100]; „aber ihr habt euch durch die Versuchung, die mein Fleisch euch bot, nicht zu geringschätziger Verachtung verleiten lassen noch vor mir ausgespien; sondern wie einen Engel Gottes, wie Christus Jesus habt ihr mich aufgenommen"; „ihr hättet euch, wenn das möglich wäre, die Augen ausgerissen, um sie mir zu geben." Diese überschwengliche Schilderung, die bei Paulus nirgends sonst ihresgleichen hat, hat ihr Gegenstück in der Erzählung des Lukas 14, 7 ff. von der Aufnahme des Paulus und Barnabas in Lystra, als jener einen Lahmen geheilt hat. Wenn die heidnischen Lykaonen in den Wundertätern übermenschliche Wesen sahen, in Barnabas den Zeus, in Paulus „als dem Wortführer" den Hermes, so mußte sich das für diejenigen, die gläubig wurden, auf Grund der monotheistischen Lehre notwendig in Engel umsetzen. So wird Lukas' Bericht durch Paulus vollständig bestätigt. Daß die Mission überall reichen Erfolg hatte, berichtet auch Lukas durchweg (13, 49. 14, 1. 21. 22. 25 ff.), ebenso daß sie die Gemeinden organisierten und ihnen unter Fasten und Gebet Älteste bestellten (14, 22), in voller Übereinstimmung mit dem Galaterbrief und der weitern Entwicklung dieser Gebiete.

Als Paulus den Galaterbrief schrieb, hatte er die Gemeinden zweimal besucht.[101] Eine genauere Zeitbestimmung für seine Abfassung gibt der Brief nicht. Aber alles spricht dafür, daß er älter ist als der erste, zu Ende des Jahres 56 geschriebene Korintherbrief. Denn es ist doch das natürliche, daß die judaistische Gegenwirkung, die sich an seine Mission anheftete, in diesen zuerst bekehrten, an Syrien und Kilikien angrenzenden Gebieten alsbald nach dem Konflikt mit den Jakobusleuten und Petrus begonnen hat, und ebenso, daß sie in diesen Landschaften früher aufgetreten ist als in Korinth. Es kommt hinzu, daß der Galaterbrief die grundlegende Auseinandersetzung mit dem Problem enthält, während es im Korintherbrief nur neben vielen andern Fragen und in weit ruhigerer Fassung behandelt wird – hier im griechischen Mutterlande werden die Gegner selbst eingesehn haben, daß sie, anders als bei den Barbaren der Vorlande des Taurus, mit der Forderung der Beschneidung wenig Aussicht auf Wirkung haben konnten, und daher andere Angriffspunkte in den Vordergrund gestellt haben. So spricht alles dafür, den Galaterbrief in die zweite Reise des Paulus, noch in den Aufenthalt in Korinth, also ins Jahr 50 oder 51 zu setzen. Es ist recht wahrscheinlich, daß er sein Schreiben, das den Grundgedanken seiner Lehre so scharf formulierte, auch andern mitgeteilt und selbst für seine Verbreitung gesorgt hat. Über seine Tätigkeit in Galatien waren die Korinther ja genau unterrichtet (I 16, 1).

Somit ist der zweite Besuch der beim Beginn der zweiten Missionsreise act. 16, 1 ff. Paulus schreibt 4, 20, er wollte, er wäre jetzt bei ihnen. Dieser Wunsch hat sich einige Jahre später erfüllt; denn beim Beginn der dritten Reise hat er jedenfalls auch diese Gebiete wieder aufgesucht und „alle Jünger gefestigt" (act. 18, 23).

Zwischen die erste und die zweite Reise fällt der Konflikt in Antiochia; eben das hat den Anlaß geboten, daß Lukas das Apostelkonzil hierher setzt. Den von Paulus so lebendig geschilderten Konflikt mit Petrus übergeht er, seiner durchgehenden Tendenz entsprechend; für den Bruch mit Barnabas, der auch bei ihm zu einem heftigen Zusammenstoß führt (ἐγένετο δὲ παροξυσμός 15, 39), gibt er als Anlaß, daß Barnabas den Johannes Marcus wieder mitnehmen will, während Paulus von ihm nichts wissen will, weil er das vorige Mal, als sie von Zypern nach Pamphylien hinübergingen, „an der Arbeit nicht weiter teilgenommen", sondern sie verlassen hat. Bei Paulus dagegen ist der Grund, daß auch Barnabas sich durch Kephas und seine Genossen bestimmen läßt, die Tischgemeinschaft mit den Heidenchristen aufzugeben. Natürlich hat Lukas auch hier vertuscht; aber ein sachlicher Widerspruch liegt nicht vor, denn der Anlaß für die Trennung des Marcus ist offenbar der gleiche gewesen, daß er sich vor der Gemeinschaft mit den Heiden scheute. –

Paulus hat die zweite Reise im Jahre 48 (wenn nicht schon 47) angetreten. Für die erste Reise ergeben sich somit die Jahre 44–46, ein Zeitraum von etwa 2½–3 Jahren, wie es für die Tätigkeit auf Zypern und in Kleinasien notwendig erfordert wird. Dann blieben Barnabas und Paulus „nicht wenige Zeit" in Antiochia (act. 14, 28); darauf folgt der Konflikt. In die zweite Reise fällt der für seine weltgeschichtliche Wirkung grundlegende Entschluß, von einer schematischen weiteren Ausbreitung der Lehre in den nächstangrenzenden Gebieten Kleinasiens abzusehn und statt dessen weit über dieselben hinaus nach Makedonien und Griechenland zu gehn, ein Entschluß, der sich ihm in üblicher Weise zu Offenbarungen des Geistes und Visionen verdichtete.

Von einer andern, früheren Vision erzählt Paulas in dem im Jahre 58 geschriebenen zweiten Korintherbrief (12, 2 ff.): „Ich weiß von einem Menschen, der in Christus vor 14 Jahren – ob im Leibe, ob außer dem Leibe, weiß ich nicht, Gott weiß es – bis zum dritten Himmel hinaufgerissen ist. Und ich weiß, daß dieser Mensch – ob im Leibe oder getrennt vom Leibe, weiß ich nicht, Gott weiß es – ins Paradies gerissen ist und unsagbare Worte gehört hat, die kein Mensch aussprechen darf." Vorausgesetzt, daß seine Erinnerung für das Datum zuverlässig ist[102], führt das auf das Jahr 44/45 oder 45/46, also in den Beginn der ernsten Missionsreise oder etwa in die Zeit des Übergangs von Zypern nach Kleinasien. Die Art, wie Paulus davon spricht, zeigt, daß es für ihn ein grundlegendes Erlebnis gewesen ist nahezu von derselben Bedeutung wie die Erscheinung Jesu vor Damaskus. Da drängt sich die Vermutung auf, daß sein Entschluß, die Heidenmission im großen Stil zu beginnen und das ganze Römerreich für die Lehre vom Christus zu gewinnen, mit dieser Vision zusammenhängt: ihm mag der himmlische Lohn gezeigt sein, der ihm dafür bereitet ist. Daß sich ihm daneben der Auftrag zur Heidenmission schon mit der Erscheinung Jesu vor Damaskus verbindet[103], ist begreiflich genug; aber es ist nicht zu vergessen, daß, wenn er auch gewiß vorher schon viele Heiden in Kilikien und Antiochia bekehrt hat, er doch lange Jahre hindurch über diese Gebiete nicht hinausgegriffen hat und daß die Mission, die er im Jahre 44 beginnt, etwas ganz anderes ist, als seine bisherige Tätigkeit, und daß der Entschluß, sie in Angriff zu nehmen, bei seiner Geistesart eine vorhergehende Offenbarung mit Notwendigkeit erfordert.

Das Datum des Todes Jesu
(Nachtrag)

In der ZNTW. XXII 1923, 17 ff. hat CICHORIUS eine neue Deutung des von Lukas ev. 3, 1 gegebenen Datums aufgestellt: das Jahr, nach dem hier die Regierung des Tiberius gezählt wird, sei nicht das faktische, mit dem Tage des Regierungsantritts (also dem 19. August 14 n. Chr.) beginnende Regierungsjahr, sondern das bürgerliche (seleukidische) Jahr, nach dem in Syrien bis auf Nerva die Kaiserjahre gerechnet wurden, analog wie in Aegypten. Mit dem Neujahrstage, dem 1. Oktober, beginnt hier auch das neue Kaiserjahr, das zweite des Tiberius also bereits am 1. Oktober 14 u. Chr. Danach wäre das von Lukas genannte 15. Jahr des Tiberius = 1. Oktober 27 bis 30. September 28 n. Chr. Das ist in der Tat sehr möglich; dann hätte also Lukas das Datum in Syrien oder Judaea übernommen.

CICHORIUS sucht auf diese Weise die Angaben des Lukas, daß Jesus unter Herodes – daß damit der sog. „Große" gemeint ist, ist nicht zweifelhaft – geboren sei (1, 5) und daß er beim Auftreten des Johannes 30 Jahre alt gewesen sei, als geschichtlich zu retten; Jesus wird nach ihm unmittelbar vor Herodes' Tode (Frühjahr 4 v. Chr.) geboren. Indessen es ist nicht zu vergessen, daß die Altersangabe bei Lukas gar nicht auf Genauigkeit Anspruch macht (ὡσεὶ ἐτῶν τριάκοντα 3, 23) und daß ihr die Ansicht der kleinasiatischen Presbyter und des Johannesevangeliums gegenübersteht, wonach Jesus wesentlich älter war (Bd. I); in Wirklichkeit läßt sich für seine Geburt ein bestimmtes Datum in keiner Weise ermitteln.[104]

Nach dem Wortlaut bezieht sich das Datum auf das Auftreten des Täufers Johannes; aber möglich ist, daß es in Wirklichkeit vielmehr das Auftreten Jesu oder vielleicht seine Hinrichtung datieren sollte. Wenn diese Vermutung zutrifft und wir die Deutung von CICHORIUS annehmen, ergäbe sich für die Kreuzigung das Datum Ostern 28 n. Chr. Das ließe sich mit den Angaben des Paulus zur Not noch vereinigen; man könnte dann annehmen, daß er die beiden von ihm gegebenen Zahlen, 14 Jahre und 3 Jahre, etwas zu hoch gegriffen habe, und seine Bekehrung etwa ins Jahr 30 setzen. Indessen wirkliche Sicherheit ist mit dem uns vorliegenden Material natürlich nicht zu erreichen.

Die Anfänge des Christentums

VI
Die Gründung der Christengemeinde von Jerusalem

Die Erscheinungen des Auferstandenen in Galilaea

„Christus ist gestorben für unsere Sünden gemäß der Schrift und ist begraben, und er ist auferweckt am dritten Tage gemäß der Schrift, und ist dem Kephas und dann den Zwölf erschienen" – diese festformulierten Lehrsätze, die Paulus als ein Hauptstück des Evangeliums übernommen und weiter verkündet hat[1], bilden den Kern der „frohen Botschaft", des Evangeliums, mit dem die Missionare der Urgemeinde hinausgezogen sind in die Welt, um die Menschen zum Glauben an den Messias Jesus zu bekehren. Paulus hatte ihren Inhalt bereits kennen gelernt, als er die neue Sekte mit leidenschaftlichem Eifer verfolgte; die Erscheinung vor Damaskus hat ihm, in jähem Umschwung, die Überzeugung von ihrer Wahrheit gegeben. In der dreijährigen Lehrzeit in Damaskus (Gal. 1, 17) hat er dann die Grundlehren des Christentums und die Überlieferungen über „den Herrn" und seine Predigt in sich aufgenommen und sie während eines vierzehntägigen Besuchs bei Kephas und Jakobus in Jerusalem, den maßgebenden Autoritäten der Muttergemeinde, weiter ergänzt.[2] Daher fügt er, wo er den Korinthern seine Lehre vom Auferstandenen ins Gedächtnis ruft, neben anderen Erscheinungen als „letzte von allen" auch die ihm zuteil gewordene an. Das hat natürlich niemals zum Credo der Kirche gehört und bestätigt, daß diese Liste eine von Paulus angehängte Erweiterung der ursprünglichen Formel ist. Wohl aber gehört sie zur Lehre des Paulus, zu „meinem Evangelium", wie er im Römerbrief (2, 16) sich ausdrückt.

Die Lehrsätze über die Erscheinungen des auferstandenen Christus nebst der mit ihr untrennbar verbundenen Auffassung seines Todes sind weitaus das älteste Dokument, das wir von der christlichen Kirche besitzen. Sie sind unmittelbar aus ihrer Entstehung erwachsen und führen uns mitten hinein in die Entwicklung, durch die aus der Lehre Jesu von Nazaret das Christentum hervorgegangen ist.

Historisch brauchbare Nachrichten über den äußeren Verlauf dieser Entwicklung dürfen wir höchstens vereinzelt, über den inneren Hergang überhaupt nicht erwarten. Denn eben darin besteht ja ihr Wesen, daß das Ergebnis als göttliche Offenbarung erscheint, die aber die Beurteilung der Ereignisse die entscheidende, alle Zweifel ausschließende Gewißheit gewährt und sie daher nicht nur unter diese Auffassung zwingt, sondern auch sofort danach umgestaltet und die sich bildende Tradition maßgebend beherrscht und in raschem Fortschreiten immer weiter aus dem menschlichen Bereich in den übernatürlichen der göttlichen Betätigung hinausrückt. Der historischen Forschung ist damit die Aufgabe gestellt, aus den Ergebnissen, die greifbar vorliegen, den Entwicklungsprozeß zu rekonstruieren, der sie geschaffen hat.

Zwei fundamentale Tatsachen stehn am Anfang der Geschichte des Christentums. Die eine, daß im Gegensatz zu den galilaeischen Frauen, die in Jerusalem blieben und bei der Kreuzigung „von ferne zuschauten" (Marc. 15, 40), die Jünger Jesu, sein männliches Gefolge, und darunter die Zwölf, bei der Gefangennahme sämtlich geflohen sind (Marc. 14, 50 καὶ ἀφέντες αὐτὸν ἔφυγον πάντες), wenn auch einzelne, wie Petrus und wie der Jüngling, der dann, als man ihn festnehmen will, sein Gewand im Stich läßt (Marc. 14, 51 f.), nach anfänglichem Sträuben. An der Zuverlässigkeit dieser Überlieferung, die Marcus bewahrt und das Matthaeusevangelium aus ihm übernommen hat, ist um so weniger ein Zweifel möglich, da sie für die Jünger nichts weniger als rühmlich war. Die Gemeinde beruhigte sich damit, daß das Wort der Schrift (Zacharja 13, 7) sich erfüllen mußte und Jesus in der Nacht vor seiner Gefangennahme das vorausgesagt hatte, ebenso wie die Verleugnung des Petrus: „ihr alle werdet Anstoß nehmen" („an mir in dieser Nacht" setzt Matthaeus hinzu); „denn es steht geschrieben: ich werde den Hirten schlagen und die Schafe werden sich zerstreuen" (Marc. 14, 27 f.).[3] Erst Lukas hat diese Erzählung gestrichen und überhaupt die gesamte Überlieferung von Grund aus umgestaltet: bei ihm bleiben die „Elf" dauernd zusammen in Jerusalem.[4]

Die zweite Tatsache ist, daß die Gründung der Gemeinde von Jerusalem ausgegangen ist. Petrus und die Zwölf sind also hierher zurückgekehrt und haben das Werk des Meisters da wieder aufgenommen, wo er gleich bei seinem Beginn den Gegnern erlegen war.

Die Verbindung gibt die Verkündung, die Marcus an die angeführten Worte anschließt: „aber nach meiner Auferweckung werde ich euch nach Galilaea vorangehn." Damit ist ausgesprochen, daß die Jünger nach Galilaea gegangen sind und daß der Auferstandene ihnen hier, nicht etwa in Jerusalem, erschienen ist.[5] So wird das Wort denn auch von Marcus selbst in der Erzählung vom leeren Grabe verwendet und weiter gedeutet: der Jüngling in weißem Gewande, der hier sitzt, sagt zu den Frauen: „Seid nicht erschrocken; ihr sucht Jesus von Nazaret den Gekreuzigten; der ist auferweckt, er ist nicht hier; sieh da die Stelle, wo sie ihn hingelegt haben! Vielmehr geht und sagt seinen Jüngern und dem Petrus: er geht euch voraus nach Galilaea; dort werdet ihr ihn sehn, wie er euch gesagt hat." Der Zusatz: „dort werdet ihr mich sehn" fehlt 14, 28, gibt aber den Sinn der Verkündung richtig wieder und ist für die Weisung, die der himmlische Jüngling gibt, unentbehrlich. Das leere Grab beweist, daß die Verkündung sich jetzt erfüllt; denn Körper und Geist sind nach pharisaeischer[6] und christlicher Anschauung, im Gegensatz zur griechischen, untrennbar, die „Auferweckung" ist eine Wiederbelebung des Leichnams. Aber sichtbar wird der Auferstandene nicht in Jerusalem, sondern eben in Galilaea; dorthin ist er jetzt bereits seinen Jüngern vorausgegangen.[7] Die Erscheinung vor Petrus und den Zwölf, welche in der bei Paulus vorliegenden Formel die Grundlage des Auferstehungsglaubens bildet, hat Marcus nicht erzählt, sondern nur durch diesen Hinweis angedeutet; der Gläubige erfuhr von ihr eben durch diese Formel des Glaubensbekenntnisses. Matthaeus hat sie dann an den Bericht des Marcus angehängt, in ganz kurzer Fassung, die deutlich zeigt, daß eine Überlieferung über ihren Verlauf nicht vorlag, sondern der Verfasser lediglich die Erfüllung der Verheißung, die tatsächlich für den Gläubigen schon in der Verkündung bei Marcus enthalten ist, als wirklich erfolgt berichten will. Die Scheidung zwischen der Vision des Petrus und der der Zwölf, die die Formel bei Paulus festhält, ist bei ihm weggefallen; er kennt nur eine einzige Gesamterscheinung vor den Zwölf (oder vielmehr, wie er korrekt nachzählt, vor den „Elf"), die er in Galilaea „auf den Berg, wohin Jesus sie gewiesen hatte", verlegt – eine unbestimmte Lokalisierung, von der vorher weder bei ihm noch bei Marcus die Rede gewesen ist; er benutzt sie, um die Erhebung Jesu zum Weltregenten und den Auftrag zur Mission „an alle Völker" unter seiner ständigen Einwirkung daran anzuknüpfen. Bei Lukas dagegen hat sich, trotz der Verlegung aller Vorgänge nach Jerusalem, die Scheidung zwischen der ersten Erscheinung vor Petrus (24, 34) und der dann folgenden vor den Elf und ihren Genossen (24, 33. 36) noch erhalten.[8] Aber eine Überlieferung über den Verlauf liegt auch bei ihm nicht vor – die materialistische Ausgestaltung der Erscheinung vor der Gesamtheit kommt dafür nicht in Betracht.

So läßt sich mit voller Sicherheit sagen, daß die Kirche eine Tradition über den Verlauf der beiden grundlegenden Erscheinungen, vor Petrus und vor den Zwölf, überhaupt niemals besessen hat, am wenigsten in der lebendigen Anschaulichkeit, mit der die Verklärungsvision überliefert ist. Und doch bilden diese Erscheinungen das Fundament, auf das sie aufgebaut ist. Aber lediglich die Tatsache selbst hat sie in der festen Formulierung des Credo festgehalten, das Paulus uns bewahrt hat.[9] Nur in der Notiz bei Matthaeus 28, 17, daß auf dem Berge in Galilaea die Elf „ihn sahen und sich niederwarfen, einige aber zweifelten", hat sich vielleicht ein Rest des wirklichen Vorgangs erhalten. Denn damit ist gesagt, daß die Zwölf (oder „Elf") die Massenvision keineswegs alle wirklich erlebt haben, sondern nur die dafür psychisch Disponierten. Die übrigen haben selbst nichts gesehn und ihre Bedenken geäußert, sich dann aber, wie es in solchen Fällen immer geht, den visionär veranlagten Führern untergeordnet.[10]

Petrus und der Entschluß zur Kirchengründung

Die Katastrophe in Jerusalem, die nach dem ersten kühnen, verheißungsvollen Auftreten binnen wenigen Tagen so jäh vernichtend über Jesus hereinbrach, war für seine Jünger – und vielleicht auch für ihn selbst – ein völlig betäubender Schlag. Mochte er auch ausgesprochen haben, daß auch er dem

Schicksal aller Propheten nicht entgehn werde, so hatte man sich das Ende des Messias, dessen Einzug in seine Königsstadt man eben erst mit Jubelruf verkündet hatte, doch nicht in dieser Gestalt vorstellen können. Die Gegenwehr, an die sie gedacht hatten, erwies sich der Schar der Häscher gegenüber sofort als unmöglich, Jesus selbst hat sie verboten; so war ihres Bleibens nicht länger in der feindlichen Stadt, sie flüchteten in die Heimat zurück, von der sie mit so hohen, jetzt vollständig enttäuschten Erwartungen ausgezogen waren.

Aber hier traten andere Empfindungen wieder in den Vordergrund. Das Bild des Meisters stand lebendig vor ihren Augen, die zündenden Worte seiner Lehre, die sie gerufen hatten, Familie und Beruf im Stich zu lassen, um ihm zu folgen, lebten weiter in ihrem Herzen. Vor allem in Petrus gärten diese Gedanken. Er hatte nach der Gefangennahme versucht, in Jerusalem zu bleiben, die weitere Entwicklung abzuwarten, vielleicht in dem Glauben, daß Gott doch noch unmittelbar eingreifen müsse; aber in der Bedrängnis, in die er dadurch geriet, war ihm kein anderer Ausweg geblieben, als den Herrn zu verleugnen. Dieser Vorgang brannte um so tiefer auf seinem Gewissen, wenn, wie er erzählt hat, der Herr selbst, der seine Seele durchschaute, auch das vorausgesagt hatte.[11] Und doch war er der vertrauteste der Jünger gewesen, dem der Herr selbst den Namen Kêphâ „der Fels" beigelegt hatte; ihm zuerst hatte sich die Erkenntnis erschlossen, daß er wirklich der verheißene Messias sei, und der Herr hatte diesem Bekenntnis, das er lange ersehnt hatte, zugestimmt. Und dann, sechs Tage später, hatte er mit den Zebedaeussöhnen Jakobus und Johannes zusammen[12] ihn auf dem Berge in seiner Herrlichkeit geschaut, in verwandelter Gestalt und blendend weißem Gewande; Elias nebst Moses standen bei ihm und redeten mit ihm, und eine Wolke kam, aus der eine Stimme erscholl: „dies ist mein lieber Sohn, auf den hört!"[13] Konnte das alles jetzt vorbei und gegenstandslos, konnte die Hinrichtung in Jerusalem wirklich der letzte Abschluß sein?

Und nun hat Petrus den Herrn wirklich wiedergesehn; er ist ihm leibhaft erschienen. Damit gewann er die innere Gewißheit, daß er wieder lebendig sei und weiterwirke. Also hatte Gott schließlich doch noch eingegriffen und ihn zu voller Herrlichkeit auferweckt; sein Werk war noch nicht abgeschlossen, die Katastrophe in Jerusalem nicht das Ende, sondern vielmehr der Beginn der Aufrichtung des messianischen Reichs. Über das Schicksal, das er auf Erden erlitten, half man sich hinweg durch eifriges Grübeln über der Schrift: es war verkündet, daß auch der Messias verfolgt werden und den Tod erleiden müsse, und das Wort der Schrift mußte erfüllt werden. Aber dieselbe Schrift verkündete auch, daß der Messias, der „Heilige Gottes", nicht in der Unterwelt bleiben, noch der Vernichtung anheimfallen, sondern zur Rechten Gottes thronen werde.[14] So ist jetzt auch die Erfüllung der Verkündung Daniels als unmittelbar bevorstehend zu erwarten; binnen kürzester Frist wird der auferweckte „Menschensohn", der gesalbte König und „Herr" Israels in den Wolken erscheinen zum Weltgericht[15], und damit zugleich die neue Welt, das ewige Gottesreich aufrichten.

Um derartige Gedanken haben die Jünger sich zusammengefunden, und in eifrigem Nachforschen in der Schrift sich darin bestärkt. Damit war aber den „Zwölf", die der Herr als die Vertreter Israels und seine Oberhäupter („Richter") im messianischen Reich eingesetzt hatte, zugleich die Aufgabe gestellt, diese Erkenntnis der Welt zu verkünden, den Ruf zur Umkehr und zum Glauben an den Messias Jesus an das Volk Gottes ergehn zu lassen, ehe das Weltgericht hereinbrach, das Werk des Meisters da wiederaufzunehmen, wo dieser es hatte fallen lassen. Daß das nur von Jerusalem aus geschehn konnte, war für sie eben so selbstverständlich, wie es für diesen selbst gewesen war von dem Momente an, wo er bei seinen Jüngern seine Anerkennung als der Messias erreicht hatte. Eine zweite Erscheinung des Auferstandenen in ihrer Mitte[16] gab die weitere Bestätigung. So sind die „Zwölf"[17] nach Jerusalem gezogen, um inmitten der feindlichen Stadt die Predigt der frohen Botschaft vom auferstandenen Messias zu beginnen und die Gemeinde der Gläubigen zu gründen. Mit der Lehre Jesu verbindet sich dadurch, als das Hauptstück der Predigt, die Lehre vom Messias Jesus, dem Weltregenten und Weltrichter; damit ist das Christentum begründet.

Es ist etwas ganz Gewaltiges, daß diese einfachen Männer aus den untersten Schichten des Volkes, aufgewachsen in einem abgelegenen Winkel der Welt, nur erfüllt von den religiösen Idealen des Judentums, längst gewohnt, über den unklaren Verkündungen der Schrift zu grübeln, für die ihnen die im Pharisaeertum verkörperte Auffassung die Richtschnur gab, dann gepackt durch eine überlegene Persönlichkeit aus ihrem Kreise und durch sie herausgerissen aus den Geleisen des Alltagslebens und mit religiösem Enthusiasmus, mit dem Glauben an die Erfüllung der Verheißungen in dem durch ihn einziehenden Gottesreiche erfüllt, jetzt, wo nach menschlichem Ermessen alles zusammengebrochen schien, die Kraft in sich empfanden, diesen Schritt zu tun und so die Verzweiflung, die sie ergriffen hatte, unmittelbar umzusetzen in den Jubel über die eben in dieser scheinbaren Vernichtung vollzogene Erfüllung. Gerade weil die Juden ihn, wie die Schrift vorausverkündet hat, verworfen, weil sie den Menschen Jesus zur Hinrichtung geführt haben, ist er, der schimpflich Gekreuzigte, der Eckstein des neuen Gottesbaus, der fortan die Welt regierende Messias; er ist der „Sohn Gottes" und der „Herr", von dem David im 110. Psalm als zur Rechten Gottes sitzend geredet hat – ein Wort, das Jesus selbst auf den Messias gedeutet und für sich in Anspruch genommen hat.[18] Nur der Glaube an ihn vermag die Erlösung von der Sündenlast und den Eintritt in das kommende Gottesreich zu gewähren. Die Möglichkeit dazu bot die allgemeine religiöse Atmosphäre der Zeit, die wir kennen gelernt haben. Die zahlreichen Propheten und Wundertäter, die neu emporschießenden Sekten sind parallele Erscheinungen. Aber die Tat der Zwölf geht weit über das alles hinaus: sie verkünden nicht die Verheißung, sondern die Erfüllung, und ihr Führer ist nicht ein lebender Prophet, sondern nach der Anschauung des Volkes, unter das sie hinaustreten, ein als revolutionärer Gotteslästerer dem schmählichsten Tode überlieferter Verbrecher.

So tritt die überwältigende Wucht der Persönlichkeit Jesu, der unauslöschliche Eindruck seines Wesens ganz greifbar zutage. Er erfüllt seine Umgebung über seinen Tod hinaus und gerade durch ihn erst recht mit schöpferischer Kraft. Das hebt die Gründung der Jesusgemeinde weit über alle ähnlichen Vorgänge hinaus und befähigt sie zu einer Wirkung ohnegleichen in der Weltgeschichte. Der einzige Hergang, der sich wirklich dem zur Seite stellen läßt, ist die Wirkung des Sokrates und die Entstehung der sokratischen Schulen. So verschiedenartig, ja diametral entgegengesetzt die Voraussetzung, die Anschauungswelt und die Ziele sind, so beruht doch in beiden Fällen die volle Wirkung erst auf dem Märtyrertod für die eigene Überzeugung und dem unüberbrückbaren Gegensatz, der dadurch zwischen ihren Gedanken und den in den Massen herrschenden Vorstellungen geschaffen ist, und der Kampf um ihre Lehre ist zugleich und vor allem ein Kampf um die Wirkung ihrer Persönlichkeit.[19] Im letzten Grunde handelt es sich denn auch in beiden Fällen um die höchsten Probleme, die den Menschen überhaupt gestellt sind. Von beiden Persönlichkeiten werden sie, von jedem in ganz anderer Weise, in ihrer vollen Wucht ergriffen und verkörpert, und so werden sie vorbildlich für alle weitere Entwicklung. Denn darin bestehn ja die Höhepunkte des geschichtlichen Lebens, auf dem geistigen so gut wie auf dem politischen Gebiet, daß auf ihnen die großen Aufgaben sich zusammenfassen in überragenden Persönlichkeiten und durch sie die Gestalt erhalten, welche den gesamten weiteren Verlauf maßgebend bestimmt, so daß in ihnen das Individuelle und das Allgemeine zu untrennbarer Einheit verschmilzt. Auf dem Zusammenströmen der Entwicklungsreihen, die an Sokrates und an Jesus anknüpfen, teils gegensätzlich, teils sich verbindend, beruht im letzten Grunde die gesamte weitere Entwicklung des geistigen Lebens der abendländischen Menschheit.

Die Anfänge der Gemeinde von Jerusalem. Petrus und der Herrenbruder Jakobus

Über die äußeren Hergänge, unter denen sich die Gründung der Gemeinde in Jerusalem vollzogen hat, besitzen wir weder weitere Kunde, noch dürfen wir sie erwarten; die Tradition konnte das alles nur als göttliche Wirkung auffassen, neben der das menschliche Tun in nichts versank. Das Eingreifen übernatürlicher Kräfte war mit dem Auftreten Jesu von Anfang an verbunden und selbstverständlich; in zahlreichen Wundern, Dämonenaustreibungen und Heilungen hatte es sich betätigt. Die Vision der Verklärung war die Gegenwirkung, welche die Persönlichkeit Jesu und die Erkenntnis, daß er der Messias sei, in Petrus ausgelöst hatte; und auf ihr wieder beruhn die Erscheinungen des Auferweckten und damit das Christentum überhaupt. Die Erregung, die dadurch geschaffen ist, führt zu weiterer Steigerung dieser Wirkungen. Man fehlt das Wehen des „Geistes", der göttlichen Inspiration, die aus den Propheten gesprochen hat und die jetzt auch die Jünger erfaßt hat, so daß sie den Auferstandenen schauen und die Wahrheit erkennen können. Da fehlt es auch nicht an Wunderkuren und an Visionen aller Art; wie die alten Propheten Israels schaut und redet man Dinge, die weit über das normale Menschenmaß hinausgehn. Gerade bei Massenerregungen sind solche Vorgänge ganz gewöhnlich; sie greifen ansteckend von einem zum andern über, die natürliche, sinnliche und die überirdische Welt, die für Menschen dieser Geistesart überhaupt niemals scharf getrennt sind, fließen vollends ineinander. Wie sie bei der Gründung neuer Gemeinden in der ersten Zeit der Mission regelmäßig eingetreten sind, können sie auch bei der ersten nicht gefehlt haben. In späteren Zeiten kehren sie bei ähnlichen Erregungen immer wieder, sowohl in der katholischen, wie besonders bezeichnend in der angelsächsischen Welt, hier allerdings überall in Anlehnung an das Vorbild der ältesten Christenheit; aber der Kulturwelt des Orients sind sie überhaupt niemals fremd gewesen.[20] Nur trägt, dem Bildungsniveau der ersten Christen und dem damaligen Charakter des Judentums mit seiner Dämonologie und dem immer weiter um sich greifenden Aberglauben und Zauberwesen entsprechend, hier alles einen weit primitiveren Charakter als etwa bei den großen Propheten Israels; eher kann man die ursprünglichen nebî'îm, die wilden Prophetenscharen der alten Zeit mit ihren unberechenbaren Handlungen und Äußerungen zum Vergleich heranziehn. Die charakteristische Manifestation ist das Ausstoßen unverständlicher Laute, das „Zungenreden". Der Glaube, daß darin der „heilige Geist" unmittelbar spricht, ist ganz allgemein; daher werden diese Laute dann von anderen, dazu Befähigten ausgelegt – beides gehört, wie Paulus bezeugt, immer zusammen.

Die Legende, die Lukas bewahrt, hat in einer Zeit, als die ursprüngliche Erregung wenigstens in der Gemeinde von Jerusalem längst geschwunden war und einer nüchterneren Auffassung Platz gemacht hatte, daraus die Erzählung vom Pfingstwunder gemacht und dabei die schon unverständlich gewordenen Vorgänge gründlich umgedeutet. Aber wenigstens die Vorstellung hat sich auch in ihr noch erhalten, daß die Manifestation des Geistes mit der Kirchengründung untrennbar zusammengehört und daß dieser „Geist" das unverlierbare Eigentum der Gemeinde und jedes ihrer Mitglieder ist, und daß darin Gott oder der von ihm als sein Sohn eingesetzte Weltregent der Gemeinde seine Kraft verleiht[21] und sie unmittelbar und dauernd leitet. Eine wesentlich ältere Überlieferung über dasselbe Ereignis bewahrt der Satz, den Paulus Kor. I 15 der Formel über die grundlegenden Erscheinungen hinzugefügt hat: „darauf wurde er von mehr als fünfhundert Brüdern auf einmal gesehn, von denen die Mehrzahl noch jetzt lebt, einige aber sind bereits entschlafen." Das kann nur ein Niederschlag der Kirchengründung in Jerusalem sein, nur hier konnte sich eine solche Zahl zu einem einheitlichen Erlebnis zusammenfinden.[22] Zu dem Akt der Kirchengründung müssen sich die Zwölf und der Anhang, der sich ihnen aus Galilaea angeschlossen haben wird[23], mit den in Jerusalem gebliebenen oder hier gewonnenen Anhängern Jesu – darunter den galilaeischen Frauen und ebenso Joseph von Arimathia u. a. – zusammengefunden haben; außerdem aber werden die Zwölf damals ihre Werbetätigkeit schon begonnen haben.[24] Daß die Erregung des Moments Visionen erzeugt hat, die sich dann in der Tradition zu einer Massenerscheinung verdichteten, ist begreiflich genug. Es wird Leute genug gegeben haben, die sich rühmten, damals den Herrn gesehn zu haben; davon hat Paulus, der manche von ihnen bei seinen Besuchen in Jerusalem kennen gelernt haben mag, die Kunde bewahrt.

Zu denen, die sich der Gemeinde angeschlossen haben, ist nun auch die Familie Jesu hinzugetreten. Nach den Berichten über ihr Verhalten und speziell über das seiner Mutter zu seinen Lebzeiten ist das sehr überraschend. Genaueres darüber erfahren wir nicht; denn die Notiz des Lukas act. 1, 14[25], daß nach der Auferstehung, in der Zeit, da die Zwölf die Erfüllung der Verheißung in ständigem Gebet abwartend, außer Weibern auch Jesu Mutter Maria und seine Brüder bei ihnen waren, konstatiert nur die Tatsache. Aber in der Folgezeit erscheint Jakobus, der älteste der Brüder, durchweg als das Oberhaupt der Gemeinde und hat den Vorrang auch vor Petrus; die Späteren betrachten ihn daher als den ersten Bischof von Jerusalem.[26] Neben Petrus tritt Johannes in den Vordergrund (sein Bruder Jakobus wird dagegen nur noch bei seiner Hinrichtung durch Agrippa im Jahre 44 erwähnt); Jakobus, Petrus und Johannes gelten als die „Säulen"[27], auf die die Gemeinde aufgebaut ist, bei dem sogenannten Apostelkonzil ist Jakobus der Leiter der Verhandlungen, nach Petrus' Fortgang aus Jerusalem ist er vollends der Leiter der Gemeinde bis zu seinem Märtyrertode im Jahre 62. Wie er zu dieser Stellung gekommen ist, darüber erfahren wir nichts. Lukas nennt den Johannes in den Anfängen der Gemeinde durchweg neben Petrus, wenn er auch bei ihm nur eine Statistenrolle spielt[28]; den Jakobus dagegen ignoriert er vollständig; selbst da, wo er im Evangelium 8, 19, die Brüder Jesu erwähnt, hat er ihre Namen nicht genannt[29], und ebensowenig act. 1, 14. So ist der Leser völlig unorientiert, wie dann Jakobus act. 12, 17. 15, 13. 21, 18 plötzlich auftaucht; nicht einmal, daß dieser Jakobus der Bruder Jesu ist, wird ihm mitgeteilt, und wenn wir das nicht durch den Galaterbrief erführen, würden wir völlig im Dunkeln tappen. Offenbar hat Lukas – der ihn ja, als er mit Paulus nach Jerusalem kam, persönlich kennen gelernt hat – ihn als geschichtlich völlig gleichgültig betrachtet und daher nur da erwähnt, wo der Verlauf der Ereignisse das unvermeidlich machte.[30] Dabei hat gewiß der innere Gegensatz zwischen Paulus und der Gemeinde von Jerusalem mitgewirkt, den Lukas zwar nach Möglichkeit vertuscht, aber doch nicht völlig wegwischen kann und den er natürlich selbst sehr wohl empfunden hat; aber daneben mag darin noch ein Konflikt oder wenigstens eine Spannung durchschimmern, welche in der Urgemeinde wirksam gewesen ist.

Es ist für die Anfänge des Christentums ungemein bezeichnend, daß auch hier, wie im Islâm und bei den Mormonen, nach dem Tode des Propheten sogleich ein dynastisches Moment hervortritt, das sich durchsetzen will. Die göttliche Erwählung, die ihn hoch über alle anderen Menschen emporhebt, schlägt sogleich, ganz gegen seine eigene Auffassung (Marc. 3, 33 ff., vgl. 6, 4), auf seine Familie über; auch seine Brüder gelten als des göttlichen Samens teilhaftig und treten selbst mit diesem Anspruch hervor. Es ist dieselbe mythisch-mystische Tendenz, die zur Ausmalung seiner übernatürlichen Geburt und dann weiter zum Marienkult geführt hat.[31] Daß die Brüder schon zu Lebzeiten Jesu gläubig geworden sind, ist höchst unwahrscheinlich, sonst würden wir wohl davon hören[32]; an dem Zuge nach Jerusalem haben sie jedenfalls nicht teilgenommen, und bei der Passion sind sie nicht zugegen gewesen. Dann aber muß die Verkündung der Auferstehung und die Gründung der Gemeinde auf sie eingewirkt haben; und so hat sich der älteste der Brüder, Jakobus, ihr angeschlossen[33] und ist mit dem Anspruch auf eine führende Stellung hervorgetreten, und dieser Anspruch ist, anders als in den Anfängen des Islâms und bei den Mormonen, anerkannt worden.

In den Zusätzen, die Paulus Kor. I 15 an die ursprüngliche Formel über die Auferstehung angehängt hat, steht zwischen der Massenerscheinung vor über 500 Brüdern und der letzten und abschließenden vor Paulus der Satz: „darauf erschien er dem Jakobus, dann allen Aposteln". Daraus erfahren wir, daß auch von Jakobus eine Vision erzählt wurde, mag sie von ihm nun wirklich erlebt oder ihm nur von seinen Anhängern zur Bekräftigung seiner Stellung zugeschrieben sein. Weiter hat HARNACK mit Recht darauf hingewiesen[34], daß dieser Satz ἔπειτα ὤφθη Ἰακώβῳ, εἶτα τοῖς ἀποστόλοις πᾶσιν dem Satze des Credo ὅτι ὤφθη Κηφᾷ, εἶτα τοῖς δώδεκα völlig parallel gebaut ist, formell wie inhaltlich: in beiden Fällen erfolgt erst die Vision des Oberhauptes, dann tritt bestätigend die des ganzen Kreises hinzu, an dessen Spitze sie stehn, hier die „Zwölf", dort „alle Apostel". Paulus hat beide Formeln miteinander verbunden, wie er denn bei seinem ersten Besuch in Jerusalem, als er sich weiter authentisch informieren wollte, sowohl den Petrus wie den Jakobus aufgesucht hat; aber ursprünglich sind sie als konkurrierend gedacht, die Jakobusformel soll die ältere, von der Kirche, zum mindesten von der Mission in der Diaspora und den heidnischen Ländern, offiziell angenommene Fassung durch eine andere verdrängen, Petrus durch Jakobus ersetzen. Das läßt auf starke Gegensätze innerhalb der Urgemeinde schließen, die nur mit Mühe offiziell überbrückt sind. Das hat noch lange weitergewuchert, ja hat sich neu gesteigert, als seit Petrus' Fortgang im Jahre 44 die Gemeinde von Jerusalem völlig unter die Leitung des Jakobus kam und damit von der Weiterentwicklung des Christentums draußen in der Welt immer weiter abrückte. Das Matthaeusevangelium, das von den Anschauungen des Judenchristentums beherrscht ist, hat zwar das petrinische Marcusevangelium in allem Wesentlichen in sich aufgenommen und erkennt den Petrus auf Grund seines Bekenntnisses als den Fels an, auf den Jesus seine Kirche bauen will (Bd. I), streicht aber die Erscheinung vor Petrus, also die grundlegende Offenbarung des Auferstandenen[35], und berichtet nur die Gesamterscheinung vor den „Elf": „dieser Tatbestand", sagt HARNACK mit Recht, „läßt meines Erachtens keine andere Deutung zu als die, daß der palaestinensische Verfasser des Evangeliums zwischen den Petrus- und den Jakobusleuten dadurch vermitteln wollte, daß er ihre Ansprüche einfach unterdrückte". Viel weiter ist dann die streng judenchristliche Überarbeitung des Matthaeus, das Hebraeerevangelium, gegangen. Hier ist Jakobus schon bei Lebzeiten Jesu gläubig; beim Abendmahl war er zugegen und hat nach dem Trunke des Kelchs geschworen, er werde kein Brot wieder essen, ehe er den Herrn auferstanden gesehn habe; und so begibt sich Jesus nach der Auferstehung zu ihm, bricht das Brot und gibt es ihm zu essen. Dann folgte eine Szene, wo er „zu denen um Petrus ging" und sich von ihnen betasten ließ.[36] Hier haben wir also, wenn auch aus viel späterer Zeit, inhaltlich genau die Erzählung, weiche die Angabe des Paulus voraussetzt: eine Erscheinung zuerst vor Jakobus, dann vor allen Aposteln, während die Sonderstellung des Petrus und seiner Vision beseitigt sind.[37]

Durch das dynastische Element ist in die Anfänge des Christentums ein fremder Zug hineingekommen, der die Entwicklung gehemmt und getrübt hat. Die Ehrlichkeit seiner Überzeugung, für die er den Tod erlitten hat, kann Jakobus nicht bestritten werden. An die Auferstehung hat er geglaubt; aber sowohl der Lehre wie der Person Jesu stand er viel ferner als Petrus und die Seinen, die echten Jünger des Herrn. Er ist zeitlebens ein gesetzestreuer Jude geblieben; die neuen tiefen Gedanken, die sein Bruder verkündet hatte, blieben ihm unverständlich und konnten in seiner Seele nicht keimen. Nur in diesem Sinne hat er in die Weltmission, deren Zulässigkeit er offiziell anerkennen mußte, hineingegriffen; die Gemeinde von Jerusalem aber hat sich, je mehr ihm die Leitung zufiel, um so mehr von dieser ganzen lebensvollen Entwicklung zurückgezogen und ist zu einer jüdischen Sekte verknöchert. So konnte die Gemeinde zwar anwachsen und die Duldung wenigstens von seiten der Pharisaeer erreichen, ja „die anständigsten und die gewissenhaftesten Beobachter des Gesetzes"[38] haben seine Hinrichtung durch den saddukaeischen Hohenpriester verurteilt und ihn geradezu als einen Märtyrer betrachtet; aber eine Weltwirkung konnte eben darum von dieser Gestaltung nicht mehr ausgehn, die judenchristliche Gemeinde sinkt in volle Unbedeutendheit hinab.[39]

Ganz anders ist die Stellung, die Petrus eingenommen hat. Ein bahnbrechender Genius wie Paulus ist er nicht gewesen; aber sehr mit Unrecht wird er vielfach, mit ganz einseitigem Nachsprechen der Vorwürfe, die Paulus gegen ihn erhebt, geringschätzig behandelt und seine welthistorische Bedeutung völlig verkannt. Da stellt man an ihn Anforderungen, die niemand gegen ihn erheben dürfte. In Wirklichkeit ist es ganz erstaunlich, was dieser Fischer aus Kapernaum geleistet hat. Seine Schwächen liegen offenkundig zutage; aber er hat sie nie verhehlt, vielmehr seine Verleugnung des Herrn und ebenso die schroffe Zurechtweisung, die er von ihm nach dem Messiasbekenntnis erhielt, ganz offen und ehrlich erzählt und dadurch in der Überlieferung erhalten. Gerade durch diese Züge tritt er uns menschlich nahe, viel mehr als Paulus, dessen diplomatische Ader ihm vollständig abgeht, und muß Zuneigung und Achtung gewinnen.[40] Die Probleme, vor die er sich gestellt sah, gingen an sich meist weit über seinen Horizont; aber er hat ernsthaft mit ihnen gerungen und sie zu fassen versucht, und so ist er, trotz mancher Rückschläge und Zweifel, ständig weiter fortgeschritten und hat eine ganz andere Wirkung ausüben können als Jakobus. Der letzte entscheidende Schritt ist allerdings nicht von ihm ausgegangen, und er hat sich nur zögernd ihm gefügt; aber die Grundlage hat er doch geschaffen, die Person und die Lehre Jesu hatten in ihm gezündet, und der Funken brannte weiter, und somit ist das Wort des Matthaeusevangeliums doch zutreffend, daß er der Fels ist, auf den die Kirche aufgebaut ist.

Die ältesten Kultformen. Das Abendmahl

Jesus hat mit dem Ruf zur sittlichen Umkehr, zur Buße, das Nahen des Gottesreichs verkündet und die „Zwölf" als seine Oberhäupter eingesetzt. Die frohe Botschaft aber, das Evangelium, zu deren Annahme diese jetzt aufrufen, ist, daß das Gottesreich schon da ist. Der ans Kreuz geschlagene Jesus ist wirklich, wie er es ausgesprochen und wie sie es schon bei seinen Lebzeiten erkannt und beim Einzug in seine Königsstadt Jerusalem ihn dem Volk vorgeführt haben, der von Daniel verkündete „Menschensohn", der Messias. Eben sein Schicksal, sein Martyrium und seine Hinrichtung, hat dafür, so wenig seine jüdischen Gegner das ahnten, die Bestätigung gebracht: die Worte der Schrift, die das voraussagten, mußten in Erfüllung gehn.[41] Ebenso aber hat sich jetzt auch die weitere Verkündung erfüllt: er ist wieder zum Leben auferweckt, als Weltregent zur Rechten Gottes erhoben, und wird binnen kürzester Frist, wie Daniel es geschildert hat, in den Wolken erscheinen und das Weltgericht bringen. Ganz präzis wird diese Lehre in der Glaubensformel zusammengefaßt:

„Der Messias ist gestorben für unsere Sünden *gemäß der Schrift* und ist begraben;

„und er ist auferweckt am dritten Tage *gemäß der Schrift*, und ist erschienen dem Kephas und dann den Zwölf."

Auf seine Wiederkunft gilt es, um im Gericht bestehn zu können, sich vorzubereiten durch den Glauben und die Befolgung seiner Lehren.

Zu einer Gemeinde und zu ihrer Werbetätigkeit gehören feste Formen und eine Organisation; und diese haben sich sofort gebildet. Das nächste ist der enge Zusammenschluß zu inniger Lebensgemeinschaft im Glauben und in der von Jesus gebotenen Nächstenliebe, in ständigem Gebet in Erwartung der Wiederkunft des Herrn. Für den Kultus genügte zunächst der Tempel, denn man stand ja ganz auf dem Boden des Judentums und der strengsten Gesetzesbefolgung. Des Abends fand man sich zu gemeinsamem Mahle zusammen, wie es Jesus selbst mit seiner Gefolgschaft eingenommen hatte. Daran schlossen sich, wie bei den Essaeern, den Therapeuten und gewiß auch sonst in kleineren Konventikeln, religiöse Gespräche, Auslegungen von Schriftstellen, Erzählungen aus dem Leben und der Lehre des

Herrn; dabei hat sich die Tradition gestaltet, welche dann die Missionare mit hinausnehmen und die den Grundstock der Quellen des Marcusevangeliums sowie der Spruchsammlung des Matthaeus (Q) bilden. Da die Gemeinde kein eigenes Kultgebäude nach Art der „Gebetshäuser" oder Synagogen besaß[42], versammelte man sich in kleineren Gruppen in den Wohnungen[43]; wohlhabende Mitglieder stellten einen größern Raum zur Verfügung.[44] Bei dem Mahl wird im Anschluß an das jüdische, auch von Jesus befolgte Ritual der Dank für die Gottesgabe von Brot und Wein und am Schluß ein Dankgebet gesprochen.[45] Derartige Gebetsformeln, die gewiß auf weit ältere Tradition zurückgehn, sind in der „Lehre der zwölf Apostel" bewahrt; in ihnen tritt der Ursprung der Abendmahlsfeier aus der Danksagung für Speise und Trank und die sekundäre Einfügung der mystischen Beziehungen auf Jesus noch ganz deutlich zutage[46]; eben darum hat sich der Name εὐχαριστία „Danksagung" dafür dauernd erhalten.[47]

Aber zugleich drängt sich dabei die Erinnerung an den Herrn und vor allem an sein letztes Mahl lebendig hervor: er lebt weiter in der Gemeinschaft seiner Jünger, man fühlt seine Gegenwart, man kann glauben, ihn leibhaft inmitten der Tischgemeinschaft zu sehn, wie in der Legende von den Jüngern von Emmaus. Daher schließt die Feier mit dem Gebet, das als solenne magische Formel ebenso wie das Amen auch im Griechischen in aramaeischer Sprache beibehalten wird: μαρανα θα „unser Herr, komm!"[48] Die eschatologischen Vorstellungen, die Erwartung der unmittelbar bevorstehenden Wiederkunft des Herrn, werden in der Andachtstimmung der Versammlung ganz lebendig.

In diesem Sinne, als Erinnerungefeier, wird das Mahl in der Erzählung von seiner Einsetzung in der letzten Nacht, vor der Gefangennahme, aufgefaßt, die zu den Kernstücken der ältesten Überlieferung gehört und aus ihr von Paulus wörtlich übernommen ist; daher heißt es bei ihm „das Herrenmahl".[49] Aber in der Praxis tritt dieser Gedanke ganz zurück gegen den uralten in allen Religionen wiederkehrenden Glauben an den magischen Charakter des Mahls und die dadurch geschaffene mystische Kommunion aller Teilnehmer sowohl untereinander wie mit der Gottheit, die in der Entstehung und Gestaltung des Opferkults eine so große Rolle spielt.[50] „Wie dies gebrochene Brot ursprünglich (als Korn) über die Berge zerstreut gewesen ist", heißt es in dem Gebet der Apostellehre, „und dann zusammengebracht und eine Einheit geworden ist, so werde deine (Gottes) Gemeinde aus aller Welt (ἀπὸ τῶν περάτων γῆς γῆς) in dein Reich zusammengebracht[51]; denn dein ist die Herrlichkeit und die Kraft durch Jesus Christus in Ewigkeit;" und weiter nach dem Dank an Gott den Vater für die durch seinen Sohn Jesus gewährte Erkenntnis seines heiligen Namens, den Glauben und die Unsterblichkeit, die Bitte: „Gedenke, Herr, deiner Gemeinde, sie zu retten vor allem Bösen und sie vollkommen zu machen in deiner Liebe, und bringe sie, die geheiligte, aus den vier Winden[52] zusammen in dein Reich, das du ihr bereitet hast ... Es komme die Gnade und vergehe diese Welt. Hosanna dem Gott Davids.[53] Ist jemand heilig (d. h. ein Christ, ἅγιος), so komme er; wo nicht, so bekehre er sich (μετανοεῖτο). Maranatha. Amen!"

Auf die evangelische Überlieferung von der Einsetzung des Mahles durch Jesus fehlt in diesen Formeln jeder auch nur indirekte Hinweis.[54] Brot und Wein sind die Gaben Gottes, aber Jesus hat ihre wahre Bedeutung erschlossen als Symbole des geistigen Lebens und der geistigen Nahrung, die zur Erkenntnis und zum wahren, ewigen Leben führt.[55] Das ist die Auffassung, die später das Johannesevangelium verkündet und um derentwillen es den Einsetzungsakt gestrichen hat (Bd. I). Daran setzt dann der weitere Gedanke an, daß Jesus die Menschen erlöst hat nicht nur durch seine Lehre, sondern vor allem durch seinen Tod: er hat, wie es bei Jesaja vom Knecht des Herrn, mithin eben von ihm verkündet wird, die Sünden seines Volks auf sich genommen und dadurch getilgt. So ist sein Tod ein Opfertod gewesen, und damit zugleich ein neuer ewiger Bund mit Gott, der durch sein Blut besiegelt wird, wie ehemals der alte Bund am Sinai durch das Blut des Opfertiers. In der Kommunion des Herrnmahls gibt er sich selbst den Gläubigen als Speise und Trank und schafft so die Versöhnung mit Gott und das ewige Leben, den Eingang ins kommende Gottesreich; das Brot ist sein Leib, der Wein sein Blut. Daß auch diese Auffassung von Anfang an vorhanden war, beweist der Bericht über die Einsetzung des Abendmahls, der ganz von ihr beherrscht ist. Sie hat dann weiter zu der Verbindung des Abendmahls mit dem Passahmahl und zu dem Satz des Paulus geführt, daß, im Gegensatz zu dem alten Passahopfer beim Mazzenfest, „als unser Passah Christus geopfert ist".[56]

In den angeführten Gebetsformeln hat diese Auffassung keinen Ausdruck gefunden. Wohl aber betrachtet die Apostellehre selbst das Mahl als ein Opfer.[57] Daher wird vorher ein Sündenbekenntnis und Beilegung aller Streitigkeiten untereinander verlangt, „damit euer Opfer rein sei". Ebenso äußert sich Paulus: wer Brot und Wein des Herrn unwürdig genießt, wird mitschuldig am Leib und Blut des Herrn; daher prüfe sich ein jeder; denn sonst ißt er sich selbst das Gericht.

So wandelt sich das Mahl in eine Kulthandlung von magischer Kraft und Wirkung: die frivole Art, mit der die Korinther es genießen[58], ist die Ursache, daß es bei ihnen „so viele Schwache und Kranke gibt und nicht wenige entschlafen sind". Diese Auffassung hat dazu gefübrt, daß die Feier der Eucharistie von den gewöhnlichen Mahlzeiten losgelöst und regelmäßig am Abend des Sonntags begangen wird[59], der inzwischen der Tag des christlichen Gottesdienstes geworden ist. So schildert Plinius im Jahre 111 den Brauch in Bithynien: an dem festgesetzten Tage kommen die Christen vor Sonnenaufgang zum Gottesdienst zusammen, „und dann wieder zum Essen, das jedoch das gewöhnliche und harmlos ist".[60] Die Apostellehre ordnet an: „am Sonntag kommt zusammen, brecht Brot und sprecht die Danksagung, nachdem ihr vorher eure Vergehungen bekannt habt." Der gesteigerten Heiligkeit entspricht es, daß niemand, der nicht getauft ist, an der Feier teilnehmen darf; „denn über diesen hat der Herr gesagt: Gebt das Heilige nicht den Hunden".

Aus der alten, jetzt vom Abendmahl losgelösten, gemeinsamen Mahlzeit hat sich dann das „Liebesmahl" (Agape) entwickelt, analog den Kult- und Gedächtnismahlen der heidnischen Vereine, nur daß im Christentum die Wohltätigkeit, die Ausrichtung einer schlichten Speisung für die Armen, das Wesentliche war; religiöse Vorträge und Lieder kamen natürlich hinzu.[61] Im Neuen Testament werden sie nur im Judasbrief v. 12 erwähnt, wo über die Beteiligung der Irrlehrer an ihnen geklagt wird.

Der Gottessohn und das Weltgericht. Die Lebensführung. Feste. Der Sonntag

Mit dem Glauben an Jesus, den Messias und kommenden Weltenrichter, sind zugleich alle die mystischen Vorstellungen und Ausdrücke auf ihn übertragen, die sich seit Daniel im Judentum entwickelt haben. Er ist der Sohn Davids, der Menschensohn und der Gottessohn, von Gott von Anfang an ausersehn zum Erlöser und zum Weltregenten, und daher in engster Verbindung mit Gott „dem Vater". Diese Bezeichnung, abbâ, wird geradezu zum Eigennamen der Gottheit, mit dem sie im Gebet angerufen wird. Daher wird sie auch beim Übergang ins Griechische ständig beibehalten[62]; dabei wirkt, wie bei ἀμήν, μαϱανα ϑα, ὡσάννα der Glaube an die magische Kraft des Wortes mit, das daher nicht übersetzt werden darf (Bd. II).

Wie das Verhältnis zwischen dem Vater und dem Sohn im einzelnen gestaltet und wie es logisch zu begreifen sei, das zu ergründen und in eine dogmatitiche Formel zu fassen, liegt der Urgemeinde noch ganz fern[63]; ihr genügt es, daß der „Geist", durch den Gott aus den Propheten geredet hat, bei der Taufe dauernd in Jesus eingegangen ist und eine göttliche Stimme ihn bei der Taufe und nochmals bei der Verklärung als Gottes Sohn verkündet hat. Dadurch war er mit der Kraft ausgerüstet, die feindlichen Mächte des Satans zu bekämpfen und zu überwinden, und das wahre Wesen des Vaters und den Sinn seiner Gebote den Gläubigen zu enthüllen. Nach seiner Auferstehung ist ihm dann, wie der Schluß des Matthaeuaevangeliums es formuliert, „alle Gewalt im Himmel und auf Erden übertragen worden"; er ist der Wesir Gottes, der Weltregent und „der Herr", und als solcher wird er jetzt in kürzester Frist wieder vom Himmel herabkommen zum Gericht über Lebende und Tote in der Weise, wie Daniel es geschildert hat. Durch ihn treten die, welche seine Lehre annehmen und an ihn glauben, in unmittelbare Beziehung zum Vater; auch sie werden zu „Söhnen Gottes"[64] und von ihm oder von Christus mit demselben Geist erfüllt, der in diesem wirkt. Weiter geht die Spekulation der ältesten Zeit nirgends, auch die der jüdischen Literatur bereits geläufige Idee der ewigen Praeexistenz des Menschensohns wird in den synoptischen Evangelien noch nicht berührt, und noch weniger seine Mitwirkung bei der Schöpfung; die Theologie setzt erst mit Paulus ein und führt dann in immer erneuten Versuchen, das Unbegreifliche doch zu begreifen und wenigstens in Worten, mit denen nur der vom Geist bewegte Mystiker (der Pneumatiker) einen Sinn verbinden kann, eine Lösung des unlösbaren Problems zu finden, zu immer größerer Steigerung der Gottähnlichkeit des Christus, bis er dann im Johannesevangelium als das göttliche Schöpferwort, als die Manifestation Gottes, vollends zu ewiger Koexistenz mit Gott erhoben und selbst ein Gott wird.

Aber derartige Gedanken gehören einer ganz anderen Sphäre an und sind dem Urchristentum und seinem Evangelium noch völlig fremd. Soweit man sich hier, auf judenchristlichem Boden, derartige

Dinge anschaulich zu machen gesucht hat, bewegt man sich ganz in mythologischen Vorstellungen. Im Hebraeerevangelium ist der heilige Geist, im Semitischen ein weibliches Wesen, die Mutter Jesu[65] – offenbar in seiner geistigen Gestalt als Messias, neben der irdischen Mutter des Menschen, in den dieser dann eingegangen ist. Aber das ist eine Weiterspinnung der von Matthaeus und Lukas aufgenommenen Legende von der Jungfrauengeburt, die den „Gottessohn" materialistisch deutet und daher den Geist nicht erst bei der Taufe in Jesus eingehn, sondern das Kind im Mutterleibe vom Geist gezeugt sein läßt; da ist ein nicht auf jüdischem Boden erwachsener, aber in aller Welt verbreiteter populärer Mythus in derselben Weise auf Jesus übertragen wie auf Augustus.[66] Das älteste Christentum weiß von diesen Weiterbildungen noch nichts; es bleibt vielmehr bei der streitig jüdischen Auffassung stehn, daß der Messias ein Sohn Davids ist, und sucht das durch mehrere Stammbäume zu erweisen, welche Jesu Vater zum Nachkommen desselben machen[67] – Stammbäume, die Matthaeus und Lukas in aller Naivität neben der dazu in diametralem Widerspruch stehenden Legende von der Jungfraungeburt aufgenommen haben.

Den Mittelpunkt der Lehre und das Hauptmittel für ihre Verbreitung bildet, wie bei den alten Propheten, bei Daniel und bei dem Täufer, das unmittelbar bevorstehende Gericht, aber jetzt in der neuen Fassung, daß der kommende Messias und Weltenrichter eben der gekreuzigte und auferstandene Jesus ist, der jetzt im Himmel zur Rechten des Vaters thront. Von da kommt der Menschensohn urplötzlich herab, „wie ein Dieb in der Nacht"[68], niemand weiß wann. Die Vorzeichen sind in der Schrift offenbart und werden wie in der jüdischen so in der christlichen Eschatologie immer weiter ausgemalt; aber die Kenntnis der Stunde, die von Anfarig an festgesetzt ist, hat Gott sich allein vorbehalten, und nicht nur keinem Engel, sondern selbst seinem Sohn nicht offenbart.[69] So gilt es, stets wachsam zu sein, damit sie die Gläubigen nicht unvorbereitet und in Sündenschuld verstrickt urplötzlich überrascht. Beim Erscheinen des Richters werden zugleich alle Lebenden versammelt und alle Toten auferweckt, die Sünder zur Höllenstrafe im Feuer der Gehenna oder zum ewigen Tode – beide Vorstellungen fließen auch hier ständig durcheinander –, die Gläubigen und Gerechtfertigten zum seligen Leben im Gottesreich in der nach den Verkündungen der Propheten umgewandelten Welt. Wie überall hat das Christentum auch hier die pharisaeische Lehre voll übernommen und weitergebildet. Die Wiederbelebung der Leiche Jesu gibt das Vorbild der Auferstehung und die Sicherheit der Erfüllung. Dabei mag der Leib von allen Schlacken gereinigt und verwandelt werden; aber ohne materielles Substrat, ohne das Gewand des Körpers vermag sich Judentum wie Christentum ein Fortleben des Menschen nicht zu denken. „Der Herr selbst", so verkündet Paulus als „Herrenwort" (ἐν λόγῳ Κυρίου), also als eine auf Jesus selbst zurückgehende Lehre, wird unter Befehlsruf, unter der Stimme eines Engels, unter der Trompete Gottes herabkommen vom Himmel; dann werden zuerst die Toten, die in Christus gestorben sind, auferstehn, dann werden wir, die wir noch am Leben sind, zusammen mit ihnen in Wolken in die Luft hinaufgerissen werden, dem Herrn entgegen; und so werden wir allezeit mit dem Herrn zusammen sein".[70]

Um im Gericht bestehn zu können und der ewigen Seligkeit teilhaftig zu werden, ist nicht nur der Glaube an den Herrn erforderlich, sondern ebenso die Befolgung der göttlichen Gebote, die Heiligung der gesamten Lebensführung. Die maßgebende Weisung dafür geben die Lehren Jesu, wie sie in den Aufzeichnungen seiner Worte zusammengefaßt und unter Einwirkung der innern und äußern Entwicklung weitergebildet wurden, sei es, wie bei Marcus, im Anschluß an seinen Lebensgang, sei es in lockerer Aneinanderreihung wie in der Spruchsammlung des Matthaeus (Q). Diese Aufzeichnungen auf Grund der von den Jüngern bewahrten Überlieferung haben sofort begonnen; sie waren für die Misssionare unentbehrlich[71]; auf ihnen beruhn auch die sittlichen Weisungen und Mahnungen, die Paulus durchweg in seinen Briefen gibt und die er natürlich in seinen Predigten und seinem Missionsunterricht noch viel eingehender vorgetragen hat. Neben den Geboten der sittlichen Reinheit, vor allem im Geschlechtsleben, der Bekämpfung der Selbstsucht und der sinnlichen Begehrlichkeit steht im Mittelpunkt das Gebot der Nächstenliebe, der vollen Hingabe an den Mitmenschen und Bruder. Da schwinden alle Unterschiede zwischen reich und arm, vornehm und gering; wer der erste sein will, muß nach Jesu Wort der letzte und der Diener aller sein.

So ergibt sich ein Leben in voller brüderlicher Gemeinschaft, wie es sich bei den im wesentlichen auf gemeinsame Kosten bestrittenen Mahlen verwirklicht; die Armen werden unterstützt, für die Witwen und Waisen gesorgt, die Krankenpflege eifrig betrieben.[72] Dadurch gewinnt die Gemeinde einen stets wachsenden Zulauf aus den ärmeren Schichten der Bevölkerung, der durch die Betätigung des „Geistes", die „Zeichen" und Wunderkuren weiter gemehrt wird. In den Anfägen der Gemeinde, wo die Überschwenglichkeit der Erwartung der unmittelbar bevorstehenden Wiederkunft des Herrn noch ganz dominiert, haben manche begüterte Gläubige ihren ganzen Besitz veräußert und der Gemeindekasse zu Händen der Zwölf überwiesen. Als Beispiel führt Lukas den aus Zypern stammenden Lewiten Joseph Barnabas an, der in dieser Weise sein Grundstück zugunsten der Gemeinde verkaufte.[73] Das irdische Leben war eben völlig gleichgültig geworden, nur noch eine kurze Frist bis zum Eintritt des Gottesreichs, für das sich vorzubereiten und zu läutern die einzig wahre Aufgabe der bis dahin gewährten Zeitspanne bildete. Zu einer bindenden Vorschrift für die Gläubigen ist das freilich niemals erhoben worden; wohl aber erzählte man, wie ein Ehepaar, Ananias und Sapphira, die vorgaben, ihre gesamte Habe der Gemeinde überwiesen zu haben, aber einen Teil unterschlugen und für sich zurückbehielten, wegen dieser „Lüge gegen den heiligen Geist", d. h. dieser bewußten Verleugnung des eigenen Gewissens, das göttliche Strafgericht, das Petrus ihnen ankündigte, durch einen jähen Tod ereilt hat.[74]

„Alle Welt", so schildert Lukas die Urgemeinde[75], „war von Furcht ergriffen (ἐγίνετο δὲ πάσῃ ψυχῇ φόβος); viele Wunder und Zeichen geschahn durch die Apostel. Alle Gläubigen aber hatten im Zusammenschluß[76] alles gemeinsam, sie verkauften ihre Güter und Besitzungen und verteilten sie unter alle, je nach den Bedürfnissen eines jeden. Sie verharrten den Tag über einträchtiglich im Tempel, zu Hause aber brachen sie das Brot und nahmen die Nahrung zu sich in Jubel und Einfalt des Herzens, indem sie Gott priesen und beim ganzen Volk in Gunst standen; der Herr aber fügte täglich weitere Gerettete der Gemeinschaft hinzu". Diese Schilderung ist zwar idealisiert und übertrieben, aber im wesentlichen gewiß zutreffend. Allmählich, als das Ende immer weiter hinausrückte, machten sich dann doch die Ansprüche des irdischen Lebens stärker geltend, ein jeder ging seinen Geschäften nach, von Verzicht auf den eigenen Besitz ist nicht mehr die Rede. Wohl aber blieb das gemeinsame Leben in den Hausgemeinden und die organisierte Armenpflege.

Im übrigen wird natürlich das Gesetz streng befolgt. Die Gläubigen wollen ja Juden im vollsten Sinne des Wortes bleiben, Jesu Sittenlehre ist lediglich die Erfüllung des Gesetzes, die Heraushebung seines wahren Sinns, seine Verinnerlichung im Gegensatz zu dem äußeren Formalismus der Pharisaeer, und was die Christen als Neues bringen, ist nur, daß die Erfüllung der Verheißungen, die das Volk und seine Oberen in ihrem Wahn verkannt haben, jetzt bereits eingetreten ist, also erst recht eine Steigerung des längst ganz in eine Religion umgesetzten jüdischen Volksbegriffs.[77] So hat man auch die jüdischen Feste gefeiert, vor allem das Passah mit dem Mazzenfest und Pfingsten[78]; erst sekundär werden sie christlich gedeutet, Ostern als Fest der Auferstehung, Pfingsten als das der Ausgießung des Geistes und der Gründung der Gemeinde. Aber erst weit später wird diese Auffassung in den Vordergrund gerückt und dann schließlich das christliche Fest vom jüdischen losgelöst und nach langen Streitigkeiten auch das Datum prinzipiell auf einen andern Tag gelegt als bei den Juden.[79]

So hat man ohne Zweifel auch die Sabbatgebote streng innegehalten, trotz der Ausnahmen, die Jesus gestattet hatte, wo es sich um die Pflichten der Nächstenliebe oder um die Ernährung durch Ausraufen von Ähren handelte, nach dem Satz: „Der Sabbat ist um des Menschen willen da, nicht der Mensch um des Sabbats willen"[80] – ein Satz, der allerdings der streng-jüdischen Auffassung ins Gesicht schlägt, nach der die Welt um des Gesetzes willen geschaffen ist.[81] Aber neben den jüdischen Festtag tritt jetzt ein christlicher, der Sonntag, als der Tag der Auferstehung.[82] Maßgebend für die Wahl des Tages ist, abgesehn von dem Bestreben, einen besonderen, von dem herkömmlichen verschiedenen Tag als Sondermerkmal der Gemeinde zu besitzen, offenbar die Tatsache gewesen, daß die astrologische Verbindung der Wochentage mit den sieben Planeten damals bereits in der gesamten Welt durchgedrungen war; bei den Juden fand sie um so leichter Eingang, weil hier die siebentägige Woche schon seit Urzeiten bestand, also eine Änderung des Herkommens damit nicht verbunden war, wie bei den Aegyptern, Griechen, Römern, sondern lediglich eine neue Anschauung ergänzend zu der altererbten hinzutrat. Der Sabbat ist der Tag des Kronos-Saturn – mit dem daher der Judengott in der Regel identifiziert wird[83] – also des alten, abgetanen Weltherrschers, der nächste Tag der der Sonne, des Beherrschers der gegenwärtigen Welt.[84] Dieser Gegensatz kommt auch hier zu bewußtem Ausdruck: der Sabbat ist der Tag der Weltschöpfung, der Sonntag „der Tag des Herrn" (κυριακή), der Geburtstag der durch die Auferstehung herbeigeführten neuen Welt des Gottesreichs. Schon bei den Therapeuten und ebenso bei den Essaeern finden wir die Versammlung und das Gebet bei Sonnenaufgang, wenn auch, soweit wir wissen, nicht an einen bestimmten Wochentag gebunden.[85] Die christliche Gemeinde dagegen versammelt sich in der Frühe des Sonntags bereits vor Sonnenaufgang zu Lobhymnen und Gebet und immer erneuter Verpflichtung zur Befolgung der Sittengebote; dann gehn sie an die Tagesarbeit – denn im Gegensatz zum Sabbat ist dieser Tag kein Tag der Ruhe – und kommen am Abend aufs neue zum Liebesmahl[86] und religiösen Vorträgen und Gesprächen zusammen. Über die Einführung des Sonntags besitzen wir so wenig Kunde wie über die der Taufe; beides wird als selbstverständlich vorausgesetzt. Daraus folgt, daß der Sonntag zu den ältesten Ordnungen der Gemeinde gehört; und so hat ihn denn auch die Mission überallhin verbreitet, wo das Christentum Eingang findet.[87] Von hier aus wird dann der Tag der Hinrichtung Jesu auf Grund der Schrift entweder, nach der Deutung des Schicksals des Jonas auf Jesus, drei Tage vorher, also auf den Donnerstag, oder nach Hosea 2, 6 und Reg. II 20, 5 auf den dritten Tag vorher und daher auf den Freitag angesetzt. Die erste Ansetzung, mit der Formel μετὰ τρεῖς ἡμέρας, hat sich bei Marcus erhalten; aber die andere ist völlig durchgedrungen und liegt schon in der Auferstehungsformel vor, die Paulus bewahrt hat (ἐγήγερται τῇ ἡμέρᾳ τῇ τρίτῃ κατὰ τὰς γραφάς).[88]

Einwirkung der Johannesjünger: Taufe, Fasten, Gemeindegebet

Neben die Bewahrung der orthodoxen jüdischen Gebote tritt eine sehr starke Einwirkung des von Johannes begründeten Ordens. Vor allem die Taufe „zur Vergebung der Sünden", die er als Symbol der „Umkehr" (*tešûba*, μετάνοια), der inneren Reinigung, eingeführt hatte, wird von den Bekennern Jesu übernommen, aber jetzt auf dessen Namen übertragen: das Gericht, dessen Bevorstehn Johannes verkündet hatte, wird nach ihrer Lehre durch den Messias Jesus über die Welt gebracht, Johannes ist sein Vorläufer, der Engel, der ihm nach Maleachi 3, 1 den Weg bereitet, oder die Stimme des Rufers in der Wüste, von der Jesaja 40, 2 redet; ja er ist der Elias gewesen, der aus dem Himmel, in den er entrückt ist, auf die Erde zurückkehrt, um die Menschen auf den „Tag des Herrn" vorzubereiten (Maleachi 3, 23).[89] Wie diese Einwirkung sich vollzogen hat, darüber schweigt begreiflicherweise die Überlieferung. Nur um so bedeutsamer ist aber, daß sie wohl von einer Taufe Jesu durch Johannes, aber nichts von der Einsetzung einer christlichen Taufe durch Jesus weiß.[90] Bei Lukas taucht sie gänzlich unvorbereitet auf, ab Petrus nach dem Pfingstwunder und seiner Predigt auf die Frage der Leute, was sie tun sollen, antwortet: „Kehrt um (tut Buße), und laßt euch taufen ein jeder auf den Namen Jesu Christi zur Vergebung eurer Sünden; dann werdet ihr" – das ist das Neue, was das Christentum hinzufügt – „die Gabe des heiligen Geistes erhalten."[91] Das ist wenigstens insoweit völlig zutreffend, als die Taufe die Handlung ist, durch die der Gläubige in die Gemeinschaft der Kirche aufgenommen wird; sie hat daher die Ablegung eines Sündenbekenntnisses und danach des Glaubensbekenntnisses zur unentbehrlichen Voraussetzung.

Auch für dieses geht die grundlegende, später mannigfach weiter ausgebaute Formulierung auf die älteste apostolische Zeit zurück; das von Paulus bewahrte Stück über die Auferstehung gehört ihr an.[92] Auch daß der „Geist" bei der Taufe durch Handauflegung übermittelt wird, zunächst durch die Zwölf, dann durch die von diesen bestellten Hilfsbeamten und Missionare, und daß die letzteren eben dadurch für ihren Beruf ausgerüstet und geweiht werden, wird sogleich aufgekommen sein[93]; bei Heilungen wird sie schon von Jesus angewendet.[94] Die so gewonnene Sündenvergebung und den dadurch ermöglichten Eintritt ins Gottesreich und das selige Leben im Paradiese sucht man auch den Verstorbenen zu verschaffen; daraus hat sich in der Urzeit die Taufe für die Toten, also durch Stellvertretung, entwikkelt[95], die später von der sich bildenden katholischen Kirche abgestoßen ist, sich aber in manchen Sekten noch lange erhalten hat.[96]

Wir werden uns den Hergang wohl so zu denken haben, daß die Zwölf und ihr Anhang, als sie nach Jerusalem kamen, dort in engste Fühlung mit der Johannesgemeinde getreten sind, die zu einer vollen Verschmelzung geführt hat. Denn von Johannesjüngern in Palaestina hören wir später nichts mehr, und auch in der Diaspora sind sie, wie die Erzählung von Apollos und den Jüngern in Ephesos lehrt, alsbald in die christliche Gemeinde aufgegangen.[97] Die Überlieferung, daß Jesus sich habe taufen lassen – mag sie nun wirklich geschichtlich oder erst damals entstanden sein –, sanktioniert die Übernahme des von Johannes geschaffenen Ritus; durch die Einfügung des Namens des Messias Jesus wird sie christianisiert. Aber das Bewußtsein, daß man damit etwas Neues, vom Herrn selbst nicht Befohlenes einfügte, hat sich noch lange erhalten; ja das Evangelium stellt die Gabe, die der Auferstandene verleiht, „die Taufe mit heiligem Geist", geradezu in Gegensatz zu der Wassertaufe des Johannes (Marc. 1, 8).

Ebenso ist das obligatorische Fasten von den Johannesjüngern übernommen, die darin dem pharisaeischen Brauch folgten, in scharfem Gegensatz gegen die Art, wie Jesus selbst mit den Seinen gelebt hatte. Aber „jetzt sind die Tage gekommen, da ihnen der Bräutigam entrissen ist, und da werden sie fasten in jenen Tagen" (Marc. 2, 20). Aber zugleich wird differenziert: bei den Juden waren Montag und Donnerstag die üblichen Fasttage[98]; die christlichen dagegen sind Mittwoch und Freitag, in der ausgesprochenen Absicht, sich von jenen zu unterscheiden.[99] Auch auf wichtige Handlungen, wie die Entsendung von Missionaren, bereitet man sich vor durch Fasten und Gebet (act. 13, 2), wie das nach Jesu Wort Marc. 9, 29 auch zur Bewältigung und Austreibung der Dämonen die Kraft verleiht. Die Apostellehre fordert, daß vor der Taufe sowohl der Täufer wie der Täufling und womöglich noch andere fasten (7, 4). Das führt zu einem asketischen Zuge, der, ganz abweichend von der Lebensauffassung Jesu, sogleich in das Christentum eindringt und unter anderm zu der Forderung voller geschlechtlicher Enthaltsamkeit und zur Geringachtung der Ehe geführt hat. Auch Paulus kennt und preist die Ehelosigkeit als das Ideal für Männer und Frauen, wenn er auch anerkennt, daß sich das Gebot nicht, wie es dann manche Sekten, so die Markioniten (und ebenso die Essaeer und Therapeuten), gefordert haben, praktisch durchführen läßt. Aber das judenchristliche Matthaeusevangelium empfiehlt sogar die Selbstentmannung als Ausweg. Auch häufiges Fasten setzt es in dem Spruch 6, 16 ff. voraus; dann soll man es aber nicht machen, wie die pharisaeischen Heuchler, die mit finsterer Miene einhergehn, um vor den Menschen zu renommieren, sondern das Fasten unter fröhlichem Aussehn und festlicher Kleidung verbergen.

Daß auch die Entstehung des Gemeindegebets, des Vaterunsers, das Marcus, wenn überhaupt, so jedenfalls noch nicht als von Jesus gegeben kennt, sich an das Vorbild des von Johannes seinen Jüngern gegebenen Gebets anlehnt (Luk. 11, 1), ist früher schon erwähnt.[100] Auch die christliche Mission wird sich zunächst im Anschluß an die der Johannesjünger entwickelt haben. Allmählich ist dadurch Johannes vom Christentum völlig annektiert worden: er wird seiner Selbständigkeit entkleidet und erscheint im Evangelium nur noch als der Prophet, der durch die Ankündung seines größeren Nachfolgers die Geschichte des Alten Bundes abschließt, Aber begonnen hat Jesus seine Tätigkeit erst, als die des Johannes durch seine Gefangensetzung ihr Ende gefunden hatte.

Die Organisation der Gemeinde

Über die älteste Organisation der Gemeinde haben wir begreiflicherweise nur ungenügende Kunde. Die breite Grundlage bildet die „Volksversammlung" aller Gläubigen, Männer und Frauen, hebr. qâhâl, griechisch ἐκκλησία, ein Wort, das dann im christlichen Gebrauch die Bedeutung gewonnen hat, die wir durch „Kirche" wiedergeben.[101] Offiziell liegt in ihren Händen die Entscheidung über alle wichtigeren Angelegenheiten, die Wahlen u. ä.; und es mag in ihr in dem Anfangsstadium, als der Enthusiasmus sich noch gewaltsam in Zungenreden und Prophezeien Luft machte, oft genug zu lebhaften Verhandlungen gekommen sein; das Ergebnis, sei es nun durch Abstimmung oder, wie bei der Ergänzung der Zwölf, durch das Los herbeigeführt, galt dann als Willensoffenbarung des „Geistes".

Indessen der Urversammlung gegenüber steht die gewaltige Autorität der vom Herrn selbst eingesetzten Regenten des kommenden Gottesreichs, der Zwölf. Sie sind die Träger der Offenbarung, die Zeugen, die allein über Jesus und seine Lehre authentischen und daher die Gläubigen bindenden Aufschluß geben können – diese „Zeugenschaft" wird bei Lukas durchweg aufs stärkste betont. Damit ist von Anfang an die Grundlage für die Bildung einer Hierarchie gegeben. Wie sich innerhalb dieser Körperschaft die Vorgänge abgespielt haben, darüber dürfen wir irgendwelche Nachrichten gar nicht erwarten; der Überlieferung erscheinen sie durchweg als eine geschlossene, völlig harmonische Gruppe, die in voller Eintracht die Lehre verkündet und ununterbrochen weiter ausbreitet. Nur das erfahren wir, sowohl durch Paulus wie durch Lukas, daß die Führung in den Händen des Petrus und Johannes lag; die übrigen werden einzeln überhaupt nicht weiter erwähnt, auch Johannes' Bruder Jakobus nur bei seiner Hinrichtung; auch in den Berichten über Jesu Leben treten neben Petrus – dem ein paarmal sein Bruder Andreas hinzugefügt wird (Bd. I) – nur noch die beiden Zebedaeussöhne hervor, die wie

Simon-Petrus von Jesus einen sakralen Namen „die Donnersöhne (Boanerges)" erhalten haben und in der Zwölferquelle besonders berücksichtigt werden. Manche der übrigen werden alsbald in volle Unbedeutendheit zurückgesunken sein; doch weiß Papias noch von Erzählungen über den Herrn, die auf „Andreas, Petrus, Philippus, Thomas, Jakobus, Johannes oder Matthaeus, oder einen anderen der Jünger des Herrn" zurückgeführt wurden (Bd. I). Daneben steht die Tatsache, daß Matthaeus die Sprüche (λόγια) Jesu schriftlich aufgezeichnet hat.

Neben den Zwölf, ja in der offiziellen Rangordnung ihnen voran, steht, wie wir gesehn haben, der Herrenbruder Jakobus als das erbliche Oberhaupt der Gemeinde. Man wird ihn als den Vorsitzenden und Leiter der Versammlung anzusehn haben. Als solcher erscheint er auch beim Apostelkonzil. Aber weiter braucht die Gemeinde, je mehr sie anwächst, um so mehr der Organe einerseits für die Hilfsleistung bei der Lehrtätigkeit, der Unterweisung und Beratung jedes einzelnen Gläubigen, und für die Mission, andrerseits für die Besorgung der irdischen Angelegenheiten, die Vermögensverwaltung, die Speisung und das Abendmahl, die Armenpflege. Daß die Zwölf für die Aufgaben nicht ausreichen konnten, ist klar. Lukas erzählt, daß, als zu den hebraeischen, d. h. den einheimischen Gläubigen zahlreiche griechisch sprechende „Hellenisten" hinzukamen, diese sich beschwerten, daß ihre Witwen „bei dem täglichen Dienst" vernachlässigt würden. Darauf beriefen die Zwölf „die Masse der Gläubigen (μαθηταί)" zu einer Versammlung und erklärten, sie könnten ihre Aufgabe, die Lehre zu pflegen, nicht für den Dienst bei Tisch aufgeben; sie lassen dafür sieben Männer „erfüllt vom Geist und Einsicht" erwählen, während sie selbst sich „auf das Gebet und den Dienst der Lehre" beschränken wollen.

In dieser Erzählung, die Lukas in genauem Anschluß an die ihm zugegangene Überlieferung wiedergibt, sind verschiedene Vorgänge zusammengezogen: der Hader zwischen den Vollblutjuden und den Hellenisten, der sich keineswegs nur um die materiellen Fragen dreht, die Bestellung von sieben Beamten für die letzteren, die aus ihnen entnommen sind und eine eifrige Propaganda unter ihnen betreiben, also offenbar in der Mission ihre Hauptaufgabe sehn, und die Einsetzung von Gehilfen für den Tischdienst. Das erklärt sich daraus, daß alle solche Hilfsleistungen als „Bedienung" (διακονία) bezeichnet werden. Dabei ist zunächst, wie bei dem Spruch Marcus 10, 42 ff. wenigstens in der Weiterbildung bei Lukas 22, 26 f.[102] an die Bedienung bei Tisch gedacht. Aber durchweg wird das Wort ganz allgemein für jeden Dienst für die Gemeinde verwendet, sei er geistig oder materiell, sowohl bei Paulus wie bei Lukas. Daneben jedoch bedarf die Gemeinde, die ja unmöglich jeden Augenblick zusammengerufen werden kann, einer leitenden Repräsentation, die im Gegensatz zu diesen angestellten Beamten ihre Interessen wahrnimmt und deren Maßregeln bestätigt oder auch abändert und regelt; wie in den politischen Organisationen steht auch hier neben der Volksversammlung, der ἐκκλησία, ein Rat. Diese Gemeindevertreter werden, wie im jüdischen Synedrium die Vertreter der Laiengeschlechter, als „Älteste" (zeqenim, πρεσβύτεροι) bezeichnet. In der Überlieferung erscheinen sie zum erst act. 11, 30 zur Zeit der Hungersnot unter Claudius, wo sie die aus Antiochia übersandte Kollekte in Empfang nehmen; darin tritt ihre Stellung als Verwalter des Gemeindevermögens sehr deutlich hervor. Ferner, in Wirklichkeit schon vorher, beim Apostelkonzil, wo sie mit den Aposteln zusammen als Vertreter der Gemeinde den entscheidenden Beschluß fassen.[103] Dann werden sie, als die Heidenmission einsetzt, in den neubegründeten Gemeinden unter Leitung des Missionars gewählt, so in den lykaonischen Ortschaften und in Ephesos.[104] Man hat vielfach angenommen, daß diese Presbyterialverfassung erst weit später entstanden sei, weil der Name bei Paulus nirgends vorkommt, aber mit Unrecht; denn eine derartige Vertretung des Laienelements gegenüber der Geistlichkeit war, sobald die Gemeinden sich lebenskräftig entwickelten, gar nicht zu entbehren. Daß Paulus sie nicht erwähnt, erklärt sich daraus, daß er in seinen Weisungen in der Regel nur das geistliche Element berücksichtigt; wohl aber adressiert er den Philipperbrief „an die Heiligen in Philippi nebst den Aufsehern (ἐπισκόποις, Bischöfen) und Diakonen". Danach sind die ἐπίσκοποι hier wohl die den Vorsitz führenden Leiter der Körperschaften, und zwar sowohl der Diakonen wie der Presbyter; darauf führt auch die Angabe des Lukas über Ephesos, nach der die ἐπίσκοποι entweder mit den Presbytern identisch sind oder höchstens eine bevorzugte Stellung unter diesen bezeichnen.[105]

Allerdings aber wird man für die ältere Zeit noch keine scharfe Scheidung anzunehmen haben; die feste Ordnung hat sich erst ganz allmählich herausgebildet, und ursprünglich mögen nicht wenige Älteste zugleich die Aufgaben der Diakonen übernommen haben. Wie sich die Differenzierung immer weiter herausbildet, zeigt die Art, wie Paulus die geistlichen Ämter und Funktionen aufzählt und voneinander sondert: „Es gibt verschiedene Arten von Gnadengaben, Dienstleistungen (διακονίαι) und Kraftwirkungen (ἐνεργήματα)", die dann einzeln aufgezählt werden[106]; und weiter: „Gott hat in der Kirche gesetzt an erster Stelle Apostel, an zweiter Propheten, an dritter Lehrer; dann folgen die (Wunder-)Kräfte, dann die Gnadengaben der Heilungen, Hilfsleistungen, Verwaltungen, die Arten des Zungenredens".[107] Diese Schilderung führt natürlich in beträchtlich spätere Zeit, wo sich in den heidenchristlichen Gemeinden nach der ersten wilden Gärung des Enthusiasmus unter der Einwirkung des Apostels allmählich eine feste Ordnung herausbildet. Aber die Grundlagen gehn überall auf die Urgemeinde und das Judentum zurück, sowohl die Organisation der Verwaltung wie die Betätigung des „Geistes" in der Prophetie nebst den zugehörigen Wunderkräften und der wüsten Entartung im Zungenreden. Nur darf man dabei nicht an die großen Propheten der alten Zeit oder an Gestalten wie den Täufer denken; sondern die Prophetie ist die Gabe, einzelne zukünftige Ereignisse vorauszuverkünden und durch symbolische Handlungen anzudeuten, wie wir sie im Judentum dieser Zeit überall verbreitet finden, so bei den Essaeern, den Therapeuten, und bei zahlreichen andern Propheten und Wundertätern (auch Josephus rühmt sich der Prophetengabe) – für die Gegner sind sie dann natürlich immer „Zauberer und Pseudopropheten". So werden denn auch Propheten unter den ältesten Christen oft erwähnt[108], zum Teil mit Namensnennung, wie Agabos, die Töchter des Philippus und die beim Apostelkonzil zur Überbringung des Dekrets nach Antiochia entsandten Judas und Silas (Silvanus, act. 15, 32).

Den Abschluß der älteren Entwicklung, wie er etwa zu Anfang des zweiten Jahrhunderts erreicht war, zeigt anschaulich die Apostellehre. Die alle anderen an Dignität überragenden Persönlichkeiten sind die (hier ganz zu wandernden Missionaren gewordenen) Apostel und die Propheten; gegen beide muß man freilich sehr behutsam sein, da sich viele Betrüger als solche ausgeben und daraus ein Gewerbe machen.[109] Auf sie folgen, wie bei Paulus, die „Lehrer" (διδάσκαλοι); „ auch ein wahrer Lehrer ist seines Arbeitslohnes wert" wie der Prophet. Dann heißt es weiter, nach den Bestimmungen über die richtige Feier des Abendmahls am Sonntag: „Nun wählt euch Aufseher (Bischöfe) und Diakonen, die des Herrn würdig sind, müde und wahrhafte Männer ohne Geldgier, die sich bewährt haben; denn auch sie besorgen euch die Geschäfte wie die Propheten und Lehrer[110]; also seht nicht auf sie herab; denn sie sind Leute, die bei euch in Ehren stehn neben den Propheten und Lehrern"[111], d. h. die ebensogut ein Ehrenamt der Gemeinde verwalten wie diese.

Diese Stelle zeigt deutlich, wie die regulären Verwaltungsämter über die auf der Inspiration beruhenden hinauszuwachsen beginnen. Das ist durchaus begreiflich; wie die Verhältnisse sich setzen und an Stelle der Erwartung des unmittelbar bevorstehenden Weltendes mehr und mehr die geregelte Ordnung des täglichen Lebens auf religiöser Grundlage tritt, werden diese irregulären Gestaltungen und Funktionen unbrauchbar und überdies vielfach mit Recht dringend verdächtig; das Endergebnis ist, daß sie von der emporwachsenden allgemeinen Kirche abgestoßen und in die Sekten hinausgedrängt werden. Die Verwaltungsämter dagegen rücken, je mehr die Gemeinden anwachsen und sich für das irdische Leben einrichten, um so mehr in den Vordergrund, ordnen sich jene unter und übernehmen ihre Aufgaben; und hier ist es der „Aufsichtsbeamte", der Bischof, dem die führende Stellung zufällt. Die Gemeindeältesten, die Presbyter, werden in der Apostellehre so wenig erwähnt wie bei Paulus; und doch zeigen gleichzeitig der Brief des Clemens an die Korinther, der zweite und dritte Brief „ des Presbyters" (Johannes), die Angaben des Papias und die Briefe des Ignatius, daß sie überall vorhanden waren und daß das Bischofsamt aus ihnen als ihre Spitze herausgewachsen ist, in Übereinstimmung mit dem, was sich aus den Andeutungen der Timotheus- und Titusbriefe entnehmen läßt.[112] Insoweit ist die spätere Auffassung der Stellung des Jakobus, die in den Klementinen und der Didaskalia der Apostel, bei Clemens von Alexandria und ihm folgend bei Eusebios vorliegt, ganz berechtigt, wenn sie ihn, mit Übertragung der späteren Terminologie, als den ersten Bischof von Jerusalem betrachtet.

Die Apostel

Wir wenden uns von dieser Abschweifung in die spätere Entwicklung zu den Anfängen zurück. Hier erhebt sich ein schweres Problem, das der Apostelname bietet. Was Bd. I darüber gesagt ist, muß nach der tief einschneidenden Untersuchung, die HOLL im Anschluß an die Formeln Kor. I 15 gegeben hat[113], ganz wesentlich modifiziert werden. Allerdings bleibt es zweifellos, daß der Titel Apostel aus einer jüdischen Institution entnommen ist, den „Abgesandten", die zur Inspektion und Regulierung der Diasporagemeinden und zur Abführung der Abgaben von der Zentralbehörde in Jerusalem entsandt wurden, und ebenso, daß er im älteren Christentum vielfach in weiterem Sinne für die Missionare, welche neue Gemeinden gründen, gebraucht wird, so mehrfach bei Paulus und ebenso in der Apostellehre[114], daß es also in diesem Sinne eine unbestimmte, ziemlich beträchtliche Zahl von Aposteln gegeben hat. Aber ebenso offenkundig ist, daß nicht nur durchweg in der späteren Überlieferung – so vor allem in der Rückführung der echten, orthodoxen Lehre und der Organisation der „apostolischen" Kirche auf die Apostel – sondern auch bei Paulus selbst unter den Aposteln nur der festgeschlossene Kreis der Zwölf verstanden wird, die Jesus selbst eingesetzt hat, und daß, wenn Paulus mit stärkstem Nachdruck für sich – und ebenso Kor. I 9, 6 für Barnabas[115] als unmittelbar vom Herrn berufen Rang, Titel und Vorrechte eines Apostels in Anspruch nimmt, er damit die Forderung erhebt, den Zwölf gleichgestellt zu sein, deren Berechtigung ihm diese bestreiten, obwohl sie seine Missionstätigkeit unter den Heiden anerkannt haben.

Den Ausdruck „die Zwölf" dagegen gebraucht Paulus niemals, außer in der von ihm übernommenen Formel über die Erscheinungen des Auferstandenen, Kor. I 15, 5. Dem entspricht es, daß Lukas die Zwölf durchweg als Apostel bezeichnet und diese Benennung 6, 13 direkt auf Jesus zurückführt, während die Zwölferquelle des Marcus sie zwar eingesetzt sein läßt, um sie zur Mission und zur Austreibung der Dämonen zu entsenden (3, 15 ἵνα ἀποστέλλῃ αὐτοὺς κηρύσσειν), aber Marcus sie lediglich bei ihrer Rückkehr 6, 30 οἱ ἀπόστολοι, sonst immer nur οἱ δώδεκα nennt, und auch Matthaeus οἱ δώδεκα ἀπόστολοι nur 10, 2 bei Aufzählung ihrer Namen sagt, sonst immer οἱ δώδεκα μαθηταί oder kurz οἱ δώδεκα.[116] Man sieht, wie die Bezeichnung der Zwölf als Apostel gerade in die Literatur, die aus den Kreisen der Urgemeinde hervorgewachsen ist, erst ganz allmählich eindringt. So wird die Folgerung nicht zu kühn sein, daß sie erst durch Paulus und dessen Konflikt mit der Kirche von Jerusalem aufgekommen ist. Paulus beansprucht, als Apostel und selbständiger Missionar für die Heidenwelt, unmittelbar vom Herrn berufen zu sein, ohne menschliche Intervention und ohne irgendwelche Beteiligung oder Auftrag von seiten der Mutterkirche, und daher völlig unabhängig und mit gleichberechtigter Autorität neben dieser und ihren Oberhäuptern zu stehn; nur als Gleichberechtigte, nicht als Vorgesetzte erkennt er diese an. Das führt dazu, daß jetzt der Aposteltitel auch auf diese übertragen, ja im Gegensatz zu Paulus' Anspruch von der Gegenseite lediglich auf die Zwölf beschränkt wird. Daneben hat sich die ursprüngliche Bedeutung des Apostelnamens, wie wir gesehn haben, noch lange erhalten; die Zwölferquelle des Marcus überträgt daher die für diese Missionare gegebene Instruktion auf die Zwölf und läßt sie von Jesus für diesen Zweck eingesetzt werden und schon bei seinen Lebzeiten ausziehn, im Gegensatz zu der Angabe der Jüngerquelle, daß sie „mit ihm zusammen sein", seine ständige Umgebung bilden sollen.[117] Das wird dadurch um so nähergelegt, weil vom Jahre 44 ab nicht nur Petrus dauernd auf die Mission auszieht – nach Paulus' Darstellung lediglich für die Mission unter den Juden –, sondern, wie sich aus Paulus' Worten Kor. I 9, 5 ergibt, neben Kephas auch „die übrigen Apostel und die Brüder des Herrn". Sie nehmen das Privileg, das ihnen in der Instruktion verliehn wird[118], auf Kosten der Gemeinde zu leben und nicht selbst arbeiten zu müssen, für sich in Anspruch, und weiter das Recht, eine „Schwester" als Bedienung mit sich zu führen (Kor. I 9, 5) während sie dem Paulus und Barnabas diese Vorrechte nicht zubilligen. Zu zweit freilich, wie die Instruktion Marc. 6, 7 vorschreibt, sind sie, wenigstens in dieser Zeit, nicht ausgezogen; bei Petrus' Auftreten in Antiochia, Korinth, Rom und schon act. 9, 32 ff. in Lydda, Joppe, Caesarea ist von einem zweiten Apostel keine Rede. Nur daß er, als er zur Sanktionierung der Missionstätigkeit des Phillippus nach Samaria geht, hier nach act. 8, 14 von Johannes begleitet ist, kann man vielleicht heranziehn.

Daß die Mission in den Landorten Judaeas alsbald nach Gründung der Gemeinde begonnen hat, ist nicht zweifelhaft; die Instruktion bei Marcus und in Q setzt sie voraus, und Paulus redet bereits bei seinem ersten Besuch in Jerusalem von einer größeren Zahl christlicher Gemeinden (ταῖς ἐκκλησίαις τῆς 'Ιουδαίας ταῖς ἐν Χριστῷ Gal, 1, 22). Aber die Zwölf sind dazu nicht hinausgezogen; sie blieben in Jerusalem und leiteten von hier aus die Angelegenheiten der Gemeinde (act. 6, 4. 8, 1), Die Missionare, die sie entsandten (vgl. die Sendung des Barnabas nach Antiochia act. 11, 22), werden dann ganz nach der Instruktion aufgetreten sein.

Aus der Übertragung des Apostelnamens auf die Zwölf erklärt sich nun auch die Angabe, die Paulus Kor. I 15 an die älteste Fassung des Auferstehungsberichts angeschlossen hat. Auf die Erwähnung der Erscheinung vor mehr als fünfhundert Brüdern folgt: „darauf erschien er dem Jakobus, und dann allen Aposteln". Daß der Satz nicht nur der offiziellen Formel „er erschien dem Petrus, und dann den Zwölf" parallel gebaut ist, sondern beabsichtigte, sie zu verdrängen, und daß er weit jünger ist als jene, haben wir bereits gesehn; daß unter „allen Aposteln" nicht die Missionare verstanden sein können, die niemals eine feste Gruppe gebildet haben und noch weniger jemals alle vereinigt gewesen sind, während es sich hier doch deutlich um eine einheitliche Massenerscheinung handelt, hat HOLL mit vollem Recht gegen Bd. I ausgeführt[119]; nur das geschlossene Kollegium der Zwölf kann damit gemeint sein. Die ältere Formel führt den für die Kirchengründung entscheidenden Vorgang auf Petrus und die Zwölf zurück und begründet damit zugleich die führende Stellung des Petrus; die jüngere setzt den Jakobus an seine Stelle und schließt „alle Apostel" d. i. die Zwölf, an ihn an, unter denen in dieser Fassung Petrus nur eine Nebenrolle spielt, wie jeder andere auch. Daß Paulus nicht sagt „dem Jakobus und dann nochmals allen Zwölf (oder Aposteln)", sondern dort die Zwölf, hier alle Apostel nennt, erklärt sich daraus, daß er zwei schon geprägte, konkurrierende Formeln wider ihren ursprünglichen Sinn miteinander verbindet, um sich selbst und die ihm gewordene Erscheinung als Abschluß daran anreihen zu können.

Durch die Jakobusformel wird dieser aufs engste mit den zwölf Aposteln verbunden und, wenn man auch nicht wagen konnte, ihn direkt als Apostel zu bezeichnen, doch wenigstens halbwegs in das Kollegium eingereiht. Auch das kehrt bei Paulus da wieder, wo er sonst noch den Jakobus erwähnt. Im Galaterbrief erzählt er, er habe bei seinem ersten Besuch in Jerusalem den Petrus (Kephas) aufgesucht; „von den übrigen Aposteln habe ich keinen gesehn, außer Jakobus den Bruder des Herrn". Und in der schon angeführten Stelle des ersten Korintherbriefs 9, 5 beansprucht er für sich das Recht „eine Schwester mit sich zu führen, wie auch die übrigen Apostel und die Brüder des Herrn und Kephas". Hier wird also nicht nur Jakobus, sondern auch seine Brüder – von denen wir sonst nichts weiter wissen – dem Petrus und den übrigen Aposteln gleichgestellt und, wenn auch mit einer gewissen Reserve, als zu ihnen gehörig betrachtet. Dabei hat mitgewirkt, daß Paulus ja für sich die gleiche Stellung in Anspruch nahm; die Rolle des Jakobus und seiner Brüder konnte dafür als Praecedens dienen. Aber es entspricht dem Verhältnis, das sich in Jerusalem herausgebildet hatte; Jakobus hat in der Tat den Vorrang vor den Zwölf erhalten, Jakobus, Petrus und Johannes gelten als die „Säulen" der Kirche.[120]

Die Mission unter den Juden. Die Bezeichnung der Gläubigen

Lukas hat von der Ausbreitung des Christentums in den Landorten Judaeas kaum etwas berichtet. Er erwähnt, daß auch aus ihnen Kranke und Besessene in Scharen nach Jerusalem strömten, um sich von den Aposteln heilen zu lassen (5, 16); aber im übrigen redet er nur von dem ständigen Anwachsen „der Zahl der Jünger in Jerusalem", darunter auch viele Priester (6, 7). Erst nach der an das Martyrium des Stephanus anschließenden Verfolgung erwähnt er die Ausbreitung in Judaea, zusammen mit der in Samaria und Galilaea (8, 1. 9, 31), und die Erfolge des Petrus in Lydda und der Küstenebene (Saron 9, 35) sowie in Joppe, die zu der Sanktionierung der Heidenmission durch die Bekehrung des Cornelius in Caesarea überleiten.

Ein Bild der ältesten Mission gewinnen wir aus der auf die Zwölferquelle zurückgehenden Instruktion bei Marcus 6, 7 ff. und aus der etwas weiter ausgeführten, aber abgesehn von unwesentlichen Varianten damit übereinstimmenden in Q, die am reinsten bei Lukas 10, 2 ff. erhalten ist.[121] In der Regel werden diese Wanderprediger, wie bei Marcus angeordnet wird, paarweise ausgezogen sein; das findet sich mehrfach auch noch in den Anfangen der Heidenmission (Bd. I), ist dann aber in Wegfall gekommen: in Q wird es nicht erwähnt, und ebensowenig in der Apostellehre c. 11. Von ihrer Habe dürfen sie nichts mitnehmen, in armseliger Kleidung, wie Bettler, sollen sie auftreten, ohne Geld, Ranzen und Brot, ohne einen zweiten Mantel[122], dagegen nach Marcus mit Sandalen und Wanderstab, während in Q, mit bezeichnender Steigerung der asketischen Tendenz, auch diese untersagt werden; hier wird ihnen auch der Gruß auf der Straße verboten. So ziehn sie hinaus „wie Schafe unter die Wölfe". Ihre einzige Ausrüstung besteht in der Gabe des Geistes, den ihnen der Herr verheißen hat; der verleiht den Arbeitern für die Ernte des Herrn (Luk. 10, 2) die Kraft, das Gottesreich zu verbreiten, zu predigen, Kranke zu heilen und Dämonen auszutreiben, und die Widersacher zu bestehn. Mit dem Friedensgruß treten sie in die Häuser; finden sie in einem Hause

Entgegenkommen und freundliche Aufnahme, so sollen sie dort bleiben und annehmen, was man ihnen zum Unterhalt vorsetzt; denn „der Arbeiter ist seines Lohnes wert". Aber sie dürfen dann nicht mehr in ein anderes Haus übersiedeln, sondern sollen dort bleiben, bis sie den Ort verlassen – eine Bestimmung, die offenbar verhindern soll, daß sie sich durch die Aussicht auf bessere Verpflegung zu selbstsüchtigem Gebaren und Bevorzugung der Wohlhabenden verlocken lassen.[123] Werden sie in einem Ort freundlich aufgenommen, so sollen sie dortbleiben und ihre Tätigkeit beginnen; werden sie dagegen feindselig abgewiesen, so sollen sie den Staub von ihren Füßen schütteln und verkünden, daß die Stadt, der das Gottesreich nahe gekommen war, es verschmäht hat; so wird es ihr schlimmer ergehn als Sodom und Gomorrha.

Diese Bestimmungen sind in der Folgezeit mehrfach abgeändert worden; die Gefahr, daß Abenteurer und Schwindler die bequeme Gelegenheit benutzten, um mühelos und in angesehener Stellung als Prediger des Evangeliums auf Kosten der Gemeinden zu leben – ein Vorwurf, gegen den auch Paulus sich immer wieder verteidigen muß –, war zu groß, wie die Erfahrung alsbald gelehrt hat. So wird der Anspruch auf freien Unterhalt auf die Zwölf und die Herrnbrüder beschränkt und von der Mutterkirche auch dem Paulus und Barnabas bestritten (Kor. 1 9, 6); von allen anderen Missionaren wird Arbeit verlangt. Ganz scharf wird diese Forderung dann in der Apostellehre formuliert: länger als einen oder zwei Tage darf kein Wanderapostel oder Prophet an einem Ort verbleiben und freien Unterhalt erhalten; fordert er ihn auf längere Zeit, will er sich dort niederlassen, ohne selbst zu arbeiten, oder verlangt er gar Geld, so ist er ein falscher Prophet und Betrüger, einer, „der aus Christus ein Gewerbe macht" (χριστέμπορος), und daher schroff abzuweisen.[124]

Die älteste Mission hält sich, wie die Wirksamkeit Jesu selber, ganz innerhalb der Grenzen des Judentums.[125] „Biegt nicht ab auf einen Weg der Heiden und tretet nicht ein in eine Stadt der Samariter; geht vielmehr zu den verlorenen Schafen des Hauses Israel" (Matth. 10, 5 f.) – dieselbe Auffassung, die der Erzählung von Jesus und der Syrophoenikerin Marc. 7, 27 zugrunde liegt. Es gilt, von dem auserwählten Volk so viele wie möglich für das Gottesreich zu retten, ehe der Herr kommt und das Gericht bringt. Aber, so heißt es in einem Spruch aus Q bei Matthaeus 10, 23, „wahrlich ich sage euch, ihr werdet (wenn ihr bei der Verkündung des Evangeliums aus einem Ort in den andern flieht) noch nicht mit den Städten Israels zu Ende sein, bis daß der Menschensohn kommt".

Die Missionsarbeit hat sich viele Jahre hindurch fortgesetzt, zunächst wie es scheint ohne schwere Konflikte – an Feindseligkeit und Mißhandlung hat es natürlich niemals gefehlt[126]; aber die breite Ausmalung der Verfolgungen in der Marcusapokalypse gehört erst der jüngsten Schicht des Evangeliums an –, wohl aber wie in Jerusalem so auf dem Lande mit beträchtlichem Erfolg; das beweist, so wenig eine zahlenmäßige Schätzung möglich ist, die immerhin ziemlich starke Verbreitung des Judenchristentums in Palaestina und seiner Umgebung auch noch in der Folgezeit und die Rolle, die dieses und die aus ihm hervorgegangenen Sekten, trotz der gewaltigen Überflügelung durch die fortschreitende Entwicklung auf heidnischem Boden, doch noch in Literatur und Polemik gespielt haben.

Die Gemeinde der „Schüler (Jünger, μαθηταί) des Herrn", von den Gegnern nach seiner Heimat als Nazarener oder Nazoraeer bezeichnet (Bd. II), lebt in inniger Gemeinschaft als eine große Familie, die Mitglieder sind „Brüder" und „Schwestern" und werden in der Anrede ständig als solche bezeichnet.[127] Wie jede derartige Genossenschaft, die sich im Glauben an die Verheißung eng zusammenschließt und damit von der Menge absondert, fühlen sie sich als das wahre Israel, die wenigen von Gott Berufenen, denen das Reich gegeben ist, im Gegensatz zu der großen Masse der Gleichgültigen und weltlich Gesinnten, die die Predigt verschmähn und feindselig ablehnen und denen daher das Gericht und die Vernichtung bevorsteht. Jesus selbst hat es ausgesprochen, daß der Same, den er ausstreut, nur selten auf guten Boden fallen, keimen und gedeihen kann, daß nur wenige den Eingang durch die enge Pforte zu finden vermögen.[128] Je mehr mit dem wachsenden Erfolg auch die Gegenströmung anwächst, desto stärker tritt dieses Bewußtsein hervor, durch die Gnade Gottes herausgehoben zu sein aus der Masse der Verworfenen; in der Zwölferquelle des Marcus wird es weit nachdrücklicher betont als in der Jüngerquelle, die Apokalypse bei Marcus und das Matthaeusevangelium ist ganz von ihm beherrscht. Die Gläubigen sind „die Geliebten Gottes", „die berufenen" oder „von Gott auserwählten Heiligen"; „die Heiligen" wird geradezu der Name, mit dem die Gemeinde der Gläubigen sich bezeichnet.[129]

Um sich in diesem Stande zu behaupten und sich nicht von der plötzlichen Wiederkunft des Herrn überraschen zu lassen, bedarf es freilich der ständigen Wachsamkeit und den mahnenden und tröstenden Eingreifens der Brüder. Dazu dient die Gemeindeorganisation. Das Matthaeusevangelium, das deren volle Ausbildung voraussetzt, gibt darüber die Vorschrift[130], wenn ein Bruder sich vergeht, zunächst zu versuchen, die Sache mit ihm allein auszumachen, und, falls er darauf nicht hören will, einen oder zwei Zeugen hinzuzuziehn; „wenn er aber auf die nicht hören will, so sage es der Gemeinde; will er aber auch auf die Gemeinde nicht hören, so soll er dir sein wie der Heide und der Zöllner", d. h. dann soll er aus der Gemeinde ausgestoßen werden. Die höchste Autorität aber bilden die Zwölf, und an ihrer Spitze Petrus: „was ihr auf Erden bindet, wird im Himmel gebunden, was ihr auf Erden löst, im Himmel gelöst sein".[131]

Eine weitere Bezeichnung der Gläubigen ist „die Armen" (οἱ πτωχοί), hebraeisch Ebjônîm, ein Ausdruck, der dann die offizielle Bezeichnung der auf dem älteren Standpunkt stehen gebliebenen Judenchristen ('Eβιωναῖοι) geworden ist; die Frommen, die bei Gott Hilfe suchen, sind ja immer die „Armen und Bedrückten", wie sie in den Psalmen und sonst oft genug genannt werden. Auf die Anfrage des Johannes antwortet in Q Jesus, nach Aufzählung seiner Wundertaten, „und den Armen wird die frohe Botschaft, das Evangelium, verkündet".[132] Nach einem Spruch bei Lukas 14, 12 ff. soll, wer ein Gastmahl gibt, nicht seine Freunde und Verwandten und die reichen Nachbarn laden, damit sie ihn wieder einladen, sondern die Armen, Krüppel, Lahmen, Blinden; die können ihm das nicht vergelten; „wohl aber wird es dir vergolten werden bei der Auferstehung der Gerechten.[133] In den Seligpreisungen im Eingang der sogenannten Feldpredigt, in der Q die Hauptgedanken der Sittenlehre Jesu zusammenfaßt, stehn die Armen voran, „denn euer ist das Gottesreich"; es folgen, die jetzt hungern, weinen, verfolgt werden, denen der Lohn im Himmel gewiß ist.[134]

In dieser ursprünglichen Fassung steht, wie in den gleichartigen Äußerungen des Alten Testaments und der daran anschließenden Schriften, z. B. in den Psalmen Salomos, die materielle Not der Bedrückten und Bekümmerten im Vordergrund; eben dadurch sind sie reif geworden, die Predigt vom Gottesreich aufzunehmen. Im engeren Sinn kommt die Bezeichnung „die Heiligen" oder „die Armen der Heiligen" speziell der Urgemeinde von Jerusalem zu, und es gilt als selbstverständlich, daß die Tochtergemeinden, denen sie das Heil übermittelt hat, ihr den Dank dafür dadurch abstatten, daß sie für sie sorgen und ihr Unterstützung zukommen lassen.[135] Aber daneben steht eine Vertiefung des Begriffs, der in der Erweiterung der Seligpreisungen im Matthaeusevangelium zum Ausdruck gelangt. Hier werden aus den Armen „die Armen an Geist", aus den Hungernden „die hungern und dürsten nach der Gerechtigkeit"; die Weinenden werden durch die Trauernden ersetzt, hinzu kommen die Barmherzigen, die Herzensreinen, die Friedfertigen.[136] Diese Parallelen erläutern den Zusatz zu den Armen οἱ πτωχοὶ τῷ πνεύματι, der für uns im Grunde ganz unübersetzbar ist, da wir kein Wort besitzen, das sich mit dem Begriff des Pneuma wirklich deckt – „Geist" ist so vieldeutig, daß es nur zu leicht zu Mißverständnissen führt. „Die Armen an Geist" sind natürlich nicht solche, die das Wehen des Gottesgeistes nicht empfinden[137], sondern gerade das Gegenteil, die, welche die Sehnsucht nach ihm gepackt hat; ihre „Armut" besteht darin, daß sie nach dem „Geiste" hungern und dürsten wie nach der „Gerechtigkeit" und daß sie dadurch reif sind für die Offenbarung und das Gottesreich.

Diese Vertiefung zeigt, welch erstaunliche Kraft geistigen Lebens in der ältesten, äußerlich noch völlig auf jüdischem Boden stehenden Christengemeinde gewaltet hat. Mit ihrem schlichten, von theologischen Spekulationen nicht verbildeten Sinn war sie fähig, nicht nur die Lehre Jesu zu bewahren und innerlich zu verarbeiten, sondern auch sie in Worte von überwältigender Wirkung zu fassen, mit einer naturwüchsigen Gestaltungskraft, wie sie nur den Perlen volkstümlicher Dichtung eignet. Das tritt in der Fortbildung der Überlieferung, wie sie auf der einen Seite in den Quellen des Marcus, auf der andern in der Spruchsammlung (Q) des Matthaeus und ihrer Erweiterung zum Evangelium vorliegt, auf Schritt und Tritt zutage; dazu gehören so grandiose Schöpfungen wie der Versuchungsmythus und weiter z. B. der Jubelruf über die Erfolge des Christentums, und daneben die durch ihre ruhige Sachlichkeit nur um so ergreifender wirkende Erzählung von der Passion bei Marcus, die zu den größten Schöpfungen aller Prosaliteratur gehört und nur in Platons Phaedon ein gleichartiges Gegenstück besitzt. Nach dem äußeren Erfolg gemessen reicht Paulus' Wirksamkeit viel weiter; aber an geistiger Bedeutung kommt er, trotz oder vielmehr gerade wegen seiner theologischen Bildung, an die Urgemeinde nicht heran. In ihr lebt wirklich der geschichtliche Jesus weiter, nicht der überweltliche Messias des Christentums.

VII

Erste weitere Ausbreitung. Simon Magus

Die ersten Konflikte mit der jüdischen Regierung. Stephanus

Nach den von Lukas wiedergegebenen Berichten über die Anfänge der Gemeinde haben die Gläubigen sich tagtäglich im Tempel versammelt[1] und Petrus und Johannes hier in der Halle Salomos, der großen Kolonnade an der Ostseite des äußeren Vorhofs[2], den Volksmassen gepredigt und Wunderheilungen vollbracht; in der ersten Zeit wird man hier ununterbrochen nach der Wiederkunft des Herrn in den Wolken ausgeschaut haben, mit dem zugleich auch das himmlische Jerusalem sich auf die Erde herabsenkt.[3] Der Regierung konnte dies Treiben wenig genehm sein; wurde doch ein Mann, den sie als Gotteslästerer dem schimpflichen Tode am Kreuz überliefert hatte, als der Messias, der wahre König Israels verkündet und damit ihr Urteil als Verbrechen gebrandmarkt. Es kam hinzu, daß die Oberhäupter des Kirchenstaats nicht nur ihre Verantwortung gegenüber den römischen Landesherrn und die Pflicht stark empfanden, bei der fortwährenden halb religiösen, halb sozialen und daher sich in wilden politischen Zukunftsträumen entladenden Gärung im Volk die Ordnung aufrecht zu erhalten, sondern daß sie, der saddukaeischen Schule angehörend, überhaupt allen Neuerungen ablehnend gegenüberstanden und nur anerkannten, was buchstäblich im Gesetz geschrieben stand, und daß sie immer zu hartem Urteil und rücksichtsloser Unterdrückung jeder Abweichung bereit waren.[4] So waren ihre Oberhäupter, voran der Hohepriester Kajaphas und sein Vorgänger Annas, gegen Jesus vorgegangen – zu meinem Bedauern habe ich in Bd. II unterlassen, ausdrücklich darauf hinzuweisen, daß, wenn auch die Pharisaeer mitgingen, doch die Leitung des Prozesses und die Durchsetzung der Verurteilung durch Pilatus in den Händen der Saddukaeer gelegen hat. Es ist daher nur natürlich, daß dieselben Männer[5] jetzt, als sie sahen, daß die von ihm hervorgerufene Bewegung nach seinem Tode von neuem auflebte, auch gegen seine Schüler einschritten. Die Überlieferung erzählt, vielleicht mit Verdoppelung des Vorgangs auf Grund von zwei Parallelberichten[6], daß die Zwölf und ihre Oberhäupter Petrus und Johannes zweimal im Tempel verhaftet und vor das Synedrium geführt worden seien. Als dann Petrus auf die Frage nach ihrer Vollmacht – oder vielmehr: „in welcher Kraft oder in welchem Namen habt ihr das (nämlich die Heilung des Lahmen) getan?" – „erfüllt vom heiligen Geist"[7] verkündet, sie handelten im Namen Jesu von Nazaret des Gekreuzigten, den Gott auferweckt und zum Heiland und Messias erhöht habe, er sei der von den Baumeistern verworfene Grundstein (Psalm 118, 22)[8], verbietet ihnen der Hohepriester im Namen des Rats „ein für alle mal, im Namen Jesu zu reden oder zu lehren"[9], also diesen Namen überhaupt zu erwähnen. Denn darauf kommt es an; im übrigen mögen sie, so lange sie im Rahmen des Gesetzes bleiben, predigen was sie wollen, wie es die zahlreichen Propheten und Wundertäter dieser Zeit auch getan haben. Aber Petrus und seine Genossen weigern sich zu gehorchen und setzen ihre Tätigkeit fort. So werden sie beim zweiten Mal zur Geißelung verurteilt. Das nehmen sie mit Freude auf sich: „sie sind gewürdigt, für den Namen Schmach zu erleiden"; sie fahren unentwegt fort, „alltäglich die Lehre und das Evangelium vom Messias Jesus im Tempel und im Hause zu verkünden".

Daß die jüdische Regierung nicht weiter gegangen ist, steht fest: sie hat den Moment verpaßt, wo es vielleicht noch möglich gewesen wäre, die neue Sekte durch Ausrottung der ersten Bekenner zu unterdrücken. Daraus folgt, daß, wie es Lukas ganz richtig darstellt, eine starke Gegenströmung vorhanden war, mit der die Regierung rechnen mußte. Auf der einen Seite fand die Verkündung, wie jede neu auftauchende religiöse Bewegung[10], lebhafte Sympathie und starken Anhang bei den Massen; auf der anderen war die Haltung der Pharisaeer zum mindesten nicht einheitlich. Allerdings hatten sie mit

Jesus ständig in Konflikt gelegen, da sie deutlich empfanden, daß seine Lehre, trotz aller Unterordnung unter das Gesetz, in Wirklichkeit die Axt an die Grundlagen ihrer Lehrsätze und ihrer Lebensführung legte; und so hatten ihre Führer mit den Saddukaeern zu seiner Verurteilung zusammengewirkt. Dieser Gegensatz dauerte ungemindert fort, wie die scharfen, bei Matthaeus noch weiter gesteigerten Angriffe gegen die Pharisaeer in den Evangelien lehren. Aber daneben bestand weitgehende Übereinstimmung in den maßgebenden Anschauungen. Das Christentum war auf dem Boden der pharisaeischen Religion erwachsen, es teilte mit ihr den Glauben an den Kampf zwischen der göttlichen Macht mit ihren Engeln und dem Teufel und seinen Dämonen, in den der Mensch mitten hineingestellt ist, an das Kommen des Messias und des Weltgerichts, an Auferstehung und jenseitige Vergeltung. Allerdings heißt es im Gesetz (Deut. 21, 23): „Verflucht von Gott ist, wer am Pfahl aufgehängt ist", und vielen mußte es als eine furchtbare Gotteslästerung erscheinen, daß nun der Gekreuzigte der Messias und der Sohn Gottes sein sollte. Aber anderen mochte doch das Bedenken kommen, ob das Urteil wirklich gerecht gewesen war und ob sich nicht vielmehr, wie die Christen behaupteten, gerade dadurch die Worte der Propheten erfüllt hätten. Es gab in der Tat zwischen Christen und Pharisaeern einen gemeinsamen Boden, und das Beispiel des Paulus zeigt, wie jäh gerade die erbittertste Feindschaft gegen die neue Lehre in enthusiastische Hingabe umschlagen konnte. Der bei jeder Gelegenheit hervorbrechende Gegensatz gegen die Saddukaeer kam hinzu und machte ein einheitliches Vorgehn unmöglich. Die Rede, die bei Lukas Gamaliel bei der zweiten Verhandlung im Synedrium hält, mit der Mahnung, abzuwarten und die Entscheidung Gott anheimzustellen, ist allerdings in dieser Fassung nicht historisch; sie enthält einen starken Anachronismus, und sein Auftreten gehört wahrscheinlich in beträchtlich spätere Zeit. Aber derartige Gedanken werden auch damals schon manche Pharisaeer gehabt haben; und so haben sich denn auch Pharisaeer zu der neuen Lehre bekannt, nicht mit dem Radikalismus des Paulus, sondern in der Überzeugung, damit den Boden des Judentums und des Gesetzes in keiner Weise zu verlassen.[11]

Die Lage änderte sich, als die Propaganda anfing, über die Kreise der einheimischem, aramaeisch sprechenden Juden hinauszugreifen zu den zahlreichen Juden und Proselyten aus der Diaspora, die sich in der heiligen Stadt niedergelassen hatten und durch die Pilger fortwährend Zuzug erhielten. Sie waren nach Landsmannschaften (aus Kyrene, Alexandria, Kilikien, Asia) oder, wie die Freigelassenen (libertini), nach ihrem Stande zu Synagogen zusammengeschlossen, in denen natürlich griechisch geredet und gebetet wurde. Dabei werden sie, im Gegensatz zu den Ἑβραῖοι[12], als Ἑλληνισταί bezeichnet. Die Zwölf, von denen kaum einer auch nur die Elemente des Griechischen gekannt haben wird, waren der Aufgabe, für diese zu sorgen, nicht gewachsen. Materielle Konflikte, der Vorwurf der Parteilichkeit bei der Verteilung der Unterstützungen an die Witwen, kamen hinzu. Aber der Gegensatz ist offenbar wesentlich tiefgreifender gewesen, als Lukas anerkennen will[13]; in diesen Kreisen wehte ein anderer Geist als bei den in der Enge Judaeas Aufgewachsenen, die Gemeinde trat durch sie mit der großen Welt in Berührung. So gewinnt die christliche Predigt hier nicht wenige Anhänger. Für sie werden aus ihrer Mitte unter Leitung der Zwölf sieben besondere Beamte (Diakonen) gewählt, alles Männer mit griechischen Namen, darunter, was besonders hervorgehoben wird, ein Proselyt Nikolaos aus Antiochia, die neben den Verwaltungsgeschäften die Mission in ihren Kreisen eifrig betreiben.[14] Sie und ihre Schüler beginnen bereits, über die Grenzen Palaestinas hinauszugreifen; denn die Christengemeinde, die Paulus in Damaskus antrifft, kann nicht erst durch die bei der Verfolgung des Stephanus Versprengten gebildet sein, sondern ist offenbar schon vorher entstanden.

Gläubige, gesetzestreue Juden waren natürlich auch die Hellenisten. Aber ihr Interessenkreis war doch vielfach ein anderer, sie waren, schon durch die Sprache, wenigstens äußerlich berührt von der Weltkultur, gegen die das palaestinische Judentum sich seit der Makkabaeerzeit völlig abgeschlossen hatte – der Versuch des Herodes, wenigstens eine gewisse Anpassung an diese durchzusetzen, hatte die Opposition dagegen nur gesteigert. Die Heiligkeit der Stadt und ihres Tempels hatte sie nach Jerusalem geführt; aber von Jugend auf verwachsen mit dem Tempelkult, wie die dort ansässige Bevölkerung, waren sie nicht; es ist nie zu vergessen, daß der Diaspora der gesamte Opferkult völlig fremd und für sie durch die Synagoge und die in ihr ausgebildeten Formen des Gottesdienstes – des Gottesdienstes der Kirche mit Schriftverlesung, Predigt und Gebet im Gegensatz zum Opferritual des Tempels – ersetzt war. Jetzt trat mit der christlichen Lehre von der Erlösung von der Sündenschuld, die Jesus, der Sohn Gottes, durch seinen in der Schrift verkündeten schimpflichen Tod der Menschheit gebracht hatte, von dem binnen kurzem vom Himmel herabkommenden Messias, in dessen Gottesreich alle lebenden Gläubigen unmittelbar eingehn werden, während die toten Leichen wieder zum Leben erwachen, von den sittlichen Geboten an Stelle des ihnen gewohnten Ritualismus etwas ganz Neues in ihren Gesichtskreis; denn auch hier standen sie nicht, wie die palaestinensischen Juden, mit der Entwicklung in innerem Zusammenhang, sondern ihr Ergebnis trat ihnen als etwas Fertiges entgegen. So tritt für sie, dem irdischen Jesus gegenüber, der überweltliche „Gesalbte", der Christus, wie sie das Wort Messias übersetzen, durchaus in den Vordergrund.[15] Da ist es begreiflich, daß, wo die neue Lehre Wurzel faßte, sie alsbald zu einem weiteren Abrücken vom Judentum führen konnte. In der Überlieferung bei Lukas, die gleichfalls auf eine ältere Vorlage zurückgeht, gelangt das dadurch zum Ausdruck, daß Stephanus, einer der Sieben, den Tempelkult als Abfall vom wahren Gott verwirft; denn dieser wohnt nicht in Bauten von Menschenhänden, sondern wie Jesaja gesagt hat, der Himmel ist sein Thron und die Erde der Schemel seiner Füße.

Das ist noch etwas anderes als die Verkündung der Zerstörung des Tempels, wie sie, im Anschluß an Micha, Jeremia, Daniel, auch Jesus ausgesprochen hat und wie sie sich auch im Henoch und sonst findet. Der Gegensatz wird dadurch wesentlich verschärft, der Bruch mit dem Judentum und seinem Gesetz kündigt sich vernehmlich an. Es kommt hinzu, daß durch die Ausbreitung der neuen Lehre die jüdische Mission und die Verbindung mit der Diaspora gefährdet wurde. Andrerseits gab es gerade in diesen Kreisen, wie immer bei religiösen Sekten, die streng abgeschlossen inmitten einer fremden und feindlichen Bevölkerung leben, neben den für die neue „frohe Botschaft" Empfänglichen nicht wenige, die, mochten sie echtjüdischen Ursprungs oder erst selbst zum Judentum übergetreten sein, mit Fanatismus an ihrem Glauben festhielten und von der neuen Irrlehre nichts wissen wollten.[16] So kam es hier zum ersten Male zu einem schweren Zusammenstoß und blutiger Verfolgung. Es ist bezeichnend, daß an die Spitze der Bewegung ein junger, streng orthodoxer Jude aus der hellenistischen Diaspora trat, Saul (Paulus) aus Tarsos, der zum Studium des Gesetzes und der pharisaeischen Lehre unter der Leitung Gamaliels nach Jerusalem gekommen war. Stephanus wird als Gotteslästerer gesteinigt, seine Anhänger und die Missionare aus den Hellenisten aus der Stadt verjagt, die jüdische Regierung entsendet den Saul – und gewiß auch andere Beauftragte – an die Synagogen in Palaestina und in der Diaspora bis nach Damaskus hin, um die Anhänger der neuen Lehre zu greifen und gefesselt zur Aburteilung nach Jerusalem zu bringen.[17]

Stephanus' Leiche wird von „vorsorglichen Männern"[18] beigesetzt und eine große Totenklage veranstaltet. Daß das besonders hervorgehoben wird, zeigt, welches Gewicht um der „Auferstehung des Fleisches" willen auf die Erhaltung des Leichnams gelegt wird. Darin ist zugleich der erste Ansatz zu dem Märtyrerkult enthalten, der sich dann so reich entwickelt hat und mitten in den wüstesten Aberglauben hineingeführt und, bei ihrer fortschreitenden Ethnisierung, die Kirche immer mehr überwuchert hat. So ist denn auch der Bericht über Stephanus' Martyrium das Vorbild für die zahllosen Märtyrergeschichten der späteren Zeit[19]: von Anfang an ist er in eine übernatürliche Sphäre entrückt, die Anwesenden, seine Richter, „sehn sein Angesicht leuchtend wie das eines Engels". Als dann sein Schicksal entschieden ist, sieht er im Himmel die Herrlichkeit Gottes und Jesus zu seiner Rechten stehend und ruft: „Da sehe ich den Himmel offen und den Menschensohn zur Rechten Gottes stehend"; und als er unter den Steinwürfen zusammenbricht, ruft er aus: „Herr Jesus, nimm meinen Geist auf" und faßt sterbend den Grundgedanken der Religion in den Ausruf zusammen: „Herr, rechne ihnen diese Sünde nicht an."

Um so bezeichnender ist nun aber, daß die Zwölf. in Jerusalem geblieben sind[20] und wir von einer Verfolgung gegen sie und ihren Anhang bis zum Jahre 44 hinab nichts hören. Das zeigt, daß der Gegensatz zwischen den hebraeischen und den hellenistischen Gläubigen tiefer gewesen ist, als Lukas ihn darstellt; trotz alles Strebens, die Einheit zu bewahren, ist innerhalb der Gemeinde eine Spaltung eingetreten, die dann in der Folgezeit immer weiter führt. Die Gegner haben das wohl empfunden. Gewiß wird die Verfolgung auch die „Hebraeer" betroffen haben; aber hier ist sie bald abgeflaut, mit ihnen konnte man zur Not auskommen und sie als eine rein jüdische Sekte dulden, wie so manche andere auch; mit den „Hellenisten" dagegen war der Bruch vollständig; und als drei Jahre später (Gal. 1, 18) Paulus nach Jerusalem kommt und hier unter diesen agitiert, sucht man ihn umzubringen, und er muß sich durch die Flucht nach Caesarea und weiter nach seiner Heimat Tarsos den Nachstellungen entziehn.[21]

Philippus' Mission bei den Samaritanern

Lukas stellt alle Heimsuchungen und Verfolgungen, welche die Kirche und ihre Oberhäupter erlitten haben, unter den Gesichtspunkt, daß alle Nöte, die sie im Augenblick dem Untergang nahe zu bringen schienen, in Wirklichkeit gerade das Gegenteil herbeigeführt haben. Sie sind das Mittel, dessen sich der ihr Schicksal leitende Gottesgeist bedient, um die Kirche weiter auszubreiten und zum Siegeszuge durch die Welt bis nach Rom zu führen. Die Verfolgung in Jerusalem hat das in der Tat bewirkt. Die von hier verjagten Hellenisten und ihre Leiter, die Diakonen, ziehn hinaus in die Welt und verbreiten die Lehre weithin durch Palaestina und alle syrischen Lande.[22]

Genauere Nachrichten über den Verlauf dieser Mission erhalten wir nur von einem der Sieben, dem Philippus, der dem Lukas davon erzählt hat, als er ihn im Jahre 59 in Caesarea besuchte. Daß damals, etwa ein Vierteljahrhundert später, seine Erlebnisse auch für ihn ein legendarisches Gewand angenommen hatten, ist durchaus begreiflich und wiederholt sich in allen gleichartigen Fällen; wenn seine vier Töchter die Gabe der Prophetie besaßen (act. 21, 9), werden auch ihm derartige Zustände nicht fremd gewesen sein und sich die Grenzen zwischen Wahrheit und Phantasie noch stärker verwischt haben als bei nüchternen Menschen. Das hindert aber nicht, daß diese Nachrichten einen geschichtlich brauchbaren Kern erhalten. Eine von ihnen erzählt, wie er, der Weisung eines Engels folgend, auf die Wüstenstraße nach Gaza hinausgeht und hier einen zum Judentum übergetretenen Eunuchen der Aethiopenkönigin Kandake – ein bekanntlich in dieser Zeit mehrfach vorkommender Name (oder Titel?) der Beherrscherin des Reichs von Meroe – antrifft, der auf der Rückkehr von einer Wallfahrt nach Jerusalem in seinem Wagen sitzend eifrig im Jesaja liest – natürlich laut, wie immer im Altertum.[23] Dem Anraunen des Geistes folgend läuft Philippus hinzu, deutet ihm das 53. Kapitel vom Tode des Gottesknechtes, das ihm unverständlich geblieben ist, auf Jesus und tauft ihn in einem vorbeifließenden Wadi. „Als sie aber aus dem Wasser stiegen, riß der Geist des Herrn den Philippus hinweg, und der Eunuch sah ihn nicht mehr, zog aber freudig seines Weges." Hier hat Lukas die Erzählung als objektiven Bericht stilisiert, ähnlich wie bei der Befreiung des Petrus aus dem Gefängnis 5, 19 ff. 12, 7 ff. und sonst; daß aber Philippus selbst den Vorgang schon ganz so aufgefaßt hat[24] und Lukas ihm seine Kunde verdankt, geht deutlich daraus hervor, daß die Erzählung ganz isoliert dasteht und gar keine weiteren Folgen hat. Lukas hat sie aufgenommen als einen interessanten Beleg, wie der „Geist" die Ausbreitung des Christentums bewirkt. Dadurch ist uns ein sehr lebendiges und lehrreiches Kulturbild erhalten, das zugleich von der eifrigen jüdischen Mission bis nach Äthiopien (d. i. Nubien) hin eine sehr erwünschte Kunde bringt; diese Mission hat sich bekanntlich hier wie in Arabien bis nach Saba und Habesch jahrhundertelang mit großem Erfolge fortgesetzt.

Viel bedeutsamer für die Ausbreitung des Christentums ist, daß Philippus bei seiner Mission über das orthodoxe Judentum hinausgreift zu den Samaritanern[25], sich also über das Verbot in der Instruktion der Apostel Matth. 10, 5 hinwegsetzt. Das bestätigt aufs neue, daß in diesen Hellenisten ein freierer Geist lebte. Er hat großen Erfolg; auch hier fehlt es nicht an der enthusiastischen Erregung, mit zahlreichen Austreibungen von Dämonen und Wunderheilungen. Die Urgemeinde von Jerusalem hat sein vom Geist so offen bestätigtes Wirken anerkannt; die Samaritaner waren ja eben so eifrige Befolger des Gesetzes wie die Orthodoxen, und die Differenz, welche sie schied und eine Vereinigung der beiden Kirchen im Kultus unmöglich gemacht hatte – die aus dem alten nationalen Gegensatz zwischen Israel und Juda erwachsene Frage, ob der Garizim oder der Zion die Wohnstätte Gottes sei –, war durch Stephanus' Auftreten überwunden. So entsenden die Zwölf den Petrus und Johannes, um die Taufe durch Handauflegung zu sanktionieren, und dadurch erhalten auch die neuen Gläubigen die „Gabe des heiligen Geistes".

Simon Magus

Bei den Samaritanern ist die auf dem Boden des orthodoxen Judentums erwachsene Propaganda für den Messias Jesus konkurrierend zusammengestoßen mit den gleichartigen Bewegungen, die sich innerhalb der Ketzergemeinde entwickelt hatten.[26] „Schon vor dem Auftreten des Philippus", berichtet Lukas, „gab es in Samaria einen Mann namens Simon, der Zauberkünste trieb (μαγεύων) und das samaritanische Volk aufregte (verwirrte, ἐξιστάνων). Er behauptete, ein Großer zu sein, und alle, klein und groß, hingen ihm an und sagten: das ist die Kraft Gottes, die die große heißt. Sie hingen ihm aber an, weil er sie schon geraume Zeit durch seine Zauberkünste (μαγεῖαι) aufgeregt hatte." Als dann Philippus reichen Erfolg gewann, „ließ auch er sich taufen, schloß sich ihm an, und geriet außer sich (ἐξίστατο), als er die großen Zeichen und Wunderkräfte (δυνάμεις) sah". Das steigert sich noch, als Petrus und Johannes durch Handauflegung den heiligen Geist vermitteln; er bietet ihnen Geld, damit auch er diese Wirkung ausüben könne. Aber Petrus weist ihn entrüstet zurück, weil er das Geschenk Gottes durch Geld erwerben will. „Du hast keinen Anteil und Erbe an dieser Lehre, denn dein Herz ist nicht gerecht vor Gott." Er mahnt ihn zu Reue und Gebet, ob er Vergebung erlangen könne. „Da antwortete Simon: Betet ihr für mich zum Herrn, daß von dem, was ihr gesagt habt, nichts über mich komme."

Daß diese Erzählung durchaus tendenziös gestaltet ist, liegt auf der Hand. Sie will nicht nur nachweisen, wie die wahre Religion die Zauberkünste der falschen Propheten überwindet und entlarvt, wie das Paulus auf Zypern mit Elymas und in Ephesos mit den Söhnen des Skeuas getan hat, die, ähnlich wie hier Simon, den Namen Jesu vergeblich für die Austreibung der Dämonen zu benutzen versuchen, sondern zugleich zeigen, wie sie den Stifter einer konkurrierenden Religion gedemütigt und gezwungen hat, seine Ohnmacht und ihre Überlegenheit zu bekennen.

Denn als Religionsstifter ist Simon aufgetreten.[27] Die Kunde darüber haben die christlichen Bekämpfer der Irrlehrer bewahrt. Weitaus am wichtigsten sind die Mitteilungen, die Justinus Martyr in seiner kurz nach 150 n. Chr. geschriebenen Apologie macht[28], da dieser, geboren in Flavia Neapolis, d. i. der Stadt Sichem, genaue Kunde über ihn und seine Sekte besaß und überdies ausdrücklich versichert, daß er ohne Rücksicht auf seine Landsleute in der an den Kaiser eingereichten Apologie ihre Irrlehre dargelegt habe.[29] Justin sagt: „Nahezu alle Samaritaner, und auch einige wenige aus andern Völkern, erkennen den Simon als den ersten Gott" oder „einen Gott, der jede Herrschaft, Gewalt und Kraft überragt"[30] –; „und eine gewisse Helena, die zu jener Zeit mit ihm herumzog, früher eine öffentliche Dirne, nennen sie den ersten in ihm entstandenen Gedanken (Ennoia)".[31] Natürlich vollbringt er auch Wunder, durch die Zauberkraft, die ihm die Dämonen verliehn haben, die ihn als Gegenwirkung gegen den Christus und Gottessohn Jesus aufgestellt haben.[32] Daran knüpft Justin die Angabe, er sei unter Claudius nach Rom gegangen und hier als Gott verehrt worden. Er hat nämlich auf der Tiberinsel eine Statue des sabinischen Gottes Semo Sancus Deus Fidius mit ihrer Weihinschrift kennen gelernt[33] und setzt diesen in aller Naivität in Simon um. Diese alberne Deutung, in Wirklichkeit lediglich ein charakteristischer Beleg für den dürftigen Geisteszustand des braven Justin, hat trotzdem bei den Christen vollen Erfolg gehabt; sie wird überall wiederholt[34] und hat in den absurdesten Legenden weitergewuchert. Daß sie mit der Angabe, Simon werde außerhalb Samarias nur von wenigen verehrt – die eben dadurch als zuverlässig erwiesen wird –, in schroffem Widerspruch steht, hat Justin nicht bemerkt. Daß er wirklich nach Rom gegangen ist, wie die jüdischen und christlichen Missionare, ist ja möglich; aber weit wahrscheinlicher ist, daß das gleichfalls lediglich aus der Inschrift gefolgert ist. Die Datierung „unter Claudius" ergab sich aus den Angaben der Apostelgeschichte von selbst; er konnte ja dorthin erst nach der Missionstätigkeit des Philippus und Petrus in Samaria gegangen sein.

Nach Justin stammte Simon aus dem Dorf Gitta.[35] Nach den Klementinen wäre er ein Schüler des Sektenstifters Dositheos gewesen[36]; und so trüb und durch phantastische Erfindungen entstellt diese Überlieferung ist[37], mag sie darin doch eine richtige Kunde bewahren. Jedenfalls wird die von Dositheos in der samaritanischen Kirche geschaffene Bewegung auch auf ihn eingewirkt haben.[38]

Dositheos ist als der von Moses verheißene Prophet und Messias aufgetreten, mit strengem Festhalten am Gesetz, das er zu asketischer Lebenshaltung weiterbildet. Eine Auferstehung und Vergeltung im Jenseits hat er ebensowenig anerkannt, wie die samaritanische Kirche Überhaupt, die darin wie die Saddukaeer an der ursprünglichen Auffassung des Gesetzes festhielt; wohl aber haben seine Anhänger geglaubt, daß er nicht gestorben, sondern entrückt sei, wie Henoch und Elias, und wohl auch gehofft, daß er wiederkehren und dann den Sieg seiner Religion und die Umwandlung der Welt bringen werde, wie diese oder wie der Imâm der Schiiten.[39] Simon ist in jeder Richtung weit darüber hinausgegangen. Nicht der verheißene Prophet will er sein, sondern die Inkarnation der die Welt schaffenden und beherrschenden Gotteskraft. Denn das bedeutet die μεγάλη δύναμις Gottes, die sich in ihm in Menschengestalt offenbart. „Diese Kraft Gottes, die die große heißt"[40], verhält sich zu der Kraft, die sich in den gewöhnlichen Propheten und Wundertätern manifestiert, ebenso wie der heilige

Geist, der bei Gott wohnt und in Jesus eingegangen ist, zu den Wirkungen des Geistes in den Aposteln und der Masse der Gläubigen. So steht Simon dem Gottessohn Jesus gleich – auch in ihm ist nach Paulus (Kor. I 1, 24) die „Kraft Gottes" verkörpert – und wird von den Gläubigen als Gott verehrt.

Neben der „Kraft", der obersten Gewalt, welche die Erscheinungswelt schafft und beherrscht, steht der „Gedanke", der sie gestaltet, die Ennoia – wir könnten auch sagen, der Begriff oder die Idee. Sie entspricht dem „Wort" (richtiger: der „Rede") der Juden und Christen, dem *mêmrâ* oder Logos Gottes; diese Vorstellung wird hier etwa in derselben Weise vergeistigt, wie die reale, sinnliche Gottesvorstellung durch Herausschälung des Begriffs der Kraft.[41] Dieser „Urgedanke des göttlichen Geistes, die Mutter von allem", so lautet die von Irenaeus gegebene Darstellung seiner Lehre[42], entnimmt aus dem Geiste des Vaters (Gottes), dessen Willen sie kennt, den Begriff der Engel und der Herrschermächte, löst sich von der Gottheit los, steigt in die untere Region hinab und zeugt jene Mächte; und diese bilden dann wieder die irdische Welt.[43] Aber jetzt wird die Ennoia von diesen festgehalten, da sie, von Neid erfüllt, verhüllen wollen, daß sie von einem Anderen stammen, und von Gott, der dann in Simon erscheint, überhaupt nichts wissen. So wird sie immer tiefer hinabgestoßen, aus einem menschlichen Körper in den anderen. Sie ist Helena gewesen, um die vor Troja gekämpft wurde; denn daß diese eine göttliche Macht war, hat sie an dem Schicksal des Stesichoros erwiesen, der erblindete, als er sie schmähte, und sein Augenlicht wieder erhielt, als er die Palinodie dichtete. Schließlich wurde sie zur öffentlichen Dirne erniedrigt. Da ist Gott selbst, die große Kraft, hinabgestiegen, hat die Helena in einem Bordell in Tyros aufgefunden und sie erlöst und sich beigesellt; „sie ist das verlorene Schaf" im Evangelium (Matth. 18, 12 = Luk. 15, 4).

Damit bringt Simon, oder vielmehr der Gott in ihm, auch den Menschen die Erlösung. Die menschliche Gestalt hat er zwar angenommen, aber er ist kein Mensch. „Bei den Juden ist er als Sohn (d. i. als Jesus) erschienen und hat scheinbar den Tod erduldet, aber in Wirklichkeit nicht gelitten; zu den Samaritanern ist er als Vater gekommen, zu den übrigen Völkern als heiliger Geist; in Wirklichkeit ist er die höchste Kraft, das heißt der Vater über Alles, er nimmt es aber hin, wie immer die Menschen ihn nennen wollen." So verliert denn auch die Schrift gegenüber der jetzt unmittelbar gegebenen Gottesoffenbarung alle Bedeutung. Daß Simon die Propheten (einschließlich der Psalmen usw.) verwirft, ist für einen Samaritaner selbstverständlich: sie sind von den die Welt gestaltenden Engeln inspiriert, die dadurch die Menschen knechten wollten.[44] Aber auch das Gesetz selbst scheint er ebenso beurteilt zu haben. Jedenfalls ist es für die, die durch ihn und Helena zur wahren Erkenntnis gelangt sind, nicht mehr bindend; die von den Engeln geschaffene Welt geht zugrunde, die Gläubigen aber sind durch die von Simon gebrachte Gnade von ihrer Herrschaft erlöst und frei, und damit fällt auch der Begriff der Sünde und das Gericht fort; denn das Böse ist nicht ein von Natur gegebener, sondern ein konventioneller Begriff (θέσει, eben durch das Gesetz).[45]

Von einer Auferstehung scheint Simon ebensowenig etwas gelehrt zu haben wie Dositheos und wie die Samaritaner überhaupt[46]; und vollends ist ihm die christliche Verkündung eines zukünftigen Weltgerichts über jede einzelne Seele ganz fremd. Ein dämmerhaftes Fortleben der Seelen in der Unterwelt mag er anerkannt haben, das dann seine Anhänger zu Zauber und Totenbeschwörungen verwendet haben.[47] Aber das Interesse ist ganz auf das gegenwärtige Leben beschränkt, und hier steht die Befreiung vom Gesetz im Vordergrund. Darin berührt er sich mit Paulus. Wenn dessen Bekämpfung des Gesetzes in manchen der sofort emporschießenden Sekten zu krassem Libertinismus und voller sittlicher Zügellosigkeit führt, so bei Simon natürlich erst recht. Seine Anhänger erklären, wie Hippolytos berichtet: „alles Land bleibt Land, wo man sät, ist gleichgültig, nur daß man sät; daher ist die geschlechtliche Vermischung mit Beliebigen für die durch Helena Erlösten gerade das Höchste und Heiligste".[48] Dazu kommt dann, wie immer, die durch die Erkenntnis gewonnene Zauberkraft, die in Wundertaten, Beschwörungen, Liebeszauber, Dienstbarmachung von Traumgeistern eifrig geübt wird.[49]

Wesen und Ursprung der Religion Simons

Daß Simon sich und seine Genossin Helena für Inkarnationen der göttlichen Urmächte ausgegeben hat, die jetzt der Welt die Erlösung bringen, kann nicht zweifelhaft sein, und ebensowenig, daß sie von ihren Anhängern als Götter verehrt werden. Das Bild des Simon wird dann nach dem des Zeus, das der

Helena oder Ennoia nach dem der Athena gestaltet. Angerufen werden sie, ebenso wie Jesus von den Christen, als „der Herr" und „die Herrin" (Κύριος und Κυρία); wer ihre Namen ausspricht, verrät dadurch, daß er nicht eingeweiht ist.[50] Wie weit er ehrlich gewesen ist und selbst an seine Verkündungen geglaubt hat, wie weit ein Schwindler, der sich die Zeitströmung geschickt zunutze machte, läßt sich hier so wenig entscheiden, wie bei den zahlreichen gleichartigen Erscheinungen dieser und der verwandten Epochen[51]; weitaus der häufigste ist eine Mischung von beidem. Auf die vielen Parallelen, welche Nordamerika von dem Ausgang des achtzehnten Jahrhunderts an bis zur Gegenwart bietet, sei auch an dieser Stelle hingewiesen; und ebenso darauf, daß schon im fünften Jahrhundert auf Sizilien, das durch seine überstürzte Entwicklung dem Orient weit näher steht als das griechische Mutterland und nicht nur darin dem angelsächsischen Koloniallande gleicht, Empedokles in derselben Weise als Gott, als Erlöser und Wundertäter aufgetreten ist. Daß die christlichen Berichte einseitig und gehässig sind, verhehlen sie selbst nicht – eine objektive Darstellung und den Versuch eines wirklichen Verständnisses, der ja auch der modernen rationalistischen Auffassung so schwer wird, darf man von ihnen überhaupt nicht fordern.

Unverkennbar ist jedenfalls, daß die Lehre Simons einen ernst gemeinten Versuch darstellt, die Welträtsel zu lösen, und daß sie in den beiden Urbegriffen der Kraft und des Gedankens Ideen verkündet, denen es an tieferem Gehalt nicht fehlt.[52] So ist sie in der Tat ein Konkurrent des Christentums; und auch darin berührt sie sich mit diesem, daß der Verkünder der neuen Offenbarung sich sofort umsetzt in ein übernatürliches, göttliches Wesen. Aber darin unterscheidet sie sich fundamental von ihm, daß sie die Erlösung sucht auf dem Gebiet der Spekulation, Jesus und das Christentum dagegen auf dem der Sittlichkeit und damit des Gewissens. Daher schlägt die Befreiung vom Druck des Gesetzesformalismus, der auf den Samaritanern nicht minder lastet als auf den Juden, hier um in wüste Zuchtlosigkeit und als Mysterium verhüllte Sinnlichkeit, während bei Jesus und dann bei Paulus die innere Freiheit vom Gesetz erst recht eine Steigerung und Vertiefung der sittlichen Gebundenheit erheischt.[53]

Damit ist zugleich eine neue Gestaltung des Dualismus gegeben. Der oberen Welt, den geistigen Mächten der Gottheit, steht auch hier eine untere, materielle Welt feindlich gegenüber. Aber sie ist nicht das Werk einer zweiten gleichstehenden Urmacht oder des Teufels – der im Judentum und Christentum nur scheinbar dem göttlichen Weltschöpfer untergeordnet ist; denn sein böser Wille, der ihn zum Abfall führt, ist in ihm selbst entstanden und steht in schroffem Widerspruch zu der Idee der göttlichen Schöpfung –, sondern die Materialisierung der Idee in der Schöpfung ist ihrem Wesen nach bereits eine Degeneration, die Welt ist nicht sowohl böse als vielmehr schlecht. Die Schöpferengel, die sie ausführen, versuchen, sich die Herrschaft über die Welt zu sichern, und knechten sie durch Gesetz und Propheten; sie schlagen den wahren göttlichen Gedanken, die Ennoia, in Fesseln und stoßen ihn immer tiefer ins Elend hinab. So steigt jetzt die göttliche Urmacht selbst hinunter, um in der Inkarnation in Menschengestalt, in einem Scheinleib, die Erlösung zu bringen, die von dem irreführenden, den wahren Gedanken der Gottheit entstellenden Gesetz befreit.

Eine Einwirkung des Christentums liegt sowohl in der Gleichsetzung der Helena mit dem verlorenen Schaf wie in der Behauptung vor, daß Simon auch mit Jesus dem Gottessohn identisch sei und scheinbar als dieser gelitten habe. Ob das aber auf ihn selbst zurückgeht, ist doch sehr fraglich; weitaus wahrscheinlicher ist, daß, als das Christentum sich immer weiter ausbreitete, die Simonianer den Versuch gemacht haben, dadurch auch dieses für sich zu annektieren.[54] Andrerseits liegt der Gedanke nahe, ob nicht bei der Vergeistigung der Urmächte griechischer Einfluß mitgewirkt hat. Und allerdings war die samaritanische Landschaft, mit den beiden großen Griechenstädten Samaria-Sebaste und Skythopolis und ihrem weiten Landgebiet, in viel größerem Umfang von fremden, unter der hellenistischen Kultur stehenden Elementen durchsetzt als Judaea und Galilaea. So mochten von hier aus griechische Ideen in ähnlicher Weise Eingang gewinnen wie in der jüdischen Diaspora, wenn auch die samaritanische Kirche sich dagegen in derselben Weise abgesperrt haben wird, wie die jüdische. Aber so viel auch bei den Griechen von der δύναμις die Rede ist, sowohl als der den Naturobjekten eigentümlichen und Bewegung und Sinneseindrücke erzeugenden Kraft, wie als der in den Menschen wirkenden und ihre Handlungen ermöglichenden Macht und Naturanlage, so wenig hat sich in ihren philosophischen Systemen die Kraft zu einem grundlegenden, einheitlichen Begriff herausgebildet, weder im naturwissenschaftlichen Sinn, noch im transzendenten, als der die Welt beherrschenden göttlichen Kraft, wie bei Simon.

Dieser Begriff ist vielmehr durchaus auf dem Boden der Magie erwachsen. Er ist die Wunder wirkende, den gesetzmäßigen Verlauf der Natur fortwährend durchbrechende Zauberkraft, also dem griechischen Denken so entgegengesetzt wie nur möglich. Mit dem Eindringen der Dämonologie und des gesamten wilden Aberglaubens hat ihn das spätere Judentum übernommen, und dem Christentum ist er daher ganz geläufig und wird für die Wundertaten Jesu und der Apostel und die magischen Wirkungen des Geistes ständig gebraucht. Im höchsten Maße ist diese Kraft natürlich der Gottheit und den ihr dienenden Mächten, den ἄγγελοι τῶν δυνάμεων, eigen. In diesem Sinne ist das Wort auch in die Übersetzungen der heiligen Texte eingedrungen. Die „Kraft Gottes", hebraeisch כֹּחַ oder עֹז, d. i. seine Macht und Körperkraft, wird fast immer ganz korrekt durch ἰσχύς übersetzt; aber im 110. Psalm, wo „mein Herr" zur Rechten Jahwes sitzen soll, wird v. 2 מטה עזך durch ῥάβδον δυνάμεως wiedergegeben[55]; daraus ist dann, in Verbindung mit Daniel 7, 13, das Wort entnommen, das Jesus beim Verhör gesprochen haben soll: ὄψεσθε τὸν υἱὸν τοῦ ἀνθρώπου καθήμενον ἐν δεξιᾷ τῆς δυνάμεως (Marc. 14, 62). Dem entspricht Jesu Wort bei Marcus 9, 1, daß manche der hier Stehenden den Tod nicht leiden werden, bis sie das Reich Gottes gekommen sehn ἐν δυνάμει, und 12, 24 in der Diskussion mit den Saddukaeern ἡ δύναμις τοῦ θεοῦ, gleichfalls mit Beziehung auf die Auferstehung; in der Apokalypse Marc. 13, 26 kommt der Menschensohn in den Wolken μετὰ δυνάμεως πολλῆς καὶ δόξης. Aber schon in LXX ist in dem auch hier für die Schilderung der Weltkatastrophe benutzten Wort Jesaja 34, 4 „das ganze Himmelsheer[56] wird hinschwinden" das Himmelsheer (d. i. die Sterne) umgedeutet in die Himmelsmächte: καὶ τακήσονται πᾶσαι αἱ δυνάμεις τῶν οὐρανῶν, bei Marcus 13, 25 frei wiedergegeben durch αἱ δυνάμεις αἱ ἐν τοῖς οὐρανοῖς σαλευθήσονται. Analog verkündet Henoch 1, 4 das Herabkommen Gottes (ὁ θεὸς τοῦ αἰῶνος) ἀπὸ τοῦ οὐρανοῦ τῶν οὐρανῶν auf die Erde zum Gericht ἐν τῇ δυνάμει τῆς ἰσχύος αὐτοῦ.

So wurzelt auch Simon durchaus in Anschauungen, die sich auf dem Boden der Schrift entwickelt haben. Aber die Fortbildung der Gotteskraft zu einer selbständigen Macht, analog dem Gottesgeist und den verwandten Gestalten, ist sein Eigentum, und ebenso die Sublimierung des Schöpferwortes zum Schöpfungsgedanken, der Ennoia. Auch das ist ein dem Griechentum völlig fremder Begriff, den er selbst geschaffen hat.[57] Wie die Kraft in ihm selbst, so verkörpert sich die Ennoia in Helena, um den Menschen die Erlösung zu bringen. Daraus ergibt sich die weitere, weithin wirkende Folgerung, daß das Gesetz nicht den Willen und den wahren Gedanken Gottes darstellt, sondern eine Mißbildung ist, mit der die unvollkommenen und selbstwilligen Mächte, die durch den Herabstieg der Ennoia zur Schöpfung entstanden sind, die Welt zu beherrschen versuchen. Von seinen Fesseln wird jetzt zuerst die Ennoia und eben dadurch weiter die Menschheit befreit; mit der gewonnenen Erkenntnis ist für die Gläubigen auch die von Gott gegebene Freiheit gewonnen.[58]

Auch die Gestalt der Helena ist nicht etwa, wie man oft gemeint hat, aus den griechischen Traditionen entwickelt. Vielmehr liegt gar kein Grund vor, zu bezweifeln, daß die Genossin des Simon wirklich diesen Namen geführt hat.[59] Sie mag neben ihm etwa in derselben Weise gestanden haben, wie ein Jahrhundert später die Prophetinnen neben Montanus. Ob sie wirklich, wie die Überlieferung behauptet, eine öffentliche Dirne gewesen ist, läßt sich natürlich nicht entscheiden; möglich ist es bei dem von Simon gepredigten Libertinismus gewiß, daß er die Erlösung gerade in einem solchen Wesen aus der tiefsten Schicht der vom Gesetz Verworfenen verkörpert hat. Die Namensgleichheit hat dann, sei es schon bei ihm selbst, sei es in der weiteren Ausbildung seiner Lehre, zu der Gleichsetzung mit der homerischen Gestalt geführt, einschließlich der Heranziehung der seit Plato allbekannten Erzählung von Stesichoros; gerade die Armseligkeit dieser Kombination[60] zeigt, daß von einer tieferen Einwirkung griechischer Ideen nicht die Rede sein kann.

Eine völlige Umkehrung der geschichtlichen Tatsachen ist es schließlich, wenn die modernen Kritiker, nachdem sie, widerwillig genug, im Gegensatz zu Baur und der Tübinger Schule die Existenz eines samaritanischen Thaumaturgen Simon haben anerkennen müssen, dann doch in den Göttern Simon = Dynamis und Helena = Ennoia „syrische Völkergötter" suchen, die mit jenen identifiziert worden seien, natürlich nach üblicher Weise einen Sonnengott und eine Mondgöttin[61], unbekümmert darum, daß bekanntlich bei den Semiten der Mondgott (Lunus) durchweg männlich ist; dann seien diese „mit dem Mittel der Allegorie spiritualistisch umgedeutet worden".[62] In Wirklichkeit liegt genau die umgekehrte Entwicklung vor: Simon und Helena werden als Inkarnationen der von Simon aus der religiösen Spekulation geschaffenen Potenzen göttlich verehrt, und dadurch werden auch diese Begriffe, die an sich ein selbständiges Leben im Kultus niemals gehabt und auch niemals gewonnen haben[63], von der Theologie zu göttlichen Mächten erhoben. –

Der Bericht der Apostelgeschichte will nun zeigen, wie diese gefährliche Konkurrenz, die dem Christentum in Samaria erstanden ist, in ihrem Urheber selbst überwunden wird. Simon ist anerkannt als die irdische Verkörperung der obersten Gotteskraft und reißt die Menge durch seine Zauberkünste mit sich fort. Aber die Wunder, welche die Verkünder Jesu auszuüben vermögen, gehn weit über das, was er zu leisten imstande ist. So schließt er sich dem Phillippus an und läßt sich taufen; und als er nun gar die Wirkungen sieht, welche der von den Aposteln übermittelte Geist in den Gläubigen hervorruft, wird ihm seine Ohnmacht vollends offenbar. Der „heilige Geist" hat die „große Kraft", deren er sich rühmt, überwunden und als nichtig erwiesen, und das bekennt er selbst, indem er die Gabe, durch Handauflegen den Geist zu verleihen, von den Aposteln erkaufen will. Damit zeigt er nur, daß ihm das wahre Wesen des Christentums völlig fremd geblieben ist und er, trotz der Taufe, nach wie vor nichts ist als ein armseliger Zauberer und Betrüger. Als ihm Petrus das vorhält, ist er so gedemütigt, daß er nicht mehr wagen kann, selbst die göttliche Gnade anzurufen, sondern die Apostel bittet, für ihn zu beten. Damit ist der Sieg des Christentums vollendet.

Beide Religionen sind auf dem Boden eines wüsten Aberglaubens erwachsen, Dämonologie und Zauberwesen sind für sie selbstverständliche Voraussetzungen. Aber gerade in dieser ethischen Wendung der Erzählung gelangt die innere Überlegenheit des Christentums aufs wirkungsvollste zum Ausdruck; sie zeigt, daß, im Gegensatz zu den konkurrierenden Lehren und ihren tastenden Spekulationen, für das Christentum diese Dinge doch nur äußeres, durch die Zeitverhältnisse gegebenes Beiwerk sind und es in den sittlichen Ideen einen lebendigen Kern enthält, der es weit über sie alle hinaushebt.

Daß die Erzählung nicht streng geschichtlich ist, ergibt sich schon aus diesem Aufbau. Die Behandlung „der Wunder des Geistes, die Scheidung zwischen den großen Zeichen und Kräften", die Philippus übt, und der Geistesausgießung durch die Apostel stammt von Lukas selbst, in Übereinstimmung mit seiner überall durchgeführten, bereits durchaus sekundären Auffassung der letzteren; das übrige kann schon Philippus selbst sehr wohl so erzählt haben. Auch ist es gewiß möglich, daß Simon sich selbst zeitweilig dem Christentum angeschlossen hat; das würde bestätigen, daß er ein Suchender war, auch wenn er dabei ehrgeizige Absichten verfolgte und sein Ansehn durch Gewinnung einer leitenden, den Aposteln gleichstehenden Stellung zu heben versuchte.[64] Aber wirklich Christ geworden ist er nicht – das wird ja auch von Lukas nicht behauptet, vielmehr eher durch die Schlußwendung, daß er die Apostel bittet, für ihn zu beten, das Gegenteil verhüllt angedeutet –, sondern ist ein Rivale des Christentums geblieben.

Die Weiterentwicklung der simonianischen Kirche und die Gnosis

Die Kirche, die Simon begründet hat, hat, wie Justin bezeugt, bei den Samaritanern sehr großen Anhang gefunden, zweifellos weit mehr als das Christentum; über die Grenzen der Landschaft dagegen ist sie nur wenig hinausgedrungen. Bestanden hat sie noch bis ins dritte Jahrhundert; allerdings sagt Origenes, daß es zu seiner Zeit in der ganzen Welt kaum noch dreißig Simonianer gebe.[65] Im zweiten Jahrhundert werden sie von Hegesippos unter den mit dem ältesten Christentum konkurrierenden Sekten erwähnt.[66] Auch Celsus hat von Simonianern gehört, „die die Helena oder einen Lehrer Helenos verehren und daher Helenianer heißen"; er hat sie für eine christliche Sekte gehalten, wogegen Origenes Einspruch erhebt.[67]

Von den Grundzügen ihrer Lehre hat Irenaeus die schon mitgeteilten Angaben bewahrt. Eine wesentlich jüngere Weiterbildung enthält eine angeblich von Simon selbst verfaßte Schrift 'Απόφασις „Darlegung"[68], aus der uns Hippolyt einen umfangreichen Auszug bewahrt hat.[69] Sie verbindet mit älterem Bestande der Lehre einen Wirrwarr mystischer Spekulationen nebst Brocken griechischer Philosophie und orientalischer Mystik, ganz in der Art vieler gnostischer Schriften, und tritt daher, wie schon manche der jüdischen Apokryphen, z. B. der Henoch, als Geheimlehre für die Eingeweihten auf. Der Eingang lautet, soweit man die stammelnden Worte überhaupt übersetzen kann: „Dies ist die Schrift [oder „die Rede"?] der Darlegung von Sprache und Name (Wort) aus der Denktätigkeit (ἐπίνοια) der großen Kraft, der Unbegrenzten. Daher soll sie versiegelt, verborgen, verhüllt sein, liegend in der Wohnung, wo die Wurzel des Universums ihr Fundament hat".[70] Die Ennoia ist hier wie durchweg durch Epinoia ersetzt, womit die Anregung der Denktätigkeit auf ein dadurch entstehendes

Objekt, die Konzeption des Gedankens ohne Rücksicht auf seinen Inhalt, bezeichnet werden soll – auch das beweist den späteren Ursprung der Schrift.[71]

Das System der Apophasis, soweit es sich aus Hippolyts Auszügen rekonstruieren läßt, im einzelnen zu analysieren, ist nicht unsere Aufgabe.[72] Der Grundgedanke ist, zu zeigen, wie aus dem „unbegrenzten" und daher auch an sich noch ungestalteten und wirkungslosen Urwesen durch die Entwicklung der Denktätigkeit und ihren Ausdruck in der Sprache die geistigen Mächte hervorgehn, die sich dann zugleich in der materiellen Welt verkörpern. Diese Mächte, als „Wurzeln (ῥίζαι)" bezeichnet, sind paarweise (κατὰ συζυγίας) geordnet, wie die Aeonen der übrigen Gnostiker: Verstand und Denktätigkeit, Sprache und Wort [nicht etwa Logos „Rede"], Überlegung und Erwägung (νοῦς καὶ ἐπίνοια, φωνὴ καὶ ὄνομα, λογισμὸς καὶ ἐνθύμησις), die sich zugleich in Himmel und Erde, Sonne und Mond, Luft und Wasser verkörpern. In ihnen allen wirkt verbindend als siebente Potenz die große Urkraft Gottes, die zugleich das innere Wesen – im Gegensatz zu seiner äußeren Erscheinung – des Feuers ist, aus dem dann die übrigen Elemente hervorgehn.[73]

Daß dieses System unter der Einwirkung der entwickelten Gnosis steht und wie sie Brocken griechischer Philosophie mit den Versuchen selbständiger, durchweg in Mystizismus entartender Spekulation verbindet, ist unverkennbar.[74] Bedeutsam und für die Lehre der Simonianer charakteristisch ist aber die starke Anknüpfung an das Alte Testament, die zu den tollsten Interpretationskunststücken führt. So ist in der Schöpfungsgeschichte des Menschen das Weltall eine Gebärmutter (μήτρα), Eden der Nabel, durch den sich die nährende Flüssigkeit in vier Adern im Embryo verteilt; die fünf Bücher des Gesetzes entsprechen den Sinnen usw. Daß Gott das Urelement des Feuers ist, wird aus den Stellen erwiesen, wo Jahwe als Feuergott erscheint. Simon aber, in dem dieser Urgott in Menschengestalt erscheint, ist ὁ ἑστὼς στὰς στησόμενος, der in Vergangenheit, Gegenwart und Zukunft unabänderlich Aufrechtstehende.[75] Diese Lehre mag schon älter sein; sie kennt auch Clemens Alexandrinus[76], bei dem sie aus Gen. 18, 22 und Exod. 34, 2 abgeleitet wird, wo Abraham und Moses vor Jahwe stehn, und wird ebenso in den Klementinen vorgetragen.[77] Wiederholt wird auch Jesaja zitiert, ebenso die Proverbien[78], vereinzelt auch das Neue Testament[79] und daneben Homer.[80] Das alles zeigt, wie weit die Entwicklung von der samaritanischen Grundlage abgerückt ist – die benutzte Bibel ist die griechische, nicht die hebraeische –; die Simonianer sind ganz in den Bereich der christlich-gnostischen Entwicklung gerückt und suchen sich, da sie deren Überlegenheit empfinden, durch Anpassung an sie zu behaupten. Aber eine christliche Sekte sind sie trotzdem nicht geworden; Simon bleibt der Konkurrent des Christus, der Gott, der die wahre Erlösung durch Befreiung vom Gesetz gebracht hat.[81]

Mit vollem Recht betrachtet daher Justin (um 150), und ihm folgend die gesamte christliche Überlieferung, den Simon als den ärgsten Gegner des Christentums und den Erzvater aller Ketzerei und speziell der Gnosis.[82] Als sein Schüler und Nachfolger wird der Samaritaner Menandros aus dem Dorf Kapparetaia genannt. Nach Justin, zu dessen Zeit es noch Anhänger seiner Lehre gab, ist er nach Antiochia gegangen „und hat dort, wie ich weiß, viele durch seine Zauberkunst irregeführt". Darin tritt der Versuch, dem Christentum Abbruch zu tun, ganz deutlich hervor. Um dessen Auferstehungsverheißung zu überbieten, verkündete er, daß seine Anhänger überhaupt nicht sterben würden – wie er sich das ausgemalt hat, erfahren wir nicht. Nach Irenaeus hat er auch getauft, also, so dürfen wir wohl annehmen, die Kraft für sich in Anspruch genommen, die nach der Apostelgeschichte Simon von Petrus und Johannes erkaufen wollte. Im übrigen war seine Lehre im wesentlichen mit der Sinions identisch; nach Irenaeus trat er auf als der von den unsichtbaren Aeonen von oben her gesandte Heiland.[83] An ihn wird dann die lange Reihe der Gnostiker in bunter Folge angeschlossen, so speziell der gleichfalls in Antiochia auftretende Satornil (Saturninus).

Diese Darstellung ist geschichtlich vollkommen zutreffend. Alle Grundgedanken der von Simon verkündeten Lehre sind von der Gnosis übernommen und auf christlichem Boden weitergebildet: der Versuch, die in der Welt wirkenden Mächte durch eine Begriffsanalyse zu erfassen und so die Entstehung der materiellen Welt aus den grundlegenden Abstraktionen zu erklären; die Degeneration und Fesselung der Urgedanken durch ihre Verkörperung in der unvollkommenen und daher von entarteten und bösartigen Mächten beherrschten Schöpfung; die Erlösung durch den Herabstieg der göttlichen Urmacht in Menschengestalt; die Befreiung von dem nicht von Gott, sondern von den unteren Mächten stammenden Gesetz. Auch der Doketismus, der Scheintod des Christus, findet sich schon bei ihm. So ist die Gnosis recht eigentlich eine in den mannigfachsten Variationen und Abstufungen sich vollziehende Verbindung des unter paulinischem Einfluß stehenden Christentums mit der Lehre Simons, unter stärkster Beimischung sowohl dem Hellenismus entlehnter Spekulationen wie eines wüsten synkretistischen Mystizismus, der von überall her die Elemente zusammenrafft und durch eigene Erfindungen oft absurdester Art ergänzt. Aber gerade die Grundbegriffe Simons werden durchweg festgehalten. Die göttliche Urmacht, die „Kraft" Dynamis, wird allerdings auf das mannigfachste variiert[84], wie schon bei Menander und in der Apophasia; aber der „Gedanke", die Ennoia [nicht etwa Epinoia, wie in der Apophasis!] kehrt überall wieder. Bei Valentinus ist Ennoia dem vollkommenen, unsinnlichen Aeon, der „Tiefe" (Bythos), beigesellt, zugleich mit dem Namen „Gnade" (Charis) und „Schweigen" (Sige), und aus ihnen geht dann der „Verstand" (Nûs) oder der „Erstgeborene" (Monogenes) und die „Wahrheit" (Aletheia) hervor, woran sich dann die weiteren Aeonenpaare anreihen.[85] Bei seinem Schüler Ptolemaeos sind dagegen dem Bythos zwei Genossinnen beigeordnet, „Gedanke" (Ennoia) und „Wille" (Thelsais), eben die Urmächte Simons, nur daß hier die „Kraft" noch weiter zum „Willen" entmaterialisiert ist; aus ihnen gehn „Verstand" (Nûs oder Monogenes) und „Wahrheit" hervor, wie bei Valentin.[86] Bei den Barbelognostikern erscheint statt dessen das Paar Ennoia und Logos, „Gedanke und Rede", aus denen wieder Autogenes und Aletheia[87] hervorgehn; und ebenso steht bei den Sethianern neben dem Urmenschen Anthropos, der zugleich der Urgott und „Vater" ist, die Ennoia.[88] Darin tritt die Abhängigkeit dieser Systeme „von Simon auch für uns noch ganz greifbar zutage.

Alte und moderne Simonromane

Je stärker die von Simon ausgehenden Ideen auf die Versuche eingewirkt haben, das Christentum durch phantastische Spekulationen in eine magische Kräfte verleihende Erkenntnislehre, die Gnosis, umzuwandeln, um so mehr erschien er den Bekennern des wahren Glaubens als das Werkzeug, das Satan und seine Dämonen in die Welt gesetzt haben, um die echte Gottesoffenbarung durch die Blendwerke der teuflischen Irrlehre zu bekämpfen. So erklärt es sich, daß nach der christlichen Sibylle Belial, der Antichrist, aus Simons Heimat Sebaste, d. i. Samaria, kommen wird.[89] In den Legenden, welche den siegreichen Kampf des in Petrus verkörperten Christentums mit den teuflischen Mächten schildern, ist die Gestalt Simons in diesem Sinne breit ausgemalt. Diese Legenden liegen vor einerseits in den verschiedenen Fassungen der durchweg von wüstestem, mehr als kindischem Wunderglauben beherrschten Erzählungen von Petrus' Aufenthalt in Rom und seinem Martyrium[90], andrerseits in den wahrscheinlich aus dem Anfang des vierten Jahrhunderts stammenden Bearbeitungen des Clemensromans, den Homilien und Recognitionen.[91] Dieser etwa gegen Mitte des dritten Jahrhunderts[92] in Syrien entstandene Roman, der den Titel Περίοδοι Πέτρου getragen zu haben scheint, benutzt eine Rahmenerzählung, die Wiederfindung der in alle Welt zerstreuten Glieder einer Familie – ein in Komödie und Roman weitverbreitetes Motiv der hellenistischen Literatur[93] – ohne jeden religiösen Inhalt, das hier auf den Christen Clemens von Rom, den spätern Bischof und Verfasser des Briefs an die Korinther, übertragen ist. In diesen Rahmen sind eingefügt: 1. eine Diskussion mit dem Judenfeind Apion über die allegorische Mythendeutung, wahrscheinlich jüdischen Ursprungs, an die sich nach HEINTZEs sehr wahrscheinlicher Annahme weitere Diskussionen mit einem Astrologen Anubion und einem Epikureer Athenodoros anschlossen, die im Roman anderweitig verarbeitet sind; 2. eine judenchristliche Schrift (oder mehrere?) mit starkem gnostischen Einschlag, aber antignostischer Tendenz, in der Simon als Gegner des Petrus erscheint (Κηρύγματα Πέτρου); 3. die weitere Ausbildung der Petruslegenden, wonach dieser den Simon in allen Städten Syriens verfolgt, seine Scheinwunder durch ununterbrochene wahre Wunder, Heilungen, Totenerweckungen überbietet und ihn zugleich in der Diskussion überwindet, was sich dann in den vorhin erwähnten, hier nicht mehr aufgenommenen Erzählungen von seiner Wirksamkeit in Rom weiter fortsetzt.

Diese Erzählungen mögen zu Ende des zweiten Jahrhunderts aufgekommen sein; wir finden sie zuerst bei Hippolyt, dagegen noch nicht bei seinen Vorgängern. Er erzählt, Simon sei mit seinen Zauberkünsten nach Rom gegangen und hier von Petrus immer wieder bekämpft worden; zuletzt habe er sich lebendig begraben lassen, um am dritten Tage wieder aufzustehn; er liege aber noch jetzt im Grabe, sei also nicht der Christus.[94] Den Ausgangspunkt bildet die Erzählung der Apostelgeschichte, durch die Petrus als der Antagonist Simons gegeben ist; in der Fortsetzung des Kampfs durch alle Städte Syriens von Caesarea bis Antiochia spiegelt sich das Ringen mit der simonianischen Religion und den ans ihr hervorgegangenen Sekten wider. Der Abschluß in Rom ist dadurch gegeben, daß Justin den Simon hier in dem Semo Sancus entdeckte und daher nach Rom ziehn ließ.

Bekanntlich haben F. CHR. BAUR und die Tübinger Schule in dem Simon der Klementinen eine Maske für Paulus zu erkennen geglaubt, der hier vom judenchristlichen Standpunkt aus als der Todfeind des echten von Petrus vertretenen Christentums bekämpft werde; diese mit ebensoviel Geist wie Willkür durchgeführte These ist die Grundlage ihrer Gesamtauffassung der ältesten Geschichte des Christentums und seiner gesamten Literatur geworden. Die gewaltige Überschätzung des Alters und des Wertes der Klementinen ist inzwischen wohl allgemein aufgegeben, und auch von der von jenen vertretenen Auffassung des Gegensatzes zwischen Petrus und Paulus und der übertriebenen Bedeutung des Judenchristentums, die in WAIZSÄCKERS Apostolischem Zeitalter noch eine glänzende, aber meines Erachtens durchweg völlig unhaltbare Vertretung gefunden hat, ist man, vor allem durch HARNACK, mehr und mehr zurückgekommen. Aber Reste der Ansicht, daß sich unter Simon Paulus verberge, finden sich immer noch; nach WAITZ ist die antipaulinische Polemik wenigstens in den aus den Kerygmen des Petrus stammenden Stücken unverkennbar, während er sie für die übrigen Abschnitte mit Recht zurückweist. Ich habe mich nicht überzeugen können, daß diese Deutung selbst in dieser Beschränkung, in der sie sich auch noch bei HARNACK und SEEBERG findet, irgendwie berechtigt ist: die dafür angeführten Belege entbehren durchweg der wirklichen Beweiskraft[95], und wo die Polemik einen antipaulinischen Charakter trägt, ist sie in Wirklichkeit nicht gegen Paulus, sondern ganz deutlich gegen Markion gerichtet.[96] Eben in der Zeit, wo die von diesem im Jahre 144 begründete Kirche den sich als orthodox ausgebenden Lehren den schwersten Abbruch tat, also in der zweiten Hälfte des zweiten Jahrhunderts, muß diese Quellenschrift entstanden sein.

VIII

Die Heidenmission. Paulus

Der Beginn der Heidenmission. Antiochia. Der Christenname

Bei der Mission unter den Samaritanern handelte es sich immer noch um Leute, die, wenn auch in der Tempelfrage arge Ketzer, doch noch ganz auf dem Boden des jüdischen Gesetzes standen und dies als unverbrüchliches Gebot anerkannten. Der entscheidende Schritt, das Hinausgreifen in die Heidenwelt, ist dann in den syrischen Landen geschehn. Lukas hat darüber nur einen summarischen Bericht gegeben: „Die bei der Verfolgung des Stephanus Zerstreuten zogen bis nach Phoenikien, Zypern und Antiochia, verkündeten aber die Lehre lediglich an Juden" – natürlich einschließlich der Proselyten. „Indessen unter ihnen waren Leute aus Zypern und Kyrene, die nach Antiochia gingen und dort das Evangelium von dem Herrn Jesus auch den Griechen predigten; und die Hand des Herrn war mit ihnen, und eine große Zahl wurde gläubig und wandte sich zum Herrn." Diese Angaben sind gewiß zuverlässig[1]; sie zeigen, wie schwer es selbst den „Hellenisten", soweit sie mit Jerusalem in unmittelbarer Verbindung standen, gefallen ist, die Grenze zu überschreiten; nicht sie, sondern Männer aus den bleibenden Diasporagemeinden von Zypern und Cyrenaika, die in ganz andrer Weise an das Zusammenleben mit „Griechen" gewöhnt sind, wagen den Schritt.

Die Namen dieser ersten Heidenmissionare sind verschollen. Gewiß hat ihnen der Gedanke ganz fern gelegen, daß sie damit irgendwie über das hinausgingen, was die jüdische Propaganda, im Anschluß an die Verkündungen der Propheten, seit Jahrhunderten, und vor allem die Pharisaeer (Matth. 23, 15) mit größtem Eifer betrieben. Waren doch sie selbst oder ihre Väter dadurch für das Bekenntnis zum alleinigen Herrn der Welt und seinem Gesetz gewonnen worden; nichts stand im Wege, jetzt auch die Erfüllung und den Einzug des messianischen Gottesreichs gleichfalls den Heiden mitzuteilen und so die Weltmission, zu der Israel von Gott berufen und auserwählt war, nach Kräften weiter zu fördern. Mit der Muttergemeinde der Heiligen in Jerusalem blieben sie in engster Fühlung, sie meinten lediglich deren Werk fortzusetzen; und diese hat das anerkannt. „Als die Kunde von ihrer Wirksamkeit zu der Gemeinde in Jerusalem kam, entsandten sie den Barnabas nach Antiochia; und dieser freute sich, als er die Gnade Gottes sah, und mahnte alle, mit herzlicher Hingebung beim Herrn auszuharren; denn er war ein trefflicher Mann und voll heiligen Geistes und Glaubens". Auch Barnabas, der sich schon vor Jahren mit Hingabe seines Vermögens der Gemeinde angeschlossen hatte, stammte aus Zypern; aber er war ein Lewit, also ein geborener Jude (act. 4, 36). Offenbar hat man ihn gewählt, weil er des Griechischen mächtig war, zugleich aber die Garantie bot, daß die Lehre rein und unverfälscht im Sinne der Zwölf verkündet wurde.

Die Legende, der Lukas folgt, hat dann in der Geschichte von der Bekehrung des Cornelius die Heidenmission unmittelbar unter das Vorbild des Petrus gestellt. Der ihr zugrunde liegende Vorgang gehört wahrscheinlich erst in spätere Zeit; aber die von Lukas vertretene Auffassung ist trotzdem zutreffend. Daß die Heidenmission, trotz aller Bedenken, die sie empfinden mochten, unter der Sanktion des Petrus und der Zwölf stand, wie es der eben angeführte Bericht des Lukas darstellt, ergibt sich gerade aus Paulus' späterem Konflikt mit ihnen und aus seinem bis zuletzt zäh festgehaltenen Streben, die Verbindung mit der Muttergemeinde aufrecht zu erhalten. Ganz anschaulich tritt diese Stellung darin hervor, daß der Name Kêphâ „der Fels", den Jesus dem Simon beigelegt hatte, bei der Mission ins Griechische übersetzt und dafür ein Eigenname Petros geschaffen wird: Auch denen, welche die Ursprache nicht verstanden, sollte dadurch übermittelt werden, wer der Fels war, auf dem die Kirche ruhte, zu deren Lehre sie sich bekannten.[2] Dem entspricht es, daß die den ältesten Überlieferungen noch fremde Heidenmission zögernd auch ins Evangelium eindringt: In der Apokalypse bei Marcus ist sie die unentbehrliche Voraussetzung für die Wiederkunft Christi[3], und in Q, d. i. den an sich durchaus judenchristlichen Logia des Matthaeus, ist Jesus – in bezeichnendem Gegensatz zu seinem Verhalten gegen die phoenikische Heidin Marc. 7, 25 ff., deren Tochter trotz ihres Glaubens die Heilung schließlich nur gewährt wird wie den Hunden die Brosamen unter dem Tisch – sogleich bereit, den Knecht des Hauptmanns von Kapernaum zu heilen, und er bekennt, daß er solchen Glauben in Israel nicht gefunden habe. Diese Erzählung ist das Gegenstück zu der von Cornelius; was hier von Petrus erzählt wird, wird dort auf Jesus selbst übertragen und so unmittelbar durch den Herrn sanktioniert. Dem entspricht die Verkündung, daß von allen Himmelsgegenden viele kommen und mit Abraham, Isaak und Jakob im Gottesreich lagern werden, während die Söhne und berufenen Erben des Reichs hinausgeworfen werden in die Finsternis draußen.[4]

Indessen nur zu bald mußte sich fühlbar machen, daß das Christentum mit der Heidenmission tatsächlich in eine neue Welt eingetreten war. Für die Juden und die beschnittenen Proselyten war es selbstverständlich, daß sie das Gesetz befolgten. Aber daneben gab es überall große Massen, welche sich der Synagoge anschlossen, den jüdischen „Herrn" als den alleinigen Gott und Weltschöpfer anerkannten und auch manche Ritualvorschriften befolgten, so war allem die Sabbatruhe und die Enthaltung von Schweinefleisch, die aber keineswegs das ganze Gesetz und am wenigsten die Beschneidung auf sich nahmen, die φοβούμενοι oder σεβόμενοι τὸν ϑεόν. Durfte das Christentum mehr verlangen, wo es doch mehr als das Judentum bieten und vor allem durch Verinnerlichung von der starr formalistischen Auffassung des Gesetzes befreien wollte? Durfte man die zurückstoßen, welche bereit waren, den Glauben an den Erlöser Christus anzunehmen, und sie durch Forderungen, deren Voraussetzungen ihnen völlig fremd waren, vom Heil absperren? Durfte man ihnen den Verkehr und die Tischgemeinschaft weigern, weil sie nicht koscher aßen und keine Neigung hatten, sich der widerlichen Operation der Beschneidung zu unterziehen, wo ihnen doch schon die Taufe auf den Namen des Herrn Jesus die Aufnahme in das Gottesreich gewährte?

War das Christentum bisher eine jüdische Sekte, hier in der fremden Umgebung beginnt es sich zu einer neuen Religion zu entwickeln. Gerade den Heiden, mochten sie sich bekehren oder das Evangelium schroff ablehnen, kam das sogleich zum Bewußtsein: Sie sollten ja durch die Reue und Taufe nicht etwa Juden werden, sondern Bekenner der neuen Lehre. Bei den Juden nannte man die Mitglieder der Gemeinde nach der Heimat ihres Stifters Nazarener oder Nazoraeer; aber die Missionare verkündeten nicht den jüdischen Propheten Jesus von Nazaret, sondern den in ihm erschienenen Weltregenten und Weltrichter, den von den Toten auferstandenen Sohn Gottes. In dem Wort Messias oder seiner Übersetzung durch Christus faßte sich der Inbegriff der neuen Lehre zusammen, das war der neue Gott, der der Welt verkündet wurde[5]; der Name Jesus, den er auf Erden geführt hatte, tritt dagegen durchaus zurück, so scharf auch seine Identität mit dem Christus betont wird. So werden seine Anhänger als Christusbekenner, Χριστιανοί, bezeichnet; Lukas bezeugt, daß der Name in Antiochia zuerst aufgekommen ist.[6] Bei den Heiden wird er alsbald allgemein gebräuchlich; von den Gläubigen selbst ist er dagegen erst spät und zögernd angenommen worden.[7]

Lukas erzählt, daß Barnabas, als er in Antiochia Fuß gefaßt hatte, nach Tarsos ging und sich von dort den Saul (Paulus) herbeiholte; ein Jahr lang hätten sie dann zusammengewirkt und eine ansehnliche Menge bekehrt.[8] Dies Jahr ist das Jahr 42/43 n. Chr.; die Mission in Antiochia mag also etwa um 40 begonnen haben, nach Paulus' Angaben über ein Jahrzehnt nach dem Martyrium des Stephanus. So ist bei Lukas 11, 19–26 die Entwicklung eines langen Zeitraums in wenige Sätze zusammengedrängt, im Gegensatz zu den ausführlichen Erzählungen über Philippus und Petrus; man sieht, daß ihm für das übrige nur dürftiges und unzulängliches, wenn auch in den Hauptmomenten zuverlässiges Material zu Gebote stand. Vollends gar nichts erfahren wir von der Mission in andern Orten, obwohl es doch daran in den übrigen Städten Syriens und Kilikiens – so in Damaskus und Tarsos – und wohl auch in Mesopotamien und Babylonien nicht gefehlt haben kann.

Saulus aus Tarsos. Jugend und jüdische Erziehung

Saulos, Scha'ûl[9], war der Sohn eines Juden aus Tarsos. Der Vater war im Besitz des römischen Bürgerrechts.[10] Von wem er es erhalten hat, wissen wir nicht, sein Gentilname, der vielleicht darüber Aufschluß geben könnte, ist nicht bekannt[11]; aber es beweist, daß die Familie wohlhabend und einflußreich war und zu den Honoratioren der Stadt gehörte. Daß der Vater sich am politischen Leben aktiv beteiligt hat, folgt daraus noch nicht; er wird eher ein betriebsamer Geschäftsmann gewesen sein, der es verstand, sein Geld zu benutzen, um bei den römischen Machthabern Einfluß zu gewinnen und sich und den Seinen eine privilegierte Stellung zu verschaffen. Der Sohn hat das Handwerk eines σκηνοποιός gelernt[12]; so wird man vermuten dürfen, daß der Vater eine Fabrik besaß, in der Zelttücher gewirkt wurden, und der Knabe in dieser den Betrieb erlernt hat, um dereinst das Geschäft des Vaters zu übernehmen; das hat ihm dann später ermöglicht, sich, ebenso wie Aquila aus Rom – mit dessen Hause der Vater schon in Geschäftsverbindung gestanden haben mag – durch dies Handwerk seinen Lebensunterhalt zu verdienen.

Tarsos, die Hauptstadt Kilikiens, hatte, wie die Münzen zeigen, schon seit der Perserzeit, ebenso wie die anderen Städte der Südküste Kleinasiens sowie Phoenikiens, einen starken und ständig wachsenden Einfluß des Griechentums erfahren, das durch Kaufleute, Söldner, Hetären und andre Abenteurer und auch durch Künstler verbreitet wurde. Der Hauptgott Sandon (aramaeisch Ba'al Tarz), ein Vegetationsgott, dem alljährlich das Fest des „Scheiterhaufens" gefeiert wurde, bei dem man den alten Jahrbaum verbrannte und einen neuen aufrichtete, galt als identisch mit dem Herakles vom Oeta, und die Stadt führte daher ihren Ursprung auf Herakles' Heimat Argos und auf die Scharen, mit denen Triptolemos die Io suchte, oder auf Perseus zurück. Unter den Seleukiden gelangte der Hellenismus und die griechische Sprache zu voller Herrschaft. Antiochos Epiphanes gab der Stadt den Namen Antiochia (Bd. II 140), der sich allerdings nicht behauptete; das zeigt, daß hier die griechische Stadtverfassung mit ihrem Selbstregiment voll durchgeführt war. In der Römerzeit ist Tarsos eine der blühendsten und geistig regsamsten Städte der hellenistisch-orientalischen Welt. „Bei seinen Bewohnern", sagt Strabo[13], „herrscht so großer Eifer für Philosophie und alle Zweige der allgemeinen Bildung, daß die Stadt sowohl Athen wie Alexandria und jede andere Stadt übertrifft, in der philosophische Schulen und Studien bestehn. Besonders bedeutsam ist, daß in Tarsos die Lernbegierigen alle einheimisch sind, Fremde sich nicht leicht dort niederlassen; vielmehr bleiben auch jene nicht am Ort, sondern gehn zur Vollendung ihrer Ausbildung anderswohin, und wenn sie zum Abschluß gekommen sind, leben sie gern in der Fremde, nur wenige kehren wieder zurück" – während in den übrigen oben erwähnten Städten die Studierenden meist Fremde sind, von den Einheimischen dagegen nur wenige geistige Interessen haben, mit Ausnahme von Alexandria, wo Einheimische und Fremde sich in gleicher Weise am wissenschaftlichen Leben beteiligen.[14] „So gibt es in Tarsos mannigfache Schulen für die mit der Redekunst zusammenhängende Ausbildung[15]; und im übrigen ist es stark bevölkert und hat, seiner Stellung als Hauptstadt (μητρόπολις) entsprechend, bedeutende Macht."

An Parteiungen und politischen Streitigkeiten hat es natürlich in Tarsos niemals gefehlt, und ebenso wie z. B. in Athen haben sich auch hier manche von den Philosophen eifrig daran beteiligt und unter der Hülle der Weisheit die Ziele persönlichen Ehrgeizes verfolgt. Caesar, der im Jahre 47 auf dem Feldzug gegen Pharnakes hierher kam[16], hat die Stadt offenbar begünstigt, so daß sie den Namen Juliopolis annahm.[17] Daher gewannen in den Wirren nach seiner Ermordung seine Anhänger das Übergewicht und bekämpften die republikanischen Truppen; dafür legte dann Cassius nach der Niederwerfung Dolabellas (Sommer 43) der Stadt die unerschwingliche Kontribution von 1500 Talenten auf, zu deren Deckung nicht nur aller Besitz der Stadt und der Heiligtümer hergegeben werden mußte, sondern auch Massen der Einwohner jedes Alters und Geschlechts als Sklaven verkauft wurden, ohne daß man die volle Summe erreichte; den Rest hat dann Cassius erlassen. Nach dem Siege der Triumvirn hat Antonius versucht, den Schaden wiedergutzumachen, den Verkauften die Freiheit zurückgegeben, die Stadt für frei erklärt und ihr Abgabenfreiheit verliehn.[18] Auch erklärte er sich bereit, das mit großen Ausgaben verbundene Amt eines Gymnasiarchen zu übernehmen; die Verwaltung desselben und die Finanzverwaltung übertrug er einem Demagogen Boethos, der seine Gunst durch ein Poem auf den Sieg bei Philippi gewonnen hatte und nun, wie das unter Antonius' Regiment üblich war, seine Macht zu Unterschleif, Erpressungen und Gewalttaten mißbrauchte; eine vor Antonius erhobene Anklage blieb erfolglos, so offenkundig die Tatsachen waren. Dann aber hat Augustus Ordnung geschaffen. Er bestätigte und erweiterte die Privilegien und das Gebiet der Stadt und veranlaßte den greisen Stoiker Athenodoros, Sohn des Sandon, der lange in Rom gelebt hatte und sein Lehrer gewesen war, das Regiment zu übernehmen. Als Boethos und sein Anhang sich nicht fügen wollten, hat er sie auf Grund seiner Vollmacht aus der Stadt verwiesen und die Verfassung neu geordnet. Als Athenodoros im Alter von 82 Jahren gestorben war – er wurde fortan als Heros verehrt –, folgte ihm der Akademiker Nestor, Lehrer des Marcellus, des Neffen des Augustus, und seines Stiefsohnes Tiberius, der ein Alter von 92 Jahren erreicht hat.[19] Fortan bestanden geordnete Zustände, und Wohlstand, Volkszahl und Ansehn der Stadt wuchsen ständig. An den Gebrechen des typischen Lebens der offiziell demokratischen Polis, dem Koterietreiben und dem niederen Ehrgeiz der nach Ämtern, Titeln, Ehrendekreten und Statuen gierigen Reichen und Streber, die in Wirklichkeit für das Gemeinwohl oft genug weder Interesse noch Verständnis hatten, an dem Phrasenschwall der Demagogen und Rhetoren fehlte es freilich auch hier nicht; und dazu kam die Rivalität der kleineren kilikischen Städte, die sich durch das Übergewicht der Metropole bedrückt fühlten und mit ihr in Grenzstreitigkeiten lagen, und die Kontrolle durch die römischen Statthalter, die in der Regel auch nicht gerade ideal waren und sich nicht selten unrechtmäßige Übergriffe gestatteten, gegen die eine Anklage in Rom, wie sie mehrfach vorgekommen ist[20], immer sehr beschwerlich war und leicht zu neuen Mißhelligkeiten und Verdächtigungen führen konnte.[21]

In diesen Verhältnissen ist der Judenknabe Saul aufgewachsen. Er mag etwa gegen Ende des ersten Jahrzehnts n. Chr. geboren sein: bei der Verfolgung des Stephanus heißt er νεανίας, im Brief an Philemon im Jahre 64 nennt er sich πρεσβύτης (v. 9), stand also mindestens etwa in der Mitte der Fünfziger. Die Familie, die ihr Geschlechtsregister auf den Stamm Benjamin zurückführte[22], war streng orthodox, natürlich im Sinne der pharisaeischen Schule – Saddukaeer wird es außerhalb Palaestinas kaum gegeben haben. „Mit acht Tagen bin ich beschnitten", schreibt er den Philippern, „aus israelitischem Geschlecht, vom Stamme Benjamin, Hebraeer von Hebraeern, dem Gesetz gegenüber Pharisaeer".[23] Aber die Sprache, in der er aufgewachsen ist, war griechisch, wie überall in der jüdischen Diaspora; die Schrift hat er, ebenso wie z. B. Philo, immer nur in der griechischen Übersetzung gelesen und zitiert. Ob sich in diesen Familien, auch wenn sie religiös tiefer interessiert waren, überhaupt noch eine mehr als oberflächliche Kenntnis des Hebraeischen erhalten hatte, ist sehr fraglich; die Beherrschung der „hebraeischen" oder vielmehr aramaeischen Sprache[24], die er später besitzt, wird Paulus jedenfalls erst in Jerusalem erworben haben. Wohl aber wird man annehmen dürfen, daß diese Juden in Aussprache, Wortstellung und Vortrag des Griechischen ein fremdes Element hineintrugen, das durch die eifrige Lektüre der wörtlichen, vielfach ganz ungriechischen Übersetzung[25] der Septuaginta noch gesteigert wurde, etwa in derselben Weise wie die Ostjuden deutsch sprechen und wie dann weiter seit Börne und Heine jüdische Sprechweise und jüdisches Denken die deutsche Schriftsprache auf das verhängnisvollste beeinflußt und den schauderhaften „deutschen" Feuilletonstil geschaffen hat.[26]

Aber so gut wie in einer größeren deutschen oder besser noch einer polnischen Stadt ein Knabe aus der begüterten und unternehmenden Schicht der orthodoxen Juden eine höhere Schule durchmacht und äußerlich die üblichen Kenntnisse und wenigstens teilweise auch die Formen der allgemeinen Bildung sich aneignet, ohne innerlich von ihnen ernsthaft berührt zu sein und den Juden und dessen Denkweise auch nur im geringsten abzustreifen, so ist es auch in den hellenistischen Städten gegangen, in Tarsos so gut wie in Alexandria und Antiochia. Es kann gar nicht zweifelhaft sein und wird durch seine Schriften erwiesen, daß Paulus die „allgemeine Bildung" seiner Zeit durchgemacht hat, die ἐγκύκλιος παιδεία. Dazu gehörte vor allem eine stilistische Schulung auf Grund der Rhetorik, wie sie in unseren Schulaufsätzen fortlebt, ferner einige, großenteils durch Chrestomathien vermittelte Kenntnis der wichtigsten Literatur nebst der griechischen Mythologie und eine oberflächliche Bekanntschaft mit den wichtigsten Systemen der Philosophie.[27] Daß zu seiner Schullektüre auch Aratos' Phaenomena oder wenigstens ihr berühmtes Prooemium gehört hat, durfte auch ohne das Zeugnis der Areopagrede in der Apostelgeschichte unbedenklich vorausgesetzt werden.[28]

Aber wenn er so, ganz anders als die Juden aus Judaea und vollends aus Galilaea, welche das Christentum geschaffen haben[29], mit der Weltkultur in Berührung stand, so ist er doch innerlich durch und durch Jude geblieben. Seine hohe Begabung, die gewaltige sittliche und religiöse Energie, die in ihm lebt, sind Geheimnisse seiner Individualität. Aber im übrigen tritt in allen Zügen, die ihn charakterisieren, in geradezu typischer Weise das Erbteil seines Volkes zutage: in dem bohrenden rabbinischen Scharfsinn, mit dem er alle Probleme dialektisch zu lösen sucht, in der unbedingten

Hingabe an die Religion und die von ihm als unverbrüchlich anerkannten Gebote, die bei ihm zu Schwärmerei und visionären Zuständen fortschreitet und für die er bereit ist, jederzeit, wie die Priester Jerusalems bei der römischen Eroberung, alles zu erdulden und sein Leben als Märtyrer hinzugeben, und nicht minder in dem starken Willen zu handeln und zu wirken, in dem erfolgreichen Streben nach beherrschender Macht, mit dem er jeden Gegner rücksichtslos bekämpft und niederringt. Das wird gewaltig gesteigert durch die Fähigkeit, der die Juden allezeit und gerade auch in unsrer Gegenwart so große Erfolge verdanken, die Situation und die in ihr beschlossenen Möglichkeiten klar zu beurteilen und zu benutzen. Er versteht die Menschen richtig zu behandeln und bei allem Enthusiasmus und aller Starrheit der Grundsätze doch im gegebenen Moment einen Ausweg zu finden und Kompromisse zu schließen. Er ist ein Politiker durch und durch; auch wenn er sich in den leidenschaftlichsten, durchaus ehrlich empfundenen Ausbrüchen ergeht, hat er doch immer die Wirkung vor Augen, die seine Worte ausüben müssen, und vergißt nie das Ziel, das er erreichen will. Diesen Eigenschaften verdankt er die gewaltigen Erfolge, die er errungen hat; schon in der führenden Stellung, die der junge Mann bei der Verfolgung des Stephanus einnahm, treten sie deutlich hervor.

Das Christentum und der Hellenismus

Im Gegensatz zu der hier vorgetragenen Auffassung ist gegenwärtig in populären wie in wissenschaftlichen Kreisen die Auffassung weit verbreitet, ja zeitweilig geradezu herrschend gewesen, welche Paulus zu einem „Hellenisten" im vollen Sinne des Wortes macht und sowohl seine Sprache wie seine Gedanken im weitesten Umfange auf griechische Einflüsse zurückführt, ja womöglich das Christentum überhaupt als ein Produkt des „Hellenismus" betrachten möchte, zu dem das Judentum und der Orient kaum mehr als die äußere Einkleidung hergegeben habe.[30] Zum Erweise sollen einerseits die Analogien zwischen dem Christentum und den religiösen Strömungen der Kaiserzeit mit ihren Mysterien und ihrem Aberglauben, andrerseits die enge Berührung, ja vielfach volle Übereinstimmung mit den Sätzen der hellenistischen Popularphilosophie dienen, vor allem mit der seit Panaetios und Posidonios durch den Platonismus stark beeinflußten und ihm innerlich angenäherten Stoa. Dahin gehören sowohl die ethischen Gebote, wie nicht wenige der grundlegenden religiösen Begriffe: so die Einheit Gottes, die Unsterblichkeitsidee, der Glaube an die Verwandtschaft der Menschenseele mit Gott und die Möglichkeit eines Aufstieges zur Gottheit, die Sehnsucht nach einer besseren Welt und der Begriff eines Erlösers oder Heilands, ferner der Glaube an zahlreiche vermittelnde Mächte (Dämonen), gute und böse, die zwischen der Gottheit und der irdischen Welt stehn und in das Geschick der Menschen, sei es schirmend, sei es schädigend, eingreifen.

Seitdem ihre Religion in griechisch gebildete Kreise eindrang, sind diese Berührungen auch den Christen nicht verborgen geblieben; aber sie ziehn daraus die umgekehrte, schon vom Judentum vorbereitete Folgerung, daß alle heidnische Weisheit nichts sei als ein – sei es durch Unfähigkeit, sei es böswillig entstelltes, oder (nach Clemens von Alexandria) aus ängstlicher Rücksicht auf die Volksstimmung verschleiertes – Plagiat an der weit älteren jüdischen Offenbarung, die für sie natürlich eine geschlossene, nach den Lehren des Christentums zu deutende Einheit bildet. Auch gegenwärtig sind die Versuche nicht ausgestorben, wenngleich nicht bei Seneca[31], so doch wenigstens bei Epiktet eine Abhängigkeit vom Neuen Testament nachzuweisen; indessen der Widersinn solcher Behauptungen ist so offensichtlich, daß es nicht erforderlich ist, darauf weiter einzugehn.[32]

Nicht besser berechtigt jedoch ist die gegenteilige Auffassung. Gewiß ist es richtig, daß Paulus und gar manche von den Propheten und Wundertätern, die im Orient auftreten, äußerlich den kynischen Wanderpredigern oder dem pythagoreischen Theosophen Apollonios von Tyana ähnlich sehn, die von Ort zu Ort ziehn, um von der Höhe ihrer Erkenntnis herab die populären Anschauungen zu bekämpfen und die Eitelkeit alles irdischen Treibens zu erweisen. Mit ihnen und mit den moralischen Erörterungen der stoischen Diatribe, wie sie vor allem in Arrians Aufzeichnung der Vorträge Epiktets vorliegt, berührt sich Paulus denn auch nicht selten sowohl im Inhalt wie im Ausdruck; auch die Mittel der Rhetorik, Antithesen, Gleichklang, Wortspiele, rhetorische Fragen verwendet er oft genug in derselben Weise wie jene.[33]

Wie hätte das auch anders sein können, wo in der Umgebung, in der er aufgewachsen war, derartiges tagtäglich zu seinen Ohren drang und wo, als er als gereifter Mann zunächst nach Tarsos zurückkehrte und dann in die rein griechische Welt hinauszog, von den Gegnern, die er zu überwinden suchte, diese Mittel und Ausdrucksformen ständig verwendet wurden?

Aber das alles ist nur äußerlich und angelernt; nur um so stärker tritt auch in seiner Sprache der fundamentale innere Gegensatz hervor. Kein Grieche und kein wirklich hellenistisch gebildeter Asiate hätte so geschrieben wie Paulus; auch Philo bemüht sich durchweg, in dem wohlgepflegten Stil der gebildeten Welt zu schreiben, und ebenso schon der Hebraeerbrief und dann Clemens von Rom und die Apologeten des zweiten Jahrhunderts, so wenig es ihnen auch vor Clemens von Alexandria gelungen ist. Paulus dagegen fehlt gerade das, was das Wesen des Griechentums ausmacht, die innere Form, das Gleichmaß des Kunstwerks. Wenn er seine Briefe diktiert, hat er sich zwar genau überlegt, was er erreichen und wie er den Stoff disponieren will; aber im einzelnen sprudeln die Sätze hervor, wie sie ihm in der Erregung des Moments in den Sinn kommen, sie überstürzen sich, er hängt einen Gedanken, einen Nebensatz, ein Participium, eine Präposition an die andere: Der Redner, in dem sich die Gedanken drängen, steht naturwüchsig vor uns. Eben dadurch wird es so schwer, ihn wirklich zutreffend zu übersetzen, ja oft genug überhaupt mit Sicherheit zu erfassen, was er eigentlich sagen will. Unvermittelt schieben sich dann Stücke dazwischen, in denen er die rhetorischen Hilfsmittel verwendet, und gelegentlich legt er geradezu ein ausgearbeitetes Schriftstück ein, wie den berühmten Hymnus auf die Liebe Kor. I 11 oder den auf den Gottessohn Kol. 1. 13 ff.[34] Dazwischen kommen dann die Stellen, in denen der Einfluß der Bibel, d. h. der Septuaginta, und die in ihr herrschende semitische Denk- und Sprachform sich geltend macht und Zitate aus ihr eingefügt werden. Die dem griechischen Gefühl unerträgliche Formlosigkeit der Briefe des Paulus haben die aus dem griechischen Kulturkreise hervorgegangenen Christen der Folgezeit noch lange sehr lebendig und peinlich empfunden; der hebraeische Stil beider Testamente bildet für sie trotz aller Gläubigkeit einen Anstoß, den sie nur schwer überwinden können, zumal die Gegner ihnen das immer wieder vorhalten. Nicht minder aber hat man die Schwierigkeit des Verständnisses und die Spitzfindigkeit seiner Argumentationen in den Kreisen der schlichten, ungebildeten Christen geradezu als eine Gefahr für den einfältigen Glauben empfunden; der zweite Petrusbrief warnt daher 3, 15 ff. die ἀμαθεῖς καὶ ἀστήρικτοι davor, sich mit spintisierendem Grübeln über die Briefe des Paulus „wie auch die übrigen Schriften" abzuquälen und dadurch ins Verderben zu stürzen.

Nicht anders steht es nun auch um die inhaltlichen Beziehungen.[35] Gewiß finden sich, wie die altchristliche Literatur oft genug hervorgehoben hat, zahlreiche enge Berührungen und selbst nahezu wörtliche Übereinstimmungen zwischen den Sätzen der Stoa und der Popularphilosophie und den Lehren des Paulus und des Christentums, vor allem auf sittlichem Gebiete. Aber gerade hier beweisen sie gar nichts. Denn alle praktischen Gebote der Ethik erwachsen aus den Bedingungen des menschlichen Daseins, die nicht nur eine äußere, rechtliche, sondern ebenso eine innere, sittliche, Regelung des sozialen Gemeinschaftslebens gebieterisch verlangen; und sie erhalten ihre Gestalt durch die Anschauungen, welche eine Zeit und ihre Kultur beherrschen. In den einzelnen Sätzen und vor allem in der tieferen oder flacheren Auffassung der sittlichen Pflichten mag es mannigfache Abweichungen geben, so gut wie in der von der Individualität und den Lebensbedingungen des Einzelnen abhängiger Frage, wie weit er die prinzipiell als bindend anerkannten Sätze tatsächlich in seinem Handeln befolgt; aber die grundlegenden Anschauungen und daher auch die meisten Formulierungen sind in jedem auf der gleichen Stufe stehenden Kulturstadium identisch – auch dann, wenn die Völker, die auf dieser Stufe stehn, gar keine Beziehungen untereinander haben –, so stark sie sich wandeln können, wenn diese Kultur sich ändert. So ist es kein Wunder, daß die Gebote der Stoa und die des Christentums sich in weitem Umfang decken und, wenn beide dieselbe Sprache benutzen, wie bei Paulus, auch sprachlich sich berühren[36]; besteht doch dieselbe Übereinstimmung trotz alles Gegensatzes in den Prinzipien und in der Formulierung des Ziels auch zwischen Epikur und der Stoa in vielen praktischen Vorschriften für die Lebensführung und dem Streben nach Emanzipation von allen äußern Momenten; auch das Endziel, die ἀταραξία des wahren Weisen, ist das Ideal so gut für die Stoa wie für Epikur und auch für den Skeptizismus Pyrrhons.

Nur um so größer ist der Gegensatz in den theoretischen Voraussetzungen, aus denen die Moralgebote abgeleitet werden. Die Auffassung von der Stellung und der Aufgabe des Menschen ist diametral entgegengesetzt, obwohl scheinbar darüber hinwegtäuscht, daß das Mittel zur Erreichung des Ziels auf beiden Seiten als „Erkenntnis" γνῶσις bezeichnet wird. Aber die griechische Gnosis ist die Philosophie, die Erkenntnis der Wahrheit durch den logisch geschulten Verstand, der alle Begriffe und Anschauungen, die ihm entgegengetragen werden, streng auf Inhalt und Haltbarkeit prüft, den populären Anschauungen und den Truggebilden der Phantasie rücksichtslos zu Leibe geht und keine Autorität über sich anerkennt, weder die eines Gottes noch die eines Menschen; und das Ideal ist der auf sich ruhende Weise, der mit der Erkenntnis zugleich die innere Freiheit, die Autarkie, gewonnen hat und damit zugleich die Fähigkeit, auch andere auf den richtigen Weg zu führen. Die orientalische Gnosis dagegen ist übernatürlicher Art, von der Gottheit dem irrenden und vergeblich den Heilsweg suchenden Menschen durch einen Gnadenakt, durch Offenbarung gewährt; sie verlangt die willenlose Unterordnung unter die Autorität und Hingabe an die göttliche Leitung; nicht der Verstand ist das Maßgebende, der vielmehr nur auf hoffnungslose Irrwege, aber niemals zu richtiger Erkenntnis führen kann, sondern das Gefühl und das mystische Ahnen des Gemüts, das vom „Geist", dem in der Welt wirkenden göttlichen Wehen des Pneuma, ergriffen wird. Dadurch wird der Pneumatiker hoch über den alltäglichen Verstandesmenschen, den Psychiker, erhoben, so daß sich ihm das Schauen der geheimnisvollen, rational niemals zu erfassenden Wahrheit erschließt.

Daher ist die Sittlichkeit für den Griechen und vor allem für den Stoiker und Kyniker das naturgemäße, der ewigen Weltordnung entsprechende Leben, das durch eigene Kraft, durch die Energie des Denkens gewonnen wird; für den Christen dagegen ein Geschenk der göttlichen Gnade. Voll erfüllen kann der Mensch, durch die irdischen Hindernisse seines leiblichen Daseins gebunden, diese Aufgabe weder nach dieser, noch nach jener Lehre. Aber für den Philosophen ist es genügend, wenn er unablässig strebt, seine sittliche Aufgabe zu erfüllen. Das Gefühl der Reue über begangene Fehler verwirft die Stoa: Das ist eine Konzession an die menschliche Schwäche, ein πάθος, von dem der Mensch sich fernhalten soll, weil es das klare Urteil des Geistes trübt, es genügt, wenn er sich weiter bessert. Für den Christen dagegen ist die Reue, die μετάνοια, die Voraussetzung der Bekehrung und der Gewinnung des Heils.[37]

So ist denn auch der Begriff der „Freiheit", der ἐλευθερία, die der philosophisch Durchgebildete gewinnt – mag er nun Stoiker oder Epikureer oder Skeptiker sein –, etwas ganz anderes als die Freiheit, die Paulus verheißt. Ihnen ist sie die innere, aus eigener Kraft gewonnene Unabhängigkeit, die Befreiung von allen Wahngebilden der Phantasie und dem Triebleben des irdischen Begehrens, und für den Stoiker die willige Einfügung in die harmonische Weltordnung. Die Gottheit ist nicht eine übernatürliche, außerhalb der Welt stehende selbstwillige Persönlichkeit, sondern eben diese Weltordnung selbst, in die wie alle Wesen so auch der Mensch hineingeboren ist und der sich entziehen zu können, wenn er die Erkenntnis gewonnen hat, er auch nicht einmal wünschen wird, weil das unmöglich ist. Die christliche Freiheit dagegen ist die Erlösung von der Welt, die Aufgabe der Selbständigkeit der eigenen Individualität und ihre Durchdringung mit dem übernatürlichen, göttlichen Wesen, ihr Aufgehen in dem Christus Jesus.

In allen Einzelzügen tritt, trotz der scheinbaren Gleichheit, dieser fundamentale Unterschied zutage. Die irdischen Schicksale und die irdischen Güter sind auf beiden Seiten gleichgültig, die ἀρετή, die Erfüllung der sittlichen Gebote ist das einzige, worauf es ankommt; und bei beiden ist die Fähigkeit, zur richtigen Erkenntnis zu gelangen, nur wenigen gewährt, sei es durch ihre Naturanlage, sei es durch die Willkür der göttlichen Gnade. Aber für den philosophisch Gebildeten ist das Entscheidende die eigene Persönlichkeit, die es rein zu halten und damit auf die geistige Höhe zu führen gilt; sie allein steht im Mittelpunkt, die Auffassung ist durchaus individualistisch. Da mag dem vollbewährten Menschen dann nach dem Tode noch ein Aufstieg in höhere Regionen, eine Erhebung zur Gottheit bevorstehn – eine Anschauung, die namentlich Posidonios ausgebildet hat und die neben dem gewöhnlichen Unsterblichkeitsglauben weite Verbreitung gefunden hat; ein ewiges Fortleben der Seele dagegen, wie es Plato gelehrt hat, erkennt die Stoa als dem Kreislauf der Natur widersprechend nicht an –; aber für das irdische Leben ist diese Möglichkeit gleichgültig und nicht etwa als Lockmittel gedacht. Für das Christentum dagegen ist das Wesentliche eben diese Zukunftsaussicht, die Herrlichkeit des ewigen Lebens bei Gott; um dieses Gewinns willen nimmt der Gläubige alle Lasten des Sittengesetzes und alle Leiden des Daseins geduldig auf sich. Wohl tritt auch hier bei tiefer empfindenden Naturen dieser äußere Vorteil der Zukunftsverheißung vor der sittlichen und religiösen Pflichterfüllung in den Hintergrund; aber für die Massenwirkung bildet der materielle Gewinn, der so gesichert wird, doch ein wesentliches Moment, das im Lauf der Entwicklung um so fragwürdiger wird, je mehr die mechanische Annahme der Glaubenssätze, d. h. die Knechtung des selbständigen Denkens, und der von der Kirche immer systematischer ausgebildete Apparat der formalen Gesetzeserfüllung mit dem Ritual der

Bußübungen und Kasteiungen die innere sittliche Freiheit erstickt. Darauf beruht dann weiter die Prüderie und die innere Unwahrhaftigkeit, an der die gesamte abendländische Welt dauernd krankt, im Gegensatz zu der Ehrlichkeit der antiken Welt.

Der hier berührte Gegensatz greift noch weit tiefer. Der griechische Weise lebt in der Welt, in die er gestellt ist; sein Herz soll er nicht an sie hängen, die irdischen Güter und Übel als für sein inneres Wesen gleichgültig anschauen, aber, wenigstens nach stoischer Lehre, die Rolle richtig spielen, die das Geschick ihm zuweist. Dagegen ein transzendentes Jenseits, ein Paradies, kennt er nicht, da ja das Universum alles umfaßt: die Glückseligkeit (εὐδαιμονία), die in der Gewinnung des inneren Gleichgewichts und der willigen Einfügung in die Weltordnung besteht, erreicht der Weise in dem gegenwärtigen irdischen Leben, nicht etwa in einem zukünftigen, überirdischen Dasein. Der Christ dagegen sucht die Erlösung vom Erdendasein; er lebt, wenn er gläubig geworden ist, schon hier, soweit wie es seine Gebundenheit an das „Fleisch" zuläßt, in einer andern bessern Welt, in die er bei der Wiederkunft des Christus oder der Auferstehung voll eingehn wird; die Erde versinkt vor dem Jenseits. Für die Stoa besteht die göttliche Vollkommenheit (τέλειος) in der Harmonie des Weltgesetzes, für den Christen dagegen in dem Ideal, weiches die Welt aufhebt, in der die gottfeindlichen, teuflischen Mächte herrschen. Daher ist denn auch die Gottesfurcht für den freien auf sich selbst ruhenden Weisen schlechthin verwerflich, ein Erzeugnis des rohen Aberglaubens der unwissenden Masse, sie würde ihn ebensosehr erniedrigen wie die Gottheit selbst; im Christentum dagegen lebt die ursprünglich allen Religionen zugrunde liegende Vorstellung von den nach Willkür und Laune handelnden Gottheiten, vor denen der Mensch zittert und die er in derselben Art günstig zu stimmen versuchen muß wie die irdischen Machthaber, in der aus dem Judentum übernommenen Form fort, daß Gott den Sündern und den Ungläubigen ein furchtbares Strafgericht bereitet. Allmählich tritt diese Seite der vom Evangelium Jesu verkündeten Barmherzigkeit und Vaterliebe Gottes gegenüber[38]immer mehr in den Vordergrund: die Missionspredigt kann neben der Verkündung der Auferstehung und der Entrückung ins Gottesreich das Schreckmittel der Höllenstrafen so wenig entbehren wie das Judentum und wie Zoroaster und Mohammed oder die Orphik. Für die Stoa dagegen sind das Wahnvorstellungen, die aller gesunden Auffassung des Weltbildes widersprechen; die bösen Folgen des unsittlichen Verhaltens zeigen sich im Innern des Menschen, nicht in seinen äußern Schicksalen. Die ἐκπύρωσις, der Weltbrand, in dem die gegenwärtige Welt zugrunde gehn wird, ist nicht ein Weltgericht und ein Schreckmittel, sondern ein notwendiges Endergebnis der ewigen Weltordnung; und an Stelle der bisherigen wird dann nicht eine neue Welt von ganz andrer, rein göttlicher Art entstehn, sondern derselbe Kreislauf beginnt alsdann von neuem, mit genauer Wiederholung derselben Vorgänge bis in alle Einzelheiten.

So ist denn auch die Stellung zu den Mitmenschen eine ganz andere, trotz aller Übereinstimmung in den praktischen Geboten des Verhaltens gegen sie. Für den philosophisch Denkenden steht immer die eigene Persönlichkeit im Mittelpunkt: Er würde sich selbst entwürdigen und damit schädigen, wenn er anders als sittlich handelte und den Trieben der Leidenschaft und der Gewinnsucht nachgäbe. Der christliche Begriff der Nächstenliebe, den Jesus bis ins Extreme, bis zu voller Selbstaufopferung gerade auch für den Unwürdigen gesteigert hat, fehlt hier durchaus. Kosmopolitisch sind beide, die einen wie die andern wenden sich mit ihrer Predigt an die ganze Welt. Denn die ehemalige Kluft zwischen den Nationen ist seit Alexander – in scharfem Gegensatz gegen seinen Lehrer Aristoteles, der hier wie in der Staatstheorie und in der Rechtfertigung der Sklaverei noch einmal den altgriechischen Standpunkt schroff formuliert – längst praktisch, und dann von der Stoa auch prinzipiell überbrückt[39], und die Verbreitung der griechischen Sprache gewährt die Möglichkeit zu weitestgreifender Wirkung. Aber für den Griechen setzt sich der Unterschied zwischen Hellenen und Barbaren um in den zwischen Gebildeten und Ungebildeten[40]; und nur jene sind, wenn sie wirklich die innere Durchbildung des Geistes erlangt haben, fähig, zur richtigen Erkenntnis zu gelangen, nicht aber die Masse der übrigen. Hinzukommen muß die innere Anlage und der eigene Wille; sie müssen die Kraft besitzen, sich nun auch in allem von der errungenen Erkenntnis, vom Intellekt, leiten zu lassen. Den Unterschied der Individualitäten erkennt auch das Christentum an: „Viele sind berufen, aber wenige auserwählt"; indessen hier ist das Entscheidende nicht der Intellekt und die eigene Kraft, sondern die göttliche Gnade, und eben darum wendet sich die Predigt prinzipiell an die gesamte Menschheit, und in erster Linie gerade an die mittleren und die niederen Schichten der Kulturwelt, die Ungebildeten und Einfältigen, die zu einem logischen Urteil und einer philosophischen Erkenntnis weder veranlagt noch geschult sind, sondern dem dunklen Triebe ihrer Empfindungen folgen und daher dem πνεῦμα zugänglich sind. Diesen Kreisen bietet sie, was ihnen weder der Philosoph noch der kynische Moralprediger bieten kann, einen festen Halt für Leben und Denken. Dieser Halt wird gewonnen durch den Glauben, d. h. durch die rückhaltlose Annahme der ihnen gepredigten Offenbarung, mag ihr Inhalt auch noch so seltsam und dem Gebildeten widersinnig erscheinen, und durch die willige Unterordnung unter die göttliche Autorität, die sich ihrer erbarmt. Das ist nichts anderes als die Verleugnung alles dessen, was das innerste Wesen des philosophischen Denkens und seiner Geistesfreiheit ausmacht. Für dieses ist das Ideal der auf sich selbst ruhende Weise, für das Christentum der sich in Gott versenkende Gläubige.

Damit ist das eigentlich entscheidende Moment berührt. Die Philosophie ist eine Bewegung von oben her, erwachsen aus der Aufklärung, aus der Emanzipation des Geistes von den traditionellen Vorstellungen der Religion und des Herkommens, und daher prinzipiell ungläubig; sie beginnt mit dem Zweifel, der dann durch die Prüfung entweder zu einem geschlossenen rationalen System der Welt- und Menschenkenntnis oder zum Skeptizismus führt. Das Christentum dagegen und alle verwandten Erscheinungen sind eine Bewegung von unten, erwachsen aus der Religion und den von der Menge zäh festgehaltenen Vorstellungen des mythischen Denkens und der übernatürlichen Mächte, der guten und der bösen, mit ihren Zauberkräften und willkürlichen Wirkungen, und daher prinzipiell irrational und autoritätsgläubig. Sie können äußerlich bis zu einem gewissen Grade die Formen des griechischen philosophischen Denkens annehmen und Formulierungen aufstellen oder benutzen, die diesem gleichklingen; innerlich dagegen ist und bleibt der Gegensatz unüberbrückbar. Umgekehrt mag die Philosophie Anschauungen und Gebilde des Volksglaubens aufnehmen, weil sie dieselben als Realitäten, als gegebene Bestandteile der Welt ansieht; aber dann sucht sie sie in das einheitliche, aus einer Grundanschauung zu erfassende Weltsystem einzureihen, wie das mit den Dämonen und den Vorzeichen der Mantik versucht wird, und ebenso mit der Astrologie als der Form, in der sich das Schicksal, die εἱμαρμένη, durch ein Zusammenwirken des gesamten Universums auf jeden einzelnen Punkt des Erdendaseins gestaltet und verkündet, und mit dem Glauben an die Unsterblichkeit oder Ewigkeit der Menschenseele. Den krassen Wunderglauben dagegen, die Durchbrechung und Aufhebung des Weltgesetzes durch eine außerhalb desselben stehende Willkür muß sie unbedingt verwerfen, solange sie überhaupt noch auf den Namen einer Philosophie Anspruch erheben darf.

In dem allen stehn das Christentum und die gleichartigen religiösen Bewegungen auf dem diametral entgegengesetzten Standpunkt. Sie leben in einer Welt der Wunder, der magischen Wirkungen, die den natürlichen Verlauf in jedem Momente durchkreuzen; sie glauben, daß auch der Mensch, wenn er nur glaubt, diese Kraft, die δύναμις, gewinnen kann, die das Christentum anerkennt und die es von Jesus und den Aposteln und Missionaren rühmt, mit der ebenso die zahlreichen andern Thaumaturgen und Propheten ihre Mission beweisen und die Simon Magus zum Weltprinzip erhoben hat. Wie völlig fremd und widersinnig die Vorstellung von der Auferstehung, der magischen Wiederbelebung des Leibes, dem griechischen Denken erschienen ist, haben wir schon gesehn. Ebenso fern liegt ihm der Begriff der Sündenvergebung. Das Übel und das Böse sind notwendige Ergebnisse der Weltordnung, die der Mensch hinnehmen muß. Daß der menschliche Geist durch die Bindung an die Materie und den Leib mit seinen niederen Trieben von der Höhe der Idee herabgezogen ist und der Schwäche erliegt, erkennt es ebensogut an wie die konkurrierenden Religionen. Aber die Folgen der Vergehungen, der Abweichung vom richtigen Pfade vollziehn sich nach dem ewigen Weltgesetz[41]; ein Eingreifen der Gottheit ist hier ausgeschlossen, und die Vorstellung der Sündenschuld und die Reue verwirft, wie schon berührt, die Stoa prinzipiell: nicht von ihr durch Eingreifen der Gottheit erlöst zu werden, sondern sich aus eigener Kraft, durch den dem Intellekt gehorchenden Willen, zu bessern, ist die Aufgabe, die dem Menschen gestellt ist. Im Gegensatz dazu sind die neuen Religionen durchweg dualistisch: zwei transzendente Mächte mit ihren Heerscharen kämpfen um das Regiment der Welt und die zwischen sie gestellte Menschenseele, und erst die Zukunft wird die Entscheidung dieses Kampfes und die einheitliche, harmonische Gestaltung der göttlichen Welt bringen. Wenn das Christentum daneben theoretisch an dem aus dem Judentum übernommenen Monotheismus festhält, so sind alle Versuche, ihn mit dem Dualismus und der Existenz des Übels und des Bösen auszugleichen, kläglich mißlungen; in Wirklichkeit ist der fortdauernde Kampf zwischen den göttlichen und den satanischen Mächten die Voraussetzung, die Erlösung von den letzteren und die zukünftige Aufrichtung der alleinigen Gottesherrschaft der Mittelpunkt christlicher Heilsverkündung.

Es ist die Reaktion der unteren Schichten und des Orients gegen die Herrschaft der Gebildeten und den Hellenismus, die sich in dem Vordringen der neuen Religionen vollzieht. Und damit reihn sich diese in einen noch weit größern weltgeschichtlichen Zusammenhang ein. Denn das Ergebnis der politischen und kulturellen Entwicklung ist, daß die Ideale dahinsinken, welche die griechische Welt geschaffen hat und auf denen ihr inneres Leben und ihre großen Schöpfungen beruhn. Aus der tätigen Beteiligung am politischen Leben, die ehemals die höchste Aufgabe des menschlichen Daseins und Wirkens bildete, ist die Masse der Bevölkerung ausgeschieden, wie im Orient schon seit der Aufrichtung des Perserreichs, so dann in der Kulturwelt der Mittelmeerländer ständig fortschreitend in den makedonischen Monarchien seit Alexander; es ist die Kehrseite der Gewinnung der Weltherrschaft für die griechische Kultur. Das römische Kaiserreich bildet den Abschluß; fortan besteht die unendliche Mehrzahl der Reichsangehörigen aus Untertanen, wenn auch verschiedenen Rechts, scharf geschieden von der kleinen regierenden Schicht der selbst wieder vom Kaiser abhängigen Reichsbeamten. Der Versuch, daneben, wenn auch unter scharfer Kontrolle des Reichs, die lokale Selbstverwaltung aufrecht zu erhalten, war von Anfang an zur Aussichtslosigkeit verurteilt; in den drei Jahrhunderten des Principats wird sie schrittweise durch das immer vollständiger ausgebildete Berufsbeamtentum völlig aufgesogen. In der Griechenwelt kam, schon seit dem vierten Jahrhundert, der Ekel des feiner Empfindenden an dem wüsten Treiben der berufsmäßigen Politiker hinzu. So schwindet das Interesse am öffentlichen Leben von Jahrhundert zu Jahrhundert immer mehr; der Mensch ist ausschließlich auf sich selbst und seine persönlichen Interessen gestellt. Im Orient hat das seit der Perserzeit zu einer fundamentalen Umwandlung der Religion und zur Herausbildung der neuen religiösen Anschauungen des Individualismus und Universalismus geführt, die sich nicht mehr an die geschlossene Volkseinheit, sondern an den einzelnen Menschen wenden, woher er auch stammen möge. In der griechischen Welt ist die Parallele die Entwicklung der großen, die folgenden Jahrhunderte beherrschenden ethischen Systeme, die dem denkenden Menschen auf Grund einer rationellen Weltanschauung, sie sei dogmatisch oder skeptisch, einen festen Halt und eine Richtschnur für das Leben bieten wollen.

Indessen dieser Ersatz der alten, durch Religion und Sitte traditionell geregelten Lebensnormen vermag auf die Dauer nicht zu genügen. Denn dabei wird das selbständige Denken und Prüfen vorausgesetzt; und dazu ist die große Masse auch der äußerlich Gebildeten und Wohlhabenden nicht imstande. Die Konkurrenz der verschiedenen Systeme und andrerseits die flache formalistische Bildung, welche die in den Schulen vorherrschende Rhetorik verleiht[42], kommen weiter hemmend hinzu, und überdies das immer stärker anwachsende Bewußtsein, das seit dem zweiten Jahrhundert v. Chr., im Zusammenhang mit dem politischen Niedergang, immer schwerer auf der gesamten Kultur lastet, daß die grundlegenden Probleme von den großen Meistern erschöpfend behandelt sind und man weiter nicht kommen kann, und daher nur die Wahl bleibt, entweder ihre Sätze autoritativ anzunehmen oder aber auf eine verstandesmäßige Lösung überhaupt zu verzichten.

Dadurch beginnen auch die philosophischen Systeme sich der Religion anzuähneln: nicht das eigene Denken, sondern die Autorität des Gründers oder des Schulhauptes wird maßgebend, auf sie schwören die Jünger, die sich zu der Schule bekennen. In den viel weiteren Kreisen aber, die sich nicht ganz der Philosophie hingeben können, begnügt man sich mit einem Eklektizismus, der aus ihnen die einleuchtenden Sätze für die Popularphilosophie herausgreift und sich im übrigen mit einem Skeptizismus begnügt, der nur ein Meinen anerkennt, aber die Möglichkeit des Wissens und damit der gesicherten Erkenntnis als hoffnungslos und dem Menschen versagt ansieht. Damit aber wird dem Eindringen der von der Philosophie überwundenen Anschauungen auch hier aufs neue die Tür geöffnet: da die Philosophie und das Denken einen festen Halt und eine sichere Entscheidung nicht zu geben vermögen, wendet man sich zurück zu den religiösen und mystischen Vorstellungen, die in der Menge ununterbrochen weiter leben und durch die Verbindung mit dem Orient und die gewaltige Völkermischung wesentlich gestärkt sind. Auch die philosophische Aufklärung hat ja die Existenz der Volksgötter und der Dämonen und den Kultus in der Regel nur umgedeutet, aber nur ausnahmsweise direkt bestritten; und manche Wirkungen und Kräfte, welche die Religion und der Aberglaube als übernatürliche oder als durch geheime Weisheit errungene Zauberkraft betrachtet, hat auch sie, vor allem die Stoa, als real vorhanden anerkannt. Den populären Glauben wirklich zu widerlegen, vermag die Philosophie nicht mehr; und so ist die Möglichkeit doch immer vorhanden, daß hier wirklich die Wahrheit verborgen liegt, daß hier das intuitiv tastende Ahnen und die schauende Phantasie in Regionen vordringt, die dem nüchternen Verstande ewig verborgen bleiben. Daß der alte, lokal gebundene Gottesbegriff durch die, religiöse Entwicklung längst überwunden ist, kommt dafür nicht in Betracht oder steigert vielmehr nur die Anziehungskraft: alle Gottheiten sind, auch wenn sie sich zunächst an einer bestimmten Stätte offenbaren, zu universalen, in der ganzen Welt wirkenden Mächten geworden, der monotheistische Zug tritt überall aufs stärkste hervor – so vor allem in Syrien und Kleinasien der Glaube an den allbeherrschenden Himmelsgott[43] oder auch an die Sonne, den Mond, die große Naturgöttin, weiter der Heilgott Asklepios oder die großen zauberkräftigen Gottheiten Aegyptens, Isis und Sarapis, usw. –; der Widersinn, daß unzählige Gottheiten diesen Rang beanspruchen, kommt für den Glauben, der auf ein rationelles Denken verzichtet, niemals in Betracht. Neben ihnen aber stehn die Scharen der dämonischen Mächte, die der Mensch sich dienstbar machen kann, wenn er ihr Wesen richtig erfaßt und ihre geheimnisvollen Namen entdeckt, die sie unter seinen Willen zwingen; die gesamte Magie, das Zauberwesen mit allem Aberglauben, lebt wieder auf und wird ständig anwachsend zu einer gewaltigen Macht im Leben der Sterblichen.[44]

Gewaltig gesteigert ist diese Entwicklung durch das furchtbare Mißregiment der römischen Republik, das entsetzliche Elend, das sie über die Welt gebracht hat, und den dadurch herbeigeführten Niedergang so zahlreicher, ehemals blühender Kulturstätten. Dann hat die Aufrichtung des Kaiserreichs diesem hoffnungslosen Zustand ein Ende gemacht und wieder feste Ordnung und Sicherheit des Daseins geschaffen; das Leben wird wieder des Lebens wert, man kann in Ruhe seinen Geschäften nachgehn, Wohlstand und Bevölkerung wachsen. So wird der Kaiser als der Erlöser oder Heiland (Soter, s. unten) und als ein auf Erden erschienener Gott gefeiert; die frohen Botschaften, die Evangelien, die, mit seiner Geburt beginnend, von ihm Kunde geben, werden in aller Welt jubelnd aufgenommen.

Indessen diese Erlösung ist nur materieller Art, auf das irdische Leben bezüglich; und wenn sie den Besitzenden und Intelligenten Erleichterung und Gedeihen schafft, so bietet sie den Massen, die nach wie vor unter dem schweren Druck des Alltagslebens stehn und nicht die Fähigkeit haben, sich aus eigener Kraft emporzuarbeiten, wenig oder gar nichts. Hier bleibt die Sehnsucht nach einer bessern Welt ungestillt; und ebensowenig finden diejenigen Befriedigung, die die Sehnsucht nach etwas Höherem, Überirdischem in sich empfinden und denen die unsicheren Genüsse des Erdendaseins eben so schal und nichtig erscheinen, wie die Phantasie und Gemüt kalt lassenden Weisheitslehren der Aufklärung und der Philosophie mit ihren unendlichen Diskussionen; das Ziel erreichen sie doch niemals, den Drang nach dem intuitiven Schauen der Wahrheit und dem Versenken in eine höhere göttliche Macht vermögen sie in keiner Weise zu befriedigen.[45] Beide Strömungen wirken zusammen auf das gleiche Ergebnis[46], die Abwendung von der rationellen Philosophie und die Hinwendung zum Mystizismus und zu allen Formen der Magie und des primitivsten Aberglaubens. Weite Massen treiben diese Dinge lediglich zu materiellen Zwecken, um sich durch Zauberformeln und Geisterbeschwörung einen Vorteil zu verschaffen, Krankheiten und Gefahren zu bannen, die persönlichen Feinde zu schädigen oder die Geliebte sich geneigt zu machen – in den Papyri und den verwandten Dokumenten treten uns diese Elemente in ihrer ganzen erschreckenden Nacktheit und Roheit entgegen, und ständig greifen sie weiter um sich und dringen, vor allem durch die Astrologie und Alchemie und daneben durch die konkurrierenden Religionen und schließlich auch durch die Philosophie selbst, immer mehr auch in die höhere Literatur und die universelle Weltanschauung ein. Aber daneben steht bei den tiefer und sittlicher Empfindenden die Sehnsucht nach einem festen Halt, nach Erlösung aus dem Erdendasein und nach einer besseren, göttlichen Welt. Die allgemeine Verbreitung, welche der Glaube an die Unsterblichkeit der Seele – nicht etwa an eine Auferstehung – gefunden hat, die uns in den Grabinschriften überall entgegentritt (trotz gelegentlichen Skeptizismus und der Mahnung, das Leben zu genießen, weil mit dem Tode alles aus sei), hat diese Entwicklung weiter gefördert; denn daraus erwächst die Sorge um das zukünftige Leben und die Sicherung gegen seine Schrecknisse und die Sehnsucht nach einem Aufstieg in die himmlischen Sphären, nach Verbindung mit der Gottheit, nach dem Schauen der ewigen Wahrheit.

So findet der neu aufkommende Mystizismus den breitesten Boden. Er knüpft zunächst an die Gestalt des Pythagoras an, der um die Mitte des ersten Jahrhunderts v. Chr. von enthusiastischen Adepten in Ost und West wieder hervorgeholt wird. Mit ihm kommen die Weihungen und Reinheitsvorschriften, die Askese, die geheimnisvolle Zahlenspielerei, der Glaube an Seelenwanderung, an prophetische Kraft, an die Wundertaten der Weisen wieder in Aufnahme. Daneben stehn die Mysterien der Orphik, der konkurrierenden orientalischen Religionen, das wachsende Ansehn der Orakel (wenn nicht des griechischen Mutterlandes, so doch vor allem Kleinasiens), die Wunderkuren durch Träume und inspirierte Wunderärzte, usw. Das dringt in alle Religionen; die Kulte und die „Weisheit" der Aegypter, der syrischen und kleinasiatischen Gottesdienste, der Juden werden danach umgedeutet und in einem großen Zauberkessel verschmolzen; und im zweiten Jahrhundert ist man so weit, daß ein vornehmer Senator vor jedem Stein, der ihm unterwegs aufstößt, niederfällt und ihn salbt und anbetet, daß die ärgsten Schwindler, wie Alexander von Abonuteichos, weithin ein gläubiges Publikum finden, und daß auch der philosophische Kaiser Marcus im Markomannenkriege den Forderungen der Propheten und Orakel nachgeben muß, die ihm ihre untrüglichen Heilmittel gegen die Not aufdrängen.

So vollzieht sich die Reaktion gegen die hellenistische Aufklärung und die Orientalisierung der abendländischen Welt auf dem Gebiet des geistigen und religiösen Lebens in derselben Zeit, in der sie auch Staat und Recht und Lebensformen, bis zu den Begrüßungsformeln hinab, sich unterwirft. Der althellenische Geist wird ebensogut erstickt wie das römische Staatsbewußtsein. An Stelle der freien Forschung tritt die Autorität, an Stelle der Erkenntnis der Glaube, an Stelle der Unabhängigkeit des Menschengeistes seine demütige Unterordnung unter die überweltliche Gottheit, an Stelle des durch das eigene Denken als Norm des sittlich freien Lebens erkannten Sittengesetzes die knechtische Befolgung der von Gott dem Menschen auferlegten Gebote.

In diese Welt ist das Christentum eingetreten. Durch die Gestaltung, in die die hellenistisch-römische Kultur einzumünden beginnt, ist ihm der Boden vorbereitet und erklären sich die Erfolge, die es bei den Massen findet. Darin liegt und darauf beschränkt sich der berechtigte Kern, aus dem die hier bekämpften Anschauungen von einer Abhängigkeit der christlichen Lehren von der Philosophie erwachsen sind: nicht um eine Hellenisierung der aus dem Judentum hervorgegangenen neuen Religion handelt es sich, sondern um die fortschreitende Orientalisierung der aus dem Boden des Griechentums erwachsenen universellen Kulturwelt. Auch das Christentum ist eine Mysterienreligion so gut wie die aegyptischen, syrischen, kleinasiatischen, persischen, orphischen Kulte, wie die Religion des Simon Magus und die der Propheten und Wundertäter nach Art des Apollonios von Tyana; es hat in Taufe und Abendmahl seine geheimen, Wunder wirkenden Riten, und seine Lehren und Offenbarungen sind ein Mysterium[47], das nur die Gläubigen und durch die Taufe Geweihten wirklich zu begreifen vermögen und das nur ihnen das Heil bringt, während alle andern der Verdammnis anheimfallen.

Aus den hier in Kürze skizzierten Momenten erwächst die ständig anwachsende Religionskonkurrenz der römischen Kaiserzeit. Auch die Philosophie kann sich dieser Bewegung nicht entziehn, sondern wird immer stärker von ihr durchdrungen, bis schließlich auch sie sich im Neuplatonismus völlig in ein mystisch-theosophisches Religionssystem umwandelt. Das Endergebnis ist, daß der antike weltliche Staat, der von seinen Bürgern wohl die formale Anerkennung der ihn beschirmenden und erhaltenden Gottheiten und die Vollziehung der offiziell gebotenen Kulthandlungen fordert, aber sich um ihre Gesinnung, ihr individuelles Verhalten zur Religion nicht weiter kümmert, sich umsetzt in eine religiöse Genossenschaft, eine Kirche, die von allen Angehörigen das Bekenntnis zu dem vom Staat oder vielmehr von seinem göttlichen, durch die Vorsehung inspirierten Gebieter als alleinige Wahrheit hingestellten Glauben erzwingt. Diese Umwandlung vollzieht sich zuerst in der iranischen Welt durch die Aufrichtung des Sassanidenreichs; das römische Reich folgt sofort mit den Religionsedikten des Decius und seiner Nachfolger, und aus dem dadurch eröffneten erbitterten Religionskampf geht schließlich das Christentum als Sieger hervor, das dann nach kurzer Zwischenpause die Zwangsbekehrung und die Verfolgung aller Ungläubigen und Ketzer in derselben Weise fortsetzt, wie es seine heidnischen Gegner bisher geübt hatten.

Damit ist der Untergang des antiken Staats und seiner aus dem Hellenentum erwachsenen Weltanschauung und Kultur vollendet; sie sind der Orientalisierung erlegen. Es ist der Abschluß der Entwicklung, welche sich in den drei Jahrhunderten des Principats ständig fortschreitend vollzogen hat. Den Gebildeten entsinkt die Führung, weil sie die Kraft verloren haben, die Aufgaben zu erfüllen, vor die sie gestellt sind. Sie vermögen der Welt nichts mehr zu bieten: Das geistige Leben versinkt in dem nichtigen Treiben der Rhetorik, das Regiment wird den Berufsbeamten überlassen, das Schwert aber haben sie aus den Händen gegeben und den Kriegsdienst als der gebildeten, in Frieden ihren Geschäften nachgebenden Welt unwürdig auf die kulturell am tiefsten stehenden Schichten der Bevölkerung und schließlich auf die aus dem Auslande geworbenen Söldner abgewälzt. Das Emporwachsen der religiösen Bewegung und der Sieg des Christentums ist nur die Kehrseite der schrankenlosen Aufrichtung der Soldatenherrschaft seit Severus und Caracalla und dann der Illyrier im dritten Jahrhundert. Wo die nach der Idee des von Augustus ausgebildeten Staats zur Herrschaft berufenen oberen Klassen versagen, fällt die Entscheidung in die Hände der schweren und dumpfen Massen, und damit gelangen auch die Anschauungen und Empfindungen zur Herrschaft, die instinktiv und bewußt in ihnen walten, und damit zugleich die Gestaltung des geistigen und religiösen Lebens, die ihren Bedürfnissen entspricht.

Allerdings hat das Christentum bei seinem immer weiteren Vordringen in die gebildeten Kreise im Lauf des zweiten Jahrhunderts auch deren Anschauungen genugzutun und aus der griechischen Bildung die Elemente in sich aufzunehmen versucht, die sich ihm wenigstens einigermaßen einzufügen vermochten. Die christliche Philosophie der Alexandriner, wie sie vor allem Clemens und dann Origenes vertritt, ist, gleichartig den Bemühungen Philos für das Judentum, an den sie anknüpft, den sie aber an geistiger Bedeutung weitaus übertrifft, ein sehr achtungswerter und ernsthaft gemeinter Versuch, den christlichen Glauben mit der griechischen Bildung, die unbedingte Autorität der göttlichen Offenbarung im Schriftwort mit der freien Forschung des Denkens zu verbinden und die Übereinstimmung der Ergebnisse nachzuweisen, ja die Sätze der Offenbarung für den Gebildeten innerlich auf die Philosophie zu begründen und nach ihren Lehren zu deuten. Dadurch ist wenigstens ein Bruchteil der griechischen hellenistischen Gedankenwelt für die folgende Epoche der Menschheitsgeschichte gerettet worden und hat hier, aufgenommen in die dogmatischen Formeln der Kirche, dauernd eine tiefgreifende Wirkung ausüben können. In seinen Schriften, die diesem Ziel dienen, operiert Clemens von Alexandria beständig wie mit dem Bibelwort beider Testamente überhaupt so ganz besonders mit Sätzen aus den Briefen des Paulus. Aber nur um so schärfer tritt der Gegensatz zu Tage: Paulus wäre entsetzt gewesen, wenn er gesehn hätte, wie er hier benutzt und interpretiert wird; mit Entrüstung würde er den Grundgedanken des Clemens und des Origenes von sich gewiesen haben, daß das richtig verstandene Bibelwort mit den höchsten Gedanken der griechischen Weisheit vollkommen übereinstimme und daß das wirkliche Verständnis der Religion nur dem philosophisch Gebildeten erreichbar sei, während die Masse sich mit der bloßen Annahme des Glaubens begnügen müsse, aber die wahre Lehre über ihre Fassungskraft hinausgehe. Für Paulus steht die „verborgene Weisheit Gottes, die er im Mysterium verkündet" (Kor. I 2, 7), in schroffstem Gegensatz zu der „Weisheit dieser Welt", die nur zu leeren Truggebilden und unnützen Diskussionen führt; nicht in dieser ist die heilbringende Erkenntnis zu finden, sondern nur „in dem Mysterium Gottes, Christus, in dem alle Schätze der Weisheit und Erkenntnis verborgen sind"; und so hat Gott für diese Erkenntnis nicht die Weisen auserwählt, in denen die Griechen das Höchste erblicken, sondern, eben um diese zu beschämen, die Toren, die in der Welt für nichts gelten.[48] Über diesen fundamentalen Gegensatz der Auffassung darf nicht hinwegtäuschen, daß sich manche Sätze des Paulus inhaltlich mit den Lehren der Stoa berühren und daß er von diesen einiges gehört hat und sich, wie in der Rede in Athen, so vielleicht auch sonst einmal formell an sie anlehnt.

Dieser Gegensatz bleibt denn auch dauernd maßgebend. Wohl treten im zweiten Jahrhundert auch auf dem Boden des Christentums zahlreiche individuelle Denker auf, die teils im Anschluß an die orientalischen Anschauungen und vor allem an Simon, teils im Anschluß an die griechischen Ideen, vielfach in den bizarrsten Systemen, zur Erkenntnis der mystischen Wahrheit durchzudringen suchen und die Offenbarung danach umgestalten; und wenn sich daraus eine Menge kleiner, auf die Dauer nicht lebenskräftiger Sekten und Konventikel gebildet hat, so versuchen, wie schon erwähnt, andere, wie Clemens und Origenes, bei strengem Festhalten an der Offenbarung der Schrift die orthodoxe Lehre mit den Forderungen des Verstandes auszusöhnen. Aber die allgemeine Kirche hat, so wenig sie den Nutzen verkannt hat, den ihr das bringen konnte, doch diesen Leuten immer mit äußerstem Mißtrauen gegenüber gestanden, Origenes ist schon bei Lebzeiten vielfach verfolgt und später verdammt worden, und auch Clemens ist kein Heiliger geworden. Sie empfindet sehr wohl, daß dieser Versuch, den Rationalismus in die Religion einzufahren, trotz alles Bekenntnisses zu voller Gläubigkeit an der Grundlage ihres Wesens, dem Glauben, rüttelt und die Gefangengabe des Verstandes, die sie fordert, aufhebt. Und noch bedeutsamer ist, daß damit die Scheidung zwischen den Gebildeten, die allein das volle Verständnis gewinnen können, und der Masse der Einfältigen wieder eingeführt wird. Für jede Religion, die sich durchsetzen will, ist das Majoritätsprinzip oder, in theoretischer Formulierung, der Consensus aller Gläubigen unentbehrlich.[49]

Die werdende katholische Kirche hat das von Anfang an mit zutreffendem praktischen Gefühl erkannt: *quod semper, ubique et ab omnibus* ist der Grundpfeiler, auf den sie ihre Lehren aufbaut. So werden diese nach Selbständigkeit strebenden Elemente, die sich gestatten, für den Einzelnen ein freies Urteil als sein Recht zu beanspruchen, und sich aus dem Christentum eine individuelle Weltanschauung formen wollen, mehr und mehr aus ihr herausgedrängt in die Sekten und schließlich blutig verfolgt und ausgetilgt.

Paulus' Bekehrung

Für das volle Verständnis der Persönlichkeit des Paulus ist von grundlegender Bedeutung, daß er aufs stärkste visionär veranlagt war. Er glaubte nicht nur an Träume und Vorzeichen – das tat die weit überwiegende Masse der Gebildeten auch, mochten sie sonst noch so skeptisch denken –, sondern er erlebte fortwährend Visionen und Offenbarungen. Das Schriftstudium hat ihn darin weiter bestärkt, so daß er ganz in der mystischen Wunderwelt lebt, überall übernatürliche Einwirkungen sieht und diese Geistesart im Zungenreden und Prophezeien systematisch weiter ausbildet; aber die Disposition dazu ist durch seine Veranlagung gegeben. Ob damit die Krankheit zusammenhängt, die ihn andauernd heimsucht, „der Pfahl im Fleisch, der Engel des Satans, der ihn mit Fäusten schlägt, auf daß er sich nicht überhebe" (Kor. II 12, 7 f.), läßt sich nicht entscheiden; man hat an Epilepsie oder Hysterie gedacht, in Lykaonien scheint sie als eine häßliche Augenkrankheit aufgetreten zu sein (Gal. 4, 13 f.). Dreimal hat er den Herrn gebeten, ihn davon zu befreien; aber er hat ihm geantwortet – also wieder in einer Vision –: „Meine Gnade ist für dich genug; denn die Kraft kommt (gerade) in der Schwachheit zur Vollendung."

In einer derartigen Veranlagung liegt für viele, die als religiöse Enthusiasten, Propheten und Religionsstifter aufgetreten sind, eine große Gefahr. Denn wenn sie erst einmal in voller Gläubigkeit den Anspruch verkündet haben, Träger einer besondern, ihnen allein offenbarten Erkenntnis zu sein, und damit Erfolg errungen haben, sehn sie sich gezwungen, nachzuhelfen, um ihre Stellung aufrecht zu erhalten, die Inspiration zu fingieren, auch wo sie ihnen nicht zuteil wird, und zu oft sehr zweifelhaften Mitteln zu greifen, und können schließlich zu bewußten Betrügern werden. Derart ist es Mohammed, Simon Magus, dem Mormonen Joseph Smith und zahlreichen anderen ergangen. Davor ist Paulus bewahrt geblieben, weil er nicht eine neue Religion verkündete, sondern eine schon geformte, deren göttlichem Stifter er sich mit voller innerer Hingabe unterordnet. So dienen bei ihm die Offenbarungen, die ihm zuteil werden, lediglich zur Bestätigung einer Lehre, deren Untrüglichkeit ihm ohnehin zweifellos feststeht.

Schon der Knabe wird gezeigt haben, daß er sich zu Höherem berufen fühlte, als etwa das Geschäft seines Vaters fortzusetzen. Ihn fesselten, wie so viele seiner Volksgenossen, die Probleme, die die jüdische Wissenschaft, d. i. die richtige Interpretation des Gesetzes, stellte. So ist er, noch im jugendlichen Alter, auf die hohe Schule in Jerusalem gegangen. Hier hat er zu den Füßen Gamaliels gesessen und die orthodoxe Lehre der Pharisa mit voller Hingebung in sich aufgenommen.[50] Später finden wir auch seine Schwester in Jerusalem verheiratet[51]; sie mag ihn begleitet haben. Als Jesus in Jerusalem einzog, wird er dort gewesen sein; ob er ihn gesehn und etwa seine Diskussionen mit Pharisaeern und Saddukaeern mit angehört hat, ist dagegen sehr zweifelhaft. Denn seine Äußerung im zweiten Korintherbrief 5, 16: „von jetzt an (d. h. seit Jesu Opfertod und Auferstehung) kenne ich niemand nach dem Fleische" – die irdische Erscheinung, der Mensch Jesus, kommt für mich nicht in Betracht –; „auch falls ich Christus nach dem Fleische gekannt habe, jetzt kenne ich ihn nicht mehr"[52], deutet schwerlich auf eine derartige vorübergehende Begegnung hin, sondern lehnt auch für den Fall, daß er ebenso wie die andern Jesus persönlich gekannt hätte, jede Berufung auf die dadurch gewonnene Autorität, wie sie ihm die Urapostel und ihre Anhänger entgegenhalten, schroff ab: Für das Christentum hat nur der Auferstandene und die durch den Opfertod geschaffene Versöhnung und Erneuerung der Welt Bedeutung.

Jedenfalls konnte er, vom streng pharisaeischen Standpunkt aus, in Jesus nur einen Verführer des Volks und Religionsfrevler erblicken; und als nun gar der hingerichtete Verbrecher für den Messias ausgegeben wurde, und vollends, als die neue Irrlehre in die Diaspora übergriff und zugleich den Tempelkult verwarf, da gab es für ihn kein Halten mehr. Wenn andere Pharisaeer, und darunter sein

Lehrer Gamaliel, sich zurückhielten und Gott nicht vorgreifen wollten[53], so betrachtete er es als heilige Pflicht, den ungeheuren Frevel auszutilgen, und so übernimmt er die führende Stellung bei der Verfolgung.

Aber daneben taucht aus dem Untergrund seiner Seele der Gedanke auf, ob nicht doch, so ungeheuerlich das klingen mochte, die neue Lehre wirklich die Wahrheit verkünde und der Gekreuzigte der Messias und der in kürzester Frist auf den Wolken des Himmels zurückkehrende Weltenrichter sei. Die enge Verwandtschaft, die trotz aller Polemik zwischen dem Christentum und dem Pharisaeismus besteht, macht sich geltend, die ja auch nicht wenige Pharisaeer zur Annahme des Christentums geführt hat.[54] Unzweifelhaft hat das Messiasproblem, wie diese ganze Zeit, so auch ihn auf das lebhafteste beschäftigt; und hier war die religiöse Spekulation längst hinausgeschritten über den irdischen König, den Sohn Davids, zu der Idee des transzendenten Gottessohnes, in dem von Urzeit her die göttliche Gerechtigkeit und Weisheit ihren Sitz genommen hat und der jetzt, in der Endzeit, in Menschengestalt herabkommen wird, um durch Vernichtung der teuflischen Mächte und das Gericht über Lebende und Tote die wahre Weltordnung und das himmlische Jerusalem aufzurichten.[55] Und andrerseits bot die Verkündung der Auferstehung Jesu, wenn man sie als wahr annehmen durfte, den Beweis für die Richtigkeit der pharisaeischen Auferstehungslehre; dann war der Tod und die Macht des Satans in der Tat überwunden und das ewige Leben gewiß.

Eben um diese Gedanken zu ersticken, hat Saul die Verfolgung nur um so eifriger betrieben. Aber sie ließen ihn nicht los, er empfand, daß er „wider den Stachel löcke". Da ist ihm, auf dem Wege nach Damaskus, in einer Vision die Erleuchtung gewaltsam durchgebrochen.

Was er erlebt hat, muß er unzählige Male erzählt haben; bildete es doch die Voraussetzung und Rechtfertigung seiner gesamten weiteren Wirksamkeit. In seinen Briefen erwähnt er daher den seinen Lesern längst bekannten Vorgang nur gelegentlich in allgemeinen Wendungen: „Bin ich nicht Apostel? Habe ich nicht Jesus unsern Herrn gesehn?" schreibt er den Korinthern[56]; in der Liste der Erscheinungen des Auferstandenen nennt er sich als den letzten, dem sie gewährt worden ist[57]; Gott hatte es in seiner Gnade gefallen, „seinen Sohn in mir zu offenbaren, damit ich das Evangelium von ihm den Heiden verkünde", schreibt er den Galatern[58] und bezeichnet sich hier als zum Apostel gemacht „nicht von Menschen oder durch einen Menschen, sondern durch Jesus Christus und Gott Vater, der ihn von den Toten auferweckt hat".[59] Lukas bringt den Hergang dreimal, einmal als historischen Bericht c. 9, sodann in den Reden des Paulus vor dem Synedrium c. 22 und vor Agrippa c. 26, in allem Wesentlichen gleichlautend. Saul sieht sich auf dem Wege nach Damaskus um die Mittagszeit[60] plötzlich von einem blendenden Licht vom Himmel umleuchtet. Er stürzt zu Boden und hört die Stimme[61]: „Scha'ûl, Scha'ûl, was verfolgst du mich" – „es fällt dir schwer, wider den Stachel zu löcken" fügt c. 26 hinzu. „Er sagte: wer bist du, Herr? Der antwortete: ich bin Jesus[62], den du verfolgst". Eine Abweichung ist, daß nach c. 9 die Begleiter niemanden sehn, sondern nur die Stimme hören, während sie nach c. 22 umgekehrt das Licht sehn, aber die Stimme nicht hören.[63] Saul erfüllt die Weisung, in die Stadt zu gehen, wo ihm das weitere mitgeteilt werden wird. Da er, durch das Licht völlig geblendet, nicht sehn kann[64] läßt er sich hinfahren. In Damaskus erhält ein Jünger namens Ananias durch den Herrn die Weisung, ihn aufzusuchen[65], ihm durch Handauflegung das Gesicht wiederzugeben und ihm zu verkünden, daß er ein Zeuge vor aller Welt sein soll für die Lehre, deren Wahrheit er durch die göttliche Offenbarung erkannt hat.[66]

Die kleinen Abweichungen erklären sich vollständig teils aus den Erfordernissen der Situation, in der Paulus im Synedrium und vor Agrippa redet, teils daraus, daß der Schriftsteller sich nicht sklavisch kopiert, sondern aus dem Gedächtnis schreibt; so begreift sich die Variante über das Verhalten der Begleiter sehr leicht. Um so mehr beweist die Übereinstimmung in allen Hauptsachen, daß ein einheitlicher Bericht vorliegt, der nur auf die Erzählung des Paulus selbst zurückgehn kann, mit dessen Äußerungen in den Briefen er sich denn auch vollständig verträgt; Lukas wird sie oft genug aus Paulus' Munde gehört haben. Etwas anderes ist die Frage, ob er geschichtlich getreu ist, d. h. ob Paulus die Einzelheiten des Hergangs sicher im Gedächtnis behalten und objektiv getreu wiedergegeben hat; und diese Frage wird keineswegs unbedingt bejahend beantworten, wer bedenkt, wie stark sich auch bei ruhig denkenden Menschen die Erinnerung verschieben kann und wie sie, wenn sie sich zu einer festen Erzählung verdichtet, sich unbewußt und auch bewußt oft genug ganz wesentlich anders gestaltet, als der Vorgang selbst verlaufen ist. Um so mehr gilt das von einem Manne, für den übernatürliche Einwirkungen die selbstverständliche Voraussetzung seiner Weltanschauung waren und der sie selbst ununterbrochen erlebte. Ob der Vision ein äußerer Vorgang zugrunde gelegen hat, läßt sich nicht entscheiden und ist gleichgültig – die Analogie mit dem Blitz, der Luthers Entschluß, ins Kloster zu gehn, zur Reife brachte, wird sich jedem aufdrängen –; daß. ihm alles als ein Wunder erschien und er daher auch die Begegnung mit Ananias, wie sie auch zustande gekommen sein mag, auf ein solches zurückführte, ist nur natürlich.

Ähnlich liegt es mit der Berufung zum Heidenapostel. Wohl mag er sogleich den Drang gefühlt haben, die neue Erkenntnis auch seinen Landsleuten, den hellenistischen Juden, mitzuteilen. Aber die Heidenmission, wie er sie später geübt hat, ist etwas wesentlich anderes; ihr hat er sich erst nach langen Jahren zugewendet, und sie setzt die Ausbildung seines Lehrsystems voraus, zu dem er sich nur in mühseliger Arbeit durchringen konnte. Erst als er in ihr seine eigentliche Aufgabe erkannte, kann er zu der Überzeugung gelangt sein, daß der Herr ihn dazu berufen habe und daß er ihm deshalb erschienen sei. So stellt er den Hergang in dem Galaterbrief und in der Rede vor Agrippa dar; aber daneben steht nicht nur die Version, daß ihm Ananias den Auftrag übermittelt, sondern auch die Rückführung auf eine spätere Vision im Tempel in Jerusalem, in der Rede im Synedrium, an deren Zuverlässigkeit zu zweifeln nicht der mindeste Grund vorliegt. Für einen Mann wie Paulus, der bei allem, was er unternahm, die unmittelbare Einwirkung der Gottheit in Visionen, Stimmen und Träumen verspürte, verträgt sich beides vollkommen miteinander; je nach Umständen wird er, wie die Apostelgeschichte es bewahrt hat, bald die eine, bald die andere Darstellung bevorzugt haben.

„Als Gott geruht hatte, mir gnädig seinen Sohn zu offenbaren, damit ich das Evangelium von ihm den Heiden verkünde", schreibt Paulus den Galatern, „habe ich mich sogleich nicht an Fleisch und Blut" – d. h. an Menschen – „gewendet, noch bin ich nach Jerusalem zu den Aposteln von mir hinaufgegangen, sondern ich bin nach Arabien fortgegangen, und dann bin ich wieder nach Damaskus zurückgekehrt." Man hält diesen Bericht in der Regel für völlig authentisch und verwirft daher die im einzelnen abweichenden Angaben des Lukas. Dabei übersieht man ganz, daß Paulus durchaus nicht die Absicht hat, seine Lebensgeschichte objektiv zu erzählen, sondern wie immer eine ganz bestimmte, im übrigen vorher deutlich ausgesprochene Tendenz verfolgt; seine Darstellung ist so einseitig, wie nur je in einer Streitschrift. Er will in leidenschaftlichem Kampf gegen Petrus und dessen Anhänger nachweisen, daß er das Evangelium, das er verkündet, „nicht von einem Menschen übernommen oder gelernt habe, sondern durch eine Offenbarung Jesu Christi"; daher geht er über alle Beziehungen zu andern Christen stillschweigend hinweg oder sucht sie, wo das nicht möglich ist, wie bei seinem Verkehr mit Petrus und Jakobus in Jerusalem, als möglichst bedeutungslos hinzustellen.

Aber es ist selbstverständlich, daß Paulus nach der plötzlichen Erleuchtung sich nicht nur taufen ließ, sondern auch, wie Lukas erzählt, einige Tage mit den Jüngern in Damaskus zusammen blieb.[67] Das erste und notwendigste war doch, daß er die Lehre, zu der er sich jetzt bekannte, nun auch in wirklich zuverlässiger Gestalt kennen lernte; und diese Kenntnis konnten ihm nur die Christen in Damaskus übermitteln; die Vision und eine übernatürliche Offenbarung, so großes Gewicht er auf sie legen mochte, konnten ihm die Kenntnis der geschichtlichen Tatsachen nicht verschaffen. Er ist denn auch später im Vollbesitz des Wissens über das Leben und die Lehren und Gebote des Herrn, und beruft sich dafür den Korinthern gegenüber sowohl für die Erscheinungen des Auferstandenen wie für die Einsetzung des Abendmahls ganz unbedenklich auf die Überlieferung, die er übernommen habe.[68]

Aber allerdings wird er diesen schlichten Männern Fragen vorgelegt haben, die sie nicht beantworten konnten, ja wohl nicht einmal verstanden. So ist es begreiflich, daß er sich in die Einsamkeit Arabiens zurückzog. Denn so ist sein Aufenthalt dort offenbar zu verstehn, nicht etwa, daß er unter den Nabataeern oder den Beduinen Mission getrieben hätte. Vielmehr suchte er hier der Nachwirkung der gewaltigen Erschütterung Herr zu werden und zu innerer Klarheit zu gelangen. So begreift es sich, daß er eben in diesem Zusammenhange, in unmittelbarem Anschluß an die Vision, diesen Aufenthalt erwähnt. Hier wird er sich zu seiner späteren Lehre, wenigstens in den Grundzügen, durchgerungen haben; insoweit ist es berechtigt, daß er von einer Belehrung durch Menschen nichts wissen will: die Auffassung des Christentums, zu der er gelangt ist, ist in der Tat sein Eigentum, stammt also nach seiner Denkweise unmittelbar vom Herrn selbst.

Von Arabien ist er dann nach Damaskus zurückgekehrt.[69] Hier hat er dann versucht, die Juden – natürlich Hellenisten – zu bekehren, und hat in den Synagogen zu erweisen gesucht, daß Jesus der Messias sei.[70] Aber hier konnte der Apostel, der durch ein Wunder bekehrt zu sein behauptete, nur schroffe Abweisung finden. Die Entrüstung steigerte sich schließlich so weit, daß die Juden planten, den Frevler aus dem Wege zu räumen, also ihn zu behandeln, wie er selbst vor kurzem den Stephanus und die Abtrünnigen in den syrischen Ortschaften behandelt hatte; das Oberhaupt der nabataeischen Kolonie in Damaskus[71] gewährte ihnen dabei seine Hilfe. Die Tore wurden bei Tag und Nacht bewacht, damit er nicht entschlüpfen könne; so wurde Paulus von seinen Anhängern bei Nacht in einem Korbe über die Mauer geschafft und ist glücklich entkommen.[72]

Das geschah nach dem Galaterbrief drei Jahre nach der Bekehrung.[73] Jetzt ist er nach Jerusalem gegangen, wie der Galaterbrief zweifellos richtig angibt, um Kephas (Petrus) aufzusuchen und von ihm weitere authentische Kunde zu erhalten. Da er auch hier seine Unabhängigkeit nachweisen und die Einwirkung, die er in Jerusalem empfangen haben könnte, als möglichst unbedeutend hinstellen will, fügt er hinzu, daß er nur 15 Tage dort geblieben sei und außer Petrus und dem Herrnbruder Jakobus keinen der Apostel gesehn habe. Das bekräftigt er mit einem Eide[74], ein Beweis, daß seine Gegner das Gegenteil behaupteten und seine Abhängigkeit stark betonten; wir werden ihm das unbedingt glauben und daher die Schilderung des Lukas von seinem Verkehr mit den Aposteln[75] als sekundäre Ausmalung verwerfen. Aber daraus folgt noch nicht, daß Lukas' weitere Angabe falsch ist, daß zunächst alle sich vor dem ehemaligen Verfolger fürchteten und daß Barnabas den Verkehr vermittelt hat. Im Gegenteil, eben diese Angst erklärt, daß er mit den übrigen Aposteln nicht zusammengekommen ist[76]; und daß er damals mit Barnabas, der ja Hellenist war wie er selbst, in Verbindung getreten ist und dieser seine Bedeutung erkannt hat, wird durch ihre weitere Geschichte bestätigt. Auch daß Paulus in Jerusalem sogleich Mission getrieben und wie in Damaskus die Hellenisten zu gewinnen versucht hat, ist selbstverständlich; aber auch hier erging es ihm ebenso, man versuchte, ihn umzubringen, und er mußte fliehen.[77] Damit verträgt sich vollkommen die im Galaterbrief nach einem Zwischensatz folgende Angabe: „ich war aber den christlichen Gemeinden in Judaea von Antlitz unbekannt; sie hatten lediglich gehört, daß ihr ehemaliger Verfolger jetzt den Glauben verkündet, den er hatte vertilgen wollen, und sie priesen Gott" – d. i. Gottes Wirken – „in mir".[78]

„Von Jerusalem bin ich in die Landschaften Syriens und Kilikiens gegangen".[79] Ebenso erzählt Lukas, nur mit richtigerer Folge der Ortsnamen, daß die Jünger ihn nach Caesarea brachten und von da nach Tarsos entsandten. Von hier wird er dann, nach geraumer Zwischenzeit, wie oben schon erwähnt, von Barnabas nach Antiochia geholt (42/3 n. Chr.).

Diese Zwischenzeit hat nach Paulus' Angaben etwa 13 Jahre umfaßt.[80] Auch wenn die Zahl ungenau sein sollte, liegt zwischen seinen Anfängen und seinem Eintritt in eine umfassendere Wirksamkeit mindestens ein volles Jahrzehnt, aus dem wir über ihn schlechthin nichts erfahren. Daß er in Tarsos und vielleicht auch in andern Städten Kilikiens Mission getrieben und daß er sich auch damals schon nicht nur an die Juden, sondern auch an Heiden gewendet hat, werden wir annehmen dürfen; dafür spricht, daß ihn Barnabas in Antiochia zu seinem Gehilfen ausersieht, er sich also bereits bewährt haben wird. Das Aposteldekret zeigt denn auch, daß zu dessen Zeiten bereits christliche, und zwar heidenchristliche Gemeinden in Kilikien so gut bestanden wie in Antiochia und Syrien. Aber nichts berechtigt zu der Annahme, daß Paulus hier bereits eine Mission im großen Stil betrieben habe. Zum Heidenapostel in dem eminenten Sinn, wie er später seinen Beruf auffaßt, ist er nicht allmählich erwachsen; noch auf der ersten Missionsreise ist er nicht der Führer, sondern der Assistent des Barnabas, wie die Lykaonen es auffaßten, der Hermes neben dem Zeus. Das vorhergehende Jahrzehnt war seine Lernzeit; wie ein jeder, der eine leitende Stellung im politischen oder im geistigen Leben gewinnen will, hat auch er sich langsam und schrittweise in die Höhe arbeiten müssen.

Noch weit wesentlicher aber als die Erlernung der Technik und die Gewinnung eines größeren Ansehns war die geistige Arbeit, das Ringen mit den schweren Problemen, vor die ihn die neue Religion stellte. Denn anders als die kindlich-naiven Gläubigen des Urchristentums aus den untersten Schichten des Volkes war er ein nach jüdischen Begriffen hochgebildeter Mann, ein mit allen Mitteln der rabbinischen Dialektik ausgerüsteter Gelehrter. Wohl war auch er den Regungen des Gemüts zugänglich und von einer wahr und tief empfundenen religiösen Empfänglichkeit, die durch seine visionäre Veranlagung noch gesteigert wurde; aber daneben verlangte in ihm der Verstand sein Recht, und er konnte nicht ruhen, bis dessen Forderungen befriedigt waren.

So tritt mit Paulus ein neues Element in die Entwicklung: Petrus und seine Genossen sind die Schöpfer der christlichen Religion, Paulus ist der Schöpfer der christlichen Theologie.

Paulus' Predigt. Die Lebensordnung seiner Gemeinden

Wir müssen versuchen, vorgreifend bereits hier ein Gesamtbild der Predigt und des dogmatischen Lehrsystems des Paulus zu gewinnen, wie sie sich im Laufe seiner umfassenden Wirksamkeit gestaltet haben. Dabei ist jedoch nie zu vergessen, daß das uns dafür zu Gebote stehende Material doch nur unvollständig und daher unzulänglich ist. Zweifellos hat er in den anderthalb Jahrzehnten, in denen seine Missionsarbeit ins Große ging, Briefe derselben Art wie die auf uns gekommenen in sehr großer Zahl geschrieben. Was sich von ihnen erhalten hat, ist wesentlich von Zufällen abhängig, und es ist sehr wohl möglich, daß unter den zugrunde gegangenen Schriftstücke von derselben Bedeutung gewesen sind, wie der Römerbrief oder die Korintherbriefe. Alle seine Briefe aber sind durch bestimmte Anlässe hervorgerufen, und von diesen hängt es ab, ob er überhaupt einen Gegenstand berührt. Wenn z. B. die Thessalonikerbriefe nicht auf uns gekommen wären, würden wir von seinen eschatologischen Vorstellungen nur ein völlig unzureichendes Bild gewinnen können. Seine Abhängigkeit von der christlichen Tradition, die Verwendung der Herrenworte, die Übernahme der Überlieferung über Abendmahl und Auferstehung tritt nur im ersten Korintherbrief völlig klar hervor, und nur durch diesen können wir seine Stellung zu den enthusiastischen Erscheinungen, zu Prophetie und Zungenreden kennen lernen; die Taufe für die Toten und manches andere kommt nur hier vor. Der Galaterbrief und der Römerbrief geben uns Aufschluß über Paulus' Stellung zum Judentum und zum Alten Testamente, zum Teil sich ergänzend, zum Teil aber auch mit Modifikationen; dabei haben wir nicht nur mit einer Weiterentwicklung seiner Anschauungen, sondern sehr stark, wie durchweg, auch damit zu rechnen, daß er in seinen Briefen immer die besondern Verhältnisse der Adressaten und die Wirkung vor Augen hat, die er erreichen will und nach der er seine Darlegungen gestaltet.[81] Es hat die richtige Auffassung der paulinischen Briefe aufs schwerste getrübt, daß sie nun bereits fast zwei Jahrtausende lang als kanonisch, als bindende Darlegung des christlichen Lehrsystems und als untrügliches Gotteswort betrachtet werden, während sie in Wirklichkeit alle aus dem Moment geboren und von einer bestimmten Tendenz beherrscht sind, und nur aus der Situation des Moments heraus richtig beurteilt werden können.

So haben wir immer damit zu rechnen, daß manche Dinge, die Paulus an sich ebenso am Herzen lagen, in den Briefen überhaupt nicht oder nur nebenbei einmal berührt werden. Vor allem aber erfahren wir gar nichts über die Art, wie Paulus zu den Heiden geredet[82] und sie schrittweise für die neue, ihnen innerlich ganz fremde Religion zu gewinnen versucht hat, mit Ausnahme der Areopagrede; und diese hat versagt, eben weil sie, dem gebildeten Publikum entsprechend, auf ein höheres Niveau gestellt und dafür sorgfältig vorbereitet war. Um so stärker ist Paulus' Wirkung da gewesen, wo er den niederen Schichten des Volks gegenüberstand, denen, die nach weltlichen Begriffen die Schwachen und Verachteten sind, die als töricht und als überhaupt nicht vorhanden gelten.[83] Zu ihnen redete er, wie er den Korinthern schreibt, nicht mit überredenden Worten der Weisheit d. h. mit den Künsten der Rhetorik, sondern improvisiert „als ein in der Rede ungebildeter Mensch (ἰδιώτης τῷ λόγῳ)" mit Ablehnung jeder wissenschaftlichen Erkenntnis (σοφία), die ja nur Menschenwerk ist, auf Grund der übernatürlichen, mystischen Intuition (γνῶσις), die von Gott stammt. Das war den Gebildeten Torheit; aber den Massen ging es um so leichter ein, und da blieb dann auch der „Beweis von Geist und Kraft" nicht aus, der sich in Zungenreden, Prophezeien und Heilungswundern manifestierte.[84] Erst wenn so der Boden gewonnen war, wenn man die Verkündung des Gekreuzigten und Auferstandenen, so logisch unbegreiflich sie war, eben darum unter der Einwirkung des „Geistes" nur um so williger als geheimnisvolle, mit dem Verstande nie zu ergründende Offenbarung gläubig hinnahm, konnte er daran gehn, diejenigen, die dafür reif geworden waren, die τέλειοι oder πνευματικοί, nun auch in die tieferen Zusammenhänge und die Lösung der durch die Religion geschaffenen Probleme einzuweihen, also einen systematischen Religionsunterricht beginnen. Daß dabei Vorsicht und Zurückhaltung geboten war, um nicht alles wieder zu verderben, wußte er, als kluger Menschenkenner, sehr wohl: „ich habe zu euch", schreibt er den Korinthern, nicht reden können als zu Geisterfüllten (πνευματικοί), sondern zu fleischlichen (d. h. irdischen Menschen), zu kleinen Kindern in Christus. Ich habe euch Milch zu trinken gegeben, (noch) nicht feste Speise; denn der wart ihr noch nicht gewachsen[85].

Im Mittelpunkt der Predigt des Paulus steht selbstverständlich die Verkündung, daß der von den Juden gekreuzigte Jesus der verheißene Messias und Gottessohn ist und daß seine Herabkunft zum

Weltgericht unmittelbar bevorsteht. Die Verkündung dieser Weltkatastrophe und die Rechenschaft, die dann ein jeder über seine Taten und seine Gesinnung abzulegen hat, ist offenbar hier wie überall das wirkungsvollste Mittel der Bekehrung gewesen. Die Farben sind durchweg der im Anschluß an Daniel ausgebildeten jüdischen Eschatologie entlehnt; aber dadurch, daß der kommende Richter bereits auf Erden erschienen ist und daß der Missionar ihn ebensogut wie die älteren Apostel und die Urgemeinde in seiner Glorie am Himmel mit seinen Augen leibhaft gesehn und seine Stimme gehört hat[86], erhält die Verkündung eine ganz andere Gewißheit als in den früheren nach dem Muster der prophetischen Schriften gestalteten Schilderungen: diese bleiben literarisch, hier aber gelangt eine gewaltige, von der hinreißenden Wucht ihrer Überzeugung getragene Persönlichkeit zu unmittelbarer Wirkung.

Von der Art und der Wirkung dieser Predigt geben die Briefe an die Thessaloniker ein sehr anschauliches Bild. Sie haben, „ trotz starker Bedrängnis" (s. o.), „die Lehre mit Freude heiligen Geistes aufgenommen ... und von den Idolen sich zu Gott abgewendet, um einem lebendigen und wahrhaftigen Gott zu dienen und seinen Sohn, den er aus den Toten erweckt hat, aus dem Himmel zu erwarten, Jesus, der uns aus dem kommenden Zorngericht erretten wird".[87]Jetzt gilt es, auszuharren in aller irdischen Not und Verfolgung und seine Gebote getreu zu befolgen. „Der Herr aber" (d. i. Jesus), so betet Paulus für sie, „lasse euch immer reicher werden an Liebe zu einander und zu allen, eure Herzen zu festigen tadellos in Heiligkeit vor unserem Gott und Vater, wenn unser Herr Jesus kommt samt allen seinen Heiligen.[88]Diese Freudenbotschaft erfüllt alle, die dafür empfänglich sind, mit wildem Enthusiasmus; sie fühlen das Wehen des „Geistes", der ihnen die Augen öffnet und ihnen die Gnadengabe des Glaubens gewährt. Da spielen sich dann die Szenen ab, die der erste Korintherbrief anschaulich schildert und die bei den Galatern und in Thessalonike ebensowenig gefehlt haben[89]: die Gläubigen sind der irdischen Welt entrückt und in eine neue, überirdische Sphäre erhoben, sie reden stammelnde, sinnlose Worte in der Sprache des Geistes, die dann von dazu Berufenen mystisch gedeutet werden, sie schauen die Herrlichkeit der göttlichen Mächte, sie prophezeien und geben Orakel wie die Propheten Israels, Wunderheilungen und Teufelsaustreibungen werden etwas ganz Gewöhnliches. Es sind Vorgänge, wie sie sich ebenso bei dem Auftreten jüdischer, samaritanischer und heidnischer Thaumaturgen und Sektenstifter abspielen und wie sie sich fortan in der christlichen Welt immer von neuem wiederholt haben, wo immer eine tiefgreifende religiöse Erregung die Massen erfaßte, innerhalb der Kirche so gut wie im Gegensatz zu ihr, so im Montanismus, bei den Kreuzzügen, bei den Mirakeln und Wallfahrten der katholischen Kirche, und mit besonderer Energie in Vergangenheit und Gegenwart bei den Revivals und Sektengründungen der angelsächsischen Welt in England und Amerika und bei der Kirchengründung der Mormonen, in unmittelbarer Anlehnung an das in den Briefen des Paulus gegebene Bild der Urzeit.

Auch Paulus selbst ist diese Stimmung nicht fremd, ja er lebt recht eigentlich in ihr. „Gott sei Dank, ich rede mehr in Zungen als ihr alle" schreibt er den Korinthern[90]. „Aber", setzt er hinzu, „in der Gemeinde will ich lieber fünf Worte mit meinem Verstand sprechen, um auch andere zu belehren, als zehntausend Worte in Zungen." Bei allem Enthusiasmus bewahrt er – und darin offenbart sich die Eigenart seines Wesens, der er seine Erfolge verdankt – doch immer das klare Urteil; der praktische Verstand gewinnt die Führung. Mochte das Erscheinen des Herrn noch so nahe bevorstehn – und daran hat Paulus bis an sein Ende felsenfest geglaubt –, bis dahin ging das irdische Leben weiter. Paulus hat seine Anforderungen niemals aus dem Auge gelassen und daher auch nie Utopien nachgejagt, wie die Urgemeinde mit dem Versuch, die Gütergemeinschaft einzuführen. Wohl aber galt es, das Leben der neuen Gemeinde und jedes ihrer Mitglieder so zu gestalten, wie es dem göttlichen Willen und der durch die Gnade des Geistes gewonnenen „Heiligkeit" entsprach.

Die Grundlage für meine Pfade (Lebensregeln) in Christus, wie ich sie allerorts in jeder Gemeinde lehre" [91], bieten die Worte Jesu und die von ihm verkündete Auslegung und Vertiefung des mosaischen Gesetzes; sie hat Paulus in der Gestalt übernommen, wie sie von der Urgemeinde aufgezeichnet waren und von den Missionaren in die Welt hinausgetragen wurden[92]. „Ihr wißt", schreibt er den Thessalonikern (I 4, 2) „welche Gebote ich euch durch den Herrn Jesus" – d. h. als von ihm verkündet – „gegeben habe." Diese Gebote immer wieder einzuschärfen wird er niemals müde; teils in kurzer Aufzählung, teils in breiterer Ausführung bilden sie ein Hauptstück in weitaus den meisten seiner Briefe[93]. Wie es Jesus ausgesprochen hat, in Übereinstimmung mit den jüdischen Gesetzeslehrern, aber in gewaltiger Vertiefung ihrer Auffassung, fassen alle Gebote sich zusammen in dem einen Zentralbegriff der Nächstenliebe[94]. Die Ablehnung des Götzendienstes und die volle Hingabe an Gott ist mehr eine selbstverständliche Voraussetzung als ein Sondergebot, so oft sie auch eingeschärft wird; denn der Christ weiß, daß die Idole nichtig und die in ihnen hausenden Dämonen von dem Christus überwunden und wesenlos geworden sind[95]. Dem entspricht die oben besprochene freie Stellung, die Paulus dem Genuß von Opferfleisch gegenüber einnimmt, auf die wir später noch einmal zurückkommen werden.

Um so wesentlicher ist der Bruch mit dem weltlichen Leben, wie es die Heiden treiben und die jetzt durch Gottes Gnade Bekehrten früher betrieben haben, mit seiner Genußsucht und Laszivität und dem allen Verkehr beherrschenden und vergiftenden Eigennutz. Vor allem sind es die geschlechtlichen Ausschweifungen, die andauernd mit aller Energie bekämpft werden müssen, da hier die Versuchung zu einem Rückfall in die natürliche Ungebundenheit des Heidentums nur zu nahe liegt. Hier ist Paulus unerbittlich: den Korinthern hat er in einem Brief befohlen, mit Unzüchtigen nicht zu verkehren; in einem zweiten, dem ersten erhaltenen Brief, erläutert und erweitert er das dahin, man solle mit einem vorgeblichen Bruder (τὶς ἀδελφὸς ὀνομαζόμενος), der unzüchtig, habgierig, Götzendiener, Lästerer, Trunkenbold, räuberisch ist, nicht verkehren noch zusammen essen[96]. Als ihm vollends gemeldet wird, daß jemand die Frau seines Vaters (seine Stiefmutter) geheiratet hat, „da habe ich, leiblich abwesend, aber geistig anwesend, bereits das Urteil gefällt, daß ihr und mein Geist im Namen des Herrn Jesus euch versammelt mit der Kraft unseres Herrn Jesus" (d. h. um durch ihn zu wirken), „einen solchen dem Satan zu übergeben zur Vernichtung des Fleisches, damit der Geist" (τὸ πνεῦμα, dessen er durch die Bekehrung teilhaftig geworden ist) „gerettet werde am Tage des Herrn"[97].

Auch für Paulus ist, wie für Jesus wenigstens nach seinen Äußerungen im Matthaeusevangelium, die Ehelosigkeit das Ideal[98]. So ist er denn auch unverheiratet geblieben, im Gegensatz zu Petrus, der ja schon vor seiner Jüngerschaft eine Frau hatte, und zu der Urgemeinde überhaupt; Petrus und die übrigen Apostel, sowie die Brüder des Herrn führten ihre Frauen auch auf ihren Missionsreisen bei sich[99]. Vor der Gefahr, eine wirklich asketische Mönchsreligion nach Art der Essaeer zu werden, ist das Christentum indessen durch die freie Stellung Jesu zum Leben bewahrt worden. So ist denn auch die extreme Auffassung der Ehe immer auf kleine Kreise beschränkt geblieben, und das Wort Jesu, das sie verwirft und sogar die Selbstentmannung preist, findet sich nur bei Matthaeus, nicht in den übrigen Evangelien[100]. Paulus dagegen antwortet auf eine Anfrage der Korinther, daß es allerdings „für einen Menschen gut (καλόν, ideal) ist, ein Weib nicht zu berühren". Aber er erkennt an, daß das praktisch nicht durchführbar ist und nur zu um so zügelloseren Ausschweifungen führen würde; und so gestattet er die Ehe und den geregelten Verkehr in ihr, „daß euch der Satan nicht in Versuchung führe wegen eurer Unenthaltsamkeit", allerdings „nur als Erlaubnis, nicht als bindende Vorschrift". „Ich wollte, alle Menschen wären wie ich; aber jeder hat seine eigene Gnadengabe von Gott, der eine so, der andere so.[101]

Auch den Unverheirateten und den Witwen gestattet er die Ehe, so sehr er wünscht, daß sie seinem Beispiel folgen und lediglich dem Herrn leben könnten, während der Verheiratete zwischen Gott und der Welt geteilt ist. Das gilt vor allem betreffs der Jungfrauen. Eine Äußerung Jesu darüber gibt es allerdings nicht: „Betreffs der Jungfrauen habe ich keinen Befehl des Herrn, sondern gebe meine Ansicht als einer, der durch die Gnade des Herrn als zuverlässig gelten darf [102]. Ich meine also, daß es für den Menschen gut (καλόν) ist, so zu bleiben[103], mit Rücksicht auf die bevorstehende Not" – nämlich die binnen kurzem eintretende Weltkatastrophe[104], bei der alle irdischen Interessen gegenstandslos werden. Aber wer es nicht lassen kann, mag heiraten, eine Sünde begehn sie damit nicht, wenn es ihnen auch fleischliche Bedrängnis bringen wird; ich mache die Konzession, um euch zu schonen[105].

Um so nachdrücklicher betont er die von Jesus gebotene Unauflöslichkeit der Ehe[106]. Wenn sie sich trennen wollen, so bleibt die Frau doch gebunden; erst nach dem Tode des Mannes darf sie wieder heiraten, aber natürlich nur einen Christen (μόνον ἐν Κυρίῳ v. 39). Ist der eine Gatte Christ, der andere nicht, so sollen sie ruhig vermählt bleiben; verlangt aber der ungläubige Teil die Scheidung, so ist sie gestattet, und der andere Gatte nicht mehr gebunden[107].

Wie in dieser Frage, so erkennt Paulus durchweg die gegebenen Verhältnisse des irdischen Lebens an, solange dies noch besteht. An ihnen soll man nichts ändern, jeder in seinem Stande und Beruf bleiben, der Freie wie der Sklave[108]. Im Römerbrief erkennt er die weltlichen Obrigkeiten und ihre

Strafgewalt als von Gott gesetzt an und ebenso die Verpflichtung zum Steuerzahlen[109], entsprechend dem Worte Jesu über den Zinsgroschen. Dagegen sollen die Gläubigen es unterlassen, ihre Streitigkeiten vor das weltliche Gericht „der Gesetzlosen"[110] zu bringen – was freilich oft genug geschehn ist und in der Tat ganz unvermeidlich war –, sondern sie innerhalb der „Heiligen" schlichten, wo doch „ein einsichtiger Mann (σοφός)" zu finden sein muß, „der zwischen seinen Brüdern entscheiden kann". „Wißt ihr denn nicht, daß die Heiligen die Welt und die Engel richten sollen? Und da haltet ihr euch für unzulänglich (ἀνάξιοι) zum Richten über Kleinigkeiten?"[111] Noch richtiger ist freilich, wie immer gemahnt wird, jeden Streit zu vermeiden und in Verträglichkeit und brüderlicher Liebe Unrecht zu dulden, statt zu hadern. Zugleich aber ist damit die Berechtigung und die Notwendigkeit anerkannt, so lange diese Welt noch besteht, das Berufsleben in gewohnter Weise fortzusetzen. Nichts wäre verderblicher, als nun etwa im Vertrauen auf die göttliche Gnade die Hände in den Schoß zu legen; vielmehr gebietet gerade die Nächstenliebe, die Pflicht, für die notleidenden und arbeitsunfähigen Brüder zu sorgen, doppelte Anspannung der von Gott verliehenen Kräfte. „Ich mahne euch, Brüder", schreibt Paulus an die Thessaloniker[112], „allen Eifer daran zu setzen, euch ruhig zu halten, eure Geschäfte zu betreiben (πράσσειν τὰ ἴδια), und mit euren Händen zu arbeiten, auf daß ihr in Anstand vor denen draußen wandelt und auf keine andere Hilfe angewiesen seid." „Als ich bei euch war, habe ich euch geboten: wer nicht arbeiten will, soll auch nicht essen"[113] – ein Satz, der von der weiteren Entwicklung dauernd festgehalten und z. B. in der Apostellehre den Weisungen vor allem für die Wanderprediger und sonstigen Ankömmlinge zugrunde liegt. Paulus selbst hat auch hier seiner Gemeinde ein Vorbild gegeben: er hat, wie er immer wieder hervorhebt[114], von dem Recht, das der Herr den Aposteln zuerkannt hatte, vom Evangelium zu leben, obwohl er es im Prinzip nachdrücklich auch für sich in Anspruch nimmt, praktisch keinen Gebrauch gemacht, sondern sich durch eigene Arbeit ernährt. Nur um so eifriger mahnt er zu mildtätiger Unterstützung der wirklich Bedürftigen und besonders auch bedrängter anderer Gemeinden[115]; daß zum Beginn seiner Mission in der europäischen Welt die Philipper durch Hilfssendungen nach Thessalonike und Korinth ein leuchtendes Vorbild gegeben haben, hat er immer in dankbarer Erinnerung bewahrt[116].

Das Siegel für die Bekehrung und die Erfüllung mit dem „Geist" gewährt, nach Ablegung des Sündenbekenntnisses und des Glaubensbekenntnisses und daher nach einer längeren Lehrzeit des Bekehrten, die Taufe auf den Namen des Christus Jesus. Mit ihr tritt der Gläubige in das neue Leben der „Heiligen" ein. Die so geschaffene Verbindung ist unauflöslich: „ihr alle, die ihr auf Christus getauft seid, habt Christus angezogen", während der alte Leib dadurch mit ihm begraben ist. Die Glieder der Gemeinde bilden einen einzigen Körper, den Leib des Christus, der zugleich sein Haupt ist. So haben sie Anteil sowohl an seinem Tode und der dadurch gewonnenen Erlösung und Tilgung ihrer Sünden, wie an seiner Auferstehung und dem ewigen Leben im Gottesreich[117]. Auch den Verstorbenen sucht man Anteil an dieser Gemeinschaft zu vermitteln; in Korinth ist die „Taufe für die Toten" zu Paulus' Zeit ganz geläufig gewesen und wird von ihm nicht nur als legitim anerkannt, sondern als Argument für den Auferstehungsglauben verwertet[118]. Ständig erneut wird diese mystische Verbindung durch das Herrenmahl, gegen dessen weltliche Entartung in Korinth Paulus daher energisch eingreift; es ist wirklich der Leib und das Blut des Herrn, was man dadurch genießt, und wer das nicht erkennt „wer den Leib nicht unterscheidet" von dem gewöhnlichen irdischen Brot, wird dadurch „mitschuldig an Leib und Blut des Herrn" und verfällt, wie jetzt irdischer Strafe, so alsdann dem göttlichen Weltgericht[119]

Für die Aufrechterhaltung von Zucht und Sitte, für die Bewahrung des inneren Zusammenhangs der Gemeinde, für die Stärkung der Schwachen und Schwankenden, die Tröstung der Verfolgten, die Armenpflege und die Kollekten ist eine feste Organisation unentbehrlich; und diese hat Paulus überall geschaffen, im Anschluß an die Formen, die sich in der Urgemeinde herausgebildet haben. Wie er mit Barnabas zusammen in Lykaonien und der Nachbarschaft „für jede Gemeinde Älteste wählen läßt und sie unter Gebet und Fasten dem Herrn überantwortet"[120], wird es überall geschehn sein. Durchweg versteht er es, sich alsbald eine Schar von Gehilfen heranzubilden, auf die er sich völlig verlassen kann; ihnen überläßt er in der Regel auch die Vollziehung des Taufaktes nach Abschluß der Lehrzeit[121]. „Ich bitte euch, Brüder" schreibt er den Thessalonikern[122] „erkennt die an, die sich unter euch abmühn, euch im Herrn vorstehn und euch zurechtweisen, und haltet sie überaus hoch in Liebe wegen ihres Werkes." Diese selbst aber mahnt er: „weist die Zuchtlosen zur Ordnung, tröstet die Kleinmütigen, nehmt euch der Schwachen an, habt Geduld mit allen; sorgt, daß niemand Böses mit

Bösem vergelte, sondern habt immer das Gute im Auge unter einander und für alle." Wer aber, so gebietet er im Namen des Herrn Jesus Christus[123] „zuchtlos und nicht nach der Überlieferung wandelt, die ihr von mir erhalten habt, von dem haltet euch fern". Überhaupt beansprucht er für sich die volle, ihm unmittelbar vom Herrn übertragene Autorität des Stifters und von Gott gesetzten Oberhaupts der Gemeinden, er steht ihnen ähnlich, nur mit noch viel größerer geistlicher Machtbefugnis, gegenüber, wie im politischen Leben der griechischen und römischen Welt der Gründer einer Kolonie oder Organisator einer Provinz. Ist er anwesend, so entscheidet er durch sein Wort[124]; aus der Ferne erläßt er seine Anordnungen durch Briefe, die der ganzen Gemeinde zu verlesen sind[125]. „Wenn aber jemand meinem durch diesen Brief gegebenen Wort nicht gehorcht", schreibt er nach Thessalonike[126] „den zeichnet, daß ihr mit ihm nicht verkehrt, damit er umkehre; haltet ihn aber nicht wie einen Feind, sondern weist ihn zurecht wie einen Bruder." Gegen schwere Frevler dagegen verfügt er die volle Ausstoßung, die Exkommunikation, und überantwortet sie dem Satan[127], und gegen seine Gegner, die Irrlehrer, spricht er nach alttestamentlichem Muster den Bannfluch (ἀνάθεμα = חרם), der sie den feindlichen Mächten weiht[128]. Aber die Befolgung der Gebote soll nichts weniger sein als sklavischer Gehorsam, wie ihn das Gesetz des alten Bundes erzeugt, sondern vielmehr eine freiwillige Hingabe in den Willen Gottes, wie sie aus der durch seine Gnade gewonnenen „Heiligkeit"[129]folgt. Die „Freiheit eines Christenmenschen", die der Herr durch Verleihung seines „Geistes" in den „Heiligen", den „Söhnen Gottes" oder Söhnen des Lichtes[130] schafft, wird von Paulus durchweg aufs stärkste betont[131]. Durch die Annahme des Evangeliums hat der Gläubige die Erlösung, die Versöhnung gewonnen, und lebt daher im Gegensatz zu dem Treiben dieser Welt in innerem Frieden, in Frieden sowohl mit dem „Gott des Friedens" wie mit seinen Brüdern[132]. Die Hoffnung, die der Glaube gewährt, ist die Grundlage seines Vertrauens, seine Auswirkung im Leben ist die Liebe, d. i. die werktätige Nächstenliebe, wie sie Jesus verkündet und bewährt hat[133].

So sind Glaube, Liebe, Hoffnung die Grundpfeiler für die Gestaltung des neuen Lebens im Gottesreich, das Paulus der Welt verkündet[134]. In dem gewaltigen Hymnus, den er in den ersten Korintherbrief eingelegt hat, hat er diesen Gedanken den für alle Zeit maßgebenden Ausdruck geschaffen.

Innere Gegensätze. Die Geisteswirkungen

Wenn der Mensch nur dadurch zum Glauben gelangt, daß der „Geist" ihm die Erkenntnis erschließt und in ihm seinen Wohnsitz nimmt, so daß er fortan „heilig" und „ein Tempel Gottes" ist[135], so ist dabei als selbstverständlich vorausgesetzt, daß der Geist, so verschiedenartig auch die Gnadengaben (χαρίσματα) sind, die er den Einzelnen gewährt, doch überall das gleiche wirkt und damit die Einheit der Gemeinden und der Gesamtkirche schafft und erhält; denn sonst wäre er ja nicht der Geist Gottes. Indessen die Praxis zeigt nur zu oft das Gegenteil; die Individualität jedes Einzelnen, die Verschiedenheit des Denkens und Empfindens läßt sich nun einmal nicht aus der Welt schaffen, die Homogenität läßt sich niemals erreichen, mag das Streben nach voller Einheitlichkeit auch noch so ehrlich und ernsthaft sein. Gerade das Bewußtsein, daß sich jetzt eine ganz neue Weltanschauung auf spiritualistischer Grundlage erschlossen hat, ruft diese Gegensätze neu hervor. Ein jeder fühlt sich als Träger des „Geistes", er gibt sich seinem Wehen, der unmittelbaren Offenbarung Gottes, die aus ihm spricht, rückhaltlos hin; wenn er überhaupt die Empfänglichkeit dafür besitzt, wenn er nicht lediglich ein gewöhnlicher Durchschnittsmensch ist, in dem nur der Leib und die animalische Seele wirken, ein σαρκικός oder ψυχικός, sondern ein „Auserwählter" und daher ein Pneumatiker[136], hat er um so mehr die Pflicht, den ihm gewährten Eingebungen zu folgen, sie durchzudenken und in ihren Konsequenzen in Leben und Lehre durchzuführen. Damit sind tiefgreifende Gegensätze unvermeidlich gegeben. Es ist wirkungslos, in derselben Weise, wie es die alten Israeliten und das Judentum bei den Gegensätzen der Propheten getan haben, die Anschauung, die man als Irrlehre bekämpft, für Eingebung eines bösen Geistes, des Satans und seiner Gehilfen, zu erklären; denn die Gegner können mit demselben Recht das gleiche von ihrem Standpunkt aus behaupten. Auch die Berufung auf die Wirkung – „an ihren Früchten könnt ihr die falschen Propheten erkennen", heißt es bei Matth. 7, 15 f., in Zusammenfassung des Gesetzes Deut. 18, 20 ff.[137] – hilft wenig; denn sie enthält immer einen Appell an die irdischen Vorgänge, an Dinge, die außerhalb der geistigen Machtsphäre liegen. In Wirklichkeit liegt denn auch die Entscheidung nicht auf dem Gebiet des Geistes und der Erkenntnis, sei sie verstandesgemäß logisch oder intuitiv pneumatisch, sondern auf dem der Macht. Diejenige Auffassung ist die richtige, die sich durchzusetzen vermag, sei es durch eine autoritative Persönlichkeit, sei es durch die wirklich vorhandene oder fingierte Übereinstimmung der großen Masse, welche die Abweichungen ausstößt und unterdrückt, den Consensus, und oft genug durch das Eingreifen ganz anderer, rein weltlicher Interessen. So ist es im gesamten Verlauf der Kirchengeschichte geblieben.

Paulus hat die Gefahren, die von hier aus sein Werk bedrohten, alsbald empfinden müssen. In dem ersten Brief an die Korinther nimmt er die Sache noch leicht: „Ich höre, daß, wenn ihr in der Gemeindeversammlung zusammenkommt, Spaltungen (σχίσματα) unter euch vorhanden sind, und zum Teil will ich das wohl glauben; denn es müssen ja Parteiungen (αἱρέσεις) unter euch sein, auf daß die Tüchtigen unter euch offenbar werden" [138]. Aber schon damals hat er sehr ernsthaft mit den Gegensätzen zu kämpfen, die, zum Teil von außen hereingetragen, zum Teil in ihr selbst erwachsen, die Einheit der Gemeinde gefährden, und sein Leben lang hat er diese Kämpfe fortführen müssen. Paulus ist nicht nur der Vater der katholischen Kirche, sondern ebensosehr der der Gnosis und der zahllos hervorsprießenden Sekten.

So ist er sich denn auch der Gefahren bewußt geworden, welche die wilden Manifestationen des Geistes in Zungenreden, Prophetie usw. bringen mußten. An die Thessaloniker schreibt er noch, innerhalb einer ganzen Serie festformulierter Mahnworte[139]: „löscht den Geist nicht aus, achtet die Prophetie nicht gering, prüft alles, behaltet das Gute." Im ersten Korintherbrief dagegen sieht man, daß ihm die bedenkliche Seite vor allem des Zungenredens und seiner Auslegung sehr zum Bewußtsein gekommen ist; die ganz ausführliche Erörterung darüber (c. 12 bis 14) zeigt, wie wichtig ihm die Sache ist. Er muß die pneumatischen Gaben als Offenbarungen des heiligen Geistes anerkennen, da nur durch diesen das Bekenntnis zu Jesus ermöglicht wird; aber er sucht ihre Bedeutung abzuschwächen, indem er die sonstigen Befähigungen, die der Geist je nach der Individualität dem Einzelnen verleiht, Weisheit (σοφία) und intuitive Erkenntnis (γνῶσις), Heilkraft, den Glauben, damit auf gleiche Linie stellt, auf die Rangordnung der Hierarchie hinweißt, wo Apostel, Propheten und Lehrer voranstehn, und „um einen noch weit darüber hinausgehenden Weg zu zeigen", den Hymnus auf die Liebe, die ἀγάπη, einfügt, die alles andere weitaus hinter sich läßt. Die Hauptsache bleibt die innere Einheit der gesamten Gemeinde als des Leibes Christi und anstatt der Überhebung der Glieder, zu der die Gaben führen, ihre willige Unterordnung unter die Gesamtheit. Vor allem äußert er sich möglichst ablehnend über das Zungenreden. Offiziell abschaffen kann er es nicht; denn es ist unter seiner Einwirkung entstanden und er selbst hat es eifrig geübt[140]. Aber er erkennt an, daß es nur den Redenden selbst erbaut, für die Gemeinde dagegen vollkommen wertlos ist, gleich dem Ton einer Trompete oder eines andern Instruments, wenn sie nicht ein bekanntes und daher verständliches Signal gibt. So bestimmt er, daß in der Versammlung „nur zwei oder höchstens drei in Zungen reden sollen, und zwar hintereinander, und einer dolmetschen; ist aber kein Dolmetsch da, soll er schweigen und für sich und Gott reden". „Wenn dagegen in einer Versammlung der ganzen Gemeinde alle in Zungen reden, muß da ein Laie oder Ungläubiger, der hineinkommt, nicht sagen: ihr seid verrückt" – eine völlig zutreffende Schilderung des Eindrucks, den wir von den ersten Gemeinden gewinnen.

Weit vorzuziehn ist die Prophetie, bei der festgestellt werden kann, ob man es mit einem wahren Propheten oder einem Schwindler zu tun hat; wenn alle prophezeien, wird der Ungläubige oder Fremde, der in die Versammlung kommt „von allen geprüft und überführt, es wird offenbar, was in seinem Herzen verborgen ist, und so wird er auf sein Antlitz fallen, Gott anbeten und verkünden, daß Gott wirklich in euch ist". Aber auch hier verlangt Paulus Zucht und Ordnung, so daß jeder der Reihe nach redet und geprüft wird. Überdies aber sind die „Geister der Propheten den Propheten untertan" – d. h. der Prophet hat die Inspiration, die ihm zuteil wird, selbst in Zucht zu halten, denn Gott ist nicht ein Gott der Unordnung, sondern des Friedens"[141]. Die Frauen, die, wie immer bei solchen Szenen, ein besonders lebhaftes und empfängliches Element gebildet haben werden, „sollen in den Versammlungen überhaupt schweigen; wenn sie etwas erfahren wollen, können sie daheim ihre Männer befragen".

In diesen Anordnungen kommt der Wirklichkeitssinn des Paulus zum Durchbruch. Er nimmt für seine Anordnung in Anspruch, daß jeder, der ein Prophet oder Pneumatiker zu sein meint, anerkennen muß, daß das, was ich euch hier schreibe, ein Gebot des Herrn ist; erkennt er das nicht an, so wird auch er nicht anerkannt" – d. h., dann ist er ein falscher Prophet. Wo Paulus später die kirchlichen Ämter und Geistesgaben aufzählt, hat er die Propheten an ihrer Stelle belassen, aber das, Zungenreden gestrichen[142]; und ebenso verhält sich die Apostellehre.

Die Probleme der Auferstehung

Zu sehr andersartigen Schwierigkeiten führte die Auferstehungslehre. Wenn Paulus verkündigt, daß, wer sich zum Christus bekehre, damit das ewige Leben gewinne, da durch Jesus der Tod überwunden sei, und daß die Wiederkunft des Herrn und die Entrückung in das Gottesreich unmittelbar bevorstehe, so wird es in der ja großenteils aus ungebildeten und jedem Aberglauben zugänglichen Elementen bestehenden Masse, die er gewann, nicht wenige gegeben haben, die das ganz buchstäblich aufnahmen und erwarteten, daß der Tod sie nicht ereilen werde[143]. Um so größer war die Enttäuschung, als der Tod nun doch nach wie vor seine Ernte hielt. So sind in Theasalonike Bedenken dieser Art laut geworden, auf die Paulus in dem Brief eingeht, den er in der gedrückten Stimmung nach seinem Mißerfolg in Athen dorthin gesandt hat, als ihm alles daran lag, die Treue dieser Gemeinde festzuhalten[144]. „Ich will euch über die Entschlafenen nicht in Unwissenheit lassen, damit ihr nicht in Trauer seid wie die übrigen, die eine Hoffnung nicht haben. Denn wenn wir glauben, daß Jesus gestorben und auferstanden ist, so wird Gott in dieser Weise auch die Entschlafenen durch Jesus mit diesem herbeiführen." Zum Beleg führt er das Herrnwort an, daß beim Herabkommen des Herrn zuerst die Toten auferstehn, dann die Lebenden mit ihnen zusammen ihm entgegen hinaufgerissen und allezeit mit ihm zusammenbleiben werden. „Daher tröstet euch untereinander mit diesem Wort." Über die Zeit braucht er nicht zu wiederholen, was er früher gelehrt hat: sie wissen, daß der Tag des Herrn kommt wie ein Dieb bei Nacht; so gilt es, allezeit wachsam und bereit zu sein.

Wie es scheint, haben diese Ausführungen in Thessalonike eine große Erregung hervorgerufen, wie sie bis auf den heutigen Tag in den gläubigen Massen aufflammt, wenn auf Grund irgendeiner Berechnung aus den Apokalypsen – oder z. B. auch, weil man sich einbildet, die Erde werde durch den Schweif eines Kometen gehn – das unmittelbare Bevorstehn des Weltuntergangs erwartet wird[145]. Eine weitgehende Zuchtlosigkeit riß ein; man hielt es für unnötig, zu arbeiten, und legte die Hände in den Schoß. Dagegen wendet sich Paulus' zweiter Brief. Es ist sehr bezeichnend für seine Art, wie er sich in dieser nicht ganz einfachen Situation verhält. Am Schluß des Briefes schreitet er, nach erneutem Hinweis auf das Vorbild, das er gegeben hat, mit energischem Gebot gegen diesen Müßiggang und die Beschäftigung mit überflüssigen Dingen[146]ein. Im Eingang wird die Glaubenstreue der Thessaloniker und ihr Ausharren in Verfolgungen aufs neue in hohen Tönen anerkannt. „Dadurch zeigt sich, daß Gott gerecht richtet, euch des Gottesreichs zu würdigen. Denn es ist ja nur gerecht bei Gott, euren Drängern mit Drangsal, euch, den Bedrängten, dagegen samt mir mit Nachlaß zu vergelten, wenn sich der Herr Jesus mit den Engeln seines Machtbereichs in flammendem Feuer zeigt", wobei dann das Gericht über beide Teile noch weiter ausgemalt wird. So ist das Thema, um das es sich handelt, gleich in dem Eingangssatz berührt, als anerkannter, überdies durch Verwendung alttestamentlicher Schilderungen illustrierter Glaubenssatz; dadurch, daß das Ganze zu einer einzigen unendlich langen Periode zusammengefaßt ist, tritt die Absicht, die Paulus verfolgt, noch deutlicher hervor[147]. Dann fährt er fort: „ich bitte euch aber, Brüder, betreffs der Ankunft unseres Herrn Jesus Christus und unserer Zusammenführung zu ihm euch nicht vorschnell schwankend machen oder verwirren zu lassen, weder durch einen Geist noch durch eine Rede noch durch einen Brief, der als von mir stammend angesehn wird[148], ab sei der Tag des Herrn eingetreten." Mithin haben sich die Vertreter dieser Ansicht auf einen Brief des Paulus berufen; und Paulus deutet an, daß derselbe gefälscht sein könnte. Daher fügt er am Schluß einen eigenhändigen Gruß hinzu, in dem er seine Handschrift ausdrücklich bezeugt: „das ist mein Zeichen in jedem Brief, so schreibe ich"; sie sollen also die Handschrift vergleichen[149]. Aber es ist ganz undenkbar, daß irgend jemand, und nun gar in dieser Zeit, einen Brief nach Thessalonike auf den Namen des Paulus verfaßt haben sollte, in dem er diesem die umstrittene Behauptung in den Mund gelegt hätte. Vielmehr ist es offenbar der vorhergehende, uns erhaltene Brief, dessen Äußerungen über das plötzliche Kommen des Herrn und die Notwendigkeit, andauernd bei Tag und bei Nacht darauf vorbereitet zu sein, so gedeutet wurden. Er hat denn auch die Echtheit des Briefs nicht direkt bestritten, sondern nur als Möglichkeit hingestellt[150]: wenn in dem Brief stehn sollte, was ihr behauptet, so kann er nicht von mir sein, und das mögt ihr an der Handschrift prüfen. Jetzt fügt er die damals nicht berücksichtigte Einschränkung hinzu, daß nach den eschatologischen Verkündungen, wie sie bei Daniel vorliegen, vor dem Eintreten des Weltgerichts noch andere Ereignisse kommen müssen, die zwar schon im Werden begriffen, aber noch nicht vollzogen sind, und daß daher bis zur Wiederkunft des Herrn noch einige Zeit vergehn wird. „Laßt euch durch niemanden und auf keine Weise täuschen:

als ob nicht zuerst der Abfall kommen und der Mann der Gesetzlosigkeit" – der Gegner des göttlichen Gesetzes, der dasselbe aufheben will, der Antichrist – offenbart werden mußte, der Sohn des Verderbens, der Widersacher, der sich erhebt über alles was Gott oder Heiligtum heißt[151], so daß er sich in den Tempel Gottes setzt, indem er sich selbst für einen Gott erklärt. „Habt ihr nicht mehr im Gedächtnis, daß ich euch das früher, als ich noch bei euch war, gesagt habe?" Daran schließt er eine absichtlich dunkel gehaltene Andeutung über das „Hindernis", das sein offenes Hervortreten noch zurückhält[152]; aber die Entwicklung ist schon im Gang, nur muß der, der sie bisher zurückhält, erst aus dem Wege geschafft sein; dann wird der Frevler offenbart und dann durch Jesus mit dem Hauch seines Mundes vernichtet werden, er, in dessen Auftreten sich die ganze Macht des Satans mit all ihren Zeichen und Wundern der Lüge betätigt". Darin vollzieht sich das Schicksal „der zum Untergang Bestimmten, die seinem verbrecherischen Trug folgen, statt daß sie die Liebe(serweisung) der Wahrheit angenommen hätten, die ihnen zur Rettung geboten war; eben darum sendet Gott ihnen die kraftvolle Betätigung des Irrtums, damit sie der Lüge glauben, auf daß alle gerichtet werden können, die nicht der Wahrheit geglaubt haben, sondern an der Ungerechtigkeit ihr Wohlgefallen hatten".

Mit diesen letzten Worten macht Paulus den Versuch, die Allmacht Gottes trotz dieser Betätigung des Satans aufrecht zu erhalten, indem er ihn als Werkzeug der göttlichen Gerechtigkeit auffaßt. Er hat keine Empfindung dafür, daß er damit dem idealen Begriff, den er sonst von Gott als dem Gott der Liebe und der Wahrheit verkündet, geradezu ins Gesicht schlägt; sein Unternehmen ist ebenso vollständig mißglückt, wie allezeit jeder Versuch, den Dualismus durch einen Kompromiß aus der Welt zu schaffen.

Was Paulus verkündet, ist die vom Christentum übernommene oder vielmehr seine Voraussetzung bildende jüdische Eschatologie. Die Antwort auf die Frage, warum das verkündete und sehnsüchtig erwartete Ereignis noch immer nicht eintritt, ist dieselbe, welche die jüdischen Propheten seit Jahrhunderten auf die Frage gegeben haben, warum die messianische Zeit noch immer nicht kommt: es sind Hindernisse da, die das noch nicht möglich machen. In derselben Weise verfährt die Apokalypse bei Marcus, die sich mit Paulus' Schilderung eng berührt: vorher muß alles eingetroffen sein, was verkündet ist, und vor allem muß das Evangelium vorher an alle Völker verkündet sein. Auf diese Weise kann der Gläubige immer wieder vertröstet werden. Aber eben darum kann der Glaube, daß die Wiederkunft des Herrn binnen kürzester Frist bevorsteht, trotz aller Enttäuschungen immer weiter festgehalten werden. –

Den entgegengesetzten Einwand hat Paulus in Korinth zu bekämpfen. Wie sein Auftreten in Athen an der Verkündung der Auferstehung von den Toten Schiffbruch litt, so wollen auch in Korinth viele, obwohl sie im übrigen gläubig geworden sind, von dieser allem griechischen Denken widersprechenden Lehre nichts wissen. Die leibliche Auferstehung des Christus, des neuen Gottes, scheinen sie geschluckt zu haben; aber an die Wiederbelebung ihres eigenen Leibes, die ihnen verheißen wird, wollen sie nicht heran[153]; sie scheinen sich mit der den Griechen seit alters ganz geläufigen Unsterblichkeit der Seele, ihrem Fortleben nach dem Tode, mit den Strafen und Belohnungen im Hades begnügt zu haben[154].

In dieser Diskussion gelangt der unüberbrückbare Gegensatz zwischen der jüdisch-semitischen, kraß materialistischen und der griechischen idealistischen Denkweise anschaulich zum Ausdruck. Paulus hat offenbar die Anschauung der Gegner gar nicht begriffen; für ihn ist ein Fortleben der Seele ohne den Leib, wie es die griechische Philosophie annahm, ganz undenkbar. Um so schärfer betont er, daß es sich hier geradezu um den Fundamentalartikel des Glaubens handelt: Wenn es keine Auferstehung der Toten gibt, ist auch Christus nicht auferweckt. Wenn aber Christus nicht auferweckt ist, ist meine Predigt inhaltlos (κενή), und ebenso euer Glaube. Dann sind wir falsche Zeugen für Gott, und unser Glaube ist eitel, dann steckt ihr noch in euren Sünden, und die in Christus Entschlafenen sind verloren. Wenn wir lediglich für dieses Leben (für das Leben auf Erden) unsere Hoffnung auf Christus gesetzt haben, sind wir die bedauernswertesten aller Menschen." Wie die Taufe für die Toten wäre dann das Ausharren in den Verfolgungen und Kämpfen, die er selbst jetzt in Ephesos tagtäglich zu bestehn hat, widersinnig und nutzlos:„ wenn die Toten nicht auferweckt werden, dann wollen wir" – wie die Weltkinder Jerusalems bei Jesaja 22, 13 sagen – „essen und trinken, denn morgen sterben wir".

In dieser Ausführung tritt der gewaltige Rückschritt greifbar hervor, den das Christentum sowohl der griechischen Philosophie wie den größten Schöpfungen des älteren Judentums gegenüber bezeichnet. Nicht nur die Auffassung der Gegner wird vollständig verkannt, ja überhaupt nicht verstanden, sondern das sittliche Verhalten, die unbedingte Hingabe an ein Ideal, wie sie Hiob, der die Unsterblichkeit verächtlich abweist, ebensogut kennt wie die griechische Ethik, wird zu einem bloßen Mittel: die Nächstenliebe und die Aufopferung für die Religion wird geübt, weil sie das Bestehn der Schrecken des Weltgerichts und die Herrlichkeit des ewigen Lebens im Jenseits sichert. Wohl liegen darin weit tiefere Gedanken, wie sie Jesus verkündet hat; aber sie sind verhüllt unter einem viel primitiveren, roheren Gewande, das durch die Materialisierung das selbstsüchtige Interesse wieder in den Vordergrund stellt. Nur um diesen Preis hat sich die Ethisierung der Religion für die Massen erreichen lassen.

Paulus schließt die Abrechnung mit den Gegnern mit den Worten „Laßt euch nicht irre führen: schlechter Umgang verdirbt gute Sitten" – ein landläufiges Wort Menanders: „ernüchtert euch zu richtiger Gesinnung und begeht keine Sünde; denn da sind einige, die keine Kenntnis von Gott haben; das sage ich euch, damit ihr in euch geht!"[155]. Außerdem gibt er eine eingehende theologische Erörterung über die Möglichkeit und die Art der Auferstehung, auf die wir noch wieder zurückkommen müssen. Hier macht er der spiritualistischen Auffassung eine Konzession, von der in den Thessalonikerbriefen noch keine Rede war: wie das Saatkorn erst sterben muß, um zu dem neuen Leben in der von Gott bestimmten Gestalt zu gelangen, so wird auch beim Menschen „ein psychischer" – d. h. mit den irdischen Seelenkräften begabter – „ Leib gesät, aber ein pneumatischer" (mit dem Gottesgeist erfüllter) „Leib auferweckt", im Gegensatz zu dem ersten, aus Lehm gestalteten Adam der zweite oder letzte pneumatische aus dem Himmel[156]. „Siehe ich sage euch ein Geheimnis: wir werden nicht alle entschlafen" – er erwartet ja mit Sicherheit, die Herabkunft des Christus zu erleben – „aber wir werden alle verwandelt werden, in einem Nu, in einem Augenblick, bei der letzten Trompete; denn die Trompete wird erschallen und dann die Toten auferweckt werden unvergänglich, und wir (Lebenden) werden verwandelt werden. Denn dies Vergängliche muß die Unvergänglichkeit, dies Sterbliche die Unsterblichkeit als Gewand anlegen"[157]. Wenn das geschehn ist, dann erfüllt sich das Wort, das geschrieben steht[158]: Der Tod ist verschlungen in den Sieg; wo ist, Tod, dein Sieg, wo, Tod, dein Stachel? Der Stachel des Todes aber ist die Sünde, die Kraft der Sünde aber ist das Gesetz" – das sie durch seine Gebote erkennbar macht – „Gott sei Dank, der uns durch unsern Herrn Jesus Christus den Sieg gegeben hat!"

Die von Paulus bekämpfte Anschauung hat sich, weil sie einem gesunden Empfinden entsprach, dauernd weithin lebendig gehalten und tritt uns nicht nur bei Gnostikern, sondern auch in manchen im übrigen orthodoxen Kreisen immer wieder entgegen. Der gute Justin spricht von angeblichen Christen, die gotteslästerisch genug sind, die Auferstehung der Toten (d. i. der Leichen) zu leugnen, und behaupten, daß im Tode ihre Seelen in den Himmel aufgenommen werden[159] . Die orthodoxe Lehre sucht beides zu verbinden: die Seelen sind, wie auch viele der Heiden und der Philosophen anerkennen, ihrer Natur nach unsterblich[160], wenn auch nicht von Ewigkeit her, wie Plato annahm, so doch nach dem Tode; und so kommen sie, wie Irenaeus (V 31, 2) formuliert, an einen ihnen von Gott bestimmten nicht sichtbaren Ort und bleiben dort bis zur Auferstehung; bei dieser erhalten sie den Leib zurück und kommen nun körperlich, wie auch der Herr auferstanden ist, vor das Angesicht Gottes.

Für die Heiden ist das Auferstehungsdogma immer einer der schwersten Anstöße geblieben. Umgekehrt werden die christlichen Apologeten nicht müde, die Auferstehung des Fleisches als das christliche Grunddogma zu verkünden und zu erweisen, wobei sie sich vielfach derselben Argumente bedienen, wie die persischen Theologen oder Mohammed (Bd. II 68). Erst die moderne Entwicklung hat dann dieses Erbstück als eine Last empfunden und geht ihm nach Möglichkeit aus dem Wege; aber auch schon für einen so fanatischen Orthodoxen wie Goeze ist in der Polemik gegen Lessing ein Hauptartikel der christlichen Religion neben der Einheit Gottes nicht die Auferstehung des Fleisches, sondern die Unsterblichkeit der Seele[161].

Theologie und Christologie des Paulus

Durch seine Bekehrung war Paulus vor die Aufgabe gestellt, die neue Religion nicht nur mit der Schrift, deren untrügliche Wahrheit ihm zweifellos war[162], sondern auch mit der pharisaeischen Lehre, in deren Spekulationen er aufgewachsen war, auszugleichen und eine Lösung der dadurch gestellten Probleme zu suchen. Über diese Fragen wird er die langen Jahre hindurch gegrübelt haben, die er in

Damaskus und Tarsos in beschränkter Wirksamkeit zubrachte, bis er Klarheit gewonnen hatte und in die Welt hinausziehn konnte.

Neben dem exklusiven Monotheismus der Schrift hat Paulus offenbar schon in der Zeit, da er noch ein fanatischer Jude war, den ganzen Kreis theologischer Spekulationen übernommen, welche im Pharisaeismus an die Lehre vom Messias ansetzten. Das wird jetzt auf den Christus Jesus übertragen. Er ist der Sohn Gottes[163], der jetzt zur Rechten Gottes sitzt, um von da zum Gericht herabzukommen[164]. Er ist seit Ewigkeit im Himmel praeexistent[165], als „Gottes Ebenbild" (εἰκὼν θεοῦ), das, wie das die Finsternis erhellende Licht der Weltschöpfung, die Herzen der Gläubigen mit der Erkenntnis der Herrlichkeit Gottes durchstrahlt[166]; er ist „die Kraft und die Weisheit Gottes" (θεοῦ δύναμις καὶ θεοῦ σοφία)[167]. In diesen Äußerungen treten uns dieselben Ideen entgegen, die wir bei Simon kennen gelernt haben, die Loslösung der Schöpferkraft Gottes als einer selbständigen, in der Welt wirkenden Potenz; aber für die Wirkung bildet es einen fundamentalen Unterschied, daß Simon sich selbst für die Inkarnation dieser Kraft ausgibt, während die christliche Predigt verkündet, daß sie auf Erden in Jesus erschienen, jetzt aber in den Himmel zurückgekehrt ist, um von dort aus das Weltregiment zu führen.

Als dieser Weltregent steht der Christus neben dem „Vater", als der „Herr" (ὁ Κύριος). Das ist, wie schon für die Urgemeinde, „der Name über alle Namen", den Gott Vater dem Christus Jesus gewährt hat[168], der Name, den in der Schrift Gott selbst führt – denn der Eigenname Jahwe ist, wie in der griechischen Bibel, so im jüdischen Leben längst durch den „Herrn" ersetzt (Bd. II 20 f.) –; daher bezieht Paulus auch alttestamentliche Zitate, in denen er vorkommt, unbedenklich auf den Christus[169]. Im Gegensatz zu den vielen Göttern und Herren, welche die Heiden in ihrer Unwissenheit verehren, so heißt es im ersten Korintherbrief, „kennen wir nur einen Gott, den Vater, aus dem alles stammt und zu dem wir hinzielen, und einen Herrn Jesus Christus, durch den alles geschaffen ist und durch den auch wir existieren[170]. Noch prägnanter drückt er sich am Abschluß seiner Laufbahn im Kolosserbrief aus: Christus ist „das Geheimnis (μυστήριον) Gottes, in dem alle Schätze der Weisheit und Erkenntnis verborgen sind"[171], „das Ebenbild des unsichtbaren Gottes, der Erstgeborne der gesamten Schöpfung; denn in ihm ward alles geschaffen im Himmel und auf Erden, Sichtbares und Unsichtbares, seien es Throne, Herrschaften, Mächte oder Gewalten; das All ist durch ihn und zu ihm hin geschaffen, er selbst aber existiert vor allem und alles besteht in ihm – und so ist er auch das Haupt des Leibes der Gemeinde ... in ihm hat es der ganzen Fülle der Gottheit" (ihrer Vollkommenheit) „gefallen Wohnsitz zu nehmen"[172] und zwar in menschlicher Gestalt (σωματικῶς) – der transzendente ewige Christus und seine zeitliche Erscheinung als Jesus bilden eine untrennbare Einheit. Also der Christus und Gottessohn ist die Gestalt, in der die unsichtbare Gottheit, die, wo nicht eine Offenbarung hinzukommt, nur aus ihren Werken erkannt werden kann[173], sich in der Welt und durch die Welt manifestiert; durch ihn hat Gott die Welt geschaffen. Man sieht, wie alle Grundgedanken des Johannesevangeliums bereits bei Paulus vorliegen – es fügt nur die Personifikation des Schöpfungsworts hinzu, während es den von Paulus benutzten Begriff der Weisheit nicht verwendet –, wie andrerseits aber auch die Emanationslehre der Gnosis nur eine konsequente Fortbildung seiner Gedanken ist.

Die Aussagen, die im Korintherbrief auf den Vater und den Herrn verteilt sind, braucht Paulus im Römerbrief 11, 36 in einer Exklamation, mit der er die lange Erörterung über das Judentum abschließt[174], von Gott allein: „aus ihm und durch ihn und zu ihm hin ist das All"[175]; der Kolosserbrief sagt dann das „durch ihn und zu ihm" wieder vom Gottessohn aus. Man sieht, wie ihm die beiden Gestalten ineinander fließen. Im übrigen hat NORDEN[176] mit Recht betont, daß Paulus eine feste Formel benutzt, die er nach Bedürfnis variiert, und zugleich auf die nahe Berührung mit der stoischen Lehre von der Einheit der Natur und der mit ihr identischen Gottheit hingewiesen, die greifbar darin hervortritt, daß Kaiser Marcus fast dieselben Worte vom Weltall gebraucht[177]; seine Annahme, daß eine jüdisch-hellenistische Schrift die Vermittlung gebildet habe, wird zutreffend sein[178].

Auf eine genaue, dogmatisch formulierte Bestimmung des Verhältnisses der beiden Potenzen zueinander, die dann der Folgezeit um so größere Schwierigkeiten bereitet hat, hat sich Paulus wenig eingelassen; eine durchgeführte Christologie findet sich bei ihm noch nicht. Er nimmt das als gegeben hin, so gut wie die Inkarnation des überweltlichen Messias in dem Menschen Jesus von Nazaret. So zeigt sich in seinen Äußerungen darüber ein gewisses Schwanken. Im Eingang des Römerbriefs, wo er sich den bei den Adressaten, der judenchristlichen Gemeinde Roms, herrschenden Anschauungen möglichst anzupassen sucht, redet er von „dem Evangelium Gottes, das durch die Propheten in heiligen Schriften längst verkündet ist betreffs seines Sohnes, der dem Fleisch nach aus dem Samen Davids geboren ist" – das kommt bei Paulus nur hier vor und ist ihm an sich völlig gleichgültig – „der eingesetzt ist zum Sohn Gottes in Macht gemäß dem Geist der Heiligung (κατὰ πνεῦμα ἁγιωσύνης) durch[179] die Auferstehung von den Toten, Jesus Christus unseres Herrn"[180]. Da sieht es so aus, als sei Jesus erst durch die Auferstehung zum Gottessohn geworden, wie nach dem Evangelium durch die Taufe, eine Praeexistenz als solcher also zum mindesten für den Menschen Jesus ausgeschlossen. Dagegen später 8, 3 heißt es, daß Gott zur Befreiung der Menschen von der Herrschaft des Gesetzes „seinen eigenen Sohn schickte in Gestalt des Sündenfleisches"[181]. Da geht also der ewige Gottessohn in die Gestalt Jesu ein. Das entspricht der wahren Auffassung des Paulus besser. Ihren zutreffendsten Ausdruck hat sie im Philipperbrief 2, 6 f. gefunden: „Christus Jesus, der, obwohl er in Gottesgestalt war, es nicht als gute Beute" – als sein Vorrecht[182] – „ansah, daß er wie Gott war, sondern sich selbst entleerte (ἐκένωσεν) und Knechtsgestalt annahm, indem er im menschlichen Abbilde auftrat; und indem er sich in Haltung wie ein Mensch befinden ließ, demütigte er sich und war gehorsam bis zum Tode, ja zum Tode am Kreuz. Dafür hat dann auch Gott ihn über alles erhöht und ihm den Namen über alle Namen gewährt" – den Namen Κύριος –„auf daß im Namen Jesu sich jedes Knie beuge in der himmlischen, der irdischen, der unterirdischen Welt, und jeder Zeuge bekenne, daß Jesus Christus der Herr ist zur Ehre Gottes des Vaters." Also der praeexistente göttliche Christus nimmt freiwillig die Gestalt des Menschen Jesus an – natürlich, um durch seinen Tod die Menschen zu erlösen, was als selbstverständlich hier nicht erst gesagt zu werden braucht –; zum Lohn dafür wird er von Gott zum „Herrn" erhöht. Das ist im Grunde dasselbe, was im Matthaeusevangelium der Auferstandene auf dem Berge in Galilaea zu den Jüngern sagt: ἐδόθη μοι πᾶσα ἐξουσία ἐν οὐρανῷ καὶ ἐπὶ γῆς. In kürzerer Fassung hat Paulus den gleichen Gedanken schon im zweiten Korintherbrief ausgesprochen: „unser Herr Jesus Christus hat sich um euretwillen arm gemacht, obwohl er reich war, damit ihr durch seine Armut reich werdet"[183]. Die weitere Entwicklung bis zum Abschluß (τὸ τέλος) berührt er in der Erörterung über die Auferstehung im ersten Korintherbrief 15, 24 ff.: „er muß die Königsherrschaft führen, bis er alle Feinde Gottes, jede Herrschaft, Gewalt und Macht unter seine Füße gebracht hat, zuletzt von allen den Tod. Dann, wenn ihm alles untertan geworden ist, wird auch der Sohn sich dem unterordnen, der ihm das All untergeordnet hat, und das Königtum dem Gott und Vater übergeben, auf daß Gott alles in allem sei."

Der Satan

Wie das Christentum und überhaupt jede moderne Religion auf dualistischer Grundlage erwachsen ist, so ist auch für Paulus der Gegensatz der guten Gottheit und der teuflischen Mächte des Bösen und ihr ununterbrochenes Ringen mit einander die selbstverständliche Voraussetzung des Weltbildes. Der große Widersacher, das Gegenbild Gottes und des Christus, ist Beliar oder der Satan, „der Böse" schlechthin[184]. Er ist „der Gott dieser Welt, der den Sinn der Ungläubigen verblendet hat, so daß sie das strahlende Licht des Evangeliums nicht schauen können"[185]. Die reale Welt, in der wir leben (ὁ αἰὼν οὗτος), ist sein Machtbereich, die Elementarkräfte, die ihr die arge Gestalt geben, die Mächte und Gewalten, die sie beherrschen, sind seine Werkzeuge und Gehilfen[186]; das Gegenbild ist das zukünftige Gottesreich, das der Christus bringen wird[187]. Sie schaffen alle Übel und Nöte, Sünde, Götzendienst und Tod. Der Satan lauert den Menschen auf und verführt sie[188]; auch die Hindernisse, die Paulus in den Weg gelegt sind, stammen von ihm[189], und ihm überantwortet er die Sünder, die er aus der Gemeinde ausstößt. An sich freilich, vom Standpunkt der Gottesherrschaft aus, sind die teuflischen Dämonen, welche die Menschen verehren, keine Realitäten; wie die alten Propheten sie „als Nichts" bezeichnen, sagt auch Paulus zu den Galatern: „als ihr Gott noch nicht kanntet, habt ihr den von Natur überhaupt nicht existierenden Göttern gedient"[190], und ebenso äußert er sich im ersten Korintherbrief; aber daneben erkennt er hier an, daß es tatsächlich „viele Götter und Herren in der Welt gibt", mit denen der Bekenner des allein wahren Gottes keine Gemeinschaft haben darf[191].

Um die Menschen von der Herrschaft des Satans zu befreien und „uns herauszunehmen aus der gegenwärtigen argen Welt"[192], hat Christus den Opfertod für unsere Sünden auf sich genommen. Die Vollendung seines Werkes durch seine Wiederkunft steht unmittelbar bevor: „der Gott des Friedens", so schließt Paulus den Abschiedsgruß an die Römer (16, 20), „wird binnen kurzem (ἐν τάχει) den

Satan unter eure Füße treten". In der Eschatologie im Korintherbrief (I 15, 24 ff.) wird das weiter ausgeführt. Vorher aber wird der Satan noch einmal alle Kraft aufbieten, um der Aufrichtung des Gottesreichs zu widerstehn; er wird den Antichrist „mit aller Macht, mit Lügenzeichen und -wundern, und mit allem Trug des Unrechts" unterstützen, mit vorübergehendem Erfolg, bis dann der wiederkehrende Jesus ihn mit dem Hauch seines Mundes niederwirft und „als letzten Feind auch den Tod vernichtet", wie in der persischen Eschatologie und in der Apokalypse.

Das Problem der Erlösung und des Gesetzes

Indessen im Mittelpunkt der Gedankenwelt des Paulus stehn diese Dogmen nicht, er hat hier einfach die traditionellen Anschauungen übernommen. Daher hat man die Rolle, die sie bei ihm spielen, in der Regel wenig beachtet, so grundlegend sie in Wirklichkeit auch für seine Lehre sind. Daß das Evangelium vom Gottesreich die Erlösung von der Herrschaft des Satans und dem Elend der gegenwärtigen Welt bringt, ist für ihn ganz selbstverständlich.

Aber eben damit entsteht ein neues, weit schwierigeres Problem gerade in dem, was scheinbar bereits diese Erlösung ermöglicht und sichert: in dem von Gott gegebenen Gesetz. Für Paulus, als strenggläubigen Juden, ist die Schrift das untrügliche Gotteswort. Aber die Verheißung, die es dem der Offenbarung gewürdigten Volk gegeben hat, hat das Gesetz nicht erfüllt. Denn seine Gebote wirklich zu befolgen, reicht über die Menschenkraft hinaus, und so bringt es gerade dem Gesetzestreuen nur das niederschmetternde Bewußtsein seiner Unzulänglichkeit und damit die Sicherheit seiner Verdammnis; denn Gott ist gerecht und straft den Sünder. Wenn Gott also von dem Menschen Unmögliches verlangt, wie verträgt sich das mit seiner Liebe und Barmherzigkeit, die doch die Schrift überall verkündet? Und weiter, wie verträgt es sich mit seiner Gerechtigkeit, daß Jesus der Gottessohn, obwohl ohne Sünde[193], als Verbrecher verurteilt ist und Gott das zugelassen hat, ja daß er ans Kreuz geschlagen ist, obwohl doch das Gesetz (Deut. 21, 23) sagt: „verflucht ist ein jeder, der am Holze hängt"[194].

Das Problem, das damit gestellt ist, hat Paulus in seiner ganzen Schwere empfunden; in den Äußerungen seiner Briefe können auch wir noch nachfühlen, wie er in jahrelanger Arbeit mit ihm gerungen hat, bis er die Lösung gefunden zu haben glaubte.

Die Lösung erblickt er darin, daß die Erlösung, die der Christus den Menschen gebracht hat, nicht sowohl eine Erlösung ist von der Herrschaft des Satans, als vielmehr von der Herrschaft den Gesetzes; die Erlösung vom Satan und seiner Macht ergibt sich daraus als unmittelbare und selbstverständliche Folge.

Den Ausgangspunkt bildet die Erkenntnis, daß der Mensch nicht imstande ist, das Gesetz zu erfüllen. „Da ist kein Unterschied; sie alle haben gesündigt"[195]. Gleich durch den ersten Menschen „ist die Sünde in die Welt gekommen und in ihrem Gefolge der Tod, und von da aus hat sich der Tod über die ganze Menschheit verbreitet, weil sie alle gesündigt haben"[196]. Auch die Erkenntnis des wahren, unsichtbaren Gottes, „seine ewige Macht und Göttlichkeit, die von der Weltschöpfung an durch seine Werke den Menschen offenbart und dem Verstande sichtbar ist, so daß sie keine Entschuldigung haben", ist von ihnen verworfen, da sie sich durch mäßige Spekulationen und durch ihr unverständiges Herz betören lassen und dem Götzendienst, der Verehrung vergänglicher Geschöpfe ergeben[197]. Daher hat Gott den Gelüsten ihres Herzens freien Lauf gelassen und sie allen Sünden und Verbrechen preisgegeben. Dann aber hat er sich den Israeliten geoffenbart und ihnen das Gesetz gegeben, und dadurch die Sünde kenntlich gemacht.

Hier ist Paulus freilich nicht zu einer logisch klar durchdachten Formulierung gelangt und verwikkelt sich daher in Widersprüche, wie so oft, zumal wenn er, wie im Römerbrief, in schwieriger Lage eine bestimmte Wirkung erreichen will und seine Argumentation danach gestaltet. Im Eingang des Briefs erkennt er an nicht nur, daß auch die Heiden Gott hatten erkennen müssen, sondern auch, daß sie „ohne das Gesetz zu haben, doch tun was es gebietet, weil sie sich selbst Gesetz sind; sie zeigen, daß das vom Gesetz gebotene Verhalten ihnen ins Herz geschrieben ist, wie denn auch ihr Gewissen dafür Zeugnis ablegt und ihre Gedanken sich gegenseitig anklagen oder auch entschuldigen", so daß sie für ihre Handlungen verantwortlich sind und daher mit Recht dem bevorstehenden Gottesgericht ebensogut unterliegen werden wie die Juden, die das Gesetz haben[198]. Nachher aber führt er aus, daß „wo kein

Gesetz ist, auch die Sünde nicht angerechnet werden kann; aber trotzdem hat der Tod (die Folge der Sünde) von Adams bis auf Moses auch über die, welche keine Sünde begangen haben, geherrscht, da die Übertretung Adams auch sie in die gleiche Lage gebracht hat"[199]; damit ist die Lehre von der Erbsünde, wenn auch nicht im Wortlaut, so doch inhaltlich ganz unzweideutig ausgesprochen[200]. Dann aber „ist das Gesetz hinzugekommen, auf daß die Sünde völlig werde"[201], oder, wie Paulus den Galatern schreibt: „Das Gesetz ist um der Übertretungen willen hinzugefügt (zu den Verheißungen an Abraham)"[202]. Denn „durch das Gesetz wird die Erkenntnis der Sünde gegeben"[203] und zugleich der Anreiz, es zu übertreten.

Die vorhergehenden Ausführungen haben die Tendenz, die Heidenmission zu rechtfertigen und das Privileg der Juden, wenn auch nicht aufzuheben, so doch möglichst herabzudrücken: sie unterliegen ebenso wie die Heiden der Sünde und bedürfen daher ebensosehr der Erlösung; ob jemand unter dem mosaischen Gesetz steht oder nicht, ist für die göttliche Gnade und daher für das Christentum gleichgültig. Der spätere Abschnitt dagegen bringt die Auseinandersetzung mit dem Gesetz; und das bleibt für Paulus als Juden doch die Kardinalfrage und gibt seine eigentliche Auffassung wieder. Der Grundgedanke ist: das Gesetz ist den Juden gegeben, um der Welt ihre Sündhaftigkeit zum Bewußtsein zu bringen und damit die Erlösung möglich zu machen. So „ist das Gesetz für uns der Erzieher (Pädagoge) auf Christus", „Christus das Ziel des Gesetzes"[204]; während das Gesetz verdammt, gewährt er die Rechtfertigung durch den Glauben. „Ich lebte einst ohne Gesetz; als aber das Gebot kam, lebte die Sünde auf, und ich starb ... Ich unglückseliger Mensch! Wer rettet mich aus diesem Leib des Todes? Dank sei Gott durch Jesus Christus unsern Herrn!"[205]Von persönlichen Erlebnissen seiner Jugend, von Sünden, die er begangen hätte, ehe er sich dem Gesetz hingab, von einer Konfession im Sinne Augustins, wie man diese Äußerung aufgefaßt hat[206], ist in ihr nichts enthalten: Paulus schildert vielmehr die traurige Lage, in der jeder Mensch sich befindet, der unter dem Gesetz steht, wenn die befreiende Erlösung nicht gekommen wäre[207]. Aber die Unmöglichkeit, dem Gesetz wirklich genug zu tun, die sündhaften Triebe des „Fleisches", den Anreiz, den gerade das Verbot erzeugt, es zu übertreten, hat er allerdings aufs stärkste empfunden. So lange er orthodoxer Jude war, hat er versucht, diese Triebe durch peinliche Befolgung des Gesetzes und seiner pharisaeischen Weiterbildung in der Tradition zu überwinden: „in bezug auf die vom Gesetz geforderte Gerechtigkeit war ich tadellos"[208]. Da kam die Erleuchtung durch den Herrn, und mit ihr die Erkenntnis, daß auf dem bisherigen Wege das Ziel unerreichbar, daß das Gesetz unerfüllbar sei, weil ihm die angebotene, von Adam her ererbte Sündhaftigkeit des natürlichen („fleischlichen") Menschen unüberwindbar entgegensteht. Was Paulus im Römerbrief ausführt, sind nicht die Erlebnisse seiner jüdischen Vergangenheit, sondern die Anschauungen, die er als Christ gewonnen hat und durch die er über die Werkheiligkeit des Pharisaeers, in der er vorher das Heil suchte, unendlich weit hinausgewachsen ist. „Die Sünde hätte ich nicht erkennen können, wenn nicht durch das Gesetz; denn von der Begierde hätte ich nichts gewußt, wenn nicht das Gesetz sagte: du sollst nicht begehren. Durch dies Gebot erhielt die Sünde Antrieb und wirkte in mir jede Begierde; denn ohne Gesetz ist die Sünde tot (leblos) ... Ich tue nicht das, was ich will, sondern das, was ich hasse ... Nach meinem innern Menschen stimme ich freudig dem Gesetze Gottes zu, ich sehe aber, daß ein anderes Gesetz in meinen Gliedern dem Gesetz meines Denkens entgegenkämpft und mich in das Gefängnis des Sündengesetzes in meinen Gliedern setzt"[209].

So ist es denn die Befreiung von dem Gesetz, welche der Christus der Welt gebracht hat. „Nicht als ob das Gesetz Sünde wäre"; aber – das ist die Erkenntnis, die Paulus aufgegangen ist – indem es durch seine Unerfüllbarkeit dem Menschen seine Sündhaftigkeit zum Bewußtsein bringt und sie noch weiter anreizt, macht es seine Lage nur noch schlimmer: „kein Mensch kann durch Befolgung des Gesetzes (durch die „Werke") zur Rechtfertigung gelangen"[210] und damit von dem göttlichen Strafgericht und der Herrschaft des Todes befreit werden. Los vom Fluch des Gesetzes[211], Befreiung von seiner Herrschaft, Leben an Stelle des Todes ist daher der Inhalt der Erlösung, die der Christus durch Gottes Gnade und Mitleid der Welt gewährt. „Für die, welche in Christus Jesus sind, gibt es keine Verdammnis mehr. Denn das vom Geist getragene Gesetz des Lebens in Christus Jesus hat dich freigemacht von dem Gesetz der Sünde und des Todes"[212].

Die Erlösung (σωτηρία) wird herbeigeführt durch den Opfertod des Sohnes Gottes: „er hat sich hingegeben für unsere Sünden, damit er uns herausnehme aus der gegenwärtigen bösen Welt gemäß dem Willen unseres Gottes und Vaters"[213]. Indem er, „der keine Sünde kannte", unsere Sünde auf sich nahm und dafür die Strafe des Todes erduldete, hat er der göttlichen Gerechtigkeit genug getan, unsere Sünden aufgehoben, uns mit Gott versöhnt, und uns von dem göttlichen Zorne befreit, so daß wir dem kommenden Gericht mit vollem Vertrauen auf die dadurch gesicherte Gnade Gottes entgegensehn können[214]. Zugleich hat er dadurch, daß er den schimpflichsten Tod wählte, den Tod an dem vom Gesetz verfluchten Kreuz, das Gesetz durch seine Erfüllung abgetan und für uns aus der Welt geschafft[215]. Die Gewißheit aber, daß wirklich die Wende eingetreten, daß die Herrschaft des Gesetzes und des Todes überwunden ist, bietet die Auferstehung Christi und seine Erhebung zum Weltregenten, durch die auch unsere Auferstehung zum ewigen Leben gesichert ist. „Die Liebe des Christus ist die treibende Kraft, die mich beherrscht", schreibt Paulus den Korinthern zur Rechtfertigung seines Auftretens[216], „da ich so schließe: Einer ist für alle gestorben; also sind sie alle gestorben; und er ist für alle gestorben, damit die Lebenden nicht mehr für sich leben, sondern für den, der für sie gestorben und auferweckt ist. Daher kenne ich von jetzt an niemand mehr nach dem Fleische; auch wenn ich Christus in seiner leiblichen Gestalt gekannt habe, jetzt kenne ich ihn nicht mehr" – d. h. seine irdische Existenz ist für uns gleichgültig geworden, ich verkünde nicht den Menschen Jesus, sondern den auferstandenen Christus. „Also wenn jemand in Christus lebt, ist es eine neue Schöpfung[217]; das Alte ist vergangen, siehe es ist neu geworden. Alles das aber geht von Gott aus, der uns mit sich durch Christus versöhnt hat und uns (den Aposteln) den Dienst der Versöhnung (d. h. ihre Verkündung unter den Menschen) gegeben hat. Denn es ist Gott gewesen, der in Christus die Welt mit sich versöhnt hat, indem er den Menschen ihre Sünden nicht anrechnet und uns die Lehre von der Versöhnung anvertraut hat"[218]. Die Voraussetzung dafür ist der Glaube an den Christus, die willige Annahme der Verkündung und völlige Hingabe an ihn, „das Leben in Christus Jesus", das durch Taufe und Abendmahl gewonnen und dauernd lebendig erhalten wird. „Wir wissen, daß ein Mensch nicht durch Gesetzeswerke gerechtfertigt wird, sondern nur durch den Glauben an Christus Jesus"[219]. Das Gesetz bringt den Tod, aber eben dadurch zugleich das wahre göttliche Leben [220]: „ich bin mit Christus gekreuzigt; so lebe nicht mehr ich, sondern es lebt in mir Christus, und mein jetziges körperliches Leben ist ein Leben im Glauben an den Sohn Gottes, der mich geliebt und sich für mich hingegeben hat. Die Gnade Gottes will ich nicht außer Kraft setzen; denn wenn es Rechtfertigung durch das Gesetz gäbe, so wäre ja Christus umsonst gestorben"[221]. In diesem Sinne wird der σταυρός, das Kreuz Christi, dessen Verkündigung „den zum Verderben Bestimmten, den Weisen dieser Welt, eine Torheit ist", recht eigentlich das Zentrum des Evangeliums und das Symbol der neuen Lehre: „für uns Erlöste ist es die Kraft Gottes", die nach dem Wort Jesajas 29, 14 die Weisheit der Weisen zuschanden macht.[222]

Der heidnische und der christliche Erlöser (Soter)

Die Sätze von der Erlösung, die Paulus verkündet, berühren sich mit Anschauungen, die in der heidnischen Welt allgemein verbreitet sind. Daß die Gottheit dazu da ist, ihren Verehrern Schirm und Rettung in der Not zu bringen, ist die allgemeine Voraussetzung aller Religion und alles Kultus, und oft genug erfährt denn auch wie der Einzelne, so die Gesamtheit, die Stadt oder das Volk diese Hilfe, nicht selten, wenn die Not am höchsten gestiegen und nach menschlichem Ermessen kein Ausweg mehr möglich war. Daher ist Σωτήρ und Σώτειρα „Retter (Heiland)" der Beiname zahlreicher Götter, darunter natürlich vor allem des höchsten, des Zeus.

Oft genug läßt sich gar nicht sagen, wer die göttliche Macht gewesen ist, die geholfen hat; da genügt dann der allgemeine Begriff. So ist in Athen die Vorstellung vom τρίτος σωτήρ als dem Nothelfer ganz geläufig[223]. Mehrfach haben sich dann daraus sekundäre Sondergottheiten entwickelt, wie Sosipolis in Olympia und Magnesia am Mäander; im südlichen Kleinasien treffen wir in hellenistisch-römischer Zeit überall den Kult eines Gottes Σώζων[224]. Daß dann, mit der inneren Zersetzung der alten Religion, der Beiname, zunächst durch Gleichsetzung mit einem Gotte, immer häufiger auf die irdischen Machthaber übertragen wird, die Könige, die, wo die Götter verblaßt sind, um so mehr als die Schicksalsmächte und die Nothelfer empfunden werden, ist allbekannt[225]. Das steigert sich von Jahrhundert zu Jahrhundert und erreicht den Höhepunkt in der furchtbaren Zeit des Mißregiments der römischen Republik und der Bürgerkriege, das gerade auf den Ländern des Hellenismus am stärksten lastet. So werden die Machthaber, die Frieden und Ordnung bringen, erst Caesar und dann in noch gesteigerterem Maße Augustus, als die Wohltäter und Erretter der Menschheit gefeiert; Augustus ist der Heiland des neuen, glücklichen Zeitalters, sein Geburtstag der Beginn der frohen Botschaften, der Evangelien, die von ihm ausgehn. Das ist die Wurzel des Kaiserkults, der sich dann von einem Herrscher auf den andern weiter vererbt; darin zeigt sich zugleich eine wahr empfundene religiöse Stimmung, die trotz aller Auswüchse der unvermeidlich daran ansetzenden servilen Schmeichelei auch in ihm zum Ausdruck gelangt.

Die Parallele mit der christlichen Erlösungsidee liegt auf der Hand; und so ist es durchaus begreiflich, wenn mit dem Eindringen des Christentums in die griechisch redende Welt Ausdrücke und Züge des Kaiserkults auf den Christus übertragen werden und die Mythen von Augustus übernatürlicher Geburt auch an Jesus ansetzen. So wird der Christus äußerlich das Gegenbild des römischen Kaisers. Aber nur um so größer ist der innere Gegensatz. Der Erretter, der Soter der griechisch-römischen Welt, gehört ganz dem Diesseits an, seine Wirksamkeit zielt lediglich auf das irdische, materielle Wohlergehn; ja eben durch das Eindringen der Divi in den Kreis der Götter werden diese nur noch mehr in die irdische Welt hinabgezogen, all ihre übernatürlichen Kräfte, das mächtig aufblühende Zauber- und Orakelwesen, die Sterndeutung dienen nur weltlichen Zwecken. Der Erlöser des Christentums dagegen ist ein schlechthin überirdisches Wesen, seine zeitweilige Erscheinung in menschlichem Leibe diente nur dazu, den Menschen den Weg zu eröffnen in das Jenseits des Gottesreichs, das Ziel ist die Befreiung von dieser Welt und ihrem Elend, von der Herrschaft der feindlichen Mächte des Dualismus.

Nun hat es freilich, wie oben schon ausgeführt ist, auch in allem Heidentum und ganz besonders in der griechischen Welt Menschen genug gegeben, denen die irdischen Ziele nicht genügten und die mit voller Geringschätzung auf sie herabsahn; und je weniger auch die vom Kaisertum geschaffene Ordnung eine wirkliche Befriedigung und Glückseligkeit zu gewähren vermochte, um so mehr verbreitet sich die Sehnsucht nach etwas Höherem, nach einer Erhebung über diese Welt, nach einem ewigen Inhalt des Lebens anstatt des Nachjagens nach vergänglichen und wertlosen Gütern. Diese Strömungen sind nicht nur dem Christentum verwandt, sondern eben der Umstand, daß der Boden für sie empfänglich war, erklärt die rasche Aufnahme und die stets anwachsende Verbreitung und Wirkung des Christentums. Indessen den Nachweis, daß eine „hellenistische Mysterienreligion" oder vielmehr mehrere derartige miteinander konkurrierende Religionen sich schon in vorchristlicher Zeit entwickelt und verbreitet hätten, kann ich nicht als geführt ansehn; ihre Entwicklung – auch die der Mithrasmysterien – läuft vielmehr der des Christentums parallel und ist in ihrer weiteren Ausgestaltung vielfach von diesem beeinflußt [226]. Aber auch im übrigen ist klar, daß der christliche Begriff der Erlösung, der σωτηρία, nicht in „hellenistischen" und heidnischen, sondern in alttestamentlichen und jüdischen Vorstellungen wurzelt[227]. Durch seine Wunderkraft „rettet" Jesus in Nöten und Krankheiten[228]; die Voraussetzung dafür ist der Glaube an ihn: ἡ πίστις σου σέσωκέν σε[229]. Aber zugleich bringt sein Evangelium dem Menschen die wahre Rettung, das Bestehn im Weltgericht: „wer sein Leben (τὴν ψυχὴν αὐτοῦ) retten will, wird es verlieren; wer aber sein Leben verliert um meiner und des Evangeliums willen, wird es retten"[230]. Daher wird bei Matthaeus sein Name als „der Erretter" gedeutet; er soll sein Volk von den Sünden erlösen[231]. Diese Schilderung der Wirksamkeit Jesu hält sich noch ganz innerhalb der volkstümlichen und dem Alten Testament geläufigen Anschauungen von dem Messias als Erlöser und Wiederhersteller Israels, nur daß sie hier ethisch vertieft und, entsprechend der durchgängigen Individualisierung der Religion, nicht mehr auf das gesamte Volk, sondern auf den einzelnen Menschen gestellt wird. Aus dieser Anschauung erwächst dann, je mehr bei der Ausbreitung des Evangeliums neben und über den Lehren Jesu die Lehre von Jesus dem Christus in den Vordergrund trat, schrittweise zunächst die Bezeichnung dessen, was er der Welt gebracht hat, als σωτηρία „Erlösung", dann für ihn selbst die Benennung σωτήρ „der Erlöser". In der alten evangelischen Überlieferung finden sich beide Ausdrücke noch nicht, weder bei Marcus noch bei Matthaeus. Lukas dagegen bringt sie nicht nur in der Apostelgeschichte[232], sondern läßt in der Geburtsgeschichte durch einen Engel den Hirten verkünden: „,heute ist euch ein σωτήρ geboren, der Christus der Herr ist"[233], und Zacharias preist in dem ganz aus alttestamentlichen Zitaten komponierten Hymnus bei der Geburt des Johannes den kommenden Sproß Davids, der die σωτηρία bringen wird, sowie seinen eigenen Sohn, der ihm den Weg bahnen und „seinem Volk die Erkenntnis der σωτηρία in Vergebung der Sünden geben wird"[234]. Darin tritt die Abhängigkeit von Paulus deutlich hervor.

Für Paulus ist die Rettung der Menschen, Juden wie Heiden, durch den Glauben das Ziel des Evangeliums und der Predigt, und ihm ist daher wie σώζειν so auch σωτηρία ganz geläufig[235]. Aber die Benennung σωτήρ für Christus findet sich bei ihm nur ein einziges Mal, ganz am Schluß seiner Laufbahn, im Philipperbrief, und zwar in Verbindung mit seiner Wiederkunft aus dem Himmel und der alsdann durch ihn bewirkten Umwandlung unserer Leiber[236]. Das kann, angesichts der zahllosen Stellen, an denen Paulus von Christus und seiner Wirksamkeit redet, nicht Zufall sein, sondern zeigt deutlich, wie sich der Terminus Σωτήρ „Heiland" erst ganz allmählich aus der Betonung seiner rettenden und erlösenden Wirksamkeit herausgebildet hat. Damit ist eine Entlehnung aus der heidnischen Religion oder gar aus dem Kaiserkult ausgeschlossen; der Ausdruck hat sich vielmehr innerhalb der Christenheit selbst entwickelt[237]. Ganz geläufig tritt er uns dann, wie bei Lukas, so in den Pastoralbriefen entgegen; aber auch hier schwankt seine Verwendung noch zwischen Jesus und Gott selbst[238]. Da werden dann auch Ausdrücke übernommen, die der Heidenwelt ganz geläufig sind, so vor allem die Epiphanie, die rettende Erscheinung des Gottes[239]: „Die Gnade, die uns in Christus Jesus von Ewigkeit" – πρὸ χρόνων αἰωνίων d. h. vor der Schöpfung dieser Welt, wie im Henoch (Bd. II 340 f.) – gegeben ist, aber jetzt offenbar geworden ist διὰ τῆς ἐπιφανείας τοῦ σωτῆρος ἡμῶν Χριστοῦ 'Ιησοῦ"[240] wie bei den Aegyptern Horus der Rächer seines Vaters und nach seinem Vorbild der König plötzlich rettend hervortritt, und den Griechen die Epiphanien der Götter ganz geläufig sind[241]. Das wird dann auf die zahlreichen Könige übertragen, die den Beinamen Epiphanes erhalten; und direkt wie die Paraphrase eines Ehrendekrets für einen König oder den Kaiser lautet der Satz des Titusbriefs 3, 4: ὅτε δὲ ἡ χρηστότης καὶ ἡ φιλανθρωπία ἐπεφάνη τοῦ σωτῆρος ἡμῶν θεοῦ. Vorher 2, 11 ff. werden hier zwei Epiphanien geschieden: „die rettende Gnade Gottes ist allen Menschen erschienen, damit wir ...σωφρόνως καὶ δικαίως καὶ εὐσεβῶς" – auch in diesen Worten, die das Ideal der griechischen Ethik wiedergeben[242], merkt man die fortschreitende Hellenisierung – „in der jetzigen Welt leben, in Erwartung der beseligenden Hoffnung und der Erscheinung der Herrlichkeit unseres großen Gottes und Retters Christus Jesus"; da wird der μέγας θεὸς καὶ σωτὴρ ἡμῶν Χρ 'I. genau so tituliert wie einer der zahlreichen „großen" Götter der Heidenwelt[243].

Hier stehn wir aber bereits in einer Zeit, in der das Christentum vollentwickelt in die hellenistische Welt eingetreten ist und nun deren Einwirkung immer stärker erfährt. Wie langsam sich der terminologische Gebrauch von σωτήρ für Christus durchgesetzt hat, geht deutlich daraus hervor, daß er im Johannesevangelium nur ein einziges Mal vorkommt, 4, 42, wo die Samaritaner sagen: οἴδαμεν, ὅτι οὗτός ἐστιν ἀληθῶς ὁ σωτὴρ τοῦ κόσμου[244], dagegen weder in der Apokalypse noch im Jakobusbrief und im ersten Petrusbrief noch im Hebraeerbrief[245] und im Korintherbrief des Clemens[246]. Erst im zweiten Jahrhundert hat sich der Sotertitel für Christus durchgesetzt und ist dann ganz alltäglich geworden[247].

Die Verknüpfüng der Erlösung mit der Eschatologie und der Auferstehung. Der Geist

Auch Jesus hat durch die Verinnerlichung des sittlichen Bewußtseins das Gesetz tatsächlich überwunden; so wenig er es aufheben will, so greift er doch durch die innere Freiheit, die er gewonnen hat, über das Gesetz zurück zu der Auffassung der alten Propheten, die ein geschriebenes und daher notwendig zur Veräußerlichung führendes Gesetz noch nicht kannten, sondern nur die Stimme Gottes im Gewissen. Insofern hat Paulus aus Jesu Lehre lediglich die Konsequenz gezogen[248]. Auch ihm ist es heiliger Ernst mit der vollen Erfüllung der sittlichen Gebote, die bei ihm in der Theorie zu asketischem Rigorismus führt, so starke Konzessionen er auch der Praxis macht; und mit vollem Recht kann er sich gegen den Vorwurf des Libertinismus verteidigen, als verkünde er mit der Aufhebung des Gesetzes und der Sündenvergebung allein durch den Glauben nur die Freiheit, nun erst recht zu sündigen, damit die Gnade um so größer werde[249]. In Wirklichkeit freilich hat Jesus durch seine innere Freiheit das Problem unendlich tiefer und großartiger erfaßt als Paulus; denn bei diesem dringt die Dogmatik dominierend ein und mit ihr eine spitzfindige rabbinische Theologie. Das Leben im Gottesreich, das Jesus in die Welt bringt, setzt sich um in das zukünftige Leben im Jenseits, in die volle Loslösung von dieser Welt, während Jesus gerade durch die Höhe seines sittlichen Bewußtseins mitten in dieser steht. Eben durch die unauflösliche Verknüpfung der Erlösung und des Glaubens mit dem Weltgericht und der Auferstehung wird diese Verengung des Evangeliums Jesu geschaffen; in der Umwandlung des irdischen Leibes in den wahren pneumatischen, die man in kürzester Zeit erwartet, in der maßgebenden Rolle, die dadurch der Eschatologie zufällt, kommt sie deutlich zum Ausdruck. Wenn diese Verheißungen nicht wahr wären, „wenn es keine leibliche Auferstehung der Toten gäbe, so wäre der Glaube und die Erlösung eitle Torheit; wenn wir nur für dies Leben unsere Hoffnung auf Christus gesetzt haben, sind wir die bedauernswertesten aller Menschen"[250]. Damit tritt, trotz aller Ethik, so wenig Paulus sich dessen bewußt ist, doch schließlich ein materielles, weltliches Interesse in den Vordergrund, und damit ist die freie Sittlichkeit, wie sie die griechischen Philosophen und Hiob ebensogut verkündet haben wie Jesus, tatsächlich untergraben.

Für die Wirkung der Missionspredigt freilich war das ein gewaltiger Gewinn. Wären die sittlichen Gebote, die Forderung der inneren Läuterung und der Entsagung gegenüber den irdischen Gütern in den Mittelpunkt gestellt, so wären Paulus und seine Genossen Moralprediger gewesen, wie es deren in der hellenistischen Welt genug gab, berufene und unberufene; auch ihr äußeres Auftreten entsprach ja ganz dem Bettelkostüm der Kyniker und der extremen Richtung der Stoa. Da hätten sie vielleicht einen Kreis begeisterter Anhänger gewonnen, wie Epiktet, Musonius, Demetrios und so manche andere; aber eine weltumfassende Massenwirkung hätten sie nie erreicht. Was die Massen verlangten, war Erlösung von dem Elend dieser Welt, von der Herrschaft der bösen Mächte, der Dämonen und des Teufels, und die Aussicht auf ein seliges Leben im Jenseits, ein Aufstieg in die himmlischen Sphären der Gottheit.

Dafür war die Mystik der Offenbarung unentbehrlich, die nicht verstandesgemäß „nach der Weisheit dieser Welt", sondern durch das pneumatische Schauen der gefühlsmäßigen „Erkenntnis", der Gnosis, mit all ihren Gedankensprüngen gewonnen wird: was die ahnungsvolle Empfindung des Gemütslebens ersehnt, wird zur Gewißheit, das Ideal des menschlichen Daseins, das „Reich der Schatten" Schillers, setzt sich um in Realität, und zwar in die einzig wahre Realität, während die wirkliche Welt zu einem wesenlosen Schattengebilde herabsinkt. Gerade das, was dem natürlichen Denken den größten Anstoß bietet und der aufgeklärten Welt des Griechentums als eine kindische Absurdität erscheint, die„ Auferstehung des Fleisches", der toten Leiber, steigert nur die Massenwirkung; welche gewaltige Kraft und Opferfreudigkeit dadurch gewonnen wird, zeigt die gesamte Geschichte des Christentums wie des Islams. Sobald der Glaube daran einmal fest geworden ist und die Einwände, die Verstand und Erfahrung dagegen erheben, nicht mehr beachtet, gewinnt die Phantasie freien Spielraum, und alle ihre Gebilde werden zu Realitäten, die Denken und Handeln dominierend beherrschen. Wir alle wissen, wie tief seitdem zwei Jahrtausende hindurch diese Vorstellungen in allen Schichten der abendländischen wie der morgenländischen Welt wurzeln; und es ist rührend, zu sehn, mit welcher Naivität vielfach auch die intellektuell höchststehenden Männer an Gebilden festhalten, die doch lediglich Spiele ihrer Phantasie sind[251]. Es sind dieselben Anschauungen, welche seit Jahrtausenden Religion, Denken und Handeln der Aegypter beherrscht und in ihrem Totendienst den bezeichnendsten Ausdruck gefunden haben. So wenig an eine direkte Einwirkung Aegyptens zu denken ist, so ist es doch nicht minder bedeutsam, daß durch das Christentum die Welt für Vorstellungen erobert worden ist, die sich vor vier Jahrtausenden im Niltal gebildet hatten und hier ihre typische Gestaltung gewonnen haben[252].

Mit vollem Recht betrachtet Paulus die durch Christi Auferweckung und Aufstieg zum Himmel gesicherte Auferstehung des Fleisches als das zentrale Dogma seiner Lehre. Es ist ein Mysterium, eine göttliche Offenbarung, die den der Erkenntnis Gewürdigten erschlossen wird[253]. Aber das gleiche gilt von der gesamten Lehre; sie enthüllt den Gläubigen „im Mysterium die geheime Weisheit Gottes, die er vor Erschaffung der Welt zu unserer Verklärung festgelegt und uns durch den Geist offenbart hat"[254]. Dieser Geist, den Paulus bald als den Gottes, bald als den des Sohnes bezeichnet[255] – eine scharfe Scheidung wird nicht versucht und wäre auch ohne direkte Aufhebung des im Dogma festgehaltenen Monotheismus undurchführbar –, hat in den Gläubigen Wohnsitz genommen, erzeugt und stärkt dauernd ihren Glauben und beherrscht und gestaltet ihr gesamtes Leben, sie leben im Geist und damit in Christus; daher sind sie nicht Knechte, sondern Söhne Gottes[256] und der Leib Christi oder ein Tempel des lebendigen Gottes[257], ja die gesamte Gemeinde oder Kirche ist nur ein einziger Leib, der Leib Christi, der zugleich im Abendmahl genossen wird und die einzelnen Gläubigen zu seinen Gliedern macht.[258]

Die Schriftdeutung und das Problem des Judentums

Indessen das Mysterium der Lehre soll zugleich auch verstandesmäßig wenigstens begreiflich gemacht und erwiesen werden; denn das Denken läßt sich nun einmal nicht völlig aufheben und zwingt immer wieder zu dem Versuch, das Irrationale dennoch auch rational zu begreifen. So entsteht in jeder Religion eine theologische Dogmatik, in den primitiven in zerstreuten Ansätzen, in den voll entwickelten der Kulturwelt in einem einheitlich durchgebildeten und immer weiter ausgesponnenen theologischen System. Für das Christentum kommt noch die weitere Aufgabe hinzu, die Lehre als schriftgemäß zu erweisen. Hier verwendet dann Paulus alle die Hilfsmittel, deren Beherrschung er durch seine pharisaeische Schulung gewonnen hatte, und das untrügliche Gotteswort muß sich durch Allegorisierung, durch Herausreißung einzelner Stellen und Wörter aus dem Zusammenhange, durch phantastische Kombinationen mit ihm ganz fremden Anschauungen die gewaltsamsten Umdeutungen und nicht selten auch willkürliche Textänderungen gefallen lassen[259]; durch kühne, scheinbar streng logisch gebaute Trugschlüsse, die er daran anknüpft, wird diese Verdrehung des Wortsinnes noch gesteigert. Wo das alles noch nicht ausreicht, muß dann die mystische Intuition helfen. „Der Buchstabe tötet, aber der Geist (das Pneuma) macht lebendig"; nicht nach dem Wortlaut darf die Schrift des alten Bundes interpretiert werden, sondern nach dem Geist, der in dem neuen Bunde weht; die Fähigkeit, sie richtig zu deuten, ist dem Paulus – „nicht als ob ich fähig wäre, aus mir selbst etwas zu konstruieren" – von Gott gewährt.[260] Maßgebend für die Verwendung der Schrift ist der rabbinische Grundsatz, den Paulus befolgt, wo er die Schicksale der Israeliten auf der Wüstenwanderung[261] der Gemeinde auslegt: „das ist vorbildlich an jenen geschehn, geschrieben aber ist es, um uns zurechtzuweisen, über die das Ende der Weltzeit gekommen ist" (d. h. die wir unmittelbar vor der Herabkunft des Christus zum Weltgericht stehn).[262]

Die Konstruktionen, mit denen Paulus seine Stellung zum Gesetz und damit zugleich seine Auffassung der gesamten Weltentwicklung und des ihr zugrunde liegenden Plans der göttlichen Weisheit begründet, sind folgende: Wie durch einen Menschen die Sünde und damit der Tod in die Welt und über alle Menschen gekommen ist, so auch durch einen Menschen die Rechtfertigung und Sündenvergebung und die Auferstehung zum ewigen Leben.[263] Adam ist daher nicht nur das Gegenbild, sondern auch das auf die Zukunft hindeutende Vorbild des Christus[264]. Daran knüpft dann die weitere besprochene Spekulation an, daß Adam als σῶμα ψυχικόν geschaffen ist, mit irdischem Leib und irdischer Seele (εἰς ψυχὴν ζῶσαν); das Ideal des Menschen, das Endziel, ὁ ἔσχατος ᾿Αδάμ, ist dagegen himmlischen Ursprungs, geschaffen als lebenspendender Geist (εἰς πνεῦμα ζωοποιοῦς)[265]; die Umwandlung des in die Erde gesäten Leichnams in diesen pneumatischen Leib ist durch Jesu Auferstehung gesichert. Daß Paulus die Folge der beiden Gestalten umkehrt, im Gegensatz zu Philo, bei dem das Idealbild, dessen Schöpfung er in Gen. 1 findet, vorangeht, zeigt nur um so deutlicher, daß Paulus hier Vorstellungen verwertet und umgestaltet, die er aus dem Judentum mitgebracht hat.

Dann hat Gott sich dem Abraham offenbart und ihm die Verheißung einer Nachkommenschaft gegeben, so zahlreich wie die Sterne am Himmel. „Abraham aber glaubte Gott, und das wurde ihm zur Rechtfertigung angerechnet" (Gen. 15, 6). In diesen Worten findet Paulus den Schriftbeweise für seine Lehre, daß die Erfüllung des Gesetzes und der von ihm gebotenen Werke zur Rechtfertigung nicht verhelfen kann und keinerlei Anspruch auf Erlösung begründet, sondern nur der Glaube, dem die göttliche Gnade als freies Geschenk gewährt wird[266]. Zugleich aber folgt aus der Verheißung, die Abraham von Gott beim Bundesschluß erhielt: „ich habe dich zum Vater vieler Völker gesetzt" und in deinem Namen sollen alle Völker der Erde gesegnet werden[267], die Berechtigung und die Notwendigkeit der Heidenmission. Denn diese Verheißung und dieser Bund geht ja auf die ganze Welt und kann durch den 430 Jahre später geschlossenen Sinaibund, bei dem Moses das Gesetz verkündet, nicht aufgehoben sein[268]. Freilich nicht alle seine Kinder sind wahre Erben Abrahams, sondern nur der Sohn, den Gott als solchen anzuerkennen beliebt, Isaak. So sind denn auch nicht alle, die aus Israel stammen, wirklich Israel[269] – die Scheidung der „Frommen" oder „Gerechten" als des wahren Israel aus der Masse der Übrigen, Verworfenen, ist ja seit langem dem Judentum ganz geläufig –, wohl aber alle, die nach Abrahams Vorbild glauben: „er ist der Vater von uns allen"; „die aus dem Glauben, das sind die Kinder Abrahams", „wenn ihr Christi seid, seid ihr Abrahams Same und Erben nach der Verheißung".[270] Denn neben der Deutung des Samens auf die Völker steht, ohne daß der Widerspruch irgend empfunden würde – das Gotteswort ist ja seinem Sinne nach unerschöpflich –, die andere auf Christus als den Sproß, der die Verheißung erfüllen wird; das wird mit echt rabbinischer Spitzfindigkeit damit begründet, daß im Text das Wort „Same" im Singular, nicht im Plural steht[271]. Zugleich ist die Geschichte von Abrahams Söhnen eine Allegorie auf den alten Bund durch Moses und den neuen durch Christus. Dem alten Bund am Sinai, der die Knechtschaft bringt, entspricht die Magd Hagar und der natürliche Sohn Ismael; „denn die Araberin Hagar bezeichnet den Berg Sinai in Arabien, und deutet zugleich auf das jetzige Jerusalem, das mit seinen Bewohnern geknechtet ist". Isaak dagegen, der von dem freien Weibe geborene Sohn der Verheißung, deutet auf das himmlische Jerusalem: „und so seid ihr, Brüder, die Kinder gemäß der Verheißung Isaaks, nicht Kinder der Magd, sondern der Freien.[272]

Der sekundäre Charakter des Gesetzes geht auch daraus hervor, daß es, wie Paulus behauptet, „durch Engel verordnet ist, durch die Hand eines Mittelsmannes".[273] Auch da sind jüdische Anschauungen verwendet: Moses als „Mittelsmann" findet sich ebenso in der Himmelfahrt des Moses[274], und daß das Gesetz nicht unmittelbar von Gott selbst, sondern durch Engel gegeben wird, entspricht der allgemeinen Tendenz, den überweltlichen Gott nicht unmittelbar, sondern durch den Mal'ak oder den Mêmrâ wirken zu lassen. Paulus benutzt das aber, um das Gesetz herabzudrücken, und die Rolle des Moses dient ihm als Bestätigung: „ein Mittelsmann ist nicht für Einen da, Gott aber ist Einer" – d. h. wenn Gott selbst das Gesetz unmittelbar gegeben hätte, hätte er den Moses nicht gebraucht; dessen Rolle bestätigt also, daß er für eine ganze Gruppe, eben die Engel, handelt. Das Gesetz kann denn auch seiner Natur nach positiv nichts wirken, und am wenigsten Leben schaffen; es ist nur dazu da, die Sündhaftigkeit zum Bewußtsein zu bringen, „alles der Sünde untertan zu machen", und ist als ein Interimistikum eingeschoben, bis der verheißene „Same", der Christus, kommt.[275]

So sind denn auch die Juden gar nicht imstande, das Gesetz richtig zu verstehn: „die Decke, mit der Moses sein Angesicht verhüllte, damit die Juden den Ausgang (das Schwinden) des zum Verlöschen bestimmten Glanzes nicht schauen könnten, liegt noch bis auf den heutigen Tag auf der Verlesung des alten Bundes, da nicht enthüllt wird, daß er in Christus aufgehoben wird; sondern bis heute liegt, wenn Moses verlesen wird, ein Schleier auf ihren Herzen".[276]

Durch seine zahlreichen Einzelbestimmungen, die Speisegebote, die Heiligung bestimmter Tage usw. bindet das Gesetz den Menschen an die Elemente dieser Welt[277]. Es bringt also keine Erlösung „von der bestehenden bösen Welt"[278], sondern unterwirft sie den in dieser herrschenden satanischen Mächten. So ist es nur eine Vorbereitung für das Evangelium, ein Erziehungsmittel (παιδαγωγὸς εἰς Χριστόν) für die noch unmündige Menschheit gewesen, das wegfällt, wenn der Knabe – „der Erbe" – herangewachsen ist und von der Vormundschaft befreit werden kann. „So waren auch wir, solange wir unmündig waren, als Knechte unter die Elemente der Welt gebunden; als dann aber die bei dem Weltplan vorgesehene Zeit voll geworden war[279], da hat Gott seinen Sohn gesandt, geboren von einem Weibe, geboren unter das Gesetz, damit er die unter dem Gesetz Stehenden freikaufe, auf daß wir die Annahme an Sohnesstelle erhielten." „Wenn er (Moses) sich zum Herrn wendet, wird die Decke weggenommen"[280], der Herr aber ist der Geist; und wo der Geist des Herrn ist, ist Freiheit" – ist also das Gesetz aufgehoben[281] und damit zugleich die Schranke zwischen Juden und Heiden weggefallen. „Denn das Evangelium ist die Rettung wirkende Kraft Gottes für jeden, der glaubt, wie zuerst den Juden, so auch den Griechen". „Da ist kein Unterschied; der Herr von allen ist derselbe, der alle reich macht, die ihn anrufen"; denn „Gott ist nicht nur Gott der Juden, sondern ebenso der Heiden, wenn anders es Ein Gott ist, der die Beschnittenen aus Glauben und die Unbeschnittenen durch den Glauben rechtfertigen wird"[282]. Die praktische Konsequenz ist, daß eine Befolgung des Gesetzes und seines Rituals den Heiden nicht auferlegt werden darf. Es hat seinen Dienst erfüllt; der alte Bund ist durch den neuen ersetzt, der dem Menschen die Freiheit schenkt. Für diesen gilt daher der Grundsatz: „weder Beschneidung ist etwas noch Vorhaut; sondern es ist eine neue Schöpfung. Alle, die nach dieser Richtschnur (κανών) wandeln, über sie komme Friede und Erbarmen, und über das Israel Gottes" – das wahre Israel, d. i. die Christen[283].

Mit der Befreiung vom Gesetz und der Erlösung von der Sünde ist der von Gott in seiner Liebe und Barmherzigkeit vorgesehene Heilsplan vollendet, und der Schlußakt des Dramas: das Gericht über Lebende und Tote und die Überwindung des Dualismus, die Vernichtung der satanischen Mächte und des Todes, die Verwirklichung der idealen Welt des ewigen Lebens, steht unmittelbar bevor.

Die Prädestination

Es bleibt noch das letzte und schwerste Problem, die Antwort auf die Frage, warum nur ein Bruchteil der Menschheit die frohe Botschaft annimmt und sich zum Glauben bekehrt. Gewiß ist der nächste Grund die Willensfreiheit und die Anhänglichkeit an die Triebe des Fleisches und die Güter und die Weisheit dieser Welt. Aber der Glaube kann überhaupt nur durch göttliche Gnade gewonnen werden, er ist selbst ein Gnadengeschenk Gottes; und damit ist auch hier, wie bei den Pharisaeern und Essaeern und überhaupt überall da, wo man nicht, wie die Saddukaeer, jede Spekulation darüber ablehnte, die Prädestination anerkannt[284]. Die Christen sind die von Gott berufenen Heiligen, κλητοὶ ἅγιοι[285], so gut wie die ἐκλεκτοὶ δικαιοι des Henoch und der Damaskusgemeinde; die Gläubigen in Thessalonike, „die vom Herrn geliebten Brüder", hat Gott von Anfang an zur Rettung in Heiligung des Geistes und Glauben an die Wahrheit erwählt und dazu durch mein Evangelium berufen, um ihnen die Herrlichkeit unseres Herrn Jesus Christus zu verschaffen"[286]. „Die welche Gott lieben" sind diejenigen, die „gemäß seinem Vorsatz berufen sind".[287] Das Verhältnis der Gotteserkenntnis, der Gnosis, ist ein gegenseitiges, aber so, daß bei Gott die Initiative liegt: „jetzt habt ihr Gott erkannt", sagt Paulus den Galatern, oder vielmehr, ihr seid von Gott erkannt (der Erkenntnis gewürdigt)"[288]; es ist dieselbe Auffassung, die in dem Spruch Q Matth. 11, 27 = Luk. 10, 22 über das Verhältnis der Gnosis zwischen Vater und Sohn ausgesprochen ist[289]. „Gegenwärtig", so schließt der große Hymnus des Paulus auf die Liebe, erkenne ich nur stückweise" – durch einen Spiegel wie im Rätsel (δι' ἐσόπτρου ἐν αἰνίγματι)" – „dann aber, nach der Auferstehung, werde ich voll erkennen, wie ich auch voll erkannt bin"[290]– „dann schauen wir von Angesicht zu Angesicht."

Die Auswahl und Berufung hängt lediglich von Gottes Willen ab: „die welche er im Voraus erkannt hat (οὓς προέγνω), hat er auch im Voraus dazu bestimmt, an der Gestalt des Bildes seines Sohnes Teil zu haben, so daß dieser der Erstgeborene unter vielen Brüdern ist; die er aber vorausbestimmt hat, die hat er auch berufen, die Berufenen auch gerechtfertigt, die Gerechtfertigten auch verklärt".[291] Wie willkürlich Gott dabei verfährt, zeigt das Beispiel der beiden Söhne des Isaak und der Rebekka: „noch ehe sie geboren waren oder gar etwas Gutes oder Schlechtes getan hatten, ist, damit es bei dem die Auswahl bestimmenden Vorsatz Gottes bleibe, nicht auf Grund der Werke, sondern nach dem Willen des Berufenden" – d. h. damit klar wird, daß Gottes Willensentschluß frei nach seinem Belieben wählt[292] –, „der Rebekka ausgesprochen worden, daß der ältere dem jüngeren dienen wird, wie geschrieben steht: den Jakob habe ich geliebt, den Esau gehaßt".[293] Auch in anderen Stellen der Schrift spricht sich Gott ebenso aus: – „ich werde mich erbarmen, wessen ich will, und bemitleiden, wen ich will", sagt er Exod. 23, 19 zu Moses; „von Pharao sagt die Schrift: „eben zu dem Zwecke habe ich dich erweckt, um an dir meine Macht zu zeigen, und meinen Namen auf der ganzen Erde verkünden zu lassen.[294] Mithin erbarmt er sich, wessen er will, wen er aber will, verhärtet er" – „es hängt also nicht von dem Wollenden oder Laufenden (Menschen) ab, sondern von dem sich erbarmenden Gott"[295].

Die Konsequenz, daß diese Willkür Gottes, die Laune, mit der er den einen zur Erlösung, den andern zur Verdammnis bestimmt, das Verfahren eines rücksichtslosen Despoten und das Gegenteil der gepriesenen Gerechtigkeit und Güte Gottes ist, ist logisch unabweisbar; fällt da nicht die Schuld, daß die übrigen den Einflüsterungen des Satans erliegen und von dieser bösen Welt nicht erlöst werden können, sondern dem Machtbereich der teuflischen Mächte anheimfallen, auf Gott selbst zurück? Aber die religiöse Empfindung scheut davor zurück. „Was sollen wir also sagen? ist etwa Ungerechtigkeit bei Gott? Nimmermehr!"[296] Paulus hilft sich, wie schon die Propheten und wie die Pharisaeer und Hiob und so zahlreiche aus diesen Kreisen hervorgegangene Schriften[297], mit dem Hinweis auf die Allmacht und Unverantwortlichkeit Gottes und mit der Ergebung in seinen unerforschlichen Willen. Damit mag er, wie zu allen Zeiten unzählige andere[298], seine Beruhigung gefunden haben. Aber eine Lösung des Problems ist damit nicht gefunden. Die religiöse Empfindung, die sich an Gott anklammert und das Gottesbild unter allen Umständen rein und dem Ideal entsprechend erhalten muß, trägt den Sieg davon über die Konsequenzen des logischen Denkens; indessen der unüberbrückbare Widerspruch zwischen dem vom ethischen Postulat geforderten Bilde Gottes und den harten Tatsachen der Wirklichkeit ist dadurch ebensowenig aufgehoben, wie der Widerspruch zwischen dem offiziellen Monotheismus und der Gottheit des Christus und des Geistes durch die schönsten Formeln der trinitarischen Dogmatik. Es ist der Punkt, an dem jede Theodizee gescheitert ist und notwendig scheitern muß.[299]

IX
Die Missionsreisen des Paulus

Paulus' Persönlichkeit

Im einzelnen werden die Anschauungen, die wir zusammenfassend zu ordnen versucht haben, sich erst allmählich voll durchgebildet und dabei gelegentlich verschoben haben; über die Grundzüge muß Paulus mit sich völlig im klaren gewesen sein, als er dem Ruf des Barnabas zur Missionsarbeit in Antiochia Folge leistete. Die Befreiung vom Gesetz war gewonnen. Das Evangelium hinauszutragen in alle Welt, unter Juden und Heiden, den Menschen die Erlösung von der Sünde und von allem äußeren Zwang zu verkünden, war die Aufgabe, zu der Gott ihn berufen und der Auferstandene ihn geweiht hatte, als er ihm vor Damaskus erschien. Als einen unwiderstehlichen Zwang empfand er, was Gott ihm auferlegt hatte. „Wenn ich das Evangelium verkünde, so ist das nichts, was ich zu rühmen hätte; denn es liegt wie Zwang auf mir; weh mir, wenn ich es nicht täte! Täte ich es freiwillig, so hätte ich Anspruch auf Lohn; aber unfreiwillig ist es eine Amtsverwaltung, die mir anvertraut ist".[1] Daß ihm wie seine Tätigkeit so seine Gedanken und seine Auffassung der Lehre als Offenbarungen erscheinen, ist für ihn so selbstverständlich wie nur je für einen Propheten – mit diesen teilt er ja auch die visionäre Anlage.

Man würde jedoch Paulus ganz unzulänglich beurteilen, wenn man ihn nur als Dogmatiker und Lehrer – und ebenso einseitig, wenn man ihn etwa als einen Heiligen auffaßte. Hinter dem allen steht beherrschend seine Persönlichkeit; und dies Bewußtsein des göttlichen Zwanges, der ihm keine Wahl läßt, verleiht ihm die gewaltige Energie und die sittliche Kraft, die ihn unablässig vorwärts treibt und im Fall eines Konflikts kein Zurückscheuen duldet. Aber damit verbindet sich, wie schon betont ist, ein beträchtliches Maß von Lebensklugheit, die Fähigkeit, sich bei aller Wahrung der Grundsätze den praktischen Bedürfnissen zu fügen und Kompromisse zu schließen, die ihm dann im Endergebnis doch den vollen Erfolg sichern.

Durch die organische Verbindung dieser Eigenschaften ist Paulus recht eigentlich der Kirchengründer geworden. Auf ihnen beruht auch, was in seinen Schriften nicht selten antipathisch berührt, die eigenartige Mischung von Demut und Salbung und das Bewußtsein der unbedingten Autorität, die ihm von Gott und von Christus verliehen ist und ihn ermächtigt, in ihrem Namen zu reden. Dazu kommt bei aller Überschwenglichkeit der Idealbilder, aller Mahnung zu Sanftmut und Verträglichkeit, aller Aufopferungsfähigkeit und allem Glaubensmut, bei aller Innigkeit der Empfindung für seine Gemeinden und jedes ihrer Glieder, die oft genug einen ergreifenden Ausdruck findet, auf der andern Seite eine leidenschaftliche, oft geradezu fanatische Erbitterung, mit der er die Gegner verfolgt. Dem entspricht der Stil, der weder alttestamentlich noch griechisch ist, sondern formell eine Mischung aus beidem, in Wirklichkeit aber recht eigentlich der Ausdruck der Individualität des Schreibers. Die Leidenschaft bricht vulkanisch hervor; und dann kommt doch wieder die kühle Erwägung, die Anpassung an die Wirkung auf die Adressaten, die zeigt, wie sorgfältig alles überlegt ist, auch da, wo beim ersten Eindruck nur ein spontaner Herzenserguß vorzuliegen scheint. Das ist nicht Verstellung oder innere Unwahrheit; sondern es ist der Mensch, der auch darin zum Ausdruck gelangt. Er kann seinem Wesen nach gar nicht anders schreiben. Noch gesteigert wird dieser Eindruck durch die innere Unklarheit der Gedanken, durch die charakteristische Verbindung von gefühlsmäßiger, „pneumatischer" Intuition mit dem Versuch streng logischen, verstandesgemäßen Denkens. Und dazu kommt das rasche, sich überstürzende Drängen der Gedanken und der Worte, die innere Unruhe und Hast, die ihn beseelt. Das verleiht seinen Sätzen nur zu oft ein schillerndes Flittern, das sich gar nicht greifen läßt und eine Übersetzung, die wirklich den Sinn zutreffend wiedergeben will, außerordentlich erschwert, ja oft geradezu unmöglich macht.

Das alles mag man als Gebrechen empfinden; aber für die praktische Wirkung ist es doch nur förderlich gewesen, trotz der Klagen über die Unverständlichkeit seiner Briefe, die im zweiten Petrusbrief einen so bezeichnenden Ausdruck gefunden haben. Der ganze Stil, den die römische Kirche nun schon anderthalb Jahrtausende mit solcher Meisterschaft handhabt und der ein wesentliches Mittel für die Behauptung ihrer Weltherrschaft bildet, ist in geradezu erstaunlichem Umfang schon bei Paulus vorgebildet.

In den Märtyrerakten des Paulus und der Thekla, die etwa um die Mitte des zweiten Jahrhunderts entstanden zu sein scheinen[2], wird Paulus' äußere Erscheinung geschildert, wie er auf der Straße von Lystra nach Ikonion einherzieht: „ein kleiner Mann, mit kahlem Kopf und krummen Beinen, von guter Haltung, die Augenbrauen zusammengewachsen, die Nase etwas groß, voll von Anmut; denn bald sah er aus wie ein Mensch, bald hatte er eines Engels Antlitz."[3] Es ist oft bemerkt, daß diese Schilderung nicht nach Erfindung aussieht; und möglich ist es gewiß, daß sich in Kleinasien, wo dieser Roman entstanden ist, eine Tradition darüber erhalten hat. Jedenfalls wird man sich nach seinen Schriften etwa dasselbe Bild von ihm machen: ein kleiner Jude, mit körperlichem Leiden behaftet, aber mit der ganzen Beweglichkeit seiner Rasse, ständig lebhaft diskutierend und gestikulierend und seine Ansichten mit unermüdlicher Ausdauer verfechtend und aufzwängend.

Wie sein körperliches Befinden ihm Anlaß zur Klage gab, konnte er auch mit seinen Leistungen und seinen Stimmungen nicht immer zufrieden sein. Er war Choleriker, und nicht ohne melancholische Züge; wenn ihn der Erfolg hob, so ist es durchaus begreiflich, daß ein Mißerfolg, wie der in Athen oder die Krisis, die ihn aus Ephesos vertrieb, ihn schwer niederdrückte. Im ersten Brief an die Thessaloniker kommt das deutlich zum Ausdruck, und ebenso, in bezeichnendem Gegensatz zum ersten, im zweiten Korintherbrief. Hier, wo überdies noch die Konflikte hinzukamen, in die er mit der Gemeinde von Korinth geraten war, findet sich die Angabe, daß seine Gegner behaupten: „wenn er uns ins Angesicht reden muß, ist er demütig, abwesend aber tritt er mutig auf"; daher „sind seine Briefe wuchtig und kraftvoll, ist er aber leiblich da, so ist er schwach und seine Rede nichtig".[4] Das wird im allgemeinen, wenn er auf Widerspruch stieß, ganz zutreffend sein, bis er sich dann aufraffte und seine Leidenschaft gewaltig hervorbrach. So erklärt er denn jetzt, nur um sie zu schonen, sei er noch nicht selbst gekommen, sondern schreibe den Brief in Trauer. Wenn er aber komme, werde er, falls es nötig sei, es anders machen und sie nicht schonen, sondern beweisen, „daß, wie ich abwesend brieflich mit Worten auftrete, so ich mich auch anwesend mit der Tat erweisen werde"[5], wie er denn schon im ersten Brief geschrieben hat, sie sollten wählen, „ob er mit dem Stock kommen solle oder mit Liebe und dem Geist der Sanftmut"[6].

Heidenchristen und Judenchristen. Das Apostelkonzil

Der reiche Erfolg, den Barnabas und Paulus bei ihrer Missionstätigkeit in Antiochia unter den Heiden erzielten, ist ermöglicht worden durch den Verzicht auf die Übernahme des jüdischen Gesetzes und der Beschneidung. Ohne einen solchen Verzicht wäre das Christentum immer eine jüdische Sekte geblieben; im günstigsten Falle hätte sich, wie bei der jüdischen Mission um die voll übergetretenen Proselyten (gêrîm), so auch um die neue Gemeinde ein weiterer Kreis von „Gottesfürchtigen" (σεβόμενοι τὸν θεόν) gelagert, der die Gottheit des Alten Testaments und die Heilslehre des Christus als Wahrheit anerkannte, ohne doch die volle Last des Gesetzes auf sich zu nehmen und den Übertritt formell zu vollziehen. Paulus hat mit innerer Überzeugung die theoretische Grundlage für den neuen Standpunkt gegeben; aber offenbar hat das offensichtliche Bedürfnis und die Erkenntnis, daß nur auf diesem Wege sich ein großer Erfolg erzielen ließ, seine Gedanken ganz wesentlich in diese Bahnen gelenkt. Darin, daß bei den Heiden der Christenname für die neue religiöse Bewegung aufkommt, hat die Wendung auch äußerlich den bezeichnenden Ausdruck gefunden.

Auch die Urgemeinde hat die Zulässigkeit der Heidenmission anerkannt, Petrus und die Zwölf haben sie sanktioniert. Aber die Zumutung, die ihnen jetzt gestellt wurde, die Unbeschnittenen als gleichberechtigte Mitglieder anzuerkennen und so den Unterschied zwischen Rein und Unrein, zwischen Juden und Heiden aufzuheben, mußte nicht wenigen dieser schlichten, in strengster Observanz des Gesetzes aufgewachsenen Leute als eine Ungeheuerlichkeit, als ein unsühnbarer Frevel gegen Gott und sein Gesetz erscheinen. So war ein Konflikt unvermeidlich. Judenchristen, die aus Palaestina nach Antiochia kamen, erhoben Einspruch gegen das dortige Vorgehn und erklärten, ohne Beschneidung sei die Erlösung unmöglich[7], mit andern Worten, die unbeschnittenen „Christen" seien in Wirklichkeit keine Bekenner des Evangeliums und daher auch nicht als Mitglieder der Gemeinde zu betrachten. Von der Erregung, die dadurch geschaffen wurde, und der Leidenschaft, mit der Paulus seinen Standpunkt verfochten hat, geben Paulus' Äußerungen einen Begriff, als etwa ein Jahrzehnt später in Galatien und in Korinth der gleiche Konflikt ausbrach. In Antiochia war eine Entscheidung unmöglich, da es sich eben um die Anerkennung der von Barnabas und Paulus gegündeten Gemeinde als einer christlichen handelte. Die war nur in Jerusalem zu holen; und so entschloß man sich, die Sache dorthin zu überweisen. Als Vertreter ihres Standpunkts wurden Barnabas und einige andere entsandt; auch Paulus, der sich dafür in gewohnter Weise auf eine Offenbarung berief, erwirkte seine Beiordnung und nahm, um möglichst demonstrativ aufzutreten, einen unbeschnittenen Heidenchristen, den Titus, mit sich.[8]

In Jerusalem kam es vor den Zwölf und den Ältesten unter Vorsitz des Herrenbruders Jakobus zu sehr erregten Verhandlungen; „gläubig gewordene Pharisaeer", also ehemalige Schulgenossen des Paulus – „eingeschlichene falsche Brüder" (παρεισάκτους ψευδαδέλφους) nennt sie Paulus – forderten die strikte Befolgung des Gesetzes und daher vor allem die Beschneidung des Titus, wenn dieser als Mitchrist anerkannt werden sollte.[9] Das weigerte Paulus energisch, vertrat vielmehr mit leidenschaftlicher Erregung den freien Standpunkt des von ihm verkündeten Evangeliums. Neben den offiziellen Verhandlungen gingen, wie immer in solchen Fällen, private mit den leitenden Persönlichkeiten einher[10], mit Jakobus, Petrus und Johannes – „denen die für etwas gelten, die als die Säulen angesehn wurden; was für Leute sie einmal gewesen sein mögen", fügt er in der erbitterten Stimmung des Galaterbriefs hinzu, „ist mir gleichgültig; denn Gott nimmt auf die Person keine Rücksicht" –; und hier einigte man sich auf einen Kompromiß, der dann von der Vollversammlung bestätigt wurde. Auf die Beschneidung des Titus wurde verzichtet; Barnabas und Paulus wurden als Missionare für die Heidenwelt anerkannt. Die weitere Verbreitung des Evangeliums unter den Juden dagegen behielt Petrus sich und den Seinen vor, zweifellos ohne damit auf das Recht verzichten zu wollen, auch seinerseits Heiden zu bekehren.[11] Ebenso haben umgekehrt Barnabas und Paulus sich auch an die jüdischen Gemeinden gewendet; anders konnten sie ja, wenn sie einen neuen Ort in Angriff nahmen, an die Heiden überhaupt nicht herankommen. Das Wesentliche ist vielmehr eine Teilung der Missionsgebiete, wie sie sich aus der Natur der Sache ergab; denn Petrus und seine Genossen konnten Griechisch überhaupt nicht oder höchstens ganz notdürftig reden und mußten daher die Griechen den Hellenisten überlassen.

Für die Heidenchristen wurde, unter Ablehnung und schroffer Desavouierung der Forderung der Fanatiker, die ohne Auftrag von seiten der maßgebenden Autoritäten Unfrieden und Gewissensnot in die Gemeinden von Antiochia, Syrien und Kilikien getragen hätten[12], bestimmt, daß eine Verpflichtung, die Beschneidung zu vollziehn und das Gesetz auf sich zu nehmen. nicht bestehe; sie sollten lediglich gehalten sein, das nach der Sintflut von Gott durch Noah der gesamten Menschheit auferlegte Verbot des Blutgenusses sowie das des Opferfleisches zu befolgen und sich des im heidnischen Leben und Kultus üblichen freien Geschlechtsverkehrs enthalten; „eine andere Last als diese notwendig zu befolgenden Vorschriften soll euch nicht auferlegt werden.' Das Dekret, das diese Sätze zusammenfaßt, wurde von den Oberhäuptern der Gemeinde, den Aposteln und den Ältesten[13], „einmütig" angenommen. In der Fassung wird bereits der Ton angeschlagen, der dann in der Kirche dauernd herrschend geblieben ist: was die höchste, von Gott gesetzte Autorität der Kirche beschließt, ist vom heiligen Geist sanktioniert, der dadurch die gleiche Stellung erhält, wie in den weltlichen Gemeinden der regierende Rat neben der Volksversammlung: ἔδοξεν τῷ πνεύματι τῷ ἁγίῳ καὶ ἡμῖν.

Mit der Überbringung des Dekrets nach Antiochia werde zwei Männer beauftragt, die Prophetengeist haben, Judas Barsabbas und Silas. Sie haben Barnabas und Paulus begleitet und in Antiochia nach dem Rechten gesehn; dann sind sie nach Jerusalem zurückgekehrt. Judas wird nicht wieder erwähnt; Sila (Sche'îl), der das römische Bürgerrecht besaß und sich in der Heidenwelt Silvanus nennt, erscheint später, in Makedonien und Korinth, als Gehilfe des Paulus, hat sich also ganz auf dessen Standpunkt gestellt.

Außerdem haben Barnabas und Paulus die Verpflichtung übernommen, durch Kollekten in den von ihnen gegründeten Gemeinden die Armen der Muttergemeinde zu unterstützen.[14] Da ist in das

Dekret nicht aufgenommen; es ist eine Aufgabe, welche die Gründer neuer Gemeinden kraft der ihnen dadurch zustehenden den Befugnisse zu erfüllen haben.

Das Ergebnis der Verhandlungen des sogenannten Apostelkonzils stellt sich als ein Kompromiß dar, durch den die durch das Vorgehn der Heißsporne gefährdete Einheit der Kirche wiederhergestellt wird. Aber in Wirklichkeit ist es ein voller Sieg des Paulus und seiner Richtung. Die Heidenmission, in dem Sinne, wie er zusammen mit Barnabas sie betrieb, ist von der Muttergemeinde anerkannt, die Säulen der Kirche, der „Fels" Petrus voran, sind bei den Verhandlungen nachdrücklich für sie eingetreten, die Konzessionen an das Gesetz sind auf ein Mindestmaß beschränkt. Die Enthaltung von πορνεία ist natürlich auch für Paulus eine selbstverständliche Forderung des Christentums; die Speisegebote einschließlich der Enthaltung vom Opferfleisch sind ihm an sich zuwider, aber er hat sich damit abgefunden und sie in der Praxis möglichst als irrelevant behandelt. Daher hat er das Verbot des Opferfleisches, obwohl er es, wie der erste Korintherbrief zeigt, sehr wohl kennt, im Galaterbrief, wo er jede Berücksichtigung des jüdischen Gesetzes leidenschaftlich bekämpft, überhaupt nicht erwähnt, sondern geht darüber mit den Worten hinweg: „Mir haben die Autoritäten, wie es auch sonst um sie bestellt sein mag, nichts weiter auferlegt, sondern im Gegenteil, da sie erkannten, daß mir das Evangelium für die Unbeschnittenen anvertraut war, wie dem Petrus das für die Beschnittenen, die Hand auf gemeinschaftliches Verhalten gegeben: wir (ich und Barnabas) für die Heiden, sie für die Beschnittenen; nur daß wir der Armen gedenken sollten, was ich denn auch mit Eifer getan habe."

Durch diese Entscheidung hat die Muttergemeinde die Auffassung des Barnabas und Paulus als berechtigt anerkannt und ihre Mission offiziell sanktioniert. Paulus folgert daraus nicht nur, daß jeder verpflichtet ist, nicht in die von den andern bebauten Gebiete einzugreifen, sondern auch, daß er und Barnabas als den Uraposteln gleichgestellt und wie sie als unmittelbar vom Herrn für ihr Amt berufen anerkannt sind.[15] Diese Konsequenz zu gewähren ist jedoch den andern nicht in den Sinn gekommen: Barnabas und Paulus sind zwar Apostel in dem weiteren Sinn, wie so viele andere Missionare auch; aber sie sind dazu von der Gemeinde bestellt, der Anspruch auf Gleichstellung mit den Zwölf wird entschieden abgelehnt und in der Folgezeit energisch bestritten. Der Gegensatz spitzt sich speziell in der Forderung zu, die Paulus für sich und Barnabas erhebt, daß auch ihnen das Recht zustehe, sich von ihrer Frau, der ἀδελφὴ γυνή, begleiten zu lassen und nach dem Herrnwort auf Kosten der Gemeinden zu leben.[16] Petrus hätte die Gleichstellung auch gar nicht zugeben können, da er damit auf sein Anrecht, der Grundstein der Gemeinde zu sein, das ihm der Herr durch Verleihung des Namens „der Fels" zugesprochen hatte, verzichtet und seine autoritative Machtstellung auf ein Teilgebiet eingeschränkt hätte. Die Kontrolle über die neu entstehenden Gemeinden behielt die Muttergemeinde sich vor und mußte sie sich vorbehalten, wenn nicht die Einheit aufgegeben werden sollte; eben in der bindenden Entscheidung, die sie im Namen des heiligen Geistes gibt, ist diese Stellung mit voller Deutlichkeit ausgesprochen.

Indessen Barnabas und Paulus hatten ihre Anerkennung als Beauftragte der Muttergemeinde durchgesetzt – salbungsvoll werden sie in dem Dekret als „unsere geliebten Barnabas und Paulus" bezeichnet –, und das war für den Augenblick das Wesentliche. Überdies besaßen sie ein kräftiges materielles Druckmittel in der von ihnen übernommenen Verpflichtung, für die Muttergemeinde, sich um die „Armen" durch Sammlung von Geldbeiträgen zu sorgen. Dies Mittel hat Paulus vortrefflich auszunutzen verstanden; ihm verdankt er es, daß es in den folgenden schweren Konflikten niemals zu einem offenen Bruch und zu einer offiziellen Desavouierung durch die Autoritäten in Jerusalem gekommen ist.

Die Verfolgung unter Agrippa. Barnabas und Paulus auf Zypern und im Taurusgebiet

Die Versammlung in Jerusalem hat wahrscheinlich im Winter 43/44 stattgefunden. Kurz darauf, ins Frühjahr 44, fällt die Verfolgung durch König Agrippa; so ist es sehr wahrscheinlich, daß eben diese Zusammenkunft, die ja nicht verborgen bleiben konnte, und der Eindruck der Ausdehnung und der weiteren Ziele der neuen Sekte, die dadurch sinnfällig wurde, den Anlaß dazu gegeben hat.[17] Der Apostel Jakobus wurde durchs Schwert hingerichtet, und ebenso auch sein Bruder Johannes. Petrus, dessen Hinrichtung nach dem Passahfest stattfinden sollte, gelang es, aus dem Gefängnis zu entkommen. Dem weiteren Vorgehn machte der jähe Tod des Agrippa im März oder April 44 ein Ende, und die Gemeinde ist fortan, soweit wir wissen, zwei Jahrzehnte lang unbehelligt geblieben.

Für Petrus indessen, den verurteilten und aus dem. Gefängnis entwichenen Verbrecher, war natürlich ein weiteres Bleiben in Jerusalem unmöglich; er hat die Stadt sofort im Dunkel der Nacht verlassen. Er mochte in seinem Schicksal die Mahnung sehn, sich jetzt auch ganz der Missionstätigkeit zu widmen. Genaueres über seine Schicksale erfahren wir nicht; vielleicht gehört seine Wirksamkeit in den Küstenorten Lydda, Joppe, Caesarea in diese Zeit. Einige Jahre später treffen wir ihn in Antiochia; und von da ist er dann weiter in die Heidenwelt hinausgezogen. Das Vorgehn der ersten Hellenisten und dann das des Barnabas und Paulus hat den Anstoß gegeben; aber Petrus hat – und das kann nicht scharf genug betont werden, so oft es verkannt wird – die geistige Kraft besessen, ihrem Beispiel zu folgen.

Inzwischen entwickelte sich die Gemeinde in Antiochia kräftig weiter.[18] Barnabas und Paulus aber gingen jetzt daran, das Christentum weiter in die Welt hinauszutragen. Offiziell wird der Entschluß natürlich als Offenbarung des heiligen Geistes dargestellt, die bei Gottesdienst und Fasten erfolgt; die Gemeinde gab ihren Segen durch Handauflegen und Gebete.[19] Als Gehilfe schloß sich ihnen ein Vetter des Barnabas an, Johannes Marcus, dessen Mutter Maria in Jerusalem ihr Haus den Gläubigen zu ihren Versammlungen zur Verfügung gestellt hatte[20]; daß derselbe nachher mit Petrus eng verbunden erscheint, bestätigt, daß man im Einverständnis mit diesem handelte. Das nächste Ziel war begreiflicherweise Zypern, die Heimat des Barnabas. Sie hatten reichen Erfolg bei Juden wie bei Heiden, bis zu dem Proconsul Sergius Paulus hinauf, vor dem Paulus den jüdischen Propheten und Wundertäter Barjesus Elymas überwand; damals hat Paulus den Namen angenommen, den er fortan anstatt Saul in der griechischen Welt ständig führt.

Von der Hauptstadt Paphos fuhren sie nach Perge in Pamphylien hinüber, um von hier aus ins Innere vorzudringen. Das war ein kühner Sprung in die weite Welt hinaus. Die treibende Kraft werden wir wohl in Paulus sehn dürfen; es war der entscheidende Schritt, durch den er zum Heidenmissionar im großen Stil geworden ist. Gewiß war der Entschluß von Offenbarungen begleitet; und es ist, wie wir gesehn haben, recht wahrscheinlich, daß die große Vision, die ihn in den dritten Himmel und ins Paradies entrückte und „unaussprechliche Worte' vernehmen ließ, eben hierher gehört; nach seiner Angabe im zweiten Korintherbrief fällt sie ins Jahr 45 n. Chr.[21]

In Perge hat sich Johannes Marcus von ihnen getrennt und ist nach Jerusalem zurückgekehrt; ihm mochten doch Gewissensbedenken gekommen sein bei dem freien Verkehr und der Tischgemeinschaft mit Unbeschnittenen, zu der er durch seine Genossen genötigt war. Barnabas und Paulus sind dann durch das Gebirge in die Städte am Nordrand des pisidischen Alpenlandes gezogen. Hier hauste, wie in Pisidien und der gebirgigen Westhälfte Kilikiens, eine zahlreiche und kräftige, aber wenig kultivierte Bevölkerung[22], deren Unbotmäßigkeit und Räubereien den Regierungen allezeit große Schwierigkeiten schufen; sie im Zaume zu halten und die große Verkehrsstraße am Südrande der zentralen Steppe Kleinasiens zu sichern, hatte wie früher die Seleukiden, so die römische Regierung, als sie nach dem Tode des Königs Amyntas von Galatien (25 v. Chr.), dem diese Gebiete zugewiesen worden waren, die Verwaltung selbst übernehmen mußte, mehrere Militärkolonien angelegt, darunter Antiochia Pisidia. Zu der einheimischen Bevölkerung, den Lykaonen, Isaurern, Pisidern, den Griechen und hellenisierten Phrygern und den Nachkommen der angesiedelten römischen Veteranen kam auch hier in allen Ortschaften eine starke jüdische Gemeinde mit reger Propaganda. In diesen gewannen die Missionare viel Anhang; noch mehr aber unter der einheimischen Bevölkerung. Die in ganz Kleinasien herrschende und uns in der Kaiserzeit durchweg sehr lebendig entgegentretende Empfänglichkeit für religiöse Ideen scheint in diesen Gebieten, dem niedrigen Kulturstande entsprechend, noch stärker entwickelt gewesen zu sein, wie denn aus ihnen auch die Mithrasreligion hervorgegangen ist; auch die Heimat des Montanismus liegt nicht viel weiter westlich, im südöstlichen Phrygien. Paulus selbst bezeut im Galaterbrief, mit welchem Enthusiasmus man ihn trotz einer häßlichen Krankheit aufgenommen habe, „wie einen Engel Gottes oder den Christus Jesus selbst" – das Gegenstück dazu ist, daß die Lykaonen von Lystra den Barnabas und ihn als Inkarnation des Zeus und Hermes ansahn und sich mit Mühe davon abbringen ließen, ihnen zu opfern. „Die Heiden freuten sich", berichtet Lukas[23], „als sie hörten, daß an Stelle der Juden ihnen die Erlösung gebracht werden solle, und die, welche zum ewige Leben prädestiniert waren, nahmen den Glauben an; die Lehre des Herrn verbreitete sich über das ganze Gebiet." Daß das richtig ist, wird dadurch bestätigt, daß das Christentum hier feste Wurzel geschlagen hat und die Gestalt des Paulus in der früh entstandenen Legende von Paulus und Thekla fortlebt, die hier sich abspielt. Um so fanatischer traten ihnen freilich die Juden entgegen, soweit sie sich nicht bekehrten. In Antiochia Pisidia und Ikonion hetzten sie die Bevölkerung, vor allem die zum Judentum neigenden Frauen, aber auch die Honoratioren und Behörden gegen Barnabas und Paulus auf und verjagten sie aus der Stadt; und als sie dann in Lystra reichen Erfolg hatten, trugen jüdische Emissäre aus jenen Städten die Bewegung auch hierher, in derselben Weise wie es Paulus bei der ersten Christenverfolgung gemacht hatte, schleppten Paulus vor die Stadt und begannen, ihn zu steinigen; aber durch den Anhang, den er gewonnen hatte, wurde er gerettet. Trotzdem gelang es, überall, in Derbe, Lystra, Ikonion, Antiochia Pisidia, und ebenso in Perge Gemeinden zu gründen und fest zu organisieren. Für die Lehre und die Lebensführung gab das Dekret von Jerusalem die Norm; auch hat Paulus den ängstlichen Gewissen die Konzession gemacht, daß er den Timotheus aus Derbe[24], den Sohn einer gläubigen Jüdin von einem griechischen Vater, beschneiden ließ[25]; die Forderung konnte allerdings berechtigt erscheinen, daß das Gesetz und das Judentum durch seine Geburt auf ihn Anspruch habe; die Freiheit der im Heidentum Geborenen wurde dadurch nicht berührt.

Der Konflikt zwischen Petrus und Paulus in Antiochia

Mit reichem Erfolge belohnt, kehrten Barnabas und Paulus über Perge und Attalia nach Antiochia am Orontes zurück. Hier trafen sie mit Petrus zusammen, der zunächst einträchtig mit ihnen und der Gemeinde verkehrte und unbedenklich an ihren Mahlzeiten teilnahm.[26] Dann aber brach der Konflikt aufs neue aus. Der Herrnbruder Jakobus hatte sich offenbar dem Kompromiß viel schwerer gefügt als Petrus, wenn er sich auch in der auf gute Überlieferung zurückgehenden Rede, die er bei Lukas hält, mit der Verkündung des Amos (9, 11 f.) beruhigte, daß alle Völker um die wieder aufgerichtete Hütte Davids versammelt werden sollten. Jetzt kamen Abgesandte von ihm nach Antiochia und waren entsetzt über das, was sie sahn. Sie verlangten die Unterordnung unter das Gesetz auch von den Heiden; dem Petrus redeten sie ins Gewissen und bewirkten, daß er und die übrigen Judenchristen die Tischgemeinschaft mit den Unbeschnittenen aufgaben. Auch Barnabas wurde betroffen und zog sich von Paulus und den Heidenchristen zurück; der Bruch war offenkundig.

Paulus, dem allein wir eine Schilderung dieser Vorgänge verdanken[27], stellt dieselben natürlich einseitig von seinem Standpunkt aus dar; er sieht darin nichts als Heuchelei (ὑπόκρισις) und feige Nachgiebigkeit gegen verwerfliche menschliche Ansichten. Aber in Wirklichkeit war der Vorwurf, der gegen Petrus und Barnabas erhoben wurde, vom Standpunkt des Aposteldekrets aus vollkommen berechtigt. Daß die Heiden auch nach ihrer Bekehrung an die mosaischen Gesetze und das koschere Essen nicht gebunden seien, war darin anerkannt; aber daraus folgte in keiner Weise, daß nun das Gesetz auch für die Juden hinfällig geworden sei, wie Paulus behauptete. Den Satz: Jeder bleibe bei dem Stande, den ihm der Herr zuerteilt und in dem ihn Gott berufen hat; wer als Beschnittener berufen ist, ziehe die Vorhaut nicht über; wer unbeschnitten berufen ist, lasse sich nicht beschneiden", hat auch Paulus selbst ausgesprochen und „allen Gemeinden als Weisung gegeben[28]; was Jakobus und seine Anhänger verlangten, war nur die Konsequenz daraus, und das haben Petrus und auch Barnabas anerkannt, als es ihnen vorgehalten wurde. Das führte natürlich sofort weiter: auch Petrus forderte jetzt die Befolgung des Gesetzes durch die bekehrten Heiden, wenn sie Glieder der Christusgemeinde sein und der Erlösung teilhaftig werden wollten.

Paulus wollte davon natürlich nichts wissen. In leidenschaftlicher Erregung schleuderte er inmitten der Versammlung seine Vorwürfe dem Petrus ins Gesicht: „Wenn du, obwohl ein Jude, nach heidnischer und nicht nach jüdischer Art lebst, wie kannst du die Heiden zwingen wollen, jüdisch zu leben?"[29] Der Vorgang ist für beide Männer charakteristisch. Paulus hat die Frage systematisch durchdacht und scheut, wo es sich um den ganzen Bestand seines Werkes, den vollen Erfolg der Heidenmission handelt, vor keiner Konsequenz zurück. Petrus hat sich den neuen Anschauungen, deren theoretische Begründung er schwerlich voll zu verstehn imstande war, zögernd gefügt, schrickt aber jetzt, wo ihm ins Gewissen geredet wird, vor den Folgerungen zurück, die er selbst mitgemacht hat, und setzt sich dadurch dem Vorwurf der Inkonsequenz und der Halbheit aus. Der Bruch war unüberbrückbar; unversöhnt sind die beiden Männer auseinander gegangen.

Auch zu Barnabas wurde das alte Verhältnis nicht wieder hergestellt. Offenbar war Paulus weit über ihn hinausgewachsen, und gewiß mit Recht tritt er in dem Bericht des Lukas über die erste Missionsreise als die eigentlich führende Kraft in den Vordergrund: Barnabas war der Leiter (und daher den Lykaonen der Zeus), aber Paulus der Wortführer, wie Hermes. Der Konflikt mit ihm in Antiochia ist allerdings, anders als der mit Petrus, wieder beigelegt worden; Barnabas wird eingesehn haben, daß die Heidenmission, der er sich gewidmet und die er selbst als der erste im großen Stil ins Leben gerufen hatte, sich in der Tat nur dann erfolgreich fortführen ließ, wenn man sich auf den Standpunkt des Paulus stellte. So spricht denn Paulus von ihm im Galaterbrief gewissermaßen entschuldigend: „auch Barnabas ließ sich von ihrer Heuchelei fortreißen", und im ersten Korintherbrief 9, 6 erwähnt er ihn als sich gleichstehend und den übrigen Aposteln ebenso gleichberechtigt, wie er es für sich beansprucht – Paulus wird also den Korinthern auch von Barnabas und ihrer gemeinsamen Tätigkeit erzählt haben, ebenso wie er Kol. 4, 10 voraussetzt, daß die Kolosser ihn kennen. Aber als sie nun eine neue Reise planten, zunächst um die von ihnen gegründeten Gemeinden zu inspirieren – nach Lukas ging die Anregung von Paulus aus –, und Barnabas den Johannes Marcus, der also aus Jerusalem herbeigekommen sein muß (vielleicht mit Petrus zusammen), wieder mitnehmen wollte, weigerte sich Paulus entschieden; er wollte von dem Manne nichts wissen, der sie inmitten ihrer Arbeit verlassen hatte und der ihm offenbar als Anhänger des Petrus verdächtig war. „Es kam zu heftigem Streit."[30] Das Ergebnis war, daß beide sich trennten.

Barnabas ist mit Marcus aufs neue nach Zypern gegangen. Weitere Kunde über ihn besitzen wir nicht; doch zeigt die angeführte Äußerung im Korintherbrief, daß er die Missionstätigkeit noch jahrelang weiter fortgesetzt haben muß; wo, läßt sie nicht ermitteln. In der Folgezeit werden ihm zwei Briefe zugeschrieben, der später als paulinisch in den Kanon aufgenommene Hebraeerbrief, den Tertullian[31] ohne irgendwelche Andeutung eines Zweifels als Werk des Barnabas zitiert, und der von der Kirche als apokryph behandelte Barnabasbrief. Was den Anlaß gegeben bat, diese beiden Schriftstücke mit seinem Namen zu verbinden, wissen wir nicht. Beide sind konsequente Ausführungen und Weiterbildungen der Auffassung des Paulus, der Hebraeerbrief aus dem Ende des ersten, der Barnabasbrief aus den ersten Jahrzehnten des zweiten Jahrhunderts; das Judentum und das Gesetz sind für sie vollkommen erledigt, die gesamte Offenbarung des Alten Testaments ist lediglich allegorisch auf Jesus und das Christentum zu deuten, während, wie der Barnabasbrief das im einzelnen ausführt, die Juden es, durch seinen Wortlaut zu buchstäblicher Befolgung seiner Gebote verleitet, aufs gröblichste mißverstanden und sich dadurch unrettbar in die Sünde verstrickt haben. So wenig Barnabas mit diesen Machwerken irgend etwas zu tun haben kann, so wäre doch wenigstens nicht undenkbar daß er in seiner späteren Zeit wie Paulus, und noch über ihn hinausgehend, mit dem Judentum völlig gebrochen hätte und daß sich eine Tradition davon bewahrt und den Anlaß gegeben hätte, in ihm den Verfasser dieser Schriften zu suchen.[32]

Paulus in Makedonien und Griechenland

Paulus ist im Jahre 47 oder 48 n. Chr. von Antiochia auf dem Landweg, über Kilikien, in sein früheres Missionsgebiet im Süden der Provinz Galatien gezogen und hat überall die Gemeinden neu gefestigt und gemehrt.[33] Als Gehilfe schloß sich ihm Silas (Silvanus) an, der Überbringer des Aposteldekrets nach Antiochia; aus Lykaonien nahm er weiter den Timotheus mit sich, der sich in Lystra und Ikonion erfolgreich bewährt hatte.[34] Es hätte nahe gelegen, jetzt schrittweise weiter vorzugehn und die neue Lehre zunächst in den übrigen Landschaften des inneren Kleinasiens zu verbreiten. Aber das Ziel, das Paulus vorschwebte, dem Evangelium die ganze Welt – d. i. nach der Denkweise der Zeit das Römerreich in seinem ganzen Umfang – zu gewinnen, ließ sich so nicht erreichen; dafür war es notwendig, die Zentren der Kultur aufzusuchen, von denen aus sich dann die zwischenliegenden Gebiete leicht einbeziehn ließen. Zunächst galt es, in der griechischen Welt des Aegaeischen Meeres festen Fuß zu fassen; dahinter stand als letztes Ziel dann die Reichshauptstadt selbst. So trieb es ihn unablässig vorwärts, und wie immer verdichteten sich ihm die sein Inneres bewegenden Empfindungen und Gedanken zu Offenbarungen. Bei der Wanderung durch Phrygien „verwehrte ihnen der heilige Geist, die Lehre in Asia zu verkünden; und als sie nach Mysien gekommen waren und versuchten, nach Bithynien zu ziehen" – wo die blühenden Griechenstädte lockend genug erscheinen mochten –, „ließ der Geist Jesu sie nicht hin". So gingen sie nach Troas, d. i. der großen Handelsstadt Alexandria; und von hier rief ein nächtliches Gesicht den Paulus nach Makedonien. In Troas, wo er zweifellos eine Gemeinde begründet hat, hat sich ihm der griechische Arzt Lukas angeschlossen, der sich dann in Phillippi niederließ.

Auf Paulus' Wirksamkeit in Makedonien (im Jahre 49) nochmals einzugehn, ist nicht erforderlich. Nur das muß betont werden, daß, so stolz er auf die Erfolge sein durfte, die er hier, vor allem in Philippi und Thessalonike, allen ihm von den Juden bereiteten Hindernissen und Verfolgungen zum Trotz erreicht hat, sein eigentliches Ziel doch nicht Makedonien gewesen ist, sondern Athen. Denn trotz alles politischen und wirtschaftlichen Niedergangs nahm Athen im geistigen Leben noch immer eine Sonderstellung ein, mit der keine andere Stadt rivalisieren konnte. Wenn es Paulus gelang, sich hier in der Diskussion mit den Häuptern der Philosophenschulen zu behaupten und Anhänger zu gewinnen, so war das ein Erfolg, der weithin in der Welt wirken mußte und die Stellung der neuen Verkündung dauernd sicherte. Es kann kein Zweifel sein, daß seine Tätigkeit in Makedonien für ihn nur eine Vorübung und Schulung für die größere Aufgabe gewesen ist, die es hier zu erfüllen galt.

Daher ist er, als er vor den Nachstellungen der Juden, die ihn auch hier von Stadt zu Stadt verfolgten, aus Makedonien weichen mußte, von Beroea aus zur See nach Athen gegangen, mit dem Auftrag an seine Gehilfen Silvanus und Timotheus, ihm baldmöglichst nachzufolgen. Es ist ihm auch gelungen, durch sein tägliches Auftreten sowohl in der Synagoge vor Juden und Judengenossen, wie durch die Reden und die daran anschließenden Disputationen auf dem Markt vor den Heiden[35] Aufsehn zu erregen; in der Erwartung, ein neues philosophisches System kennenzulernen, das, wie man es gewohnt war, zu lebhaften Diskussionen zwischen den Schulhäuptern mit Aufbietung alles Scharfsinns spitzfindiger Argumentation Anlaß geben werde, strömte die Bevölkerung neugierig am Areopag zusammen, um ihn zu hören. Paulus' Rede war sorgfältig vorbereitet; sie setzte in herkömmlicher Weise mit dem Preis der gottesfürchtigsten Stadt ein, um daran eine Erörterung über das Wesen der Gottheit anzuknüpfen, die sich mit den theologischen Spekulationen der Philosophen berührte und durch ein Zitat aus Arat direkt auf die Lehre der Stoa Bezug nahm. Als man dann aber erfuhr, daß das alles darauf hinausging, daß ein verstorbener Mensch wieder zum Leben erweckt sei und nun als Weltenrichter im Auftrag der Gottheit wiedererscheinen solle, wandte die Menge sich ab und ließ ihn stehn.

Es war der vollste Mißerfolg; daß er doch noch ein paar Anhänger in Athen gewann, darunter einen Areopagiten Dionysios und eine Frau Damaris, konnte demgegenüber wenig Trost gewähren. Die tiefe Depression, die ihn erfaßt hat, gelangt im ersten Brief an die Thessaloniker voll zum Ausdruck; er mußte befürchten, daß ihm auch die makedonischen Gemeinden wieder verlorengehn würden, zumal es auch hier weder an äußerer Bedrängnis durch die Gegner, noch an heftigen Angriffen gegen ihn und seinen Charakter fehlte: er wird beschuldigt, lediglich selbstsüchtige Absichten verfolgt zu haben, um sich, wie so manche Agitatoren und Abenteurer, die als Philosophen aller Richtungen, Theologen, Orakelverkünder, Wundertäter und Propheten auftraten, eine Macht über die Gemüter zu schaffen und auf Kosten der Gläubigen zu leben – ein Vorwurf, der immer wieder gegen ihn erhoben wird und gegen den er sich immer wieder mit dem Hinweis auf sein uneigennütziges und aufopferungsvolles Verhalten verteidigt, bei dem er von dem ihm nach dem Evangelium zustehenden Recht, auf Kosten der Gemeinde zu leben, keinen Gebrauch gemacht habe.[36] Am liebsten wäre er selbst nach Thessalonike gegangen, aber das war ihm durch die Verfolgungen der Juden unmöglich gemacht, „der Satan hat mich verhindert".[37] So schickte er Timotheus hin und war hocherfreut, als dieser ihm die Nachricht brachte, daß trotz aller Versuchungen die Gemeinde in treuer Anhänglichkeit an ihm festhielt. Um so nachdrücklicher mahnt er zur Ausdauer, zum Beharren in dem sittlichen Wandel in Christus, zu einträchtigem, friedlichem Leben in der täglichen Arbeit und zum Vertrauen auf das baldige Erscheinen des Herrn zum Gericht. Gegen Mißverständnisse und überspannte Erwartungen, als sei das schon unmittelbar bevorstehend und könne man bis dahin die Hände in den Schoß legen, hat er sich dann in einem zweiten Schreiben gewandt.[38]

Von Athen ist Paulus nach Korinth gegangen, in gedrücktester Stimmung, „in Schwäche, Furcht und Zittern".[39] Er fand Aufnahme bei einem Zunftgenossen, einem wohlhabenden Juden Aquila und seiner Frau Priscilla, die vor kurzem, im Jahre 49, wie alle Juden, durch den Kaiser aus Rom ausgewiesen waren, infolge der durch das Eindringen des Christentums unter ihnen entstandenen Tumulte; wie es scheint, hatten sie dort bereits das Christentum angenommen. Mit ihnen zusammen ernährte sich

Paulus durch sein Handwerk. Aber bald zeigte sich, daß hier ein günstiger Boden für das Evangelium vorhanden war; wenn die Juden sich, wie überall, größtenteils ablehnend und feindselig verhielten, so fanden sich unter der ärmeren, bunt gemischten Bevölkerung der üppigen Handelsstadt um so mehr Leute, die der Heilsverkündung zugänglich waren.[40] Aus Makedonien trafen Silvanus und Timotheus ein und brachten Geldmittel mit, die dort in den Gemeinden zu seiner Unterstützung gesammelt waren.[41] Ein wohlhabender Korinther, Stephanas, „die Erstgabe der Provinz Achaja", ließ sich mit seinem ganzen Hause von ihm taufen[42], ebenso der Synagogenvorsteher Crispus und ein gewisser Gajus[43]. Auch ein Proselyt Titius Justus schloß sich an; in sein Haus, das unmittelbar neben der Synagoge lag, ist er übergesiedelt, um sich fortan ganz der Predigt und der Propaganda zu widmen.[44] Die Erwerbstätigkeit konnte er wesentlich einschränken; wenn er sich rühmt, den Korinthern nicht zur Last gefallen zu sein und von seinem Apostelrecht auf freien Unterhalt durch die Gemeinde keinen Gebrauch, „aus der Lehre Gottes kein Gewerbe gemacht" und „das Evangelium unentgeltlich verkündet" zu haben[45], so kann das nicht buchstäblich verstanden werden; er wird, etwa wie Sokrates, im wesentlichen von freiwilligen Gaben gelebt haben. Die Lehrtätigkeit, zweifellos mit lebhaften Diskussionen mit Juden und Heiden verbunden, war die Hauptsache; die weitere Instruktion des Einzelnen, die nach Fasten, Ablegung des Sündenbekenntnisses und des Glaubensbekenntnisses in dem Taufakt ihren Abschluß fand, konnte er seinen Gehilfen überlassen, in erster Linie dem Silvanus und Timotheus.[46] Überhaupt aber muß Paulus es mit seiner scharfen Menschenkenntnis vortrefflich verstanden haben, Schüler und Gehilfen heranzubilden, die sein Werk unterstützen und fortsetzen konnten; durch sie ist dann das Christentum von der zentralen Stätte aus wie in Makedonien und später in Kleinasien, so von Korinth aus weithin durch Griechenland (Achaja) verbreitet worden.[47]

Die Versuche der Juden, gegen ihn zu hetzen, haben in Korinth keinen Erfolg gehabt. Anders als die Behörden der römischen Kolonie Philippi und der griechischen Stadtgemeinde Thessalonike wies der Proconsul Gallio, als die Juden den Paulus wegen Verletzung ihres Gesetzes vor sein Tribunal schleppten, in voller Übereinstimmung mit dem Verhalten der Regierung in Rom die Beschwerde ab: solche Streitigkeiten über ihr Gesetz gingen ihn nichts an, darüber müßten sie selbst zusehn; er duldete es, daß dann der Pöbel über den Synagogenvorsteher Sosthenes herfiel und ihn durchprügelte.[48] So konnte Paulus anderthalb Jahre lang (50–51 n. Chr.) mit vollem Erfolg in Korinth wirken.

Fortgang des Konflikts mit Petrus und den Judenchristen. Der Galaterbrief

Inzwischen waren auch Paulus' Rivalen nicht untätig gewesen; vielmehr wird auch unter den Auspizien der Muttergemeinde von Jerusalem und ihres Oberhauptes, des Herrnbruders Jakobus[49], eine umfassende Missionstätigkeit geübt. Schon im Jahre 49 ist das Christentum in die Synagogen Roms gekommen, natürlich über Puteoli; und hier hat sich, wie der Römerbrief zeigt, trotz der damals erfolgenden Ausweisung eine ansehnliche judenchristliche Gemeinde dauernd erhalten. Gleichartige Gemeinden werden vielerorts entstanden sein, so wenig wir darüber Kunde besitzen. Zugleich aber griffen die Vertreter dieser Richtung in das Missionsgebiet des Paulus über, um seine freie Auffassung des Evangeliums, die ihnen als Ketzerei erschien, zu bekämpfen und durch die streng gesetzliche Lehre zu ersetzen.

Einen Einblick in diese Gegensätze gewährt der Galaterbrief. Über die Zeit, in der er geschrieben ist, enthält er allerdings keinerlei bestimmte Angabe; indessen alles spricht dafür, daß er älter ist als die in Korinth entstandenen Zerwürfnisse und der erste Korintherbrief. Denn in diesem äußert sich Paulus bei aller inneren Erregung doch mit größerer Zurückhaltung, die Ausfälle gegen die judaistischen Gegner sind zwar keineswegs weniger scharf, aber verhaltener und in manchen Fällen lediglich andeutend; im Galaterbrief dagegen bricht die volle Leidenschaft des erbitterten Kampfes ungestüm hervor, und zugleich gibt Paulus hier eine eingehende prinzipielle Erörterung und Rechtfertigung seines Standpunktes, während sie im Korintherbrief vorausgesetzt und nur angedeutet wird – man wird annehmen dürfen, daß den Korinthern der Galaterbrief mindestens dem Inhalt nach bekannt gewesen ist.[50] Überdies entspricht es den gegebenen Verhältnissen, daß die antipaulinische Agitation zunächst in der ältesten von ihm gewonnenen Provinz, eben in Galatien, eingesetzt und nach Korinth erst später hinübergegriffen hat. Das wird dadurch bestätigt, daß von der Forderung der Beschneidung, die im

Galaterbrief im Mittelpunkt steht, im Korintherbrief nicht mehr die Rede ist. Somit ist es das wahrscheinlichste, daß der Galaterbrief eben in dieser Zeit, um 50–51 n. Chr., in Korinth geschrieben ist.

Die Vorgänge, zu denen der Galaterbrief Stellung nimmt, sind folgende. Es sind judaistische Agitatoren in die Gemeinden Galatiens gekommen, welche die Lehre, die Paulus ihnen gebracht hat, nachdrücklich als groben Irrtum bekämpfen. Jesus ist als der den Juden verheißene Messias gekommen, nicht das Gesetz aufzuheben, sondern es zu erfüllen. Das Heil und das Bestehn des Weltgerichts ist zwar, wie die Propheten verkündet haben, auch den übrigen Menschen zugänglich, aber nur unter der Voraussetzung, daß sie Juden werden und das Gesetz in vollem Umfang befolgen, also vor allem sich beschneiden lassen.[51] Was Paulus von der Freiheit in Christo verkündet, ist völlig verkehrt und nur den Menschen nach dem Munde geredet.[52] Die Autorität, die er sich anmaßt, ist überhaupt völlig unbegründet; alles was er von Jesus und dem Christentum weiß, hat er von den älteren Jüngern gelernt, die den Herrn selbst gesehn und gehört oder die 'Überlieferung getreu von diesen übernommen haben; was er weiter vorbringt, ist seine eigene Erfindung, ohne jede göttliche Sanktion, und daher eine Verfälschung des Evangeliums.

Daß der Führer dieser Bewegung kein anderer als Petrus gewesen ist, zeigt die Leidenschaft, mit der Paulus ihn angreift, mit voller Deutlichkeit; die grundlegende Rechtfertigung seines Standpunktes gibt er 2, 15 ff. in Form seiner Diskussion mit ihm in Antiochia. Es kann gar kein Zweifel sein, daß Petrus selbst in die galatischen Gemeinden gekommen ist und hier den in Antiochia begonnenen Kampf aufgenommen hat. Allerdings kann er, wenn er an dem Aposteldekret festhielt, die Forderung der Beschneidung der als Heiden Geborenen nicht selbst gestellt haben; aber sie lag in der Konsequenz des judaistischen, die Verbindlichkeit des Gesetzes betonenden Standpunktes. So wird er über die Berechtigung der damals gemachten Konzession wieder schwankend geworden sein und den Heißspornen in seiner Gefolgschaft, die von Jakobus beeinflußt sein mögen, nachgegeben haben. Eben dadurch, daß diese höchste Autorität, der Fels der Kirche, dahinter steht, erklärt sich der rasche Umfall der Galater; es packt sie die Angst um ihr Seelenheil, und sie werden irr, ob das Evangelium, das Paulus ihnen gebracht hat, wirklich das wahre ist.[53] Zugleich wird dadurch natürlich Unfrieden und erbitterter Hader in die Gemeinden gebracht[54]; denn nicht wenige werden doch an Paulus festgehalten haben. Offenbar haben diese sich an ihn gewandt und ihn um Aufklärung gebeten.

Paulus antwortet in stärkster Erregung. Die Gegner, die ihnen die Beschneidung aufzwingen wollen, verfolgen lediglich selbstsüchtige Absichten: sie wollen sich mit eurer Bekehrung brüsten und zugleich den Verfolgungen (durch die Juden) um des Kreuzes willen entgehn.[55] Das „andere Evangelium", das sie euch bringen, ist gar kein Evangelium, sondern eine Verdrehung des einzig wahren Evangeliums des Christus.[56] „Aber auch wenn ich selbst oder ein Engel vom Himmel etwas anderes als das von mir verkündete Evangelium verkündete, der sei verflucht! Ja, ich sage es noch einmal, wenn jemand euch abweichend von dem verkündet, was ihr als Evangelium empfangen habt, der sei Verflucht!"[57] „Wer euch in Verwirrung bringt, wird das Gericht zu tragen haben, wer es auch sein mag" da ist der Hinweis auf Petrus, auf „die angeblichen Autoritäten, wer sie auch sein mögen", von denen er vorher 2, 5 ff. geredet hat, ganz deutlich. „Möchten die, die euch aufhetzen, sich doch lieber auch noch kastrieren."[58] – wie die Gefolgschaft der kleinasiatischen Göttermutter, die in Galatien ihren Hauptsitz hat.

Die Bestreitung seiner Gleichberechtigung und apostolischen Autorität veranlaßt ihn nicht nur, seine unmittelbare Berufung durch den Herrn aufs nachdrücklichste zu betonen – so gleich im Eingangsgruß: „Paulus, Apostel nicht von Menschen her oder durch einen Menschen, sondern durch Jesus Christus und Gott den Vater, der ihn aus den Toten auferweckt hat' –, sondern führt ihn dazu, jede Abhängigkeit seiner Lehre von andern und jede Übernahme einer Tradition von den Aposteln oder den übrigen Christen Oberhaupt zu leugnen: nach der Offenbarung, mit der Gott ihn begnadigt, sei er mit keinem Menschen in Verbindung getreten[59], erst nach drei Jahren sei er nach Jerusalem gegangen, habe aber auch dort nur Petrus und Jakobus aufgesucht; „was ich euch schreibe, wahrlich, angesichts Gottes, ich lüge nicht". Geschichtlich ist diese Behauptung natürlich nicht nur einseitig, sondern von Grund aus falsch; denn sein gesamtes Wissen um Jesus, die Kenntnis der Gebote und Einrichtungen der Kirche, die Kunde von den Erscheinungen des Auferstandenen und das Glaubensbekenntnis verdankt er lediglich der an die Zwölf anknüpfenden Tradition. Aber subjektiv ist es doch ehrlich gemeint; denn für einen Menschen, der sich in fortwährender Verbindung mit der übernatürlichen Welt fühlt und andauernd Visionen und Offenbarungen erfährt, verschwimmen die Grenzen zwischen der irdischen Wirklichkeit und der transzendenten Gefühlswelt, in der er lebt; und die Anschauungen, die er durch seine geistige Arbeit gewonnen hat und die ihm Hauptsache sind, sind ihm vollends göttliche Offenbarungen und daher die unumstößliche Wahrheit, die die andern verblendet verkennen und nicht hören wollen.

Auch in diesem Konflikt handelt es sich um den durch die gesamte Geistesgeschichte hindurchgehenden Gegensatz zwischen individueller Überzeugung und Tradition. Nur wird hier, wie immer auf religiösem Gebiet, die von dem Bekämpfer der Tradition für sich beanspruchte und leidenschaftlich verfochtene Freiheit gegen die anderen sofort wieder ein Zwang, der jede andere Ansicht nicht nur mit Gründen bestreitet, sondern als schlechthin verwerflich und widergöttlich betrachtet und daher – als nicht nur aus Verblendung oder geistiger Rückständigkeit, sondern aus bösem Willen und irdischem Eigennutz erwachsen – mit fanatischem Eifer bekämpft und auszurotten sucht. So tritt denn doch wieder lediglich eine neue Autorität an Stelle der alten. Das ist der Grundzug der Geschichte aller Religionen und wird es bleiben; denn keine Religion kann, wenn sie sich durchsetzen will, der übernatürlichen Autorität, der Erleuchtung durch Offenbarung entbehren. Das ist der Punkt, wo auch die Philosophie in Religion umschlägt, wie das in typischer Weise die Geschichte des Buddhismus, aber ähnlich die späteren Phasen der Geschichte der griechischen Philosophie zeigen.

Über die prinzipiellen und dogmatischen Ausführungen des Briefs können wir uns kurz fassen. Paulus geht von der Tatsache aus, daß die Galater den „Geist", d. h. hier die Fähigkeit, den Glauben anzunehmen, nicht durch Werke empfangen haben, sondern dadurch, daß ihnen die Kunde vom Glauben gebracht wurde.[60] Wer hat sie also behext, daß sie, „denen Jesus Christus am Kreuz so anschaulich vor Augen gemalt war", gedankenlos im Fleisch fortsetzen wollen, was sie im Glauben begonnen haben, und sich so durch Annahme des Judentums wieder unter die Herrschaft der armseligen Materie (der Elemente) begeben, von der in ihrer heidnischen Gestalt sie glücklich durch die ihnen von Gott gegebene Erkenntnis befreit waren?[61] Sie sind doch die wahren Söhne Abrahams und die Ersten seiner Verheißung, nicht die unter dem Sinaigesetz geknechteten Juden. Sie sind durch Christus frei geworden, und für die Freien, die Pneumatiker, gibt es kein Gesetz.[62] „Siehe, ich Paulus sage euch: wenn ihr euch beschneidet, wird Christus euch nichts nützen; aufs neue bezeuge ich jedem Menschen, der sich beschneidet, daß er verpflichtet ist, das ganze Gesetz zu erfüllen" – und das ist unmöglich und führt nur zur Verdammnis.

Am liebsten wäre Paulus wieder selbst zu ihnen geeilt: „Ich leide aufs neue Geburtswehen um euch, meine Kinder, bis daß Christus in euch Gestalt gewinnt; ich wollte, ich könnte jetzt bei euch sein und meine Stimme wandeln, da ich mich meines Weges nicht sicher fühle."[63] Aber doch erwartet er von seinen Mahnungen vollen Erfolg; in einem eigenhändig hinzugefügten Nachwort[64] schließt er: „In Zukunft mache mir niemand mehr Beschwerden; denn ich trage die Wundmale Jesu an meinem Leibe"[65] – d. h. ich habe wahrlich genug andere Sorgen, und ich kann durch die Narben von den Mißhandlungen, die ich erlitten habe, beweisen, daß ich Jesus mit voller Hingabe diene, während die anderen den Geist verleugnen, um den Verfolgungen aus dem Wege zu gehn.

Über die Wirkung des Briefs haben wir keinerlei Nachrichten; aber die weitere Entwicklung zeigt, daß Paulus' Bild und seine Lehre hier dauernd lebendig geblieben ist und die Gegner gegen ihn nicht haben aufkommen können. Das wird dadurch bestätigt, daß er im ersten Korintherbrief 16, 1 für die Kollekte für die „Heligen", d. i. die Gemeinde von Jerusalem, auf die Anordnungen verweist, die er dafür – offenbar auf seiner dritten Reise – den Gemeinden in Galatien gegeben hat, ohne irgendwelche Gegensätze anzudeuten.

Paulus in Ephesos. Die Korintherbriefe

Von Korinth ist Paulus im Jahre 52 nach kurzem Aufenthalt in Ephesos, wo er den Boden für das Evangelium günstig fand, nach Jerusalem gereist, offenbar um, ebenso wie auf seiner letzten Reise, die Kollekte für die dortige Gemeinde zu überbringen und die arg getrübten Beziehungen zu der Mutterkirche und ihren Oberhäuptern wenigstens formell wieder herzustellen. Er wird von diesen in derselben Weise wie später im Jahre 59 mit gemischten Gefühlen aufgenommen worden sein; aber der offene Bruch wurde vermieden. Vermutlich hat man, ohne sich tiefer auf prinzipielle Erörterungen einzulassen, das Aposteldekret aufs neue als zu Recht bestehend und für beide Parteien bindend anerkannt. So wird es sich erklären, daß in der Folgezeit – so in den Korintherbriefen – von der Forderung der Beschneidung nicht mehr die Rede ist. Als Paulus nach kurzem Aufenthalt nach Antiochia zurückkehrte, konnte er nach wie vor als Organ der Gesamtkirche auftreten.

In Antiochia ist er einige Zeit geblieben; dann hat er, wahrscheinlich im Jahre 54, eine neue Missionsreise angetreten, zunächst auf demselben Wege wie das vorige Mal, durch das südliche Galatien und Phrygien; dabei wird er seine Stellung in Galatien vollends gesichert und neben anderen Anordnungen auch die eben erwähnte über die Kollekte getroffen haben.

Von hier wandte er sich nach Ephesos, und hier ist er drei volle Jahre geblieben (55–57 n. Chr.). Aquila und Priscilla waren ihm hierher vorausgegangen[66] und hatten einen Johannesjünger Apollos aus Alexandria bekehrt, der dann nach Korinth ging, um die Mission in Griechenland fortzuführen; andere Johannesjünger sind nach Lukas' Erzählung von Paulus selbst gewonnen worden. An Konflikten und tätlichen Anfeindungen hat es natürlich auch hier nicht gefehlt; Paulus redet von der ständigen Todesgefahr, in der er schwebt, von dem „Kampf mit der Bestie", dem Satan, den er in Ephesos führt[67]; aber „es hat sich mir hier eine große Tür zu kräftiger Wirksamkeit geöffnet, freilich sind auch die Widersacher zahlreich".[68] Auch in die Nachbarstädte wird das Evangelium weithin getragen[69], meist durch die von ihm herangebildeten Missionare – ob er selbst andere Orte aufgesucht hat, wissen wir nicht. Nach Norden wird die Ausbreitung bis nach Troas gereicht haben, wo er auf der vorigen Reise vorübergehend tätig gewesen ist, ebenso im Süden nach Milet und weiter; ein Jahrzehnt später finden wir ansehnliche Gemeinden tief im Innern im Tal des Lykos, eines Nebenflusses des Maeander, in Kolossae, Laodikea und Hierapolis, die Paulus selbst nie betreten hat[70], und die Gemeinden in Smyrna, Pergamon, Thyatira, Sardes, Philadelphia, die die Apokalypse neben Laodikea und Ephesos nennt, werden gewiß auch schon um dieselbe Zeit entstanden sein. Die Liste zeigt zugleich, wie die Ausbreitung durchweg den großen Handelsstraßen gefolgt ist.

So waren zu beiden Seiten des Aegaeischen Meeres, im Mittelpunkt der griechischen Welt, feste Stützpunkte für die neue Religion gewonnen. Ein reger Verkehr ging hinüber und herüber; Apollos ist von Korinth nach Ephesos zurückgekehrt[71], Sosthenes von Korinth und einige andere haben Paulus dort aufgesucht und, „das, worin die Korinther rückständig waren, erfüllt", wobei wohl nicht nur an die Zusicherung treuen Festhaltens, sondern auch an materielle Unterstützung gedacht ist.[72] Paulus selbst hat von Ephesos seinen Gehilfen Timotheus hinübergesandt; daneben ging ein reger Schriftwechsel einher, aus dem uns die beiden durch Nachrichten aus Korinth veranlaßten Briefe erhalten sind.

In Korinth mußte Paulus die Erfahrung machen, die sich fortan in der weiteren Geschichte der Kirche immer aufs neue wiederholt, daß die subjektive Konstruktion des Evangeliums, die er an Stelle der schlichten Überlieferung der Urgemeinde gesetzt hat, trotz aller ihm von Gott und Christus verliehenen Autorität, die er für sich und seine Lehre beansprucht, die geschlossene Einheit der Gemeinde gefährdet: die Freiheit, die er für sich fordert und nachdrücklich verficht, verlangen andre ebensogut für sich selbst, auch gegen ihn; auch sie sind vom Geiste erfüllte Pneumatiker und haben das Recht, alles zu prüfen und selbständig zu urteilen.[73] Es ist selbstverständlich, daß Apollos, der in Korinth eifrig missionierte, auch wenn er lediglich Paulus' Werk fortsetzen wollte, doch viele Dinge anders ansah als dieser; es kommt hinzu, daß er in persönliche Berührung überhaupt noch nicht mit ihm getreten, sondern die Verbindung nur durch Aquila vermittelt war. Und nun kam von der andern Seite Petrus[74], ohne Zweifel mit einer Schar von Anhängern, um auch hier der Irrlehre des Paulus entgegenzutreten, und begann gleichfalls zu taufen. Die Forderung der Beschneidung hat er allerdings nicht mehr erhoben; auch er wird erkannt haben, daß sie ganz undurchführbar war, und wird auf den beim Apostelkonzil und der Bekehrung des Cornelius eingenommenen Standpunkt zurückgekehrt sein. Um so stärker wird das Verbot des Genusses von Opferfleisch betont. Vor allem aber wird, wie in Galatien, die Autorität des Paulus und sein Anspruch, den Uraposteln gleichzustehn, angefochten und zugleich die Autorität der Herrnbrüder, d. i. des Jakobus, gegen ihn ausgespielt.[75] Der Prinzipienkampf setzt sich um in einen Kampf um die Macht.

So war die Entstehung von Spaltungen unvermeidlich; die Namen Paulus, Apollos, Petrus (Kephas) wurden die Symbole der Parteien. Daneben erwähnt Paulus eine vierte Partei, die sich nach Christus benennt; das können nur Leute sein, die sich, ebenso wie Paulus, unmittelbar von diesem berufen und inspiriert fühlen und daher von allen irdischen Übermittlern des Heils nichts wissen wollen. Paulus erkennt das theoretisch vollkommen an – es ist ja ein Hauptpunkt seiner Predigt, daß alle Gläubigen nur in Christus leben, daß die Kirche sein Leib ist –; aber, so sagt er im zweiten Korintherbrief 10, 7, der einzigen Stelle, wo er auf diese Partei nochmals unmittelbar Bezug nimmt: „Seht euch die Leute an.[76] Wenn jemand sich zutraut, Christi zu sein, so überlege er bei sich selbst, daß, wie er Christi ist, so auch ich (οὕτως καὶ ἡμεῖς)." Und so nimmt er für sich das souveräne Recht der Oberleitung und gesetzgebenden Entscheidung, das ihm als von Gott und Christus berufenem Gründer der Gemeinde zusteht, im vollsten Umfang in Anspruch.

Dazu kamen weitere Zwistigkeiten. Eine Gruppe wollte von der leiblichen Auferstehung nichts wissen. Die Manifestationen des Geistes, das Prophezeien und vor allem das Zungenreden, machen sich in störendsten Weise in den Versammlungen breit und einen geregelten Gottesdienst kaum möglich. Die Zuchtlosigkeit greift um sich, vor allem in geschlechtlicher Beziehung; gegen einen Fall von Blutschande – Vermählung mit dem Weibe seines Vaters (d. i. mit seiner Stiefmutter) – war Paulus schon früher brieflich nachdrücklich eingeschritten und hatte geboten, allen Verkehr mit dem Schuldigen einzustellen.[77] Streitigkeiten zwischen Gemeindegliedern wurden vor die weltlichen Gerichte gebracht, anstatt einen „Bruder" um einen Schiedsspruch zu bitten.[78] Beim Abendmahl tritt der Gegensatz zwischen den Wohlhabenden, die es, nach heidnischer Art, als ein sakrales Diner behandeln, und den Armen scharf hervor. So droht die Gemeinde in volle Anarchie und Auflösung zu verfallen.

Von diesen Vorgängen hat Paulus teils durch den Bericht einer gewissen Chloë, teils durch ein Gemeindeschreiben Kunde erhalten, in dem unter anderem auch über die Frage, ob den Gläubigen überhaupt die Ehe gestattet sei, und über die Stellung der Frauen und Jungfrauen in der Gemeinde eine Weisung erbeten wurde.

Paulus war, wie es scheint, durch die Schwierigkeiten, mit denen er zu kämpfen hatte, in Ephesos festgehalten; aber auch die Behauptung, mit der seine Gegner prahlten, er werde nicht wagen zu kommen[79], wird nicht ganz unzutreffend sein. Er mochte, nach den Andeutungen, die er mehrfach gibt, sich bei persönlichem Auftreten nicht die erforderliche Festigkeit und Energie zutraun, die den Erfolg sicherte, und es vorziehn, durch einen Mittelsmann und durch einen Brief, der keine Diskussion zuließ, zu wirken. Apollos, der jetzt zu ihm gekommen war, lehnte seine dringende Bitte, als Vermittler hinzugehn, entschieden ab[80] – er wollte offenbar seine Anhänger nicht selbst desavouieren. So schickte er den Timotheus, der ja mit ihm zusammen in Korinth gewirkt hatte; er selbst wollte demnächst, nach Pfingsten, über Makedonien hinkommen und vielleicht den nächsten Winter in Korinth zubringen.[81] Zugleich übersandte er, vielleicht durch Timotheus selbst[82], den uns erhaltenen Brief.

In diesem Sendschreiben[83] ist es ihm gelungen, den überlegenen Standpunkt, den er einnimmt, vollauf zu wahren. Allerdings, „Parteiungen müssen ja sein", aber nur, „damit die Bewährten unter euch offenbar werden".[84] Indessen die Gruppen, die sich gebildet haben, sind widersinnig. „Ist denn Christus geteilt? Ist Paulus für euch gekreuzigt, oder seid ihr auf Paulus' Namen getauft?" „Wir alle, Paulus, Apollos, Kephas, sind ja nur Menschen, nur Diener Christi und Verwalter der Mysterien Gottes, und so kommt es nur darauf an, ob einer getreu befunden wird. Das Urteil darüber steht weder euch oder sonst einem menschlichen Gerichtshof noch mir selbst zu, sondern nur dem Herrn. Also richtet nicht vor der Zeit, sondern wartet, bis der Herr kommt, das im Dunkel Verborgene erleuchtet und die Absichten der Herzen offenbart; dann wird jeder von Gott das Lob erhalten, das er verdient."[85] Damit ist der zwischen ihn und Apollos hineingetragene Gegensatz aufgehoben – auf die Partei des Petrus und die Christuspartei geht er hier nicht weiter ein –: „Wir sind nur die Diener, durch die ihr den Glauben erhalten habt, wie es jedem der Herr gegeben hat; ich habe gepflanzt, Apollos begossen, aber Gott hat wachsen lassen, und so sind wir beide eins, und jeder wird den Lohn erhalten gemäß seiner Arbeit. Aber gebaut werden darf nur auf der Grundlage, die ich als erfahrener Baumeister gelegt habe, denn diese ist Jesus Christus."[86]

An diplomatischen Rücksichten auf die Empfindlichkeit der Korinther fehlt es keineswegs. So beginnt er sogleich mit einer Danksagung für die Gnade, die Gott den Korinthern gewährt hat, „wie denn das Zeugnis des Christus in euch gefestigt ist, so daß ihr in keiner Gnadengabe zurücksteht" – eben den Manifestationen des Geistes, die er nachher einzuschränken und in geordnete Bahnen zu lenken versucht. „In allem seid ihr in Christus Jesus bereichert, in jeder Lehre und jeder Erkenntnis" – und dabei hält er ihnen nachher vor, daß sie noch unmündige Kinder sind, denen er nur Milch, nicht feste Speise geben kann, fleischliche Menschen, nicht Pneumatiker, und daher für die geheimnisvolle Weisheit Gottes, die der Geist erforscht und die er den Vollkommenen verkündet, noch nicht reif.[87]

Wo er von den Kämpfen redet, die er tagtäglich in Ephesos zu bestehn hat, setzt er hinzu: „So wahr ihr mein Ruhmestitel in Jesus Christus seid", damit ihnen ja nicht der Gedanke komme, daß sie in seiner Schätzung hinter den Ephesern zurückständen.[88]

Das diffizilste Problem bieten die Frage des Genusses von Opferfleisch und seine Stellung als den andern gleichberechtigter, von Jesus selbst berufener Apostel, die beiden Punkte, gegen die sich die Angriffe des Petrus und seiner Anhänger in erster Linie richten. Er wendet sich ihnen erst zu, nachdem er eine Reihe anderer Fragen teils kraft eigener Autorität, teils unter Berufung auf ein Herrenwort in aller Ruhe beantwortet hat. In einer sehr überlegten, künstlichen Disposition hat er beides miteinander verbunden: Mitten in die Erörterung über das Opferfleisch (c. 8. 10) legt er die Verteidigung seines apostolischen Rechts ein (c. 9), in der seine Erregung nur um so stärker durchklingt, da er sie nur verhalten äußert. „Bin ich nicht frei? Bin ich nicht Apostel? Habe ich nicht Jesus, unsern Herrn, gesehn? Seid ihr nicht mein Werk im Herrn? Wenn ich für andre kein Apostel bin, so doch wenigstens für euch; denn das Siegel meines Apostolats seid ihr im Herrn. Das ist meine Antwort an die, welche mich kritisieren." Er erklärt ganz nachdrücklich, daß ihm und Barnabas ganz dieselben Rechte zustehn „wie den übrigen Aposteln, den Brüdern des Herrn und Kephas" – nur in dieser Wendung deutet er an, wer sein Hauptgegner ist (was die Leser in Korinth natürlich genau wissen); sonst ignoriert er ihn vollständig –; daß er von den Rechten, die er beanspruchen darf, wie die Korinther sehr wohl wissen, keinen Gebrauch gemacht hat, widerlegt zugleich den immer wiederkehrenden Vorwurf, er verfolge nur selbstsüchtige Absichten. Dann lenkt er wieder über zu der Frage des Opferfleisches. Kraft seiner evangelischen Freiheit hat er sich immer den Lebenslagen angepaßt: „Den Juden bin ich ein Jude geworden, um Juden zu gewinnen, den Gesetzlichen wie einer der ihren, und ebenso denen, die das Gesetz nicht anerkennen." So gilt es auch hier, das ist der Sinn dieser Ausführungen, sich den Umständen zu fügen. Der Gegenstand ist ihm an sich unbequem, denn für den wirklich vom Geist des Evangeliums Erfaßten ist es gleichgültig, woher das Fleisch stammt, das er ißt, und er hat ein deutliches Gefühl für die Schwierigkeiten, zu denen der rigorose Standpunkt führt; aber er hat das Aposteldekret selbst anerkannt[89], und die Schwachen und Ängstlichen dürfen Berücksichtigung verlangen; auch ist die Gefahr nicht zu verkennen, daß es zum Rückfall in den Götzendienst führen könnte. Eine äußerst gesuchte allegorische Deutung der Erzählung vom Wüstenzuge Israels, die als warnendes Beispiel dienen solle, bahnt ihm den Weg. Seine Entscheidung ist: enthaltet euch des Opferfleisches und nehmt Rücksicht auf die Schwachen, aber fragt doch nicht danach, woher das Fleisch stammt, das ihr kauft oder das euch bei einem Gastmahl vorgesetzt wird.

Es folgen die Weisungen über die Stellung der Frauen, die Geisteswirkungen, die Auferstehung der Leiber. Den Schluß bildet eine Anordnung über die Kollekte für die „Heiligen" von Jerusalem, die ihm sehr am Herzen liegt. Man soll verfahren, wie er es, offenbar bei seiner letzten Anwesenheit, für die Gemeinden in Galatien bestimmt hat: an jedem Sonntag (κατὰ μίαν σαββάτου – der Sonntag ist also auch hier der christliche Festtag) soll jeder je nach seinen Verhältnissen einen Betrag zurücklegen; wenn Paulus kommt, wird er die Summe entweder durch von der Gemeinde erwählte Delegierte nach Jerusalem schicken oder, wenn der Betrag das lohnt, selbst hinbringen. Zwischen die sonstigen Mitteilungen ist noch die Mahnung eingefügt, sich den Leuten unterzuordnen, die sich wie Stephanus und sein Haus „dem Dienste der Heiligen" widmen und für die Gemeinde arbeiten; man sieht, wie die feste Ordnung der Kirche und ihrer Ämter allmählich hervorwächst.

Am Schluß hat Paulus seinen eigenhändigen Gruß hinzugefügt[90]: „Wenn Jemand den Herrn nicht liebt, der sei verflucht. Marâna thâ. Die Gnade des Herrn Jesus sei mit euch! Meine Liebe mit euch allen in Christus Jesus."

Der Brief wird auf die Gläubigen, die an Paulus festhielten, und wohl auch auf die Anhänger des Apollos einen starken Eindruck gemacht haben; aber die volle Wirkung, die Beseitigung der Gegensätze, hat er nicht erreicht. Auch Timotheus scheint nicht viel ausgerichtet zu haben. So hat Paulus sich entschlossen, jetzt doch selbst nach Korinth zu gehn.[91] Er erhielt die Zusicherung, daß man die Kollekte seiner Anordnung gemäß einrichten werde[92]; aber sein persönliches Auftreten entsprach den Erwartungen nicht, seine Worte erschienen kraftlos und nichtssagend.[93] Wie er selbst bekennt, „Gott hat ihn vor den Korinthern gedemütigt, und er war in Trauer über viele, die Sünden begangen und über ihre Unreinheit, Unzucht und Schwelgerei keine Reue bezeugt hatten"[94] – und gegen die er, müssen wir hinzusetzen, doch nicht einzuschreiten wagte. So gingen als er nach kurzem Aufenthalt wieder nach Ephesos zurückkehrte, die Wogen nur noch höher; eine schwere Beleidigung wurde öffentlich gegen ihn ausgesprochen.[95] Paulus hat darauf „in schwerer Herzensbedrängnis, unter vielen Tränen" einen vorwurfsvollen Brief nach Korinth geschrieben, den er durch Titus übersandte.[96] Bei seinem letzten Besuch hatte er in Aussicht gestellt, er wolle alsbald nochmals nach Korinth kommen, dann von hier nach Makedonien gehn, und dann, natürlich mit den eingesammelten Geldern, von dort über Korinth nach Jerusalem reisen.[97] Diesen Plan gab er jetzt auf; er wollte nicht nochmals in Trauer nach Korinth kommen und hier zu kräftigen Maßregeln gezwungen sein, sondern, wie er sagt, die Gemeinde schonen.[98]

Kurz darauf aber trat in Ephesos die Katastrophe ein, welche, wenn er auch dem drohenden Tode entging, doch dem Aufenthalt des Paulus ein jähes Ende bereitete.[99] Das Zusammentreffen dieser Vorgänge mit der Krisis in Korinth hat ihn aufs tiefste erschüttert. Er ging zunächst nach Troas und begann hier nicht ohne Erfolg zu predigen; aber er konnte die Sehnsucht, über Korinth Genaueres zu erfahren, nicht länger ertragen und reiste daher dem Titus nach Makedonien entgegen.[100] Die Antwort und der Bericht, den dieser überbrachte, lauteten nicht ungünstig: die Gemeinde versicherte Paulus ihrer treuen Anhänglichkeit und ihrer Sehnsucht, ihn zu sehn; „mit Zittern und Zagen hatte sie den Titus aufgenommen"; aber sie war betrübt über die schweren Vorwürfe, die sie um so weniger verdient zu haben glaubte, da sie schon selbst gegen den Missetäter eingeschritten war – freilich ist dieser Tadel nur von der Majorität, also nicht von der Gesamtheit, ausgesprochen worden[101] – und empfand es bitter, daß er den angekündigten Besuch unterlassen hatte.[102] Aber die alten Gegensätze waren noch nicht verstummt, die Zuchtlosigkeit noch nicht ausgerottet; und vielfachen Anstoß hatte erregt, daß Paulus seine Verdienste um die Gemeinde und das Evangelium überhaupt so stark betonte und sich damit selbst empfahl – das wird in dem nicht erhaltenen Brief noch weit stärker der Fall gewesen sein als im ersten.[103]

Von Makedonien aus hat Paulus im Sommer 58 den zweiten Korintherbrief geschrieben. Es ist der schwerverständlichste seiner Briefe. Seine Eigenart verdankt er der heiklen Aufgabe, die Paulus zu lösen hat: einerseits muß er die Aufregung der Korinther beschwichtigen und sie vollends für sich gewinnen, sich also entschuldigen, andrerseits seine volle Autorität wahren und stärken und so alles für ein entscheidendes Eingreifen vorbereiten, wenn er hinkommt. Dadurch erklärt sich die sprunghafte Anlage des Schreibens, der fortwährende Wechsel sowohl zwischen den beiden immer von neuem wieder aufgenommenen Hauptthemen wie in Ton und Stimmung.[104] Denn daß er den Boden sorgfältig vorbereiten muß und nicht sogleich mit der Tür ins Haus fallen darf, hat er ständig im Bewußtsein; hier wie überall berechnet er, bei aller im richtigen Moment mächtig hervorbrechenden Leidenschaft, sorgfältig die Wirkung, die seine Worte ausüben müssen, und weiß überhaupt die psychologische Behandlung mit Meisterschaft zu handhaben. Die tiefe Wirkung, die seine Briefe andauernd gehabt haben, beruht – ebenso wie bei den großen Rednern – wesentlich darauf, daß der naive Leser diese feine Berechnung gar nicht merkt und sich so willig auf den Standpunkt führen läßt, auf den er ihn führen will.

Er beginnt mit einem kurzen Hinweis auf den schweren Schlag, der ihn in Asien getroffen hat und bei dem er den Tod unmittelbar vor Augen sah. Aber gleich das ist in eine persönliche Beziehung zu den Korinthern gebracht: die Barmherzigkeit und Tröstung, die Gott ihm erwiesen hat, ermöglicht ihm, auch den Korinthern Trost zu bringen im Ausharren unter denselben Leiden, wie er sie zu erdulden hat; und so darf er auch auf den Trost und das Gebet der Korinther hoffen. „Denn mein Ruhmestitel ist das Zeugnis meines Gewissens, daß ich in Heiligkeit[105] und Reinheit Gottes, nicht in Weisheit des Fleisches, sondern in Gnade Gottes, in der Welt gewandelt bin, ganz besonders aber in meinen Beziehungen zu euch." Denn ich hoffe, ihr werdet verstehn, daß wir untrennbar zusammengehören, „daß ich euer Ruhmestitel, ihr der meine am Tage unseres Herrn Jesus seid" – eine Erklärung, die wie im ersten Brief, so auch hier mehrfach wiederholt wird."[106]

In diesem Vertrauen hat er sie aufsuchen wollen; das hat er nicht getan – und nun folgt die erste Entschuldigung –: nicht aus vor Gott nicht zu verantwortender Leichtfertigkeit, sondern „ich rufe Gott als Zeugen an auf meine Seele[107], um euch zu schonen". Aber diese Äußerung bedarf gleich wieder der Korrektur, damit sie nicht als Überhebung aufgefaßt wird: „Nicht als ob ich über euren Glauben zu gebieten hätte, sondern ich bin nur ein Mithelfer an eurer Freude; denn ihr steht ja (fest) im Glauben. Meine Meinung war vielmehr, ich wolle nicht nochmals (wie bei dem letzten Besuch) in Trauer zu euch kommen; denn wenn ich euch betrübe, wer kann mir dann noch Freude bereiten?"[108] Damit geht er auf seinen letzten Brief über: unter Tränen habe ich ihn geschrieben, aber die Sache ist ja jetzt erledigt, da die Mehrzahl den Beleidiger zurechtgewiesen hat – das hat er durch Titus erfahren. Also vergebt ihm jetzt, wie ich ihm vergebe; ich habe überhaupt nur davon geschrieben, um euch zu prüfen, ob ihr in allem gehorsam seid.[109] Um Nachricht von euch zu haben, bin ich nicht in Troas geblieben, sondern dem Titus nach Makedonien entgegengereist. „Gott sei Dank, der mir überall Triumph im Christus gewährt und den Wohlgeruch seiner Erkenntnis überallhin durch mich verbreitet" – da bricht, im Gegensatz zum Eingang, die Stimmung durch, in die ihn, neben seiner Aufnahme in Troas und Makedonien, die gute Nachricht aus Korinth versetzt hat. „Und wer ist für diese Aufgabe befähigt?" Die Antwort: nur Paulus, wird dem Leser durch den Fortgang noch unmittelbarer in den Mund gelegt: „Denn ich mache nicht wie die Menge" – die Gegner, sowohl Petrus und sein Anhang wie die Enthusiasten der Christuspartei „aus der Lehre Gottes ein Geschäft, sondern rede wie aus Lauterkeit, wie aus Gott vor Gott in Christus."[110]

Damit ist er sprunghaft zu dem andern Thema, dem Selbstlob und der mit Angriffen auf die Gegner durchsetzten Selbstverteidigung übergegangen. So folgt auch hier wieder die Entschuldigung: „Fange ich schon wieder an, mich selbst zu empfehlen? Brauche ich etwa Empfehlungsbriefe an euch oder von euch, wie gewisse andere Leute ? Mein Brief seid ihr, eingeschrieben in mein Herz, gekannt und gelesen von allen Menschen; er zeigt, daß ihr ein Brief Christi seid, den ich übermittelt habe, geschrieben nicht mit Tinte, sondern mit Geist des lebendigen Gottes, nicht auf Steintafeln, sondern in Menschenherzen".[111]

Und nun folgt, um nachzuweisen, daß er „durch Gott zum Diener des neuen Bundes, nicht des Buchstabens, der tötet, sondern des Geistes, der lebendig macht, befähigt ist", ein starker Ausfall gegen den alten Bund, dessen Verständnis seinen Anhängern, wenn die Schrift verlesen wird, bis auf den heutigen Tag durch die Decke, die auf Moses' Antlitz lag, verhüllt ist, da ihnen verborgen bleibt, daß er in Christus außer Wirksamkeit gesetzt ist – das richtet sich natürlich, so wenig Namen genannt sind, gegen Petrus und die Judaisten. „Ich aber verkünde in dem mir durch Gottes Barmherzigkeit übertragenen Dienst ohne Ränke und Trug das Wort Gottes und habe ohne feiges Verzagen der schmachvollen Heimlichkeit abgesagt; dadurch, daß. ich die Wahrheit kund mache, empfehle ich mich jedem menschlichen Gewissen vor Gott. Wenn mein Evangelium doch noch verhüllt sein sollte, so ist es nur bei denen verhüllt, die zugrunde gehen müssen, den Ungläubigen, denen der Gott dieser Welt (der Satan) den Sinn geblendet hat, daß sie das Licht des Evangeliums von der Herrlichkeit des Christus, des Abbildes Gottes, nicht schauen können."[112] Schärfer hätte er den Angriff gegen seine Gegner gar nicht fassen können, als indem er sie direkt für der Verdammnis anheimfallende Werkzeuge des Teufels erklärt, also überhaupt nicht mehr als Christen anerkennt. Man sieht, zu wie fanatischer Erbitterung sich der Kampf gesteigert hat.

In diesem Bewußtsein kann er alle Verfolgungen und Leiden ertragen: „ich habe den Schatz in tönernen Gefäßen, damit Gott das Übermaß seiner Kraft. erweisen kann und nicht ich." Alles geschieht ja nur um euretwillen; und sollte unser irdischer Leib zerfallen, so wissen wir, daß, der Jesus auferweckt hat, mit ihm auch uns auferwecken wird und daß wir eine nicht von Händen gemachte ewige Wohnung im Himmel haben, die Hülle, die anzuziehn wir uns sehnen. Gott zu gefallen ist unser Streben; „denn wir alle müssen offenbar werden vor dem Tribunal des Christus, damit jeder davontrage, was er im leiblichen Dasein begangen hat, sei es gut oder schlecht".

„Im Bewußtsein der Furcht des Herrn überrede ich also Menschen, vor Gott aber bin ich offenkundig; ich hoffe aber, das bin ich auch in eurem Gewissen. Damit will ich mich euch nicht schon wieder empfehlen, sondern euch Anlaß geben, euch meiner zu rühmen, damit ihr etwas zu sagen habt gegen die, welche sich in einer Maske rühmen, aber nicht im Herzen" – also die Gegner, die sich ihrer Leistungen rühmen, sind Schwindler und Heuchler. „Gerate ich von Sinnen, so ist es für Gott, bin ich bei Verstand, so für euch[113]; denn die Liebe Christi ist es, die mich beherrscht." Dadurch, daß er für alle gestorben ist und alle durch ihn, ist das Alte vergangen und eine neue Welt entstanden; ob jemand Christus im Leibe gekannt hat oder nicht, kommt nicht mehr in Betracht. Die so ermöglichte Versöhnung der Welt mit Gott ist es, worauf es allein ankommt. „Und so bitte ich euch im Namen Christi (ὑπὲρ Χριστοῦ), als ob Gott euch durch mich anriefe: laßt euch versöhnen mit Gott. Er hat den, der keine Sünde kannte, für uns zur Sünde gemacht, damit wir in ihm Gerechtigkeit vor Gott würden"[114] – das zentrale Dogma des Paulus, durch das das Gesetz abgetan ist. „Als Mitarbeiter bitte ich euch weiter: nehmt die Gnade Gottes nicht wirkungslos (ἐς κενόν) auf. Jetzt ist die vom Propheten verkündete Zeit, jetzt der Tag der Rettung", und so gebt keinen Anstoß, empfehle euch als Diener Gottes, und harrt aus in allen Tugenden und allen Nöten, in vollem Bewußtsein des unermeßlichen Reichtums an allen Gütern, die euch gegeben sind. „Mein Mund hat sich gegen euch geöffnet, Korinther, mein Herz ist weit geworden; nicht bei mir seid ihr im Gedränge, sondern nur in eurem eigenen Innern; gebt mir, ich rede zu (meinen) Kindern, den gleichen Lohn, werdet auch ihr weit. Und so spannt euch nicht an dasselbe Joch mit Ungläubigen ... Wie kann Übereinstimmung sein zwischen Christus und Beliar, zwischen Gläubigen und Ungläubigen, zwischen einem Tempel des lebendigen Gottes – denn das sind wir – und den Idolen?" In den Strömungen in Korinth haben sich also neben den judaistischen auch heidnische Einflüsse geltend gemacht, wie in der Bestreitung der fleischlichen Auferstehung und der Teilnahme an den Opfermahlzeiten, gegen die sich der erste Brief wandte. Er stellt dem gegenüber die Verkündungen der Schrift zusammen; „im Besitz dieser Verheißungen, Geliebte, wollen wir uns reinigen von aller Befleckung des Leibes und des Geistes, und in Gottesfurcht die Heiligung durchführen."

Mit diesen herzlichen Tönen hat Paulus sich den Weg gebahnt, zu den gegen ihn erhobenen Beschuldigungen zurückzukehren. „Laßt mir Raum! Ich habe ja niemandem Unrecht getan, niemand zugrunde gerichtet oder übervorteilt. Das sage ich nicht, um (euer Verhalten) zu verurteilen; ich habe ja schon gesagt, daß ihr in meinem Herzen seid, zusammen zu sterben und zu leben. Ich habe zu euch volles Vertrauen und Rühmen; ich bin erfüllt durch den Trost, übervoll von Freude bei all meiner Trübsal." Diese Freude ist ihm durch die Kunde bereitet, die Titus ihm gebracht hat; er hat von ihrer Sehnsucht nach Paulus, ihrem Bedauern, ihrem Eifer für ihn berichtet. So hat der Brief, der sie geschmerzt hat, doch nur Gutes gestiftet; denn er hat sie zur Reue geführt und so auch Paulus' Erwartungen vollauf erfüllt.

Daran schließt er sogleich eine Sache, die ihm sehr am Herzen liegt, die Kollekte für Jerusalem. Ganz deutlich erkennt man, daß ihm, eben um des scharfen Konflikts mit Petrus willen, alles darauf ankommt, eine möglichst ansehnliche Geldsumme dorthin zu überbringen : das ist das Mittel, durch das er den offenen Bruch mit der Muttergemeinde vermeiden kann. Er hat die große Freude gehabt, daß in Makedonien trotz aller Bedrängnis und Armut reichlich, ja über ihre Kräfte hinaus dafür gegeben ist. Jetzt bittet er die Korinther – und zwar ganz persönlich, „nicht als Befehl, sondern weil ich dadurch, daß ich euch den Eifer der anderen vorführe, die Echtheit auch eurer Liebe erproben möchte"[115] – „wie ihr in allem Überfluß habt, in Glauben, Lehre, Erkenntnis, jeglichem Eifer, und der von mir ausgehenden und von euch erwiderten Liebe"[116] (eine starke captatio benevolentiae, die zeigt, wie er, wenn es nötig ist, auch zu schmeicheln versteht), „daß ihr auch in dieser Liebesgabe euch reichlich erweist." Haltet euch auch darin an das Vorbild Jesu und erfüllt, was ihr im vorigen Jahre verheißen habt, und straft mich nicht Lügen, wenn ich hier den Makedonen rühme, wie sich Achaja schon seit einem Jahr vorbereitet hat.

Das alles wird sehr eingehend ausgeführt; man sieht, daß er in großer Sorge ist, ob sie ihr Versprechen wirklich halten werden. Um die Sache weiter zu betreiben, schickt er jetzt aufs neue den Titus hin, der sich bereitwillig dazu erboten hat; ihn wird ein von den makedonischen Gemeinden erwählter Vertreter[117] begleiten, „dessen Ruhm im Evangelium durch alle Gemeinden geht" – solche Phrasen dürfen nie fehlen –; denn die Kontrolle über die Finanzen behalten die Gemeinden sich selbst vor. Außerdem gibt Paulus ihnen noch einen anderen „Bruder" mit, der mit gleichartigen Lobsprüchen bedacht wird; beide Brüder erhalten zugleich den Titel „Apostel der Gemeinden", der also hier wie sonst in weiterem Sinne gebraucht wird.[118]

Und nun kann er nochmals, und zwar, nachdem der Boden geebnet ist, weit rückhaltloser von sich und seinem Evangelium reden und die gegen seine Persönlichkeit gerichteten Angriffe bekämpfen. In erster Linie wendet er sich gegen die Behauptung, er sei, wenn er nach Korinth komme, schwach und demütig, keck nur in seinen Briefen aus der Ferne. „Ich bitte euch, bei der Sanftmut und Milde Christi, zwingt mich nicht, daß ich, wenn ich komme, gegen gewisse Leute mit voller Zuversicht auftreten muß, die damit rechnen, daß ich wie ein gewöhnlicher Mensch (wörtlich: ‚nach Fleischesart') mein Leben führe[119]; denn ich führe keinen menschlichen Feldzug, sondern führe von Gott gekräftigte Waffen zur Zerstörung von Bollwerken, mit denen ich Vernünfteleien und jede Überhebung gegen die Erkenntnis Gottes niederwerfen, jeden Sinn zum Gehorsam gegen Christus gefangen nehme, und bereit bin, jeden Ungehorsam zu strafen, sobald euer Gehorsam völlig ist" – mit Hilfe seiner Anhänger wird er die Gegner niederwerfen. Es folgt der oben angeführte Angriff auf die Christuspartei, und weiter die Versicherung, daß er sich, wenn er komme, auch im Handeln ebenso erweisen werde wie in seinen Briefen. „Ich nehme mir nicht heraus, mich mit gewissen Leuten auf gleiche Linie zu stellen[120], die sich selbst empfehlen; denn die messen sich an sich selbst und verstehn daher nichts." Ich aber rühme mich nicht ins Ungemessene, sondern messe mich an dem Maß, das Gott mir zuerteilt hat, nämlich daß ich bis zu euch gelangt bin, und hoffe, daß durch das Anwachsen eures Glaubens ich auch weiter wachsen und „das Evangelium über euch hinaus verkünden werde, ohne daß ich nötig habe", – wie die in Korinth eingedrungenen Konkurrenten – „mich an fremdem Maßstab mit dem zu rühmen, was schon fertig daliegt. Wer sich rühmt, rühme sich im Herrn; denn nicht wer sich empfiehlt, ist bewährt, sondern wen der Herr empfiehlt".

Mit voller Absicht fährt er, gerade weil die Gegner ihm das zum Vorwurf gemacht haben, fort, sich zu rühmen und zu empfehlen. „Ertragt meine Unvernunft noch ein wenig länger; denn ich fürchte, es könne euch, der Christus angetrauten Braut, ergehn wie der Eva mit der Schlange. Wenn einer kommt, der einen andern Jesus oder ein anderes Evangelium verkündet und euch einen andern Geist bringen will, als ich, so ertragt ihr das recht gut.[121] Und doch meine ich hinter keinem der Überapostel zurückzustehn"[122] – die Verkünder des falschen Evangeliums sind also hier, wie im Galaterbrief, Petrus und die Zwölf.[123] Daß die Polemik des ersten Briefs wieder aufgenommen wird, geht weiter daraus hervor, daß auch hier unmittelbar daran die Verteidigung gegen den Vorwurf des Eigennutzes und der Hinweis darauf anschließt, daß er in Korinth ohne Entgelt gepredigt hat, nur unterstützt durch die Gaben aus Makedonien. Wie schwer er diesen immer wieder erhobenen Vorwurf empfindet, zeigt das wilde Aufschäumen leidenschaftlicher Erbitterung, mit dem er fortfährt: „So gewiß die Wahrheit Christi in mir ist, dieser Ruhmestitel soll mir in Achaja nicht versperrt werden. Weshalb? Etwa weil ich euch nicht liebe? Das weiß Gott! Was ich tue, werde ich weiter tun, um den Leuten, die einen Anlaß suchen, sich bei ihrem Rühmen auf mein Beispiel berufen zu können, den Anlaß abzuschneiden. Solche Leute" – die Missionare der judaistischen Partei, die auf Kosten der Gemeinden leben wollen[124]; er wirft ihnen denselben Vorwurf ins Gesicht, den sie gegen ihn erheben – „sind Lügenapostel, trügerische Arbeiter, die sich als Apostel Christi ausstaffiert haben. Das ist ja auch kein Wunder; denn der Satan selbst kostümiert sich als Engel des Lichts, und so ist es keine große Sache, wenn auch seine Diener sich als Diener der Gerechtigkeit kostümieren; aber ihr Ende wird ihren Taten entsprechen."

„Nochmals sage ich, halte mich niemand für von Sinnen; oder wenn schon, so nehmt mich auch als solchen auf, damit auch ich ein wenig prahlen kann. Da so viele gemäß ihrer irdischen Existenz (κατὰ σάρκα) prahlen, will auch ich das tun. Ihr ertragt ja, als verständige Leute, die Narren so gern; ihr ertragt, wenn jemand euch knechtet, euch auffrißt, an sich rafft, sich überhebt, euch ins Gesicht schlägt. Das sage ich zur Beschämung, denn ich war ja schwach (wie ihr behauptet). Was einer sich renommierend herausnimmt – ich rede in Narrheit –, das auch ich. Sie sind Hebraer? ich auch. Israeliten? ich auch. Same Abrahams? ich auch. Diener Christi? ich rede im Wahnwitz: ich noch mehr." Und nun folgt eine lange Aufzählung all der Leiden, Verfolgungen und Sorgen, die er im Dienste des Herrn fortdauernd zu ertragen gehabt hat, der Visionen und Offenbarungen, die ihm gewährt sind, und des „Pfahles im Fleischl des Satansengels", der ihn peinigt, damit er sich nicht überhebe. „So bin ich von Sinnen geworden; ihr seid es, die mich dazu gezwungen haben; denn von euch hätte ich empfohlen werden müssen, da ich in nichts hinter den Überaposteln zurückstehe, wenn ich gleich nichts bin. Die Zeichen des Apostels sind unter euch (durch mich) verwirklicht worden in aller Art Geduld, sowie mit Zeichen, Wundern und (Geistes-)Kräften. Worin habt ihr etwa hinter den übrigen Gemeinden zurückstehn müssen, außer daß ich selbst euch nicht zur Last gefallen bin? Dies Unrecht könnt ihr mir schon zugute halten" – damit kommt er nochmals wieder auf dieses Thema zurück. Wenn er jetzt zum drittenmal kommt, wird er es ebenso halten. „Aber es sei, ich habe euch nicht beschwert; aber" – so wird behauptet – „als Schelm habe ich euch mit List gefangen. Habe ich wirklich jemand zu euch geschickt, um euch auszubeuten? Gewiß habe ich jetzt Titus aufgefordert und den Bruder mit ihm geschickt; hat Titus euch etwa ausgebeutet? wandeln wir nicht in demselben Geiste und auf denselben Spuren?"

„Ihr denkt jetzt schon lange, ich wolle mich vor euch verteidigen. Vor Gott sage ich in Christus: das alles, liebe Brüder, ist zu eurer Erbauung. Denn ich fürchte, daß, wenn ich komme, ich euch nicht finde, wie ich wünsche, und dann auch ich von euch so befunden werde, wie ihr nicht wünscht, daß Streit, Eifersucht, Zorn, Ränke, Verleumdung, Klatsch, Aufgeblähtheit herrscht, daß mein Gott mich, wenn ich von neuem komme, demütigt vor euch" – dem Wortlaut nach eben das, was die Gegner über sein Auftreten gehöhnt haben, aber hier in den gegenteiligen Sinn umgesetzt: Paulus' Demütigung ist, daß er gezwungen ist, strafend einzuschreiten – „und ich trauern muß über viele, die gesündigt haben und über ihre Unreinheit, Unkeuschheit und Schwelgerei keine Reue empfinden."

Damit ist er am Ziel. Mit der nachdrücklichen Ankündigung, daß er diesmal sie nicht schonen, sondern seine volle ihm vom Herrn „zum Aufbau und nicht zum Niederreißen" verliehene Machtbefugnis rücksichtslos gebrauchen werde, und mit der Aufforderung, sich dafür sorgfältig zu prüfen, schließt der Brief.

Über den weiteren Verlauf haben wir keine direkten Nachrichten. In Makedonien war Paulus, wie wir gesehn haben, trotz aller Nöte, an denen es auch hier nicht fehlte, sehr gut aufgenommen worden; die Gegensätze, die Galatien und Korinth bewegten, scheinen hierher nicht gedrungen zu sein, sonst würde das im Philipperbrief wohl erwähnt werden. Von hier aus ist er, wie Lukas berichtet, nach Griechenland gegangen und hier, d. h. in Korinth, drei Monate geblieben (Anfang 59 n. Chr.). Sein Brief wird einen starken Eindruck nicht verfehlt haben, und keinem Zweifel kann unterliegen, daß er, wie er angekündigt hatte, mit voller Energie rücksichtslos durchgegriffen und seine Autorität in vollem Umfang wiederhergestellt hat. Wer sich nicht fügte, wird aus der Gemeinde ausgestoßen worden sein.

Während die Korinther die übrigen Briefe des Apostels, von denen der vorwurfsvolle „Tränenbrief" ja jetzt erledigt war, nicht bewahrt haben, haben sie die beiden großen Schreiben als feste Norm ihres Glaubens hoch in Ehren gehalten. Sie sind alsbald, ebenso wie der Galaterbrief, weithin verbreitet worden, vermutlich schon zu Paulus' Lebzeiten, wenn nicht durch ihn selbst, so durch seine Jünger. Ein Menschenalter später kennt Clemens in Rom neben andern Briefen des Paulus den ersten Korintherbrief und verweist auf ihn als eine anerkannte Autorität, und alsbald sind sie überall in der Kirche bekannt und, abgesehn von den Judenchristen, als heilige Vorbilder betrachtet und verwendet worden.[125]

In dem zweiten Korintherbrief gelangt der Gegensatz zwischen der ursprünglichen, von Petrus und den Zwölf geschaffenen Auffassung des Christentums und seiner gewaltsamen Umwandlung durch Paulus noch einmal zu lebendigstem Ausdruck. Das Bild einer friedlich-harmonischen Entwicklung, das nach der furchtbaren Katastrophe der neronischen Verfolgung Lukas aus dem religiösen Bedürfnis der Folgezeit heraus gezeichnet hat[126], entspricht der Wirklichkeit in keiner Weise. Vielmehr wird von beiden Seiten mit leidenschaftlichster Erbitterung gekämpft: jedem sind die Gegner von niedrigen materiellen Bedürfnissen geleitete Betrüger, nicht Apostel des Christus, sondern Werkzeuge des Satans. Der persönliche Gegensatz ist unüberbrückbar, eine Versöhnung zwischen Paulus und Petrus vollkommen ausgeschlossen.

Diese Gestaltung der Lage hat die Bedingungen geschaffen, die für Paulus' Beziehungen zur römischen Christengemeinde und seine dortige Wirksamkeit maßgebend gewesen sind.

Die Christengemeinde in Rom

Wie Lukas berichtet, hat Paulus schon vor der Katastrophe in Ephesos den Plan gefaßt, nach einem nochmaligen Besuch in Makedonien und Griechenland nach Jerusalem, alsdann aber nach Rom zu gehn. Daß der Gedanke wahrscheinlich schon viel früher in ihm entstanden ist, ist oben bereits bemerkt. Jetzt, nachdem in Korinth alles geordnet und die Kollekte für die Muttergemeinde eingesammelt war, konnte er an die Ausführung gehn. Zu dem Zweck hat er Anfang 59 in Korinth den Römerbrief geschrieben.

Eine jüdische Gemeinde ist in Rom um die Mitte des zweiten Jahrhunderts v. Chr. entstanden, in derselben Zeit, in der auch sonst alle „Weisheit" und alle Kulte der hellenistisch orientalischen Welt hier Fuß zu fassen beginnen. Der Regierung war das Eindringen dieses fremden Gesindels mit seinem wüsten Aberglauben und der Propaganda, die es dafür machte, um so weniger erwünscht, weil man eben damals, in dem Gefühl, daß es mit der alten Zucht und der alten Religiosität des Römertums reißend bergab ging, mit allen Mitteln der Gesetzgebung und der Polizei für die Erhaltung des altrömischen Geistes kämpfte und wie die Symptome der Korruption so die verführerischen Einflüsse der Fremden zu unterdrücken suchte. So sind eben in der Zeit, wo man, im Streben, das Seleukidenreich vollends zu zerstören, den Hohenpriester Simon als Oberhaupt eines selbständigen Staats anerkannte, mit den chaldäischen Astrologen zusammen auch die Juden, „weil sie die römischen Sitten durch den Kult des Jahwe Sebaôt (*Sabazii Jovis cultu*) zu vergiften versuchten" – also in üblicher Weise Propaganda trieben – im Jahre 139 durch den Fremdenprätor Cn. Cornelius Hispalus aus Rom und Italien ausgewiesen worden.[127] Indessen geholfen hat das wenig, in dem einen wie in dem andern Fall; der Zuzug aus dem Osten wurde immer stärker, und die Propaganda gewann nicht nur fortdauernd Proselyten, die sich durch Beschneidung zu vollkommenen Juden machten, sondern schuf dazu einen noch viel weiteren Kreis von Männern und Frauen, die mit abergläubischer Scheu auf die fremden Riten und ihre geheimnisvollen Offenbarungen blickten, kein Schweinefleisch aßen, am Sabbat die Hände nicht rührten, und sich so wenigstens einen Teil des Segens zu sichern suchten, und sich dafür oft genug von jedem Schwindler, Propheten und Wundertäter willig ausbeuten ließen.[128] Der Spott und die Verachtung, mit der die Gebildeten darauf herabsahn, half dagegen wenig. Starke Vermehrung erhielt die Gemeinde durch die zahlreichen im Jahre 63 bei der Eroberung Jerusalems durch Pompejus auf den Markt gebrachten jüdischen Sklaven, von denen nicht wenige die Freiheit und so zugleich, trotz alles zähen Festhaltens an ihrer Religion, das römische Bürgerrecht erhielten.[129] Das Hauptquartier der Judenschaft bildete die seit Caesar neu entstehende Vorstadt am rechten Tiberufer; andere Ansiedlungen und Synagogen lagen namentlich an den zum Meere und ins innere Latium führenden Straßen, aber, wie die inschriftlich vorkommenden Synagogennamen beweisen, auch in den Geschäftsquartieren der Subura und des Campus Martius. Über ihr geschäftiges Treiben am Forum, ihr klettenartiges Zusammenhalten, ihr wüstes Geschrei bei den turbulenten Volksversammlungen, wo sie jedem demagogischen Agitator zur Verfügung standen, klagt Cicero im Jahre 59[130]; ähnliche Szenen haben wir in den makedonischen Städten, in Korinth und Ephesos kennengelernt. Caesar hat dann, auch hierin im Gegensatz zum republikanischen Regiment, wie im Reich so auch in Rom selbst die Judenschaft begünstigt und ihre Personalprivilegien und Exemptionen anerkannt – daher sind die römischen Juden bei den Trauerfeiern über seinen Tod besonders hervorgetreten[131] –, und Augustus sowie sein Mitregent Agrippa sind seinem Vorgang gefolgt.[132] Von der großen Zahl der römischen Juden geben die zahlreichen Einzelgemeinden (Synagogen, natürlich mit Gebetshäusern) eine Vorstellung, die wir durch die Grabinschriften der jüdischen Katakomben kennen gelernt haben[133] – im ganzen 9, darunter eine der Hebraeer, und zwei nach Augustus und Agrippa benannte –; die Gesandtschaft, welche im Jahre 4 v. Chr., nach Herodes' Tode, um Abschaffung des Königtums bat, wurde von über 8000 römischen Juden zum Kaiser geleitet.[134] Strenger trat Tiberius auf, der ja überhaupt dem alten und echten Römertum innerlich weit näher stand als sein Adoptivvater: als im Jahre 19 n. Chr. arge Verbrechen sowohl aegyptischer wie jüdischer Schwindler aufgedeckt wurden, veranlaßte er einen Senatsbeschluß, der beide Kulte unterdrückte. Der Isistempel wurde niedergerissen, die Anhänger beider Kulte, soweit sie nicht ihre Religion abschwören und die dazu gehörigen Geräte und Kleider ausliefern wollten, aus Italien ausgewiesen, aus denen, die das römische Bürgerrecht besaßen, 4000 kriegskräftige Juden als Soldaten nach Sardinien zum Kampf gegen das dortige Banditenwesen geschickt, wo sie durch das schlechte Klima größtenteils aufgerieben wurden, soweit sie nicht wegen Gehorsamsverweigerung hingerichtet wurden.[135]

Claudius ist dann zu der judenfreundlichen Politik zurückgekehrt, wie in Palaestina durch die Herstellung des herodianischen Reichs unter König Agrippa, so für den gesamten römischen Machtbereich einschließlich Italiens[136] und für Rom selbst. Allerdings fügte er die eindringliche Mahnung an die Juden hinzu, nun auch ihrerseits ebensogut wie die andere Seite Frieden zu halten, „diesen Gnadenerlaß mit geziemender Rücksicht aufzunehmen und die religiösen Vorstellungen der andern Völker nicht als nichtig zu behandeln, sondern sich mit der Befolgung ihrer eigenen Gesetze zu begnügen".[137] Damit stimmt Dios Bericht, daß Claudius gleich zu Anfang seiner Regierung[138], „die Juden, die in Rom wieder (trotz des Edikts unter Tiberius) sehr zahlreich geworden waren, so daß sie wegen ihrer Menge schwer ohne Unruhen hätten ausgewiesen werden können, zwar nicht verjagte, sondern ihnen nach ihrem ererbten Herkommen zu leben gestattete, aber verbot, Versammlungen abzuhalten". Propaganda, zumal unter römischen Bürgern, will er so wenig dulden wie Tiberius.

Dem entspricht es, daß, als es dann doch zu andauernden Unruhen unter ihnen kam, sie im Jahre 49 aus der Stadt ausgewiesen wurden.[139] Die Unruhen sind nach Sueton durch einen gewissen Chrestus veranlaßt; es ist längst erkannt, daß darin der Name Christus steckt, der ja von den Heiden durchweg in Chrestus umgestaltet wurde, und daß die Angabe, daß die Verkündung von Christus den Anlaß gab, dahin entstellt worden ist, daß dieser selbst die Unruhen angestiftet habe. – Dauernden Erfolg hat die Maßregel übrigens so wenig gehabt wie die des Tiberius; nicht wenige, auch von den Christen, werden es ermöglicht haben, sich der Ausweisung zu entziehn, und nach kurzer Zeit sind die Juden in Rom wieder eben so zahlreich wie früher; auch der 49 ausgewiesene Aquila ist vor dem Jahre 58 mit seiner Frau wieder dorthin zurückgekehrt. Überdies war die Kaiserin Poppaea (63 bis 65) unter anderem auch dem jüdischen Aberglauben eifrig ergeben und hat ihren Einfluß zugunsten der Juden geltend gemacht. so auch für den jungen Josephus.[140]

Das Christentum ist also im Jahre 49 nach Rom gebracht worden, selbstverständlich in Form des Judenchristentums – denn Paulus hat ja eben damals erst seine Wirksamkeit in großem Stile begonnen – und durch Missionare, die von der Mutterkirche ausgingen und im Sinne des Petrus und Jakobus wirkten; eben darum schweigt Lukas über den Ursprung der römischen Christengemeinde.

Einen Namen können wir daher nicht nennen; die spätere Legende, welche Petrus als Gründer nennt, ist deutlich sekundär aus seinem Martyrium abgeleitet. Sie würde zu der auch an sich höchst unwahrscheinlichen Folgerung führen, daß Petrus von Antiochia aus, wo wir ihn im Jahre 47 getroffen haben, direkt nach Rom gegangen wäre – Marcus, der damals mit Barnabas nach Zypern ging, könnte dabei noch nicht als sein Dolmetscher gedient haben – und dann erst, nach der Ausweisung, die Agitation in Galatien und darauf in Korinth begonnen hätte. Daß er später nach Rom gekommen ist, steht fest; aber den Zeitpunkt kennen wir nicht. Daß Paulus ihn im Römerbrief nicht nennt, ist ein sehr unsicheres Argument; denn das Verhältnis zwischen beiden hatte sich so gestaltet, daß persönliche Beziehungen völlig ausgeschlossen waren und Paulus Grüße an ihn auch dann nicht gesandt haben würde, wenn er im Jahre 59 schon in Rom war.[141]

Daß die römische Christengemeinde auf judenchristlicbem Boden und dem Standpunkt des Petrus und Jakobus stand und sich größtenteils aus bekehrten Juden zusammensetzte[142], ergab sich aus dem natürlichen Verlauf der Entwicklung und wird durch den Römerbrief, so oft das seltsamerweise verkannt worden ist – die richtige Auffassung hat schon F. CHR. BAUR nachdrücklich vertreten –, in jedem Worte bestätigt. Eben darum ist der ganze Brief eine eingehende Auseinandersetzung mit dem Judentum und dem Alten Testament und eine Rechtfertigung der Lehre des Paulus und seiner Tätigkeit als Heidenmissionar. Die Adressaten, an die er sich in erster Linie wendet, sind „Kenner des Gesetzes" – γινώσκουσιν γὰρ νόμον λαλῶ 7, 1 –; die Mitglieder aus den Heiden bilden nur einen Anhang, der 11, 13 ff. kurz abgemacht wird (ὑμῖν δὲ λέγω τοῖς ἔθνεσιν). Auf das nachdrücklichste betont er, der Heidenapostel, wie sehr ihm die Juden am Herzen liegen, wie er sein Leben für ihre Bekehrung hingeben möchte; er sucht das Rätsel ihrer Verstockung zu erklären, wo sie doch die Verheißung empfangen haben und dadurch den Vorrang vor allen andern Völkern besitzen; dreimal braucht er die Wendung, daß die Erlösung allen Menschen geboten ist, „dem Juden zuerst, und auch dem Griechen" (Ἰουδαίῳ τε πρῶτον καὶ Ἕλληνι 1, 16. 2, 9. 10). Das alles zeigt mit voller Deutlichkeit, wie der Leserkreis beschaffen war, den er im Auge hat.

Der Römerbrief

Der Römerbrief wird allgemein als eine der allerbedeutsamsten Urkunden der christlichen Religion und als maßgebend für Glauben und Sitte verehrt. Das ist seinem geschichtlichen Verständnis natürlich nicht förderlich gewesen. Weit verbreitet ist die Ansicht, als habe der Wunsch, mit Rom in Verbindung zu treten, für Paulus lediglich den willkommenen Anlaß geboten, seine Lehre einmal im Zusammenhang darzulegen; er lasse sich daher hier ganz frei gehn, die Rücksicht auf den bestimmten Leserkreis, an den er schreibe, trete in weiten Abschnitten völlig in den Hintergrund.

In Wirklichkeit freilich kann Charakter und Absicht des Briefe und des Verfassers selbst kaum gründlicher verkannt werden, als bei solcher Auffassung. Paulus ist kein Mann, der theoretische Abhandlungen schreibt, sondern ein mitten im Leben stehender Praktiker und Religionspolitiker; alle seine Briefe sind von einer ganz bestimmten Tendenz beherrscht, und niemals läßt er die Adressaten, an die sie gerichtet sind, und die psychologische Wirkung seiner Worte außer Augen. Gerade vom Römerbrief gilt das in eminentem Sinne; er ist ein diplomatisches Meisterstück ersten Ranges, und bei allen seinen Erörterungen hat man daher zu fragen, warum er sie an dieser Stelle und in dieser Fassung bringt, wenn man das Schriftstück wirklich verstehn will.[143]

Paulus hat seit langem den Wunsch, nach Rom zu kommen (1, 13 ff. 15, 22 ff.), natürlich nicht zu vorübergehendem Besuch, sondern um sein Werk durch Gewinnung des Zentrums des Weltreichs zu krönen: „daß ich auch bei euch einige Frucht einheimse wie bei den übrigen Heiden"; und darauf hat er, als berufener Heidenapostel, auch Anrecht, da auch Rom zum heidnischen Gebiet gehört.[144] Aber er weiß, daß dort ein ungünstiges Bild von ihm und seiner Lehre herrscht und sein Kommen daher dort nicht gern gesehn werden wird. Überdies ist die Gemeinde von einem andern gegründet, und er darf durch Übergriff in eine fremde Wirkungssphäre die Empfindlichkeit nicht reizen – damit ist übrigens zugleich gesagt, daß die Gemeinde judenchristlich ist; denn was gab es damals sonst noch für Missionare als entweder Pauliner (die ihren Meister natürlich mit Freuden aufgenommen hätten) oder petrinische Judenchristen?[145] So erklärt er, er sei bisher immer wieder durch andere, näherliegende Aufgaben verhindert worden[146]; jetzt aber, nachdem er, wie er mit kolossaler Übertreibung behauptet, „von Jerusalem und seiner Umgebung bis nach Illyricum die Verkundung des Evangeliums erfüllt habe", so daß „mir jetzt in diesen Gebieten kein Raum mehr bleibt", muß er sich einen neuen Wirkungskreis suchen; „und ich sehne mich, euch zu sehn, damit ich euch etwas von der pneumatischen Gnadengabe abgeben kann, um euch zu kräftigen, oder vielmehr" – als gewandter Diplomat sagt er zwar in salbungsvoller Fassung, was er eigentlich meint, nämlich daß er die Römer auf seinen höheren Standpunkt heben will, korrigiert sich aber sofort, ab sei ihm der Ausdruck, der Anstoß erregen kann, nur unabsichtlich entfahren – „um unter euch Teil zu haben an dem Trost, den euer und mein Glaube wechselseitig gewährt".[147] Aber er will nicht etwa da predigen, wo Christus schon genannt ist, um nicht mit seinem Bau auf die Grundlage eines Andern überzugreifen, sondern neue Gebiete aufsuchen und daher nach Spanien gehn; da muß er unterwegs Rom berühren und sich von der Gemeinde geleiten lassen. Vorher aber muß er nach Jerusalem gehn und den dortigen Heiligen die in Makedonien und Achaja eingesammelte Kollekte überbringen, den schuldigen Dank der Heiden an die, welche ihnen Teil an den geistigen Gaben gewährt haben: für die ihm dort durch die ungläubigen Juden drohenden Gefahren und zugleich „für eine gute Aufnahme seiner Dienstleistung für Jerusalem bei den Heiligen" ersucht er die römische Gemeinde um ihre Fürbitte – eine Mitteilung, die dort, bei ihren Beziehungen zu Jerusalem, ihre Wirkung nicht verfehlen kann und den Römern zugleich zeigt, daß Paulus' autoritative Stellung auch dort anerkannt ist. Seltsamerweise haben die Erklärer diesen spanischen Plan durchweg für ernst genommen, als ob Paulus nicht, wenn er erst einmal in Rom war, dafür gesorgt haben werde, daß er dort festen Fuß faßte und gebeten würde zu bleiben. Damit soll natürlich nicht bestritten werden, daß er gehofft hat, dann von dort aus das Evangelium auch noch in den Westen zu tragen und so, durch seine Verbreitung über die gesamte Kulturwelt – die ihm das Römerreich ist; an die übrige Welt denkt er nicht – seine Mission als Heidenapostel zu vollenden und dadurch die Vorbedingung für die Wiederkunft des Christus zu erfüllen.

Paulus hat diese Ausführungen geschickt auf den Eingang und den Schluß des Briefes verteilt, so daß sie die Umrahmung bilden; seinen Plan teilt er erst am Schluß mit, nachdem er sich den Boden geebnet bat. Vorausgeschickt ist beidemale eine nachdrückliche Captatio benevolentiae: der Glaube der Römer wird in der ganzen Welt verkündet, Paulns betet ununterbrochen für sie, sie sind „voll guter Gesinnung, erfüllt von aller Erkenntnis, und daher imstande, sich selbst zurechtzuweisen", so daß die Mahnungen, die er „zum Teil mit Überschreiten der üblichen Rücksichten"[148] gegeben hat, nur durch den ihm von Christus Jesus anvertrauten Dienst für die Heiden gerechtfertigt sind. Eine Andeutung, daß bei ihnen nicht alles ganz so ideal steht, hat er nur ganz am Schluß gewagt: „Ich mahne euch, Brüder, auf die zu achten, welche Spaltungen und Anstöße gegen die Lehre erregen, die ihr erlernt habt" – natülich meint er damit seine eigene Lehre, die er vorher dargelegt hat und bei den Römern voraussetzt –; „denen geht aus dem Wege!" Und hier folgt dann, das einzige Mal in dem ganzen Brief, ein direkter Ausfall gegen die Rivalen, derselben Art, wie so vielfach im Galaterbrief und den Korintherbriefen und ebenso im Philipper- und Kolosserbrief:[149] „Solche Leute dienen nicht unserem Herrn Christus sondern ihrem eigenen Bauch" – er gibt also den so oft gegen ihn erhobenen Vorwurf den Gegnern zurück[150] – „und täuschen die Herzen der Harmlosen durch ihre Biedermannsreden und schönen Worte. Euer Gehorsam freilich", so setzt er gleich wieder beschwichtigend hinzu, „ist aller. Welt bekannt geworden; so habe ich an euch meine Freude, wünsche aber, daß ihr klug seid für das Gute und unversehrt für das Böse. Der Gott des Friedens aber wird den Satan alsbald unter euren Füßen zertreten lassen."

Diese Sätze sind eingeschoben zwischen eine Liste von Bekannten in Rom, denen er Grüße bestellt, und die Grüße aus seiner Umgebung nach Rom.[151] Ohne jeden ausreichenden Grund hat man daran Anstoß genommen und das Schlußkapitel für einen anderen, ganz inhaltlosen, Brief erklärt, der durch

Zufall an den Römerbrief angehängt sei. In Wirklichkeit erklärt sich die lange Liste der Grüße sehr einfach: Paulus will zeigen, wie viele Leute er in Rom persönlich kennt und zum Teil als seine Mitarbeiter in schweren Zeiten bezeichnen kann, und sich dadurch noch weiter empfehlen. Daß viele von diesen Bekannten inzwischen zeitweilig oder dauernd nach Rom übergesiedelt sind, ist bei dem regen Verkehr, der zwischen den einzelnen Gemeinden bestand, und der Anziehungskraft, welche die Welthauptstadt ausübte, doch wirklich nicht wunderbar.[152]

Die Hauptaufgabe des Briefs ist, die Vorurteile der Römer gegen Paulus zu zerstreuen, die Berechtigung seiner Heidenmission und seines Evangeliums[153] von der Erlösung allein durch den Glauben zu erweisen, und sie so zugleich mit seiner Stellung zum Gesetz und zum Judentum auszusöhnen. Gleich der Eingang, die Adresse, ist diesem Zweck mit geschickter Berechnung angepaßt; abweichend von allen anderen Briefen knüpft sie an die Nennung seines Namens sogleich einen Abriß seiner Lehre, der zugleich in der ganz ungewöhnlich starken Hervorhebung der Verkündungen des Alten Testaments und der leiblichen Abstammung Jesu von David ein Entgegenkommen gegen die jüdischen Anschauungen zeigt, und in dem er sich ihnen als den vom Herrn mit der gesamten Heidenmission (zu deren Bereich auch Rom gehört) betrauten Apostel vorstellt. An die Erwähnung seines Wunsches, auch hier das Evangelium zu predigen – „denn ich schäme mich des Evangeliums nicht; denn es ist eine Kraft Gottes zur Rettung für jeden Gläubigen, den Juden zuerst und auch den Griechen" –, schließt gleich der Kernsatz seiner Lehre, die Rechtfertigung allein durch den Glauben, nach dem Schriftwort: der aus Glauben Gerechte wird leben.[154]

Der Beweis für diesen Satz und damit zugleich für die Berechtigung und Notwendigkeit der gesetzesfreien Heidenmission setzt ein wie ein philosophischer Traktat, mit derselben universellen, den Unterschied zwischen den Juden und den übrigen Völkern möglichst zurückdrängenden Betrachtung wie in der Areopagrede. Gott hat die Gotteserkenntnis allen Menschen möglich gemacht, den Heiden durch seine Schöpfungen, den Juden durch seine Offenbarung; denn Gott gehört nicht nur den Juden, sondern auch den Heiden (3, 29). Aber die Heiden haben ihn, verleitet durch ihre Spekulationen, verkannt und sind dafür allen Lastern und Verbrechen ausgeliefert worden.[155] Aber darum darf der Jude nicht richten und sich nicht, weil er das Gesetz und den Willen Gottes kennt, für einen Führer der Blinden und ein Licht der im Dunklen Wandelnden halten; denn er selbst begeht ebenso viele Missetaten und steht vor den Unbeschnittenen eben so schuldig da. So wird das gerechte Gericht sie alle treffen, den Juden nach dem Gesetz, den Heiden ohne Gesetz, weil Gottes Gebote in ihre Herzen geschrieben sind und sie sich selbst Gesetz sind. „Gott kennt kein Ansehn der Person"[156]; das äußere Zeichen des Judentums ist gar nichts, sondern nur – wie es die Propheten so oft ausgesprochen haben – „die Beschneidung des Herzens nach dem Geist, nicht nach dem Buchstaben."

Allerdings haben die Juden den gewaltigen Vorzug, daß ihnen die Aussprüche Gottes anvertraut sind. Aber das hat ihnen nichts geholfen; denn trotzdem sind sie alle sündig so gut wie die Heiden (Hellenen) und daher dem Zorne des gerechten Gottes verfallen, wie zahlreiche Stellen der Schrift beweisen; „denn durch Gesetzeswerke wird kein Sterblicher vor ihm gerechtfertigt; das Gesetz bewirkt nur die Erkenntnis der Sünde".

Jetzt aber ist, wie Gesetz und Propheten verkündet haben, die Rechtfertigung und Erlösung durch den Opfertod Jesu für die Sünden allen, die an ihn glauben, gewährt, und zwar allen ohne Unterschied, Juden und Heiden. Denn Abraham hat die Verheißung erhalten, als er noch unbeschnitten war; sie ist also nicht an das Gesetz gebunden, sondern nur an den Glauben, und gilt für alle, die diesen Glauben annehmen, da ihm verkündet ist, er sei zum Vater vieler Völker bestimmt. So haben wir nun kraft der Rechtfertigung durch den Glauben Frieden und Hoffnung gewonnen, eine Hoffnung, die auf der Liebe Gottes beruht und nicht zu Schanden werden wird. Durch das Blut Christi, der sich für die gottlosen Sünder, nicht etwa für Gerechte, geopfert hat, sind wir mit Gott versöhnt, und so sind durch den einen Menschen Sünde und Tod aufgehoben, wie sie früher durch den einen Adam in die Welt gekommen sind. Beides erstreckt seine Wirkung auf das gesamte Menschengeschlecht. „Das Gesetz ist nur nachträglich hinzugekommen, um die Sünde zu vermehren, damit die Gnade um so überschwenglicher werde."

Auf Grund dieser Lehre ist gegen Paulus der Vorwurf erhoben worden, wir sollten nur darauf lossündigen, damit die Gnade noch größer werde.[157] Das lehnt er mit vollem Nachdruck ab; denn „der alte Mensch ist in der Taufe auf Jesu Tod mit Christus gekreuzigt, damit der Sündenleib vernichtet werde". Damit haben wir die Fähigkeit gewonnen, die sündhaften Triebe zu überwinden. „Nach menschlicher Art zu reden, mit Rücksicht auf die Schwäche eures Fleisches" (6, 19), sind wir dadurch, wie früher Sklaven der Sünde, so jetzt Sklaven der Gerechtigkeit geworden, und haben deren Gebote zu erfüllen, wie Leute, die sich freiwillig zu Sklaven anderer gemacht haben, diesen gehorchen müssen.[158] Aber diese Sklavenschaft bei Gott ist zugleich die Befreiung von der Sünde und erzeugt als Frucht in euch die Heiligung – d. i. das sittliche Leben – und als Endergebnis als Gottes Gnadengabe das ewige Leben in Christus Jesus unserem Herrn.

In Wirklichkeit (pneumatisch gefaßt) freilich ist dies Verhältnis – das ist Paulus' wahre Meinung – nicht Knechtschaft, wie unter dem Gesetz, sondern sittliche Freiheit, die die Gebote nicht unter Zwang, sondern aus der durch den Glauben erzeugten inneren Umwandlung heraus erfüllt. In dem folgenden Abschnitt, in dem er sich ausdrücklich darauf beruft, daß er zu Leuten redet, die das Gesetz kennen (also jüdischer Herkunft sind), wird das weiter ausgeführt. Ihr wißt ja, daß das Gesetz über den Menschen herrscht, so lange er lebt. Wie die Ehefrau, so lange ihr Mann lebt, an diesen gebunden ist, mit dessen Tode aber frei wird und daher dann keinen Ehebruch begehn kann, „so seid auch ihr für das Gesetz tot[159], (und zwar) durch den Leib des Christus (durch seinen Opfertod in menschlicher Gestalt); aber damit seid ihr Eigentum eines anderen, des von den Toten Auferweckten, geworden, auf daß wir nun für Gott Frucht tragen. Denn solange wir im Fleische waren (d. h. als gewöhnliche, irdische Menschen lebten), wirkten die durch das Gesetz erregten sündigen Leidenschaften in unseren Gliedern Frucht für den Tod; jetzt aber sind wir vom Gesetz los und tot für das, worin wir gefesselt waren, so daß wir jetzt Diener sind im neuen Geist und nicht im alten Buchstaben."

Daran schließt sich die oben angeführte Erörterung über die zur Sünde anreizende Wirkung des Gesetzes und das Elend, in das es den Menschen hinabstürzt. Daraus hat Gottes Gnade erlöst: „für die, welche in Christus Jesus sind, gibt es jetzt keine Verdammnis mehr, das Gesetz des Geistes, das dies Leben in Christus Jesus schafft, hat dich befreit von dem Gesetz der Sünde und des Todes". Nur wer diesen Geist hat, gehört Christus an; durch ihn werden wir Söhne Gottes und Miterben Christi, Genossen seiner Auferstehung, und können Gott als Abbâ den Vater anrufen. Die gegenwärtigen Leiden kommen nicht in Betracht gegenüber dieser Herrlichkeit, nach der bisher die ganze Schöpfung seufzt und in Geburtswehen jammert, auch wir selbst, die wir doch als Erstlinge den Geist erhalten haben. Aber wir harren hoffnungsvoll auf die Erlösung vom Leibe und die Einsetzung zu Söhnen Gottes, und der Geist unterstützt unsere Schwachheit: „wir wissen nicht, was wir beten sollen, wie es sich gebührt; aber da tritt der Geist selbst für uns ein mit unartikulierten Seufzern", – den Manifestationen des Zungenredens – „und der die Herzen erforscht, weiß, was der Geist im Sinn hat, da er bei Gott für Heilige eintritt". Wir sind von Gott prädestiniert, berufen, gerechtfertigt, verherrlicht, und denen, die Gott lieben, dient alles zum Besten. Wo so Gott für uns ist, wer ist da noch wider uns? Alle irdischen Nöte und Gefahren sind da gleichgültig, „wir tragen über das alles den Sieg davon durch den, der uns geliebt hat. Denn ich bin überzeugt, daß weder Tod noch Leben, weder Engel noch (satanische) Mächte, weder Gegenwart noch Zukunft, weder Gewalten der Höhe oder der Tiefe noch irgend ein anderes Geschöpf uns von der Liebe Gottes trennen kann, die uns in Christus Jesus unserem Herrn gewährt ist."

Damit ist die Nichtigkeit des Gesetzes gegen seine Anhänger erwiesen und Paulus' Auffassung wirkungsvoll begründet. Aber es bleibt noch die schwierige Frage, wie denn die Verstockung Israels zu erklären ist, durch die das Heil jetzt, den Verkündungen der Propheten entsprechend, auf die Heiden übergegangen ist. Paulus hat es für geboten gehalten, zunächst aufs nachdrücklichste zu versichern, daß er darüber ständig den tiefsten Schmerz empfindet; ist er doch selbst Israelit, aus Abrahams Same, vom Stamme Benjamin; er erkennt an – anders als früher im Brief an die Thessaloniker –, daß sie Eifer für Gott haben, er betet für ihre Erlösung.[160] Aber sie haben die richtige Erkenntnis von Gottes Gerechtigkeit nicht gefunden; eben ihre Unterordnung unter das Gesetz hat sie daran gehindert, sie hielten sich an die Werke statt an den Glauben. Im übrigen behilft er sich mit dem Beispiel der Söhne Abrahams und Isaaks und dem Hinweis auf die Freiheit und Unverantwortlichkeit Gottes; – wie er dabei den heiklen Einwand: also handelt Gott ungerecht, beiseite zu schieben versucht, haben wir oben gesehn. Die, welche den Glauben annehmen, sind das wahre Israel, ohne Unterschied ob Juden oder Heiden.[161] Aber sein Volk hat Gott darum doch nicht verworfen, sondern, wie verkündet war, wenigstens einen Teil von ihnen hat er auserwählt und dadurch die Freiheit seiner Gnadenwahl erwiesen. Zugleich jedoch ist durch ihren Fehltritt das Heil an die Heiden gekommen, nicht um die übrigen zu Fall zu bringen, „sondern um sie zum Wetteifer anzuspornen; wenn aber so ihr Fehltritt und ihr

Versagen der Welt und den Heiden Reichtum gebracht hat, um wie viel mehr wird es dann ihre volle Bekehrung".

An diese an die Judenchristen gerichtete, überreichlich mit Zitaten aus der Schrift durchsetzte Ausführung schließt sich darin ein kurzes Wort an die aus dem Heidentum stammenden Mitglieder der Gemeinde:[162] „Gerade als Heidenapostel preise ich mein Amt, ob ich dadurch vielleicht meine Stammgenossen zum Wetteifer anregen und einige von ihnen retten kann." Sie sind die Erstlingsgabe vom Brote und die Wurzel, ihr der Brotteig und die Zweige. Also überhebt euch nicht, wenn ihr auch als Zweige des Wildlings an Stelle der ausgebrochenen Zweige in den Stamm des fette Frucht tragenden Ölbaumes eingepfropft seid.[163] Aber die Heiligkeit stammt aus der Wurzel, und das Schicksal der ausgebrochenen Zweige droht dem eingepfropften Heiden erst recht, wenn er sich überhebt. – Im übrigen verkündet Paulus die eschatologische Geheimlehre, daß die Verstockung eines Teils nur dauern wird, bis die Vollzahl der Heiden in das Evangelium eingegangen ist; das ist eine Weiterbildung der in der Marcusapokalypse ausgesprochenen Anschauung, daß, ehe das Weltgericht eintreten kann, das Evangelium erst allen Völkern gepredigt werden muß. Alsdann wird, den Schriftworten entsprechend, ganz Israel gerettet, die Verheißung Gottes nicht aufgehoben, sondern erfüllt werden; wie euch das Erbarmen gewährt ist, weil sie ungehorsam waren, so wird es auch ihnen als Wirkung der euch geschenkten Erbarmung gewährt werden.

Damit ist zugleich die Untrüglichkeit der Schrift und die Bedeutung ausgesprochen, die sie auch für die Heidenchristen dauernd behält. Mit einem Ausruf über die unerschöpfliche Tiefe der göttlichen Weisheit und ihrer Wege und der Doxologie: „denn aus ihm, durch ihn und zu ihm sind alle Dinge; sein ist die Herrlichkeit in Ewigkeit, Amen" schließt die Abhandlung und damit der Hauptteil des Briefs.

Angefügt hat Paulus, wie auch sonst, unter Berufung auf die ihm verliehene autoritative Stellung[164] eine lange Reihe sittlicher Mahnungen und Lebensregeln, ausgehend von dem Satz, daß wir alle in Christus Glieder eines Leibes sind und daher in Liebe einträchtig zusammenwirken und uns dem Ganzen unterordnen sollen, je nach den Gnadengaben und Ämtern, die einem jeden verliehn sind. Der Hinweis auf das binnen kurzem kommende Weltgericht fehlt auch hier nicht: „ihr kennt ja den Zeitmoment: es ist Zeit, daß ihr aus dem Schlaf aufwacht, denn das Heil ist uns näher gerückt, als da wir den Glauben annahmen" – die wenigen Jahre, die seitdem vergangen sind, spielen also für die Berechnung des Zeitpunkts der Wiederkunft Christi eine wesentliche Rolle; an der Erwartung, er werde die Parusie selbst noch erleben, hat Paulus auch in seiner Gefangenschaft bis zuletzt festgehalten[165] –; „die Nacht ist vorgerückt, der Tag im Anzug". An speziell auf die römische Gemeinde bezüglichen Mahnungen fehlt es auch hier nicht, so, abgesehn von der erst ganz am Schluß nachgetragenen Warnung vor den Zwist und Parteiungen erregenden Irrlehrern, die nur persönliche Ziele verfolgen (16, 17 ff.), die für Rom besonders angebrachte Mahnung zum Gehorsam gegen die weltliche Obrigkeit, die von Gott gesetzt und zur Bestrafung der Übeltäter mit dem Schwert ausgestattet ist, und zur Steuerzahlung. Eingehend bespricht er dann die Hauptkontroverse zwischen Judenchristen und Heidenchristen, den Genuß von Opferfleisch (14, 1 bis 15, 3), in demselben Sinn wie im Korintherbrief: „wir, die wir stark sind, müssen die Schwäche der nicht so Starken tragen und nicht uns zu Gefallen leben"[166], vielmehr auf die Skrupel der anderen Rücksicht nehmen.

Am Schluß, ehe er zu den Mitteilungen über seine Pläne übergeht, faßt er den Inhalt seiner Ausführungen noch einmal kurz zusammen: „Daher nehmt euch einander an, wie auch Christus uns angenommen hat zur Ehre Gottes. Denn ich sage (damit wird seine Stellung zu beiden Gruppen scharf präzisiert): Christus ist Diener der Beschneidung geworden (d. h. als Jude geboren) um der Wahrhaftigkeit Gottes willen, um die Verheißungen an die Väter als sicher zu erweisen; die Heiden aber sollen Gott preisen um seines Erbarmens willen", wie das die Propheten verkündet haben.[167] „Der Gott aber, der die Hoffhung gibt, erfülle euch mit jeglicher Freude und Frieden im Glauben, auf daß euch in Kraft des heiligen Geistes das volle Maß der Hoffnung zuteil wird."

Über die unmittelbare Wirkung des Schreibens auf den Kreis, für den es berechnet war, haben wir keine Kunde, da die Ereignisse ganz anders verlaufen sind, als Paulus erwartete. Aber seine Erhaltung und die weite Verbreitung, die es alsbald gefunden hat, haben es für die weitere Entwicklung zum Fundament des von Paulus gepredigten Heidenchristentums gemacht. Die Auffassung, welche das Alte Testament den Juden, als von ihnen gröblich mißverstanden, völlig abspricht und nur die Deutung auf die Christen anerkennt, und daher auch das Judenchristentum der Urgemeinde in den Winkel schiebt und zur Sekte der Ebioniten herabdrückt, eine Auffassung, welche seit dem Barnabasbrief immer wieder ausgesprochen wird und das gesamte Christentum beherrscht, ist nur die Konsequenz des Römerbriefs, so wenig sie der Absicht entspricht, in der Paulus den Brief geschrieben hat.

Die Reise nach Jerusalem und Paulus' Gefangennahme

Von Korinth aus ist Paulus im Frühjahr 59, weil er den ihm auflauernden Juden entgehn wollte, mit der Kollekte nicht direkt über See, sondern auf dem Landweg über Makedonien und von da zu Schiff nach Troas gereist. In Makedonien haben sich ihm zahlreiche Genossen angeschlossen, darunter auch der Arzt Lukas, der sich zehn Jahre vorher in Philippi niedergelassen hatte. Auf der Fahrt längs der kleinasiatischen Küste hat er es vermieden, Ephesos zu berühren, nicht weil die Zeit drängte, wenn er zu Pfingsten in Jerusalem eintreffen wollte, wie Lukas es darstellt, da er die Wirkung der Schlußkatastrophe in Ephesos möglichst abgeschwächt hat, sondern weil er es nicht wagen konnte, sich hier zu zeigen; er hat vielmehr die Ältesten der Gemeinde zu sich nach Milet beschieden. Daß ihm in Judaea schwere Gefahren drohten, wußte er, er hat es den Römern selbst ausgesprochen[168]; so liegt kein Grund vor, die Geschichtlichkeit der ergreifenden Abschiedsszene zu bezweifeln, die Lukas in Milet schildert, wenngleich seine Darstellung natürlich dem tragischen Ausgang gemäß gestaltet und mit großem stilistischen Geschick daraufhin abgetönt ist. Auch in Tyros und in Caesarea wurde Paulus durch Propheten, darunter den Agabos, gewarnt; in welche Gefahr er sich begab, lag ja klar vor Augen, seine scharfen Konflikte mit den Juden der Diaspora, der Abbruch, den er ihnen getan hatte, die Profanierung des Gesetzes durch den Verkehr mit den Heiden waren überall bekannt, Emissäre von Ephesos waren zum Fest nach Jerusalem gekommen, um gegen ihn aufzutreten.[169] Aber er blieb unerschütterlich; er empfand deutlich – und das hat sich ihm, wie immer, zu bindenden Manifestationen des Geistes verdichtet (act. 19, 21. 20, 22, vgl. 23, 11) –, wie unentbehrlich für seine weitere Wirksamkeit es war, daß er den Zusammenhang mit der Muttergemeinde der „Heiligen" wiederherstellte und in Rom als von dieser anerkannt auftreten konnte.

Auch die Muttergemeinde konnte sein Erscheinen nur mit gemischten Gefühlen ansehn. Sie war während der letzten fünfzehn Jahre unter Leitung des Jakobus und der Ältesten[170] unbehelligt geblieben, Jakobus von den Pharisaeern als gesetzestreuer Jude trotz seines messianischen Irrglaubens geduldet und als harmlos betrachtet[171]; der alte Gegensatz trat zurück, die Gemeinde konnte sich weiter ausbreiten wie andere jüdische Sekten, wenn auch die Behauptung des Jakobus in dem Referat des Lukas, „unter den Juden seien viele Zehntausende, die den Glauben angenommen hätten, aber alle zugleich Eiferer für das Gesetz"[172], die Zahl stark übertreiben wird. Daß ihnen die Lehre des Paulus ein Greuel sein mußte, ist damit zugleich ausgesprochen; überdies empfanden sie natürlich, wie sehr ein Auftreten des Paulus in ihrer Mitte auch ihre Stellung gefährden konnte. Aber andrerseits wirkte, neben dem Geist christlicher Versöhnlichkeit, den wir ihnen nicht absprechen dürfen, die reiche Gabe, die er mitbrachte. Lukas hat dieses Moment absichtlich übergangen[173]; indessen das starke Gewicht, das Paulus in all seinen Briefen auf sie legt, und der Eifer, mit dem er ihre Einsammlung betreibt, zeigen deutlich, welche Bedeutung er ihr für seine Stellung beilegte und welche Wirkung er von ihr erwartete.

So entschloß man sich zu einem Kompromiß. Paulus und sein Gefolge wurden freundlich aufgenommen[174], die Darlegung seiner Erfolge als Werk Gottes gepriesen. Aber Jakobus hob hervor, wie schweren Anstoß innerhalb seiner Gemeinde die Behauptung errege, daß Paulus „den Juden in der Heidenwelt überall den Abfall vom Gesetz Moses predige und sie lehre, ihre Kinder nicht zu beschneiden noch nach den überlieferten Bräuchen zu leben"; das solle er widerlegen, indem er vier Männer, die ein Naziraeatsgelübde abgelegt hatten, durch Zahlung der Gebühren für die Opfer bei der Haarschur unterstütze, sich mit ihnen weihe und sie in den Tempel begleite. Daran fügte er, mit scharfer Pointe, einen Hinweis auf das Aposteldekret: nur für die gläubigen Heiden haben wir anerkannt, daß es genüge, wenn sie sich des Opferfleisches, des Genusses von Blut und Ersticktem, und der Unzucht enthalten.

Paulus ist nach seiner Art darauf eingegangen: „Kraft meiner Freiheit bin ich den Juden ein Jude geworden, den Gesetzlosen ein Gesetzloser", hat er selbst den Korinthern als Grundsatz für das Verhalten in solchen Fällen hingestellt; „ich tue in allem allen zu Gefallen, denn ich suche nicht meinen Nutzen, sondern den der Vielen, damit sie gerettet werden. Darin ahmt mich nach, wie ich Christus."[175]

Indessen dies Verhalten, das die jüdischen Christen beruhigen sollte, bewirkte bei den Juden selbst das Gegenteil. Als er am Ablauf der vorgeschriebenen sieben Tage nochmals in den Tempel ging, fielen die Juden aus Ephesos über ihn her mit der Anklage, er habe einen unbeschnittenen Griechen, den Trophimos aus Ephesos[176], in den Tempel geführt, ein Verbrechen, auf dem auch nach römischer Verordnung[177] die Todesstrafe stand, und erregten dadurch einen gewaltigen Volksauflauf.

Den weiteren Hergang brauchen wir nicht nochmals zu erzählen. Durch das Einschreiten der römischen Besatzung wurde Paulus' Leben gerettet. Gegen die von den Juden vor dem Tribunal des Procurators erhobene Anklage und dessen Urteil provozierte er an den Kaiser; und so hat er, nach zweijähriger Gefangenschaft in Caesarea und einer durch Schiffbruch und Überwinterung auf Malta lang ausgedehnten Reise, im Frühjahr 62 als Gefangener das ersehnte Ziel erreicht und den Boden der Welthauptstadt betreten.

Paulus in Rom. Die Briefe an die Philipper und die Kolosser

Schon bei der Landung in Puteoli hat Paulus Christen angetroffen und sieben Tage bei ihnen verweilt. Dann hat ihn und seine Begleiter – einige, wie der Judenchrist Aristarchos aus Thessalonike, die gleichfalls gefangengesetzt und mitgeschickt, also wohl römische Btirger waren, andere, wie Lukas, Timotheus, Tychikos aus Ephesos, die sich ihm als seine Begleiter angeschlossen hatten[178] – eine Deputation der römischen Gemeinde vom Forum Appii aus eingeholt, darunter gewiß in erster Linie die alten Bekannten und Mitarbeiter, denen er im Römerbrief Grüße gesandt hat. Die Offiziere, welche die Aufsicht über ihn zu führen hatten, haben ihm wie unterwegs so in Rom[179] große Bewegungsfreiheit gestattet: er hatte sich sowohl durch sein Auftreten wie durch die Gefolgschaft, die ihn begleitete, als eine Persönlichkeit erwiesen, vor der sie Respekt empfanden. So blieb er in Rom zwar, nach römischem Brauch, angekettet an den Soldaten, der ihn zu bewachen hatte; aber ihm wurde gestattet, sich selbst eine Wohnung zu mieten und in dieser Scharen von Besuchern zu empfangen, ihnen zu predigen und mit ihnen zu diskutieren. Die Entscheidung seines Prozesses zu beschleunigen, hatte weder er ein Interessse noch die Regierung; so ist er „volle zwei Jahre lang" (etwa vom Mai 62 ab) völlig unbehelligt geblieben.

Die Begrüßung durch die ihm entgegenkommenden Römer hat Paulus, wie Lukas erzählt, mit Vertrauen und Dank gegen Gott erfüllt.[180] Offenbar fühlte er sich bis dahin recht unsicher; er konnte nicht wissen, welche Aufnahme sein Brief gefunden hatte. Jetzt durfte er hoffen, in der Gemeinde weiteren Boden zu gewinnen. Daß er daneben versucht hat, auch hier mit den Juden anzuknüpfen und ihnen das Evangelium zu bringen, ist selbstverständlich; das hat Lukas ausführlich dargestellt, um hier, am Abschluß seines Werkes, den Grundgedanken desselben, den Übergang des Heils von den Juden auf die Heiden, noch einmal lebendig zur Anschauung zu bringen. Viel Erfolg hat er damit schwerlich gehabt; und ebenso ist es mehr als fraglich, ob es ihm gelungen ist, die im Römerbrief erstrebte Verbindung mit den petrinischen Judenchristen wirklich herzustellen und sie für seinen Standpunkt zu gewinnen. Um so größer war sein Erfolg, hier wie in den Griechenstädten, bei den Heiden; und daneben ging nach wie vor die seelsorgerische Tätigkeit für die von ihm gegründeten Gemeinden und deren Filialen im Osten einher.

Dieser Tätigkeit verdanken wir die Gefangenschaftsbriefe an die Philipper und Kolosser nebst dem diesem beigegebenen Begleitbrief an Philemon.[181] Die beiden Briefe berühren sich, abgesehn von der Bezugnahme auf die Lage, in der Paulus sich befindet, auch darin, daß er in beiden neben sittlichen Ermahnungen die Grundgedanken seiner Lehre noch einmal in sorgfältig durchdachten Sätzen zusammenfaßt, im Philipperbrief ganz knapp (2, 6–11), im Kolosserbrief in lang ausgesponnenen, alle Hauptmomente zu einer Einheit zusammenfassenden Perioden (1, 9–20. 24–29. 2, 9–15)[182], und daß daran auch hier wieder eine heftige Polemik gegen seine Rivalen uncl ihre Irrlehren anschließt. Aber im übrigen ist sein Verhältnis zu beiden Gemeinden ganz verschieden. Philippi ist die älteste seiner Gründungen in Europa und hat ihm immer unerschütterlich die Treue bewahrt und ihn wiederholt tatkräftig durch Geldsendungen unterstützt; bei seinen Besuchen in den Jahren 58 und 59 wird er die Verbindung neu gekräftigt, seine Auffassung des Evangeliums erfolgreich weiter begründet haben, ohne daß er mit einer ernsthaften Opposition zu kämpfen hatte.[183] Lukas, der ja ein Jahrzehnt lang hier gelebt hat, wird als typisch für die Gesinnung der Philipper gelten können. Jetzt hat ihm die Gemeinde durch Epaphroditos[184] eine Unterstützung nach Rom gesandt, und von diesem erhält er die erfreulichsten Nachrichten über die Gemeinde.[185] So schreibt er ihnen aus vollem Herzen einen warm empfundenen Dankbrief, den Epaphroditos, der inzwischen schwer erkrankt war, aber durch Gottes Erbarmen wieder genesen ist, überbringen soll. Außerdem beabsichtigt er, demnächst den Timotheus hinzuschicken, der ja auch in Makedonien wiederholt erfolgreich gewirkt hat und unter seinen Mitarbeitern die erste Stelle einnimmt; daher nennt er ihn auch in der Adresse aller dieser Briefe neben sich.[186] Neues über Lehre und Verhalten hat er den Philippern eigentlich nicht zu sagen; indessen es schadet nichts, das Altbekannte zu wiederholen: „euch dasselbe zu schreiben" (was ich früher schon oft genug ausgesprochen habe) „macht mir kein Bedenken, euch aber stärkt es in der Sicherheit".[187]

Ganz anders ist seine Stellung zu den Kolossern. Hier hat ihr Mitbürger Epaphras, „mein lieber Mitknecht (Christi)", der vermutlich in Ephesos von Paulus bekehrt worden ist, das Christentum verbreitet, ebenso in den benachbarten Städten Laodikea und Hierapolis; Paulus selbst hat diese Orte nie betreten.[188] Jetzt ist Epaphras nach Rom gekommen, wie es scheint als Gefangener; denn in dem Schreiben an Philemon bezeichnet er ihn als seinen Mitgefangenen, was unmöglich symbolisch, als Gefangener Christi, verstanden werden kann; er mag also, ähnlich wie Paulus und Aristarchos, infolge religiöser Wirren verhaftet und nach Rom überschickt sein.[189] In Kolossae ist dann Archippos an seine Stelle getreten.[190] Aus Kolossae ist zugleich Onesimos, der entlaufene Sklave eines wohlhabenden Christen Philemon, der sein Haus für eine Gemeinde zur Verfügung gestellt hat, nach Rom gekommen und von Paulus bekehrt worden; diesen schickt er ihm jetzt zurück mit der Bitte, ihn gütig aufzunehmen und ihm zu verzeihn; für Deckung des Schadens und der Schulden, die durch seine Flucht entstanden sein mögen, verbürgt er sich mit seiner eigenen Handschrift. Zur Begrüßung der Gemeinden aber entsendet er den Tychikos aus Asia (Ephesos), einen seiner Begleiter auf der Reise nach Jerusalem; die Schreiben, die er an Kolossae und Laodikea bringt, soll man wechselseitig in den Gemeinden verlesen.

In dem Schreiben an Kolossae geht er natürlich auf seine Lehre und auf die Grundsätze der Lebensführung[191] weit ausführlicher ein als in dem an Philippi; die Gemeinde soll ja über seine Auffassung authentisch unterrichtet werden. Mit der Mahnung, an dem Christus Jesus so festzuhalten, wie sie ihn empfangen haben, verbindet sich die Warnung, sich nicht verlocken zu lassen „durch vertrauenswürdig aussehende Trugschlüsse", „daß euch nicht jemand ausbeutet durch den eitlen Trug der Philosophie, die auf menschlicher Überlieferung und den Elementen der Welt beruht und nicht auf Christus".[192] Als „Knechtschaft unter den Elementen der Welt" bezeichnet Paulus auch im Galaterbrief 4, 3. 9 das Festhalten an dem jüdischen Kultus mit seinen Festtagen[193], und dementsprechend schreibt er hier weiter: „Also soll niemand über euch richten wegen Essens und Trinkens oder bezüglich eines Festtages, Neumonds oder Sabbats; denn das alles (wie es im Gesetz vorgeschrieben ist) ist ja nur ein Schattenbild des Zukünftigen, der Leib aber gehört Christus.[194] Niemand soll euch den Kampfpreis vorenthalten, der sich demütiger Gesinnung und dem Dienst der Engel" – die nach Gal. 3, 19 das Gesetz übermittelt haben – „hingibt, der sich versenkt in das, was er gesehn hat, und sich grundlos aufblähn läßt von seinem fleischlichen Sinn[195], aber das Haupt (d. i. Christus) nicht erfassen kann, von dem aus der ganze Leib durch die Sehnen und Bänder ernährt und zusammengehalten wird und in göttlichem Wachstum zunimmt. Wenn ihr mit Christus den Elementen der Welt abgestorben seid, was stellt ihr ‚gemäß den Geboten und Lehren der Menschen'" – ein Zitat aus Jesaja 29, 13, wo gegen den Lippendienst des Volks geeifert wird, von dem ihr Herr nichts weiß[196] – „Satzungen auf, als ob ihr noch in der Welt lebtet: du sollst nicht anfassen, nicht essen, nicht berühren, Dinge die doch alle durch den Gebrauch zugrunde gehn. Das gibt sich für Weisheit aus als freiwilliger Gottesdienst, Demut, Kasteiung des Leibes, hat aber in Wirklichkeit gar keinen Wert."[197] In Wirklichkeit ist für den Christen das Gesetz abgetan; „durch eure Sünden und eure leibliche Unbeschnittenheit wart ihr tot, aber Christus hat euch mit sich lebendig gemacht, mit einer Beschneidung nicht von Menschenhänden beschnitten" – „wir sind die Beschneidung" heißt es ebenso im Philipperbrief 3, 3 – „uns alle unsere Sünden geschenkt, unsern Schuldschein ausgelöscht und aus Kreuz genagelt".[198] „Zieht also", so heißt es in den sittlichen Geboten, „den alten Menschen mit seinem Tun aus und zieht den neuen an, der zur richtigen Erkenntnis erneuert ist nach dem Bilde seines Schöpfers; da gibt es dann nicht mehr Grieche und Jude, Beschneidung und Vorhaut, Barbar, Skythe, Sklave, Freier, sondern alles und in allem nur Christus."[199]

Die Gegner, die Paulus bekämpft, sind also Judaisten. Sie treten bescheiden auf, von der Höhe, in der Paulus wandelt, von der Verschmelzung der Gläubigen mit Christus und der dadurch gewonnenen

Freiheit vom Gesetz wollen sie nichts wissen, das ist ihnen zu hoch; sie fordern vielmehr demütige Unterordnung unter das Gesetz und seine Gebote für das Erdenleben (d. i. nach Paulus die στοιχεῖα) und daher Innehalten der Fasttage, Arbeitsruhe am Sabbat, Kasteiung des Leibes. Wie Paulus argumentieren auch sie mit logischen Deduktionen und mit Offenbarungen; aber für ihn ist da natürlich ein gewaltiger Unterschied: er verkündet die Wahrheit, ihre Schlüsse dagegen sind Trug, ihre Visionen wertlos, ihre Demut, obwohl sonst eine christliche Tugend, in Wirklichkeit Selbstüberhebung und Eitelkeit.

Von Einwirkungen heidnischer Kulte oder Spekulationen, von religiösem Synkretismus, von gnostischen Ideen[200] ist in diesen Angaben über die Irrlehrer nichts zu finden, so oft man sie darin gesucht hat. Es ist vielmehr auch hier das Judenchristentum, das Paulus bekämpft, das also auch in Kolossae in Konkurrenz mit den von Paulus ausgehenden Missionaren eingedrungen ist und Boden zu gewinnen sucht. Die Demut (ταπεινοφροσύνη), mit der sie auftreten,erinnert an den Namen der Ebioniten, der „Armen"; als ihre Vorläufer und Vertreter derselben Tendenz können sie betrachtet werden.

Nun erfahren wir bekanntlich durch Papias, Bischof von Hierapolis, der um 130 n. Chr. als alter Mann sein Werk über die Herrensprüche geschrieben hat[201], daß Philippus samt seinen prophetischen Töchtern in Hierapolis gelebt habe; er hat zwei Wundergeschichten, die Errettung des Justus Barsabas, des Konkurrenten des Matthias bei der Besetzung der Apostelstelle des Judas, der gezwungen wurde, Schlangengift zu trinken, und die Auferweckung der Mutter des Menahem (wohl des Propheten und Lehrers in Antiochia, act. 13, 1) von den Toten, von ihnen übernommen und aufgezeichnet.[202] Er wird zwar in Eusebius' Auszug aus Papias und ebenso in mehreren späteren Berichten[203] als der Apostel Philippus bezeichnet; aber daß der Evangelist (einer der sieben Diakonen) gemeint ist, ist dadurch zweifellos, daß Lukas dessen vier prophezeiende Töchter in Caesarea selbst kennengelernt hat; die Verwechslung der beiden ist eben sehr alt und begreiflich, sie liegt schon im Johannesevangelium vor (Bd. I 296. 338), und vielleicht sind beide wirklich identisch. An der Geschichtlichkeit der Nachricht zu zweifeln, liegt kein Anlaß vor; wenn irgendwo, so ist Papias, dessen Jugend noch nahe an die apostolische Zeit heranragt und der selbst in Hierapolis lebte, hier ein zuverlässiger Zeuge.[204] Philippus, dessen erfolgreiche Wirksamkeit in Judaea und Samaria in die dreißiger Jahre fällt, muß bald nach 59, wo wir ihn noch in Caesarea finden, nach Hierapolis gegangen sein: die gewaltige Ausbreitung des Christentums in Kleinasien wird viele Missionare angelockt haben. Wenn er auch bei seinem ersten Auftreten der freieren, hellenistischen Richtung angehörte, so ist es doch recht unwahrscheinlich, daß er die weit darüber hinausgehende Entwicklung durch Paulus innerlich mitgemacht hat; er mag etwa auf dem Standpunkt des Petrus geblieben sein, den er (nebst Johannes) als die maßgebende Autorität zu den Taufen in Samaria herangeholt hatte. So liegt die Vermutung nahe, daß sein Auftreten in Hierapolis, das dann auch auf die Nachbarstädte übergriff, mit der judaistischen Bewegung in Kolossae in Verbindung steht; die Berufung auf Offenbarungen paßt recht gut zu der prophetischen Begabung seiner Töchter.

Die Gegensätze in der römischen Gemeinde. Paulus und Petrus

Durch diese Briefe erhalten wir einige Kunde über Paulus' Lage in Rom. Er ist gefaßt auf alles, und wenn es der Tod ist, so schreibt er den Philippern, „so ist mir das ein Gewinn, weil er mir das Zusammensein mit Christus und das Leben in ihm bringt; das leibliche Weiterleben aber bedeutet für mich Arbeitserfolg. So weiß ich nicht, was ich wählen soll. Aber daß ich noch im irdischen Leben erhalten bleibe (τὸ ἐπιμένειν τῇ σαρκί), ist nötiger um euretwillen, und so vertraue ich, daß ich bleiben und euch allen erhalten werde, um euch und eure Glaubensfreudigkeit zu fördern, daß dadurch, daß ich noch einmal wieder zu euch komme, ihr euch in Christus Jesus noch mehr meiner Wirksamkeit rühmen könnt."[205] Nach wie vor ist die volle Schaffensfreudigkeit in ihm lebendig, der Drang zu umfassender Tätigkeit durch seine behinderte Lage nur noch gesteigert; er darf zwar stolz darauf sein, daß durch ihn „in der ganzen Schöpfung unter dem Himmel das Evangelium gepredigt ist, dessen Diener ich Paulus geworden bin", daß „wir durch die Verkündung Christi jeden Menschen zur Vernunft bringen una jeden Menschen in aller Weisheit unterrichten, um jeden Menschen in Christus vollkommen abzuliefern, wofür auch ich ringend mich abmühe durch seine Wirkungskraft, die er mit voller Macht in mich eingepflanzt hat"[206]; aber vollendet ist sein Werk noch nicht, und so bittet er um ihr Gebet, „daß Gott mir eine Tür für die Lehre öffne, das Mysterium des Christus zu verkünden, um dessen willen ich in Ketten liege“[207], und er vertraut, daß die göttliche Weltleitung[208] das erfüllen wird. So äußert er sich mehrfach mit voller Zuversicht. Bei Philemon in Kolossae, dem er das Vertrauen auf die Zahlung der für Onesimos übernommenen Bürgschaft stärken will, bestellt er sich Quartier, „denn ich hoffe, daß ich durch eure Fürbitten euch werde geschenkt werden“[209]; den Philippern schreibt er, er werde den Timotheus schicken, sobald er übersehn könne, wie seine Sache laufen werde, „ich vertraue aber im Herrn, daß auch ich selbst alsbald kommen werde“.[210] Indessen „auch wenn beim Opferdienst für euren Glauben mein Blut vergossen wird, freue ich mich mit euch zusammen, und so sollt auch ihr euch mit mir zusammen freuen“.[211] Die Leiden, die er freudig erträgt, da er durch sie immer enger mit Christus verwächst[212], sind den Gläubigen ein Vorbild und eine Mahnung zu geduldigem Ausharren in allen Nöten.[213] An der Erwartung der baldigen Wiederkunft des Christus hält er unbedingt fest: „der Herr ist nahe“[214], und immer noch hat er die Hoffnung nicht aufgegeben, daß auch er sie und damit die Umwandlung des irdischen in den verklärten Leib erleben werde.[215]

„Ich möchte euch aber wissen lassen“, schreibt er nach Philippi, „daß meine Lage sich so gestaltet hat, daß sie eher zur Förderung des Evangeliums beigetragen hat[216], so daß meine Ketten in dem ganzen Praetorium und auch allen anderen in Christus bekannt geworden sind“ – d. h. daß alle Welt weiß, daß ich um des Christus willen gefangen sitze –, „und daß die Mehrzahl der Brüder im Herrn im Vertrauen auf meine Ketten immer mehr wagt, die Lehre Gottes ohne Furcht zu verkündigen.“ Das ist genau dieselbe Auffassung, die Lukas' Darstellung und speziell seine Schlußworte beherrscht: was nach menschlicher Denkweise ein Unheil schien, ist durch die göttliche Leitung zur Förderung des Evangeliums ausgeschlagen, zwei Jahre lang hat Paulus in Rom das Gottesreich und die Lehre vom Herrn Jesus Christus ungehindert mit allem Freimut verkünden können. Dadurch, daß er unter militärischer Bewachung stand und daß die Entscheidung über seinen Prozeß dem Praefectus Praetorio zustand (also damals Faenius Rufus und Tigellinus!), kam er auch mit den Soldaten in Verbindung – er wird manch einen seiner Wächter bekehrt haben – und kann sich, wenn auch mit starker Übertreibung, rühmen, daß seine Sache dem ganzen Praetorium bekannt sei.[217] Ebenso kam er mit dem kaiserlichen Haushalt, Sklaven und Freigelassenen, in Verbindung; sie hebt er unter den „Heiligen“, deren Grüße er nach Philippi bestellt, besonders hervor.[218] Vor allem aber hat sein Auftreten den andern Mut gemacht, auch ihrerseits unbedenklich hervorzutreten und eine kräftige Propaganda zu beginnen. Was er von seinem Erscheinen in Rom gehofft hatte, erfüllt sich: das Heidenchristentum beginnt, sich weithin in Rom zu verbreiten.

Indessen auch die Kehrseite fehlt nicht. „ Einige freilich“, so fährt er fort, „‚verkünden Christus aus Neid und Streitsucht; andere allerdings aus guter Gesinnung. Die letzteren aus Liebe, da sie wissen, daß ich zur Verteidigung des Evangeliums gesetzt bin; die anderen dagegen verkünden den Christus aus Zanksucht, nicht in heiliger Gesinnung, in der Meinung, meinen Ketten Drangsal zu erwecken. Was tut's? Vielmehr, daß auf alle Weise, ob nun in anderer Absicht (προφάσει) oder in Wahrheit, Christus verkündet wird, auch darüber freue ich mich und werde mich weiter freuen. Denn ich weiß, daß das mir zur Rettung ausschlagen wird durch euer Gebet und durch die Hilfsleistung des Geistes Jesu Christi, gemäß meiner sehnsüchtigen Erwartung und Hoffnung, daß ich in nichts zu Schanden kommen werde“ – oder wohl besser: „mich beschämen lassen werde (αἰσχυνθήσομαι)“ –, „sondern wie überall so auch jetzt Christus verherrlicht werden wird in meinem Leibe (in meiner irdischen Existenz), sei es durch Leben oder Tod“.[219]

Diese Ausführung zeigt, daß die Gegensätze, die Paulus im Römerbrief zu überbrücken versucht hat, noch in voller Kraft fortbestehn, vielmehr durch sein Auftreten noch gesteigert sind. Neben begeisterten Anhängern stehn erbitterte Gegner, die er natürlich nur als selbstsüchtige Rivalen ansehn kann; es sind die Judaisten, die Anhänger des Petrus und seiner Genossen. So sehr Paulus sich bemüht, ihr Verhalten als gleichgültig, ja der Sache nur förderlich anzusehn, so bricht doch schließlich die tiefe Erbitterung, die er empfindet, nur um so gewaltsamer durch. Nachdem er den Brief an die Philipper eigentlich schon abgeschlossen hat[220], kann er sich nicht enthalten, mit der Motivierung, es schade nichts und sei vielmehr zu ihrer Festigung nützlich, schon früher Gesagtes noch einmal zu wiederholen, noch einen Ausfall auf die Gegner anzufügen, der an wilder Erregung in seinen Briefen nicht seinesgleichen hat.

„Gebt Acht auf die Hunde[221], auf die bösen Arbeiter, auf die Zerschneidung“ (τὴν κατατομήν, für uns unübersetzbar: die Verkehrung der Beschneidung in ihr Gegenteil; ein Seitenstück ist der Ausruf

Gal. 5, 12: möchten sie sich doch verschneiden lassen). „Denn *wir* sind die Beschneidung, die wir im Geiste Gott dienen, uns in Christus Jesus rühmen, und nicht auf Fleisch (d. h. auf die physische Beschneidung) unser Vertrauen setzen – wenngleich ich auch das besitze, was auch zu fleischlichem Vertrauen berechtigt. Wenn ein anderer meint, darauf vertrauen zu dürfen, so ich noch mehr: mit acht Tagen beschnitten, aus dem Volk Israel, dem Stamm Benjamin, Hebraeer von Hebraeern, dem Gesetz gegenüber Pharisaeer, eifriger Verfolger der Kirche, in meinem Verhalten nach der Gesetzesgerechtigkeit untadelhaft." Aber in Wirklichkeit war das alles für mich kein Gewinn, sondern eine Strafe und Auskehricht; das einzige, worauf es ankommt, ist ständiges Fortschreiten im Glauben und in der Erkenntnis. „Nicht daß ich es schon erfaßt hätte oder bereits vollendet sei; sondern ich jage, ob ich es fasse, da ich ja auch von Christus Jesus erfaßt bin, vergessend was dahinten liegt, mich streckend nach dem, was vor uns steht. So wollen wir alle denken, soweit wir vollkommen sind; und wenn ihr in etwas anders denkt, so wird Gott euch das schon offenbaren; nur, was wir erreicht haben, in der gleichen Bahn wandeln! Werdet meine Nachahmer, Brüder, und blickt auf die, die so wandeln, wie ich euch ein Beispiel gebe. Denn, wie ich euch schon oft gesagt habe und jetzt unter Tränen sagen muß" – und damit kommt er nochmals auf die Gegner zurück –, „viele wandeln einher als Feinde des Kreuzes Christi, deren Ende die Verdammnis, deren Gott der Bauch ist" – ebenso hat er sich schon im Römerbrief 16, 18 über die dortigen Judaisten geäußert –, „ihr Ruhm ist ihre Schande, ihr Sinn steht auf das Irdische. Unser Staat dagegen ist im Himmel, von dem wir unseren Erlöser erwarten, den Herrn Jesus Christus."

Es ist klar, daß diese Äußerungen nichts weniger sind als eine theoretische Betrachtung; vielmehr brechen in ihnen die Erfahrungen, die Paulus innerhalb der römischen Gemeinde gemacht hat, in leidenschaftlichem Erguß hervor. Die enthusiastische Hingabe an das Evangelium, die Sehnsucht nach dem vollen Schauen des Mysteriums und der inneren, alles andere absorbierenden Durchdringung mit dem Christus, die warme Fürsorge für die Gläubigen, und die sich immer mehr steigernde Erbitterung über die Gegner, die seine Kreise stören, das alles fließt in diesen Worten zu innerer Einheit zusammen. Daß Parteiungen bestanden und in heftigem Hader miteinander lagen, bestätigt Clemens, der ja diese Zeit selbst durchlebt hat: er führt die Verfolgung unter Nero und die furchtbare Mißhandlung so zahlreicher Märtyrer auf Eifersucht zurück.[222] Innerer Hader, Rivalität der Parteien und Persönlichkeiten ist nach ihm, wie überall in der Welt, so auch hier der Anlaß zum Verderben gewesen; die Meinung kann nur sein, daß diese Streitigkeiten und aus ihnen hervorgegangene Denunziationen die Regierung aufmerksam gemacht und ihr Einschreiten veranlaßt haben. Man verkennt die Verhältnisse der ältesten Christengemeinde vollständig, wenn man sie sich als in harmloser Eintracht friedlich dahinlebend vorstellt; vielmehr gingen die Wogen hoch, und die Gegensätze platzten hart aufeinander.

Gesteigert sind diese Gegensätze offenbar durch praktische Erwägungen. Die römische Gemeinde war bisher als jüdische Sekte von der Regierung unbehelligt geblieben; etwaige Klagen, die die Juden vor sie bringen mochten, wird sie ebenso wie Gallio in Korinth als nicht zu ihrer Kompetenz gehörig abgewiesen haben, es sei denn, daß Tumulte ein Einschreiten erforderten, wie im Jahre 49. So konnte es bleiben, solange die Propaganda sich im wesentlichen auf die Juden und Judengenossen beschränkte und heidnische Anhänger nur in geringer Zahl und wohl immer nur aus den unteren Schichten ohne römisches Bürgerrecht gewann, die sich dann auch äußerlich dem Judentum möglichst konformierten. Das wurde ganz anders, als Paulus und seine Anhänger die Heidenmission in den Vordergrund stellten und Massenbekehrungen versuchten. Allerdings bildete die Sprache für die Ausbreitung in die bürgerliche, lateinisch sprechende Bevölkerung ein starkes Hindernis, und die römische Christengemeinde hat ja auch noch lange einen durchaus griechischen Charakter getragen; aber Paulus hebt gerade voll Stolz hervor, daß das Evangelium sogar der Kaisergarde bekannt geworden sei, und hat Anhänger im kaiserlichen Haushalt gewonnen. Das konnte der Regierung unmöglich verborgen bleiben, und welche Gefahr darin lag, mußte jeder empfinden. So kann es nicht zweifelhaft sein, daß die Gegner daran Anstoß nahmen und einen Anlaß fanden, Paulus' Auffassung erst recht zu bekämpfen und den jüdischen Standpunkt zu betonen. Erst dadurch erhält Paulus' Versicherung ihren rechten Sinn, daß seine Anhänger jetzt ohne Furcht zu predigen wagen und daß er selbst, wie überall, so auch in Rom, auf Leben und Tod mit vollem Freimut (ἐν πάσῃ παρρησίᾳ) Christus verherrlichen und sich in nichts beschämen lassen wolle (Phil. 1, 20).

Weiteren Aufschluß gibt der Kolosserbrief. Hier bestellt Paulus Grüße von Aristarchos, seinem Mitgefangenen, von Marcus, dem Vetter des Barnabas, und von Jesus Justus, und fügt hinzu: „dies sind die einzigen aus der Beschneidung, die mit mir gearbeitet haben für das Gottesreich und mir ein Trost gewesen sind".[223] Da ist der Bruch mit der Masse der Judenchristen ganz offen ausgesprochen; bis auf die drei haben sich alle von ihm zurückgezogen und stehn ihm feindlich oder zum mindesten indifferent gegenüber.

Von besonderer Bedeutung ist nun, daß unter den drei Marcus erscheint; die Spannung, die zwischen ihnen bestand, seit Marcus sich vor dem Antritt der ersten Missionsreise nach Lykaonien von Paulus und Barnabas getrennt hatte, ist also überbrückt, ebenso wie Paulus auch zu diesem wieder in freundschaftliche Beziehungen gekommen ist. Jetzt ist Marcus offenbar, trotz seiner Beziehungen zu Petrus, auf einen freieren Standpunkt gelangt, der ihm ermöglichte, mit Paulus wieder in Verbindung zu treten und mit ihm zusammenzuwirken; demnächst wird er nach Kleinasien gehn, doch gewiß als Missionar, und Paulus empfiehlt ihn den Kolossern, wenn er dorthin kommt. Von andern, aus dem Heidentum hervorgegangenen Genossen übermittelt Paulus Grüße von Epaphras aus Kolossae, von dem sonst nicht bekannten Demas, und von Lukas „meinem lieben Arzt"[224]; daraus ergibt sich die wichtige, oben mehrfach verwendete Tatsache, daß Lukas in Rom mit Marcus in nahe Berührung gekommen ist.

Die Tragweite der Notiz über Marcus reicht noch viel weiter. Denn Marcus war der Dolmetscher des Petrus[225], und wenn er damals in Rom war, so folgt daraus ohne weiteres, daß auch Petrus damals in Rom gewesen ist. Der dagegen erhobene Einwand, daß dann Paulus Grüße von ihm bestellen mußte, beruht auf einer ganz falschen Auffassung ihres Verhältnisses und der damaligen Zustände in der römischen Gemeinde. So standen, wie oben schon bemerkt, die beiden Männer nicht zu einander, daß persönliche Beziehungen möglich waren; die Versöhnung und den Ausgleich der Gegensätze hat erst das gemeinsame Martyrium geschaffen. Die Erwähnung des Marcus bei Paulus enthält also ein unanfechtbares Zeugnis für den Aufenthalt und das Martyrium des Petrus in Rom.

Auch sonst aber ist die Überlieferung darüber so zuverlässig wie nur möglich, und ihre Bestreitung lediglich aus dogmatischer Voreingenommenheit zu erklären. Denn ein Menschenalter später (gegen 100 n. Chr.) erwähnt Clemens, das Oberhaupt der römischen Gemeinde, also ein älterer Mann, der diese Zeiten selbst mit durchlebt hat, in seinem Brief an die Korinther das Martyrium „unserer braven Apostel", des Petrus und des Paulus, „der größten und gerechtesten Säulen", und fährt in unmittelbarem Anschluß daran fort: „diesen Männern, die ihr Leben fromm geführt hatten, wurde eine große Menge Auserwählter hinzugefügt"[226], eben die Opfer der neronischen Verfolgung. Damit ist so unzweideutig wie möglich ausgesprochen, daß beide damals den Tod in Rom erlitten haben.[227] Fortan gelten beide Rivalen, durch das Martyrium vereinigt, als die Gründer der römischen Gemeinde; daher überträgt Clemens auf sie die Bezeichnung, die ehemals für die zu seiner Zeit bereits ganz in den Hintergrund getretenen Autoritäten in Jerusalem gebräuchlich war, und nennt sie „die größten und gerechtesten Säulen" (οἱ μέγιστοι καὶ δικαιότατοι στῦλοι); Petrus und Paulus sind die beiden Grundpfeiler der römischen Kirche. In demselben Sinn schreibt Ignatios wenig später an die Römer:[228] „ich gebe euch keine Befehle wie Petrus und Paulus; jene waren Apostel, ich ein Verurteilter, jene frei, ich bis jetzt ein Sklave" (natürlich im geistlichen Sinne). Ebenso setzt der erste der auf Petrus' Namen verfaßten Briefe seinen Aufenthalt in Rom voraus, wenn er ihn Grüße „von den Miterwählten in Babylon", d. h. nach theologischem Sprachgebrauch von der Gemeinde in Rom, sowie von „meinem Sohn Marcus" bestellen läßt; seinen Tod am Kreuz kennt das Johannesevangelium.[229] Die weitere Entwicklung der daran ansetzenden Legenden zu verfolgen, ist nicht erforderlich.

Wann Petrus nach Rom gekommen ist, läßt sich, wie oben schon bemerkt, nicht ermitteln. Nur das ist sicher, daß er nicht, wie man gelegentlich vermutet hat, als verurteilter Gefangener nach Rom zur Hinrichtung gebracht ist; denn dann würde Marcus entweder sein Schicksal geteilt oder ihn nicht begleitet haben[230], und wenn ihm Gefahr gedroht hätte, würde Marcus ihn schwerlich verlassen haben; die Gefahr ist eben, anders als bei Paulus, im Spätsommer 64 ganz plötzlich über die Gemeinde hereingebrochen. Zugleich erfahren wir dadurch, daß Marcus nach Kleinasien geht, wie dieser der Verfolgung entgangen ist, so gut wie Timotheus und die andern, die Paulus entsendet. Das gleiche mag er mit Lukas getan haben, der ja ebenfalls gerettet worden ist; doch haben wir davon keine Kunde.

Jedenfalls hat Petrus, der Fels der Kirche, längere Zeit mit apostolischer Autorität in Rom gewirkt. Alle Wahrscheinlichkeit spricht dafür, daß er bereits dort war, als Paulus im Frühjahr 62 in Rom eintraf.

Der Ausgang. Die neronische Verfolgung

Über die neronische Christenverfolgung[231] ist uns, außer kurzen Erwähnungen bei Sueton[232] und bei christlichen Schriftstellern, eine eingehendere Darstellung bekanntlich bei Tacitus erhalten. In den Tatsachen stimmen alle überein; die fürchterlichen, im übrigen durchaus dem Brauch der immer raffinierter gestalteten römischen Kulturbarbarei entsprechenden Hinrichtungen zur Belustigung des Pöbels in den vatikanischen Gärten des Kaisers schildert Tacitus genau in derselben Weise wie Clemens[233]; neben der Ausstaffierung als wilde Tiere, die von Hunden zerfleischt werden, der die Verkleidung der Frauen als Danaiden und Dirke bei Clemens entspricht[234], und der Verbrennung als bei Nacht leuchtende Fackeln erwähnt Tacitus auch die Kreuzigung, wie sie Petrus traf – der alte Mann war für die Schaustellungen nicht mehr zu brauchen. Paulus dagegen ist als römischer Bürger mit dem Schwerte hingerichtet worden, ohne Zweifel ebenda, wo seine Grabstätte liegt, weit außerhalb der Stadt an der Straße nach Ostia – vielleicht hat hier ein Judenquartier gelegen –; das Urteil über ihn wird gesprochen sein, als die Regierung sich entschloß, gegen die Christen vorzugehn und daher endlich auch seinen Prozeß wieder aufzunehmen.

Um so auffälliger ist, daß die Christenverfolgung nur bei Tacitus[235] mit dem Brande Roms in ursächliche Verbindung gesetzt wird. Die christliche Überlieferung weiß davon nichts, weder Melito, Tertullian, Lactantius, Eusebios[236], noch die etwa zu Anfang des dritten Jahrhunderts entstandenen Romane vom Martyrium des Petrus und Paulus. Ebenso erwähnt Sueton die Hinrichtung der Christen durch Nero unter seinen zu billigenden Maßnahmen ohne jede Beziehung auf den Brand[237], den er erst weit später in ganz anderem Zusammenhang berichtet und dessen Anstiftung durch Nero er als gesicherte Tatsache erzählt.[238]

Daß die furchtbare Feuersbrunst, welche vom 19. Juli 64 an sechs Tage lang wütete und dann noch einmal wieder hervorbrach, die unsinnigsten Gerüchte erzeugt hat, wie in allen ähnlichen Fällen, ist begreiflich genug. So wurde behauptet, Nero selbst habe das Feuer angestiftet und seine Ausbreitung gefördert, er habe sich an dem Anblick geweidet und dazu als Schauspieler die Verbrennung Trojas besungen. Die Historiker, die Neros Bild noch schwärzer malen, als es in Wirklichkeit war, haben das, wie Tacitus bezeugt[239] und Plinius[240], Sueton, Dio bestätigen, meistens geglaubt, so widersinnig das ist; in Wirklichkeit hat die Regierung und Nero selbst – der beim Ausbruch des Feuers in Antium war und erst nach Rom kam, als er erfuhr, welche Dimensionen es annahm – offenbar alles getan, um den Brand einzudämmen und die Not zu lindern. Tacitus verfährt, wie in solchen Fällen durchweg: er erzählt scheinbar ganz objektiv und unparteiisch, gestaltet aber mit raffinierter Kunst seine Darstellung so, daß der Leser die volle Überzeugung gewinnt, die ungünstige Auffassung sei die allein zutreffende; und damit hat er denn auch, hier wie sonst, in der Mehrzahl der modernen Darstellungen die volle Wirkung erzielt, die er beabsichtigte.

Neben der Beschuldigung Neros steht die der Christen; und hier zeigt sich die zweischneidige Wirkung der durch Paulus hervorgerufenen Agitation. Dadurch, daß die Propaganda über die engen Kreise der Juden und der Fremden hinausgreift und sogar in die Armee und in den kaiserlichen Haushalt eindringt, werden Regierung wie Volk auf sie aufmerksam, und die Erkenntnis bricht durch, daß es sich hier nicht, wie man bisher geglaubt hatte, um eine jüdische Sekte, sondern, der Auffassung des Paulus entsprechend, um eine neue Religion handelte, welche allen andern, und damit auch der Staatsreligion feindlich gegenüberstand und sie aggressiv bekämpfte. Die Gegensätze und Rivalitäten innerhalb der Gemeinde, die, wie bei jeder fanatischen Propaganda – uns gibt die Sozialdemokratie, die ja auch eine Religion ist, davon eine lebendige Anschauung –, oft genug vor der Öffentlichkeit aufeinander geplatzt sein werden, und der erbitterte, durch Paulus' Auftreten noch gesteigerte Haß der Juden werden die Aufmerksamkeit erst recht auf sie gelenkt haben.

Für die Massen sind es, wie immer, nicht sowohl die abstrakten Lehrsätze, welche Widerstand und gehässige Beurteilung hervorrufen, als vielmehr das Verhalten im täglichen Leben, die geringschätzige Ablehnung und Bekämpfung der Kulthandlungen, der Opfer, Feste und Spiele, welche den andern die größte Lustbarkeit und den höchsten Genuß des Lebens boten, und daneben die Zurückhaltung im Verkehr mit anderen, die Absonderung, die durch die den zarten Gewissen auch von Paulus widerstrebend gemachte Konzession noch gesteigert wurde, daß man die Teilnahme an den Mahlzeiten ablehnte, weil dabei Opferfleisch auf den Tisch kam. Dadurch wurde, wie von Anfang an innerhalb der Judenschaft, so jetzt auch in der Heidenwelt und in Rom selbst der Zwist in die Familien und die

Freundeskreise hineingetragen.[241] Nicht wenigen imponierte die strengsittliche Haltung der Christen, die alle Unterschiede des Standes und des Besitzes überbrückende Brüderlichkeit und Hilfsbereitschaft, die todesmutige Hingabe für den Glauben, und lockte sie, der neuen Heilslehre näherzutreten; weitaus die Mehrzahl dagegen sah in dieser Hinwegsetzung über alle überkommenen Lebensformen, in der Weltverachtung, in dem Anspruch, die „Auserwählten" und „Heiligen" zu sein, nur eine unerträgliche Anmaßung und geistigen Hochmut. Es sind dieselben Momente, die zu allen Zeiten den Judenhaß, den „Antisemitismus", hervorgerufen haben. Dazu kam dann, wie bei jeder solchen Sekte, das Geheimnisvolle des Mysteriums, mit dem sie umgeben war, die Abendmahlfeier in den Häusern, bei der keinem Nichteingeweihten Zutritt gewährt wurde, die nächtlichen Zusammenkünfte mit ihren Kulthandlungen und Gebeten. Daß hier Dinge getrieben würden, die das Tageslicht zu scheuen hätten, erschien als selbstverständlich. So schrieb man ihnen die ärgsten Verbrechen zu, welche der Aberglaube erzeugt und die in noch weit größerem Umfang geglaubt wurden, als sie wirklich vorkamen – wurde doch z. B. auch behauptet, Catilina und seine Mitverschworenen hätten ihren Bund durch Schlachtung eines Menschen und Genuß seines mit Wein vermischten Fleisches bekräftigt[242]; derartige Opfer und dazu Blutschande schlimmster Art, „thyestische Mahlzeiten und oedipodeische Umarmungen" würden, so glaubte man allgemein, in den christlichen Konventikeln begangen. Wenn Melito von Sardes an Kaiser Marcus schreibt, boshafte Menschen hätten durch ihre Verleumdungen Nero und Domitian zum Einschreiten gegen die Christen veranlaßt[243], so sind damit eben diese Beschuldigungen gemeint, gegen die sie sich in der Folgezeit immer wieder zu verteidigen haben.[244] Sueton, der das Christentum als *superstitio nova ac malefica* bezeichnet, meint damit ganz dasselbe.

Wir wissen, daß diese Behauptungen von den Juden eifrig verbreitet wurden[245], wie denn dieselben Vorwürfe schon in den Parteikämpfen der späteren Makkabaeerzeit von pharisaeischer Seite gegen ihre Gegner vorgebracht worden sind (Psalm. Sal. 8, 9 f.) – die geschichtliche Vergeltung ist nicht ausgeblieben, daß dieselbe Beschuldigung des Ritualmords eines Christenkindes beim Passahfest, so widersinnig sie ist[246], bis auf den heutigen Tag immer wieder gegen sie erhoben wird. Auch in Rom mögen sie zu ihrer Verbreitung beigetragen haben. Aber mehr als Mithelfer sind sie nicht gewesen, der Ursprung liegt in der allgemeinen Volksstimmung, die in solchen Lagen immer wieder derartiges erzeugt. Daß dann bei einem furchtbaren Naturereignis wie dem Brande unter andern auch die Christen der Anstiftung beschuldigt werden, ist nur natürlich; gleichartig sind die Anschuldigungen wegen Brunnenvergiftung, vergiftetem Brot u. ä. bei Epidemien und die zahlreichen gleich unsinnigen Gerüchte, wie sie jeder große Krieg, Hungersnöte u. ä. in Masse erzeugen.

Auch Tacitus ist fest davon überzeugt, daß die Christen nichts andres sind, als eine Rotte von Verbrechern unter religiösem Deckmantel. Er hat zweifellos, wie sein Freund Plinius im Jahre 111/2 in Bithynien, so um dieselbe Zeit als Proconsul von Asia zahlreiche Christen abgeurteilt und dabei auch, im Anschluß an das bei den Verhören mitgeteilte Glaubensbekenntnis[247], über Ursprung und Geschichte der Religion die Hauptdaten erfahren, die er dann in den Annalen mitteilt – eine Angabe, die dadurch, daß sie dem Stifter des Christentums den Namen Christus gibt, drastisch illustriert, wie vollkommen der wirkliche Stifter Jesus durch den überweltlichen Christus in den Hintergrund gedrängt ist. Auch Plinius hat, wie alle Welt, zunächst geglaubt, daß das Christentum mit Verbrechen untrennbar verbunden sei[248]; zu seinem Erstaunen konnte er aber, auch bei peinlichem Verhör, nichts davon entdecken, sondern fand nur „einen wüsten, alles vernünftige Maß überschreitenden Aberglauben"[249] – in erster Linie wird auch ihm die Auferstehungslehre ganz widersinnig vorgekommen sein. Tacitus dagegen, von streng römischer, auch der philosophischen Aufklärung sehr kühl gegenüberstehender Gesinnung, überdies als Quindecemvir amtlich zur Pflege und Beaufsichtigung des Staatskultus berufen, hat unbeirrt an der populären Anschauung festgehalten und spricht das in der mehrere Jahre nach seiner Statthalterschaft geschriebenen Darstellung der Christenverfolgung Ann. XV 44 nachdrücklich aus: die Religion der Christen ist ein „abscheulicher Aberglaube" (*exitiabilis superstitio*), sie gehören zu all dem „Grausigen und Schändlichen" (*atrocia aut pudenda*), das von überall her nach Rom zusammenströmt; sie sind, wie wir in seinem Sinn hinzusetzen dürfen, mit Recht „wegen ihrer Schandtaten der Menge verhaßt" (*per flagitia invisos*), sie sind „schuldig und haben die schlimmsten Strafen verdient" (*sontes et novissima exempla meritos*), ihre Vertilgung als „Abscheu des Menschengeschlechts" (*odium humani generis*) liegt im „Interesse des Staats" (*utilitate publica*).

So würde er ihnen auch die Brandstiftung gern zutrauen. Aber stärker noch als sein Haß gegen die Christen ist sein Haß gegen Nero, und so ist diesem die ganze Darstellung untergeordnet. Als die

Gerüchte, er selbst habe das Feuer angestiftet, noch immer nicht verstummen wollen, „schiebt er andere als die Schuldigen unter", nämlich die Christen, „und verhängt über sie die raffiniertesten Strafen", so daß zuletzt der Haß gegen sie trotz ihrer Verbrechen in Mitleid und Vorwürfe gegen Neros Grausamkeit umschlägt.

Tacitus hat diese Verknüpfung, die in den anderen Berichten nicht beachtet wird, natürlich nicht erfunden, sondern aus einer seiner Vorlagen übernommen. Sie wird auch nicht unrichtig sein; aber sie rückt den Hergang in eine einseitige Beleuchtung, die oft genug in die Irre geführt hat. Daß zwischen der Feuersbrunst im Juli und dem Beginn der Christenprozesse ein längerer Zeitraum liegt, geht auch aus Tacitus' Darstellung hervor. Da wird, neben anderen Anschuldigungen, auch die der Brandstiftung vorgebracht und begierig aufgegriffen sein; aber Tacitus selbst sagt, daß dieser Grund alsbald fallen gelassen wurde. Er drückt sich, offenbar mit vollem Bewußtsein, sehr zweideutig aus: „Somit wurden zuerst die ergriffen, welche bekannten" (*qui fatebantur*) – ob die Brandstiftung oder das Christentum, darüber wird man sich immer wieder streiten[250], er hat das mit Absicht in der Schwebe gelassen, um so den Übergang dazu zu finden, daß aus der von Nero beabsichtigten Aufdeckung der Brandstifter ein Prozeß gegen die Christen als solche wird: „darauf wurde auf ihre Anzeige hin eine ungeheure Menge nicht so sehr wegen des Verbrechens der Brandstiftung als durch den Haß des Menschengeschlechts hinzugefügt."[251]

Die Christen sind unter Nero nicht, so oft das auch von neueren Darstellern behauptet worden ist, als Brandstifter und daher als gewöhnliche Verbrecher, sondern, wie Tacitus selbst in voller Übereinstimmung mit allen anderen Berichten ausdrücklich sagt, um ihrer Religion willen, als Christen verurteilt worden. Der Brand Roms ist nicht die Ursache der Christenverfolgung, sondern er hat nur den Anstoß gegeben zu einem Vorgehn, das auch ohne ihn ganz unvermeidlich war und binnen kurzem von selbst eintreten mußte. Es ist die notwendige Gegenwirkung des Staats gegen die von Paulus und seinen Anhängern betriebene Propaganda. Solange diese sich in engen Grenzen hielt, konnte der Prozeß des Paulus als eine Streitigkeit zwischen Juden, die die römische Regierung im Grunde nichts anging, ruhig liegen bleiben; jetzt, wo das Christentum als eine neue, in die Bürgerschaft übergreifende und den Staatskultus bekämpfende Religion auftrat, war das nicht länger möglich, oder vielmehr, es war eine ganz neue Frage aufgetaucht, hinter der der ursprüngliche Streitpunkt, um den es sich bei Paulus handelte, als nebensächlich verschwand. Da mußte die Regierung Stellung nehmen, so oder so. Die Entscheidung, die sie traf, war des vollen Einverständnisses der Masse der Bevölkerung sicher: so tolerant man im allgemeinen fremden Kulten und selbst der jüdischen Propaganda gegenüber war, hier waren die Christen die Angreifer, und es galt, in dem Staatskultus den Staat selbst zu verteidigen. Als erschwerendes Moment kam hinzu, daß man überzeugt war, daß zu dem neuen Kultus verbrecherische Handlungen gehörten, die zu unterdrücken ebensogut eine Pflicht des Staates war, wie die Unterdrückung der Menschenopfer der Druiden und der Phöniker Nordafrikas.

So wird Paulus bei der Gerichtsverhandlung einfach dieselbe Frage vorgelegt worden sein, wie sie dann in den Christenprozessen immer wiederkehrt, ob er bereit sei, seiner Pflicht als römischer Bürger gemäß, den Göttern des Staats (und unter ihnen dem Divus Julius, Divus Augustus und Divus Claudius) zu opfern; damit, daß er das weigerte, war sein Urteil gesprochen.

Daß die Aufsuchung der Christen auf Grund von Denunziationen erfolgte, sagt Tacitus selbst, ebenso wie Clemens und Melito das andeuten; nur läßt er diese Anzeigen von den zuerst Aufgegriffenen – also solchen, deren Christentum notorisch war, wie z. B. Petrus – selbst ausgehn (*indicio eorum*). In Wirklichkeit werden, sobald es bekannt war, daß gegen die Christen vorgegangen werden sollte, Anzeigen in Fülle eingelaufen sein. Daß unter den Denunzianten auch Juden gewesen sind, ist kaum zu bezweifeln, aber ganz verkehrt, ihnen die Schuld an der Verfolgung zuzuschreiben[252]; vielmehr werden es in erster Linie Leute gewesen sein, deren Verwandte oder Freunde bekehrt waren oder die selbst nach zeitweiligem Übertritt wieder abgefallen waren; und dazu kamen, wie oben berührt, die Streitigkeiten und Rivalitäten zwischen den Christen selbst, die ja immer zu solchen Vorgängen führen. Man darf dabei wohl auf den Zusatz hinweisen, den das Matthaeusevangelium 24, 10 ff. in die Marcusapokalypse eingefügt hat: „Dann ‚werden viele zu Fall kommen' (Dan. 11, 41) und einander ausliefern und hassen; und viele falsche Propheten werden auftreten und viele irreführen; und weil der Frevel überhand nimmt, wird die Liebe der Menge erkalten, wer aber ausharrt bis zuletzt, der wird gerettet werden."[253] Die Stelle bezieht sich zwar nicht auf Rom, wohl aber auf die Zustände, wie sie sich in der östlichen Welt und auch in Palaestina selbst in den letzten Jahrzehnten des ersten Jahrhunderts mit dem Aufkommen der Sekten entwickelt haben; sie schildert nicht etwa, wie die Verkündungen, zwischen die sie eingefügt ist, die Verfolgungen durch die Ungläubigen und die Juden, sondern die Zustände, die sich innerhalb der Christen selbst mit dem Einreißen der Parteiungen und dem Erkalten der Liebe entwickeln, und werfen auf diese ein sehr bezeichnendes Licht. Gleichartig werden wir uns, in voller Übereinstimmung mit Paulus' Schilderung und der Andeutung bei Clemens, auch die Zustände der römischen Gemeinde im Jahre 64 vorzustellen haben.

X
Christentum und Weltreich. Die Christenverfolgungen

Die römische Regierung und das Christentum. Die Christenverfolgungen

Durch die Christenprozesse des Jahres 64 ist festgestellt, daß das Bekenntnis zum Christentum in den Augen des römischen Staats ein todeswürdiges Verbrechen ist. Es ist ein Irrtum der modernen Forschung, wenn sie, infolge der irrigen Auffassung der damaligen Hinrichtungen als Verurteilungen wegen Brandstiftung, diese Entscheidung erst unter Domitian ansetzen will. Vielmehr stellt Tertullian den Hergang völlig zutreffend dar, wenn er nach einem Hinweis auf Neros Charakter fortfährt: „und doch ist von seinen Anordnungen, während alle anderen ausgelöscht wurden, diese (die Verdammung der Christen) allein bestehn geblieben, in der Meinung, sie sei gerecht und dem Wesen ihres Urhebers nicht gleichartig"[1]; so haben ja Sueton, Tacitus, Plinius und die gesamte heidnische Literatur der Folgezeit die Verfolgung des Christentums beurteilt.

Nicht zutreffend und aus der späteren Entwicklung fälschlich bereits auf die Zeit Neros übertragen ist dagegen die bei späteren christlichen Schriftstellern vorkommende Behauptung, die Verfolgung sei gleich damals systematisch auf das ganze Reich ausgedehnt und das Christentum durch Gesetze und Edikte verboten worden[2]; denn wenn Trajan im Jahre 111 erklärt, es sei unmöglich, über das Verfahren gegen die Christen eine allgemeine Regelung in juristisch fest formulierten Sätzen aufzustellen[3], so ist damit zugleich gesagt, daß es bis dahin eine derartige, gesetzlich festgelegte Weisung nicht gab, da er sonst notwendig auf diese, sei es bestätigend, sei es berichtigend, Bezug nehmen mußte. Wohl aber zeigt eben das Vorgehn des Plinius und die Antwort Trajans, daß das Bekenntnis zum Christentum, das *nomen* schlechthin, ein todeswürdiges Verbrechen war, mochten die übrigen gegen die Christen erhobenen Vorwürfe begründet sein oder nicht; Trajan macht nur, dem ihm von Plinius nahegelegten Vorschlag folgend, die Konzession, daß eine Ableugnung im Prozeß und der dafür durch Opfer an die Staatsgötter gebrachte Beweis Pardon und Straflosigkeit gewähren soll, mochte der Betreffende auch für die Vergangenheit verdächtig genug sein. So sind denn Prozesse gegen Christen ständig im Gange, sowohl in Rom wie in den Provinzen, und es ist lediglich Zufall, daß Plinius in seiner amtlichen Laufbahn daran vor seiner Statthalterschaft im Jahre 111/2 nicht teilgenommen hat und daher über das Verfahren, das sich dafür herausgebildet hat, nicht unterrichtet ist, so daß er jetzt nach eigenem Ermessen tastend vorgehn muß[4]; der Kaiser bestätigt ihm aber, daß er das Richtige getroffen habe.

Wenn Mommsen, in Bekämpfung der populären Ansicht von einer langen Reihe gesonderter und durch spezielle Anordnungen der Kaiser hervorgerufener Christenverfolgungen, die dann durchgezählt werden, einmal gesagt hat: „in der Tat war die Verfolgung der Christen stehend wie die der Räuber, und kamen nur diese Bestimmungen bald milder oder auch nachlässiger, bald schärfer zur Anwendung, wurden auch wohl einmal von oben herab besonders eingeschärft"[5], so hat er damit die Stellung des römischen Staats zum Christentum in scharfer Pointierung, aber prinzipiell völlig zutreffend formuliert. Die Bestrafung der Christen entsprang aus dem Wesen des Staatsbegriffes und dem unlösbaren Konflikt, in den sich das Christentum mit ihm gesetzt hatte; und eben deshalb bedurfte es dafür keiner neuen gesetzlichen Bestimmung, sondern das Verfahren ergab sich von selbst, sobald ein Fall zur rechtlichen Kognition der Regierung gelangte.

In dem Verfahren des Plinius treten die entscheidenden Momente nur um so deutlicher hervor, da er sich über die geltenden Grundsätze im einzelnen nicht klar ist. Er weiß, daß die Zugehörigkeit zum

Christentum vom Staat als strafbar betrachtet wird, aber nicht, ob schon das Bekenntnis an sich, das *nomen ipsum*, das Todesurteil erfordert oder nur die damit nach allgemeiner Ansicht untrennbar verbundenen Verbrechen (*flagitia cohaerentia nomini*), und ebensowenig, ob jeder, der einmal Christ gewesen ist, damit sein Leben verwirkt hat, ganz gleichgültig, wie er jetzt dazu steht, oder ob – was seiner Neigung entspricht und durch Trajans Entscheidung bestätigt wird – den Bereuenden und Abtrünnigen Gnade gewährt werden darf.[6] Plinius hilft sich damit, daß er die Angeschuldigten selbst fragt, ob sie Christen seien. „Wenn sie bekannten, fragte ich sie zum zweiten und zum dritten Mal, unter Androhung der Todesstrafe; wenn sie beharrten, ließ ich sie zur Hinrichtung abführen. Denn darüber hatte ich keinen Zweifel, daß, was das auch sein mochte, was sie bekannten, die Hartnäckigkeit und unbeugsame Halsstarrigkeit jedenfalls bestraft werden müsse. Einige andere, ebenso Wahnwitzige (*similis amentiae*) habe ich, da sie römische Bürger waren, zur Überführung nach Rom aufzeichnen lassen", d. h. zur Aburteilung durch das Kaisergericht, da der Statthalter ein Todesurteil gegen römische Bürger nicht verhängen kann. Die welche erklärten, keine Christen gewesen zu sein oder wenigstens nicht mehr zu sein, hat er entlassen, „nachdem sie unter meiner Leitung die Götter angerufen und Deinem Bilde, das ich dafür zusammen mit den Götterstatuen hatte herbeibringen lassen, mit Weihrauch und Wein geopfert und überdies Christus verflucht hatten, Dinge, wozu, wie man sagt, niemand gebracht werden kann, der wirklich ein Christ ist".

In diesem Vorgehn des Statthalters tritt das Motiv, weshalb der Staat die Bekenner des Christentums prinzipiell verdammt, völlig in den Hintergrund; die Strafbarkeit ist für ihn gegeben und daher eine Norm, die er von Amts wegen zu befolgen hat. Über die Gründe dagegen hat er wirkliche Klarheit nicht zu gewinnen vermocht, vielmehr erscheint ihm diese Religion zwar als ein armseliger, alles Maß überschreitender Aberglaube, aber im übrigen ziemlich harmlos, die Verbrechen, die ihr vorgeworfen werden, sind auch durch peinliches Verhör von zwei Sklavinnen nicht nachweisbar. Nur um so schärfer gelangt dafür das Moment zum Ausdruck, das die Vertreter der Regierung, mochten sie noch so sehr zu mildem und lässigem Verhalten geneigt sein, doch immer wieder zu Todesurteilen gegen Christen gezwungen hat. Die Allgewalt des Staats liegt im Wesen des Staatsbegriffs; seine Gebote erfordern den unbedingten Gehorsam aller seiner Untertanen, einen prinzipiellen Widerspruch und eine grundsätzliche Leugnung seines Rechts kann er nicht dulden, ohne sein Wesen selbst aufzuheben. Die als selbstverständlich betrachtete Voraussetzung dabei ist, daß der Staat nur befiehlt, wozu er ein Recht hat; eben das aber wird ihm von den Angeklagten bestritten unter Berufung auf das höhere Recht der eigenen Überzeugung: „man muß Gott mehr gehorchen als den Menschen". Dem Befehl, den Göttern und dem Kaiserbilde zu opfern, weigern sie sich zu gehorchen und beharren dabei trotz aller Mahnungen und Drohungen. Auf politischem Gebiet ist eine solche Weigerung offene Rebellion und führt, wenn sie geduldet wird, zur Revolution. Derartige Gedanken lagen nun freilich den Christen ganz fern; aber an der Sache konnte das nichts ändern. In solchen Konflikten gibt es keine Lösung. Im Begriff der Rechtsidee und ihrer Verkörperung im Staat liegt die Zwangsgewalt beschlossen, und es ist die Pflicht seiner Vertreter, sie anzuwenden; eine Nachgiebigkeit würde die Grundlagen seines Bestehens in Frage stellen. So blieb dem Statthalter nichts übrig, als das Todesurteil auszusprechen.[7]

Ganz in derselben Weise wie Plinius verhält sich vierzig Jahre später der Proconsul von Asia Statius Quadratus bei der Verfolgung, der am 24. Februar 156 Polykarp zum Opfer fiel.[8] Hier hat der schlichte Bericht, den die Gemeinde von Smyrna darüber aufgezeichnet hat, eine noch weit eingehendere, völlig authentische Schilderung seitens der christlichen Augenzeugen erhalten. Hervorgerufen ist sie durch eine von den Juden geschürte Massenbewegung. Der Proconsul muß über die Angeklagten zu Gericht sitzen; aber auf alle Weise, mit den furchtbarsten Folterqualen, sucht er sie – natürlich Nichtbürger und Sklaven – zur Verleugnung zu bringen[9], auch noch nach der Verurteilung in der Arena angesichts der Tiere, die sie zerreißen sollen, so den Germanicus „aus Mitleid mit seinem Alter"; aber der zwingt das Tier, sich auf ihn zu stürzen, während ein Phryger Quintus, der sich vorher freiwillig als Christen gemeldet hat, versagt, verleugnet und opfert. Als dann Polykarp vom Polizeichef (εἰρήναρχος) Herodes eingebracht wird, redet dieser ihm freundlich zu: „was ist denn schlimmes dabei, κύριος Καῖσαρ zu sagen, zu opfern mit dem was dazu gehört, und so sich das Leben zu retten?"; und ebenso versucht der Proconsul immer wieder, ihn, unter Hinweis auf sein Alter, zum Schwören beim Genius des Kaisers und zur Verleugnung Christi zu bereden. Selbst als er sich ausdrücklich als Christen bekennt, spricht er das Urteil noch nicht, sondern weist auf die Volksmassen hin, die er umzustimmen versuchen möge (πεῖσον τὸν δῆμον). Polykarp lehnt das als seiner nicht würdig ab, und so bleibt, da alle

Drohungen nichts fruchten, auch hier nichts übrig, als das Todesurteil, das dann, da die Kampfspiele schon geschlossen sind, durch Verbrennung vollzogen wird. Ganz deutlich tritt hervor, wie antipathisch dem Statthalter das Verfahren ist, zu dem er sich gezwungen sieht, und wie gern er davon losgekommen wäre.[10]

Der akute Konflikt ist freilich nur möglich, weil dahinter der Rechtssatz steht, daß das Bekenntnis zum Christentum, das *nomen Christianum,* ein todeswürdiges Verbrechen ist. Dadurch erhalten die Christenprozesse zugleich den Charakter einer Religionsverfolgung. Für die Massen, die bei Unglücksfällen, wo der Zorn der Götter offenkundig wird, oder sonst, wo irgend ein Vorfall die Leidenschaften und Gehässigkeiten erregt, ungestüm die Hinrichtung der Christen fordern, sind sie das auch gewesen; aber für den römischen Staat werden sie durch diese Auffassung, bis auf die prinzipielle Änderung seines Standpunkts unter Decius, in eine einseitige und im Grunde nicht zutreffende Beleuchtung gerückt. Allerdings setzt der Staat voraus, daß alle römischen Bürger sich formell zu den Göttern des Staats bekennen, und verlangt von allen Untertanen mit Ausnahme der durch Sonderprivilegien eximierten Juden, daß sie den zu Reichsgöttern erhobenen konsekrierten Caesaren und vor allem dem regierenden Kaiser durch religiöse Huldigung mit Weihrauch und Wein und durch Anrufung des Genius des Kaisers die schuldige Ehrung erweisen. Daneben mochten sie nach Belieben an ihren vererbten Kulten festhalten oder sich neuen sakralen Gemeinschaften zuwenden, soweit sie nicht mit Verbrechen, wie z. B. Menschenopfern, Kastration, Zauberei verbunden waren oder mit den gesetzlichen Bestimmungen in Konflikt kamen, die das Vereinswesen aufs stärkste einschränkten und kontrollierten. Das alles war, im Gegensatz zu der offiziellen *religio,* eine *superstitio,* die der Staat duldete und rechtlich in ihrem Besitz schirmte, aber im übrigen sich selbst überließ. Um die persönliche Stellung des Einzelnen zur offiziellen Religion dagegen hat der Staat sich nie gekümmert, vielmehr hier volle Freiheit gelassen und, anders als z. B. Athen, auch die schärfsten Angriffe und Verspottungen von Göttern und Kultus ruhig geduldet – *deorum iniuriae diis curae,* wie Kaiser Tiberius sogar mit Bezug auf einen beim Divus Augustus geleisteten Meineid erklärte – ; hinderte es doch um so weniger, die offiziellen Kultriten mitzumachen, je geringer man von ihnen dachte. Daher finden sich Anklagen und Strafen gegen römische Bürger wegen ihres religiösen Verhaltens nur sehr selten[11], und zwar, wie es scheint, so gut wie ausschließlich wegen Zugehörigkeit zur jüdischen Religion[12], da diese infolge ihrer Exklusivität mit den Pflichten des Staatsbürgers unvereinbar war.[13] Hierher gehört das Einschreiten des Tiberius gegen die hauptstädtischen Juden und die Einstellung von 4000 jüdischen Freigelassenen in die Truppe auf Sardinien – denn das sind römische Bürger[14] –; ferner die Anklage wegen Gottlosigkeit (ἀθεότης) gegen Flavius Clemens und Domitilla und zahlreiche andere im Jahre 95, die als „Verirrung zum Judentum" (ἐς τὰ τῶν 'Ιουδαίων ἔθη ἐξοκέλλοντες) erläutert wird.[15] So wird auch die *superstitio externa,* wegen derer im Jahre 57 Pomponia Graecina angeklagt wird, wohl das Judentum gewesen sein. Ein ausdrückliches Verbot des Übertritts zum Judentum (und ebenso zum Christentum) hat dann Septimius Severus erlassen; römische Bürger, die sich oder ihre Sklaven nach jüdischem Ritus beschneiden lassen, werden mit Einziehung des Vermögens und lebenslänglicher Verbannung auf eine Insel bestraft, die dabei mitwirkenden Ärzte hingerichtet.[16]

Auch gegen Untertanen ist die Anklage und Verurteilung wegen Religionsfrevels nicht häufig gewesen, so oft auch der Pöbel in allen Landschaften gegen die „Gottlosen" (ἄθεοι) – zutreffender wäre die Wiedergabe durch „Götterleugner" – tobte und ihre Austilgung forderte. Mit Recht hat MOMMSEN darauf hingewiesen, daß das römische Recht einen dem griechischen ἀθεότης entsprechenden festen Terminus für das *crimen laesae publicae et maxime Romanae religionis* oder das *inreligiositas,* wie es Tertullian nennt, überhaupt nicht besitzt.[17] Um so mehr fällt die Majestätsbeleidigung (griech. ἀσέβεια) ins Gewicht, die in der Verweigerung des Opfers vor dem Kaiserbilde enthalten ist; sie spielt in den meisten Christenprozessen die entscheidende Rolle. Dabei ist indessen nicht zu übersehn, daß diese Forderung nur gestellt wird, um zu erproben, ob der Angeklagte Christ ist oder nicht, und daß an sie die weitere Forderung angeknüpft wird, Christus zu verleugnen und zu verfluchen; die Verurteilung erfolgt dann, wenn er sich als Christ bekannt hat, was beim Prozeß des Polykarp und wohl auch sonst vor der Hinrichtung im Stadion durch Heroldsruf dreimal verkündet wird: Πολύκαρπος ὡμολόγησεν ἑαυτὸν Χριστιανὸν εἶναι.[18] So ist es doch das Bekenntnis zum Christentum, das *nomen Christianum,* welches das Todesurteil herbeiführt, und in zahlreichen Prozessen, so dem des Ptolemaeos und seiner Genossen vor dem praefectus urbi Urbicus (152 n. Chr.) oder der Christen von Scili in Numidien (180), wird es sofort auf das Bekenntnis hin ausgesprochen (bei den letzteren, nachdem sie eine dreißigtägige Frist zur Überlegung abgelehnt haben), ohne den Versuch, Widerruf und Opfer zu erzwingen.[19] Mit Recht werden die Verurteilten daher von den Christen als „Zeugen" (Märtyrer), d. h. als Bekenner der wahren Religion bezeichnet.[20]

Der Konflikt zwischen Staat und Christentum beruht auf der Tatsache, daß dieses dem Staat das Recht bestreitet, von jedem seiner Untertanen Kulthandlungen religiösen Charakters zu verlangen, und daß es dadurch zugleich zeigt, daß es den vom Staat anerkannten Göttern nicht nur skeptisch, wie so viele Ungläubige, sondern aggressiv feindlich gegenübersteht und, wenn es sich ungehindert weiter verbreiten kann, ihrem Kultus ein Ende bereiten würde, wie das Plinius mit Bezug auf die Tempel Bithyniens sagt. Seitdem diese Erkenntnis im Jahre 64 unter Nero zum Bewußtsein der Regierung gekommen ist, ist jeder Christ der Gefahr ausgesetzt, daß er wegen seiner Religion vor Gericht gezogen und, wenn er die Verleugnung und den Erweis durch Opfer vor dem Kaiserbilde ablehnt, ganz abgesehn von den sonst gegen das Christentum erhobenen sittlichen Vorwürfen, als Religionsfrevler und zugleich als Majestätsbeleidiger verurteilt wird. Wie weit ihn im Einzelfalle dies Schicksal traf, hing von den zufälligen Umständen ab, ob sich ein Ankläger fand, ob ein Statthalter oder die Reichsregierung ein energisches Vorgehn für geboten hielt, oder ob irgendwo eine Massenbewegung ein solches forderte.

Die christlichen Martyrien. Die Apokalypse

Die christlichen Angaben stimmen mit diesem Bilde völlig überein. Daß die Bekenner des Messias Jesus ebenso wie dieser selbst bei ihrer Verkündung überall auf erbitterten Widerstand, auf Hohn und Verfolgung stießen, haben sie von ihrem ersten Auftreten in Jerusalem an erfahren; das war das Schicksal, das seit den Tagen des Mose und schon lange vor ihm, von Abel ab, jeder Fromme und Gerechte und jeder Verkünder des wahren Gottesworts erlitten hatte und das der Herr auch ihnen in Aussicht gestellt hatte. Zu solchen Konflikten wird es bei der Mission in Judaea in den einzelnen Orten fortwährend gekommen sein; die Überlieferung bei Lukas gibt nur bei den wichtigsten Vorgängen, den Zusammenstößen des Petrus und Johannes mit dem Synedrium, den systematischen Verfolgungen nach der Steinigung des Stephanus und unter Agrippa I. sowie den Schicksalen des Paulus genauere Angaben. Ergänzend tritt hier die Schilderung in der von Marcus aufgenommenen Apokalypse ein, die etwa um 55–60 oder wenig später, jedenfalls vor dem Ausbruch des jüdischen Aufstands entstanden ist. „Nehmt euch in acht![21] Sie werden euch in Synedrien übergeben (vor Gericht stellen) und in Synagogen geißeln, und ihr werdet vor Statthalter und Könige (ἐπὶ ἡγεμόνων καὶ βασιλέων) gestellt werden" – den Procurator von Judaea[22] und König Agrippa – „um meinetwillen, zum Zeugnis gegen sie.[23] Auch muß das Evangelium zuerst (ehe das Ende kommen kann) an alle Völker verkündet werden. Wenn sie euch ausliefern und abführen, so sorgt nicht im voraus, was ihr reden sollt, sondern was euch in jener Stunde gegeben wird, das redet; denn nicht ihr seid es, die reden, sondern der heilige Geist" – es wird also dasselbe Verhalten empfohlen, das im Gegensatz zu den üblichen ausgearbeiteten Gerichtsreden Sokrates gemäß der Weisung seines Daimonions bei seiner Verteidigung befolgt hat. „Und es wird ein Bruder den andern zum Tode überliefern und ein Vater den Sohn, Kinder gegen die Eltern aufstehn und sie zum Tod bringen. Und ihr werdet von allen gehaßt sein um meines Namens willen; wer aber ausharrt bis zum Ende, der wird gerettet werden."

Matthaeus hat den letzten Satz geändert in: „ihr werdet von allen Völkern gehaßt sein".[24] Darin gelangt die Fortentwicklung anschaulich zum Ausdruck. Der ursprüngliche Text denkt nur an die Verfolgungen durch die Juden, die römischen Statthalter kommen dafür nur akzessorisch in Betracht, die Heidenmission, deren Notwendigkeit als in der Schrift verkündet anerkannt wird, geht unbehelligt daneben einher, die römische Regierung kümmert sich nicht darum. Zur Zeit des Matthaeus dagegen ist der Konflikt mit dieser und der gesamten Heidenwelt in den Vordergrund getreten, die Verfolgung wegen des ὄνομα beruht auf seiner Ächtung durch das Römerreich.[25]

Lebendig führten uns die Zustände, wie sie seitdem dauernd bestanden, die Johannesapokalypse vor Augen. In Pergamon steht der Thron des Satans – der Kaisertempel der Provinz Asia – ; aber trotzdem „hält die Gemeinde fest an meinem Namen und hat meinen Glauben nicht verleugnet auch in den Tagen, da Antipas mein treuer Zeuge bei euch getötet wurde, da wo der Satan wohnt".[26] Ephesos hat bewiesen, daß es „Ausdauer besitzt, hat getragen um meines Namens willen und ist nicht müde geworden".[27] Smyrna wird ermahnt, offenbar in Anspielung an bestimmte eben jetzt eingetroffene, hier aber in prophetischer Einkleidung vorausverkündete Ereignisse: „Fürchte nicht, was dir zu leiden bevorsteht; der Teufel wird einige von euch ins Gefängnis werfen, euch zu versuchen, und ihr werdet eine Verfolgung (δλίφις) von zehn Tagen zu tragen haben. Sei getreu bis in den Tod, und ich werde dir den (Sieges)kranz des Lebens geben; denn der Sieger – das verkündet der Geist den Gemeinden für die, welche Ohren haben – wird nichts zu leiden haben bei dem zweiten Tode"[28] – die um Jesu willen Hingerichteten, die eben dadurch den Siegespreis des Martyriums errungen haben, werden, wie der Geist den Eingeweihten verkündet und nachher 20, 4 ff. ausgeführt wird, schon bei der „ersten Auferstehung" nach dem provisorischen Siege des Christus über den Satan zum Leben erweckt werden und daher bei dem tausend Jahre später erfolgenden abschließenden Weltgericht vom „zweiten Tode" nicht mehr betroffen. Auch Thyatira und Philadelphia werden wegen ihrer Ausdauer gelobt, letzteres noch besonders „weil du geringe Macht hast, aber doch meine Lehre bewahrt und meinen Namen nicht verleugnet hast; ich weiß, was du geleistet hast (οἶδά σου τὰ ἔργα)".[29] Laodikea dagegen wird wegen seiner Lauheit scharf getadelt[30], und ähnlich Sardes; „aber es gibt einige Namen (Personen) in Sardes, die ihre Kleider nicht beschmutzt haben und mit mir in weißen Kleidern wandeln werden, weil sie es verdienen"[31] – die sich also als Märtyrer erwiesen haben.

Nach römischem Recht werden bekanntlich die zum Tode verurteilten Bürger enthauptet; die Untertanen und Sklaven dagegen erleiden eine verschärfte Todesstrafe[32] unter allen möglichen Martern, die zugleich zur Volkslustbarkeit bei den Spielen dienen und daher mit grausigem Raffinement und Anwendung aller Mittel eines maßlosen Luxus ausgebildet werden – diese Spiele und die Amphitheater sind ja das große Geschenk, welches die römische Halbbarbarei der Kulturwelt gebracht hat. Diese Hinrichtungen finden zum Teil bei den Festen der Großstädte der Provinzen statt, vor allem aber in der auch darin unersättlichen Reichshauptstadt. Daher werden ununterbrochen Scharen von Verurteilten nach Rom überführt. Ein anschauliches Bild, wie es dabei zuging, geben uns die Briefe des Ignatios, des Bischofs von Antiochia; da ist uns zufällig einmal, wie bei Antipas von Pergamon, ein Name erhalten, durch den Umstand, daß Polykarp seine unterwegs geschriebenen Briefe gesammelt und verbreitet hat. Sein Martyrium setzt Eusebios unter Trajan, in dieselbe Zeit wie die Verfolgung durch Plinius, und es liegt kein Grund vor, diese Angabe zu bezweifeln[33]; damals ist nach Hegesippos auch Simon der Sohn des Klopas, der Bischof der jüdischen Gemeinde aus der Verwandtschaft Jesu, unter dem Consular Atticus im höchsten Alter nach mehrtägiger Folterung gekreuzigt worden.[34] Ignatios' Äußerungen zeigen, wie häufig, ja geradezu regelmäßig solche Verurteilungen waren: Ephesos, der Haupthafen Kleinasiens, ist „der Durchgangsplatz für die, welche für Gott hingerichtet werden"[35]; in Rom ist es mehrfach vorgekommen, daß die Tiere in der Arena die Verurteilten nicht anpacken wollten, und Ignatios hat sich vorgesetzt, wenn ihm das begegnen sollte, sie anzulocken, ja sie gewaltsam dazu zu zwingen, daß sie sich auf ihn stürzen, um zu der Ehre des Martyriums und zu Gott zu gelangen; er beschwört die römische Gemeinde, nichts zu tun, um ihn daran zu hindern und seine Begnadigung zu bewirken[36] – auch das ist offenbar gar nicht selten vorgekommen.

In der Apokalypse erscheint neben den in den Provinzialstädten Hingerichteten auch diese Gruppe. Rom ist „trunken von dem Blut der Heiligen und dem Blut der Zeugen Jesu", die Stadt enthält „das Blut von Propheten und Heiligen und aller auf Erden Hingeschlachteten".[37] Bei der ersten Auferstehung erwachen zum Leben „die Seelen der wegen des Zeugnisses für Jesus und der Lehre Gottes Enthaupteten, die das Tier (den Kaiser) und sein Bild nicht angebetet haben".[38] Sie alle „haben über den Ankläger (ὁ κατήγωρ τῶν ἀδελφῶν ἡμῶν = Satan) den Sieg gewonnen durch das Blut des Lammes; und das Wort ihres Zeugnisses, und nicht das Leben lieb gehabt, sondern den Tod vorgezogen"[39]; so haben sie „in der großen Heimsuchung ihre Kleider gewaschen und sie geweißt in dem Blut des Lammes".[40] Gegenwärtig schreien sie noch um Rache und fragen wie die Propheten des Alten Testaments, wie lange denn das Gericht noch ausbleiben wird; als Antwort wird ihnen gegeben, „sie müßten noch eine kleine Weile warten, bis die Zahl ihrer Mitknechte und Brüder voll werde, die ebenso wie sie zur Hinrichtung bestimmt sind"[41] – also die Verfolgungen gehn ununterbrochen weiter.[42] Denn wie nach allgemeiner jüdischer und christlicher Anschauung alles von Gott vorher bestimmt ist, so auch die Zahl der Märtyrer, die erst voll werden muß; aber das Weltgericht steht hier wie durchweg unmittelbar vor der Tür.

Diese Sehnsucht nach Rache, nach Vernichtung des Satans und seiner irdischen Werkzeuge dominiert in der Apokalypse durchaus. Mit glühenden Farben, aus denen der grimmige Haß hervorleuchtet, wird das Bild Roms gemalt, „des großen Babel, der Mutter der Prostitution und aller Scheußlichkeiten auf Erden", wie der geheime Name lautet, der ihr auf die Stirn geschrieben ist[43]; in dem Jubel über ihren Fall beim Weltgericht und über die verzweifelten Klagen ihrer Beherrscher, ihrer Magnaten, Kaufherrn und Seefahrer und all des üppigen Gesindels, das sich in ihr zusammendrängt, bricht der ingrimmige Haß der von ihr verfolgten und gemarterten Christen noch leidenschaftlicher hervor, als ehemals bei den Juden über den Fall von Babel und Tyros.[44]

Gegenwärtig freilich hat der Teufel, „der große Drache, die alte Schlange" des Paradieses (12, 9), dem furchtbaren Untier, das das Römerreich darstellt und ganz im Anschluß an Daniel geschildert wird[45], die Weltherrschaft übergeben; seine mit dem Diadem geschmückten sieben Köpfe (neben denen es zehn Hörner hat) sind die Kaiser.[46] Dieses Tier erhält durch den Drachen „Gewalt über alle Stämme, Völker, Sprachen und Nationen"[47]; es wird „von allen Bewohnern der Erde angebetet, deren Name nicht von der Weltschöpfung an in dem Lebensbuch des geschlachteten Lammes steht"; es stößt schreckliche Gotteslästerungen aus und führt siegreich Krieg gegen die Heiligen. Ein zweites Tier, nachher auch als der falsche Prophet bezeichnet[48], kommt ihm zu Hilfe, vollbringt große Wunderzeichen und verführt die Menschen, ein Bild desselben zu machen, dem es Lebensodem und die Fähigkeit zu reden verleiht; wer es nicht anbetet, soll getötet werden.[49] Damit ist der Kaiserkult als das große Verbrechen des Römerreichs und zugleich als die Erfindung des Teufels bezeichnet, durch die dieser die „Heiligen", die Christen bekämpft; eben darum steht der Thron des Satans in Pergamon (2, 13).

Für die Gläubigen aber gilt es, auszuharren in diesem Kampf. Die Mahnung dazu geht durch das ganze Buch hindurch. Ihr Schicksal müssen sie in Geduld ertragen[50]; aber sie sind doch die wahren Sieger[51], und ihr Lohn im Himmel und im zukünftigen messianischen Reich wird in den glänzendsten Farben geschildert, um zum Martyrium anzulocken.

Dieser felsenfeste Glaube an die Erfüllung der Verheißung hat in vielen schlichten Gemütern eine enthusiastische Stimmung erzeugt, die sich nicht genug tun kann in der Hingabe an den erlösenden Gott und seinen Sohn und, abgestoßen von dem schalen Treiben dieser Welt, nur die Sehnsucht kennt nach der Herrlichkeit des Jenseits und dem Eingehn in das Reich des Christus, und daher das Martyrium, wenn Gott sie dessen würdigt, mit Freuden ergreift, ja geradezu herbeisehnt und sich dazu drängt. In den Briefen des Ignatios tritt uns diese Stimmung in kindlich ergreifender Weise entgegen; um keinen Preis möchte er dem Martyrium in der Arena entgehn, das ihm den Weg in den Himmel öffnet. Dabei liegt ihm jede Überhebung, als leiste er etwas Besonderes und Rühmenswertes, völlig fern; demütig lehnt er bei seinen Mahnungen an die Gemeinden jede Autorität ab, sein Streben ist lediglich, durch das Martyrium, zu dem er von Syrien nach Rom von zehn „Leoparden", den Soldaten, an die er gefesselt ist, geschleppt wird, wirklich ein Jünger Jesu, des einzigen Lehrers, zu werden, und dazu ihm durch ihr Gebet zu verhelfen, bittet er die Gemeinden.[52] Diese Stimmung kehrt in den Berichten über die Martyrien immer wieder, so bei den Märtyrern von Lyon im Jahre 177, wo die unter den furchtbarsten Qualen Hingerichteten sogar den Märtyrernamen als ihnen nicht zukommend ablehnen: sie seien nur schlichte und demütige Bekenner.[53]

Christentum und Heidentum

Dieses Verhalten, das human gesinnte Statthalter, die sich nur widerwillig mit Christenprozessen befassen, zur Verzweiflung und dann nicht selten zur Erbitterung über ihre Verstocktheit bringt, hat sein Gegenbild in dem Verhalten, das von Sokrates an so manche hochgefeierte Philosophen vor den verblendeten Volksmassen oder einem brutalen Tyrannen bewährt haben. Die von Plato in unvergänglichen Worten verkündete Lehre von der Allmacht der durch richtige Erkenntnis gewonnenen sittlichen Gesinnung, von der über alle äußeren Güter und Übel erhabenen Überzeugung, die kein Schicksal zu erschüttern vermag, beherrscht die ganze Folgezeit; der Kynismus und die Stoa haben sie nur im einzelnen dogmatisch und vielfach ins Extrem gehend ausgebildet, und auch Epikur erkennt sie, trotz des entgegengesetzten Prinzips, von dem er ausgeht, im Grunde an. In der populärphilosophischen Literatur werden wie die Grundsätze so die geschichtlichen Beispiele immer von neuem behandelt; aus ihr haben auch die christlichen Apologeten und manche Märtyrerakten den Sokrates, Zenon von Elea, Anaxarchos u. a. als Parallele herangezogen[54].

Die philosophisch Gebildeten freilich, soweit sie nicht in der Folgezeit Christen geworden sind, wie Justin, Clemens, Origenes, wollen diese Gleichartigkeit nicht anerkennen; vielmehr empfinden sie nur um so deutlicher den tiefgreifenden Gegensatz, der zwischen den beiden Weltanschauungen besteht: dort die Herrschaft des Intellekts, der nur dem eigenen Gewissen folgt, unbekümmert darum, ob ihm nach dem Tode noch ein weiteres Dasein in Aussicht steht, hier ein kindischer Irrwahn, der die unwissenden Massen betört und ihnen ein ewiges Fortleben in den Wonnen des Paradieses oder aber in den Qualen des Höllenfeuers vorspiegelt. Das λογικοὸν ζῷον, der Mensch, vermag, wie Epiktet lehrt, zu der Gesinnung, welche alle irdischen Güter und auch das eigene Leben als Äußerlichkeiten ohne inneren Wert betrachtet und daher auch den Drohungen und Waffen des Tyrannen furchtlos gegenübertritt, durch die Erkenntnis der Universalität der Gottheit „mittels logischer Beweise" (ὑπὸ λόγου καὶ ἀποδείξεως) zu gelangen, während andere „durch Geisteskrankheit oder aber, wie die Galilaeer, durch bloße Gewöhnung in diese Stimmung versetzt sind".[55] Ebenso sagt Kaiser Marcus, daß die Seele bereit sein soll, wenn der Moment ihrer Trennung vom Körper gekommen ist, sei es um zu verlöschen oder sich in die Elemente aufzulösen (σκεδασθῆναι) oder weiter zu bestehn (συμμεῖναι), „aber so, daß diese Bereitschaft aus eigenem Urteil kommt, nicht einfach auf Kommando, wie bei den Christen, sondern vernunftgemäß und in würdiger Haltung und so, daß sie andere zu derselben Überzeugung bringt, ohne theatralische Schaustellung".[56]

Die Empfindung, aus der diese Äußerungen hervorgegangen sind, ist durchaus berechtigt; sie beruht auf der allen naturwüchsigen Anschauungen widersprechenden Einstellung zum Leben, welche die christliche Gedankenwelt beherrscht. Mag das Dasein an sich Wert haben oder nicht, mag es, wie das alte immer wiederholte Wort Homers sagt, weitaus voranstehn, nie geboren zu sein, und das nächstbeste, sogleich wieder aus dem Leben zu scheiden: für den Lebenden ist doch das Dasein im Leibe Voraussetzung, die Erde der Schauplatz seiner Wirksamkeit. Die Bedingungen, welche, sei es persönliche Gottheiten, sei es eine weltumfassende Intelligenz, wie der stoische Gott oder Logos, sei es ein blindes Ungefähr, die Tyche, dem Leben auferlegen, hat man als gegeben hinzunehmen und sich in sie zu schicken. Darauf ist die gesamte Gestaltung von Staat und Gesellschaft eingestellt und damit zugleich die Lebensführung, die von einem jeden verlangt wird. Daneben mag man dann an ein bewußtes Fortleben der Individualität, der Seele, in verklärter, vom Körper befreiter Gestalt und an Belohnungen und Strafen im Jenseits oder an einen Aufstieg der zu wahrer Einsicht oder zu großen Leistungen vorgedrungenen Geister zur Gottheit oder auch an eine Seelenwanderung glauben, oder aber ein Erlöschen auch des geistigen Lebens mit dem Tode und eine Auflösung der Seele in die Elemente annehmen – alle diese Anschauungen treten uns wie in der Literatur so in den Grabinschriften dieser Zeit in buntem Wechsel entgegen – ; aber Sicherheit ist hier, trotz der von Plato aufgestellten Beweise für die Ewigkeit der Seele, nicht zu erlangen, und so können sie wohl den Einzelnen gelegentlich beeinflussen, aber eine dominierende Bedeutung für das Leben vermögen sie nicht zu gewinnen.

Ganz anders dagegen ist die Stellung des Christentums. Es besitzt durch die Offenbarung und durch die Auferstehung und das weitere Wirken des Christus die Gewißheit des Fortlebens oder vielmehr der Wiedererweckung des Toten[57]; durch die willige Annahme des Glaubens wird diese „Hoffnung" zu felsenfester Überzeugung. Eben diese Gewißheit, die durch die uralten Verkündungen der Schrift erwiesen wird, hat so viele, die bei den griechischen Philosophen statt der gesuchten unfehlbaren Autorität nur umstrittene menschliche Meinungen fanden, dem Christentum zugeführt, so Aristides, Justin, Tatian; entsprechend ist die Schilderung im Clemensroman. Das irdische Dasein dagegen ist nur ein Durchgangspunkt, eine Vorbereitung für das wahre Leben im Jenseits; und es steht unter der Herrschaft der widergöttlichen Mächte. Daher ist nicht die freie, schaffende Tätigkeit in dieser Sinnenwelt unter Anpassung an ihre Bedingungen die wahre Aufgabe des Menschen, sondern der Widerstand gegen den Satan und seine Gefolgschaft, die innere Loslösung von dieser Welt und die Vorbereitung auf das Eingehn ins Gottesreich. So findet die Erlösungssehnsucht einen kräftigen Boden und wird durch die ständige Beschäftigung mit diesen Gedanken im Gottesdienst und den religiösen Gesprächen, wie Epiktet ganz richtig sagt, zur Gewöhnung. Durch eigene Hand aus dem von Gott verliehenen Leben zu scheiden, ist dem Christen allerdings verboten; aber wenn sich bei der Verfolgung durch den Staat überdies Gelegenheit bietet, als Zeuge für reinen Glauben zugleich die Krone des Martyriums zu erlangen, wird gar mancher, wie Ignatios, mit Freuden zugreifen. „Der Märtyrer", sagt Clemens von Alexandria, „gewinnt durch den gegenwärtigen Schmerz die durch die Hoffnung gewährte Wonne", wie der Durstige, der zum Labetrunk greift[58]; die unglücklichen Menschen, denen der Tod des Blutzeugen des Herrn der gewaltsamste scheint, wissen nicht, daß dieser Tod das Tor des wahren Lebens ist, und wollen nicht einmal von den Belohnungen der Frommen und den Strafen der Frevler etwas wissen, von denen doch auch ihre eigenen Schriften reden".[59]

Damit stimmt die Schilderung vollständig überein, die Lucian mit der vollen Geringschätzung des Weltkindes von den Christen entwirft. Es sind Leute, die „ohne irgendwelche sorgfältige Prüfung alles gläubig hinnehmen"[60] und befolgen, was „jener gekreuzigte Sophist ihnen vorgeschrieben hat". „Diese Unseligen (οἱ κακοδαίμονες) haben sich überredet, daß sie völlig unsterblich seien und ewig leben werden, und verachten daher den Tod und geben sich in Menge freiwillig preis."[61] Ebenso verächtlich erscheint ihm ihre Lehre, daß alle untereinander Brüder seien, sowie die Geringschätzung des irdischen Guts und die schrankenlose Unterstützung, die sie ungeprüft vor allem den um der Religion willen Verfolgten gewähren. Zu Peregrinos Proteus strömten, als er in Syrien gefangen gesetzt war, „vom frühen Morgen an alte Weiber, Witwen und Waisen an das Gefängnis, ihre Behörden aber bestachen die Wärter und schliefen sogar bei ihm. Dann wurden mannigfache Speisen hereingebracht und ihm heilige Reden vorgetragen, und der brave Peregrinos hieß ihnen ein neuer Sokrates. Auch aus einigen Städten von Asia schickten die dortigen Christengemeinden Leute, um Hilfe und Trost zu bringen; denn sobald derartiges bekannt wird, entwickeln sie eine unglaubliche Geschwindigkeit und geben alles her. So erhielt Peregrinos damals viel Geld auf Grund seiner Gefangenschaft und hat daraus ein nicht geringes Einkommen gewonnen. Denn wenn zu ihnen ein gewandter Schwindler kommt, der die Lage auszunutzen versteht, wird er, wo er mit einfältigen Leuten seine Possen treibt (ἰδιώταις ἀνθρώποις ἐγχανών), sofort ein reicher Mann."

In Wirklichkeit indessen ist die Kluft lange nicht so groß, wie die Gegner sie darstellen. Denn auch auf heidnischem Boden hat die Lehre von der Standhaftigkeit des wahren Weisen und der Gleichgültigkeit aller irdischen Güter nicht selten zu der gleichen Haltung geführt. In derselben Zeit, in der das Christentum sich ausbreitet, entwickelt sich die stoische und kynische Gesinnungsopposition gegen das tyrannische Regiment der Kaiser, die unter Nero, Vespasian, Domitian mehrfach hier so gut wie dort zu umfassenden Verfolgungen, Hinrichtungen und Verbannungen führt; Paetus Thrasea und in gewissem Grade auch Seneca, die Kyniker Musonius und Demetrios, Helvidius Priscus, Arulenus Rusticus, Herennius Senecio, Dio von Prusa, Apollonios von Tyana und ihre Genossen sind ebensogut Märtyrer wie ihre christlichen Zeitgenossen. Und auch hier fehlt es nicht an provokatorischem und theatralischem Verhalten, wie z. B. bei Helvidius Priscus; in den populären Darstellungen wird das dann weiter verherrlicht und in kecken Reden vor dem Herrscher ausgemalt, während nüchterner Denkende zu diesem Verhalten als zum mindesten nutzlos die Achseln zucken.[62] Ins Extrem gesteigert wird das dann in dem vulgären Kynismus, wie ihn Lucian karikiert und Epiktet mit ernsten Worten bekämpft, im Gegensatz zu dem wahren Kyniker, der wirklich das Ideal des Menschheitslehrers verkörpern will, eben darum aber nur eine seltene Ausnahme sein kann; jene dagegen sind die Bettelphilosophen, die aus ihrem jedes gesittete Verhalten grundsätzlich mit Füßen tretenden Benehmen und ihren brutalen Schimpfreden ein einträgliches Gewerbe zu machen verstehn, da solche Gesellen der Menge immer imponieren und da sie, eben weil sie die völlige Wertlosigkeit aller irdischen Güter und Genüsse predigen, diese auch rücksichtslos für sich erraffen dürfen, wo sich eine Gelegenheit dazu bietet.

Andrerseits hat auch das Christentum versucht, die extremen Richtungen einzudämmen. Die Gleichgültigkeit gegen diese Welt und ihre Güter und das Streben, sich völlig von ihr loszulösen, sind ihm immer ein höchstes Ideal geblieben, das dann in der wachsenden Ausbildung der Askese und im Einsiedlerleben und Mönchtum seine Befriedigung findet. Aber im allgemeinen ist die Kirche in den Bahnen gegangen, die Paulus gewiesen hat; die Doppelheit seines Wesens, die Verbindung eines transzendenten, in den höchsten Regionen der Mystik sich bewegenden Gefühlslebens mit dem praktischen Sinn für das Wirkliche und Notwendige, hat auch ihrem Verhalten dauernd den Stempel aufgedrückt. So bleibt der Fanatismus, mit dem die Apokalypse Rom und sein Weltreich bekämpft, eine vereinzelte Erscheinung[63]; vielmehr wird, wie es Paulus im Römerbrief getan hat, gemahnt zum Gehorsam gegen Kaiser und Statthalter und jede Obrigkeit, als dem Willen Gottes entsprechend[64], und mitten in den Verfolgungen wird für sie gebetet.[65] Der Gedanke, um der Brüderlichkeit willen nun etwa die Standesunterschiede aufzuheben oder die Sklaven freizulassen, liegt völlig fern; im Gegenteil, gerade die Erfüllung der Pflichten, die Stand und Beruf auferlegt, gibt die Möglichkeit, die wahre

Nächstenliebe und die Gebote Gottes voll zu betätigen, und so werden auch hier die von Paulus dafür aufgestellten Sätze immer aufs neue wiederholt und weiter ausgeführt. So sehr auch die, welche sich freiwillig als Zeugen stellen und in allen Qualen standhalten, in den Berichten gepriesen werden, so wird doch ein Aufsuchen des Martyriums ohne Not wenigstens von den Besonnenen als dem wahren Wesen des Christentums widersprechend verworfen; nach Clemens von Alexandria gelangt darin eine unberechtigte Verachtung des vom Weltschöpfer dem Menschen gegebenen irdischen Daseins im Leibe zum Ausdruck.[66] Nun steht freilich Clemens zu all diesen Fragen ganz anders als das ursprüngliche Christentum, trotz seiner zahllosen Bibelzitate; aber daß hier seine Auffassung mit der der führenden christlichen Kreise übereinstimmt, geht daraus hervor, daß von den zahlreichen notorischen Christen, die sich in ihren Schriften und sonst als solche offen bekannt haben, doch nur sehr wenige Märtyrer geworden sind, auch in den Zeiten heftiger Verfolgungen, wie Tertullian, der sich dem überdies niemals durch die Flucht entzogen haben würde.

Auch der prinzipielle Gegensatz betreffs der grundlegenden Anschauungen, aus denen die Standhaftigkeit erwächst, ist für weite Kreise lange nicht in dem Maße vorhanden, wie Epiktet und Marcus ihn empfinden. Denn auch die großen philosophischen Systeme sind mehr und mehr dogmatisch und daher von der Autorität der Schulmeinung abhängig geworden; so erhalten auch sie einen theologischen Charakter. Vor allem in der Stoa tritt dieser seit Posidonios immer stärker hervor, zumal sie ja die Volksgötter und Mythen, wenn auch in nationalistischer und allegorisierender Umdeutung derselben Art, wie die jüdischen und christlichen Theologen die Schrift auslegen, und weiter die Wirksamkeit der Dämonen, die Vorzeichen, Träume und Orakel immer anerkannt hat und jetzt auch die Astrologie voll in sich aufnimmt. Noch weit stärker gelangen diese Momente in den synkretistisch-mystischen Lehren zur Geltung, wie sie die Neupythagoreer verkünden. Inspirierte Propheten und Wundertäter, halb gläubig, halb Betrüger, wie unter Domitian der vom Parsismus beeinflußte Apollonios von Tyana, werden immer häufiger; die von der alexandrinischen Mischkultur geschaffenen Umgestaltungen und Ausdeutungen der aegyptischen Kulte und Mythen finden immer mehr Adepten, die wie Plutarch in ihnen eine geheimnisvolle Uroffenbarung suchen und finden. Auch die anderen Kulte und Mysterien des Ostens sind willkommen, die Offenbarungen Zoroasters, des Erzvaters des magischen Zauberwesens, die Mithrasreligion, die Weisheit der Chaldaeer, die Kulte und Mysterien Syriens und Kleinasiens nebst ihren Orakelstätten. Auch die griechische Überlieferung muß sich dem fügen, wie denn die Stoa schon von Anfang an die allegorische Auslegung Homers aufgenommen hat; und daneben gelangen die alten Geheimlehren der Orphik, die in den niederen Schichten des Volkstums immer weiter gewuchert haben, zu erneutem Ansehen.

So bildet sich der Synkretismus, in den die Religion der antiken Welt ausläuft: trotz aller konkurrierenden Namen und Kultstätten ein einheitliches, von denselben Grundtrieben, von der Sehnsucht nach einer untrüglichen Offenbarung beherrschtes Gebilde, dem alles willkommen ist, was mit dem Schleier des Geheimnisses und dem Moder grauesten Altertums bedeckt ist und sich, so widersinnig es dem nüchternen Laien erscheinen mag, symbolisch-mystisch deuten läßt. Die Orientalisierung der auf der Grundlage des Griechentums erwachsenen Kulturwelt schreitet unaufhaltsam vorwärts, an die Stelle der nationalistischen Aufklärung tritt mit der Religion zusammen der wüsteste Aberglaube und die Rückwendung zu den primitivsten Formen des Irrwahns und des Zauberwesens.[67]

Damit schwindet denn auch der Gegensatz zwischen dem philosophischen und dem orientalisch – christlichen Begriff der Gnosis, der Erkenntnis. Auch dort tritt an Stelle des logischen Denkens das intuitive Ahnen und die Unterordnung unter eine Autorität. Umgekehrt beginnt im Christentum, je weiter es sich ausbreitet und auch in geistig gebildeten Kreisen Anhänger findet, und je mehr die ursprüngliche enthusiastisch erregte Stimmung mit ihren Manifestationen des „Geistes" einer in die Welt sich einfügenden, nach den sittlichen Geboten geordneten Lebensführung Platz macht, die schroffe Ablehnung der Philosophie, wie sie Paulus ausgesprochen hat, zurückzutreten. Man sucht einen Kompromiß, wie vorher die jüdischen Theologen Aegyptens, die Weisheit Salomos, Philo u. a.; man übernimmt für die Mission und für die Abwehr der heidnischen Angriffe die Argumente, mit denen die Aufklärung und der Skeptizismus seit langem den Polytheismus, die Mythen und Kulte bekämpft[68]; man entdeckt die vielfachen Übereinstimmungen zwischen der biblisch-christlichen und der philosophischen Lehre in Gottesbegriff und Ethik, wenn man auch natürlich die Priorität der Schrift behauptet und nach jüdischem Vorbild die heidnische Weisheit für ein Plagiat an ihr erklärt. Die seit dem zweiten Viertel des zweiten Jahrhunderts in rascher Folge auftretenden christlichen

Apologeten bezeichnen sich in der Regel als „Philosophen", so Aristides, Justin, Athenagoras. Das Christentum ist ebensogut eine Philosophie wie die Stoa und die Akademie, und natürlich die allein wahre und abschließende – nach dem Syrer (Assyrier) Tatian, dem rigorosen Konvertiten, der alle heidnischen Anschauungen und Sitten mit Fanatismus bekämpft, die jenen weitaus überlegene „barbarische Philosophie".[69] „Wer nach unseren Lehren sein Leben führt, kann auch ohne literarische Bildung philosophieren", sagt Clemens von Alexandria, „sei er Barbar oder Hellene oder Sklave, Greis, Kind oder Weib; denn allen Menschen ist die gesunde Einsicht gemeinsam, wenn sie sich nur dazu entschließen."[70] In Wirklichkeit freilich ist Clemens viel weiter gegangen, er hat das Christentum nicht nur als in der Hauptsache identisch mit den höchsten Lehren der griechischen Philosophen, vor allem Platos, nachweisen wollen (wie ähnlich, nur weit bornierter, Philo für das Judentum), sondern geradezu in eine Philosophie umzuwandeln versucht: das volle Verständnis ist nach ihm wie nach seinem Nachfolger Origenes nur den Gebildeten, nicht den schlichten Massen zugänglich und erschließbar. Aber damit beginnt eine neue Entwicklungsphase: aus diesen Bestrebungen der alexandrinischen Schule ist die Ausbildung der christlichen wissenschaftlichen Theologie und die Formulierung des Dogmas in festen Lehrsätzen erwachsen.[71]

„Heidnische Märtyrerakten"

Eine in letzter Zeit viel behandelte Analogie zwischen Christentum und Heidentum bieten die Berichte über die Martyrien, welche die christlichen Gemeinden aufgezeichnet und verbreitet haben und von denen uns seit der Mitte des zweiten Jahrhunderts einige erhalten sind.[72] Zum Teil sind es schlichte, durchaus naiv empfundene Darstellungen der Vorgänge, welche die von der Verfolgung betroffene Gemeinde den anderen übersendet, so die über Polykarp und über die Märtyrer von Lyon[73]; zum Teil einfache Auszüge aus den bei den Verhandlungen aufgenommenen Protokollen, wie die Akten des Karpos und seiner Genossen, des Justin und der Scilitaner; auch Justins Bericht über das Martyrium des Ptolemaeos und des Lucius vor dem praefectus urbi Urbicus (Apol. II 2) gibt nur die aktenmäßigen Vorgänge wieder. Erst später dringt dann eine weitere Ausmalung mit erbaulichen Reden und schließlich mit Wundern ein; da beginnen sich die einfachen Berichte in literarische Darstellungen umzuwandeln[74], die in den gleichzeitig wuchernden erfundenen Apostellegenden u. ä. ihr Seitenstück haben.

Gleichartige, schon in beträchtlich früherer Zeit einsetzende Schriftstücke haben uns nun die Papyrusfunde aus der heidnischen Welt des hellenistischen Aegyptens gebracht. Es sind Fragmente von Schriftstücken, die aus den Konflikten des selbstbewußten, auf seine Vergangenheit stolzen Bürgertums Alexandrias mit der römischen Regierung und mit der von dieser wenigstens in der Regel protegierten Judenschaft der turbulenten Weltstadt hervorgegangen sind.[75] Sie beginnen unter den Nachwirkungen der großen Judenverfolgung, die im Jahre 38 bei dem jähen Umschwung im Reichsregiment nach Tiberius' Tode in Alexandria ausbrach, äußerlich herbeigeführt durch das provozierende Auftreten des von Gajus (Caligula) neu gebackenen Judenkönigs Agrippa I. Der Statthalter Flaccus, bei dem neuen Kaiser in schwerster Ungnade, wagte nicht einzugreifen, sondern ließ den Dingen ihren Lauf und machte es daher keiner der beiden Parteien recht: während Philo in ihm den ruchlosen Anstifter der furchtbaren Mißhandlung der Juden sieht, haben die griechischen Führer der Bewegung, die ihn zunächst benutzten, ihn alsbald als lau und unzuverlässig angegriffen.[76] Gajus ist bekanntlich mit Feuereifer auf die antijüdische Agitation eingegangen, die durch Umwandlung der Synagogen Alexandrias in Tempel des Kaiser-Gottes sein Herz gewonnen hatte. Vor diesem Schicksal hat die demütige Verwendung seines Busenfreundes Agrippa den Tempel von Jerusalem allerdings einstweilen bewahrt, und eine Gesandtschaft der alexandrinischen Juden unter Führung Philos hat Gajus in einer Anwandlung von Laune gegen alles Erwarten ungeschädigt entlassen, wenn er sie auch mit höhnischen Bemerkungen überschüttete, die von seinem Gefolge und den anwesenden Gesandten der Gegenpartei mit Jubel aufgenommen wurden. Aber nach seiner Ermordung (24. Januar 41) trat eine Reaktion ein: der neue Kaiser Claudius kehrte zu der Politik des Augustus und Tiberius zurück, König Agrippa stand bei ihm noch höher in Gunst als bei Gajus, in Alexandria stellte er die alten Zustände wieder her und bestätigte die Privilegien der Juden, mit der nachdrücklichen Mahnung an beide Parteien, fortan Frieden zu halten.

Um sich zu wehren, haben die Alexandriner eine Gesandtschaft an Claudius geschickt, die eine Klage gegen König Agrippa erhob. An der Spitze stand, wie schon bei den Verhandlungen vor Gajus[77], der Gymnasiarch Isidoros, begleitet von seinem Vorgänger Lampon[78], die beide unter Flaccus die Hauptagitatoren gewesen waren. In der amtlichen Verhandlung, zu der über 20 Senatoren, darunter 6 Consulare, zugezogen sind und auch die Kaiserin mit ihrem Gefolge zugegen ist, suchen sie ihr Vorgehn damit zu entschuldigen, daß sie die Befehle des damaligen Kaisers hätten befolgen müssen. Bei den Senatoren finden sie in ihrem Eintreten „für ihre Vaterstadt" Sympathie; aber Claudius steht auf Seite ihrer Gegner: „Du hast viele meiner Freunde umgebracht, Isidoros." So spricht er über diesen und Lampon das Todesurteil.

Diese Vorgänge haben eine literarische Darstellung gefunden, von der uns in mehreren privaten Aufzeichnungen (auf der Rückseite älterer Geschäftsurkunden) aus dem Beginn des dritten Jahrhunderts einige Bruchstücke erhalten sind: ein Fragment aus einer sehr ausführlichen Darstellung der Vorgänge unter Flaccus[79] und Stücke der abschließenden Verhandlung vor Claudius.[80] Für diese sind die amtlichen Aufzeichnungen in derselben Weise benutzt, wie in den christlichen Martyrien, und sie können, wenn auch hier wie dort die Tendenz hervortritt, als ebenso authentisch gelten wie jene. Mit Unrecht wird dagegen eingewandt, daß die Verhandlung in gegenseitige Schmähreden ausläuft. Zu Anfang beachtet Isidoros die dem Kaiser schuldigen Formen; als aber sein Schicksal entschieden ist und Claudius ihm vorwirft, er sei der Sohn einer Musikantin, da rafft er sich voll Stolz auf: „ich bin kein Sklave noch Sohn einer Musikantin, sondern Gymnasiarch der hochberühmten Stadt Alexandria; du aber bist von der Jüdin Salome ..." Leider ist die Fortsetzung zerstört. Noch schärfer äußerte sich Lampon, der bereits vorher ihr Schicksal als entschieden angenehm hat: „was bleibt uns, als einem verrückten König zu weichen?"[81] Von Lampon wissen wir, daß er unter Tiberius wegen Majestätsbeleidigung angeklagt gewesen ist[82]; er ist also offenbar immer ein Vertreter der hellenischen Gesinnungsopposition gegen Rom gewesen. Dazu stimmt es aufs beste, daß er hier in einem Wort an seinen Schicksalsgenossen seiner vollen Verachtung gegen den Kaiser so Ausdruck gibt, daß dieser es hört. Ob diese Äußerung ins amtliche Protokoll aufgenommen ist, bleibt natürlich fraglich; aber sie kann sehr wohl von den Anwesenden aufgezeichnet und somit wirklich gefallen sein.

Das Martyrium des Isidoros und Lampon ist dauernd im Gedächtnis der Alexandriner geblieben. Als unter Commodus der Gymnasiarch und Gesandte der Alexandriner Appianos zum Tode geführt und dann vom Kaiser noch einmal zurückgerufen wird, sagt er: „wer hat mich zurückgerufen, wo ich schon zum zweitenmal den Hades und den Theon, Isidoros, Lampon verehrte, die vor mir geendet sind?"[83]

Gleichartige Vorgänge wie unter Claudius haben unter Trajan, Hadrian, Commodus stattgefunden; und auch über sie sind uns Bruchstücke ausführlicher Darstellungen mehrfach erhalten.[84] Auch in ihnen ist für die Verhandlung vor dem Kaisergericht die protokollarische Fassung beibehalten, aber weit stärker überarbeitet. Für die Juden wirkt die Kaiserin Plotina beim Senat und beim Kaiser selbst, so daß Trajan die Begrüßung der alexandrinischen Gesandten sogleich schroff ablehnt: „Ihr begrüßt mich, als ob ihr einen Gruß (χαίρετε) verdient, nachdem ihr so arge Dinge gegen die Juden gewagt habt?"[85] Er verweist dem Sprecher der alexandrinischen Gesandtschaft Hermaïskos, der seine senatorischen Beisitzer als „gottlose Juden" bezeichnet, die frechen Reden, in denen er sich „im Vertrauen auf seine Abstammung" ergehe, und droht ihm mit dem Tode. Als dann Hermaïskos nochmals fordert, der Kaiser müsse „für seine Leute und nicht für die gottlosen Juden eintreten", beginnt das Sarapisbild, das die Gesandtschaft mitgebracht hat[86], zu schwitzen, und die Erregung über das Wunder ergreift nicht nur den Kaiser, sondern ganz Rom. Damit bricht das Erhaltene ab; aus dem Umstand, daß der hier unter den Gesandten genannte Theon sowie der als Rechtsbeistand zugezogene Paulus von Tyros[87] wenige Jahre darauf in der Gesandtschaft an Hadrian wiedererscheinen, ist wohl zu folgern, daß Trajan, eben unter der Wirkung des Wunders, eingelenkt hat und die Alexandriner diesmal günstig davongekommen sind.

Eben das mag dann zu dem großen im Jahre 115 ausbrechenden Judenaufstand geführt haben. Nachdem derselbe unter gewaltigem Blutvergießen niedergeworfen war, hat Hadrian eine Untersuchung über einzelne, in ihrem Wesen und ihrer Tragweite nicht völlig verständliche Vorgänge angestellt, bei denen die Alexandriner schwer komprimittiert waren; dabei waren beide Parteien vertreten. Auch hier sind uns von den dabei gesprochenen Worten auf Grund des Protokolls größere Stücke erhalten. Der Abschluß fehlt; nur das ersehn wir, daß der Ausgang den Alexandrinern ungünstig gewesen ist. Zwar der greise Paulus wird freigesprochen; aber Antoninus wird, obwohl Gesandter und ehemaliger Beamter (Gymnasiarch?) von Alexandria, der schwersten, ganz wie in den christlichen Martyrien geschilderten, Folterung unterworfen, „als ob er ein Jude wäre", und Theon scheint, da er später unter den Blutzeugen genannt wird[88], als Hauptschuldiger hingerichtet worden zu sein.

Über den Anlaß der Verhandlung unter Commodus erfahren wir nichts, nicht einmal, was allerdings kaum zu bezweifeln ist, ob auch hier ein Konflikt mit den Juden vorlag.[89] Der Kaiser verurteilt den Appianos zum Tode. Da wirft dieser ihm die schwersten Vorwürfe ins Gesicht: im Gegensatz zu seinem Vater Antoninos (Marcus) sei er ein Tyrann, ohne Bildung, ohne Wohlwollen. Er erhält die Erlaubnis, für die Hinrichtung seine volle Amtstracht als Gymnasiarch, die Kopfbinde und die weißen Schuhe, anlegen zu dürfen. Als dadurch in Rom ein Auflauf entsteht, ruft der Kaiser ihn zurück. Da bezeichnet ihn Appianos als Räuberhauptmann, rühmt sich seines Adels und hält ihm das Verhalten seiner Vorgänger entgegen, zunächst Caesars, der die Kleopatra gerettet hatte – damit bricht das Erhaltene ab.

Daß Bruchstücke dieser Schriften zu Ende des zweiten oder Anfang des dritten Jahrhunderts an verschiedenen Orten Aegyptens von Privatleuten abgeschrieben worden sind, zeigt, wie lebhaft das Interesse an ihnen und wie verbreitet die in ihnen hervortretende Stimmung gewesen ist. Die Vermutung liegt nahe, daß der erbitterte Haß Caracallas gegen die Alexandriner, der ihn zu dem furchtbaren Blutbad im Winter 215/16 trieb, mit diesen Dingen zusammenhängt.[90] Die Analogie mit den christlichen Martyrien liegt auf der Hand, und die Fortentwicklung von einem schlichten sachlichen Bericht zu einer tendenziös ausgestatteten dramatischen Darstellung mit pathetischen Reden, wie in den Appianosakten, ist auch hier erkennbar. Dagegen fehlt das religiöse Element durchaus; denn auch der Gegensatz gegen die Juden ist, trotz ihrer auch sonst ständig gebrauchten Bezeichnung als gottlos (ἀνόσιοι), nicht religiös, sondern kulturell und national. Die Sache, welche die Gesandten verfechten und für die sie, wenn sie unterliegen, stolz in den Tod gehn, ist die Sache ihrer Heimat und die ihr und ihren Bürgern zukommende Stellung in der Welt, die durch die tatsächlich bestehenden Verhältnisse in ihrem idealen Recht nicht beeinträchtigt werden kann.

Ob sich an anderen Stellen auch eine ähnliche Literatur entwickelt hat, wissen wir nicht. Nicht eigentlich in diesen Zusammenhang gehört aber, so oft man es hineingezogen hat, das sogenannte Martyrium des Apollonios von Tyana. Zugrunde liegen die oben erwähnten pathetischen Schilderungen der Konflikte mit Tyrannen oder Volksmassen[91], in denen der wahre Philosoph die Unerschütterlichkeit seiner Überzeugung und die innere Ruhe seines Gemüts in seiner Haltung und seinem Tode bewährt.[92] In der Kaiserzeit sind solche Konflikte oft genug vorgekommen, und in der Verfolgung der Philosophen durch Domitian im Jahre 94 ist auch Apollonios vor Gericht gezogen worden, wahrscheinlich in Rom selbst, ist aber freigekommen und nach Ephesos gegangen, wo er die Ermordung Domitians an dem Tage verkündet haben soll (18. Sept. 96), an dem sie wirklich erfolgte.[93] Nach der Überlieferung, die Philostratos als gehässige Erfindung verwirft, hätte er mit seiner Verteidigung keinen Erfolg gehabt, sondern sei ins Gefängnis geworfen und sein langes Philosophenhaar geschoren worden; dann aber habe er eine lange Bittschrift an Domitian im ionischen Dialekt verfaßt und dieser habe ihn laufen lassen.[94] Das hat Philostratos in seinem um 215 n. Chr. verfaßten Roman über Apollonios in eine wunderbare Bewährung des Gottesmannes umgewandelt, der die Fragen des Tyrannen kurz abweisend beantwortet und dann verschwindet: durch diese Prüfung hat er die Grenzen der Menschheit überschritten[95] und lebt fortan erhaben über die Bedingungen von Raum und Zeit ganz in der göttlichen Sphäre, in die er einige Jahre später auch äußerlich eingeht. Von einem Martyrium ist hier in keiner Weise die Rede, und im übrigen ist diese ganze Erzählung ein armseliges, von Philostratos frei erfundenes Machwerk[96], das höchstens mit den schlechtesten Apostelromanen verglichen werden kann, aber weder mit den wirklichen Martyrien noch mit den alexandrinischen Schriftstücken irgend etwas gemein hat.[97] Der Männerstolz vor Königsthronen, der dort und ebenso in den Berichten über Thrasea, Helvidius Priscus und ihre Genossen eine wirklich geschichtliche Grundlage hat, ist hier von einem ebenso prätentiösen wie innerlich dürftigen Sophisten, der in typischer Weise den vollen Niedergang der antiken Kultur darstellt, für ein Machwerk verwendet worden, das das gleichgestimmte Publikum unterhalten will und zugleich sich einbildet, ihm etwas für sein geistiges Leben bieten zu können. Daß es das für manche Kreise, die die Lehre des pythagoreischen Wundermanns begierig aufnahmen, wirklich geworden ist, ist nur ein weiterer Beweis für die völlige Morschheit und innere Hohlheit, zu der diese Kultur von der Höhe des Griechentums herabgesunken war.

Die Stellung der Kirche zum Martyrium

Neben den todesmutigen Zeugen, deren Vorbild oft zündend weiter wirkte, hat es natürlich nicht wenige Angeklagte gegeben, die sofort abschworen; andern versagte unter den Folterqualen oder angesichts der Marterwerkzeuge und der Bestien der Arena die Willenskraft, und sie verleugneten. Für die Gläubigen ist das nicht nur ein furchtbares Verbrechen, sondern zugleich ein schwerer Schlag. Als in Lyon beim Verhör die Scheidung zwischen den Bekennern (πρωτομάρτυρες) und „den nicht Bereiten, Ungeübten und noch Schwachen" eintrat und etwa zehn der letzteren abfielen, „bereiteten sie uns große Trauer und unermeßlichen Kummer und lähmten den Eifer der übrigen, die nicht verhaftet waren; denn wenn diese auch, obwohl sie alle Schrecknisse zu dulden hatten" – d. h. obwohl ihnen diese in Aussicht standen, wenn sie ergriffen wurden –, „mit den Zeugen erschienen und nicht von ihnen wichen, so waren wir doch alle in großer Besorgnis, weil das einträchtige Bekenntnis unsicher geworden war (διὰ τὸ ἄδηλον τῆς ὁμολογίας), nicht aus Furcht vor den angedrohten Strafen, sondern weil wir auf das Ende sahen und fürchten mußten, daß (von den Bekennern) jemand abfallen würde". Es wird als „eine besonders heilsame Veranstaltung Gottes und ein selten in dieser Weise bezeugter Kunstgriff des Erbarmens Jesu"[98] gepriesen, daß den Verleugnern ihr Verhalten nichts geholfen hat, sondern sie dennoch als ehemals an den Verbrechen beteiligt, die man den Christen zuschrieb, gleichfalls vor Gericht gestellt wurden. Da haben dann mehrere von ihnen, auch als der Kaiser die Freilassung der Verleugner befahl, doch noch bereut und freimütig bekannt, und so sind durch Gottes Gnade die Fehlgeburten ihrer Mutter, der Kirche, wiedergeschenkt worden.[99]

Dieser Versuchung des Satans entgegenzuwirken, bestrebt man sich auf alle Weise. Dem dienen, wie später die Versendung von Berichten über die Martyrien und dann, seit dem dritten Jahrhundert, ihre Ausmalung in immer glühenderen Farben, so in der urchristlichen Literatur die Mahnungen zur Standhaftigkeit und die Schilderung der Seligkeit, die den Zeugen erwartet. So in der Apokalypse. Um dieselbe Zeit preist der erste Petrusbrief die Herrlichkeit des unvergänglichen Erbes, das durch den Auferstandenen denen aufgehoben ist, „die in Kraft Gottes durch den Glauben für das zur Enthüllung in der Endzeit bereite Heil bewahrt werden. Darüber jubelt, wenn ihr jetzt auch nötigenfalls ein wenig in mannigfachen Heimsuchungen getrübt werdet, auf daß die Lauterkeit eures Glaubens sich erweise, der mehr wert ist als das vergängliche Gold, das man dennoch im Feuer prüft"[100] – wieviel mehr, ist die Meinung, müßt ihr nötigenfalls auch den Feuertod ertragen. „Seid nicht befremdet über die Feuerprobe, die über euch kommt, als geschehe euch da etwas Befremdendes, sondern freut euch, wie ihr teil habt an den Leiden des Christus, auf daß ihr auch bei der Enthüllung seiner Herrlichkeit jubeln und euch freuen könnt. Wenn ihr im Namen Christi geschmäht werdet, seid ihr selig[101], da dadurch der Geist der Herrlichkeit und der Geist Gottes auf euch sich niederläßt. Als Mörder oder Dieb oder Übeltäter oder wegen Einmischung in fremde Dinge möge niemand von euch leiden; wenn aber als Christ, so schäme er sich nicht, sondern preise Gott in diesem Namen." Die Zeit des Gerichts ist gekommen, und so ist es natürlich, daß es mit dem Hause Gottes, also mit uns, anfängt. „So sollen, die nach dem Willen Gottes leiden müssen, dem getreuen Schöpfer ihre Seelen befehlen, indem sie ihr Leben in Übung des Guten verbringen."[102] „Unser Widersacher, der Teufel, geht um wie ein brüllender Löwe und sucht, wen er verschlinge"; so gilt es, ihm festen Widerstand zu leisten und immer nüchtern und wach zu sein und jederzeit bereit, die Lehre über die in uns lebende Hoffnung gegen jedermann zu verteidigen.[103]

Noch weiter gesteigert ist der Segen des Martyriums im Hirten des Hermas. Etwa um 100 n. Chr. ist dem Hermas offenbart worden, daß Gott, wie er bei seinem Sohn geschworen hat, alle, die bei der jetzt bevorstehenden großen Heimsuchung den Herrn verleugnen, auch verleugnen wird; denen, die ihn früher verleugnet haben, hat er in der Fülle seines Erbarmens noch einmal Gnade gewährt.[104] „Allen dagegen, die für den Namen gelitten haben, sind ihre Sünden vergeben"; sie sind die fruchttragenden Bäume im Gottesgarten. Aber die Früchte sind an Größe und Schönheit verschieden: „die, welche beim Verhör vor der Obrigkeit nicht verleugnet, sondern bereitwillig gelitten haben, sind beim Herrn die angesehensten; die aber feige schwankten und überlegten, ob sie bekennen oder verleugnen sollten, und dann das Martyrium erlitten, sind die geringern Früchte". Also seht euch vor! „Aber die um des Namens willen leiden, sollen sich nicht rühmen, sondern Gott danken, daß er sie würdig befunden hat, diesen Namen zu tragen, und daß ihnen alle ihre Sünden geheilt sind."[105]

Andrerseits hat man aus der Erfahrung gelernt, daß es nicht ratsam ist, wenn die Gläubigen sich voreilig zum Martyrium drängen, wie bei der Verfolgung in Smyrna, der Polykarp zum Opfer fiel, ein vor kurzem angekommener Phryger Quintus, „der sich und einige andere freiwillig aufgedrängt hatte. Aber als er die Tiere sah, verzagte er; der Proconsul brachte ihn durch viele Bitten dahin, daß er schwor und opferte. Daher loben wir, Brüder, die nicht, die sich freiwillig anbieten; denn so lehrt das Evangelium nicht".[106] Das ist in der katholischen Kirche die herrschende Ansicht geblieben, so hoch sie auch die freiwilligen Märtyrer preist. Auch der Verfolgung sich durch die Flucht zu entziehn, wird von ihr, im Gegensatz zu den Montanisten und Tertullian, als durchaus zulässig betrachtet, unter Berufung auf das Herrnwort Matth. 10, 23 in der Instruktion der Apostel; und Clemens von Alexandria verwirft die Aufsuchung des Martyriums durchaus als eine Art von Selbstmord.[107] Die Verleugnung dagegen ist prinzipiell immer nur von einigen gnostischen Sekten als zulässig betrachtet worden.[108] In der Praxis ist sie natürlich jederzeit oft genug vorgekommen; die Schwierigkeiten, die der Kirche daraus in der Folgezeit erwachsen sind, haben uns aber hier nicht weiter zu beschäftigen.

Die Verfolgung unter Domitian. Plinius und Trajan. Die Folgezeit

Wenn die römische Regierung, nachdem sie im Jahre 64 zu der Erkenntnis gelangt war, daß das Christentum eine neue vom Judentum verschiedene Religion sei, die sie als staatsfeindlich zu bestrafen die Pflicht habe, zu einer systematischen Verfolgung fortgeschritten wäre, etwa in der Weise, wie die katholische Kirche gegen die Waldenser und dann überall in ihrem Machtbereich mittels der Inquisition gegen alle Ketzer vorgegangen ist, so wäre es vielleicht möglich gewesen, das Christentum auszurotten oder auf eine kleine, in fortwährender Bedrängnis sich in isolierten Gebieten mühselig fortpflanzende Sekte zu reduzieren. Aber ein derartiges Vorgehn lag ihr völlig fern und lag überhaupt außerhalb des Gesichtskreises, unter dem der Staat sein Verhältnis zur Religion auffaßte. Das Bekenntnis zum Christentum war ein Verbrechen so gut wie Raub und Mord, und der Staat bestrafte es ebenso wie diese, wenn es zu seiner Kenntnis kam; aber weiterzugehn und etwa die Christen überall im Reich aufzusuchen und jeden Verdächtigen umzubringen, hatte er ebensowenig Anlaß, wie er etwa alle diejenigen präventiv aufgreifen ließ, von denen man vermuten konnte, daß sie sich unter Umständen gegen die Strafgesetze vergehn würden.

So ist es denn auch zu einem vom Kaiser selbst angeordneten Vorgehn bis auf Decius (abgesehn von der Verfolgung des Klerus unter Maximin) nach Nero nur noch ein einziges Mal gekommen, unter Domitian. Wir besitzen darüber nur die allgemeine Angabe Tertullians, daß dieser, Nero an Grausamkeit ähnlich, eine Christenverfolgung begonnen, dann aber aufgegeben und sogar die Verbannten zurückgeführt habe.[109] Außerdem sagt Eusebios, daß auch die heidnischen Historiker dieser Zeit – gemeint ist damit, wie die parallele Notiz in seiner Chronik beweist, ein sonst unbekannter Bruttius – davon berichtet haben und besonders hervorheben, daß „mit sehr vielen andern" im Jahre 95 auch Flavia Domitilla „wegen ihres Zeugnisses für Christus" nach der Insel Pontia verbannt worden sei.[110] Domitilla war die Tochter einer Schwester Domitians[111] und mit dessen Vetter Flavius Clemens vermählt. Diesen Clemens, nach Sueton einen Mann *contemptissimae inertiae*, hatte Domitian für das Jahr 95 mit sich zum Consul gemacht und seine Söhne zu seinen Nachfolgern ausersehn; aber gleich nach Ablauf seiner Amtsmonate, also wahrscheinlich im Mai 95, ließ er ihn hinrichten, nach Sueton „aus ganz geringfügigem Verdacht" (*ex tenuissima suspicione*), nach Dio dagegen wegen „Gottlosigkeit" (ἀθεότης), die er und seine Gemahlin durch Hinneigung zum Judentum erwiesen; aus demselben Grunde seien viele andere teils zum Tode, teils zur Vermögenskonfiskation verurteilt, Domitilla verbannt worden.[112] In den späteren christlichen Legenden wird Domitilla mit den Märtyrern Nereus und Achilleus verbunden, und in der Tat liegen große, zu den ältesten gehörende Katakomben bei deren Kirche an der Via Ardeatina auf einem zum Besitz der Flavia Domitilla gehörenden Grundstück.[113] Weit älter ist die Verknüpfung des Clemens mit den christlichen Legenden: er wird im Clemensroman mit dem gleichnamigen Bischof zusammengeworfen, der daher vornehmste Abstammung erhält.[114] Auch moderne Gelehrte haben den letzteren vielfach mit dem Consul des Jahres 95 in Zusammenhang gebracht oder identifiziert, so unglaublich das klingt. Denn der Bischof, der Verfasser des Briefs an die Korinther, ist offenbar griechischer Herkunft; und wie wäre es denkbar, daß ein Mitglied des Kaiserhauses, Vater der präsumptiven Thronerben, in dieser Zeit eine derartige amtliche Stellung in der Christengemeinde bekleidet hätte? – ganz abgesehn davon, daß der Brief erst geschrieben ist, als die Verfolgung vorüber war.

Allgemein hat man angenommen, daß das Judentum, um dessen willen Clemens und Domitilla nach Dios Angabe bestraft werden, in Wirklichkeit das Christentum gewesen sei. Allerdings steht fest, daß das Vorgehn Domitians sich zunächst und in erster Linie gegen die Ausbreitung des Judentums gerichtet hat: darin verband sich die von den Flaviern infolge des jüdischen Krieges eingeschlagene Politik mit dem in seinen letzten Jahren immer stärker anwachsenden Geldbedürfnis des Kaisers, das hier eine ergiebige Quelle fand.[115] „Außer andern finanziellen Maßregeln", sagt Sueton, „wurden die Bezüge der Judenkasse (des *Iudaicus fiscus*) aufs rücksichtsloseste eingetrieben; zu ihr wurden auch diejenigen herangezogen, welche, ohne sich dazu zu bekennen (*inprofessi*, also ohne sich beschneiden zu lassen), nach jüdischer Weise lebten, oder die ihre Herkunft zu verbergen suchten (also Juden, die sich für Heiden ausgaben) und die Judensteuer nicht gezahlt hatten." Genau das gleiche besagt Dios Angabe, daß mit Clemens und Domitilla „auch viele andere, die sich in jüdische Lebensgewohnheiten verrannt hatten (ἐς τὰ τῶν 'Ιουδαίων ἔθη ἐξοκέλλοντες)", wegen Gottlosigkeit verurteilt wurden. Da ist es durchaus begreiflich, daß jetzt auch das Bekenntnis zum Christentum als ein Übertritt zu jüdischer Lebensweise gefaßt wurde, wenngleich die Beschneidung damit nicht verbunden war.[116]

Das Einschreiten Domitians bezeichnet also in keiner Weise, wie man in der Regel annimmt, eine prinzipielle Entscheidung über die Stellungnahme des Reichs zum Christentum als einer gesonderten Religion, sondern im Gegenteil einen Rückschritt zu der Stellung vor der neronischen Verfolgung. Das Christentum wird wieder als eine jüdische Sekte behandelt. Eben darum erfolgt vielfach nicht die Hinrichtung, sondern nur die Verbannung und Einziehung des Vermögens; das fiskalische Interesse ist durchaus der leitende Gesichtspunkt. Wie Judentum und Christentum zusammengeworfen werden, ergibt sich auch daraus, daß nach dem Bericht des Hegesippos[117], der auf guter palästinensischer Tradition beruht, die Enkel des Judas, des Bruders Jesu, als Davididen aufgegriffen und vor Domitian geschleppt wurden; aber als er sah, in wie armseligen Verhältnissen sie lebten, und erfuhr, daß das Reich des Christus, zu dem sie sich bekannten, nicht von dieser Welt sei, ließ er sie laufen. Unter Nerva werden dann Domitians Maßnahmen wie durchweg, so auch hier rückgängig gemacht: „er gestattete nicht, daß jemand wegen Majestätsbeleidigung (ἀσέβεια) oder wegen jüdischer Lebensführung ('Ιουδαϊκὸς βίος) angeklagt wurde"[118]; eine vom Senat geprägte Münze preist *fisci Iudaici calumnia sublata*. Wenn also Tertullian sagt, Domitian selbst habe die verbannten Christen wieder zurückberufen[119], so hat er fälschlich – abgesehn vielleicht von einigen Begnadigungen – dies Verhalten Nervas schon auf Domitian übertragen.

Daß aber unter Domitian wirklich auch die Christen verfolgt worden sind, bestätigt der Brief des Clemens an die Korinther.[120] Er entschuldigt sich im Eingang, daß er das Schreiben der Korinther längere Zeit nicht habe beantworten können „wegen der plötzlichen, rasch aufeinander folgenden Unglücksfälle, die uns betroffen haben".[121] Das kann nur die Verfolgung im Jahre 95 sein. Wenn er jetzt schreiben kann, so ergibt sich, daß die Verfolgung vorbei ist; der Brief ist also nach Domitians Ermordung in den Anfängen Nervas im Herbst 96 geschrieben. Zugleich lehrt die Fassung, daß die Vefolgung keinen besonders harten Charakter getragen hat und hinter den neronischen, die Clemens nachher ausführlich schildert, weit zurücksteht; andernfalls würde er sich nicht mit der kurzen, entschuldigenden Erwähnung begnügen, sondern die Leiden der Gemeinde als Vorbild für die Korinther eingehender berichten.

Kaum zweifelhaft ist, daß auch die Apokalypse des Johannes aus der Zeit der Vefolgung Domitians stammt.[122] Der Verfasser sagt von sich: „Ich, Johannes, euer Bruder und Mitgenosse in der Bedrängnis und dem Königreich und dem Ausharren in Jesus, war auf der Insel Patmos wegen der Lehre Gottes und des Zeugnisses Jesus." Ganz unzweideutig ist damit gesagt, daß er in einer Religionsverfolgung auf die Insel gekommen ist[123], sei es, daß er sich ihr durch Flucht entzogen hat, sei es, daß er dorthin verbannt ist. Letzteres wäre gerade unter Domitian denkbar, wenn auch rechtlich nur, falls er wie Paulus römisches Bürgerrecht hatte, was natürlich unwahrscheinlich ist. Zu weiterem

Einblick reicht das Material nicht aus; aber daß eben zurzeit der Apokalypse eine schwere Vefolgung über die Christengemeinden Kleinasiens erging, lehrt sie selbst; und ebenso ist klar, daß Johannes dann wieder auf das Festland – offenbar nach Ephesos – zurückgekehrt ist, vermutlich nach dem Tode Domitians.[124]

Von irgendwelcher andauernden Wirkung ist die Verfolgung unter Domitian nicht gewesen. Wohl aber gehn die regelmäßigen Christenprozesse nach wie vor ihren Gang.[125] Mit vollem Recht kann Tertullian, in Übereinstimmung mit allen anderen christlichen Zeugnissen, einerseits von der ständigen Verfolgung des *nomen Christianum* reden – und zwar lediglich auf Grund der Meinung, die man sich von den Christen gebildet hat, nicht einer klaren gesetzlichen Bestimmung[126] –, andrerseits die Gegner auffordern, nach den beiden Tyrannen Nero und Domitian „unter so vielen gesetzeskundigen Herrschern, die ihnen gefolgt sind, auch nur einen zu nennen, der als Bekrieger der Christen aufgetreten sei".[127] Das Bekenntnis zum Christentum war ein todeswürdiges Verbrechen; aber ob es zu einem Prozeß kam, hing von den zufälligen Umständen ab, ob – sei es aus religiösem Eifer, sei es, was gewiß viel häufiger war, aus rein persönlichen Motiven, Konkurrenzneid[128], Ehekonflikten u. a. – eine Anzeige gegen einen einzelnen erfolgte, ob irgendwo ein Ausbruch populärer Leidenschaft zu einer Christenhetze führte, wie in Ephesos bei Polykarps Prozeß oder in Lyon im Jahre 177, oder ob der Statthalter einen besonderen Eifer entwickelte. Eine allgemeine Regelung des Vorgehens von seiten des Reichs erschien, wie Trajan schreibt, nicht möglich; wohl aber hat er durch die Weisung, die er aus Anlaß eines Spezialfalls in einem Reskript an Plinius gegeben hat, wenigstens eine gewisse Norm aufgestellt, die dann in der Folgezeit maßgebend geblieben ist.

Plinius ist im Verlauf seiner Statthalterschaft in Bithynien (111/12 oder 112/13) mit den Christen in Berührung gekommen, als er im Herbst den Osten seiner Provinz, die Küstenstädte Paphlagoniens, aufsuchte, um dort die Gerichtstage (*conventus*) abzuhalten[129]; unter den ihm hier zur Entscheidung vorgelegten Anklagen waren auch solche wegen Bekenntnisses zum Christentum. Offenbar wurde die Beschuldigung zunächst in privaten Händeln zur Verstärkung der Klage vorgebracht; dann, als der Statthalter sie annahm und dies Bekenntnis als todeswürdiges Verbrechen behandelte, mehrten sich die Fälle.[130] Das Verfahren des Plinius haben wir schon kennen gelernt: über die rechtlichen Grundlagen war er sich nicht klar, aber die, welche hartnäckig seinem Befehle, zu verleugnen und zu opfern, den Gehorsam verweigerten, ließ er hinrichten oder, wenn sie römische Bürger waren, nach Rom zur Aburteilung überführen. Rasch breitete sich die Sache immer weiter aus; auch eine anonyme Denunziation lief ein, die zahlreiche Namen aufzählte. Mit Schrecken sah er, wie weit sich das Christentum ausgedehnt hatte; „nicht nur über die Stadtgemeinden, sondern auch über die Dörfer und das flache Land hat sich die Ansteckung dieses Aberglaubens verbreitet"; „die Tempel sind nahezu verödet, die Kultfeste werden nicht mehr gefeiert; das Fleisch der Opfertiere findet kaum noch Käufer".[131] Diese Bemerkung läßt die wirtschaftlichen Störungen erkennen, welche die Ausbreitung des Christentums brachte, die dann zur Erregung der feindlichen Stimmung beitrugen. Die Tempel sind ja in erster Linie große Fleischergeschäfte, der Verkauf der ihnen zufallenden Stücke des Opferfleisches (und der Häute) ist die wichtigste Einnahmequelle der Priester, die anlockt, das Priestertum zu erwerben und die dafür geforderte Kaufsumme zu zahlen. Die Christen essen kein Opferfleisch, und auch viele Heiden werden, wenn sie mit Christen freundschaftlich verkehrten und sie zu Gaste hatten, es unterlassen haben, ihnen solches vorzusetzen (vgl. Kor. I 10, 27); so findet sich dafür, wie Plinius sagt, nur noch *rarissimus emptor*.

Zugleich findet Plinius bei weiterem Nachforschen und peinlichem Verhör zweier Sklavinnen zu seiner Überraschung, daß die den Christen vorgeworfenen Verbrechen in Wirklichkeit nicht vorkommen, daß vielmehr ihr Kultus, trotz des damit verbundenen absurden Aberglaubens (*superstitio prava immodica*), einen ganz unschuldigen Charakter trägt und in der Hauptsache die gewissenhafte Befolgung der Sittengebote einschärft. Auch sind die Christen harmlose Leute, die, als er, der kaiserlichen Weisung entsprechend, alle nicht konzessionierten Vereine und Geheimbünde (*hetaeriae*) durch ein Edikt verboten hatte, ihre Zusammenkünfte wenigstens in vielen Fällen aufgegeben haben. Nicht wenige sind auch bereit, „ihre Schuld oder ihren Irrtum" (*culpa sua vel error*) zurückzunehmen; sie vollziehn das gebotene Opfer und lästern Christus; manche der Angeklagten sind schon vor längerer Zeit, einer sogar schon vor zwanzig Jahren, wieder ausgetreten.

So wird er stutzig; er hält es für unzweckmäßig und offenbar auch für sittlich unberechtigt, die Verleugner wegen ihrer vorübergehenden Betörung zu bestrafen. Daher wendet er sich um Instruktion an den Kaiser: eine systematische Verfolgung ohne Schonung der zum Abfall Bereiten würde eine gewaltige Zahl jeden Alters und Geschlechts treffen und das ganze Land verwüsten, zeige man Nachsicht (*si sit poenitentiae locus*), so werde die Bewegung zum Stillstand kommen und verschwinden (*videtur sisti et corrigi posse*); schon jetzt zeigt sich, daß die Tempel sich wieder füllen und Opferfleisch wieder gekauft wird.

Trajan ist auf Plinius' Anschauung eingegangen und hat sie bestätigt und weiter ergänzt. Der Satz, daß das Bekenntnis zum Christentum ein todeswürdiges Verbrechen ist, bleibt bestehn; aber aufzusuchen sind sie nicht, und wer seine Verleugnung durch das Opfer beweist, erhält Verzeihung. Anonyme Denunziationen dürfen unter keinen Umständen angenommen werden, hier so wenig wie in irgend einem andern Fall: „das wäre von den schlimmsten Folgen und entspricht nicht dem Geist unserer Zeit (*nam et pessimi exempli nec nostri saeculi est*)". Das stolze Bewußtsein der von dem wohlgeordneten Weltreich erreichten Kulturhöhe, in schroffster Ablehnung des Mißregiments unter Domitian, gelangt in diesen Worten zu imposantem Ausdruck – es sollte nicht mehr ein Jahrhundert vergehn, bis diese ganze Kultur, innerlich morsch geworden und ausgehöhlt, in einer furchtbaren Katastrophe in sich zusammenbrach.

Eine allgemein gültige Regelung des gesamten Verfahrens zu geben, lehnt Trajan als unmöglich ab. Aber sein Reskript hat die wichtigsten Momente kurz zusammengefaßt und ist für die folgende Zeit die maßgebende Norm geblieben[132], mochten auch in erregten Zeiten einzelne Statthalter darüber hinausgehn und befehlen, alle Christen aufzusuchen, wie in Lyon im Jahre 177.[133] Vor einer systematischen Ausrottung scheut man wegen der unabsehbaren Konsequenzen zurück, und so begnügt man sich mit einer Halbheit. Der Widersinn, der darin liegt, daß die Christen zwar offiziell geächtet sind, aber nicht aufgesucht und verfolgt werden wie andere Verbrecher, daß man sie vielmehr im allgemeinen unbehelligt läßt, um dann, wenn ein Fall offiziell zur Kognition kommt, einen Einzelnen oder wenige Herausgegriffene um so brutaler zu bestrafen, wird von den Apologeten immer wieder mit durchschlagenden Argumenten und mit wohlverdientem Hohn hervorgehoben, aber ohne jeden Erfolg: weder werden sie für ihre Eingaben an Kaiser und Senat und ihre ununterbrochen vor der Öffentlichkeit sich fortsetzende Wirksamkeit zur Verantwortung gezogen, noch werden die Bestimmungen und das Verfahren gegen die Christen irgendwie geändert.[134]

Man darf die Zahl der Märtyrer nicht unterschätzen, weder im ersten noch im zweiten Jahrhundert, wozu gegenwärtig, im Gegensatz zu der Übertreibung früherer Zeiten, vielfach Neigung besteht. Es wird kein Jahr vergangen sein, in dem es nicht, bald hier bald dort, zu Prozessen kam und, neben den Hinrichtungen in den Provinzialstädten, Opfer für die Spiele in der Hauptstadt geliefert wurden. Aber im Verhältnis zu der Zahl der Gläubigen waren die Verurteilten doch immer nur eine fast verschwindende Minderheit; selbst bei den umfassendsten Verfolgungen, wie in Lyon 177[135], und sogar bei der unter Nero im Jahre 64, sind viel mehr verschont geblieben als umgekommen, und in der Regel sind es bei den Prozessen nur einige wenige, die verurteilt werden. In die umstehenden Massen der Gläubigen, die das Verhalten der Zeugen bewundernd aufnahmen und sie im Ausharren stärkten, hat man kaum je hineingegriffen. So ist durch das Verhalten der Reichsregierung den Christen, obwohl das Richtschwert immer über ihren Häuptern schwebte, doch tatsächlich eine weitgehende Duldung gewährt. Die Statthalter haben im allgemeinen, wenn nicht einmal eine populäre Erregung sie mit fortreißt, keine Lust, sich darauf einzulassen, und ergreifen nicht selten jedes Mittel, um die Prozesse niederzuschlagen[136]; bei den Privaten aber bestand wenig Neigung, eine Klagschrift einzureichen, nicht nur aus allgemein menschlichem Empfinden, sondern auch aus begreiflicher Scheu, den umständlichen Prozeßweg zu beschreiten, zumal ihnen, wenn sie ihre Sache nicht erwiesen, die schwere den Verleumder treffende Strafe drohte. In der Regel werden lediglich erbitterte persönliche Händel, Ehezwiste[137] u. ä. zur Anstrengung eines Christenprozesses geführt haben.

So begreift es sich, daß neben den Klagen über die Verfolgungen und Martyrien Äußerungen stehn, als sei die Kirche vom Staate geduldet und in ihrer Ausbreitung nicht behelligt. Die Erwartung des Plinius, daß durch die mit einigen warnenden Strafexempeln verbundene Nachsicht die Ansteckungsgefahr beseitigt und der Irrwahn aus der Welt geschafft werden könne, hat sich nicht erfüllt; dazu waren die Verfolgungen viel zu vereinzelt und dem Zufall überlassen. Überdies trafen sie meist Leute, welche nicht nur innerlich gefestigt waren, sondern sich nach dem Martyrium sehnten wie Ignatios und geradezu dazu drängten; ihr Beispiel stärkte die Schwachen und mahnte zum Ausharren, die hohen und alsbald immer weiter gesteigerten Ehren, die man ihnen und ihrem Andenken erwies, führten den Siegespreis, den sie errungen hatten, allen Gläubigen lebendig vor Augen. Durch Gottes Fügung, schreibt Origenes gegen die Mitte des dritten Jahrhunderts[138], „haben von Zeit zu Zeit einige wenige und sehr leicht aufzuzählende für den christlichen Gottesglauben den Tod gefunden, als eine Mahnung (ὑπομνήσεως χάριν), auf daß die Christen dadurch, daß einige vor ihren Augen den Kampf für die Religion bestanden, größeres Ansehn gewännen und den Tod verachten lernten". Statt das Christentum zu unterdrücken, ist das Martyrium, wie oft hervorgehoben wird und die Berichte der Märtyrerakten bestätigen, durch das gottergebene Ausharren der Gefolterten und Verurteilten in allen Qualen geradezu ein Mittel gewesen, ihm neue Anhänger zuzuführen.[139]

XI
Die Anfänge der katholischen Kirche

Die Ausbreitung des Christentums. Kleinasien. Rom

Die trotz der prinzipiellen Stellungnahme in der Praxis tastend schwankende Haltung der römischen Regierung und die sporadischen Verfolgungen haben der Ausbreitung des Christentums wenig ernstlichen Abbruch zu tun vermocht. Vielmehr dringt es in allen östlichen Provinzen des Reichs, soweit die griechische Zunge reicht, von den durch Paulus geschaffenen Stützpunkten aus andauernd immer weiter vor. Diesen griechischen Charakter hat bekanntlich auch die römische Gemeinde noch lange bewahrt, und ebenso die, welche in der zweiten Reichshauptstadt des Westens, Lugdunum, sowie im benachbarten Vienna etwa seit dem Anfang des zweiten Jahrhunderts entstanden ist[1]. Auch diejenigen Christen, die das römische Bürgerrecht besitzen, tragen großenteils griechische Cognomina, so unter den Märtyrern von Lyon neben vielen andern, Männern und Frauen, vor allem Attalos, der aus Pergamon dorthin gekommen ist[2]; und auch diejenigen, welche wirklich römischen Ursprungs waren, wie Clemens und Domitilla aus dem Kaiserhause, standen natürlich mit der griechischen Bildung in naher Fühlung. Auch nach Afrika wird zunächst das Griechische die Brücke geschlagen haben, das ja in den höheren Schichten der Gesellschaft nicht nur im Syrtengebiet (so in Leptis), sondern auch in dem karthagischen Gebiet und in Numidien weit verbreitet war. Dann aber gewinnt hier, mindestens von der Mitte des zweiten Jahrhunderts an, das Lateinische durchaus die Herrschaft; die christliche Literatur Afrikas, die mit den Märtyrerakten von Scili in Numidien 180 n. Chr. und mit Tertullian einsetzt, ist im Gegensatz zu Rom und Lyon durchweg lateinisch, wenn auch Tertullian daneben noch einige Schriften griechisch abgefaßt hat. So hat es denn hier auch damals schon Übersetzungen der heiligen Schriften ins Lateinische gegeben[3]. Das alles zeigt, daß die Mission in Afrika jedenfalls schon in der ersten Hälfte des zweiten Jahrhunderts begonnen haben muß.

Auch sonst hat sich, als das Christentum immer mehr erstarkte und ernsthaft daran denken konnte, seine Weltmission im einzelnen durchzuführen, die Verwendung der Landessprachen unvermeidlich gemacht, vor allem, als man von den Städten aus auch die Landgemeinden zu bekehren begann. So predigt der Kleinasiate Irenaeos als Bischof von Lyon (wahrscheinlich seit 177) mehr keltisch als griechisch[4], und ähnlich mag es auch anderswo gewesen sein. Aber Übersetzungen der heiligen Schriften sind daraus hier nirgends hervorgegangen; die zahlreichen Barbarenvölker, die in den germanischen Provinzen – wo man natürlich keltisch sprach –, den spanischen, den keltischen, in Aegypten, in Afrika den einheitlichen Glauben der Kirche bekennen, glauben „ohne Papier oder Tinte, sondern die Heilslehre ist ihnen durch den Geist ins Herz geschrieben"[5]. Erst in wesentlich späterer Zeit, etwa gegen Ende des dritten Jahrhunderts, setzen die zahlreichen Übersetzungen in einheimische Sprachen ein (Koptisch und Nubisch, Armenisch und Georgisch, Gotisch); so erklärt es sich, daß keine der Sprachen Kleinasiens für eine Bibelübersetzung und eine christliche Literatur verwendet worden ist, und ebensowenig das Punische, Iberische, Keltische. Eine Sonderstellung nimmt außer der lateinischen Welt im Westen nur die aramaeische im Osten ein, vor allem in den jenseits des Reichs liegenden Gebieten, dem römischen Vasallenstaat von Osroene (Edessa), der unter Abgar IX. (ca. 201–216) das Christentum zur Staatsreligion macht, und den unter parthischer Oberhoheit stehenden Staaten und Provinzen am Tigris, Adiabene, Garamaea usw. bis nach Mesene und Charakene hinunter. Zwar hat sich auch hier der Hellenismus in der Oberschicht noch lange erhalten; aber mehr und mehr mußte er sich sprachlich in aramaeisches Gewand kleiden. So ist es begreiflich, daß hier, wo die Mission sehr früh eingesetzt haben muß – so wenig wir auch über ihre Anfänge erfahren –, auch die aramaeische Sprache verwendet wurde, die überdies wenigstens für die aus Palaestina und Syrien stammenden Missionare zugleich ihre Muttersprache war. So ist denn auch die Bibel beider Testamente früh ins Aramaeische übersetzt worden; und schon weit früher war ja, wie die ältesten, von Marcus benutzten Aufzeichnungen der Missionare, so auch die Spruchsammlung des Matthaeus in dieser Sprache abgefaßt worden. An diese knüpfen dann die Überarbeitungen des Matthaeusevangeliums bei den Ebioniten und Nazarenern an, während für die syrische Großkirche Tatian etwa um 170 in der aramaeischen Übersetzung seiner Evangelienharmonie (διὰ τεσσάρων) das Evangelienbuch schuf, das in ihr lange Zeit die herrschende Stellung behauptet hat.

Von den einzelnen Stadien dieser ständig fortschreitenden Ausbreitung freilich haben wir nur ganz unzulängliche Kunde[6]; das Geschichtswerk des Lukas hat eine Fortsetzung, welche die Entwicklung des folgenden Jahrhunderts zusammenfassend schildern würde, nicht gefunden, und erst in der zweiten Hälfte den zweiten Jahrhunderts, mit der Entwicklung der reichen apologetischen und polemischen Literatur sowie der Martyrologien beginnen die Nachrichten allmählich wieder reichlicher zu fließen; bis dahin sind wir auf zerstreute Angaben in der, zum Teil nur durch glückliche Zufälle erhaltenen, frühchristlichen Literatur und auf Rückschlüsse angewiesen.

Im Mittelpunkt dieser Entwicklung steht Kleinasien. Dieses Land, das sonst in der Geschichte meist eine mehr passive Rolle gespielt hat, gelangt jetzt auf den Höhepunkt seiner weltgeschichtlichen Bedeutung[7]. Schon seit den Zeiten des Lyderreichs und dann unter der Perserherrschaft hatte sich der griechische Einfluß von den Küstenplätzen aus immer weiter ausgebreitet. Unter den Makedonen und den neben ihnen aufkommenden Dynastien hatte dann der Hellenismus, mächtig gefördert durch die zahllosen, planmäßig geleiteten Städtegründungen des Antigonos und Lysimachos, der Seleukiden und schließlich der Pergamener, den ganzen Westen und Süden der Halbinsel durchdrungen und neu gestaltet. Auch die einheimischen Fürstentümer in Bithynien, Pontos, Kappadokien, ja selbst in Galatien und in Armenien mußten der Zeitströmung folgen und ihm Raum geben; und die Römer haben seit der Aufrichtung des monarchischen Regiments durch Pompejus die Entwicklung zum Abschluß geführt. Die einheimischen Sprachen waren im Westen überall dem Griechischen gewichen[8]; und wenn sich in Phrygien, Bithynien, Paphlagonien, Kappadokien, bei den Galatern und auch in den von der Kultur weniger berührten Gebieten des inneren Mysiens, und ebenso bei den zahlreichen, sprachlich durchweg voneinander geschiedenen Stämmen im Taurus und in den Gebirgen des östlichen Pontos die einheimischen Sprachen noch lange erhielten[9], so waren sie doch im wesentlichen auf das flache Land und die kleineren Ortschaften zurückgedrängt und haben mit Ausnahme des Phrygischen und des Lykischen eine Verwendung in der Schrift nicht mehr gefunden.

Aber damit ist die Eigenart des Volkstums noch nicht aufgehoben; im Gegenteil, sie gewinnt jetzt durch die Verbindung mit der Weltkultur und der Weltsprache nur um so mehr die Möglichkeit zu weitgreifender Wirkung. Charakteristisch für Kleinasien ist, soweit wir in seiner Geschichte hinaufblicken können, eine starke Religiosität, die sich in mystischen und orgiastischen Kulten entlädt und mehrfach zu dem Versuche führt, durch ein völliges Einleben in die Gottheit und deren in der Natur sich offenbarende Taten und Leiden zu voller Verschmelzung mit ihr zu gelangen und dabei zugleich die natürlichen Verhältnisse umzugestalten, so in der Selbstverstümmelung und Entmannung, zu der die Amazonensage das Gegenbild liefert. So wird Kleinasien der Hauptschauplatz der großen religiösen Bewegung, die seit der Aufrichtung des römischen Kaiserreichs immer mächtiger anschwillt. Die zahlreichen lokalen Kulte stehn überall in hohem Ansehn und treten uns wie in den Inschriften so vor allem seit dem zweiten Jahrhundert auf den Münzen lebendig entgegen. Manche dieser Kulte, die in ihren Grundlagen auf die älteste Bevölkerung, mindestens weit ins dritte Jahrtausend v. Chr., zurückgehn und von einer der aufeinander folgenden Volksschichten nach der andern übernommen sind[10], von Chetitern, Phrygern, Kappadokern, Griechen, Galatern, haben sich weithin durch die Welt bis nach Rom hin verbreitet, so der der großen Berggöttin, der Göttermutter von Pessinus, vom Ida und Dindymos und ihres in der Blüte der Jugend hingerafften Lieblings Attis mit den Scharen ihrer verschnittenen Bettelpriester, der Kultus der Kriegsgöttin von Komana mit ihren blutigen Orgien, bei denen die Verehrer sich blutig geißeln und zerfleischen[11], der Kultus des mit Dionysos identifizierten Vegetations- und Himmelsgottes Sabazios; daneben treten vor allem der Mondgott Men Tyrannos sowie der höchste Himmelsgott (Ζεὺς Ὕψιστος) hervor und in Tarsos der große Vegetationsgott Herakles-Sandon, dem hier alljährlich das Fest des Scheiterhaufens gefeiert wird, bei dem der aufgeputzte Jahrbaum, in dem der Gott haust, den Flammen überliefert wird. Dazu kommen dann, abgesehn von den griechischen und den frühhellenisierten Gottheiten, wie der Artemis von Ephesos und dem Orakelgott (Apollo) von Klaros und Didyma, von Telmissos und Alabanda, von Mopsuhestia und Mallos in Kilikien, dem Heilgott Asklepios u. a., die aus der Fremde importierten Religionen, einerseits das Judentum, dessen weite Verbreitung wir schon kennen gelernt haben, andrerseits schon seit der Achaemenidenzeit die persische Religion. Wie aus dieser durch Verschmelzung mit kleinasiatischen Gestalten, mit Attis und mit Berggöttern, die Mithrasreligion entstanden ist, ist früher schon kurz besprochen. In ähnlicher Weise hat sich später – nachweisbar seit der Mitte des zweiten Jahrhunderts n. Chr. – an den Kult der Göttermutter das Taurobolium und Kriobolium, das Taufbad im Blut des Opfertieres angesetzt, ein mystischer Weiheakt, der die Wiedergeburt zum ewigen Leben (*in aeternum renatus*)[12] so gut gewährt wie die christliche Wassertaufe oder die Weihen der Mithrasmysterien[13]; wie diese hat das Taurobolium namentlich in Rom und den westlichen Provinzen weite Verbreitung gefunden. Dazu kommen dann Weisheitslehrer, Wundertäter und religiöse Abenteurer wie Apollonios von Tyana, der gleichfalls neben der pythagoreischen Mystik vom Parsismus beeinflußt ist, und später Alexandros von Abonuteichos.

Diesen Gesamthintergrund muß man vor Augen haben, wenn man sowohl die rasche Verbreitung des Christentums in Kleinasien wie die mannigfachen Formen, die es hier angenommen hat, verstehn will. Es tritt hier in Konkurrenz mit zahlreichen alten und neuen Lehren auf, die alle den Gläubigen die Erlösung und das Heil in der jenseitigen und daneben auch in dieser Welt verheißen.

Daß sich das Christentum schon zu Paulus' Lebzeiten von dem Zentrum in Ephesos aus weithin in den Städten des westlichen Kleinasiens verbreitet hat, haben wir schon gesehn. Die Johannesapokalypse bestätigt sein Fortbestehn, aber gibt auch einen Einblick sowohl in die Verfolgungen wie in die Entwicklung der inneren Gegensätze in Lehre und Lebensführung und in der Haltung der Gemeinden. Wegen ihres Ausharrens und ihres richtigen Glaubens gepriesen werden Ephesos, Smyrna, Philadelphia und auch Pergamon und Thyatira, die sich aber eine Verwarnung wegen Irrlehren gefallen lassen müssen. Weit schlechter kommt Sardes weg: dem Worte nach lebt es, aber in Wirklichkeit ist es tot[14], bis auf einige wenige (ὀλίγα ὀνόματα), „die ihre Kleider nicht beschmutzt haben und mit mir in weißen Gewändern wandeln werden, weil sie es verdienen". Noch schlimmer steht es um Laodikea: es ist weder kalt noch warm, es rühmt sich seines Reichtums und ist doch bettelarm. So werden beide Städte nachdrücklich an das plötzlich hereinbrechende Gericht gemahnt, zu wachen und zu bereuen, ehe es zu spät ist.

Zu diesen Städten kommt das alte Missionsgebiet des Paulus im Süden der Provinz Galatien bei den Pisidern und Lykaonen. Aber das Christentum hat weit darüber hinausgegriffen, wie nach Südphrygien – das zeigt das Auftreten des Montanus – so in die Küstenlande des Schwarzen Meers. Der erste Petrusbrief ist gerichtet „an die erwählten Beisassen der Diaspora[15] in Pontus, Galatien, Kappadokien, Asia und Bithynien", also in allen Provinzen Kleinasiens mit Ausnahme des äußersten Südens (Lykien mit Pamphylien sowie Kilikien). Das ist keine Fiktion, sondern gibt ein richtiges Bild von der Ausbreitung gegen Ende des ersten Jahrhunderts. Für Bithynien wird es wenig später durch Plinius bestätigt, und Markion ist in Sinope bald nach 100 n. Chr. als Christ aufgewachsen. Zu beachten ist als Gegenbild, daß in eben diesen Gebieten ein halbes Jahrhundert später ein skrupelloser Schwindler wie Alexandros von Abonuteichos mit seinem Schlangengott Glykon weithin gewaltigen Zulauf finden und offiziell anerkannt werden konnte. Lucian erwähnt, daß er als seine Hauptgegner einerseits die Epikureer betrachtete, andrerseits, „die gottlosen Christen, von denen der ganze Pontos voll sei, die es wagten, über ihn die schlimmsten Schmähungen zu verbreiten"[16]. Die beiden extremen Richtungen, die sich gegenseitig aufs stärkste befehden – denn ein Epikureer ist für den Christen wie für den Juden der Inbegriff aller sittlichen und intellektuellen Verworfenheit –, stehn diesem Schurken gleich feindlich gegenüber, und so hat er die Menge gegen beide gehetzt.

Von den Zuständen in Griechenland und Makedonien haben wir nur vereinzelte Kunde; daß die Gemeinden in Korinth und Philippi sich auf der von Paulus geschaffenen Grundlage weiter entwickelten, würden wir auch ohne die hier zufällig vorliegenden Zeugnisse[17] nicht bezweifeln. Der Titusbrief zeigt, daß die Mission auch nach dem abgelegenen Kreta hinübergriff, und wenn es im zweiten Timotheusbrief heißt, daß Titus nach Dalmatien gegangen sei (4, 10), so mag dieser das Missionswerk auch hier begonnen haben. Ganz unzulänglich ist unser Wissen wie über den ferneren Osten, so auch über Syrien; nur die Briefe des Ignatios, des Bischofs von Antiochia, geben Kunde von der Fortentwicklung der Gemeinde von Antiochia und der Verfolgung, der er unter Trajan zum Opfer fiel. Und doch wären hier genauere Nachrichten sehr erwünscht. Denn hier sind als Konkurrenten des Christentums die Jünger Simons und dann Menander aufgetreten, und an sie schließt Satornil an, der Begründer der christlichen Gnosis, dessen Wirksamkeit in Antiochia in den Anfang des zweiten Jahrhunderts fällt. So muß es hier schon zur Zeit des Ignatios heftige Kämpfe gegeben haben, in die uns jeder weitere Einblick fehlt. Noch empfindlicher ist, daß wir über die Anfänge des Christentums in Alexandria und Aegypten schlechthin nichts wissen, obwohl es zweifellos schon früh dorthin getragen ist[18]. Auch hier tritt ihm alsbald die Gnosis konkurrierend zur Seite, von Basilides an; und im Lauf des zweiten Jahrhunderts schreitet dann die Entwicklung in Alexandria durch Verbindung mit der griechischen Philosophie und Ausbildung der Dogmatik mächtig fort, so daß es im dritten Jahrhundert mehr und mehr eine, wenn nicht die führende Stellung erringt.

Am bedeutsamsten tritt neben Kleinasien von Anfang an Rom hervor. Die neronische Verfolgung und das Martyrium der beiden Hauptapostel, der einzigen, die wirklich eine geschichtliche Rolle gespielt haben, verleiht der Reichshauptstadt von Anfang an ein überragendes Ansehn. Durch das Martyrium sind die alten Gegensätze überbrückt und verblassen in der Erinnerung. Daß die römische Gemeinde sich trotz der Verfolgung behauptet und um die apostolische Überlieferung fest zusammengeschlossen hat, hebt ihre Stellung noch weiter. So wendet sich um das Jahr 95, zur Zeit der Verfolgung unter Domitian, die Gemeinde von Korinth, als hier Streitigkeiten um die Organisation ausbrachen, um Rat und Hilfe nach Rom[19], und die römische Gemeinde antwortet durch den Mund ihres Bischofs Clemens mit ausführlichen autoritativen Mahnungen, die durch drei Abgesandte überbracht werden[20]; er erwartet, daß diese alsbald die Kunde zurückbringen werden, daß in Korinth „der erflehte und ersehnte Friede und Eintracht wiederhergestellt ist, so daß wir uns freuen können an der guten Ordnung bei euch". Dieser Erwartung entsprach die Aufnahme, die Clemens' Schreiben fand: es ist in Korinth an jedem Sonntag in der Gemeinde verlesen worden[21]. Zugleich ist der Brief weithin verbreitet worden – so benutzen ihn Polykarp, Irenaeos u. a. – und hat vielfach Aufnahme unter die heiligen Schriften gefunden, wird also behandelt wie die Briefe der Apostel; so steht er denn auch noch im Codex Alexandrinus (fünftes Jahrhundert) am Schluß des Neuen Testaments, zusammen mit einem anonymen Schreiben aus späterer Zeit, das gleichfalls Clemens' Namen trägt.

Wie gleichzeitig und in den nächsten Jahrzehnten eine ganze Anzahl christlicher Lehrschriften von Rom ausgegangen sind und weiteste Verbreitung gefunden haben, werden wir noch weiter zu besprechen haben. Die Gemeinde hat es verstanden, ihre Stellung zu behaupten und ihr Ansehn ständig zu mehren, so daß sie schon Ende des zweiten Jahrhunderts von Irenaeos als maßgebende Norm in Glaubensfragen angesehn wird.

Unter einander stehn die einzelnen Gemeinden in ständigem Verkehr, sie senden sich Berichte über ihre Schicksale und über die Fragen, die sie bewegen, sie unterstützen sich eifrig bei Verfolgungen, der Ruhm eines Zeugen, mag er das Martyrium erleiden oder lediglich längere Zeit gefesselt im Gefängnis sitzen wie Peregrinos, verbreitet sich weithin, und wenn sie, wie Ignatios, von einer Stadt zur andern geschleppt wurden, um bei den Spielen in Rom zur Belustigung des römischen Pöbels ihr Ende zu finden, so schuf das erst recht eine tief nachwirkende Verbindung[22]. Daneben ziehn die Missionare von Ort zu Ort. Viele andere werden durch persönliche Interessen und Geschäftsbeziehungen in die Fremde geführt; wer den Trieb empfindet, die Lehre tiefer zu erfassen und sich zu einer weiteren Wirkung berufen fühlt, sucht eine Gemeinde nach der anderen auf, um sich zu unterrichten und ihre Zustände kennen zu lernen. Die zahlreichen persönlichen Bekannten, die Paulus in Rom hat, veranschaulichen diesen ununterbrochenen Fluß der Bevölkerung; in den Gefangenschaftsbriefen und im zweiten Timotheus- und im Titusbrief werden die alten Verbindungen gefestigt und neue Gebiete von seinen Schülern aufgesucht; wie die griechischen Rhetoren und Sophisten, die Philosophen und die Verkünder einer neuen mystischen Weisheit die Welt durchwandern, so auch ihre Konkurrenten, sowohl die jüdischen wie die christlichen Apostel und Lehrer[23]. Wie Paulus selbst von einer Stadt in die andere und schließlich nach Rom zieht, als dem Mittelpunkt der Welt, von dem aus noch eine ganz andere Wirkung möglich war als von Athen oder von Korinth und Ephesos, so sind der Samaritaner Justin, der Ostsyrer Tatian, der Jude Hegesippos und zahlreiche andere weithin durch die Welt und schließlich nach Rom gewandert. Der Kleinasiate Irenaeos geht nach Lyon und wird hier Bischof, und pflegt sorgfältig die Verbindung sowohl mit seinem Mutterlande wie mit Rom; und schon vorher schicken „die in Vienna und Lugdunum in Gallien ansässigen Knechte Christi ihren Brüdern in Asien und Phrygien" den Bericht über die Verfolgung des Jahres 177. Um dieselbe Zeit verfaßt der Bischof

Dionysios von Korinth Sendschreiben über die richtige Lehre (ὀρθοδοξία) und die christliche Lebensführung, über die Irrlehren der Sekten und speziell des Markion, an die Gemeinden und Bischöfe von Sparta und von Athen, von Nikomedien und von Amastris, von Rom, von Gortyn und von Knossos auf Kreta, und der Bischof des letzteren antwortet darauf und erbittet weitere Ausführung zur Bekämpfung einer übertriebenen Askese, bei der der Körper durch ungenügende Nahrung entkräftet wird[24]. Gleichartiges wird auch in der älteren Zeit vielfach vorgekommen sein, nur daß die festen Formen des christlichen Stils sich erst allmählich herausgebildet haben, im Anschluß einerseits an die griechische Literatur, andrerseits an das Vorbild des Paulus und unter ständiger Einwirkung des Alten Testaments. Erhalten sind davon außer dem Brief des Clemens an die Korinther die Briefe, die Ignatios während seiner Überführung nach Rom geschrieben und die Polykarp, der Bischof von Smyrna, gesammelt und den Philippern zugesandt hat.

Die Organisation der Gemeinden. Die Anfänge des Episkopats

Anschaulich tritt uns das Leben der Gemeinden in den ersten Jahrzehnten des zweiten Jahrhunderts in den Satzungen der Apostellehre vor Augen[25]. „Jeder der im Namen des Herrn kommt, soll aufgenommen werden; dann aber prüft ihn und beurteilt ihn, ihr werdet ja verständig sein, nach rechts und links. Ist er ein Durchreisender, so helft ihm so viel ihr könnt; er wird nicht länger als zwei oder im Notfall drei Tage bei euch bleiben. Will er sich bei euch niederlassen, so soll er, wenn er ein Handwerker ist, arbeiten und sein Brot verdienen; versteht er kein Handwerk, so sorgt nach eurer Einsicht, daß ein Christ nicht untatig bei euch lebt. Will er sich dem nicht fügen, so ist er ein Mensch, der aus dem Christentum ein Geschäft machen will (χριστέμπορος); vor solchen Leuten hutet euch." Die gleiche Bestimmung wird für die Apostel (Missionare) und Propheten gegeben. „Ein wahrer Prophet, der sich bei euch niederlassen will, verdient, daß er seine Verpflegung erhält" – er wird den Hohenpriestern gleichgestellt und soll wie diese die sonst den Armen zufallenden Erstlingsgaben von Kelter, Tenne und Vieh und auch von Kleidung, Geld und allem sonstigen Besitz erhalten – „und ebenso ein wahrer Lehrer." Auch „ein Apostel (Missionar), der zu euch kommt, soll wie der Herr aufgenommen werden"; aber wenn er länger als zwei oder drei Tage bleibt oder wenn er für die Weiterreise nicht nur Brot bis zur nächsten Station, sondern auch Geld verlangt, ist er ein falscher Prophet. Ebenso muß jeder Prophet geprüft werden; wenn sein Lebenswandel nicht mit seinen Lehren übereinstimmt oder wenn er gar in angeblicher Inspiration Geld verlangt, so ist er ein falscher Prophet. Diese Vorschriften[26] [??] werden, mit ängstlicher Rücksichtnahme auf die Gefahr, der man sich bei unvorsichtiger Prüfung aussetzt, dadurch den Geist zu verletzen und damit die Sünde zu begehn, die nach dem Herrnwort nicht vergeben werden kann, sehr detailliert gegeben; man sieht, wie vielfach sich Schwindler die Leichtgläubigkeit und Gutmütigkeit der Gemeinden zu nutze zu machen suchten, in völliger Übereinstimmung mit der Schilderung Lucians.

Eine Gesamtorganisation fehlt noch gänzlich. Alle Gemeinden fühlen sich als Organe einer geistigen Einheit, der Einen vom Geist geschaffenen Kirche, oder nach Paulus' Wort als Glieder des Leibes Christi, dessen Haupt der Herr ist; die selbstverständliche Voraussetzung ist dabei, daß der Geist in ihnen allen das gleiche wirkt, daß die Lehre des Evangeliums, wie sie die Apostel verkündet und ihren Schülern und den von ihnen gegründeten Gemeinden überliefert haben, sich ungetrübt von Generation zu Generation weiter fortpflanzt. So erwächst aus der inneren Homogenität der Gemeinden der Begriff der Einen allgemeinen (katholischen) Kirche, ein Begriff, der uns bereits bei Ignatios voll ausgeprägt entgegentritt[27]. Es illustriert die Stellung Kleinasiens, daß dieser Ausdruck zuerst hier aufgekommen ist; in den aus Rom stammenden Schriften findet er sich bis gegen Ende des zweiten Jahrhunderts noch nicht, weder bei Clemens und bei Hermas noch bei Justin, und selbst nicht bei Irenaeos.

Die Reinheit der Lehre aufrecht zu erhalten, die Gläubigen zu ihrer Befolgung im Leben anzuhalten, alle Irrlehren abzuwehren und damit die Einheit der Kirche zu wahren, ist die Aufgabe der leitenden Organe der Gemeinden. Die Anfänge dieser Organisation haben wir früher schon kennen gelernt. Je mehr man sich, trotz des noch lange ganz fest wurzelnden Glaubens an die in allernächster Zeit bevorstehende Wiederkunft des Herrn und das Eintreten des Weltgerichts, für die Gegenwart in die Lebensbedingungen der bestehenden Welt schicken lernt, je mehr damit zugleich die enthusiastische Erregung und die von Paulus vorsichtig zurückgedrängten wilden Manifestationen des „Geistes" in den Hintergrund treten, desto notwendiger wird der Ausbau dieser Organe zu einer festen autoritativen Leitung und Zucht der sonst in sich auseinanderfallenden Gemeinden, zumal da sowohl innerhalb derselben wie von außen hineingetragen die verschiedensten Auffassungen der Lehre sich entwickeln und Boden zu gewinnen suchen.

Dies Bedürfnis hat dazu geführt, daß aus dem Kollegium der Verwaltungsbeamten der Gemeinden, der „Ältesten" oder „Aufseher" (ἐπίσκοποι), ihr Vorsitzender zu autoritativer Stellung als „der Aufseher", aus der aristokratischen Presbyterialverfassung das monarchische Episkopat, das Bistum erwächst.[28] Der Bischof trägt die volle und alleinige Verantwortung für die Haltung seiner Gemeinde und kontrolliert daher auch die Lehre und die Lehrer (διδάσκαλοι); die übrigen Presbyter sowie die diesen als „Gehilfen" unterstellten Diakonen werden seine Untergebenen.

Diese Ordnung hat sich schrittweise und nicht ohne Kämpfe durchgesetzt. In Korinth erheben sich gegen Ende des ersten Jahrhunderts die Jüngeren gegen die Alten und fordern Neuwahlen. In die heftigen Streitigkeiten, die dadurch entstehn, greift die römische Gemeinde durch das von Clemens verfaßte Schreiben ein. Sie schildert die schönen Zustände der früheren Zeit, wo alle sich den Presbytern willig unterordneten[29]; der gute Ruf, den die Gemeinde dadurch gewonnen hatte, ist dadurch schwer gefährdet, auch bei den Ungläubigen (47, 7). Und doch geht die Ordnung auf die Apostel und damit auf Jesus selbst zurück: sie haben die Aufseher oder Presbyter und die Diakonen eingesetzt, und in Voraussicht, daß darüber Streit entstehn würde, dafür gesorgt, daß „wenn die Eingesetzten entschlafen, andere bewährte Männer ihr Amt übernehmen"[30] – die Stellungen sind also durchaus als lebenslänglich gedacht. „Ihr also, die ihr die Zwietracht geschaffen habt, ordnet euch den Ältesten (Presbytern) unter, laßt euch zur Reue erziehn und beugt die Knie eurer Herzen"[31]. Wie es scheint, hat die Mahnung vollen Erfolg gehabt. Von einem monarchischen Bistum ist aber hier noch mit keinem Wort die Rede, vielmehr ist die Verfassung durchaus kollegial; und auch Clemens schreibt nur im Namen der römischen Gemeinde, er nennt weder sein Amt noch selbst seinen Namen[32]. Ebenso besteht in Philippi zur Zeit des Martyriums des Ignatios noch dieselbe Verfassung, wie in der des Paulus: Polykarp, der doch selbst Bischof ist, mahnt die Philipper, „sich den Presbytern und Diakonen unterzuordnen, wie Gott und Christus"[33]; die Presbyter entsprechen also den ἐπίσκοποι bei Paulus, aber einen Bischof gibt es hier nicht.

Dagegen in Kleinasien, das auch hierin seine führende Stellung zeigt, ist um dieselbe Zeit der Episkopat voll entwickelt und ebenso in Syrien. Ignatios ist Bischof von Antiochia[34]. Als er über Philadelphia nach Smyrna gebracht wurde und hier auch die Vertreter der Gemeinden von Ephesos, Magnesia am Maeander, Tralles kennen lernte, hat er das Ansehn, das ihm als Märtyrer zufiel, benutzt, um sie alle durch Schreiben zu festem Anschluß an den Bischof zu mahnen; ja in Philadelphia hat er, vom Geist erfaßt, mitten im Gespräch, den Ruf ausgestoßen: „an den Bischof haltet euch und das Presbyterium und die Diakonen! Ohne den Bischof tut nichts! Bewahrt euer Fleisch als einen Tempel Gottes! Liebt die Einheit, flieht die Spaltungen! Werdet Nachahmer Jesu Christi, wie er seines Vaters!"[35] Er versichert, er habe von irgendwelchen Spaltungen bei ihnen nichts gewußt, sondern der Geist habe aus ihm geredet; aber es ist klar, daß ihn diese Fragen, welche alle Gemeinden in Unruhe versetzten, lange bewegt haben und jetzt zu diesem plötzlichen Ausbruch führten. Das gleiche ruft er in jedem seiner Briefe den Gemeinden zu: „Folgt alle dem Bischof, wie Jesus Christus seinem Vater, und dem Presbyterium wie den Aposteln, und ehrt die Diakonen wie Gottes Auftrag! Wo der Bischof auftritt, da sei die Menge, wie da, wo Christus Jesus ist, die allgemeine Kirche." „Der Bischof ist das Abbild des Vaters, die Presbyter wie eine Ratsversammlung (συνέδριον) Gottes und Verband der Apostel; ohne sie kann man von Kirche nicht reden." „Es ist klar, daß man den Bischof wie den Herrn selbst ansehn muß"[36]. Mit der Mahnung zur Einheit verbindet sich überall die Bekämpfung der Irrlehren. In seinem Schreiben an Polykarp, den Bischof von Smyrna, gibt er diesem väterliche Ermahnungen, das Regiment als umsichtiger Steuermann fest und energisch zu führen, je nach Umständen als irdischer und als geistiger Leiter (σαρκικὸς εἶ καὶ πνευματικός), den Irrlehren unerschütterlich entgegenzutreten, häufiger als bisher Versammlungen zu halten und alle einzelnen dazu persönlich heranzuziehn (ἐξ ὀνόματος πάντας ζήτει).

Weniger klar liegen die Dinge in den unter Paulus' Namen gehenden Pastoralbriefen, die wohl in der Übergangszeit, etwa um 100 n.Chr., in Kleinasien entstanden sind[37]. In ihnen erscheinen Timotheus und Titus als von Paulus mit der Organisation der Gemeinden beauftragte Missionare – Timotheus ist dazu durch prophetische Weisung unter Handauflegung des Presbyteriums oder des Paulus eingesetzt worden[38] – und erhalten dafür und für die Amtsführung eingehende Vorschriften. Hier scheinen „Älteste" und „Aufseher" noch identisch zu sein, wenn nicht die letzteren überhaupt erst später eingefügt sind, weil man eine Erwähnung der Bischöfe vermißte[39]. Zum Teil wird von ihnen, abweichend von der ursprünglichen, bei Paulus und in der Apostellehre noch durchweg vorliegenden Trennung des Lehrerberufs von den Verwaltungsämtern, auch eine Lehrtätigkeit übernommen; alsdann sollen sie doppelte Besoldung erhalten[40].

Im Verlauf des zweiten Jahrhunderts hat sich dann die beherrschende Stellung des Bischofs überall durchgesetzt; damit verbindet sich die unmittelbare Ableitung seines Amts von den Aposteln und durch sie vom Herrn selbst mittels der Fiktion einer ununterbrochenen apostolischen Succession.

Stellung zum Judentum und Judenchristentum. Der Brief des Barnabas und der Hebraeerbrief

Die Grundlage dieser ständig fortschreitenden Ausbreitung ist überall die Predigt des Paulus, nicht nur äußerlich und geographisch, sondern ebenso in der Lehre und der Auffassung des Evangeliums. Seine Sendschreiben (einschließlich des, wenn nicht von ihm selbst diktierten, so doch ganz in seinem Sinne und in unmittelbarem Anschluß an seine eigenen Briefe verfaßten sog. Epheserbriefs) sind gewiß schon zu seinen Lebzeiten weithin verbreitet worden und stehn überall im höchsten Ansehn; in der gesamten kirchlichen Literatur der Folgezeit[41] werden sie ausgiebig verwertet und oft direkt zitiert. Auch in den Gebieten, mit denen er, soweit unsere Kenntnis reicht, nicht in unmittelbare Berührung getreten ist, sei es persönlich, sei es durch die von ihm ausgehende weitere Mission, wie in Alexandria und in den Ländern östlich vom Euphrat, erscheint er, sobald wir von ihnen Kunde haben, als die maßgebende Autorität.

Demgegenüber tritt die Muttergemeinde von Jerusalem und die von ihr vertretene judenchristliche Auffassung fortan für die weitere Entwicklung ganz in den Hintergrund. Paulus hat die Verbindung mit ihr trotz aller Gegensätze und Reibungen formell aufrechterhalten, weil er die offizielle Anerkennung durch sie als Grundlage für seine Wirksamkeit nicht entbehren konnte. Aber tatsächlich hat er sie eben dadurch kalt gestellt, und er hat bis zuletzt ihre Auffassung und ihre Versuche, in seine Gemeinden einzugreifen, mit leidenschaftlicher Glut schroff bekämpft, während er umgekehrt kein Bedenken trug, in ihr Gebiet einzugreifen und ihr Rom zu entreißen. Mit seinem Tode ist dann das Band, das er noch formell festhielt, vollends zerrissen: die von ihm gegründeten Gemeinden standen selbständig auf der von ihm geschaffenen Grundlage und bedurften der Anlehnung an Jerusalem nicht mehr.

Weit verbreitet ist die Ansicht, daß die Zerstörung Jerusalems im Jahre 70 von einschneidender Bedeutung für die Entwicklung des Christentums gewesen sei; erst durch sie habe sich dieses definitiv vom Judentum emanzipiert und sei der Sieg des Heidenchristentums entschieden worden. Aber den Tatsachen entspricht diese Auffassung nicht; der Bruch und die Loslösung von Jerusalem ist vielmehr bereits von Paulus vollzogen. Die weiteren dortigen Vorgänge haben natürlich das Interesse der Christen erregt, die Zerstörung von Stadt und Tempel erschien ihnen als Erfüllung der Weissagungen und als das verdiente Strafgericht über das halsstarrige Volk, als Bestätigung dafür, daß die Juden in der Tat Offenbarung und Schrift vollkommen mißverstanden hätten, daß allein die Christen das wahre Israel, das auserwählte Volk und die Träger der göttlichen Verheißung seien; aber eine weitere Bedeutung für ihre Auffassung des Christentums kam dem nicht mehr zu, die war vielmehr längst von Paulus festgelegt.

Auch für die Muttergemeinde selbst ist der entscheidende Schlag nicht sowohl die Zerstörung Jerusalems, als vielmehr die Hinrichtung des Jakobus im Jahre 62 gewesen. Der Nachfolger aus der Verwandtschaft Jesu, den man ihm setzte, Symeon, Sohn des Klopas[42], konnte irgendwelche Autorität für die zahlreichen, aus ganz anderen Anschauungen erwachsenen Gemeinden der Heidenwelt unmöglich gewinnen. Zugleich aber war die Stellung der Christen in Jerusalem durch Jakobus' Hinrichtung aufs schwerste erschüttert, mochten auch die besseren Elemente und vor allem die Pharisaeer sie mißbilligen; das muß tief nachgewirkt haben. Daß die Gemeinde spätestens beim Ausbruch des Aufstandes die Stadt verlassen hat, würde als selbstverständlich angenommen werden müssen, auch wenn nicht überliefert wäre, daß sie nach der Griechenstadt Pella im Ostjordanlande ausgewandert sei[43]; inmitten der sich auf Tod und Leben bekämpfenden Parteien war für sie noch weniger Platz, als ehemals für die „Gemeinde des Neuen Bundes", die um 170 v. Chr. nach Damaskus auswanderte (Bd. II 47. 172 ff.). Damit aber versinkt sie in völlige Bedeutungslosigkeit und hat eine weitere Rolle nicht mehr gespielt[44].

Damit ist freilich die von Jerusalem ausgehende Entwicklung und die von ihr vertretene ursprüngliche Auffassung des Christentums noch durchaus nicht beseitigt; vielmehr wiederholt sich immer von neuem der Versuch, auch in die Heidenwelt und die auf dem Boden des Paulus stehenden Gemeinden einzudringen und dessen Lehre als eine die Erlösung nicht gewährende Verdrehung der Gottesoffenbarung und daher als seelenverderblich zu bekämpfen; auch wenn sie von der ganz undurchführbaren Forderung der Beschneidung absehn, wird dafür die Beobachtung der sonstigen Vorschriften des Gesetzes um so nachdrücklicher eingeschärft. Wir haben schon gesehn, wie Paulus noch am Ende seiner Laufbahn diesen Einflüssen im Brief an die Kolosser scharf entgegentritt und im Philipperbrief seiner Erregung in leidenschaftlichem Ausbruch Luft macht. Wie weit außer Petrus auch andere Apostel in die Heidenwelt hinausgezogen sind, wissen wir nicht; aber Papias kennt Presbyter, welche Überlieferungen von Andreas, Petrus, Philippus, Thomas, Jakobus, Johannes, Matthaeus, von den nicht zu den Zwölf gehörenden Herrenschülern Aristion und Johannes dem Presbyter bewahren, und hat sie gesammelt[45]. Von dem Diakonen und Missionar Philippus, der mit seinen vier prophezeienden Töchtern von Caesarea nach Hierapolis im inneren Kleinasien gezogen ist, wurde oben schon vermutet, daß er zu der judaisierenden Bewegung, die Paulus im Kolosserbrief bekämpft, den Anstoß gegeben hat. Auch Papias, der nach ihm bis gegen die Mitte des zweiten Jahrhunderts Bischof von Hierapolis war – sein in höherem Alter verfaßtes Werk mag etwa um 125–130 geschrieben sein und dem Philippus' Töchter Wundergeschichten von Totenerweckungen erzählt haben, hat, obwohl er zweifellos der orthodoxen Kirche angehörte, schwerlich voll auf paulinischem Boden gestanden: in den aus den fünf Büchern seiner „Auslegung der Herrensprüche" (λογίων κυριακῶν ἐξήγησις) erhaltenen Angaben findet sich keine Berührung mit Paulus[46], wohl aber sammelt er eifrig, was er von zuverlässigen mündlichen Traditionen über Jesus und seine Lehren auffinden kann, die schriftlich aufgezeichneten Evangelien, die sich inzwischen weithin verbreitet hatten, genügten ihm dafür nicht. Dabei erging er sich in Spekulationen über die Weltschöpfung und die Engel und ihren Sturz nach Art der jüdischen Apokryphen, und mit Begierde griff er, wie die Johannesapokalypse, die Schilderung des tausendjährigen Reichs auf, in dem Christus leiblich auf die Erde zurückkehrt und über die auferstandenen Gerechten herrscht; breit hat er die Herrlichkeiten dieser paradiesischen Zeit ausgemalt, an deren Überfülle prächtiger Früchte der Verräter Judas, dessen furchtbares Schicksal er mit krasser Phantasie weiter ausspinnt, als auch für Gott unmöglich nicht glauben will[47]. Das alles zeigt, wie Eusebios mit Recht bemerkt, einen kleinen und engen Geist, wie er in der Masse der Gläubigen weithin geherrscht haben wird; Papias hängt zwar mit voller Hingebung an der Religion Jesu, aber von den Banden des jüdischen Geistes hat er sich nicht frei machen können.

Wie auch nach Paulus' Ausgang immer wieder der Versuch gemacht wird, den Christen die Befolgung des jüdischen Gesetzes aufzuzwängen, zeigt die Literatur der folgenden Generation. In den auf den Namen des Paulus verfaßten Briefen an Timotheus und Titus, den sogenannten Pastoralbriefen, werden die „törichten Schwätzer und Seelentäuscher, die sich der Ordnung nicht fügen wollen, vor allen die aus der Beschneidung" – also Judenchristen – scharf bekämpft: „sie lehren, was sich nicht geziemt, um schlechten Gewinnes willen" – ein Vorwurf, mit dem auch Paulus selbst immer bei der Hand ist, ebenso wie er ihm von seinen Gegnern gemacht wird. „Also", so wird Titus angewiesen, „weise sie rücksichtslos zurecht, daß sie zu gesundem Glauben gelangen und sich nicht an jüdische Fabeln und Gebote von Menschen halten, die sich von der Wahrheit abwenden. Für die Reinen ist alles rein, für die Befleckten und Ungläubigen dagegen nichts, sondern ihr Sinn und Gewissen ist befleckt; sie behaupten Gott zu kennen, verleugnen ihn aber in ihren Taten, abscheuliche und ungehorsame Menschen, die zu nichts Gutem brauchbar sind"[48].

Es sind die Gedanken des Paulus, aus denen hier noch viel rücksichtsloser als bei ihm die volle Konsequenz gezogen wird. Wie die angeführten Worte zeigen, handelt es sich einerseits um die Speise- und Reinheitsgebote, andrerseits um tüftelnde Spekulationen über die jüdische Schrift und Tradition. Das sind „törichte Spekulationen und Fragen nach Stammbäumen, Streit und Kämpfe um das Gesetz, die ohne Nutzen und inhaltlos sind; denen geh aus dem Weg"[49]. Ebenso wird Timotheus angewiesen, „die Leute zu ermahnen, nicht andere Lehren zu verkünden und sich an Fabeln und endlose Stammbäume zu halten, die vielmehr zu Tüfteleien führen, nicht zur Erkenntnis des Heilsplans Gottes im Glauben"[50]. Das, worauf es ankommt, ist ja Liebe aus reinem Herzen, gutem Gewissen und ungeheucheltem (d. h. nicht von anderen Motiven beeinflußtem) Glauben; das verfehlen jene Leute aber und geben sich mit leerem Gerede ab, wenn sie Gesetzeslehrer (νομοδιδάσκαλοι) sein wollen, ohne zu verstehn, weder was sie sagen, noch worüber sie Sicherheit geben wollen. „Wir aber wissen", so heißt es ganz wie bei Paulus, „daß das Gesetz gut ist, wenn man es richtig braucht, daß es aber nicht für den Gerechten erlassen ist, sondern für die Gesetzlosen und Frevler." Auch hier handelt es sich vor allem um die ritualen Reinheitsgebote: „wie der Geist verkündet, werden in der kommenden Zeit manche vom Glauben abfallen" – dabei ist an die Verkündung Marc. 13, 21 f. gedacht – „und sich an Irrgeister und Lehren von Dämonen halten" – wie nach Paulus die buchstäbliche Befolgung des Gesetzes ein Dienst der Engel und der Elementargeister ist – „nach der heuchlerischen Lehre von Lügenrednern (ἐν ὑποκρίσει ψευδολόγων), die in ihrem eigenen Gewissen gebrandmarkt sind, Leute, die die Ehe verbieten und Enthaltung von Speisen verlangen, die doch Gott geschaffen hat, damit sie die Gläubigen, die die Wahrheit erkannt haben, mit Danksagung (εὐχαριστία) genießen; denn alle Schöpfung Gottes ist gut. Das also mache den Brüdern klar, die albernen Altweiberfabeln aber verbitte dir"[51].

In derselben Weise äußert sich Ignatios. An die Magnesier schreibt er, ganz wie Paulus: „Laßt euch nicht durch fremde Lehren oder alte Märchen (μυθεύμασι τοῖς παλαιοῖς) irre führen, die keinen Nutzen bringen. Denn wenn wir jetzt noch nach jüdischem Gesetz leben, geben wir zu, daß wir die Gnade nicht empfangen haben; vielmehr haben die göttlichen Propheten gemäß (der Lehre des) Christus Jesus gelebt." Mithin sollen sie auch nicht den Sabbat, sondern den Herrentag der Auferstehung feiern. „Es ist widersinnig, den Christus Jesus zu verkünden und dabei jüdisch zu leben; denn nicht das Christentum hat den jüdischen Glauben angenommen, sondern das Judentum den christlichen, und durch diesen Glauben sind in ihm alle Sprachen zu Gott vereinigt." Ebenso nach Philadelphia: „Ich habe einige sagen hören: ‚Wenn ich es nicht in der alten Urkunde finde, glaube ich dem Evangelium nicht'; und als ich ihnen sagte: ‚es steht geschrieben', antworteten sie: ‚es steht vorher da'. Für mich aber ist die alte Urkunde Jesus Christus, die unantastbare Urkunde sein Kreuz, Tod und Auferstehung und der durch ihn gegebene Glaube; und darin sollt ihr, so will ich, in eurem Gebet die Rechtfertigung finden"[52]. Und weiter: „Wenn euch jemand das Judentum auslegt, hört nicht auf ihn; denn es ist besser, von einem Beschnittenen das Christentum zu hören, als von einem Unbeschnittenen das Judentum. Wenn aber beide nicht von Jesus Christus reden, sind sie nur Grabsteine, auf denen weiter nichts steht, als Namen von Menschen. Flieht also die schlechten Künste und Kniffe des Herrschers dieser Welt"[53] – die jüdische Auffassung ist also ein Werk des Satans.

Wie diese Äußerungen zeigen, hat es auch unter den Heiden, welche die neue Religion annahmen, manche gegeben, die die Schrift, die ihnen an Stelle all der trügerischen Offenbarungen und Doktrinen, in denen sie aufgewachsen waren, als untrügliches Gotteswort gegeben wurde, buchstäblich verstehn und nach ihren Geboten leben zu müssen glaubten[54]. Aber daß eine derartige Auffassung sich durchsetzte, war bei der weiten und ständig anwachsenden Ausdehnung der heidenchristlichen Gemeinden eine Unmöglichkeit; und so hat die Kirche sie abgestoßen und schroff bekämpft. Mit dem orthodoxen Judentum vollends war der Bruch vollständig und wurde von beiden Seiten mit Fanatismus ausgesprochen: in allen Synagogen wird, einer Weisung der jüdischen Zentralbehörde gemäß, über Jesus und seine Anhänger feierlich der Fluch ausgesprochen, und wie die Juden in den Städten des Reichs und bei der Regierung schon seit Paulus' Auftreten überall gegen die Christen hetzen und die Verfolgungen schüren, so hat im jüdischen Aufstande Barkochba alle Christen aufgreifen und umbringen lassen, wenn sie Jesus nicht verleugneten und verfluchten[55]. Umgekehrt redet Johannes; in den Schreiben, die er als Offenbarungen, die ihm der in verklärter Gestalt erschienene Christus diktiert hat, an die Gemeinden des westlichen Kleinasiens richtet, von der „Synagoge des Satans, denen welche behaupten, sie seien Juden, aber das nicht sind, sondern lügen"[56] – denn nicht diese sind ja das wahre Israel, an das die Offenbarung ergangen ist, sondern die Christen. In dem Zusatz im Schreiben nach Philadelphia, „daß diese Leute, die das Christentum lästern und verfolgen, kommen sollen, um deine Füße zu küssen, und erkennen, daß ich dich (die Christengemeinde) geliebt habe", klingt noch der paulinische Gedanke von der zukünftigen Bekehrung der Juden nach; aber in Wirklichkeit ist man weit darüber hinausgekommen, die Probleme, die Paulus quälten, liegen den Heidenchristen völlig fern.

Die Juden haben in ihrer Verstocktheit die ihnen gegebene Offenbarung durch ihre buchstäbliche Befolgung vollständig mißverstanden und sind so vielmehr, den Verlockungen des Satans folgend, von Gott abtrünnig geworden und seinem Gericht verfallen. In der Apostellehre werden sie wie im Timotheusbrief als ὑποκριταί, „Heuchler", bezeichnet[57], d. h. sie geben wider besseres Wissen ihre falsche Deutung aus selbstsüchtigen Motiven für Wahrheit aus und suchen damit die wahren Gläubigen zu betören. Denn diese bilden sich alles Ernstes ein – ein Wahn, der seitdem die gesamte Christenheit beherrscht –, daß die Verkündungen und Lehren des Alten Testaments sich wirklich auf Jesus und das Christentum bezogen und nur von diesem aus verstanden werden könnten und dürften. Das führt dann zu den tollsten Deutungen und Verdrehungen, noch weit über die von Paulus oder von Philo gebrachten hinaus; Paulus' Wort, das Gesetz mit seinen Vorschriften über Speisen, Feste, Sabbate sei nur „der Schatten des Zukünftigen"[58], wird mit feierlichem Ernst bis ins einzelne ausgeführt. Am naivsten verfährt darin die etwa um 135 verfaßte Broschüre in Briefform, die unter dem Namen des Barnabas überliefert wird: alle Kultvorschriften, die, betört durch die sophistischen Künste des „bösen Engels", des „Schwarzen"[59], die Juden befolgen, sind von Gott symbolisch gemeint, die Opfer, die Gebote über unreine Tiere, die Sabbatheilung, der Tempel, die Beschneidung – denn sonst wären ja auch die Syrer, Araber und Aegypter, die sich ebenso beschneiden, die Erben der dem Abraham gegebenen Verheißung[60]. Höher steht die unter dem rätselhaften Namen des Hebraeerbriefs überlieferte Schrift, die, wie sie selbst sagt, der zweiten Generation des Christentums angehört[61]. Er taucht zuerst in Rom auf, wo ihn Clemens im Schreiben an die Korinther vielfach benutzt; so wird er wohl hier etwa in den Achtziger Jahren entstanden sein, worauf auch sonst einige Andeutungen hinführen[62]. In der Auffassung steht der Verfasser, ein gebildeter Mann, der, ganz anders als Paulus oder die Evangelisten, den griechischen Stil vollkommen beherrscht, noch mehr als Clemens von Rom, ganz auf paulinischem Boden[63]; ja der Eingangssatz: „Gott hat zu den Vätern auf vielgestaltige Weise in den Propheten geredet, jetzt aber in der Endzeit zu uns in seinem Sohn, den er zum Erben des Alls eingesetzt hat, wie er durch ihn auch die Welten geschaffen hat; er ist der Abglanz seiner Herrlichkeit und der Abdruck seiner Substanz[64], der das All trägt durch das Wort" – ῥῆμα, nicht λόγος – „seiner Macht" geht bereits über Paulus hinaus und bildet den Übergang zum Johannesevangelium. Der Verfasser bemüht sich, das schwierige, nur den Vollkommenen verständliche Problem des Todes des Gottessohns zu lösen, den doch der Vater hoch über alle anderen Wesen, die Engel und Geister, erhöht hat; auch das Wort, daß ihm alles untertan werden soll, hat sich noch nicht erfüllt[65]. Die Lösung findet er in dem 110. Psalm, den auch Jesus selbst auf den Messias gedeutet hatte (Bd. II 446): der Christus steht hoch über Moses; er ist der ewige Hohepriester, und zwar von einer weit höheren Ordnung als die irdischen Hohenpriester aus Aharons Geschlecht, von der Ordnung des in der Erzählung Gen. 14 ganz unvermittelt auftauchenden Melchisedek, dem Abraham seinen ganzen Besitz verzehntet, „des Friedenskönigs, einer Gestalt ohne Vater, Mutter und Genealogie, ohne Anfang und Ende seiner Lebenstage", also ewig. Dieser wahre Hohepriester hat nicht, wie die irdischen Priester Israels, ununterbrochen Tiere für die Sünden seines Volkes und seine eigenen geopfert, sondern sich selbst als Opfer hingegeben und so „durch sein eigenes Blut ein für alle Mal die ewige Lösung von den Sünden gefunden"; so ist er „der Mittler eines neuen, besseren Bundes" – denn das blutige Sühnopfer mit seiner Zauberkraft ist nach der göttlichen Ordnung für die Bundschließung unentbehrlich – oder vielmehr „eines neuen Testaments", das nun seinen Erben, den Gläubigen, zugute kommt, aber natürlich nur durch den Tod des Erblassers in Wirksamkeit treten konnte.

Damit ist zugleich das „von Engeln verkündete", also nur mittelbar von Gott selbst gegebene Gesetz, „der Schatten der zukünftigen Güter", wie der Verfasser unter Benutzung eines Worts des Paulus sagt, „nicht die Gestalt der Dinge selbst", für die neue Gemeinde, die wahren Träger der Verheißung, beseitigt und das Judentum abgetan. Das wird im einzelnen weiter ausgeführt und durch zahlreiche Stellen der Schrift belegt, vor allem über die Verwerflichkeit der Tieropfer sowie, durch eine spiritualistische Deutung, der Stiftshütte und des Tempels. Eine Polemik gegen die judenchristliche Auffassung ist für den Verfasser und die Gemeinden, an die er schreibt, nicht mehr erforderlich – das liegt offenbar schon weit hinter ihm, der Verfasser steht zum Judentum wie die Apokalypse und das Johannesevangelium –; er begnügt sich mit der kurzen Mahnung: „Laßt euch nicht verleiten durch so mancherlei fremdartige Lehren[66]; denn das richtige (καλόν) ist, das Herz durch Gnade zu festigen, nicht durch Speisen, die denen, die danach wandeln, keinen Nutzen gebracht haben; wir haben einen Opferaltar, von dem zu essen denen nicht gestattet ist, die der Stiftshütte dienen."

So absurd diese spitzfindigen Grübeleien über Probleme erscheinen, die nur in der Einbildung existieren, so bedeutungsvoll sind sie für die weitere Entwicklung geworden. Denn für das Christentum, wie es Paulus geschaffen hatte, waren diese Probleme nun einmal Realitäten: einerseits die Frage, wie es möglich und dem Verstande begreiflich zu machen sei, daß der ewige Gottessohn, durch den die Welt geschaffen war, den schimpflichen Tod am Kreuz erlitten hatte, andrerseits die Frage nach dem richtigen Verständnis der göttlichen Schrift, die wörtlich gedeutet doch nun einmal mit Notwendigkeit zum Judentum, nicht zum Christentum führte. Entbehren konnte man die Schrift nicht, am wenigsten für die Propaganda unter den Heiden; denn sie gab diesen gegenüber die gewaltige Überlegenheit einer anerkannten, in ihren Verkündungen immer von neuem, so zuletzt noch wieder in dem Schicksal des jüdischen Volks, als untrüglich bestätigten Uroffenbarung, der die Heiden nichts gegenüberzustellen hatten, und nur aus ihr ließ sich, durch die Deutung der Prophetenworte auf Jesus, die Wahrheit des Christentums erweisen. Aber nur dadurch, daß man immer von neuem alle Künste raffiniertester Dialektik dafür aufbot[67], war es möglich, sowohl die doketische Auffassung des Todes Jesu, wie die Verwerfung des Alten Testaments durch die Gnosis, als nicht vom wahren und höchsten Gotte stammend, zu widerlegen und das Alte Testament für das Christentum zu erhalten. Wie zweischneidig und verhängnisvoll für die weitere Entwicklung der Kulturwelt auf Jahrtausende hinaus die Mitgift gewesen ist, die dieses dadurch übernahm, bedarf keiner weiteren Ausführung: in den Religionskriegen und Ketzerverfolgungen, und dann in der vollen Wiederbelebung des alttestamentlich-jüdischen Geistes[68] durch den Calvinismus liegt sie klar zutage.

Die weitere Entwicklung des Judenchristentums. Die Ebioniten. Das Matthaeusevangelium. Elchasai

So löst sich die werdende universelle Kirche los von ihrem Mutterboden und verstößt die Urgestalt des Christentums als Irrlehre einer verblendeten, von Eigennutz und den Vorspiegelungen des Teufels verführten Sekte.

In Palaestina dagegen, in Syrien und vor allem in den arabischen Grenzgebieten hat sie sich noch lange erhalten; und zwar unter dem alten Namen der Gemeinde als die „Armen" (Ebionim, 'Eβιωναῖοι). Ihr ältestes Erzeugnis ist das Matthaeusevangelium, die Überarbeitung und Zusammenfassung der hebraeischen Spruchsammlung des Matthaeus mit dem Evangelium des Marcus, mit Ergänzung durch weitere Zusätze. Es ist zweifellos aus den judenchristlichen Kreisen Palaestinas hervorgegangen, aber in einer Zeit, als die Verbindung mit den heidnischen Christengemeinden noch nicht zerrissen war und man, bei aller Wahrung des eigenen Standpunkts, einen Kompromiß mit ihnen suchte. So wird die Heidenmission, die ja in der Schrift verkündet war, als berechtigt und notwendig anerkannt und vom Auferstandenen angeordnet[69], während jede Berührung mit den Samaritanern schroff untersagt wird (10, 5). Aber aufs schärfste wird die Autorität der Zwölf und speziell die des Petrus betont; der Spruch über ihre Gewalt zu binden und zu lösen, in die Gemeinde aufzunehmen oder auszustoßen (18, 18), wird speziell auf Petrus übertragen: in den Bericht des Marcus über Petrus' Bekenntnis wird der Satz eingefügt: „Du bist Petrus, und auf diesen Fels werde ich meine Gemeinde gründen, und die Pforten der Unterwelt (der Tod) sollen sie nicht überwältigen. Dir werde ich die Schlüssel den Himmelreichs geben, und was du auf Erden bindest, wird im Himmel gebunden, was du auf Erden löst, wird im Himmel gelöst sein"[70]. Die Befolgung des Gesetzes, und zwar in der Weise, wie die Pharisaeer es auslegen, wird nachdrücklich eingeschärft[71] – auch Jesus und überhaupt alle wirklich von der Lehre vom Himmelreich Durchdrungenen sind Schriftgelehrte (13, 52) – obwohl und gerade weil die scheinheilige Art, wie sie es befolgen, noch weit schroffer bekämpft wird, als in den Vorlagen. Darin spiegeln sich die Diskussionen wider, die mit den Juden ununterbrochen geführt wurden[72]; auch die Widerlegung der Beschuldigung, die Jünger hätten den Leib Jesu gestohlen, ist daraus erwachsen, wie ausdrücklich erwähnt wird[73]. Die christlichen Gemeinden sind eine Minorität innerhalb einer verständnislosen und daher von Gott verstoßenen und versteckten Menge – das ist schon der Standpunkt der Zwölferquelle des Marcus, wird aber jetzt noch viel stärker betont. Über ihre Mitglieder üben sie strenge Aufsicht und Zucht[74]. Ein asketischer Zug tritt scharf hervor, die Ehe wird als mindestens bedenklich betrachtet, „denen, denen es gegeben ist, dies Wort zu fassen", die Selbstentmannung „um des Himmelreichs willen" empfohlen[75].

Vorausgeschickt ist die Jugendgeschichte Jesu mit seinem über David auf Abraham zurückgeführten Stammbaum und mit der (mit diesem in schroffem, aber nicht empfundenem Widerspruch stehenden) Jungfrauengeburt und der Erzeugung durch den heiligen Geist[76]. Weitere theologische Folgerungen sind daraus noch nicht gezogen: Jesus ist zwar als Messias „der Sohn des lebendigen Gottes" (16, 16. 26, 63) und gemäß der Deutung des Spruchs Jesaja 7, 14 übernatürlich erzeugt, er steht mit dem Vater in innigster Verbindung und kann allein sein Wesen enthüllen (11, 25 ff.), aber von seiner Göttlichkeit oder gar von seiner Präexistenz ist noch keine Rede. Indessen diese Konsequenz war unabweisbar, und so haben die Ebioniten die beiden ersten Kapitel des Matthaeus verworfen und begannen das Evangelium, wie Marcus, mit dem Auftreten des Johannes[77]. Für sie war Jesus ein Mensch, der Sohn des Joseph und der Maria[78], in den dann bei der Taufe der Geist eingeht und seine Mutter wird; daher erschallt hier das Wort: „heute habe ich dich gezeugt" – also nicht etwa schon bei der Konzeption im Mutterleibe. Diese Ebioniten hatten nach Epiphanios ihren Hauptsitz im nördlichen Ostjordanlande, in Kokabe, Karnaim, Astarot in Batanaea[79], also nicht allzuweit von Pella, wohin die Urgemeinde aus Jerusalem geflüchtet war. Es ist die Reaktion des semitischen Geistes gegen den in unklaren Vorstellungen schwelgenden Mystizismus[80] und die scharfe Betonung des streng logisch gedachten Monotheismus, wie sie nachher im Islam wiederkehrt.

Die ebionitische Bearbeitung des Matthaeusevangeliums, meist als Hebraeerevangelium bezeichnet, in aramaeischer Sprache, dann auch ins Griechische übersetzt und von Origenes und wahrscheinlich auch von Ignatios (ad Smyrn. 3) gelegentlich benutzt, zeigt auch sonst vielfach eine Erweiterung der ursprünglichen Überlieferung[81], mit einzelnen Entlehnungen aus Lukas; besonders bezeichnend und für den Zusammenhang mit der Urgemeinde von Jerusalem bedeutsam ist die Hervordrängung des Jakobus in der Auferstehungsgeschichte. Andere Evangelien erkannten die Ebioniten[82] nicht an, und von Paulus wollten sie natürlich nichts wissen. Sie verlangen strenge Befolgung des gesamten Gesetzes, einschließlich der Beschneidung und der Sabbatgebote[83]; beim Gebet wenden sie sich nach Jerusalem, wie dann Mohammed, bis er in Medina 623 den Bruch mit dem Judentum vollzog. Mit Unbeschnittenen weigern sie jeden Verkehr und natürlich die Tischgemeinschaft[84], wie ehemals Petrus und Barnabas in Antiochia gemäß der Forderung des Jakobus. Die Reinigung von jeder Befleckung erfordert ununterbrochene Waschungen und Tauchbäder, wie bei den Essaeern und Hemerobaptisten oder Masbotheern. Die Fleischnahrung ist verpönt; danach werden die Äußerungen Jesu Matth. 5, 17 und Luk. 22, 15 gründlich umgewandelt.

Neben diesen strengen Ebioniten[85] gab es auch eine andere Richtung, welche zwar nach jüdischem Gesetz lebte, ebenfalls Paulus verwarf und von den übrigen Evangelien nichts wußte, aber den göttlichen Ursprung Jesu, die Jungfrauengeburt und die Zeugung durch den Geist anerkannte[86]. Diese Sekte nannte sich Nazoreer oder Nazarener, wie die Christen bei Juden und Syrern hießen. Sie bestand noch im vierten Jahrhundert in Beroea; sie besaß ein hebraeisches Matthaeusevangelium, das aber nichts anderes war, als eine Rückübersetzung des griechischen Matthaeus[87]. Größere Bedeutung hat sie nicht mehr gehabt.

Daneben gehn weitere Wucherungen einher, derselben Art, wie wir sie bei den jüdischen und samaritanischen Sekten kennen gelernt haben. Bekannt ist daraus das Buch des Elchasai (Elxai), eine Offenbarung, die derselbe im fernen Osten, „bei den Serern in Parthien", empfangen haben soll, natürlich als Geheimlehre. Ihm sind der Gottessohn und seine Schwester, der heilige Geist, erschienen, beide in riesiger Gestalt, 24 Schoinien oder 96 römische Meilen hoch und entsprechend breit – diese ganz materialistische Auffassung ist echt semitisch, sie kehrt ebenso im Islam wieder und wird von der streng orthodoxen Schule der Hanbaliten als allein dem Wortlaut der Offenbarung entsprechend festgehalten. Das Buch, das um 220 von Alkibiades, einem Syrer aus Apamea, nach Rom gebracht wurde und hier eine Zeitlang ein gewisses Aufsehn erregte, verkündet eine neue Sündenvergebung auch für die schlimmsten Vergehn im dritten Jahr Trajans (101 n. Chr.), wird also wohl kurz vorher entstanden sein; erlangt wird sie durch eine neue Taufe, volles Eintauchen in einen Fluß oder Quell mit allen Gewändern. Die Hilfsmächte sind sieben, Himmel, Erde, Wasser – das Feuer dagegen ist das böse Element –, Öl, Salz, die heiligen Geister und die Engel der Anbetung. Dazu kommen weitere Zaubermittel gleicher Art gegen Hundebiß, Schwindsucht u. ä. Die Tage, an denen die bösen Sterne herrschen, sind zu vermeiden, an ihnen darf man auch das Taufbad nicht nehmen; der Sabbat dagegen ist zu heiligen. Die Beschneidung und die Befolgung des Gesetzes wird gefordert, ebenso die Gebetsrichtung nach Jerusalem. Christus, „der große König", ist zugleich „der Mensch schlechthin"[88] und schon oft, so zuerst als Adam, in Menschengestalt geboren und erschienen, wie das auch in Zukunft der Fall sein wird. Die Verleugnung in Verfolgungen ist als irrelevant gestattet, wenn nur das Herz rein und gläubig bleibt. Die Nachkommen des Propheten genießen bei den Gläubigen göttliche Ehren, ihr Auswurf und ihre Fußspuren schaffen Wunder und Heilung; zwei von ihnen, die Schwestern Marthûs und Marthana („unsere Herrin"), haben im Ostjordanlande noch bis in die Zeit des Epiphanios (um 375) gelebt[89].

Für das Abendland und die Entwicklung der katholischen Kirche sind derartige Phantastereien ohne jede Bedeutung. Dagegen sind sie für die syrischen und arabischen Gebiete, deren Anschauungen und Kulturstand sie entsprachen, nicht ohne Einwirkung geblieben, die sich bis in die Anfänge des Islams hinein fortsetzt. So ist es begreiflich, daß, wie Epiphanios berichtet, auch die Ebioniten davon beeinflußt worden sind und die Taufbäder und Heilmittel und auch manche Lehren des Buchs übernommen haben. Damit verbindet sich eine Kritik des Alten Testaments, in dem manche Gebote und Erzählungen schweren Anstoß erregen. So verwerfen sie, wie schon erwähnt, wie die Therapeuten, die Essaeer und die Nasaraeer, die ja in denselben Gegenden ihren Sitz haben, den Opferdienst und auch den Fleischgenuß. Das führt dann weiter zu einer Scheidung der wirklich von Gott eingegebenen und der von Menschen oder bösen Geistern eingeschwärzten Bestandteile der Schrift, eine Scheidung, die ja auch in Jesu Verbot der Ehescheidung und seiner Stellung zum Sabbat schon angebahnt ist. Von Elchasai übernehmen sie die Vorstellung, daß der Christus, „der wahre Prophet", schon wiederholt erschienen ist, so in leiblicher Gestalt vor den Patriarchen, vor allem aber inkarniert, wie später in Jesus, so zu Anbeginn in Adam; ihm gegenüber steht der Teufel, dem Gott die Herrschaft über diese Welt übergeben hat[90]. Diese Anschauungen sind weiter ausgeführt in Schriften, die unter dem Namen des Petrus gingen[91] und die dann wieder nach mannigfachen Schicksalen, verbunden mit einer ganz andersartigen Schrift durchaus katholischen Charakters, die unter der Maske Simons den Markion und die Gnosis bekämpfte, die Grundlage des oben besprochenen Clemensromans geworden sind[92].

Neben diesen Judenchristen steht die orthodox-katholische Gemeinde von Jerusalem oder vielmehr Aelia Capitolina unter ihrem Bischof. Sie gibt sich aus für die Nachfolgerin der Urgemeinde des Jakobus und der zwölf Apostel; aber in Wirklichkeit ist sie eine Neuschöpfung, die Verbindung war völlig unterbrochen. Charakteristisch für ihre Bemühungen, maßgebenden Einfluß zu erlangen, ist die Schrift des Hegesippos, eines geborenen Juden[93], in der er etwa um 175 eine Menge palaestinensischer Nachrichten zusammenstellte, über das Martyrium des Jakobus, über seine Nachfolger aus der Familie Jesu, über den Ursprung der (von ihm eifrig bekämpften) christlichen Sekten aus den jüdischen und samaritanischen – der Begründer der Ketzerei sei ein gewisser Thebuthis gewesen, der, weil nicht er, sondern Symeon, der Sohn der Klopas, zum Bischof bestellt wurde, zu diesen sieben Sekten abschwenkte und so die bis dahin jungfräuliche Kirche schändete[94]. Er erzählt, er sei zur Zeit des römischen Bischofs Aniketos (155–156) über Korinth nach Rom gekommen und habe unterwegs „in jeder Bischofssuccession und jeder Stadt" festgestellt, daß „es dort so bestellt ist, wie das Gesetz, die Propheten und der Herr verkünden"[95]: er hat also als Vertreter der Urgemeinde die übrigen inspiziert und auf ihre Rechtgläubigkeit geprüft. Zugleich aber illustriert diese Angabe das fortschreitende Zusammenwachsen der katholischen Kirche zu einer geschlossenen Einheit[96].

Die älteste christliche Literatur. Die Evangelien. Der erste Petrusbrief und die gleichartigen Schriften

Das Große, was das Urchristentum geschaffen hat, lebt unvergänglich fort in dem Evangelium des Marcus und der Spruchsammlung des Matthaeus. Beide Schriften wurzeln in einer Zeit, die noch jenseits der fortschreitenden Entwicklung und der aus ihr erwachsenen Gegensätze und Streitigkeiten liegt; aus ihnen spricht der Geist, der die Urgemeinde beseelte und zu ihrer Weltwirkung befähigte, sie halten, trotz einzelner Erweiterungen und Verschiebungen, wie sie die Notwendigkeit, die Vorgänge zu begreifen, erzeugte – vor allem durch die Ausgestaltung der Verkündung vom leidenden Messias –, das Bild des geschichtlichen Jesus fest, das in seinen Jüngern lebte. So waren diese Schriften allen Gemeinden genehm, welcher Richtung sie auch angehören mochten, und fanden weithin Verbreitung: das Evangelium des Marcus wurde überall gelesen, die Spruchsammlung des Matthaeus, wie Papias bezeugt, mehrfach ins Griechische übersetzt.

Marcus hat es verstanden, durch Verbindung der ältesten Aufzeichnungen mit den Erzählungen, die er von Petrus übernahm, in meisterhafter Weise ein schlichtes und durch seine Anspruchslosigkeit nur noch wirkungsvolleres Bild der Vorgänge zu zeichnen. Dadurch kam er den Bedürfnissen gerade der heidenchristlichen Gemeinden um so mehr entgegen, da das gemeinsame Martyrium des Petrus und des Paulus und zugleich der volle Sieg der paulinischen Anschauungen einen versöhnenden Abschluß geschaffen und die alten Gegensätze begraben hatte; um so willkommener war es, jetzt eine authentische Darstellung der Vorgänge zu besitzen, auf die die neue Religion aufgebaut war. Er hat sein Evangelium kurz nach der neronischen Verfolgung geschrieben, noch in den sechziger Jahren[97], in sicherer Erwartung des unmittelbar bevorstehenden abschließenden Weltgerichts, vielleicht in Kleinasien, wenn er, wie Paulus den Kolossern schreibt, dorthin gegangen und dadurch zugleich der Katastrophe in Rom entzogen ist.

Allen Anforderungen freilich genügte sein Werk nicht; man wünschte eine Ergänzung durch Berücksichtigung der sonstigen Traditionen, vor allem der Reden bei Matthaeus, und eine schärfere Begründung des eigenen Standpunkts, während bei Marcus (und vollends in den Sprüchen des Matthaeus) die Heidenmission nur ganz gelegentlich andeutungsweise erwähnt wird[98]. So sind, wie Lukas angibt, „viele" Evangelien geschrieben worden; erhalten und durchgesetzt hat sich davon einzig das des Lukas selbst, mit seiner Fortsetzung, der Entwicklung des Christentums zur Weltreligion bis zum Abschluß mit der Gewinnung Roms. Dies Werk ist nach der Zerstörung Jerusalems – Lukas hat die Eschatologie des Marcus auf Grund dieser Vorgänge überarbeitet – vermutlich in den siebziger Jahren doch wohl in Kleinasien geschrieben. Lukas steht ganz auf dem Standpunkt des Paulus; er hat die Darstellung des Marcus und die Sprüche des Matthaeus ineinandergearbeitet und dabei vielfach im einzelnen korrigiert – so glaubte er den wahren Hergang, wie er gewesen sein mußte, herstellen zu können –, und zahlreiche weitere, ihm eigentümliche Erzählungen und Parabeln hinzugefügt, in denen neben der paulinisch-heidenchristlichen Auffassung (so in der Berücksichtigung der Samariter und der Sünder und Sünderinnen, in der weit freieren Stellung zum Gesetz, in der Vorbereitung der Heidenmission) die fortschreitende literarische Entwicklung und Ausmalung stark hervortritt. So hat er ein viel vollständigeres Evangelium geboten als das des Marcus. Aber daß dies sich daneben behauptet hat, zeigt, welches Ansehn es sofort gewonnen hatte: es ließ sich um so weniger beseitigen, da die Autorität des Petrus dahinter stand[99], und ist für alle Zeiten, teils direkt, teils durch Vermittelung der anderen Evangelien, die Grundlage der Überlieferung über Jesus geblieben, deren authentische Züge sich trotz aller theologischen und legendarischen Übermalungen dauernd im Bewußtsein der Christenheit lebendig erhalten haben und auf jedes schlichte Gemüt unmittelbar gewirkt haben und weiter wirken.

In derselben Weise wie Lukas haben dann auch die Judenchristen, wie schon erwähnt, in griechischer Sprache die Sprüche des Matthaeus mit der Erzählung des Marcus zusammengearbeitet und weiter ergänzt. Die ebionitischen Züge treten in diesem Buch, wenn auch unverkennbar, so doch nur vereinzelt und nicht aufdringlich hervor. So konnten es auch die heidenchristlichen Gemeinden übernehmen, zumal es durch den Namen eines Apostels gedeckt war; seit der ersten Hälfte des zweiten Jahrhunderts hat es sich gleichfalls weithin verbreitet. Papias kennt es noch nicht, obwohl es, als er schrieb, schon in weitere Kreise gedrungen sein mag. Auf sein Gegenbild, das Johannesevangelium, können wir hier noch nicht eingehn. Die Folgezeit hat dann noch eine ganze Anzahl weiterer Evangelien produziert, zum Teil mit gnostischer Tendenz. Einige von ihnen haben zeitweilig auch in der orthodoxen Kirche eine gewisse Anerkennung gefunden; aber sie sind alle so sekundär, daß sie an dieser Stelle keine Berücksichtigung erfordern[100].

So stark bei Lukas der paulinische Standpunkt hervortritt, so wenig nimmt er, wie wir gesehn haben, die Polemik zwischen Paulus und Petrus wieder auf. Vielmehr ist für ihn der Gegensatz überhaupt nicht vorhanden gewesen, Christus und der Geist, die die Kirche schaffen, benutzen beide als ihre Werkzeuge, und sie wirken harmonisch zusammen, die persönlichen Konflikte werden vertuscht, Petrus und die Entwicklung des Urchristentums ganz in die Beleuchtung vom paulinischen Standpunkt aus gerückt. Damit ist ausgesprochen, daß für Lukas und den Kreis, für den er schreibt, der Gegensatz keine Bedeutung mehr hat und der Vergessenheit anheimfallen kann; die Lehre des Paulus hat auf der ganzen Linie gesiegt, Petrus und die Urgemeinde werden für sie annektiert. Dieselbe Auffassung beherrscht die übrige Literatur dieser Zeit, soweit sie in der allgemeinen Kirche zu autoritativem Ansehn gelangt ist[101]. Clemens im Mahnbrief an die Korinther entschuldigt ihre Parteiungen, die Paulus ihnen vorwirft, damit, daß die Personen, an die sie sich hielten, doch „bezeugte Apostel (Kephas und Paulus) und ein von diesen anerkannter Mann (Apollos)" gewesen seien. Als Vorbild stellt er ihnen „unsere guten Apostel" vor Augen, die beide nach fortwährender Mühsal zum Martyrium gelangt sind[102]. So ist es geblieben; Petrus und Paulus sind vereint die Schutzpatrone der römischen Gemeinde, auf ihrem Ansehn beruht die führende Stellung, welche diese in der Christenheit gewinnt.

Die Anschauungen des Hebraeerbriefs haben wir schon kennen gelernt. Um dieselbe Zeit[103] und wohl zweifellos ebenso wie dieser aus Rom hervorgegangen ist ein auf den Namen des Petrus verfaßtes Sendschreiben an die Gemeinden Kleinasiens[104]. Dies Schreiben gibt einen verflachten Abriß der Lehre und vor allem der Sittengebote des Paulus, mit stärkster Benutzung der Briefe desselben, neben dem Römerbrief und den Korintherbriefen vor allem, was für diesen sehr wichtig ist, des Epheserbriefs[105]. Hier ist also der Versuch gemacht worden, die Lehre des Paulus mit Ausscheidung der diffizilen Erörterungen, die dem Verständnis der Laien so viel Schwierigkeiten machen und durch die sie, wie der zweite Petrusbrief sagt, so leicht auf Irrwege und ins Verderben geführt werden können[106], und natürlich mit voller Beiseiteschiebung der abgetanen Streitpunkte, unter die Autorität des Petrus zu stellen und der Masse der Gläubigen in bequemer, leicht verständlicher Form darzubieten. Das Judentum ist auch hier vollständig erledigt: „die Propheten, die über die für euch bestimmte Gnade prophezeit haben, haben gegrübelt und geforscht, auf wen und auf welche Zeit sich die Inspiration des Geistes Christi beziehe, die die auf Christus bezüglichen Leiden und die folgenden Herrlichkeiten vorausverkündete; und es wurde ihnen offenbart, daß sie damit nicht sich selbst, sondern vielmehr euch dienten" – also das Alte Testament bezieht sich lediglich auf das Christentum und ist nur von hier aus zu verstehn, das Judentum kommt dafür überhaupt nicht in Betracht. „Jetzt aber ist das euch verkündet durch die, welche euch das Evangelium gebracht haben, im heiligen Geist, der vom Himmel gesandt ist, Dinge, in die auch die Engel gar gern einen Blick tun möchten"[107] – ihr steht also hoch über diesen; um so mehr befolgt also die Lehre und die Gebote, durch die ihr heilig werdet.

Vom geschichtlichen Petrus ist in diesen Worten keine Spur mehr zu finden[108], der Verfasser hat sogar übersehn, daß Petrus, in dessen Namen er schreibt, doch selbst das Evangelium gepredigt hat, sondern betrachtet dessen Verkünder als von ihm verschieden und vor ihm liegend. Auch sonst ist ihm begreiflicherweise nicht gelungen, die Maske festzuhalten; nicht nur, daß er, ebenso wie der Hebraeerbrief, ein durchaus fließendes Griechisch schreibt, in weit höherem Maße als Paulus und selbst Lukas, sondern das Christentum ist längst weithin in der Welt verbreitet, die Verfolgungen um des Namens Christi willen sind ständig, die Bezeichnung Χριστιανὸς, die sonst im Neuen Testament nur bei Lukas erwähnt wird, ist ihm durchaus geläufig (4, 16), die Gemeindeorganisation ist voll entwickelt; ja er schreibt (5, 1): „Euch Presbyter mahne ich als Mitpresbyter und Zeuge der Leiden Christi und Genosse der Herrlichkeit, deren Enthüllung die Zukunft bringen wird: weidet die euch anvertraute Herde Gottes, nicht unter Zwang, sondern mit gutem Willen, nicht um schnöden Gewinnes willen", – der Posten ist also ganz einträglich – „sondern mit Hingebung, nicht als Herren des Erbbesitzes, sondern als Vorbilder der Herde; dann werdet ihr, wenn der Oberhirte erscheint, den unverwelklichen Kranz der Herrlichkeit empfangen." Es ist, ebenso wie Clemens und wie der Verfasser des Hebraeerbriefs, ein gebildeter und intelligenter Lehrer und Beamter der Gemeinde, der unter dem Namen des Petrus seine Mahnungen in die Christenheit hinaussendet.

Aus denselben Bestrebungen sind die auf den Namen des Paulus verfaßten Pastoralbriefe an Timotheus und Titus mit ihren Instruktionen für die Gemeindeorganisation, für Zucht und Lehre hervorgegangen. Ferner die knappe Instruktion der Gemeinden unter dem Titel der „Lehre der zwölf Apostel" oder vielmehr „Lehre des Herrn durch die zwölf Apostel für die Heiden"[109], eine Schrift, die vielleicht von Palaestina ausgegangen ist[110] und lange Zeit weithin kanonisches Ansehn genossen hat. Sie benutzt im Eingang eine ethische Schrift, wahrscheinlich jüdischen Ursprungs, die in anderer Bearbeitung dem Barnabasbrief angehängt ist und auch sonst in manchen Brechungen vorliegt: „die beiden Wege", den des Lebens, der auf die grundlegenden Gebote der Gottesliebe und der Nächstenliebe gegründet ist, und den des Todes, der durch alle Unsittlichkeit und Verbrechen ins Reich des Satans führt[111]. Daran sind die Vorschriften über Taufe, Fasten, Abendmahl, über die Wanderapostel, Propheten, Lehrer und Beamten, über die Sonntagsfeier und ein kurzer Abriß der Eschatologie angefügt. Das Ganze ist unter die Autorität der Zwölf gestellt, die als geschlossene, unmittelbar von Christus geleitete Einheit die unverbrüchlichen Normen für alle Gläubigen aufgestellt haben, eine Anschauung, die schon im Epheserbrief 2, 20. 3, 5 ausgesprochen ist und die sich innerhalb der katholischen Kirche alsbald für Glauben, Zucht und Organisation völlig durchgesetzt hat[112].

Außerdem dürfen wir hier wohl auch den Jakobusbrief einreihen, wenngleich derselbe für die kirchliche Entwicklung abseits steht und erst sehr spät (im Laufe des dritten Jahrhunderts) langsam kanonisches Ansehn gewonnen hat. Dieser gleichfalls in fließendem Griechisch geschriebene Traktat, ohne irgendwelche dogmatische Interessen, aber mit entschiedener Ablehnung der paulinischen Rechtfertigungslehre, mag in der ersten Hälfte des zweiten Jahrhunderts vielleicht in Palaestina entstanden sein; doch ist es unmöglich, Genaueres darüber zu ermitteln.

Die sittlichen Anschauungen und die Lebensordnung

Alle diese Schriften und ebenso die Briefe des Ignatios wollen der Durchführung der kirchlichen Zucht und Ordnung und der Förderung eines streng sittlichen Lebens in brüderlicher Gemeinschaft dienen; sie bekämpfen die Selbstsucht und alle Ausschweifungen und predigen die Nächstenliebe als das höchste Gebot Gottes, sie mahnen zur Standhaftigkeit in allen Versuchungen und in der Verfolgung, sie geben – wie das schon Paulus in seinen späteren Briefen getan hat, und im Anschluß an ihn – besondere Weisungen für jeden Stand, Freie und Sklaven, Männer und Frauen, Alte und Junge; sie schärfen wie Paulus besonders auch den Gehorsam gegen die Obrigkeit ein, ja Clemens nimmt in das große, schon ganz in den Formen eines offiziellen Kirchengebets gehaltene Gebet am Schluß seines Briefes nach Korinth neben der Bitte„ um Eintracht und Frieden für uns und alle Bewohner der Erde", auch das Gebet für die Obrigkeit, den Kaiser und seine Beamten, auf, denen Gott die Macht und Herrlichkeit verliehen hat, ohne dabei ihre Stellung zum Christentum irgendwie zu berühren oder gar an eine mögliche Bekehrung derselben zu denken. Dieses Verhalten, in schroffem Gegensatz zu dem erbitterten Haß gegen Rom und die Sehnsucht nach Rache an den Verfolgern, die in der Apokalypse so leidenschaftlich hervorbricht, entspricht sowohl der evangelischen Lehre von der Feindesliebe – „betet für die, die euch mißhandeln und verfolgen" (Matth. 5, 44 = Luk. 6, 28) – wie den Vorschriften des Paulus und zeigt zugleich die eminente praktische Klugheit, welche die Kirchenleitung überall bewährt. Die Kirche hat an diesem Verhalten gegen den Staat dauernd festgehalten, auch unter den schwersten Verfolgungen: sie nimmt den Gegensatz gegen die irdische Welt, in der die feindlichen Mächte herrschen, als gegeben und unabwendbar hin, aber sie provoziert den Konflikt nicht wie die Juden, hier so wenig wie beim Martyrium; vielmehr ist auch diese Welt aus Gottes Willen hervorgegangen, trotz des Satans, und so hat der Gläubige sich an sie und ihre Bedingungen in schlichter Ergebung zu fügen.

Theologische Erörterungen und dogmatische Fragen treten, mit Ausnahme des Hebraeerbriefs, ganz zurück; die Lehre ist abgeschlossen und steht fest, als Voraussetzung alles Tuns und Denkens. Es gilt nur, die Schrift richtig, vom christlichen und nicht von dem abgetanen jüdischen Standpunkt aus, zu verstehn – dieser Aufgabe dienen ja auch die Spekulationen des Hebraeerbriefs – und sie als Weisung für das Leben zu verwenden. Der Brief des Clemens besteht nahezu zur Hälfte aus alttestamentlichen Zitaten, an die sich Worte des Herrn und vor allem Zitate aus Paulus' Briefen anreihen. Nicht anders verwenden sie Ignatios und Polykarp und im Grunde schon der Petrusbrief; so weit man auch noch von einem festen Kanon des neuen, durch Christus geschlossenen Bundes, einem Neuen Testament neben dem Alten, entfernt ist, so sieht man doch, wie die Evangelientradition und die paulinischen Briefe kraft der Autorität des Geistes, der aus ihnen spricht, zu einem solchen zusammenwachsen: sie sind für den Gläubigen die unverbrüchliche Norm, die zugleich die Weisung geben, wie die göttliche Schrift, Gesetz und Propheten nebst den Psalmen und den Weisheitsbüchern, richtig zu deuten und zu benutzen ist[113].

Diese Haltung der maßgebenden Literatur zeigt, daß die neue Religion über das Anfangsstadium mit seinem Tasten und Gären hinausgewachsen und zu fester Gestalt gelangt ist[114]. So tritt denn auch der Enthusiasmus der Urzeit mit den wüsten Manifestationen des Geistes immer mehr zurück. Gewiß kommen auch jetzt noch prophetische Offenbarungen und Visionen, magische Kräfte und Wunderkuren aller Art oft genug vor und finden weithin ein gläubiges Publikum[115]. Aber wie vorsichtig man gegen Propheten sein muß, haben bittere Erfahrungen nur zu oft gezeigt und läßt namentlich die Apostellehre deutlich genug erkennen. In den festen Ordnungen der Gemeinden ist für derartiges kein rechter Platz mehr; man glaubt nach wie vor an die ununterbrochene Leitung durch den Geist, aber sie zeigt sich nicht mehr in seinem planlosen Wehen in einzelnen inspirierten Persönlichkeiten, sondern in der Gesamtentwicklung der einheitlichen Kirche, und ihre Vermittler sind die wohlbestellten Organe der Gemeinde, die Presbyter und der Bischof – eine Anschauung, für die schon das Dekret der Urgemeinde vom Jahre 43 den bezeichnenden Ausdruck geprägt hat, daß der Beschluß der Apostel und Presbyter zugleich als Beschluß des heiligen Geistes verkündet wird. Als dann im inneren Kleinasien um die Mitte des zweiten Jahrhunderts das alte Treiben unter Führung des Montanus und seiner Prophetinnen noch einmal wieder mächtig aufflammte, wird es von der orthodoxen Kirche ausgestoßen: die neuen Offenbarungen des Geistes mit ihrem Anspruch auf eine weit über jede Tradition hinausgehende, unmittelbar von Gott stammende Autorität kann die werdende katholische Kirche mit ihrer geregelten Hierarchie und ihrem in allen Hauptpunkten längst feststehenden, einheitlichen Lehrsystem nicht mehr vertragen und in sich aufnehmen.

Was man braucht und was, im Anschluß an das Evangelium und an Paulus' Vorschriften und Unterweisungen, die Gemeindeorgane durchführen – eben das hat die einheitliche Leitung durch den Bischof wesentlich gefördert – und die neuen Schriften darbieten, ist eine feste Regelung des täglichen Lebens nach den Grundsätzen der Religion und der Sittlichkeit. Allerdings fühlen sich die Christen nur als fremde Gäste, als Beisassen in dieser irdischen Welt, in der der Satan mit seinen Dämonen und Elementargeistern wartet und den Menschen die Fallstricke legt; ihre wahre Heimat ist das Gottesreich im Himmel, in dessen Herrlichkeit sie als das auserwählte Gefolge des auferstandenen Christus mit verklärtem irdischem Leibe eingehn werden. Denn an dem Grunddogma der Auferstehung des Fleisches wird streng festgehalten; es ist die „sichere Hoffnung", die der Glaube gewährt. Auch an das in allernächster Zeit bevorstehende Eintreten des Weltgerichts und die damit kommende neue Welt glaubt man unbedingt; immer wieder wird daran gemahnt, und daß, wie das Evangelium verkündet, der Tag sich nicht voraus bestimmen läßt, sondern lediglich Gott selbst bekannt ist, ist nur eine Mahnung mehr, ständig daran zu denken und bereit zu sein.

Aber es rückt immer weiter hinaus; und so ist es geboten, sich für die Zwischenzeit einzurichten und in die gegebenen Verhältnisse zu schicken. Das hat schon Paulus klar erkannt und danach gehandelt, trotz aller Überschwinglichkeit seines religiösen Gedankenfluges. Die praktischen Momente treten in den Vordergrund; und hier hat die Kirche, in voller Übereinstimmung mit Paulus, es verstanden, die Dinge zu nehmen, wie sie liegen, und die extremen Ideale zurückzustellen. Alle Askese wird abgelehnt[116], die Ehe gestattet, ebenso der Weingenuß; wie die Welt aus der Hand Gottes hervorgegangen und daher, wie die Genesis verkündet, gut ist, trotz aller Macht des Teufels, so soll auch der Christ die Güter, die Gott ihm verliehn hat, genießen – natürlich mit Maß und ohne sein Herz an sie und an den Mammon zu hängen –, sich in Handel und Wandel rechtlich und mit hingebender Nächstenliebe betätigen und vor den Augen der Mitmenschen so zugleich die Überlegenheit und Reinheit seiner Religion gegenüber allen Verleumdungen erweisen. Am wenigsten aber darf er sein Leben leichtfertig wegwerfen und, sei es auch im Martyrium oder durch übermäßige Kasteiung, nutzlos aufreiben.

So beginnen die Christen sich als eine neue Gruppe der Menschheit zu fühlen, und zwar als die allein dem von Gott gewollten und bei der Schöpfung nach seinem Bilde aufgestellten Ideal entsprechende, als „das dritte Geschlecht" gegenüber den Heiden und den Juden[117]. Beide sind in der gleichen Schuld, sie haben, wenn auch in verschiedener Weise, Gottes Wesen und Gebote vollständig verkannt und sind daher der Verdammnis und den ewigen Höllenstrafen anheimgefallen[118]; eine Erlösung gibt es nur für die „Auserwählten", die Schar der Erlösten, die Gott mit dem Glauben begnadigt hat.

In der Praxis freilich kann das sittliche Ideal niemals völlig verwirklicht werden. So zweifellos es ist, daß zahlreiche Christen sich bemüht haben, ihm mit peinlicher Gewissenhaftigkeit nachzuleben, so steht daneben immer eine große Masse, die der menschlichen Schwäche nicht Herr werden kann und den Versuchungen und den natürlichen Trieben erliegt und bei denen daher das Bekenntnis zur Lehre im Grunde nur eine leere Formel ist[119]. Immer wieder kämpfen die Lehrschriften und Briefe gegen diese Veräußerlichung an und mahnen an die Strafe, die den Sünder unfehlbar trifft. Daß dabei, wie schon bei Jesus und in der Urgemeinde, die Reichen besonders schlecht wegkommen[120], ist begreiflich; die Armen haben es eben leichter, sich tugendhaft zu halten, die Nächstenliebe zu üben und sich mit Inbrunst ganz der Religion hinzugeben. Es ist sehr wohl verständlich, daß gerade in Gemeinden, denen es gut ging, die Gesinnung erlahmt und der religiöse Eifer erlischt. So macht Johannes in der Apokalypse den Ephesiern, die im übrigen sich gut bewährt haben[121] doch den Vorwurf, „daß sie die ursprüngliche Liebe" – d. h. die Pflege der Nächstenliebe – „haben fahren lassen"[122]. Sardes „lebt dem Wortlaut nach, ist aber tot". Vor allem aber Laodikea „ist weder kalt noch warm"; es ist stolz auf seinen Reichtum und glaubt daher, nichts mehr zu brauchen, und so ist es lau und in Wirklichkeit bettelarm, blind und nackt geworden[123]. Das Gegenteil davon ist die Gemeinde von Smyrna, die Verfolgung und Armut erträgt – erstere vor allem durch die Juden, aber eben darum wahrhaft reich ist[124].

Schlimmer noch ist, daß aus der Lehre von der Erlösung durch den Glauben und die freie göttliche Gnade und der dadurch erfolgten Aufhebung des Gesetzes, das bisher als Schreckgespenst auf den Menschen lastete, die Folgerung gezogen wird, daß nun dem Christen auf Grund der gewonnenen Freiheit alles gestattet sei, daß es eine Sünde nicht mehr gebe; denn „dem Reinen ist alles rein". Schon Paulus hat sich gegen den Vorwurf verteidigen müssen, er lehre, nur um so mehr zu sündigen, damit die Gnade um so größer werde. Simon und seine Anhänger haben diese Folgerung wirklich gezogen und danach gelebt; und auch im Christentum tritt sie immer wieder auf. Zur Zeit der Apokalypse wird sie von den Nikolaiten verkündet; in Ephesos sind sie abgewiesen, aber in Pergamon und Thyatira haben sie Eingang gefunden. Sie verführen wie Bileam zum Genuß von Opferfleisch uncl zur Unzucht. Wer der Nikolaos gewesen ist, nach dem sie benannt sind, darüber ist jede Kunde verschollen. In Thyatira ist eine Prophetin, die daher der bösen Izabel, dem lyrischen Weibe Achabs, gleichgestellt wird, die Vertreterin dieser Lehre; ihr und ihren Kindern (Anhängern) wird daher die Vernichtung angedroht[125]. Demgegenüber verweist Johannes auf das Aposteldekret: „eine weitere Last lege ich euch nicht auf". Es ist bezeichnend, welche Bedeutung auch hier dem Genuß des Opferfleisches beigelegt wird, als Verführung zum Götzendienst durch den Satan; zugleich ersieht man daraus, wie nahe dieser Libertinismus theoretisch den Anschauungen des Paulus steht und wie er aus diesen erwachsen ist.

So begreift es sich denn auch, daß Paulus' Rechtfertigungslehre allein durch den Glauben abgelehnt oder stillschweigend modifiziert und seine Betätigung durch die „Werke", durch das Verhalten, gefordert wird. Der Jakobusbrief bekämpft sie direkt: „Glaube ohne Werke ist müßig. Ist nicht Abraham durch Werke gerechtfertigt worden, indem er seinen Sohn auf den Altar brachte" – nicht durch den Glauben allein, wie Paulus behauptet hat –; „ihr seht, daß der Mensch aus seinen Werken gerechtfertigt wird, und nicht aus dem Glauben allein". „Seid Täter der Lehre und nicht nur Hörer, indem ihr euch durch Trugschlüsse betört." „Der Glaube an sich ist tot, wenn er nicht Taten bewirkt"[126]. So schreibt auch Clemens, so sehr er sonst die Sätze des Paulus auch hierfür wiederholt: „wir wollen in Demut und Selbstzucht einträchtig sein, uns durch Taten rechtfertigen und nicht durch Worte"[127]. Natürlich hat auch Paulus es als selbstverständlich betrachtet, daß der Glaube sich durch das sittliche Verhalten betätigen muß[128] – sonst wäre es garkein wirklicher Glaube –; aber die Kontroverse, in der er stand, ist jetzt schon unverständlich und gegenstandslos geworden, seitdem die festen Ordnungen der Kirche sich gebildet haben und damit die äußere Zucht der Gemeinde in den Vordergrund tritt. Wohl aber sind seine Sätze, wenn sie wörtlich verstanden werden, für diese höchst bedenklich und müssen daher umgedeutet oder weginterpretiert werden.

Ein schwieriges Problem schuf dagegen die Frage, ob es für den rückfälligen Sünder noch möglich sei, Begnadigung zu erlangen. Denn mit der Taufe hatte er aller Sünde und den Werken des Satans abgeschworen; wenn er jetzt sein Gelübde brach, so rief er damit die Gerechtigkeit des zürnenden Gottes, die die Schrift in so starken Farben schildert, auf sich herab, eine nochmalige Vergebung schien unmöglich. Wohl darf der Christ hoffen, daß die Sünden, zu denen ihn der „Widersacher" (der Satan) doch noch immer wieder verführt, ihm vergeben werden, wenn er bereut und betet; Clemens betont in dem Streben, die Korinther zum richtigen Verhalten zurückzuführen, die Unerschöpflichkeit der göttlichen Gnade aufs stärkste und möchte daher alle diese Sünden als unfreiwillig betrachten[129]. Aber, so heißt es im ersten Johannesbrief, es gibt auch Sünden, die zum Tode führen und daher nicht vergeben werden können[130]; das ist vor allem der Abfall, die Verleugnung um irdischer Vorteile willen oder um der Verfolgung zu entgehn. „Es ist unmöglich", heißt es im Hebraeerbrief, „daß die, die einmal schon erleuchtet sind, die himmlische Gabe gekostet haben und teilhaftig am heiligen Geist geworden sind ... wenn sie rückfällig geworden sind, nochmals wieder durch Buße erneuert werden, da sie doch in sich den Sohn Gottes kreuzigen und an den Pranger stellen." „Wenn wir nach empfangener Erkenntnis der Wahrheit freiwillig sündigen, ist kein Opfer für die Sünde mehr übrig, sondern nur die furchtbare Aussicht auf das Gericht und das Feuer", was dann durch die Äußerungen der Schrift bestätigt wird[131]. Einem schlichten römischen Christen aus dem Sklavenstande, dem Hermas, der zu einigem Wohlstand gelangt ist und sich eine Familie gegründet hat, erscheint die Kirche in Gestalt einer älteren Frau und übergibt ihm ein Buch, in dem verkündet wird, daß Gott den Gläubigen ihre Sünden noch einmal verziehen hat, wenn sie aus ganzem Herzen bereuen. Aber damit ist es zu Ende; während den Heiden die Möglichkeit der Reue bis zum Ende offen steht, ist sie für den bereits durch das Taufbad Gereinigten, wenn er nochmals rückfällig wird, wenn er gar bei der bevorstehenden großen Bedrängnis – dem erwarteten Vorspiel des Weltgerichts – den Herrn verleugnet, vom heutigen Tage an nutzlos und eine Begnadigung nicht mehr möglich. „Der Herr hat bei seinem Sohn geschworen, daß die, welche fortan ihren Herrn verleugnen werden, vom Leben ausgeschlossen sind; denen, die früher verleugnet haben, ist er in der Fülle seines Erbarmens noch einmal gnädig gewesen"[132]. Er erhält den Auftrag, das Buch in der Stadt vor den Presbytern zu verlesen und zwei Exemplare niederzuschreiben, eines für Grapte, die danach die Witwen und Waisen unterweisen soll, das andere für Clemens, „der es in die Städte draußen schicken wird; denn das ist ihm aufgetragen"[133]. Diese Offenbarung fällt also in dessen Zeit, um 100 n. Chr.; zugleich zeigt auch diese Äußerung den regen geistigen Verkehr zwischen den Christengemeinden. Da ist es schwerlich Zufall, daß um dieselbe Zeit im Ostjordanlande das Buch des Elchasai auftaucht, das eine allgemeine Sündenvergebung für das dritte Jahr Trajans, 101 n. Chr., verkündet[134]. So bizarr und kraßmaterialistisch seine Phantasien sind, so ist es doch das Gegenstück zu den Visionen des Hermas. Man sieht, die Bewegung hat die ganze Christenheit ergriffen; sie entspringt dem Umschwung nach Domitians Ermordung, dem Aufhören der systematischen Bedrückung und Verfolgung der Christen als einer jüdischen Sekte. Da wurde ganz ebenso, wie später nach den Verfolgungen unter Decius und Diocletian, die Frage brennend, wie man sich denen gegenüber zu stellen habe, die sich zur Verleugnung hatten verführen lassen; und zugleich galt es, die Haltung zu kräftigen für die große Verfolgung, die man als Abschluß der Weltentwicklung vor der Wiederkunft des Herrn und der Vollendung des Aufbaus der Kirche – den Hermas ganz ausführlich schildert – als unmittelbar bevorstehend erwartete. Ein drittes Produkt derselben Zeit und Lage, aber mit wesentlich anderer Stimmung, ist die Apokalypse des Johannes.

Das Buch des Hermas hat, so armselig und monoton es ist, doch großes Ansehn gewonnen und ist, wie der Muratorische Kanon und Tertullian de pudic. 10 zeigen, in Rom wie in Afrika erst um 200 n. Chr. nach lebhafter Diskussion um seines notorisch jungen Ursprungs willen aus dem Kanon der apostolischen Schriften ausgeschlossen. Wie weit es verbreitet gewesen ist, hat in überraschender Weise der Fund von Bruchstücken einer Manichaeischen Übersetzung in Turfan in Zentralasien gezeigt[135]. Die Manichaeer haben es also unter ihre heiligen Schriften aufgenommen.

Die Eschatologie und die Apokalypsen

In der Durchführung der sittlichen Gebote und der Kirchenzucht leben die Grundgedanken Jesu fort. Sein Evangelium hat darin die Verwirklichung gefunden, soweit das überhaupt möglich ist, wenn eine durchaus auf das Innenleben des einzelnen Menschen gestellte Idee durch eine die Massen umfassende und ihr Verhalten normativ regelnde Organisation in die Praxis des Alltagslebens umgesetzt werden soll[136]. Daß damit tatsächlich der von Jesus bekämpfte Formalismus der äußern Gesetzeserfüllung wieder eingeführt und zugleich die Herrschaft einer neuen, der jüdischen analogen Hierarchie ausgerichtet wird, ist die ungewollte aber unvermeidliche Konsequenz. Die Voraussetzung ist vertrauensvolle Hingabe in den Willen des barmherzigen Gottes, die keinen Zweifel aufkommen läßt, der Glaube an seine Offenbarung in seinem Sohn, dem Herrn und Weltregenten, und an die Erlösung durch seinen Tod, „sein kostbares Blut", durch den er die Vergebung der Sünden ermöglicht hat, und vor allem der Glaube an die leibliche Auferstehung und an die Vergeltung im Jenseits, in dem seligen Leben im Himmel[137] und in den ewigen Qualen des Höllenfeuers.

Eben diese Überzeugung, die Gewißheit der bevorstehenden, für alle Ewigkeit unabänderlichen Vergeltung mit ihren Lockungen und vor allem mit ihren Schrecknissen ist das Hauptmittel, das die Massen für die Annahme der Heilslehre gewinnt und zur Reue und Gesetzlichkeit treibt, solange es noch Zeit ist. Daher behielt die Eschatologie ihre dominierende Stellung. In der Apostellehre ist sonst von den Glaubenssätzen mit keinem Worte die Rede, sondern nur von den sittlichen Geboten, „den Wegen des Lebens und des Todes", und von den kirchlichen Einrichtungen; aber den Schluß bildet die Mahnung an das Weltgericht, auf das man immer vorbereitet sein und sich in Gemeinschaft mit den

Brüdern prüfen muß, „da man die Stunde nicht kennt, in der unser Herr kommt", und in kurzem Abriß wird die bevorstehende Trübsal, das Auftreten der falschen Propheten und des Antichrists, und dann die Vorzeichen des Gerichts, die Auferstehung der Auserwählten und das Kommen des Herrn in den Wolken geschildert. Ausführlich wird die Seligkeit im Paradiese, vor allem aber die verschiedenen Arten der Höllenstrafen in einer aus den ersten Jahrzehnten des zweiten Jahrhunderts stammenden Apokalypse unter dem Namen des Petrus ausgemalt[138], als eine den Jüngern vom Herrn gegebene Offenbarung; darin treten, wie in der gesamten Eschatologie, die Einflüsse des Parsismus deutlich hervor. Noch im muratorischen Kanon wird sie als kanonisch anerkannt, aber von einigen abgelehnt; später ist sie als nicht von Petrus herrührend gestrichen worden. Dagegen hat sich die etwas ältere Apokalypse des Johannes trotz heftigsten Widerspruchs – noch Eusebios möchte sie begreiflicherweise sehr gern aus der Bibel streichen – schließlich als apostolischen Ursprungs durchgesetzt, obwohl sie inhaltlich dem Christentum noch weit ferner steht. Sie ist, wie wir gesehn haben, ein typisches Produkt des kleinasiatischen Synkretismus, der von überall her, aus dem Parsismus und dem Judentum, aus kleinasiatischen und griechischen Mythenbildungen und aus wirren Erzeugnissen einer verwilderten Phantasie Traditionen zusammenrafft und, so gut es gehn mag, für das Christentum und seine Schicksale annektiert und für die Ausmalung des Weltendes und der Vernichtung der teuflischen Macht verwendet.

Durch die Apokalypse ist die persische Vorstellung von einer ein Jahrtausend umfassenden Herrschaft des Erlösers vor der abschließenden Weltkatastrophe, aber nach der Besiegung der feindlichen Mächte, und damit von einer doppelten Auferstehung in das Christentum hineingetragen. Dieser sog. Chiliasmus hat bei den Massen weithin Anklang gefunden, da er deren Sehnsucht nach einem irdischen Paradies als Lohn für die Frommen vollauf befriedigte[139]; die Gebildeteren dagegen haben diese derbsinnliche Vorstellung nachdrücklich bekämpft, und schließlich hat die Kirche sie abgestoßen. Von Bedeutung ist daneben der leidenschaftliche Haß einerseits gegen Rom, „das große Babel, die Mutter der Huren und der Abscheulichkeiten der Erde" und sein Reich, der sich in der Schilderung seines bevorstehenden Untergangs gar nicht genug tun kann, und andrerseits gegen das Judentum. Die Juden sind „die Synagoge des Satans", Jerusalem „heißt in der Sprache des Geistes Sodom und Aegypten"; das Judentum ist auch für diese Kreise längst völlig abgetan.

Im Zusammenhang mit diesen Vorstellungen hat auch die Lehre von der Wirksamkeit des Christus noch eine Erweiterung dahin erfahren, daß, als er nach seinem Tode in die Unterwelt hinabfuhr, er diesen Aufenthalt unter den Toten benutzt habe, um auch ihnen das Evangelium zu predigen; dadurch wird auch den Frommen des Alten Bundes, oder nach dem ersten Petrusbrief „den Geistern im Gefängnis, die zur Zeit Noahs auf dessen Mahnungen nicht gehorchten und nicht mit ihm in die Arche stiegen", also den Patriarchen der Urzeit, die Erlösung gebracht[140]. Diese Erweiterung des Evangeliums hat rasch überall Anerkennung gefunden[141] und ist schließlich auch in das Glaubensbekenntnis eingefügt worden.

Die dogmatischen Streitigkeiten und die Sekten. Anfänge der Gnosis. Kerinthos

Im Gegensatz zu den für ihr Schicksal fundamentalen Fragen steht die Masse der Gläubigen den im engeren Sinne theologischen und dogmatischen Problemen, um die Paulus so eifrig gerungen hatte, im wesentlichen indifferent und verständnislos gegenüber. Aller heidnische Kultus, und daher auch der Genuß von Opferfleisch, ist eine Todsünde; der Christus ist der ewige Sohn Gottes, sein Gehilfe bei der Schöpfung und sein Offenbarer an die Welt; durch sein Erscheinen in Menschengestalt hat er den Menschen die Erlösung vom göttlichen Zorn gebracht, durch seinen Opfertod und seine Auferstehung den Tod überwunden und den Gläubigen die Wiederbelebung des Leibes und das ewige Leben gesichert, während den Ungläubigen, Juden und Heiden und vor allem den Heuchlern und vorsätzlichen Sündern, die ewigen Höllenstrafen ebenso sicher in Aussicht stehn. Das genügt dem Bedürfnis; auch für Männer wie Clemens von Rom ist die „vollkommene und sichere Erkenntnis", die Gnosis, lediglich die Erkenntnis der göttlichen Ordnung und seiner Offenbarung wie im richtig verstandenen Gesetz, so im gesamten Weltall[142]. Die tieferen Probleme kommen nur insofern in Betracht, als es notwendig ist, den richtigen Glauben zu bekennen, wie ihn die Apostel gelehrt haben und wie ihn der „Geist" in jedem

Gläubigen[143] und in der Gesamtheit der Glieder des Leibes Christi, den Einzelkirchen, ungetrübt und einheitlich aufrecht erhält; denn wer darin irrt, wer sich gar von falschen Lehrern und Propheten betören läßt, dessen Seelenheil ist aufs schwerste gefährdet. Das ist der Weg, auf dem zu allen Zeiten theologische Schlagworte und dogmatische Streitigkeiten in die Massen geworfen werden, um dann hier nur um so leidenschaftlichere Erregung zu schaffen, je weniger man imstande ist, sie wirklich irgendwie zu verstehn.

Aber neben der Masse steht eine Oberschicht, die sich mit der einfachen Annahme der gepredigten Lehre nicht zufrieden geben kann, sondern selbst prüfen und urteilen will. Dazu kommt dann das Eindringen fremder Ideen aller Art, die man, wie in der Apokalypse, dem Christentum notdürftig zu assimilieren sucht, ferner Konkurrenten, wie die Religion Simons, und das Auftreten von Phantasten und Abenteurern aller Art, welche die Aussichten lockten, die sich einem gewandten Propheten und Wundertäter boten.

Schon in der Apokalypse bei Marcus, also etwa zu Anfang der sechziger Jahre, vor der Zerstörung Jerusalems, wird den Gläubigen verkündet: „Seht euch vor, daß niemand euch in die Irre führt: viele werden in meinem Namen kommen und sagen: ich bin's[144], und viele irreführen"; und weiter, auf dem Höhepunkt der Not, die dem Weltgericht vorangeht: „Wenn dann jemand euch sagt: hier ist der Christus, oder dort ist er, so glaubt es nicht. Es werden falsche Christus und falsche Propheten aufstehn und Wunder und Zeichen tun, um womöglich die Auserwählten irre zu führen. Ihr aber seht euch vor; ich habe euch alles vorausgesagt." Matthaeus fügt noch hinzu: „wenn sie euch sagen: da ist er in der Wüste", so zieht nicht hinaus; „da ist er in den Kammern, so glaubt es nicht". Bei dieser Schilderung mag in erster Linie an die samaritanischen Heilande und Religionsstifter Simon und Menander gedacht sein; daneben natürlich an die zahlreichen Propheten und Wundermänner, die bei den Juden auftraten, wie denn der Zusatz bei Matthaeus direkt auf Gestalten wie Theudas und den Aegypter Bezug nimmt, die das Volk in die Wüste führten.

Wie dann in den von Paulus gegründeten Gemeinden sofort die Differenzen aber Lehre und Kultus ausbrechen und neben ihm Konkurrenten auftreten, wie die Gegensätze oft schroff aufeinander stoßen, haben wir schon gesehn; in Korinth mußte er jahrelang seine ganze Energie aufbieten, um die Spaltungen wieder zu beseitigen. In der Folgezeit ist es nicht anders; die gesamte Literatur dieser Zeit, die Johannesapokalypse, die Pastoralbriefe, der Hebraeerbrief, die Briefe des Ignatios nehmen, sei es in kurzer Ablehnung, sei es in scharfen Angriffen, Stellung gegen die Irrlehrer und warnen aufs dringendste, sich von ihnen verführen zu lassen.

Diese Irrlehrer zerfallen in drei Gruppen. Auf der einen Seite stehn die judenchristlichen Agitatoren, welche, auch wenn sie zum Teil, dem Aposteldekret entsprechend, die Forderung der Beschneidung fallen lassen, doch nur um so stärker die Befolgung der übrigen Gebote des Gesetzes, der Speisen und Reinheitsvorschriften, die Haltung des Sabbats und der Festtage verlangen. Ihnen gegenüber die Libertiner, die aus Paulus' Lehre von der Aufhebung des Gesetzes und der in Christus gegebenen Freiheit wie Simon und seine Anhänger die Konsequenz ziehn, daß dem zur Erkenntnis Gelangten alles frei steht und daß ihn nichts mehr beflecken kann. Dazu kommt drittens eine Fortbildung der Spekulationen über das Wesen des Christus und sein Verhältnis zu Gott. Auch diese Bestrebungen knüpfen an Paulus an; es sind Versuche, die unermeßliche Tiefe der Erkenntnis Gottes, der Gnosis, von der er redet[145], wirklich zu ergründen und dadurch, daß man sie in Begriffe faßt, zugleich das Wesen der von Christus gebrachten Erlösung richtig zu erfassen und sich anzueignen. Paulus ist der Vater nicht nur der orthodoxen Kirche, sondern ebensogut der gnostischen Irrlehren; der Unterschied ist, daß dort die Erkenntnis religiös als ein innerlich erlebtes, aber in Worten gar nicht ausdrückbares „Geheimnis" (μυστήριον) empfunden wird, während man hier versucht, sie rationell zu zergliedern und so mit dem Verstand zu erfassen. Das Ergebnis war freilich, daß dann nicht nur die Unreife des Denkens, sondern vor allem die innere Unlösbarkeit der Aufgabe nur um so stärker in einen verschwommenen Mystizismus und in phantastisches Spielen mit Worten hineinführte.

Damit ist aber zugleich die Stelle gegeben, wo die Spekulationen Simons und seiner Fortsetzer Eingang in das Christentum finden konnten. Seine Lehre hat in Syrien Verbreitung gefunden, Menandros ist nach Antiochia gegangen. Hier ist dann zu Anfang den zweiten Jahrhunderts Satornil (Saturninus) aufgetreten, und etwa um dieselbe Zeit in Alexandria Basilides, die als die ersten Vertreter der christlichen Gnosis gelten und von ihren orthodoxen Bekämpfern, Irenaeos und seinen Nachfolgern, mit vollem Recht als von Simon und Menander beeinflußt betrachtet werden. Als Erlöser wird statt Simons und der Helena der in Jesus wirkende Christus anerkannt, aber im übrigen werden die Konstruktionen Simons übernommen und weitergebildet.

Auch in Kleinasien haben diese Gedanken Eingang gefunden. Als der erste Vertreter dieser Lehre wird uns hier Kerinthos genannt[146]. Eine Schrift, die frühestens nach der Mitte des zweiten Jahrhunderts entstanden ist, in der die zwölf Apostel die Belehrung mitteilen, die der Herr ihnen nach der Auferstehung gegeben hat, und auch sonst über Christus Kunde geben[147], ist abgefaßt, um die Irrlehren des Simon und Kerinth durch den authentischen Bericht der Zeugen zu widerlegen[148]. Nach Irenaeos' Bericht hat Kerinth gelehrt, daß die Welt nicht von dem „ersten Gott", „der das Universum überragenden Selbstherrlichkeit" geschaffen sei, sondern von einer tieferen Kraft (δύναμις), die den Urgott überhaupt nicht kannte[149]. Das sind durchaus die Gedanken Simons. Jesus war ein sterblicher Mensch, Sohn des Joseph und der Maria, nur an Gerechtigkeit und Einsicht alle anderen überragend. In ihn geht bei der Taufe von der Urmacht her der Christus ein, und so kann er jetzt den (bisher) unbekannten Vater verkünden und Wunder tun. Dann aber trennte sich der Christus von ihm, der Mensch Jesus leidet und wird auferweckt, Christus selbst aber bleibt leidlos, da er ein Geisteswesen ist[150]. Darin liegt als Konsequenz zugleich ein weiterer Hauptsatz der Gnostiker sowie Markions, daß auch das Gesetz nicht von dem (vor der Offenbarung durch Christus überhaupt der Welt unbekannten) höchsten Gott stammt, sondern von dem tief unter ihm stehenden Schöpfergott oder von Engeln[151]. Auch das ist die Lehre Simons, berührt sich aber zugleich mit dem aus dem Wortlaut der Schrift abgeleiteten Satz des Paulus, daß das Gesetz nicht unmittelbar von Gott selbst, sondern durch Engel dem Moses, dem Mittelsmann zwischen ihnen und der Menschheit, gegeben ist; das wird dann weiter auf die Propheten und das gesamte Alte Testament ausgedehnt. Auch hier sieht man, wie nahe sich vielfach die Anschauungen des Paulus und die Simons stehn, so daß ein Ineinanderfließen ganz unvermeidlich war.

Im zweiten Timotheusbrief werden Irrlehrer bekämpft, „welche die Wahrheit verfehlt haben, da sie behaupten, die Auferstehung habe schon stattgefunden, und damit den Glauben mancher umstürzen."[152] Genauere Kunde gibt der erste Johannesbrief. Viele falsche Propheten und Antichristen sind aufgetreten; damit ist die Verkündung, daß vor dem Weltgericht der Antichrist auftreten wird, bereits erfüllt und bewiesen, daß die letzte Stunde eingetreten ist[153]. „Wer ist der Lügner" – ὁ ψεύστης, d. i. das verkündete Werkzeug des Teufels[154] – „wenn nicht der, der bestreitet, daß Jesus der Christus ist? Der ist der Antichrist, der den Vater und den Sohn leugnet. Jeder, der den Sohn leugnet, hat auch den Vater nicht; wer den Sohn anerkennt, hat auch den Vater." „Jeder Geist (πνεῦμα), der anerkennt, daß Jesus Christus im Fleisch gekommen ist, stammt von Gott, jeder Geist, der Jesus nicht anerkennt, ist nicht aus Gott; das ist eben die Wirkung des Antichrists, von dem ihr gehört habt, daß er kommen wird, und der ist jetzt schon in der Welt." Ebenso im zweiten Johannesbrief: „Viele Irreführer sind in die Welt hinausgezogen, die nicht anerkennen, daß Jesus Christus im Fleisch kommt; das ist der Irreführer und der Antichrist"[155] – Da wird ganz deutlich die Lehre Kerinths und seiner Genossen bekämpft. Für Kerinth ist eben der Christus nicht als Mensch, „im Fleisch", gekommen, sondern nur als Geist zeitweilig in den Menschen Jesus eingegangen; nicht dieser hat die Erlösung gebracht, sondern der überweltliche Christus. Dieser ist auch nicht auferstanden, denn das ist für ihn unmöglich, da er ja nicht gestorben ist und nicht sterben kann, sondern pur der Mensch Jesus. Eben damit ist die Auferstehung schon geschehn, wie der Timotheusbrief von der bekämpften Lehre sagt, und dadurch zugleich allen Gläubigen gesichert; eine Wiederkunft des Christus und ein Weltgericht ist ausgeschlossen, sondern die neue Welt ist schon da; der neue Mensch ist, wie ja auch Paulus lehrt, bereits durch den Glauben und die Taufe geschaffen.

Diese Lehre bekämpft der Johannesbrief mit allem Nachdruck. Er tritt als Zeugnis eines unmittelbaren Jüngers Jesu auf: „Wir selbst haben es mit unseren Augen geschaut, mit unseren Händen betastet"; „wir haben geschaut und bezeugen, daß der Vater seinen Sohn als Heiland der Welt gesandt hat"; „darin hat sich die Liebe Gottes zu uns offenbart, daß er seinen einzigen Sohn (τὸν υἱὸν αὐτοῦ τὸν μονογενῆ) in die Welt gesandt hat, damit wir durch ihn leben"[156]. Aber dieser Gottessohn ist zugleich der wirkliche Mensch Jesus; beide sind der eine Jesus Christus. „Wer anerkennt, daß Jesus der Sohn Gottes ist, in dem bleibt Gott, und er in Gott." „Jeder, der glaubt, daß Jesus der Christus ist, ist aus Gott gezeugt, und jeder, der den Erzeuger liebt, liebt auch den aus ihm Erzeugten"[157]. Dieser einheitliche Gottessohn, dessen Wiederkunft unmittelbar bevorsteht[158], hat aber auch wirklich den Tod erlitten: „wer kann die Welt besiegen, als wer glaubt, daß Jesus der Gottessohn ist? Er ist der, der gekommen ist durch Wasser und Blut, Jesus Christus; aber nicht etwa nur im Wasser" (d. h. in der

Taufe, wie Korinth behauptet), „sondern im Wasser und im Blut" – der Opfertod, „das Blut Jesu des Sohnes Gottes, das uns von allen Sünden reinigt" ist die notwendige Ergänzung der Taufe und das Fundament der Erlösung –; das bezeugt der Geist, denn der Geist ist die Wahrheit. So sind drei Zeugen da, der Geist, das Wasser und das Blut, und die drei sind einig; . . . es ist das Zeugnis Gottes selbst für seinen Sohn; wer an den Sohn Gottes glaubt, hat das Zeugnis in sich, wer aber Gott nicht glaubt, macht ihn zum Lügner"[159].

Daß die bekämpfte Lehre weithin Anhang gefunden hat, sagt der Brief selbst. So treffen wir sie denn auch bei Ignatios und Polykarp. Im Brief an die Smyrnaeer kämpft Ignatios eifrig gegen die, „welche Christus verleugnen oder vielmehr von ihm verleugnet sind, Anwälte des Todes, nicht des Lebens", die weder den Verkündungen der Schrift noch dem Evangelium glauben und behaupten, Christus habe keinen fleischlichen Leib gehabt (μὴ ὁμολογῶν αὐτὸν σαρκοφόρον), er habe nur scheinbar gelitten, und so auch „das Abendmahl nicht für das Fleisch unseres Heilandes Jesus Christus halten, das für unsere Sünden gelitten und das der Vater in seiner Güte auferweckt hat". Dem stellt Ignatios sein Glaubensbekenntnis gegenüber, mit schärfster Betonung der Abstammung Jesu Christi von David und zugleich seiner Jungfrauengeburt, seiner Taufe, seiner Kreuzigung für uns im Fleisch, seiner wahrhaften und durch die Betastung durch seine Jünger und die Teilnahme an ihrer Mahlzeit bezeugten leibhaften Auferstehung. „Wenn das nur zum Schein von unserem Herrn getan wurde, dann bin ich auch nur zum Schein gefesselt, was habe ich mich dann dem Märtyrertode ausgeliefert? Aber nahe dem Schwerte ist nahe Gott, inmitten der Raubtiere inmitten Gottes; nur muß es im Namen Jesu Christi sein. Um mit ihm zu leiden, erdulde ich alles; er selbst, der der vollkommene Mensch geworden ist, gibt mir die Kraft dazu"[160].

Es ist durchaus begreiflich, daß die Auffassung Kerinths und die verwandten Lehren bei den Gebildeten weithin Anklang fanden. Denn es ist ja ein für den Verstand unbegreiflicher Widersinn, daß der allmächtige und allerbarmende Gott seinen Sohn einem schimpflichen Tode überantwortet hat, um dadurch die Sünden der Menschen zu tilgen, und daß dieser, ein Gott wie sein Vater und der Schöpfer und Regent der Welt, wirklich den Tod erlitten haben sollte wie ein Mensch. Wollte man am Glauben an den Christus als Gottessohn und überweltlichen Erlöser der Menschheit festhalten, so bot der Doketismus – die Annahme, daß dies göttliche Wesen sich nur zeitweilig und scheinbar in dem Menschen Jesus verkörpert habe, um den Vater zu offenbaren und die Erlösung zu verkünden, dann aber, vor dem Leiden, wieder von ihm gewichen und zu seinem Vater zurückgekehrt sei – einen Ausweg, der sich rationell begreifen ließ und den zugleich die Erzählung des Evangeliums vom Herabstieg des Geistes in Jesus bei der Taufe nahe legte. Wer zu dieser Auffassung durchgedrungen war, der hatte die wirkliche Erkenntnis, die Gnosis gewonnen, er war der wahrhaft vom Geist durchdrungene Pneumatiker. Für die naiv kindliche Empfindung der schlichten Gläubigen freilich war diese Auffassung ein Greuel; gerade diese Leute, „die Absondernden", sind ihnen die Psychiker, die den Geist nicht haben[161]. Für Ignatios sind sie „Bestien in Menschengestalt", denen man auf alle Weise aus dem Wege gehn soll, für die man nur beten darf, daß sie sich bekehren; ihre Namen kennt er, aber sie auch nur zu erwähnen möge ihm nie beschieden sein. Polykarp im Brief nach Philippi wiederholt die Worte des Johannesbriefs: „Jeder, der nicht bekennt, daß Jesus Christus im Fleisch gekommen ist, ist ein Antichrist; wer das Martyrium des Kreuzes nicht bekennt, ist vom Teufel; und wer die Sprüche des Herrn nach seinen Gelüsten umwandelt und sagt, es gebe weder Auferstehung noch Gericht, ist ein Erstgeborener des Satans"[162].

Die Weiterentwicklung der gnostischen Anschauungen haben wir hier nicht mehr zu verfolgen. Durch eine immer komplizierter gestaltete Begriffsanalyse versucht man eine stufenweise Entwicklung der die Welt bildenden unabeherrschenden Mächte von der Urmacht herab bis zum irdischen Dasein zu konstruieren und so die Erlösung der Seele durch das Eingreifen des Gottes und des Christus zu begreifen; dabei wird zugleich die Schrift des Judentums, das Alte Testament, für den Gläubigen vollständig ausgeschaltet, als Erzeugnis des niederen Schöpfergottes, der von dem wahren Gotte und seiner allerbarmenden Liebe nichts weiß. Wie stark dabei die Ideen Simons eingewirkt haben, haben wir früher schon gesehn; auch der Doketismus, die Erscheinung im Scheinleib, ist schon von ihm gelehrt. Daneben steht einerseits der Versuch Markions, aus den Briefen des Paulus und dem Evangelium des Lukas die wahre Offenbarung des Christus herzustellen, die von den Aposteln und ihren Nachfolgern, die sie nicht zu fassen vermochten, aufs gründlichste entstellt sei[163], andrerseits bei Montanus die Wiederbelebung des prophetischen Geistes und die Fortsetzung einer unmittelbaren Gottesoffenbarung durch den Geist. Beide Bewegungen gehn, wie schon erwähnt, von Kleinasien aus und sind im wesentlichen gleichzeitig; Markion hat in Rom im Jahre 144 seine Kirche gegründet, Montanus'Auftreten scheint ins Jahr 157 zu fallen[164].

Die orthodoxe Kirche hat diese Lehren fortdauernd mit leidenm schaftlicher Erbitterung als Teufelswerk bekämpft. Ein kurzes Manifest dagegen ist der kleine Brief des Judas, der dann in dem jüngsten Schriftstück des Neuen Testaments, dem zweiten der auf den Namen des Petrus verfaßten Briefe – Petrus nimmt darin auf seine persönlichen Schicksale, die Verklärungsvision und das ihm bevorstehende Martyrium Bezug und erwähnt auch sein erstes Schreiben –, überarbeitet und weiter ergänzt ist. Zu kanonischem Ansehn ist dieser Brief, anders als der erste, erst ganz spät, nach heftigem Widerspruch, gelangt. Gleichzeitig beginnt die Literatur, welche nicht mehr unter Decknamen, sondern unter den wirklichen Namen der Verfasser das Christentum den Heiden als die wahre Religion verständlich machen und gegen ihre Vorwürfe verteidigen will und damit die Polemik gegen die Haeretiker verbindet; ihre ersten Vertreter sind um 150 Justin aus Sichem und Aristides aus Athen[165].

Daß die Polemik sich nicht nur gegen die dogmatischen Lehren richtet, sondern den Gegnern zugleich die schwersten sittlichen Vorwürfe gemacht werden, ist selbstverständlich; sie sind ja Söhne des Teufels. „Die Christen", sagt Celsus, spalten sich, nachdem sie zahlreich geworden sind, immer wieder, jede Gruppe will ihre eigene Ansicht haben und polemisiert gegen die andern; so haben sie eigentlich, wenn überhaupt etwas, nur noch den Namen gemeinsam, den aufzugeben sie sich schämen." „Sie schmähen sich untereinander und werfen sich die ärgeten Dinge vor, die man zum Teil gar nicht aussprechen kann; sie würden sich um der Eintracht willen auch nicht ein Tüttelchen nachgeben, da sie einander in jeder Hinsicht verabscheuen"[166]. Die lange vorbereitete Umwandlung der Denkweise[167] tritt darin deutlich zutage: nicht mehr die natürliche Gemeinschaft, wie sie Abstammung und Wohnsitz gibt, ist für die Menschen das Maßgebende, sondern die Übereinstimmung in der Gesinnung und im Bekenntnis, die aus gemeinsamer Überzeugung hervorgehn soll, aber in Wirklichkeit nur zu oft in ein äußerlichen Nachsprechen umschlägt. Es ist die Anschauung, die sich alsbald überall durchsetzt und die folgenden Jahrtausende beherrscht hat: an Stelle des aus den irdischen Lebensbedingungen erwachsenen Staats, der dem Denken des Einzelnen volle Freiheit gewährt, tritt in der Idee die überirdische, von Gott geleitete Kirche, die jede Abweichung, und mag es sich auch nur um ein einziges Wort handeln, mit allen Mitteln unterdrückt und austilgt. Sie zu schirmen und alle Menschen unter ihre Einheit zu zwingen, wird die wichtigste, ja im Grunde die einzig wahre Aufgabe des Staats.

In keiner Religion ist dieser Fanatismus, die rücksichtslose, vor keinem Frevel zurückscheuende Verfolgung aller Andersdenkenden, so dominierend geworden und geblieben wie im Christentum in all seinen Erscheinungsformen. Der Umschlag der Idee in ihr Gegenteil, sobald sie sich in Wirklichkeit umsetzt, tritt darin ganz deutlich zutage.

Die johanneische Literatur

Aus den zuletzt besprochenen Gegensätzen ist nun noch eine Schrift erwachsen, die kanonisches Ansehn erlangt und für die Gestaltung des Christentums abschließende Bedeutung gewonnen hat, das Johannesevangelium.

Über die Entstehung der Literatur, die den Namen des Johannes trägt, ist volle Klarheit nicht zu gewinnen, da hier absichtlich verschleiert und irregeführt worden ist. Was sich teils als sicher, teils als das weitaus Wahrscheinlichste hinstellen läßt, dürfte in den folgenden Sätzen enthalten sein:

1. Zu den Zwölf gehört Johannes, der Sohn des Zebedaeus. Er hat unter ihnen die nächste Stellung nach Petrus eingenommen und wird daher sowohl in der Zwölferquelle des Marcus wie in der Apostelgeschichte besonders hervorgehoben. Jesus hat ihm und seinem Bruder Jakobus den Beinamen „Donnersöhne" gegeben, Paulus erwähnt, daß Johannes nebst Kephas und dem Herrenbruder Jakobus als die „Säulen" der Kirche gelten. Er ist mit seinem Bruder im Frühjahr 44 von Agrippa I. hingerichtet worden.

2. Neben diesem Apostel, dessen Hinrichtung durch die Juden Papias im zweiten Buch seiner Λογίων κυριακῶν ἐξήγησις; erwähnt hat[168], kennt Papias einen weiteren Herrenschüler, den Presbyter Johannes. Papias hat die Traditionen über Herrenworte gesammelt, welche „die Presbyter", offenbar solche von Städten Kleinasiens, bewahrten, die noch die Apostel selbst oder diesen Presbyter

Johannes und seinen (sonst nicht weiter bekannten) Genossen Aristion gekannt hatten. Dabei hat er sie nicht selten namentlich als Gewährsmänner angeführt, und Eusebios behauptet, daß Papias sage, er habe den Aristion und den Presbyter Johannes selbst gehört[169]; aber das scheint eine falsche Schlußfolgerung, wenigstens ist in den von ihm angeführten Worten des Papias selbst davon nichts gesagt[170]. Auf diesen Presbyter Johannes geht die Angabe des Papias über das Evangelium des Marcus und wohl auch die über die λόγια des Matthaeus zurück[171]. In zahlreichen anderen Fällen dagegen hat Papias einfach „die Presbyter" oder „meine Presbyter" als Quelle angeführt – natürlich Presbyter der zweiten Generation, bei denen er die Erkundigungen über die Lehren der Schüler des Herrn (darunter des Presbyters Johannes) einzog –, so daß es nicht möglich ist, hier die Einzelpersönlichkeit zu nennen, auf die die betreffende Tradition zurückgeht. Eine ziemliche Anzahl solcher Angaben hat Irenaeos bewahrt[172]. Irgendwelchen größeren Wert haben sie nicht; sie geben einzelne Traditionen über Jesus, so, daß er bei seinem Auftreten als Lehrer schon in höherem Alter gestanden habe[173], ferner über das Paradies und seine üppige Vegetation[174], vor allem aber ethische Erläuterungen zum Alten Testament, durch die die Angriffe gegen dasselbe und sein Ursprung von einem andern Gotte als dem des Neuen Bundes oder von Engeln oder einer andern Kraft widerlegt werden sollen. Sie stehn also bereits inmitten der dogmatischen Streitigkeiten und der Kämpfe gegen die Gnosis, so gut wie die Pastoralbriefe und der Johannesbrief, und gehören dem Ausgang der zweiten christlichen Generation an, was ja auch Papias selbst gesagt hat; dieser gehört dann zur dritten Generation. Schon bei Irenaeos aber wird das verwischt und die Presbyter nicht selten zu direkten Herrenschülern und speziell zu Genossen des Apostels Johannes gemacht[175]; das hat natürlich garkeinen Wert, sondern ist lediglich aus dem Streben entstanden, die Tradition möglichst hoch hinaufzuschieben.

3. Ein dritter Johannes ist der Verfasser der Apokalypse, der auf Patmos im Exil gewesen ist und wahrscheinlich in Ephesos geschrieben hat. Er nennt seinen Namen viermal (I, 1. 4. 9. 22, 8), und es liegt nicht der mindeste Grund vor, das für Fiktion zu halten. Wohl aber ist es völlig unmöglich, daß dies Buch von jemandem geschrieben wäre, der mit Jesus selbst auch nur vorübergehend in Berührung gekommen ist; denn der Mensch Jesus ist hier nicht etwa nur durch den überweltlichen Christus zurückgedrängt, sondern vollständig hinter ihm verschwunden. Der Verfasser ist zwar ein eifriger Bekenner der christlichen Lehre und des christlichen Lebens, aber vom Leben Jesu weiß er gar nichts, oder wenn er etwas davon weiß, so ist es ihm völlig gleichgültig; es ist nicht nur in cp. 12, sondern durchweg durch nicht auf christlichem Boden erwachsene, sondern ihm nur mühselig und unvollkommen angepaßte Mythen ersetzt. Der Verfasser kann also weder mit dem Apostel noch mit dem Presbyter identisch sein[176]. Darauf erhebt er übrigens auch nicht den mindesten Anspruch; er nennt sich Knecht Jesu Christi und Märtyrer, Bruder und Heilgenosse der übrigen in der Verfolgung, und „die zwölf Apostel des Lammes", die Grundsteine der Mauer des himmlischen Jerusalems, sind für ihn eine gegebene Einheit (21,14), zu der er natürlich nicht gehört.

4. Unter dem Namen Johannes sind uns nun außer dem Evangelium noch drei Briefe überliefert. Der erste hat sehr früh kanonisches Ansehn gewonnen und wird, ebenso wie der erste Petrusbrief, bereits von Polykarp und Papias benutzt[177]. Er muß also spätestens um 100 n. Chr. entstanden sein und in Kleinasien rasch Verbreitung gefunden haben. Erst beträchtlich später werden der zweite und dritte erwähnt, und zu kanonischem Ansehn sind sie erst ganz zuletzt gelangt, zumal der dritte, den der muratorische Kanon noch nicht erwähnt; Eusebios rechnet beide zu den ἀντιλεγόμενα.

5. Alle drei Briefe nennen den Namen ihres Verfassers nicht. Im zweiten und dritten bezeichnet er sich lediglich nach seinem Amtstitel ὁ πρεσβύτερος. Beide sind kurze Privatschreiben, in denen der Verfasser seinen baldigen Besuch in Aussicht stellt. Der dritte ist an einen gewissen Gajus gerichtet, den er wegen seines Verhaltens gegen die Durchreisenden rühmt; zugleich empfiehlt er den Demetrios im Gegensatz zu seinem ehrgeizigen Konkurrenten Diotrophes[178]. Der zweite ist an eine Gemeinde gerichtet, die als „die auserwählte Herrin und ihre Kinder" bezeichnet wird[179], und mahnt zur Rechtgläubigkeit und zur Ablehnung der satanischen Irrlehren. Nun ist es aber ganz undenkbar, daß jemand in einem Brief, der verstanden werden und wirken soll, sich lediglich ὁ πρεσβύτερος nennt; die Bezeichnung ausschließlich nach dem Amtstitel wäre denkbar, wenn es sich um einen Vorgesetzten handelte, der keinen Kollegen hat, also etwa „der Bischof" oder „der Bürgermeister", aber nicht bei einem Kollegium wie den Presbytern, wo niemand wissen kann, wer denn der Schreiber ist. Das wäre, wie wenn jemand sich als „der Ratsherr" oder „der Abgeordnete" oder auch „der Priester" schlechthin bezeichnen wollte. Der Name gehört notwendig dazu; er muß also absichtlich gestrichen sein. Das

wäre sehr unwahrscheinlich, wenn der Name Johannes dastand; wohl aber ist es begreiflich, wenn der wirkliche Verfasser ein anderer war, man aber diesen beiden Briefen dadurch ein Ansehn geben wollte, daß sie von Johannes verfaßt seien: da bot dessen Bezeichnung als ὁ πρεσβύτερος bei Papias die Handhabe.

6. Das gleiche gilt auch vom ersten Johannesbrief. Auch hier fehlt nicht nur der Name des Verfassers, wie beim Hebraeerbrief, bei dem die Dinge ja ähnlich liegen, sondern auch die der Adressaten. Und doch will das Schriftstück ein Brief sein (1, 4. 5. 2, 1. 27 usw.) und redet die Leser als τεκνία μου oder παιδία, als ἀγαπητοὶ, als ἀδελφοὶ an (2, 1. 7. 18. 3, 2. 13 usw.). Eine Abhandlung kann sofort in medias res gehn: ὃ ἦν ἀπ' ἀρξῆς, ὃ ἀκηκόαμεν, ὃ ἑωράκαμες κτλ., aber ein Brief verlangt Adresse und Gruß als Eingang. Der Verfasser fingiert, ein Augenzeuge und unmittelbarer Jünger des Herrn zu sein; so ist es nicht unmöglich, daß der Name nicht erst später gestrichen ist, sondern er selbst schon das Schreiben kopflos gelassen hat, um den Eindruck zu erwecken, es sei ein Werk des Johannes.

Nun sind die drei Briefe in ihrem sprachlichen und inhaltlichen Charakter völlig gleichartig: sie zeigen denselben manierierten Stil, dieselbe salbungsvolle Haltung eines Prälaten, der sich bei aller Demut seiner unbedingten Autorität in jedem Worte voll bewußt ist, dieselbe Weitschweifigkeit in der Darlegung der im Grunde sehr einfachen Gedanken und Gebote, die gleiche ständige Betonung der ἀλήθεια, für die der Verfasser Zeugnis ablegt[180], und daneben der ἀγάπη. Im übrigen sind die Schlußsätze im zweiten und dritten Brief identisch, und der zweite Brief wiederholt v. 7 das Wort des ersten 4, 2 f., daß der Leugner der Erscheinung des Christus im Fleisch der Antichrist ist, so gut wie wörtlich. Somit ist die bei weitem einfachsten Annahme die, daß alle drei Briefe von demselben Verfasser herrühren. Dieser Verfasser ist ein angesehener Presbyter im griechischen Kleinasien, vermutlich in Ephesos, aus der Zeit um 100 n. Chr. Sein Name ist gestrichen, um die Briefe für solche des Johannes ausgeben zu können. Die Möglichkeit dazu bot einerseits die durch Papias bezeugte Existenz eines Presbyters und Herrenschülers Johannes, andrerseits die Apokalypse[181]; die Absicht aber war, diesen Johannes mit dem Apostel gleichzusetzen und diesen so für Ephesos zu annektieren; und das ist bekanntlich im Lauf des zweiten Jahrhunderts erreicht worden[182].

7. Die gleiche innige Beziehung besteht nun auch zwischen den Briefen und dem Evangelium, formell wie inhaltlich. Hier erhebt sich jedoch die Schwierigkeit, daß das Evangelium uns nur in der Form vorliegt, die ihm sein Herausgeber gegeben hat, und daß dieser zahlreiche Erweiterungen und Zusätze sowie ein Schlußkapitel hinzugefügt hat (s. Bd. I). In dem ursprünglichen Werk redet der Verfasser als Augenzeuge (1, 14), in derselben Weise wie im ersten Brief. Die Hauptrolle spielt ein Lieblingsjünger, dessen Namen er nicht nennt; aber für keinen Leser, der die evangelische Tradition kannte, konnte es zweifelhaft sein, daß der eine, namenlose unter den beiden Jüngern, die der Täufer auf Jesus als das Lamm Gottes hinweist und die sich als die ersten diesem anschließen – der andere ist Andreas, der dann seinen Bruder Simon Petrus gewinnt, der absichtlich zurückgedrängt wird –, nur Johannes, der Sohn des Zebedaeus, sein kann, und daß dieser zugleich der Lieblingsjünger und der Erzähler ist. In dem Schlußkapitel (das v. 2 auch die Zebedaeussöhne nennt) wird dann ausdrücklich gesagt: „dieser ist der Jünger, der über diese Dinge Zeugnis ablegt und der dies geschrieben hat, und wir wissen, daß sein Zeugnis wahr ist" – fast wörtlich dieselben Ausdrücke wie im dritten Brief v. 12 (vgl. auch im ersten Brief 1, 2 und 4, 14)[183]. Vorher wird hier erzählt, daß der Glaube herrschte, Jesus habe ihm verkündet, er werde leben bis zu seiner Wiederkehr, also nicht sterben, daß das aber auf einem Mißverständnis beruhe. Hier sehn wir die Johanneslegende in voller Entwicklung; zugleich aber ergibt sich daraus, daß dieser Johannes oder der, der für ihn ausgegeben wurde, inzwischen gestorben ist; so erklärt sich, daß sein Evangelium von einem anderen herausgegeben worden ist[184].

Wir haben hier also dieselbe absichtliche Verschleierung wie bei den Briefen, nur um einen Grad gesteigert. Man will ein authentisches Evangelium schaffen, das alle Zweifel und alle Ketzerei niederschlägt. Dazu bedarf man eines Augenzeugen, und zwar eines solchen, der dem Herrn besonders nahe steht. Dazu wird der Apostel Johannes ausersehn – ob zugleich mit Rücksicht auf den Presbyter des Papias, wer will das entscheiden? –, als überlegene Autorität gegenüber Petrus, dem Gewährsmann, der hinter Marcus und überhaupt der gesamten älteren Evangelientradition steht; daher wird dieser nach Möglichkeit hinter Johannes zurückgeschoben, die übrigen Zwölf nur ganz nebenbei erwähnt (6, 67 ff. 20, 24), das Wort Apostel kommt überhaupt nicht vor[185]. Aber den Johannes direkt als den Verfasser zu bezeichnen, hat man doch Scheu gehabt, man deutet es nur versteckt an und läßt es den Leser erraten.

Im übrgen liegt hier derselbe Vorgang vor, wie wenn das Gesetzbuch unter Josia oder das Gesetzbuch, das Ezra aus Babylon mitbringt, für ein Werk des Moses ausgegeben wird, und analog in zahllosen anderen Fällen aller Religionsgeschichte. Man verfaßt ein Evangelium, welches den Hergang so darstellt, wie er wirklich gewesen sein mußte, und veröffentlicht dasselbe als authentische Urkunde der Heilsgeschichte und der Religion. Es ist mitten aus den dogmatischen Streitigkeiten der Zeit erwachsen und bestimmt, sie durch ein untrügliches Zeugnis niederzuschlagen und so zugleich alle übrige Überlieferung durch ein besseres oder vielmehr das einzig wahre Evangelium zu ersetzen.

Um so weniger läßt sich ermitteln, wer nun der oder vielmehr die Verfasser gewesen sind. Das Wahrscheinlichste dürfte sein, daß der Herausgeber mit dem Verfasser der Briefe identisch ist. Dann hat dieser sich ganz in die Gedankenwelt und die Sprache des Verfassers des Grundwerks eingelebt, der ihm offenbar sehr nahe gestanden hat. Mit dem Presbyter Johannes hat schwerlich einer von beiden etwas, zu tun; aber die Folgezeit hat den Verfasser, den angeblichen Apostel Johannes, zugleich mit diesem zusammengeworfen[186].

Das Johannesevangelium

Irenaeos erzählt, Johannes, den er natürlich für den Apostel hielt, habe das Evangelium verfaßt, um die Irrlehre des Kerinthos zu widerlegen[187]. Diese oft als wertlos verworfene Angabe wird durch das Evangelium vollauf bestätigt. Irenaeos charakterisiert seine Tendenz völlig zutreffend, wenn er vielleicht auch einzelne Ausdrücke verwendet, die der Weiterentwicklung der Gnosis oder Markion entstammen, aber bei Kerinth noch nicht vorkamen: „Johannes wollte nachweisen, daß ein Gott alles durch sein Wort geschaffen habe, nicht, wie jene behaupteten, der Weltschöpfer ein anderer sei als der Vater des Herrn und der Sohn des Weltschöpfers" (der Messias des Alten Testaments und der Mensch Jesus) „ein anderer als der von oben gekommene Christus, der dauernd leidlos geblieben, in Jesus den Sohn des Weltschöpfers hinabgestiegen, aber dann wieder in sein Pleroma zurückgeflogen sei[188]; die Welt, in der wir leben, sei nicht von dem ersten Gott geschaffein, sondern von einer tief unter ihm stehenden Kraft (ἀρετή, *virtus*), die mit den unsichtbaren und unbenennbaren Mächten in keinerlei Verbindung stehe".

Das Johannesevangelium ist nicht nur aus dem Kampf gegen die Gnosis entstanden, sondern steht auch selbst durchaus auf dem Boden der Gnosis: die wahre Erkenntnis zu erschließen, ist die Aufgabe, um derenwillen der Christus in die Welt gekommen ist[189], durch den Glauben an ihn erlangen die Gläubigen die Gotteserkenntnis und damit die Sündenvergebung, die Wiedergeburt und das ewige Leben als Kinder Gottes. Hier wie dort wird versucht, die Welt und ihre Entwicklung durch eine Begriffsanalyse zu begreifen, und hier wie dort kleidet sich diese Offenbarung in die Sprache mystischer Intuition, die nur dem vom Pneuma, dem Geist der „Wahrheit", Durchdrungenen und aus ihm mittels des Wassers (der Taufe) von oben her Neugeborenen faßbar ist[190], während sie den übrigen, „dem Fleisch", unverständlich bleibt; eben darum hat die Welt den Christus, „das wahre Licht", das in sie hinabkam, nicht erkennen können[191]. Christus ist die Manifestation der Schöpferkraft Gottes durch die Formulierung seiner Gedanken in der Rede, das von Uranfang bestehende und wirkende Gotteswort, „durch das alles geschaffen ist, und ohne das auch nicht ein einziges Objekt entstanden ist" – da tritt der Gegensatz gegen die bekämpften Lehren in scharfer Zuspitzung hervor. Das Wort ist nicht nur göttlich, sondern selbst ein Gott; „in ihm war das Leben, und das Leben war das Licht der Menschen". Jetzt tritt es in die Welt ein, aber nicht, wie Kerinth und die übrigen Irrlehrer behaupten, nur in einem Scheinleib, in vorübergehender Verbindung mit dem Menschen Jesus, sondern wirklich in ihm inkarniert: „das Wort ward Fleisch und nahm seine Behausung unter uns, und wir haben seine Herrlichkeit gesehn, als die Herrlichkeit des einzigen Sohnes[192] vom Vater, voll von Gnade und Wahrheit". So hat denn auch der Gottessohn wirklich selbst den Tod am Kreuz gelitten, nicht etwa an seiner Stelle ein menschliches Substitut; und aus seinem Leibe sind, als einer der Soldaten die Lanze hineinstieß, Blut und Wasser geflossen, die beiden Gaben – die weihende Taufe und das von allen Sünden reinigende Blut –, auf denen die durch Christus gebrachte Erlösung beruht (Joh. I 1, 7. 5, 6 f.). Daß das wahrhaftig wahr ist, bezeugt der Erzähler, der es selbst gesehn hat, „damit auch ihr glaubt"; denn in dem Opfer seines Bluts besteht die erlösende Wundertat Christi. Ebenso ist er dann leibhaftig auferstanden, seine Jünger haben seine Wundmale gesehn, der Zweifler Thomas hat sie belastet. Aber „selig sind, die nicht gesehn haben und doch glauben". Damit schließt das Evangelium.

Durch die scharfe Betonung der Identität des Gottessohnes mit dem Menschen Jesus ist es möglich geworden, auch die Überlieferung über den letzteren festzuhalten. Aber sie wird von Grund aus umgearbeitet, nur einige wenige Züge sind aus ihr übernommen[193]; an sich ist das alles offenbar dem Verfasser sehr gleichgültig. So tritt denn auch die wirkliche Lehre Jesu ganz zurück, von seinen sittlichen Sprüchen ist kaum etwas aufgenommen, geschweige denn von den lebensvollen Gleichnisreden. Die Ethik ist die selbstverständliche Voraussetzung des Christentums; sie faßt sich, ganz wie in den Johannesbriefen, zusammen in dem scharf betonten Gebot der Nächstenliebe (13, 34 = 15, 12 ff.). Alles Interesse konzentriert sich so gut wie ausschließlich auf die transzendenten dogmatischen Fragen. So redet Jesus hier, ganz anders als in der wirklich geschichtlichen Überlieferung, durchweg eine Sprache, die, wenn man sie als historisch zutreffend nimmt, all seinen Hörern völlig unverständlich geblieben sein müßte: es sind Predigten des Verfassers, deren Hintergrund überall die Polemik gegen die von ihm bekämpften Irrlehren bildet.

Die Auseinandersetzung mit dem Judentum, der Kampf mit den Pharisaeern, tritt demgegenüber völlig zurück, wenn er auch aus der Überlieferung als Einkleidung übernommen wird. Aber in Wirklichkeit ist das Judentum längst völlig erledigt; die Juden, außer denen, die gläubig werden, sind überhaupt nicht imstande, die Worte Jesu zu verstehn. „Moses, auf den ihr eure Hoffnung setzt, ist in Wirklichkeit euer Ankläger" (5, 45), die Juden sind, wie für die Apokalypse, die Kinder des Teufels, des „Menschenmörders" (8, 44). Der christliche Kultus, Taufe und Abendmahl, werden vorausgesetzt, die Einsetzung des letzteren gestrichen: Christus hat sein Fleisch und Blut im Brot und Wein als die übernatürliche Speise, das wahre Manna, gegeben, von der die Gläubigen leben. Die Lehre von der Wiederkunft Christi und dem jüngsten Gericht mit der Auferstehung der Toten wird zwar beibehalten[194], aber sie tritt ganz zurück; vielmehr ist in Wirklichkeit das Weltgericht schon jetzt vollzogen, „der Herrscher dieser Welt hinausgeworfen"; „wer an den Gottessohn glaubt, wird nicht gerichtet, wer nicht glaubt, ist schon gerichtet"[195]. In der Gemeinde aber wirkt, nachdem der Gottessohn zu seinem Vater zurückgekehrt ist, ein anderer Anwalt (παράκλητος), der Geist der Wahrheit, den der Vater auf die Bitte des Sohns euch geben wird, daß er bei euch bleibe in Ewigkeit; er wird euch alles lehren und an alles erinnern, was ich euch gesagt habe"[196]; durch Anblasen verleiht der Auferstandene den Jüngern den heiligen Geist und damit die Macht, die Sünden zu vergeben[197].

Damit ist zugleich die Kirche begründet als die ständige unfehlbare Manifestation der göttlichen Wahrheit. Der Christus selbst ist der Erde entrückt; aber „er läßt sie nicht als Waisen zurück", sondern wirkt unter den Gläubigen dauernd lebenspendend weiter eben durch diesen Geist der Wahrheit, den Anwalt oder den heiligen Geist, den der Vater euch senden wird, der euch alles lehren und alles ins Gedächtnis zurückrufen wird, was ich euch gesagt habe" – oder vielmehr, wie der Herausgeber diese Lehre erweitert, der die Offenbarungen Jesu ständig ergänzt und weiterbildet. „ Euer Herz ist voll Trauer, weil ich gesagt habe, daß ich hingehe zu dem, der mich gesandt hat. Aber in Wahrheit ist es zu eurem Nutzen, daß ich davongehe. Denn wenn ich nicht davonginge, könnte der Fürsprecher nicht zu euch kommen[19]; wenn ich aber gehe, werde ich ihn euch schicken … Ich habe euch noch viel zu sagen, aber ihr könnt es jetzt noch nicht tragen; wenn aber jener, der Geist der Wahrheit, kommt, wird er euch zu aller Wahrheit führen, denn er wird nicht aus sich heraus sprechen, sondern das sprechen, was er hört" – nämlich von mir und dem Vater. So ist die Offenbarung nicht auf einen einmaligen Akt in geschichtlicher, vergangener Zeit beschränkt, sondern vollzieht sich mit gleicher göttlicher Unfehlbarkeit fortdauernd weiter. An Stelle nicht nur der Lehre Jesu, sondern auch des Evangeliums vom Christus Jesus tritt damit tatsächlich bereits, so wenig es den Verfassern zum Bewußtsein gekommen ist, die Lehre der unfehlbaren Kirche, und die ganze Entwicklung der katholischen Kirche bis zum Vatikanum herab ist in diesen Worten vorgebildet[199].

Das Johannesevangelium zieht aus der Lehre des Paulus die vollen Konsequenzen und schildert die Wirksamkeit Jesu so, wie sie der Idee nach verlaufen sein müßte, mit stärkster Korrektur der älteren geschichtlichen Überlieferung. So bildet es den Abschluß der Entwicklung, zugleich aber die Grundlage, von der aus sich die weiteren dogmatischen Formulierungen entwickelt haben, die mit den Hilfsmitteln, welche die griechische Philosophie bot, die Probleme immer weiter in ihre Verästelungen verfolgen und zu den nie endenden Streitigkeiten den Anstoß oder wenigstens das Schlagwort gegeben haben, welche seitdem die Geschichte des Christentums bewegt haben und immer weiter bewegen werden.

Das Johannesevangelium wird im ersten oder zweiten Jahrzehnt des zweiten Jahrhunderts entstanden sein[200]. In ihm vollzieht sich der volle Sieg des überweltlichen Christus über den geschichtlichen Jesus von Nazaret[201]. Es tritt mit dem Anspruch auf, das einzig wahre Evangelium zu sein, welches die älteren, unzulänglichen, ersetzt. Es hat rasch weithin Anerkennung gefunden[202]; aber die Verdrängung der übrigen Evangelien ist ihm nicht gelungen. Sie waren in den einzelnen Gebieten bereits zu fest gewurzelt und den Gläubigen zu wertvoll, als daß diese sie hätten preisgeben wollen. So ist der Kirche nichts übrig geblieben, als alle vier Evangelien als gleichberechtigt und von gleicher Autorität anzuerkennen, so widersinnig es theoretisch ist, daß die Kirche jetzt statt einer einzigen vier vielfach voneinander abweichende, ja oft genug sich geradezu widersprechende Darstellungen der Grundtatsachen der Heilslehre besaß[203].

Zugleich aber gelangt in dieser Festhaltung der älteren, schlicht erzählenden Darstellungen gegenüber dem „pneumatischen" Evangelium zum Ausdruck, daß in der Muse der Gläubigen doch noch ein gesunder Sinn und eine natürliche Empfindung lebte. Dem verdankt es die Menschheit und verdanken wir es, daß sich neben dem Christus der orthodoxen Kirche auch das unverlöschliche Bild des Menschen Jesus von Nazaret und seiner Lehre dauernd lebendig erhalten hat.

Nachträge und Berichtigungen

Metatron und Mêmrâ

In zwei Aufsätzen in der Harvard Theological Review XIV 1921, 197 ff. Christian writers on Judaism, und XV 1922, 41 ff. Intermediaries in Jewish theology hat G. F. MOORE die herkömmliche Verwendung und Beurteilung der talmudischen und nachtalmudischen Angaben über die jüdischen Lehren einer scharfen, aber soweit ich zu urteilen vermag, durchaus berechtigten Kritik unterzogen. Selbständig habe ich auf diesem Gebiet nie arbeiten können; und es zeigt sich, daß ich noch weit zurückhaltender hätte verfahren sollen und daß ich namentlich den Angaben in WEBERS Jüdischer Theologie, der MOORE arge Fehler nachweist, viel zu vertrauensvoll gefolgt bin.

Daher ist vor allem der Abschnitt über Metatron Bd. II 341 völlig zu streichen. Meṭaṭor מיטטור oder Metatron ist, wie schon die jüdischen Gelehrten seit dem 13. Jahrhundert gewußt haben, die völlig korrekte Wiedergabe des lateinischen metator, des im römischen Heerwesen geläufigen (auch von christlichen Schriftstellern oft verwendeten) Namens für den „Abmesser" des Lagers, der den geeigneten Platz dafür auszusuchen und den Marsch danach zu dirigieren hat. So wird das Wort in den ältesten Stellen des Talmud in der Bedeutung „Wegweiser" verwendet, sei es, daß Gott selbst diese Funktion übernimmt, sei es, daß er einen Boten oder Engel damit beauftragt, das Volk nach Palaestina zu führen (Exod. 23, 20), dem Mose das Land Kanaan zu zeigen (Deut. 32, 49), u. ä. Daraus hat sich dann allmählich ein besonderer Engel entwickelt, der für Israel eintritt; die Gleichsetzung mit Henoch ist erst ganz jung. Die von Neueren für Meṭaṭron aufgestellten Etymologien (μετάθρονος, μετατύραννος oder gar Mithra) sind sachlich eben so unhaltbar, wie sie sprachlich ungeheuerlich sind.

Auch die Bemerkungen über *mêmrâ* Bd. I 318, II 104, 367 bedürfen einer wesentlichen Berichtigung. MOORE hat die Stellen, in denen dies Wort in den Targumen vorkommt, eingehend analysiert. Er betont, daß es nie als Übersetzung von *d'bar Jahwe* „Wort Gottes" vorkommt, und daß es ebensowenig von der Schöpfertätigkeit gebraucht wird. Wohl aber ist an zahlreichen Stellen, wo von Gottes Reden oder Tun die Rede ist, der einfache Gottesaame durch sein *mêmrâ* ersetzt: nicht Jahwe, sondern sein *mêmrâ*, kommt bei Nacht zu Abimelech, begegnet dem Bileam, schließt den Vertrag mit Noah, manifestiert sich in der Stiftshütte, kämpft für das Volk, ist ein verzehrendes Feuer. In manchen Fällen läßt sich das, wie MOORE hervorhebt, durch Befehl oder Orakel übersetzen; aber es geht wesentlich darüber hinaus. Mit Recht lehnt er die Bezeichnung als „Hypostase" ab – ein unglücklicher Terminus, den auch ich immer vermieden habe –; aber um mehr als eine rein sprachliche Wendung des Übersetzers, eine „Paraphrase", handelt es sich doch. Zugrunde liegt die Scheu, die Gottheit selbst nach Art der Menschen handeln und reden zu lassen; die Wandlung des religiösen Empfindens gegenüber der naturwüchsigen Anschauung der älteren Texte, die Sublimierung des Gottesbegriffs und seine Entrükkung von der unmittelbaren Berührung mit der Welt und den Menschen gelangt darin zum Ausdruck, der Glaube an die Transzendenz der Gottheit, den MOORE mit Unrecht bestreitet. Es ist dasselbe Gefühl, welches das Gesetz nicht unmittelbar durch Gott, sondern durch Engel gegeben sein läßt; und so schiebt sich der Begriff des *mêmrâ*, seiner „Rede", ein, in der er sich manifestiert (wie in anderen Fällen der der šekîna, der „Gegenwart" Gottes, oder wie in der Spruchliteratur die „Weisheit"), und wird zu einer vermittelnden Potenz zwischen ihm und den Menschen. Somit bleibt die Berührung mit dem Logos des Philo und Johannes doch bestehn, wenn auch die spezielle Beziehung auf das Schöpferwort hinfällig ist.

Anmerkungen

KAPITEL I

1 Es wäre genau dasselbe, wenn man die aus Tacitus' Annalen erhaltene Geschichte des Tiberius und die des Claudius und Nero oder die einzelnen Dekaden des Livius oder etwa den ersten Teil des Polybios (Buch 1–29), in dem er ältere Darstellungen überarbeitet, und den zweiten (Buch 30–40), wo er das Material als mithandelnder Zeitgenosse zum ersten Mal selbständig gestaltet, als gesonderte Werke behandeln wollte, ohne die Persönlichkeit und Eigenart des Verfassers in den Mittelpunkt zu stellen.

2 Die griechische Literatur des Altertums 2 S. 262 (Sonderabdruck aus der Kultur der Gegenwart I 8).

3 In memoirenartigen Aufzeichnungen (ὑπομνήματα, *commentarii*) über Paulus' Reisen suchen auch andere den Kern der Apostelgeschichte, so NORDEN, Agnostos Theos 34 f. 313 ff., der zahlreiche Parallelen der griechisch-römischen Literatur heranzieht. Natürlich hat Lukas, wie wir im einzelnen noch weiter sehn werden, derartige teils von ihm selbst, teils von andern gemachte Aufzeichnungen benutzt; aber der Charakter des Werkes wird dadurch nicht getroffen. Irreführend ist die Heranziehung des Lebens des Apollonios von Tyana von Philostratos; das ist ein phantastischer, fast durchweg auf freier Erfindung beruhender Roman (s. m. Aufsatz Hermes 52, 1917, 371 ff., sowie unten S. 97, 1), so gut wie die Romane von Paulus und Thekla, die Klementinen, die apokryphen Apostelakten usw., nicht eine geschichtliche Darstellung, wie das Werk des Lukas. Auch darin kann ich NORDEN nicht zustimmen, daß er, wie vor ihm A. HILGENFELD, in dem planlosen Wechsel von Erzählungen in erster und in dritter Person im Buch Ezra-Nehemia (und ähnlich im Buch Tobit und im Henoch) ein Vorbild für die Apostelgeschichte sieht; denn das wüste, gänzlich unverdaute Konglomerat, das der Chronist zusammengestoppelt und mit Zusätzen eigener Mache ausstaffiert hat, die durchweg zeigen, daß er für die in seinen Quellen berichteten Vorgänge auch nicht das mindeste Verständnis besitzt, hat doch mit der wohlgeordneten, einheitlich fortschreitenden Erzählung der Apostelgeschichte gar nichts gemein.

4 Es ist nicht meine Aufgabe, das im einzelnen zu verfolgen. In grundlegender Weise sind diese Semitismen von WELLHAUSEN, Einleitung in die drei ersten Evangelien S. 7 ff., behandelt, zunächst um eine ursprünglich aramaeische Abfassung des Evangeliums zu erweisen. Das ist nur für die Quellen des Marcus, nicht für diesen selbst zutreffend (vgl. Bd. I 159); aber die Beobachtungen WELLHAUSENS bleiben trotzdem völlig zutreffend und sind nur noch zu erweitern, so auf die Apostelgeschichte; sie zeigen unwiderleglich. wie stark das semitische Griechisch von LXX überall eingewirkt hat. Weiteres s. bei NORDEN, Agnostos Theos 355 ff. (semitischer und hellenischer Satzparallelismus), 365 f. (Stellung des Verbums im neutestamentl. Griechisch), 367 f. (λέξις εἰρομένη, die lose, parataktische, Aneinanderreihung der Sätze).

5 Im einzelnen kommen wir darauf später zurück; ich muß hier mehrfach die Ergebnisse der folgenden Untersuchungen bereits kurz vorwegnehmen.

6 Eine bezeichnende Mittelstellung nimmt die erste Reise des Paulus c. 13 ein: hier ist die Wortstellung, speziell die des Verbums, in der Regel bereits gut griechisch; aber in der Rede des Paulus 13, 17 ff. dominiert dann wieder die semitische Voranstellung des Verbums.

7 Nicht in Betracht dafür kommen die Makkabaeerbücher; denn das erste ist wie die übrigen Bücher des A. T. aus dem Hebraeischen übersetzt, das zweite aber ist ein griechisches Werk, wenn in diesem natürlich auch biblische Wendungen nicht fehlen.

8 Mit vollem Bewußtsein hat dann Xenophon diese Manier, die damals schon überholt war, beibehalten, in seinen Geschichtswerken so gut wie in den Gesprächen des Sokrates, im Gegensatz zu der künstlerischen Ausgestaltung des Dialogs bei Plato. Daran knüpft dann wieder der νέος Ξενοφῶν Arrian für Epiktet an.

9 Ich habe in Bd. I leider übersehn, daß die Ausdehnung der Erscheinungen über mehrere Tage (in Übereinstimmung mit der Formulierung bei Paulus Kor. 1 15) auch in der Rede des Paulus in Antiochia Pisidia act. 13, 31 vorkommt: ὃς ὤφθη ἐπὶ ἡμέρας πλείους τοῖς συναναβᾶσιν αὐτῷ ἀπὸ τῆς Γαλιλαίας εἰς Ἰερουσαλήμ, οἵτινες νῦν εἰσιν μάρτυρες αὐτοῦ πρὸς τὸν λαόν. Das steht im schroffsten Widerspruch mit der Erzählung im ersten Buch, mit der dagegen die Äußerung des Petrus 10, 41 übereinstimmt, die eine Zeitangabe vermeidet (er ist erschienen μάρτυσιν ... ἡμῖν, οἵτινες συνεφάγομεν καὶ συνεπίομεν αὐτῷ μετὰ τὸ ἀναστῆναι αὐτὸν ἐκ νεκρῶν, wie ev. 24, 42). An der Integrität des Textes ist nicht zu zweifeln: Lukas ist also in der Rede des Paulus achtlos der gewöhnlichen Überlieferung gefolgt, die er sonst verwirft. Vielleicht darf man daraus schließen, daß er auch für diese Rede des Paulus eine Vorlage benutzt hat.

10 Daß solche Interpolationen in einem Werk nur ganz vereinzelt vorkommen, ist etwas ganz Gewöhnliches. So ist bei Josephus nur die Angabe über Jesus XVIII 64 f. interpoliert, in Xenophons Hellenika nur die chronologischen Daten in den beiden ersten Büchern, usw. Mit dem Johannesevangelium liegt es anders; hier haben wir es mit einem Herausgeber zu tun, der die Schrift vielfach erweitert und einen Anhang hinzugefügt hat.

11 S. Bd. I 308. Die Verklärungsvision hat jetzt Harnack, Ber. Berl. Ak. 1922, 73 ff. eingehend behandelt und meine Ausführungen I 152 ff. wesentlich erweitert und vertieft. Mit vollem Recht betont er, daß sie in der auf Petrus zurückgehenden Darstellung des Marcus keinerlei Beziehung auf den leidenden Christus enthält, sondern im Gegenteil Petrus die Verwirklichung des jüdischen Messiasbildes schaut: Elias erscheint mit Moses als der verheißene Vorläufer des Messias; damit ist verwirklicht, daß Jesus sein Amt, als dessen Träger ihn Petrus sechs Tage vorher in seinem Bekenntnis anerkannt hat, jetzt antreten kann. – Vgl. auch unten.

12 Auch im Evangelium hat Lukas ihn nicht erwähnt.

13 Auch Thukydides ist davon bekanntlich keineswegs frei, bei allem Streben, sich lediglich auf das zu beschränken, was nach seiner Auffassung für das Verständnis der Vorlage wesentlich war. Aber das gleiche gilt überhaupt für jeden Historiker; in Rankes Englischer Geschichte z. B. wird der Leser sich nicht selten fragen, warum manche Dinge, die ihm bedeutsam erscheinen, nicht oder nur ganz kurz berührt sind (so etwa die Beziehungen der Whiglords zu Jakob II. im Exil oder die Absetzung der jakobitischen Geistlichen), während andere, ziemlich unwesentliche Vorgänge eingehender besprochen werden.

14 Es scheint, daß die Kritiker von dem Erzähler die Geschmacklosigkeit verlangen, er hätte hinzusetzen sollen: auch bei dieser Szene sind wir zugegen gewesen und haben Paulus' Rede mit angehört' – als ob sich das nicht aus dem Zusammenhange mit voller Deutlichkeit ergäbe!

15 Ebenso schreibt z. B. Sybel, Begründung des Deutschen Reichs II 444, nach einer zusammenfassenden Darlegung der Ansichten Bismarcks im Verfassungskonflikt: „Es ist der positive Inhalt des Gesetzes, welcher dem entgegengehalten wird, was wir Andern damals den Geist des Gesetzes nannten."

16 Etwas ganz anderes ist es, daß die Historiker da, wo sie in führender Stellung, als geschichtlich wirksame Persönlichkeiten, von ihren eigenen Taten zu berichten haben, das in dritter Person mit Namensnennung erzählen, so Thukydides, Xenophon, Polybios, Caesar, Josephus, und so gewiß alle andern – im Gegensatz gegen den schlichten „hypomnematischen" Bericht (vgl. Norden; S. 317 ff.), der unter anderem im Mon. Ancyranum und in Arrians Periplus des Pontos (einem an Hadrian gerichteten Bericht des Statthalters) vorliegt, und ebenso in Ptolemaeos' III. Feldzugsbericht (aus dem aber Norden S. 321 m. E. mit Unrecht einen analogen Charakter der Werke des ersten Ptolemaeos und des Aristobul, Nearch, Onesikritos über Alexander folgert; das waren vielmehr wirkliche Geschichtswerke, in denen sie aber, genau wie Dio und Ammian, da wo es sich um Autopsie handelte, anstandslos in erster Person sprechen konnten). Wo aber dieselben Autoren lediglich als Schriftsteller sprechen, reden sie, wie es dafür das allein Angemessene ist, in der ersten Person, so Thukydides V 26, Xenophon Hell. II 3, 56. V 1, 4. VII 5, 27, und ebenso Polybios und Josephus, letzterer natürlich außerdem durchweg in seiner Selbstbiographie im Gegensatz zu der in die dritte Person umgesetzten Erzählung über seine Tätigkeit und Schicksale im Bellum. Daher kann ich auch nicht, mit Norden S. 317, Caesars Äußerung über die angebliche 30tägige Nacht auf Mona und den benachbarten Inseln Bell. Gall. V 13, 4 *nos nihie de eo percontationibus reperiebamus* für anstößig und interpoliert halten (daß er hier in erster Person spricht, ist für die geographische Notiz durchaus in Ordnung; ebenso VI 24 *Hercyniam silvam, quam Eratostheni et quibusdam Graecis fama notam esse video*).

17 In den Vorreden dagegen redet der Verfasser ganz korrekt, wie es sich gehört, von sich mit „ich" (ev. 1, 3. act. 1, 1).

18 Über die richtige Lesung s. unten.

19 Daß Preuschen, Die Apostelgeschichte (Handbuch zum N. T., herausgeg. von Lietzmann, IV 1, 1912) S. 121 und S. VI die in einer armenischen Katene 20, 13 vorkommende Umwandlung von ἡμεῖς δὲ προελθόντες ἐπὶ τὸ πλοῖον in (ἐγὼ δὲ) Λουκᾶς καὶ οἱ μετ' ἐμοῦ προελθόντες κτλ. für den ursprünglichen Text hält, ist eine Verirrung, der wohl niemand zustimmen wird. Sie zeigt aber, zu was für Ungeheuerlichkeiten die zügellos gewordene Kritik auf diesem Gebiet zu gelangen vermag.

20 Auch im zweiten Brief an Timotheos 4, 11 wird er genannt: Λουκᾶς ἐστιν μόνος μετ' ἐμοῦ.

21 Der Λούκιος, von dem Paulus im Römerbrief 16, 21 neben zwei anderen συγγενεῖς μου und neben Timotheos ὁ συνεργός μου Grüße bestellt, ist mit Lukas gewiß nicht identisch, und noch weniger natürlich Λούκιος ὁ Κυρηναῖος in Antiochia act. 13, 1.

22 Euseb. hist. eccl. III 4, 6 Λουκᾶς τὸ μὲν γένος ὢν τῶν ἀπ' Ἀντιοχείας, τὴν ἐπιστήμην δὲ ἰατρός, τὰ πλεῖστα συγγεγονὼς τῷ Παύλῳ, καὶ τοῖς λοιποῖς δὲ οὐ παρέργως τῶν ἀποστόλων ὡμιληκώς (letzteres ist jedenfalls unzutreffend). Ebenso die monarchian. Prologe (Corssen, Texte und Unters. XVI, 1896; danach abgedruckt in Preuschens Analecta II, 2. Aufl. und in Lietzmanns Kleinen Texten Heft I) aus der Zeit um 200: *Lucas Syrus natione Antiochensis, arte medicus, discipulus apostolorum (!), postea (!) Paulum secutus*. Hier wird weiter hinzugefügt, daß er unverheiratet 74 Jahre alt in Bithynien gestorben sei und daß er, nachdem Matthaeus in Judaea, Marcus in Italien geschrieben hatte, sein Evangelium in Griechenland (*Achaia*) für die Griechen geschrieben habe, um sie vor den *Judaicae fabulae* und der einseitigen Betonung des Gesetzes zu bewahren. Eusebios fügt die Vermutung hinzu, Paulus meine mit τὸ εὐαγγέλιόν μου Rom. 2, 16. 16, 25. Tim. II 2, 8 das

Evangelium des Lukas; vgl. Iren. III 1, 2 καὶ Λουκᾶς δὲ ὁ ἀκόλουθος Παύλου τὸ ὑπ' ἐκείνου κηρυσσόμενον εὐαγγέλιον ἐν βιβλίῳ κατέθετο. Dem entspricht das Verhalten Markions.

23 Beiträge zur Einleitung in das N. T. I. Lukas der Arzt, der Verfasser des dritten Evangeliums und der Apostelgeschichte 1906. III. Die Apostelgeschichte 1908. IV. Neue Untersuchungen zur Apostelgeschichte und zur Abfassungszeit der synoptischen Evangelien 1911. – Ich bemerke gleich hier, daß ich mehreren seiner weiteren Ergebnisse, so seiner Auffassung des Schlusses der Apostelgeschichte und seiner Annahme, das Geschichtswerk des Lukas sei bei Lebzeiten des Paulus um 62 n. Chr. geschrieben, nicht zuzustimmen vermag.

24 Ich erinnere an den verunglückten Versuch WÖLFFLINS, auf Grund sprachstatistischer Beobachtungen die Abfassung des bellum Africanam durch Asinius Pollio (und vollends die der Grabepigramme der Scipionen durch Naevius!) zu erweisen.

25 HARNACK, Lukas der Arzt S. 122 ff., wo die viel zu weitgehenden und daher „zu viel beweisenden" angeblich medizinischen Ausdrücke und Wörter, die HOBART, The medical language of St. Luke, 1882 zusammengestellt hat, auf ein wesentlich bescheideneres Maß zurückgeführt sind. Allerdings scheint mir, daß HARNACK in der Reduktion noch weiter hätte gehn sollen, vor allem in der Behandlung mancher Heilungsgeschichten S. 126 ff. Auch darauf, daß bei Lukas die Heilungen Jesu besonders stark hervortreten und dabei die Heilung natürlicher Krankheiten und die Dämonenaustreibung geschieden sind (HARNACK S. 136), ist schwerlich viel Gewicht zu legen.

26 Ebenda hat er Marcus' ausführliche Schilderung, daß sie in den zwölf Jahren πολλὰ παθοῦσα ὑπὸ πολλῶν ἰατρῶν καὶ δαπανήσασα τὰ παρ' ἑαυτῆς πάντα, καὶ μηδὲν ὠφεληθεῖσα ἀλλὰ μᾶλλον εἰς τὸ χεῖρον ἐλθοῦσα verkürzt zu ἥτις προσαναλώσασα ὅλον τὸν βίον οὐκ ἴσχυσεν ἀπ' οὐδενὸς θεραπευθῆναι. Ob er dabei wirklich, wie HARNACK S. 129 annimmt, die Absicht hatte, aus Schonung für seine Berufsgenossen die „böse Bemerkung des Marcus über die Ärzte" zu unterdrücken, ist doch sehr fraglich. Denn daß sie ihr ganzes Vermögen vergeblich für eine Heilung, natürlich durch Ärzte, ausgegeben habe, hat auch Lukas beibehalten, und andrerseits enthält der Satz des Marcus keine „Bosheit" gegen die Ärzte, sondern malt nur aus, daß alle menschliche Hilfe vergeblich gewesen ist.

27 Lukas der Arzt S. 11.

28 Überdies hat Lukas diese nicht vorher erzählt, sondern verlegt sie hinter das Auftreten in Nazaret.

29 Ein vollständiges Analogon bietet die Überlieferung über Sokrates, wo man es glücklich fertiggebracht hat, die Darstellung Xenophons in Bausch und Bogen zu verwerfen, unbekümmert darum, daß dieser nicht etwa nur in den Memorabilien, sondern ebenso in der Anabasis bezeugt, daß er in seinem Verhalten und Denken aufs stärkste von Sokrates beeinflußt worden ist, also wahrhaftig etwas über ihn wissen und berichten konnte. Daß er später die Figur des Sokrates genau in derselben Weise als Träger seiner eigenen Anschauungen benutzt hat wie Plato, kommt in diesem Zusammenhang nicht in Betracht.

29a Sehr seltsam ist der Anstoß, den sie daran nehmen, daß Paulus v. 26 sagt, sie müßten auf eine Insel stoßen (εἰς νῆσον δέ τινα δεῖ ἡμᾶς ἐκπεσεῖν); was anders sollte denn in dem Meer zwischen Kreta und Italien, in dem der Sturm sie herumtrieb und das v. 27 völlig korrekt als ὁ 'Αδρίας bezeichnet wird (ebenso Joseph. vit. 15 und Ptolem. III, 4, 1. 15, 1. VIII 9, 2. 12, 2), ein festes Land, auf das man stieß, anders sein, als eine Insel? Auch 28, 1 διασωθέντες τότε ἐπέγνωμεν ὅτι Μελίτη ἡ νῆσος καλεῖται, woran WELLHAUSEN Anstoß nimmt [er verlangt: ‚wir erkannten, daß wir auf *eine* Insel (undeterminiert) gestoßen waren'], ist völlig korrekt: sie erfuhren, daß die Insel, von der Paulus gesprochen hatte, den Namen Melite führte.

30 Noten zur Apostelgeschichte, Nachr. Gött. Ges. 1907, 17 ff., wiederholt in Krit. Analyse der Apostelgesch., Abh. Gött. Ges. XV 2, 1914, 53 ff. E. SCHWARTZ, Zur Chronologie des Paulus, Nachr. Gött. Ges. 1907, 295, 2 stimmt dem zu.

31 Überdies entspricht die Schilderung der Fahrt von Milet über Kos und Rhodos nach Patara [die „abendländischen" Texte fügen aus 27, 5 sinnlos καὶ Μύρα hinzu, was BLASS fälschlich in den Text aufgenommen hat], das Umsteigen auf ein anderes Schiff und die Fahrt südlich an Zypern vorbei (ἀναφάναντες δὲ τὴν Κύπρον καὶ καταλιπόντες αὐτὴν εὐώνυμον 21, 3 = ὑπεπλεύσαμεν τὴν Κύπρον διὰ τὸ τοὺς ἀνέμους εἶναι ἐναντίους 27, 4) ganz der Art, wie der Verfasser in Cap. 27 erzählt.

32 Zu beachten ist auch, daß dieser Mann, der zweifellos römischer Bürger war, lediglich mit dem Vornamen bezeichnet wird, wie das im Haushalt allgemein üblich war.

33 Gött. Nachr. 1907, 18. In der Krit. Analyse der Ap. hat er dies Argument weggelassen.

34 Gegenwärtig kommt noch die Verwendung von Schwimmgürteln u. ä. hinzu. In dem Satz τοὺς λοιποὺς οὓς μὲν ἐπὶ σανίσιν, οὓς δὲ ἐπί τινων τῶν ἀπὸ τοῦ πλοίου (ἐπὶ τὴν γῆν ἐξιέναι) versteht man das letztere meist als Neutrum (τινά) „teils auf Brettern, teils auf Schiffstrümmern". Aber das wäre ja identisch; die Bretter sind losgerissene Planken vom Schiff. Auch wäre dann der Ausdruck mindestens sehr ungeschickt gewählt. Offenbar ist vielmehr τινὲς τῶν ἀπὸ τοῦ πλοίου zu verstehn. PREUSCHENS Einwand in seinem Kommentar S. 155: „Als ob bei einem Untergang nicht jeder mit sich zu tun hätte", in dem offenbar WELLHAUSENS Argumente nachwirken, verkennt die Situation vollständig.

35 So PREUSCHEN S. 150 im Anschluß an WELLHAUSEN: „Da v. 12 vortrefflich an v. 8 anschließt, wird man 9–11 als Interpolation zu betrachten .haben. Damit fallen auch v. 21–26." Auch WENDLAND, Hellenist.-röm. Kultur[2] 324 stimmt ihm zu.

36 Der Stadiasmus maris magni 328 gibt die Entfernung, mit der normalen Überschätzung, auf 300 Stadien = 55 km an. Der Name der Insel schwankt bekanntlich zwischen Κλαῦδος (Ptolem. III 17, 11. Hierokles) oder Κλαυδία (stadiasm.) und Gaudos (Mela II 2, Plin. IV 61) oder Καυδώ (Suidas s. v.); ebenso bieten die Handschriften der Apostelgesch. Καῦδα und Κλαῦδα; gegenwärtig Gavdos.

37 Sehr anschaulich ist dafür das δαιμόνιον des Sokrates, in das man so viel Absurdes hineingeheimnist hat, die plötzlich und ohne Zusammenhang mit dem bewußten Denken in ihm auftauchende Warnung, etwas zu unterlassen, die ihm natürlich nur als Eingebung einer übersinnlichen Macht, eines Dämons, erscheinen konnte. Derartiges habe ich, um das offen zu bekennen, oft genug an mir erfahren. Es ist das Ergebnis eines unbewußt arbeitenden psychischen Prozesses, das dann, ganz wie im Traumleben, plötzlich ins Bewußtsein tritt.

38 Weiteres wissen wir darüber nicht; auf den Fahrten nach Zypern und im Ägäischen Meer und vielleicht auch von Syrien nach Kilikien und umgekehrt war dazu Gelegenheit genug. – Einen ganz ähnlichen Schiffbruch wie Paulus hat um dieselbe Zeit auch Josephus auf der Fahrt nach Rom durchgemacht (vit. 14 f.). Dabei sind von den gegen 600 Passagieren nur etwa 80 gerettet worden, während Paulus' 276 Gefährten sämtlich mit dem Leben davonkamen.

39 Daß die Erzählung von dem Schlangenbiß, der für Paulus keine schlimmen Folgen hatte (28, 1 ff.), ganz unanstößig ist, bedarf keiner Ausführung. Für den Verfasser ist es natürlich ein Wunder, ebenso für die Bewohner Maltas, die ganz sachgemäß als βάρβαροι „fremdsprachige" bezeichnet werden (was sie ja auch heutigentages noch sind), ebensogut wie die darauf folgenden Heilkuren; in Wirklichkeit sind das ganz natürliche Vorgänge.

40 Als ein Analogon aus jetzt schon verschollenen Zeiten führe ich an, wie seinerzeit MÜLLER-STRÜBING die Schilderung der Belagerung Plataeaes bei Thukydides für eine freie Phantasie des Schriftstellers erklärte, mit der er Herodots Erzählung von der Eroberung Babylons durch die Perser habe überbieten wollen. Ebenso waren ihm Angaben über athenische Grausamkeiten, z. B. die Hinrichtung von 1000 Mytilenaeern, Interpolationen eines blutdürstigen Grammatikers.

KAPITEL II

1 Die betr. Inschrift von Delphi ist von DEISSMANN, Paulus, 1911 S. 159 ff. mit Unterstützung durch POMTOW und DESSAU eingehend behandelt; abgedruckt auch DITTENBERGER, Sylloge^3 801 D. Vgl. auch HARNACK, Chronol. Berechnung des Tages von Damaskus, Ber. Berl. Ak. 1912, 673 ff.

2 Oros. VII 6, 15, allerdings mit der falschen Angabe, daß Josephus das berichte: *anno eiusdem nono expulsos per Claudium urbe Iudaeos Iosephus refert.* Er hat die Angabe sicher wie die vorausgehenden und die folgende dem von ihm benutzten Exemplar der Chronik des Hieronymus entnommen. Wenn sie in unsern Handschriften derselben nicht steht, so zeigt sich, wie ZANGEMEISTER in seiner Ausgabe des Orosius p. XXIV bemerkt, auch sonst, daß diese durch Zusätze (z. T. aus Africanus) erweitert war. Da hat sich Josephus irrtümlich eingeschlichen, weil er als Quelle für die jüdische Geschichte bekannt war. (Vgl. HARNACK Ber. Berl. Ak. 1912, 674 ff.) – Orosius verbindet mit der Notiz mit Recht das Zitat aus Sueton Claud. 25.

3 καὶ σὺν αὐτῷ Πρίσκιλλα καὶ 'Ακύλας, κειράμενος ἐν Κεγχρεαῖς τὴν κεφαλήν εἶχεν γὰρ εὐχήν. Die Notiz kann sich nur auf Aquila beziehn, dessen Name daher. anders als 18, 2, an die zweite Stelle gesetzt ist, nicht auf Paulus, wie viele Interpreten meinen. Über das Gelübde wissen wir weiter nichts.

4 κατήντησαν δὲ εἰς 'Εφεσον, κἀκείνους κατέλιπεν αὐτοῦ, αὐτὸς δὲ εἰσελθὼν εἰς τὴν συναγωγὴν διελέξατο τοῖς 'Ιουδαίοις. An der Fassung hat WELLHAUSEN mit Unrecht Anstoß genommen, weil damit gesagt sei, daß Paulus ebensogut wie Aquila und Priscilla in Ephesos geblieben sei. Aber daß Paulus einige Tage in Ephesos bleiben mußte, bis er ein Schiff für die Weiterfahrt fand, ist selbstverständlich, und ebenso, daß er diesen Aufenthalt benutzt hat, um Beziehungen anzuknüpfen. Das ist stilistisch nicht gerade sehr geschickt ausgedrückt, aber inhaltlich vollständig klar und unanstößig: die folgenden Worte: „als sie ihn aber baten, länger zu bleiben, stimmte er nicht zu," schließen unmittelbar an das Vorhergehende an und bilden mit ihm zusammen den Gegensatz zu κἀκείνους κατέλιπεν αὐτοῦ. So liegt denn auch kein Grund vor, die Angaben über Aquila und Priscilla für interpoliert zu halten oder eine entstellende Überarbeitung einer Vorlage anzunehmen, wie das mehrfach geschehn ist. Wohl aber hat die „abendländische" Rezension versucht, das Ungeschick, das der Verfasser bei der Zusammenfassung der ihm zugegangenen Berichte hier und in dem folgenden Abschnitt über Apollos (18, 24–28) zeigt, stilistisch zu bessern: sie versetzt die Zurücklassung des Aquila in Ephesos hinter die Szene in der Synagoge (τὸν δὲ 'Ακύλαν εἴασεν ἐν 'Εφέσῳ· αὐτὸς δὲ ἀναχθεὶς ἦλθεν εἰς Καισάρειαν) und gestaltet den Eingang um in καταντήσας δὲ σἰς 'Εφεσον, τῷ ἐπιόντι σαββάτῳ εἰσελθὼν σἰς τὴν συναγωγὴν κτλ. Daß Paulus am Sabbat in die Synagoge gegangen ist, wie 13, 14. 44. 16, 13. 17, 2. 18, 4, ist eine gewiß zutreffende Konjektur des Überarbeiters.

5 WENDt, Apostelgeschichte, 9. Aufl. (1913) S. 269. Er erwähnt weiter, daß SPITTA v. 19 b (αὐτος δὲ εἰσελθὼν κτλ.), JÜNGST den ganzen Abschnitt über Paulus in der Synagoge in Ephesos für redaktionelle Zutat halte.

6 20, 31 in der Abschiedsrede. Dazu stimmen die Einzeldaten, daß er 3 Monate in der Synagoge (19, 8) und dann

2 Jahre in der Schola des Tyrannos lehrt (19, 10). Darauf folgt die Entsendung des Timotheos und Erastos nach Makedonien, während er selbst noch „eine Zeit lang“ (χρόνον, in D durch ὀλίγον ergänzt) in Asia bleibt; in diese Zeit fällt der große Konflikt in Ephesos (weiteres s. unten).

7 Die Reise hat nahezu 7 Wochen gedauert, von Ostern bis Pfingsten:

Von Philippi nach Troas		5 Tage
Aufenthalt in Troas		7 „
Abreise am Montag (20, 7); Reise über Assos, Mytilene, Chios, Samos nach Milet		5 „
Aufenthalt in Milet	ca.	5 „
Reise über Kos, Rhodos, Patara nach Tyros	ca.	7 „
Aufenthalt in Tyros		7 „
Reise über Ptolemais nach Caesarea		2 „
Aufenthalt in Caesarea (ἡμέρας πλείους, 21, 10)	ca.	7 „
Nach Jerusalem		1 Tag
	ca.	46 Tage.

8 Zur Chronologie des Paulus, Nachr. Gött. Ges. 1907, Abschnitt IV und V, S. 284 ff.

9 Dies Datum hat SCHWARTZ a. a. O. 263 ff. erwiesen.

10 Joseph. Arch. XIX 362. Das Geburtsdatum ib. 354.

11 Jos. Arch. XIX 277 = Bell. II 217. Dio LX 8, 3.

12 Jos. Arch. XX 104 = Bell. II 221, ὀγδόῳ τῆς Κλαυδίον Καίσαρος ἀρχῆς ἔτει.

13 Jos. 1. c. Das genauere Datum ergibt sich daraus, daß Claudius ihm im J. 53 (τῆς ἀρχῆς δωδέκατον ἔτος ἤδη πεπληρωκώς) Chalkis nach vierjähriger Herrschaft abnimmt und dafür die ehemalige Tetrarchie des Lysanias, Abila, Batanaea, Trachonitis u. a. zuweist (Jos. Arch. XX 138 = Bell. II 245). Dazu stimmt, daß die älteste der drei Aeren, die auf den Münzen des Agrippa II. vorkommen, im J. 50 beginnt. Auch Bell. II 284, wonach das 17. Jahr des Agrippa II. = 66 n. Chr. war, rechnet Josephus seine Herrschaft von 50 an.

14 Dio 59, 12, 2.

15 Ann. XII 88 *Ituraeique et Iudaei defunctis regibus Sohaemo atque Agrippa provinciae Suriae additi*. Tacitus wird natürlich den Tod des Agrippa auch an der richtigen Stelle berichtet haben, hat das aber hier vergessen.

16 Arch. XVII 355 τῆς 'Αρχελάου χώρας ὑποτελοῦς προσνεμεθείσης τῇ Σύρων. XVIII f.: Quirinius kommt nach Syrien als δικαιοδότης τοῦ ἔθνους ἀπεσταλμενος καὶ τιμητὴς τῶν οὐσιῶν γενησόμενος, Κοπώνιος τε αὐτῷ συγκαταπέμπεται, ἡγησόμενος 'Ιουδαίων τῇ ἐπὶ πᾶσιν ἐξουσία; Judaea ist zu einer προσθήκη τῆς Συρίας geworden.

17 Wie Varus bei Herodes' Tode, Quirinius nach der Absetzung des Archelaos, so Marcus gegen Agrippa I. (Jos. Arch. XIX 340 ff.), und ebenso Petronius XVIII 261 ff., Cassius Longinus XX 7, Ummidius Quadratus XX 125 ff., Cestius Gallus Bell. II 290 ff.

18 Arch, XX 10 ff. Aus dem Regiment des Fadus berichtet Josephus XX 2 ff. von einem Streit zwischen den Juden der Peraea und der Griechenstadt Philadelphia um ein Grenzdorf [dessen Name verstümmelt ist], in dem die Juden der Peraea χωρὶς γνώμης τῆς τῶν πρώτων παρ' αὐτοῖς zu den Waffen greifen und ein Gemetzel anrichten. Darauf schreitet Fadus ein und verurteilt τρεῖς τοὺς πρώτους αὐτῶν τοὺς καὶ τῆς στάσεως αἰτίους zu Tod oder Verbannung. Was für Folgerungen würde man über die liederliche Komposition der Acta und ihre Überarbeitung durch unwissende und gewissenlose Kompilatoren ziehn, wenn ein derartiger (in Wirklichkeit lediglich auf arger stilistischer Unachtsamkeit beruhender) flagranter Widerspruch in der Apostelgeschichte stände! – Über das Auftreten des Theudas unter Fadus s. Bd. II 404.

19 XX 101; weiteres s. unten.

20 XX 104 (Bell. II 220 f.). Aus Cumanus' Zeit wird von der Insultierung der Festversammlung beim Mazzen- oder Passahfest durch einen Soldaten und dem daraus entstandenen Aufruhr erzählt, bei dem nach Bell. II 227 über 30000, nach Arch. XX 112 20000 Menschen erdrückt werden (!!); ferner von der Zerreißung einer Torarolle durch einen Soldaten bei der Strafexpedition gegen ein mit den Räuberbanden in Verbindung stehendes Dorf (Bell. II 228 ff. = Arch. XX 118 ff.). Cumanas läßt den Missetäter hinrichten; die römische Regierung ist eben ständig, was auch die Juden und Josephus gegen sie vorbringen mögen, den Juden gegenüber in einer kaum noch begreiflichen Weise nachgiebig gewesen.

21 ἀναιρεῖταί τις Γαλιλαῖος Bell. II 232; τινὲς (τῶν Σαμαρέων) συνάψαντες μάχην πολλοὺς αὐτῶν (τῶν Γαλιλαίων) ἀναιροῦσιν Arch. XX 118. Woher Josephus sein Material für diese Zeit genommen hat (vgl. HÖLSCHER Art. Josephus bei PAULY-WISSOWA IX 1984 ff.), läßt sich nicht ermitteln. Im Gegensatz zu den ganz dürftigen Notizen über die älteren Procuratoren haben ihm schon für Pilatus, und dann in wachsendem Umfang für die Zeit von 44 an reichlichere Nachrichten zu Gebote gestanden. Aus eigener Kenntnis kann er, geboren 37/8, nur etwa das letzte Jahrzehnt vor dem Kriege dargestellt haben. Klar ist, daß im Bellum und in der Archäologie dieselbe Quelle zugrunde liegt, die er dort kürzer, hier eingehender ausschreibt, aber durchweg mit kleinen Sonderzügen und Modifikationen, die zum Teil, wie die eben angeführte, oder wie die im Bellum fehlende XX 119, daß Camanus χρήμασι πεισθείς nicht gegen die Samaritaner einschreitet (ebenso XX 127; im Bell. II 283 entschuldigt er sich damit, das er mit andern Dingen zu tun habe), auf nachträglicher

Korrektur (sei es genauere Information, sei es lediglich Vermutung) beruhen mögen, zum Teil aber offenbar der Quelle angehören, aus der bald die eine, bald die andere Darstellung einen Zug weggelassen hat (vgl. die folgenden Anmerkungen). Im übrigen ist die wörtliche Übereinstimmung durchweg so weitgehend, daß nicht bezweifelt werden sollte, daß Josephus bei der Abfassung der Archäologie das Bellum vor Augen gehabt und überarbeitet hat, wie er das ja auch für die weitere Fortsetzung, die erneute Darstellung des Kriegs und der folgenden Ereignisse bis auf Domitian hinab plante (XX 267; daraus erklären sich die nicht erfüllten Verweisungen auf spätere Abschnitte XIX 366, XX 96. 144. 147). – Neben diesen Nachrichten steht die Hohenpriesterliste (vgl. HÖLSCHER S. 1989 f.), die detaillierte Familiengeschichte der Herodianer (auch im Bellum), mit denen (speziell mit Agrippa II.) er ja in Verbindung stand, die großen Auszüge aus der römischen und parthischen Geschichte, und die ausführlichen, erbaulich ausgestatteten Geschichten des Asinaios und Anilaios in Babylonien (XVIII cap. 9) und der Dynastie von Adiabene und der Königin Helena (XX cap. 2–4), die er in bereits ausgearbeiteter Gestalt erhalten und übernommen hat.

22 Von den Varianten sei, außer der Erwähnung der Bestechung des Cumanus in der Arch., erwähnt, daß diese zu der ala Sebastenorum noch 4 Cohorten und das Aufgebot der Samaritaner hinzufügt, während das Bellum neben Eleazar auch seinen Bruder Alexander und als das Gebiet, das sie überfallen, das Grenzgebiet der Toparchie Akrabatene nennt. Der Ort der Untersuchung durch Quadratus und der Kreuzigung ist im Bellum Caesarea, in Arch. Samaria. Nach Arch. 129 gelangt Quadratus hier durch die Untersuchung zu dem Ergebnis, daß die Samaritaner die Schuldigen seien, was zu seinem weiteren Verhalten recht wenig stimmt.

23 Nach Bell. II 242 sind es 18, nach Arch. XX 130 nur 5, darunter τῶν 'Ιουδαίων τις πρῶτος ὄνομα Δόητος.

24 Nach Bell. II 240. 243 sind es die ἀρχιερεῖς Jonathan S. d. Ananos (= Annas des N. T.) und sein Sohn Ananias (nicht zu verwechseln mit dem 48–60 amtierenden Hohenpriester Ananias S. d. Nebedaios Arch. XX 108. 205 ff. und sonst, act. 23, 2. 24, 1 beim Konflikt mit Paulus), sowie Ananos (Arch. 131 als στρατηγός bezeichnet, d. i. der στρατηγὸς τοῦ ἱεροῦ act. 4, 1. 5, 24. 26 und mehrfach bei Josephus, s. SCHÜRER II^3 265) und einige andere. Arch. 131 nennt statt dessen neben Ananos nur Ananias den ἀρχιερεύς; ob damit der wirklich amtierende gemeint ist oder der Sohn des Jonathan, wie im Bellum, und ἀρχιερεύς ihn nur als Mitglied einer hohenpriesterlichen Familie bezeichnet, steht dahin. Die gewesenen Hohenpriester werden bei Josephus ständig ebenso wie im N. T. mit diesem Titel bezeichnet. Nach Arch. XX 162 kann man vermuten, daß der Name Jonathan in § 131 versehentlich ausgefallen ist. – Daß die Gefangenen gefesselt werden, sagt nur Arch.

25 Nach Bell. II 244 ist es das Mazzenfest. Wenn das richtig wäre – in Arch. hat Josephus die Bezeichnung des Festes gestrichen –, mußte das Fest, bei dem der Konflikt ausbricht, etwa das Laubhüttenfest sein.

26 In Arch. XX 135 ist der Vorgang weiter ausgemalt: Die Freigelassenen und Freunde des Claudius treten für Cumanus und die Samaritaner ein, Agrippa gewinnt dagegen die Kaiserin Agrippina. Die Zahl der hingerichteten Samaritaner, drei nach Bell. II 246, ist in Arch. offenbar mit Absicht gestrichen, um den Erfolg der Juden größer erscheinen zu lassen.

27 *aemulo ad deterrima Ventidio Cumano, cui pars provinciae habebatur, ita divisis, ut huic Galilaeorum natio, Felici Samaritae parerent.* SCHWARTZ findet darin eine Bestätigung seiner Annahme, daß damals Judaea (im engeren Sinne) direkt zu Syrien gehört habe, und hilft sich über die damit in schroffem Widerspruch stehende Angabe des Tacitus, daß Felix *iam pridem Iudaeae impositus* gewesen sei (die gleiche Angabe in den Historien, oben S. 48, berücksichtigt er nicht), damit hinweg, daß „Judaeae katachrestisch zur leichteren Orientierung gebraucht" sei. Nach der Entscheidung des Streits mit Cumanus soll dann nach ihm „Felix mindestens Judaea, wahrscheinlich auch Galilaea zu Samarien hinzuerhalten haben".

28 Über die Differenz betreffs der abschließenden Entscheidung enthalte ich mich eines sicheren Urteils. Aber viel wahrscheinlicher ist auch hier, daß Josephus das Richtige gibt und daß bei Tacitus die Entscheidung des Quadratus, der den Cumanus samt den angeklagten Juden und Samaritanern und dem Tribun Celer zur Aburteilung an den Kaiser schickt, fälschlich als ein definitives Urteil aufgefaßt ist. Die Mitteilungen des Josephus werden wohl auf Agrippa II. zurückgehn, mit dem Josephus ja in reger Verbindung stand (vita 364 ff.); und es ist kaum glaublich, daß dieser den Hergang falsch dargestellt und seine Verwendung bei Agrippina frei erfunden haben sollte.

29 Berenike war im J. 28, Drusilla 38 geboren; zwischen ihnen stand Mariamme, geb. 34, vermählt zuerst mit einem jerusalemer, dann mit einem alexandrinischen Juden (Jos. Arch. XIX 354. XX 140 ff.).

30 Jos. Arch. XX 139. 141; vorher war sie von ihrem Vater mit Epiphanes, dem Sohne des Königs Antiochos IV. von Kommagene verlobt (vgl. XIX 355), der aber die Forderung, sich beschneiden zu lassen, ablehnte, während Azizos darauf einging. Ebenso ließ sich König Polemo von Kilikien beschneiden, um Berenike heimzuführen; aber die Ehe wurde bald wieder aufgelöst (XX 145 f.). Ein Sohn aus der Ehe mit Felix, der den Namen Agrippa erhielt, fand beim Ausbruch das Vesuvs den Tod (Arch. XX 144). – zu Atomos vgl. Bd. II 359. In einem Teil der Handschriften und der lateinischen Übersetzung hat seine Bezeichnung als μάγος die Ersetzung des Namens durch Simon nach sich gezogen.

31 Tac. Hist. V 9, wo er diese Enkelin des Antonius. Drusilla nennt. Das wird wohl, wie man meist annimmt, eine Verwechslung mit dem Namen seiner letzten Gemahlin sein, und ist dann eine weitere Bestätigung dafür, daß Tacitus in diesen Angaben keineswegs zuverlässig ist. Sueton Claud. 28 in der Übersicht der von Claudius

begünstigten Freigelassenen: *Felicem, quem cohortibus et alis provinciaeque Judaeae praeposuit, trium reginarum maritum.* – Die Ehe erklärt sich daraus, daß Pallas und Felix Freigelassene der Antonia waren (Jos. Arch. XVIII 182); daher heißt Felix bei Tacitus l. c. Antonius Felix (daß bei Josephus XX 137 mit der Epitome πέμπει δὲ καὶ Κλαύδιος [nicht - διον] Φήλικα κτλ. zu lesen ist, bemerkt SCHÜRER I^2 478, 18 mit Recht).

32 Bell. II 253 = Arch. XX 161.

33 Act. 24, 2, PREUSCHEN bezeichnet diese Rede und Paulus' Antwort in üblicher Weise als „rhetorische Stilübungen (des Verfassers), die sich an ein hergebrachtes Schema halten". Aber der Redner ist ja selbst ein ῥήτωρ Tertullus, den der Hohepriester zu diesem Zweck mitgenommen hat; und wie hatte er denn anders reden sollen?

34 Bell. II 254 ff. = Arch. XX 164 ff. Über den Aegypter s. Bd. II 404.

35 Arch. XX 162 ff. Im Bellum II 256 erwähnt Josephus bezeichnenderweise seine Ermordung nur kurz, ohne Felix' Anteil zu erwähnen. Man sieht hier, wie in der Geschichte des Cumanas, daß er bei der Abfassung des Bellum noch Rücksichten nehmen zu müssen glaubte, die 20 Jahre später nicht mehr nötig waren.

36 Hist. V 9 *per omnem saevitiam ac libidinem ius regium servili ingenio exercuit.*

37 Arch. XX 180 ff. 205 ff. Offenbar hat er gründlich Wuchergeschäfte getrieben. Beim Beginn des Aufstandes wird er von dem Pöbel, der die Schuldscheine verbrennt, erschlagen, Bell. II 427 ff. 441.

38 Act. 23, 12 ff. (vgl. 25, 3). Die στρατιῶται διακόσιοι 23, 23 entsprechen natürlich den zwei Centurionen (τινὲς δύο τῶν ἑκατονταρχῶν), die der Tribun mit der Ausführung beauftragt, und sind zwei Centurien, die in üblicher Weise zu rund 100 Mann gerechnet werden. Mit Unrecht haben daher BLASS u. a. (im Anschluß an die in dem Palimpsest von Fleury erhaltene lateinische Übersetzung; cod. D ist hier verloren) διακοσίους streichen wollen; ebenso ist es verkehrt, daß die „abendländische" Rezension die 70 Reiter (wohl zwei *turmae*) in 100 korrigiert. Daneben werden noch 200 δεξιολάβοι genannt, ein militärischer Terminus, der bekanntlich sonst nur noch zweimal bei Schriftstellern des 5. und 6. Jahrhunderts vorkommt: Joh. Lydus bei Const. Porphyr. de Them. I p. 17, 16 ed. Bonn, wo unter dem τουρμάρχης, der dem General (στρατηγός) als Kommandant der leichten Truppen beigegeben ist, 500 (offenbar berittene) Schützen, 300 Peltasten und 100 δεξιολάβοι stehn [die Notiz ist meines Wissens noch ganz unaufgeklärt]; Theophyl. Simok. IV 1, 8 als eine leichte Aufklärungstruppe bei den Persern. Die Glosse bei Suidas (= Etym. magn.) δεξιολάβος· παραφύλαξ ist offenbar lediglich zur Deutung der Apostelgesch. geraten. Das Wort wird der Vulgärsprache angehören, wie die seemännischen Ausdrücke in op. 27, und aus dieser an den angeführten Stellen wieder auftauchen.

39 ἀκριβέστερον εἰδὼς τὰ περὶ τῆς ὁδοῦ act. 24, 22; ὁδός = Christenlehre wie 9, 2. 22, 4. 24, 14.

40 24, 24 ff.

41 Darum handelt es sich, nicht etwa um bloße Gleichberechtigung: die Juden ἠξίουν σφετέραν εἶναι τὴν πόλιν Bell. II 266 = πρωτεύειν ἠξίουν Arch. XX 173.

42 προεῖχον πλούτῳ καὶ σωμάτων ἀλκῇ Bell. II 268; τῷ πλούτῳ θαρροῦντες καὶ διὰ τοῦτο καταφρονοῦντες τῶν Σύρων ἐβλασφήμουν εἰς αὐτοὺς ἐρεθίσειν προσδοκῶντες. Arch. XX 175. So gibt Josephus ganz offen zu, daß die Juden den Hader angefangen haben. Die Gegner, χρήμασιν ἡττώμενοι, erhalten Zuzug vom Lande und haben zugleich die aus der einheimischen Bevölkerung (Caesarea und Sebaste) ausgehobenen römischen Truppen auf ihrer Seite. Die Ἰουδαίων οἱ γεραοί Bell. II 267 = οἱ ἐπιεικέστερο: καὶ προύχοντες κατὰ τὴν ἀξίωσιν Arch. XX 178, die führenden Männer der Gemeinde, die im Rat sitzen, suchen ihre Glaubensgenossen vergeblich zurückzuhalten.

43 So erzählt nur Bell II 270; nach Arch. XX 182 dagegen geht eine Beschwerde führende jüdische Gesandtschaft erst unter Festus nach Rom. Daß Felix' Abberufung die Folge der Vorgänge in Caesarea gewesen ist, liegt auf der Hand.

44 Arch. XX 183. Sonst ist derselbe nicht bekannt. Unbegreiflicherweise haben frühere Herausgeber den Namen in Burrus korrigiert, während Beryllos, ehemals Pädagoge des Nero, doch deutlich ein Freigelassener griechischer Herkunft ist. Dagegen mit Recht SCHÜRER I^2 484 und NIESE.

45 Ebenso schon manche Frühere, s. SCHÜRER I^2 484, der ihre Ansicht mit Recht bekämpft.

46 Tac. Ann. XIII 14.

47 Tac. Ann. XIII 23; vgl. Dio 61, 10, 6.

48 Tac. Ann, XIII 65, Dio 62, 14, 3.

49 Gar nichts besagt SCHWARTZ' Argument, „es hätte mit wunderbaren Dingen zugehn messen, wenn der Sturz des unter Claudius allmächtigen Pallas nicht auch sofort den seines Bruders nach sich gezogen hätte". Es passieren nun einmal genug „wunderbare Dinge" in der Welt.

50 Vita 13 ff. Er bewirkt ihre Freigabe durch die Kaiserin Poppaea († Herbst 65), mit der ihm ein jüdischer Mimologe Halityros die Verbindung vermittelt. Zurückgekehrt ist er erst im Jahr 66. Poppaea ist auch sonst judenfreundlich (θεοσεβής), s. Jos. Arch. XX 195. – Eine weitere Bestätigung bietet, daß die Entscheidung über das Bürgerrecht in Caesarea hier erst im Sommer 66 eintrifft (Bell. II 284); ergangen ist sie bereits einige Zeit vorher und den Juden bekannt geworden (Arch. XX 184).

51 Jos. Arch. XX 257.

52 Nach Jos. Bell. II 300. 305. 308 war, worauf SCHÜRER I^2 488 hinweist, Albinus, beim Laubhüttenfest des J. 62 bereits Statthalter.

53 Sie beginnen mit der Angabe des Muratorischen Fragments, dessen Wortlaut nach der im wesentlichen zweifellos das Richtige treffenden Rekonstruktion von LIETZMANN und BÜCHELER (in LIETZMANNS kleinen Texten I) lautet: *acta autem omnium apostolorum sub uno libro scripta sunt. Lucas optimo Theophilo comprendit, quae sub praesentia eius singula gerebantur, sicut et semota passione Petri evidenter declarat, sed et profectione Pauli ab urbe in Spaniam proficiscentis*; d, h,: Lukas hat für Theophilus nur diejenigen Begebenheiten zusammengefaßt, welche er selbst miterlebt hat; den Beweis dafür bietet der Umstand, daß er sowohl die Passion des Petrus wie die Reise des Paulus von Rom nach Spanien nicht aufgenommen hat. Weiteres s. unten.

54 Vgl. Bd. I 34, 1.

55 Diese Kollekte (Kor. I 16, Rom. 15, 25 f. 31) wird act. 19, 21 nicht, sondern nur 24, 17 in der Rede an Felix erwähnt.

56 Wie SCHWARTZ a. a. O. S. 299 sagen kann: „der Redaktor der Apostelakten hat für Tragik keinen Sinn", ist mir völlig unbegreiflich. Im Gegenteil, der ganze Schluß der Apostelgeschichte, c. 20–28, ist wie eine Tragödie aufgebaut. Man kann geradezu das siebente Buch des Thukydides vergleichen.

57 Stephanus 7, 48 ff. Paulus in Athen 17, 24 ff. In der Literatur der Folgezeit wird das vielfach weiter ausgeführt. so im Barnabasbrief, in Justins Dialog mit Tryphon, in den Klementinen.

58 Act. 13, 5 auf Zypern; 18, 14 in Antiochia Pisidia; 14, 1 in Ikonion; 16, 13 in Philippi; 17, 1 f. in Thessalonike; 17, 17 in Athen; 18, 4 in Korinth; 18, 19 und 19, 8 in Ephesos. Ebenso verhalten sich die aus Jerusalem Geflohenen 11, 19 in Antiochia; erst einige Kyprier und Kyreneer wenden sich auch an die Griechen 11, 20. Die volle Bestätigung durch Paulus selbst bietet Rom. 9, 1 ff. 10, 1.

59 Act, 13, 46 ff. 18, 6. 19, 9.

60 Dasselbe Wort bringt Marcus 4, 12 (Zwölferquelle) im Munde Jesu als Motiv dafür. daß er zu der Menge nur in Gleichnissen redet, und 8, 18 (Jüngerquelle) als Mahnung an die Jünger, die noch immer nicht verstehn. Aus Marcus 4, 12 hat es Lukas im Evangelium 8, 10 verkürzt übernommen (Matthaeus 13, 14 f. gibt ebenso wie act. 28, 26 ff. den Text nach LXX vollständiger als Marcus).

61 γνωστὸν οὖν ἔστω ὑμῖν, ὅτι τοῖς ἔθνεσιν ἀπεστάλη τοῦτο τὸ σωτήριον τοῦ θεοῦ˙ αὐτοὶ καὶ ἀκούσονται. Benutzt ist dabei der schon 13, 47 dem Paulus und Barnabas, als Sie in Antiochia Pisidia von den Juden zu den Heiden gehn, in den Mund gelegte Spruch Jes, 49, 6 τέθεικά σε εἰς φῶς ἐθνῶν, τοῦ εἶναί σε εἰς σωτηρίαν ἕως ἐσχάτου τῆς γῆς. Ferner Jes. 40, 5 in der Predigt des Johannes ev. Luc. 3, 6 καὶ ὄφετα: πᾶσα σὰρξ τὸ σωτήριον τοῦ θεοῦ, sowie Ps. 67, 3 τοῦ γνῶναι . . . ἐν πᾶσιν ἔθνεσιν τὸ σωτήριόν σου und 98, 3 εἴδοσαν πάντα τὰ πέρατα τῆς γῆς τὸ σωτήριον τοῦ θεοῦ ἡμῶν.

62 Ich bemerke nur kurz, daß die „abendländische" Rezension nach der Schlußrede des Paulus die Angabe über das Verhalten der Juden v. 24 f. nochmals in variierter Fassung wiederholt (καὶ ταῦτα αὐτοῦ εἰπόντος ἀπῆλθον οἱ 'Ιουδαῖο:, πολλὴν ἔχοντες ἐν ἑαυτοῖς συζήτησιν) und ebenso am Schluß zum Teil noch eine weitere Ausführung über den Inhalt der Lehre des Paulus anhängt (λέγων ὅτι οὗτός ἐστιν ὁ Χριστὸς 'Ιησοῦς ὁ υἱὸς τοῦ θεοῦ, δι' οὗ μέλλει ὅλος ὁ κόσμος κρίνεσθαι). Es ist unnötig, auf diese und ähnliche sekundäre Veränderungen, die BLASS, HILGENFELD, ZAHN in ihre Ausgaben aufgenommen haben, weiter einzugehn.

63 Das besagt natürlich ὅτι πανταχοῦ ἀντιλέγεται, nicht „daß sie überall Widerspruch erfährt", wie man gewöhnlich übersetzt.

64 Er ist nach Jos. Arch. XX 103. 179 ca. 48–59 im Amt.

65 Daß Lukas das nicht erwähnt, steigert nur die Zuverlässigkeit seines Berichts.

66 S. m. Abh.: Die Gemeinde des Neuen Bundes im Lande Damaskus (Abh. Berl. Ak. 1919) S. 29. 31.

67 Goeze hat von ihm eine Erklärung über die beiden Fragen gefordert: „was für eine Religion er durch die christliche Religion verstehe; und was für eine Religion er selbst als die wahre erkenne und annehme" (Lessings Schwächen II S. 69, in E. SCHMIDTS Neudruck S. 124, vgl. S. 134. 153). In seiner „Nötigen Antwort auf eine sehr unnötige Frage" hat Lessing die zweite Frage vollständig unterschlagen; und er schreibt darüber an Elise Reimarus (9. Aug. 1778): „Es freut mich, daß Sie die Taktik meines letzten Bogens so gut verstehn. Ich will ihm Evolutiones vormachen, deren er sich gewiß nicht versieht. Denn da er sich nun einmal verredet hat, und wissen will, nicht was ich von der christlichen Religion *glaube*" – es ist kaum begreiflich, wie Lessing das behaupten konnte – „sondern was ich unter der christlichen Religion *verstehe*: so habe ich gewonnen, und die eine Hälfte der Christen muß mich immer gegen die andere in meiner Bollwehr schützen. So trennte Paulus das Synedrium; und ich, ich darf nur zu verhindern suchen, was ohnedem nicht geschehn wird; nämlich nur zu verhindern suchen, daß die Pabisten nicht Lutheraner und die Lutheraner nicht Pabisten werden." In seiner Antwort (Lessings Schwächen, drittes Stück) hält Goeze ihm die Nichtbeantwortung der entscheidenden Frage nachdrücklich vor; aber auch in der „Ersten Folge" der Nötigen Antwort ist Lessing nicht darauf eingegangen, und so hatte Goeze völlig Recht, wenn er, seiner Ankündigung entsprechend, die Diskussion nicht weiter fortsetzte. – Nicht minder unaufrichtig ist bekanntlich Lessing in der Art, wie er vorgibt, den Verfasser der „Fragmente" nicht zu kennen.

68 Die Rechtsverhältnisse des Apostels Paulus, Z. Neutest. Wiss. II 1901, 87 f. = Gesammelte Schriften III 437 f. Die von SCHWARTZ und WILLHAUSEN gegen MOMMSEN vorgebrachten Einwände besagen gar nichts. – Eine

Ungenauigkeit hat sich Lukas zuschulden kommen lassen, wenn er 24, 11 den Paulus bei der Verhandlung vor Felix sagen läßt, es seien nur zwölf Tage vergangen, seit er nach Jerusalem gekommen sei; er hat die sieben Tage von 21, 27 und die fünf von 24, 1 addiert, ohne die dazwischenliegenden Tage zu berücksichtigen.

69 Arch. XX 169 ff., vgl. Bd. II 405.

70 Vgl. Paulus Kor. II 11, 25 τρὶς ἐραβδίσθην und dazu MOMMSEN a. a. O. S. 439, und den gleichartigen Hergang in Philippi act. 16, 22 ff. 37 f.

71 Anstoß nimmt man u. a. daran, daß die Verschworenen hoffen, den Tribun durch die Hohenpriester und Ältesten veranlassen zu können, den Paulus noch einmal zur Verhandlung im Synedrium zu stellen, und ebenso vorher daran, daß er dem Paulus auf seine Bitte gestattet, nach der Verhaftung zum Volk zu reden. Daß die Kritiker in der Lage sich anders verhalten haben werden, ist sehr wahrscheinlich; aber das beweist noch nicht, daß der Hergang nicht so gewesen ist. Weiter verwirft man den Brief, in dem der Tribun 23, 26 f. dem Procurator über den Vorgang berichtet, als freie und inhaltlich unwahre Erfindung des faselnden Redaktors. Nun ist es gewiß möglich, daß dies Schreiben in derselben Weise auf Grund der wirklichen Tatsachen vom Verfasser gestaltet ist, wie die Reden; aber ebenso möglich ist es, daß es ihm zugänglich geworden ist, sei es, daß der Tribun es dem Neffen des Paulus gezeigt hat, sei es, daß Paulus und seine Umgebung es durch Felix (und Drusilla) kennengelernt haben. Inhaltlich ist es jedenfalls ganz unanstößig. Denn daß der Tribun, der sich durch sein anfängliches Auftreten gegen Paulus kompromittiert fühlt, das Hauptgewicht darauf legt, daß er ihn als römischen Bürger habe retten wollen (τὸν ἄνδρα τοῦτον συλλημφθέντα ὑπὸ τῶν Ἰουδαίων καὶ μέλλοντα ἀναιρεῖσθαι ὑπ' αὐτῶν ἐπιστὰς συν τῷ στρατεύματι ἐξειλάμην, μαθὼν ὅτι Ῥωθμαῖός ἐστιν), und nicht erzählt, daß er ihn zuerst als Unruhestifter verhaftet hat und auspeitschen wollte, ist doch das natürlichste von der Welt. Wer daran Anstoß nimmt, hat wenig Anschauung davon, wie offizielle Berichte zustande kommen und was sie wert sind. Daß er aus den Verhandlungen im Synedrium ersehn hat, daß es sich „um Streitigkeiten über das jüdische Gesetz handle, aber keine Beschuldigung vorliege, die Tod oder Fesselung verdiene", ist völlig zutreffend.

72 Den einzigen Hinweis enthält die Notiz act. 1, 14, daß Jesu Mutter und Brüder zur Gemeinde in Jerusalem gehörten (vgl. Bd. I 44 f. 72).

73 Gal. 1, 19. 2, 9 ff. Kor. I 15, 7. Jos. Arch. XX 200.

74 δι' ἐτῶν δὲ πλειόνων ἐλεημοσύνας ποιήσων εἰς τὸ ἔθνος μου παρεγενόμην καὶ προσφοράς „nach mehreren Jahren bin ich hergekommen, um Almosen und Opfergaben für mein Volk zu bringen". Daß Paulus in diesen Worten den Gegensatz zwischen den christlichen und den nichtchristlichen Juden durch die allgemeine Wendung „für mein Volk" vertuscht, hat natürlich bei den Rigoristen in üblicher Weise Anstoß erregt. – Daß die daran angeschlossenen Worte ἐν αἷς (oder οἷς) εὗρόν με ἡγνισμένον ἐν τῷ ἱερῷ, οὐ μετὰ ὄχλου οὐδὲ μετὰ θορύβου, τινὲς δὲ ἀπὸ τῆς Ἀσίας Ἰουδαῖοι mit der Erzählung 21, 20 ff. in Widerspruch ständen, ist ein Irrtum WELLHAUSENS; davon, daß Paulus das Gelübde schon vor der Ankunft in Jerusalem übernommen habe, steht in 24, 18 nichts. Der Satz „Dabei fanden mich im Zustande eines Gelübdes (ebenso 21, 26 ἁγνισθείς) im Tempel, und zwar ohne Auflauf einer Volksmenge, vielmehr (δὲ) einige Juden aus Asien" ist ein Anakoluth, das dadurch begreiflich wird, daß der Gegensatz zwischen dem keinerlei Aufsehen provozierenden Verhalten des Paulus und der unberechtigten und durch nichts bewiesenen Denunziation durch die paar Juden aus Asien scharf hervorgehoben werden soll.

75 Dazu verweist man mit Recht auf die Angabe des Josephus Arch. XIX 294, daß König Agrippa zahlreichen Naziraeern die Lösung ihres Gelübdes durch die Haarschur ermöglicht hat (ναζιραίων ξυρᾶσθαι διέταξε μάλα συχνούς). – Wenn act. 18, 18 Aquila sein Gelübde in Kenchreae durch die Haarschur löst, so muß das damals als den Juden der Diaspora gestattet gegolten haben; unsere sonstige Überlieferung weiß davon allerdings nichts. Ebensowenig berechtigt der Umstand, daß wir sonst von der siebentägigen Frist für die Lösung des Gelübdes act. 21, 27 nichts wissen, die Richtigkeit der Angabe zu bezweifeln oder mit SCHWARTZ den Text zu ändern.

76 Auch das hat Anlaß gegeben, den Bericht zu verwerfen, als ob nicht eine solche, die Berechnung durchkreuzende Entwicklung in der Geschichte unzählige Male vorkäme. – Ganz wunderlich ist WELLHAUSENS Argument, daß ein „unanstößigeres und viel wirksameres Mittel" als die Übernahme des Gelübdes, um seine Gemeinschaft mit der Urgemeinde zu erweisen, die Überbringung der Kollekte sei. Als ob diese mit dem Streitpunkte irgend etwas zu tun hätte und eine Geldunterstützung nicht auch von Ungläubigen kommen könnte.

77 24, 6 ὃς καὶ τὸ ἱερὸν ἐπείρασεν βεβηλῶσαι. Vgl. 25. 7 f.

78 Der „abendländische" Text hat dafür ἐν τῇ Ἰουδαίᾳ; im Sinaiticus u. a. sind diese Worte ausgelassen.

79 Von dem Martyrium des Jakobus „des Gerechten" hat Hegesippos (um 180 n. Chr.) eine phantastische Legende ohne jeden geschichtlichen Wert erzählt (Euseb. hist. eccl. II 23), die dann auch Clemens Alex. übernommen hat (ib. II 1, 5. 23, 19). Außerdem hat Eusebius die Erzählung des Josephus ἐν εἰκοστῷ τῆς Ἀρχαιολογίας wörtlich aufgenommen und ihr ein gefälschtes (von ihm aus Origenes c. Cels. I 47, vgl. II 13. Comment. in Matth. X 17 übernommenes) Josephuszitat, bezeichnenderweise ohne Buchangabe, vorausgeschickt (ταῦτα δὲ συμβέβηκεν Ἰουδαίοις κατ' ἐκδίκησιν Ἰακώβου τοῦ δικαίου, ὃς ἦν ἀδελφὸς Ἰησοῦ τοῦ λεγομένου Χριστοῦ, ἐπειδήπερ δικαιότατον αὐτὸν ὄντα οἱ Ἰουδαῖοι ἀπέκτειναν), die aus Josephus' Erzählung über

Johannes den Täufer XVIII 116 ff., über die Ermordung des Jonathan auf Anstiftung des Felix XX 166 und der Notiz über Jakobus XX 200 zurechtgemacht ist.

80 Bd. I 210 habe ich das bestritten, da ich damals die Hinrichtung des Jakobus ins Jahr 63 setzte; aber 62 ist weit wahrscheinlicher.

81 Das ist gegenüber den gewiß berechtigten, aber sehr einseitigen Klagen des Josephus über ihre Gewalttätigkeit gegen Einzelne und ihre Habgier stark zu betonen. Die Römer haben bis zuletzt alles getan, den Ausbruch des Konfliktes zu vermeiden. Herbeigeführt ist er viel weniger durch das Verhalten der Römer als durch die Intrigen und die Erpressungen der Aristokratie von Jerusalem, und trägt daher, trotz des religiösen Gewandes, weit mehr den Charakter einer sozialen Revolution und eines Bürgerkrieges als den einer nationalen Erhebung, ähnlich wie schon die Kämpfe gegen die Seleukiden und die Bürgerkriege, die zum Eingreifen des Pompejus und zum Emporkommen des Herodes führten. Diese Dinge hat MOMMSEN weit treffender dargestellt als etwa SCHÜRER und WELLHAUSEN.

82 Über Ananos urteilt Josephus in seinen Schriften sehr verschieden. Im Bellum ist er (IV 151) γεραίτατος τῶν ἀρχιερέων, ἀνὴρ σωφρονέστατος, der vielleicht die Versöhnung mit Rom hätte herbeiführen und die Stadt hätte retten können, uneigennützig, nur auf das gemeine Wohl bedacht, σεμνὸς ἀνὴρ καὶ δικαιότατος, trotz seines Adels und seiner Würde leutselig und auf die Niedrigsten achtend, φιλελεύθερός τε ἐκτόπως και δημοκρατίας ἐραστής; (IV 318 ff.). Nach der Vita dagegen (193 ff.) läßt er sich durch Geld bestechen, den Josephus von seinem Kommando in Galilaea absetzen und eventuell umbringen zu lassen. In der Archaeologie endlich ist er der fanatische Saddukaeer, θρασὺ τὸν τρόπον καὶ τολμητὴς διαφερόντως (XX 199).

83 Daß die Pharisaeer überhaupt zur Milde geneigt waren, bestätigt, in voller Übereinstimmung mit den Angaben des Josephus (Bd. II 294) und der Apostelgeschichte (Gamaliel 5, 34 ff.), die Mischna. Im Traktat Sanhedrin-Makkoth (herausg. von H. L. STRACK) heißt es 12, 10: „Das Synedrium hat Geltung im Lande und außerhalb des Landes. Ein Synedrium, das Einen in einem Jahrsiebent töten läßt, wird verderberisch genannt. Rabbi El'azar ben 'Azarja (um 100 n. Chr.) sagte: Einen in 70 Jahren. R. Tarphon und R. 'Aqiba (seine jüngeren Zeitgenossen) sagten: Wenn wir im Synedrium gewesen wären, so würde niemals ein Mensch durch uns getötet worden sein." Dagegen bemerkt dann R. Šim'on ben Gamliel II ganz treffend: „Diese würden die Blutvergießer in Israel vermehrt haben."

84 Vgl. 24, 14 in der Rede des Paulus :κατὰ τὴν ὁδόν, ἣν λέγουσιν αἱρεσιν.

KAPITEL III

1 Vgl. act. 19, 10. 22. 26. 20, 4. 21, 27. 27, 2 u. a.

2 Sehr deutlich tritt das Zerrbild, das sich ergibt, auf der Karte hervor, die NESTLE seiner Ausgabe des N. T. beigegeben hat; überdies muß er sich damit helfen, daß er den Namen Phrygien in eine Gegend setzt (die Wüste zwischen Lykaonien und dem eigentlichen Galatien), die diesen Namen niemals geführt hat. GUTHE in seinem Bibelatlas Taf. 19 hat daher den Abstecher nach Galatien gestrichen und läßt Paulus von Ikonion über Antiochia Pisidia und Prymnessos ins Quellgebiet des Sangarios nach Kotyaeion und von hier weiter nach Westen ziehn. Das wird im wesentlichen das Richtige sein.

3 NESTLE hat auch hier eine ganz abenteuerliche Route konstruiert, von Tarsus durch Kappadokien über den Halys und dann nach Ankyra und von hier nach Sardes. Die Überlieferung weiß davon gar nichts; wohl aber fällt auch hier wieder Phrygien völlig aus. GUTHE läßt ihn mit Recht dieselbe Route wie das vorige Mal einschlagen, nur daß er sich dann nach Ephesus wendet.

4 Gal. 2, 1 von der Reise zum Apostelkonvent: ἀνέβην δὲ κατὰ ἀποκάλυψιν. Vgl. Kor. II 12, 1 ff.

5 Daß Lukas, als er etwa dreißig Jahre später dies Erlebnis niederschrieb, nur die Umrisse im Gedächtnis haben konnte und sich ihm Einzelheiten verschoben haben mögen, bedarf kaum der Bemerkung. Der Dämon πνεῦμα πύθων erkennt natürlich das wahre Wesen der Verkünder des Evangeliums, ganz wie bei Jesu Austreibungen (οὗτοι οἱ ἄνθρωποι δοῦλοι τοῦ θεοῦ τοῦ ὑψίστου εἰσίν, οἵτινες καταγγέλλουσιν ἡμῖν ὁδὸν σωτηρίας).

6 Man hat daran Anstoß genommen, daß nach v. 26 auch allen anderen Gefangenen die Ketten abfallen, über deren Verhalten dann aber nichts weiter gesagt wird. Das ist eine der Legende ganz wohl anstehende Ausmalung, die der Erzähler dann aber nicht weiter verfolgt. Die abendländische Rezension hat das nachgeholt und v. 30 noch τοὺς λοιποὺς ἀσφαλισάμενος eingefügt.

7 In einem Zusatz des abendländischen Textes wird das durch die Furcht motiviert, die ihnen das Erdbeben eingeflößt hat.

8 Zum Vergleich kann man u. a. auch die Vertreibung des Heliodoros aus dem Tempel heranziehn (Bd. II). Auch da können wir den tatsächlichen Hergang nicht ermitteln.

9 Daß dieser Titel griechisch durch στρατηγοί wiedergegeben wird, ist gewiß allgemeiner Sprachgebrauch gewesen. Sachlich entsprechen die Duumviri ja auch den Praetoren Roms und mancher anderen italischen Städte und Kolonien.

10 Ganz ebenso will der Tribun in Jerusalem verfahren (22, 24), bis er erfährt, daß Paulus römischer Bürger ist.

11 Daß seine Aussage Kor. II 11, 25 τρὶς ἐραβδίσθην eine Geißelung durch Lictoren, also auf Befehl römischer Magistrate, bezeichnet, bemerkt MOMMSEN ZNTW. II 89 = Ges. Schr. III 489 mit Recht.

12 Auf die Zusätze und stilistischen Korrekturen einzugehn, mit denen die abendländische Rezension auch hier in üblicher Weise die Erzählung weiter ausgemalt hat, lohnt sich nicht. Es ist kaum zu begreifen, wie namhafte Gelehrte diese handgreiflich sekundären und wertlosen Verschlimmbesserungen hier und sonst für den echten Text haben halten können.

13 Phil. 4, 15 ἐν ἀρχῇ τοῦ εὐαγγελίου, ὅτε ἐξῆλθον ἀπὸ Μακεδονίας. Daß er seine in Makedonien beginnende Tätigkeit als „Anfang des Evangeliums" bezeichnet, also seine frühere Wirksamkeit in Kleinasien ignoriert, bestätigt die Darstellung des Lukas, daß er sich auf dieser Reise in Kleinasien nicht lange aufgehalten habe und daß Makedonien, wohin der Geist ihn durch das nächtliche Gesicht gerufen hat, für ihn der Ausgangspunkt seiner Wirksamkeit in großem Stil gewesen ist.

14 Es hat Anstoß erregt, daß dieser vorher nicht eingeführt ist, und man hat deshalb auf Kürzung einer Vorlage geschlossen. Aber daß Paulus und Silas bei ihm Wohnung gefunden haben, ergibt sich aus der Erzählung ohne weiteres, und mehr wußte Lukas offenbar nicht über ihn zu berichten.

15 πολιτάρχαι, der Amtstitel der städtischen Magistrate in Thessalonike (hier 5) und anderen makedonischen Städten: PERDRIZET, Bull. de corr. hellén. XVIII 1894, 420. XXI 1897, 163.

16 Hübsch werden diese als „vornehmer", εὐγενέστεροι, als die von Thessalonike bezeichnet: sie beweisen das dadurch, daß sie „täglich die Schriften untersuchten, ob es sich so verhielte" – „wie Paulus verkündet" fügt der abendländische Text hinzu. Arg ist in D die Verballhornung des Satzes über die gewonnenen Anhänger in τινὲς μὲν οὖν αὐτῶν ἐπίστευσαν, τινὲς δὲ ἠπίστησαν (hierher übertragen aus 28, 24), καὶ τῶν 'Ελλήνων τῶν εὐσχημόνων ἄνδρες καὶ γυναῖκες ἱκανοὶ [statt οὐκ ὀλίγοι] ἐπίστευσαν; der Überarbeiter hat an dem Vorrang der Frauen Anstoß genommen.

17 ὡς (var. ἕως) ἐπὶ τὴν θάλασσαν heißt einfach „bis ans Meer", nicht „als ob er ans Meer ginge", wie man vielfach erklärt.

18 Der abendländische Text fügt hier ein παρῆλθεν δὲ τὴν Θεσσαλίαν· ἐκωλύθη γὰρ εἰς αὐτοὺς κηρύξαι τὸν λόγον. Dem Bearbeiter ist die (bei der Seefahrt ganz natürliche) Übergehung Thessaliens aufgefallen, und er motiviert sie nach Analogie von 16, 6 f. Daß Paulus auch Mittelgriechenland beiseite läßt, hat er nicht berücksichtigt.

19 Darüber erfahren wir anderweitig nichts weiter. Auf der letzten Reise nach Jerusalem wird act. 20, 4 unter seinen Begleitern auch ein Mann aus Beroea genannt, Sopatros Sohn des Pyrrhos, offenbar aus guter Familie, da bei ihm allein der Vatersname hinzugefügt wird.

20 προπαθόντες καὶ ὑβρισθέντες ὡς οἴδατε ἐν Φιλίπποις, Thess. I 2, 2.

21 Dies ist bei Lukas dadurch angedeutet, daß die Juden den Behörden die Missionare als Rebellen gegen den Kaiser darstellen und so „die Menge aufregen".

22 Daß Paulus sich in der Tat überall auch (und dann natürlich zuerst) an die Juden gewendet hat, wird dadurch bestätigt, daß er mit diesen überall in Konflikte gerät und, wie er Kor. II 11, 24 schreibt, von ihnen nicht weniger als fünfmal die 39 Hiebe erhalten hat (dazu die Steinigung in Lystra = act. 14, 19). Das war nur möglich, wenn er durchaus als Jude auftrat und sich den Autoritäten der Synagoge fügte. Wäre er lediglich als Heidenmissionar aufgetreten, so hatten die Juden weder Anlaß, ihn zu verfolgen, noch die Möglichkeit, gegen ihn strafend vorzugehn.

23 Aus dieser tendenziösen Gestaltung der Darstellung zu folgern, daß dieselbe nicht von Paulus' Genossen Lukas, sondern von einem weit jüngeren Überarbeiter oder Verfälscher geschrieben sei, ist eben so verkehrt, wie wenn man daraus, daß Thukydides seine Auffassung der Einheit und der Ursachen des Kriegs durchweg nicht nur der Darstellung, sondern auch den Reden zugrunde legt und z. B. unter den Ursachen das megarische Psephisma als ganz nebensächlich beiseite schiebt, folgern wollte, das Werk stamme nicht von ihm, sondern von einem jüngeren Verfälscher. Insoweit ist es ganz konsequent, daß E. SCHWARTZ den Thukydides in derselben Weine zerpflückt wie die Apostelgeschichte oder das Johannesevangelium.

24 Thess. I 2, 3 ff. Ebenso II 2, 7 f. Daß er aus Philipppi Unterstützung erhalten hat (Phil. 4, 15 f.), ist oben schon erwähnt. Ebenso hat die thessalonikische Gemeinde den übrigen in Makedonien geholfen (Thess. I 4, 10). Vgl. Kor. II 11, 9.

25 Das Problem des zweiten Thessalonikerbriefes, Ber. Berl. Ak. 1910. 560 ff.

26 HARNACK findet eine Bestätigung seiner Hypothese darin, daß II 2, 13 nach einem Teil der Handschriften von den Adressaten gesagt ist ὅτι εἵλατο ὑμᾶς ὁ θεὸς *ἀπαρχὴν* εἰς σωτηρίαν; damit seien sie als die zuerst Bekehrten in Thessalonike mithin als die Judenchristen bezeichnet. Aber auch wenn die Lesung richtig ist (daneben steht die Variante ἀπ' ἀρχῆς), so enthält ἀπαρχή nicht notwendig diesen Sinn, sondern bezeichnet, wie rêšît im Hebraeischen, nicht sowohl den ersten als den besten Teil (speziell der Feldfrüchte usw.). So sind Rom. 8, 23 die Christen die, welche die ἀπαρχὴ τοῦ πνεύματος haben, Jacob. 1,18 ἀπαρχή τις τῶν αὐτοῦ (τοῦ θεοῦ) κτισμάτων; vgl. Apokal. 14, 4. In demselben Sinne würde das Wort auch hier gebraucht sein.

27 Wenn WELLHAUSEN (Krit. Anal. der Apostelgesch. 35) meint, Paulus habe sich in Athen „mit den Philosophen schwerlich eingelassen; vielleicht hat er in Athen nur gewartet und nicht missioniert, trotz der Angabe, daß er

zwei einzelne Personen bekehrt habe", so hat er die Tragweite von Paulus' Äußerungen Thess. I 3, 1. 7 nicht verstanden.

28 NORDEN, Agnostos Theos 333 ff., der die Charakterisierung der Athener v. 21, speziell die Wendung ἢ λέγειν τι ἢ ἀκούειν καινότερον mit Recht als „vielleicht das ‚Gebildetste', was überhaupt im NT. steht" bezeichnet; „jedenfalls gibt es in ihm nichts ἀττικώτερον, auch in der Sprache".

29 Rom. 15, 23 ἐπιποθίαν ἔχων τοῦ ἐλθεῖν πρὸς ὑμᾶς ἀπὸ ἱκανῶν ἐτῶν; ebenso 1, 13.

30 Die Ausgaben und Kommentare schließen diesen Satz meist fälschlich unmittelbar an die Philosophen an, als ob das ihre Worte wären. Vor καί τινες ἔλεγον ist ein Punkt zu setzen; so richtig BLASS.

31 ὁ σπερμολόγος οὗτος. Das Wort, das zunächst den Samen auflesenden Vogel (Saatkrähe) bezeichnet, wird in der Anwendung auf die Herumlungerer, die sich von den Abfällen anderer nähren, und daher überhaupt auf armseliges Gesindel (so Demosth. de cor. 127, verbunden mit περίτριμμ' ἀγορᾶς) als spezifisch attisch bezeichnet und daher von den Lexika erklärt (Harpokration s. v. Eustath. zu Od. ε 490; ebenso in der von NORDEN herangezogenen Glosse aus Sueton bei MILLER, mél. de lit. grecque p. 420 σπερμολόγος · σπερμονόμος). Was aber NORDEN sagt, von BLASS' Behauptung: *sine dubio hoc ex ipso ore Atheniensium auctor excepit* sei das Gegenteil richtig, da das Volk nicht in γλῶσσαι sprach; das Wort sei erst von den Atticisten wieder zu Ehren gebracht und komme nach Aristophanes und Demosthenes zuerst wieder bei Dionysios Hal. vor, ist nicht zutreffend. Das Wort findet sich in einem Fragment des Samiers Lynkeus (um 280 v. Chr.), bei Athen. VIII 344 c, der von dem Gourmand Alexis, seinem älteren Zeitgenossen, erzählt, einige σπερμολόγοι hätten ihn mit der Frage geneckt, was sein Lieblingsgericht sei, und er habe geantwortet: σπερμολοόγους πεφρυμένους („gebratene Saatkrähen"); ferner bei Plut. Demetr. 28, offenbar aus der Quelle (Duris oder Hieronymos, also aus derselben Zeit) übernommen, wo Antigonos das Bündnis der gegen ihn vereinigten Könige ὥσπερ ὀρνίθων σπερμολόγων συνδρομήν bezeichnet, die er mit einem einzigen Steinwurf verjagen werde. Das Wort ist also in hellenistischer Zeit ganz lebendig gewesen. Es wird dann vorwiegend von trivialen Schwätzern gebraucht, wohl indem man es umgekehrt als „Wortesäer" deutete. So Dion. Hal. Ant. Rom. XIX 5, 3 (17, 8) ὦ σπερμολόγε ἄνθρωπε (Postumius zu dem tarentiner Demagogen Philonides); Plut. de ira coh. 6 fin. σπερμολόγα ῥήματα; quaest. sympos. IV 1, 3, 24 σπερμολογικά „trivial", vom Tafelluxus; Philostratos vit. Apoll. V 20 p. 93, 15 KAYSER σπερμολογεῖν von albernen Fabeleien; Dio Chrys. in der Alexandrinerrede (32) p. 658 R braucht σπερμολογία von dem trivialen Geschwätz der Kyniker. So ist σπερμολόγος vielleicht auch an unserer Stelle richtiger durch „Schwätzer" zu übersetzen. Tatian adv. Gr. 6 sagt κἂν γὰρ πάνυ φληνάφους καὶ σπερμολόγους ἡμᾶς νομίσητε, gewiß nicht auf Grund der Areopagrede, und ebensowenig Clem. Alex. strom. I 12, 56, nach dem in die Parabeln die Wahrheit „eingesät" ist (σποράδην καὶ διερριμμένως ἐγκατεσπαρμένην ἔχουσι τὴν ἀλήθειαν) ὅπως ἂν λάθοι τοὺς δίκην κολοιῶν σπερμολόγους. Da wird der ursprüngliche Sinn des Bildes noch voll empfunden.

32 ξένων δαιμονίων δοκεῖ καταγγελεὺς εἶναι. Natürlich ist die Parallele mit der Anklage des Sokrates als ἕτερα καινὰ δαιμόνια εἰσφέρων allgemein bemerkt worden. Aber bei Paulus handelt es sich nicht um eine Anklage, sondern lediglich um eine Ablehnung der seltsamen Gottheiten; fremde Kulte einzuführen ist überhaupt niemals, und am wenigsten in dieser Zeit, ein Verbrechen gewesen.

33 Das ist oft dahin mißverstanden worden, als sei damit ein gerichtliches Vorgehen gegen Paulus angedeutet. Davon ist in der Angabe nichts enthalten, und eine derartige Vermutung entbehrt äußerlich wie innerlich jeder Wahrscheinlichkeit. – Lucian wählt für ähnliche Verhandlungen als Schauplatz die Akropolis.

34 „Die Rede ist nicht dazu angetan, eine Ausnahme von der Regel zu begründen, daß alle Reden in der Ap. G. Erzeugnisse literarischer Kunst sind. Paulus wird sich mit den Philosophen schwerlich eingelassen haben, weil er da den Schriftbeweis nicht führen konnte, der für ihn die wahre praeparatio evangelica war", WELLHAUSEN S. 35.

35 Zitat aus einer Rezension bei NORDEN 127, 2.

36 Ich darf wohl bemerken, daß er mir jetzt, nach häufigen Gesprächen über diese und verwandte Fragen, die Möglichkeit zugibt, daß Lukas wirklich den Inhalt der Rede des Paulus richtig wiedergegeben habe.

37 Oder, wenn er in Caesarea nicht selbst zugegen gewesen sein sollte, hatte er jedenfalls die Möglichkeit, sich durch Paulus und andere zu informieren.

38 Ganz ebenso liegt es z. B. bei Caesar oder bei Bismarcks Reden, während Cicero sich in seinen vertrauten Briefen viel mehr gehn läßt. Das sind aber auch keine Schriftstücke, die in der Welt eine bestimmte Wirkung erzielen sollen (wie übrigens Bismarcks Briefe an seine Frau auch nicht; an seinen Schwiegervater dagegen schreibt er in dem Werbebrief um seine Tochter durchaus als Politiker, vielleicht mehr, als er sich selbst bewußt gewesen ist).

39 Sie berührt sich mit den Reden des Petrus und Stephanus und ergänzt diese. In dem Schlußkapitel, der Ansprache an die Juden in Rom, wird das gleiche noch einmal kurz angedeutet, und daran schließt, als die Juden nicht hören wollen, wie in Antiochia Pisidia auch, der Übergang zu den Heiden.

40 Lukas hat das, um seine christlichen Leser zu orientieren – für Griechen wäre das nicht nötig gewesen –, geschickt vorbereitet durch den Eingangssatz: „während Paulus seine Gefährten in Athen erwartete" – das schafft die Verbindung mit der vorangehenden Erzählung – „geriet sein Geist in ihm in leidenschaftliche Erregung (παρωξύνετο τὸ πνεῦμα αὐτοῦ ἐν αὐτῷ), als er sah, wie die Stadt voll von Götzenbildern war".

Dadurch wird zugleich die Tendenz der Eingangsworte des Paulus verschoben: sie erscheinen als ein Ausbruch seiner Stimmung, während sie in Wirklichkeit gerade umgekehrt das Publikum für ihn gewinnen sollen. Auch das zeigt, daß er die Rede nicht erfunden hat, sondern eine Vorlage benutzt, die sie enthielt.

41 Ebenso bezeichnet Festus act. 25, 19 die jüdische Religion als ihre δεισιδαιμονία. Sonst kommt das Wort im NT. nicht vor. Setzen wir statt der Dämonen θεός ein, so entspricht das Wort dem hebraeischen „gottesfürchtig", einem Begriff, der der griechischen Religion und vollends der Aufklärung ganz fremd, dagegen echt orientalisch und jüdisch ist. Vgl. Bd. II, wo ich darauf aufmerksam gemacht habe, daß dieser Begriff in den Evangelien überhaupt nicht vorkommt, wohl aber mehrfach bei Paulus.

42 Pausan. I 1, 4 ἐνταῦθα ... βωμοὶ θεῶν τε ὀνομαζομένων Ἀγνώστων καὶ Ἡρώων καὶ παίδων τῶν Θησέως καὶ Φαληροῦ. – In Olympia steht neben dem großen Altar des Olympischen Zeus ein Ἀγνώστων θεῶν βωμός und weiter die mehrerer anderer Gestalten des Zeus sowie anderer Götter Paus. V 14, 8. Ein Altar in Pergamon aus römischer Zeit mit der Inschrift Θεοῖς Ἀγ[νώστοις] Καπίτων δᾳδοῦχος HEPDING, Athen. Mitte. 35, 1900, 455, DEISSMANN, Paulus 178 ff. Daß HEPDINGs Ergänzung als gesichert gelten darf, zeigt WEINREICH de dis ignotis 1914 p. 29 ff. Der Altar ist bald darauf in einer Seiteninschrift den Ἄνεμοι gewidmet worden. HEPDING und ebenso WEINREICH, Deutsche Literaturgesch. 1913, 2759 (ähnlich schon JESSEN, Ἄγνωστοι θεοί bei PAULY-WISSOWA, Suppl. I 29) halten alle diese Weihungen für spät und fassen sie als eine Ergänzung des Pantheons, bei der man alle irgendwie denkbaren Gottheiten berücksichtigen wollte, und daher auch die, von denen man keine Kunde hatte. Das ist gewiß möglich, und die Zusammenstellung der Altäre in Olympia spricht vielleicht dafür; aber zu einer Entscheidung reicht unser Material nicht aus.

43 Es wird lediglich Zufall sein, daß die Inschrift nur noch bei Philostratos vit. Apoll. VI 3 erwähnt wird. Er läßt hier den Apollonios in einem Gespräch am Nil sagen: „gegen irgend eine Gottheit übel zu reden, wie das Hippolytos gegen Aphrodite getan hat, halte ich nicht für ein Zeichen richtiger Gesinnung (σωφροσύνη), denn es ist richtiger (σωφρονέστερον), über alle Götter nur Gutes zu reden, und zumal in Athen" – der Heimat des Hippolytos – „wo man sogar Altäre der unbekannten Gottheiten errichtet hat." Das wird natürlich als Beleg der besonderen Frömmigkeit der Athener angeführt, die Hippolytos verletzt hat. Daß der Text völlig korrekt überliefert ist und daß NORDENs Vermutung nicht haltbar ist, hier liege ein Zitat aus einer Schrift des Apollonios vor (die dann die Quelle für die Paulusrede sein soll), glaube ich (im Anschluß an HARNACK und CORSSEN) in meiner Abhandlung über Apollonios von Tyana und die Biographie des Philostratos, Hermes 52, 1917, 899 ff., gezeigt zu haben. Auch Philostratos hat den Wortlaut der Inschrift geändert, und zwar in ἀγνώστων δαιμόνων βωμοί; er ersetzt die „Götter" durch „Daemonen" und versetzt sie damit aus der Klasse der Hauptgötter in die der untergeordneten und unbestimmten göttlichen Mächte. Diese Änderung geht aber in eine ganz andere Richtung als die von Paulus vorgenommene.

44 Daß Paulus den Wortlaut der Inschrift geändert habe, erkennt auch Hieronymus an (Kommentar zum Titusbrief 1, 12, bei NORDEN S. 118); er behauptet, der richtige Text der Altarinschrift laute *diis Asiae et Europae et Africae, diis ignotis et peregrinis.* Das ist entweder Erfindung, oder, wie NORDEN annimmt, eine Weihung frühestens aus hadrianischer Zeit; vgl. WEINREICH, de dis ignotis 25 ff. Spätere kirchliche Schriftsteller haben dann auch hier den Singular eingesetzt und zitieren Θεοῖς Ἀσίας καὶ Εὐρώπης καὶ Λιβύης, θεῷ ἀγνώστῳ καὶ ξένῳ.

45 ποῖον οἶκον οἰκοδομήσετέ μοι, καὶ ποῖος τόπος τῆς καταπαύσεως μου; der hebraeische Text sagt statt dessen bekanntlich: „wo wollt ihr mir ein Haus bauen," mit Beziehung auf die Samaritaner.

46 In der Rede des Stephanus ist der Text von LXX πάντα γὰρ ταῦτα ἐποίησεν ἡ χείρ μου noch prägnanter in einen Fragesatz umgesetzt: οὐχὶ ἡ χείρ μου ἐποίησεν ταῦτα πάντα.

47 Vgl. Bd. II.

48 προσδεόμενός τινος, letzteres wegen des Gegensatzes zu πᾶσι im folgenden wohl eher mit Luther als Maskulinum als als Neutrum („als ob er etwas bedürfte") zu fassen.

49 NORDEN S. 13 f.

50 Das grundlegende Wort des Amos 5, 25 wird denn auch in der Stephanusrede v. 42 zitiert und der Opferdienst direkt als Götzendienst (λατρεύειν τῇ στρατιᾷ τοῦ οὐρανοῦ) betrachtet.

51 ἐποίησέν τε ἐξ ἑνὸς κᾶν ἔθνος ἀνθρώπων, κατοικεῖν ἐπὶ παντὸς προσώπου τῆς γῆς, ὁρίσας προστεταγμένους καιροὺς καὶ ὁροθεσίας τῆς κατοικίας αὐτῶν. Die im Henoch und den verwandten Schriften breit ausgeführte Vorstellung, daß das Schicksal aller Völker und Reiche und der gesamte Weltverlauf von Gott von Anfang an festgelegt ist (Bd. II), tritt auch hier hervor,

52 Daran hat denn auch die abendländische Rezension Anstoß genommen und ζητεῖν τὸν θεόν geändert in μάλιστα ζητεῖν τὸ θεῖον, τί ἐστιν, εἰ ἄρα γε ψηλ. αὐτό (entsprechend nachher οὐ μακρὰν ... ὄν für ὑπάρχοντα). Ebenso hat sie zu ἐξ ἑνός noch αἵματος hinzugesetzt, was sich auch sonst vielfach findet. Den Sinn ändert das nicht; denn die Menschen sind eines Bluts, weil sie von einem einzigen Urmenschen abstammen. Aber da Paulus eben die Schöpfung Adams durch Gott im Sinne hat, wird αἷμα stilistische Interpolation sein.

53 Vgl. Rom. 1, 32. 2, 14. 3, 29: ἢ Ἰουδαίων ὁ θεὸς μόνος; οὐχὶ καὶ ἐθνῶν; ναὶ καὶ ἐθνῶν, denn er bietet beiden die Rechtfertigung durch den Glauben.

54 12, 23–13, 9; vgl. NORDEN S. 127 ff. (vgl. auch Bd. II).

55 So NORDEN S. 129. Er verlangt von Paulus eine rücksichtslose dogmatische Darlegung seiner Lehre, während es sich doch nur um den Versuch handelt, auf einem besonders schwierigen Boden vorsichtig tastend Fuß zu fassen.

56 Rom. 2, 1–15. Vgl. 11, 15 ff.: Die Juden sind die ἀπαρχή oder die ῥίζα, die Heiden das φύραμα oder die κλάδοι.

57 χαράγματι τέχνης καὶ ἐνθυμήσεως ἀνθρώπων, mit der bekannten, den Griechen ganz geläufigen Umstellung der chronologischen Folge, weil man von dem Endergebnis ausgeht. Die Götterbilder sind das Produkt der Arbeit des Künstlers; diese aber wird nach der Idee, die er sich gebildet hat, gestaltet.

58 Daß er für das von Paulus gebrauchte Bild des „Tastens" Gottes (ψηλαφᾶν) keine Parallele aus der Stoa anführen kann, sagt NORDEN selbst S. 17; am nächsten kommt ihm die von diesem angezogene Stelle des Manilius astron. IV 915 ff.: Gott offenbart sein Antlitz und seinen Körper in dem sich ewig drehenden Himmel und drängt sich uns dadurch auf (*vultusque suos corpusque recludit semper volvendo, seque ipsum inculcat et offert*). Vgl. auch den berühmten orphischen Hymnus Fr. 21 KERN (46 ABEL), den schon Plato Leg. IV 715 e kennt: Ζεὺς ἀρχή, Ζευς μέσσα, Διός δ' ἐκ πάντα τέτυκται. Ζεὺς πυθμὴν γαίης τε καὶ οὐρανοῦ ἀστερόεντος. Daß diese Anschauung auch sonst dem Christentum nicht fern lag, zeigt das Logion von Oxyrynchos (PREUSCHEN, Antilegomena 43; KLOSTERMANN, Apokrypha II [Kl. Texte 8] S. 17), auf das NORDEN gleichfalls verweist, eine Weiterbildung des Spruchs Matth. 18, 19 f.: λέγει Ἰησοῦς · ὅπου ἐὰν ὦσιν [δύο, οὐκ εἰσιν] ἄθεοι, καὶ ὅπου εἷς ἐστιν μόνος, λέγω · ἐγώ εἰμι μετ' αὐτοῦ. ἔγειρον τὸν λίθον, κἀκεῖ εὑρήσεις με · σχίσον τὸ ξύλον, κἀγὼ ἐκεῖ εἰμι. Diese pantheistische Anschauung erinnert an die älteste milesische Philosophie (πάντα πλήρη θεῶν). Eine Parallele aus einem hermetischen Traktat (frühestens zweites Jahrhundert n. Chr.) V 2 führt NORDEN an: Gott ist mit den Augen des Geistes erkennbar, φαίνεται διὰ παντὸς τοῦ κόσμου · νόησιν λαβεῖν, ἰδεῖν καὶ λαβέσθαι αὐταῖς ταῖς χερσὶ δύνασαι, καὶ τὴν εἰκόνα τοῦ θεοῦ θεάσασθαι. Aber eine literarisch vermittelte Abhängigkeit vermag ich hier ebensowenig anzuerkennen wie in der Äußerung Dions or. 12, 28 (p. 384 R.), daß alle Menschen, Hellenen wie Barbaren, das Wesen der Götter von Natur erkennen διὰ τὴν συγγένειαν τὴν πρὸς αὐτούς ... ἅτε γὰρ οὐ μακρὰν οὐδ' ἔξω τοῦ θείου διῳκισμένοι καθ' αὐτούς, ἀλλὰ ἐν αὐτῷ μέσῳ πεφυκότες, μᾶλλον δὲ συμπεφυκότες ἐκείνῳ καὶ προσεχόμενοι πάντα τρόπον κτλ. Derartige Übereinstimmungen, nicht selten bis auf einzelne Ausdrücke, wie hier (ἅτε γὰρ οὐ μακράν = καί γε οὐ μακράν in der Areopagrede, was NORDEN S. 19 für entscheidend hält) liegen in der Natur der Sache und werden jederzeit wiederkehren; das ist eine Erfahrung, die jeder von uns selbst oft gemacht hat und immer wieder machen wird. So halte ich auch einen Zusammenhang der angeführten hermetischen Stelle (NORDEN S. 17, 1) mit dem Eingang des ersten Johannesbriefs für ausgeschlossen: in diesem wird ausgeführt, daß der λόγος τῆς ζωῆς, der von Anfang an war, „von uns mit unseren Augen gesehn und mit unseren Händen betastet ist". Das ist dieselbe mystische Anschauung von dem in Jesus erschienenen schöpferischen Logos wie im Evangelium, eine rein christliche Spekulation, in der weder stoische noch sonst „hellenistische" Einflüsse zu finden sind.

59 NORDEN S. 240 ff. Paulus Rom. 11, 36. Kor. I 8, 6 (wo dieselbe Aussage sowohl an Gott-Vater wie an den Κύριος Jesus Christus angeschlossen wird; dem entspricht dann ev. Joh. 1, 3 vom Logos: πάντα δι' αὐτοῦ ἐγένετο). Kol. 1, 16 f. Ephes. 4, 6. Ferner Hebr. 2, 10.

60 NORDEN vergleicht die Äußerung des Kaisers Marcus IV 23 über die Harmonie des Weltalls, mit einer Anrufung an die φύσις: ἐκ σοῦ πάντα, ἐν σοὶ πάντα, εἰς σὲ πάηντα. Daß für die Stoa Zeus das die gesamte Welt durchdringende Lebensprinzip ist, ist bekannt; s. vor allen den Hymnus des Kleanthes: Zeus' Logos φοιτᾷ διὰ πάντων, Zeus ist der ὕπατος βασιλεὺς διὰ παντός, nichts auf Erden und im Himmel geschieht σοῦ δίχα.

61 ἐν ἀνδρὶ ᾧ ὥρισεν („dem er diese Aufgabe zugewiesen hat"). Ebenso in Petrus' Rede act. 10, 42 παρήγγειλεν ἡμῖν κηρύξαι τῷ λαῷ καὶ διαμαρτύρασθαι, ὅτι οὗτός ἐστιν ὁ ὡρισμένος ὑπὸ τοῦ θεοῦ κριτὴς ζώντων καὶ νεκρῶν. Vgl. Rom. 1, 4 τοῦ ὁρισθέντος υἱοῦ θεοῦ ἐν δυνάμει κατά πνεῦμα ἁγιωσύνης ἐξ ἀναστάσεως νεκρῶν, wo die Erwähnung des Gerichts (vgl. Rom. 2, 16. 8, 34 u. a.) fehlt, aber im übrigen dieselben Gedanken in theologischer Sprache ausgedrückt sind, die die Areopagrede gemeinverständlicher faßt.

62 πίστιν παρασχὼν πᾶσιν. πίστις ist hier zunächst die Bekräftigung, die Glaubwürdigkeit, im Sinne des Paulus aber natürlich zugleich die Forderung des Glaubens als Vorbedingung des Bestehens im Gericht.

63 Kurz zusammengefaßt hat Lukas die Hauptargumente des ersten Teils der Areopagrede in der Rede des Barnabas und Paulus in Lystra, als die Lykaonen sie als Inkarnationen des Zeus und Hermes verehren wollen, 14, 15 ff.: Mahnung zur Abkehr von den wesenlosen Götzen zu dem lebendigen Schöpfergott; dieser hat allen Völkern die Möglichkeit, ihn zu erkennen, durch seine Werke gegeben, aber sie bisher ihre Wege gehn lassen. Damit wehren sie die Verehrung ab; das weitere, die Bekehrungspredigt, anzufügen, lag hier kein Anlaß vor. – Hier hat Lukas gewiß keine die wirkliche Rede enthaltende Vorlage gehabt. Aber sachlich wird seine Darstellung ganz zutreffend sein; denn was zu sagen war, ergab sich aus der Situation von selbst. Insofern hat NORDEN ganz Recht, wenn er (S. 3 ff. 9 f.) diese und ähnliche Reden als Einzelformen eines festen Schemas betrachtet, das sich für die Missionspredigt gebildet hat und das ähnlich auch bei heidnischen Predigern wiederkehrt. Aber seiner Ansicht, daß es sich hier um ein literarisch überliefertes Schema handle, kann ich auch hier nicht zustimmen; die Übereinstimmungen ergeben sich spontan aus der Gleichartigkeit der Aufgabe. Die von ihm S. 6 f. neben die Areopagrede gestellten Parallelen sind wesentlich jünger als die Apostelge-

schichte, sowohl das Kerygma Petri und die dem Barnabas in dem Roman der Klementinen in den Mund gelegte Predigt, wie die 33. Ode Salomos, die sich übrigens mit der Areopagrede nur dadurch berührt, daß hier auch die μετάνοια (natürlich!) und die zukünftige Erlösung verkündet wird, und vollends die Verkündung der Schönheit der εὐσέβεια καὶ γνῶσις, die zur Unsterblichkeit führt, im hermetischen Traktat Poimandres (vgl. Bd. I, II), der im übrigen vielmehr an das von Hesiod geschaffene Schema der Offenbarungsrede anknüpft.

64 Vgl. Caesars Monarchie und das Principat des Pompejus.

65 Nur das kann das vielfach anders gedeutete συνείχετο τῷ λόγῳ bedeuten: erst jetzt gibt er sich ganz der Missionstätigkeit hin, vorher lebte er bei Aquila als Handwerker. Vgl. Philipp. 1, 23 συνέχομαι ἐκ τῶν δύο, der Todessehnsucht und dem Streben weiter zu wirken (ähnlich Jesu Spruch ev. Luc. 12, 50), und activ Kor. II 5, 14 ἡ ἀγάπη τοῦ Χριστοῦ συνέχει ἡμᾶς; ferner von Krankheiten, die jemanden gepackt (befallen) haben act. 28, 8. Matth. 4, 24. ev. Luc. 4, 38; φόβῳ μεγάλῳ συνείχοντο ev. Luc. 8, 37.

66 Außer ihm hat er in Korinth nach Kor. I 1, 14 f. nur noch einen gewissen Gajus und das Haus des Stephanas, „die ἀπαρχή von Achaia" Kor. I 16, 15. 17 getauft; sonst hat er den Taufakt seinen Gehilfen überlassen.

67 Es ist ein Zufall, daß Paulus in dem Eingangsgruß des ersten Korintherbriefs einen Sosthenes ὁ ἀδελφός nennt; weiter ist derselbe nicht bekannt.

68 Kor. I 12, 2.

69 Kor. I 1, 26 f.

70 Kor. II 11, 7 ff. vgl. 12, 12 ff.

71 Vgl. Kor. I 4, 12. 9, 6. II 2, 17.

72 Kor. II 1, 19.

73 Kor. II 1, 1. 9, 2. 11, 10. Vgl. I 16, 15 und act. 18, 27 über Aquila und Priscilla.

74 Ebenso stammt sein Namensvetter, der bekannte streng jüdisch-orthodoxe Übersetzer der Bibel ins Griechische (um 125 n. Chr.), aus dem Pontus.

75 Kor. I 16, 19 ἀσπάζεται ὑμᾶς ἐν Κυρίῳ πολλὰ Ἀκύλας καὶ Πρίσκα σὺν τῇ κατ' οἶκον αὐτῶν ἐκκλησίᾳ (daraus Timoth. II 6, 19).

76 Kor. I 3, 5 ff., vgl. 4, 6.

77 Kor. I 16, 12 περὶ δὲ Ἀπολλὼ τοῦ ἀδελφοῦ, πολλὰ παρεκάλεσα αὐτὸν ἵνα ἔλθῃ πρὸς ὑμᾶς μετὰ τῶν ἀδελφῶν · καὶ πάντως οὐκ ἦν θέλημα ἵνα νῦν ἔλθῃ, ἐλεύσεται δὲ ὅταν εὐκαιρήσῃ. Der seltsam geschraubte Ausdruck: „es war durchaus kein Wille vorhanden, jetzt zu gehn", scheint zu zeigen, daß immer noch eine gewisse Spannung da war: Apollos hat sich dem Paulus untergeordnet, mochte aber keine Neigung verspüren, sich in Korinth selbst zu desavouieren; er sagt wie die Athener: ein ander Mal, wenn es mir besser paßt.

78 Bd. II.

79 Dem entspricht im ersten Korintherbrief 16, 19 ἀσπάζονται ὑμᾶς αἱ ἐκκλησίαι τῆς Ἀσίας.

80 οὐ τὰς τυχούσας δυνάμεις; damit ist anerkannt, daß „gewöhnliche" Wundertaten etwas Alltägliches sind, was auch Ungläubige ausführen können. Vgl. Bd. II 413 ff.

81 Vgl. Bd, II. Die Geschichte ist ein abgeschwächtes Seitenstück zu der von Simon Magus. Den Namen Jesus („der Gott der Hebraeer") verwendet auch der Bd. II erwähnte Zauberpapyrus, neben Sabaoth.

82 Vorher hat Paulus schon in einer Disziplinarsache nach Korinth geschrieben Kor. I 5, 9 ff., und gewiß auch sonst öfter.

83 Wie die Legende der acta Pauli haben auch manche moderne Interpreten, darunter solche von großem Namen, daraus einen Schauerroman schlimmster Art herausgesponnen: Paulus sei zum Tierkampf verurteilt worden, aber irgendwie aus der Arena entkommen – und dabei soll er dann ruhig weiter in Ephesos geblieben sein und trotz aller Widersacher erfolgreich gewirkt haben, wie er Kor. I 16, 9 ausdrücklich angibt (θύρα γάρ μοι ἀνέῳγεν μεγάλη καὶ ἐνεργής, καὶ ἀντικείμενοι πολλοί)!

84 Kor. I 16, 2 ff.

85 Kor. II 2, 1. 10, 10. 13, 2; der im zweiten Korintherbrief angekündigte Besuch ist daher der dritte: 12, 14. 21. 13, 1 f. Daß Lukas diesen Abstecher von Ephesos nach Korinth nicht erwähnt, ist nur natürlich; eine vollständige Lebensgeschichte des Paulus zu geben, war ja gar nicht seine Absicht.

86 Kor. II 1, 15 f. Wenn er hier den in Aussicht gestellten Besuch als δευτέρα χάρις bezeichnet, rechnet er seinen ersten Aufenthalt, bei dem er die Gemeinde gegründet hat, nicht mit.

87 οἰκονόμοι, die die angeordneten Zahlungen zu leisten haben, erscheinen inschriftlich sehr oft, vor allem in den Griechenstädten Kleinasiens; s. z. B. die Indices zu DITTENBERGERS beiden Sammlungen.

88 Dem entspricht die Angabe des zweiten Timotheusbriefs 4, 20 Ἔραστος ἔμεινεν ἐν Κορίνθῳ, in der also vielleicht eine zuverlässige Überlieferung steckt.

89 Kor. II 12, 18. 7, 6 ff. 2, 13.

90 Kor. II 2, 5. 7, 12.

91 Timotheos ist Kor. II 1, 1 wieder bei Paulus in Makedonien, wo er also seine Ankunft vorbereitet hat. Über Erastos könnte man vermuten, daß er der ungenannte „Bruder" ist, den Paulus Kor. II 12, 18 mit Titus zusammen nach Korinth geschickt hat, daß hier also die Angabe des Lukas ungenau wäre. Die Namen der „Brüder", die Paulus dem Titus beigibt, sind bekanntlich im zweiten Korintherbrief sämtlich gestrichen: 8, 18. 8, 22 (vgl. 9, 8). 12, 18.

92 Statt des Stadtnamens gebraucht er hier den der Provinz; die Verfolgung mag ja auch, ebenso wie die Mission (Kor. 1 16, 19. Rom. 16, 5; vgl. o.), in die übrigen Städte übergriffen haben. Hängt mit der Äußerung des Korintherbriefs zusammen, daß Lukas 19, 22 sagt (vor dem Bericht über den τάραχος) αὐτὸς ἐπέσχεν χρόνον εἰς τὴν 'Ασίαν, nicht ἐν 'Εφέσῳ?

93 Kor. II 1, 8 ff. ἵνα μὴ πεποιθότες ὦμεν ἐφ' ἑατοῖς ἀλλ' ἐπὶ τῷ θεῷ τῷ ἐγείροντι τοὺς νεκρούς. Natürlich kann ἵνα bei Paulus konsekutiv (= ὥστε) verstanden werden, wie es an dieser Stelle manche Interpreten tun. Aber die Fassung des Satzes legt doch die finale Auffassung näher, oder vielmehr eine Mischung von beidem, wie ich sie in der Übersetzung wiederzugeben versucht habe.

94 Kor. II 1, 6, vorher in v. 3 ff. weiter ausgeführt.

95 τάραχος οὐκ ὀλίγος περὶ τῆς ὁδοῦ.

96 Die Vermutung von HICKS, dem verdienstvollen Bearbeiter der Inschriften von Ephesos (Ancient Greek inscr. in the British Museum, Part III 2, 1890), die Erzählung sei aus einem Mißverständnis des jährlichen Beamtenkollegiums der νεωποῖαι (später νεοποιοί geschrieben) entstanden, der Baubehörde des Tempels, die sich ebenso in zahlreichen andern kleinasiatischen Griechenstädten findet (s. HICKS p. 80 f.), ist von RAMSAY, The Church in the Roman Empire before a. D. 170 (1893; 7. ed. 1903) cap. 7 (St. Paul at Ephesus) eingehend widerlegt. Die Möglichkeit, daß der Demetrios der Apostelgeschichte identisch sei mit dem Demetrios, der in dem Ehrendekret von Rat und Volk no. 578 für ein derartiges Kollegium (ohne Anführung der Motive) als dessen Vorsitzender erscheint, ist natürlich nicht zu widerlegen, aber bleibt um so mehr eine vage Vermutung, da der Name einer der allergewöhnlichsten und die Zeit des Dekrets (Ende des ersten oder Anfang des zweiten Jahrhunderts n. Chr.) nicht genauer feststellbar ist.

97 Bekanntlich haben sich solche Nachbildungen von Tempeln in Silber nicht erhalten, wohl aber zahlreiche in Marmor und Terrakotta, s. RAMSAY p. 123 f. und E. CURTIUS, Athen. Mitteilungen II 1877, 48 ff. WINTER, Terrakotten III 2 Taf. 175. CONZE, Archaeol. Ztg, 38, 1880, Taf. 2–4.

98 Aristarchos aus Thessalonike geht „mit uns" (als Gefangener?) von Caesarea nach Rom act. 27, 2 und ist in Rom συναιχμάλωτος des Paulus Kol. 4, 10. Philem. 24. Gajus ist wohl verschieden von dem in Korinth getauften Kor. I 1, 14; von diesem, „seinem und der ganzen Gemeinde Gastfreund" (ὁ ξένος μου καὶ ὅλης τῆς ἐκκλησίας; Paulus hat also bei ihm gewohnt und hier die Gemeinde versammelt) bestellt Paulus Rom. 16, 23 Grüße, offenbar aus Korinth. Aristarchos und Gajus erscheinen act. 20, 4 unter den aus Thessalonike stammenden Begleitern des Paulus auf der Reise nach Rom; denn hier ist zweifellos mit BLASS (nach VALCKENAER) συνείπετο δὲ αὐτῷ ... Θεσσαλονικέων δὲ 'Αρίσταρχος καὶ Σεκοῦνδος καὶ Γάιος, Δερβαῖος δὲ Τιμόθεος zu lesen statt καὶ Γάιος Δερβαῖος καὶ Τιμ. Sie werden an unserer Stelle (19, 29) als συνέκδημοι Παύλου bezeichnet; das ist nach Kor. II 8, 19 terminus technicus für die Delegierten, welche die Gemeinden dem Paulus für die Geldsachen beiordnen.

99 Das wird allerdings von BRANDIS in dem sehr sorgfältigen Artikel Asiarches bei PAULY-WISSOWA gegen die von MOMMSEN, Röm. Gesch. V 318 ff. und Anderen vertretene Ansicht bestritten; er hält sie für Deputierte der einzelnen Städte zum Landtag. Das scheint mir weder mit den Zeugnissen noch mit den analogen Stellungen der Lykiarchen (Strabo XIV 3, 3), Bithyniarchen, Galatarchen, Pontarchen vereinbar. Daß mit der Vermehrung der Kaisertempel (zu dem in Pergamon kam zuerst 23 n. Chr. der in Smyrna hinzu) und der Ehrentitel der Städte auch die Zahl der Asiarchen vermehrt wurde, scheint sicher zu sein.

100 Strabo XIV 1, 42 ἡ τῶν Τραλλιανῶν πόλις ... συνοικεῖται καλῶς εἴ τις ἄλλη τῶν κατὰ τὴν 'Ασίαν ὑπὸ εὐπόρων ἀνθρώπων, καὶ ἀεί τινες ἐξ αὐτῆς εἰσιν οἱ πρωτεύοντες κατὰ τὴν ἐπαρχίαν, οὓς 'Ασιάρχας καλοῦσιν.

101 HICKS l. c. p. 82. In einem Falle, unter Trajan, ist er zugleich Asiarch (no. 500).

102 Cicero pro Flacco 15 ff. 57 f.

103 Die Stadt Ephesos wird völlig korrekt als νεωκόρος τῆς μεγάλης 'Αρτέμιδος bezeichnet; ebenso ist das Götterbild natürlich διοπετές.

104 ἀγοραῖοι (sc. σύνοδοι) = *conventus*, die vom Proconsul abgehaltenen Gerichtstage der einzelnen Sprengel der Provinz; ebenso z. B. Strabo XIII 4, 12. Dio Chrys. or. 35 (in Kelaenae) II p. 69 R., sowie in dem Erlaß des Proconsuls P. Servilius Isauricus (im Text fälschlich Γάλβας) vom J. 46/5 an Milet bei Joseph. Arch. XIV 244, auf Grund einer Beschwerde, die ihm ein Jude ἐν Τράλλεσιν ἄγοντι τὴν ἀγόραιον zustellt.

105 Für συνεβίβασαν der besten Handschriften bieten andere προεβίβασαν, D von erster Hand κατεβίβασαν. Das sind Konjekturen, die das nicht mehr verstandene Wort durch ein anschaulicheres ersetzen wollen. Der Lateiner hilft sich vollends durch eine ganz freie Übersetzung: *de ipsa turba distraxerunt* (oder *detr.*) *Alexandrum*. Auch die Neueren erklären συνεβ. zum Teil für unverständlich (so BLASS, dem PREUSCHEN folgt); oder sie deuten es als „unterwiesen" (so WENDT; WEIZSÄCKER übersetzt: „doch verständigte man aus der Masse den Alexander"; ebenso WELLHAUSEN) auf Grund von Jes. 40, 13, das Paulus Kor. I 2, 16 zitiert: τίς γὰρ ἔγνω νοῦν Κυρίου, ὃς συμβιβάσει αὐτόν [das dazwischen stehende καὶ τίς αὐτοῦ σύμβουλος ἐγένετο hat Paulus hier ausgelassen, wie umgekehrt Rom. 11, 34 ὃς συμβ. α.], wo das Zusammenkommen mit Gott (wie bei Minos) „mit ihm zu Rat sitzen", „ihn beraten" bedeutet. Aber mit Unrecht hat man diese Bedeutung auch in die übrigen Stellen des NT. hineingelegt, in denen συμβ. vorkommt. Paulus sagt Kol. 2, 19 (= Ephes. 2, 16), daß „aus dem Haupt der ganze Körper durch die Bänder und Sehnen ἐπιχορηγούμενον καὶ συμβιβαζόμενον

ernährt und zusammengehalten wird"; Kol. 2, 2 will er durch seine Fürsorge bewirken, daß die Herzen der Kolosser und Laodikener „tröstend aufgerichtet werden" (παρακληθῶσιν) συμβιβασθέντες ἐν ἀγάπῃ „in Liebe zusammengebracht (vereinigt)" – nicht etwa „belehrt" oder „unterwiesen". Bei Lukas selbst act. 16, 10, als Paulus infolge des nächtlichen Gesichts nach Makedonien geht, heißt συμβιβάζοντες ὅτι προσκέκληται ἡμᾶς ὁ θεὸς εὐαγγελίσασθαι αὐτούς „indem wir kombinierten (schlossen)"; ähnlich 9, 22: Saulus erregt nach seiner Bekehrung die Juden in Damaskus συμβιβάζων ὅτι οὗτός ἐστιν ὁ Χριστός „indem er durch Schlüsse zeigte, daß Jesus der Messias ist". Überall ist der ursprüngliche Wortsinn „zusammengehn lassen, zusammenbringen" die Grundlage; er liegt auch an unserer Stelle vor. [Ganz verfehlt ist die Übersetzung von BERNH. WEISS, Die Apostelgesch., 1893, S. 233: „einige aus der Menge *beschlossen*, daß Alexander (scil. es sei, um deswillen man zusammengekommen)".]

106 Das ist natürlich oft genug der Fall gewesen; so sind beim Martyrium Polykarps die Juden von Smyrna die Hauptהetzer, ὡς ἔθος αὐτοῖς (mart. Polyc. 12. 13. 17).

107 WELLHAUSEN hält (Gött. Nachr. 1907, 16 f prägnanter als Krit. Analyse der Ap. 40 f.) die Erzählung für eine Schilderung einer Judenhetze in Ephesos, die Lukas fertig übernommen, der er aber den Kopf abgeschnitten habe, um sie in eine Christenverfolgung umzuwandeln; dadurch habe er die Erzählung unverständlich gemacht. Damit wird das Problem, das die Erzählung bietet, nicht gelöst, sondern beiseite geschoben; denn wie man auch über den Verfasser oder Redaktor der Apostelgeschichte denken möge, ein solcher Schwachkopf war er doch nicht. daß er unverständliches und sinnloses Zeug hinschreibt, sondern er muß damit eine Anschauung verbunden haben, nur um so mehr, falls er wirklich ganz frei und skrupellos kombiniert und erfunden hat. Wenn WELLHAUSEN bei der Erwähnung der Asiarchen sagt: „die fehlen gerade noch neben dem Schultheiß und den Proconsuln", so ist das die uns bereits genügend bekannte Manier: wenn die Erzählung Anstöße bietet, ist sie unhistorisch, wenn sie, wie hier, völlig sachgemäße und zutreffende Angaben enthält, so erst recht. – Die Art, wie PREUSCHEN sich zu diesen Fragen stellt, ist für die übliche Kritik so bezeichnend, daß ich sie nicht übergehn kann. Er sagt: „HICKS denkt vielleicht mit Recht an ein Mißverständnis des Titels νεωποίης" und „die ganze Szene hat ursprünglich wohl nichts mit Paulus zu tun (WELLHAUSEN S. 16 f.)" – d. h. der Verfasser eines Kommentars zur Apostelgeschichte läßt die Frage unentschieden, ob das Werk, das er erläutern will, ein geschichtlicher Bericht oder ein Schwindelbuch ist!

108 Jos. Arch. XII 125 εἰ συγγενεῖς εἰσιν αὐτοῖς Ἰουδαῖοι, σέβεσθαι τοὺς αὐτῶν θεούς. – XIV 213: Die Gemeinde Parion am Hellespont, damals noch nicht römische Kolonie, sondern eine Griechenstadt, hat einen Volksbeschluß gefaßt, der den Juden verbietet τοῖς πατρίοις ἔθεσι καὶ ἱεροῖς χρῆσθαι oder ζῆν κατὰ τὰ αὐτῶν ἔθη καὶ χρήματα εἰς σύνδειπνα καὶ τὰ ἱερὰ εἰσφέρειν. Das wird unter Caesar durch einen Erlaß des Proconsuls Servilius Isauricus 46/5 [dieser Name ist zweifellos mit RITSCHL und MENDELSSOHN einzusetzen] aufgehoben.

109 Jos. XVI 27 f. (vgl. 45), bestätigt durch die zahlreichen XIV 190 ff. und XVI 162 ff. ungeordnet zusammengestellten Urkunden.

110 Cic. pro Flacco 66 ff.

111 Jos. XIV 228 ff. 230. 231 f. 234. 286 ff. Lentulus hob damals in Asia zwei Legionen aus (Caesar civ. III 4). In derselben Zeit bestätigt L. Antonius M. f. ἀντιταμίας καὶ ἀντιστρατηγός (ebenso in der Inschrift von Pergamon DITTENBERGER Or. gr. 448) den Juden von Sardes das ihnen ἀπ' ἀρχῆς zustehende Recht, σύνοδον ἔχειν ἰδίαν κατὰ τοὺς πατρίους νόμους, καὶ τόπον ἴδιον, ἐν ᾧ τά τε πράγματα καὶ τὰς πρὸς ἀλλήλους ἀντιλογίας κρίνουσιν (XIV 235).

112 Jos. XIV 213 ff. an Parion (s. o.); 241 ff. und 244 ff. an Tralles.

113 Jos. XIV 223 ff.

114 Jos. XIV 262 ff. – Die Beschlüsse von Halikarnass und Sardes XIV 256 ff. 259 ff. gehören in frühere Zeit, wahrscheinlich in die Zeit. als der Senat im J. 122 den Hyrkanos anerkannte und beschützte (Bd. II), wie sicher das Dekret von Pergamon XIV 247 ff.

115 Vgl. die Erlasse an Hyrkanos, Tyros und andere syrische Städte XIV 306 ff.

116 Den ausführlichen Bericht über die Verhandlungen vor Agrippa XVI 27 ff. faßt Josephus XII 125 dahin zusammen, daß die Ionier die Forderung stellen, „daß sie allein an der freien Verfassung, die Antiochos II. Theos (um 259 v. Chr.) ihnen gegeben hatte, Teil haben sollten". Das gibt die Tendenz ganz richtig wieder, obwohl nach XVI 58 die Griechen vor Agrippa keine Darlegung ihrer Forderungen gegeben haben (ἐγένετο οὐδεμία τῶν Ἑλλήνων ἀντικατάστασις), da eine förmliche Gerichtsverhandlung nicht stattfand. Josephus sagt in den angeführten Worten nicht direkt, daß Antiochos II. den Juden das Bürgerrecht in den Städten gegeben habe (so wenig wie Antiochos III. in dem Erlaß an Zeuxis XII 148 ff.), aber seine Worte sollen beim Leser diesen Eindruck erzeugen. In Wirklichkeit sind sie zunächst zweifellos Beisassen gewesen, haben dann aber in praxi das Bürgerrecht erlangt, so gut wie die Asiaten in den Städten und vom Lande, je mehr die Vermischung fortschritt. So bezeichnen die Sardianer sie XIV 259 (um 122, s. o.) als οἱ κατοικοῦντες ἡμῶν ἐν τῇ πόλει ἀπ' ἀρχῆς Ἰουδαῖοι πολῖται, und der Proconsul Servilius bezeichnet in dem Schreiben an Milet XIV 245 den Juden Prytanis Sohn des Hermes als πολίτης ὑμέτερος; in Alexandria erkennt Caesar ihre Bürgerrechte an (Jos. XIV 188). Aber dadurch, daß sie sich im Verkehr peinlich absondern und auf Grund ihrer Religion und der damit untrennbar verbundenen Lebensführung zugleich eine Sonderstellung und Exemtion von den damit in Widerspruch stehenden Gesetzen fordern, entsteht die eigenartige Doppelstel-

lung, halb als Volksgenossen, vor allem soweit die Rechtsansprüche reichen, halb als Fremde, welche den jüdischen Gemeinden bis auf den heutigen Tag anhaftet und das Problem so unlösbar macht. Die volle Konsequenz zieht gegenwärtig der Zionismus.

117 Jos. XVI 166 (= Philo ad Gaium 315), 171.

118 Jos. XVI 162 ff., aus Nikolaos lib. 123 und 124 (Jos. XII 127).

119 Jos. XVI 167 f. 169 f.

120 Jos. XVI 172 f.

121 Jos. XVI 162 ff. Zum ἀνδρών vgl. den ξενών bei der Synagoge in der von LIETZMANN Z.N.T.W. XX 1921, 171 behandelten Inschrift aus Jerusalem.

122 HARNACK, Die Adresse des Epheserbriefs des Paulus, Ber. Berl. Ak. 1910, 696 ff. Marcion S. 112*, 142* ff.

123 Kol. 29, 1.

124 In seinen Briefen erwähnt Paulus noch einzelne Vorgänge, von denen Lukas keine Kunde erhalten oder die er nicht der Erwähnung wert erachtet hat; so Kor. II 11, 25 daß er „von den Juden fünfmal die 39 Hiebe erhalten hat, (von den römischen Lictoren) dreimal mit Ruten geschlagen ist, einmal gesteinigt (von den Juden in Lystra act. 14, 19), dreimal Schiffbruch erlitten hat, wobei er einmal Tag und Nacht auf dem Abgrund (also auf den Meereswogen) zubrachte", von den zahlreichen Gefahren der Reisen ganz abgesehn, ferner Rom. 16, 7, daß Andronikos und Iunias mit ihm im Gefängnis gesessen haben, wo, wissen wir nicht.

125 15, 19 ὥστε με ἀπὸ 'Ιερουσαλὴμ καὶ κύκλῳ μέχρι τοῦ 'Ιλλυρικοῦ πεπληρωκέναι τὸ εὐάγγέλιον τοῦ Χριστοῦ.

126 15, 23 νυνὶ δὲ μηκέτι τόπον ἔχων ἐν τοῖς κλίμασι τούτοις.

127 S. o.

128 Eusebios hist. eccl. II 22 vermutet auf Grund des zweiten Timotheusbriefes, daß Paulus in dem Prozeß, mit dem die Apostelgeschichte schließt, freigesprochen und dann später ein zweites Mal nach Rom gekommen und hier hingerichtet sei; in dieser Gefangenschaft habe er den zweiten Timotheusbrief geschrieben. In der Zwischenzeit sei er wieder auf Mission ausgezogen; aber von Spanien ist dabei nicht die Rede.

129 Clem. ad Cor. 5, 7 ἐπὶ το τέρμα τῆς δύσεως ἐλθὼν καὶ μαρτυρήσας ἐπὶ τῶν ἡγουμένων.

130 S. HARNACK. Mission und Ausbreitung des Christentums II[3] 316 ff.

131 Es kommt noch hinzu, daß hier, in dem völlig romanisierten Lande, Paulus lateinisch hätte predigen müssen; und dazu war er schwerlich imstande.

132 Act. 19, 22. 20, 4. Rom. 16, 21. Kol. 1, 1. Philem. 1.

133 Aus dem Römerbrief ist auch κατὰ τὸ εὐαγγέλιόν μου II 2, 8 entlehnt.

134 Im Brief an Titus 3, 12 will Paulus den Tychikos oder Artemas zu diesem schicken. Titus hat hier den Zenas (τὸν νομικόν) und Apollos (!) bei sich, die er umgekehrt zu Paulus entsenden soll.

135 Aus dem Juden Alexandros der Apostelgeschichte ist derselbe schwerlich entnommen.

136 Mag die Lesung Γαλατίαν oder Γαλλίαν die richtige sein, daß Gallien gemeint ist, nicht das kleinasiatische Galatien, kann nicht zweifelhaft sein.

137 Über Tim. II 4, 6 ff. 16 ff. s. u. Kap. IX.

KAPITEL IV

1 Wie er der Verfolgung entgangen ist, wissen wir nicht. Marcus wird ihr dadurch entzogen sein, daß er, wie Paulus Kol. 4, 10 angibt, nach Kleinasien gegangen ist. In Gefangenschaft, wie Paulus, waren sie nicht, sondern nur Aristarchos und Epaphras (Kol. 4, 10. Philem. 23. act. 27, 2).

2 Ebenso 3, 15. 5, 32. 10, 39. 42. 13, 31; vgl. Bd. I.

3 Matthaeus sagt ganz im alttestamentlichen Stil διὸ ἐκλήθη ὁ ἀγρὸς ἐκεῖνος ἀγρὸς αἵματος ἕως τῆς ἡμέρας ταύτης; Lukas bewahrt den aramaeischen Namen: ὥστε κληθῆναι τὸ χωρίον ἐκεῖνο τῇ ἰδίᾳ διαλέκτῳ Ακελδαμαχ, τοῦτ' ἔστιν χωρίον αἵματος [daß es Petrus ist, der redet, hat Lukas dabei ganz vergessen]. Das auffallende χ am Ende hat KLOSTERMANN, dem WENDT Apostelgesch. S. 75 folgt, veranlaßt, eine Umdeutung anzunehmen; der wahre Name sei *chaqal-dâmek* „Acker des Schlafenden" = Totenacker gewesen. Aber abgesehn von allen anderen Bedenken müßte das *chaqal-damkâ* mit Artikel heißen: „Acker eines Schlafenden" ist sinnlos. Vielmehr ist χ hier wie in Σειραχ die Wiedergabe des scharfen Stimmabsatzes (Aleph), der sich bei der starken Artikulation der Semiten bei langen Schlußvokalen leicht einstellt und im hebraeischen Text nach auslautendem –û und î nicht selten geschrieben wird, ebenso bekanntlich ständig im Arabischen bei der 3. plur. auf –û. Bei türkischen Ausrufern habe ich den Laut oft gehört, z. B. *ṣucû'* „Wasserträger".

4 Das Zitat (Matth. 27, 9) weicht bekanntlich sowohl von LXX wie vom hebraeischen Text mehrfach ab. Wirklich verstehn können hat nie jemand, was Deuterozacharja gemeint haben mag; eben darum eignete sich eine solche Stelle um so besser für jede beliebige Deutung. Auch die Damukusschrift benutzt den unmittelbar vorhergehenden Vers 11, 11 sowie 18, 7 (s. m. Abh.: Die Gemeinde des neuen Bundes von Damaskus, Abh. Berl. Ak. 1919, 26).

5 Bekanntlich gibt nur Matthaeus diese Zahl (26, 15 οἱ δὲ ἔστησαν αὐτῷ τριάκοντα ἀργύρια, wörtlich = Zach.

11, 12 καὶ ἔστησαν τὸν μου μισθόν μου τριάκοντα ἀργυροῦς), während Marcus 14, 10 nur sagt καὶ ἐπηγγείλαντο αὐτῷ ἀργύριον δοῦναι (ebenso Luc. 22, 5).

6 BLASS hat es allerdings fertig gebracht, in seiner kleinen Ausgabe καὶ κατέδησεν αὐτοῦ τὸν τράχηλον in den Text einzuschieben!

7 Das ist auch in der Schilderung des Ausgangs der Gottlosen in der Σοφία Σαλωμῶνος 4, 19 benutzt: ῥήξει αὐτοὺς ἀφώνους πρηνεῖς. Papias hat in seinem vierten Buch das schauerliche Ende des Judas noch weiter ausgemalt, nach Analogie des Ausgangs des Antiochos Epiphanes Makk. II 9, 7 ff.

8 Kor. I 12, 10. 30. 13, 8. c. 14.

9 Vgl. die Schilderung des Celsus bei Origenes VII 9 Bd. II 414.

10 Act. 10, 46. 19, 6. Es ist wohl nur Zufall, daß bei der Geisteserteilung an die Samaritaner 8, 17 (Petrus und Johannes legen ihnen die Hände auf, καὶ ἐλάμβανον πνεῦμα ἅγιον) die Glossolalie nicht erwähnt wird.

11 Act. 2, 41. 47. 4, 4. 6, 1. 7.

12 Act. 2, 43 ἐγίνετο δὲ πάσῃ ψυχῇ φόβος · πολλὰ δὲ τέρατα καὶ σημεῖα διὰ τῶν ἀποοστόλων ἐγίνετο.

13 Die χρόνοι ἀποκαταστάσεως πάντων, ὧν ἐλάλησεν ὁ θεὸς διὰ στόματος τῶν ἁγίων ἀπ' αἰῶνος αὐτοῦ προφητῶν [„wovon er geredet hat"; ὧν bezieht sich nicht etwa, wie manche Interpreten glauben, auf χρόνοι, sondern ist lose an πάντων angefügt, und dies ist nicht masculinum („aller Menschen" oder „aller Juden"), sondern neutrum („aller Dinge"); so richtig WENDT] sind natürlich die Zeiten der seit Jesaja immer wieder verkündeten Weltumwandlung unter der Herrschaft des Messias. Bis dahin, bis „Gott den für euch im voraus bestellten Messias Jesus entsendet", ist er in den Himmel aufgenommen. Der Satz ist dem Verfasser aus den Fugen gegangen (καὶ ἀποοστείλῃ τὸν προκεχειρισμένον ὑμῖν Χριστὸν Ἰησοῦν, ὃν δεῖ οὐρανὸν μὲν δέξασθαι ἄχρι χρόνων ἀποκαταστάσεως πάντων) und daher das μὲν ohne Ergänzung durch ein δέ; aber was gemeint ist, ist klar: jetzt hat ihn der Himmel aufnehmen müssen, dann aber wird er zum Weltgericht kommen; inzwischen ist die Möglichkeit geboten, durch den Glauben die ἀνάψυξις ἀπὸ προσώπου τοῦ Κυρίου zu gewinnen.

14 Act. 4, 2. 5, 24. 26. Joseph. Arch. XX 131. Bell. VI 294. Lukas hat ihn auch im Evangelium 22, 52 eingesetzt (ἀρχιερεῖς καὶ στρατηγοὺς τοῦ ἱεροῦ καὶ πρεσβυτέρους).

15 Zu den 4, 1. 5 f. sowie 5, 17 aufgezählten Beamten und der Rolle der Saddukaeer vgl. Bd. I und II.

16 Psalm 118, 22, bei Marcus am Schluß der Parabel vom Weinberg 12, 10 (daraus Matth. 21, 42. Luk. 20, 17).

17 In 5, 17 hat BLASS mit Recht Ἀναστάς in Ἄννας (= 4, 6) korrigiert.

18 Dem entspricht bei Matthaeus der von ihm in die Passion eingefügte Zusatz 27, 25, daß, als Pilatus Jesus nicht verurteilen will und seine Hände wäscht, die Menge ausruft: τὸ αἷμα αὐτοῦ ἐφ' ἡμᾶς καὶ ἐπὶ τὰ τέκνα ἡμῶν.

19 Bd. II.

20 Es ist vielleicht nicht zufällig, daß der Hohepriester, der Jakobus hinrichten ließ, Ananos hieß; dadurch mag Annas auch hier, statt des wirklich amtierenden Hohenpriesters Kajaphas, in den Vordergrund gedrängt sein. Allerdings war Lukas zur Zeit der Hinrichtung des Jakobus nicht mehr in Palaestina, sondern bereits mit Paulus in Rom.

21 Zwischen beide sind die Angaben über die kommunistische Organisation und die Armenversorgung sowie die Notiz über Barnabas und die Geschichte von Ananias und Sapphira eingeschoben, die mit der zweiten Verhaftung nichts zu tun haben, sondern die Einsetzung der Diakonen und die Stephanusgeschichte vorbereiten.

22 Darauf weisen z. B. die von den trauernden Witwen vorgezeigten Gewänder hin, die Tabitha gewebt hatte (9, 39).

23 Dahin gehört, daß Petrus in Joppe bei einem Gerber Simon in einem Hause nahe am Meere wohnt. Der Satz 9, 43 ist durch die hier wie so oft verfehlte Kapiteleinteilung an den Schluß der Geschichte der Tabitha gestellt, während er an den Anfang des folgenden gehört.

24 Inschrift des *optio* Rabilus aus Philadelphia (in Ammanitis), der das Bürgerrecht erhalten hat, aus Carnuntum CIL. III 13 483 a = DESSAU 9168, trefflich erläutert von BORMANN, Archaeol.-epigr. Mitt. aus Österreich XVIII 1900, 217. 223 f. und CICHORIUS, Artikel cohors bei PAULY-WISSOWA IV 304. Ein *tribunus cohortis militum Italicorum voluntariorum, quae est in Syria* auch CIL. XI 6117, ein trib. mit. coh. II Italicae CIL. VI 3528.

25 Das gleiche würde dann auch von seinen Wundertaten in Lydda und Joppe gelten. Hier durchzieht Petrus das ganze Land (9, 32 διερχόμενον διὰ πάντων) und sucht überall die gläubigen Gemeinden auf, was sich in das Bild, das wir von seinem Verhalten bis dahin gewinnen, schlecht einfügt. Zu den Samaritanern gehn 8, 14 Petrus und Johannes nicht als Missionare, sondern als die kirchliche Behörde, welche die von Philippus gewonnenen Ergebnisse durch Handauflegung und Verleihung des heiligen Geistes ergänzt. Allerdings fügt Lukas als Abschluß 8, 25 hinzu, daß sie, „nachdem sie die Lehre des Herrn bezeugt und verkündet hatten, nach Jerusalem zurückkehrten und das Evangelium in vielen Dörfern der Samariter predigten (εὐηγγελίζοντο)". Daß die beiden hier verkoppelten Sätze sich inhaltlich widersprechen, hat Lukas nicht beachtet; er ist zu dieser Formulierung gekommen, um einen Abschluß zu gewinnen, der die Ergebnisse der Mission in Samaria zusammenfaßt.

26 τινὲς τῶν ἀδελφῶν 10, 23 = οἱ ἐκ περιτομῆς πιστοὶ ὅσοι συνῆλθαν τῷ Πέτρῳ 10, 45; 11, 12 wird ihre Zahl auf sechs angegeben.

27 Diese Entwicklung wird von Lukas durchweg durch die Sätze, die er zwischen die einzelnen Erzählungen

einschiebt, scharf hervorgehoben, wie 2, 43 ff. 4, 31. 6, 7, so abschließend 9, 31: „so hatte die Kirche durch ganz Judaea, Galilaea und Samaria Frieden, auferbaut und in Furcht des Herrn wandelnd, und ihre Zahl wuchs ständig (ἐπληθύνετο) durch die stärkende Wirkung (τῇ παρακλήσει) des heiligen Geistes".

28 Auch innerhalb des Berichts c. 10 scheut Lukas nicht vor Wiederholungen zurück, um die Sache ganz anschaulich zu machen; nicht nur die von Cornelius an Petrus geschickten Boten berichten diesem von der Erscheinung und dem Auftrag des Engels v. 22, sondern dann nochmals Cornelius selbst v. 30–33 mit denselben Worten wie v. 3 ff. Damit läßt sich höchstens vergleichen, daß Paulus in seinen Reden nach der Verhaftung seine Bekehrung zweimal (c. 22 und 26) ausführlich erzählt.

29 Der Überlieferung kann höchstens angehören, daß Petrus durch eine Vision zu der Taufe des Cornelius ermutigt worden sei; die Ausgestaltung dagegen ist Eigentum des Erzählers. Zu der Annahme, daß Lukas hier einer Vorlage folge, liegt kein Anlaß vor, anders als in der Stephanusgeschichte.

30 Lukas hat den Satz gestrichen, s. Bd. I.

31 10, 34 ff. Zu dieser Rede vgl. Bd. I (mit dem Nachtrag über die προσωποληψία Bd. II).

32 Vgl. Bd. I.

33 Das Gegenstück dazu ist der Spruch im Matthaeusevangelium 10, 23, daß die Jünger, wenn sie vor den Verfolgungen aus einer Stadt in die andere fliehn müssen, mit den Ortschaften Israels nicht zu Ende kommen werden, bis der Menschensohn kommt. Die Heidenmission wird hier überhaupt nicht berücksichtigt.

34 Analog ist die Auffassung des Κήρυγμα Πέτρου (Anfang des zweiten Jahrhunderts) bei Clem. Al. Strom. VI 43: Der Herr sagt den Jüngern: ἐὰν μὲν οὖν τις θελήσῃ *τοῦ Ἰσραὴλ* μετανοήσας διὰ τοῦ ὀνόματός μου πιστεύειν ἐπὶ τὸν θεόν, ἀφεθήσονται αὐτῷ αἱ ἁμαρτίαι. μετὰ δώδεκα ἔτη ἐξέλθετε *εἰς τὸν κόσμον*, μή τις εἴπῃ· οὐκ ἠκούσαμεν. Ebenso in dem Fragment VI 68 (bei PREUSCHEN, Antilegomena S. 53 fr. 6 u. 7).

35 Wie hier Ἑβραῖοι, braucht Lukas act. 21, 40. 22, 2. 26, 14 ἡ Ἑβραΐς διάλεκτος für die einheimische, in Wirklichkeit aramaeische Sprache; ebenso ev. Joh. 5, 2. 19, 13. 17. 20 [daraus in einigen Handschriften in ev. Luc. 23, 38 interpoliert]. 20, 16. Apokal. 9, 11. 16, 16 ἑβραϊστί. Paulus nennt sich bekanntlich Kor. II 11, 22 und Phil. 3, 5 Ἑβραῖος ἐξ Ἑβραίων. Gleichartig ist, daß eine der Synagogen Roms die der Hebraeer heißt (SCHÜRER, Gesch. III^4 1 82. NIK. MÜLLER, Die jüd. Katakombe am Monteverde in Rom, 1912, 109 ff.), ebenso in Korinth (DEISSMANN. Licht vom Osten 8, 11).

36 Nachr. Gött. Ges. 1907, 11 ff. = Krit. Analyse der Ap. 11 ff.

37 Zur Chronologie des Paulus, Nachr. Gött. Ges. 1907, 279 ff.

38 6, 8 Στέφανος δὲ πλήρης χάριτος καὶ δυνάμεως ἐποίει τέρατα καὶ σημεῖα μεγάλα ἐν τῷ λαῷ. Philippus heißt, als Lukas ihn in Caesarea besucht, 21, 8 ὁ εὐαγγελιστὴς ὢν ἐκ τῶν ἑπτά. Daher ist er im Johannesevangelium 12, 21 der Mittelsmann, an den zum Fest gekommene Griechen sich wenden, um Jesus zu sehn. Er wird hier mit dem Apostel identifiziert, ob mit Recht, läßt sich nicht entscheiden (vgl. Bd. I 296. 338).

39 Vgl. die zahlreichen Synagogen in Rom, die bei SCHÜRER und NIK. MÜLLER aufgezählt sind.

40 S. u. Kap. VI.

41 6, 6 bei der Weihung der Sieben sagt Lukas dann wieder „die Apostel".

42 Man wird folgern müssen, daß, abweichend von der Darstellung des Lukas, die „Diakonen" nur für die „Hellenisten" bestellt werden, die Sorge für die „Hebraeer" also nach wie vor den Zwölf verbleibt.

43 Das Christentum und die christliche Kirche der drei ersten Jahrhunderte, 1860, S. 42 f.

44 Genaueres darüber wissen wir nicht; Lukas nennt Gemeinden in Galilaea nur act. 9, 31. Daß es in Judaea mehrere Gemeinden gab, sagt Paulus Gal. 1, 22 (ταῖς ἐκκλησίαις τῆς Ἰουδαίας) und Thess. I 2, 14.

45 Vgl. Bd. I.

46 8, 4 ff. 11, 19 ff. Vor der Verfolgung des Stephanus fügt Lukas, im Anschluß an die Einsetzung der Diakonen, den Satz ein, daß „die Lehre wuchs und die Zahl der Jünger in Jerusalem sich gewaltig mehrte, und auch eine große Menge von Priestern sich dem Glauben unterwarf" (6, 7). Diese Erfolge werden von den Zwölf erreicht sein, die sich ja jetzt, nach seiner Darstellung, wieder ganz der Lehre widmen können; der Gegensatz ist dabei vertuscht.

47 8, 1 ἐγένετο δὲ ἐν ἐκείνῃ τῇ ἡμέρᾳ διωγμὸς μεγας ἐπὶ τὴν ἐκκλησίαν τὴν ἐν Ἱεροσολύμοις. πάντες δὲ διεσπάρησαν κατὰ τὰς χώρας τῆς Ἰουδαίας καὶ Σαμαρίας πλὴν τῶν ἀποστόλων. Daran schließt 11, 19 unmittelbar an, wo die Zersprengten bis Phoenikien, Zypern und Antiochia gehn. Dazwischen sind die Geschichten von Philippus, Paulus und Petrus eingeschoben.

48 Über τόπος als Bezeichnung des Tempels vgl. Bd. I.

49 HOLL, Die Vorstellung vom Märtyrer und die Märtyrerakten, Neue Jahrb. für das klass. Altert. XVII, 1914, hebt S. 524 hervor, daß diese Vision, die 6, 15 schon vorbereitet ist (die im Synedrium sitzenden εἶδον τὸ πρόσωπον αὐτοῦ ὡσεὶ πρόσωπον ἀγγέλου), auf der die Märtyrergeschichten beherrschenden Anschauung beruht, „daß dem Märtyrer in der entscheidenden Stunde die Gabe verliehen wurde, die überirdische Welt und den Herrn mit Augen zu sehn," und daß er dadurch den Rang der Propheten erhält.

50 Vgl. Bd. I 188 ff. Das Johannesevangelium bringt dann 2, 13 ff. den Ausspruch als Wort Jesu.

51 Siehe die durchaus treffenden Ausführungen von NORDEN, Die antike Kunstprosa 484 f.; ebenso WELLHAUSEN, Krit. Anal. 13. Es ist echtes Judengriechisch; NORDEN weist speziell auf „die maßlose Häufung der obliquen Kasus von αὐτός hin, z. B. v. 4 f."; „in der ganzen Rede (53 Verse) findet sich kein einziges μέν,

geschweige denn μέν – δέ; auch sonst ist der Partikelgebrauch, dieses sicherste Kriterium für den griechisch Denkenden, von grenzenloser Dürftigkeit, dagegen allenthalben Hebraismen in Fühlen und Sprechen".

52 Es folgt das Zitat von Amos 5, 25 ff. nach LXX, eine Stelle, die schon dem griechischen Übersetzer unverständlich war. Um so besser eignete sie sich zu den kühnsten Interpretationen; eine ganz ungeheuerliche Deutung knüpft der Damaskustext (meine Abhandlung S. 24 f.) daran an. – Daß der Verfasser καὶ μετοικιῶ ὑμᾶς ἐπέκεινα Βαβυλῶνος sagt anstatt ἐπέκεινα Δαμασκοῦ, weil er an das babylonische Exil denkt, ist durchaus begreiflich [der westliche Text hat in ἐπὶ τὰ μέρη Βαβ. korrigiert, was BLASS u. a. aufgenommen haben].

53 Verwendet wird Ps. 132, 5, wo David sagt, er wolle nicht ruhen ἕως οὗ εὕρω τόπον τῷ Κυρίῳ, σκήνωμα τῷ θεῷ 'Ιακώβ [hebr. „für den Stier Jakobs"]. Aber in der Stephanusrede bieten die besten Handschriften, sowohl Sin. von erster Hand und Vat. wie D, der Hauptvertreter des westlichen Textes, ᾐτήσατο εὑρεῖν σκήνωμα τῷ οἴκῳ 'Ιακώβ. Danach kann nicht zweifelhaft sein, daß τῷ θεῷ in den andern Handschriften Korrektur nach der Psalmenstelle ist. Die Modernen schwanken; aber auch der Zusammenhang erfordert. notwendig οἴκῳ. Denn David ist der Gott wohlgefällige König, Salomo der abtrünnige, sein Tempelbau wird verworfen; wie kann also David um den Tempel gebetet haben? Auch Sam. II, 7 wird ja Davids Wunsch, Gott statt des Zelts ein Haus zu bauen, vom Propheten Nathan abgelehnt; vielmehr wird Gott dem David ein Haus bauen.

54 Auch daß das Gesetz durch Engel gegeben ist, kehrt bei Paulus wieder (Gal. 3, 19 διαταγεὶς δι' ἀγγέλων). An das sichtbare Erscheinen Gottes glaubt man eben nicht mehr, sondern setzt dafür die Engel als Vermittler ein; analog ist die Einführung des Mêmra, des hypostasierten Gottesworts, in den Targumen (Bd. II).

55 Jos. Bell. V. 458 ναοῦ ἀπολουμένων ἀμείνω τοῦτον τῷ θεῷ τὸν κόσμον εἶναι, σωθήσεσθαί γε μὴν καὶ τοῦτον ὑπὸ τοῦ κατοικοῦντος.

56 Mischnatraktat Sanhedrin-Makkoth, herausgeg. von STRACK, 6, 4.

57 Die Rechtsverhältnisse des Apostels Paulus, Z. Neutest. Wiss. II, 1901, 85 = Ges. Schr. III 435 f.

58 So bei SCHWARTZ S. 275. In Z. Neutest. Wiss. XI, 1910, S. 100 f. hat er diese Ansicht zurückgenommen.

59 Gal. 1, 14 περισσοτέρως ζηλωτὴς ὑπάρχων τῶν πατρικῶν μου παραδόσεων (d. i. des Pharisaeismus) = act. 22, 3 παρὰ τοὺς πόδας Γαμαλιὴλ πεπαιδευμένος κατὰ ἀκρίβειαν τοῦ πατρῴου νόμου, ζηλωτὴς ὑπάρχων τοῦ θεοῦ καθὼς πάντες ὑμεῖς ἐστε σήμερον. Vgl. Philipp. 3, 6 κατὰ νόμον Φαρισαῖος, κατὰ ζῆλος διώκων τὴν ἐκκλησίαν, κατὰ δικαιοσύνην τὴν ἐν νόμῳ γενόμενος ἄμεμπτος.

60 Das korrekte Verfahren wäre natürlich gewesen, daß das Synedrium gegen ihn die Anklage vor dem Procurator erhob, wie bei Paulus und bei Jesus. Aber es ist nicht zu vergessen, daß es bei Paulus nur dadurch dazu gekommen ist, daß der Tribun mit der Tempelwache einschritt, und bei Jesus, weil man bei der ihm günstigen Stimmung eine Lynchjustiz nicht wagen konnte.

61 WELLHAUSEN, Krit. Anal. 16 f. bezweifelt allerdings, daß Paulus' Reise nach Damaskus „überhaupt in feindlicher Absicht gegen die Christen unternommen ist. ... Vermutlich ist Paulus bereits in Jerusalem an seinem pharisaeischen Fanatismus irre geworden, und die Christophanie vor Damaskus hat nur die letzte Entscheidung gebracht". Man kann nur bedauern, daß bei einem Mann wie WELLHAUSEN eine solche Verirrung möglich gewesen ist.

KAPITEL V

1 Die Aufzählung der „Propheten und Lehrer" in Antiochia 13. 1 „Barnabas, Symeon Niger, Lucius von Kyrene, Menachem (Μαναην), der Milchbruder des Tetrarchen Herodes (Antipas) und Saul" gehört zu den Angaben 11, 19–26, ist aber von Lukas hierhergestellt, um die Entsendung des Barnabas und Saul zur Mission daran anzuschließen.

2 In den Satz 11, 27, daß κατῆλθον ἀπὸ 'Ιεροσολύμων προφῆται εἰς 'Αντιόχειαν· ἀναστὰς δὲ εἷς ἐξ αὐτῶν ὀνόματι Ἄγαβος ἐσήμαινεν κτλ. ist in der abendländischen Rezension eingeschoben ἦν δὲ πολλὴ ἀγαλλίασις. συνεστραμμένων δὲ ἡμῶν ἔφη εἷς ἐξ α. ο. Α. σημαίνων. Wer das für echt hält, sieht darin einen Beweis, daß Lukas aus Antiochia stamme und dabei zugegen gewesen sei; aber es ist klar, daß es sich auch hier nur um eine sekundäre Erweiterung des Textes handelt, die zur Verstärkung der Glaubwürdigkeit einen Augenzeugen anführen will.

3 Sueton Claud. 18: *artiore autem annona ob assiduas sterilitates.*

4 So der Armenier und die besten Handschriften des Hieronymus, denen HELM in seiner Ausgabe folgt; andere setzen sie ein Jahr früher oder allgemein zu Ol. 207. Der Wortlaut ist *magna fames Romae.*

5 *fame facta in Graecia modius* (8,75 Liter) *sex drachmis venum datus est* [im Armenier schon ins J. 48 gesetzt]; den Wortlaut des Eusebios hat Synkellos p. 630 bewahrt (λιμοῦ κατὰ τὴν 'Ελλάδα γεγονότος μεγάλου ὁ τοῦ σίτου μόδιος ἓξ δραχμῶν ἐπράθη).

6 Daß Eusebios die Hungersnot des Agabos unter Berufung auf die Apostelgeschichte schon ins J. 44 (andere Handschriften und der Armenier ins erste Jahr des Claudius 41 n. Chr.) setzt, hat natürlich gar keinen Wert. Aus Eusebios erhalten bei Synkellos p. 628.

7 Er ist der Nachfolger des nach König Agrippas Tode im J. 44 eingesetzten Fadus und Vorgänger des Cumanus, der im J. 48/9 ins Amt kam.

8 Jos. Arch. XX 51. 151. Die Hungersnot unter Claudius erwähnt Josephus auch Arch. III 320 [wo er fälschlich damals schon den Hohenpriester Ismael (59–61) amtieren läßt]. Damals sei der ἀσσαρών (3,6 Liter) für 4 Drachmen verkauft worden (vgl. die Notiz über den Getreidepreis in Griechenland bei Eusebios S. 166, 3). Als dann zur Zeit des Mazzenfestes (also in der Zeit, wo normalerweise die Ernte beginnt) 70 Kor = ca. 25 Hektoliter eingeführt wurden, „wagte kein einziger Priester auch nur eine Krume davon zu essen, trotz der gewaltigen Hungersnot, um das Gesetz nicht zu übertreten".

9 Lukas nennt ihn bekanntlich Herodes mit dem Dynastienamen, ebenso wie den Tetrarchen Antipas.

10 Gött. Nachr. 1907, 265 f. Die Gründung fällt ins J. 9 n. Chr. Das Tagesdatum und die julianische Gleichung gibt Euseb. de martyr. Pal. 11, 30.

11 Jos. Ant. XIX 343 ff.

12 τοὺς φύλακας ἐκέλευσεν ἀπαχθῆναι act. 12, 19, in derselben Bedeutung, wie bei den Römern *duci iussit.*

13 ἦν δὲ θυμομαχῶν Τυρίοις καὶ Σιδωνίοις; heißt es act. 12, 20; aber Sidonier ist hier offenbar Volksname und gemeint ist „die Phoeniker von Tyros".

14 σκωληκόβρωτος, bekanntlich eine Lieblingskrankheit der populären Phantasie.

15 In Wirklichkeit fällt natürlich das Passahfest ein paar Wochen später als das Fest in Caesarea. Entweder war also das Intervall zwischen diesem und dem Tode Agrippas größer, als Josephus angibt, oder Petrus ist schon früher festgesetzt, aber seine Hinrichtung vom König bis zu seiner Rückkehr zum Fest verschoben. Möglich bleibt auch, daß der Kalender von Caesarea damals anders lief als bei Eusebios; nach dem tyrischen Kalender, der seit Herodes in Palaestina galt (SCHWARTZ, ZNTW. VII, 1906, S. 6), war der 5. Dystros = 22. März.

16 Analog ist die Übernahme der heidnischen Motivierung für den Tod des Antiochos Epiphanes durch die Juden, Bd. II.

17 Daß die Kollekte nicht durch die Prophezeiung der Agabos, sondern durch die wirklich eingetretene Hungersnot veranlaßt wird, bedarf keiner Bemerkung. Der Bericht darüber knüpft denn auch an den Satz an, der ihr Eintreten als Bestätigung der Prophezeiung angibt (ἥτις ἐγένετο ἐπὶ Κλαυδίου).

18 Wörtlich dieselbe Übergangsphrase steht schon 6, 7 vor der Geschichte des Stephanus (ähnlich 9, 31).

19 Als Paulus im J. 59 wieder nach Jerusalem kommt, ist Petrus auch bei Lukas nicht in Jerusalem; sonst müßte er 21, 18 notwendig erwähnt werden.

20 Gött. Nachr. 1907, 7 f. = Krit. Anal. 29.

21 Gött. Nachr. 1907, 271 ff. Als Vorgänger nennt er PFLEIDERER. Urchristentum I^2 466 f. und MAC GIFFORD, a history of Christianity in the apostolic age 171. 214, 1.

22 Es kommt noch hinzu, daß im Altertum die uns ganz geläufige feste Bezeichnung der Jahre durch Jahrzahlen auch da, wo es Aeren gab, so gut wie unbekannt war. Seinen Geburtstag kannte und feierte jedermann; das Lebensalter aber vermochten, wo es nicht, wie in Athen oder in Aegypten (und dann im Reich seit Kaiser Marcus), amtlich festgestellt war, nur verhältnismäßig wenige genau anzugeben. Die Grabinschriften geben in der überwiegenden Mehrzahl der Fälle, namentlich bei höherem Alter, für die Jahre runde, durch 5 oder 10 teilbare Zahlen, denen dann die überschüssigen Monate und Tage seit dem letzten Geburtstag hinzugefügt sind; s. LEVISON, Die Beurkundung des Civilstandes im Altertum (1898). In den christlichen Inschriften werden dann die Angaben immer vager, meist begnügt man sich mit einer Schätzung durch *circiter* oder *plus minus*: diese irdischen Dinge sind für sie gleichgültig.

23 SCHWARTZ hatte zunächst vermutet, er habe auch die 14 Jahre von seiner Bekehrung an gerechnet, was für diese das J. 31 ergeben würde, das sich mit dem Datum des Lukas verträgt. Aber mit Recht hat SPITTA, ZNTW. XI, 1910, 39 ff. betont, daß es Paulus ja gerade darauf ankommt, nachzuweisen, daß er alle die langen Jahre hindurch nicht mit der Urgemeinde in Verbindung gestanden habe, und so hat SCHWARTZ diese Ansicht ZNTW. XI 102 zurückgenommen. (Vgl. den Nachtrag)

24 Es wird lediglich Zufall sein, ist aber doch immerhin auffallend, daß bei einer zweiten derartigen Datierung, die Paulus Kor. II 12, 2 gibt, das Intervall gleichfalls auf 14 Jahre angesetzt ist.

25 Chronologie der altchristl. Lit. I 243 f. Chronol. Berechnung des Tages von Damaskus, Ber. Berl. Ak. 1912, 671 ff.

26 Euseb. hist. eccl. V 18, 14 (ἐκ παραδόσεως): τὸν σωτῆρα προστεταχέναι τοῖς αὐτοῦ ἀποστόλοις ἐπὶ δώδεκα ἔτεσιν μὴ χωρισθῆναι τῆς Ἰερουσαλήμ. Pistis Sophia (ed. C. SCHMIDT, Koptisch-gnostische Texte I) nennt elf Jahre, das zweite Buch des Jeû. 44 (ib. p. 306, 5) zwölf. Benutzt ist die Tradition auch in den actus Petri cum Simone 5 (Acta apost. apocr. ed LIPSIUS I p. 49), wo Petrus *adimpletis duodecim annis, quod illi praeceperat dominus*, die Weisung erhält, zur Bekämpfung Simons nach Rom zu gehn.

27 In den klementinischen Recognitionen sind I 43 die Apostel nach 7 Jahren (wo dann die Diskussion mit Simon einsetzt) noch sämtlich in Jerusalem, während nach IX, 29 kaum 7 Jahre nach Jesu Tode die Leute aus allen Völkern nach Judaea kommen und sich bekehren und jetzt (*iam praeterlapsis septem annis post passionem Jesu*) Thomas bereits bei den Parthern missioniert. Hier scheint also das Intervall auf 7 Jahre angesetzt zu sein.

28 Euseb. hist. eccl. III 1 nach Origenes. So schon Clemens Rom. ad Cor. I 42, Aristides apol. 15, 2, Justin u. a.; vgl. die Zusammenstellung bei HILGENFELD, Acta apost. (1899) p. 199 f.

29 Aus Kor. I 9, 5 μὴ οὐκ ἔχομεν ἐξουσίαν γυναῖκα περιάγειν, ὡς καὶ οἱ λοιποὶ ἀπόστολοι καὶ οἱ ἀδελφοὶ τοῦ Κυρίου καὶ Κηφᾶς wird nicht mehr zu folgern sein, als daß Jakobus, der ja dauernd in Jerusalem wohnen blieb, und die Andern in Judaea und seiner Umgebung auf Mission (und Inspektion) ausgezogen sind, wie Petrus act. 9, 32 ff., aber keinesfalls auf Heidenmission, auf die ja nach Paulus' Darstellung auch Petrus verzichtet hat. Im übrigen kommt es ihm hier wie sonst allein auf diesen an. – Weiter führt auch die Äußerung des Papias über die ihm durch die Presbyter vermittelten Äußerungen der Apostel (Bd. I) nicht. Daß Matthaeus reiner Judenchrist geblieben ist, zeigt das auf ihn zurückgehende Evangelium. Der Valentinianer Herakleon sagt bei Clemens Alex. Strom. IV, 71, daß „Matthaeus, Philippus, Thomas, Lewi und viele andere" kein Martyrium erlitten haben, sondern eines natürlichen Todes gestorben sind, und Clemens hat dagegen nichts einzuwenden. Man sieht, wie spät die an die Apostel anknüpfenden Legenden von ihrer Mission aufgekommen sind.

30 Die Ophiten bei Irenaeos I 30, 14 (p. 240 HARVEY); Ptolemaeos ib. I 3, 2 (p. 26); Ascensio Jesajae 9, 16.

31 Weiter ausgemalt ist das Martyrium des Jakobus von der Legende, die Clemens Alex. bei Euseb. hist. eccl. II 9, 2 f. bewahrt: sein Ankläger bekehrt sich und wird mit ihm zusammen geköpft.

32 Über den Tod der Söhne Zebedaei, ein Beitrag zur Geschichte des Johannesevangeliums, Abh. Gött. Ges., phil.-hist. Kl., N. F. VII, 5, 1904; Ergänzungen und Berichtigungen dazu Gött. Nachr. 1907, 267 f. und weiter ZNTW. XI, 1910, 89 ff. (gegen den Widerlegungsversuch von FR. SPITTA ebenda 39 ff.). Kurz und klar hat HEITMÜLLER, Zur Johannes-Tradition, ZNTW. XV, 1914, 189 f. 196 die entscheidenden Momente zusammengestellt.

33 Über den Anstoß, den die übrigen aus den Zwölf daran nehmen, und die Abschwächung bei Matthaeus s. Bd. I.

34 Dem entspricht es, daß Aphraates im J. 344 (hom. 21 am Schluß, S. 347 f. der Übersetzung von BERT, Texte und Unters. III 3 u. 4) aus der apostolischen Zeit nur fünf Märtyrer anführt: Stephanus, Simon, Paulus, Jakobus und Johannes.

35 S. Bd. I 137 („Donnersöhne") 141 f. (Johannes' Frage über die Exorkisten) 144 f. (die Verkündung ihres Schicksals). Dazu stellt sich die nur von Lukas (9, 51 ff.) überlieferte Erzählung, wie sie Feuer auf ein samaritanisches Dorf herabwünschen, das Jesus nicht aufnehmen will, weil er nach Jerusalem zieht (Bd. I). Auch da tritt, wie in der Instruktion der Apostel Matth. 10, 5 (Q), der Gegensatz der Juden gegen die Samaritaner scharf hervor, in sehr beachtenswertem Gegensatz gegen die Auffassung, die Lukas sonst vertritt; er hat offenbar die Tendenz der Erzählung nicht mehr verstanden. Auch das spricht dafür, daß sie in den Bereich der Zwölferquelle gehört.

36 Analog ist die Weglassung des Andreas bei Matthaeus und Lukas (Bd. I). Man sieht, wie das Interesse für alle Apostel außer Petrus schwindet, weil man von ihnen nichts weiter wußte. Im Johannesevangelium beginnt dann ihre Hervorsuchung durch die Legende (Bd. I).

37 Daß dieser, der 1, 19 ausdrücklich bezeichnet wird, nicht der Apostel, auch hier gemeint ist, geht daraus hervor, daß er als eigentliches Oberhaupt der Gemeinde dem Petrus (Kephas) vorangeht.

38 Ebenso wird er bei der Frage über den Exorkisten Marc. 9, 38 = Luc. 9, 49 allein genannt.

39 Papias fr. 5. 6 bei PREUSCHEN, Antilegomena 58: Auszüge aus der Kirchengeschichte des Philippos von Side (Photios cod. 35), die DE BOOR in Texte und Unters. V, 2, 1888, veröffentlicht hat: Παπίας ἐν τῷ δευτέρῳ λόγῳ λέγει, ὅτι Ἰωάννης ὁ θεολόγος καὶ Ἰάκωβος ὁ ἀδελφὸς αὐτοῦ ὑπὸ Ἰουδαίων ἀνῃρέθησαν. Dieselbe Notiz aus Papias lag auch schon in einer Handschrift des Georgios Monachos vor, wo aber Papias fälschlich als Augenzeuge bezeichnet wird.

40 Im übrigen widerlegt meines Erachtens auch dieses Fragment die Annahme, daß Papias das Johannesevangelium gekannt oder als Werk des Apostels anerkannt habe, vgl. Bd. I. – Weiteres über die Tradition über Johannes s. u. Kap. XI.

41 In deutscher Übersetzung bei LIETZMANN, Die drei ältesten Martyrologien (Kleine Texte 2) 7 ff., in der Rekonstruktion des griechischen Textes durch DUCHESNE bei PREUSCHEN, Analecta I^2 186 ff. Vgl. dazu und über die späteren Umwandlungen LIETZMANN, Petrus und Paulus in Rom (1915) 92 ff.

42 Vgl. auch die Angabe des Aphraates oben.

43 Wenn BAUR und die Tübinger Schule diese Tendenz scharf betonten und demgegenüber die Gegensätze in der ältesten Entwicklung nachdrücklich hervorhoben, so hatten sie damit völlig Recht und haben dadurch das Verständnis wesentlich gefördert. Aber es war ein Mißgriff, daß sie den Ausgleich viel zu spät ansetzten und daher die Abfassung der Apostelgeschichte durch Lukas bestritten und sie weit ins zweite Jahrhundert hinabrückten, und vollends, daß sie ein spätes und völlig phantastisches Machwerk wie die Klementinen als Dokument des leidenschaftlich sich fortsetzenden Kampfes betrachteten. In Wirklichkeit kommt, das ist jetzt anerkannt, das Judenchristentum nur noch für einzelne Richtungen der Gnosis, im übrigen aber für die Gesamtentwicklung nach den ersten Jahrzehnten nicht mehr in Betracht; es ist für die große Kirche abgetan und vegetiert seit der Hinrichtung des Herrnbruders Jakobus im Jahre 62 nur noch in den abgelegenen Gebieten Palaestinas weiter, die jetzt ganz in den Hintergrund treten. Von einer Polemik gegen Paulus ist in den Klementinen nichts zu finden; was als solche gedeutet wird, richtet sich in Wirklichkeit gegen Markion.

44 Ein drastisches Beispiel, zu welch ungeheuerlichen Verirrungen die Hyperkritik zu gelangen vermag, bietet PREUSCHENS Aufsatz: Unters. zur Apostolgesch., ZNTW. XIV, 1913, 1 ff. Er hält eine breite Paraphrase der Darstellung der Apostelgeschichte in der Didascalia syr. 24 = Constit. Apost. VI 12 für die Vorlage, die diese überarbeitet und entstellt habe, und glaubt in einer Predigt Cyrills eine ältere Redaktion derselben zu finden, in der cp. 13 f. vor cp. 15 gestanden habe! – Unhaltbar sind auch die Vermutungen von A. MENTZ, Die Zusammenkunft der Apostel in Jerusalem und die Quellen der Apostelgesch., ZNTW XVIII, 1918, 177 ff.

45 Die Härte, die zweifellos in der Darstellung liegt, hat die abendländische Rezension durch starke Eingriffe in den Text zu glätten gesucht. Sie schiebt in den Eingang aus v. 5 die hier durch Klammern bezeichneten Worte ein: καὶ τινες κατελθόντες ἀπὸ τῆς Ἰουδαίας [τῶν πεπιστευκότων ἀπὸ τῆς αἰπέσεως τῶν Φαρισαίων] ἐδίδασκον τοὺς ἀδελφούς, ὅτι ἐὰν μὴ περιτμηθῆτε [καὶ] τῷ ἔθει τῷ Μωύσεως [περιπατῆτε], οὐ δύνασθε σωθῆναι. Dann korrigiert sie den Satz ἔταξαν ἀναβαίνειν Παῦλον κτλ. in ἔλεγεν γὰρ ὁ Παῦλος, μένειν οὕτως καθὼς ἐπίστευσαν διισχυριζόμενος· οἱ δὲ ἐληλυθότες ἀπὸ Ἰεπουσαλὴμ παρήγγειλαν αὐτοῖς, τῷ Παύλῳ καὶ Βαρνάβᾳ καὶ τισιν ἄλλοις, ἀναβαίνειν und schiebt nach der Erwähnung der Apostel und Ältesten ein [ὅπως κριθῶσιν ἐπ' αὐτῶν] περὶ τοῦ ζητήματος τούτου, und weiter in v. 5 [οἱ δὲ παραγγείλαντες αὐτοῖς ἀναβαίνειν πρὸς τοὺς πρεσβυτέρους] ἐξανέστησαν λέγοντες. Daß das alles völlig wertlose sekundäre Änderungen sind, liegt auf der Hand.

46 So SCHWARTZ, Gött. Nachr. 1907, 269 f.; ähnlich WELLHAUSEN, Krit. Anal. 26 ff. PREUSCHEN hat sich in seinem Kommentar blindlings an sie angeschlossen. Das Richtige gibt hier wie sonst WENDT.

47 Lukas erwähnt ihn nicht; er steckt in den τινὲς ἄλλοι ἐξ αὐτῶν 15, 2.

48 Bei PREUSCHEN S. 93 findet sich die ganz unbegreifliche Behauptung, die Urapostel hätten die Rolle einer höchsten kirchlichen Instanz überhaupt nicht gespielt. Das steht in schärfstem Gegensatz gegen das gesamte Verhalten des Paulus, das jetzt HOLL, Ber. Berl. Ak. 1921, 935 ff. klar dargelegt hat. Paulus legt den höchsten Wert auf die Verbindung mit Jerusalem, trotz aller Differenzen, er erkennt die Apostel selbst als die höchste von Gott gesetzte Autorität in der Kirche an (Kor. I 12, 28); nur will er selbst als zu ihnen gehörig anerkannt sein. Weiteres darüber und über die Stellung des Jakobus s. unten.

49 Gal. 2, 4 τοὺς παρεισάκτους ψευδαδέλφους, οἵτινες παρεισῆλθον κατασκοπῆσαι τὴν ἐλευθερίαν ἡμῶν, ἣν ἔχομεν ἐν Χριστῷ Ἰησοῦ, ἵνα ἡμᾶς καταδουλώσουσιν. Zweifellos mit Recht sagt HOLL, Ber. Berl. Ak. 1921, 936: „man hat alle Ursache zu fragen, ob es mit dem Ausdruck κατασκοπῆσαι nicht eine ähnliche Bewandtnis hat wie mit der κατατομή in Phil. 3, 2, d. h. ob das von Paulus als κατασκοπεῖν Bezeichnete nicht vielmehr von der Urgemeinde als ein ἐπισκοπεῖν gemeint war."

50 Unberechtigterweise nimmt man schweren Anstoß daran, daß es nachher v. 12 heißt ἐσίγησεν δὲ πᾶν τὸ πλῆθος, und daß der Beschluß v. 22 von den Aposteln und Ältesten σὺν ὅλῃ τῇ ἐκκλησίᾳ gefaßt wird. Was sie beschließen, bindet natürlich die ganze Gemeinde. Daß bei der Verhandlung auch Zuhörer aus dieser zugegen waren und daß sie ihre Zustimmung zu erkennen gegeben haben, wie „das Volk" bei den Königswahlen und ursprünglich auch bei den Bischofswahlen, ist selbstverständlich; aber praktische Bedeutung hat das in dem einen Falle so wenig wie in dem andern: die Entscheidung der Oberen ist die Entscheidung der Gesamtheit.

51 κατ' ἰδίαν δὲ τοῖς δοκοῦσιν, wie nachher v. 6 τῶν δοκούντων εἶναί τι oder οἱ δοκοῦντες, v. 9 οἱ δοκοῦντες στῦλοι εἶναι.

52 15, 14. Es findet sich sonst im N. T. nur noch im Eingang des zweiten Petrusbriefes (Συμεὼν Πέτρος), wo diese Form offenbar zur Bekräftigung der Authentie dienen soll.

53 Ebenso findet sich das aus LXX übernommene ἀλίσγημα (15, 20, in der Rede des Jakobus) im N. T. nur an dieser Stelle; dem Griechischen ist das Wort fremd.

54 „Auch Titus wurde nicht zur Beschneidung gezwungen ... Wegen der eingeschlichenen falschen Brüder aber – denen bin ich auch nicht einen Moment unterwürfig gewichen, damit die Wahrheit des Evangeliums für euch erhalten bleibe." Die korrekte Fortsetzung des Eingangs wäre: wegen ihrer habe ich nicht nachgegeben; andernfalls also würde er es getan haben. Daß er das andeutet, ist um so notwendiger, weil die Galater natürlich wissen, daß er den Timotheos beschnitten hat.

55 Daraus, daß Paulus nur diese mit Namen nennt, zu folgern, nur sie hätten den abschließenden Pakt geschlossen, ist eine seltsame Verirrung.

56 Wesentlich ebenso HARNACK, Beitr. zur Einleitung in das N. T. III, Die Apostelgesch. (1908) S. 156.

57 Warum der Eingang οἱ ἀπόστολοι καὶ οἱ πρεσβύτεροι ἀδελφοί korrupt sein soll, weiß ich nicht. Natürlich könnte man ἀδελφοί streichen [die Lesung καὶ οἱ ἀδελφοί ist jedenfalls sekundär]; aber es ist durchaus verständlich, daß die Autoritäten, gerade weil sie als solche auftreten, sich zugleich als Brüder der von ihnen instruierten Heidenchristen bezeichnen.

58 Nach v. 33 sind die beiden nach Erledigung ihres Auftrags nach Jerusalem zurückgekehrt. Ob das auch für Silas gilt, ist fraglich; von der zweiten Missionsreise an wenigstens (act. 15, 40) begleitet er den Paulus. Ist das auch ein Anzeichen, daß die erste Missionsreise in Wirklichkeit hierher, nach dem Konzil, zu setzen ist und Silas dann erst mehrere Jahre später wieder zu Paulus gegangen ist? – Um dieses Anstoßes willen hat die abendländische Rezension den Satz (v. 84) ἔδοξεν δὲ τῷ Σίλᾳ ἐπιμεῖναι αὐτοῦ, μόνος δὲ Ἰούδας ἐπορεύθη eingeschoben, der mit dem vorhergehenden in schroffem Widerspruch steht, trotzdem aber z. B. von BLASS für echt gehalten wird.

59 Vgl. 5, 32 in Petrus' Rede vor dem Synedrium: καὶ ἡμεῖς ἐσμεν μάρτυρες τῶν ῥημάτων τούτων (dieser Vorgänge) καὶ τὸ πνεῦμα τὸ ἅγιον, ὃ ἔδωκεν ὁ θεὸς τοῖς πειθαρχοῦσιν αὐτῷ.

60 Die weitverbreitete Ansicht, daß Lukas das Schreiben selbst gestaltet oder wenigstens überarbeitet habe, weil es in Wendungen und Wortwahl mit seinem Stil übereinstimme (so unter andern HARNACK, Beitr. zur Einleitung in das N. T. I, Lukas der Arzt, 153 ff.), kann ich nicht für zutreffend halten. Natürlich sind die Verhandlungen in Jerusalem aramaeisch geführt worden; für die Ausfertigung des Schreibens an die griechisch redenden Antiochener aber bedurfte man einer Hilfskraft, die das Griechische beherrschte – sie mag von Barnabas und Paulus zur Verfügung gestellt sein; auch an Marcus könnte man denken. Daß sich überhaupt in dem andauernden Verkehr zwischen den beiden Elementen ein kirchlicher Stil in griechischer Sprache herausbilden mußte, ist selbstverständlich; und es ist nur natürlich, daß wie Paulus so auch Lukas von demselben beeinflußt ist. Einen Satz wie den über Barnabas und Paulus v. 25 f. hat Lukas gewiß nicht selbst erfunden; das ist vielmehr der autoritative Stil der obersten Kirchenbehörde.

61 ἀνασκευάζοντες τὰς ψυχὰς ὑμῶν, οἷς οὐ διεστειλάμεθα. ἀνασκευάζειν kommt im N. T. nur an dieser Stelle vor; es bedeutet „plündern, zerstören, zugrunde richten" – sie wollen ja die Unbeschnittenen nicht als Christen anerkennen und zerstören so die Grundlage ihres Glaubens. Auch διαστέλλεσθαι „befehlen" findet sich bei Lukas nur hier, ist dagegen dem Marcus ganz geläufig (5, 43. 7, 36. 8, 15. 9, 9); sonst nur noch Hebr. 12, 19.

62 Sorgfältige Sammlung des Materials außer in den kritischen Ausgaben (HILGENFELD, BLASS, V. SODEN) vor allem bei RESCH, Das Aposteldekret nach seiner außerkanonischen Textgestalt, Texte und Unters. XXVIII (N. F. XIII) 3, 1905.

63 15, 20 umgestellt: ἀπέχεσθαι τῶν ἀλισγημάτων τῶν εἰδώλων καὶ τῆς πορνείας καὶ πνικτοῦ καὶ αἵματος; 21, 25 φυλάσσεσθαι αὐτοὺς τό τε εἰδωλόθυτον καὶ αἷμα καὶ πνικτὸν καὶ πορνείαν.

64 Erwähnt bei Tertullian Apol. 9: *inter tentamenta Christianorum botulos etiam cruore distentos admovetis, certissimi scilicet, illicitum esse penes illos, per quod exorbitare eos vultis.*

65 Ich sehe daher keinen Grund, mit WELLHAUSEN, HARNACK u. a. καὶ πνικτοῦ als Interpolation zu streichen, weil es schon in αἷμα einbegriffen sei. Die Spezialisierung ist durchaus begreiflich. Allerdings läßt z. B. auch Tertullian in dem wörtlichen Zitat de pudic. 12 das πνικτόν aus und deutet *sanguis* als *homicidium*, während er die „goldene Regel" nicht hat. Das ist also eine Mittelstufe zwischen beiden Rezensionen [daneben ist in andern Zitaten und in der Vulgata beides zu *sanguine suffocato* zusammengezogen]. Aber gerade Tertullian kennt die Enthaltung *a suffocatis et morticinis* als allgemein befolgt (Apol. 9).

66 Das wird dann auch allgemeiner als Enthaltung vom Götzendienst aufgefaßt.

67 So 15, 29, und in abweichender Fassung 15, 20. In 21, 25 dagegen ist nur πνικτόν gestrichen, dagegen vergessen, „die goldene Regel" einzufügen.

68 Im Anschluß an RESCH (S. 187, 1) hält HARNACK, Die Apostelgesch. (Beitr. III) S. 188 ff., die rein moralische Auffassung (ohne πνικτόν) für das ursprüngliche, aber die „goldene Regel" für einen späteren Zusatz. Dagegen H. DIEHL, Das sog. Aposteldekret, ZNTW. X 1909, der m. E. den sekundären Charakter des abendländischen Textes völlig erwiesen hat, aber wegen des Galaterbriefs den Erlaß des Dekrets auf dem Konzil für unmöglich hält und vermutet, es sei in späterer Zeit von Jakobus erlassen.

69 Bd. II.

70 Thess. I 4, 3. Kor. I 5. 6, 18 usw.

71 So schon Apokal. 2, 14. 20; beidemal ist πορνεῦσαι verbunden mit φαγεῖν εἰδωλόθυτα wie im Aposteldekret.

72 Es ist sehr lehrreich, damit den Römerbrief zu vergleichen, wo die Sache gerade umgekehrt liegt und Paulus in ein fremdes Gebiet eingreifen will.

73 Die εἰδωλολατρεία wird unter den Sünden erwähnt Kor. I 5, 10. 6, 9. 10, 7. 14. Gal. 5, 20. Kol. 3, 5 = Ephes. 5, 5.

74 Kor. I 8, 4 f. 10, 19.

75 οἴδαμεν ὅτι οὐδὲν εἴδωλον ἐν κόσμῳ καὶ ὅτι οὐδεὶς εἰ μὴ εἷς. Der folgende Satz καὶ γὰρ εἴπερ εἰσὶν λεγόμενοι θεοὶ εἴτε ἐν οὐρανῷ εἴτε ἐπὶ γῆς, ὥσπερ εἰσὶν θεοὶ πολλοὶ καὶ κύριοι πολλοί, ἀλλ' ἡμῖν εἷς θεὸς ὁ πατήρ κτλ. steht damit lediglich nach formaler Logik, aber nicht dem Gedanken nach in Widerspruch. In anderer Fassung besagt 10, 19 f. dasselbe: τί οὖν φημι; ὅτι εἰδωλόθυτον τὶ ἔστιν; ἢ ὅτι εἴδωλον τὶ ἔστιν; [„daß ein Idol etwas ist?"] ἀλλ' ὅτι ἃ θύουσιν, δαιμονίοις καὶ οὐ θεῷ θύουσιν. οὐ θέλω δὲ ὑμᾶς κοινωνοὺς τῶν δαιμονίων γίνεσθαι.

76 Kor. I 8, 10 ἐὰν γάρ τις ἴδῃ σὲ τὸν ἔχοντα γνῶσιν ἐν εἰδωλίῳ κατακείμενον, οὐχὶ ἡ συνείδησις αὐτοῦ ἀσθενοῦς ὄντος οἰκοδομηθήσεται εἰς τὸ τὰ εἰδωλόθυτα ἐσθίειν. In demselben Sinne wie im Korintherbrief spricht sich Paulus im Römerbrief 14, 2 ff. 13 ff. in klarerer Fassung über diese Dinge aus.

77 9, 2 εἰ ἄλλοις οὐκ εἰμὶ ἀπόστολος, ἀλλά γε ὑμῖν εἰμι· ἡ γὰρ σφραγίς μου τῆς ἀποστολῆς ὑμεῖς ἐστε ἐν Κυρίῳ. ἡ ἐμὴ ἀπολογία τοῖς ἐμὲ ἀνακρίνουσίν ἐστιν αὕτη.

78 Daneben steht der auch schon in Thessalonike (I 2, 9 f. II 3, 8 f.) gegen ihn erhobene Vorwurf, daß er sich auf Kosten der Gemeinde ernähren lasse, ein Recht, das nur den Aposteln zustehe.

79 Vgl, Bd. II.

80 κοινωνοὶ τοῦ θυσιαστηρίου. Man erwartet κοινωνοὶ τοῦ θεοῦ, wie vorher κοινωνία τοῦ αἵματος resp. τοῦ σώματος τοῦ Χριστοῦ; aber das direkt zu sagen, hat er Scheu.

81 Vgl. Rom. 14, 20 μὴ ἕνεκεν βρώματος κατάλυς τὸ ἔργον τοῦ θεοῦ. πάντα μὲν καθαρά, ἀλλὰ κακὸν τῷ ἀνθρώπῳ τῷ διὰ προσκόμματος ἐσθίοντι.

82 Dabei ist, ebenso wie 9, 14, der Spruch aus der Instruktion der Apostel Luc. 10, 7 f. (Q) benutzt, wie JÜLICHER erkannt hat, a. Bd. I.

83 Didache 6, 3: ἀπὸ δὲ τοῦ εἰδωλοθύτου λίαν πρόσεχε· λατρεία γάρ ἐστι θεῶν νεκρῶν. Aristides apol. 15, 5. Justin. dial. c. Tryph. 34 fin., worauf eine lange Polemik gegen die (gnostischen) Sekten folgt, welche vorgeben Christen zu sein, aber εἰδωλόθυτα essen und behaupten, das schade nichts (μηδὲν ἐκ τούτου βλάπτεσθαι). Im übrigen s. Plinius' Brief an Trajan.

84 S. außer Gal. 2, 10 Kor. I 16, L. 1 ff, II 8, 1 ff. 10 f. 9, 1 ff. 12 f. Rom. 15, 25 ff. Das Verständnis dieser Dinge hat HOLL, Ber. Berl. Ak. 1921, 936 ff. ganz wesentlich gefördert.

85 Act. 15, 28 ἔδοξεν ... μηδὲν πλέον ἐπιτίθεσθαι ὑμῖν βάρος. Denselben Wortlaut verwendet Dionysios v. Korinth (um 170) bel Euseb. hist. eccl. IV 23, 7.

86 Euseb. bist. eccl. V 1 26. Eine der Märtyrerinnen, von der man Aussagen über „thyesteische Mahlzeiten" erpressen will, wirft den Folterknechten entgegen: πῶς ἂν παιδία φάγοιεν οἱ τοιοῦτοι, οἷς μηδὲ ἀλόγων ζῴων αἷμα φαγεῖν ἐξόν;

87 Apol. 9: *Christianis, qui ne animalium quidem sanguinem in epulis esculentis habemus, qui propterea suffocatis quoque et morticinis abstinemus, ne quo sanguine contaminemur vel inter viscera sepulto.* Daran schließt die Bemerkung über die Blutwürste de monog. 5: *libertas ciborum et sanguinis solius abstinentia.* Das noachische Gebot zitiert er de ieiun. 4.

88 Vgl. Bd. II.

89 Wahrscheinlich identisch mit L. Sergius Paullus, *curator riparum et alvei Tiberis* unter Claudius (CIL. VI 31545 = DESSAU 5926), s. MOMMSEN, ZNTW. II 83 = Ges. Schr. III 433. Von den Statthaltern Zyperns sind nur ganz wenige bekannt.

90 H. DESSAU, Der Name des Apostels Paulus, Hermes 45, 1910, 347 ff.

91 SCHWARTZ, Gött. Nachr. 1907, 271 ff. WELLHAUSEN, Krit. Anal. 30 f.

92 Lucian Alex. 57. Pausan. X 36, 4. Hieronymus prol. lib. II in epist. ad Gal.

93 S. HARNACK, Mission und Ausbreitung des Christentums II^3 219f. Die Montanisten, die im zentralen Kleinasien weithin Boden faßten, auch in Ankyra (Apollinarius bei Euseb. V 16, 4), heißen bekanntlich Phryger, nicht etwa Galater.

94 HARNACK S. 224 ff. „RAMSAY bemerkt daß Lykaonien, abgesehn von Rom, bisher die meisten christlichen alten Inschriften geliefert habe."

95 Dagegen wird häufig ein Einwand erhoben, den JÜLICHER, Einl. in das N. T. S. 48 im Jahre 1894 dahin formuliert hat: wenn Paulus die Pisider und Lykaonen als Galater angeredet hatte, würde er „eine Geschmacklosigkeit begangen haben, wie wenn etwa heute ein Redner die Bewohner von Frankfurt a. M. mit: o ihr reichen Hessen-Nassauer apostrophierte". Diese Parallele stimmt nicht; denn Pisidien und Lykaonien gehörten damals schon seit Dreivierteljahrhunderten zu Galatien. Richtig wäre der Vergleich mit der Bezeichnung der Franken von Nürnberg und Würzburg als Bayern, der von Starkenburg als (Rhein-)Hessen, der Bewohner von Heilbronn, Ulm usw. als Württemberger; und die hat sich ja in der Tat in weitem Umfang eingebürgert.

96 Cilicia war, wenn auch zeitweilig mit Syria vereinigt, doch seit alters eine gesonderte Provinz.

97 Auch den Korinthern ist Barnabas bekannt, wie seine Erwähnung Kor. I 9, 6 zeigt, obwohl er gewiß nie in Korinth gewesen ist. Aber Paulus hat dort von ihrem gemeinsamen Wirken erzählt; und an dieser Stelle behandelt er ihn, wie es ja auch dem geschichtlichen Hergang entsprach, als sich gleichstehend: ihnen beiden steht das Recht der Apostel zu, μὴ ἐργάζεσθαι, das ihnen von der Muttergemeinde und deren Emissären bestritten wird. Ob man aus dieser Erwähnung zugleich schließen darf, daß sich zwischen Paulus und Barnabas nach dem Bruch in Antiochia wieder ein besseres Verhältnis hergestellt hat, bleibt fraglich; die Beziehungen zu Marcus in Rom Kol. 4, 10 legen das aber nahe. – Ob Barnabas außer auf Zypern auch noch anderswo missioniert hat, wissen wir nicht.

98 Es kommt hinzu, daß bei der Steinigung nur von Paulus die Rede ist, während Barnabas dann im folgenden Vers καὶ τῇ ἐπαύριον ἐξῆλθεν σὺν τῷ Βαρνάβᾳ εἰς Δέρβην wieder auftaucht, ohne daß wir erfahren, wie es ihm inzwischen ergangen ist. v. 19 und 20 ließen sich sehr wohl aus dem übrigen Bericht herausnehmen, ohne daß eine Lücke entstände. Andrerseits wird die Steinigung durch Paulus selbst Kor. II 11, 25 bezeugt. – Der zweite Timotheusbrief nimmt an, daß Timotheus bei den „Verfolgungen und Leiden, die mir in Antiochia, in Ikonion, in Lystra widerfahren sind" als sein Schüler und Gehilfe dabeigewesen sei (3, 10 f.), also im Widerspruch mit act. 16, 1 ff. schon bei den Begebenheiten auf der ersten Reise; doch ist auf diese trübe Quelle natürlich nichts zu geben. Nach act. 20, 4 stammte Timotheus aus Derbe, 16, 1 drückt sich darüber ganz unklar aus; in welcher Stadt Paulus ihn beschnitten hat, ist nicht zu erkennen.

99 Vgl. Kor. I 7, 17 ff.: Jeder bleibe so, wie Gott ihn berufen hat. „So ordne ich es in allen Gemeinden an." περιτετμημένος τις ἐκλήθη; μὴ ἐπισπάσθω· ἐν ἀκροβυστίᾳ κέκληταί τις; μὴ περιτεμνέσθω. ἡ περιτομὴ οὐδέν ἐστιν, καὶ ἡ ἀκροβυστία οὐδέν ἐστιν, ἀλλὰ τήρησις ἐντολῶν θεοῦ. Die Auffassung ist dieselbe, aber der Ton ein ganz anderer als im Galaterbrief. – Timotheus ist von seinem heidnischen („hellenischen") Vater

offenbar in der Landesreligion aufgezogen, aber jetzt von seiner „gläubigen" jüdischen Mutter für das Christentum gewonnen worden. Da können die Judenchristen den Anspruch erheben, daß er zu ihnen gehöre und sich daher beschneiden lassen müsse.

100 δι' ἀσθένειαν τῆς σαρκὸς εὐηγγελισάμην ὑμῖν 4, 13. Mit Recht erklärt LIETZMANN, daß gemeint ist „in Krankheit", nicht „wegen Krankheit", „διὰ mit dem Akkusativ statt des korrekten Genitivs wie Rom. 3, 25. 8, 20". Die Krankheit ist dieselbe, die Paulus Kor. II 12, 7 ff. als „Pfahl im Fleisch und Engel des Satans" bezeichnet, die ihn dauernd heimsucht und deren Heilung ihm der Herr trotz dreimaliger Bitte verweigert hat. In unserer Stelle scheint sie als Augenleiden aufgetreten zu sein.

101 Er bezeichnet seine grundlegende Mission als den „vorigen" Besuch (τὸ πρότερον 4, 13); es ist also noch ein zweiter gefolgt.

102 Vgl. oben Kap. V.

103 Gal. 1, 16. 2, 7, vgl. Rom. 1, 5 f. 15, 15. Bei Lukas wird der ihm gegebene Auftrag zur Heidenmission nur in der Rede vor Agrippa 26, 17 mit der Erscheinung (oder Stimme) Jesu verbunden. Nach der Erzählung 9, 15 und der Rede in Jerusalem 22, 15 dagegen wird dieser Auftrag für Paulus nicht ihm selbst, sondern dem Ananias offenbart, und nach seiner Rede 22, 18 ff. erfolgt er erst nach seiner Bekehrung bei einer Vision im Tempel von Jerusalem. Es ist durchaus begreiflich, daß Paulus den Hergang bei verschiedenen Anlässen im einzelnen verschieden erzählt hat.

104 Völlig fern zu halten sind dabei das Märchen vom betlehemitischen Kindermord sowie die sonstigen Sagen bei Matthaeus, Erzählungen, von denen Lukas nichts weiß und die jedes geschichtlichen Inhalts entbehren.

KAPITEL VI

1 Kor. I 15 in der Darlegung des εὐαγγέλιον ὃ εὐηγγελισάμην ὑμῖν: παρέδωκα γὰρ ὑμῖν ἐν πρώτοις („als Hauptstück"), ὃ καὶ παρέλαβον, ὅτι Χριστὸς ἀπέθανεν ὑπὲρ τῶν ἁμαρτιῶν ἡμῶν κατὰ τὰς γραφάς, καὶ ὅτι ἐτάφη, καὶ ὅτι ἐγήγερται τῇ ἡμέρᾳ τῇ τρίτῃ κατὰ τὰς γραφάς, καὶ ὅτι ὤφθη Κηφᾷ, εἶτα τοῖς δώδεκα. Vgl. Bd. I. Daß die ursprüngliche Formulierung des Credo nur bis hierher reicht und die folgenden, auch formell anders gefaßten Erscheinungen, die Paulus anhängt, sekundäre Erweiterungen sind, hat HARNACK in einer tief eingreifenden Untersuchung (Die Verklärungsgeschichte Jesu, der Bericht des Paulus, und die beiden Christusvisionen des Petrus, Ber. Berl. Ak. 1922, 62 ff.) weiter erwiesen, und in Ergänzung und teilweiser Berichtigung der Ausführungen von HOLL (Der Kirchenbegriff des Paulus, Ber. Berl. Ak. 1921, 921 ff.) das Verständnis wesentlich gefördert. Mit Recht weist HARNACK darauf hin, daß im Gegensatz zu den übrigen, referierenden Aoristen ἐγήγερται im Perfektum steht. Die Auferweckung ist eben ein dauernd wirkendes Ereignis, noch jetzt ist er „der Auferstandene".

2 Obwohl er im Galaterbrief seine Selbständigkeit so schroff wie möglich betont und den Eindruck erwecken will, daß seine gesamte Lehre auf unmittelbarer Offenbarung beruhe und er den übrigen Christen und speziell der judenchristlichen Gemeinde Jerusalems nichts verdanke – in Wirklichkeit kann er natürlich die Traditionen des Evangeliums und die Einrichtungen der Kirche, einschließlich des Abendmahls (Kor. I 11, 23), nur durch sie kennen gelernt haben –, gibt er doch Gal. 1, 18 zu, daß er μετὰ τρία ἔτη ἀνῆλθον εἰς Ἱεροσόλυμα ἱστορῆσαι Κηφᾶν, d. h. natürlich „um bei Kephas Erkundigungen einzuziehn".

3 Über das Fragment aus dem Faijum s. Bd. I.

4 Dagegen hat er nicht gewagt, die Jünger bei der Kreuzigung als Zuschauer anwesend sein zu lassen, und ebensowenig, sie bei der Bestattung zu beteiligen, sondern folgt hier dem Bericht des Marcus, nur daß er zu den Frauen 23, 29 auch noch πάντες οἱ γνωστοὶ αὐτῷ hinzufügt, worunter natürlich die Zwölf nicht mitverstanden sein können; wo diese geblieben sind, ist bei ihm völlig dunkel.

5 Eine ganz wunderliche Deutung dieses Worts hat JOH. WEISS, Das Urchristentum (1914) S. 11 f. (und, wie er angibt, vor ihm schon F. SPITTA) aufgestellt: das Wort: ‚ich ziehe euch voran' „bedeutet nicht: ich gehe einstweilen voran, sondern: ich setze mich an eure Spitze und führe euch nach Galilaea; die Voraussetzung war ursprünglich: nachdem ich mich hier in Jerusalem nach meiner Auferstehung mit euch vereinigt habe," – NB. mit den Jüngern, die alle an ihm Anstoß genommen haben und zerstreut sind, wie es unmittelbar vorher verkündet wird, und die auch wirklich „alle geflohn" und daher bei der Hinrichtung nicht gegenwärtig sind, wie ausdrücklich erzählt wird! – „führe ich euch in die Heimat" [Galilaea]; „dort wird dann das kommen, worauf wir warten – das Reich Gottes". Wie es zu gehn pflegt, ist dann diese Legende modernster Erfindung von andern weiter ausgesponnen: nach ROLAND SCHÜTZ, Apostel und Jünger, 1921, S. 98 ff., sind „die vertrauten Anhänger (nach Galilaea) hingezogen in bergeversetzendem Glauben, nicht wie hinter einem Phantom her, sondern hinter dem leibhaftig auferstandenen Herrn". Hier hat Jesus bereits in Galilaea, Samarien, Syrien und der Dekapolis zahlreiche Anhänger gewonnen, auf Grund seiner stark vom Hellenismus beeinflußten Lehre; denn „schon in Nazaret, das vom Weltverkehr durchaus nicht abseits lag (!), konnte Jesus leichter mit dem Strom der griechischen Welt in Berührung kommen als mit dem Schriftgelehrtentum und nationaler Engherzigkeit" (!!) – „jedenfalls war der Bruch mit dem mosaischen Gesetz durch Jesus schon vollzogen", der „Schlachtruf" ist „los vom Gesetz" (S. 97) – und so entsteht hier eine große heidenchristliche

Gemeinde, zu der dann eine judenchristliche in Jerusalem in Konkurrenz tritt, usw. Über solche Phantasien, die alle gesicherten Tatsachen der Überlieferung inspiratorisch beiseite werfen, ist eine Diskussion unmöglich.

6 Vgl. Bd. II. Nur die Essaeer sind darüber hinausgekommen.

7 Daß im übrigen die Erzählung vom leeren Grabe selbständig, aber sekundär neben der Erscheinung des Auferstandenen steht und von Marcus in seinen Hauptbericht eingefügt ist, ohne daß es ihm gelungen wäre, beide vollständig auszugleichen, ist Bd. I weiter ausgeführt. Für die Weisung an die Frauen ist die Fiktion, daß diese mit Petrus und den übrigen Jüngern in Verbindung stehn, diese also noch in Jerusalem sind, unentbehrlich; aber dadurch, daß diese ihren Auftrag nicht ausführen, sondern „Niemandem etwas sagten", tritt der Gegensatz zwischen den beiden Erzählungen deutlich zutage und wird zugleich bestätigt, daß die Entstehung des Auferstehungsglaubens nicht in Jerusalem, sondern in Galilaea liegt. Wohl aber liegt in Marcus' Darstellung die Wurzel, aus der die radikale Umgestaltung der Auferstehungsgeschichte bei Lukas und Johannes (und ebenso bei Matth. 27, 9 f. in der doch noch erfolgenden Erscheinung Jesu vor den Frauen, womit der Sinn der zugrunde liegenden Erzählung des Marcus aufgehoben wird) und die weiteren Legenden erwachsen sind; in den Anm. oben erwähnten modernsten Konstruktionen haben sie noch wieder einen neuen Schößling gezeugt.

8 Im Johannesevangelium wird dann Petrus mit Absicht völlig in den Hintergrund gedrängt, wie durchweg; so auch in dem Nachtrag c. 21 über die Erscheinungen am galilaeischen See.

9 Das zeigt in sehr lehrreicher Weise, wie stark die Möglichkeit geschichtlicher Erkenntnis überall von Zufällen abhängig ist. Hätte Paulus nicht Anlaß gehabt, in seinem Schreiben an die Korinther auf diese Dinge zu kommen, und wäre uns dies Schreiben nicht erhalten, so würden wir niemals zu voller Klarheit gelangen können.

10 Ein Nachklang davon liegt in der Erzählung des Johannesevangeliums von dem Zweifel des Thomas vor, was dann hier weiter zu einer Wiederholung der Erscheinung nach 8 Tagen führt.

11 Es ist durchaus unberechtigt, den Bericht über Petrus' Verleugnung, der auf ihn selbst zurückgeht (Bd. I), nicht für in allem Wesentlichen authentisch zu halten. Die kühle rationalistische Kritik, wie sie jetzt üblich ist, bietet für all solche Vorgänge keinen zutreffenden Maßstab. In allen großen Entscheidungen sind, wie die Menschen überhaupt, so zumal die religiös erregten durchaus irrationale Wesen.

12 Wie diese den Hergang erlebt und erzählt haben mögen, wissen wir nicht; wir haben nur den Bericht des Petrus, der lediglich sein eignes Erlebnis und seine dabei gesprochenen Worte bewahrt. Für ihn war es selbstverständlich, daß der Herr sie auf den Berg geführt hatte, damit sie dort die Verklärung schauen sollten; daraus zu folgern, daß der Bericht nicht geschichtlich sei, ist eine wunderliche Verirrung der Kritik. – Meine Äußerung Bd. I, um der Verklärung willen seien die drei die „Säulen", beruht auf einer argen Flüchtigkeit; der „Säulenapostel" Jakobus Gal. 2, 9 ist natürlich der Herrnbruder, nicht der Sohn des Zebedaeus.

13 HARNACK, Ber. Berl. Ak. 1922, 73 ff. hat meine Ausführungen Bd. I, denen er durchaus zustimmt, ganz wesentlich ergänzt und das Verständnis der Verklärungsgeschichte vertieft. Mit Recht hebt HARNACK hervor, daß jede Beziehung auf den *leidenden* Messias, also die spezifisch christliche Lehre, fehlt; sondern Elias, der Vorläufer des Messias, tritt mit Moses, dessen Verheißungen er erfüllen soll, zu ihm. Damit ist Jesus als der Messias bestätigt, und kann sein irdisches Werk in dem Sinne beginnen, wie Petrus es damals nach jüdischer Erwartung auffaßte (Marc. 8, 32). Daher sagt Petrus: „Rabbi, es ist gut, daß wir hier sind; wir wollen drei Zelte machen, eins für dich, eins für Moses, eins für Elias," d. h. wir können, während ihr ans Werk geht, für eure Unterkunft sorgen. – Mit Recht verweist HARNACK darauf, daß im zweiten Petrusbrief 1, 16 ff. dieser ausschließlich auf die Verklärung als Beweis für die δύναμις und παρουσία Jesu Bezug nimmt, nicht etwa auf die Erscheinung des Auferstandenen. So jung das Schriftstück ist, so mag es hier doch ein Stück echter Petrusüberlieferung bewahrt haben.

14 Ps. 16, 8 ff. 110, 1, zitiert in der Pfingstrede des Petrus act, 2. 25 ff., sowie in der des Paulus in Antiochia Pisidia act. 13, 55, wo daneben Jes. 55, 3 verwendet wird. Daß das Schicksal des Gottesknechts Deuterojesajas im N. T. auffallenderweise nur bei Lukas ev. 22, 37 und in der Geschichte vom Eunuchen der Kandake act. 8, 32 ff. für die Deutung des Todes Jesu verwendet wird, ist Bd. II schon bemerkt.

15 Aet. 2, 36 in der Pfingstrede des Petrus nach Anführung der Schriftbelege: ἀσφαλῶς οὐν γινωσκέτω πᾶς οἶκος 'Ισραὴλ ὅτι καὶ Κύριον αὐτὸν καὶ Χριστὸν ἐποίησεν ὁ θεός, τοῦτον τὸν 'Ιησοῦν ὃν ὑμεῖς ἐσταυρώσατε. Mag die Rede nun von Lukas frei gestaltet sein oder mag er eine ältere Überlieferung benutzen, den maßgebenden Grundgedanken gibt er damit jedenfalls völlig zutreffend wieder.

16 Vgl. dazu oben Kap. VI.

17 Ob die Besetzung der durch Judas' Verrat freigewordenen Stelle durch Matthias schon nach Galilaea oder erst nach Jerusalem zu setzen ist, läßt sich nicht entscheiden und ist auch gleichgültig; wir wissen über ihn so wenig etwas wie über die meisten der Übrigen. Daß die Zwölfzahl wiederhergestellt werden mußte, war eben so selbstverständlich, wie daß man die Entscheidung zwischen den beiden aufgestellten Kandidaten dem Los, d. h. der Gottheit überließ.

18 Ich gebrauche den Titel „der Herr", ὁ Κύριος, ganz unbedenklich auch für die Schilderung der palaestinensischen Urgemeinde. Den Versuch von BOUSSET, Kyrios Christos, 1913, nachzuweisen, daß der Titel ihr fremd und von Paulus aus der „heidenchristlichen Urgemeinde" von Antiochia – die niemals existiert hat – über-

nommen und aus „hellenistischen" religiösen Vorstellungen erwachsen sei (so vor ihm schon HEITMÜLLER, Zum Problem Paulus und Jesus, ZNTW. XIII 1912, 320 ff.), kann ich nur als eine gänzlich verfehlte Verirrung bezeichnen. Die Wurzel liegt vielmehr auch hier durchaus im Judentum, und zwar in Psalm 110, und ὁ Κύϱιος ist nicht etwa „hellenistisch", sondern Übersetzung von *marâna*, dessen Ursprünglichkeit durch die im Griechischen beibehaltene Gebetsformel μαϱανα ϑα bezeugt wird.

19 Von hier aus wird vollkommen klar, wie kindisch die Versuche sind, Jesus aus der Geschichte zu streichen und „religionsgeschichtlich" in eine Idee zu verflüchtigen. Man könnte gerade so gut, um in eine ganz andere Sphäre zu greifen, etwa Napoleon in eine mythische Verkörperung „der napoleonischen Ideen" umsetzen.

20 Nur um so bezeichnender ist es, daß sie den Anfängen des Islâms völlig fehlen. Mohammed hat seine Offenbarungen, aber sonst niemand (abgesehn von den konkurrierenden Nachahmern wie Musailima, die dann etwas Ähnliches versuchen). Der arabische Islâm ist eben durchaus rationalistisch. In den schiitischen Sekten, im Sufismus und den Derwischorden treten dann aber diese populären Elemente um so stärker in den Vordergrund.

21 Lukas sagt bei den Offenbarungen des Geistes an Paulus in Kleinasien 16, 6 κωλυϑέντες ὑπὸ τοῦ ἁγίου πνεύματος und im nächsten Satz οὐκ εἴασεν αὐτοὺς τὸ πνεῦμα Ἰησοῦ; beide Ausdrücke sind völlig identisch (daneben natürlich πνεῦμα Θεοῦ, πνεῦμα Κυϱίου). Im Evangelium 24, 29 (= act. 1, 4) verheißt statt dessen der Auferstandene den Jüngern, er werde ihnen τὴν ἐπαγγελίαν τοῦ πατϱός μου senden; vgl. act. 2, 33 in der Pfingstrede des Petrus τῇ δεξιᾷ οὖν τοῦ ϑεοῦ ὑψωϑεὶς τήν τε ἐπαγγελίαν τοῦ πνεύματος τοῦ ἁγίου λαβὼν παρὰ τοῦ πατϱὸς ἐξέχεεν τοῦτο κτλ.

22 So richtig HOLL, Ber. Berl. Ak. 1921, 923. Daß der Satz nicht mehr zu der ursprünglichen Formel gehört, ergibt sich ohne weiteres aus seinem Inhalt, der Notiz, daß nicht alle mehr am Leben sind. Paulus hat ihn als weitere Bestätigung der Tatsache der Erweckung Jesu zum Leben angefügt. Dem entspricht es, daß der Satz die vorhergehenden, mit καὶ ὅτι verbundenen nicht fortsetzt, sondern neu anhebt: ἔπειτα ὤφϑη ἐπάνω πεντακοσίοις ἀδελφοῖς ἐφάπαξ.

23 So wird die Frau des Petrus (Marc. 1, 30), die ihn nachher auf seinen Missionsreisen begleitet (Kor. I 9, 5), gewiß schon damals mit ihm gegangen sein.

24 Nach Lukas bestand die Gemeinde vor dem Pfingstwunder aus etwa 120 Personen (act. 1, 15) und wuchs durch dasselbe zunächst auf etwa 3000 an (2, 41), und bald nachher, nach der Heilung des Lahmen durch Petrus und Johannes, auf 5000 (4, 4). Aber natürlich ist darauf garkein Verlaß.

25 Vgl, Bd. I.

26 Völlig durchgeführt ist das in dem Roman der Klementinen, der etwa gegen Ende des zweiten Jahrhunderts (nach Markion) entstanden ist.

27 Gal. 2, 9 Ἰάκωβος καὶ Κηφᾶς καὶ Ἰωάννης, οἱ δοκοῦντες στῦλοι εἶναι. Bei seinem ersten Besuch in Jerusalem sucht Paulus außer Petrus auch den Jakobus, den Bruder des Herrn auf, Gal. 1, 19.

28 Act. 3, 3 ff. 49, 13 ff. 8, 14.

29 An dieser Stelle sind ihre Namen auch in seiner Vorlage Marc., 3, 31 nicht genannt; die Erzählung von Jesu Auftreten in Nazaret aber, wo Marcus 6, 3 ihre Namen aufzählt, hat Lukas 4, 16 ff. von Grund aus umgearbeitet, s. Bd. I.

30 Daß die alsbald völlig durchgedrungene Scheu, anzuerkennen, daß Jesus wirklich leibliche Brüder gehabt hat – die schon für die Fassung der Überschriften der auf den Namen des Jakobus und des Judas verfaßten Briefe maßgebend gewesen ist (Bd. I) –, noch keine Rolle gespielt haben kann, geht daraus hervor, daß Lukas ev. 8, 19 und act. 1, 14 an der Erwähnung der Brüder Jesu (die Schwestern hat er gestrichen) garkeinen Anstoß nimmt.

31 Vgl. Bd. I. Daß Maria gläubig geworden (oder vielmehr von Anfang an gläubig gewesen) sei, ist im Gegensatz zu der echten Überlieferung bei Marcus schon bei Lukas durchweg vorausgesetzt und danach die Überlieferung umgestaltet; im Johannesevangelium wird das voll durchgeführt. Ob Maria sich wirklich der Gemeinde angeschlossen hat, wie act. 1, 14 angibt, ist nicht zu entscheiden.

32 Auch im Johannesevangelium sind sie 7, 6. 10 ungläubig.

33 Aus Kor. I 9, 5, wo neben den übrigen Aposteln und Kephas auch die Brüder des Herrn als Missionare erwähnt werden(οἱ λοιποὶ ἀπόστολοι καὶ οἱ ἀδελφοὶ τοῦ Κυϱίου καὶ Κηφᾶς, im Gegensatz zu Paulus und Barnabas), ergibt sich, daß auch die übrigen Brüder (Joses, Judas, Simon) mitgegangen sind; ob indessen alle, kann fraglich erscheinen. Wenn auf die Erzählung des Hegesippos Euseb. hist. eccl. III, 20 Verlaß ist, haben wenigstens die Nachkommen des Judas ihr kleines Erbgut weiter bewirtschaftet, das doch wohl bei Nazaret gelegen haben wird (vgl. Bd. I). Zum Nachfolger des Jakobus wird dann Symeon der Sohn des Klopas, nach Hegesippos (Euseb. IV 22, 4) eines Bruders von Jesu Vater Joseph, eingesetzt (Bd. I); das spricht dafür, daß die andern Brüder und deren Nachkommen nicht in Betracht kamen; aber das Vorrecht der Familie wird auch da anerkannt.

34 Ber. Berl. Ak. 1922, 65 ff.

35 Daß das Absicht ist und der Verfasser sehr bewußt vorgeht, ergibt sich daraus, daß er in der Weisung des Engels am Grabe an die Frauen in den im übrigen wörtlich übernommenen Worten des Marcus εἴπατε τοῖς μαϑηταῖς αὐτοῦ καὶ τῷ Πέτϱῳ, ὅτι πϱοάγει ὑμᾶς εἰς τὴν Γαλιλαίαν· ἐκεῖ αὐτὸν ὄψεσϑε die Worte καὶ τῷ Πέτϱῳ ausgelassen hat (28, 7).

36 S. Bd. I.

37 HARNACK S. 69 weist darauf hin, daß neben diesen beiden noch eine dritte Überlieferung vorkommt, die in der syrischen Didaskalia vorliegt (p. 88 f., bei ACHELIS und FLEMMING in ihrer Übersetzung Texte und Unters. N. F. X 1904 Heft 2 S. 107), die im dritten Jahrhundert vermutlich in der Nachbarschaft Palaestinas entstanden ist, mit scharfer Polemik gegen das Judenchristentum. Hier erscheint Jesus nach der Auferstehung zuerst der Maria Magdalena und Maria Jacobi, „und im Morgengrauen des Sonntags trat er bei Lewi (d. i. Matthaeus) ein, und dann erschien er auch uns (den zwölf Aposteln)". [In der griechischen Bearbeitung in den Constit. apostol. V 14 ist Lewi gestrichen und dafür der Emmausjünger Kleopas aus Luc. 24, 18 eingesetzt.] Das muß, wie HARNACK bemerkt, mit der Schätzung des Matthaeusevangeliums in diesem Gebiet zusammenhängen; die Rückführung auf das Johannesevangelium, die ACHELIS S. 326 f. versucht, ist sehr problematisch. Analog ist, worauf HARNACK gleichfalls hinweist, die Zurückdrängung des Petrus im Johannesevangelium.

38 ὅσοι ἐδόκουν ἐπιεικέστατοι τῶν κατὰ τὴν πόλιν εἶναι καὶ περὶ τοὺς νόμους ἀκριβεῖς Jos. XX 201. In der Legende bei Hegesippos Euseb. hist. eccl. II 23 wird Jakobus „der Gerechte" dann ganz als ein frommer Jude geschildert.

39 In wesentlich späterer Zeit ist dann Jakobus von dem Verfasser des Jakobusbriefs benutzt worden, um seiner Schrift einen Autornamen aus der Urzeit zu geben. Über die Entstehung dieses Schriftstücks wird schwerlich je volle Einigung erzielt werden, dazu sind die Anhaltspunkte zu unbestimmt. Der Verfasser, der den ersten Petrusbrief benutzt, gibt einen kurzen Abriß der christlichen Sittenlehre, im Anschluß an die Sprüche des Evangeliums und mit starker Benutzung des Alten Testaments vor allem für die vorbildlichen Erzählungen, sowie mit entschiedener Ablehnung der paulinischen Rechtfertigungslehre durch den Glauben, der nutzlos ist, wenn er sich nicht in den Werken der Nächstenliebe, Mildtätigkeit und Demut betätigt. Alle Dogmatik ist fern gehalten, sowohl judenchristliche wie heidenchristliche; das baldige Bevorstehn des Gerichts und der Parusie des Herrn wird erwartet (5, 3 ff. 7 ff.), aber der Name Jesus Christus wird außer in der Überschrift nur 2, 1 erwähnt, vom Messias, von der Auferstehung, vom πνεῦμα ist nirgends die Rede; das viele Lehren, das zum διακρίνεσθαι, zum inneren Zwist und Überhebung führt, wird bekämpft (3, 1. 1, 5 ff. 2, 4), Das spezifisch Christliche verflüchtigt sich hier zu einer allgemeinen ethischen Religion auf der Grundlage der Güte und Gnade Gottes, „des Vaters der Lichter" (1, 17). Dabei tritt die Anlehnung an das Matthaeusevangelium stark hervor, so ganz speziell in dem Verbot des Schwörens 5, 12 und in der leitenden Stellung der πρεσβύτεροι τῆς ἐκκλησίας [die Parallelen bei Matthaeus s. Bd. I], die auch bei Krankheiten heilen, durch Gebet und Salbung mit Öl „im Namen des Herrn" (5, 14, wie die Zwölf bei Marcus 6, 13). Die Versammlung der Gemeinde wird 2, 2 συναγωγὴ ὑμῶν genannt. Das weist auf den Umkreis des Judenchristentums hin, natürlich in Kreisen, wo dasselbe stark abgeblaßt war. Dem entspricht, daß das Schreiben „an die zwölf Stämme in der Diaspora" gerichtet ist, d. h. an die Christen draußen in der Welt. Dazu paßt ganz gut, daß der Verfasser die Maske des Jakobus gewählt hat; ich kann daher HARNACKs Vermutung Chronol. der altchristl. Lit. I 485 ff., der Name und damit der Briefcharakter sei dem Schriftstück erst später zugefügt worden, nicht für zutreffend halten. Weiteres s. u. Kap. XI. – Aufgekommen und berücksichtigt wird der Brief nicht vor dem dritten Jahrhundert (Origenes), und ist bekanntlich erst ganz zuletzt in den Kanon gekommen; noch Eusebios verwirft ihn (Hist. eccl. II 23, 24 f. III 25, 3). – Weshalb für den schon etwas früher auftauchenden Brief des Judas (verfaßt etwa gegen 130 n. Chr.) dieser Verfassername gewählt ist, bleibt völlig dunkel; maßgebend war wohl, daß man für ihn irgend eine Autorität aus apostolischer Zeit aufgriff, um ihn zu legitimieren.

40 In dieser Beziehung darf man wohl an Melanchthon erinnern, über dessen Schwächen und Kompromisse man sehr viel milder zu urteilen pflegt als über Petrus. Und ähnlich steht es mit Cranmer und so vielen andern.

41 Das ist die Erkenntnis, die, wie das Evangelium sagt, den Jüngern erst nach seinem Tode aufgegangen ist und nun in der Leidensverkündung Jesus selbst in den Mund gelegt wird (Bd. I).

42 Ein Bedürfnis danach ist in Jerusalem, wo man ja am Tempel festhielt, überhaupt nicht aufgekommen; bei Paulus' letztem Besuch versammeln sich die Ältesten bei Jakobus (act. 21, 18). Auch in der übrigen Welt hat man sich bis gegen Ende des zweiten Jahrhunderts mit Privathäusern begnügt, s. HARNACK, Mission und Ausbreitung II^3 78 ff. – Als Synagoge wird die christliche Versammlung nur im Jakobusbrief 2, 2 bezeichnet, ferner bei Hermas mand. 11, 9. 13. 14 (εἰς συναγωγὴν ἀνδρῶν δικαίων), dann vereinzelt bei Ignatius (ad Polycarp. 4), Justin u. a., sowie bei Lucian Peregr. 11, der den Peregrinus Proteus als προφήτης καὶ θιασάρχης καὶ ξυναγωγεύς bezeichnet; s. HARNACKs Anmerkung zu Hermas 11, 9 (Patr. apost. opera edd. O. DE GEBHARDT, A. HARNACK, TH. ZAHN III 115 ff.). Sonst hat man das Wort, als technische Bezeichnung der jüdischen Gebetshäuser, vermieden und durch ἐκκλησία ersetzt, wobei dann ebenso wie bei συναγωγή das Wort „Versammlung" auch Bezeichnung des Gebäudes wird.

43 Act. 2, 46 κλῶντες κατ' οἶκον („häuserweise") ἄρτον. Daß dabei nicht nur an die Hausgenossen, sondern an eine größere Gruppe gedacht ist, zeigt sowohl die anschließende Beschreibung des Rituals (s. Anm. 45), wie vorher 2, 42 ἦσαν δὲ προσκαρτεροῦντες τῇ διδαχῇ τῶν ἀποστόλων καὶ *τῇ κοινωνία*, τῇ κλάσει τοῦ ἄρτου καὶ ταῖς προσευχαῖς.

44 So die Hausgemeinde des Aquila und der Priscilla in Ephesos (Kor. I, 16, 19) und dann in Rom (Rom. 16, 5), die der Nympha in Kolossae (Kol. 4, 15), ferner in Alexandria Troas act, 20, 7. 11, wo die Gläubigen am

Sonntag abend in dem Oberstock eines Hauses versammelt sind, um κλάσαι ἄρτον, worauf dann eine lange Predigt des Paulus folgt (vgl. die Versammlung im Hause der Maria, der Mutter des Marcus act. 12, 12). Ebenso verlegt die sekundäre Erweiterung des Berichts über das Abendmahl, welche dasselbe mit dem Passahmahl identifiziert (s. Bd. I), die Feier in das ἀνάγαιον μέγα eines Mannes, der unter prophetischer Einwirkung den Raum dazu hergibt.

45 So schildert es der Bericht über Jesu Abendmahl, und ebenso Lukas act. 2, 46: κλῶντές τε κατ' οἶκον ἄρτον μετελάμβανον τροφῆς ἐν ἀγαλλιάσει καὶ ἀφελότητι καρδίας.

46 So speziell im Schlußgebet 10, 3 σύ, δέσποτα παντοκράτωρ, ἔκτισας τὰ πάντα ἕνεκεν τοῦ ὀνόματός σου, *τροφήν τε καὶ ποτὸν ἔδωκας τοῖς ἀνθρώποις εἰς ἀπόλαυσιν, ἵνα σοὶ εὐχαριστήσωσιν,* ἡμῖν δὲ ἐχαρίσω πνευματικὴν τροφὴν καὶ ποτὸν καὶ ζωὴν αἰώνιον διὰ τοῦ παιδός σου.

47 Im N. T. findet das Wort sich in diesem Sinne nur Kor. I 14, 16, wo Paulus in der Ablehnung des den Übrigen unverständlichen Zungenredens in der ἐκκλησία – d. i. eben beim Abendmahl, wo ja auch nach der Didache 10, 7 die Propheten auftraten (bei der Eucharistie τοῖς δὲ προφήταις ἐπιτρέπετε εὐχαριστεῖν ὅσα θέλουσιν) – sagt: „denn wenn du den Segen in Geistessprache sprichst (ἐὰν εὐλογῇς πνεύματι, vgl. 10, 16 vom Abendmahl: τὸ ποτήριον τῆς εὐλογίας ὃ εὐλογοῦμεν), wie kann da der Laie bei deinem Dankgebet das Amen sagen, da er nicht versteht, was du sagst?" (ὁ ἀναπληρῶν τὸν τόπον τοῦ ἰδιώτου πῶς ἐρεῖ τὸ ἀμὴν ἐπὶ τῇ εὐχαριστίᾳ, ἐπειδὴ τί λέγεις οὐκ οἶδεν; σὺ μὲν γὰρ καλῶς εὐχαριστεῖς, ἀλλ' ὁ ἕτερος οὐκ οἰκοδομεῖται).

48 Daß dies Wort an den Schluß der Abendmahlfeier gehört, hat die Didache gelehrt, wo das Gebet mit μαραναθά ἀμήν schließt. Daraus hat es Paulus am Schluß des ersten Korintherbriefs 16, 23 übernommen. Die weitverbreitete Auflösung der Gruppe in μαραν αθα „der Herr ist gekommen" (so Joh. Chrysost. ὁ κύριος ἡμῶν ἦλθε, nicht etwa „unser Herr kommt", wie oft übersetzt wird), ist zwar sprachlich möglich, paßt aber nicht für ein Gebet. Der Schluß der Apokalypse ἀμήν, ἔρχου Κύριε 'Ιησοῦ bestätigt die richtige Deutung. Überdies ist der Herr ja auch in Wirklichkeit noch gar nicht gekommen, sondern sein baldiges Kommen wird erfleht. Im Vaterunser entspricht ἐλθάτω ἡ βασιλεία σου. Im Grunde besagt ὁ Κύριος ἐγγύς Phil. 4, 5 genau das gleiche.

49 Κυριακὸν δεῖπνον Kor. I 11, 20.

50 Wie in allem echten Kultus fließen auch im Abendmahl die verschiedensten Vorstellungen des mythischen Denkens durcheinander; sie sind eben so sprunghaft, wie dies überall verfährt. Aber es ist nichts weniger als die Übertragung eines fremden Mythus oder eines schon vorhandenen sakramentalen Ritus auf Jesus, sondern völlig spontan und naturwüchsig auf dem Boden der Urgemeinde erwachsen; vgl. Bd. I.

51 Das ist wörtlich aus dem jüdischen Gebet Schmone-Esre übernommen (SCHÜRER, Gesch. II^{3} 461, v. 10: „Verkünde mit großer Posaune unsere Befreiung und erhebe ein Panier, um zu sammeln unsere Zerstreuten, und versammle uns von den vier Enden der Erde. Gelobt seist du, Herr, der du sammelst die Verstoßenen deines Volkes Israel").

52 Das ist aus Zacharja 2, 6 entlehnt; ebenso oben Anm. 51 und in der Marcusapokalypse 13, 27.

53 Auch diese Bezugnahme auf David, hier natürlich den David der Psalmen, geht auf die jüdische Vorlage zurück, wo es v. 14 in der älteren, palaestinensischen Rezension (DALMAN, Worte Jesu S. 300, vgl. BOUSSET, Rel. d. Juden 155) heißt: „Gesegnet seist du, Jahwe, Gott Davids, der Jerusalem baut." Beim Kelch wird Gott gedankt ὑπὲρ τῆς ἁγίας ἀμπέλου Δαβὶδ τοῦ παιδός σου, ἧς ἐγνώριδας ἡμῖν διὰ 'Ιησοῦ τοῦ παιδός σου. David hat Jesus als Weinstock verkündet (Ps. 80), durch Jesus, den Knecht Gottes, ist dies Wort verständlich geworden.

54 Dem entspricht die Entartung der Feier in Korinth, gegen die Paulus auftritt: er muß der Gemeinde die Tradition über die Einsetzung des Herrnmahls aufs neue einschärfen, um daran seine Auffassung anzuknüpfen.

55 Beim Brot beginnt das Gebet: εὐχαριστοῦμέν σοι, πάτερ ἡμῶν, ὑπὲρ τῆς ζωῆς καὶ γνώσεως ἧς ἐγνώρισας ἡμῖν διὰ 'Ιησοῦ τοῦ παιδός σου. Ebenso nachher 10, 3.

56 καὶ γὰρ τὸ πάσχα ἡμῶν ἐτύθη Χριστός, Kor. I 5, 7.

57 Didache 14: ὅπως καθαρὰ ἡ θυσία ὑμῶν ᾖ und ἵνα μὴ κοινωθῇ ἡ δυσία ὑμῶν. αὕτη γάρ ἐστιν ἡ ῥηθεῖσα ὑπὸ Κυρίου· ἐν παντὶ τόπῳ καὶ χρόνῳ προσφέρειν μοι θυσίαν καθαράν, ὅτι βασιλεὺς μέγας εἰμί, λέγει Κύριος, καὶ τὸ ὄνομά μου θαυμαστὸν ἐν τοῖς ἔθνεσι (freie Variation von Maleachi 1, 11 und 14).

58 Offenbar hat man in Korinth das Herrnmahl ganz nach Analogie der heidnischen Kultmahle bei den Götterfesten aufgefaßt (auch das israelitische Opferfest bis zum Deuteronomium war ja nichts anderes als ein Schlachtfest der Familien, an dem die Gottheit teilnahm). Wie im Christentum gewinnt dann bekanntlich auch in andern Mysterienreligionen das Kultmahl der Geweihten eine geheimnisvolle magische Kraft, so in der Mithrasreligion (Justin. mart. apol. I 66) und in der des Sabazios (LIETZMANN im Anhang zu WENDLANDS Hellenistisch-römischer Kultur^{2} S. 425 ff. 432 ff.); auch bei Apulejus met. XI 24 folgen auf die Einweihung in die Isismysterien *suaves epulae et faceta convivia.* In Korinth schlemmen nach Paulus' Schilderung die Wohlhabenden, statt zu Hause zu essen, beim Herrnmahl, während die Armen (οἱ μὴ ἔχοντες v. 22), die erst später kommen können, hungern müssen. Demgegenüber ordnet Paulus an, daß man warten solle, bis alle da sind; wer Hunger hat, möge zu Hause essen.

59 So die Abendmahlfeier in Alexandria Troas act. 20, 7. Das hindert natürlich nicht, daß sie auch sonst jederzeit

begangen werden kann. So nimmt Paulus beim Schiffbruch vor Malta am Morgen ein Brot und εὐχαρίστησεν τῷ θεῷ ἐνώπιον πάντων καὶ κλάσας ἤρξατο ἐσθίειν act. 27, 35.

60 *rursusque (convenire) ad capiendum cibum, promiscuum tamen ei innoxium,* Plin. ad Traj. 96, 7.

61 Tertullian apol. 39. Ignat. ad Smyrn. 8. Orac. Sib. VIII 496 ff. Zusammenstellung heidnischer Parallelen bei LIETZMANN im Kommentar zu Kor. I 11 (Handbuch zum N. T. III S. 130 f. 160 ff.).

62 Nach Gal. 4, 6. Rom. 8, 15 ist der Anruf 'Αββᾶ ὁ πατήρ den griechischsprechenden Christen ganz geläufig. Bei Marcus 14, 36 braucht ihn Jesus in Getsemane. Die aramaeische Gemeinde hat natürlich nur abbâ gesagt; für die Griechen ist dann die wörtliche Übersetzung durch den Nominativ hinzugefügt. Matthaeus 26, 39 und Lukas 22, 42 lassen das aramaeische Wort weg und setzen den korrekten Vokativ πάτερ ein, ebenso im Vaterunser (Luk. 11, 2; bei Matth. 6, 9 zu πάτερ ἡμῶν ὁ ἐν τοῖς οὐρανοῖς erweitert).

63 SEEBERG, Der Ursprung des Christusglaubens 1914, (ebenso Lehrbuch der Dogmengesch., 3. Aufl., I 70 ff.) schreibt schon dem Urchristentum göttliche Verehrung Jesu zu. Damit werden m. E. Gedanken in dasselbe hineingetragen, die ihm noch fremd sind; die tiefdringenden Darlegungen SEEBERGs über diesen Entwicklungsprozeß gelten erst für die Folgezeit, von Paulus an.

64 Matth. 5, 9 υἱοὶ θεοῦ κληθήσονται. 5, 45 ὅπως γένησθε υἱοὶ τοῦ πατρὸς ὑμῶν τοῦ ἐν οὐρανοῖς (dazu v. 48 ὁ πατὴρ ὑμῶν ὁ οὐράνιος) = Luc. 6, 35 καὶ ἔσεσθε υἱοὶ ὑψίστου (v. 36 ὁ πατὴρ ὑμῶν).

65 Bd. I 254 f. Als weibliches Wesen wird der heil. Geist noch von dem streng orthodoxen Syrer Aphrahat (um 340 n. Chr., im alten Assyrien) angesehn, so Homil. 18, 8 (BERT, Aphrahat's Homilien übersetzt, Texte und Unters. III, S. 297) als Erläuterung zu Gen. 2, 24: „Solange ein Mensch noch kein Weib genommen hat, liebt und ehrt er Gott, seinen Vater, und den heiligen Geist, seine Mutter."

66 Bd. I 54 ff. Das Johannesevangelium hat dann die mythische Erzählung abgestreift, aber den Gedanken um so präziser formuliert: καὶ ὁ λόγος σὰρξ ἐγένετο καὶ ἐσκήνωσεν ἐν ἡμῖν, καὶ ἐθεασάμεθα τὴν δόξαν αὐτοῦ, δόξαν ὡς μονογενοῦς παρὰ πατρός, vgl. den Aufsatz von R. SEEBERG ὁ λόγος σὰρξ ἐγένετο in der Festgabe für Harnack 1921.

67 Dieselbe Auffassung vertritt Paulus Rom. 1, 3 (γενόμενος ἐκ σπέρματος Δαυεὶδ κατὰ σάρκα); er mag einen dieser Stammbäume bereits gekannt haben.

68 Thess. I 5, 2 αὐτοὶ γὰρ ἀκριβῶς οἴδατε (das ist also ein Hauptsatz der von Paulus gebrachten, Lehre), ὅτι ἡμέρα Κυρίου ὡς κλέπτης ἐν νυκτὶ οὕτως ἔρχεται; daher μὴ καθεύδωμεν ὡς οἱ λοιποί, ἀλλὰ γρηγορῶμεν καὶ νήφωμεν = Q Matth. 24, 42 ff. Luk. 12, 39 f. γρηγορεῖτε οὖν, ὅτι οὐκ οἴδατε, ποίᾳ ἡμέρᾳ ὁ Κύριος ὑμῶν ἔρχεται. ἐκεῖνο δὲ γινώσκετε, ὅτι εἰ ᾔδει ὁ οἰκοδεσπότης, ποίᾳ φυλακῇ ὁ κλέπτης ἔρχεται, ἐγρηγόρησεν ἂν καὶ οὐκ ἂν εἴασεν διορυχθῆναι τὴν οἰκίαν αὐτοῦ. διὰ τοῦτο καὶ ὑμεῖς γίνεσθε ἕτοιμοι, ὅτι ᾗ οὐ δοκεῖτε ὥρᾳ ὁ υἱὸς τοῦ ἀνθρώπου ἔρχεται. Ebenso Marc. 18, 33 ff. Das Gleichnis übernimmt auch Apokal. 3, 3. 16, 15.

69 Marc. 13, 32. Dieselbe Anschauung IV Ezra 6. 1 ff., s. Bd. II.

70 Thess.I 4, 15 ff. In den Evangelien liegt dies Herrnwort in dieser Fassung nicht mehr vor (vgl. Marc. 8, 38), sondern ist durch die Eschatologie Marcus 13 ersetzt, die indessen durchaus die gleichen Anschauungen enthällt (v. 26 f.): καὶ τότε ὄψονται τὸν υἱὸν τοῦ ἀνθρώπου ἐρχόμενον ἐν νεφέλαις μετὰ δυνάμεως πολλῆς καὶ δόξης. καὶ τότε ἀποστελεῖ τοὺς ἀγγέλους [μετὰ σάλπιγγος μεγάλης fügt Matth. 24, 31 hinzu, in Übereinstimmung mit Paulus] καὶ ἐπισυνάξει τοὺς ἐκλεκτοὺς ἐκ τῶν τεσσάρων ἀνέμων ἀπ' ἄκρου γῆς ἕως ἄκρου οὐρανοῦ. Breit ausgemalt wird das dann in der Apokalypse. Weiteres s. u. bei Paulus.

71 S. Bd. I.

72 Dabei wird vor allem Öl verwendet (vgl. Jacob. 5,14). Das hat sich dann in den christlichen Kirchen dauernd erhalten, in der römischen beschränkt auf die „letzte Ölung" vor dem Tode.

73 Act, 4, 36 f. Er kennt den Vorgang durch Barnabas' Neffen Marcus.

74 Act. 5, 1 ff. Natürlich ist die Szene früh rationalistisch als eine Beseitigung der Frevler durch geheime Kabinettsjustiz des Petrus gedeutet worden; so Clem. Al. Strom. I 23, 154 und ebenso Porphyrios fr. 25 (HARNACK, Porph. gegen die Christen, Abh. Berl. Ak. 1916), erhalten bei Makarios und bei Hieronymus ep. 130, 14: *Apostolus Petrus nequaquam imprecatur Ananiae et Sapphirae mortem, ut stultus Porphyrius calumniatur*; aber ep. 109, 3 redet, wie HARNACK anführt. Hieronymus selbst ganz unbedenklich von *Petri severitas Ananiam et Sapphiram trucidantis*. Die Mormonen haben diese Auffassung voll ausgebildet und als Vorbild für ihr eigenes Verfahren gegen die Übertreter des Gesetzes benutzt. – Wie der zugrunde liegende Vorgang wirklich verlaufen ist, läßt sich natürlich nicht ermitteln, und es ist müßig, sich darüber in Vermutungen zu ergehn.

75 Act. 2, 42 ff., mit kleinen Änderungen wiederholt 4, 32 ff.

76 πάντες δὲ οἱ πιστεύσαντες ἐπὶ τὸ αὐτὸ εἶχον ἅπαντα κοινά 2, 43, wie am Schluß ὁ δὲ Κύριος προσετίθει τοὺς σωζομένους καθ' ἡμέραν ἐπὶ τὸ αὐτό. ἐπὶ τὸ αὐτό bezeichnet also die geschlossene Einheit des Gemeindekörpers.

77 Mit Recht sagt Paulus act. 26, 6 f. zu Agrippa: καὶ νῦν ἐπ' ἐλπίδι τῆς εἰς τοὺς πατέρας ἡμῶν ἐπαγγελίας γενομένης ὑπὸ τοῦ θεοῦ ἕστηκα κρινόμενος, εἰς ἣν τὸ δωδεκάφυλον ἡμῶν ἐν ἐκτενείᾳ νύκτα καὶ ἡμέραν λατρεῦον ἐλπίζει καταντῆσαι.

78 Das Laubhüttenfest dagegen tritt ganz zurück (ebenso der Versöhnungstag). Im Johannesev. 7, 2 ff. zieht allerdings Jesus, nachdem er zunächst die Aufforderung seiner Brüder abgelehnt hat, mit ihnen dazu nach

Jerusalem zu gehn, weil „seine Zeit noch nicht erfüllt ist" – das ist erst zu Ostern –, nachher doch noch insgeheim hin. Sonst wird es nie erwähnt. – Pfingsten: Kor. I 16, 3. act. 20, 16.

79 Diese Entwicklung hat ED. SCHWARTZ, Osterbetrachtungen, ZNTW. VII 1906, 1 ff. klar dargelegt; sowie ausführlicher in seinen Christl. und Jüd. Ostertafeln, Abh. Gött. Ges. Phil. Kl. N. F. VIII 6, 1905.

80 Marc. 2, 27, vgl. Bd. I 106.

81 Himmelfahrt Moses 1, 12 ff., vgl. Bd. II. WEBER. Jüd. Theol. 14 ff. 196 ff.

82 Barnab. cp. 15, 9. Justin. dial. c. Tryph. 24, 138 usw. Johannes erhält seine Offenbarung auf Patmos τῇ κυριακῇ ἡμέρᾳ (apok. 1, 10). Die weitere Folge ist, daß im Heidenchristentum die Sabbatfeier als irrtümlicher jüdischer Ritus verboten wird: Ignat. ad Magnes. 9 μηκέτι σαββατίζοντες, ἀλλὰ κατὰ κυριακὴν ζῶντες.

83 Bd. II, wo als Beleg noch Tibull I 3, 18 *Saturnive sacram me tenuisse diem* hätte angeführt werden können.

84 So Vergil in der vierten Ekloge, die im Jahre 40 das neue, zehnte saeculum der Sibylla beginnen läßt, denen Herrscher der mit Apollo identizierte Sonnengott ist (vgl. Servius zu v. 4, worauf NORDEN mich hingewiesen hat).

85 Bd. II. Im Poimandres dagegen wird das gemeinsame Dankgebet bei Sonnenuntergang gesprochen, Bd. II.

86 κατὰ κυριακὴν δὲ Κυρίου συναχθέντες κλάσατε ἄρτον καὶ εὐχαριστήσατε προεξομολογησάμενοι τὰ παραπτώματα ὑμῶν, Didache 14.

87 So setzt ihn Paulus Kor. I 16, 2 als selbstverständlich voraus: am Sonntag (κατὰ μίαν σαββάτου) soll jeder Korinther seinen Beitrag zur Kollekte für die „Heiligen", die Gemeinde von Jerusalem, zurücklegen. Als Paulus 59 nach Alexandria Troas kommt, versammelt sich die Gemeinde am Sonntag abend (ἐν τῇ μιᾷ τῶν σαββάτων, act. 20, 7) zum Brotbrechen, und Paulus hält ihnen eine lange Predigt bis Mitternacht. Die älteste Beschreibung der Sonntagsfeier (vgl. z. B. Justin. Apol. I 67) gibt Plinius ad Traj. 96, 7: die Christen geben an *quod essent soliti stata die ante lucem convenire carmenque Christo quasi deo dicere secum invicem, seque sacramento non in scelus aliquod obstringere, sed ne furta, ne latrocinia, ne adulteria committerent, ne fidem fallerent, ne depositum appellati abnegarent* – eine völlig zutreffende Aufzahlung der christlichen Sittengebote, in voller Übereinstimmung mit den Vorschriften, die Paulus gibt. *quibus peractis morem sibi discedendi fuisse, rursusque ad capiendum cibum, promiscuum tamen et innoxium* – ausgefallen ist etwa *convenire*. – Durch die ganz unberechtigte Deutung: „du sollst den Feiertag (oder ‚Ruhetag') heiligen" hat die spätere Kirche bekanntlich den Sonntag im Dekalog an Stelle des Sabbats gesetzt, und der Calvinismus hat vollends, mit brutaler Vergewaltigung der Tatsachen, beide identifiziert und die jüdischen Sabbatgebote widersinnig auf den Sonntag übertragen.

88 S. Bd. I.

89 Dieselbe Auffassung liegt in der Verklärungsvision des Petrus vor: Elias tritt, von Moses begleitet, zu Jesus. In der anschließenden Diskussion deutet dann Jesus an, daß Elias in der Gestalt des Johannes erschienen sei (Marc. 9, 11 ff., weiter ausgeführt bei Matthaeus 17 10 ff.).

90 Marcus und Lukas schweigen davon vollständig. Bei Matthaeus wird sie dann in dem vom Verfasser ganz frei, ohne irgend einen Anhalt in der Überlieferung, komponierten Schluß von dem Auferstandenen bei seiner Erscheinung in Galilaea eingesetzt. Aber erst das Johannesevangelium läßt Jesus resp. seine Jünger selbst taufen.

91 Act, 2. 38.

92 Bd. I 12, 3. 43. 209. Vgl. Rom. 6, 3 ἢ ἀγνοεῖτε ὅτι ὅσοι ἐβαπτίσθημεν εἰς Χριστὸν Ἰησοῦν, εἰς τὸν θάνατον αὐτοῦ ἐβαπτίσθημεν; – Die trinitarische Taufformel, die bei Matth. 28, 19 interpoliert ist (Bd. I), ist der älteren Zeit noch fremd; sie kennt nur die Taufe auf den Namen Jesu.

93 Erwähnt außer bei der Taufe act. 8, 17 f. 19, 6 (vgl. Hebr. 6, 2, βαπτισμῶν διδαχὴ ἐπιθέσεώς τε χειρῶν); bei der Einsetzung der Diakonen act. 6, 6, der Missionare act. 13, 3. Die Weiterentwicklung zeigt Tim. I 4, 14. 5, 22. II 1, 6.

94 Marc. 5, 23. 6, 5. 7, 32. 8, 23. 25 (vgl. auch 10, 16), Luc. 4, 40. 13, 13. act. 9, 12. 17. 28, 8. [Marc.] 16, 18. Über die Verwendung des Öls bei Heilungen s. oben.

95 Kor. I 15, 29, wo Paulus die Sitte als allgemein verbreitet und durchaus legitim ansieht.

96 Bei den Markioniten HARNACK, Marcion 212. 288*. 300*; bei den Montanisten Philastr. 49; daß die Sitte früher in Asia und Galatia verbreitet gewesen ist, weiß Epiphanios 28, 6 als παράδοσις.

97 Ob der Bericht act. 18, 24 ff. 19, 2 ff. rein geschichtlich ist, steht dahin; aber sachlich ist er zutreffend. Apollos und die andern „kennen lediglich die Taufe des Johannes", die „Taufe der Sinneswandlung (μετάνοια)"; jetzt werden sie „auf den Namen des Herrn Jesus" getauft, von dem „Johannes verkündet hat, daß er nach ihm komme, damit sie glauben", und dann erhalten sie durch Handauflegung den heiligen Geist und die Gabe des Zungenredens und Prophezeiens.

98 SCHÜRER, Gesch. d. jüd. Volkes II[2] 411 ([3] 489 f.).

99 Apostellehre 8, 1 αἱ δὲ νηστεῖαι ὑμῶν μὴ ἔστωσαν μετὰ τῶν ὑποκριτῶν d. i. den Juden)˙ νηστεύουσι γὰρ δευτέρᾳ σαββάτων καὶ πέμπτῃ· ὑμεῖς δὲ νηστεύσατε τετράδα καὶ παρασκευήν. Zweifellos hat der Spruch Marc. 2, 20 schon dieselben Tage im Auge. Vgl E. SCHWARTZ, ZNTW. VII 1906, 27 f., der darauf hinweist, daß in der syrischen Didaskalia p. 88 f. (Const. apost. V 15) diese Tage als die des Verrats des Judas und der Kreuzigung gedeutet, das Fasten aber zugleich als ein Trauerfasten um die ungläubigen Juden erklärt wird.

100 Bd. I.

101 Sowohl bei Paulus wie in der Apostelgeschichte bedeutet das Wort bereits durchweg die religiöse Gemeinde oder die Kirche. Für die Volksversammlung in Ephesos braucht Lukas natürlich act. 19, 32, 39 f. den technischen Ausdruck ἐκκλησία, ebenso 14, 23 in Lykaonien; aber wo er von der Urversammlung der Gläubigen redet, welche die Wahl der Diakonen vornimmt, sagt er 6, 2. 5 nicht ἐκκλησία, sondern τὸ πλῆθος τῶν μαθητῶν. Sonst hat höchstens in der Formel, mit der er das Dekret des Apostelkonzils mitteilt: τότε ἔδοξε τοῖς ἀποστόλοις καὶ τοῖς πρεσβυτέροις σὺν ὅλῃ τῇ ἐκκλησίᾳ 15, 22 das Wort noch seine ursprüngliche Bedeutung. – In den Evangelien kommt ἐκκλησία bekanntlich niemals vor außer in den beiden relativ späten Stellen Matth. 16, 18 (über Petrus) und 18, 17, s. Bd. I.

102 Vgl. weiter Marc. 9, 35 sowie Matth. 25, 44 f.

103 Act, 15, 2. 4. 22. 23. 16, 4. In gleicher Stellung erscheinen sie bei Paulus' letzter Anwesenheit 21, 18 neben Jakobus.

104 Act. 14, 23: Paulus und Barnabas χειροτονήσαντες αὐτοῖς κατ' ἐκκλησίαν πρεσβυτέρους, προσευξάμενοι μετὰ νηστειῶν παρέθεντο αὐτοὺς τῷ Κυρίῳ εἰς ὃν πεπιστεύκεισαν. In Ephesos 20, 17, wo Paulus die πρεσβύτεροι τῆς ἐκκλησίας nach Milet kommen läßt, die nachher v. 28 als ἐπίσκοποι bezeichnet werden. – Der Jacobusbrief 5, 14 setzt für jede Gemeinde πρεσβύτεροι voraus, ebenso Timoth. I 5, 1. 17 ff. Tit. 1. 5. Petr. I 5, 1.

105 Sonst finden sich ἐπίσκοποι im Neuen Testament nur noch Timoth. 1 3, 1 ff., wo neben ihnen die Diakonen erscheinen, während von den Presbytern als Vorstehern der Gemeinde erst später 5, 1.17 ff. die Rede ist, und Tit. 1, 5, wo Titus auf Kreta für jede Stadt Presbyter einsetzen soll und daran die Vorschriften für den Bischof angefügt sind. Wenn man nicht, was vielfach geschehn ist, eine Interpolation annehmen will, ist die Stelle so zu verstehn, daß aus den Presbytern deren Oberhaupt, der Bischof, hervorgeht.

106 Kor. I 12, 4 ff. Danach kürzer zusammengefaßt Petr. I 4, 10 f.

107 Kor. I 12, 28. Das Zungenreden, das Paulus zurückdrängen möchte, ist mit Absicht an die letzte Stelle gesetzt, hinter die Verwaltungsgeschäfte. ἀντιλήμψεις (wörtl. etwa „Empfangnahme") wird durch die Parallelstelle Rom. 12, 6 ff. erklärt, wo ihm ὁ μεταδιδούς entspricht; es ist also die Annahme und Verteilung der Unterstützungen. An dieser Stelle zählt Paulus die verschiedenen Arten der χαρίσματα auf: προφητεία, διακονία, διδασκαλία, παράκλησις, dann ὁ μεταδιδούς, ὁ προϊστάμενος, ὁ ἐλεῶν. Hier ist also die Diakonie an die zweite Stelle zwischen Prophetie und Lehre eingeschoben und von dieser noch die Tröstung und am Schluß die Betätigung des Mitleids gesondert. Apostel, Heilungen, Zungenreden fehlen, so daß von den übernatürlichen Geisteswirkungen nur die Prophetie bleibt. ὁ προϊστάμενος entspricht den κυβερνήσεις Kor. I 12, 28. Ephes. 11, 14 werden aufgezählt Apostel, Propheten, Evangelisten (Prediger), Hirten (= ἐπίδκοπα) und Lehrer.

108 Act. 11, 27. 13, 1 (προφῆται καὶ διδάσκαλοι). Matth. 10, 41.

109 Didache c. 11 ff. Vgl. die einschneidenden Ausführungen darüber bei Hermes, Mand. 11.

110 Didache 15, 1 ὑμῖν γὰρ λειτουργοῦσι καὶ αὐτοὶ τὴν λειτουργίαν τῶν προφητῶν καὶ διδασκάλων. Der Ausdruck ist gezwungen und unklar; daß sie die Funktionen der Propheten und Lehrer ausüben, soll natürlich nicht gesagt werden, sondern daß ihre Tätigkeit eben so wertvoll ist wie die dieser.

111 μὴ οὖν ὑπερίδητε αὐτούς· αὐτοὶ γάρ εἰσιν οἱ τετιμημένοι ὑμῶν μετὰ τῶν προφητῶν καὶ διδασκάλων.

112 Im Hirten des Hermas stehn Vis. III 5, 1 die Bischöfe (die nach Clemens ad Cor. 42, 4 von den Aposteln eingesetzt sind) unmittelbar hinter den Aposteln (d. i. den Zwölf, Bd. I), vor den Lehrern und Diakonen.

113 Ber. Berl. Ak. 1921, 924 f.; vgl. dazu HARNACK, Ber. Berl. Ak. 1922, 66.

114 Ebenso kennt die Apokalypse 2, 2 falsche Apostel in den Gemeinden so gut wie Paulus Kor. II 11, 13.

115 Lukas bezeichnet die beiden als Apostel nur in dem Bericht über ihre erste Missionsreise act. 14, 4. 14, ohne zu beachten, daß er sich dadurch mit der Definition der Apostel als Augenzeugen der Wirksamkeit Jesu von Anfang an, die er 1, 25 f. gibt, in Widerspruch setzt. – Die Angabe act. 4, 36 Ἰωσὴφ ὁ ἐπικληθεὶς Βαρνάβας ἀπὸ τῶν ἀποστόλων, ὅ ἐστιν μεθερμηνευόμενον υἱὸς παρακλήσεως kann unmöglich besagen, daß Barnabas „einer aus den Aposteln" (im weiteren Sinne) gewesen sei, wie man oft gedeutet hat, sondern nur, daß die Apostel (die Zwölf) ihm den Beinamen gegeben haben, wie Jesus dem Simon Petrus; ἀπὸ kann nur den Sinn von ὑπὸ haben oder daraus entstellt sein (cod. D setzt letzteres ein).

116 Dagegen sagt Lukas im Evangelium οἱ ἀπόστολοι 9, 10 (= Marc. 6, 30). 17, 5. 22, 14. 24, 10, οἱ δώδεκα 8, 1. 9, 1. 12. 18, 31. 22, 3. 47 (dazu οἱ ἕνδεκα 24, 9. 33), betrachtet also beide Ausdrücke als völlig synonym. In der Apostelgeschichte findet sich οἱ δώδεκα nur 6, 2, neben οἱ ἀπόστολοι 6, 6; letzteres ist ihm hier weit geläufiger (1, 2. 26. 2, 37. 42 f. 4, 36. 43. 45. 5, 12. 18. 29. 40. 8, 1. 18. 9, 27, 11, 1. 15, 2 ff.; οἱ ἕνδεκα ἀπόστολοι 1, 26; ὁ Πέτρος σὺν τοῖς ἕνδεκα beim Pfingstwunder 2, 14 = τὸν Πέτρον καὶ τοὺς λοιποὺς ἀποστόλους 2, 37). Im Johannesevangelium erscheinen οἱ δώδεκα nur, ganz unvermittelt, 6, 67 ff. 20, 24, οἱ ἀπόστολοι überhaupt nicht. In der Apokalypse finden sich neben den falschen Aposteln (d. i. Missionaren) 2, 2 „die zwölf Apostel des Lamms" 21, 14 als Grundsteine des himmlischen Jerusalem [18, 20 wo οὐρανὲ καὶ οἱ ἅγιοι καὶ οἱ ἀπόστολοι καὶ οἱ προφῆται angerufen werden, kommt nicht weiter in Betracht].

117 Bd. I.

118 Q bei Luc. 10, 7 = Kor. I 9, 14 (Bd. I).

119 Ber. Berl. Ak. 1921, 925 ff. Er weist ferner darauf hin, daß auch der weiter angefügte Satz, die Erscheinung vor

Paulus selbst, diese Deutung völlig unmöglich macht. Paulus bezeichnet sich hier als „den geringsten der Apostel, der gar nicht verdient habe, Apostel zu heißen", wenngleich er sein ihm eben durch diese Erscheinung verliehenes Apostolat durchweg aufs schärfste betont. Aber zu τοῖς ἀποστόλοις πᾶσι in der an Jakobus angeschlossenen Erscheinung gehört er nicht, sondern die ihm gegebene steht selbständig als Abschluß all dieser autoritativen Erscheinungen (ἔσχατον πάντων) daneben; eben um sie anzufügen und sich dadurch den Übrigen gleichzustellen, hat er die Erscheinungen vor den Fünfhundert und vor Jakobus und allen Aposteln an die ursprüngliche Formel angehängt. Daraus folgt, daß „alle Apostel" hier eine Gruppe ist, zu der er selbst nicht gehört, mithin nicht die Missionare, sondern die Zwölf.

120 Gal. 2, 9. Wenn Paulus Kor. II 11, 5. 12, 11 mit starkem Hohn von den ὑπερλίαν ἀπόστολοι, den „Überaposteln" redet, wird er den Jakobus mit unter diese gerechnet haben.

121 S. Bd. I.

122 Derselbe dient zum Schutz gegen Unwetter und Kälte und zum Einhüllen beim Schlaf.

123 Paulus' Verhalten in Korinth act. 18 steht damit nur scheinbar in Widerspruch: er wohnt zuerst mit Aquila und Priscilla zusammen, aber als Handwerker, der sich seinen Unterhalt selbst verdient; dann, als er Erfolg hat, siedelt er zu Titius Justus über, wo er dann offenbar auch Verpflegung erhielt.

124 Wie anschaulich diese Angaben durch die Schilderung des Peregrinos Proteus als Missionar bei Lucian illustriert werden, ist Bd. I schon bemerkt.

125 Vgl. Bd. I.

126 In Q bilden den Abschluß der Seligpreisungen (Luc. 6, 22 ff. = Matth. 5, 10 ff.) die „welche die Menschen hassen und ausschließen und denen sie einen schlechten Namen machen um des Menschensohnes willen", wie ihre Väter es den Propheten getan haben. Von blutigen Verfolgungen, Verhandlungen vor Gericht u. ä. ist hier noch nicht die Rede.

127 Im allgem. s. über die Bezeichnung der Gläubigen HARNACK, Mission und Ausbreitung des Christentums I[3] 382 ff.

128 Vgl. Bd. II.

129 οἱ ἅγιοι act. 9, 13. 32. 41. 26, 10 und dann ständig bei Paulus, in der Apokalypse usw. οἱ ἐκλεκτοὶ οὓς ἐξελέξατο (ὁ Κύριος) in der Marcusapokalypse 13, 20. 22. 27; ferner Luc. 18, 7: Gott wird Recht schaffen, ποιήσει τὴν ἐκδίκησιν τῶν ἐκλεκτῶν αὐτοῦ τῶν βοώντων αὐτῷ ἡμέρας καὶ νυκτός. Matth. 22, 14 πολλοὶ γάρ εἰσιν κλητοί, ὀλίγοι δὲ ἐκλεκτοί (vgl. Bd. II). Paulus nennt die Gemeinden in Korinth und Rom κλητοὶ ἅγιοι und daneben ἀγαπητοὶ θεοῦ Kor. I 1, 2 (vgl. 24). Rom. 1, 7 (vgl. 8, 28 sowie 8. 33 ἐκλεκτοὶ θεοῦ); Philipp. 1, 1 πᾶσιν τοῖς ἁγίοις ἐν Χριστῷ Ἰησοῦ τοῖς οὖσιν ἐν Φιλίπποις; Koloss. 1, 2 τοῖς ἐν Κολοσσαῖς ἁγίοις καὶ πιστοῖς ἀδελφοῖς ἐν Χριστῷ; 3, 12 werden sie ermahnt ὡς ἐκλεκτοὶ τοῦ θεοῦ ἅγιοι καὶ ἠγαπημένοι, Apokal. 17, 14 bilden die Gefolgschaft des Lammes οἱ μετ' αὐτοῦ κλητοὶ καὶ ἐκλεκτοὶ καὶ πιστοί.

130 18, 15 ff. vgl. Bd. I.

131 Matth. 18, 18, in 16, 19 speziell auf Petrus übertragen, im Anschluß an sein Bekenntnis. Der Gegensatz gegen die heidenchristliche Entwicklung und die Auffassung des Paulus kommt darin mit voller Absicht zu prägnantem Ausdruck, ebenso wie in der nachdrücklich eingeschärften strengen Befolgung des Gesetzes, und zwar in seiner pharisaeischen Auslegung, wenn auch natürlich nicht in dem äußerlichen Auftreten der Pharisaeer; vgl. Bd. I.

132 καὶ πτωχοὶ εὐαγγελίζονται Matth. 11, 5 = Luk. 7, 22. Zugrunde liegt der von Lukas in der Antrittspredigt in Nazaret 4, 18 behandelte Spruch Jes. 61, 1 πνεῦμα Κυρίου ... ἔχρισέν με εὐαγγελίσασθαι πτωχοῖς, . . . κηρῦξαι αἰχμαλώτοις ἄφεσιν καὶ τυφλοῖς ἀνάβλεψιν.

133 ἐν τῇ ἀναστάσει τῶν δικαίων, wie in den Psalmen und sonst die Mitglieder der frommen Gemeinde sich so oft die *ṣaddîqîm* δίκαιοι nennen; ebenso Matth. 10, 41. 13, 43. 49. 25, 37. 46. Die Stelle bei Lukas berührt sich mit der bei ihm sogleich folgenden Parabel vom Hochzeitsmahl aus Q (Matth. 22, 1 ff. = Luk. 14, 16 ff.). Auffallend ist, daß ὅσιοι *chasîdîm* für die Christen niemals gebraucht wird; erklärt sich das daraus, daß es von den Pharisaeern usurpiert ist?

134 Luk. 6, 20 ff., wo dann das bei Matthaeus fehlende Gegenbild angeschlossen ist: Wehe Euch Reichen, Gesättigten, Lachenden, von allen Menschen Gepriesenen, denen das umgekehrte Los bevorsteht. – Den zugrunde liegenden Gedanken hat in anderer Fassung Paulus Kor. II 6, 9 f. gestaltet.

135 Das hat HOLL erkannt und die technische Bedeutung der von Paulus bei seinen Kollekten für Jerusalem verwendeten Ausdrücke klargelegt, Ber. Berl. Ak. 1921, 937 ff. Die Empfänger heißen Gal. 2, 10 οἱ πτωχοί, Rom. 15, 26 οἱ πτωχοὶ τῶν ἁγίων τῶν ἐν Ἰερουσαλήμ, Kor. I 16, 1. II 8, 4. 9, 1. 12. Rom. 15, 25. 31 einfach οἱ ἅγιοι.

136 Außerdem wird die Seligpreisung der Geschmähten und Verfolgten durch οἱ δεδιωγμένοι ἕνεκεν δικαιοσύνης schärfer charakterisiert.

137 Das wären nach dem Sprachgebrauch der folgenden Zeit gerade die ψυχικοί, die für die Offenbarung und das Gottesreich unempfänglich sind.

KAPITEL VII

1 Act. 2. 46. 5, 12.
2 Act. 3, 11. 5, 12 (bei Joh, 10, 23 auf Jesus übertragen). Joseph. Arch. XX 221. Bell. V 185, Zum Gebet gehn sie in den Tempel selbst (act. 3, 1 ἐπὶ τὴν ὥραν τῆς προσευχῆς τὴν ἐνάτην, d. i. zum Minchagebet nachmittags um 3 Uhr, vgl. Joseph. Arch. XIV 65. SCHÜRER II^3 292 f.).
3 Gal. 4, 26. Apokal. 3, 12. 21, 2. 9 ff. Bd. II.
4 Bd. II.
5 Act. 4, 1 οἱ ἱερεῖς καὶ ὁ στρατηγὸς τοῦ ἱεροῦ καὶ οἱ Σαδδουκαῖοι. 4, 6 Ἄννας ὁ ἀρχιερεὺς καὶ Καιάφας καὶ Ἰωάννης καὶ Ἀλέξανδρος καὶ ὅσοι ἦσαν ἐκ γένους ἀρχιερατικοῦ (vgl. Bd. II). 5, 17 Ἄννας [von BLASS evident für ἀναστάς verbessert] ὁ ἀρχιερεὺς καὶ πάντες οἱ σὺν αὐτῷ, οὖσα αἵρεσις τῶν Σαδδουκαίων.
6 In dem zweiten Bericht 5, 17 ff. werden sie bei Nacht durch einen Engel aus dem Gefängnis befreit und dann, als sie am nächsten Morgen wieder im Tempel predigen, durch den Strategen des Tempels aufs neue verhaftet.
7 Das entspricht der Verkündung in der aus Marcus übernommenen Apokalypse ev. Luc. 21, 14, sie sollten sich, wenn sie vor Gericht gezogen würden, um die Verteidigung keine Sorge machen, Jesus werde ihnen Rede und Weisheit geben, gegen die kein Gegner aufkommen könne. Lukas setzt hier Jesus selbst statt des heiligen Geistes bei Marcus 13, 11 (τὸ πνεῦμα τοῦ πατρὸς ὑμῶν Matth. 10, 20) ein, weil er diesen als Erfüllung der Verheißung (ἡ ἐπαγγελία τοῦ πατρός μου ev. 24, 49) erst im zweiten Buch einführt aber ev. 12, 12 (vgl. 11, 13. 12, 10), wo er denselben Spruch schon einmal gebracht hat, hat er τὸ ἅγιον πνεῦμα achtlos beibehalten, und ebenso sagt er von Jesus, Johannes, Zacharias, Elisabeth, Symeon, daß sie vom heiligen Geist erfüllt sind (ev. 1, 15. 35. 41. 67. 2, 25 f. 3, 22. 4, 1).
8 Übernommen aus Marc. 12, 10 = Luc. 20, 17. Matth. 21, 42.
9 4, 18 παρήγγειλαν καθόλου μὴ φθέγγεσθαι μηδὲ διδάσκειν ἐπὶ τῷ ὀνόματι τοῦ Ἰησοῦ = v. 17 μηκέτι λαλεῖν ἐπὶ τῷ ὀνόματι τούτῳ μηδενὶ ἀνθρώπων; 5, 28 μὴ διδάσκειν ἐπὶ τῷ ὀνόματι τούτῳ; 5, 40 μὴ λαλεῖν ἐπὶ τῷ ὀνόματι τοῦ Ἰησοῦ.
10 Vgl. Bd. II.
11 Act. 15, 5 τινὲς τῶν ἀπὸ τῆς αἱρέσεως τῶν Φαρισαίων πεπιστευκότες, von Paulus Gal. 2, 4 als παρείσακτοι ψευδάδελφοι bezeichnet.
12 Dieselbe Bedeutung des Wortes Hebraeer zeigt die συναγωγὴ Αἰβρέων oder Ἑβρέων in Rom und Korinth (SCHÜRER, Gesch. III^4 83. DEISSMANN, Licht vom Osten 8, 11. NIK. MÜLLER, Die jüd. Katakomben am Monteverde zu Rom 109 ff.); das sind natürlich die Juden, die aramaeisch sprechen und die Schrift im hebraeischen Original benutzen, selbstverständlich mit Hinzufügung einer bei der Verlesung an jeden Vers angeschlossenen aramaeischen Übersetzung (des Targums), im Gegensatz zu den durch die zahlreichen anderen Synagogen repräsentierten Hellenisten. Daß auch die „Hebraeer" vielfach griechische Namen tragen und ihre Grabinschriften griechisch abfassen, zum Teil in fürchterlicher Orthographie (so IG. XIV 945), ist nur natürlich.
13 Der Ausdruck act. 6, 1 ἐγένετο γογγυσμὸς τῶν Ἑλληνιστῶν πρὸς τοὺς Ἑβραίους, den er aus der von ihm benutzten Vorlage übernommen hat, läßt das noch erkennen.
14 Daher heißt Philippos „einer der Sieben" act. 21, 8 εὐαγγελιστής, ein Terminus, der auch Ephes. 4, 11 neben den Aposteln, Propheten, Hirten und Lehrern erscheint; Tim. II 4, 5 wird Timotheus so bezeichnet.
15 Den äußeren Beweis dafür bietet die Tatsache, daß sie von den Heiden nach dem Christus, den sie verkünden, Χριστιανοί genannt werden, nicht etwa nach Jesus. Dem entspricht es, daß Paulus mit Vorliebe Χριστὸς Ἰησοῦς sagt, nicht Ἰ. Χ.; auf Χριστός liegt der Nachdruck.
16 Dieser Fanatismus der Diaspora tritt, wie bei Paulus' Mission so auch später, immer wieder hervor; vgl. Justin, dial. c. Tryph. 122 οἱ δὲ προσήλυτοι οὐ μόνον οὐ πιστεύουσιν, ἀλλὰ διπλότερον ὑμῶν βλασφημοῦσιν εἰς τὸ ὄνομα αὐτοῦ καὶ ἡμᾶς τοὺς εἰς ἐκεῖνον πιστεύοντας καὶ φονεύειν καὶ αἰκίζειν βούλονται.
17 Daß die Verfolgung der ἐκκλησία τοῦ θεοῦ, an der Paulus führenden Anteil nahm, sich gegen die ἐκκλησίαι τῆς Ἰουδαίας αἱ ἐν Χριστῷ richtete, sagt Paulus Gal. 1, 22 f. (vgl. 1, 13) ausdrücklich. Trotzdem haben die Neueren es fertig gebracht, zu behaupten, er sei vorher nie in Jerusalem gewesen und habe nur die Christengemeinden in Kilikien und Syrien verfolgt (die es damals noch gar nicht gab)!
18 ἄνδρες εὐλαβεῖς, 8, 2.
19 Vgl. HOLL, Neue Jahrb. f. class. Phil. XXXIII 1914, 521 ff.
20 Act. 8, 1 ἐγένετο δὲ ἐν ἐκείνῃ τῇ ἡμέρᾳ διωγμὸς μέγας ἐπὶ τὴν ἐκκλησίαν τὴν ἐν Ἰεροσολύμοις· πάντες δὲ διεσπάρησαν κατὰ τὰς χώρας τῆς Ἰουδαίας καὶ Σαμαρίας πλὴν τῶν ἀποστόλων. Aber nachher sehn wir, daß die Gemeinde in Jerusalem ruhig weiter besteht, und 9, 31, nach der Geschichte von Paulus' Bekehrung, heißt es ἡ μὲν οὖν ἐκκλησία καθ' ὅλης τῆς Ἰουδαίας καὶ Γαλιλαίας καὶ Σαμαρίας εἶχεν εἰρήνην … καὶ … ἐπληθύνετο; Petrus zieht im Lande von Ort zu Ort (διερχόμενος διὰ πάντων).
21 Act. 9, 29 Paulus in Jerusalem ἐλάλει καὶ συνεζήτει πρὸς τοὺς Ἑλληνιστάς κτλ. Man pflegt diese Angabe zu verwerfen, weil die vorhergehende Angabe über seinen Verkehr mit den Aposteln nach Gal. 1 jedenfalls ungenau ist und sein Besuch in Jerusalem zu nahe an seine Bekehrung herangerückt ist, und weil er im Galaterbrief von dieser Tätigkeit nichts erwähnt. Aber dort kommt es ihm nur darauf an, in jedenfalls über-

triebener Färbung seine völlige Unabhängigkeit von allen andern Autoritäten auch dadurch nachzuweisen, daß er in Jerusalem außer Petrus und dem Herrnbruder Jakobus keinen weiteren Apostel gesehn habe und daß er den Christengemeinden in Judaea von Angesicht unbekannt gewesen sei; von dem, was er sonst noch in Jerusalem getan hat, zu reden hat er gar keinen Anlaß, vielmehr würde das nur seine Argumentation trüben. Aber es ist doch gerade bei ihm ganz selbstverständlich, daß er auch hier für seine neue Erkenntnis Propaganda zu machen versucht hat und daß er sich dazu an die Hellenisten wandte, aus denen er selbst hervorgegangen und deren Sprache auch die seine war. Daß er, wie er selbst angibt, nur vierzehn Tage (ἡμέρας δεκαπέντε) in Jerusalem geblieben ist, bestätigt die Angabe des Lukas, daß er zu vorzeitiger Flucht gezwungen wurde.

22 Act. 8, 4 οἱ μὲν οὖν διασπαρέντες διῆλθον εὐαγγελιζόμενοι τὸν λόγον.

23 Wohlhabende Leute lassen sich lieber noch von einem dafür ausgebildeten Sklaven vorlesen; so z. B. der ältere Plinius unterwegs in der Sänfte (Plin. epist. III 5).

24 Ich muß immer wieder darauf hinweisen, daß die modernen Kritiker, welche bei solchen Vorgängen von sekundären Legenden u. ä. reden, mit denen die Beteiligten selbst nichts mehr zu tun hätten, sich selbst das Verständnis versperren, weil sie gar nicht den Versuch gemacht haben, sich in die psychologischen Bedingungen des Geisteslebens solcher Persönlichkeiten und die sie beherrschenden Anschauungen hineinzuversetzen. Ich habe das an den Mormonen, an Mohammed, und an Paulus' eigenen Äußerungen, und in jüngeren Jahren schon im Verkehr mit mehreren Spiritisten gelernt; aber die gesamte Religionsgeschichte, speziell das christliche Mittelalter (einschließlich der Jungfrau von Orleans u. ä.), Indien, der Buddhismus, der Sufismus bieten zahllose Analogien.

25 Φίλιππος δὲ κατελθὼν εἰς τὴν πόλιν τῆς Σαμαρίας act. 8, 5 (ebenso 8, 8 und 9 ἐν τῇ πόλει ἐκείνῃ) ist ungenau; die Stadt Samaria-Sebaste ist eine Griechenstadt, die „Samaritaner" leben nicht hier, sondern in Sichem und den Landorten.

26 S. darüber Bd. II.

27 „Auf den Versuch, eine Universalreligion des höchsten Gottes zu schaffen, ist bei Simon alles Gewicht zu legen", sagt HARNACK, Lehrbuch der Dogmengeschichte I[4] 270, 1 mit Recht. Daß er von Jesus gewußt hat, ist selbstverständlich; ob aber auch von Paulus, wie HARNACK und andere annehmen, erscheint mir sehr fraglich. Nach der Überlieferung fällt er in frühere Zeit als die Wirksamkeit des Paulus, die ja im wesentlichen erst in das sechste Jahrzehnt des ersten Jahrhunderts fällt.

28 I 26 (wiederholt I 56). Über das Datum s. HARNACK, Chronol. I 275 ff.

29 Dial. c. Tryph. 120 οὐδὲ γὰρ ἀπὸ τοῦ γένους τοῦ ἐμοῦ, λέγω δὲ τῶν Σαμαρέων, τινὸς φροντίδα ποιούμενος ἐγγράφως Καίσαρι προσομιλῶν εἶπον πλανᾶσθαι αὐτούς. Seine Heimat: Apol. I 1.

30 Apol. I 26 ὡς τὸν πρῶτον θεόν. Dial. 621 ὃν θεὸν ὑπεράνω πάσης ἀρχῆς καὶ ἐξουσίας καὶ δυνάμεως εἶναι λέγουσιν.

31 τὴν ὑπ' αὐτοῦ ἔννοιαν πρώτην γενομένην.

32 Nach Christi Himmelfahrt προεβάλλοντο οἱ δαίμονες ἀνθρώπους τινὰς λέγοντας ἑαυτοὺς εἶναι θεούς, so Simon ὃς ἐπὶ Κλαυδίου Καίσαρος διὰ τῆς τῶν ἐνεργούντων δαιμόνων τέχνης δυνάμεις ποιήσας μαγικὰς ἐν . . . Ῥώμῃ θεὸς ἐνομίσθη.

33 Die Inschrift (oder eine ähnliche) ist erhalten : CIL. VI 567. DESSAU, Inscr. lat. sel. 3474 *Semoni Sanco Deo Fidio sacrum Sex. Pompeius Sp. f. Col(lina) Mussianus quinquennalis decur(iae) bidentalis donum dedit.* Justin ändert die Inschrift in *Simoni Deo Sancto;* nach I 56 wäre sie von Senat und Volk errichtet.

34 Iren. I 23, 1. Tertullian apol. 13. Euseb. hist. eccl. II 13. 14, 5 u. a.

35 Nach Steph. Byz. kam dieser Ort (Γίττα, πόλις Παλαιστίνης) auch bei Polybios im 16. Buch (fr. 40, 2) vor, also bei dem Feldzug des Antiochos III gegen Ptolemaeos V. Das habe ich übersehen. – Gänzlich willkürlich ist die Identifizierung mit dem kyprischen Juden Atomos, der die Vermählung des Felix mit Drusilla vermittelt; sie ist schon von einem Teil der Handschriften des Josephus (Arch. XX 142) vollzogen, die den Namen Atomos durch Simon ersetzen, weil er als μάγος bezeichnet wird, und von der modernen Unkritik vielfach (so auch WAITZ, Simon Magus in der altchristl. Literatur, ZNTW. V 1904, 129 ff.) mit Begierde aufgegriffen, um dadurch den Bericht der Apostelgeschichte zu diskreditieren, und womöglich auch hier – und sogar bei Josephus – den Simon für eine reine Erfindung, eine Maske für Paulus, zu erklären (was allerdings WAITZ ablehnt). In Wirklichkeit haben der Kyprier Atomos und der Samaritaner Simon schlechthin nichts miteinander gemein.

36 Hom. II 23 ff. Rec. I 54. II 8 ff. Unter den Sektenstiftern wird Dositheos entweder als Zeitgenosse (Hegesippos bei Euseb. IV 22, 5. Origenes c. Cels. VI 11, vgl. I 57) oder als älter als Simon (so [Tertullian] adv. omnes haeret. 1, d. i. Hippolyt [Bd. II 410, 2]; ebenso bei Epiphanios und Philastrius) erwähnt, aber ohne daß sie in Verbindung gebracht werden. Justin, Irenaeos, Hippolytos refut. omn. haeres. erwähnen den Dositheos überhaupt nicht.

37 Dositheos wird hier weiter zum Schüler des Täufers Johannes gemacht, der fälschlich als ἡμεροβαπτιστής bezeichnet wird [denn das tägliche Reinigungsbad dieser Sekte, der Masbotheer (Bd. II), ist etwas anderes als das einmalige βάπτισμα μετανοίας εἰς ἄφεσιν ἁμαρτιῶν, das Johannes predigt]; Johannes stiftet, als Mond gegenüber der Sonne Jesus mit seinen zwölf Aposteln = Monaten, eine Genossenschaft von 30 Mitgliedern, darunter, dem letzten halben Monatstag entsprechend, eine Frau, die Helena. In dieser wird nach Johannes'

Hinrichtung Dositheos das Oberhaupt, dann aber durch Simon verdrängt, der sich durch ein Zauberkunststück als der Ἑστώς erweist.

38 Hegesippos bei Euseb. hist. eccl. IV 22, 5 nennt als Sektenstifter zwischen Simon und Dositheos einen Kleobios, der dann Const. apost. VI 8 und 16 und im apokryphen Korintherbrief des Paulus (acta Pauli) neben Simon genannt wird. Weiteres über ihn wissen wir nicht. [Daneben erscheint Pseudo-Ignat. ad Trall. 11 ein Kleobulos, den Epiphanios 51, 6 mit Kleobios identifiziert, ob mit Recht, läßt sich nicht sagen. Vgl. C. SCHMIDT, Die alten Petrusakten (Texte und Unters. N. F. IX 19) 34 f.]

39 Die Belege s. Bd. II.

40 Zu den Ungeheuerlichkeiten, welche die moderne, sich für „kritisch" ausgebende, aber in Wirklichkeit völlig verwilderte Exegese fertig gebracht hat, gehört die Behauptung, daß δύναμις τοῦ θεοῦ ἡ λεγομένη μεγάλη nicht „die große Kraft" bedeute, sondern die Transkription eines hebraeischen Wortes *m'galle* (מגלה) offenbarend" sei, die wirklich nicht wenige Anhänger gefunden hat.

41 Nicht nur im Wortlaut, sondern auch innerlich entspricht dem die Umwandlung des Eingangs des Johannesevangeliums im Faust: für „das Wort" wird zuerst „der Sinn", dann „die Kraft" eingesetzt. Die schließliche Fassung „im Anfang war die Tat" ist dann spezifisch goethisch, charakterisiert aber zugleich den Gegensatz zwischen der antiken begrifflichen Spekulation und dem modernen naturwissenschaftlichen Empirismus (vgl. im Prometheus: „Wie vieles ist denn dein?" „Der Kreis, den meine Wirksamkeit erfüllt".

42 Irenaeus I 23. Daraus mit Kürzungen und einigen Zusätzen Hippolytos refut. omnium haeresium (Philosophumena) VI 19 p. 145 ff. WENDLAND, wo der griechische Text des Irenaeus zum Teil wörtlich erhalten ist, sowie Tertullian de anima 34. Dagegen gehört das von HARVEY in seiner Ausgabe des Irenaeus I p. 191 c hierhergestellte Zitat aus Hippolyt V 18, 6 nicht hierher, sondern in die Ἀπόφασις, wo das System weitergebildet ist. Bei Epiphanios 21, 2 ff. sind spätere gnostische Elemente eingemischt, so der Herabstieg der Helena = Ennoia, die er mit dem πνεῦμα ἅγιον identifiziert, durch die verschiedenen Himmel (sein Bericht ist hier ganz konfus). So gut wie gänzlich unbrauchbar sind die Angaben der Klementinen, in denen nur einige Trümmer der Lehren der Ἀπόφασις aufgenommen sind, während im übrigen Simon hier eine Maske für Markion (nicht für Paulus!) ist.

43 Iren.: *Helenam ... esse primam mentis eius* (des Gottvaters = Simon) *conceptionem, matrem omnium, per quam in initio mente concepit angelos facere et archangelos. hanc enim Ennoian exsilientem ex eo, cognoscentem, quae vult pater eius, degredi ad inferiora et generare angelos et potestates, a quibus et mundum hunc factum dixit.*

44 Iren. I 23, 2 = Hippolyt VI 19, 7 τοὺς δὲ προφήτας ἀπὸ τῶν κοσμοποιῶν ἀγγέλων ἐμπνευσθέντας εἰρηκέναι τὰς προφητείας . . . ἔθεντο γὰρ οἱ ἄγγελοι οἱ τὸν κόσμον ποιήσαντες ὅσα ἐβούλοντο, διὰ τῶν τοιούτων λόγων δουλοῦν νομίζοντες τοὺς αὐτῶν ἀκούοντας. Gerade daß der Berichterstatter glaubt, die samaritanische Bibel sei mit der jüdischen identisch, bestätigt die Zuverlässigkeit dieser Angabe. Allerdings ist dadurch die Stellung Simons zur Tora verwischt. Es ist möglich, daß er auch Moses zu den von den Engeln inspirierten und daher jetzt verworfenen Propheten gerechnet hat; aber andrerseits operiert wenigstens die Apophasis sehr stark mit der Tora (daneben wird allerdings mehrfach auch Jesaja zitiert), so daß seine Anhänger sie [oder wenigstens Teile von ihr, wie so manche gnostische und judenchristliche Schriften, z. B. die Klementinen] als authentische Offenbarung anerkannt haben müssen. Epiphanios 21, 4 mischt hier wieder jüngere gnostische Vorstellungen ein, so außer den verschiedenen Himmeln mit den in ihnen waltenden δυνάμεις, die ὀνόματα βαρβαρικά führen, weiter den Begriff einer ἀριστερὰ δύναμις, von der das Gesetz stamme. (Vgl. dazu die δύναμις θεοῦ δεξιά und ἀριστερά bei den Peraten, Hippolyt V 14, 7. 8. 15, 5, und in den Klementinen z. B. hom. II 16. XX 3, wo eine analoge Lehre vorgetragen, also von dieser späten Phase des Judenchristentums übernommen ist: Christus ist die rechte, der als strafende Macht eingesetzte Teufel die linke Hand Gottes. Hom. VII 2 wird Simon als die ἀριστερὰ τοῦ θεοῦ δύναμις bezeichnet.)

45 τοὺς εἰς τὸν Σίμωνα καὶ τὴν Ἑλένην πεπιστευκότας . . . πράσσειν ὅσα βούλονται ὡς ἐλευθέρους· κατὰ γὰρ τὴν αὐτοῦ χάριν σώζεσθαι αὐτοὺς φάσκουσιν, *sed non secundum operas iustas* [von Hippolyt ausgelassen, der dagegen hinzusetzt μηδέν[α] γὰρ εἶναι αἴτιον δίκης εἰ πράξει τις κακῶς]· οὐ γάρ ἐστι φύσει κακὸν ἀλλὰ θέσει (im lateinischen: *nec enim esse naturaliter operationes iustas, sed ex accidenti*), ἔθεντο γάρ φησιν οἱ ἄγγελοι κτλ. φθίσειν δὲ αὖθις λέγουσι τὸν κόσμον ἐπὶ λυτρώσει τῶν ἰδίων ἀνθρώπων (*quapropter et solvi mundum, et liberari eos, qui sunt eius, ab imperio eorum qui mundum fecerunt, repromisit*, Danach hat WENDLAND bei Hippolyt φθίσειν für den Schreibfehler φύσιν der Handschrift hergestellt).

46 Die zuverlässigen Quellen schweigen darüber vollständig. In den Klementinen bestreitet er die Unsterblichkeit der Seele, z. B. hom. II 22. 29.

47 Iren. I 23, 4 = Hippolyt VI 20, 1 unter den Zauberkünsten seiner Anhänger: καὶ τοὺς λεγομένους ὀνειροπομποὺς δαίμονας ἐπιπέμπονσι πρὸς τὸ ταράσσειν οὓς βούλονται; das mögen z. T. Totengeister gewesen sein. Nach Tertullian de anima 57 *Simonis haereticos tanta praesumptio artis extollit, ut etiam prophetarum animas ab inferis movere se spondeant*. Als Nekromant erscheint Simon in den Klementinen hom. II 26. 29. 31. rec. II 13. III 44.

48 Hippolyt VI 19, 5. Eusebios hist. eccl. II 13, 5 weiß von Geheimlehren, ὧν φασι τὸν πρῶτον ἐπακούσαντα ἐκπλαγήσεσθαι καὶ κατά τι παρ' αὐτοῖς λόγιον ἔγγραφον θαμβωθήσεσθαι, Dinge, die man δι' ὑπερβολὴν

αἰσχρουργίας τε καὶ ἀρρητοποιίας nicht aussprechen, geschweige denn niederschreiben könne. Nach Epiphan. 21, 4 sind es μυστήρια αἰσχρότητος ῥύσεώς τε σωμάτων, ἀνδρῶν μὲν διὰ τῆς ἀπορροίας, γυναικῶν δὲ διὰ τῶν καθ' ἐθισμὸν τῶν ἐμμηνίων.

49 Irenaens I 23, 3 = Hippolyt VI 20, 1.

50 Hippolyt VI 29, 1 f., der die letztere Angabe dem Bericht des Irenaeus hinzugefügt hat.

51 Von diesen Propheten und Thaumaturgen mögen gar manche versucht haben, in ähnlicher Weise ein theologisches System aufzubauen, das aber ohne Wirkung geblieben und daher verschollen ist. Erfahren wir doch auch von den Lehren des Täufers Johannes nichts außer der Bußpredigt und der Taufe zur Sündenvergebung.

52 Dadurch steht Simon zweifellos hoch über einem groben Betrüger wie Alexander von Abonuteichos. Eher kann man etwa Apollonios von Tyana vergleichen, in dem sich auch eine geheime, durch Erkenntnis gewonnene Gotteskraft offenbart, die ihn ebenso wie Simon zu Wundertaten befähigt.

53 Parallele Ansätze zu einer Vertiefung des Gesetzes haben wir schon in der Damaskusgemeinde und den verwandten Schriften und bei den Therapeuten, Essaeern und allen asketischen Gemeinden gefunden; diese führten dann weiter entweder zu einer allegorischen Umdeutung der anstößigen Stellen des Gesetzes oder aber, wie bei den Nasaraeern (Bd. II) und später vielfach bei christlichen Sekten, zur Unterscheidung der wirklich von Gott offenbarten von eingefälschten und verwerflichen.

54 In den Klementinen wird rec. II 14 auch die übernatürliche Geburt auf ihn übertragen. Das ist auch bei Hippolyt VI 99, 2 angedeutet: Χριστὸς οὐκ ἦν Σίμων ..., ἀλλ' ἄνθρωπος ἦν ἐκ σπέρματος, γέννημα γυναικός, ἐξ αἱμάτων καὶ ἐπιθυμίας σαρκικῆς καθάπερ καὶ οἱ λοιποὶ γεγεννημένος; seine Anhänger haben also das Gegenteil behauptet, wahrscheinlich in der Apophasis, die diesem ganzen Abschnitt zugrunde liegt.

55 Im folgenden Vers, den LXX ganz anders auffaßt als die massoretische Vokalisation, ist δύναμις, wie öfter, wie öfter, für חיל „Kriegsmacht" gesetzt: μετά σου ἀρχὴ ἐν ἡμέρᾳ τῆς δυνάμεώς σου. – Auch גבורה „Heldenkraft" wird vielfach durch δύναμις wiedergegeben.

56 Daß darin vielleicht eine alte Korruptel steckt, kommt hier nicht in Betracht.

57 In den Proverbien wird die „Einsicht" בינה oder מזמה mehrfach, aber nicht regelmäßig, durch ἔννοια übersetzt. Im Neuen Testament findet sich ἔννοια nur in dem in fließendem Griechisch geschriebenen Hebraeerbrief 4, 12, wo der λόγος τοῦ θεοῦ κριτικὸς ἐνθυμήσεων καὶ ἐννοιῶν καρδίας ist, und Petr. I 4, 1 (καὶ ὑμεῖς τὴν αὐτὴν ἔννοιαν ὁπλίσασθε wie Christus).

58 Dabei fließen die Universalseele und die nach Erlösung sich sehnenden Individualseelen der einzelnen Menschen fortwährend in einander, wie in all diesen mystischen Theologien (so z. B. auch in der Orphik).

59 Denselben Namen trägt gleichzeitig die oben erwähnte jüdische Königin von Adiabene. Auch sonst kommt er nicht selten als Personenname vor, bis zu der Mutter Constantins hinab.

60 Trotzdem hat sie bekanntlich stark weiter gewirkt, bis zur Faustsage hinab.

61 In den nur in Rufins Übersetzung erhaltenen klementinischen Recognitionen ist Helena in der Tat II 8–12 durch Luna ersetzt, auf Grund der Behauptung, daß die 30 Mitglieder der von Johannes gegründeten Genossenschaft den Monat und die unter sie aufgenommene Frau den halben 30ten Tag symbolisieren. Benutzt ist dabei eine auch von den Griechen gelegentlich aufgestellte (von den Modernen dann vielfach vertretene) Etymologie, welche Ἑλένη mit Σελήνη gleichsetzt. So behauptet ein sonst nicht bekannter Neokles von Kroton bei Athen. II 57 f, das Ei, aus dem Helena geboren wurde, sei vom Monde herabgefallen; und Enustathios zu Od. δ 121, wo Helena der Artemis gleicht [die von der späteren Theologie ja zur Mondgöttin gemacht wird], sagt ἐντεῦθεν λαβόντες ἀρχὴν οἱ μεθ' Ὅμηρον διὰ τὸ εἰς σελήνην ἀλληγορεῖσθαι τὴν Ἄρτεμιν σεληναίαν ἄνθρωπον τὴν Ἑλένην ἐπλάσαντο, ὡς ἐκ τοῦ κατὰ σελήνην κόσμου πεσοῦσαν, in den sie später auch wieder entrückt worden sei. – In den Homilien findet sich diese Kombination noch nicht [stammt sie erst von Rufin?], sondern nur die mit dem dreißigsten Monatstage; der Name Helena ist hier beibehalten, und sie wird als die vom höchsten Himmel herabgekommene παμμήτωρ οὐσία καὶ σοφία bezeichnet (II 23. 25).

62 So Waitz, ZNTW. V 1904, 134 ff., nach dem der Sonnengott Sem, Schemesch, Herakles, Melkart, Baal, die Mondgöttin Helena, Selene, Luna, Astarte ist. Ähnlich, nur noch viel phantastischer, Bousset, Hauptprobleme der Gnosis (1907) 77 ff. 261.

63 Es sei daran erinnert, wie armselig trotz aller Formeln der Theologie die Erhebung der Sophia (des Logos) und des heiligen Geistes zu wirklichen Gestalten des Kultus immer geblieben ist.

64 Vgl. die Art, wie Lukian den zeitweiligen Anschluß des Peregrinos Proteus an das Christentum darstellt.

65 c. Cels. I 57; VI 11 fälschlich auf die Dositheaner übertragen.

66 Bei Euseb. hist. eccl. IV 22, 5 (vgl. Bd. II).

67 c. Cels. V 72 φησὶν εἰδέναι τινὰς καὶ Σιμωνιανούς, οἳ τὴν Ἑλένην ἤτοι διδάσκαλον Ἕλενον σέβοντες Ἑλενιανοὶ λέγονται.

68 Baur hat ἀπόφασις mit „Verneinung" übersetzt, was ja sprachlich auch möglich, aber gewiß nicht zutreffend ist.

69 Refut. omn. haer. (Philosophumena) VI 9–18 sowie IV 51, 9. X 12.

70 Hippol. VI 9, 4 τοῦτο τὸ γράμμα ἀποφάσεως φωνῆς καὶ ὀνόματος ἐξ ἐπινοίας τῆς μεγάλης δυνάμεως τῆς ἀπεράντου. διὸ ἔσται ἐσφραγισμένον, κεκρυμμένον, κεκαλυμμένον, κείμενον ἐν τῷ οἰκητηρίῳ, οὗ ἡ ῥίζα τῶν ὅλων τεθεμελίωται. Dieselben Worte erscheinen V 9, 5 eingelegt in den großen Traktat de Naassener

ohne Erwähnung Simons in der Fassung τοῦτο, φησίν. εστὶ τὸ ῥῆμα τοῦ θεοῦ, ὅ, φησίν, ἐστὶ ῥῆμα ἀποφάσεως τῆς μεγάλης δυνάμεως· διό κτλ. In der Darstellung des Inhalts der Apophasis heißt es VI 10, 2 im Anschluß an das Zitat aus Jesaja 40, 8 (τὸ δὲ ῥῆμα Κυρίου μένει εἰς τὸν αἰῶνα): ῥῆμα δέ, φησίν, ἐστὶ Κυρίου τὸ ἐν στόματι γεννώμενον ῥῆμα καὶ λόγος (also die gesprochenen Worte), ἄλλη δὲ χωρίον γενέσεως οὐκ ἔστι. Danach ist ῥῆμα statt γράμμα vielleicht die korrektere Lesung; indessen das wörtliche Zitat aus der Apophasis VI 18, 2 ὑμῖν οὖν λέγω ἃ λέγω καὶ γράφω ἃ γράφω, τὸ γράμμα τοῦτο scheint doch für γράμμα zu sprechen.

71 Bei Hippolyt findet sich ἔννοια nur in dem Auszug aus Irenaeus VI 19 f. [daneben ist auch hier 19, 2 ἐπίνοια eingesetzt: ἐν γὰρ τῇ κατ' ἐκεῖνον καιρὸν (dem troischen Krieg) γενομένῃ Ἑλένῃ ἐνῴκησεν ἐν αὐτῇ ἡ Ἐπίνοια]. Dagegen hat die Gnosis den ursprünglichen Terminus Ἔννοια bewahrt.

72 Vgl. ALEX. REDLICH, Die Ἀπόφασις des Simon Magus, Archiv f. Gesch. d. Philos. XXIII 1910, 374 ff., dessen Konstruktionen mir freilich vielfach sehr problematisch erscheinen. In einem Nachtrag S. 537 ff. suchte er dann die Grundlagen des Systems im Mythus nachzuweisen, aus dem es, wie nicht nur die gnostischen, sondern überhaupt die meisten griechischen Philosophien, erwachsen sei. Dafür wird von überall her, bis zu den Japanern und den Eskimos, Material zusammengetragen; nur vom Alten Testament und dem Judentum ist, ebenso wie in der Analyse der Apophasis selbst, mit keinem Wort die Rede.

73 So ungefähr wird sich der Gedankeninhalt herausschälen lassen. Im übrigen ist gegen Hippolyts Bericht überall die größte Vorsicht geboten, wo er die Berührungen mit griechischen Lehren betont, so hier mit Heraklit und Empedokles, ferner IV 51 aus Anlaß der ἑβδομάς mit Pythagoras; seine überall durchgeführte Tendenz, die Sekten aus den Irrlehren der griechischen Philosophie abzuleiten, hat ihn zweifellos wie sonst so auch hier zu Entstellungen und Einmischung falscher Angaben geführt.

74 In dem Fragment Hippol. VI 18, 2 f. erscheint noch wieder eine andere Fassung, bei der Valentin noch weiter eingewirkt hat: hier ist das Urwesen die Σιγὴ ἀόρατος, ἀκατάληπτος; aus ihr gehn die männliche μεγάλη δύναμις = νοῦς τῶν ὅλων und die weibliche ἐπίνοια μεγάλη, γεννῶσα τὰ πάντα hervor; zwischen ihnen befindet sich die unbegrenzte Luft und in ihr der πατὴρ ὁ βαστάζων πάντα, der mit dem mannweiblichen ἑστὼς στὰς στησόμενος identisch ist. Danach scheint es mehrere Rezensionen der Apophasis gegeben zu haben.

75 Hippol. VI 9, 1. 12, 3. 13, 2 (= IV 51, 9). 18, 4. In 17, 2 wird das in drei ἑστῶτες zerlegt, die aber wieder eine Einheit bilden.

76 Strom. II 11, 52.

77 Hom. II 24. Rec. I 72. II 7. 11. Ebenso im Martyrium Petri bei LIPSIUS, Acta apost. apocr. I 80.

78 VI 10: Jes. 5, 7. 40, 6 f.; 13, 1: Jes. 1, 2; 14, 3: Prov. 8, 23; 16, 5: Jes. 2, 4.

79 9, 10: Matth. 3, 12; 14, 6: Kor. I 11, 32; 16, 6: Matth. 3, 10.

80 15, 4: Od. ι 304 ff.

81 Die oben erwähnte Identifikation Simons mit Jesus scheint nicht weiter ausgebildet zu sein; in den Angaben über die Apophasis findet sich davon nichts. Hippolyts Äußerung VI 9, 1. 20, 3 ὅτι Χριστὸς οὐκ ἦν Σίμων bestreitet, daß er der göttliche Erlöser gewesen ist, besagt aber nicht etwa, daß die Simonianer sich als Christen angesehn hätten.

82 Hegesippos (bei Euseb. hist. eccl. IV 22, 5) läßt von den sieben jüdischen Sekten (ib. IV 22, 7, vgl. II 23, 8. Bd. II) die Irrlehren ausgehn, welche die jungfräuliche Kirche vergiften.. und nennt hier Simon, Kleobios, Dositheos an erster Stelle (Bd. II); von ihnen gehn dann die Sekten des Menandros, Markion, Karpokrates, Valentinus, Basilides, Saturnius aus.

83 Justin. apol. I 26 Μένανδρον ... γενόμενον μαθητὴν τοῦ Σίμωνος ... καὶ ἐν Ἀντιοχείᾳ γενόμενον πολλοὺς ἐξαπατῆσαι διὰ μαγικῆς τέχνης οἴδαμεν· ὃς καὶ τοῖς αὐτῷ ἑπομένοις ὡς μὴ ἀποθνήσκοιεν ἔπεισεν, καὶ νῦν τινές εἰσιν ἀπ' ἐκείνου τοῦτο ὁμολογοῦντες. Irenaeus I 23, 4 und bei Eusebios hist. eccl. III 26, 1 f., wo der Originaltext des Irenaeus zum Teil besser erhalten ist als in der lateinischen Übersetzung (ἑαυτὸν μὲν ὡς ἄρα εἴη λέγων „ὁ σωτὴρ ἐπὶ τῇ τῶν ἀνθρώπων ἄνωθέν ποθεν ἐξ ἀοράτων αἰώνων ἀπεσταλμένος σωτηρίᾳ" *qui primam quidem virtutem* [die Dynamis Simons] *incognitam ait omnibus; se autem eum esse, qui missus sit ab invisibilibus salvatorem pro salute hominum*). Daß Eusebios den Satz, die Befreiung von den die Welt schaffenden Engeln und die Unsterblichkeit, ohne zu altern, werde durch seine Zauberkunst καὶ διὰ τοῦ μεταδιδομένου *πρὸς αὐτοῦ* βαπτίσματος erlangt, richtiger wiedergibt als die lateinische Übersetzung *resurrectionem per id quod est in eum baptisma accipere eius discipulos, et ultra non posse mori etc.*, bemerkt SEEBERG, Dogmengesch. I² 223, 3 (3. Aufl. 282, 2) mit Recht. Die Erwähnungen bei Tertullian de anima 50. de resurr. 5 und in den Auszügen aus Hippolyts Syntagma bei [Tertullian] adv. omn. haer. und Philastrius bringen nichts Weiteres. In der refut. hat Hippolyt ihn ausgelassen.

84 Sie findet sich schon bei Kerinth (s. Kap. XI). Bei Basilides erscheint sie in der Folge: Vater – Nûs – Logos – Phronesis – Sophia und Dynamis; aus diesen gehn, wie bei Simon, die *virtutes et principes ei angeli, quos et primos vocat*, hervor, *et ab iis primum coelum factum* (Iren. I 24, 3).

85 Iren. I 1, 1. II 13, 1. Tertullian adv. Val. 7. 36.

86 Iren. I 12, 1 = Hippol. VI 38.

87 Iren. I 29, 2.

88 Iren. I 30, 1. In der fragmentarisch im Koptischen erhaltenen Schrift der Sethianer, die CARL SCHMIDT heraus-

gegeben hat (Koptisch-gnostische Schriften I 1905, 385 ff.), begegnet daher Ennoia und daneben Epinoia fortwährend.

89 III 63 ἐκ δὲ Σεβαστηνῶν ἥξει Βελίαρ μετόπισθεν καὶ στήσει ὀρέων ὕψος, στήσει δὲ θάλασσαν κτλ., richtig gedeutet von GEFFCKEN, Kompos. und Entstehung des Orac. Sib. 1902 (Texte und Unters. N. F. VIII 1) S. 15, und PREUSCHEN, ZNTW. II 1901, 176, für den aber der Antichrist = Simon wieder kein anderer ist als Paulus!

90 Actus Petri cum Simone (actus Vercellensea); passio sanctorum apostolorum Petri et Pauli (griechisch und lateinisch) usw., in den Acta apost. apocrypha ed. R. A. LIPSIUS vol. I; vgl. die deutsche Bearbeitung in den von HENNECKE herausgeg. Neutestamentlichen Apokryphen sowie CARL SCHMIDT, Die alten Petrusakten, 1903 (Texte u. Unters. N. F. IX 1).

91 Die älteren Untersuchungen und Hypothesen über die Klementinen sind überholt durch die grundlegende Arbeit von WAITZ, Die Pseudoklementinen, 1907 (Texte u. Unters. N. F. X 4); dazu HARNACK, Chronol. d. altchristl. Lit. II 1904, 518 ff. SEEBERG, Lehrb. d. Dogmengesch. I^2 1908, 206 f. 212 f. (3. Aufl. 1922 S. 256 ff.), und vor allem W. HEINTZE, Der Klemensroman und seine griechischen Quellen, 1914 (Texte u. Unters. XL 2), der die Analyse weiter gefördert und vor allem die philosophischen Disputationen rec. VIII 1–IX 32 und ihre griechischen Quellen eingehend untersucht, sowie daneben die Urgestalt des Romanstoffes zu rekonstruieren versucht hat. Ich hoffe, über die verwickelten, definitiv erst nach Herstellung der gemeinsamen Grundlage zu lösenden Fragen das, was als annähernd gesichert gelten kann, richtig wiedergegeben zu haben. Näher auf die Einzelheiten einzugehen, ist für uns kein Anlaß.

92 Für diese Datierung fällt stark ins Gewicht, daß von einer Opposition der Heiden und auch der Juden gegen das Christentum kaum die Rede ist; die Menge steht gegen Simon durchaus auf Petrus' Seite und bekehrt sich in Massen; ebenso auch in Rom.

93 Vgl. BOUSSET, Die Wiedererkennungsfabel in den pseudoklementinischen Schriften, den Menächmen des Plautus, und Shakespeares Komödie der Irrungen, ZNTW. V 1904, 18 ff. Das Thema lohnt eine weitere Behandlung; daß Shakespeare (indirekt) von den Recognitionen abhängig ist, ist, ganz unverkennbar.

94 Hippol. VI 20, 2 f. Seinen Flugversuch, bei dem ihn Petrus zu schimpflichem Fall bringt, kennt die syrische Didaskalia p. 110 = Const. apost. VI 9, wo aber umgekehrt wie sonst Simon dem Petrus nach Rom folgt, um die christliche Lehre zu bekämpfen. Ferner Euseb. hist. eccl. II 14, 6. Epiphan. 21, 5.

95 Am eindrucksvollsten ist die Berührung zwischen Paulus' Äußerung Gal. 2, 11, er habe in Antiochia dem Petrus ins Gesicht gesagt ὅτι κατεγνωσμένος ἦν „er sei überführt (verurteilt)", und Hom. 17, 19 (fehlt in den Recogn.), wo Petrus zu Simon sagt: εἰ κατεγνωσμένον με λέγεις, klagst du damit Gott an, der mir den Christus offenbart hat. Aber von den Streitfragen, um die es sich in Wirklichkeit zwischen Petrus und Paulus handelte, der Beschneidung und dem Genuß des Opferfleisches, ist in den Klementinen mit keinem Wort die Rede, und die Wendung erklärt sich aus dem Zusammenhang vollständig. Simon ist in ihnen der Irrlehrer, der, nach der dafür festgesetzten Ordnung (Hom. II 17), dem wahren Lehrer immer vorangehn muß, er verkündet ein falsches Christentum und ist in Wirklichkeit das Werkzeug des Satans, der Antichrist (ἀντικείμενος 17, 19); die Gesichte, auf die er sich beruft, beweisen nichts, Jesu Worte kann er nicht verkünden und erklären. Petrus dagegen hat durch göttliche Offenbarung den Herrn als Messias erkannt und ist der Fels der Kirche. „Wenn du nicht der Widersacher wärest, würdest du nicht mich verleumden und meine Verkündung schmähen, daß ich für das, was ich selbst vom Herrn gehört habe, keinen Glauben finde, als sei ich verurteilt" (δηλονότι ὡς ἐμοῦ καταγνωσθέντος καὶ † ἐμοῦ εὐδοκιμοῦντος [korrupt]). Daran schließen die angeführten Worte an, worauf Simon die Diskussion abbricht, um am nächsten Tage nachzuweisen, daß nicht der Weltschöpfer (Demiurg) der höchste Gott ist, sondern ein anderer, der allein gute und bisher unbekannte Gott – also die Lehre des Markion.

96 Wenn Petrus rec. II 38 den Simon fragt, ob er den unbekannten Gott, den er verkündet (*incomprehensibilem et incognitum omnibus deum*), aus der jüdischen Schrift, aus unbekannten oder griechischen Schriftstellern, *an ex tuis scripturis propriis* erweisen wolle, so sind letzteres deutlich die Schriften Markions (vgl. die Berufung auf Luk. 10, 22 in rec. II 47).

KAPITEL VIII

1 Sie werden wohl in der Hauptsache durch Vermittlung des Marcus auf Barnabas zurückgehn. Wenn, wie vielfach angenommen wird, Lukas selbst aus Antiochia stammte, würde er wohl Ausführlicheres mitgeteilt haben.

2 Das hat HOLL, Ber. Berl. Ak. 1921, S. 922 mit Recht scharf betont: Der Zusatz zum Petrusbekenntnis im Matthaeusevangelium 16, 18 f. führt in der Tat nur aus, was schon in dem Beinamen enthalten ist und in seiner Übersetzung als lebendig empfunden hervortritt. Um so weniger ist dabei an Rom zu denken (vgl. Bd. I 112, 1). – Paulus, der das Evangelium aramaeisch übernommen hat, behält, auch wenn er griechisch schreibt, die ihm geläufige Namensform Κηφᾶς bei (Gal. 1, 18, 2, 9, 11, 14, Kor, I 1, 12. 3, 22. 9, 5. 15,5); nur Gal. 2. 7 f. ist ihm zweimal Πέτρος in die Feder gekommen [danach ist im Claremontanus (D) usw. im Galaterbrief durchweg uniformierend Πέτρος eingesetzt].

3 Der Satz 13, 10 καὶ εἰς πάντα τὰ ἔθνη πρῶτον δεῖ κηρυχθῆναι τὸ εὐαγγέλιον steht in schroffem Gegensatz zu dem Spruch Matth. 10, 23 [wahrscheinlich aus Q, Bd. I 274] ἀμὴν γὰρ λέγω ὑμῖν, οὐ μὴ τελέσητε τὰς πόλεις τοῦ 'Ισραὴλ ἕως ἔλθῃ ὁ υἱος τοῦ ἀνθρώπου.

4 Matth. 8, 11 f. = Luk. 13, 28 f., bei Matthaeus in die Geschichte vom Hauptmann von Kapernaum eingeschoben. – Die Heidenmission wird bei Marcus von Jesus überhaupt nicht, bei Matthaeus nur in dem ganz sekundären Bericht über die Erscheinung des Auferstandenen 28, 19 angeordnet; um so mehr tritt sie, und damit der Standpunkt des Paulus, bei Lukas und dann im Johannesevangelium hervor (Bd. I 301 ff.).

5 Für die Urgemeinde war, wie oben bemerkt, der Christus Jesus keineswegs ein Gott, sondern nur sein Organ und Vertreter in der Welt, von höherem Range als die Engel; aber die Heiden konnten ihn gar nicht anders auffassen als einen neuen Gott oder Dämon. Für die Athener sind Jesus und Anastasis ξένα δαιμόνια act. 17, 18.

6 Die Namensbildung mit lateinischem Suffix ist der hellenistischen durch zahlreiche derartige Bildungen längst geläufig; vgl. die 'Ηρωδιανοί Marc. 3, 6. 12, 13. – Das Wort Χριστός ist natürlich den Heiden, soweit sie die Lehre nicht annahmen, völlig unverständlich geblieben. Daher wird es bekanntlich als Eigenname gefaßt und ganz allgemein durch den sehr gewöhnlichen Personennamen Χρηστός ersetzt. Die Belege hat BLASS, Hermes 30, 1893, 466 ff. zusammengestellt, dazu HARNACK, Mission und Ausbreitung d. Christentums I[3] 396 ff. Daß die Heiden allgemein Χρηστός, Χρηστιανοί sagen, bezeugen Tertullian apol. 3. ad nat. I 3. Lactant. inst. IV 7, 4 f.; vgl. ferner Justin Apol. I 4. Theophil. ad Autol. I 1. Über *Chrestus* bei Sueton Claud. 25 s. u. Kap. IX. Auch bei Tacitus ann. XV 44 ist von erster Hand Chrestianos geschrieben, s. ANDRESEN, Wochenschr. f. Kl. Phil. 1902, 780 f. und HARNACKs. 399; ebenso hat im Sinaiticus an den drei in Anm. 2 angeführten Stellen die erste Hand Χρηστ. Desgleichen vielfach in Papyri und Inschriften bis zur markionitischen Kircheninschrift von Lebaba aus den Jahren 318/9 n. Chr. IH XPHCTOY (HARNACK, Ber. Berl. Ak. 1915, 746 ff.).

7 Im N. T. findet er sich nur im Munde der Ungläubigen: act. 11, 26. 26, 28. Petr, I 4, 16.

8 Daran schließt Lukas die fälschlich schon in diese Zeit gesetzte, von Agabos verkündete Hungersnot unter Claudius (48 n. Chr.).

9 Die korrekte Transkription des Namens Σαουλ hat Lukas in den Erzählungen von der Stimme bei Sauls Bekehrung und der Anrede durch Ananias durchweg bewahrt (act. 9, 4. 17. 22, 7. 13. 26, 14); ebenso schreibt er den Königsnamen 13, 21, in Übereinstimmung mit LXX; Josephus gibt ihm die griechische Endung Σαοῦλος. Sonst schreibt Lukas durchweg Σαῦλος, was dann an Παῦλος anklingt.

10 Act. 22, 28, wo Paulus dem Militärtribunen in Jerusalem, der (offenbar unter Claudius) das Bürgerrecht erkauft hat, antwortet: 'Εγὼ δὲ καὶ γεγέννημαι ('Ρωμαῖος). Ferner act. 16, 37, wonach auch Silas (Sche'îl, latinisiert Silvanus) das Bürgerrecht besitzt.

11 Man könnte an Antonius denken; aber auch eine Verleihung unter Augustus, etwa durch Vermittlung eines römischen Statthalters, wäre möglich. Das Kognomen Paulus hat Saul erst auf Zypern infolge seiner Verbindung mit dem Proconsul Sergius Paulus angenommen, act. 13, 9, s. oben und DESSAUS dort angeführten Aufsatz.

12 Act, 18, 3.

13 XIV 5, 13.

14 Athen lag bekanntlich von Sulla bis Hadrian ganz darnieder und kam nur als Studienaufenthalt für Fremde, vor allem Römer, in Betracht.

15 καὶ εἰσὶ σχολαὶ παρ' αὐτοῖς παντοδαπαὶ τῶν περὶ λόγους τεχνῶν, d. h. der Rhetorik und der mit ihr untrennbar verbundenen Logik und Philosophie. Von den Gelehrten zählt Strabo, seiner philosophischen Richtung entsprechend, vor allem die Stoiker aus Tarsos auf. „Von den übrigen Philosophen, die ich", wie er mit einem Homerzitat sagt, „wohl kenne und namentlich anführen könnte", nennt er außer dem Akademiker Nestor nur Plutiades und Diogenes (Epikureer, s. v. ARNIM bei PAULY-WISSOWA V 776), der auch als dichterischer Improvisator auftrat, ferner die Grammatiker Diodoros (COHN bei PAULY-WISSOWA V 710) und Artemidoros (WENTZEL bei PAULY-WISSOWA II 1331), und aus wesentlich früherer Zeit, den zur Pleiade der Tragiker gehörenden Dionysiades. „Die Menge der aus Tarsos stammenden Philologen kann man vor allem in Rom kennenlernen; denn Rom ist voll von Tarsiern und Alexandrinern."

16 Caesar bell. Alex. 66.

17 Dio Cass. 47, 26.

18 Dio Cass. 47, 31. Appian civ. IV 64. V 7. – Einen Epikureer Lysias, der sich als Heraklespriester (στεφανηφόρος) zum Tyrannen von Tarsos machte, erwähnt Athen. V 215 b.

19 Strabo XIV 5, 14. [Lucian] Macrob. 21. Dio Chrysost. or. 33, 48. or. 34, 7 f, *Tarsus libera* Plin, V 92,

20 So im Jahre 57 unter Nero, Tac. ann. 13, 33. Mehrere solche Anklagen erwähnt Dio Chrys. or. 34, 9. 42.

21 Einen lebendigen Einblick in diese Verhältnisse gewähren die beiden tarsischen Reden des Dio Chrysostomos, aus der Zeit Trajans (v. ARNIM, Leben und Werke des Dio von Prusa S. 438 ff. 460 ff.), besonders die zweite. Hier lernen wir auch die Verfassung der Stadt genauer kennen. An der Spitze steht ein auf sechs Monate gewählter Prytane (§ 36); neben der Volksversammlung steht ein Rat und eine Sonderversammlung der Alten (γέροντες) § 16, neben denen § 21 auch die νέοι als besondere Gruppe genannt werden. Dazu kommt eine sehr zahlreiche Bevölkerung von Handwerkern und Gewerbetreibenden, die aus der Fremde zugewandert, aber oft

schon seit Generationen in Tarsos ansässig sind und in den Volksversammlungen bald als Halbbürger zugelassen und gepriesen, bald verächtlich behandelt und ausgeschlossen werden (§ 21 ff.). Dio rät, sie alle als Bürger aufzunehmen. Zu ihnen werden auch die Juden gehört haben, mit denen es ja in den Städten Syriens und Palaestinas und in Seleukia in Babylonien, sowie in Alexandria ständig derartige Konflikte gab.

22 Rom. 11, 1. Phil. 3, 5. Der Süden des altisraelitischen Gebiets, darunter vor allem das Stammgebiet Benjamins, ist bekanntlich von Josia beim Verfall des Assyrerreichs annektiert und daher so gut wie das eigentliche Juda von den Deportationen Nebukadnezars betroffen worden. [Das führt dann weiter zu der Fiktion, daß Benjamin schon unter Rehabeam bei Juda geblieben sei, Reg. I 12, 21 ff., in schroffem Widerspruch zu dem älteren Text; im Priesterkodex Jos. 18, 28 wird dann sogar Jerusalem zu Benjamin gerechnet, und dementsprechend werden in Jud. 1, 21 in dem alten Jos. 15, 63 korrekt erhaltenen Text von J die Judaeer in Söhne Benjamins korrigiert.] Daher hat der Chronist Nehem. 11, 4 ff. Chron. I 9, 3 ff. die nachexilische Bevölkerung unter Juda und Benjamin verteilt (vgl. Ezra 10, 9), a. m. Entstehung des Judentums S. 100 ff. 105 ff. 165; die Israeliten und ihre Nachbarstämme S. 430. An einen der hier aufgezählten fiktiven Namen mag die Familie des Paulus ihren Stammbaum angeknüpft haben. – Gänzlich ohne Wert ist die Angabe, die Hieronymus im Kommentar zum Philemonbrief v. 23 als [ganz absurde] Erklärung zu 'Επαφρᾶς ὁ συναιχμάλωτός μου ἐν Χριστῷ 'Ιησοῦ heranzieht: *Aiunt, parentes apostoli Pauli de Gyscalis regione fuisse Judaeae et eos, cum tota provincia Romana vastaretur manu et dispergerentur in orbem Judaei, in Tarsum urbem Ciliciae fuisse translatos; parentum condicionem adulescentulum Paulum esse secutum*; damals sei vielleicht auch Epaphras mit ihm gefangen worden. Ganz naiv wird hier die Verpflanzung der Familie nach Tarsos an die Einnahme von Giskala durch Titus im Jahre 67 und die Zerstreuung der Juden infolge des großen Aufstandes angeknüpft; wie dann Paulus' Vater das römische Bürgerrecht erhalten haben soll, bleibt völlig rätselhaft. In de vir. ill. 5 hat Hieronymus den Anstoß wenigstens etwas gemildert: *Paulus ... de tribu Beniamin ex [so cod. P; die übrigen haben et] oppido Iudaeae* [korrekter wäre *Galilaeae*] *Giscalis fuit, quo a Romanis capto cum parentibus suis Tarsum commigravit*; da könnte man zur Not an eine frühere, freilich völlig unbekannte, Einnahme von Giskala denken. Aber daß Paulus als römischer Bürger geboren ist, bleibt auch dann völlig unbegreiflich. Mit Recht hat auch MOMMSEN ZNTW. II 82 = Ges. Schr. III 432, 5 gegen ZAHN; und andere die Angabe verworfen.

23 Phil. 3, 5 περιτομῇ ὀκταήμερος, ἐκ γένους 'Ισραήλ, φλῆς Βενιαμείν, 'Εβραῖος ἐξ 'Εβραίων, κατὰ νόμον Φαρισαῖος. Ebenso Rom. 11, 1 καὶ γὰρ ἐγὼ 'Ισπαηλείτης εἰμί, ἐκ σπέρματος 'Αβραάμ, φυλῆς Βενιαμείν. Ferner Gal. 2,15. Kor. II 11, 22. Vor dem Synedrium in Jerusalem sagt er act. 23, 6 ἐγὼ Φαρισαῖός εἰμι, υἱὸς Φαρισαίων.

24 τῇ 'Εβραΐδι διαλέκτῳ act. 21, 40, 22, 2.

25 Diese Tatsache bleibt bestehn, trotz der eifrigen und innerhalb bestimmter Grenzen durchaus berechtigten Bemühungen (s. vor allem DEISSMANN;, Licht vom Osten), den engen Zusammenhang des Septuagintagriechisch mit der volkstümlichen hellenistischen Sprache nachzuweisen. Die Wirkung des ersten Kapitels der Genesis kann gar nicht hoch genug eingeschätzt werden; aber kein Grieche hätte auch nur einen Satz so geschrieben, und einen klassisch gebildeten Griechen muß die Lektüre eine schwere Überwindung gekostet haben. Den spätern Kapiteln und etwa den Propheten gegenüber mußte er dann vollends versagen. So erklärt es sich, daß das Alte Testament auf die historische Literatur der Griechen und Römer gar keine Wirkung geübt hat und daß sie höchstens zu abgeleiteten und ihnen einigermaßen mundgerecht gemachten Überarbeitungen griffen, so Alexander Polyhistor, Trogus (Timagenes?) und selbst Nikolaos von Damaskus. – Eine Parallele bietet das Griechisch der römischen und der karthagischen Kanzlei.

26 Natürlich ist es bei den zahlreichen andern Völkern, welche die hellenistische Sprache annahmen, nicht anders. Dio Chrysostomos hält in der ersten Rede an Tarsos den Tarsiern vor, daß sie ununterbrochen schnarchen und schnauben – sie sprachen offenbar durch die Nase –, wie die Phoeniker von Arados.

27 Die wesentlich abweichende Auffassung DEISSMANNS (Paulus, 1911) kann ich nicht für zutreffend halten.

28 Einen Vers Menanders (fr. 218 KOCK) verwendet Paulus bekanntlich Kor. I 15, 33; es ist ein altbekanntes geflügeltes Wort, das ihm in die Feder kommt, und bei dem daher ein Zitat des Urhebers, den Paulus vielleicht gar nicht mehr im Gedächtnis hatte, völlig unangebracht gewesen wäre. Daß der Verfasser des Titusbriefs I 12 den Paulus einen Vers des Epimenides zitieren läßt, ist völlig sachgemäß; auch dieser Spruch war allgemein bekannt.

29 Daß er, im Gegensatz zu Jesus und den galilaeischen Jüngern, durchaus Stadtkind ist und sich das auch in seinen Briefen mehrfach verrät, ist oft bemerkt worden.

30 Da mein ganzes Buch der Widerlegung dieser Ansichten dient und statt dessen die wirklich für die Entwicklung maßgebenden Momente darzulegen versucht, ist ein näheres Eingehn auf Einzelheiten an dieser Stelle nicht erforderlich; manches wird auch im folgenden noch weiter besprochen werden. Vortrefflich hat E. NORDEN schon vor einem Vierteljahrhundert diese Verirrungen widerlegt und die trotz der Beeinflussung in Einzelheiten bestehende fundamentale Differenz in seinem Buch „Die antike Kunstprosa" (1898, zweiter Abdruck 1909) S. 451 ff. klargelegt. Vielfache Ergänzungen bringt sein Buch „Agnostos Theos" 1913; Abweichungen in Einzelheiten (so betr. der Areopagrede, s. S. 89) kommen hier nicht in Betracht. Besonnen und zurückhaltend urteilt auch WENDLAND, Die hellenist.-röm. Kultur (2. Aufl. 1912), wenn er auch meines Erachtens in der Annahme hellenistischer Einflüsse mehrfach zu weit geht.

31 Bekanntlich hat man im vierten Jahrhundert einen lateinischen (!) Briefwechsel zwischen Seneca und Paulus fabriziert, in dem jener diesen aufs höchste anerkennt, aber ihm rät, seinen Stil zu verbessern. Durch Senecas Autorität sollten die paulinischen Briefe dem gebildeten römischen Publikum genießbar gemacht werden (vgl. HARNACK, Gesch. der altchristl. Lit. I, Der Bestand 763 ff. II Chronologie Bd. 2, 458).

32 A. BONHÖFFER, Epiktet und das Neue Testament (Religionsgesch. Versuche und Vorarb. X) 1911 hat sich die Mühe gegeben, auch die betreffenden Ansichten von ZAHN; und KUIPER ganz ausführlich zu widerlegen.

33 S. die Beispiele bei NORDEN, Antike Kunstprosa 502 f. und bei WENDLAND, Die hellenist.-röm. Kultur 354 ff., wo auch die weitere Literatur darüber berücksichtigt ist. Daß der klassizistische Stil des modernen, reaktionären Atticismus für ihn so wenig in Betracht kommt wie für die große Masse der Literatur seiner Zeit überhaupt, in der der moderne, aus dem „Asianismus" entwickelte Stil durchaus vorherrscht, bedarf kaum der Erwähnung, wenn es auch noch immer wieder vorkommt, daß man es als beachtenswert hinstellt, daß sich bei Paulus Wörter und Wendungen finden, die dem Atticismus fremd sind.

34 Vgl. dazu NORDEN, Agnostos Theos 250 ff.

35 Für die Einzelheiten kann auch hier auf die ganz eingehenden Analysen BONHÖFFERS (s. S 317, 2) verwiesen werden, welche seine beiden Werke: „Epiktet und die Stoa", 1890, und „Die Ethik den Stoikers Epiktet" 1894 ergänzen. – Im übrigen bedarf es kaum der Bemerkung, daß es sich in diesem ganzen Abschnitt nicht um eine eingehende Darstellung der Kulturentwicklung handeln kann, in die das Christentum eintritt, sondern nur um eine kurze Skizze, die sich mit einem knappen Hinweis auf die wichtigsten Momente begnügen muß.

36 Bei den Sprüchen Jesu dagegen finden sich derartige Berührungen in der Formulierung natürlich weit seltener; am markantesten ist vielleicht Matth. 22, 14 = Orph. ed. KERN fr. 5 und 275 (s. Bd. II 434, 3).

37 Kaum irgendwo tritt deutlicher hervor, wie ganz antik Goethe empfindet und wie fern seiner Denkweise das Christentum steht, als in der Erscheinung der vier grauen Weiber vor Faust am Abschluß seines Lebens. Es sind der Mangel, die Schuld, die Sorge und die Not; die zehrende Reue, die in der christlichen und modernen Welt so viele Leben vernichtet hat, fehlt und ist auch nicht etwa durch die Schuld ersetzt. Denn diese findet keinen Einlaß, sondern einzig die Sorge.

38 Darauf, daß daraus der Begriff der ἀγάπη ϑεοῦ in seiner doppelseitigen Bedeutung, Liebe Gottes zu den Menschen und Liebe der Menschen zu Gott, sich erst allmählich zu einem festen Terminus herausbildet, ist Bd. II 437 f. schon hingewiesen, ebenso darauf, daß der φόβες ϑεοῦ im Evangelium ganz zurücktritt. Aber mit den Höllenstrafen hat auch Jesus operiert, und ebenso natürlich Paulus.

39 Wie vollständig der alte Gegensatz überwunden war, zeigt drastisch Strabo I 4, 9: Eratosthenes hat den Aristoteles getadelt, daß er die gesamte Menschheit in Hellenen und Barbaren teilte und von Alexander forderte, er solle jene als Freunde, diese als Feinde behandeln; denn es gebe auch viele schlechte Hellenen und gebildete Barbaren, wie die Inder und Iranier (Ἀριανούς), Römer und Karthager. So habe Alexander recht gehandelt, wenn er diese Weisung nicht befolgte. Für Strabo existiert dies Problem gar nicht mehr und ist ihm ganz unverständlich geworden; er behauptet, Aristoteles habe gar nichts anderes gemeint, unter Hellenen die gesetzlich Lebenden und Gebildeten, unter Barbaren die andern verstanden, und so habe Alexander nicht etwa gegen dessen Mahnung gehandelt, sondern ihren Sinn richtig erfaßt und befolgt.

40 Das hat schon Isokrates ausgesprochen; Athen, rühmt er im Jahre 380 im Panegyrikos 51, τὸ τῶν Ἑλλήνων ὄνομα πεποίηκε μηκέτι τοῦ γένους ἀλλὰ τῆς διανοίας δοκεῖν εἶναι, καὶ μᾶλλον Ἕλληνας καλεῖσθαι τοὺς τῆς ,παιδεύσεως τῆς ἡμετέρας ἤ τοὺς τῆς κοινῆς φύσεως μετέχοστας.

41 In anderer Fassung, in eigenartiger Verkettung der Ideen der menschlichen Schuld und des Weltgesetzes, erscheint diese Auffassung im indischen Denken als die Grundlage der gesamten Weltanschauung: alles was geschieht, ist Folge der Verkettung von Schuld und Sühne und das gegenwärtige Schicksal der Menschen wie der Götter erwächst aus ihrem Verhalten in einer früheren Existenz. Aus diesem ewigen Kreislauf der Wiedergeburten erlöst zu werden, ist das ersehnte Endziel, das durch die richtige Erkenntnis gewonnen wird, die die Aufhebung der eigenen Existenz und das Versinken ins Nichts gewährt.

42 Vgl. dazu das grundlegende Werk von H. v. ARNIM, Leben und Werke des Dio von Prusa, 1898, Kap. I Sophistik, Rhetorik, Philosophie in ihrem Kampf um die Jugendbildung.

43 Vgl. neben dem in der ganzen aramaeischen Welt- in den Vordergrund tretenden Be'el šamîn dem „Himmelsherrn", „dem Herrn des Weltalls" (das wäre griechisch τῷ κυρίῳ τοῦ αἰῶνος) – auch Jahwe von Jerusalem heißt ja bei den Juden seit der Perserzeit ständig „der Himmelsgott" – den namenlosen Gott so zahlreicher palmyrenischer Weihinschriften: „dem dessen Name gesegnet ist in Ewigkeit, dem Guten und Barmherzigen".

44 Wie diese Entwicklung sich im Judentum vollzogen hat, ist in Bd. II dargelegt.

45 Recht instruktiv für diese Stimmungen ist, gerade durch seine Naivität, der Bericht des Justin, des „Philosophen", im Dialog mit Tryphon über seinen Entwicklungsgang. Er hat der Reihe nach bei einem Stoiker, Peripatetiker, Pythagoreer und Platoniker Befriedigung gesucht und geglaubt, sie bei dem letzteren finden zu können. Als ihm dann aber ein alter Christ von den Propheten und Gottes Sohn Christus erzählt, ist er sofort bekehrt und „erkennt das als die allein sichere und förderliche Philosophie". Ganz analog verläuft die Bekehrung des Clemens im Clemensroman: in dem Streben, Gewißheit über die Unsterblichkeit zu erlangen, zieht

er in die Welt hinaus und findet dann durch die Predigt des Barnabas und die Unterweisungen des Petrus im Christentum die Antwort.

46 In derselben Weise wirken die Genußsucht der höheren Kreise, die Notlage der Besitzlosen und die Weltflucht der Asketen zusammen zu der Eheflucht und dem Bevölkerungsrückgang der Kaiserzeit.

47 Als μυστήριον bezeichnet bekanntlich Paulus ständig die christlichen Lehren; sonst nur Marc. 4, 11 (Zwölferquelle), wo das Verständnis für die Parabeln und das Gottesreich nur den Gläubigen zugänglich ist. Außerdem findet sich das alles natürlich in der Apokalypse.

48 Kor. I 1, 18 ff. 2, 1 ff. 6 ff. 3. 18 ff. Rom. 1, 21 ff. Kol. 2, 3 ff. 8 ff.

49 Mit vollem Recht hat SPENGLER in Seinem „Untergang des Abendlandes" die fundamentale Bedeutung dieser Umwandlung hervorgehoben. An Stelle der alten naturwüchsigen Anschauung, für die die durch die Geburt geschaffenen Menschengruppen, Volk und Staat, die gegebene Einheit bilden, tritt damit der Zusammenschluß derjenigen Menschen, welche in ihrer Überzeugung oder ihrem Glauben übereinstimmen; alle andern werden ausgeschieden und die Herstellung dieses Consensus, die gewaltsame Bekehrung der Ungläubigen zu der großen Einheit des Menschengeschlechts wird die dominierende Aufgabe. Im einzelnen freilich sind SPENGLERS Behauptungen und Konstruktionen nicht selten unhaltbar oder, wie in solchen Fällen so häufig, nur zur Hälfte zutreffend; und sehr unglücklich ist die Zusammenfassung dieser Entwicklung unter dem Namen der „arabischen Kultur". Auch gegen die Bezeichnung als „magische Kultur" lassen sich schwerwiegende Einwendungen erheben, weil der Begriff der Magie (ganz abgesehn von der ursprünglichen Bedeutung des Wortes) viel weiter reicht. Es handelt sich um eine große, von ihm mit Recht scharf betonte Phase der Kulturentwicklung, welche die verschiedenartigsten Völker und Kulturen ergreift und in ihrer geschichtlichen Einzelgestaltung dann auch in sehr verschiedenen Bahnen verläuft.

50 Act. 22, 3. 26, 5, durch Paulus' eigene Äußerungen durchweg bestätigt.

51 Act. 23, 16.

52 ὥστε ἡμεῖς ἀπὸ τοῦ νῦν οὐδένα οἴδαμεν κατὰ σάρκα' εἰ καὶ ἐγώκαμεν κατὰ σάρκα Χριστόν, ἀλλὰ νῦν οὐκέτι γινώσκομεν.

53 Der Gegensatz ist ähnlich wie der zwischen den überzeugten Republikanern, die Caesars Usurpation passiv hinnahmen (wie z. B. Favonius), und Brutus und seinen Genossen, die sich im Gewissen verpflichtet fühlten, zum Dolch zu greifen.

54 Act. 15, 5.

55 Vgl, Bd. II 334. 339 f. 342. 349 f., wo auch auf die Parallelen bei Paulus hingewiesen ist.

56 Kor. I 9, 1 οὐκ εἰμὶ ἀπόστολος; οὐχὶ 'Ιησοῦν τὸν κύριον ἡμῶν ἑώρακα;.

57 Kor. I 15, 8.

58 Gal. 1, 15

59 Gal. 1, 1 Παῦλος ἀπόστολοσ, οὐκ ἀπ' ἀνθρώπων οὐδὲ δι' ἀνθρώπου ἀλλὰ διὰ 'Ιησοῦ Χριστοῦ καὶ θεοῦ πατρὸς τοῦ ἐγείραντος αὐτὸν ἐκ νεκρῶν. In kürzerer Fassung Kor. I 1, 1 Παῦλος κλητὸς ἀπόστολος Χριστοῦ 'Ιησοῦ διὰ δελήματος δεοῦ und Rom. 1, 1 κλητὸσ ἀπόστολος ἀφωρισμένος εἰς εὐαγγέλιον δεοῦ.

60 Diese Zeitangabe ist in c. 9 ausgelassen.

61 τῇ Εβραΐδι διαλέκτῳ fügt 26, 14 hinzu, was die Namensform bestätigt, die zugleich die Authentizität des Berichts bekräftigt.

62 22, 8 fügt ὁ Ναζωραῖυς hinzu.

63 Daher stürzen sie nach 26, 14 mit Paulus zu Boden [weiter wird hier über sie nichts gesagt], während sie nach 9, 7 sprachlos stehn bleiben.

64 Nach 9, 9 dauert dieser Zustand drei Tage lang, während deren er nichts ißt noch trinkt.

65 Auch das Haus wird 9, 11 genannt, in dem Paulus Quartier genommen hat (ἐν οἰκίᾳ 'Ιούδα), wie bei Petrus in Joppe 9, 43, 10, 5 ff.

66 Nach c. 9 wird dem Ananias Jesus offenbart ὅτι σκεῦος ἐκλογῆς ἐστίν μοι οὗτος τοῦ βαστάσαι τὸ ὄνομά μου ἐνώπιον ἐθνῶν τε καὶ βασιλέων υἱῶν τε 'Ισραήλ· ἐγὼ γὰρ ὑποδείξω αὐτῷ ὅσα δεῖ αὐτὸν ὑπὲρ τοῦ ὀνόματός μου παθεῖν. In 22, 15 sagt Ananias allgemeiner ὅτι ἔσῃ μάρτυς αὐτῷ (τῷ δεῷ) πρὸς πάντας ἀνδρώπους ὧν ἑώρακας καὶ ἤκουσας, weil hier der Auftrag zur Heidenmission auf eine Offenbarung im Tempel zurückgeführt wird. Das entspricht durchaus der Situation, in der Paulus redet, wo er den Juden gegenüber einer besonderen Autorisation für die Heidenmission bedarf [im übrigen s. unten]. In c. 26, in der Erzählung vor Agrippa, übergeht Paulus die Szene mit Ananina und läßt die Bestellung zum Zeugen und den Auftrag zur Heidenmission gleich in der Vision erfolgen. – Zu act. 9, 16 bemerkt PREUSCHEN: „Daß der Verf. die Berufung des Apostels nur unter dem auch in der Schilderung der paulinischen Mission festgehaltenen (??) Gesichtspunkt der Leiden betrachtet hat, zeigt, wie wenig er in den Geist der Berufsauffassung des historischen Paulus eingedrungen ist" – als ob nicht auch Paulus oft genug von seinen Leiden und Verfolgungen redete und sich nicht eben darin die ihm von Gott verliehene Geisteskraft bewährte, die ihn zum σκεῦος ἐκλαγῆς macht.

67 Act. 9, 19 ἐγένετο δὲ μετὰ τῶν ἐν Δαμασκῷ μαδητῶν ἡμέρας τινὰς, in der Itala in *dies plurimos* korrigiert.

68 Kor. I 15, 3 παρέδωκα γὰρ ὑμῖν ἐν πρώτοις („unter den ersten Lehrstücken") ὃ καὶ παρέλαβον. 11, 23 ἐγὼ γὰρ παρέλαβον ἀπὸ τοῦ Κυρίου, ὃ καὶ παρέδωκα, d. h. was ich vom Herrn her, als vom Herrn stam-

mend übernommen habe, ἀπὸ τοῦ κ., nicht παρά (von ihm, aus seinem Munde), wie Gal. 1, 12 παρ' ἀνθρώπου.

69 Daß der Aufenthalt in Arabien, wie er angibt, vor den längeren Aufenthalt in Damaskus fällt, wird dadurch bestätigt, daß er nach dem von Aretas unterstützten Versuch, ihn umzubringen, unmöglich in dessen Machtbereich gegangen sein kann.

70 συμβιβάζων ὅτι οὗτός ἐστιν ὁ Χριστός, act. 9, 22, als vollkommen historisch erwiesen durch die von Paulus selbst Kor. II 11, 32 berichtete Flucht aus Damaskus, die sonst ganz unerklärlich wäre. Seine Bekehrungsversuche bei den Juden an dieser Stelle zu erwähnen, hatte er keinen Anlaß; im Galaterbrief schweigt er mit Absicht davon.

71 Aus Kor. II 11, 32 ἐν Δαμασκῷ ὁ ἐθνάρχης 'Αρέτα τοῦ βασιλέως [des Nabataeerkönigs Aretas IV., der nach seinen Münzen und Inschriften mindestens 48 Jahre regiert hat, ca. 8 v. Chr. bis 40 n. Chr.] ἐφρούρει τὴν πόλιν Δαμασκηνῶν πιάσαι με hat man allgemein gefolgert, daß Damaskus damals zeitweilig zum Nabataeerreich gehört habe. Aber mit Recht hat E. SCHWARTZ, Die Aeren von Gerasa und Eleutheropolis, Nachr. Gött. Ges. 1906, 367 f., dagegen Einspruch erhoben; es ist völlig undenkbar, daß die Römer die blühende Stadt dem halbbarbarischen Reich überlassen hätten. Auch hat ja der Ethnarch keineswegs Kommandogewalt, denn dann hätte er, wie SCHWARTZ mit Recht bemerkt, den Paulus einfach festnehmen lassen; und sein Titel bezeichnet denn auch nicht einen Beamten innerhalb des Königreichs, sondern das „Volksoberhaupt", d. i. [so SCHWARTZ mit Recht] eben den Vorstand der in Damaskus ansässigen oder zeitweilig dort verkehrenden arabischen Kaufleute und Karawananführer, dessen Bestellung die Römer dem Nabataeerkönig überlassen haben. Vgl. Reg. I 20, 34, wo Achab von Israel im Vertrage mit Barhadad das Recht erhält, in Damaskus einen Bazar anzulegen.

72 Kor. II 11, 33 καὶ διὰ θυρίδος (Fenster) ἐν σαργάνῃ ἐχαλάσθην διὰ τοῦ τείχους καὶ ἐξέφυγον τὰς χεῖρας αὐτοτυ, in allem Wesentlichen übereinstimmend mit act. 9, 23 ff. (λαβόντες δὲ οἱ μαθηταὶ αὐτοῦ νυκτὸς διὰ τοῦ τείχους καθῆκαν αὐτὸν χαλάσαντες ἐν σπυρίδι), nur daß Lukas den Ethnarchen nicht erwähnt, sondern statt dessen die Nachstellungen der Juden, die wieder Paulus beiseite gelassen hat. So ergänzen sich beide Berichte aufs beste.

73 Act. 9, 23 hat statt dessen die unbestimmte Angabe ὡς δὲ ἐπληροῦντο ἡμέραι ἱκαναί.

74 ἃ δὲ γράφω ὑμῖν, ἰδοὺ ἐνώπιον τοῦ θεοῦ ὅτι οὐ ψεύδομαι Gal. 1, 20.

75 Act. 9, 27 f. Βαρνάβας δὲ ἐπιλαβόμενος αὐτὸν ἤγαγεν πρὸς τοὺς ἀποστόλους ... καὶ ἦν μετ' αὐτῶν εἰσπορευόμενος καὶ ἐκπορευόμενος εἰς 'Ιερουσαλήμ.

76 Man wird doch annehmen müssen, daß die übrigen auch in diesen Tagen oft genug mit Petrus und Jakobus zusammengekommen sind. Zugleich aber zeigt sich auch hier, wie wenig sie neben diesen beiden in Betracht kamen.

77 Act. 9, 29 f.

78 Gal. 1, 22 f.

79 Gal. 1, 21 ἔπειτα ἦλθον εἰς τὰ κλίματα τῆς Συρίας καὶ τῆς Κιλικίας; d. h. ich habe in der ganzen folgenden Zeit bis zu meiner Reise zum Apostelkonzil keine weitere Einwirkung durch die Apostel und ihren Anhang erfahren; daher schließt der oben angeführte Satz v. 22 f. daran sachgemäß an.

80 διὰ δεκατεσσάρων ἐτῶν geht er zum zweitenmal nach Jerusalem Gal. 2, 1; davon ist ein Jahr für den Aufenthalt in Antiochia abzuziehn.

81 Diese Erwägungen zeigen bereits, wie wenig Berechtigung es hatte, daß man den Kolosserbrief – den jüngsten von allen! – für unecht erklären wollte, weil in ihm einzelne Wendungen und Anschauungen vorkommen, die sich in dieser Form in den übrigen Briefen nicht finden. Mit dem Epheserbrief liegt die Sache wesentlich anders; da kommen ganz andere Anstöße hinzu (s. u. in Kap. IX).

82 Von der Predigt vor Juden und Judengenossen gibt Lukas mehrere Proben, die insoweit als authentisch gelten können, da sich hier das Verfahren von selbst ergab und der Anknüpfungspunkt gegeben war.

83 Kor. I 1, 26 ff.: unter euch sind οὐ πολλοὶ σοφοὶ κατὰ σάρκα, οὐ πολλοὶ δυνατοί οὐ πολλοὶ εὐγενεῖς· ἀλλὰ τὰ μωρὰ τοῦ κόσμου ἐξελέξατο ὁ θεός, ἵνα καταισχύνῃ τοὺς σοφούς, καὶ τὰ ἀσθενῆ τοῦ κόσμου ... καὶ τὰ ἀγενῆ τοῦ κόσμου καὶ τὰ ἐξουθενημένα, τὰ μὴ ὄντα.

84 Kor. I 2, 1 ff. κἀγὼ ἐλθὼν πρὸς ὑμᾶς, ἀδελφοί, ἦλθον οὐ καθ' ὑπεροχὴν λόγου ἢ σοφίας καταγγέλλων ὑμῖν τὸ μαρτύριον τοῦ δεοῦ ... καὶ ὁ λόγος μου καὶ τὸ κήρυγμά μου οὐκ ἐν πειθοῖς σοφίας λόγοις, ἀλλ' ἐν ἀποδείξει πνεύματος καὶ δυνάμεως, ἵνα ἡ πίστις ὑμῶν μὴ ᾖ ἐν σοφίᾳ ἀνθρώπων ἀλλ' ἐν δυνάμει θεοῦ. „Unter den τέλειοι", zu voller Bekehrung Gelangten, „trägt er dann auch die σοφία vor" (σοφίαν δὲ λαλοῦμεν ἐν τοῖς τελείοις), aber nicht die σοφία τοῦ αἰῶνος τούτου, sondern θεοῦ σοφίαν ἐν μυστηρίῳ, τὴν ἀποκεκρυμμένην (v. 6 f.), die ihm Gott διὰ τοῦ πνεύματος enthüllt hat (v. 10). Das gegenteilige Verhalten der Gebildeten schildert er vorher 1, 22: ἐπειδὴ καὶ 'Ιουδαῖοι σημεῖα αἰτοῦσιν καὶ Ἕλληνες σοφίαν ζητοῦσιν, ἡμεῖς δὲ κηρύσσομεν Χριστὸν ἐσταυρωμένον, 'Ιουδαίοις μὲν σκάνδαλον, ἔθνεσιν δε μωρίαν, αὐτοῖς δὲ τοῖς κλητοῖς, 'Ιουδαίοις τε καὶ Ἕλλησιν, Χριστὸν δεοῦ δύναμιν καὶ θεοῦ σοφίαν. Vgl. weiter Kor. II 11, 6 εἰ δέ καὶ ἰδιώτης τῷ λόγῳ ἀλλ' οὐ τῇ γνώσει.

85 Kor. I 3, 1 f., ferner I 2, 6, s. die vorige Anm. Vgl. Rom. 6, 18 ἀνθρώπινον λέγω διὰ τὴν ἀσθένειαν τῆς σαρκὸς ὑμῶν.

86 Daher fügt er an die ursprüngliche Glaubensformel nicht nur die fünfhundert Brüder, den Jakobus und alle Apostel an, sondern als Schlußstein auch sich selbst (Kor. I 15). Diese Bezeugung hat natürlich noch eine ganz andere Kraft, als wenn ein Prophet, wie die von Celsus (Orig. II 84, s. Bd. II 413f.) geschilderten, sich selbst für den göttlichen Bringer des Weltuntergangs ausgibt. Im übrigen tritt in den Worten, die Celsus anführt, die Nachahmung der christlichen Verkündung ganz deutlich hervor; alle diese Erscheinungen sind zwar aus dem Geist der Zeit geboren, aber in ihrer Gestaltung sekundäre Nachahmungen des Christentums, so gut wie Simon und seine Nachfolger und die gesamte Gnosis, und sind daher auch ohne dauernde Nachwirkung geblieben.

87 Thess. I 1, 6. 9 f

88 Thess. I 3, 12 f

89 Gal 3, 5 ὁ ἐπιχορηγῶν ὑμῖν τὸ πνεῦμα καὶ ἐνεργῶν δυνάμεις ἐν ὑμῖν, und vorher v. 2 die Frage, ob sie das πνεῦμα ἐξ ἔργων νόμου oder ἐξ ἀκοῆς πίστεως empfangen hätten. Ebenso Thess. I 1, 5. 4, 8.

90 Kor. I 14, 18.

91 Kor. I 4, 17: er hat Timotheus nach Korinth geschickt, ὃς ὑμᾶς ἀναμνήσει τὰς ὁδούς μου τὰς ἐν Χριστῷ, καθὼς πανταχοῦ ἐν πάσῃ ἐκκλησίᾳ διδάσκω.

92 Diese Herrenworte sind von Paulus viel häufiger verwertet, als man gewöhnlich beachtet; die meisten Stellen habe ich bereits Bd. I 236 zusammengestellt. Der Bericht über die Einsetzung des Abendmahls Kor. I 11, 23 ff. (vgl. 10, 16) deckt sich völlig mit Marcus (Bd. I 175), das Zitat über die Instruktion der Missionare Kor. I 9, 14, auf das er immer wieder anspielt (Thess. I 2, 7, vgl. II 3, 8. Kor. I 9, 6. II 11, 7), mit Q (Bd. I 277), der Satz, daß der Tag des Herrn wie ein Dieb bei der Nacht kommt (Thess. I 5, 2), mit Q und Marcus. Dazu kommt ein in die Evangelien in dieser Gestalt nicht aufgenommenes Herrenwort über die Auferstehung Thess. I 4, 15 ff. Die prinzipielle Verwerfung der Ehe, die bei Matthaeus 19, 10 ff., vgl. 5, 28 ff. (Bd. I 215) weiter ausgeführt ist, kennt er Kor. I 7, 1 ff., das Verbot der Ehescheidung Marc. 10, 8 f. zitiert er Kor. I 7, 10. Die Zusammenfassung aller Sittengebote des Dekalogs in dem einen der Nächstenliebe Gal. 5, 14. Rom. 13, 9 ist ein Verweis auf Jesu Wort Marc. 12, 31. Den Spruch über das Bergeversetzen durch den Glauben (Bd. I 229) verwendet er Kor. I 13, 2, den über den Sauerteig (Bd. I 230) Gal. 5, 9 und Kor. I 5, 6, den über das Salz (Bd. I 230) Kol. 4, 6. Das Wort Kor. I 4, 2 ὧδε λοιπὸν ζητεῖται ἐν τοῖς οἰκονόμοις, ἵνα πιστός τις εὑρεθῇ berührt sich mit der Parabel Luc. 12, 42, die Bezeichnung der Christen als οἰκονόμοι μυστηρίων θεοῦ Kor. I 4, 1 stammt aus Jesu Wort Marc. 4, 11 ὑμῖν τὸ μυστήριον δέδοται τῆς βασιλείας τοῦ θεοῦ. Der Satz, daß an sich keine Speise unrein ist, sondern nur durch die Menschen als solche angesehn wird, für den er sich auf Jesus beruft (Rom. 14, 14 οἶδα καὶ πέπεισμαι ἐν κυρίῳ Ἰησοῦ, ὅτι οὐδὲν κοινὸν [d. i. *trefe*] δι᾽ ἑαυτοῦ, εἰ μὴ τῷ λογιζομένῳ τι κοινὸν εἶναι, ἐκείνῳ κοινόν) stammt aus Jesu Wort Marc. 7, 14 ff. In Kol. 2, 22 verwendet er das Zitat aus Jesaja 29, 13 ff. in demselben Sinne wie Jesus bei Marcus 7, 6 ff., s. u. in Kap. IX.

93 Thess. I 4, 1–12, und mit Verweis darauf II 2, 15–17 (ἄρα οὖν, ἀδελφοί, στήκετε καὶ κρατεῖτε τὰς παραδόσεις ἃς ἐδιδάχθητε εἴτε διὰ λόγου εἴτε δι᾽ ἐπιστολῆς ἡμῶν). Kor. I 5 ff. Rom. 12 ff. Kol. 3, was dann im Epheserbrief weiter ausgeführt wird. Kürzer Gal. 5, 13 ff. Den Philippern genügt die kurze Mahnung 4, 8 f. ἃ καὶ ἐμάθετε καὶ παρελάβετε καὶ ἠκούσατε καὶ εἴδετε ἐν ἐμοί, ταῦτα πράσσετε. Ganz fehlt ein derartiger Abschnitt nur im zweiten Korintherbrief.

94 Vgl. Bd. II 430 ff. Dem entsprechend Gal. 5, 14. Rom. 13, 9.

95 Kor. I 8, 4.

96 Kor. I 5. 9 ff. Die Korinther haben seine erste Weisung dahin mißverstanden, sie dürften überhaupt mit solchen Leuten, also auch aus der Heidenwelt (τοῖς πόρνοις τοῦ κόσμου τούτου), nicht verkehren. Das weist er hier ab, über τοὺς ἔξω kann nicht er richten, sondern nur Gott, aber aus ihrer eigenen Mitte (aus der Gemeinde) sollen sie derartige Sünder verurteilen und ausstoßen.

97 Kor. I 5, 1 ff, Paulus benutzt diesen Anlaß, um ihnen ihr Renommieren mit ihrem korrekten Verhalten vorzuwerfen, anstatt traurig darüber zu sein, daß so etwas unter ihnen vorgekommen ist und daß dieses bißchen Sauerteig den ganzen Teig säuert und verdirbt.

98 Es kommt hinzu, daß nach dem Gesetz der Geschlechtsakt eine Befleckung ist, von der man sich reinigen muß, eine Anschauung, die auch in allen anderen Religionen weit verbreitet ist, so vielfach sie daneben die Fortpflanzung gebieten (so unter andern der Parsismus) und oft genug auch den freien Geschlechtsverkehr als kultischen Akt betrachten und fordern.

99 Kor. I 9, 5.

100 Bd, I 215. 241.

101 Kor. I 7, 1 ff. Nachher v. 37 f. billigt er es dagegen besonders, wenn der Mann seine Braut (τὴν ἑαυτοῦ παρθένον)-unberührt läßt, also in „geistlicher Ehe" mit ihr lebt; aber falls er sich nicht bezwingen kann, begeht er keine Sünde, wenn er den Beischlaf vollzieht. ὥστε καὶ ὁ γαμίζων τὴν ἑαυτοῦ παρθένον καλῶς ποιεῖ, καὶ ὁ μὴ γαμιζων κρεισσον ποιήσει.

102 Kor. I 7, 25. ἐπιταγὴν Κυρίου οὐκ ἔχω, γνώμην δὲ διδωμι ὡς ἠλεημένος ὑπὸ Κυρίου πιστὸς εἶναι. Ebenso nachher v. 40 über die Witwen: μακαριωτέρα δέ ἐστιν ἐὰν οὕτως μείνῃ, κατὰ τὴν ἐμὴν γνώμην· δοκῶ δὲ κἀγὼ πνεῦμα θεοῦ ἔχειν.

103 Er denkt zunächst an die Männer, denen es nicht gut ist, wenn sie heiraten; erst nachher v. 34 sagt er das gleiche für die Mädchen.

104 v. 29 ff. ὁ καιρὸς συνεσταλμένος ἐστίν ... παράγει γὰρ τὸ σχῆμα τοῦ κόσμου τούτου.
105 v. 28: wenn sie heiraten (vgl. v. 36 f.), θλῖψιν τῇ σαρκὶ ἕξουσιν οἱ τοιοῦτοι· ἐγὼ δὲ ὑμῶν φείδομαι, wie nachher v. 35 τοῦτο δὲ (über die Nachteile der Ehe) πρὸς τὸ ὑμῶν αὐτῶν σύμφορον λέγω, οὐχ ἵνα βρόχον ὑμῖν ἐπιβάλω, ἀλλὰ πρὸς τὸ εὔσχημον καὶ εὐπάρεδρον τῷ Κυρίῳ ἀπερισπάστως („damit ihr ohne Ablenkung dauernd nur dem Herrn lebt").
106 Kor. I 7, 10 τοῖς δὲ γεγαμηκόσιν παραγγέλλω, οὐκ ἐγὼ ἀλλὰ ὁ Κύριος, γυναῖκα ἀπ' ἀνδρὸς μὴ χωρισθῆναι καὶ ἄνδρα γυναῖκα μὴ ἀφιέναι.
107 Kor. I 7, 8 ff. 39 f.
108 Kor. I 7, 20 ff. Kol. 3, 22 (= Ephes. 6, 5). Vgl. den Philemenbrief.
109 Rom. 13, 1 ff.
110 ἐπὶ τῶν ἀδίκων Kor. I 6, 1. 9 1. d. i, der *reša'îm* des A. T.; v. 6 werden sie als ἄπιστοι, v. 4 als οἱ ἐξουθενημένοι ἐν τῇ ἐκκλησιᾳ bezeichnet.
111 Kor. I 6, 1 ff.
112 Thess. I 4, 11 ff.
113 Thess. II 3, 10.
114 Thess. I 2, 7 ff. II 3, 7 ff. Kor. I 4, 12. 9, 6 ff. 14. II 11, 7.
115 Dazu kommen dann die Kollekten für die Muttergemeinde in Jerusalem.
116 Phil. 4, 15. Kor. II 11, 9.
117 Gal. 3, 27. Rom. 6, 3 f. Kor. 1 12, 13. Kol. 2, 12 (vgl. Ephes. 4, 4 f., sowie 1, 13. τὸ εὐαγγέλιον τῆς σωτηρίας ὑμῶν, ἐν ᾧ καὶ πιστεύσαντες ἐσφραγίσθητε τῷ πνεύματι τῆς ἐπαγγελίας τῷ ἁγίῳ).
118 Kor. I 15, 29.
119 Kor. I 11, 20 ff. Es ist nie zu vergessen, daß Paulus, wie von so vielen anderen, so auch von dieser fundamentalen Lehre nur im ersten Korintherbrief redet; wäre dieser nicht erhalten, so erführen wir nichts davon. Das zeigt anschaulich, wie zufällig und unvollständig unsere Kunde von seinem Lehrsystem ist.
120 Act. 14, 23
121 Kor. I 1, 14 ff.
122 Thess. I 5, 12 ff
123 Thess. II 3, 6.
124 Vgl. Kor. I 11, 34 betreffs des Herrenmahls τά δὲ λοιπὰ ώς ἂν ἔλθω διατάξομαι; ebenso bei der Kollekte für Jerusalem I 16, 1 f. und sonst. Vgl. Kor. I 11, 2 ἐπαινῶ δὲ ὑμᾶς ὅτι πάντα μου μέμνησθε καὶ καθὼς παρέδωκα ὑμῖν τὰς παροδέσεις κατέχετε. Hierher gehören dann die autoritativen Entscheidungen über die Tracht der Frauen (Kor. I 11, 3 ff.), über ihre Stellung in der Kirche, wo sie nicht mitzureden haben (14, 34), und so vieles andere.
125 Thess. I 5, 27. Kol. 4, 16.
126 Thess. II 3, 14. Analog Kor. I 5, 11 f.
127 Kor. I 5, 5; danach Timoth. I 1, 20.
128 Gal. 1, 8. 9, vgl. Kor. I 16, 22
129 Thesss. I 3, 13. 4, 3 ff. II 2, 13 (die Gläubigen sind von Gott von Anfang an auserwählt εἰς σωτηρίαν ἐν ἁγιασμῷ πνεύματος καὶ πίστελ ἀληθείας). Kor. I 1, 2. 6, 11. II 7, 1 (ἐπιτελοῦνετς ἁγιωσύνην ἐν φόβῳ θεοῦ – eine der wenigen Stellen, wo der letztere Begriff bei Paulus vorkommt: sonst nur noch φόβος Κυρίου Kor. II 5, 11. Kol. 3, 22 [Eph. 5, 21 ἐν φόβῳ Χριστοῦ]) in scharfem Gegensatz gegen Stellen wie Rom. 8, 15 (οὐ γὰρ ἐλάβετε πνεῦμα δουλείας πάλιν εἰς φόβον, ἀλλὰ ἐλάβετε πνεῦμα υἱοθεσίας, ἐν ᾧ κράζομεν 'Αββᾶ ὁ πατήρ). Rom. 6, 19 ff.
130 Thess. I 5, 5 (Eph. 5, 8)
131 Gal. 5,1 τῇ ἐλευθερίᾳ ἡμᾶς Χριστὸς ἠλευθέρωσεν · στήκετε οὖν καὶ μὴ πάλιν ζυγῷ δουλείας (d. i. dem Gesetz) ἐνέχεσθε; 5, 13 ὑμεῖς γὰρ ἐπ' ἐλευθεριᾳ ἐκλήθητε, ἀδελφοί · μόνον μὴ τὴν ἐλευθερίαν εἰς ἀφορμὴν τῇ σαρκί, ἀλλὰ διὰ τῆς ἀγάπης δουλεύετε ἀλλήλοις. Kor. II. 3, 17 ὁ Κύριος τὸ πνεῦμά ἐστιν · οὗ δὲ τὸ πνεῦμα Κυρίου, ἐλευθερία. Rom. 6, 18 ff. 8, 2. 21.
132 Kor. I 7, 15. Rom. 5, 1. 8, 6. 14, 17 ff. Kol. 3, 15. Phil. 4, 7. ὁ θεὸς τῆς εἰρήνης Thess. I 5, 23. II 3, 16. Kor. I 14, 33 und oft; daher der ständige Friedensgruß in den Briefen.
133 Wie Bd. II 437, 5 weise ich auch hier darauf hin, daß diese ἀγάπη mit dem ἔρως nichts zu tun hat, und daß der platonische Eros das diametrale Gegenteil der christlichen und paulinischen ἀγάπη ist. Der Gegensatz der beiden Weltanschauungen tritt gerade darin ganz lebendig hervor: der Eros begehrt die Erkenntnis und will schaffen und zeugt daher die Wissenschaft, die Agape entspringt aus dem Besitz der mystischen Erkenntnis (γνῶσις) und gibt, verlangt dagegen nicht. Hinzuzufügen ist noch, daß wie der Begriff so erst recht das Wort ἀγάπη dem Griechischen völlig fremd ist. Es ist von der griechischen Bibelübersetzung geschaffen, als Wiedergabe von אהבה, da das Verbum אהב, das sowohl die geschlechtliche Liebe und die Liebe oder Hinneigung zu irdischen Gütern, Tugenden, Verbrechen usw., wie die Freundesliebe und die Liebe zu Gott sowie die Gottes zu den Menschen bezeichnet, ganz korrekt durch ἀγαπᾶν wiedergegeben wird. Neben ἀγάπη wird in LXX nicht selten ἀγάπησις gebraucht, was ja auch dem Griechischen geläufig ist; davon kann die Neubildung ἀγάπη als Kürzung betrachtet werden. In den Evangelien findet es sich nur Luk. 11, 42. wo in dem Ausfall

gegen die Pharisaeer die bei Matthaeus 23, 23 stehenden Worte καὶ ἀφήκατέ τὰ βαρύτερα τοῦ ζόυμου, τὴν κρίσιν καὶ τὸ ἔλεος καὶ τὴν πίστιν umgesetzt sind in καὶ παρέρχεσθε τὴν κρίσιν καὶ τὴν ἀγάπην τοῦ θεοῦ, sowie Matth. 24, 12 in einer Einlage in die Apokalypse bei Marcus: καὶ διὰ τὸ πληθυνθῆναι τὴν ἀνομίαν ψυγήσεται ἡ ἀγάπη τῶν πολλῶν (wird die Nächstenliebe bei der Menge erkalten), und dann natürlich im Johannesevangelium (und vor allem im ersten Johannesbrief). In den griechisch geschriebenen Apokryphen findet es sich natürlich auch (z. B. Σοφ. Σαλ. 3, 9. 6, 18, ebenso im Aristeasbrief 229) ; aber eigentlich literarisch ist es erst durch die Christen unter der Einwirkung des Paulus geworden. [DREISMANNs Versuch, Bibelstudien S. 80, das Wort auch als hellenistisch nachzuweisen, beruhte auf einer falschen Lesung in einem der Serapeumpapyri, die er selbst Neue Bibelstud. 26 f. zurücknimmt; da kann er nur noch Philo, *quod deus immut.* 14, 69 anführen, wo ἀγάπη als Liebe zu Gott in Parallele zu φόβος gebraucht wird; das führt aber nicht über den biblischen Sprachgebrauch hinaus, dem ja auch φόβος θεοῦ typisch angehört. CRÖNERT in seinem griechischen Wörterbuch gibt aus der heidnischen Literatur nur zwei Stellen: ein Würfelorakel des 2. oder 3. Jahrhunderts n. Chr. (Papers of the American School II 88) πένψει δ'εἰς ἀγάπην σὲ φιλομμειδὴς 'Αφροδείτη, und eine Ergänzung bei Philodem, die er selbst als unsicher bezeichnet und die gewiß nicht richtig ist.]

134 Thess. I 1, 3 μνημονεύοντες ὑμῶν τοῦ ἔργου τῆς πόστεως καὶ τοῦ κόπου τῆς ἀγάπης καὶ τῆς ὑπομονῆς τῆς ἐλπίδος τοῦ Κυρὶου ἡμῶν I. X. ἔμπροσθεν τοῦ δεοῦ καὶ πατρὸς ἡμῶν. Also der Glaube schafft die Grundlage, die Liebe betätigt sich im Mühen für den Nächsten, die Hoffnung in der Ausdauer; alle drei sind durch Jesus „vor" Gott Vater, d. h. in seinem Auftrag, verliehn. Die drei Grundbegriffe ebenso Thess. I 5, 8. Rom. 5, 1 ff., wo noch εἰρήνη hinzukommt. Gal. 5, 5 f ἡμεῖς πνεύματι ἐκ πίστεως ἐλπόδα δικαιοσύνης ἀπεκδεχόμεθα; die πόστις bewährt sich δὶ ἀγάπης.

135 Kor. I 2, 10 ff. 2. 16 f. 12, 1 ff.

136 Kor. I 2, 14 f. 3, 1 ff. Gal. 6, 1. Kol. 1, 9 (vgl. Kor. I 15, 44 ff.).

137 Dem entspricht Paulus' Wort Kor. I 12, 3 γνωρίζω ὑμῖν ὅτι οὐδεὶς ἐν πνεύματι θεοῦ λαλῶν λέγει · ἀνάδεμα 'Ιησοῦς, καὶ οδδεὶ, δύναται εἰπεῖν · Κύριος 'Ιησοῦς εἰ μὴ ἐν πνεύματι ἁγίῳ.

138 Kor, I 11, 18 f. (vgl. 1, 10).

139 Zu der sprachlichen Fassung solcher Formeln vgl. NORDEN;, Agnostos Theos 257 f. 365.

140 Außerdem findet er es in der Schrift Jes. 28, 11 f. (was aber ganz frei zitiert wird) verheißen, aber als Zeichen nicht für die Gläubigen, sondern für die Ungläubigen.

141 Kor. 1 14, 32 f.; vgl. dazu HARNACK, Ber. Berl. Akad. 1919, 527 ff., der auf Grund der Zitate bei Tertullian und Ambrosiaster ὁ δεός streichen will und die Äußerung auf den Prophetengeist bezieht.

142 Rom. 12, 6. Eph. 4, 25. Angedeutet wird es noch Rom. 8, 26.

143 So soll der Samaritaner Menander verkündet haben, daß seineAnhänger nicht sterben würden.

144 Thess. I 4, 13 ff.

145 Auf eine Parallele bei Hippolytos comm. in Dan. IV 19 weist mit Recht WREDE (Die Echtheit des zweiten Thess.-Briefs, Texte u. Unters. N. F. IX 2, 1903, S. 49) hin [der im übrigen die Unechtheit des Briefes nachweisen will]: ein Bischof in Pontos verkündet das Eintreten des Gerichts binnen Jahresfrist, und findet zahlreiche Anhänger; in Furcht und Verzagtheit lassen die Brüder ihre Äcker wüst liegen und verkaufen ihre Besitzungen. Das gleiche ist bis in die Gegenwart oft genug vorgekommen. Ebenso ist ib. IV 18 „vor nicht langer Zeit" ein Gemeindevorsteher mit der Schar der Gläubigen dem Christus in die Wüste entgegengezogen, wie bei den Juden Theudas Bd. II 404, wo sie dann als Räuber zusammengehauen worden wären, wenn nicht die christliche Frau des Stattbalters für sie eingetreten wäre.

146 μηδὲν ἐργαζομένους ἀλλὰ περιεργαζομένους Thess. II 3, 11.

147 Mit Ausnahme des Galaterbriefs beginnen alle Briefe, auch der an Philemon, nach dem Eingangsgruß mit dem Dank an Gott (εὐχαριστῶ τῷ θεῷ, nur Kor. II sowie Ephes. εὐλογητὸς ὁ θεός), an den dann sogleich ein längerer Satz anschließt (Thess. I, Kor. I, Philipp., Kol. 5 Verse, Kor. II und Rom. 3 Verse, Philemon 4 Verse), der aber hier bis zu 8 langen Versen anwächst. Das wird nur noch im Kolosserbrief durch den Riesensatz v. 9–20 übertroffen, dessen Aufbau von NORDEN Agnostos Theos 251 ff. analysiert ist. Im Epheserbrief ist das dann in die Monstreperiode 1, 3 bis 14 umgearbeitet.

148 μήτε δι' ἐπιστολῆς ὡς δι' ἡμῶν Thess. II 2, 2.

149 Thess. II 3, 17 f. ὁ ἀσπασμὸς τῇ ἐμῇ χειρὶ Παύλου, ὅ ἐστιν σημεῖον ἐν πάσῃ ἐπιστολῇ · οὕτως γράφω. Vgl. Gal. 6, 1 1. Kor. I 16, 21. Kol. 4. 18.

150 Thess. II 2, 15 und 3, 14 weist er ohne Bedenken auf diesen Brief. – Die hier gegebene Auffassung des zweiten Briefs, die sich im wesentlichen mit der JÜLICHERS deckt, löst meines Erachtens alle Schwierigkeiten. Denn daß der zweite Brief sich im übrigen mit dem ersten vielfach ganz eng, ja zum Teil wörtlich berührt, ist doch nur natürlich: besäßen wir mehr Briefe des Paulus, so würden solche Übereinstimmungen und Wiederholungen zweifellos noch viel häufiger sein.

151 Thess. II 2, 3 ff. Die seltsame Formulierung ὑπεραιρόμενος ἐπὶ πάντα λεγόμενον θεὸν ἢ σέβασμα erklärt sich daraus, daß Daniel 11, 36 καὶ ὑψωθήσεται ὁ βασιλεὺς καὶ μεγαλυνθήσεται ἐπὶ πάντα θεόν auf den Antichrist gedeutet werden mußte.

152 Thess. II, 2, 6 f. καὶ νῦν τὸ κατέχον οἴδατε εἰς τὸ ἀποκαλυφθῆναι αὐτὸν ἐν τῷ αὐτοῦ καιρῷ. τὸ γὰρ

μυστήριον ἤδη ἐνεργεῖται τῆς ἀνομίας, μόνον ὁ κατέχων ἄρτι ἕως ἐκ μέσου γένηται. Was das κατέχον oder der κατέχων ist, hat er nicht ausgesprochen, er setzt voraus, daß seine Leser das wissen, und so tappen wir im Dunklen. Die seit alters übliche Deutung (s. BOUSSET, Der Antichrist 77 ff.), es sei das römische Reich gemeint, das durch seinen geordneten Bestand das Auftreten des Antichrists hindere, scheint mir wenig wahrscheinlich; denn Gott könnte ja doch, wenn der vorherbestimmte Moment gekommen wäre, dessen Zerstörung jederzeit herbeiführen. Eher ist an die Notwendigkeit gedacht, daß das Evangelium vorher allen Völkern gepredigt werden muß (Marc. 13, 10); indessen die Personifikation ὁ κατέχων, der erst beseitigt werden muß (das kann doch kaum der römische Kaiser sein), paßt zu keiner dieser Deutungen.

153 Kor. I 15, 12 εἰ δὲ Χριστὸς κηρύσσεται ὅτι ἐκ νεκρῶν ἐγήγερται, πῶς λέγουσιν ἐν ὑμῖν τινες, ὅτι ἀνάστασις νεκρῶν οὐκ ἔστιν;

154 Darauf, daß das ihre Anschauung war, weist hin, daß Paulus Kor. I 15, 29 das Argument von der Taufe für die Toten gegen sie verwendet: dieser Ritus setzt ein bewußtes Fortleben nach dem Tode voraus; es genügt aber dafür vollständig ein Fortleben der Seele ohne den Leib.

155 Kor. I 15, 33 f. ἐκνήψατε δικαίως καὶ μὴ ἁμαρτάνετε · ἀγνωσίαν γὰρ θεοῦ τινες ἔχουσιν · πρὸς ἐντροπὴν ὑμῖν λαλῶ.

156 Über diese Spekulation und die gründliche Umgestaltung des Zitats Gen. 2, 7, die Paulus hier begeht, s. Bd. II 349.

157 Dieselbe Auffassung ist Rom. 8. 11 kurz zusammengefaßt: εἰ δὲ τὸ πνεῦμα τοῦ ἐγείραντος τὸν 'Ιησοῦν ἐκ νεκρῶν οἰκεῖ ἐν ὑμῖν, ὁ ἐγείρας ἐκ νεκρῶν Χριστὸν 'Ιησοῦν ζωοποιήσει καὶ τὰ θνητὰ σώματα ὑμῶν διὰ τοῦ ἐνοικοῦντος αὐτοῦ πνεύματος ἐν ὑμῖν. Ebenso Phil. 3, 21: wenn Jesus Christus vom Himmel herabkommt, μετασχηματίσει τὸ σῶμα τῆς ταπεινώσεως ἡμῶν σύμμορφον τῷ σώματι τῆς δόξης αὐτοῦ.

158 Frei komponiert aus Jes. 25, 8 und Hosea 13, 14. Paulus zitiert, wie immer, aus dem Gedächtnis.

159 Dial. c. Tryph. 80. Ebenso sagt Irenaeus V 31, 1 von den *haeretici,*daß sie *non suscipientes salutem carnis suae ..., simulatque mortui fuerint, dicunt se supergredi coelos et Demiurgum et ire ad matrem vel ... patrem.*

160 So ausführlich z. B. Athenagoras und Tertullian. Für den Haeretiker Tatian dagegen ist die Seele an sich nicht unsterblich, sondern sterblich, kann aber durch die Gotteserkenntnis unsterblich werden, während die, welche die Wahrheit nicht erkennt, im Tode stirbt und dann bei dem Weltende mit dem Leibe zusammen zur Bestrafung aufersteht (c. 13, vgl. 6, und dazu SCHWARTZ im Index seiner Ausgabe p. 104 und GEFFCKEN, Zwei Apologeten, S. 105 f.. die auf die Übereinstimmung mit dem Valentinianer Herakleon verweisen). Eine ähnliche Ansicht des Anglikaners Dodwell siehe unten in Kap. X (Christentum und Heidentum).

161 Lessings Schwächen, zweites Stück S. 81 (Goezes Streitschriften gegen Lessing, herausgegeben von Erich Schmidt, S. 134).

162 Von einer Scheidung zwischen wirklich auf Gott zurückgehenden Bestandteilen des Gesetzes und menschlichen (oder dämonischen) Beimischungen, wie sie in Jesu Äußerung über die Gestattung der Ehescheidung durch Moses πρὸς τὴν σκληροκαρδίαν ὑμῶν Marc. 10, 5 (Bd. I 232. II 430) angebahnt ist und von den Nasaraeern (Bd. II 408) überliefert ist und in Ansätzen auch bei den Essaeern vorliegt (Bd. II 398), findet sich bei Paulus nichts, wenn man nicht die Äußerung Gal. 3, 19 hierherziehn will, daß das Gesetz nicht unmittelbar von Gott selbst, sondern durch Engel gegeben ist. Bei den Gnostikern und in den Klementinen wird dagegen ständig mit ihr operiert, und bei Simon und Markion führt sie zu voller Verwerfung des Gesetzes.

163 Daß Paulus die Bezeichnung „Menschensohn" niemals braucht, ist schon erwähnt; sie wäre den Griechen unverständlich gewesen (Bd. II 336).

164 Rom. 8, 34. Kol. 3, 1.

165 Ebenso ἡ ἄνω 'Ιερουσαλήμ Gal. 4, 26 (Bd. II 334; wie in der Apokalypse auch im Hebraeerbrief 12, 22).

166 Kor. II 4, 4 ff.

167 Kor. I 1, 24. 30.

168 Phil, 2, 10 f.

169 Thess. II 1, 9. Kor. I 1, 31. 2, 16. Kor. II 3, 16. 10, 17. Rom. 10, 13. 17.

170 Kor. I 8, 6 ἀλλ' ἡμῖν εἷς θεὸς ὁ πατήρ, ἐξ οὗ τὰ πάντα καὶ ἡμεῖς εἰς αὐτόν καὶ εἷς κύριος 'Ιησοῦς Χριστός, δι' οὗ τὰ πάντα καὶ ἡμεῖς δι' αὐτοῦ.

171 Kol. 2, 3.

172 Kol. 1, 15 ff. ὅς ἐστιν εἰκὼν τοῦ θεοῦ τοῦ ἀοράτου, πρωτοτόκος πάσης κτίσεως. ὅτι ἐν αὐτῷ ἐκτίσθη τὰ πάντα ἐν τοῖς οὐρανοῖς καὶ ἐπὶ τῆς, τὰ ὁρατὰ καὶ τὰ ἀόρατα, εἴτε θρόνοι εἴτε κυριότητες εἴτε ἀρχαὶ εἴτε ἐξουσίαι · τὰ πάντα δι' αὐτοῦ καὶ εἰς αὐτὸν ἔκτισται, καὶ αὐτός ἐστιν πρὸ πάντων καὶ τὰ πάντα ἐν αὐτῷ συνέστηκεν, καὶ αὐτός ἐστιν ἡ κεφαλὴ τοῦ σώματος τῆς ἐκκλησίας ... ὅτι ἐν αὐτῷ εὐδόκησεν πᾶν τὸ πλήρωμα κατοικῆσαι. Der Schlußsatz wird wiederholt und erläutert 2, 9 ἐν αὐτῷ κατοικεῖ πᾶν τὸ πλήρωμα τῆς θεότητοσ σωματικῶς.

173 Rom. 1, 19 f.

174 Sie beginnt v. 33 ὦ βάθος πλούτου καὶ σοφίας καὶ γνώσεως θεοῦ. NORDEN Agnost. Theos 243, 3 sucht darin (und ebenso in τὰ βάθη τοῦ θεοῦ Kor. 1 2, 10) vielleicht mit Recht den Einfluß einer hellenistischen Rede-

wendung; indessen braucht Paulus Wendungen vom πλοῦτος Gottes und seiner Wirkungen nicht selten (Rom. 2, 4. 9, 23. Phil. 4, 19. Kol. 1, 27. 2, 2; ferner mehrfach im Epheserbrief). Dann folgt ein Zitat aus Jesaja 40, 13. Im übrigen ist es immer ein sehr beliebtes und praktisch wirksames Mittel geblieben, da, wo man vor einem unbegreiflichen Rätsel steht, so wie Paulus hier die Unergründlichkeit der göttlichen Weisheit zu bewundern.

175 Rom. 11, 36 ὅτι ἐξ αὐτοῦ καὶ δι' αὐτοῦ καὶ εἰς αὐτόν τὰ παντα, dagegen Kor. I 8, 6 vom Vater ἐξ οὗ τὰ πάντα καὶ ἡμεῖς εἰς αὐτόν, vom Sohn dagegen δι' οὗ τὰ πάντα καὶ ἡμεῖς δι' αὐτοῦ, was im Kolosserbrief 1, 16 durch τὰ πάντα δι' αὐτοῦ καὶ εἰς αὐτὸν ἔκτισται variiert wird. Ferner Ephes. 4, 6 εἷς θεὸς καὶ πατὴρ πάντων, ὁ ἐπὶ πάντων καὶ διὰ πάντων καὶ ἐν πᾶσιν; Hebr. 2, 10 (θεός), δι' ὅν τα πάντα καὶ δι' οὗ τὰ πάντα.

176 Agnostos Theos 240 ff.

177 IV 23 in einer Anrufung des κόσμος: ἐκ σοῦ πάντα, ἐν σοὶ πάντα, εἰς σὲ πάντα.

178 Natürlich ist bei der Annahme einer schriftlichen Quelle (hier wie bei der „liturgischen Stelle" Kol. 1, 9 ff., die NORDEN 251 ff. behandelt) nicht daran zu denken, daß Paulus zitiert oder überhaupt ein Buch vor sich hat; sondern er verwendet, hier wie so oft und wie wir es auch tun, wo es zu seinen Gedanken paßt, Formeln und Ausdrücke, die ihm aus seiner Lektüre und seinem Bildungsgang lebendig geblieben sind. In den Schriften der Gegenwart – und vollends in der Tagesliteratur – werden wir genug solche, vielleicht in der Mehrzahl der Fälle völlig unbewußte, Abhängigkeiten finden, wenn wir sie eben so eingehend analysieren wollten,wie die des Altertums

179 Nur das kann ἐξ ἀναστάσεως νεκρῶν hier bedeuten, wörtlich etwa „von der Auferstehung aus".

180 Rom. 1, 2 f. Analog 9, 5: die Israeliten ἐξ ὧν ὁ Χριστὸς κατὰ σάρκα [zu dem anschließenden viel umstrittenen Satz Vgl. SEEBERG, Ursprung des Christentums 28, 2]

181 ὁ θεὸς τὸν ἑαυτοῦ υἱὸν πέμψας ἐν ὁμοιώματι σαρκὸς ἁμαρτίας. Vgl. 8, 32.

182 Diese Deutung der vielumstrittenen Stelle hat meines Erachtens vor allem E. HAUPT in seinem Kommentar zu den Gefangenschaftsbriefen S. 62 ff., und dann – trotz der sehr beachtenswerten Einwendungen und Berichtigungen JÜLICHERS ZNTW. XVII 1916, 1 ff., der im übrigen aber auch die Deutung von ἁρπαγμός als *res rapienda*, der Gottgleichheit als eines Guts, das Christus sich gewaltsam hätte aneignen können, verwirft – W. W. JÄGER, Eine stilgeschichtliche Studie zum Philipperbrief, Hermes 50, 1915, 537 ff. erwiesen; ἁρπαγμός ist = εὕρημα, ein glücklicher Fund, den man sich aneignet. Nur möchte ich den von ihm gebrauchten Ausdruck ,„wir haben es mit einem beliebten literarischen τόπος zu tun" als leicht irreführend vermeiden; es handelt sich um eine geläufige Redensart, die Paulus verwendet, und deren Entwicklung in der griechischen Literatur JÄGER klargelegt hat. – Der Zusammenhang bestätigt diese Auffassung durchaus: Paulus mahnt die Philipper zur Eintracht in demütiger Nächstenliebe und verweist sie dafür auf das Vorbild Christi; auch sie sollen, das ist seine Meinung, den Christenstand nicht als ἁρπαγμός betrachten, sondern als Mahnung zur Selbstaufopferung für die Brüder. Sehr mit Recht verweist JÜLICHER auf die Verwertung der Stelle in dem Schreiben der Gemeinde von Lyon über die Verfolgung im J. 177 bei Euseb. hist. eccl. V 2, 2 ff.: auch die dort unter furchtbaren, immer wieder erneuten Qualen Hingerichteten haben, obwohl ἐν τοιαύτῃ δόξῃ ὑπάρχοτες, das in Nachahmung Christi nicht als ἁρπαγμός betrachtet οὔτ' αὐτοὶ μάρτυρας ἑαυτοὺς ἀνεκήρυττον οὔτε μὴν ἡμῖν ἐπέτρεπον τούτῳ τῷ ὀνόματι προσαγορεύειν αὐτούς, sondern haben, wenn das geschah, sich energisch dagegen gewehrt. ἡδέως γὰρ παρεξώρουν τὴν τῆς μαρτυρίας προσηγορίαν τῷ Χριστῷ. – Die Stelle Phil. 2, 6 ff. ist für Markion eine Hauptstütze seiner Auffassung Christi und der Lehre des Paulus gewesen (HARNACK Marcion S. 123*), und in der Tat ist von hier aus nur ein kleiner Schritt zu seiner Auffassung, daß der fremde Gott oder sein mit ihm wesenseiner Sohn eines Tages den Entschluß faßt, die unter der Herrschaft des Gesetzes Gottes stehende Menschheit zu erlösen, und in Menschengestalt (aber nicht in einem fleischlichen, irdischen Leib, sondern nur ἐν ὁμοιώματι ἀνθρώπου [mit Streichung von γενόμενος] καὶ σχήματι εὑρεθεὶς ἄνθρωπος) in die Welt hinabgestiegen ist und den Kreuzestod erlitten hat, um sie durch sein Blut vom Weltschöpfer loszukaufen.

183 Kor. II 8, 9 γινώσκετε γὰρ τὴν χάριν τοῦ κυρίου ἡμῶν 'Ι.Χ., ὅτι δι' ὑμᾶς ἐπτώχευσεν πλούσιος ὤν ἵνα ὑμεῖς τῇ ἐκείνου πτωχείᾳ πλουτήσητε, auch hier als mahnendes Vorbild für die Wohltätigkeit der Gemeinde.

184 Kor. II 6, 15 τίς δὲ συμφώνησις Χριστοῦ πρὸς Βελίαρ. Sonst sagt er immer ὁ Σατανᾶς (Thess. I 2, 18. II 2, 9. Kor. I 5, 5. 7, 5. II 2, 11. 11, 4. Rom. 16, 20). ὁ διάβολος braucht Paulus nie, wohl aber Ephes. 4, 27. 6, 11 (auch ein Argument gegen die Echtheit!) und Timoth. I 3, 6 [ferner als Appellativ „Verleumder" Timoth. I 3, 10. II 3, 3. Tit. 2, 3].

185 Kor. II 4, 4 ὁ θεὸς τοῦ αἰῶνος τούτου (im Johannesev. 12, 31 ὁ ἄρχως τοῦ κόσμου τούτου) ἐτύφλωσεν τὰ νοήματα τῶν ἀπίστων κτλ. Es ist begreiflich, daß diese Worte, die Markion natürlich für sich ausgenutzt hat, Anstoß erregt haben und daß daher Irenaeus III 7 und Tertullian c. Marc. V 11 interpretieren wollen: „Gott hat die Sinne der Ungläubigen dieser Welt geblendet."

186 Kor. I 15, 24 (s. Anm. 4). Kol. 1, 16 werden sie aufgezählt als εἴτε θρόνοι εἴτε κυριότητες εἴτε ἀρχαὶ εἴτε ἐξουσίαι; ähnlich Rom. 8, 38. Ferner Ephes. 1, 21. 6, 12 (wir kämpfen πρὸς τὰς μεθοδίας τοῦ διαβόλου ... πρὸς τὰς ἀρχάς, πρὸς τὰς ἐξουσίας, πρὸς τοὺς κοσμοκράτορας τοῦ σκότους τούτου, πρὸς τὰ πνευματικὰ τῆς πονηρίας ἐν τοῖς ἐπουρανίοις); der Gegner Gottes ist hier 2, 2 speziell der Herrscher des Luftreichs, ὁ ἄρχων τῆς ἐξουσιας τοῦ ἀέρος.

187 Kor. I 15, 24 f. τὸ τέλος, ὅταν (ὁ Χριστὸς) παραδιδοῖ τὴν βασιλείαν τῷ θεῷ καὶ πατρί, ὅταν καταργήσῃ πᾶσαν ἀρχὴν καὶ πᾶσαν ἐξουσίαν καὶ δύναμιν;er selbst fährt die Herrschaft, bis er θῇ πάντας τοὺς ἐχθροὺς ὑπὸ τοὺς πόδας αὐτοῦ, darunter als letzten der Feinde den Tod (vgl. Rom. 8, 38 f.). Befreiung von der Herrschaft der στοιχεῖα τοῦ κόσμου (unter die auch die Juden durch die Ritualvorschriften und speziell die Festzeiten des Gesetzes gekommen sind): Gal. 4, 3. 9. Kol. 2, 8. 20.

188 Thess. I 3, 5 (ὁ πειράζων). II 3, 3 ὁ Κύριος, ὃς στηρίξελ ὑμᾶς καὶ φυλάξελ ἀπὸ τοῦ πονηροῦ. Kor. I 7, 5. II 2, 11. 11, 14.

189 Thess. I 2, 18.

190 Gal. 4, 8 τοῖς φύσελ μὴ οὖσιν θεοῖς. Kor. I 12, 2 τὰ εἴδωλα τὰ ἄφωνα. I 8, 4 οἴδαμεν ὅτι οὐδὲν εἴδωλον ἐν κόσνῳ, καὶ οὐδεὶς θεὸς εἰ μὴ εἷς.

191 Kor. I 8, 5 καὶ γὰρ εἴπερ εἰσὶν λεγόμενοι θεοὶ εἴτε ἐν οὐρανῷ εἴτε ἐπὶ γῆς, ὥσπερ εἰσὶν θεοὶ πολλοὶ καὶ κύριοι πολλοί, ἀλλ' ἡμῖν εἷς θεός κτλ. (vgl. I 10, 20 f.II. 6 15 f,). Damit wird der vorhergehende Satz eingeschränkt. Paulus betrachtet an sich die Götter und Idole als – nichtig, empfindet aber doch, daß sie im Erdenleben eine Macht repräsentieren. Das ist nicht logisch konsequent durchgedacht, aber psychologisch vollkommen begreiflich. Spräche er nicht zu Gläubigen, sondern zu Heiden, so würde er sich eingehender und klarer ausdrücken, wie in Athen (act 17, 29) über die Verwerflichkeit des Bilderdienstes.

192 Gal. 1, 4 ὅπως ἐξέληται ἡμᾶς ἐκ τοῦ αἰῶνος τοῦ ἐνεστῶτος πονηροῦ.

193 τὸν μὴ γνόντα ἁμαρτίαν Kor. II 5, 21.

194 Gal. 3, 13 ὅτι γέγραπται · ἐπικατάρατος πᾶς ὁ κρεμάμενος ἐπὶ ξύλου (in LXX κεκαταραμένος ὑπὸ θεοῦ πᾶς κρ. ἐ. ξ.).

195 Rom. 3, 23.

196 Rom. 5, 12. 18. Kor, I 15, 21 f. Dieser Satz ist der gleichzeitigen jüdischen Literatur (IV Ezra; Baruchapokal.) ganz geläufig, s. Bd. II 348.

197 Rom. 1, 18 ff. Vgl. 3, 9 f. Ebenso in der Areopagrede. Analoge Gedanken bringt die Σοφία Σαλωμῶνος 13 (vgl. Bd. II 363). Die Schlußworte von Rom. 1, 32 stehen ebenso im Testament Aschers (CHARLES, Greek version of the Test. of the Patriarchs p. XLIII).

198 Rom. 2, 12 ff.

199 Rom. 5, 13 f. (ebenso 4, 15). Der sehr gezwungene Ausdruck ἐπὶ τῷ ὁμοιώματι τῆς παραβάσεως 'Αδάμ wird kaum anders gedeutet werden können, als hier versucht ist; er soll erklären, daß Adams Verschuldung auf alle seine Nachkommen einwirkt, besagt also dasselbe, wie vorher der Satz, daß durch den einen Menschen die Sünde in die Welt gekommen ist und damit εἰς πάντας ἀνθρώπους ὁ θάνατος διῆλθεν, ἐφ' ᾧ πάντες ἥμαρτον.

200 Ebenso Kor. I 15, 22 ὥσπερ γὰρ ἐν τῷ 'Αδὰμ πάντες ἀποθνήσκουσιν κτλ.

201 νόμος δὲ παρέισῆλθεν, ἵνα πλεονάσῃ τὸ προσετέθη (= ἁμαρτία unmittelbar darauf) Rom. 5, 20.

202 Gal. 3, 19 ὁ νόμος τῶν παραβάσεων χάριν προσετέθη.

203 Rom. 3, 20 διὰ γὰρ νόμου ἐπίγνωσις ἁμαρτίας. 7. 7 τὴν ἁμαρτίαν οὐκ ἔγνων εἰ μὴ διὰ νόμου.

204 Gal. 8, 24. Rom. 10, 4.

205 Rom. 7, 10, 24.

206 So DEISMANN, Paulus, S. 65, und ähnlich z. B. B. WEISS in seinem Kommentar.

207 Daß das „ich" typisch (universell) zu verstehn ist, wird dadurch unzweideutig erwiesen, daß die ganze Argumentation 7, 7–25 ebenso gefaßt ist, obwohl bei den übrigen Sätzen jede Möglichkeit einer individuellen Deutung ausgeschlossen ist. Sie führt an dem Beispiel des Einzelmenschen nur aus, was vorher allgemein gesagt ist: „solange wir im Fleisch waren, wirkten die durch das Gesetz erzeugten sündigen Affekte in unsern Gliedern dahin, daß wir Früchte für den Tod trugen; jetzt aber sind wir befreit von den Wirkungen des Gesetzes (κατηργήθημεν ἀπὸ τοῦ νόμου)."

208 Phil. 3, 6 κατὰ δικαιοσύνην τὴν ἐν νόμῳ γενόμενος ἄμεμπτος. Gal. 1, 14 προέκοπτον ἐν τῷ 'Ιουδαϊσμῷ ὑπὲρ πολλοὺς συνηλικιώτας ἐν τῷ γένελ μου, περισσοτέρως ζηλωτὴ ς ὑπάρχων τῶν πατρικῶν μου παροδόσεων.

209 Rom. 7, 7–24

210 Gal. 2, 15 ff. Rom. 3, 20.

211 Gal. 3, 13 ἐκ τῆς κατάρας τοῦ νόμου.

212 Rom. 8, f. οὐδὲν ἄρα νῦν κατάκριμα τοῖς ἐν Χριστῷ 'Ιησοῦ. ὁ γὰρ νόμος τοῦ πνεύματος τῆς ζωῆς ἐν Χριστῷ 'Ιησοῦ ἠλευθέρωσέν σε ἀπὸ τοῦ νόμου τῆς ἁμαρτίας καὶ τοῦ θανάτου. Ob ἐν Χρ. 'Ι. hier zu τῆς ζωῆς oder zu ἠλευθέρωσεν zu ziehn ist, läßt sich nicht entscheiden, wie so oft in ähnlichen Fällen bei Paulus; seinen Gedanken entspricht wohl am besten, es zu beidem zu ziehn: in Jesus ist die Befreiung gebracht, die sich in dem Leben in ihm unter der Wirkung des Geistes (im Gegensatz zum Buchstaben des Gesetzes) verwirklicht.

213 Gal. 1, 4. Ebenso Thess. 1 5, 9. Gal. 2, 20 u. a. Rom. 8, 32 ὁ θεὸς ... τοῦ ἰδίου υἱοῦ οὐκ ἐφείσατο, ἀλλὰ ὑπὲρ ἡμῶν πάντων παρέδωκεν αὐτόν.

214 Kor. II 5, 21 τὸν μὴ γνόντα ἁμαρτίαν ὑπὲρ ἡμῶν ἁμαρτίαν ἐποίησεν, ἵνα ἡμεῖς γενώμεθα δικαιοσύνη θεοῦ ἐν αὐτῷ. Rom. 4, 25. 5, 6 ff. 8, 3 f. Kol. 1, 13 ff. 20 ff.

215 Gal. 3, 13.
216 Kor. II 5, 14 ἡ γὰρ ἀγάπη τοῦ Χριστοῦ συνέχελ ἡμᾶς.
217 Ebenso Gal. 6, 15 οὔτε γὰρ περιτομή τί ἐστιν οὔτε ἀκροβυστια, ἀλλὰ καινὴ κτίσις.
218 Kor. II 5, 16 ff. Vgl. Kor. I 15, 17.
219 Gal. 2, 16. Rom. 3, 27 ff. und sonst.
220 ἐγὼ γὰρ διὰ νόμου νόμῳ ἀπέθανον, ἵνα θεῷ ζήσω Gal. 2, 19 (ebenso Rom.7, 4. 6, 10); wörtlich übersetzen lassen sich solche Sätze überhaupt nicht, am wenigsten der Dativ.
221 Gal. 2, 20 f.; ebenso 5, 24. Rom. 6, 6. Kor. II 4. 10.
222 Kor. I 1, 18 f. Gal. 5, 11. 6, 12.,
223 Die Bezeichnung knüpft an an die Spende, die dem Zeus Soter an „dritter" abschließender Stelle libiert wird, hat sich aber davon völlig losgelöst. Sehr bezeichnend ist z. B., daß Plato leg. III 692 A den König Theopomp, der nach den Gründern und Lykurg an dritter Stelle dem spartanischen Staat durch Einsetzung des Ephorats seine Dauer geschaffen hat, als τρίτος σωτήρ bezeichnet.
224 Das Material bei HÖFER in ROSCHERS Lex. d. Myth. IV 1280 ff.; vorher vor allem USENER., Götternamen 174 f. Es ist aber ein Mißgriff, wenn man in dem „Retter" eine ursprünglich selbständige Gottheit zu erkennen glaubt, die dann erst sekundär mit einem bestimmten Gott als dessen Beiname verbunden worden sei. Die Entwicklung ist vielmehr genau die umgekehrte: es ist der allgemeine Begriff der göttlichen Macht und Hilfe, der sich von den konkreten Einzelgöttern loszulösen beginnt, ebenso wie man in der Ethik überall, bei Aegyptern, Semiten, Griechen, von Gott schlechthin redet, weil hier die individuelle Gottheit hinter dem allgemeinen Gottesbegriff zurücktritt.
225 Die Hauptdaten hat WENDLAND, Σωτήρ, ZNTW. V 1904. 335 ff. zusammengestellt und das Verhältnis zu den christlichen Anschauungen besonnen abgewogen.
226 „Das Aufblühn der Mysterienkulte fällt in die Romantik des zweiten Jahrhunderts n. Chr." WENDLAND ZNTW. V 353. Wenn BOUSSET, Kyrios Christos 295 zum Beweise dafür, daß Mysteriengötter auch in früherer Zeit den Titel σωτήρ erhalten haben", eine Inschrift aus der Zeit des Ptolemaeos IV. anführt Σαράπιδι καὶ Ἰσιδι Σωτῆρσιν, so ist in keiner Weise erweisbar, daß diese Götter hier als Mysteriengötter angerufen werden und daß der Beiname etwas anderes bedeutet als bei so zahlreichen anderen Göttern, die ihn auch erhalten.
227 Auch BOUSSET, Kyrios Christos 297 muß das, widerwillig genug, zugeben.
228 Marc., 5, 23, 28. 6, 56, vgl. 15, 30 f.; Matth. 8, 25. 14, 30.
229 Marc. 5, 34. 10, 52.
230 Marc. 8, 35; vgl. 10, 26 die erschreckte Frage der Jünger: καὶ τίς δύναται σωθῆναι (vgl. Luk. 13, 23).
231 Matth. 1, 21 in der Offenbarung des Engels an Joseph: καὶ καλέσεις τὸ ὄνομα αὐτοῦ Ἰησοῦν. αὐτὸς γὰρ σώσει τὸν λαὸν αὐτοῦ ἀπὸ τῶν ἁμαρτιῶν αὐτῶν. Bei Lukas 1, 31. 2, 21 (καὶ καλέσεις τὸ ὄνομα αὐτοῦ Ἰησοῦν) wird dieselbe Etymologie vorausgesetzt, aber nicht angeführt.
232 Act, 4, 12 (Rede des Petrus) οὐκ ἔστιν ἐν ἄλλῳ οὐδενὶ ἡ σωτηρία ; es gibt keinen andern Namen ἐν ᾧ δεῖ σωθῆναι ἡμᾶς. Ferner 13, 26. 16, 17; daneben 28, 28 wie im ev. 2, 30. 3, 6 ein Zitat von Jes. 40, 5 τὸ σωτήριον τοῦ θεοῦ. Jesus als σωτήρ Israels act. 5, 31. 13, 23. – Die Christen sind die σωζόμενοι act. 2, 47, vgl. 2, 40. 11, 14. 15, 1. 11. 16, 30 f. ev. 13, 23.
233 Luk. 2,11.
234 Luk. 1, 69. 71 (mit Benutzung von Ps. 106, 10, in LXX καὶ ἔσωσεν αὐτοὺς ἐκ χειρῶν μισούντων.). 77. Ferner im Dankgebet des Symeon 2, 30 τὸ σωτήριόν σου, entlehnt aus Jes. 40, 5 (wie 3, 6. act. 28, 28). Im Hymnus der Maria dagegen bezeichnet 1, 47 ἐπὶ τῷ θεῷ τῷ σωτῆρι μου (Zitat aus Habakuk 3, 18) σωτήρ Gott selbst. – Auch in der Geschichte und den Äußerungen Jesu verwendet Lukas σωζειν öfter als die andern (Luk. 8, 12. 8, 50. 19, 9 f.).
235 Thess. I 5, 8 f. Kor. I 1, 21. 10,33. II 6, 2 (mit Zitat von Jes. 49, 8: ἐν ἡμέρᾳ σωτηρίας). 7, 10. Rom. 5, 9 f, 10, 9 f. u. a. ἐλπὶς σωτηρίας Thess. I 5, 8. Rom. 8, 24. Die Christen sind die σωζόμενοι Kor. I 1, 18. 15, 2.II 2, 15 (Ephes. 2, 5)
236 Phil, 3, 20 ἐν οὐρανοῖς ... ἐξ οὗ καὶ σωτῆρα ἀπεκδεχόμεθα κύριον Ἰησοῦν Χριστόν. Im Epheserbrief 5, 20 wird Christus „das Haupt der Kirche" zugleich als σωτὴρ τοῦ σώματος (sc. αὐτῆς) bezeichnet. Auch da ist das Wort noch gar nicht titular.
237 Ich kann daher dem Satz von LIETZMANN, Der Weltheiland, 1909, S. 31 nicht zustimmen, der von Paulus und den übrigen hellenistischen Missionaren sagt: „Wenn man dem Juden die Bedeutung Jesu durch den Messiasbegriff nahebringen konnte, so war dem Heiden gegenüber die Möglichkeit gegeben, an seine Sotervorstellung anzuknüpfen, daß mitnichten der vergötterte Kaiser zu Rom der Welt das Heil schaffe, sondern daß der Gekreuzigte von Golgatha demnächst bei seiner herrlichen Wiederkunft der Welt die ersehnte Zeit des Glücks unter seinem Scepter bescheren werde" – eine mehr als problematische Formulierung der christlichen Erlösungslehre! – ; „so konnte der Heide wie der Jude die altgewohnte Hoffnung beibehalten und in der Person des Sohnes Gottes den Bürgen für ihre baldige Verwirklichung erblicken."
238 θεὸς σωτήρTimoth, I 1,1. 2, 3. 4, 10. Tit. 2, 10. 11. 3, 4 (ebenso Jud. 25); dagegen ὁ σωτὴρ ἡμῶν Χρ. Ἰ. Tim. II 1, 10. Tit. 1, 4. 3, 6 (ebenso Petr. II 1, 11. 2, 20. 3, 2. 18 τοῦ κυρίου ἡμῶν καὶ σωτῆρος Ἰ. Χρ.); Tit. 2, 13

sogar τοῦ μεγάλου δεοῦ καὶ σωτῆρος ἡμῶν Χρ. 'Ι. (ebenso τοῦ θεοῦ ἡμῶν καὶ σωτῆρος 'Ι. Χρ. Petr. II 1, 1). Auch Tit. 1, 3 ist ἐν κηρύγματι ὃ ἐπιστεύθην ἐγὼ κατ' ἐπιταγὴν τοῦ σωτῆροσ ἡμῶν θεοῦ unter diesem wohl nicht der θεὸς πατήρ, sondern Christus zu verstehn, s. v. 4 und 2, 13.

239 Auch Paulus selbst redet Thess. II 2, 8 bei der Vernichtung des Antichrists durch den Herrn Jesus von der ἐπιφάνεια τῆς παρουσίας αὐτοῦ; aber da ist nur ein dem Griechischen geläufiges Wort verwendet und liegt kein Anlaß vor, eine Anlehnung an heidnische Anschauungen anzunehmen.

240 Timoth. II 1, 10.

241 Vgl. neben zahlreichen andern Belegen jetzt die Tempelchronik von Lindos. Ebenso werden act. 14, 11 in Lystra Barnabas und Paulus angesehn: οἱ θεοὶ ὁμοιωθέντες ἀνθρώποις κατέβησαν πρὸς ἡμᾶς, wobei das Wort ἐπφαίνειν allerdings nicht gebraucht ist.

242 Von den vier Kardinaltugenden fehlt nur, begreiflich genug, die ἀνδρεία.

243 Die hier behandelten Stellen hat WENDLAND ZNTW. V 349 f. mit Recht in diesem Sinne aufgefaßt; nur sucht er auch in einigen damit verbundenen Ausdrücken, wie χάρις und ζωὴ αἰώνιος, und in dem daran anschließenden rein christlichen Satze Tim. II 1, 10 Χριστοῦ 'Ιησοῦ καταργήσαντος μὲν τὸν θάνατον, φωτίσαντος δὲ ζωὴν καὶ ἀφθαρσίαν διὰ τοῦ εὐαγγελίου, der ebenso bei Paulus stehn könnte, hellenistische Einflüsse.

244 Daraus entlehnt Joh. I 4, 14. Entsprechend Joh. 12, 47 οὐ γὰρ ἦλθον ἵνα κρίνω τὸν κόσμον ἀλλ' ἵνα σώσω τὸν κόαμον. Ebenso 3, 17.

245 Das ist um so beachtenswerter, da Jesus Hebr. 2, 10 ὁ ἀρχηγὸς τῆς σωτηρίας αὐτῶν heißt (daneben 12, 2 ὁ τῆς πίστεως ἀρχηγος καὶ τελειωτής, wie act. 3, 14 ὁ ἀρχηγὸς τῆς ζωῆς; act. 5, 31 sagt ἀρχηγὸς καὶ σωτή), und 5, 10 αἴτιος σωτηρίας αἰωνίου.

246 Hier findet sich σωτήρ nur einmal in einer langen Liste von preisenden Beiwörtern Gottes, aber nicht titular (59, 3 τὸν τῶν ἀπηλπισμένων σωτῆρα).

247 S. LIETZMANN, Der Weltheiland S. 56 ff.

248 Vgl. Bd. I 431 ff.

249 Rom, 3, 8, 6, 1 f. 15.

250 Kor. I 15, 17 ff.

251 Ein Mann wie Roscher hat in seiner Selbstbiographie sich ausgemalt, wie im Himmel sein Verhältnis zu seiner früh verstorbenen Tochter sich umwandeln und er von ihr erzogen und immer weiter in der geistigen Erkenntnis fortgebildet werden wird.

252 Kaiser Wilhelm I. hat dem Feldmarschall Roon beim Abschied auf dem Totenbette Grüße an seine alten Kriegskameraden mitgegeben; er dachte sich, ganz wie die Aegypter, das Jenseits als eine einfache Fortführung des irdischen Daseins, wenn auch in nebelhaften Formen. Gleichartigen Vorstellungen kann man tagtäglich begegnen. Im übrigen stehn in den Anschauungen vom Tode und der Fortexistenz nach demselben die verschiedenartigsten Vorstellungen bei uns eben so unvermittelt nebeneinander wie bei den Aegyptern. – Die Seele haftet am Leibe und an dem Grabe, man pflegt daher die Leiche und glaubt, sie erhalte sich in ihrer Substanz dauernd bis zur Auferstehung (das ist im Islam ganz durchgeführt); daneben sucht sie die alten Stätten ihrer Wirksamkeit auf, haust in den Bildern des Verstorbenen, sorgt um ihre Nachkommen; und zugleich geht sie gleich nach dem Tode ins Paradies oder zu Gott ein, lebt im Himmel und auf den Sternen, ist ein Engel geworden. Die Bilder, welche sich die momentane Vorstellung der Überlebenden macht, gelten alle als gleich real und spotten jeder Systematisierung.

253 Theso. II 2, 7 vom Antichrist; Kor. I 15, 51 von der Verwandlung bei der Auferstehung (ἰδοὺ μυστήριον ὑμῖν λέγω).

254 Kor. I 2, 7 ff. λαλοῦμεν θεοῦ σοφίαν ἐν μυστηρίῳ τὴν ἀποκεκρυμμένην, ἣν προώρισεν ὁ θεὸς πρὸ τῶν αἰώνων εἰς δόξαν ἡμῶν ... ἡμῖν γὰρ ἀπεκάλυψεν ὁ δεὸς διὰ τοῦ πνεύματος. Ebenso 4, 1. Kol. 1, 26 f. 2, 2. 4, 3 (Ephes.1, 9. 3, 3 ff. 5, 32, 6, 19. Timoth. I 3, 16). Die Verstockung und schließliche Erlösung Israels ist ein μυστήριον Rom. 11, 25. Auch im Evangelium ist Marc. 4, 11 (Zwölferquelle) die βασιλεία τοῦ θεοῦ ein μυστήριον, das nur den Gläubigen, aber nicht denen draußen erschlossen wird.

255 Rom. 8. 9 ff. steht unmittelbar nebeneinander πνεῦμα θεοῦ οἰκεῖ ἐν ὑμῖν (ebenso Kor. I 3, 16. II 6, 16) oder τὸ κνεῦμα τοῦ ἐγείραντος τὸν 'Ιησοῦν ἐκ νεκρῶν οἰκεῖ ἐν ὑμῖν und εἴ τις πνεῦμα Χριστοῦ οὐκ ἔχει oder εἰ δὲ Χριστὸς ἐν ὑμῖν. Am zutreffendsten ist wohl die Formulierung Gal. 4, 6 ἐξαπέστειλεν. ὁ θεὸς τὸ πνεῦμα τοῦ υἱοῦ αὐτοῦ εἰς τὰς καρδέας ἡμῶν, κρᾶζον 'Αββᾶ ὁ πατήρ. – Als selbständige Potenz erscheint der heilige Geist in der Schlußformel des zweiten Korintherbriefs 13, 13 ἡ χάρις τοῦ κυρίου 'Ι. Χρ. καὶ ἡ ἀγάπη τοῦ θεοῦ καὶ ἡ κοινωνία τοῦ ἁγίου πνεύματος μετὰ πάντων ὑμῶν. Nach Kor. II 3, 17 dagegen ist Christus selbst das Pneuma (ὁ δὲ Κύριος τὸ πνεῦμά ἐστιν). Man sieht, von einer scharfen Abgrenzung der Begriffe, wie später in der Trinitätslehre, ist bei ihm noch keine Rede.

256 Gal. 4, 7, wie im Evangelium.

257 Kor. I 2, 16 f. 6, 15, 19. II 6, 16.

258 Kor, 1 10, 17. 12, 12 ff. Rom. 12, 4 f. Kol. 1, 17 ff. 24.

259 Daß im Anschluß an die bei den Juden längst herkömmliche Weise, mit der Schrift zu operieren, bereits die älteste Gemeinde bei der Deutung der Schriftworte auf Jesus und sein Schicksal ebenso verfahren ist, ist

früher schon bemerkt. Aber die Art, wie Paulus mit ihnen umgeht, geht aber diese naiven Konstruktionen noch weit hinaus.

260 Kor. II 3, 5 οὐχ ὅτι ἀφ' ἑαυτῶν ἱκανοί ἐσμεν λαγίσασθαί τι ὡς ἐξ ἑαυτῶν, ἀλλ' ἡ ἱκανότης ἡμῶν ἐκ τοῦ θεοῦ, ὃς καὶ ἱκάνωσεν ἡμᾶς διακόνους καινῆς διαθήκης, οὐ γράμμοτος ἀλλὰ πνεύματος· τὸ γὰρ γράμμα ἀποκτείνει, τὸ δὲ πνεῦμα ζωοποιεῖ.

261 Mit Benutzung eines Midrasch aber den „pneumatischen" wandelnden Fels mit dem Quell, der Christus ist, den Philo in derselben Weise allegorisch deutet (Bd. II 364, 1). – Echt rabbinisch ist auch die Verwendung der Schöpfung von Adam und Eva für das richtige Verhalten und die Tracht der Frau Kor. I 11, 7 ff. (vgl. auch Kor. I 6, 16) und die Vorschrift, daß die Frau „um der Engel willen", d. h. wegen Gen. 6, 1 ff. ihr Haupt verhüllen muß. Dabei wird der Schleier mit dem rätselhaften und vielleicht magischen Wort ἐξουσία bezeichnet.

262 Kor. I 10, 11 ταῦτα δὲ τυπικῶς συνέβαινεν ἐκείνοις, ἐγράφη δὲ πρὸς νουθεσίαν ἡμῶν, εἰς οὓς τὰ τέλη τῶν αἰώνων κατήντηκεν. Ebenso vorher 10, 6 ταῦτα δὲ τύποι ἡμῶν ἐγενήθησαν. In demselben Sinn gebraucht Paulus τύπος auch Rom. 5, 14. – Im Gegensatz zu dieser freien Deutung der Schrift hält Paulus, wo sie ihm nicht paßt, Kor. I 4, 6 den Korinthern entgegen, sie sollten aus dem Vorbild, das er ihnen von sich und Apollos gibt, „das: nicht über das hinaus was geschrieben steht" lernen (ἵνα ἐν ἡμῖν μάθητε τὸ μὴ ὑπὲρ ἃ γέγραπται).

263 Kor. I 15, 21 f. Rom. 5, 12 ff.

264 Rom. 5, 14 'Αδάμ ὅς ἐστιν τύπος τοῦ μέλλοντος. Daher Kor. II 4, 4 ὁ Χριστός, ὅς ἐστλν εἰκὼν τοῦ θεοῦ, mit Anspielung auf die Schöpfung Adams κατ' εἰκόνα θεοῦ Gen. 1, 26 f.

265 Kor. I 15, 44 ff. Daß Paulus hier Gen. 2, 7 völlig willkürlich umgestaltet, ist schon bemerkt.

266 Gal. 3, 6 ff. Rom. 4. 1 ff.

267 Gen. 17, 4. 18, 18 = 12, 3.

268 Gal. 3, 17 f.

269 Rom. 9, 6 ff.

270 Rom, 4, 16. Gal, 3, 7, 29.

271 Gal. 3, 16 οὐ λέγει' καὶ τοῖς σπέρμασιν', ὡς ἐπὶ πολλῶν, ἀλλ' ὡς ἐφ' ἑνός 'καὶ τῷ σπέρματί σου', ὅς ἐστιν Χριστός.

272 Gal. 4, 22 ff. Rom. 9, 7 ff., wo daneben auf Jakob und Esau verwiesen wird. In analoger Weise hat Philo denselben Geschichten die tollsten Deutungen aufgezwängt (de Cherub. 3 ff. 41 ff.).

273 διαταγεὶς δι' ἀγγέλων ἐν χειρὶ μεσίτου Gal. 3, 19. Ebenso in der Rede des Stephanus act. 7, 30. 35. 38. Auch im Hebraeerbrief 2, 2 werden die Offenbarungen des Alten Testaments als ὁ δι' ἀγγέλων λαληθεὶς λόγος bezeichnet. Auch bei Josephus Arch. XV 136 sagt Herodes in einer Rede an die Juden: ἡμῶν τὰ κάλλιστα τῶν δογμάτων καὶ τὰ ὁσιώτατα τῶν ἐν τοῖς νόμοις δι' ἀγγέλων παρὰ τοῦ θεοῦ μαθόντων; diese Vorstellung herrschte also damals bei den Juden ganz allgemein.

274 Bd. II 345 1.

275 συνέκλεισεν ἡ γραφὴ τὰ πάντα ὑπὸ ἁμαρτίαν Gal. 3, 22 = νόμος δὲ παρεισῆλθεν ἵνα πλεονάσῃ τὸ παράπτωμα Rom. 5, 20. τῶν παραβάσεων χάριν προσετέθη, ἄχρις ἔλθῃ τὸ σπέρμα, ᾧ ἐπήγγελται Gal. 3, 19.

276 Kor. II 3, 1,2 ff.

277 Gal. 4, 3. 9 f. Kol. 2, 8. 16. 20 f. (vgl. Rom. 14, 5). Vgl. DIELS, Elementum S. 50f.

278 Gal. 1, 4: Christus ist von Gott gesandt ὅπως ἐξέληται ἡμᾶς ἐκ τοῦ αἰῶνος τοῦ ἐνεστῶτος πονηροῦ.

279 Gal. 4, 4 ὅτε δὲ ἦλθεν τὸ πλήρωμα τοῦ χρόνου κτλ.

280 Exod. 84, 34 ἡνίκα δ'ἂν εἰσεπορεύετο Μωσῆς ἐνάντι Κυρίου λαλεῖν αὐτῷ, περιῃρεῖτο τὸ κάλυμμα ἕως τοῦ ἐκπορεύεσθαι, von Paulus Kor, 11 3, 16 für seine Zwecke umgewandelt in ἡνίκα δὲ ἐὰν ἐπιστρέψῃ πρὸς Κύριον, περιαιρεῖται τὸ κάλυμμα.

281 Die Bestreitung dieses Satzes Rom. 3, 31 (νόμον οὖν καταργοῦμεν διὰ τῆς πίστεως; μὴ γένοιτο, ἀλλὰ νόμον ἱστάνομεν) ist nur formeller Art; das Gesetz wird dadurch erfüllt, daß es pneumatisch umgewandelt wird (Rom. 8, 4, vgl. 71 14).

282 Rom. 1, 16. 3, 29 f, 109 12 f.

283 Gal. 6, 15 f. Dementsprechend Kor. I 7, 18: Jeder soll so bleiben, wie er bei seiner Berufung war; περιτετμημένος τις ἐκλήθη; μὴ ἐπισπάσθω· ἐν ἀκροβυστίᾳ κέκληταί τις; μὴ περιτεμνέσθω. ἡ περιτομὴ οὐδέν ἐστιν καὶ ἡ ἀκροβυστία οὐδέν ἐστιν, ἀλλὰ τήρησις ἐντολῶν θεοῦ. – Καινὴ κτίσις auch Kor. II 5, 17, vgl. 4, 16.

284 Vgl. Bd. II 115 f. 297 ff. 318 f. 434.

285 Kor. I 1, 2. 24. 26 L Rom. 1, 6 f. ἐκλεκτοὶ τοῦ θεοῦ Rom. 8, 33. Kol. 3, 12; vgl. Thess. I 1, 4. – Die Praedestination ist schon in der Zwölferquelle Marc. 4, 11 f. ausgesprochen (Bd. 1 139. II 434).

286 Thess. II 2, 13 εἵλατο ὑμᾶς ὁ θεὸς ἀπ' ἀρχῆς εἰς σωτηρίαν ἐν ἁγιασμῷ πνεύματος καὶ πίστει ἀληθείας, εἰς ὃ καὶ ἐκάλεσεν ὑμᾶς διὰ τοῦ εὐαγγελίου ἡμῶν εἰς περιποίησιν δόξης τοῦ Κυρίου ἡμῶν 'Ι. Χρ., d. h. Gott hat sie schon vor der Schöpfung zur Erlösung prädestiniert. Daß die Lesung ἀπ' ἀρχῆς allein richtig ist, nicht ἀπαρχήν, was der Vaticanus und einige andere Mss. bieten, ist mir nicht zweifelhaft, obwohl sich zahlreiche Interpreten (ebenso HARNACK Ber. Berl. Ak. 1910, 575) für ἀπαρχήν entscheiden, weil es die schwierigere Lesung sei. Aber ἀπαρχήν würde jedenfalls für den Gedanken nebensächlich und überflüssig bleiben (es wird nach Analogie von Kor. I 16, 15. Rom. 16, 5 eingesetzt sein), während die Auswahl durch Gott nach paulini-

scher Theologie ἀπ' ἀρχῆς erfordert. [Im Epheserbrief 1, 4 ist dasselbe ausgesprochen: ἐξελέξατο ἡμᾶς ἐν αὐτῷ ('Ι. Χρ.) πρὸ καταβολῆς κόσμου κτλ.]

287 Rom. 8, 28 οἴδαμεν δέ, ὅτι τοῖς ἀγαπῶσιν τὸν θεὸν πάντα συνεργεῖ εἰς ἀγαθόν, τοῖς κατὰ πρόθεσιν κλητοῖς οὖσιν. Die Gläubigen sind σκεύη ἐλέους, ἃ προητοίμασεν εἰς δόξαν Rom. 9, 23.

288 Gal. 4, 9 νυν δὲ γνόντες θεόν, μᾶλλον δὲ γνωσθέντες ὑπὸ θεοῦ.

289 S. Bd. I 285,

290 Kor. I 13, ἄρτι γινώσκω ἐκ μέρους, τότε δὲ ἐπιγνώσομαι καθὼς καὶ ἐπεγνώσθην.

291 Rom. 8, 29 f.

292 ἵνα ἡ κατ' ἐκλογὴν πρόθεσις τοῦ θεοῦ μένῃ, οὐκ ἐξ ἔργων ἀλλ' ἐκ τοῦ καλοῦντος, Rom. 9, 11.

293 Gen. 25, 23, kombiniert mit Maleachi 1, 3.

294 Exod. 9, 16. Paulus ersetzt ἕνεκεν τούτου διετηρήθης durch εἰς αὐτὸ τοῦτο ἐξήγειρά σε.

295 Rom. 9, 15 ff.

296 Rom. 9, 14 τί οὖν ἐροῦθεν: μὴ ἀδικία παρὰ τῷ θεῷ; μὴ γένοιτο.

297 Vgl. Bd. II 300 ff.

298 Auch die Art, wie Hesiod bei Zeus seine Zuflucht und seinen Halt sucht und findet, trotz aller Gewalttaten, die Zeus begangen hat, ist genau dieselbe; und ebenso findet sich Sophokles und seine Zeit mit dem Neide der Götter ab, nur daß sie die harten Tatsachen des Weltregiments viel offener anerkennen, als das Christentum.

299 Vgl. Bd. II 79 ff. 115 f. 434 f. – Auf das spezielle Problem, welches die Ablehnung der für sie gegebenen Verheißung durch die Juden bietet, werden wir später beim Römerbrief eingehn.

KAPITEL IX

1 Kor. I 9, 16 f. οἰκονομίαν πεπίστευμαι, wie er sich I 4, 1 als οἰκονόμος μυστηρίων θεοῦ bezeichnet; von einem οἰκονόμος aber wird verlangt, ἵνα πιστός τις εὑρεθῇ.

2 Über die Kontroverse, über ihre Zeit enthalte ich mich jedes Urteils. RAMSAY, The Church in the Roman Empire, suchte eine ältere, im wesentlichen zeitgenössische Grundlage herauszuschälen; ZAHN, Gesch. d. neutest. Kanons II 892 ff. setzt sie um 90–120 an; HARNACK, Chronol. d. altchristl. Lit. I 493 ff. nimmt an, daß sie nach 160 und schwerlich später als c. 170 geschrieben sind.

3 Acta Pauli et Theclae 3 (LIPSIUS, acta apost. apocr. I 237).

4 Kor, II 10, 1 κατὰ πρόσωπον μὲν ταπεινὸς ἐν ὑμῖν ἀπὼν δὲ θαρρῶ εἰς ὑμᾶς; 10, 10 ὅτι αἱ ἐπιστολαὶ μέν, φησίν, βαρεῖαι καὶ ἰσχυραί, ἡ δὲ παρουσία τοῦ σώματος ἀσθενὴς καὶ ὁ λόγος ἐξουθενημένος.

5 Kor, II 10, 11 τοῦτο λογιζέσθω ὁ τοιοῦτος, ὅτι οἱοί ἐσμεν τῷ λόγῳ δι' ἐπιστολῶν ἀπόντες, τοιοῦτοι και παρόντες τῷ ἔργῳ; vgl. 12, 21. 13, 2. 10.

6 Kor. I 4, 21.

7 Act. 15, 1 ἐὰν μὴ περιτμηθῆτε τῷ ἔθει τῷ Μωυσέως, οὐ δύνασθε σωθῆναι. Daß Lukas den Konflikt in möglichst abgeschwächter Form darstellt, liegt auf der Hand; im übrigen aber sind seine Angaben in allem Wesentlichen korrekt, abgesehn von der falschen Chronologie.

8 Gal. 2, 1.

9 Gal. 2, 2 ff. Act. 15, 5; Lukas erwähnt den Titus nicht, gibt aber als Forderung der Gegner ganz richtig an ὅτι δεῖ περιτέμνειν αὐτοὺς παραγγέλλειν τε τηρεῖν τὸν νόμον Μωυσέως.

10 Gal. 2, 2 ἀνεθέμην αὐτοῖς (den Christen in Jerusalem) τὸ εὐαγγέλιον ὃ κηρύσσω ἐν τοῖς ἔθνεσιν, *κατ' ἰδίαν δὲ* τοῖς δοκοῦσιν.

11 Der durch Handschlag bekräftigte Vertrag zwischen Jakobus, Kephas und Johannes einerseits, Barnabas und Paulus andrerseits – daß Paulus sich vor Barnabas nennt, ist in dem Bericht an die Galater durchaus begreiflich, zumal er sogleich den Bruch mit diesem zu erzählen hat; es kann aber nicht zweifelhaft sein, daß offiziell Barnabas an erster Stelle stand (so richtig im Dekret act. 15, 25), was ja Paulus auch vorher 2, 1 (ἀνέβην μετὰ Βαρνάβα) angedeutet hat – lautet nach Gal. 2, 9 ἵνα ἡμεῖς εἰς τὰ ἔθνη, αὐτοὶ δὲ εἰς τὴν περιτομήν. Daß aber Petrus das nicht so verstanden hat, als dürfe er fortan, im Anschluß an die jüdischen Gemeinden, keine Heiden bekehren. lehrt seine weitere Geschichte; und das gleiche gilt umgekehrt von Paulus.

12 Act. 15, 24 ἐπειδὴ ἠκούσαμεν ὅει τινὲς ἐξ ἡμῶν ἐτάραξαν ὑμᾶς, λόγοις ἀνασκευάζοντες τὰς ψυχὰς ὑμῶν, οἷς οὐ διεστειλάμεθα.

13 οἱ ἀπόστολοι καὶ οἱ πρεσβύτεροι ἀδελφοί τοῖς κατὰ 'Αντιόχειαν κτλ. ἀδελφοῖς τοῖς ἐξ ἐθνῶν χαίρειν. Völlig verfehlt ist, daß SCHWARTZ, Gött. Nachr. 1907, 271, 1, dem PREUSCHEN folgt, οἱ ἀπ. καὶ οἱ πρ. streicht und das Dekret von οἱ ἀδελφοί ohne weiteren Zusatz verfaßt sein läßt, als schreibe eine Gemeinde an die andere: das Wesentliche, worauf alles ankommt, ist ja gerade, daß hier eine autoritative Entscheidung der höchsten Kirchenbehörde gegeben wird; nur deshalb berichtet ja auch Paulus den Hergang.

14 Gal. 2, 10 τῶν πτωχῶν ἵνα μνημονεύωμεν.

15 So stellt er es Gal. 2, 7 f. dar: ἰδόντες ὅτι πεπίστευμαι τὸ εὐαγγέλιον τῆς ἀκροβυστίας καθὼς Πέτρος τῆς

περιτομῆς, ὁ γὰρ ἐνεργήσας Πέτρῳ εἰς ἀποστολὴν τῆς περιτομῆς ἐνήργησεν καὶ ἐμοὶ ἐς τὰ ἔθνη, καὶ γνόντες τὴν χάριν τὴς ὅοθεῖσάν μοι.

16 Kor. I 9; ebenso Kor. II 11, 5 ff., wo v. 5 und ebenso 12, 11 die Forderung der Gleichberechtigung scharf polemisch in dem Satz λόγίζομαι γὰρ μηδὲν ὑστερηκέναι τῶν ὑπερλίαν ἀποστόλων – das sind eben die Zwölf – formuliert wird.

17 Der Zusammenhang tritt auch bei Lukas noch darin hervor, daß nach ihm Barnabas und Paulus zur Zeit der Verfolgung in Jerusalem anwesend sind (act. 11, 30. 12, 1. 25), wenn sie auch in der Geschichte derselben nicht weiter erwähnt werden. Nur hat Lukas diesen Besuch vom Apostelkonzil getrennt und fälschlich mit der Hungersnot unter Claudius im Jahre 49 verbunden, die er viel zu früh ansetzt. Aber der Angabe, daß die beiden zur Zeit der Verfolgung in Jerusalem waren.. wird eine richtige Tradition zugrunde liegen.

18 In diese Zeit mögen die „Propheten und Lehrer" gehören, die act. 13, 1 neben Barnabas und Paulus genannt werden, Symeon Niger, Lucius von Kyrene, Manaën (Menachem) „der Milchbruder des Tetrarchen Herodes (Antipas)", lauter sonst unbekannte Namen, die aber zeigen, wie erfolgreich die Propaganda gewesen ist.

19 Act. 13, 2 f.

20 Act. 12. 12. 25. 13, 5. Kol. 4. 10.

21 Kor. II 12, 2 ff.

22 Doch muß man sich hüten, sich die Zustände zu primitiv vorzustellen; vielmehr bezeugen die Ruinen mit ihren Theatern, Gymnasien, Wasserleitungen usw. bis tief in die Berge hinein die erstaunliche zivilisatorische Werbekraft des Hellenismus. Voll entfalten konnte sich Wohlstand und Kultur erst in der Kaiserzeit; aber das Bild, das wir aus Polybios V 72 ff. gewinnen, zeigt, daß in Pisidien damals ein reges und keineswegs primitives Leben herrschte; und das Eindringen des Hellenismus (über Pamphylien) zeigen die Münzen von Selge, das sich von Sparta ableitete, und von Etenna bereits in der Perserzeit.

23 Act. 13, 48 f.

24 Act. 20, 4.

25 Lukas setzt allerdings diesen Vorgang, ebenso wie die Verbreitung des Dekrets, seiner unhaltbaren Anordnung der Ereignisse entsprechend, erst in die zweite Reise des Paulus (act. 16, 1 ff.): es ist aber weit wahrscheinlicher, daß er schon in die erste gehört.

26 Gal. 2, 12.

27 Gal. 2, 11 ff.

28 Kor. I 7, 17 f.

29 Gal. 2, 14. Die weiter folgenden Ausführungen setzen formell die Rede an Petrus fort, sind aber tatsächlich an die Galater gerichtet. Doch wird Paulus die Rechtfertigung seines Standpunktes, die sie enthalten, natürlich auch in Antiochia vorgetragen haben: „Die Rechtfertigung erlangt der Mensch nicht durch Erfüllung des Gesetzes, sondern durch den Glauben an den Christus Jesus. Wenn wir das Gesetz wieder als Norm anerkennen, erklären wir uns dadurch aufs neue für unerlöste Sünder, und Christus würde so (da er dann durch die unerfüllbare Forderung der Gesetzeserfüllung uns sündig machte) zum Diener der Sünde. Denn wenn ich, was ich aufgehoben habe, selbst wieder aufbaue, mache ich mich zum Übertreter. Ich bin durch das Gesetz für das Gesetz tot, um für Gott zu leben, in mir lebt jetzt der gekreuzigte Christus. Gäbe es eine Rechtfertigung durch das Gesetz. so wäre Christus umsonst gestorben."

30 ἐγένετο παροξυσμός act, 15, 39. Man hat den Bericht des Lukas verdächtigt, weil Paulas im Galaterbrief nicht davon redet – als ob dazu der mindeste Anlaß vorgelegen hätte.

31 de pudic. 20. Weiteres über beide Briefe s. in Kap. XI.

32 In den klementinischen Recognitionen I 60 ist Barnabas durch Gleichsetzung mit Matthias unter die Zwölf aufgenommen und erscheint daher als Genosse des Petrus.

33 Diesen zweiten Besuch deutet Paulus Gal. 4. 13 an.

34 Act. 16, 1 ff.

35 Act. 17, 17 f.

36 Thess. I 2, 5 ff. II 3, 7 ff. Ebenso Kor. I 4, 10 ff. II 2, 17. 7, 2. 11, 7 ff. 12, 13 ff.

37 Thess. I 2, 18.

38 Ohne Zweifel hat Paulus ähnliche Schreiben sowohl damals, wie auch später oft genug, an andere Gemeinden gerichtet; was auf uns gekommen ist, ist ja nur ein geringer Teil seiner Korrespondenz.

39 Kor. I 2, 1.

40 Kor. I 1, 26 ff.

41 Kor. II 11, 9; dazu act. 18, 5. In derselben Weise haben die Philipper dem Paulus wiederholt in Thessalonike geholfen (Phil. 4, 15) und die Gemeinden sich auch sonst gegenseitig unterstützt (Thess. I 1, 7 f. 4, 10).

42 Kor. I 1, 16. 16, 15.

43 Kor. I 1, 14. Act. 18, 8. Dieser Gajus ist ein anderer als der Makedone aus Thessalonike act. 19, 29. 20, 4, dagegen identisch mit Gajus ὁ ξένος μου καὶ ὅλνς ἐκκλησίας in dem aus Korinth geschriebenen Römerbrief 16, 28.

44 Act. 18, 7.

45 Kor. I 4, 10 ff. II 2, 17. 7, 2. 11, 7 ff. 12, 13 ff.

46 Kor. I 1, 14 ff. II 1, 19. – Später wird Silvanus nicht mehr erwähnt. So mag er vielleicht in Korinth gestorben sein. Denn daß er Petr. I 5, 12 als Schreiber dieses Briefs genannt wird, hat natürlich gar keinen Wert. – Für den weiteren Betrieb der Mission vgl. die Instruktion an die Galater 6, 6 κοινωνείτω δὲ ὅ κατηχούμενος τὸν λόγον τῷ κατηχοῦντι ἐν πᾶσιν ἀγαθοῖς: der neu für die Lehre Gewonnene hat bei einem Lehrer (διδάσκαλος, Kor. I 12, 28 und Rom. 12, 7 unter den χαρίσματα nach den Propheten und den Diakonen genannt) einen längeren Unterrichtskurs durchzumachen und dafür diesen materiell zu unterstützen.

47 Kor. II 1, 1. 9, 2. 11, 10.

48 Act. 18, 12 ff. Der Sosthenes ὁ ἀδελφός, der in der Adresse des ersten Korintherbriefs 1, 1 neben Paulus genannt wird, ist natürlich ein anderer.

49 Daher wird dieser von Paulus nicht nur im Galaterbrief, sondern auch Kor. I 9, 5 erwähnt, hier allerdings nicht mit Namen; aber mit οἱ ἀδελφοὶ τοῦ Κυρίου ist natürlich in erster Linie, wenn nicht allein, Jakobus gemeint.

50 Daß Paulus von so grundlegenden Schriftstücken wie dem Galaterbrief eine Abschrift bewahrt und bei andern Anlässen verwendet hat, liegt so in der Natur der Sache, daß man kaum daran zweifeln kann.

51 Gal. 4, 21 sind die Gegner οἱ ὑπὸ νόμον θέλοντες εἶναι. Forderung der ἔργα und speziell der Beschneidung 5, 2. 6, 12 f. Haltung der Festzeiten (ημέρας παρατηρεῖσθε καὶ μῆνας καὶ καιροὺς καὶ ἐνιαυτούς) und damit Unterordnung ἐπὶ τὰ ἀσθενὴ καὶ πτωχὰ στοιχεῖα 4, 9 f.

52 Daher sagt Paulus 1, 10 ἄρτι γὰρ ἀνθρώπους πείθω ἢ τὸν θεόν; ἢ ζητῶ ἀνθρώποις ἀρέσκειν ; εἰ ἔτι ἀνθρώποις ἤρεσκον, Χριστοῦ δοῦλος οὐκ ἂν ἤμην.

53 Gal. 1, 6 θαυμάζω ὅτι οὕτως ταχέως μετατιθεσθε ἀπὸ τοῦ καλέσαντος ὑμᾶς ἐν χάριτι Χριστοῦ εἰς ἕτερον εὐαγγέλιον. 3,1. 5, 7.

54 5, 15 εἰ δὲ ἀλλήλους δάκνετε καὶ κατεσθίετε, βλέπετε μὴ ὑπ' ἀλλήλων ἀναλωθῆτε.

55 6, 12 f.

56 1, 6 f.

57 1, 8 f.

58 5, 10 ff.

59 εὐθέως οὐ προσανεθέμην σαρκί καὶ αἵματι Gal. 1, 16.

60 ἐξ ἀκοῆς πίστεως Gal. 3, 2.

61 Gal, 3, 1 ff. 4, 8 ff. 5, 18 ff.

62 5, 1. 13. 18. 23. 6, 1. – Angeschlossen ist, wie immer, ein kurzer Abriß der sittlichen Gebote, die für den im Geist Lebenden nicht Zwang, sondern Freiheit sind (5, 13 bis 6, 10).

63 4, 19 f. (ὅτι ἀπορουῦμαι ἐν ὑμῖν).

64 6, 11 ἴδετε πηλίκοις ὑμῖν γράμμασιν ἔγραψα τῇ ἐμῇ χειρί.

65 6, 17.

66 Act. 18, 18 ff. Kor. I 16, 19, vgl. Rom. 16, 3.

67 Kor. I 15, 30 f. Ferner Kor. I 4, 11 f.: κολαφιζόμεθα; es kam also nicht selten zu Prügeleien.

68 Kor. I 16, 9 θύρα γάρ μοι ἀνέωγεν μεγάλη καὶ ἐνεργής, καὶ ἀντικείμενοι πολλοί.

69 Act. 19. 10. 26. Als ἀπαρχὴ τῆς 'Ασίας εἰς Χριστόν nennt Paulus Rom. 16, 5 den Epainetos, der dann nach Rom übergesiedelt ist. Wohin die ebenda 16, 7 genannten Andronikos und Junias gehören, „die unter den Aposteln hervorragen" und schon vor ihm Christen geworden sind, wissen wir nicht; wenn er sie aber als seine „Verwandten (Volksgenossen) und Mitgefangenen" bezeichnet, liegt die Annahme am nächsten, daß sie zeitweilig in Ephesos mit ihm zusammen gewirkt und hier sein Schicksal geteilt haben und dann nach Rom gegangen sind.

70 Kol. 2, 1. 4, 13 ff.

71 Kor. I 16, 12.

72 Kor. I 16, 17 χαίρω δὲ ἐπὶ τῇ παρουσίᾳ Στεφανᾶ καὶ Φορτουνάτου καὶ 'Αχαϊκοῦ, ὅτι τὸ ὑμέτερον ὑστέρημα οὗτοι ἀνεπλήρωσαν· ἀνέπαυσαν γὰρ τὸ ἐμὸν πνεῦμα καὶ τὸ ὑμῶν. ἐπιγινώσκετε οὖν τοὺς τοιούτους – d. i. „erkennt an, was sie geleistet haben, und nehmt euch ein Beispiel an ihnen". Daß dabei lediglich an die tröstende Beruhigung gedacht ist, die sie ihm gebracht haben, ist wenig wahrscheinlich; solche salbungsvollen Wendungen sind immer verdächtig. Es ist nicht zu übersehn, daß, wenn Paulus sich auch rühmt, das Evangelium unentgeltlich zu verkünden (I 9, 12. 18), er doch sein apostolisches Recht auf materielle Unterstützung sehr nachdrücklich, ja leidenschaftlich betont (I 9, 3 ff.), und davon nur keinen Gebrauch macht, „damit er dem Evangelium kein Hindernis bereite" (ἵνα μή τινα ἐνκοπὴν δῶμεν τῷ εὐαγγελίῳ I 9, 12). Willkommen ist ihm jede Unterstützung natürlich gewesen, und prinzipiell verzichtet hat er darauf nicht, sondern sich nur den Umständen gefügt; vgl. Kor. II 11, 7 ff. 12, 13. 15 ff., wo hinter dem Rühmen, daß er den Korinthern nicht zur Last gefallen ist und auch in Zukunft nicht zur Last fallen will, der Vorwurf deutlich hervortritt, daß sie nicht geleistet haben, was sie ihm schuldig sind.

73 Theoretisch erkennt Paulus das an: ο δὲ πνευματικὸς (im Gegensatz zum ψυχικός, der für den Geist und daher für die wahre Lehre nicht empfänglich ist) ἀνακρίνει μὲν πάντα, αὐτὸς δὲ ὑπ' οὐδενὸς ἀνακρίνεται Kor. I 2, 15. Ebenso I 3, 21 πάντα γὰρ ὑμῶν ἐστιν, εἴτε Παῦλος εἴτε 'Απολλὼς εἰτἓ Κηφᾶς, εἴτε κόσμος εἴτε ζωὴ εἴτε θάνατος, εἴτε ἐνεστῶτα εἴτε μέλλοντα, πάντα ὑμῶν, ὑμεῖς δὲ Χριστοῦ Χριστός δὲ θεοῦ. Aber für ihn ist es selbstverständliche Voraussetzung, daß Christus und der Geist überall nur dasselbe lehren können;

die von ihm abweichenden Ansichten sind daher notwendig Irrlehren.

74 Wie man hat bezweifeln können, daß Petrus (Kephas) selbst nach Korinth gekommen ist, gehört zu den Dingen, die mir unbegreiflich sind. Er steht Kor. I 1, 12. 3, 22 mit Paulus und Apollos durchaus auf gleicher Linie.

75 Kor. I 9, 5; vgl. II 11, 4. 12, 11 die Äußerung über die ὑπερλίαν ἀπόστολοι.

76 τὰ κατὰ πρόσωπον βλέπετε, korrekter: seht auf das, was vor Augen liegt, d. h. vergleicht, was sie wert sind, mit dem was ich leiste. Vorhergeht der Satz, daß er mit der Kraft ausgerüstet ist, alle Spitzfindigkeiten und alles Großtun zu überwinden, jeden Sinn Christus untertan zu machen, und bereit ist, jeden Ungehorsam zu strafen. Und die Fortsetzung ist, daß er sich der Vollmacht rühmen darf, die Kirche aufzubauen und nicht niederzureißen. Dazwischen steht der angeführte Satz; danach ist der Sinn und die Beziehung klar: jene Leute reißen in hochmütiger Überhebung die Kirche nieder, und das müssen die Korinther erkennen, wenn sie nur offene Augen haben. – HEINRICH und JOH. WEISS haben es fertig gebracht, die Worte ἐγὼ δὲ Χριστοῦ in der Aufzählung der vier Parteien Kor. I 1, 12 zu streichen!

77 Kor. I 5; jetzt verhängt er über ihn die volle Exkommunikation, die Überlieferung an den Satan.

78 Kor. I 6, 1 ff.

79 Kor. I 4, 18 ff.

80 Kor. I 16, 12.

81 Kor. I 16, 5 ff. (ferner 4, 17. 11, 34). Dieser Winter ist wahrscheinlich der von 57/58; wirklich ausgeführt hat er dann seinen Vorsatz erst ein Jahr später.

82 διὰ τοῦτο αὐτὸ ἔπεμψα ὑμῖν Τιμόθεον, ὃς ὑμᾶς ἀναμνήσει τὰς ὁδούς μου τὰς ἐν Χριστῷ Kor. I 4, 17 sagt nicht, daß er den Timotheus schon früher geschickt habe, sondern das Praeteritum ist, wie im antiken Briefstil, auch bei Paulus, durchweg, vom Standpunkt des Empfängers aus zu verstehn, besagt also: jetzt schicke ich den T. Daher bittet er 16, 10, den T. gut aufzunehmen, wenn er ankommt.

83 Auf die Zerpflückungen einzugehn, welche man mit diesem Brief ebenso wie mit dem zweiten und dem Römerbrief vorgenommen hat, wird man mir wohl erlassen.

84 Kor. II. 11, 19.

85 Kor. I 1, 12 ff. 3, 4 ff. 4, 1 ff.

86 Kor. I 3, 4 ff., vgl. 4, 6.

87 Kor. I 3, 1 ff. und 2, 6 ff.

88 I 15, 30 f. τί καὶ ἡμεῖς κινδυνεύομεν πᾶσαν ὥραν; καθ' ἡμέραν ἀποθνήσκω, νὴ τὴν ὑμετέραν καύχησιν, ἀδελφοί, ἣν ἔχω ἐν Χριστῷ Ἰησοῦ τῷ κυρίῳ ἡμῶν.

89 Daß er es hier nicht erwähnt, beweist natürlich gar nichts dagegen; es ist vielmehr die Voraussetzung seiner Ausführungen.

90 Kor. I 16, 21 ὁ ἀσπασμὸς τῇ ἐμῇ χειρὶ Παύλου.

91 II 2, 1. 10, 10. 12, 14. 21. 13, 1 f.

92 Kor. II 8, 10. 9, 2; das ist ἀπὸ πέρυσι, „im vorigen Jahr" (57 n. Chr.,) geschehn.

93 II 10, 1. 10.

94 II 12, 21,

95 II 2, 5. 7, 12.

96 II 2, 3 ff. 7, 7 ff.

97 II 1, 15 f.

98 II l, 23. 2, 1; vgl. 12, 20 ff.

99 Kor. II 1, 8 ff. Wenn Aquila und Priscilla, die „für meine Lehre ihren Hals geboten haben und denen nicht nur ich, sondern auch sämtliche Gemeinden der Heiden zu Dank verpflichtet sind", kurz darauf wieder in Rom sind (Rom. 16, 3), so werden auch sie vor dieser Erhebung, bei der sie Paulus geholfen haben, haben weichen müssen.

100 Kor, II 2. 12 f. 7, 5 f.

101 ἡ ἐπιτιμία αὕτη ἡ ὑπὸ τῶν πλειόνων II 2, 6.

102 Kor. II 7, 7 ff. 2, 5 ff. 1, 15 ff.

103 Auf diesen Vorwurf des συνιστάνειν und der συστατικαὶ ἐπιστολαί, des Renommierens, kommt Paulus immer wieder zurück: Kor. II 3, 1. 4, 2. 5, 12. 11, 1. 16. 12, 11; vgl. 6, 4. 10, 12. 18.

104 Das hat zu den zahlreichen Experimenten geführt, womit man diesen Brief in verschiedene Briefe zerrissen oder als aus Bruchstücken von solchen zusammengeflickt betrachtet hat. In Wirklichkeit zeigt das nur, wie schwer es fällt, sich in die Situation, aus der er hervorgegangen ist, wirklich lebendig hineinzuversetzen. Auch den andern Briefen ist es ja oft nicht viel anders ergangen – und zahlreichen antiken Autoren desgleichen.

105 ἐν ἁγιότητι Kor. II 1, 12 ist die Lesung der besten Handschriften; doch ist natürlich auch ἁπλότητι, was die anderen bieten, möglich.

106 II 3, 1 ff. 7, 14. 8, 7.

107 D. h. „ich setze mein Leben zum Pfande".

108 Kor. II 1, 23 bis 2, 2.

109 II 2, 9 εἰς τοῦτο γὰρ καὶ ἔγραψα, ἵνα γνῶ τὴν δοκιμὴν ὑμῶν, εἰ εἰς πάντα ὑπήκοοί ἐστε. Auch das wird nachher 7, 12 nochmals in anderer Fassung wiederholt: ἄρα εἰ καὶ ἔγραψα ὑμῖν, οὐχ ἕνεκεν τοῦ ἀδικήσαντος οὐδὲ ἕνεκεν τοῦ ἀδικηθέντος, ἀλλ' ἕνεκεν τοῦ φανερωθῆναι τὴν σπουδὴν ὑμῶν τὴν ὑπὲρ ἡμῶν πρὸς ὑμᾶς ἐνώπιον τοῦ θεοῦ („damit euer Eifer für mich euch selbst vor Gott offenkundig wird").

110 II 2, 16 f,

111 II 3, 1 ff.

112 Kor. II 4, 1 ff. διὰ τοῦτο, ἔχοντες τὴν διακονίαν ταύτην, καθὼς ἠλεήθημεν, οὐκ ἐγκακοῦμεν, ἀλλὰ ἀπειπάμεθα τὰ κρυπτὰ τῆς αἰσχύνης, μὴ περιπατοῦντες ἐν πανουργίᾳ μηδὲ δολοῦντες τὸν λόγον τοῦ θεοῦ, ἀλλὰ τῇ φανερώσει τῆς ἀληθείας συνιστάνοντες ἑαυτοὺς πρὸς πᾶσαν συνείδησιν ἀνθρώπων ἐνώπιον τοῦ θεοῦ. εἰ δὲ καὶ ἔστιν κεκαλυμμένον τὸ εὐαγγέλιον ἡμῶν, ἐν τοῖς ἀπολλυμένοις ἐστὶν κεκαλυμμένον, ἐν οἷς ὁ θεὸς τοῦ αἰῶνος τούτου ἐτύφλωσεν τὰ νοήματα τῶν ἀπίστων εἰς τὸ μὴ αὐγάσει τὸν φωτισμὸν τοῦ εὐαγγλίου κτλ. – Die Bezeichnung als Satansdiener ebenso nachher 11, 13 ff.

113 εἴτε γὰρ ἐξέστημεν, θεῷ · εἴτε σωφρονοῦμεν, ὑμῖν Kor. II 5, 13.

114 II 5, 21. Mit kühner Vergewaltigung der Sprache identifiziert Paulus die Begriffe ἁμαρτία und δικαιοσύνη unmittelbar mit Christus und den durch ihn gerechtfertigten und so erlösten Menschen: τὸν μὴ γνόντα ἁμαρτίαν ὑπὲρ ἡμῶν ἁμαρτίαν ἐποίησεν, ἵνα ἡμεῖς γενώμεθα δικαιοσύνη θεοῦ ἐν αὐτῷ.

115 οὐ κατ' ἐπιταγὴν λέγω, ἀλλὰ διὰ τῆς ἑτέρων σπουδῆς καὶ τὸ τῆς ὑμετέρας ἀγάπης γνήσιον δοκιμάζων Kor. 8, 8.

116 τῇ ἐξ ἡμῶν ἐν ὑμῖν ἀγάπῃ II 8, 7.

117 συνέκδημος II 8, 19. – Ob die Namen von Paulus nicht eingesetzt oder nachträglich aus irgendwelchen Gründen gestrichen sind, läßt sich nicht entscheiden.

118 II 8, 23. Ebenso Rom. 16, 7 von Andronikos und Junias; entsprechend heißen die Missionare der Gegenpartei Kor. II 11, 13 ψευδαπόστολοι.

119 Kor. II 10, 2 δέομαι δὲ τὸ μὴ παρὼν θαρρῆσαι τῇ πεποιθήσει (der verzwickte Satz bedeutet: μὴ με ἀναγκάσητε, ἵνα παρὼν θαρρήσω κτλ.), ᾗ λογίζομαι τολμῆσαι ἐπί τινας τοὺς λογιζομένους ἡμᾶς ὡς κατὰ σάρκα περιπατοῦντας.

120 10, 12 οὐ γὰρ τολμῶμεν ἐνκρῖναι ἢ συνκρῖναι ἑαυτούς τισιν τῶν ἑαυτοὺς συνιστανόντων; nachher 11, 21 sagt er unbedenklich das Gegenteil: ἐν ᾧ δ'ἄν τις τολμᾷ, ἐν ἀφροσύνῃ λέγω, τολμῶ κἀγώ.

121 Diese Auffassung des schwierigen καλῶς ἀνέχεσθε (oder ἀνείχεσθε) scheint die richtigste zu sein; dann ist das folgende λογίζομαι γάρ nicht direkt begründend, sondern der Gedanke ist: das dürftet ihr nicht tun, denn ...

122 λογίζομαι γὰρ μηδὲν ὑστερηκέναι τῶν ὑπερλίαν ἀποστόλων 11, 5, fast wörtlich wiederholt 12, 11.

123 Daß auch sie als Juden geboren sind, ist 11, 22 ausdrücklich gesagt.

124 Vgl. die Aufführungen der Didache über die ψευδοπροφῆται und χριστέμποροι.

125 Zu einem Kanon sind sie zusammen mit dem Evangelium des Lukas, im Gegensatz zum Alten Testament, bekanntlich zuerst von Markion um 144 zusammengefaßt worden.

126 Eben darum erzählt Lukas von Petrus' Schicksalen nach seiner Fluch aus Jerusalem nichts weiter und nennt nicht einmal den Ort, nach dem er gegangen ist. Nur so ließ sich der Gegensatz vertuschen und die Entwicklung so darstellen, als habe Paulus, dem göttlichen Heilsplan gemäß, lediglich das von Petrus begonnene Werk fortgesetzt. – Eine Andeutung des wirklichen Hergangs enthält dagegen das Wort Jesu, das Lukas ev. 22, 31 f. (Bd. I 148, 3) im Anschluß an den Rangstreit der Jünger in die Verkündung der Verleugnung Petri eingelegt hat: „Simon, Simon, der Satan hat eure Auslieferung gefordert, euch zu sichten wie Weizen; ich aber habe für dich gebeten, daß dein Glaube nicht ausgehe. Wenn du also dereinst wieder umkehrst, so festige deine Brüder."

127 Val. Max. I 3, 3 (natürlich aus Livius), vgl. Bd. II S. 262, wo die Angabe durch ein Versehn an falscher Stelle, anstatt S. 264, steht.

128 Vgl. Bd. II 354 ff.. wo zur Heiligung des Sonnabends auch Tibull I 38, 18 (*Saturnive sacram me tenuisse diem*) hatte angeführt werden können. – Das Material über die Juden in Rom und Italien ist vor allem von SCHÜRER, Gesch. III und von FRIEDLÄNDER, Sittengeschichte II[9] 206ff. (in der 8. Aufl. IV 235 ff.) zusammengestellt.

129 Philo leg. ad Gajum 155.

130 pro Flacco 66 (Bd. II 353).

131 Sueton Caes. 84.

132 Philo leg. ad Gajum 153 ff., vgl. 291 ff., 309 ff.

133 NIK. MÜLLER, Die jüd. Katakomben am Monteverde zu Rom, 1912 S. 107 ff. SCHÜRER Gesch. III[4] 81 ff. – Das Judenquartier vor der Porta Capena an der Via Appia erwähnt Juvenal Ill 12 ff. In der Nähe liegen mehrere jüdische Katakomben.

134 Jos. Arch. XVII 300.

135 Tac. Ann. II 85. Sueton Tib. 36. Joseph. Arch. XVIII 84. Philo (leg. ad Gajum 159 ff., vgl. in Flacc. 1. Euseb. hist. eccl. II 5, 7) sucht die Schuld auf Sejan abzuwälzen, Tiberius habe nach dessen Sturz die Maßregeln nach Möglichkeit rückgängig gemacht; dagegen mit Recht auch MOMMSEN, Röm. Gesch. V 498, 1. Im J. 19 hat Sejan seinen späteren Einfluß noch in keiner Weise besessen, und in den grundlegenden politischen Fragen

hat Tiberius überhaupt immer seine volle Selbständigkeit bewahrt. Philo hatte diese Vorgänge und das göttliche Strafgericht, das Sejan dafür ereilte, im verlornen zweiten Buch seines Werks περὶ ἀρετῶν (Euseb. chron. ao. 34 p. Chr. sagt ungenau ἐν τῷ δευτέρῳ τῆς περὶ αὐτοῦ πρεσβείας: den Titel περὶ ἀρετῶν gibt er hist. eccl. II 6, 3 und II 18, 8 neben Πρεσβεία II 5, 6, die Zahl von 5 Büchern II 5, 1) eingehend dargestellt; dann folgte die erhaltene Schrift gegen Flaccus als drittes, die Gesandtschaft an Gajus als viertes; das fünfte bildete die παλινῳδία (ad. Gaj. 373). So richtig SCHÜRER III^4 677 ff.; die Einwendungen und Vermutungen von L. COHN, Einteilung und Chronologie der Schriften Philos (Philologus, Suppl. Bd. VII 1899) 421 ff. halte ich für unbegründet.

136 Siehe die Erlasse des Claudias an Alexandria und an das gesamte Reich, mit besonderer Berücksichtigung sowohl der Griechenstädte wie der Colonien und Municipien innerhalb wie außerhalb Italiens bei Joseph. Arch. XIX 279 ff.

137 Bei Joseph. Arch. XIX 290 Ἰουδαίους ... οἷς καὶ αὐτοῖς ἤδη νῦν παραγγέλλω, μοῦ ταύτῃ τῇ φιλανθρωπίᾳ ἐπιεικέστερον χρῆσθαι καὶ μὴ τὰς τῶν ἄλλων ἐθνῶν δεισιδαιμονίας *(superstitiones,* in einem offiziellen Aktenstück völlig korrekt) ἐξουθενίζειν, τοὺς ἰδίους δὲ νόμους φυλάσσειν.

138 Da steht diese Angabe, Dio 60, 6, 6; sehr mit Unrecht wird sie vielfach (so auch von SCHÜRER IIII 62 und MOMMSEN Röm. Gesch. V 523, 1) mit den Angaben Suetons und der Apostelgeschichte über die erst viel später erfolgende Ausweisung der Juden zusammengeworfen und dadurch einWiderspruch zwischen beiden statuiert.

139 Sueton Claud. 25 *Iudaeos impulsore Chresto assidue tumultuantis Roma expulit.* Act. 18, 2. Über das von Orosius VII 6, 15 richtig bewahrte Datum s. oben. Josephus hat diese Ausweisung nicht erwähnt.

140 Joseph. Arch. XX 195 (θεοσεβὴς γὰρ ἦν). Vit. 16.

141 Viel eher ist es denkbar, daß Petrus vor Paulus aus Korinth gewichen ist und sich jetzt nach Rom begab. – Natürlich ist das Christentum auch in andere Ortschaften Italiens gekommen, so nach Puteoli act. 28, 13. Leider ist es ganz unsicher, ob eine Wandkritzelei in Pompeji CIL. IV 679 wirklich *[C]hristian* ... zu lesen ist. Jüdische Einwirkungen finden sich natürlich, neben anderen orientalischen Elementen, auch in Pompeji, so das Graffito IV 4976 *Sodoma Gomora.*

142 Einzelne Anhänger unter den Heiden wurden natürlich gewonnen; aber die z. B. von K. JOH. NEUMANN, Der röm. Staat und die allg. Kirche S. 4 vertretene Vermutung, Pomponia Graecina, die Gemahlin des Consulars und Besiegers Britanniens A. Plautius, die im J. 57 wegen *superstitio externa* vor ein Hausgericht gestellt, aber von ihrem Gatten freigesprochen wird (Tac. Ann. XIII 32), sei Christin gewesen, läßt sich weder beweisen noch widerlegen. Die „ausländische Religion" kann ebensogut das Judentum oder ein aegyptischer, syrischer, kleinasiatischer Kult gewesen sein.

143 An der Abfassung des Briefs, den er dem Tertius diktiert (16, 22), wird er wochenlang gearbeitet haben.

144 1, 6. Man beachte das Raffinement der Fassung: er stellt sich vor als durch Christus' Gnade zum Apostelamt berufen ἐν πᾶσιν τοῖς ἔθνεσιν ὑπὲρ τοῦ ὀνόματος αὐτοῦ, ἐν οἷς ἐστε καὶ ὑμεῖς, κλητοὶ Ἰησοῦ Χριστοῦ. Natürlich folgt aus dieser Stelle und 1, 13 ἵνα τινὰ καρπὸν σχῶ καὶ ἐν ὑμῖν καθὼς καὶ ἐν τοῖς λοιποῖς ἔθνεσιν nicht, daß die Gemeinde heidnischen Ursprungs wäre, wie man daraus gefolgert hat; sondern Rom gehört als die hervorragendste heidnische Stadt in erster Linie zu seinem Machtbereich.

145 Theoretisch könnte man noch an Barnabas denken, der aber hier gewiß nicht in Betracht kommt.

146 11 13. 15, 22.

147 1,11 ἐπιποθῶ γὰρ ἰδεῖν ὑμᾶς, ἵνα τι μεταδῶ χάρισμα ὑμῖν πνευματικὸν εἰς τὸ στηριχθῆναι ὑμᾶς, τοῦτο δέ ἐστιν συμπαρακληθῆναι ἐν ὑμῖν διὰ τῆς ἐν ἀλλήλοις πίστεως ὑμῶν τε καὶ ἐμοῦ.

148 τολμηροτέρως δὲ ἔγραψα ὑμῖν ἀπὸ μέρους Rom. 15, 15,

149 Das zeigt, wie unbegründet die Annahme ist, der Römerbrief zeige eine Wende in der Auffassung des Apostels, eine Aufgabe der schroffen Polemik, da die Gegensätze jetzt überwunden seien, und eine mildere und versöhnende Auffassung des Judentums. Überdies ist ja der zweite Korintherbrief nur wenige Monate vor dem Römerbrief geschrieben.

150 Ebenso Phil. 3, 19.

151 Darunter außer Timotheus Gajus, bei dem er wohnt, und Erastos ὁ οἰκονόμος τῆς πόλεως; das bestätigt, daß der Brief aus Korinth geschrieben ist. Λούκιος könnte mit Λουκᾶς; identisch sein; Lukas hat Paulus ja kurz zuvor in Makedonien gesehn und kann ihn ebensowohl nach Korinth begleitet haben, wie dann nach Jerusalem und Rom.

152 Daß Markion cap. 15 und 16 mit ihrem persönlichen Inhalt weggelassen hat (HARNACK, Marcion S. 108*), ist sehr begreiflich; aber 14, 23, womit er schloß, ist kein Abschluß. Er hat also das weitere weggeschnitten. Damit wird das aus seinem Text entnommene Argument gegen cap. 16 hinfällig, zumal da die Anfechtung des persönlichen Abschnittes 15, 14–33 durch BAUR und seine Anhänger lediglich auf einer verfehlten Geschichtskonstruktion beruht, die ernsthaft niemand mehr aufrecht erhalten kann. Für jeden, der sich in die psychologischen Bedingungen der Arbeitzweise des Paulus hineinversetzt, beweist gerade der Ausfall gegen die Gegner mit dem angefügten Kompliment 16, 17–20 die Echtheit dieses Kapitels. – Daß dagegen die (in den Handschriften zum Teil hinter 14, 23 gestellte) Doxologie 16, 25–27 markionitischen Ursprungs und dann katholisch überarbeitet ist, hat HARNACK Ber. Berl. Ak. 1919, 530 ff. erwiesen.

153 τὸ εὐαγγέλιόν μου 2, 16 (daraus entnommen in der Doxologie 16, 25 und Tim. II 2, 8), nur an dieser Stelle. Doch vgl. τὸ εὐαγγ. ἡμῶν Thess. I 1, 5. 2, 4 sowie Gal. 1, 6 ff. Kor. II 11, 4.

154 Wie von neueren LIETZMANN halte auch ich diese Übersetzung, die ἐκ πίστεως zu δίκαιος, nicht zu ζήσεται zieht, für die im Sinne des Paulus gebotene. Statt seiner Fassung ὁ δὲ δίκαιος ἐκ πίστεως ζήσεται hat LXX ἐκ πίστεώς μου (Hab. 2, 4); aber im hebraeischen Text steht באמונתו „durch seinen Glauben (korrekter: seine Treue)".

155 Darunter werden in erster Linie die homosexuellen Sünden betont, die ja im Heidentum allgemein verbreitet, den Juden aber immer als besonders abscheulich erschienen sind, so auch in den Sibyllinen und dann bei den christlichen Apologeten.

156 Vgl. Bd. II 113, 1.

157 3, 8. 6, 1. 15.

158 οὐκ οἴδατε, ὅτι ᾧ παριστάνετε ἑαυτοὺς δούλους εἰς ὑπακοήν, δοῦλοί ἐστε ᾧ ὑπακούετε 6. 16. Das ist ein hübscher Beleg für den in der Kaiserzeit ganz gewöhnlichen Vorgang, daß freie Leute sich freiwillig in die Sklaverei gaben, um so der Sorge um ihre Existenz ledig zu werden.

159 ὥστε καὶ ὑμεῖς ἐθανατώθητε τῷ νόμῳ 7. 4. Logisch korrekt wäre umgekehrt: das Gesetz ist für euch tot; Paulus wendet den Gedanken um, weil er vorher gesagt hat, daß wir mit Christus gestorben sind.

160 92 1 ff. 10, 1 f. 11, 1.

161 9, 6. 10, 11 f.

162 ὑμῖν δὲ λέγω τοῖς ἔθνεσιν 11, 13.

163 Schon Origenes, dem die modernen Kommentare mit Recht folgen, hat hervorgehoben, daß Paulus hier den wirklichen Hergang umkehrt: in Wirklichkeit wird der Schößling des veredelten Baumes in den Wildling eingepfropft. Paulus steht diesen Dingen eben so fremd gegenüber, wie die modernen Großstädter.

164 12, 3 λέγω γὰρ διὰ τῆς χάριτος τῆς δοθείσης μοι παντὶ τῷ ὄντι ἐν ὑμῖν (also sowohl den jüdischen wie den heidnischen Mitgliedern der Gemeinde).

165 Phil, 1. 20. 3. 11.

166 ὀφείλομεν δὲ ἡμεῖς οἱ δυνατοὶ τὰ ἀσενήματα τῶν ἀδυνάτων βαστάζειν καὶ μὴ ἑαυτοῖς ἀρέσκειν 15, 1.

167 Er führt nicht weniger als vier Schriftstellen an, um das zu erweisen. Darin tritt am Schluß noch ganz deutlich hervor, daß die Hauptabsicht des Briefes ist, den Judenchristen die Berechtigung seiner Heidenmission zu erweisen.

168 Rom. 15, 31 ἵνα ῥυσθῶ ἀπὸ τῶν ἀπειθούντων ἐν τῇ Ἰουδαίᾳ καὶ ἡ διακονία μου ἡ εἰς Ἰερουσαλὴμ εὐπρόσδεκτος τοῖς ἁγίοις γένηται.

169 Act. 21, 27 ff.

170 Von den Zwölf ist nicht mehr die Rede. Einige mögen wie Petrus als Missionare hinausgezogen sein – darauf weist Kor. I 4, 9. 9, 5 hin –, andere gestorben sein; aber wir haben darüber nicht die mindeste Kunde, nur der Name ist geblieben.

171 Joseph. Arch. XX 200 f.

172 Act. 21, 20.

173 Er erwähnt sie nur 24, 17 in der Rede von Felix.

174 ἀσμένως ἀπεδέξαντο ἡμᾶς οἱ ἀδελφοί act. 21, 17. Da Lukas bei der Verhandlung selbst zugegen gewesen ist, liegt nicht der mindeste Grund vor, die Zuverlässigkeit seines Referats über die Rede des Jakobus zu bezweifeln.

175 Kor, I 9, 19 ff. 10, 32 f.

176 Er gehörte zu den Begleitern des Paulus von Philippi aus, act. 20, 4.

177 Siehe die berühmte Inschrift DITTENBERGER Or. gr. inscr. 598 (Bd. II 127, 2).

178 Aristarchos act. 20, 4. 27, 2. Kol. 4, 10. Philem. 23. Timotheus wird in der Adresse der Gefangenschaftsbriefe [außer Ephes.] überall neben Paulus genannt, hat aber volle Bewegungsfreiheit (Phil. 2, 19 ff.), ebenso Tychikos (Kol. 4, 7 [= Ephes. 6, 21 ff.], vgl. act. 20, 4) und natürlich Lukas (Kol. 4, 14. Philem. 24) und wohl auch der neben ihm genannte Demas.

179 Der centurio, der ihn nach Rom bringt, heißt Julius σπείρης Σεβαστῆς act. 27, 1. Diese *cohors Augusta* ist eine Auxiliartruppe, die in Syrien sowohl unter dem Statthalter Quirinius (CIL III 6687 = DESSAU Inscr. Lat. 2683) wie unter König Agrippa II (LEBAS-WADDINGTON 2112, in Batanaea) vorkommt, s. CICHORIUS bei PAULY-WISSOWA IV 248 [damit erledigen sich die Bedenken MOMMSENS Ber. Berl. Ak. 1895, 501 f. = Ges. Schr. VI 553 f.; dagegen auch SCHÜRER Gesch. I^3 461 ff.I. In act. 28, 16 bietet bekanntlich der abendländische Text den Zusatz ὁ ἑκατόνταρχος παρέδωκε τοὺς δεσμώτας τῷ στρατοπεδάρχῃ, was der Lateiner korrekt durch *principi peregrinorum* übersetzt. Das ist, wie MOMMSEN a. a. O. im Anschluß an einen Aufsatz HARNACKS nachweist, vollkommen zutreffend; es ist der in der Regel mit diesem Titel bezeichnete *praefectus castrorum peregrinorum*, der Kommandant der *milites peregrini* oder *frumentarii*, „der zur Vermittlung des Verkehrs zwischen den Legionen in den Provinzen und dem Hauptquartier in der Hauptstadt in dieser stationierten Legionscenturionen". Es scheint also, daß der abendländische Text hier wirklich einmal einen Satz bewahrt hat, der in der übrigen Überlieferung ausgefallen ist.

180 οὓς ἰδὼν ὁ Παῦλος εὐχαριστήσας τῷ θεῷ ἔλαβε θάρσος act. 28, 15.

181 Es gehört zu den wunderlichsten Verirrungen der modernen Kritik, daß sie mit übel angebrachter Gelehrsam-

keit darauf hinweist, daß es ein Hauptquartier (*praetorium* Phil. 1, 13) und Angehörige des kaiserlichen Haushalts (Phil. 4, 22) auch anderswo gab und daß Paulus mehrfach im Gefängnis gesessen hat, die Briefe also auch aus Caesarea geschrieben sein könnten – oder gar aus Ephesos, wo aber eine Gefangenschaft des Paulus lediglich auf moderner Erfindung beruht –; als ob nicht sowohl die an diesen Stellen gebrauchten Ausdrücke wie der gesamte Inhalt der Briefe und die über ihnen liegende Stimmung laut bezeugten, daß sie aus der römischen Gefangenschaft stammen. – Die Zweifel an der Echtheit der drei Briefe sind wohl jetzt im Verstummen. Um so schwieriger ist das Problem des sog. Epheserbriefs. Bekanntlich hat Markion in der Adresse gelesen τοῖς ἁγίοις τοῖς οὖσιν ἐν Λαοδικείᾳ (HARNACK, Marcion S. 112), den Brief also für den Kol. 4, 16 erwähnten gehalten, und HARNACK hat Ber. Berl. Ak. 1910, 696 ff. scharfsinnig zu erweisen gesucht, daß das die richtige Überlieferung und der Brief echt sei; die Streichung des Namens erkläre sich aus dem späteren, in der Apokalypse 3, 14 ff. schroff verurteilten Verhalten der Laodikener. Sonst aber bietet die älteste Überlieferung, auch Origenes, überhaupt keinen Namen, sondern nur τοῖς ἁγίοις τοῖς οὖσιν (was natürlich an sich sinnlos ist, sondern die Einsetzung irgend einer Gemeinde erfordert); daß der Brief nach Ephesos gerichtet ist, ist ausgeschlossen, weil ihm, anders als allen anderen Briefen des Paulus, jede persönliche Beziehung fehlt und ebenso, in scharfem Gegensatz gegen alle anderen Briefe, jede Polemik. Im übrigen bietet er die schwersten Anstöße. Daß er in weitem Umfang eine Dublette des Kolosserbriefs ist und dessen Ausführungen übernimmt und gelegentlich erweitert, möchte sich noch erklären lassen. Um so bedenklicher ist der überladene und dabei unbeholfene Stil, so gleich im Eingang der ungeheuerliche Satz 1, 3–14, der durch Umbildung von Kol. 1, 9 ff. entstanden ist; vgl. NORDEN, Agnostos Theos S. 251, 1. 258, 1. WENDLAND, Hellenist-röm. Kultur 362 f. Sachlich ist u. a. die Verwendung von διάβολος. 4,17. 6, 11 bedenklich, und vor allem der Satz 3, 5, daß Gott das Geheimnis des Christus jetzt enthüllt hat τοῖς ἁγίοις ἀποστόλοις αὐτοῦ καὶ προφήταις ἐν πνεύματι – neben denen ihm, τῷ ἐλαχιστοτέρῳ πάντων ἁγίων (das ist aus Kor. I 15, 9 umstilisiert), die Gabe verliehn ist, das Evangelium den Heiden zu verkünden; das sieht ganz nach der Zeit aus, in der die zwölf Apostel als einheitliche Träger der Offenbarung anerkannt sind (ebenso 2, 20). Überdies ist νῦν ἀπεκαλύφθη τοῖς ἁγίοις ἀποστόλοις αὐτοῦ eine den Sinn verschiebende Überarbeitung des Satzes Kol. 1, 26 νῦν δὲ ἐφανερώθη τοῖς ἁγίοις αὐτοῦ (an Stelle der Christen werden die Apostel gesetzt), und überhaupt das ganze, wieder höchst unbeholfene Satzgefüge Eph. 3, 1–7 lediglich eine verschlechternde Reproduktion von Kol. 1, 24–29; so ist aus Kol. 1, 25 ἡ ἐκκλησία, ἧς ἐγενόμην ἐγὼ διάκονος κατὰ τὴν οἰκονομίαν τοῦ θεοῦ τὴν δοθεῖσάν μοι εἰς ὑμᾶς πληρῶσαι τὸν λόγον τοῦ θεοῦ in Ephes. 8, 2 gemacht εἴ γε ἠκούσατε τὴν οἰκονομίαν τῆς χάριτος τοῦ θεοῦ τῆς δοθείσης μοι εἰς ὑμᾶς, worauf in beiden die Worte über das jetzt offenbarte μυστήριον folgen. Aber andrerseits steht der Brief Paulus ganz nahe; und schon im ersten Petrusbrief, um 90 n. Chr., wird er ganz ebenso benutzt wie die übrigen Briefe des Paulus (u. S. 606, 4), ist also von Anfang an als paulinisch anerkannt, so auch, was besonders ins Gewicht fällt, von Markion. Eine sichere Entscheidung ist daher sehr schwierig; ich habe aber unterlassen, ihn für Paulus zu verwerten. Am wahrscheinlichsten ist doch wohl die seit BEZA und GROTIUS oft aufgestellte und weiter ausgeführte Annahme, daß der Brief ein Rundschreiben ist; Paulus wird einen Schüler (vielleicht den Tychikos, wie SCHLEIERMACHER annahm) beauftragt haben, in dieser Form im Anschluß an den Kolosserbrief einen Abriß seiner Lehre und seiner sittlichen Mahnungen aufzusetzen, der dann verschiedenen Gemeinden unter Einsetzung ihres Namens zugestellt werden konnte; Tychikos, den er nach Kleinasien schickt und dessen Auftrag (er soll sie über Paulus' Verhältnisse unterrichten und ihre Herzen stärken) 6, 21 wörtlich aus dem Kolosserbrief 4, 7 f. übernommen ist – der dort neben ihm genannte Onesimos ist dagegen mit Recht weggelassen –, hat dann das Schreiben mitgenommen und weiter verbreitet. Daher fehlt im Eingang, im Gegensatz zu den drei anderen Briefen, auch der Name des Timotheus.

182 Diese Perioden hat der Epheserbrief benutzt und nachgeahmt, zeigt aber dabei eine solche Unbeholfenheit, wie man sie dem Paulus selbst nicht zutrauen mag.

183 Die Gemeindeverfassung, unter ἐπίσκοποι und διάκονοι (1, 1), ist voll entwickelt, wie in Ephesos (act. 20, 28).

184 Er ist in Philippi sein Gehilfe gewesen und wird daher als ihr Apostel (Missionar) bezeichnet 2, 25. Andere dortige Mitarbeiter nennt er 4, 2 f., Clemens (der von Origenes, Ensebios u. a. mit Clemens Romanus identifiziert wird, was natürlich verkehrt ist), die beiden Frauen Euodia und Syntyche, und den rätselhaften γνήσιος σύνζυγος.

185 Phil. 49 10 ff. 18.

186 Phil. 2, 19 ff. Diese Sendungen und ebenso die Angabe 2, 26, daß die Philipper von Epaphroditos' Erkrankung schon gehört haben, zeigen, wie rege der Verkehr mit den Gemeinden andauernd gewesen ist. Bei den übrigen wird es nicht anders gewesen sein; Paulus hat gewiß, wie früher, so auch in der Gefangenschaft zahlreiche Briefe geschrieben oder vielmehr diktiert, was auf uns gekommen ist, ist nur ein kleiner Bruchteil.

187 τὰ αὐτὰ γράφειν ὑμῖν ἐμοὶ μὲν οὐκ ὀκνηρόν, ὑμῖν δὲ ἀσφαλές Phil. 3, 1.

188 Kol. 1, 7. 4, 12 f.

189 ὁ συναιχμάλωτός μου braucht Paulus nur noch von Aristarchos Kol. 4, 10, der ja wirklich gefangen war, und von den Aposteln Andronikos und Junias Rom. 16, 7, die irgendwo einmal seine Haft geteilt haben müssen. Allerdings ist es sehr auffallend, daß Paulus im Kolosserbrief dies Schicksal des Epaphras mit keinem Worte

andeutet; und so wäre es vielleicht möglich, daß im Philemonbrief 23 ἀσπάζεται σε 'Επαφρᾶς ὁ συναιχμάλωτός μου ἐν Χριστῷ 'Ιησοῦ, Μάρκος, 'Αρίσταρχος, Δημᾶς, Λουκᾶς, οἱ σύνεργοί μου der Zusatz versehentlich von Aristarch auf Epaphras übertragen wäre; allerdings spricht der auf alle die anderen bezügliche Zusatz οἱ σύνεργοί μου dagegen.

190 Kol. 4, 17. Philem. 2.

191 Dazu gehört „Haustafel" für die Familien, Frauen, Männer, Kinder, Eltern, Sklaven und Herren 3, 18 bis 4, 1, die im Epheserbrief 5, 22 bis 6, 9 erweitert und zum Teil verschlechtert ist.

192 τοῦτο λέγω, ἵνα μηδεὶς ὑμᾶς παραλογίζηται ἐν πιθανολογίᾳ Kol. 2,4; βλέπετε μή τις ὑμᾶς ἔσται ὁ συλαγωγῶν διὰ τῆς φιλοσοφίας καὶ κενῆς ἀπάτης κατὰ τὴν παράδοσιν τῶν ἀνθρώπων, κατὰ τὰ στοιχεῖα τοῦ κόσμου, καὶ οὐ κατὰ Χριστόν 2, 8.

193 Vgl. die Tagewählerei und das damit verbundene Fasten Rom. 14, 5. Eben um dieser Bindung der Festtage an die Gestirne willen wird dann gelegentlich behauptet, daß das Judentum Gestirndienst und Astrologie sei, so bei Epiphanios I 16, 2, so absurd das ist; vgl. Bd. II 54 f.

194 Im Gegensatz zu der herrschenden Erklärung, die σῶμα hier als Gegensatz zu σκιά faßt (die Wirklichkeit, die uns bevorsteht), scheint mir auch hier der Sinn: die Kirche ist der Leib Christi (1, 24), er ist das Haupt, ihr seid die Glieder (1, 18); so sind für euch als den Leib Christi alle diese Bestimmungen weggefallen und treiben lediglich die wahre Erkenntnis. Gleich im folgenden Satz wird dann dieser Gedanke weiter ausgeführt.

195 μηδεὶς ὑμᾶς καταβραβευέτω, θέλων ἐν ταπεινοφροσύνῃ καὶ θρησκείᾳ τῶν ἀγγέλν, ἃ ἑώρακεν ἐμβατεύων, εἰκῇ φυσιούμενος ὑπὸ τοῦ νοὸς τῆς σαρκὸς αὐτοῦ 2, 18.

196 Die Fortsetzung bei Jesaja die Paulus' weiteren Ausführungen zugrunde liegt, lautet: daher ἀπολῶ τὴν σοφίαν τῶν σοφῶν, καὶ τὴν σύνεσιν τῶν συνετῶν κρύψω. Dasselbe Wort benutzt Jesus bei Marcus 7, 6 ff. in der Polemik gegen die παράδοσις der Pharisaeer; mit Recht nimmt E. HAUPT in seinem Kommentar an, daß Paulus hier dieses Wort Jesu im Gedächtnis hat.

197 Die Schlußworte οὐκ ἐν τιμῇ τινι πρὸς πλησμονὴν τῆς σαρκὸς sind schon den alten Auslegern ein Rätsel gewesen und ganz unübersetzbar. Entweder liegt eine unheilbare Korruptel vor, oder Paulus sind beim Diktieren die Gedanken überstürzend durcheinander geflossen; vgl. HAUPTS Kommentar. Seine Meinung kann kaum etwas anderes gewesen sein, als: das alles hat keinen Wert, sondern dient nur der Sättigung des Fleisches,d. i. der Eitelkeit.

198 Kol. 2, 11 ff.

199 Kol. 3, 9 ff.

200 Diese Annahme beruht auf einer Interpretation des Dienstes der στοιχεῖα τοῦ κόσμου, die weit über das hinausgeht, was Paulus darüber angibt. Natürlich kann sich von hier aus eine Gnosis in der Art der Ebioniten und des Elxai entwickeln; aber im Kolosserbrief ist davon keine Rede, das Wort γνῶσις kommt in ihm nur 2, 3 gerade in der Darlegung der Lehre des Paulus vor (ebenso Phil. 3, 8). – Ganz unbegründet ist auch die Heranziehung der Essaeer.

201 Vgl. Bd. I 248 (wo aber der Ansatz „um 150" jedenfalls beträchltlich zu spät ist).

202 Papias' Erzählung ist im Auszug bei Euseb. hist. eccl. III 39. 9 und Philippos Sidetes bei DE BOOR, Texte und Unters. V 2, 170 erhalten (= fr. 3 und 5 bei PREUSCHEN, Antilegomena).

203 Der Bischof Polykrates von Ephesos erwähnt um 190 n. Chr., daß Philippus, einer der Zwölf, und zwei seiner in hohem Alter gestorbenen Töchter in Hierapolis, die dritte (eine vierte kennt er nicht) in Ephesos begraben seien (Euseb. III 31, 3 = V 24, 2); Clemens Alex. Strom. III 52 sagt, von den Aposteln seien Petrus und Philippus verheiratet gewesen, letzterer habe auch seine Töchter in die Ehe gegeben [also im Widerspruch mit Polykrates]. Nach Gajus (Anf. des 3. Jahrhunderts) bei Euseb. III 31, 4 sind Philippus und seine vier prophezeienden Töchter in Hierapolis begraben; ob es der Prophet oder der Evangelist ist, sagt er nicht. Bei Euseb. III 37, 1 (vgl. den Antimontanisten V 17, 3) wird ein kleinasiatischer Prophet Quadratus (erste Hälfte des 2. Jahrhunderts) mit Philippus' Töchtern verbunden.

204 CORSSEN, der ZNTW. II 1901, 289 ff. die Überlieferung eingehend behandelt hat, glaubt allerdings, von dem Evangelisten und seinen vier Töchtern sei eine kleinasiatische Tradition zu scheiden, die den Apostel mit drei Töchtern (so Polykrates) in Hierapolis leben läßt, erst später seien diese mit den vier Prophetinnen zusammengeworfen worden. Wie unwahrscheinlich das ist, zumal da doch auch die Gräber der drei Töchter heilig waren, bedarf keiner Ausführung. Die Angabe des Papias, er habe die Wundergeschichten von den Töchtern des Philippus übernommen, sollte man doch wirklich nicht anzweifeln; das ist grober Rationalismus. Die alten Damen, die ganz in der übernatürlichen Welt des Geistes lebten, werden noch ganz andere Wunder erzählt und geglaubt haben – wie unzählige ihresgleichen auch.

205 Phil. 1,25 καὶ τοῦτο πεποιθὼς οἶδα, ὅτι μενῶ καὶ παραμενῶ πᾶσιν ὑμῖν εἰς τὴν ὑμῶν προκοπὴν καὶ χαὰν τῆς πίστεως, ἵνα τὸ καύχημα ὑμῶν περισσεύῃ ἐν Σριστῷ 'Ιησοῦ ἐν ἐμοὶ διὰ τῆς ἐμῆς παρουσίας πάλιν πρὸς ὑμᾶς.

206 Kol. 1, 23 (ebenso v. 6). 28 f. (εἰς ὃ καὶ κοπιῶ ἀγωνιζόμενος κατὰ τὴν ἐνέργειαν αὐτοῦ τὴν ἐνεργουμένην ἐν ἐμοὶ ἐν δυνάμει).

207 Kol. 4, 3. 18.

208 Vgl. Kol. 1, 25: Die Kirche, der Leib Christi, ἧς ἐγενόμην ἐγὼ διάκονος κατὰ τὴν οἰκονομίαν τοῦ θεοῦ, τὴν δοθεῖσάν μοι εἰς ὑμᾶς πληρῶσαι τὸν λόγον τοῦ θεοῦ.

209 Philem. 22. Das soll er nach manchen modernen Interpreten von Caesarea aus geschrieben haben, als ob er nicht, wenn er dort freigekommen wäre, erst recht nach Rom geeilt wäre, sondern statt dessen einen Abstecher nach Kleinasien gemacht hätte! Freilich sagt HAUPT (Gefangenschaftsbriefe S. 4, 2): „wie oft hat Paulus nicht seine Reisepläne gewechselt" – dabei ist wohl an Kor. II 1, 15 ff. gedacht, wo er sich aber gerade gegen die ihm deshalb gemachten Vorwürfe entschuldigt.

210 Phil. 2, 23, vgl. 1, 27.

211 Phil. 2, 17.

212 Kol. 1, 24.

213 Phil. 1, 30.

214 Phil. 4, 5 ὁ Κύριος ἐγγύς; ferner 1, 6.

215 εἴ πως καταντήσω εἰς τὴν ἐξαςάστασιν τὴν ἐκ νεκρῶν Phil. 3, 11, und dazu v. 21.

216 ὅτι τὰ κατ᾿ ἐμὲ μᾶλλον εἰς προκοπὴν τοῦ εὐαγγελίου ἐλήλυθεν Phil. 1, 12.

217 MOMMSEN hat (Ber. Berl. Ak. 1895, 498 = Ges. Schr. VI 549, 1: vgl. Röm. Strafrecht 267, 2) die Stelle ganz anders gedeutet: nach zwei Jahren habe der Prozeß wirklich begonnen, „das Praetorium ist ohne Zweifel die richtende Behörde, die praefecti praetorio mit ihren zahlreichen Gehilfen und Subalternen, bei den ‚übrigen allen' wird zunächst zu denken sein an den Umstand bei den öffentlichen Verhören. Paulus schreibt nicht ohne Hoffnung auf Freisprechung, aber gefaßt auf das Todesurteil". Aber dann müßte man annehmen, daß bei dieser öffentlichen Verhandlung die Urteilsfällung ausgesetzt und auf einen unbestimmten Termin vertagt wäre, was doch sehr unwahrscheinlich ist. Auch wurde sich Paulus dann wohl anders äußern; seine Worte besagen vielmehr. daß er erwartet, daß die lange Verschleppung der Sache demnächst aufhören wird, aber nicht, daß die entscheidende Verhandlung schon stattgefunden hat und nur der Richterspruch noch aussteht. – Phil. 1, 7 „es gebührt sich für mich, euer aller im Gebet zu gedenken, weil ihr mir am Herzen liegt", ἔν τε τοῖς δεσμοῖς μου καὶ ἐν τῇ ἀπολογίᾳ καὶ βεβαιώσει τοῦ εὐαγγελίου συγκοινωνούς μου τῆς χάριτος πάντας ὑμᾶς ὄντας kommt dafür nicht in Betracht: sie alle haben Anteil an der ihm gewährten Gnade sowohl in seiner Gefangenschaft wie in der Verteidigung und Befestigung des Evangeliums; also ist die ἀπολογία nicht die Verteidigung vor Gericht, sondern die Verteidigung gegen Andersgläubige und Irrlehrer (vgl. 1, 16). Wohl aber könnten die Worte des zweiten Timotheusbriefes 4, 16 herangezogen werden: ἐν τῇ πρώτῃ μου ἀπολογίᾳ οὐδείς μου παρεγένετο, ἀλλὰ πάντες με ἐγκατέλιπον, aber der Herr hat mir beigestanden καὶ ἐρύσθην ἐκ στόματος λέοντος, und er wird mich auch weiter retten (in schroffem Widerspruch dazu steht freilich 4, 6 f. ἐγὼ γὰρ ἤδη σπένδομαι [aus Phil. 2, 17] καὶ ὁ καιρὸς τῆς ἀναλύσεώς μου ἐφέστηκεν. τὸν καλὸν ἀγῶνα ἠγώνισμαι κτλ.). Aber hier wird vorausgesetzt, daß die Gerichtsverhandlung in zwei Instanzen verlaufe und Paulus beidemale das Wort zur Verteidigung ergreifen könne, und das ist vollkommen ausgeschlossen. Auch im übrigen stimmt die Äußerung durchaus nicht zu der im Philipperbrief. Immer wieder fühlt man sich zu dem Versuch gedrängt, diese Stellen als Fragmente eines echten Paulusbriefs zu betrachten, und immer wieder zeigt sich, daß das unmöglich ist.

218 ἀσπάζονται ὑμᾶς πάντες οἱ ἅγιοι, μάλιστα δὲ οἱ ἐκ τῆς Καίσαρος οἰκίας Phil. 4, 22.

219 Phil, 1, 15–20.

220 τὸ λοιπόν, ἀδελφοί μου, χαίρετε ἐν Κυρίῳ 3, 1.

221 βλέπετε τοὺς κύνας. seht sie euch an und hütet euch vor ihnen.

222 Clemens ad. Cor. 6 πολὺ πλῆθος ἐκλεκτῶν ... διὰ ζῆλος παθόντες. διὰ ζῆλος διωχθεῖσαι γυναῖκες. Die Bedeutung dieser Worte ist meines Wissens immer übersehn, so auffallend sie gegenüber der herkömmlichen Auffassung der neronischen Verfolgung sind. Sie schieben die Schuld direkt der Gemeinde zu; denn Clemens stellt alle diese Beispiele von ζῆλος καὶ ἔρις zusammen, um sie den Korinthern bei ihren inneren Zwistigkeiten und Rivalitäten um die Kirchenämter zur Warnung vorzuhalten. Auch in all den Beispielen, die er aus dem A. T. anführt, handelt es sich um Hader zwischen den Angehörigen derselben Gemeinde. Die z. B. von KLETTE, Christenkatastrophe unter Nero, S. 26 f. vertretene Deutung des ζῆλος auf die Juden ist zum mindesten einseitig – daß es auch mit ihnen fortwährend Diskussionen gegeben hat, ist gewiß nicht zu bezweifeln – ; daß Paulus' Worte im Philipperbrief 1, 15 f., daß τινὲς διὰ φθόνον καὶ ἔριν oder ἐξ ἐριθείας τὸν Χριστόν καταγγέλλουσιν, sich mit Clemens' Angabe unmittelbar berühren, ist ja ganz unverkennbar.

223 οἱ ὄντες ἐκ περιτομῆς οὗτοι μόνοι συνεργοὶ εἰς τὴν βασιλείν τοῦ θεοῦ, οἵτινες ἐγενήθησάν μοι παρηγορία Kol. 4, 10 f.

224 Ebenso Philem. 23 f. Außerdem ist, wie schon erwähnt, im Eingang der Schreiben Timotheus neben Paulus genannt.

225 S. Bd, I 157 ff. Das Zeugnis des Papias zu verwerfen ist bare Willkür; wenn es sich um einen griechischen Schriftsteller handelte, würde es niemandem in den Sinn kommen, es zu bezweifeln. Der Einwand, daß kein älteres Zeugnis vorliege, ist wenig überlegt; wo in aller Welt sollte denn ein solches vorkommen können. Überdies haben wir gesehn, daß der Inhalt des Marcusevangeliums die Nachricht durchaus bestätigt.

226 τούτοις τοῖς ἀνδράσιν ὁσίως πολιτευσαμένοις συνηθροίσθη πολὺ πλῆθος κτλ. Durch den Ausdruck wird, mit Hinblick auf die Streitigkeiten in Korinth, ihr Gegensatz vertuscht, ebenso wie Clemens nachher c. 47, wo

er den ersten Korintherbrief zitiert, die damals herrschende Parteiung damit entschuldigt, daß die Korinther sich dabei „bezeugten Aposteln und einem von ihnen anerkannten Manne angeschlossen haben". Der Bischof Dionysios von Korinth (um 170) behauptet dann in einem Brief nach Rom (Euseb. hist. eccl. II 25, 8) ganz unbefangen, auch die korinthische Gemeinde sei wie die römische von Petrus und Paulus gegründet; Petrus wird dabei natürlich an erster Stelle genannt.

227 Das hat LIETZMANN, Petrus und Paulus in Rom 1915, 167 ff. mit vollem Recht scharf betont und ebenso die Belege aus dem ersten Petrusbrief und Ignatius herangezogen. Weiter weist er nach, daß die Gräber des Petrus auf einem heidnischen Friedhof unter der Peterskirche und des Paulus zwischen heidnischen Gräbern unter der Paulskirche an der Straße nach Ostia, die Gajus (um 190) beschreibt (Euseb. hist. eccl. II 25, 6 f.), in der Tat ganz alt sind und kein Grund vorliegt, ihre Echtheit zu bezweifeln. Daß ich seinen Ansichten über die angebliche spanische Reise des Paulus und über das Ende der Apostelgeschichte nicht zustimmen kann, brauche ich nicht nochmals auszuführen. [Die Ausgrabungen unter der Kirche San Sebastiano an der Via Appia, wo (*ad catacumbas*), wie LIETZMANN m. E. erwiesen hat, die Leichen des Petrus und des Paulus von 258 bis auf Constantin geborgen waren und ihnen Gedächtnismahle (*refrigeria*) gefeiert wurden, von denen zahlreiche Graffiti berichten, sind in den folgenden Jahren wesentlich weitergeführt worden. Dadurch sind LIETZMANNS Angaben mehrfach ergänzt und berichtigt. Siehe die zusammenfassende Darstellung von G. LA PIANA, The tombs of Peter and Paul ad Cataumbas, Harvard Theol. Review XIV, 1921, 53 ff., der aber in seinen historischen Schlußfolgerungen daraus dem Skeptizismus zu sehr nachgibt. So erklärt er es z. B. p. 81 für unmöglich, daß an der Stätte, wo die Leichen der Apostel beigesetzt waren, in einem allgemein zugänglichen Anbau an derselben „Gedächtnismahle zu ihren Ehren vor dem zweiten Jahrzehnt des vierten Jahrhunderts stattgefunden haben könnten"; das sei vielmehr erst möglich geworden, als die Kirche vom Staat Frieden und Anerkennung erlangt hatte. Dabei hat er ganz übersehn, daß die Kirche in der ganzen Zeit von 259–303 sich (abgesehn von dem nicht durchgeführten Verfolgungsversuch Aurelians) voller Duldung erfreute und gerade damals gewaltig anwuchs und durchweg in voller Öffentlichkeit auftrat.]

228 Ignat. ad Rom. 4, 3.

229 13, 36. 21, 18; vgl. den zweiten Petrusbrief 1, 14 f., wo mit den Worten εἰδὼς ὅτι ταχινή ἐστιν ἡ ἀπόθεσις τοῦ σκηνώματός μου, καθὼς καὶ ὁ Κύριος ἡμῶν 'Ιησοῦς Χριστὸς ἐδήλωσές μοι das Johannesevangelium zitiert wird.

230 Auch würde er dann bei den Zirkusspielen verwendet worden sein, wie in allen solchen Fällen, aber nicht gekreuzigt; diese Angabe zu bezweifeln, liegt kein Grund vor. Um so eher war es dann möglich, seinen Leichnam zu bestatten.

231 Die unendlich oft behandelte Überlieferung hat zuletzt TH. KLETTE, Die Christenkatastrophe unter Nero, 1907, eingehend und umsichtig geprüft; in den meisten Punkten kann ich seinen Ergebnissen nur zustimmen, dagegen z. B. nicht der Ansicht, die Juden seien die schuldigen Denunzianten.

232 In den Auszügen aus Dio ist sie übergangen; er selbst wird jedenfalls von ihr berichtet haben

233 Über das stark daran anklingende ὀνειδισμοῖς τε καὶ θλίψεσιν θεατριζόμενοι im Hebraeerbrief 10, 33.

234 Zahlreiche Parallelen stellt FRIEDLÄNDER, Sittengesch. II 412 f. (9. Aufl. 90 ff. zusammen.

235 Aus ihm schöpft Sulpicius Severus chron. II 29, der daher als selbständige Quelle nicht in Betracht kommt; er hat nur die Hinrichtung des Paulus und Petrus und ein gesetzliches Verbot des Christentums hinzugefügt.

236 Melito von Sardes (um 165) in einer an Kaiser Marcus gerichteten Schrift bei Euseb. hist. eccl. IV 25, 6, nach dem Nero und Domitian ὑπὸ τινων βασκάνων ἀνθρώπων zum Einschreiten veranlaßt werden, während ihre besseren Nachfolger davon nichts wissen wollen; Tertullian apol. 5. ad nat. I 7. scorp. 15; Lactant. de mort. pers. 2. Euseb. hist. eccl. II 25 bringt nur das Zitat aus Tertullians Apologie und die Hinrichtung des Paulus und Petrus. In der Chronik setzt er die Verfolgung ins letzte Jahr Neros, 68; das hat Hieronymus übernommen, dagegen den von Eusebius übergangenen Brand richtig unter dem Jahre 64 eingefügt.

237 Sueton Nero 16: *afflicti suppliciis Christiani, genus hominum superstitionis novae ac maleficae.*

238 Aus Sueton schöpft Orosius VII 7, 4–7; daher bringt auch er die Verfolgung der Christen ohne Verbindung mit dem Brande (VII 7, 10, gleichfalls nach Sueton), mit Hinzufügung der Hinrichtung des Petrus und Paulus und der Ausdehnung der Verfolgung über das ganze Reich, wie Sulpicius Severus.

239 Ann. XV 38 *sequitur clades, forte an dolo principis incertum, nam utrumque auctores prodidere.*

240 Plin. hist. nat. XVII 5 *Neronis principis incendia*

241 Vgl. in der Marcusapokalypse 13, 12 (= Luk, 21, 16, Matth. 17, 21) sowie Q Matth. 10, 34–36 = Luk. 12, 51–53.

242 Sallust Cat. 22.

243 Melito bei Euseb. hist. eccl. IV 26, 9 ἀναπεισθέντες ὑπὸ τινων βασκάνων ἀνθρώπων τὸν καθ' ἡμᾶς ἐν διαβολῇ καταστῆσαι λόγον ἠθέλησαν Νέρων καὶ Δομιτιανός. Melito schreibt einen schauderhaften Stil; den folgenden Satz: ἀφ' ὧν καὶ τὸ τῆς συκοφαντίας ἀλόγῳ συνθείᾳ περὶ τοὺς τοιούτους ῥυῆναι συμβέβηκεν ψεῦδος; hat auch Rufin nicht wörtlich zu übersetzen vermocht: er begnügt sich mit: *ex quorum tempore accidit, nos falsis calumniis infamari.*

244 Aristid. apol. 17, 2. Justin apol. I 26 (wo er nicht entscheiden will, ob derartiges bei den Sektierern Simon, Menander, Markion u. a. vorkommt, die sich fälschlich Christen nennen). II 12. dial. 10. Tatian ad Gr. 25.

Athenag. apol. 3. bei den Märtyrern in Lyon Euseb. hist. eccl. V 1, 14. Theophil. c. Autolyc. III 4. Tertull. apol. 7 ff. ad nat. I 7. Fronto bei Minuc. Felix 9, 5 ff. 31, 1 ff. (auch 28, 1 f. 30, 1). Nach Origenes c. Cels. VI 27 waren diese Vorwürfe zu seiner Zeit im Absterben.

245 Orig. c. Cels. VI 27 (vgl. e. 40) Ἰουδαίοις τοῖς κατὰ τὴν ἀρχὴν τῆς τοῦ χριστιανισμοῦ διδασκαλίας κατασκεδάσασι δυσφημίαν τοῦ λόγου, ὡς ἄρα καταθύσαντες παιδίον μεταλαμβάνουσιν αὐτοῦ τῶν σαρκῶν, καὶ πάλιν ὅτι οἱ ἀπὸ τοῦ λόγου τὰ τοῦ σκότου πράττειν βουλόμενοι σβεννύουσι μὲν τὸ φῶς, ἕκαστος δὲ τῇ παρατυχούσῃ μίγνυται. Vgl. Justin dial. c. Tryph. 16 f. 47, 108.

246 Daß die Juden alljährlich einen eingefangenen Griechen mästeten und opferten, hat schon Apion erzählt (Jos. c. Ap. II 93 ff.).

247 *auctor nominis eius Christus Tiberio imperitante per procuratorem Pontium Pilatum supplicio adfectus erat,* die Formel des Taufbekenntnisses, die auch Timoth. 1 6, 13 zugrunde liegt (Bd. I 208 f.). Dadurch ist die *superstitio repressa in praesens,* bricht dann aber wieder hervor und dringt wie alles Arge auch nach Rom. – Für den Eingangssatz *quos ... vulgus Christianos appellabat* hat BLASS die Lesung *Chrestianos* postuliert, und sie steht, wie ANDRESEN, Wochenschr. für Kl. Phil. 1902, 780 festgestellt hat, in der Tat von erster Hand im Mediceus. Das hat vielfach Zustimmung gefunden, so u. a. bei HARNACK, Mission und Ausbreitung³ I 398 f.; und diese Umdeutung war ja in der Tat im zweiten und dritten Jahrhundert ganz gewöhnlich. Aber mit Recht hat HIRSCHFELD, Kl. Schr. 408 f. dagegen Einspruch erhoben: Tacitus fügt ja die Erklärung des Namens (*auctor nominis eius Christus*) hinzu. Mithin ist die Schreibung *Chrestiani* aus dem populären Sprachgebrauch eingedrungen und von dem christlichen Schreiber des Mediceus (11. Jhdt.) aus seiner Vorlage übernommen und dann korrigiert.

248 *flagitia cohaerentia nomini (Christiano),* ad Traj. 96, 2.

249 *nihil aliud inveni quam superstitionem pravam immodicam* 96, 4.

250 Siehe zuletzt HIRSCHFELD, Kl. Schr. 407 f., der sich, „wie die weitaus größere Zahl der Forscher", für das Bekenntnis zum Christentum entscheidet.

251 *deinde indicio eorum multitudo ingens haud perinde in crimine incendii quam odio humani generis coniuncti sunt.* HAHNS Änderung *convicti,* die allgemein angenommen ist, scheint mir nicht erforderlich.

252 So hat man an Josephus gedacht, der damals in Rom war und Zugang zur Kaiserin Poppaea gefunden hatte (vita 16). Damit wird ein viel zu enger Gesichtspunkt hineingetragen. – Mit vollem Recht hat HIRSCHFELD, Kl. Schr. S. 409 f. die Heranziehung von Commodian carm. apol. 840 ff. gegen HARNACK abgelehnt. Commodian, der, wie jetzt durch H. BREWER und weiter durch HOLL (Ber. Berl. Ak. 1918, 553) festgestellt ist, erst um 460 geschrieben hat, schildert hier das bevorstehende Weltende, mit Anlehnung an die Apokalypse. Da wird mit dem Antichrist Apollyon (v. 804 = Apokal. 9, 11) auch Nero aus der Unterwelt wiederkommen und als Herrscher und Gott anerkannt werden. Dann werden die Juden den Senat gegen den gleichfalls wiedergekommenen Elias aufhetzen, und auf dessen Betreiben wird Nero (wie er früher Petrus und Paulus getötet hat v. 821) „die Propheten aus dem Orient herbeibringen lassen" und in Rom hinrichten; dabei stürzt der zehnte Teil der Stadt ein, 7000 Menschen. kommen um, die gemordeten Propheten aber werden wieder auferweckt und in den Himmel entrückt. Das sind natürlich die beiden Zeugen Apokal. 11; daß Commodian für die Ausmalung ihrer Geschichte eine irgendwie brauchbare Überlieferung über die neronische Verfolgung benutzt hätte, wie HARNACK annimmt, ist höchst unwahrscheinlich.

253 Mit diesem Schlußsatz, der Matth. 10, 22b schon einmal im ursprünglichen Zusammenhang gebracht ist, lenkt der Einschub wieder in die Vorlage Marc. 13, 13 ein.

KAPITEL X

1 Tertull. ad nat. I 7 *sub Nerone damnatio invaluit ... et tamen permansit erasis omnibus hoc solum institutum Neronianum, iustum denique ut dissimile sui auctoris.*

2 Sulpicius Severus chron. II 29 *hoc initio in Christianos saeviri coeptum. post etiam datis legibus religio vetabatur, palamque edictis propositis Christianum esse non licebat.* Orosius VII 7, 10 (Nero) *primus* Romae Christianos suppliciis et mortibus affecit ac per omnes provincias pari persecutione excruciari imperavit.

3 Plin. ep. X 97 *neque enim in universum aliquid quod quasi certam formam habeat constitui potest.* Auch Sueton spricht nur von einer Bestrafung der Christen durch Nero, nicht von Verordnungen und gesetzlichen Verboten, wie in den anderen von ihm damit zusammengestellten Fällen.

4 Plin. ep. X 96 *cognitionibus de Christianis interfui nunquam: ideo nescio, quid et quatenus aut puniri soleat aut quaeri.*

5 Röm. Gesch. V S. 523.

6 Eine weitere Frage, die er stellt, ist, ob ein Unterschied den Lebensalters gemacht werden dürfe, so daß nur die Erwachsenen (*robustiores*) verurteilt, die jugendlichen Christen und die Kinder milder behandelt werden dürfen. Trajan kommt auf diese Frage nicht zurück, vielmehr fallen prinzipiell alle, die sich als Christen bekennen, also auch die Kinder, der Verurteilung anheim. Aber dadurch, daß er nur ein reguläres Prozeßverfahren auf Grund einer Anklage, nicht ein Aufsuchen der Christen zuläßt, kommen normalerweise nur

erwachsene Männer in Betracht, wenn sich nicht, wie es freilich bei den Christenprozessen oft genug der Fall gewesen ist, auch Weiber und Kinder freiwillig als Christen bekennen und zum Martyrium drängen.

7 Derselbe Konflikt hat bei uns immer wieder vorgelegen, wenn überzeugte Anhänger religiöser Sekten, wie die Mennoniten, den Kriegsdienst verweigerten. In diesen Fällen war die Verurteilung zur Gefängnisstrafe, die theoretisch lebenslänglich sein mußte, unvermeidlich. Wenn man sich dann damit behalf, sie nach einiger Zeit zu begnadigen und laufen zu lassen, ohne den Heerdienst zu erzwingen, so war das nur möglich, weil die Bewegung sich auf ganz kleine Kreise beschränkte; hätte sie solche Dimensionen angenommen, wie die Verbreitung des Christentums im Römischen Reich, so hätte der Staat damit nicht auskommen können. In dem Kampf mit der Sozialdemokratie und dem Versuch, sie durch das Sozialistengesetz zu unterdrücken, tritt die Analogie deutlich hervor. [Eine Parallele bietet auch das Zeugniszwangsverfahren, wo man sich bei uns mit einer befristeten Einsperrung behilft.]

8 Über das Datum s. SCHWARTZ, Christl. u. jüd. Ostertafeln, Abh. Gött. Ges. VIII 6, 1905, S. 125 ff.

9 Auf den inneren Widersinn dieses Verhaltens, daß der Richter den Angeklagten nicht zum Bekennen seines angeblichen Verbrechens, sondern zum Verleugnen zu zwingen sucht, weist Tertullian oft hin (ad nat. I 2 f. Apol. 2. 27 u. a.)

10 Nicht viel anders hat sich, etwa 30 Jahre später (um 184), der Proconsul von Asia Arrius Antoninus verhalten: als sich bei den Christenprozessen (*cum persequeretur instanter*, sagt Tertullian; aber sein Verhalten zeigt. daß die Initiative gewiß hier so wenig wie bei dem Martyrium Polykarps und in zahlreichen ähnlichen Fällen von dem Statthalter ausgegangen ist) zahlreiche Christen freiwillig bekennen und zum Martyrium drängen, verurteilt er nur einige wenige und ruft den übrigen zu: „wenn ihr durchaus sterben wollt, so habt ihr ja Abgründe oder Schlingen" – also laßt mich unbehelligt (ὦ δειλοι, εἰ θέλετε ἀποθνήσκειν, κρημνοὺς ἢ βρόχους ἔχετε, Tertull. ad Scapulam 5. Vgl. Justin apol. II 4, der die Forderung, die die Gegner erheben könnten: „bringt euch doch alle selbst um und geht so zu eurem Gott, und macht uns keine Schwierigkeiten!" als der göttlichen Schöpfung widersprechend zurückweist). Vielfach werden die Statthalter die Prozesse nach längerer Haft, wenn sich die Aufregung gelegt hatte, niedergeschlagen haben und die Angeklagten haben laufen lassen, wie der Proconsul von Syrien (ἀνὴρ φιλοσοφίᾳ χαίρων, ὅς συνεὶς τὴν ἀπόνοιαν αὐτοῦ καὶ ὅτι δέξαιτ' ἂν ἀποθανεῖν, ὡς δόξαν ἐπὶ τούτῳ ἀπολίποι) den Peregrinos Proteus (ἀφῆκεν αὐτὸν οὐδὲ τῆς κολάσεως ὑπολαβὼν ἄξιος, Lucian de morte Peregr. 14). Vgl. auch, was Tertullian ad Scapulam 4 über das Verhalten mehrerer Statthalter Afrikas erzählt

11 Etwas ganz anderes ist natürlich die Bestrafung wegen Diebstahls oder Raubes an Göttergut (*sacrilegium*, MOMMSEN, Strafrecht 760 ff.).

12 Die Ausweisungen der aegyptischen sacra sowie der Mathematici und Chaldaei erfolgen nicht aus religiösen Gründen, sondern wegen der damit verbundenen Verbrechen und hochverräterischen Umtriebe.

13 Außerdem hat Augustus den Bürgern die Beteiligung an der druidischen, Menschenopfer gebietenden Religion verboten, Claudius sie dann allgemein unterdrückt (Sueton Claud. 25 *Dryidarum religionem apud Gallos dirae immanitatis, et tantum civibus sub Augusto interdictam, penitus abolevit*); von einer Übertretung des Verbots und daraus hervorgehenden Verurteilungen erfahren wir nichts.

14 Nur als solche konnten sie in die Armee eingestellt werden; überdies sagt Philo leg. ad Gaium 155 von den hauptstädtischen Juden ausdrücklich Ῥωμαῖοι δὲ ἦσαν οἱ πλείους απελευθερωθέντες. Wer sich weigert, dem Befehl zu gehorchen, wird natürlich bestraft (οἱ ὕπατοι … πλείστους ἐκόλασαν μὴ θέλοςτας στρατεύεσθαι διὰ φυλακὴν τῶν πατρίων νόμων, Jos. Arch. XVIII 84).

15 Dio 67, 14.

16 Script. hist. Aug. Severus 17. Paulli sententiae V 22, 3.

17 Strafrecht 569. Tertullian apol. 24. 27, im Gegensatz zu dem *secundus titulus laesae augustitoris maiestatis* c. 28. 85. ad nat. I 17, die auch hier als die für die Praxis weit wesentlichere Beschuldigung erscheint.

18 Martyr. Polyc. 12. Analog im Martyrium der Scilitaner: *Saturninus proconsul decretum ex tabella recitavit: Speratum … et ceteros ritu Christiano se vivere confessos, quoniam oblata sibi facultate ad Romanorum morem redeundi obstinanter perserverarunt, gladio animadverti placet*. Vgl. z. B. in Lyon Euseb. hist. eccl. V I, 44.

19 Ebenso lehnt in Lyon der Statthalter, als Vettius Epagathus für die Christen reden will, jede Diskussion ab, sondern fragt ihn nur, ob er Christ sei, und läßt ihn, als er das bejaht, abführen (Euseb. hist. eccl. V 1, 10).

20 Die hier gegebene Darstellung deckt sich in allem Wesentlichen mit der in gewohnter Weise klaren und scharf formulierten Darlegung MOMMSENS: Der Religionsfrevel nach römischem Recht (Hist. Ztschr. 64, 1890, 389 f. = Ges. Schr. III 389 ff.), auf der die Zusammenfassung in seinem Röm. Strafrecht 567 ff. sowie die Skizze Christianity in the Roman empire Ges. Schr. VI 540 ff. beruht. Nur ist seine Darstellung von der Klarlegung der rechtlichen Verhältnisse beherrscht, während es an dieser Stelle mehr auf die im realen Leben wirkenden Faktoren ankommt, die in den Rechtsformen immer nur unvollkommen zum Ausdruck gelangen.

21 13, 9 βλέπετε δὲ ὑμεῖς ἑαυτούς, d. h. seid vorsichtig in eurem Auftreten, bei Matthaeus 10, 17 in προσέχετε δὲ ἀπὸ τῶν ἀςθρώπων umgewandelt, was dem Sinn nach dasselbe besagt; Lukas läßt es aus.

22 Daneben kann man an die Konflikte des Paulus mit den römischen Behörden in Philippi, Korinth u. a. denken; ähnliches wird öfters vorgekommen sein

23 εἰς μαρτύριον αὐτοῖς. Darin tritt die Doppelseite von μαρτύριον sehr deutlich hervor (ebenso 6, 11): es ist das Zeugnis der Gläubigen für den Christus und zugleich ein Zeugnis gegen die Ungläubigen, durch das diese dem kommenden Gottesgericht anheimfallen. Matthaeus hat diesen ganzen Abschnitt Marc. 13, 9–12 in die Instruktion der Apostel 10, 17 bis 21 versetzt und deutet hier die Verkündung unter den Heiden nur dadurch an, daß er εἰς μαρτύριον αὐτοῖς καὶ τοῖς ἔθνεσιν sagt. In der Eschatologie hat er das Wort über die Heidenmission 24,14 an den Schluß dieses Abschnitts gestellt und zu καὶ κηρυχθήσεται τοῦτο τὸ εὐαγγέλιον τῆς βασιλείας ἐν ὅλῃ τῇ οἰκουμέςῃ εἰς μαρτύριον πᾶσιν τοῖς ἔθνεσιν, καὶ τότε ἥξει τὸ τέλος erweitert. Lukas, der den Satz über die Heidenmission wegläßt, bezieht 21, 13 das μαρτύριον nicht mehr auf die Ungläubigen, sondern ändert in ἀποβήσεται ὑμῖν εἰς μαρτύριον, die Verhandlung vor den Gerichten wird sich so gestalten, daß ihr Zeugen werdet. Das schließt bereits die Hinrichtung, die Blutzeugenschaft ein; diese Stelle zeigt deutlich, wie sich der christliche Terminus des Märtyrers gebildet hat, über den in letzter Zeit so viel verhandelt ist.

24 24, 9 καὶ ἔσεσθε μισούμενοι ὑπὸ πάντων τῶν ἐθνῶν διὰ τὸ ὄνομά μου. In der Instruktion der Apostel dagegen hat er 10, 22 den Wortlaut des Marcus beibehalten. Über den von ihm 24, 10–12 daran angeschlossenen Zusatz s. oben.

25 Im übrigen ist nie zu vergessen, daß sich ähnliche Vorgänge auch im Partherreich und dessen Vasallenstaaten abgespielt haben werden; denn wenn uns über diese Gebiete auch jede Kunde fehlt, kann es doch nicht zweifelhaft sein, daß die Mission alsbald auch dorthin gedrungen ist.

26 Apokal. 2, 12 f.

27 2, 2 f.

28 2, 10 f. ὁ ἔχων οὖς ἀκουσάτω τί τὸ πνεῦμα λέγει ταῖς ἐκκλησίαις · ὁ νικῶν οὐ μὴ ἀδικηθῇ ἐκ τοῦ θανάτου τοῦ δευτέρου.

29 2, 19. 3, 8. 10 ff. Hinzugefügt ist, wie bei Sardes 3, 3, die Ankündigung des baldigen Kommens Christi; also „halte fest, was du hast, damit niemand dir den Kranz fortnehme" (ebenso 2, 25 an Thyatira).

30 Die Mahnung, sich von Christus weiße Gewänder zu erkaufen, ihm die Tür zu öffnen, daß sie zusammen speisen und als Sieger bei ihm auf seinem Thron sitzen können, wie er selbst bei seinem Vater (3, 18 ff.), ist deutlich eine Mahnung zur Bewährung im Martyrium und Gewinnung des Siegespreises; ebenso 2, 26 an Thyatira, 3, 5 an Sardes und 3, 12 an Philadelphia.

31 3,14 f.

32 Ebenso darf die Folter nur gegen sie, nicht gegen römische Bürger angewendet werden. In der Kaiserzeit hat man sich freilich oft genug über diese Schranken hinweggesetzt.

33 Euseb. hist. eccl. III 36, und danach in der Chronik zu Ol. 221, ohne bestimmte Jahrangabe. Vgl. HARNACK Chronol. I 208 f., 402 ff., der zeigt, daß die Ansetzung des Martyriums in die letzte Zeit Trjans zu dem damaligen Lebensalter Polykarps (rund 45 Jahre) sehr gut stimmt: einerseits steht er bereits in hohem Ansehn, auch in Philippi und bei den syrischen Gemeinden, andrerseits richtet Ignatios an ihn sehr nachdrückliche Ermahnungen, wie sie einem älteren Manne gegenüber kaum noch zulässig gewesen wären.

34 Hegesippos bei Euseb. hist. eccl. III 32, 1 ff. (vgl. 20, 6) und danach in der Chronik; er sei 120 Jahre alt gewesen und von Anhängern der rivalisierenden Sekten (vgl. IV 22, 4) angezeigt worden; aber auch die Ankläger selbst seien als Nachkommen Davids, die damals aufgesucht wurden, verurteilt worden. Das ist sehr glaublich – Hegesippos, der um 160 schreibt, konnte darüber sehr wohl eine zuverlässige Tradition bewahren –; es mag mit dem großen Judenaufstand in den letzten Jahren Trajans zusammenhängen. Der δπατικὸς Αττικος ist leider sonst nicht bekannt.

35 Ign. ad Eph. 12 πάροδός ἐστε τῶν εἰς θεὸν ἀναιρουμένων.

36 ad Rom. 1 ff. 4. 5.

37 Apokal. 17, 6. 18, 24

38 20, 4.

39 καὶ οὐκ ἠγάπησαν τὴν ψυχὴν αὐτῶν ἄχρι θανάτου, 12, 11.

40 7, 14. In ἐλεύκαναν τὰς στολὰς αὐτῶν ἐν τῷ αἵματι τοῦ ἀρνίου herrscht dieselbe völlige Unanschaulichkeit der Bilder wie überall, wo der Verfasser selbst und nicht seine Vorlage redet; vgl. Bd. II 390 ff.

41 6, 11 ἕως πληρωθῶσιν καὶ οἱ σύνδουλοι αὐτῶν καὶ οἱ ἀδελφοὶ αὐτῶν οἱ μέλλοντες ἀποκτέννεσθαι ὡς καὶ αὐτοί. Vgl. dazu SATTLER ZNT Wiss. 20, 1921, 231 ff., der aber die Deutung von πληρωθῶσιν auf die Zahl der Märtyrer mit Unrecht verwirft.

42 Ebenso in dem Mythus vom Weibe und dem Drachen c. 12: der Drache, vor dem das Weib gerettet ist, führt jetzt Krieg „gegen die übrigen aus ihrem Samen, welche die Gebote Gottes befolgen und das Zeugnis Jesu haben" (12, 17).

43 καὶ ἐπὶ τὸ μέτωπον αὐτῆς ὄνομα γεγραμμένον, μυστήριον · Βαβυλὼν ἡ μεγάλη, ἡ μήτηρ τῶν πόρνων καὶ τῶν βδελυγμάτων τὴς γῆς 17, 5; vgl. 14, 8. 17, 1. 19, 2 ἡ πόρνη ἡ μεγάλη.

44 Daß diese Vorbilder vielfach benutzt sind, ist selbstverständlich. Aber ein Dokument des jüdischen Hasses gegen Rom ist das Stück nicht – das war ein arger, leider auch von MOMMSEN, Röm. Gesch. V 520 ff. geteilter, Mißgriff vieler moderner Interpreten –, sondern durchaus christlich und die Antwort auf die Christenverfolgungen, woran nichts ändert, daß der Verfasser aus den Kreisen der jüdischen Diaspora oder der Proselyten hervorgegangen sein wird.

45 Die Deutung des vierten Weltreichs Daniels auf die Römer findet sich ebenso bei Josephus, im IV. Ezra, in der syrischen Baruchapokalypse, und im späteren Judentum (Bd. II 333, 5).

46 So Apokal. 17, 10, wo der sechste jetzt lebt, der letzte noch kommen, aber nur kurze Zeit bleiben wird. v. 11 fügt dann noch einen achten hinzu, der durch das ϑηρίον ὅ ἦ καὶ οὐκ ἔστιν vertreten wird, aber doch zu den sieben gehört. Daneben steht v. 9 eine ganz andere Deutung, daß die sieben Köpfe die sieben Berge sind, auf denen das Weib (Rom) sitzt. Deutlich zeigt sich, daß ein älterer Text zugrunde liegt, der dann immer wieder neu ausgedeutet wurde. Diesem Text gehörten die sieben Köpfe an; wenn der sechste der jetzt regierende ist (οἱ πέντε ἔπεσαν, ὁ εἷς ἔστιν), so scheint er, wenn, wie das natürlichste ist, Caesar mitgerechnet ist, unter Nero entstanden zu sein, auf den sich vielleicht auch die Namenszahl 666 (ἀριϑμὸς ἀνϑρώπου ἐστιν 13, 18) bezieht; dann ist die eschatologische Prophezeiung also durch die mit Nero einsetzende Verfolgung veranlaßt. Auch die ganz mysteriösen Andeutungen über den Kopf, der tödlich verwundet, aber wieder geheilt ist (13, 3. 12. 14.), oder nach 17, 8. 11 das ϑηρίον ὅ ἦν καὶ οὐκ ἔστιν, das aber aus dem Abgrund wiederkommen und dann in die Vernichtung gehn wird. mögen sich auf Nero und die Erwartung von dessen Wiederkunft beziehn. Doch ist eine sichere Deutung für uns natürlich ganz unmöglich (was durch die zahllosen zur Auswahl stehenden Deutungsversuche lediglich bestätigt wird); schon Johannes selbst, der die älteren Vorlagen aufgenommen und überarbeitet hat, hatte eine solche nicht geben können. Vielmehr schillert bei ihm alles im Unbestimmten, und eben darum hat er hier wie z. B. 14, 4 (wo die 144 000 Auserwählten entweder die Asketen sind, die „jungfräulich geblieben sind", oder aber die, „welche dem Lamm folgen, wohin immer es sie führt, die als Erstlingsgabe für Gott und das Lamm aus den Menschen erkauft wurden, in deren Mund keine Lüge gefunden wird, die Untadligen", d. h. die Gesamtheit der wahren Christen) verschiedene Deutungen nebeneinander geben können. – Mit den sieben Köpfen sind nun äußerst ungeschickt die aus Daniel c. 7 entnommenen zehn Hörner verbunden (12, 3. 13, 1. 17, 3. 7), mit denen der Verfasser aber nichts anzufangen weiß. 17, 12 deutet er sie als zehn Könige (wie bei Daniel), „die noch nicht das Königtum erhalten haben, aber auf eine Stunde Gewalt wie Könige mit dem Tier erhalten", diesem einmütig die Macht geben und dann vom Lamm besiegt werden. Daneben steht 17, 16 f. eine ganz andere Deutung: „die zehn Hörner und das Tier werden die Dirne (Rom) hassen und verödet und bloß machen, und ihr Fleisch essen und sie im Feuer verbrennen, da Gott ihnen ins Herz gegeben hat, seine Absicht zu vollstrecken und einmütig ihr Königtum dem Tier zu geben, bis Gottes Worte erfüllt sind". Demnach tritt also von da an die unmittelbare Herrschaft des Tieres an Stelle der Herrschaft Roms (das dann c. 18 zerstört wird), bis auch dies mitsamt seinen Anhängern und den Königen der Erde durch den zum Weltenherrscher erhobenen Messias vernichtet wird (19, 19 f.). Schwerlich hat der Verfasser damit irgendwelche konkrete Anschauungen verbunden; jedenfalls sind die äußerst gekünstelten modernen Deutungen auf die Parther und ihre Vasallenstaaten oder auf die römischen Statthalter völlig unhaltbar.

47 Die Befristung auf 42 Monate (13, 5, wie 12, 14 sowie 11, 2 f. 12, 6) ist aus Daniel entnommen; mit dieser mystischen Zahl mag sich dann der Leser abfinden, so gut er kann. Sie zeigt aber deutlich, wie verkehrt es ist, das einzelne auf bestimmte geschichtliche Vorgänge deuten zu wollen, wie vielmehr die Schilderung überall mit überkommenen, im einzelnen jeder Interpretation spottenden Überlieferungen operiert.

48 Apokal. 16, 13.19, 20. 20, 10. Seine Beschreibung stammt aus Daniel, ebenso, daß es aus dem Lande aufsteigt, wie das erste aus dem Meer. Eben darum sollte man sich auch hier nicht mit sachlich ganz unzulänglichen Deutungen abquälen.

49 Im einzelnen wird dann das Tier und sein Kultus ganz als Gegenbild des Lamms und der wahren Religion gezeichnet, die dann im folgenden Kapitel geschildert werden. Daher ist das Tier oder sein einer Kopf ὡς ἐσφαγμένη εἰς ϑάνατον, aber wieder geheilt und lebendig (13, 3. 12. 14), wie das ἀρνίον; und alle, die es verehren, tragen sein χάραγμα mit seinem Namen auf der Rechten oder der Stirn (13, 16. 14, 11. 16, 2. 19, 20), wie die 144 000 Auserwählten den Namen des Lamms und seines Vaters auf der Stirn tragen (7, 3 f. 14, 1; vgl. 17, 5, wo dem Rom darstellenden Weib sein geheimer Name auf der Stirn geschrieben steht). 13, 17 wird dann dies χάραγμα zugleich auf die Münze gedeutet.

50 Nur so kann 13, 9 f. verstanden werden, wo es im Anschluß an die Verehrung des Tiers und die, welche sich davon fernhalten, heißt εἴ τις ἔχει οὖς, ἀκουσάτω · εἴ τις εἰς αἰχμαλωσίαν, εἰς αἰχμαλωσίαν ὑπάγελ · εἴ τις ἐν μαχαίρῃ ἀποκτενεῖ, δεῖ αὐτὸν ἐν μαχαίρῃ ἀποκτανϑῆναι . ὡδὲ ἐστιν ἡ ὑπομονὴ καὶ ἡ πίστις τῶν ἁγίων (= 14, 12). Das kann nicht besagen, daß man keinen Widerstand versuchen soll, weil dann als Strafe für die Eigenmächtigkeit die Vergeltung durch das gleiche Schicksal folgen würde, sondern es ist so deutlich wie möglich als eine für alle, die hören können, verständliche Mahnung zur ὑπομονή, d. i. zum Martyrium, bezeichnet. Mit Recht sagt WELLHAUSEN, Analyse der Offenbarung Joh., Abh. Gött. Ges. N. F. IX 4, 1907, S. 22, 1: „Das Aktiv ἀποκτενεῖ ist unmöglich und muß in das Passiv verwandelt werden." Der Sinn kann nur sein: wer ins Gefängnis abgeführt wird, soll sich abführen, wer zur Hinrichtung verurteilt ist, sich hinrichten lassen; das ist nun einmal von Gott so bestimmt (δεῖ).

51 15, 2 καὶ εἶδον … τοὺς νικῶντας ἐκ τοῦ ϑηρίου καὶ ἐκ τῆς εἰκόνος αὐτοῦ καὶ ἐκ τοῦ ἀριϑμοῦ τοῦ ὀνόματος αὐτοῦ („die Sieger über das Tier und sein Bild und seine Namenszahl", die nach 13, 17 im χάραγμα steht).

52 ad Ephes. 1, 2. 3, 1. 12, 1. ad Magn. 9, 2. ad Trall. 4 f. ad Rom. 2. 4. 5. ad Smyrn. 4.

53 Euseb. hist. eccl. V 2, 2 ff.

54 Vgl. GEFFCKEN, Hermes 45, 1910, 493 f. Die ganze Serie der heidnischen Parallelen, einschließlich des Mucius Scaevola, des Regulus, der Dido gibt z. B. Tertullian apol. 50.

55 Epiktet diss. IV 7, 6: ὑπὸ μανίας μὲν δύναταί τις οὕτω διατεθῆναι πρὸς ταῦτα, καὶ ὑπὸ ἔθους οἱ Γαλιλαῖοι. Mit MEISER (Hermes 45, 1910, 160) ἔθους in πείθους zu ändern, liegt kein Anlaß vor; bei den Christen ist das Martyrium ja geradezu zu einer „Sitte" geworden, etwa wie bei manchen Völkern der Selbstmord der Alten oder bei den Indern die Witwenverbrennung. Wenn man das bei den Stoikern so häufige freiwillige Ausscheiden aus dem Leben auf dieselbe Stufe stellen wollte, würde er erwidern, daß hier ein auf richtiger Erwägung der gegebenen Lage beruhender freier und sittlich berechtigter Willensentschluß vorliege, nicht aber ein auf blindem Antrieb und Eingewöhnung in Illusionen beruhendes Streben, durch das Drängen zum Martyrium die erste sich bietende Gelegenheit zu ergreifen, um das von Gott verliehene Leben wegzuwerfen. – Daß die Γαλιλαῖοι hier nur die Christen sein können, kann nicht zweifelhaft sein, wenngleich diese Bezeichnung für sie sonst vor Julian nicht wieder vorkommt (HARNACK, Mission und Ausbreitung d. Chr. I^3 385; act. 1, 11. 2, 27 kommen dafür nicht in Betracht); wie sollte Epiktet in seinen um 110 n. Chr. gehaltenen Vorträgen dazu kommen, hier die längst ausgerotteten Zeloten des Galilaeers Judas, an die man gedacht hat, zu erwähnen, von denen er schwerlich je gehört hat? – Dagegen sind in der Bemerkung II 9, 19 f., daß viele Hellenen sich als Juden, Syrer, Aegypter aufspielen (d. h. deren Kulte mitmachen), ohne ernsthaft solche geworden zu sein, die Ἰουδαῖοι nicht Christen, sondern wirkliche Juden resp. σεβόμενοι τὸν θεόν, und die Taufe, durch die sie wirklich zu Juden werden, ist die Proselytentaufe (vgl. SCHÜRER, Gesch. III^4 181 ff.).

56 Marcus Antoninus εἰς ἑαυτὸν XI 4: τὸ δὲ ἑτοῖμον τοῦτο ἵνα ἀπὸ ἰδικῆς κρίσεως ἔρχηται, μὴ κατὰ ψιλὴν παράταξιν ὡς οἱ Χριστιανοί, ἀλλὰ λελογισμένως καὶ σεμνῶς καὶ ὥστε καὶ ἄλλον πεῖσαι, ἀτραγῴδως. Auch ein Verhalten wie das des Ignatios konnte Männern wie Epiktet und Marcus nur als eine auf grober Unwissenheit und Überhebung beruhende Halsstarrigkeit erscheinen. Ebenso urteilt Lucian über Peregrinos.

57 Es ist sehr zu beachten, daß die Annahme einer natürlichen Unsterblichkeit der Seele ursprünglich keineswegs ein feststehendes christliches Dogma gewesen ist. οὐκ ἔστιν ἀθάνατος, ἄνδρες Ἕλληνες, ἡ ψυχὴ καθ' ἑαυτήν, θνητὴ δέ · ἀλλὰ δυνατὸς ἡ αὐτὴ καὶ μὴ ἀποθνήσκειν sagt Tatian adv. Graecos 13; nur dadurch, daß das θεῖον πνεῦμα sich mit ihr verbindet, kann sie unsterblich werden. Ähnlich Justin dial. 6 in der Polemik gegen Platos Phaedon und Theophilos ad Autol. II 24. 27 (vgl. II 19 die an Gen. 2, 7 angeknüpfte Bemerkung: ὅθεν καὶ ἀθάνατος ἡ ψυχὴ ὠνόμασται π α ρ ὰ τ ο ῖ ς π λ ε ί ο σ ι). – Um 1700 hat der streng orthodoxe Anglikaner (Jakobit) H. Dodwell diese Ansicht erneuert: die Unsterblichkeit wird nur durch die Taufe erlangt, wenn sie von einem korrekt durch einen Bischof geweihten Geistlichen vollzogen ist; außerdem aber macht Gott die Sektierer, die die Gelegenheit verschmäht haben, der orthodoxen Kirche beizutreten, unsterblich, damit sie die ewigen Höllenstrafen erleiden können (LECKY, Hist. of England I 87).

58 Clem. Al. Strom. IV 5, 23 αὐτίκα ὁ μάρτυς ἡδονὴν τὴν δι' ἐλπίδος διὰ τῆς παρούσης ἀλγηδόνος αἱρεῖται.

59 ib. IV 7, 44.

60 de morte Peregr. 14 ἄνευ τινὸς ἀκριβοῦς πίστεως τὰ τοιαῦτα παραδεξάμενοι. Hier bedeutet das Wort πίστις genau das Gegenteil wie bei den Christen, zwingende Beweise, die der verstandesmäßigen Prüfung standhalten, nicht blinde Unterordnung unter die göttliche Autorität.

61 Vgl. dazu in Justins Martyrium (um 165) die Frage des praefectus urbi Rusticus: ἄκουε, ὁ λεγόμενος λόγιος καὶ νομιζων ἀληθινοὺς εἰδέναι λόγους· ἐὰν μαστιγωθεὶς ἀποκεφαλισθῇς, πέπεισαι ὅτι μέλλεις ἀναβαίνειν εἰς τὸν οὐρανόν; Justin : ἐλπίζω ἕξειν αὐτοῦ τὰ δόματα, ἐὰν ὑπομείνω ταῦτα. οἶδα γὰρ πᾶσιν τοῖς οὕτω βιώσασιν παραμένειν τὸ θεῖον χάρισμα μέχρι τῆς ἐκπληρώσεως τοῦ παντὸς κόσμου. Rusticus: σὺ οὖν ὑπονοεῖς, ὅτι ἀναβήσῃ εἰς τοὺς οὐρανοὺς ἀμοιβάς τινας ἀποληψόμενος; Justin: οὐχ ὑπονοῶ, ἀλλ' ἐπίσταμαι καὶ πεπληροφόρημαι. Damit bricht Rusticus ab – er hat offenbar mit diesen Fragen nur seine Neugier befriedigen und hören wollen, wie weit der Wahnwitz der Gläubigen gehe –; er befiehlt nochmals, zu opfern, und spricht, als das verweigert wird, das Todesurteil.

62 Selbst Tacitus, so sehr er den Thrasea und den Helvidius verehrt und preist, sagt doch über Thraseas demonstratives Verhalten nach Neros Muttermord ann. XIV 12: *Thrasea Paetus silentio vel brevi adsensu priores adulationes transmittere solitus exiit tum senatu, ac sibi causam periculi fecit. ceteris libertatis initium non praebuit.*

63 Sie konnte von der Kirche um so eher ertragen werden, da sich hier ja alles allegorisch und eschatologisch auf die immer weiter hinausrückende Endzeit deuten läßt.

64 Petr. I 2, 13 ff. Tit. 3, 1. Timoth. I 2, 2.

65 So im ersten Clemensbrief 61; ebenso Polykarp ad Philipp. 12, 3 usw.

66 Clem. Alex. Strom. IV 4, 17 λέγομεν δὲ καὶ ἡμεῖς τοὸς ἐπιπηδήσαντας τῷ θανάτῳ (εἰσὶ γάρ τινες οὐχ ἡμέτεροι, μόνου τοῦ ὀνόματος κοινωνοί. οἳ δὴ αὐτοὸς παραδιδόντες σπεύδουσι τῇ πρὸς τὸν δημιουργὸν ἀπεχθείᾳ οἱ ἄθλιοι θανατοῦντες – er betrachtet sie also als Gnostiker, die den Demiurgen vom höchsten Gott unterscheiden). τούτους ἐξάγειν ἑαυτοὸς ἀμαρτύρως λέγομεν, κἂν δημοσίᾳ κολάζωνται. οὐ γὰρ τὸν χαρακτῆρα σώζουσι τοῦ μαρτυρίου τοῦ πιστοῦ, τὸν ὄντως θεὸν μὴ γνωρίσαντες, θανάτῳ δὲ ἑαυτοὸς ἐπιδιδόασι κενῷ, καθάπερ καὶ οἱ τῶν Ἰνδῶν γυμνοσοφισταὶ ματαίῳ πυρί. ἐπεὶ δ' οἱ ψευδώνυμοι οὗτοι τὸ σῶμα διαβάλλουσι, μαθέτωσαν ὅτι καὶ ἡ τοῦ σώματος εὐαρμοστία συμβάλλεται τῇ διανοίᾳ πρὸς τὴν εὐφυΐαν, was dann weiter aus Plato rep. III 410 ff. belegt wird.

67 Sehr anschaulich treten die ersten Stadien dieser Entwicklung bei Plutarch zutage, vor allem in der Schrift über Isis, Das Gegenbild geben dann die Schriften Lucians, vor allem die über Alexander von Abonuteichos; aber die gesamte Literatur der Kaiserzeit bietet das gleiche Bild, auch Celsus nicht minder wie Origenes. In der historischen Literatur zeigt die Entwicklung von Livius über Tacitus zu Dio Cassius, wie die Gläubigkeit und die ungeprüfte Hinnahme aller Wunder und Vorzeichen immer weiter um sich greift. Die abschließende Systematisierung der neuen Religion hat dann der Neuplatonismus gegeben; vgl. HARNACKS Beilage über den Neuplatonismus in Band I seiner Dogmengeschichte.

68 Diese Entwicklung hat GEFFCKEN in seinem Kommentar zu Aristides und Athenagoras (Zwei griechische Apologeten, 1907) eingehend dargelegt. Ferner vor allem HARNACK, Lehrbuch der Dogmengeschichte I[4] 496 ff. SEEBERG, Lehrbuch der Dogmengeschichte I § 13.

69 Um so mehr ist anzuerkennen, daß Tatian trotz aller oft recht oberflächlichen Entlehnungen seines Materials aus den griechischen Vorgängern doch eine nicht unbedeutende Bildung besitzt, daß er eine durchaus selbständige, eigenartige Persönlichkeit ist, die eine Sonderstellung, unter den Apologeten einnimmt, und daß seine Herstellung der Evangelienharmonie διὰ τεσσάρων eine sehr achtungsvolle Leistung ist, die berechtigt, ihn als einen Vorläufer des Origenes zu betrachten, wie er andrerseits an Tertullian erinnert. In der stark einseitig gefärbten Charakteristik GEFFCKENS a. a. 0. 105 ff. treten diese Seiten mit Unrecht ganz zurück.

70 Clem. Alex. Strom. IV 8, 58 ἔξεστι γὰρ τῷ καθ' ἡμᾶς πολιτευομένῳ καὶ ἄνευ γραμμάτων φιλοσοφεῖν ... κοινὴ γὰρ ἁπάντων τῶν ἀνθρώπων τῶν γε ἑλομένων ἡ σωφροσύνη.

71 Wie nahe sich Christentum und Philosophie in der Zeit des Neuplatonismus gerückt sind, ist bekannt. Aber auch schon im zweiten Jahrhundert findet sich neben dem Übertritt philosophisch gebildeter Heiden zum Christentum das Umgekehrte, so bei Peregrinos Proteus, der vom Christentum wieder abfällt und Kyniker wird. Als solcher hat er in üblicher Weise alles Bestehende schlecht gemacht und in Rom durch seine Schmährede auf Kaiser Pius glücklich erreicht, daß der Stadtpräfekt ihn auswies. Schließlich hat er sein Leben damit gekrönt, daß er, nach vorheriger feierlicher Ankündigung, sich bei dem olympischen Fest 165 nach dem Vorbild des Herakles und der Brahmanen in die Flammen eines dafür aufgerichteten Scheiterhaufens stürzte. Auch hier fehlt es nicht an dem theatralischen Aufputz, den Marcus den Christen zum Vorwurf macht.

72 Bekanntlich hat Eusebios eine Sammlung der älteren Martyrien herausgegeben, auf die er in der Kirchengeschichte mehrfach verweist. Sie reichen über Polykarp (155 n. Chr.) nicht hinaus; damals also scheint die Sitte aufgekommen zu sein. Von Ignatios liegen wohl die von Polykarp gesammelten Briefe vor, die sich sämtlich auf sein bevorstehendes Martyrium beziehn, aber kein Bericht über dieses selbst.

73 Wenn GEFFCKEN, Die christlichen Martyrien, Hermes 45, 1910, S. 488 und 489, diese beiden Schriftstücke als „hochrhetorisch, d. h. der Wirklichkeit wenig entsprechend" bezeichnet, so kann ich dem durchaus nicht zustimmen: sie zeigen vielmehr durchaus den Stil, der für jeden nicht ganz ungebildeten Christen dieser Zeit beim Reden und Schreiben der geläufige und ihm natürliche war. Daß auf diesen Stil „die antike Formalistik wie sonst im Christenleben ihren Einfluß aufs nachhaltigste geübt hat" (S. 491), ist, wenn man die übertreibende Fassung auf das richtige Maß reduziert, zutreffend, aber beweist eben darum gar nichts gegen die Zuverlässigkeit der Berichte. Und das angebliche Wunder (S. 488, 1. 501) in Lyon, daß das von den Folterqualen zerfleischte σωμάτιον – diesen geringschätzigen Ausdruck vom Körper verwenden die Christen hier ebenso wie die Stoiker und Kyniker – des Sanctus wieder kräftig und widerstandsfähig wird (§ 23 f.), ist kein wirkliches Wunder, sondern diesen Triumph Christi über den ἀντικείμενος haben die zuschauenden Gläubigen ebensogut gesehn, wie sie bei der Verbrennung Polykarps (mart. Pol. 15) die εὐωδία fühlen, die wie Weihrauch von dem brennenden Leibe ausstrahlt. Daß bei solchen Vorgängen Illusionen und Phantasien sich einstellen, ist doch selbstverständlich, aber kein Beweis gegen die Ehrlichkeit der Berichte oder für literarische Mache.

74 So wenig es unsere Aufgabe ist, auf diese Entwicklung weiter einzugehn, so möchte ich doch aussprechen, daß der Anfang dieser ausmalenden literarischen Gestaltung m. E. in den Apolloniosakten (um 185) vorliegt, die ich im Gegensatz zu HARNACK und MOMMSEN mit GEFFCKEN u. a. nicht mehr für völlig authentisch halten kann. Aber mit Unrecht hat GEFFCKEN sein Urteil über diese auch auf die älteren, völlig zuverlässigen Akten übertragen.

75 Grundlegende zusammenfassende Bearbeitung von WILCKEN, Zum alexandrinischen Antisemitismus. Abh. sächs. Ges. d. W. 27, 1909; dazu jetzt pap. Oxyrynch. VIII 1089 und X 1242. Die Parallele mit den christlichen Akten hat zuerst AD. BAUER, Archiv für Papyrusforschung I 1901 ausgeführt und die Bezeichnung „heidnische Märtyrerakten" geschaffen. Daß alle diese Texte literarischen Charakter haben, hat WILCKEN mit Recht eingehend begründet. Das hat jetzt H. NIEDERMEYER, Über antike Protokolliteratur, Diss. Göttingen 1918, weiter ausgeführt; er unterschätzt jedoch m. E. die Zuverlässigkeit des überarbeiteten, aber auf amtlichen Urkunden beruhenden Materials. [Inzwischen hat V. PREMSTEIN. Zu den sogenannten alexandrinischen Märtyrerakten, Philologus, Suppl. Bd. XVI. Heft 2, 1923, in Fortführung seiner unten erwähnten Abhandlung im Hermes 57, 266 ff., die Fragen neu behandelt und wesentlich gefördert. Ich habe bei der Korrektur diese Arbeit noch nach Möglichkeit berücksichtigt. Daß die meisten Bruchstücke aus einem einheitlichen Werk aus dem Anfang des dritten Jahrhunderts stammen, wie schon DEISSMANN angenommen hatte, scheint er erwiesen zu haben; aber das Material, das dafür benutzt ist. muß natürlich auf gleichzeitige Aufzeichnun-

gen zurückgehn, und der Bericht über die Vorgänge unter Hadrian (Ba), der in jenes Werk nur in verkürzter Fassung aufgenommen ist (Bb), liegt in einem Papyrus vor, der kurz nach den Ereignissen geschrieben ist.]

76 Beim Kaiser hat dem Flaccus sein Verhalten nichts geholfen; er wurde gefangen abgeführt, zur Verbannung verurteilt und bald darauf im Exil auf Andros auf Befehl des Kaisers umgebracht.

77 Hier nennt ihn Philo leg. ad Gajum 353. Nach Josephus arch. XVIII 257 war auch Apion, der Hauptvertreter der Judenbekämpfung in der Literatur, bei dieser Gesandtschaft.

78 Philo in Flacc. 130. Nach ihm wäre Lampon zur Gymnasiarchie gezwungen worden, obwohl er behauptete, das dafür erforderliche Vermögen, nicht zu besitzen. Wie weit die schweren sittlichen Vorwürfe, die Philo gegen das Treiben des Lampon und Isidoros erhebt, sachlich zutreffend sind, vermögen wir natürlich nicht zu entscheiden.

79 Pap. Oxyr. VIII no. 1089; vgl. dazu WILCKEN, Archiv f. Pap. VI 289 [und jetzt PREMERSTEIN S. 4 ff., gegen dessen Ergänzungen aber wohl einige Zurückhaltung ratsam ist]. Daß der hier neben Isidoros auftretende Dionysios auch bei Philo in Flacc. 20 vorkommt, hat bereits der Herausgeber HUNT bemerkt. Im übrigen ist dies neue Fragment leider großenteils unverständlich; wer der in ihm vorkommende γεραιός ist, ist völlig unklar. [Daß er und ebenso die von ihm erwähnten γέροντες Juden seien, wie HUNT und PREMERSTEIN annehmen, kann ich nicht glauben; wie könnte er dann den Verfolger der Juden Dionysios ἀντικρὺ τοῦ Σαράπιος als τέκνον anreden?]

80 WILCKEN, Alex. Antisem. 800 ff. Chrestomathie no. 14. – WILCKEN hat die Verhandlung ins Jahr 53 gesetzt; die Kaiserin sei Agrippina, der König Agrippa II. [Das erschien mir sehr unwahrscheinlich, wird aber jetzt durch PREMERSTEINS Ausführungen S. 15 ff. weiter erwiesen, der als Datum der Verhandlung den 30. April 53 gewinnt.] Vielleicht würden wir noch Genaueres erkennen können, wenn uns das fünfte Buch Philos περὶ ἀρετῶν, die παλινῳδία (leg. ad Gajum 378, o. S. 462, 1), erhalten wäre, in dem er doch wohl auch das Strafgericht über die alexandrinischen Gegner berichtet haben wird.

81 ἔφη Λάμπων τῷ Ἰσιδώρῳ · τί γὰρ ἄλλο ἔχομεν ἢ παραφρονοῦντι βασιλεῖ τόπον διδόναι – vgl. was Sueton Claud. 15 über die Art berichtet, wie Claudius nicht selten bei Gerichtsverhandlungen mitgespielt wurde, speziell die sich mit Lampons Äußerung nahe berührende Angabe: *litigatori Graeculo vox in alteratione excidit*: καὶ σὺ γέρων εἶ καὶ μωρός.

82 Philo in Flacc. 128 f. Der Prozeß wurde zwei Jahre lang hingezogen, bis die Freisprechung erfolgte.

83 Appianosakten 4, 3 ff. Theon erscheint unter den Gesandten an Trajan und an Hadrian und wird wohl unter letzterem verurteilt sein.

84 Unter Trajan, wohl aus der Zeit vor dem Partherkrieg und mithin aus der Vorgeschichte des großen Judenaufstandes: Pap. Oxyr. X 1242, eingehend behandelt von W. WEBER, Hermes 50, 1915. – Unter Hadrian, nach der Niederwerfung des Aufstandes: WILCKEN; Antisem. 807 ff., neu bearbeitet von V. PREMERSTEIN, Hermes 57, 1922 und ein Bruchstück in zweiter, kürzerer Fassung WILCKEN 821, jenes in einer Abschrift aus dem Beginn, letzteres ebenso wie die übrigen Texte aus dem Ende des zweiten oder Beginn des dritten Jahrhunderts. – Unter Commodus: WILCKEN, Antisem. 822 ff. Chrestomathie no. 20.

85 Offenbar war es in Alexandria wieder einmal zu einer Judenverfolgung gekommen, wie unter Gajus und nachher unter Cyrill.

86 Beide Parteien haben τοὺς ἰδίους θεοὺς mitgebracht; bei den Juden nimmt WEBER gewiß mit Recht an, daß damit eine Thorarolle gemeint ist.

87 Über denselben s. WEBER S. 52 f.

88 S. o. Kap. X.

89 [PREMERSTEIN hat sehr wahrscheinlich gemacht, daß Nachwirkungen des Aufstandes des Avidius Cassius zu Grunde liegen.]

90 [So jetzt auch PREMERSTEIN S. 74 f.]

91 Vgl. Horaz carm. III 3, der den Satz *iustum et tenacem propositi virum non civium ardor prava iubentium, non voltus instantis tyranni mente quatit solida ... si fractus inlabatur orbis, inpavidum ferient ruinae* vielmehr auf den Kaiser Augustus selbst anwendet.

92 Auf die Parallele, welche die Literatur der Kaiserzeit über die *exitus clarorum virorum* bietet, hat REITZENSTEIN mehrfach hingewiesen, ebenso WEBER, PREMERSTEIN; u. a.

93 Dio 67, 18.

94 Philostr. vit. Apoll. VII 35; vgl. m. Aufsatz Hermes 52 S. 418 ff.

95 Schon vorher hat er sich nach Philostratos unter Nero vor Tigellinus in ähnlicher Weise bewährt.

96 Außerdem hat Philostratos sich die Gelegenheit nicht entgehn lassen, noch eine breite rhetorische Verteidigungsrede einzulegen (VIII 6 f.), die angeblich Apollonios selbst geschrieben, aber nicht gehalten hat, da Domitian sich auf wenige kurze Fragen beschränkte.

97 Über den echten Apollonios bieten seine Briefe ein weit zuverlässigeres Material, die aus einer Biographie ausgezogen und zum Teil authentisch sind, vgl. Hermes 52, 409 ff. und dazu DIELS, Hermes 53, S. 77, 1. Danach stand im Mittelpunkte seines Interesses das asiatische Neuland, dessen Kultur und Haltung er mit warmen Worten gepriesen hat, während er von dem verfallenen Mutterland nebst Ionien nicht viel wissen will und hier auch wenig Anerkennung gefunden hat (vgl. ep. 54: „ich bin Barbar geworden, nicht weil ich

lange von Hellas fort war, sondern weil ich lange in Hellas war"). Das hat Philostratos vollständig verschoben. Auch gegen das Römertum steht er in Opposition, und mißbilligt (das ist auch von Philostratos übernommen) die Annahme römischer Namen, die Gladiatorenspiele u. a. Nach Rom ist er (außer bei der Gefangennahme unter Domitian) nicht gekommen. Vgl. Hermes 53, 394. 406. 410 f. 423.

98 ἐνταῦθα δὴ μεγάλη τις οἰκονομία θεοῦ ἐγίγνετο καὶ ἔλεος ἀμέτρητον ἀνεφαίνετο Ἰησοῦ, σπανίως μὲν τῇ ἀδελφότητι γεγονός, μὴ ἀπολειπόμενον δὲ τῆς τὲ χνης Χριστοῦ V 1, 32.

99 Euseb. hist. eccl. V 1, 11 f. 32 f. 45 ff.

100 Petr. I 1, 6 f., wörtlich aufgenommen im Eingang des Jakobusbriefs 1, 2 f. Auch hier folgt 1, 12 μακάριος ἀνὴρ ὃς ὑπομένει πειρασμόν, ὅτι δόκιμος γενόμενος λήμψεται τὸν στέφανον τῆς ζωῆς, ὃν ἐπηγγείλατο τοῖς ἀγαπῶσιν αὐτόν. Damit hat die Christenheit sich im allgemeinen gegenüber der Frage beruhigt, warum Gott die Verfolgungen zuläßt. Doch warnt der Jakobusbrief 1, 13 vor der Annahme, daß Gott selbst der Versucher sei; das seien vielmehr die eigenen sündigen Triebe: μηδεὶς πειραζόμενος λεγέτω ὅτι ἀπὸ θεοῦ πειράζομαι · ὁ γὰρ θεὸς ἀπείραστός ἐστιν κακῶν, πειράζει δὲ αὐτὸς οὐδένα. ἕκαστος δὲ πειράζεται ὑπὸ τῆς ἰδίας ἐπιθυμίας ἐξελκόμενος καὶ δελεαζόμενος. Dagegen ist es eine Ausnahme, daß Basilides, um die göttliche Gerechtigkeit zu retten, die Verfolgungen als Strafe für die sündhaften Triebe oder für in dieser oder einer früheren Existenz [wie bei den Indern] begangene Sünden erklärt (Clem. Alex. Strom. IV 12, 81 ff.). Das wird von Clemens mit Recht durch den Hinweis darauf widerlegt, daß ja der Verleugner, also der weit schwerere Sünder, besser wegkomme als der Bekenner. Aber ebensowenig kann er zugeben, daß Gott selbst die Verfolgungen verhänge: οὔτε γὰρ ὁ Κύριος θελήματι ἔπαθεν τοῦ πατρὸς οὔθ' οἱ διωκόμενοι βουλήσει τοῦ θεοῦ διώκονται. Da aber οὐδὲν ἄνευ θελήματος τοῦ κυρίου τῶν ὅλων eintritt, λείπεται δὴ συντόμως φάναι, τὰ τοιαῦτα συμβαίνειν μὴ κωλύσαντος τοῦ θεοῦ· τοῦτο γὰρ μόνον σώζει καὶ τὴν πρόνοιαν καὶ τὴν ἀγαθότητα τοῦ θεοῦ. Damit haben sich die Gläubigen zu allen Zeiten zufrieden gegeben; daß das unlösbare Dilemma dadurch in Wirklichkeit nicht aufgehoben, sondern vielmehr als bestehend anerkannt wird, bedarf keiner Bemerkung.

101 Ebenso 3, 14 ἀλλ' εἰ καὶ πάσχοιτε διὰ δικαιοσύνην, μακάριοι.

102 Petr, I 4, 12 ff. ἐν ἀγαθοποιΐᾳ leitet zu den folgenden Lebensregeln über; die Anknüpfung bietet der oft ausgesprochene Gedanke, daß der Christ die Nächstenliebe wie in seinem ganzen Leben so auch im Märtyrium bewährt: vgl. 3, 17.

103 Petr. I 5, 8 f. 3, 15 f.

104 Herm. vis. II 2, 7. Weiteres über Hermas s. unten.

105 Herm. sim. IX 28.

106 Martyr. Polyc. 4.

107 Clem. Alex. Strom. IV 10, 76 f.; IV 4, 17.

108 Clem. Alex. Strom. IV 4, 16. 9, 71 f. (der Valentinianer Herakleon); vgl. Tertullian scorpiace 1 u. a. HARNACK, Mission u. Ausbr. I^3 463.

109 Tertullian apol. 5 *tentaverat et Domitianus, portio Neronis de crudelitate; sed qua et homo, facile coeptum repressit, restitutis etiam quos relegaverat.* Eusebios hist. eccl. III 20, 7 führt diese Stelle an; die Späteren (Lactant. de mort. pers. 3, Orosius usw.) haben weiteres Material nicht besessen.

110 Euseb. hist. eccl. III 18, 4. chron. ao. 94 n. Chr. Im Armenier und bei Synkellos heißt der Historiker Brettios, bei Hieronymus Brettius, ebenso im chron. pasch.; bei Malalas (der aus ihm noch Angaben über Zeus und Danae und über Alexander bringt, die jedenfalls von ihm stark getrübt sind) ist er weiter in Βώττιος u. ä. entstellt; s. Hist. rom. rel. ed. PETER II 160. Daß wir sonst von ihm nichts wissen, gilt ebenso von vielen anderen Historikern der Kaiserzeit und darf gegen die Zuverlässigkeit der Angabe des Eusebios nicht verwendet werden. Es ist nicnt zu vergessen, daß uns über die Flavier (und vollends über die folgende Zeit) sehr viel weniger Material erhalten ist, als über die Julier und Claudier; auch Sueton faßt sich hier viel kürzer, und aus Dio liegt nur ein Auszug vor.

111 Eusebios macht sie durch ein bei den vielen Gleichnamigkeiten im Kaiserhause sehr begreifliches Versehn zur Tochter einer Schwester des Clemens. Vgl. DESSAU in der Prosopogr. rom. II 81 f. nr. 279. Die ganz legendarischen und geschichtlich wertlosen Akten des Nereus und Achilleus (um 500, herausgegeben von ACHELIS, Texte und Unters. XI 2, 1893) bezeichnen sie richtig als Nichte Domitians, haben aber sonst alles entstellt: sie ist mit Aurelianus, dem Sohn eines Consuls, verlobt, weigert aber als Braut Christi die Ehe usw. Schließlich wird sie unter Trajan hingerichtet.

112 Sueton Domit. 15. Dio 67, 14. Dio nennt als Ort ihres Exils die Insel Pandataria; da ist Eusebios' oft wiederholte Angabe (auch Hieron. epist. 108, 7), der Pontia nennt, wohl richtiger; die Verwechslung ist leicht begreiflich. Clemens' Hinrichtung erwähnt auch Philostratos vit. Apoll. VIII 25, der ihm fälschlich eine Schwester Domitians (statt der Nichte) zur Gemahlin gibt.

113 CIL. VI 16 246 = DESSAU, Inscr. Lat. 8306. Dementsprechend werden act. Ner. et Achill. 18 die Leichen der beiden Märtyrer ἐν προαστείῳ τῆς Δομετίλλας ἐν τῇ ἀμμώδει κρυπτῇ ἐν τῇ ὁδῷ τῇ ὀνομαζομένῃ Ἀρδεατίνῃ beigesetzt. Daß im übrigen die Kulte und Legenden all der hier aufgezählten Märtyrer erst im fünften Jahrhundert aufgekommen sind, weist ACHELIS nach. Natürlich erleidet hier auch Domitilla schließlich den Märtyrertod, und zwar unter Trajan in Tarracina.

114 In den Akten des Nereus und Achilleus 9 wird der Bischof zum Brudersohn des Consuls gemacht. Synkellos hat p. 650 Bonn zu der aus Eusebios' Chronik übernommenen Angabe über Domitilla den Zusatz beigefügt: αὐτός τε ὁ Κλήμης ὑπὲρ Χριστοῦ ἀναιρεῖται.

115 Das hat W. WEBER, Hermes 50, 1915, 62 ff., klar dargelegt, ebenso die Reaktion unter Nerva und Trajan, mit der er auch dessen Haltung in der Verhandlung mit den Alexandrinern unter Führung der Hermaïskos in Verbindung setzt.

116 Wenn Hermaïskos zu Trajan sagt: „wir sind traurig darüber, daß dein Beirat voll ist von den gottlosen Juden" (ἀλλὰ λυπούμεθα, ὅτι τὸ συνέδριόν σου ἐπλήσθη τῶν ἀνοσίων Ἰουδαίων) und Trajan das als freche Beleidigung zurückweist, so mag auch dabei die Hinneigung zum Christentum als Annahme des Judentums aufgefaßt sein.

117 Euseb. hist. eccl. III 19 f. Nach III 12 ist die Aufsuchung der Davididen schon von Vespasian angeordnet worden. Seitdem aber hat sich die Ableitung der Familie Jesu von David durchgesetzt und ist in der christlichen Literatur dargelegt; so begreift es sich. daß unter Domitian auch Jesu Verwandte aufgegriffen werden.

118 Dio 68, 1; vgl. Euseb. hist. eccl. III 20, 8.

119 Apol. 5. Ebenso Euseb. hist. eccl. III 20, 5 nach Hegesippos, im Anschluß an die Freigabe der Enkel des Judas: καταπαῦσαι δὲ διὰ προστάγματος τὸν κατὰ τῆς ἐκκλησίας διωγμόν.

120 Daß er in diese Zeit gehört (geraume Zeit nach der neronischen Verfolgung), beweist der gesamte Inhalt und wird durch Regesippos (Euseb. III 16) bestätigt; vgl. HARNACK, Chronol. 251 ff. sowie HARNACKS Ausgabe. – Mit der Verfolgung der Stoiker und Kyniker im Jahre 94 und der Ausweisung aller Philosophen aus Italien (Sueton Dom. 10. Dio 67, 13) hängt das Vorgehn gegen die Christen schwerlich direkt zusammen; aber beides ergab sich aus der Haltung, die Domitian überhaupt einnahm.

121 Clem. Rom. ad Cor. 1 διὰ τάς αἰφνιδίους καὶ ἐπαλλήλους γενομένας ἡμῖν συμφορὰς καὶ περιπτώσεις. Vgl. 59, 4 das Gebet τοὺς ἐν θλίψει ἡμῶν σῶσον ... λύτρωσαι τοὺς δεσμίους ἡμῶν.

122 Über die Angaben c. 13 über die römischen Kaiser und die Unmöglichkeit einer sicheren Deutung s. oben.

123 Es ist das allerdings mehrfach bestritten worden, so vor allem von BOUSSET in seinem Kommentar (1906) S. 47 und 191 f.; die Annahme eines Exils auf Patmos sei erst eine späte und unbegründete Folgerung aus den Worten des Johannes. Mir ist unverständlich, wie man diese anders deuten kann: er sagt ja ausdrücklich, daß er von der θλῖψις mitbetroffen und daß er wegen der μαρτυρία für den λόγος τοῦ θεοῦ auf der Insel gewesen ist. Daß er die Einsamkeit aufgesucht habe, um dort Viisionen zu haben, oder daß er aus irgend einem Anlaß eine Reise nach der abgelegenen Insel unternommen habe, ist doch eine ganz abenteuerliche Deutung.

124 Daß die Apokalypse zu Ende der Regierung Domitians verfaßt sei, sagt Irenaeos V 30, 3 (Euseb. hist. eccl. V 8, 6) und wird später oft wiederholt. Daneben steht die Legende bei Tertullian de praescr. haer. 36, wie Petrus und Paulus habe auch Johannes in Rom das Martyrium durch Eintauchen in siedendes Öl erlitten, sei aber unversehrt geblieben und dann auf eine Insel verbannt worden. Epiphanios 51, 12 und 33 bewahrt die Angabe, Johannes Verbannung und die Apokalypse falle unter Claudius; vgl. SCHWARTZ, Tod der Söhne Zebedäi S. 35. 39. BOUSSET, Die Offenbarung Johannis S. 48

125 Ungefähr gleichzeitig mit Plinius' Vorgehn ist die Verfolgung in Antiochia, der Ignatios zum Opfer fiel. Mit ihm werden Rheos Agathopus aus Syrien und der Diakon Philon aus Kilikien nach Rom geschleppt (ad Philad. 11. Smyrn. 10), andere sind schon vorausgeschickt (ad Rom. 10). Als Ignatios nach Smyrna kommt, erfährt er, daß die Gemeinde wieder Frieden hat. Der Verlauf wird also ganz ähnlich gewesen sein wie in Bithynien.

126 *et adhuc Christianis sola fama decernit*, ad nat. I 7.

127 Apol. 3. Entsprechend Lactant. de mortibus persec. 3: nach Nero und Domitian hat die Kirche bis auf Decius Frieden, *secuti temporibus, quibus multi ac boni principes Romani imperii clavum regimenque tenuerunt, nullos inimicorum impetus passa manus suas in orientem occidentemque porrexit.*

128 So erklärt sich der Ausfall gegen die Reichen im Jakobusbrief 2, 6 f. οὐχ οἱ πλούσιοι καταδυναστεύουσιν ὑμῶν, καὶ αὐτοὶ ἕλκουσιν ὑμᾶς εἰς κριτήρια; οὐκ αὐτοὶ βλασφημοῦσιν τὸ καλὸν ὄνομα τό ἐπικληθὲν ἐφ' ὑμᾶς; Sie denunzieren also die andern als Christen. Es wird hier so gewesen sein, wie immer in der Geschichte der Sekten, so bei den Puritanern und Quäkern und schon bei den Albigensern, bei den Mormonen, bei den Parsen Bombays u. a., daß die geordnete Lebensführung und das feste Zusammenhalten, die gegenseitige Förderung (wie bei den Juden und den Freimaurern), ganz abgesehn von der geringschätzigen Absonderung von den Andersgläubigen in Sitte und Mahlzeit, die Christen auch im Geschäftsleben vorwärts brachte und dadurch den Geschäftsneid und zugleich die Mißstimmung und Begehrlichkeit der Massen wachrief.

129 W. WEBER hat in dem Aufsatz „. . . nec nostri saeculi est", Festgabe für K. Müller, 1922, die zeitlichen und örtlichen Verhätnisse der Briefe über die Christen und den Zusammenhang mit der allgemeinen Politik Trajans eingehend dargelegt. – Amastrie, das, wie WEBER ausführt, wahrscheinlich der Schauplatz dieser Prozesse gewesen ist, ist der Sitz des Bischofs für diese Gebiete am Pontus: Dionysios von Korinth bei Euseb. hist. eccl. IV 23, 6.

130 ep. 96 *interim in iis, qui ad me tamquam Christiani deferebantur, hunc sum secutus modum . . . mox ipso tractatu, ut fieri solet, diffundente se crimine plures species inciderunt.*

131 In der Ausgabe des Avantius (1502), die die verlorene einzige Handschrift ersetzen muß, lautet die Stelle: *certe satis constat, prope iam desolata templa coepisse celebrari et sacra solemnia diu intermissa repeti*

passumque venire victimarum, cuius adhuc rarissimus emptor inveniebatur. Beroaldus (gleichfalls 1502), der diese Ausgabe wieder abdruckt, hat *passum* in *pastum* korrigiert (ebenso Budaeus in seinem in der Bodlejana erhaltenen Text; vgl. über die Textgrundlagen zuletzt MERRILL in seiner Ausgabe Leipzig 1922). Die Aldina (1508), welche die Handschrift auch noch benutzt, aber vielfach willkürlich geändert hat, bietet statt dessen *passimque venire victimas, quarum adhuc cet*. Das ist offenbar ein Versuch, den sinnlosen Text durch eine sachlich verständliche Fassung zu ersetzen, aber ohne Gewähr in der Überlieferung. Die neueren Herausgeber seit ORELLI sind daher sämtlich zu der Lesung des Avantius oder vielmehr zu Beroaldus' Korrektur *pastumque* zurückgekehrt [*postumque* bei KUKULA, ed. altera 1912, ist Druckfehler]; nur C. F. W. MÜLLER (1903) hat, in dem richtigen Gefühl, daß diese Lesung sinnlos ist, die Lesung der Aldina wieder in den Text eingesetzt. Aber eine Erklärung, welche dem gangbaren Text *pastumque venire victimarum* einen vernünftigen Sinn gäbe, habe ich in der ganzen Literatur, so oft der Briefwechsel auch besprochen ist, vergeblich gesucht; denn daß die Deutung ORELLIS: „auch fänden sich Leute, die die Fütterung von Opfertieren in Akkord nehmen, was bis jetzt nur selten der Fall gewesen" (ebenso KUKULA, Die Briefe des jüngeren Plinius, Kommentar, S. 112). absurd ist, liegt auf der Hand. Daß man dann *conducere* und *redemptor* erwarten mußte, hat schon DÖRING; (Plin. ep. 1843, II 389) dagegen eingewandt; aber überhaupt ist die Vorstellung sinnlos, als bekämen die Tiere, die man opfern wollte, anderes Futter, oder gar, man habe sich gescheut, die Weiden und Futterplätze zu pachten, weil man fürchtete, das darauf gezogene Vieh nicht verkaufen zu können. Vielmehr ist ganz klar, daß in *passum* ein Wort für „Fleisch" stecken muß.

132 Zitiert werden die Schreiben des Plinius und Trajan mit ausführlicher Inhaltsangabe von Tertullian apol. 2 (daraus Euseb. hist. eccl. III 33).

133 Euseb. hist. eccl. V 1, 14. MOMMSEN, Religionsfrevel, Ges. Schr. III 410, 1, verweist daneben auf Celsus bei Orig. VIII 69 [das Zitat ist bei MOMMSEN durch Druckfehler entstellt]: Euer Gott (ὁ σὸς Ὕψιστος) erfüllt seine Verheißungen so wenig, daß er den Juden keine Scholle und keine Heimstätte mehr gelassen hat, ὑμῶν δὲ κἄν πλανᾶταί τις ἔτι λανθάνων, ἀλλὰ ζητεῖται πρὸς θανάτου δίκην. Daß Celsus hier maßlos übertreibt und daß das Aufsuchen und überhaupt Christenprozesse in seiner Zeit nur einen verschwindend kleinen Teil der Gläubigen trafen, bedarf keiner Ausführung.

134 Das von Justin am Schluß der ersten Apologie (= Euseb. IV 9) bewahrte Reskript Hadrians an den Statthalter von Asia Minucius Fundanus gebt über Trajans Weisung nur insofern hinaus, als es gehässige Anklagen (συκοφαντίας χάριν) unter Strafe stellt und ausdrücklich verbietet, populären tumultuarischen Forderungen nachzugeben, und so zugleich erkennen läßt, daß der Kaiser Christenprozesse möglichst vermieden zu sehn wünscht. Aber die Anklage ist ausdrücklich gestattet, wenn der Kläger beweist τί παρὰ τοὺς νόμους πράττοντας, und darunter fällt rechtlich natürlich auch das *nomen Christianum* und die Verweigerung der Opfer. So mit Recht HARNACK, Das Edikt des Antoninus Pius, Texte und Unters. XIII 4, 1895, 44 ff. gegen MOMMSEN, Ges. Schr. III 414 f. Daß Hadrian wie in diesem Reskript so auch sonst, und ebenso Pius in Erlassen „an die Larisaeer, Thessaloniker, Athener und alle Hellenen" περὶ τοῦ μηδὲν νεωτερίζειν περὶ ἡμῶν ἔγραψεν, sagt Melito bei Euseb. IV 26, 10 (vgl. IV 13, 8); daß unter Marcus wieder Verfolgungen in Asien stattfinden, ist ihm etwas Neues und οὐδεπώποτε γενόμενον, und er richtet eine Schrift an den Kaiser, in der er fragt, ob das wirklich sein Wille sei (Euseb. IV 26, 2. 5 f.). – Den angeblichen Erlaß des Pius oder Marcus an das κοινὸν τῆς 'Ασίας bei Euseb. IV 13 dagegen kann ich trotz HARNACKS Versuch, einen echten Kern herauszuschälen (a. a. O.), nur mit SCHWARTZ (in seiner Eusebiusausgabe S. 326) für eine christliche Fälschung halten.

135 Die in mehreren Martyrologien erhaltene Liste der Märtyrer, die auf Eusebios' Sammlung (o. S. 539, 3) zurückgeht und von HIRSCHFELD, Zur Gesch. des Christentums in Lugdunum, Ber. Berl. Ak. 1895, 381 ff. = Kl. Schr. 154 ff., eingehend behandelt ist, enthält 48 Namen, die wahrscheinlich durch Zusammenfassung der Gentilnamen mit den, auf sie folgenden Cognomina auf etwa 35 zu reduzieren sind.

136 So in den von Tertullian ad Scapulam 4 f. aufgeführten Beispielen. In derselben Weise ist Peregrinos Proteus wieder freigelassen worden.

137 So bei den von Justin in der zweiten Apologie erzählten Händeln, die zur Hinrichtung des Ptolemaeos und seiner Genossen führten. Analog erwähnt Tertullian ad Scap. 3, daß der Statthalter Kappadokiens Claudius Herminianus aus Entrüstung darüber, daß seine Frau Christin geworden war, die Christen verfolgt habe.

138 c. Cels. III 8.

139 So Justin dial. 110: κεφαλοτομούμενοι γὰρ καὶ σταυρούμενοι καὶ θηρίοις παραβαλλόμενοι καὶ πυρὶ καὶ πάσαιχ ταῖς ἄλλαις βασάνοις ὅτι οὐκ ἀφιστάμεθα τῆς ὁμολογίας δῆλόν ἐστιν · ἀλλ' ὅσῳπερ ἂν τοιαῦτά τινα γίνηται, τοσούτῳ μᾶλλον ἄλλοι πλείονες πιστοὶ καὶ θεοσεβεῖς διὰ τοῦ ὀνόματος τοῦ 'Ιησοῦ γίνονται. Eben durch den Anblick ihrer Standhaftigkeit in allen Martern, sagt Justin apol. II 12 von sich selbst, sei er, damals noch Platoniker, zu der Erkenntnis gekommen ἀδύνατον εἶναι ἐν κακίᾳ καὶ φιληδονίᾳ ὑπάρχειν αὐτούς. Tertullian apol. 50: *nec quicquam tamen proficit exquititior quoque crudelitas vestra, illecebra est magis sectae. plures efficimur quoties metimur a vobis: semen est sanguis Christianorum.*

KAPITEL XI

1 Die Angabe des zweiten Timotheusbriefs 4, 10, daß Crescens nach Gallien gegangen sei, offenbar um hier die Mission zu beginnen, mag historisch sein.
2 Euseb. hist. eccl. V 1, 17. 44.
3 S. HARNACK, Chronologie II 296 ff. „In Afrika ist vielleicht die lateinische Bibel früher entstanden als in Italien, und Afrika wurde das Mutterland der christlich-lateinischen Literatur. In diesem Sinn hat es eine weltgeschichtliche Bedeutung" (HARNACK, Mission und Ausbr. II[3] 291).
4 Iren. praef. οὐκ ἐπιζητήσεις δὲ παρ' ἡμῶν τῶν ἐν Κέλτοις διατριβόντων καὶ περὶ βάρβαρον διάλεκτον τὸ πλεῖστον ἀσχολουμένων λόγων τέχνην.
5 Iren. III 4. 1 und dazu I 10, 2.
6 Eine umfassende Zusammenstellung des gesamten Materials bietetder zweite Band von HARNACKS Mission und Ausbreitung des Christentums.
7 Diese Bedeutung hat Kleinasien in der Folgezeit auch auf politischem Gebiet gewonnen. Hier liegt der Schwerpunkt des byzantinischen Reichs; mit seiner Eroberung durch die Seldschuken ist dessen Macht gebrochen. Dann hat die Halbinsel, nach einer gewaltigen Umwandlung der Bevölkerung und der Religion, unter den Osmanen noch einmal die gleiche Bedeutung gewonnen, die gerade in unseren Tagen wieder klar hervortritt. Der Regierungssitz in Konstantinopel liegt hier eben so exzentrisch wie Alexandria im späteren Lagidenreich oder Petersburg im russischen Reich.
8 Zu Strabos Zeit war das Lydische im eigentlichen Lydien ausgestorben, hielt sich aber, neben dem Pisidischen und Solymischen, noch in dem abgelegenen Alpenkanton Kabalis mit der Hauptstadt Kibyra (XIII 49 17).
9 Vgl. HOLL, Volkssprachen in Kleinasien, Hermes 43, 1908, 240 ff.
10 Daß diese Kulte sich seit vorgeschichtlicher Zeit weithin über Syrien und darüber hinaus verbreitet haben und uns hier als Dea Syra, als Atargatis und Ba´ alat von Byblos nebst Tammuz und Adonis, und als Juppiter optimus maximus Dolichenus und Heliopolitanus entgegentreten, kann hier nicht ausgeführt werden. Mit letzteren und den sonstigen Steinkulten Syriens verwandt ist auch der Elagabal von Emesa; aber seine Priesterschaft und die Bevölkerung von Emesa ist, was meist übersehn zu werden pflegt, nicht aramaeisch sondern arabisch, so gut wie Palmyra.
11 Dieser Kult lebt bis auf den heutigen Tag unverändert fort bei den schiitischen Persern als Trauerfest um Hasan und Husein.
12 CIL VI 510 (DESSAU 4152), aus dem Jahre 376, in Rom.
13 Daneben wird der Ritus für das Wohl des Kaisers und seines Hauses vollzogen.– Vgl. WISSOWA, Religion und Kultus der Römer, 2. Aufl. 322 f
14 οἶδά σου τὰ ἔργα, ὅτι ὄνομα ἔχεις ὅτι ζῇς, καὶ νεκρὸς εἶ Apok. 3, 1.
15 Petr. I 1 ἐκλεκτοῖς παρεπιδήμοις διασπορᾶς. Daß damit Judenchristen gemeint seien (Beisassen der jüdischen Diaspora), ist völlig ausgeschlossen, da die Adressaten nach 1, 14. 18. 4, 3 f. bekehrte Heiden sind und der Brief auf das Judentum überhaupt keine Rücksicht nimmt. Vielmehr sind die Christen das γένος ἐκλεκτόν, ἔθνος ἅγιον, οἵ ποτε οὐ λαός, νῦν δὲ λαὸς θεοῦ 2, 9 f., aber darin als auserwähltes Volk Gottes auf Erden nur Beisassen, zerstreut unter die Heiden; daher werden hier wie im ganzen selbständig gewordenen Christentum die ursprünglich für die Juden geprägten Ausdrücke einfach auf sie übertragen. Der Eingang des Jakobusbriefs (ταῖς δώδεκα φυλαῖς ταῖς ἐν τῇ διασπορᾷ) hat das nachgeahmt. Der Bezeichnung der Christen als παρεπίδημοι (ebenso Hebr. 11, 13. Petr. I 2, 11 πάροικοι καὶ παρεπίδημοι) entspricht die Bezeichnung der Gemeinden als ἡ ἐκκλησία τοῦ θεοῦ ἡ παροικοῦ σα ἐν ... bei Polykarp ad Phil. und im Martyrium.
16 Luc. Alex. 25 λέγων ἀθέων ἐμπεπλῆσθαι καὶ Χριστιανῶν τὸν Πόντον, οἵ περί αὐτοῦ τολμῶσι τὰ κάκιστα βλασφημεῖν. Ebenso 38.
17 Clemens ad Cor. Polykarp ad Philipp.
18 Alles in Betracht kommende Material hat HARNACK, Mission und Ausbr. II zusammengestellt.
19 Clemens schreibt den Korinthern περί τῶν ἐπιζητουμένων παρ' ὑμῶν πραγμάτων „über die Dinge, die bei euch umstritten werden"; das setzt doch voraus, daß man in Rom davon nicht lediglich durch Hörensagen, sondern durch ein offizielles Schreiben aus Korinth erfahren hat.
20 Claudius Ephebus, Valerius Biton und Fortunatus; die beiden ersten sind offenbar Freigelassene griechischer Herkunft.
21 Bischof Dionysios von Korinth (um 170) an Soter von Rom bei Euseb. IV 23, 11.
22 Als Ignatios nach Smyrna gebracht ist, kommen Vertreter aller benachbarten Gemeinden hierher, darunter der Bischof von Tralles (ad Trall. 1. 12. ad Magn, 15, ad Ephes, 1, 2. 21); er ward dann von Burrus, einem Delegierten aus Ephesos, weiter nach Troas begleitet, von wo er Briefe nach Philadelphia, Smyrna usw. schickt und Nachrichten nach Antiochia zu senden bittet (ad Philad. 10 f. ad Smyrn. 12 f. ad Polyc. 7. ad Ephes. 2). In Philippi wird er ebenso aufgenommen (Polykarp ad Phil. 9).
23 Dem ununterbrochenen regen Verkehr entspricht die ständige Mahnung zur φιλοξενία als einer Haupttugend des Christen: Rom. 12, 13. Petr. I 4, 9. Hebr. 13, 1. Clem. ad Cor. I 1, 2. 10 ff. Hermas mand. VIII 10. sim. IX 27, 2; speziell für die Bischöfe Timoth. I 3, 2. Tit. 1, 8.

24 Euseb. IV 23.
25 Didache 11 ff.
26 Gleichartig ist die ausführliche Erörterung darüber bei Hermas mand.11.
27 Ignat. ad Smyrn. 8 ὅπου ἂν φανῇ ὁ ἐπίσκοπος, ἐκεῖ τὸ πλῆθος ἔστω · ὥσπερ ὅπου ἂν ᾖ Χριστός Ἰησοῦς, ἐκεῖ ἡ καθολικὴ ἐκκλησία. Dem entsprechen die Warnungen vor dem μερισμός (ad Philad. 2. 7. ad Smyrn. 8) und die ständigen Mahnungen zur ἕνωσις oder ἑνότης (ad Ephes. 4 f. Magn. 13.Trall. 11. Philad. 2 f. 7. 8. ad Polyc. 1). Diese Einheit wird eben durch den festen Anschluß an den Bischof erhalten. – Das nächste Vorkommen ist im Martyrium Polykarps 8 und 19: τῆς κατὰ τὴν οἰκουμένην καθολικῆς ἐκκλησίας; analog in der Überschrift: „die Gemeinde Gottes in Smyrna an die in Philomelion καὶ πάσαις ταῖς κατὰ πάντα τόπον τῆς ἁγίας καὶ καθολικῆς ἐκκλησίας παροικίαις. Über das Vorkommen in der Folgezeit siehe HARNACK, Mission I³ 394 f.
28 So glaube ich, schärfer als es oben geschehn ist, die Entwicklung formulieren zu können. Wenn Paulus nach Philippi πᾶσιν τοῖς ἁγίος σὺν ἐπισκόποις καί διακόνοις schreibt, so gibt es eben hier mehrere ἐπίσκοποι, die nur mit den Presbytern (die Paulus nie erwähnt) und den ποιμένες Eph. 4, 11, den κυβερνήσεις; Kor. I 12, 28 identisch sein können. Ebenso beruft er nach act. 20, 17 aus Ephesos die πρεσβύτεροι τῆς ἐκκλησίας; nennt sie aber 20, 28 vom heiligen Geist eingesetzte ἐπίσκοποι. Wie Paulus erwähnt auch die Didache die Presbyter nicht, sondern ordnet 15, 1 an χειροτονήσατε ἑαυτοῖς ἐπισκόπους καί διακόνους, also dieselbe Verfassung wie in Philippi. Ebenso mahnt der erste Petrusbrief 5, 1 f. die πρεσβύτεροι: ποιμάνατε τό ἐν ὑμῖν ποίμνιον τοῦ θεοῦ, wozu alle Handschriften mit Ausnahme des Vat. und Sinait. (und einiger Zitate) ἐπισκοποῦντες hinzufügen, dem Sinn nach jedenfalls zutreffend, auch wenn es späterer Zusatz ist. Nach Clemens dreht sich der Streit in Korinth 1, 3. 3, 3. 44, 5. 47, 6 um die πρεσβύτεροι (vgl. 54, 2 μόνον τὸ ποίμνιον τοῦ Χριστοῦ εἰρηνευέτω μετὰ τῶν καθεσταμένων πρεσβυτέρων; 57, 1 ὑποτάγητε τοῖς πρεσβυτέροις;), nach 44, 1 ἐπὶ τοῦ ὀνόματος τῆς ἐπισκοπῆς (vgl. 42, 4 f. περὶ ἐπισκόπων καί διακόνων); also sind beide identisch. Das gleiche würde der Titusbrief 1, 5 ff. zeigen, wo Titus mit der Einsetzung von πρεσβύτεροι κατά πόλιν beauftragt und dann die an den ἐπίσκοπος zu stellenden Forderungen ausgeführt werden: aber es ist wohl kaum zweifelhaft, daß v. 7–9 ein späterer Einschub ist, der den Bischof auch hier einfahren will (so z. B. HANACK Chronol. I 482 f. 710 f). Das gleiche gilt von der Parallelstelle Timoth. I 3, 1 ff. – Der eigentliche ποιμήν und ἐπίσκοπος der Gläubigen ist der Christus oder Gott selbst (Petr. I 2, 12. 25. [5, 6 ἵνα ὑμᾶς ὑψώσῃ ἐν καιρῷ ἐπισκοπῆς fehlt das letzte Wort in den besten Handschriften und ist interpoliert]. ev. Luc. 19, 44; ferner Clem. ad Cor. I 50, 3. 59, 3. Ignat. ad Magn. 3 τῷ πατρὶ Ἰησοῦ Χριστοῦ τῷ πάντων ἐπισκόπῳ. ad Rom. 9 „die Kirche in Syrien wird statt meiner jetzt Gott zum Hirten haben; μόνος αὐτὴν Ἰησοῦς Χριστὸς ἐπίσκοπήσει καὶ ἡ ὑμῶν ἀγάπη"); bis er kommt, hat ihn der irdische ἐπίσκοπος zu vertreten. Daher bei Ignatios die Gleichsetzung des Bischofs mit Gott; vgl. sein Schreiben an Polykarp ἐπισκόπῳ ἐκκλησίας Σμυρναίων, μᾶλλον ἐπισκοπηένῳ ὑπὸ θεοῦ πατρὸς καὶ Κυρίου Ἰησοῦ Χριστοῦ.
29 Vermutlich hat Clemens diese Zustände zu rosig gezeichnet; es ist sehr möglich, daß das Kollegium recht senil geworden war und die Gemeinde in Stagnation zu versinken drohte. Eben das wird mit dazu gewirkt haben, daß die Leitung einem Einzigen übertragen wurde. – Zur Unterordnung unter die ἡγούμενοι, die die Lehre verkündet haben und über die Seelen der Gläubigen wachen, mahnt auch der Hebraeerbrief 13, 7–17, 24.
30 42, 4 f. 44.
31 57, 1 f.
32 Hermas bietet für die weitere Entwicklung kaum etwas. Die Presbyter sind die προιστάμενοι τῆς ἐκκλησίας vis. II 4, 2. 3. III 1, 8. Nach vis. III 5, 1 sind die Grundsteine der Kirche οἱ ἀπόστολοι καὶ ἐπίσκοποι καὶ διδάσκαλοι καὶ διάκονοι; sim. IX 27 redet von der Fürsorge der ἐπίσκοποι für Fremde und Witwen Über ihr Verhältnis zu den Presbytern läßt sich daraus nichts entnehmen.
33 Polyc. ad Phil. 5, 3. 6, 1. Seine eigene Stellung dagegen zeigt der Eingang seines Briefs: Πολύκαρπος καὶ οἱ σὺν αὐτῷ πρεσβύτεροι.
34 ἐπίσκοπος Συπίας, ad Rom. 2. 9.
35 ad Philad. 7.
36 ad Smyrn. 8. Trall. 2 f. Magn. 3. 6. Ephes, 2. 4. 6. Philad , 1 f. 5, 1 ad Polycarp. 6.– Im wesentlichen gleichzeitig ist Papias der Bischof von Hierapolis. Auf einen Streit um die führende Stellung in einer Gemeinde, also doch wohl um das Bistum, bezieht sich der dritte Johannesbrief, der den φιλοπρωτεύων Diotrephes wegen seines den Schreiber und dessen Anhänger angreifenden Verhaltens scharf bekämpft, dagegen den Demetrios warm empfiehlt.
37 Darauf weist, außer der Ausmalung der Geschichte des Timotheus, die sich mit dem Roman von Paulus und Thekla berührt, die Bezugnahme auf die Irrlehrer in Ephesos (Tim. I 1, 20. II 1,15, 2, 17. 4, 14 f.) hin. Nachweisbar benutzt sind sie zuerst bei Polykarp, also im zweiten Jahrzehnt des zweiten Jahrhunderts.
38 Tim. I 4, 14. 11 1, 6, also in derselben Weise, wie act. 6, 6. 13, 2 f.14, 23 die Diakonen, Presbyter und Missionare.
39 Erschwert wird die Beurteilung dadurch,daß an mehreren Stellen πρεσβύτεροι (daneben πρεσβύτεραι) im Gegensatz zu den νεώτεροι nicht ein Amt, sondern überhaupt die älteren Leute bezeichnet, so Tim. I 5, 1 f.

Tit. 2, 2 (πρεσβύται und πρεσβύτιδες); bei Tim. I 5, 19 κατὰ πρεσβυτέρου κατηγορίαν μὴ παραδέχου, ἐκτὸς εἰ μὴ ἐπὶ δύο ἢ τριῶν μαρτύρων kann man schwanken.

40 Tim. I 5, 1 οἱ καλῶς προεστῶτες πρεσβύτεροι διπλῆς τιῆς ἀξιούσθωσαν μάλιστα οἱ κοπιῶντες ἐν λόγῳ καὶ διδασκαλίᾳ.

41 Nur Papias steht abseits, s. unten.

42 Euseb. hist. eccl. III 11. 32. IV 22, 4 aus Hegesippos.

43 Euseb. III 5, 3 [danach die Späteren, z. B. Epiphanios 29, 7. 30, 2.], natürlich κατά τινα χρησμὸν τοῖς αὐτόθι δοκίμοις δι' ἀποκαλύψεως ἐκδοθέντα, und zwar πρὸ τοῦ πολέμου. Es entspricht das völlig der Weisung, welche die Apokalypse Marc. 13, 14 ff. (= Matth. 24, 15 ff.) gegeben hat. Lukas 21, 20 bezieht sie auf den Beginn der Belagerung (ὅταν δέ ἴδητε κυκλουμένην ὑπὸ στρατοπέδων Ἱερουσαλήμ. τότε γῶτε ὅτι ἤγγικεν ἡ ἐρήμωσις αὐτῆς; so deutet er das βδέλυγμα τῆς ἐρημώσεως bei Daniel und Marcus); das bestätigt, daß die Auswanderung wirklich erfolgt ist.

44 Eusebios III 35. IV 5 gibt eine Liste von 13 weiteren Nachfolgern des Symeon, sämtlich jüdischen Ursprungs (πάντας Ἑβραίους φασὶν ὄντας ἀνέκαθεν oder οἱ πάντες ἐκ περιτομῆς), die als Bischöfe an der Spitze der Gemeinde von Jerusalem gestanden haben sollen; er hat sie aus einer Aufzeichnung entnommen (ἐξ ἐγγράφων = παρὰ τοῖς ἐρχωρίοις μνημονεύεται dem. ev. III 5, 109), über die er nichts weiter angibt, also sicher nicht aus Hegesippos. Daß diese Liste schwerlich historisch ist, nimmt SCHWARTZ. Gött. Nachr. 1907, 284, 1 und in seiner Ausgabe der Kirchengeschichte des Eusebios III S. CCXXVI f. mit Recht an, wenn ich auch seinen Zweifel an der Übersiedlung nach Pella für unbegründet halte. Eusebios knüpft daran die im Jahre 134 nach dem jüdischen Aufstande unter Hadrian beginnende Liste der nichtjüdischen, sondern heidenchristlichen Gemeinde von Aelia Capitolina – Juden durften ja die Stadt überhaupt nicht betreten –, die er fälschlich als Nachfolger jener betrachtet (IV 6, 4. V 12).

45 Euseb. III 39, 3 f. 7. 14.

46 Daß Eusebios III 39, 17 hervorhebt, er habe den ersten Johannesbrief und den Petrusbrief verwendet, beweist allerdings nicht, daß er nicht auch Paulus' Briefe benutzt hat, da es Eusebios nur bei jenen darauf ankommt, ihre Echtheit und ihr Alter zu belegen.

47 Euseb. III 39, 11 ff. καὶ ἄλλα δὲ ὁ αὐτὸς ὡς ἐκ παραδόσεως ἀγράφου εἰς αὐτὸν ἥκοντα παρατέθειται ξένας τέ τινας παραβολὰς τοῦ σωτῆρος καὶ διδακαλίας αὐτοῦ καί τινα ἄλλα μυθικώτερα, darunter das tausendjährige Reich. σφόδρα γάρ τοι σμικρὸς ὢν τόν νοῦν ... φαίνεται. Siehe weiter die Fragmentsammlungen (PREUSCHEN, Antilegomena).

48 Tit. 19 10–16.

49 Tit. 3, 9 μωρὰς δὲ ζητήσεις καὶ γενεαλογίας καὶ ἔριν καὶ μάχας νομικὰς περιίστασο · εἰσὶν γὰρ ἀνωφελεῖς καὶ μάταιοι.

50 Tim. I 1, 4 ἵνα παραγγείλῃς τισὶν μὴ ἑτεροδιδασκαλεῖν μηδὲ προσέχειν μύθοις καὶ γενεαλογίαις ἀπεράντοις, αἵτινες ἐκζητήσεις ταρέχουσιν μᾶλλον ἢ οἰκονομίαν θεοῦ τὴν ἐν πίστει. Ebenso I 6, 3 f. gegen den Irrlehrer, μηδὲν ἐπιστάμενος, ἀλλὰ νοσῶν περὶ ζητήσεις καὶ λογομαχίας. Auch hier kehrt der Vorwurf wieder, daß sie aus der Frömmigkeit ein einträgliches Geschäft machen wollen (νομιζόντων πορισμὸν εἶναι τὴν εὐσέβειαν), während die wahre Frömmigkeit allerdings ein großes Einkommen ist, aber im geistigen Sinne und ohne Rücksicht auf die irdischen Genüsse und das Geld, sondern mit Selbstgenügsamkeit (ἔστιν δὲ πορισμὸς μέγας ἡ εὐδέβεια μετὰ αὐταρκείας κτλ.). – Vgl. auch Tim. II 4, 4.

51 Tim. I 4, 1 ff. τοὺς δὲ βεβήλους καὶ γραώδεις μύθους παραιτοῦ. – Im Gegensatz dazu wird Timotheus gemahnt, mit Rücksicht auf seine schwache Gesundheit nicht mehr lediglich Wasser, sondern auch etwas Wein zu trinken I 5, 23.

52 ad Philad. 8: ἤκουσά τινων λεγότων, ὅτι ἐὰν μὴ ἐν τοῖς ἀρχαίοις [oder nach der von ZAHN und HARNACK aufgenommenen Lesung ἐν τοῖς ἀρχείοις, „im Archiv"; ebenso nachher; gemeint ist jedenfalls das A. T.] εὕρω, ἐν τῷ εὐαγγελίῳ οὐ πιστεύω' · καὶ λέγοντός μου αὐτοῖς ὅτι 'γέγραπται', ἀπεκρίθησάν μοι ὅτι 'πρόκειται'. ἐμοὶ δὲ ἀρχαῖά ἐστιν I. X., τὰ ἄθικτα ἀρχαῖα ὁ σταυρὸς αὐτοῦ κτλ.

53 ad Philad. 6.

54 Vgl. Justin dial. 47.

55 Justin dial. 16. 17. 47. 108. Apol. I 31.

56 Apokal. 2, 9 an Smyrna 3, 9 an Philadelphia.

57 Didache 8: αἱ δὲ νμστεῖαι ὑμῶν μὴ ἔστωσαν μετὰ τῶν ὑποκριτῶν, d. i. den Juden μηδὲ προσεύχεσθε ὡς οἱ ὑποκριταί, ἀλλ' ὡς ἐκέλευσεν ὁ Κύριος ἐν τῷ εὐαγγελίῳ αὐτοῦ, nämlich das Vaterunser.

58 Kol. 2, 17 σκιὰ τῶν μελλόντων, wiederholt Hebr. 10, 1.

59 Barnab. 9, 4. ὁ μέλας 4, 9. Die Abfassungszeit ergibt sich bekanntlich mit ziemlicher Sicherheit aus c. 16.

60 Barnab. 9, 6. Das Prachtstück bleibt doch die Erklärung der 318 Mannen Abrahams, in griechischen Zahlbuchstaben **IHT**, als Jesus und Kreuz! Das haben die dummen Juden natürlich nicht verstanden. Es ist schmerzlich, aber zugleich ein drastisches Zeichen für den rapiden Niedergang der geistigen Kultur, daß auch Clemens Alex. Strom. VI 11, 84 diesen Unsinn aufgenommen und weitere kindische Zahlenspielereien (wie sie dann die Rabbiner mittels der sog. Gematria bis zum Überdruß weitertrieben) daran angefügt hat.

61 Hebr. 2, 3: die σωτηρία, ἥτις ἀρχὴς λαβοῦσα λαλεῖσθαι διὰ τοῦ Κυρίου ὑπὸ τῶν ἀκουσάντων εἰς ἡμᾶς ἐβεβαιώθη. Vgl. 13, 7.

62 So vor allem am Schluß ἀσπάζονται ὑμᾶς οἱ ἀπὸ τῆς Ἰταλίας. Die Verfolgungen in den Gemeinden, an die der Brief gerichtet ist, haben zu Mißhandlungen und Verspottungen (ὀνειδισμοῖς τε καὶ θλίψεσιν θεατριζόμενοι), zu Gefangensetzungen und Vermögenskonfiskationen geführt 10, 33 f. 13, 2, dagegen noch nicht zu Blutvergießen 12, 4. Das gibt aber keinen sicheren Anhalt (von einer Beziehung auf Rom und die neronische Verfolgung findet sich nichts); ebensowenig, daß der Schreiber 13, 19 hofft, durch das Gebet der Adressaten ihnen bald zurückgegeben zu werden, sowie 13, 23 „wißt, daß unser Bruder Timotheus freigegeben ist, mit dem ich, sobald er kommt, euch sehen werde"; das sieht sehr so aus, als hätte bereits der Verfasser selbst die Maske des Paulus angenommen. Sonst wird man vielleicht an die Verfolgungen und Schikanen unter Domitian zu denken haben. – Die Anonymität ist jedenfalls Absicht, wie beim ersten Johannesbrief, bei beiden fehlt auch jede Adresse, die doch auch dann kaum zu entbehren ist, wenn die Briefform lediglich literarische Einkleidung für eine Broschüre ist; auch der Barnabasbrief, der gleichfalls anonym überliefert ist, beginnt doch wenigstens mit der Grußformel χαίρετε, υἱοὶ καὶ θυγατέρες, ἐν ὀνόματι Κυρίου κτλ. So scheint der Eingang absichtlich weggeschnitten zu sein. Daß der Brief von Tertullian dem Barnabas, im Orient dem Paulus zugeschrieben wird, ist oben schon erwähnt; in Rom hat sich die Rückführung auf Paulus und damit die Aufnahme in den Kanon bekanntlich erst im vierten Jahrhundert durchgesetzt. Die Bezeichnung als Brief πρὸς Ἑβραίους ist ganz rätselhaft; wenn sie alt ist, muß das Wort in demselben Sinn für die Christen gebraucht sein, wie sonst Israel oder im Petrus- und Jakobusbrief διασπορά. Denn daß der Brief an Judenchristen, oder gar nach Palaestina gerichtet sei, ist durch den Inhalt völlig ausgeschlossen, so oft das auch behauptet wird; das Judentum ist für den Verfasser vollständig erledigt.

63 Direkt verwertet sind Anschauungen und Äußerungen der Briefe des Paulus 2, 2. 3, 6. 14. 5, 12 ff. 7, 19. 10, 1.

64 Hebr. 1, 3 ὢν ἀπαύγασμα τῆς δόξης καὶ χαρακτὴρ τῆς ὑποστάσεως αὐτοῦ. Dagegen 3, 14. 11, 1 bedeutet ὑπόστασις, „Zuversicht", wie bei Paulus Kor. II 9, 4. 11, 17. – ῥῆμα θεοῦ vom Schöpferwort Hebr. 11, 3, von der christlichen Lehre 6, 5.

65 Hebr. 2, 8.

66 διδαχαῖς ποικίλαις καὶ ξέναις 13, 9.

67 Die nächste Schrift dieser Art ist die ausführliche Auseinandersetzung mit dem Judentum in Justins Dialog mit Tryphon.

68 Die katholische Kirche hat sich dadurch geholfen, daß sie, wo es ihr paßt, das Alte Testament als untrügliche Autorität und Richtschnur für Glauben,und Handeln verwendet, in allen andern Fällen aber ohne viel Aufhebens beiseite schiebt. Je weiter sie sich dann ausbildet, desto mehr ist sie auch mit dem Neuen Testament in derselben Weise verfahren. Die Reaktion dagegen im Protestantismus ist dann im Calvinismus und im angelsächsischen Puritanismus am konsequentesten vorgegangen und hat hier in Theorie und Praxis das Alte Testament durchaus in den Vordergrund gestellt; sie interpretiert vor allem in der ganzen Lebensführung bis auf den heutigen Tag in England und Amerika im weitesten Umfang das Neue Testament nach dem Alten, nicht umgekehrt, und hat damit den Angelsachsen die selbstzufriedene Scheinheiligkeit und innere Unwahrhaftigkeit gebracht, die uns bei ihnen überall so furchtbar entgegentritt.

69 Matth, 21, 43. 24, 14. 28, 19.

70 16, 18 ff.

71 23, 3. Vgl, 5, 17 ff. Dem entspricht es, daß Jesus und seine Jünger die Tempelsteuer zahlen, obwohl sie theoretisch davon frei wären 17, 24 ff.

72 In der Regel werden die Saddukaeer hinzugefügt (Bd. I), die bis zum Jahre 70 die erbittertsten Gegner der Christen waren, aber für die Lehre nicht in Betracht kamen.

73 28, 15 καὶ διεφημίσθη ὁ λόγος οὗτος παρὰ Ἰουδαίοις μέχρι τῆς σήμερον.

74 18, 15 ff. Vgl. 10, 40 ff.

75 19, 10 ff. 5, 27 ff.

76 Ich weise auch hier darauf hin, daß dabei, im Gegensatz zu Lukas,Maria noch ganz zurücktritt; nicht sie erhielt die Offenbarungen, sondern Joseph (1, 20. 2, 13. 19).

77 Dabei ist Lukas benutzt: Johannes stammt hier aus dem Geschlecht Aharons und ist Sohn des Zacharias und der Elisabeth (Epiphan. 30, 13).

78 Im Syrus sinaiticus (4. Jahrhundert) wird diese Auffassung bekanntlich auch in dem Stammbaum Matth. 1, 16 ausdrücklich ausgesprochen: „Joseph, dem die Jungfrau Maria verlobt war, zeugte Jesus, der Christus genannt wird." Das ist doch wohl nicht der Urtext, sondern ebionitische Korrektur.

79 Epiphan. 30, 2; 29,7 auf die Nazaraeer von Beroea übertragen; hier wird daneben auch Pella genannt, das etwa fünf Meilen weiter südlich am Jordan liegt. Auch nach Africanus bei Euseb. 7,14 wohnen die Verwandten Jesu in Nazaret und Kochaba; vgl. Euseb. onomast. s. v. Χωβά p.172 ed. KLOSTERMANN.

80 Dieser Mystizismus ist etwas ganz anderes als der Glaube an die kindlichsten Wundererzählungen und Offenbarungen; beides wird von den Modernen oft fälschlich zusammengeworfen.

81 Für das einzelne verweise ich auf Bd. I 251 ff. SEEBERG, Lehrbuch der Dogmengesch. I, 3. Aufl. 261 hielt die Identifizierung des Hebraeerev. mit dem Ebionitenev. des Epiphanios 30, 13 f. – im Gegensatz zu dem Mat-

thaeusevangelium der Nazaraeer von Beroea, das Hieronymus als Hebraeerev. bezeichnet – für undurchführbar. Daß eine reine Lösung bei dem dürftigen Bestande unseres Materials unmöglich ist, habe ich ausdrücklich betont; aber von den Grundzügen meiner Darlegung abzuweichen, sehe ich keinen Anlaß.

82 Das Material bei Irenaeos I 16 (ferner III 11, 7. IV 33, 4. V 1, 7); danach Hippolyt ref. VII 34. Euseb. III 27. VI 17; mit weiteren Angaben Epiphan. 30; den angeblichen Sektenstifter Ebion kennt schon Tertullian (de carne Christi 14, 18, 24 u. a.).

83 Nach Euseb. III 27, 4 feiern sie daneben auch den Sonntag als Auferstehungstag.

84 Justin dial. 47 (wonach sich viele orthodoxe Christen ihnen gegenüber ebenso verhielten). c. 48 in der Anrede an den Juden Tryphon: καὶ γάρ εἰσί τινες, ἔλεγον, ἀπὸ τοῦ ὑμετέρου (so, nicht ἡμ., steht nach HARNACK, Dogmengesch I[4] 320, 1 in der Handschrift) γένους ὁμολογοῦντες αὐτὸν Χριστόν εἶναι, ἄνθρωπον δέ ἐξ ἀνθρώπου γενόμενον ἀποφαινόμενοι. Vgl. apol. I 53 πλείονάς τε καὶ ἀληθεστέρους τοὺς ἐξ ἐθνῶν τῶν ἀπὸ 'Ιουδαίων καὶ Σαμαρέων Χριστιανοὺς εἰδότες. Die Bezeichnung Ebionaeer erwähnt er nicht.

85 Bekanntlich hat etwa um 170 der Ebionaeer Symmachos (nach Eusebios der strengen Richtung angehörig) eine neue Übersetzung des Alten Testaments verfaßt, in engem Anschluß an den hebraeischen Text, die Origenes in die Hexapla mit aufgenommen hat. Weiteres bei Euseb. VI 17 und HARNACK, Chronol. II 16.5 ff. Er scheint die Sekte weiter im Abendland verbreitet zu haben, wo sie später oft *Symmachiani* genannt werden.

86 Orig. c. Cels. V 61 erwähnt solche Christen, die nach dem jüdischen Gesetz (ὡς τὰ 'Ιουδαίων πλήθη leben: οὗτοι δ'εἰσὶν οἱ διττοὶ 'Εβιωναῖοι, ἤτοι ἐκ παρθένου ὁμολογοῦντες ὁμοίως ἡμῖν τὸν 'Ιησοῦν ἢ οὐχ οὕτω γεγεννῆσθαι ἀλλὰ ὡς τοὺς λοιποὺς ἀνθρώπους. Ebenso V 65, wonach die 'Εβιωναῖοι ἀμφότεροι die Briefe des Paulus verwerfen. Weiter Euseb. III 27, 3, wonach auch sie Christus' Präexistenz als θεός λόγος καὶ σοφία nicht anerkennen.

87 Epiphan. 29, 9. Hieron. de vir. ill. 3 s. Bd. I 252 f. 260 f.

88 τὸν Χριστὸν λέγει ἄνθρωπον κοινῶς πᾶσι γεγονέναι Hippol. IX 14, 1.

89 Die Quellen sind Hippolyt ref. IX 13–17. X 29, sowie Epiphanios 19 und 53, der einige selbständige Angaben bringt, die zuverlässig scheinen, und sie mit den Sekten der Ossaeer und Sampsaeer im Ostjordanlande sowie 30, 3. 17 mit den Ebioniten in Verbindung bringt. Ferner Origenes bei Euseb. VI 38, der gleichfalls ihr vorübergehendes Auftauchen in letzter Zeit erwähnt. Nach ihm ist das Buch vom Himmel gefallen; das Alte Testament und das Evangelium werden benutzt, dagegen Paulus verworfen.

90 Epiphan. 30, 3 (vgl. 53, 1). 30, 16.

91 Daneben stehn nach Epiphan. 30, 16 die 'Αναβαθμοὶ 'Ιακώβου.

92 Wenn Epiphanios 30, 15 diesen Roman unter dem Namen Περίοδοι Πέτρου den Ebioniten zuschreibt, so hat er oder seine Quelle die judenchristliche Grundlage ganz richtig erkannt, aber diesen Charakter fälschlich dem ganzen Werk zugeschrieben. Auf das Lehrsystem weiter einzugehn, liegt außerhalb des Rahmens dieses Werkes; siehe die klare Zusammenfassung bei SEEBERG, Dogmengesch. I[3] 264 ff. – Schärfste Polemik gegen das Judenchristentum enthält die offenbar in enger Berührung mit demselben in dessen Nachbarschaft in Syrien entstandene Didaskalia der zwölf Apostel (ACHELIS, Texte und Unters. N. F. X 2, 1904); das Gesetz, mit Ausnahme der zehn Gebote, ist von Gott nur als Strafe für die Juden nach dem Abfall zum goldenen Kalb erlassen und durch Christus, der alles neu macht, aufgehoben; seine Befolgung, die „Wiederholung des Gesetzes", ist jüdische Verblendung und Ungehorsam gegen Gott.

93 Euseb. IV 22, 8.

94 Euseb. IV 22, 4 ff., vgl. II 23, 8. III 32, 3 f. 7 f. Bd, II 407, 3. 412, 1.

95 Euseb. IV 22, 2 f. In γενόμενος δὲ ἐν 'Ρώμῃ διαδοχὴν ἐποιησάμην μέχρις 'Ανικήτου ist διαδοχήν wohl verschrieben. Nach IV 8, 2 hat er in den fünf Büchern seiner ὑπομνήματα τὴν ἀπλανῆ παράδοσιν τοῦ ἀποστολικοῦ κηρύγματος ἁπλουστάτῃ συντάξελ γραφῆς dargelegt.

96 Eine ältere Schrift aus diesen Kreisen ist der Dialog zwischen einem jüdischen Christen Jason und einem alexandrinischen Juden Papiskos von Ariston aus Pella, verfaßt bald nach dem Aufstand unter Hadrian (Euseb. IV 6, 3). Die Schrift wird von Celsus bei Origenes IV 52 erwähnt und als weniger lächerlich als „bedauernswert und verächtlich" bezeichnet; offenbar herrschte in ihr eine recht naive, dem Judenchristentum nahe stehende Auffassung. Aber sie ist auch von Clemens von Alexandria erwähnt, der sie dem Lukas zuschrieb (Maximus confessor, siehe die Fragmente bei ROUTH, Rel. sacrae I 95 f.), und ist etwa im 5. Jahrhundert von einem anderen Celsus ins Lateinische übersetzt; von dieser Übersetzung ist die Vorrede unter Cyprians Schriften erhalten (ad Vigilium episc. de Iudaica incredulitate, in HARTELS Ausgabe III 119 ff., mit der Angabe über den Inhalt c. 8).

97 Nichts weist auf eine Kenntnis des jüdischen Aufstandes und der Zerstörung Jerusalems hin, vielmehr ist die Eschatologie c. 13 offenbar älter als diese (Bd. I 127 f.).

98 Bd, 1 300 f.

99 Die Entschuldigung, die Papias, oder vielmehr der πρεσβύτερος, auf dessen Worte er sich beruft, für seine ungenügende Anordnung vorbringt (Euseb. III 39, 15, s. Bd. I 157, 2) und die die Späteren wiederholen, zeigt deutlich, wie gern man das Buch preisgegeben haben würde, wenn es möglich gewesen wäre.

100 Das gilt auch von den ältesten von ihnen, dem asketischen εαγγέλιον κατ' Αἰγυπτίους und dem Evangelium

des Petrus, aus dem uns aus der Kreuzigung und Auferstehung in einem Pergamentkodex aus einem Grabe in Akhmîm in Oberaegypten ein Bruchstück erhalten ist, in dem Petrus als Augenzeuge berichtet, – eine legendarische Überarbeitung der Berichte der synoptischen Evangelien, speziell des Matthaeus und Lukas. Daneben stehn die Petrusapokalypse, von der dort gleichfalls ein Bruchstück erhalten ist, und die von Clemens Alex. viel benutzte „Predigt des Petrus" (Κήρυγμα Πέτρου). Über das Hebraeerev. s. oben. Im übrigen genügt hier der Verweis auf die Fragmentsammlungen (PREUSCHEN, Antilegomena; HENNECKE, Neutest. Apokryphen; KLOSTERMANN, Apokryphen I–III, in LIETZMANNS Kleinen Texten) sowie auf HARNACK, Chronol. I 590 ff.

101 Bekanntlich haben die beiden Clemensbriefe, Barnabas, Hermas und auch die Petrusapokalypse und die Didache vielfach in den Kanon Aufnahme gefunden. Die übliche Trennung der neutestamentlichen Schriften von dieser Literatur ist geschichtlich völlig unbegründet und hemmt die richtige Beurteilung.

102 Clem. ad Cor. 47, 3. 5, 3. Die nächstälteste Stelle, wo beide als die Apostel Roms erscheinen, ist Ignat. ad Rom. 4, 3.

103 Daß, wie sicher der Hebraeerbrief, so auch der erste Petrusbrief schon von Clemens benutzt ist (oder doch beide aus derselben Sphäre stammen), macht die Verwendung der sonst im N. T. nicht vorkommenden Worte γαθοποιΐα Petr. I 4, 19 (-ποιός 2, 14), Clem. 2, 2 und 7. 33, 1. 34, 2 und des überhaupt ganz seltenen ὑπογραμμός „Vorbild" Petr. I 2, 21, Clem, 5, 7. 16, 17, 33, 8 sehr wahrscheinlich. Aufs stärkste benutzt ist er dann von Polykarp, also um 112, und ebenso im Jakobusbrief (Jac. 1, 2 f. = Petr. I 1, 6 f.; Jac. 2, 1 f. = Petr. I 1, 21; Jac. 5, 5 f. = Petr. I 4, 6 f.; auch Jac. 1, 24 = Petr. I 1, 10).

104 ἐκλεκτοῖς παρεπιδήμοις διασπορᾶς Πόντου Γαλατίας, Καππαδοκίας, 'Ασιας καὶ Βιθυνίας, ἀπάζεται ὑμᾶς ἡ ἐν Βαβυλῶνι σονεκλεκτή (d. i. die Gemeinde in Rom, wie in der Apokalypse) καὶ Μάρκος ὁ υἱός μου – der allbekannte Gehilfe des Petrus. Wenn nicht dieser, sondern Silvanus ὁ πιστὸς δελφός als Schreiber bezeichnet wird [Petrus selbst hätte sicher die hebraeische Namensform Silas gebraucht], so ist damit wohl eher beabsichtigt, die nahe Beziehung zu Paulus anzudeuten, als daß, wie man oft vermutet hat, damit der wirkliche Verfasser genannt wäre. Von Silvanus hören wir seit seinem Aufenthalt mit Paulus zusammen in Korinth im Jahre 50 (act. 18,5) nichts mehr; unter seiner Gefolgschaft in Rom wird er nie genannt.

105 Petr. I 1, 19 f. = Ephes. 1, 4; I 2, 5 = Ephes. 2, 22, verbunden mit Rom. 12, 1; I 5, 8 = Eph. 6, 11 f. Besonders bezeichnend ist, wie aus Eph. 6, 14 στῆτε οὖν περιζωσάμενοι τὴν ὀσφὺν ὑμῶν ἐν ἀηθείᾳ in Petr. I 1, 13 die fürchterliche Wendung „gürtet die Lenden eurer Gesinnung" διὸ ἀναζωσάμενοι τὰς ὀσφύας τῆς διανοίας ὑμῶν gemacht wird.

106 Die Äußerung des zweiten Petrusbriefs 3, 6 verfolgt natürlich dieselbe Tendenz; am liebsten wäre es ihm, wenn „unser lieber Bruder Paulus" die Briefe, die er „gemäß der ihm gegebenen Weisheit" verfaßt hat, überhaupt nicht geschrieben hätte oder sie beseitigt werden könnten, da in ihnen „manche schwer verständliche Stellen sind, welche die Unwissenden und nicht Gefestigten hin und her zerren (στρεβλοῦσιν), wie überhaupt auch sonst die Schriften, zu ihrem eigenen Verderben" – d. h. sie kommen dadurch zu ketzerischen Ansichten. Dieser Brief, bekanntlich die jüngste Schrift des N. T., ist frühestens etwa um 150 entstanden, wie schon daraus hervorgeht, daß er ein so spätes Machwerk wie den Judasbrief in sich aufgenommen hat, und ist erst ganz spät in den Kanon aufgenommen; seiner Form nach ist er ein Seitenstück zum ersten Petrusbrief. Gerichtet ist er an die gesamte Christenheit – die Briefform ist auch hier nur literarische Einkleidung; die Maske des Petrus wird durch die Namensform Συμεὼν Πέτρος und die Bezugnahme auf die Verklärungsvision sowie andrerseits auf das bevorstehende Martyrium (1, 13 ff.) besser gewahrt als im ersten Brief, auf den er 3, 1 Bezug nimmt. Wo er entstanden ist, ist nicht zu ermitteln; verbreitet ist er von Aegypten aus.

107 Petr. I 1, 10 ff.

108 Gleichartig ist, daß im Κήρυγμα Πέτρου (fr. 3. 4 PREUSCHEN, Clem. Al. Strom. VI 5, 41 und Orig. in Joh. 13, 17) Petrus die jüdische Gottesverehrung als oben so verwerflich darstellt wie die der Heiden: diese verehren Holz und Stein, die Juden bilden sich ein, Gott zu verehren, dienen aber in Wirklichkeit [wegen der Innehaltung der Festzeiten] den Engeln und dem Monde (nach Paulus Gal. 4, 3. 9. Kol. 2, 18 ff.). Zwölf Jahre lang sollen die Apostel in Jerusalem bleiben, damit Israel die Bekehrung geboten wird, dann aber in die Welt hinausziehn.

109 Διδαχὴ Κυρίου διὰ τῶν δώδεκα ἀποστόλων τοῖς ἔθνεσιν.

110 Diese Ansicht vertritt neben anderen SEEBERG, Dogmengesch. I[3] 253 f., der sie mit dem Jakobusbrief in Parallele setzt und vermutet, daß diese ganze Literatur und mit ihr die triadische Taufformel Matth. 28, 19 [vgl. Bd. I 15, 1], Didache 7 aus den Bestrebungen der katholischen Gemeinde von Jerusalem (Aelia Capitolina) hervorgegangen sei, maßgebenden Einfluß zu gewinnen. Andere leiten die Schrift aus Aegypten ab; HARNACK, Chronol. I 431, 1 läßt die Frage unentschieden.

111 Siehe HARNACKS Ausgabe mit dem Versuch, die beiden Wege zu rekonstruieren, sowie Chronol. I 428 ff.

112 Klar formuliert ist sie in der Apokalypse 21, 14: die zwölf Grundsteine der Mauer des himmlischen Jerusalem tragen die Namen der zwölf Apostel des Lamms. Ferner Clemens ad Cor. 42. Judas ep. 17 = Petr. II 3, 2. Bei Bermas dagegen findet sie sich nicht; hier stehn die Apostel auf gleicher Linie mit den Bischöfen, Lehrern und Diakonen, die aber alle in voller Eintracht das gleiche lehren: vis. III 5, 1. sim. IX 15, 4. 16, 5. 17, 1. 25, 2 (vgl. Bd. I 270, 1). Seit der Mitte des zweiten Jahrhunderts hat sie sich überall durchgesetzt; daher u. a. das

apostolische Glaubensbekenntnis und ebenso der Titel πράχεις ἀποστόλων für das zweite Buch des Lukas. Aus ihr sind zahlreiche sekundäre Schriften über Kirchenordnung und Lehre hervorgegangen, so die Didaskalia der zwölf Apostel, die apostolische Kirchenordnung, die *Epistola Apostolorum* aus dem zweiten Jahrhundert (C. SCHMIDT und IS. WAINBERG, Gespräche Jesu mit seinen Jüngern nach der Auferstehung, Texte und Unters. 43, 1919); vgl. auch die Klementinen. Ferner die Bezeichnung des Hebraeerevangeliums als Ev. der zwölf Apostel (Bd. I 257).

113 Die älteste Stelle, wo ein Wort des Evangeliums in Gleichstellung mit einem des Gesetzes direkt als „Schrift" bezeichnet wird, ist Timoth. I 5, 18: λέγει γὰρ ἡ γραφή · βοῦν ἀλοῶντα οὐ φιμώσεις (Deut. 25, 4), καὶ · ἄξιος ὁ ἐργάτης τοῦ μισθοῦ αὐτοῦ (Q bei Matth. 10, 10. Luc. 10, 7).

114 Vgl. zu diesem Abschnitt HARNACK, Der erste Clemensbrief, Ber. Berl. Ak. 1909, 38 ff.

115 Die Heilung durch Ölsalbung im Namen des Herrn empfiehlt noch der Jakobusbrief 5, 14; aber sie soll von den Presbytern geübt werden, also von den Gemeindebeamten, nicht von den Wanderaposteln wie bei Marcus 6, 13.

116 Vgl. Timoth. I 4, 7 f. γύμναζε σαυτὸν πρὸς εὐσέβειαν. ἡ γὰρ σωματικὴ γυμνασία πρὸς ὀλίγον ἐστὶν ὠφέλιμος · ἡ δὲ εὐσέβεια πρὸς πάντα ὠφελιμός ἐστιν.

117 Siehe darüber HARNACK, Mission und Ausbr.[3] 238 ff.: „Die Botschaft von dem neuen Volk und dem dritten Geschlecht". Vgl. schon Petr. I 2, 9 f. ὑμεῖς γένος ἐκλεκτόν, ἔθνος ἅγιον ... οἵ ποτε οὐ λαός, νῦν δὲ λαὸς δεοῦ (nach Hosea 1, 6 ff.).

118 Justin dial. 47 ist liberal genug, anzunehmen, daß diejenigen Judenchristen, welche das Gesetz auch nach der Bekehrung befolgen, aber den Heiden nicht aufzwingen wollen, wohl der Erlösung teilhaftig werden können, und stimmt denen nicht zu, welche auch diese für verloren halten. Alle anderen dagegen, und vollends die Juden, die nicht an den Christus glauben, sondern ihn verfluchen, fallen unrettbar der ewigen Verdammnis im Höllenfeuer anheim.

119 Sehr stark treten diese Elemente, entsprechend der Größe der römischen Gemeinde, bei Hermas hervor, ganz besonders die nur auf ihren Vorteil bedachten ὑποκριταί, deren Reue nur Schein ist (vis. III 6, 1. sim. VIII 6. 7. IX 19, 2), und die unsicher zwischen weltlichen und religiösen Interessen schwankenden und zweifelnden διψυχοι (vis. III 4, 8. mand. IX 5. XI 1. sim. VIII 7. IX 21; vgl. Jacob. 1, 8. 4, 8. Didache 4, 4). Gewinnsüchtige und betrügerische Diakonen sim. IX 26, 2; ferner natürlich Verleugner.

120 So Timoth. I 6, 17. Jacob. 2, 1–8. 59 1 ff, Hermas vis. III 6, 5 ff. mand. X 1, 4 f. sim. II 5 ff. VIII 9. IX 20. 30, 4 f.

121 Ebenso bezeugt der Bischof von Ephesos Onesimos dem Ignatios ὅτι ἐν ὑμῖν οὐδεμία αἵρεσις κατοικεῖ (ad Eph. 6); die Zuwanderer, die eine schlechte Lehre bringen, haben sie nicht angehört (9, 1; vgl. 10, 3: sorgt, ἵνα μὴ τοῦ διαβόλου βοτάνη τις εὑρεθῇ ἐν ὑμῖν. 13, 1. 17,1 μὴ ἀλείφεσθε δυσωδίαν τῆς διδασκαλίας τοῦ ἄρχοντος τοῦ αἰῶνος τούτου) wie sie nach Apok, 2, 6 die Nikolaiten hassen,

122 Apok. 2, 4 ἀλλὰ ἔχω κατὰ σοῦ, ὅτι τὴν ἀγάπην σου τὴν πρώτην ἀφῆκες.

123 Apok. 3, 1. 15 ff.

124 2, 9 οἶδά σου τὴν θλίψιν καὶ τὴν πτωχείαν, ἀλλὰ πλούσιος εἶ.

125 Apok. 2, 6. 15. 20 ff. Daß die Lehre der γυνὴ Ἰεζάβελ, ἡ λέγουσα ἑαυτὴν προφῆτιν mit der der Nikolaiten identisch ist, kann nicht zweifelhaft sein.

126 Jakob. 1, 22 ff. 2, 12. 17. 20 ff.

127 Clem. ad Cor. 30, 3, vgl. 33, 1 f. 7; dagegen 32, 4 und c. 9 f.

128 Der erste Petrusbrief faßt 2, 16 Paulus' Lehre ganz zutreffend in die Worte zusammen, man solle das Gute tun ὡς ἐλεύθεροι. καὶ μὴ ὡς ἐπικάλυμμα ἔχοντες τῆς κακίας τὴν ἐλευθερίαν, ἀλλ' ὡς δεοῦ δοῦλοι.

129 Clem. ad Cor. I 2, 4. 50, 5. 51, 1.

130 Joh. I 5, 16. Gedacht ist dabei natürlich an die Sünde gegen den heiligen Geist, Marc. 3, 29.

131 Hebr. 6, 4 ff. 10, 26 f., vgl. 12, 17.

132 Hermas vis. II 2. mand. IV, wo die Ansicht „einiger Lehrer", daß es nach der Taufe keine zweite Reue und Sündenvergebung geben könne, prinzipiell für richtig erklärt, aber tatsächlich, „um denen, die in Zukunft gläubig werden würden oder jetzt schon gläubig sind, keinen Anlaß (ἀφορμήν) zu geben", ausnahmsweise modifiziert wird. In den späteren Stücken (sim. VIII. IX) wird dann dieser Rigorismus etwas gemildert; so sim. IX 26, 5 τούτοις οὖν μετάνοια γίνεται, ἐὰν μὴ ἐκ καρδίας εὑρεθῶσιν ἠρνημένοι · ἐὰν δὲ ἐκ καρδίας εὑρεθῇ ἠρνημένος τις, οὐκ οἶδα εἰ δύναται ζῆσαι.

133 Außerdem soll er dem Maximus (offenbar eine angesehene Persönlichkeit, die unter Domitian verleugnet hat) sagen: „siehe es kommt eine Heimsuchung; wenn es dir gut scheint, verleugne nochmals". Ihm wird die von Eldad und Modad verkündete Strafe angedroht, zwei Num. 11, 26 f. erwähnten Propheten, unter deren Namen eine apokryphe Schrift existierte, von deren Inhalt wir weiter nichts wissen.

134 Daß die Abfassung des Buchs des Hermas sich über einen geraumen Zeitraum erstreckt, ist oft ausgeführt worden; vgl. HARNACK, Chronol. I 257 ff. Zum Abschluß gekommen ist es nach der Angabe des muratorischen Kanons erst unter dem Bischof Pius (140–155); aber das älteste Stück, die zweite Vision, ist weit älter, und es liegt kein Grund vor, die Identität des hier offenbar als Oberhaupt der Gemeinde genannten Clemens mit dem Verfasser des Briefs an die Korinther zu bezweifeln.

135 F. W. K. MÜLLER, eine Hermas-Stelle in manichaeischer Version, Ber. Berl. Ak. 1905, 1077ff.

136 Auch an den Überschwänglichkeiten des Evangeliums fehlt es dabei nicht, so vor allem, abgesehn von der in der Praxis des handelnden Menschen niemals wirklich erfüllbaren Feindesliebe – die in logischer Konsequenz in fanatische Verfolgung aller Ungläubigen und Irrlehrer umschlägt –, in der Einschärfung des Spruchs: Geben ist seliger denn Nehmen (Clemens ad Cor. 2, 1. Didache 1, 5. Hermas mand. 2, 4): man soll jedem geben, ohne zu fragen, ob er es verdient.

137 Bei Hermas vis. III 7 (vgl. 5, 5. sim. VIII 6) wird differenziert: in den Turmbau der Kirche können nur die eingefügt werden, welche sich nach der Buße und Taufe in Glauben und Leben unbefleckt halten; die, welche wieder dem Zweifel und der Verführung durch ihre Begierden erliegen, „kommen an einen andern viel geringem Ort, und das nur, wenn sie Qualen erlitten und damit die Tage ihrer Sünden" – d. h. die zur Vergeltung dafür bestimmte Zeit – „erfüllt haben. Alsdann können sie aus den Qualen entrückt werden, falls nämlich die bösen Taten, die sie begangen haben, in ihr Herz eingehn." Das ist eine Vorstufe des Fegefeuers, und hat seine Analogie im Parsismus und bei Henoch (Bd. II 202 f.)

138 Bekanntlich ist ein Bruchstück derselben zusammen mit einem Stück des Petrusevangeliums und des Henoch in einem Pergamentcodex aus Akhmîm erhalten. Siehe A. DIETERICH, Nekyia, 1893, der aber ganz einseitig alles auf orphische Vorbilder zurückführen will. Viel stärker ist auch hier der parsische Einfluß (s. Bd. II); daneben werden auch aegyptische Einwirkungen nicht fehlen, wie in der Parabel vom reichen Mann und dem armen Lazarus, wo die Höllenqualen des Reichen ausführlich geschildert sind (s. Bd. I und GRESSMANN, Abh. Berl. Ak. 1918). In dieser Literatur fließen eben die verschiedensten Elemente von überallher zusammen. – Des weiteren gehören natürlich die christlichen Sibyllinen hierher.

139 Vgl. Papias' Schilderungen.

140 Petr. I 3, 19 ἐν ᾧ (sc. πνεύματι als Geist nach dem Tode) καὶ τοῖς ἐν φυλακῇ πνεύμασιν πορευθεὶς ἐκήρυξεν, ἀπειθήσασιν ποτε κτλ. 4, 6 εἰς τοῦτο καὶ νεκροῖς εὐηγγελίσθη, ἵνα κριθῶσι μὲν κατὰ ἀνθρώπους σαρκί, ζῶσι δὲ κατὰ θεὸν πνεύματι. Über Ursprung und Entwicklung dieser Vorstellung siehe die eingehende Abhandlung von CARL SCHMIDT, Gespräche Jesu mit seinen Jüngern, Excurs II: „der descensus ad inferos in der alten Kirche", wo die phantastischen Deutungen BOUSSETs (Kyrios Christos 32 ff.) und anderer, als liege hier ein auf den Christus übertragener Mythus vom „Kampf des Lebensfürsten mit dem Fürsten der Unterwelt und des Todes" vor, schlagend widerlegt sind.

141 Ignat. ad Magn. 9, 3, wonach er die Propheten παρὼν ἤγειρεν ἐκ νεκρῶν. Petrusevang. 41. Der Presbyter bei Irenaeos IV 27, 2 usw. Es wurde sogar eine angebliche Weissagung des Jeremias dafür erfunden, von der Justin dial. 72 behauptet, die Juden hatten sie, wie viele andere für Christus zeugende Stellen auch (ganz wie das später Mohammed behauptet hat), absichtlich gestrichen. Irenaeos hat dies angebliche Zitat dann an zahlreichen Stellen arglos verwendet.

142 Clem. ad Cor. I 1, 2. 361, 2. 40, 1. 41. 4. 48, 5.

143 Vgl. z. B. Hermas mand. 3, 1: „Rede immer die Wahrheit". ἵνα τὸ πνεῦμα, ὃ ὁ θεος κατῴκισεν ἐν τῇ σαρκὶ ταύτῃ, ἀληθὲς εὑρεθῇ παρὰ πᾶσιν ἀνθρώποις, καὶ οὕτως δοξασθήσεται ὁ Κύριος ὁ ἐν σοὶ κατοικῶν.

144 ὅτι ἐγώ εἰμι Marc. 13, 6, bei Matth. 24, 5 zu ἐγώ εἰμι ὁ Χριστός ergänzt.

145 Kor. I 2, 10 τὸ πνεῦμα πάντα ἐραυνᾷ, καὶ τὰ βάθη τοῦ θεοῦ. II 2, 14 τῷ θεῷ τῷ ... τὴν ὀσμὴν τῆς γνώσεως αὐτοῦ φανεροῦντι δι' ἡμῶν ἐν παντὶ τόπῳ. Rom. 11, 33 ὦ βάθος πλούτου καὶ σοφίας καὶ γνώσεως θεοῦ. Kol. 2, 3 εἰς ἐπίγνωσιν τοῦ μυστηρίου τοῦ θεοῦ, Χριστοῦ, ἐν ᾧ εἰσιν πάντες οἱ θησαυροὶ τῆς σοφίας καὶ γνώσεως ἀπόκρυφοι.

146 *Cerinthus quidam in Asia*, Iren. I 26, 1, von Hippolyt ref. VII 33 (wiederholt X 21), der im übrigen lediglich den Irenaeos ausschreibt, durch αὐτὸς Αἰγυπτίων παιδείᾳ ἀσκηθείς ersetzt; dafür VII 7 μηδὲν ἐκ γραφῶν, ἀλλ' ἐκ τῶν Αἰγυπτίοις δοξάντων δόξαν συνεστήσατο; das ist also, wie C. SCHMIDT mit Recht bemerkt, eine Vermutung Hippolyts ohne Gewähr.

147 Gespräche Jesu mit seinen Jüngern nach der Auferstehung, herausg. Von CARL SCHMIDT, Texte und Unters. 43, 1919; erhalten aethiopisch (hier übersetzt Von ISAAK WAINBERG) und größtenteils koptisch, ein Blatt auch lateinisch in einem Wiener Palimpsest. – In dem beigegebenen Exkurs (S. 403 ff. und 726 ff.) über Kerinthos hat SCHMIDT die Überlieferung über diesen ganz wesentlich geklärt. Zuverlässige Nachrichten über ihn verdanken wir nur Irenaeos (I 26, 1. III 11, 1 sowie III 3, 4), den Hippolyt VII 33 ausschreibt (ebenso [Tertullian] adv. omn. haer. 10 u. a.). Irenaeos stellt ihn mit Karpokrates und den Ebionaeern zusammen, weil sie alle Jesus für einen bloßen Menschen und Sohn des Joseph erklären. Das hat dann dazu geführt, daß Epiphanios (und vielleicht schon Hippolytos in einer späteren Schrift gegen den Aloger Gajus) dem Kerinth, in diametralem Widerspruch zu seinen doketisch-gnostischen Lehren, zugleich streng judenchristliche Ansichten zuschreibt und ihn zum Gegner des Paulus beim Apostelkonzil macht (Epiphan. haer. 28, dem Philastrius haer. 36 folgt). Außerdem identifiziert Epiphanios ihn mit einem sonst völlig unbekannten Merinthos, von dem eine φάσις zu ihm gedrungen ist, über den er aber sonst nichts weiter angeben kann.

148 Diese im übrigen äußerst armselige Schrift (*Epistola apostolorum*) ist indessen selbst auch stark von gnostischen Vorstellungen angekränkelt, die in die orthodoxe Kirche eingedrungen sind, so von der Entstehung des Logos in der 'Ογδοάς oder Κυριακή, von seinem Hinabstieg vom Vater, bei dem er dessen σοφία und δύναμις anzieht, von seiner Selbstzeugung in der Gestalt des Gabriel u. a. Die Entstehung sucht SCHMIDT in Kleinasien, LIETZMANN, ZNTW. XX 1921, 174 ff. in Aegypten.

149 ἔλεγεν οὐχ ὑπὸ τοῦ πρώτου θεοῦ γεγονέναι τὸν κόσμον, ἀλλ' ὑπὸ δυνάμεώς τινος κεχωρισμένης τῆς ὑπὲρ τὰ ὅλα ἐξουσίας καὶ ἀγνοούσης τὸν ὑπὲρ πάντα θεόν – nachher als ἡ ὑπὲρ τὰ ὅλα αὐθεντία bezeichnet.

150 Die angeführte Schrift bekämpft diese Lehren durchweg, indem sie statt ihrer den wahren Hergang erzählt. Jesus Christus ist der Gottessohn und der die Welt schaffende, über alle Engel erhabene göttliche Logos, ist wunderbar in der Jungfrau Maria gezeugt, wirklich gekreuzigt, begraben, in die Hölle gefahren, um dort die Gläubigen zu erlösen, und leiblich auferstanden und von den Jüngern berührt. Nach seinem Vorbilde werden auch alle Menschen fleischlich, aber in verklärtem, unverweslichem Gewande auferstehn. Das Weltgericht, zu dem Christus in seiner Glorie wiederkehrt, wird mit seinen Vorzeichen ausführlich geschildert. Natürlich wird auch die Heidenmission angeordnet, zu der Paulus vorbestimmt ist, der die reine Lehre von den Zwölf empfängt. Den Abschluß bildet die Himmelfahrt. – Benutzt sind alle vier Evangelien, sehr stark auch das des Johannes, ferner die Apostelgeschichte und einige apokryphe Schriften, wie das Kindheitsevangelium.

151 Als Vorläufer Markions nennt Irenaeos I 27, 1. III 4, 3 den Kerdon, der (ebenso wie Valentinus) unter dem Bischof Hyginos (145–150) nach Rom gekommen sei und dort die Gemeinde beunruhigt habe (nach Hippolyt im Syntagma aus Syrien). Irenaeos hat ihm einfach die Lehre Markions zugeschrieben (ebenso Tertullian, Hippolyt in der refutatio u. a.). Nach den auf Hippolyts Syntagma zurückgehenden Berichten dagegen waren auch bei ihm, wie bei Simon und den anderen Gnostikern, die beiden Mächte der schlechte oder böse Weltschöpfer, der das Gesetz gegeben hat, und der unbekannte gute Gott, nicht der fremde Gott, wie bei Markion. Siehe HARNACK, Marcion S. 28* ff., wo das Material zusammengestellt und gesichtet ist. Genaueres läßt sich über Kerdon nicht ermitteln. Wenn Irenaeos' Datum richtig ist, ist Kerdon erst nach Markions Kirchengründung (im J. 144) nach Rom gekommen.

152 Tim, II 2,18. Über die Vertreter dieser Ansicht, Hymenaios und Philetos, von denen der erstere zusammen mit Alexandros dem Satan übergeben wird, daß sie erzogen werden nicht zu lästern.

153 Joh. I 2, 18 f. 4, 1.

154 Vgl. Joh. I 3, 8 ff. Es ist ein Kampf zwischen den Kindern Gottes und den Kindern des Teufels. Ebenso ev. Joh. 8, 42 ff . – In der Apokalypse heißt der Antichrist ὁ ψευδοπροφήτης (16, 13. 19, 20. 10).

155 Joh. I 2, 22 f. 4, 2 f. 15. II 7.

156 Joh. I 1, 1. 4, 14. 4, 9. Vgl. 4, 16. 5, 20.

157 Joh. I 4, 15. 5, 1.

158 Joh. I 2, 28. 3, 2. 4, 17; vgl. 2, 18.

159 Joh, I 5, 5 ff. 1, 7.

160 Ign. ad Smyrn. 1–7. Vgl. ad Magn. 9, 2. ad Ephes. 16, 2.

161 οὗτοί εἰσιν οἱ ἀποδιορίζοντες, ψυχικοί, πνεῦμα μὴ ἔχοντες, Jud. 19.

162 Ign. ad Smyrn. 4. 5. Polycarp ad Phil. 7.

163 Siehe HARNACK, Marcion, 1921. Falls der Schlußsatz des ersten Timotheusbriefs mit der Mahnung, τὰς βεβήλους κενοφωνίας καὶ ἀντιθέσεις τῆς ψευδωνύμου γνώσεως zu meiden, sich wirklich auf Markion und seine Antithesen bezieht, was der Wortlaut allerdings sehr nahe legt, muß das ein später angefügter Zusatz sein; denn der Hauptteil des Briefes ist wesentlich älter.

164 HARNACK, Chronol. I 363 ff.

165 Vorher liegt nach Euseb. hist. eccl. IV 3 die so gut wie unbekannte Apologie des Quadratus, ferner vielleicht die Schrift des Ariston von Pella.

166 Orig. c. Cels. III 12. V 63.

167 Vgl. oben.

168 fr. 5 PREUSCHEN bei Philippus Sidetes (Text und Unters. V 2, 170), wiederholt bei Georgios Hamartolos (PREUSCHEN fr. 6), wo das in üblicher Weise mit der späteren Überlieferung von dem Aufenthalt des Apostels in Ephesos zusammengeworfen und Papias fälschlich zum Augenzeugen der Hinrichtung des letzteren gemacht wird (αὐτόπτης τούτου γενόμενος). Daß Papias den Apostel selbst gekannt habe und sein Schüler gewesen sei, wird auch sonst oft genug behauptet, so schon von Irenaeos V 33, 3 (= Euseb. hist. eccl. III 39, 1) und danach von Eusebios in der Chronik zum ersten Jahr Trajans [bei Hieronymus zum dritten Jahr], im Widerspruch zu seinen wirklichen, von Eusebios hist. eccl. III 39, 3 f. bewahrten und dort richtig interpretierten Angaben.

169 Euseb. III 39, 7 Παπίας τοὺς μὲν τῶν ἀποστόλων λόγους παρὰ τῶν αὐτοῖς παρηκολουθηκότων ὁμολογεῖ παρειληφέναι, 'Αριστιωνος δὲ καὶ τοῦ πρεσβυτέρου 'Ιωάννου αὐτήκοον ἑαυτόν φησι γενέσθαι · ὀνομαστὶ γοῦν πολλάκις αὐτῶν μνημονεύσας ἐν τοῖς αὐτοῦ συγγράμμασιν τίθησιν αὐτῶν παραδόσεις. Das γοῦν zeigt, daß das lediglich eine Schlußfolgerung des Eusebios ist.

170 οὐκ ὀκνήσω δέ σοι καὶ ὅσα ποτὲ παρὰ τῶν πρεσβυτέρων καλῶς ἔμαθον καὶ καλῶς ἐμνημόνευσα συνκατατάξαι ταῖς ἑρμηνείαις ... εἰ δέ που καὶ παρηκολουθηκώς τις τοῖς πρεσβυτέροις ἔλθοι, τοὺς τῶν πρεσβυτέρων ἀνέκρινον λόγους, τί 'Ανδρέας ἢ τί Πέτρος εἶπεν ... ἤ τις ἕτερος τῶν τοῦ Κυρίου μαθητῶν ἅ τε 'Αριστίων καὶ ὁ πρεσβύτερος 'Ιωάννης, οἱ τοῦ Κυρίου μαθηταί, λέγουσιν.

171 Bd. I 157 f. 245 f. Eusebios III 39, 14 sagt: καὶ ἄλλας δὲ τῇ ιδίᾳ γραφῇ παραδιδωσιν 'Αριστίωνος ... καὶ τοῦ

πρεσβυτέρου 'Ιωάννου παραδόσεις, für die Eusebios die Lernbegierigen auf das Buch selbst verweist; was Papias über Marcus berichte, wolle er dagegen wörtlich anführen. Wenn dann das Zitat beginnt: καὶ τοῦθ' ὁ πρεσβύτερος ἔλεγεν · Μάρκος μὲν ἑρμηνευτὴς Πέτρου γενόμενος, so kann nicht zweifelhaft sein, daß dieser Presbyter eben Johannes ist. So ist es sehr wahrscheinlich, daß auch die Angabe über Matthaeus (περὶ δὲ τοῦ Ματθαίου ταῦτ' εἴρηται) auf diesen zurückgeht.

172 Sammlung dieser Angaben durch HARNACK, Patrum apostol. opera I 2 und PREUSCHEN, Antilegomena. Daß Irenaeos alle Angaben aus Papias entnommen hat, haben HARNACK, Chronol. I 333 ff. 663 ff. und CORSSEN, ZNTW II 213 ff. erwiesen.

173 Vgl. Bd. I.

174 Iren. V 33, 3 f., mit Zitat des Papias (fr. 12 PREUSCHEN). V 5, 1. 36, 1. In diesen Ausmalungen herrscht ein kindlich naiver Materialismus. Das berührt sich mit der Apokalypse, die ja in ihrer Zeit entstanden ist; so ist es begreiflich, daß Irenaeos V 30, 1 sich für die Richtigkeit der Zahl 666 für das θηρίον der Apoklypse (13, 18) auch auf das Zeugnis τῶν κατ' ὄψιν τὸν 'Ιωάννην ἑωρακότων, d. i. der Presbyter, berufen kann.

175 Iren. IV 27, 1 zitiert richtig *audivi a quodam presbytero, qui audierat ab his, qui apostolos viderant, et ab his, qui didicerant;* nachher sagt er dann einfach *presbyter* oder *ille senior;* dagegen IV 32, 1 *senior apostolorum discipulus* oder *presbyteri apost. discipuli* (V 5p 1. 36, 2), und II 22, 5. V 30, 1. 33, 3 οἱ πρεσβύτεροι οἱ κατὰ τὴν 'Ασίαν 'Ιωάννῃ τῷ τοῦ Κυρίου μαθητῇ συμβεβληκότες oder οἱ κατ' ὄψιν τὸν 'Ιωάννην ἑωρακότες.

176 Es ist durchaus begreiflich, daß Eusebios, da er sich nicht entschließen kann, die Apokalypse als kanonisch anzuerkennen, sie dem Presbyter zuschreiben möchte (III 39, 6, vgl. III 24, 18. 25, 4; ebenso die beiden kleinen Briefe III 25, 3). – Die aus dem Inhalt und Stil sich ergebenden Gründe, welche es unmöglich machen, die Apokalypse demselben Verfasser zuzuschreiben wie das Evangelium und den ersten Brief, hat Dionysios von Alexandria bei Euseb. hist. eccl. VII 25 sehr richtig entwickelt; der Verfasser sei also ein anderer Johannes, ἄλλον τινὰ οἶμαι τῶν ἐν 'Ασιᾳ γενομένων, ἐπεὶ καὶ δύο φασὶν ἐν 'Εφέσῳ γενέσθσι μνήματα καὶ ἑκάτερον 'Ιωάννου λέγεσθαι (ebenso III 39, 6). Den Gedanken, daß Johannes Marcus der Verfasser der Apokalypse sein könnte, lehnt er mit Recht ab.

177 Polykarp ad Phil. 7; die Worte sind natürlich aus. Joh. I 4, 2 f. entlehnt, nicht, wie z. B. ZAHN annimmt, aus ihrer gekürzten Wiederholung im zweiten Johannesbrief 6. – Euseb. III 39, 17 von Papias: κέχρηται μαρτυρίοις ἀπὸ τῆς 'Ιωάννου προτέρας ἐπιστολῆς καὶ ἀπὸ τῆς Πέτρου ὁμοίως.

178 Vgl. über den dritten Brief WILAMOWITZ, Hermes 33, 1898, 529 f., ferner für beide Briefe die grundlegende Abhandlung von HARNACK, Texte und Unters. XV 3.

179 ὁ πρεσβύτερος ἐκλεκτῇ κυρίᾳ καὶ τοῖς τέκνοις αὐτῆς; ebenso nachher v. 5 die Anrede κυρία, und v. 13 der Gruß von der Gemeinde des Schreibers: ἀσπάζεταί σε τὰ τέκνα τῆς ἀδελφῆς σου τῆς ἐκλεκτῆς. Ebenso bezeichnet der erste Petrusbrief 5, 13 die Gemeinde von Rom als ἡ ἐν Βαβυλῶνι συνεκλεκτή.

180 Im zweiten Brief kommt μαρτυρία und μαρτυρεῖν allerdings nicht vor, wohl aber fünfmal in den 15 Versen des dritten (ἀλήθεια und ἀληθής sogar sechsmal, ἀλήθεια im eben so kurzen zweiten Brief fünfmal).

181 Daß die Apokalypse sich sowohl im Stil und in der Unanschaulichkeit der Darstellung und der Bilder, wie in manchen Anschauungen – darunter in der völligen Ablehnung, ja Ignorierung des Judentums mit den Briefen und dem Evangelium berührt, ist Bd. II 379 schon bemerkt. Sie stammt ja auch aus derselben Zeit und derselben Gegend. Aber daneben bestehn, wie schon Dionysios von Alexandris treffend ausgeführt hat (o. S. 636, 2), so große Unterschiede, daß an eine Identität der Verfasser doch nicht gedacht werden kann.

182 Für Ignatios sind die Ephesier Παύλου συμμύσται (ad Eph. 12); von Johannes in Ephesos weiß er offenbar noch nichts. Dagegen für Irenaeos steht fest, daß Johannes sein Evangelium in Ephesos geschrieben hat (III 1, 1); er habe hier bis in die Zeit Trajans gelebt (III 3, 4). Damit verbindet er die Ungeheuerlichkeit, daß Polykarp (geb. 70/71 n. Chr.) ein Schüler der Apostel gewesen sei und von ihnen dann in Smyrna zum Bischof eingesetzt worden sei – offenbar von Johannes. Im Brief an Florinas bei Euseb. V 20, 6 behauptet Irenaeos, Polykarp selbst habe ihm von seinem Verkehr mit Johannes und den übrigen, die den Herrn gesehn hatten, und ihren Traditionen erzählt; da ist die Identifizierung des Verfassers des Evangeliums und der Briefe mit dem Apostel Johannes voll durchgeführt. Gleichartig ist, daß Irenaeos V 33, 4 (= Euseb. III 39, 1) den Papias als 'Ιωάννου μὲν ἀκουστής, Πολυκάρπου δὲ ἑταῖρος γεγονώς bezeichnet. – Um dieselbe Zeit, im Osterstreit (190 n. Chr.), beruft sich Bischof Polykrates von Ephesos (Euseb. V 24, 3 = III 31, 3) den Ansprüchen Roms gegenüber auf das Grab des Lieblingsjüngers Johannes in Ephesos (ferner auf die Gräber der Töchter des Philippus u. a.); und Irenaeos bei Euseb. V 24, 16 schreibt, daß bei den Verhandlungen über den Ostertag mit Bischof Aniketos von Rom (155 n. Chr.) dieser den Polykarp nicht dazu hätte bringen können μὴ τηρεῖν, ἅτε μετὰ 'Ιωάννου τοῦ μαθητοῦ τοῦ Κυριου ἡμῶν καὶ τῶν λοιπῶν ἀποστόλων οἷς συνδιέτριψεν ἀεὶ τετηρηκότα, ebensowenig aber Polykarp den Aniketos zum Nachgeben gebracht habe. Nach Dionysios von Alexandria (o. S. 637 A.) gab es in Ephesos sogar zwei Gräber des Johannes (Euseb. VII 25, 16).

183 Die gleiche Wendung liegt 19, 35 bei dem Bericht über das Blut und Wasser vor, das aus Jesu Wunde fließt – ein Moment, auf das der Verfasser das höchste Gewicht legt.

184 Damit wird auch die Vermutung hinfällig, auf die man sonst kommen könnte, daß die in dem Nachtragkapitel deutlich vorausgesetzte Herausgabe durch einen andern nur literarische Fiktion sei und mit zu dem

Versteckenspielen gehöre, das hier getrieben wird. Sie scheitert auch sonst an dem Charakter der Zusätze; kein Schriftsteller wird selbst eine Erweiterung so ungeschickt einfügen, wie cp. 15–17 nach 14, 31.

185 Ebensowenig in den Briefen. ev. 13, 16 οὐδὲ ἀπόστολος μείζων τοῦ πέμψαντος αὐτόν hat mit den christlichen Aposteln nichts zu tun.

186 Die Ansicht, daß Papias das Johannesev. erwähnt und benutzt habe, halte ich nach wie vor für irrig, s. Bd. I; sie steht in schroffem Widerspruch zu den Angaben des Eusebios über sein Werk, der einzigen authentischen und sehr präzisen Kunde, die wir darüber besitzen. Die a. a. 0. angeführte Notiz im lateinischen Prolog zum Johannesev. (PREUSCHEN, Papias fr. 17), die HARNACK, Marcion S. 9* f. textlich und inhaltlich neu behandelt hat, ist aus den Angaben des Irenaeos zusammengestoppelt und willkürlich erweitert (Johannes habe sein Evangelium dem Papias diktiert), wobei die Erzählung von dem Konflikt zwischen Polykarp und Markion (Iren. III 3, 4) auf Johannes übertragen wird. Irgendwelchen Wert für Papias und Johannes vermag ich dieser Angabe nicht beizulegen.

187 III 11, 1 *Johannes Domini discipulus voles per evangelii annuntiationem auferre eum, qui a Cerintho inseminatus erat hominibus, errorem* – er fügt noch die Nikolaiten der Apokalypse hinzu, über die weder er noch sonst jemand irgendwelche Kunde hatte; Kerinths Lehre dagegen kannte er. – Daran schließt die Erzählung III 3, 4 (Euseb. III 28,6. IV 14.6), Johannes habe, als er mit Kerinth, „dem Feind der Wahrheit", in einem Bade zusammentraf, dasselbe schleunigst verlassen, damit es nicht über ihm zusammenstürze (Epiphanios 30, 24 hat den Kerinth durch Ebion ersetzt, entsprechend der Umwandlung Kerinths in einen Judenchristen). – Als dann im Kampf gegen die Montanisten die Authentie der Schriften des Johannes, auf die jene sich beriefen, von Gajus und anderen (für die Epiphanios den Namen der Aloger erfunden hat) bestritten wurde, hat dieser die Angabe des Irenaeos umgekehrt und behauptet, Kerinth habe die Apokalypse und vielleicht auch das Evangelium verfaßt (Gajus bei Euseb. III 28, 2. Dionysios von Alexandria ib. III 28, 4 f. = VII 25, 2 f.), s. weiter C. SCHMIDT (s. oben) 420 ff. 726 ff.

188 Irenaeos fügt hinzu: *et initium quidem esse Monogenem, Logon autem esse verum filium Unigeniti* (vgl. I 8, 5); das sind Konstruktionen Valentins, die Kerinth gewiß noch nicht gekannt hat (ebenso SEEBERG, Dogmengesch. I³,107).

189 Siehe 1, 10 f.; 8, 31 f.; 10, 14 γινώσκω τὰ ἐμὰ καὶ γινώσκουσι με τὰ ἐμά, καθὼς γινώσκει με ὁ πατὴρ κἀγὼ γινώσκω τὸν πατέρα; 14, 6 f. 17. 20; 17, 3. 25 f.

190 3, 5 ff. 6, 63; vgl. 4, 23 f.

191 1, 11. 3,19. 12, 46. 14, 17. 18, 37.

192 Dieser Begriff des μονογενής, den das Evangelium scharf betont (1, 14. 18. 3, 16. 18, vgl. Joh. I 4, 9) – Christus ist die einzige, unmittelbar von Gott ausgegangene Potenz, die zwischen ihm und der Welt steht –, ist von Valentin zu einem Sonderwesen in der Stufenfolge der Aeonen gemacht worden.

193 Für die Einzelheiten verweise ich auf die Analyse in Bd. I.

194 5, 28 f. 6, 40. 54. 16, 16 ff.

195 12, 31. 16, 11. 3, 18. 5, 24. Das ist eine Annäherung an die im zweiten Timotheusbrief bekämpfte Behauptung ἀνάστασιν ἤδη γεγονέναι. Aber die leibliche Auferstehung am jüngsten Tage wird festgehalten; erst durch sie wird das ewige Leben, in dessen Besitz die Christen bereits durch Glauben und Taufe („Blut und Wasser") gelangt sind, zur sinnlichen Realität.

196 14, 16 f. 26, weiter ausgeführt 15, 26. 16, 7. 13, Im ersten Johannesbrief 2, 1 heißt es: „wenn jemand sündigt, haben wir einen Anwalt (παράκλητον) beim Vater, Jesus Christus den Gerechten, der die Sühne für unsere Sünden ist, und nicht nur für unsere, sondern für die der ganzen Welt". Das steht mit dem Evangelium nicht in Widerspruch; denn dort ist der Verheißene ein ἄλλος παράκλητος, der fortan auf Erden wirken wird; damit ist zugleich gesagt, daß Jesus jetzt der παράκλητος bei Gott im Himmel ist.

197 20, 22, vgl. 7, 39.

198 Eine Analogie bietet die persische Lehre, daß Ahuramazda dem Zoroaster die Unsterblichkeit verweigert hat, weil dann die Auferstehung und Erlösung nicht möglich sein würde (Bd. II 190).

199 Joh. 14, 18 ff. 16, 6 ff. – Daß der Paraklet nichts andres ist als der heilige Geist, ist hier ausdrücklich gesagt. Aber die natürliche Konsequenz ist, daß dieser sich nun immer wieder, wie in den alten Zeiten, in einzelnen Propheten offenbart, so zunächst in Montanus und seinen Genossinnen. Das führt dann weiter zu dem Glauben, daß hier ein letzter, abschließender Prophet verkündet ist, also ein neuer Heiland wie in der persischen Lehre der Saošjant, und wie der Messias der Juden. Für den Orient ist dieser Glaube von der größten Bedeutung geworden und bis auf den heutigen Tag geblieben; denn sowohl Mani wie Mohammed und dann die zahlreichen im Islam immer wieder auftretenden Mahdis sind daraus hervorgegangen.

200 Die Vermutung I 331, daß sich 5, 43 auf Barkochba beziehe, ist unhaltbar; soweit kann die Entstehung des Evangeliums unmöglich herabgerückt werden.

201 Wenn man eine kleine Übertreibung gestattet, wird man sagen können: es ist der Christus der Apokalypse, der uns hier notdürftig historisiert entgegentritt.

202 Die Verwerfung desselben im Kampf mit dem Montanismus durch Gajus von Rom (Anfang des dritten Jahrhunderts) und die sog. Aloger des Epiphanios war eine vorübergehende Erscheinung ohne weitere Nachwirkung.

203 Diesen inneren Widersinn hat HARNACK, Die Entstehung des Neuen Testaments (Beitr. zur Einleitung in das N. T. VI) 1914 mit Recht scharf betont und die Entwicklung klar gelegt. Daß man denselben empfunden hat, zeigt der Versuch Tatians (um 170), in seinem εὐαγγέλιον διὰ τεσσάρων die vier Evangelien durch eine sorgfältig gearbeitete Harmonie zu ersetzen, und der Erfolg, den er damit im Orient gehabt hat. Im Gegensatz zur Theorie ist die Kirche immer wieder auf diesen einzig gangbaren Weg zurückgekehrt: für die katholische Kirche ist nicht der Wortlaut der Bibel maßgebend, sondern das was die unfehlbare Kirche lehrt, und auch in den protestantischen Kirchen lernen die Gläubigen die heilige Geschichte zunächst nicht aus den Evangelien, sondern aus den harmonistisch gearbeiteten und bedenkliche Stellen übergehenden Kompendien und Schulbüchern, welche die Kirche ihnen in die Hand gibt, und tragen, wenn sie dann die Bibel selbst lesen, die dort gewonnenen Anschauungen in sie hinein. Wie vollständig im orthodoxen Luthertum die Harmonie (auf der dann auch Klopstocks Messias beruht) den wirklichen Wortlaut der Evangelien verdrängt und unter die kirchliche Deutung gezwungen hat, zeigt drastisch Lessings Duplik, die Verteidigung der evangelischen Berichte gegen die ihnen aufgezwängte Deutung auf Grund der orthodoxen Harmonie.

Namens- und Ortsregister

Erster Band

Namens- und Ortsregister

Zweiter Band